YEARBOOK OF XIAMEN

厦门年鉴

2019

中共厦门市委　厦门市人民政府　主办
中共厦门市委党史和地方志研究室　编

方志出版社
Publishing House of Local Records

《厦门年鉴》编纂委员会

《厦门年鉴》编纂委员会办公室

《厦门年鉴》编审人员

编辑说明

一、《厦门年鉴》是中共厦门市委、厦门市人民政府主办，中共厦门市委党史和地方志研究室承编的地方综合年鉴。首部年鉴于2002年出版。本期年鉴以马克思列宁主义、毛泽东思想、邓小平理论、“三个代表”重要思想、科学发展观、习近平新时代中国特色社会主义思想为指导，坚持辩证唯物主义和历史唯物主义的立场、观点和方法，全面、客观、系统地记述厦门的年度发展情况。

二、本期年鉴的资料收录范围原则上为2018年1月1日至12月31日期间厦门市政治、经济、文化和社会的发展情况及区域自然变化情况。2018年，厦门市以习近平新时代中国特色社会主义思想为指导，深入学习贯彻中共十九大和十九届二中、三中全会精神，全面贯彻落实习近平总书记对福建、厦门工作的系列重要指示批示精神，按照中共中央、国务院和省委、省政府决策部署，统筹推进“五位一体”总体布局和协调推进“四个全面”战略布局，坚持稳中求进工作总基调，坚持新发展理念，坚持高质量发展落实赶超，坚持以供给侧结构性改革为主线，坚持深化改革扩大开放，发挥金砖国家领导人厦门会晤效应，实施“双千亿”工作，牵头推进闽西南协同发展区建设，推动经济、政治、文化、社会、生态文明建设和党的建设取得新成绩。以上内容在年鉴各栏目的框架设置和内容记述中有广泛的体现。

三、本期年鉴继续采取类目 — 分目 — 条目三级框架结构，个别内容较为复杂的在分目之下增设二级分目。全书共设特载、大事记、市情总貌、资源·环境、城乡建设与管理、政党·政权、群众团体、外事·侨务·港澳台事务、法治、军事、经济管理与监督、财政·税务、口岸管理、开放·开发、农业·水利、工业、交通·物流·邮政、信息化与通信保障、商贸·会展、旅游业、金融业、民营经济、科学技术、社会科学、教育、文化、医疗卫生·体育、社会·民生、市辖区、人物·名录、附录、索引32个类目，其中含171个一级分目、89个二级分目、1728个条目。特载、大事记、名录、附录以及小资料不列入条目统计。条目的文体以记述体为主兼具说明体。在“编辑说明”之后设有彩页专辑以凸显厦门的年度特色和地方特色。

四、本期年鉴对序数词的用法作了规范：在一般情况下，一到九十九的序数词使用汉字，100（含）以上的序数词使用阿拉伯数字，避免同一组统计数据汉阿数字混用；会议的届、次则一律使用汉字。另：表格中缺失的数字以空格表示，如无此数字则以“—”表示。

五、本期年鉴所收录的资料，除少数转载公开出版的报刊杂志外，主要由厦门市各党政军机关、群众团体、企事业单位提供。因统计口径的原因，个别数据与市统计局公布的数据略有差异，读者在使用时请以统计部门公布的数字为准。

厦门市地图

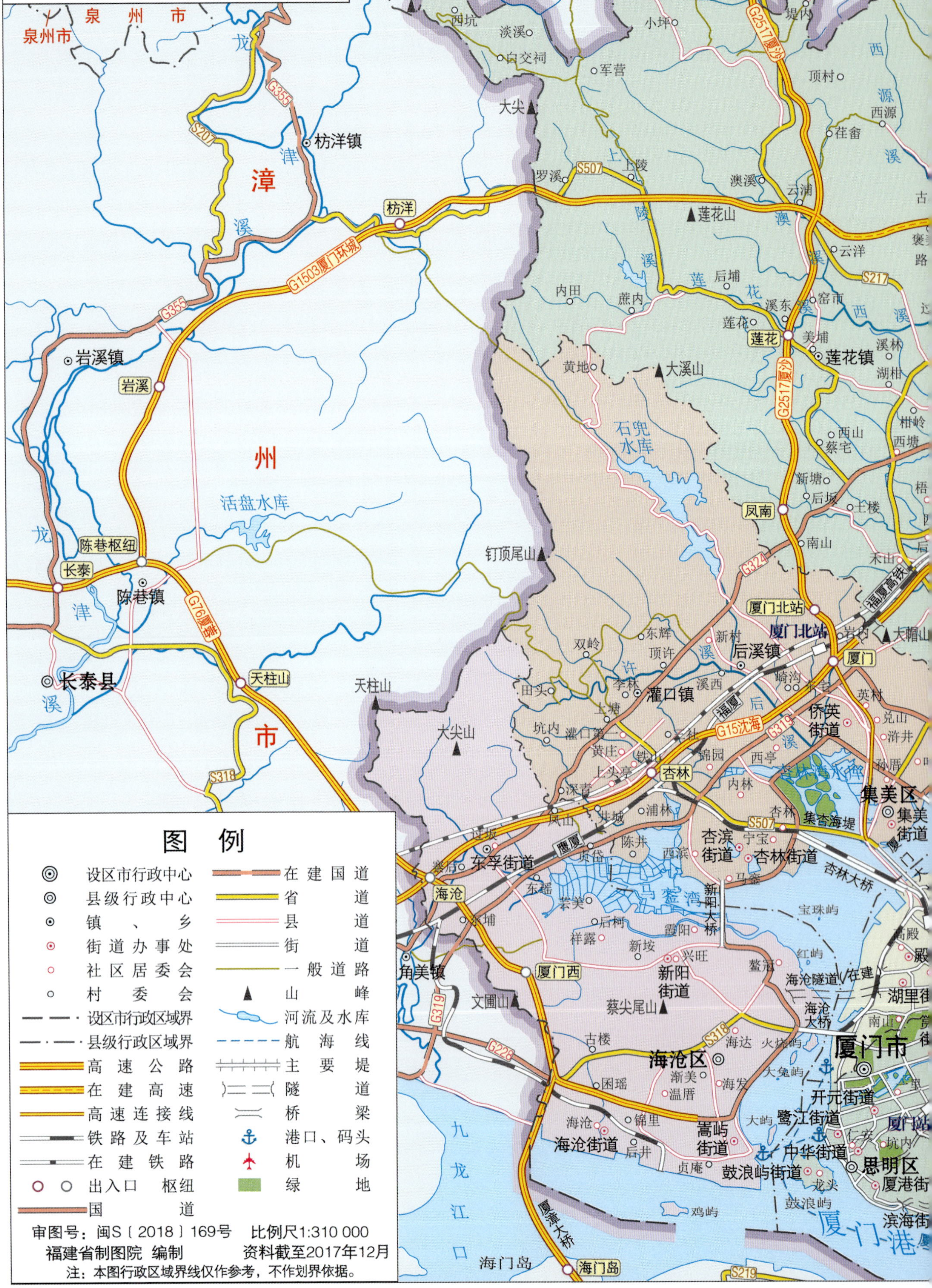
图 例
设区市行政中心
县级行政中心
镇、乡
街道办事处
社区居委会
村委会
设区市行政区域界
县级行政区域界
高速公路
在建高速
高速连接线
铁路及车站
在建铁路
出入口 枢纽
国道
在建国道
省道
县道
街道
一般道路
山峰
河流及水库
航海线
主要堤
隧道
桥梁
港口、码头
机场
绿地
审图号：闽S〔2018〕169号
比例尺1:310 000
福建省制图院 编制
资料截至2017年12月
注：本图行政区域界线仅作参考，不作划界依据。
泉州市
漳州市
厦门市
集美区
海沧区
思明区
长泰县
厦门北站
厦门
杏林
海沧
厦门西
九龙江口
厦门港

泉
州
市
后桥水库
紫帽山
紫帽镇
南安南
G72泉南
邦湖山
G1502泉州环城
G324
新垵水库
芹山
茂
汪前
林
五峰
造水
溪
造
水
溪东水库
汀溪水库
东西尖
柏峰山
官桥
官桥镇
晋江站
福厦
磁灶镇
晋江
内坑镇
内坑枢纽
G1502泉州环城
三秀山
竹坝水库
G1503厦门环城
明溪
古宅
竹山
后亭
金柄
后塘
后垄
溪西
后埔
上厝
军村
店仔
凤路
大帽山
石壁水库
西洋
五显镇
布塘
S213
面前埔
村尾
同街道
下峰
新圩
新圩镇
马塘
郭山
诗坂
水头西
水头
同安区
新厝
东宅
龙泉
鲫山
安海镇
洪塘镇
东寮
西锦枢纽
康浔
苏厝
苏店
庄垵
桂林
水头镇
埔后
三忠
沈井
G15沈海
S209
宫路
琼坑
G324
翔安
内官
美山
龙东
何厝
垵边
曾林
后许
赵岗
莲塘
后垵
浦头
后山头
西柯镇
同美
黎安
新垵
前垵
鸿渐山
福厦高铁
五
东石镇
西柯
吕厝
西炉
内垵
马巷镇
内厝镇
鸿山
官浔
赵厝
亭洋
后滨
舫阳
莲前
后田
马
丙洲
市头
山亭
许厝
同安大桥
后莲
郑坂
S213
黄厝
江
石井
石井镇
新店镇
城场
蔡浦
琼头
井头
朱坑
大宅
翔安区
沙美
东
炉前
陈塘
溪尾
吕塘
茂林
围
咀
东坑
下后滨
霞美
港
洪前
鳄鱼屿
洪厝
东园
珩厝
头
垵山
钟宅
蔡厝
霞浯
G228
莲河
刘五店
浦边
鼓锣
后村
圭屿
小百屿
大百屿
东界
浦园
大嶝大桥
田墘
东埕
湾
大离浦屿
轮渡
西滨
前浯
彭厝
嶝崎
大嶝街道
小嶝
小嶝岛
角屿
江
港
五缘大桥
翔安隧道
欧厝
澳头
大嶝岛
金
门
北
东
水
道
高崎
际机场
钟宅
后屿
禾山街道
草屿
湖里区
五通
厦金航线9.7海里（18千米）
泉金航线14海里（26千米）
照西礁
金山街道
厦门厦金湾直升机场
金山港
何厝
大尖礁
台
莲前街道
前埔
赤礁
厦
北太武山
云顶岩
门
乌礁
湾
土屿
东
鼠屿
金
门
岛
北碇头
隧道
侧
红山
金
泉
州
市
海
水
槟榔屿
门
道
烟屿
道
金门县
九宫码头
小金门岛
水头码头
料罗湾
峡
（33千米）

SHUZI XIAMEN 2018数字厦门

总面积：1700.61 平方千米

常住人口：411 万人

户籍人口：2425251 人

地区生产总值（当年价）：47914131 万元

第一产业：243983 万元

第二产业：19801599 万元

第三产业：27868549 万元

第一、第二、第三产业构成：0.5∶41.3∶58.2

人均生产总值（按户籍人口计算）：202360 元

人均生产总值（按常住人口计算）：118015 元

规模以上工业总值：6392.32 亿元

财政总收入（含上划中央税收）：12832856 万元

财政支出：8924985 万元

固定资产投资额（不含农户）比上年增长：10.1%

社会消费品零售总额：15424224 万元

外贸出口总额（海关数）：5058339 万美元

外贸进口总额（海关数）：4046052 万美元

实际利用外资：172500 万美元

货物运输总量：31659 万吨

港口货物吞吐量：21719.93 万吨

厦门海港口岸集装箱班轮航线：146 条

集装箱吞吐量完成：1070.23 万标准箱

机场旅客吞吐量：2655.34 万人次

空港口岸全年完成安全飞行：19.34 万架次

航空航线：171 条（国际 29 条）

铁路旅客发送量：2796 万人次

国际邮轮靠泊：96 艘次

厦金出入境旅客：174.52 万人次

旅游总收入：1402.12 亿元

接待国内外游客：8900.32 万人次

接待过夜的国内外游客：3968.78 万人次

中资机构人民币各项存款余额：103299792 万元

中资机构人民币各项贷款余额：96626579 万元

境内住户存款余额：26101770 万元

在岗职工年平均工资：85166 元

城镇居民人均可支配收入：54401 元

城镇居民人均生活消费性支出：34929 元

农村居民人均可支配收入：22410 元

农村居民人均生活消费支出：18842 元

居民消费价格总指数：101.8%

境内上市公司数：47 家

境内上市公司总股本：264.45 亿股

各级各类学校（含成人教育、社会办学）：1357 所

在校生数：1052894 人

普通高等学校数：16 所

普通高等学校在校生人数：162459 人

医院数：54 家

医院病床数：15342 张

卫生技术人员：34174 人

全市用电量：269.59 亿千瓦小时

全市供水总量：47187 万吨

XIAMEN LIANGHUI **厦门两会**

2018 年 1 月 5 日，政协第十三届厦门市委员会第二次会议在厦门人民会堂开幕　　（姚凡　摄）

2018 年 1 月 6 日，厦门市十五届人大二次会议在厦门人民会堂开幕　　（王火炎　摄）

CHENGSHI JICHU JIANSHE 城市基础建设

2018 年，厦门市推进国家生态文明试验区建设，推行湖长制，筼筜湖作为市级湖泊，设 1 名市级湖长，由市政府领导兼任。图为筼筜湖及周边的生态美景 （王火炎 摄）

2018 年 2 月 28 日，翔安新机场片区“装配式预制叠合板”综合管廊施工现场。这是开建的全省首条“装配式预制叠合板”综合管廊

（吴海奎　摄）

截至 2018 年 8 月，厦门市建成运营的干、支线综合管廊 43.81 千米，缆线管廊 113.76 千米，纳入管线近 600 千米。依托智慧管廊管控平台，工作人员可以远程监控管廊运行状态

（王协云　摄）

2018 年 1 月 30 日通车的海翔大道与田集连接线立交，实现两条交通主动脉的互联互通　　（吴海奎　摄）

2018 年 5 月 15 日，环岛路（鳌山路 — 高殿二号路段）工程区间隧道顺利贯通（王协云　摄）

2018 年 5 月 25 日，厦门滨湖充电站投运，该站占地面积 2702 平方米，为福建省最大。厦门电动汽车保有量及充电桩数量位居全省第一（王协云　摄）

2018 年 4 月 18 日，在厦门地铁 3 号线双十中学站至五缘湾站区间施工现场，地铁 3 号线岛内首台盾构机始发，标志着 3 号线建设全面提速
（王协云　摄）

2018 年 5 月 4 日，在地铁 2 号线岭兜铺轨基地，轨道施工人员将轨排吊放至铺设区段，完成首节轨排的铺设。厦门地铁 2 号线正式进入铺轨阶段
（王协云　摄）

2018 年 10 月 10 日，地铁 2 号线最长区间——翁角路站—马青路站区间右线贯通，至此翁马区间隧道全线贯通
（王协云　摄）

2018 年 12 月 27 日，地铁 2 号线首批两列车长约 119 米的 6 辆编组型式 B 型车抵达厦门地铁 2 号线东孚车辆段
（王协云　摄）

2018 年 12 月 29 日，地铁 4 号线彭厝北站一蔡厝停车场（出入场线）盾构区间左线贯通
（王协云　摄）

KEJI CHUANGXIN 科技创新

2018 年 1 月 31 日，厦门市第九批拔尖人才代表获颁荣誉证书，有 96 人获拔尖人才称号　　（黄嵘　摄）

2018 年 7 月 25 日，厦门市高新协会高层次人才分会成立　　（姚凡　摄）

厦门市公安交通指挥中心多次升级，以新科技为支撑，完善交管功能，成为市交通排堵保畅的“指挥大脑”。图为 2018 年 6 月 4 日拍摄的厦门市公安局交警支队交通指挥中心大厅
（黄晓珍 摄）

厦门是国内最大的“一站式”航空维修基地，在全国乃至亚太地区都居于领先地位。图为 2018 年 8 月 1 日拍摄的中国（厦门）全球一站式航空维修基地展厅
（王协云 摄）

2018 年 10 月 13 — 15 日，为期 3 天的第四届中国“互联网 +”大学生创新创业大赛冠军争夺赛在厦门大学举行。北京理工大学“中云智车 —— 未来商用无人车行业定义者”获冠军，厦门大学“罗化新材料：全球激光荧光陶瓷的领航者”、北京邮电大学“人工智能影视制作 —— 聚力维度”获亚军，浙江大学“邦巍科技 —— 全球高性能结构材料领跑者”、北京理工大学“枭龙科技 AR 智能眼镜”以及来自国际赛道的加拿大多伦多大学“FlexCap 柔性能源储存”获季军。图为获奖团队在主舞台上亮出证书　（林铭鸿　摄）

2018 年 7 月 5 日，“厦门造”全球首款 L4 级量产自动驾驶巴士金龙阿波龙下线，并销往日本，实现中国自动驾驶电动车的首次“出海”。“阿波龙”由金龙客车携手百度打造　（黄晓珍　摄）

2018 年 9 月 8 日，世界级大跨度、超高层、超大流量 CAFS 移动灭火装备亮相第二十届投洽会。该款全新的灭火装备由厦门厦工机械股份有限公司与某微细泡沫技术公司联合研制　（高万居　摄）

2018 年 9 月 13 日，厦门面向 5G 的车联网 BRT 示范应用项目发布，厦门成为全国首个面向 5G 的商用级智能网联应用城市，厦门 BRT 实现 L2(半自动) 智能辅助驾驶。图为工作人员正在快速公交上测试 5G 智能系统　（王协云　摄）

DUIWAI MAOYI JI
ZIMAO PIANQU

对外贸易及自贸片区

2018 年 1 月 19 日，首趟中欧（厦门 — 布达佩斯）班列驶出厦门自贸片区海沧车站
（厦门国际班列公司　供图）

2018 年 8 月 10 日，厦门金龙客车出口玻利维亚交车仪式在厦门现代码头举行。仪式现场，来宾喷洒啤酒庆祝
（何炳进　摄）

2018 年 12 月 1 日，美国波音公司向中国厦门航空有限公司交付一架波音 737MAX飞机，机上涂装有“2000th BOEING AIRCRAFT for CHINA”（中国第 2000 架波音飞机）的纪念标识

（徐景明　摄）

2018 年 12 月 20 日，厦门港与赣州国际港“同港同价”暨“海丝”班列从厦门出发

（厦门港务控股集团　供图）

2018 年 12 月 24 日上午，“丝路海运”首航船舶“中远泗水”集装箱轮离开厦门港海天码头，标志着国内首个以航运为主题的“一带一路”国际综合物流服务品牌和平台——福建省“丝路海运”启动运营

（王协云　摄）

厦门港集装箱业务积极发挥自身优势，打造国际一流营商环境，持续巩固厦门“一带一路”陆海枢纽城市的地位。图为 2018 年 4 月 10 日拍摄的嵩屿集装箱码头一艘集装箱轮正在装卸作业　　（王协云　摄）

2018 年 11 月 15 日拍摄的厦门自贸试验区电子口岸运行监控中心　　　　　　　　　　　　　　（何炳进　摄）

2018 年 4 月 27 日，厦门自贸片区举行建设发展 3 周年总结评估发布会暨专家座谈会　　　　　　　　（何炳进　摄）

2018 年 6 月 11 日，厦门自贸片区（云创智谷）海外人才离岸创新创业基地正式揭牌，是福建省内首个在自贸试验区建立的海外人才离岸创新创业基地　　　　　　　　（何炳进　摄）

2018 年 7 月 13 日，厦门市入选国务院新设的跨境电子商务综合试验区。图为厦门跨境电商产业园

（自贸区厦门片区　供图）

2018 年 9 月 9 日，在第四届亚太示范电子口岸网络公私对话会上，自贸协定智能优惠关税系统在厦门“单一窗口”上线，为厦门地区的外贸企业提供自贸协定关税优惠及原产地规则查询，帮助企业享受优惠关税

（自贸区厦门片区　供图）

2018 年 9 月 9 日，2018 年厦门自贸片区创新发展机遇说明会在厦门举行，同时举行亚马逊入驻象屿跨境电商产业园签约仪式　　（黄晓珍　摄）

2018 年 9 月 14 日，自贸区厦门片区第 100 架租赁飞机成功交付

（自贸区厦门片区　供图）

2018 年 11 月 2 日，全国首家运用于跨境供应链的区块链贸易金融综合运用平台在自贸区厦门片区上线

（自贸区厦门片区　供图）

DUITAI JIAOLIU **对台交流**

2018 年 5 月 19 日，“全国厦金旅游集散联盟”在厦门市成立，联盟成员包括来自全国 12 个省 25 个地市的 32 家单位。图为联盟成员单位接受授牌

（厦旅集散中心　供图）

2018 年 6 月 5 日，作为第十届海峡论坛的重要配套活动之一，以“新时代 新公益”为主题的第六届两岸公益论坛在厦门海沧举行。开幕式上，“台湾青年在大陆就业创业支持计划”启动

（张奇辉　摄）

2018 年 6 月 4 日，海沧区举行新任台胞社区主任助理上岗仪式，35 名台湾青年上岗。2014 年，海沧区贯彻落实“两岸一家亲，共圆中国梦”要求，依托全国台联在海沧设立的两岸社区交流基地，在全国首创聘用台胞担任乡村社区助理模式（张奇辉　摄）

2018 年 6 月 8 日是全国海洋宣传日，厦门和金门联合在厦金海域开展增殖放流，77 万尾小鱼“游”入厦金海域（林雯　摄）

2018 年 7 月 15 日，“中华颂 · 两岸情”第三届海峡两岸青少年经典诵读邀请赛在厦门青少年宫的红领巾剧场落幕。该次活动历时 2 个多月，收到海峡两岸近 800 个参赛作品，最终 4 个组别共 115 位选手入围决赛

（李振龙、李政　摄）

2018 年 6 月 23 日，2018 海峡两岸郑成功文化节在厦门开幕。图为祭祀现场（王协云　摄）

2018 年 8 月 4 日，游艇“五缘湾壹”号、“海狼”号载着福建省游艇产业发展协会成员单位的 19 名乘客，从厦门五通码头出发，经半个多小时航行抵达金门水头码头，标志着厦金游艇自由行首航成功。5 月，国务院印发《进一步深化中国（福建）自由贸易试验区改革开放方案》，提出“探索推动厦金游艇自由行”，为两岸游艇业合作打开窗口（邵阳　摄）

2018 年 12 月 4 日，2018 两岸企业家峰会年会在厦门国际会议中心举行。图为年会开幕式现场　　（王火炎　摄）

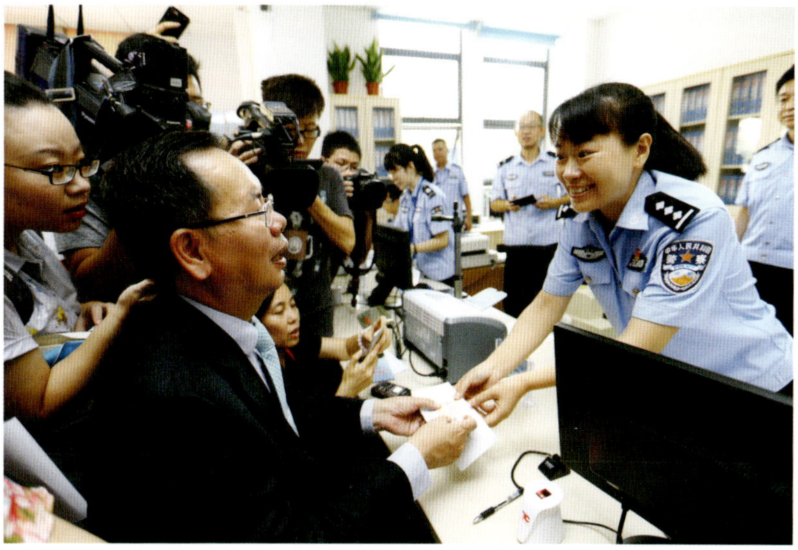

2018 年 9 月 1 日，厦门市台商协会会长吴家莹（左二）从厦门金山派出所民警手中接过申领凭证，成为厦门市首位申领台湾居民居住证的台胞　　（张奇辉　摄）

2018 年 10 月 22 日，厦门金美信消费金融有限责任公司在厦门正式挂牌，这是首家两岸合资消费金融公司，也是全国第 23 家持牌消费金融公司　　（黄晓珍　摄）

2018 年 12 月 5 日，厦门大学两岸金融发展研究中心揭牌
（王火炎　摄）

ZHANHUI LANTAN 展会·论坛

2018 年 3 月 6 — 9 日　第十八届中国厦门国际石材展在厦门举办，展出总面积 18 万平方米，规模全球第一，设置 9300 个国际标准展位，来自 56 个国家和地区超过 2000 家企业参展　　　　（市会展局　提供）

2018 年 4 月 12 日，2018 厦门工博会在厦门国际会展中心开幕。图为展会上的厦工展区　　（姚凡　摄）

2018 年 5 月 26 — 28 日，2018 艺术厦门国际博览会在会展中心举办。展会分为经典艺术区、当代艺术区和公共艺术区三大板块，汇聚来自 11 个国家和地区上千名艺术家的作品。图为公共艺术区展出的艺术装置作品　　（王协云　摄）

2018 年 6 月 6 日，第十届海峡论坛大会在厦门国际会议中心举行
（郑晓东　摄）

2018 年 9 月 7 日，在厦门国际会议中心举行的 2018 海外华商中国投资峰会上，主持人与嘉宾进行对话访谈。该会是“第二十届中国国际投资贸易洽谈会”国际投资论坛重要活动之一
（张奇辉　摄）

2018 年 9 月 7 日，第十七届世界商业领袖圆桌会议举行，主题是“跨境电商发展与区块链应用”

（李晓平　摄）

2018 年 9 月 8 日，第 20 届中国国际投资贸易洽谈会期间，厦门代表团外资签约成果合同项目 53 项，总投资 24.82 亿美元，合同外资 21.98 亿美元，合同项目合同外资签约成果位列全省首位。图为第 20 届投洽会十大产业投资对接区　（吴尔婷　摄）

2018 年 9 月 8 日，第二十届投洽会在厦门国际会展中心举行开馆式　（王火炎　摄）

2018 年 10 月 18 — 22 日，第十三届中国厦门国际佛事用品（秋季）展览会在厦门会展中心举办　　（市会展局　提供）

2018 年 10 月 21 日，第十届中国文化软实力研究高层论坛暨第二届嘉庚论坛在集美开幕，200 多名海内外嘉宾参会 。在为期 2 天的论坛活动中，与会嘉宾围绕“新时代深化改革开放 新友谊共建一带一路”主题展开研讨，为深化改革开放和共建“一带一路”建言献策　　（黄晓珍　摄）

2018 年 11 月 2 日，以“共建共享 携手推进海洋可持续发展”为主题的 2018 厦门国际海洋周在海沧区开幕，国际海洋论坛是海洋周的重头戏。图为 2018 厦门国际海洋论坛开幕式现场

（张奇辉　摄）

2018 年 11 月 2 日，第十一届中国（厦门）国际游艇展览会开幕，现场举行签约仪式

（张奇辉　摄）

2018 年 11 月 25 日，金砖 + 新兴市场国家暨中外会展合作论坛在厦门举行，该论坛是 2018 厦门国际会展周的一项重要内容　　（张奇辉　摄）

2018 年 11 月 26 日，2018 厦门国际会展周的重头戏——国际会展高峰论坛暨海峡会展合作论坛在厦门佰翔五通酒店举办。图为该论坛嘉宾对话环节　　（张奇辉　摄）

2018 年 11 月 30 日至 12 月 3 日，厦门国际汽车展览会在厦门国际会展中心举办。图为车展现场

（张奇辉、黄晓珍　摄）

QITA DASHI XINWEN 其他大事要闻

2018 年 1 月 7 日，2018 建发厦门马拉松赛在“最美赛道”环岛路上开赛，来自 42 个国家和地区的 33239 人参赛。该次马拉松赛采用分枪起跑的发令方式，为国内全程马拉松赛首创。埃塞俄比亚选手德吉那·德比拉和法图玛·萨杜·德尔戈分别获得男子组和女子组冠军（市体育局 供图）

2018 年 1 月 26 日，2017—2018 年度英特尔创新加速器智胜未来创新大赛总决赛在厦门杏林湾大酒店举行，来自重庆清文科技的项目“听博士”夺魁。厦门拥有海峡两岸衔接优势及大力扶持推进创新创业团队落地优惠政策，吸引大批海内外优秀团队和人才入驻，成为该年度大赛落地厦门的关键因素 。图为总决赛现场（吴君宁　摄）

2018 年 3 月 8 日，歌诗达“新浪漫”号首度到厦门并停靠厦门国际邮轮母港，其所执行的航线串联菲律宾、马来西亚、文莱、新加坡、柬埔寨、越南 6 国，是全国首条跨东南亚六国的“一带一路”航线（王协云　摄）

2018 年 4 月 23 日，中国载人航天庆祝 2018 年“中国航天日”主题活动暨第二届海峡两岸青少年航天梦主题活动在位于厦门市集美区杏林湾路 339 号的诚毅科技探索中心启动，以“聚力空间站迈进新时代”为主题，航天员刘旺（前排中）到场并和厦门市第六中学合唱团合唱《茉莉花》（黄晓珍 摄）

2018 年 3 月 16 日，2018 年厦门市首届博士选调生双向选择对接会在厦门帝元维多利亚大酒店举行。该次邀请到厦门参会的博士生 65 人，专业涉及城乡规划、土木工程、桥隧工程等 50 多个领域　　（姚凡　摄）

2018 年 4 月 26 日，第七届厦门网络文化节暨“四十年征程 e 点赞厦门”全媒体接力行启动仪式在海沧举行。图为第七届网络文化节启动现场　　（郑伟明　摄）

2018 年 5 月 1 日，为期 3 天的 FUEG 福建省大学生电子竞技大赛决赛在厦门国际会展中心 A3 厅落幕。图为高校选手在 FUEG 大赛上　（林铭鸿　摄）

2018 年 5 月 7 日，厦门翔安港区海翔码头集装箱内贸干线实现首航　（王协云　摄）

2018 年 5 月 14 日，2018 年度全国“最美家庭”评选活动揭晓，厦门市海沧区林美珠家庭上榜，这是继郑丽娟家庭被评为 2016 全国“最美家庭”后，海沧又一个全国“最美家庭”。图为林美珠（右）正对居民垃圾投放进行分类指导　（郑伟明　摄）

2018 年 5 月 24 日，新加坡胜安航空公司在厦门举行开航 25 周年纪念活动。该公司是第一批在厦门机场开辟国际航线的航空公司，在厦门运营 25 年

（王协云　摄）

2018 年 5 月 25 日，厦门市首个共享职工之家——湖里区“创新园共享职工之家”投用　（林铭鸿　摄）

2018 年 5 月 26 日，厦门首家市级体育集团——厦门路桥体育产业集团在五缘湾音乐岛举办成立大会，并在现场分别与集美大学体育学院、中国赛艇俱乐部联盟签订战略协议。图为现场的水上特技表演

（王火炎　摄）

2018 年 6 月 2 日，联发 2018 海峡两岸（集美）龙舟文化节暨“嘉庚杯”“敬贤杯”海峡两岸龙舟赛在厦门集美龙舟池开幕。“嘉庚杯”“敬贤杯”海峡两岸龙舟赛事自 2011 年升级为海峡两岸（集美）龙舟文化节，2017 年纳入海峡论坛，成为海峡两岸文化交流、传承的重要平台。该龙舟文化节是第十届海峡论坛的首场活动

（张奇辉、黄晓珍　摄）

2018“嘉庚杯”“敬贤杯”海峡两岸龙舟赛
扩大民间交流 深化融合发展
联发集团
联发2018海峡两岸（集美）龙舟文化节
华侨大学
1
GACY
国安船業

2018 年 6 月 19 日，海外华侨华人社团厦门联络总部启用仪式在厦门市港澳中心举行。该联络总部设立在国内属首创
（市外侨办　提供）

2018 年 9 月 10 日，厦门市地方金融协会揭牌。该协会成为全国副省级城市中首个承担跨金融行业自律和行业服务职能的地方性金融行业组织
（黄晓珍　摄）

2018 年 9 月 20 日，福建省内海拔最高的电动汽车充电站在同安区军营村投运　（陈小林　摄）

2018 年 9 月 23 日，厦门至香港首趟高铁列车 G3003 次正在上客　（王协云　摄）

2018 年 10 月 27 日，厦门日报社“工商银行杯”第十八届读者节在白鹭洲举行　　　　（王火炎　摄）

18
2001-2018
主办单位：
协办单位：
ICBC 中国工商银行

2018 年 11 月 1 日，2018 中国（厦门）商人节开幕大会在厦门国际会议中心举行。在开幕式现场，厦门总商会、全港各区工商联合总会、香港观塘工商业联合会、新加坡华源会等 22 家商会共同签约成立“海丝”城市商会联盟
（黄嵘、张奇辉　摄）

2018 年 11 月 3 日，红点设计博物馆·厦门开馆。该馆由厦门高崎国际机场原 2 号航站楼改造而成，是红点继德国、新加坡后设立的全球第三家博物馆，也是全球规模最大的红点设计博物馆
（王火炎　摄）

2018 年 11 月 3 日，第十一届“大洲杯”厦门国际风筝节开幕，各色风筝在观音山梦幻海岸黄金沙滩放飞。该届风筝节是 2018 厦门国际海洋周的配套活动之一 （吴尔婷　摄）

2018 年 11 月 10 日，厦门市人民政府与中国电影家协会签约，厦门成为 2019 年第二十八届中国金鸡百花电影节暨第三十二届中国电影金鸡奖终评和颁奖典礼的举办地。当晚，在佛山举行的第二十七届中国金鸡百花电影节闭幕式上，厦门接过金鸡百花电影节节旗

（郑晓东　摄）

2018 年 11 月 15 — 18 日，第十一届厦门国际动漫节在厦门集美举办。该届动漫节围绕“赛、会、展”（即“金海豚”动漫作品大赛、动漫游戏商务大会、动漫游戏嘉年华）三大板块，打造丰富多彩的主题活动。图为动漫节的主舞台现场

（林铭鸿　摄）

2018 年 11 月 25 日，2018 厦门（海沧）国际半程马拉松赛在厦门自贸片区海沧园区鸣枪开赛

（何炳进　摄）

2018 年 12 月 4 日是第五个国家宪法日，厦门市开通首趟宪法地铁专列，多种法治元素布满列车两侧广告栏、座椅等处

（林铭鸿　摄）

2018 年 12 月 6 日，厦门、漳州、泉州、三明、龙岩五市闽西南协同发展区人大工作联席会议在厦门召开。图为会议现场

（黄少毅　摄）

采编设计：孙志红　审稿：李志宏　白延蜻　校对：阳晓儒

总　目

目 录

4. 资源·环境

5. 城乡建设与管理

6. 政党·政权

7. 群众团体

8. 外事·侨务·港澳台事务

9. 法　　治

10. 军　　事

11. 经济管理与监督

12. 财政·税务

13. 口岸管理

14. 开放・开发

15. 农业·水利

16. 工　　业

17. 交通·物流·邮政

18. 信息化与通信保障

19. 商贸 · 会展

20. 旅 游 业

21. 金 融 业

22. 民营经济

23. 科学技术

24. 社会科学

25. 教　育

26. 文　　化

27. 医疗卫生·体育

28. 社会·民生

29. 市 辖 区

30. 人物 · 名录

31. 附　录

32. 索　引

Contents

7. Mass Organization

8. Foreign Affairs, Overseas Chinese Affairs & Hong Kong, Macao and Taiwan Affairs

9. Government by Law

10. Military Affairs

11. Economic Management & Supervision

12. Finance & Taxation

13. Port Management

14. Opening & Development

15. Agriculture & Water Conservancy

16. Industry

17.Transportation, Logistics & Postal Service

18.Informatization and Communication Support

19. Trade & Exhibition

20. Tourism

21. Financial Industry

22. Private Economy

23. Science and Technology

24. Social Sciences

25. Education

26. Culture

27.Medical and Health & Sports

28. Society & the People's Livelihood

29. Administrative Districts of Xiamen

30.Figures & Name Index

31. Appendix

32. Index

(Translated by Yijuan Ji)

审　稿：白延蜻
校　对：孙志红

市委常委会工作报告

（2018 年 12 月 28 日在中共厦门市委十二届八次全会上）

庄稼汉

受市委常委会委托，向全会报告一年来的工作。

一年来，在以习近平同志为核心的党中央坚强领导下，市委以习近平新时代中国特色社会主义思想为指导，深入学习贯彻党的十九大和十九届二中、三中全会精神，全面贯彻落实习近平总书记对福建、厦门工作的重要指示精神，认真按照党中央、国务院和省委省政府决策部署，统筹推进“五位一体”总体布局和协调推进“四个全面”战略布局，坚持稳中求进工作总基调，坚持新发展理念，坚持高质量发展落实赶超，坚持以供给侧结构性改革为主线，坚持深化改革扩大开放，团结带领全市干部群众，抢抓机遇、攻坚克难，充分发挥金砖会晤效应，大力实施“双千亿”工作，积极牵头推进闽西南协同发展区建设，扎实推动经济、政治、文化、社会、生态文明建设和党的建设取得了新成绩。预计今年全市生产总值增长 7.6%，规上工业增加值增长 8.7%，固定资产投资增长 10%，财政总收入增长 8%，地方级财政收入增长 8.2%，城乡居民可支配收入增速高于经济发展速度，营商环境竞争力居全国试点评价第二，经济发展质量效益稳步提升，发展新动能加快成长，民生福祉持续改善，社会保持和谐稳定。

一、深入学习贯彻习近平新时代中国特色社会主义思想和党的十九大精神，坚持党对一切工作的领导

市委把学习宣传贯彻习近平新时代中国特色社会主义思想和党的十九大精神作为首要政治任务，强化“四个意识”，坚定“四个自信”，坚决维护习近平总书记党中央的核心、全党的核心地位，坚决维护党中央权威和集中统一领导，把坚持党的领导贯彻和体现到改革发展稳定各项工作中，不断加强和改善党的领导。一是坚持把党的政治建设摆在首位。坚决贯彻落实党中央关于加强党的政治建设各项决策部署和《中共中央政治局关于加强和维护党中央集中统一领导的若干规定》精神，坚持以党的政治建设为统领，把党的政治建设摆在首位，不断提高党把方向、谋大局、定政策、促改革的能力和定力，确保各项事业始终沿着正确政治方向前进。深入学习贯彻中央有关文件精神，认真做好习近平总书记重要指示批示精神，特别是习近平总书记对福建、厦门工作的重要指示批示贯彻落实情况“回头看”工作。教育引导全市各级党组织和广大党员干部不断增强“四个意识”，坚定“四个自信”，坚决做到“两个维护”，持续强化对党中央、对习近平总书记的政治认同、思想认同、情感认同，始终把维护以习近平同志为核心的党中央权威和集中统一领导作为最大的政治、最重要的纪律，坚决做到忠诚核心、拥戴核心、维护核心、捍卫核心，不断提高政治敏锐性和鉴别力，严守党的政治纪律和政治规矩，始终在政治立场、政治方向、政治原则、政治道路上同以习近平同志为核心的党中央保持高度一致，全力推动党中央决策部署在厦门落地生根、开花结果。二是持续兴起习近平新时代中国特色社会主义思想“大学习”热潮。市委把习近平新时代中国特色社会主

义思想作为政治信仰和行动指南，紧密结合贯彻落实习近平总书记对福建、厦门工作的重要指示精神，努力在学懂弄通做实上下功夫，扎实推进新思想“大学习”活动往深里走、往实里走、往心里走。注重领导带头学习，发挥示范作用。健全中心组学习制度，把政治学习作为第一议题，集中开展市委中心组学习 20 余场，召开市委学习习近平新时代中国特色社会主义思想汇报会，市委班子成员带头上党课，分头深入基层一线宣讲，举办市管干部研讨班、专题班，开展市委中心组与驻厦陆军第 73 集团军军地理论联学。注重搭建载体平台，提高学习实效。把习近平新时代中国特色社会主义思想作为“两学一做”学习教育常态化制度化的首要内容、党校授课重中之重，以及“三会一课”的主题主线落实到每个支部、每名党员，发挥“厦门党建 e 家”等新媒体作用，形成全方位、多层次、多角度的学习格局。开展 2 轮处级以上干部集中轮训，科级及以下干部累计轮训 12700 多人次。注重加强宣传引导，营造浓厚氛围。在市属媒体集中开辟学习专栏专题，引导全市人民把思想和行动统一到习近平新时代中国特色社会主义思想上来。深入学习宣传新华社长篇通讯《习近平同志推动厦门经济特区建设发展的探索与实践》，大力弘扬习近平总书记当年领导和推动厦门经济特区改革开放展现的敢为人先、开拓创新的改革精神，真抓实干、敢于负责的担当品质和以人为本、真挚深厚的为民情怀，切实转化为推动各项事业发展的强大动力。三是坚持以新发展理念科学谋划提升新时代厦门发展思路。以习近平新时代中国特色社会主义思想为指导，认真践行习近平总书记关于“办好一个会、搞活一座城”的重要指示精神，把习近平总书记在厦门工作时留下的科学理念、宝贵经验和优良作风当作做好各项工作的最大优势，牢牢把握中央关于经济特区“要成为改革开放的重要窗口、试验平台、开拓者、实干家”的新要求，全面贯彻落实中央、省委一系列决策部署和工作要求，坚持新发展理念，进一步完善提升了坚持高质量发展落实赶超，加快建设高素质高颜值现代化国际化城市，勇当新时代中国特色社会主义排头兵的思路举措。围绕加快产业转型升级，出台实施《关于新时代新起点建设高素质创新创业之城高颜值生态花园之城的意见》《关于坚持高质量发展落实赶超建设高素质高颜值现代化国际化城市的意见》，大力推进“双千亿”工作。围绕推进体制机制创新，持续打造国际一流营商环境，大力推进自贸试验区、自主创新示范区建设。围绕积极推动以开放合作提高国际化水平，出台实施加快建设“一带一路”战略支点城市的意见，积极融入“一带一路”建设，在更高起点上实施“引进来”和“走出去”战略。围绕对台先行先试，深入开展深化对台融合等重点专题蹲点调研，出台大陆首个地方“惠台 60 条”，更好担负服务国家战略的重大使命。大兴调查研究之风，出台进一步加强和改进调查研究的实施办法，完成《“金砖会晤”后的厦门发展研究》重大系列专项课题研究，系统提升新时代厦门发展理念和思路。

二、坚决打好三大攻坚战，夯实全面建成小康社会基础

按照中央、省委省政府部署要求，把打好三大攻坚战作为重大政治任务来抓，坚持目标导向和问题导向相统一，明确责任主体，聚焦重点精准发力，推动三大攻坚战取得新进展。一是打好防范化解重大风险攻坚战。加强重点领域金融风险风范，率先开发运行地方金融风险防控预警平台，建立全市信贷风险化解工作联席会议制度，持续推动化解不良贷款；深化互联网金融风险专项整治，清理整顿现金贷、校园贷、互联网资产管理，非法集资重点领域风险排查力度持续加大。出台风险应急处置预案，清查核实隐性债务，确保政府债务风险安全可控。坚持房子是用来住的、不是用来炒的定位，坚决落实稳定房地产市场政策措施，积极推进住房租赁试点，开展房地产市场专项检查，稳定市场预期，维护房地产市场平稳健康发展。二是打好精准脱贫攻坚战。坚决扛起对口支援、东西部扶贫协作，省内挂钩帮扶政治责任，紧扣“两不愁三保障”，落实各级财政性帮扶资金超 7.6 亿元，围绕产业协作、劳动力转移、民生保障等领域开展精准帮扶，输转劳动力 3459 人，带动贫困人口就地就近就业 4046 人，助力甘肃临夏州临夏市率先脱贫摘帽，在国家东西部扶贫协作年度考核中位列东部城市首位，省内 3 个山海协作园区进入全省考评前五名。三是打好污染防治攻坚战。认真抓好中央和省环保督察反馈问题整改落实，不断巩固整改成果、扩大战果。狠抓大气污染防治，空气质量优良率在全国 169 个城市排名第二。全面推行河（湖）长制，建成“河畅、水清、岸绿、景美”安全生态水系 155.2 公里。集中式饮用水源水质达标率保持 100%，城市生活污水集中处理率 95.4%，六处黑臭水体治理通过国家验收。实施土壤污染防治行动计划，危险废物规范化管理水平位居全省前列，危险废物处置利用率超 96%。

三、大力实施“双千亿”工作，加快推进高质量发展落实赶超

切实把发展经济的着力点放在实体经济上，以持续打造千亿产业链（群）和实施千亿投资工程的“双千亿”工作为抓手，贯彻新发展理念，建设现代化经济体系，推动高质量发展落实赶超。一是创新发展能力不断提升。深入实施创新驱动发展战略，经济创新力、竞争力持续增强。预计全市工业行业增长面达 82.9%，规上工业效益指数 251.3，同比提高 12.9 个点，全市税收增量一半以上来自新经济新业态。自主创新示范区建设在全省考评中获得第一，累计推出创新事项 89 项，落地产业科技项目 268 项，火炬高新区国家双创示范基地受国务院办公厅表彰。全市研发投入占 GDP 比重 3.4%，比去年提高 0.13 个百分点；每万人有效发明专利为全国 2.4 倍，获评我国知识产权事业重大进展和突出成就典型城市；国家级高新技术企业达到 1425 家，规上高新技术产业增加值占全市规上增加值比重 68.1%，高新技术成果转化项目增长 70%。设立火炬美国硅谷孵化器、厦门自贸片区海外人才离岸创新创业基地等一批离岸孵化器，成功举办第七届中国创新创业大赛厦门赛区赛事。二是现代产业体系加快构建。把加快产业转型升级作为适应和引领经济发展新常态的主攻方向，做强做大优势产业链，计算机与通讯设备、机械装备、文化创意等 3 条千亿产业链群产值突破千亿。先进制造业迈向集聚化高端化智能化，天马 5.5 代 AMOLED 显示面板、厦钨稀土永磁电机产业园、戴尔拓展等高端制造业集聚发展，ABB 厦门工业中心建成投用，计算机与通讯设备产值增长 18%，获评全国首批服务型制造示范

城市，我市“推动‘中国制造2025’、促进工业稳增长和转型升级”做法获国务院办公厅通报表扬。现代服务业快速发展，两岸股权交易中心挂牌企业2261家，中金资本、京东金融等项目落户两岸金融中心，我市在全国服务外包示范城市评比中名列第六。预计全年接待境内外游客8900万人次，旅游会展业收入增长17.8%，获评“国内十佳旅游目的地”。战略性新兴产业快速成长，半导体和集成电路、软件和信息服务、生物医药与健康、新材料等战略性新兴产业产值（或收入）分别增长25%、16.9%、20%和18%。集成电路形成全产业链，产值规模居全国第六。美图、四三九九等4家企业入选2018年中国互联网企业百强。三是供给侧结构性改革不断深化。认真落实“三去一降一补”，打好精准施策降成本组合拳。全年累计为企业减税降负超300亿元。金融体系服务实体经济能力不断增强，小微企业信贷风险补偿比例提高到70%，科技企业平均融资成本降低40%。加大产业平台、基础设施、民生服务等补短板力度，今年来推进各领域补短板项目共计728个，完成投资496亿元。积极有效应对中美经贸摩擦，制定并及时兑现精准帮扶政策，完善应对机制，支持涉税企业开拓市场、加快转型升级，把我市所受影响控制在有限范围。四是有效投资持续扩大。坚持项目带动，增强经济发展后劲，省重大、重点在建项目均超过同期投资计划，新增“五个一批”项目1126个、总投资超万亿元。围绕产业链建设招大商、引优资，完善市级统筹招商工作机制，加大平台招商、驻点招商、国企招商等力度，推动天马5.5代AMOLED等6个央企项目落地，成功引进壳牌石油福建省零售业务总部、联芯集成电路、趣店集团、神州优车、瑞幸咖啡等企业总部。大力扶持民营经济，修订完善我市促进民营经济健康发展若干意见，民营企业发展环境进一步优化。

四、全面深化改革扩大开放，进一步增强市场活力和发展动力

全面贯彻落实习近平总书记关于全面深化改革、扩大开放的一系列重要指示精神和在中央全面深化改革委员会历次会议上的重要讲话精神，认真学习贯彻习近平总书记在庆祝改革开放40周年大会上的重要讲话精神，把贯彻落实中央赋予的改革任务和积极探索创新有机结合，努力当好改革开放的重要窗口、试验平台、开拓者、实干家。一是自贸区改革试验取得新突破。坚持把制度创新作为核心任务，片区累计集成推出361项创新举措，其中63项全国首创，22项在全国复制推广，是国内第一大一站式航空维修基地、融资租赁累计引进飞机超百架，重点产业平台集聚带动效应进一步增强，获批设立国家跨境电商综合试验区、国家文化出口基地、汽车整车进口口岸。口岸降本增效成效明显，通关时间压缩比居沿海十大关区第一，口岸政府性收费降至大陆口岸最低，经验在全国推广。积极推进“双自联动”，形成集成电路产业链平台式保税监管新模式等13项可复制推广的集成创新政策举措。二是重点改革取得新成效。持续打造国际一流营商环境，纵深推进“放管服”改革，取消、下放审批服务事项77项，取消129项审批特殊环节事项，实现“三十五证合一”，推进首批106项“证照分离”改革，创新“一会四函一书”模式，助力财政性投融资重大重点项目审批提速。全国工程建设项目审批制度改革试点工作座谈会在厦召开，厦门经验获国务院办公厅通报表扬。深化“互联网＋政务”服务模式，93%的审批事项实现“一趟不用跑、最多跑一趟”，网上可办率达97.7%。深化社会信用体系建设，获评全国社会信用体系建设示范市，综合信用指数在全国省会及副省级以上城市排名第二。深化国企国资改革，新增混合所有制企业131家，国有资本投资运营试点稳步推进。三是全方位对外开放迈出新步伐。成功举办第二十届投洽会，习近平总书记专门发来贺信。积极发展更高层次的开放型经济，加快构建全面开放新格局，外贸综合竞争力居全国第五，今年来实际使用外资超百亿元，占全省36.8%。“一带一路”战略支点作用更加凸显，设立全国首支由地方政府主导的海丝投资基金，海丝沿线国家对我市投资增长81.3%。深化“海丝”“陆丝”无缝对接，开通“一带一路”海运航线53条，中欧班列开行177列，增长42.7%。城市国际化水平持续提升，厦门港集装箱吞吐量对高雄港领先优势进一步扩大。厦门空港境外航线数35条，出入境旅客吞吐量增长10.2%。国际化公共配套和服务环境进一步提升，获批外国人144小时过境免签政策，在厦常住外籍人士超7500人，海归人才超万人。四是厦台融合发展再上新台阶。发挥对台战略支点作用，深化两岸交流合作综合配套改革，促进厦台集成电路、智能制造、文创等特色产业深度对接。率先贯彻中央、省惠台政策，出台“惠台60条”措施并全部落实，有力促进台胞台企实现同等待遇，台胞申办台湾居民居住证数量居大陆城市第一，率先实现台湾青年入住公租房，新增3家国台办授牌的两岸青年就业创业基地和示范点，在厦就业创业台青达3200多人，58名台胞任社区主任助理。深入开展“台商台胞服务年”活动，成立6个深化台商台企服务专项工作小组，全市累计批准台资项目6763个，累计实际使用台资108.2亿美元。增强对台湾人才吸引力，首创台湾特聘专家专才制度，已评选195名；实施赴台征才“千人计划”，共引进台湾人才500多名，厦航两批共招募184名台籍空乘人员。成功举办第十届海峡论坛、2018两岸企业家峰会年会等重大两岸交流活动。厦金“小三通”出入境旅客143.4万人次。

五、纵深推进跨岛发展，持续提升城市的功能品质和辐射带动力

深入实施跨岛发展战略，坚持高起点高标准高层次高水平，大力推进协调发展，持续增强城市发展的系统性协调性，城市承载力、宜居度和带动力不断提升。一是不断提升岛内外一体化水平。出台进一步加快推进跨岛发展的意见，全面加大对岛外产业、基础设施、新城建设、乡村振兴、民生保障、城市有机更新等领域投资力度，岛外固定资产投资占全市75%。坚持产城融合，集美、马銮湾和环东海域新城、丙洲和美峰现代服务业基地、同翔高新产业基地等岛外新城和产业基地建设全面铺开。轨道交通、“两环八射”快速路网、翔安新机场、地铁2、3、4、6号线建设加快，“一岛一带多中心”格局加快构建。二是持续加强城市管理。加快“城市双修”，对1250栋街区建筑实施立面改造，完成老旧小区改造156个，拆违441.3万平方米，夜景照明补缺提升工程持续推进，城市品

位显著提升。生活垃圾分类工作位列全国46个重点城市首位，厕所革命经验做法获全国旅游厕所建设现场会推广，确立“门前三包”分级管理机制，背街小巷市容环境明显改善。三是大力实施乡村振兴战略。出台乡村振兴战略实施意见和五年规划，以及城乡融合、都市现代农业提升等15个三年行动计划，策划生成乡村振兴项目988个、总投资1074.4亿元。大力发展特色农业和乡村游，推动农村一二三产融合发展，多渠道促进农民转产增收，7家企业进入全国农业产业化龙头企业500强，农村居民人均可支配收入总量稳居全省第一。30个美丽乡村建设进展顺利，2个村庄入选中国美丽休闲乡村。四是积极推进闽西南协同发展区建设。按照省委省政府的统一部署，牵头制定关于加快推进闽西南协同发展区建设的《意见》和《合作章程》，设立闽西南协同发展区办公室，建立务实紧密协作机制。牵头在厦门召开闽西南协同发展区联席会议第一次会议。加强项目策划生成，启动第一批重大（重点）项目22个，总投资3378.5亿元。深化重大平台、项目、载体相关机制政策研究，形成滚动接续项目推进态势，努力打造新的区域增长极。

六、扎实推进社会主义民主政治建设，积极营造团结和谐的政治局面

深入学习贯彻习近平总书记关于推进社会主义民主政治建设重要论述，坚持党的领导、人民当家作主和依法治国有机统一，大力支持各级人大、政协和统战部门履行职能、开展工作，不断加强社会主义民主政治建设，安定有序的政治局面更加巩固。一是支持人大依法履职。深入学习贯彻习近平总书记关于坚持和完善人民代表大会制度的重要思想，坚持党对人大工作的领导，把人大工作纳入总体工作布局，充分发挥人大独特优势和重要作用。发挥人大立法主导作用，审议《社会信用条例》等16部法规草案。支持人大围绕推进“双千亿”、建设自贸片区等市委中心工作依法行使监督权。共出台决议决定8项，听取专项工作报告20项，开展5部法律法规执法检查和3项专题询问，任免国家机关工作人员52人次。二是加强政协协商民主建设。深入学习贯彻习近平总书记关于加强和改进人民政协工作的重要思想，落实中央关于加强人民政协工作的意见精神，加强和改进政协党的建设，支持政协充分发挥协商民主重要渠道和专门协商机构的作用，聚焦建设高素质高颜值现代化国际化城市开展4次专题协商，围绕垃圾分类减量、保障性住房、中小学学位等民生重点开展民主监督，并首次以政协常委会形式开展重点提案协商式评议监督，全年立案532件，编发近600篇信息反映社情民意，促成一批群众反映强烈的热点难点问题解决。三是加快建设法治厦门。全面落实依法治国基本方略，强化顶层设计和责任分工，制定法治厦门建设2018年工作要点。实施《厦门市国家工作人员宪法宣誓办法》，落实宪法宣誓制度。围绕建设法治政府目标，率先推行行政执法公示、执法全过程记录和重大执法决定法制审核制度，“打造多规合一厦门样本深化审批制度改革创新”项目获第五届“中国法治政府奖”提名奖。深化司法体制机制改革、繁简分流和调解速裁机制改革，完成检察机关自侦部门职能划转和机构人员转隶，规范检察机关与监察委工作衔接。开展宪法宣传日、宣传周，开通地铁“宪法专列”，持续开展“七五”普法，营造尊法守法氛围。四是扎实推进机构改革。严格落实中央、省委关于深化党和国家机构改革重大部署，成立市委机构改革工作协调小组，于今年8月启动机构改革工作，多次召开市委专题会研究部署。本着既严格遵循中央、省委要求，又立足实际情况的原则制定我市改革方案，已经省委同意并通过中央备案审核。五是巩固发展爱国统一战线。深入学习贯彻习近平总书记关于加强和改进统一战线工作重要论述，牢牢把握统战工作的正确方向。召开无主题政党协商座谈会、全市知情参政对接会和市委党风廉政建设情况通报会，向各民主党派、工商联和无党派人士通报市委、市政府重点工作，以及党风廉政建设和反腐败工作，支持民主党派、无党派更好参政议政。出台《党政领导与企业家恳谈会制度（试行）》，为建立“亲”“清”新型政商关系提供制度保障。举办2018中国（厦门）商人节，弘扬优秀企业家精神，引导非公有制经济“两个健康”发展。广泛开展民族团结进步宣传月和民族团结进校园等活动，促进民族融合。开展中央宗教工作督查组迎检和宗教工作自查，加强宗教事务管理。大力弘扬嘉庚精神，以纪念陈嘉庚先生创办集美学校105周年和陈嘉庚纪念馆开馆10周年为契机，开展嘉庚精神宣传月系列活动，启动首届“厦门嘉庚文化周”。积极拓展港澳台和海外统一战线，完善港澳乡情数据库，开展与港澳台地区青年和基层组织交流，全国首创设立海外华侨华人社团厦门联络总部，实现来自35个国家和地区的59家侨团入驻。六是持续提升双拥工作水平。全面贯彻落实党中央、国务院、中央军委关于做好新时代双拥工作、促进军民深度融合的部署，巩固军政军民团结成果。加大军转干部安置力度，预计全年接收安置军转干部969人，同比增加22.3%，做好随军家属就业安置，落实军人子女教育优待政策，解决部队官兵“三后”问题。支持部队全面停止有偿服务改革，1234个终止回收类项目全部完成，其他91个项目如期完成阶段性停偿任务。健全为部队办实事常态化机制，安排军地投入137万元。

七、加强宣传思想文化工作，广泛凝聚改革发展正能量

深入学习贯彻习近平总书记关于宣传思想工作重要论述，坚持举旗帜、聚民心、育新人、兴文化、展形象，严格落实意识形态工作责任制，牢牢把握政治方向，强化思想引领和舆论引导，巩固团结奋斗的共同思想基础。一是持续强化理论武装工作。坚持用马克思主义中国化最新成果武装头脑，引导党员干部群众坚定道路自信、理论自信、制度自信、文化自信。制定《进一步开展习近平新时代中国特色社会主义思想“大宣讲”工作实施意见》，打造全方位、多角度立体化宣传格局。组建理论宣讲轻骑兵1520余支，用群众喜闻乐见的鲜活形式开展习近平新时代中国特色社会主义思想主题宣讲5100余场次，直接受众27.3万余人次，组织党员学习宣讲8.2万多场次；在宣传深度和广度上下功夫，开设“厦门理论在线”网站，以及厦门日报“理论在线”专版、微信、微博公众号，在全社会持续兴起宣传热潮。坚持在落细落小落实上下功夫，大力培育和践行社会主义核心价值观，深化中国特色社会主义和中国梦宣传教育。二是大力弘扬新时代改革开放主旋律。按照中央关于庆祝改革开放40周年宣传工作总体部署，积极对接

人民日报、新华社等央媒，刊发厦门改革开放40周年经验成就重磅报道，被130多家媒体转载报道2000多篇次，有力提升厦门改革开放经验影响力。立足本市营造浓厚宣传氛围，组织开展“庆祝改革开放40周年”系列主题宣传活动进社区、农村、学校、机关、企业；举办庆祝改革开放40周年专题图片展；依托主流新闻媒体和属地网站平台持续推出新闻报道，创作一批反映我市改革开放成就的融媒体作品和主题鲜明的文艺精品，以生动的事实、伟大的成就、成功的经验，激发广大干部群众积极投身新时代改革开放伟大事业的巨大热情。三是牢牢把握意识形态工作领导权。旗帜鲜明坚持党管宣传、党管意识形态，严格落实意识形态工作责任制。召开全市宣传思想工作会议，部署落实意识形态工作责任制各项任务，对6个区和76家市直单位落实意识形态工作责任制情况统一督查考核，加强结果运用，及时通报反馈，督促整改提升。贯彻落实新闻发布制度，对在突发事件、敏感舆情应对处置中落实意识形态工作责任制作出明确规定。组织市属主要媒体开展舆论导向和意识形态工作责任制自查自纠，制定论坛、会议管理意见，守好新闻媒体、高校、社科、网络、基层文化等意识形态阵地。四是扎实推进文化强市建设。加大优质公共文化服务供给，公共文化服务体系标准化均衡化建设水平等指标居全国前列。下发《关于认真学习贯彻习近平总书记重要指示进一步加强全市文化遗产保护利用传承工作的通知》，成立鼓浪屿文化遗产保护委员会，推进鼓浪屿文化遗产及全市文物保护工作，传承好历史文脉。培育和弘扬社会主义核心价值观，全国首创在市青少年宫新学期第一课开设“小小党课”，广泛开展“扣好人生第一粒扣子”主题教育实践活动，从小培养青少年爱党爱国情怀，树立正确人生观价值观。注重以文化人，建成社区书院279家，启动新时代文明实践中心试点工作，深入调研区级融媒体中心建设，制定促进文化产业发展18条政策，我市获第28届中国金鸡百花电影节举办权，全国体育产业发展大会在我市召开。五是打造全国文明城市标杆。坚持把文明创建作为“一把手”工程，高质量抓好新一轮文明城市创建工作。加强机制建设，制定文明行为记录制度实施意见，建立社会文明信息管理系统。注重工作落实，坚持每周开展重难点问题专项督查，问题整改率达98%。坚持全民动员，开展文明创建“随手拍 大家评”活动，调动群众力量曝光不文明行为。启动地铁文明联盟，开展“礼让斑马线、文明过马路”活动，以文明交通促安全出行。加强志愿服务制度化建设，共65万注册志愿者和3500多支志愿团体参与了1.4万个志愿服务项目。

八、着力保障和改善民生，不断增强群众获得感幸福感安全感

坚持以人民为中心的发展思想，持续推进为民办实事工作，加快补齐住房、教育、卫生、交通等人民群众最关心的民生短板，加大就业和社会保障力度，建设最具安全感城市，提升共享发展水平，不断满足人民群众日益增长的美好生活需要。一是加快补齐民生社会事业短板。坚持供需两端发力加强住房保障。新开建保障性住房2.8万套，2020年前建设10万套保障性住房的目标目前已完成6.92万套；受理保障房意向登记1.6万户，为去年受理量三倍，是保障房政策实施以来受理量最多、供应房源最多、保障范围最广的一年。优化教育资源配置提升教育绩效。新增2.75万个学位，厦门一中海沧校区和科技中学翔安校区建成招生，义务教育质量学业成绩等7项指标居全省第一。继续提供优质医疗资源，建成弘爱医院、厦门大学附属翔安医院、市心血管病医院等一批重点医疗项目，复旦中山厦门医院派驻上海专家120余人，国家健康医疗大数据中心和产业园引进一批有实力的健康大数据企业。实施“畅通工程”，公交机动化出行分担率44.3%，预计全年新增公共停车泊位超万个。开展健康老龄化行动，每千名老年人养老床位35.4张，已达国家2020年标准，社区助老员覆盖率达91%。二是加强就业和社会保障。针对高校毕业生、农村富余劳动力、就业困难群体和失业人员等重点群体，提升就业服务精准性。预计今年全市城镇新增就业18.7万人，完成年度计划116.8%，城镇登记失业率3.3%。实施全民参保登记动态管理，基本养老、工伤、失业保险参保人数稳步增长，企业退休人员月人均基本养老金3526元，城乡居民月人均基础养老金290元。强化兜底帮扶，特困人员、低保对象慰问标准升至每人每年1300元，首次将低收入家庭纳入基本生活保障范围。三是平安厦门建设成效显著。深入开展扫黑除恶专项斗争，扎实抓好中央督导组反馈问题整改。今年来共查办黑恶团伙25个，刑拘团伙成员410人，立案查处涉黑涉恶腐败和“保护伞”案件41件48人，问责79人，群众满意率98.4%，“大数据＋扫黑除恶”模式被国家推广。持续建设最具安全感城市，深入开展矛盾纠纷积案化解等五个专项治理，扎实推进“五安”等平安系列工程创建，“家住厦门”智慧小区平台项目获评2018年中国“互联网＋政务服务”优秀实践案例，全市安全生产死亡人数同比下降22.1%，刑事警情降至十年最低，群众安全感创五年新高。

九、深化生态文明体制改革，持续增创绿色发展新优势

坚持以习近平生态文明思想为指导，牢记习近平总书记“当好生态省建设排头兵”的嘱托，深入推进国家生态文明试验区建设，持续打造高颜值的生态花园之城。一是加快推进国家生态文明试验区建设。开展生态文明体制改革六大行动，出台实施51项改革成果。建成全国首套控制优化碳排放在线管理系统，率先全国形成生态系统价值核算试点改革“沿海样本”，率先全省开展生态环境损害赔偿，完成环保机构监测监察执法垂直管理制度改革。我市生态文明建设目标评价考核办法实施情况获中央改革办肯定。国家生态文明试验区建设现场经验交流会在我市召开。二是持续优化生态空间布局。落实自然资源部国土空间规划工作座谈会精神，探索编制《厦门市国土空间规划（2018—2035年）》，落实主体功能区规划，统筹推进绿地系统、全域旅游等25个专项规划编制，建立健全空间规划体系，确保一张蓝图干到底。三是不断提升生态环境质量。地下综合管廊全国试点绩效评价实现三连冠，完成管线入廊423.2公里，海绵城市建设试点工作全国领先。大力推行低碳出行，开工建设全长约23公里的健康步道，新能源车分别占公交车、出租车总数的95%和50%，我市绿色交通入围第十届中华环境奖。建成区绿化覆盖率43.6%，顺利通过“国家森林城市”复查。

十、推动全面从严治党向纵深发展，持续巩固良好政治生态

认真学习贯彻习近平总书记关于党的建设和组织工作重要思想，全面贯彻落实新时代党的建设总要求，牢固树立抓好党建是最大政绩的理念，坚决落实管党治党政治责任；全面贯彻落实新时代党的组织路线，不断提高我市组织工作质量；积极配合十九届中央第一轮巡视工作，迅速抓好巡视整改各项任务落实，以永远在路上的执着推动全面从严治党向纵深发展。一是加强常委会自身建设。市委常委会带头加强政治建设，带头深入学习贯彻习近平新时代中国特色社会主义思想和党的十九大精神，带头严守党的政治纪律和政治规矩，牢固树立“四个意识”，坚定“四个自信”，坚决执行“四个服从”，坚决落实“两个维护”。发挥总揽全局、协调各方作用，坚持民主集中制原则，坚持民主决策、科学决策、依法决策，不断提高执政能力和领导水平。加强和规范党内政治生活，加强党内监督，把从严要求贯穿于自身建设各领域和全过程，发挥示范表率作用。二是压紧压实主体责任。紧抓“关键少数”，推动压力层层传导，责任层层落实。市委带头落实《落实全面从严治党主体责任清单》，班子成员认真履行“一岗双责”，督促各级各部门主要负责人落实全面从严治党主体责任。明确整改责任，强化追责问责，扎实抓好省委全面从严治党主体责任落实情况检查发现问题整改落实。三是有效激励干部担当作为。弘扬“马上就办，真抓实干”精神，成立新时代新担当新作为工作领导小组，出台落实激励广大干部新时代新担当新作为、考准考实干部政治表现等办法，建立干部实绩档案对干部担当作为全纪实。继续推行“能上能下”，共问责“慵懒散”或违反效能规定的干部 180 名，调整不适宜担任现职干部 7 名。树立基层导向，选派 192 名挂职干部到基层一线和艰苦岗位历练成长。严格执行领导干部个人有关事项报告制度，年度干部选拔任用“一报告两评议”各指标优良。坚持党管人才，创新人才工作体制机制，新增国家“千人计划”专家、“双百”人才、“海纳百川”等各类高端人才约 3000 名。四是全面夯实基层战斗堡垒。市委召开 19 次常委会专题研究基层党建工作，举办 9 场党建工作交流座谈会。深入贯彻《支部工作条例（试行）》，以提升组织力为重点，以开展支部达标创星活动等为载体狠抓支部规范化建设。把国企党建摆在更加重要位置，制定全面加强国有企业党的领导和党的建设若干意见，建立常委会定期专题研究国企党建工作制度，督促市属国企落实党建重点任务。“厦门党建 e 家”平台获全国“互联网 + 基层党建”典型创新案例一等奖。五是扎实做好巡视“后半篇文章”。中央第一巡视组反馈意见后，市委立即认真组织学习习近平总书记关于巡视工作的一系列重要论述，认真传达学习中央巡视反馈意见和省委部署要求，带头落实巡视整改主体责任，成立市委书记任组长的市委巡视整改工作领导小组，制定《市委巡视整改工作领导小组工作规则》等文件规范工作运行。印发《落实〈中央巡视组关于巡视厦门市专题情况的反馈意见〉的整改任务与分解方案》和《巡视整改任务细化措施》，逐一分解巡视反馈整改任务，形成 118 条具体整改措施，逐项明确整改目标要求、完成时限、责任领导。市各套班子召开巡视整改专题民主生活会，主动对标对表，认真抓好自身和分管领域整改任务落实，取得重要阶段性成效。六是持之以恒正风肃纪反腐。落实中央八项规定精神，深挖隐形变异“四风”，共查处违反中央八项规定精神问题 140 起 158 人，给予党纪政务处分 107 人。集中整治形式主义、官僚主义，通报曝光典型问题 15 起。紧盯重点领域和关键环节，深化分领域整治，今年来各级纪检监察机关共立案 591 件 591 人，增长 14.5%；给予党纪政务处分 375 人。注重日常监督，深入开展警示教育，深化运用监督执纪“四种形态”，推进监察体制改革，完善巡察工作机制，形成纪律监督、监察监督、巡察监督、派驻监督“四个全覆盖”的权力监督格局，不断完善不敢腐不能腐不想腐的有效机制，着力构建风清气正的良好政治生态。

同志们！今年来市委常委会工作取得的成绩，是党中央、省委坚强领导的结果，是市级各套班子大力支持和全市各级党组织、广大党员干部群众共同努力的结果，各位市委委员、候补委员对常委会工作给予了真诚帮助和大力支持。立足改革开放 40 周年的新起点，我们要更加紧密地团结在以习近平同志为核心的党中央周围，坚持以习近平新时代中国特色社会主义思想为指导，深入学习贯彻党的十九大和十九届二中、三中全会精神，认真贯彻落实习近平总书记对福建、厦门工作的重要指示精神，坚持党的全面领导，坚持稳中求进工作总基调，坚持新发展理念，坚持质量第一、效益优先，统筹推进“五位一体”总体布局，协调推进“四个全面”战略布局，紧紧围绕高质量发展落实赶超这一战略目标，以供给侧结构性改革为主线，以强化创新驱动为引擎，以推动“双千亿”工作为抓手，以全面深化改革扩大开放为动力，以建设闽西南协同发展区为载体，以增进民生福祉为根本出发点和落脚点，加快构建推动高质量发展的体制机制，打好三大攻坚战，坚定不移推进全面从严治党，努力建设高素质高颜值现代化国际化城市，为全国全省发展大局作出新的更大贡献。

政府工作报告

（2019年1月9日在厦门市第十五届人民代表大会第三次会议上）

庄稼汉

各位代表：

现在，我代表市人民政府向大会报告工作，请予审议，并请市政协委员提出意见。

一、2018年工作回顾

过去一年，习近平总书记亲自向第二十届投洽会等致贺信，对福建、厦门工作作出重要指示批示，给全市人民巨大鼓舞。在以习近平同志为核心的党中央坚强领导下，我们坚持以习近平新时代中国特色社会主义思想为指导，全面贯彻落实党的十九大和十九届二中、三中全会精神，按照省委省政府和市委的决策部署，着力稳增长、促改革、调结构、惠民生、防风险，以“双千亿”工作为抓手，推进高质量发展落实赶超，经济社会保持平稳健康发展。预计全年地区生产总值4791.4亿元，增长7.7%；固定资产投资增长10.1%；财政总收入1283.3亿元，增长8.1%，其中，地方级财政收入754.5亿元，增长8.3%；城乡居民人均可支配收入增幅高于经济增速；居民消费价格上涨1.8%；完成年度节能减排任务。

一年来的主要工作和成效：

（一）坚持调结构、促转型，发展质量效益取得新成效

稳增长措施有力有效。科学研判外部经济形势，有针对性地出台促进有效投资、稳定工业外贸、积极利用外资、促进消费升级、支持民营经济、发展总部经济等一系列政策，密集推出降本减负措施，为企业减负超300亿元。定期举办政银企对接会，完善政策性担保体系，积极缓解企业融资难题。新增“五个一批”项目1242个，总投资9862亿元。规上工业增加值增长8.8%。社会消费品零售总额增长6.6%。获评全国首批服务型制造示范城市。实施“中国制造2025”、促进工业稳增长和转型升级连续两年获国务院表扬。

创新步伐明显加快。火炬高新区国家双创示范基地建设获国务院表扬。自创区建设在全省考评中获得第一，累计推出创新事项89项，落地产业科技项目268个。全社会研发投入占GDP比重为3.4%。国家高新技术企业净增200家，累计超1600家，规上高新技术产业增加值占规上工业68%。高新技术成果转化项目增长70%。技术交易合同数及总金额分别占全省58.8%、63.8%。新增国家级企业技术中心4家。3家企业获国家级人工智能创新示范。新增成长型中小企业、小巨人领军企业、技术创新示范企业近千家。新增国际、国家、行业标准189项。每万人拥有有效发明专利数量为全国2.4倍，获评知识产权事业重大进展和突出成就典型城市。国家“千人计划”人才增至110人。累计设立众创空间203家，在孵创业团队4686个。

产业链群不断壮大。新增计算机与通讯设备、机械装备、文化创意3条千亿产业链群，累计达8条。331个亿元以上产业项目完成投资340亿元，神州优车、趣店集团、瑞幸咖啡等一批项目签约落地，通富微电子、士兰微电子、宸美三代触控屏等一批项目开工建设，厦钨永磁电机等一批项目增资扩产，ABB工业中心等一批项目建成投产。半导体和集成电路、软件和信息服务、生物医药与健康、新材料等战略性新兴产业分别增长18.6%、17%、20%和18%。旅游业接待游客8900万人次，增长13.7%，举办会议展览9145场，旅游会展业实现总收入1660亿元，增长17.8%。现代物流业总收入1180亿元，增长7.4%，集装箱吞吐量完成1070.2万标箱，保持全球第14位。金融机构本外币存贷款余额分别增长3.7%和8.3%。海洋经济增加值增长10.2%，获批建设国家海洋经济发展示范区。

（二）坚持强动力、增活力，改革开放实现新突破

重大重点领域改革成效凸显。政府机构改革方案获批实施，机构职能配置进一步优化。“放管服”改革力度加大，取消、下放审批服务事项77项，清理、优化审批特殊环节302项，实施“35证合一”，“一趟不用跑、最多跑一趟”事项占比提升至93%，新版“i厦门”实现从网上办到掌上办。全国工程建设项目审批制度改革现场会在我市召开，厦门改革成效得到国务院通报表扬。综合信用指数在36个省会及副省级城市排名第二，营商环境经国家发改委评定居全国试点城市第2位。自贸试验区累计推出361项创新举措，其中全国首创63项，口岸收费降至大陆最低水平，航空维修、融资租赁等16个平台规模不断壮大，获批国家跨境电商综合试验区、集装箱货物过境运输口岸、首批国家文化出口基地。国有企业改革创新取得实效，市属国企资产总额、利润总额分别增长13.2%和13.1%，国贸、建发、象屿进入2018年财富世界500强，国企内部监管、责任追究等机制更加完善。医药卫生体制改革进展顺利，获批“4+7”药品带量采购试点城市，分级诊疗和家庭医生签约服务有序推进。

开放步伐持续加快。全年合同利用外资465.9亿元，实际使用外资107.3亿元，分别占全省44.6%和35.2%；进出口总额6002.1亿元，增长3.2%，其中进口增长4%，外贸综合竞争力位居全国第5位。获批外国人144小时过境免签政策。“丝路海运”航线正式开行。接待邮轮96艘次，旅客运输量增长

100.8%。荣获国际友城交流合作奖“六连冠”。

对台交流合作扎实推进。成功举办第十届海峡论坛、2018年两岸企业家峰会年会、工博会等重大活动。新批台资项目794个，增长15.4%。“小三通”运送旅客174.5万人次，增长8.1%。海运快件增长1.4倍。台湾水果进口量连续11年排名大陆城市第一。国家级两岸青创基地增至7家，在厦台湾创业团队达500个。“厦门惠台60条”及其细则顺利实施，台胞台企“双待遇”得到有效落实。

（三）坚持出重拳、破难题，三大攻坚战取得新进展

积极防范化解重大风险。完善地方金融风险防控预警平台，建立信贷风险化解工作联席会议制度，健全应急周转机制，有效化解不良贷款。专项整治互联网金融风险，24家网贷机构完成整改验收，309家未营运机构退出市场。清理整顿现金贷、校园贷等，金融市场平稳有序。完善政府债务管理机制，债务风险安全可控。坚决落实稳定房地产市场政策措施，积极推进住房租赁试点工作，加快构建租购并举住房制度，房地产市场健康平稳。

加快推进脱贫攻坚。在国家东西部扶贫协作年度考核中位列东部城市首位。各区、镇街全部与临夏州贫困县、乡镇结对。筹集援临帮扶资金4.75亿元，增长188%。国有企业到临夏州投资成立15家公司，开展32个项目合作，实施“临夏特色产品走出去”工程。举办57场专场招聘会，劳务输转到厦就业4429人，带动建档立卡贫困人口就地就近就业3565人。闽宁镇特色产业加快培育。省内扶贫开发稳步推进，援宁援藏援疆援渝等任务有效落实。

持续加强污染防治。认真整改中央和省环保督察、国家海洋督察反馈问题，完成23项，其余26项按序时推进。空气质量综合指数在全国169个重点城市排名第七。集中式饮用水源水质达标率保持100%，城市生活污水集中处理率96%。河长制工作成效明显，9条小流域和筼筜湖、五缘湾水环境得到有效治理，小流域周边污染源清退全面完成，国控省控断面水质达标率100%，6处黑臭水体治理通过国家专项督查，近岸海域Ⅰ—Ⅱ类水质面积超过省考核要求。全市土壤环境质量总体良好，危险废物处置利用率96%。完成营造林4.9万亩，改造提升园林绿地532公顷，通过国家森林城市复查。51项生态文明体制改革任务有序推进，率先全国形成生态系统价值核算沿海样本，率先全省开展生态环境损害赔偿试点。

（四）坚持拓空间、优环境，城市功能品质得到新提升

产城融合加快推进。大力推进闽西南协同发展区建设，首批22个重大项目加快实施。岛外固定资产投资占全市75%，其中新城基地完成投资992.8亿元。集美新城161个项目完成投资202.8亿元，软件园三期营收增长40.3%，机械工业集中区等园区产业集聚发展。环东海域新城334个项目完成投资506亿元，滨海酒店群加快建设，滨海旅游浪漫线一、二期基本建成。马銮湾新城234个项目完成投资243亿元，五纵六横骨干路网基本成形，陆域吹填、生态绿化、公建配套等进展顺利。同翔高新技术产业基地57个项目完成投资41亿元，起步区落地产业项目24个、总投资214亿元，一批企业竣工投产。

基础设施更加完善。地铁1号线运行安全有序，2号线实现洞通并完成全部车站主体结构，3、4号线和6号线马銮湾片区段建设进展顺利。翔安机场片区路网建设全面开工。第二西通道进展顺利，第二东通道开工建设，国道324改线等一批重点交通项目投用。建成一批调水项目，提标改造8座污水厂并投入运行，新建改造污水管网96.8公里，清疏排水管网371公里。西部垃圾焚烧发电厂二期建成投用。管道燃气用户数突破50%。新增输电线路20公里，供电可靠率居全国第五。综合管廊总评位居全国第一，海绵城市总评位居全国前列，圆满完成三年试点任务。

城市管理水平持续提升。荣获2018中国城市治理智慧化综合奖，市民卡App入围“首届数字中国峰会最佳实践成果30强”。“多规合一”更加完善，厦门特色城市设计体系基本形成，城市“双修”有序推进。第二轮城市改造提升成效明显，实施街区立面改造项目30个，整治主次干道31条、建筑1216栋，提升道路38公里。完成老旧小区改造156个。深入推进市容环境整治，拆除“两违”518.9万平方米。生活垃圾分类位列全国46个重点城市首位，覆盖全市93%的居民小区。深入实施畅通城市三年行动计划，完成36处隐患路段整治和20所学校周边道路交通改善，打通6条断头路，更新投放纯电动公交车884辆，新增调整公交线路127条，新增公共停车泊位1.2万个。

乡村振兴加快推进。在建乡村振兴项目547个，总投资375.6亿元。都市现代农业营收829亿元，增长12.1%。7家企业入选全国农业产业化龙头企业500强。获批全国农产品冷链流通标准化示范城市。完成346个自然村分散式污水处理设施和278个自然村截污纳管工程，实现流域内农村生活污水治理全覆盖。30个美丽乡村建设进展顺利，白交祠、马塘入选中国美丽休闲乡村。全面完成农村集体资产清产核资。顺利完成村级组织换届选举。创新乡村治理模式，海沧区入选全国农村社区治理实验区。

（五）坚持补短板、惠民生，人民生活水平实现新改善

社会事业繁荣发展。建成20个中小学项目，开建20个幼儿园项目。厦门一中海沧校区、科技中学翔安校区正式招生，双十中学、外国语学校、实验小学岛外校区开工建设。建成厦门大学附属翔安医院、弘爱医院、心血管病医院等一批重点医疗项目。新增中小学、幼儿园学位2.75万个，新增医疗床位4000张，均为历年最多。名医工作室柔性引进专家170名，定期为市民开展诊疗服务。顺利通过国家卫生城市复审、国家基本公共卫生服务项目考核。鼓浪屿世界文化遗产得到更加有效的保护利用。市图书馆集美新馆开馆。开建城市健康步道，建成市体育中心综合健身馆。我市运动员获得4个世界冠军、3个亚洲冠军、6个全国冠军。

社会保障力度加大。36项为民办实事项目全部完成。城镇新增就业18.7万人，城镇登记失业率控制在年度目标3.8%以内。统一职工、城乡居民大病医保制度，最高赔付限额分别提高到50万元、40万元。城乡居民基本医保筹资标准提高到930元。帮扶困难群众，提高特困人员、低保人员等重点保障对象供养标准和医疗救助比例，社会救助资金支出增长6%。39家农村幸福院和居家社区养老服务照料中心加快建设，新增养老床位1612张。开建保障性住房2.8万套、在建6.25万套、推出1.97万套，是受理量最多、推出数量最多、保障范围最广的一年。

社会治理取得实效。我市社区治理创新实践被民政部列入改革开放40周年创新成果。建成全市统一的食品安全信息追溯管理平台，食品安全综合考评和群众满意度均位列全省第一。强化安全生产监管，狠抓重点行业领域专项整治，安全生产事故死亡人数下降18.2%。加强防灾减灾救灾工作，健全应急协调联动机制，完成182个地灾隐患治理项目。扫黑除恶专项斗争成效明显，查处一批涉黑涉恶腐败问题，打掉一批黑恶势力团伙，刑事警情下降23.8%，社会治安持续向好。大力推进诉访分离改革，历史积案有效化解。支持部队改革强军，完成军队全面停止有偿服务工作，国防动员、双拥共建、优抚安置工作进一步加强。民族、宗教、外事、侨务、粮食、人防、气象、档案、地方志工作扎实推进，妇女、儿童、青年、老龄、残疾人、红十字、慈善事业取得新进展。

（六）坚持转作风、提效能，政府自身建设呈现新气象

持续兴起习近平新时代中国特色社会主义思想“大学习”热潮，扎实推进“两学一做”学习教育常态化制度化。把巡视整改作为“四个意识”的试金石和检验“两个责任”的重要标尺，全面认领中央巡视组反馈的3个方面问题，梳理细化57项整改措施，实行动态管理、挂账销号，集中整改取得阶段性成效，政府系统党的建设进一步加强。激励广大干部勇于担当敢于作为，有力调动干部干事创业积极性主动性，机关效能进一步提升。严格落实中央八项规定精神及省市实施办法，坚决反对形式主义、官僚主义，文风会风显著改善，“三公”经费持续下降。自觉接受人大监督、政协监督、监察监督和社会监督，认真办理人大代表建议333件、政协提案532件，办复率均为100%。提请市人大常委会审议法规草案和法规修正案12件，制定和修改市政府规章5件，废止和宣布失效市政府规范性文件43件，率先全面推行行政执法“三项制度”，政府透明度指数位列全国第一，法治政府建设不断推进。查处侵害群众利益的不正之风和腐败问题55起、处分45人，党风廉政建设和反腐败斗争取得积极成效。

各位代表！过去的一年，我们坚持稳中求进工作总基调，稳就业、稳金融、稳外贸、稳外资、稳投资、稳预期，各项工作取得新的成效。成绩来之不易，这是习近平新时代中国特色社会主义思想科学指引的结果，是在市委坚强领导下，在人大代表、政协委员有效监督和大力支持下，全市人民齐心协力、砥砺奋进的结果。在此，我谨代表市人民政府，向全市人民，向全体人大代表和政协委员、各民主党派、工商联、各人民团体、无党派人士、离退休老同志和社会各界人士，向中央和省驻厦单位、驻厦部队、武警官兵，向来厦的投资者和劳动者，向关心支持厦门发展的台港澳同胞、海外侨胞和国际友人，表示衷心的感谢和崇高的敬意！

同时，我们也清醒地看到，发展中还存在不少困难和问题，主要是：外部环境复杂多变，地区生产总值、固定资产投资等指标未能达到年初预期，经济快速增长基础不够稳固；转方式、调结构、促创新任务仍然比较繁重，城乡、区域发展不平衡不充分问题仍然存在；改革开放力度仍需加大，经济特区引领带动作用还需增强；群众在就业、养老、教育、医疗、居住等方面仍然面临不少难题，基本公共服务均等化需要进一步推进；国有企业重点领域和关键岗位的监管机制需进一步强化；部分干部改革创新、干事创业的精气神不足，隐形变异“四风”问题还时有发生。我们要正视这些问题，认真加以解决。

二、2019年主要工作

今年是新中国成立70周年，是决胜全面建成小康社会、坚持高质量发展落实赶超的关键之年。做好今年工作，要坚持以习近平新时代中国特色社会主义思想为指导，深入学习贯彻党的十九大和十九届二中、三中全会精神，全面贯彻落实习近平总书记对福建、厦门工作的重要指示精神，加强党对经济工作的集中统一领导，统筹推进“五位一体”总体布局，协调推进“四个全面”战略布局，坚持稳中求进工作总基调，坚持新发展理念，坚持高质量发展落实赶超，坚持以供给侧结构性改革为主线，坚持深化市场化改革、扩大高水平开放，加快建设现代化经济体系，继续打好三大攻坚战，抓实“双千亿”工作，积极牵头推进闽西南协同发展区建设，进一步稳就业、稳金融、稳外贸、稳外资、稳投资、稳预期，统筹推进稳增长、促改革、调结构、惠民生、防风险、保稳定工作，提振市场信心，不断增强人民群众获得感幸福感安全感，保持经济持续健康发展和社会大局稳定，努力建设高素质高颜值现代化国际化城市，以优异成绩迎接中华人民共和国成立70周年。

综合各方面因素，今年发展的主要预期目标为：地区生产总值增长8%左右，固定资产投资增长10%左右，财政总收入和地方级财政收入分别增长5%和3.5%左右，社会消费品零售总额增长10%，城镇居民和农村居民人均可支配收入均增长8%，居民消费价格涨幅控制在3%左右，完成国家和省下达的节能减排任务。

重点做好八个方面工作：

（一）高质量发展实体经济，着力构建现代化经济体系

始终把实体经济作为高质量发展落实赶超的第一支撑，把创新作为第一动力，把产业作为第一战场，持续提升效益链价值链。一是大力实施创新驱动战略。以自主创新示范区建设为抓手，集聚创新资源，活跃创新要素，推动第二批20项创新事项落地见效，策划生成第三批事项，加快建设区域科技创新中心。强化企业创新主体地位，激励企业加大研发投入，加强技术储备；培育一批“独角兽”“单项冠军”“专精特新小巨人”企业，新增200家国家高新技术企业。构建开放、协同、高效的共性技术研发平台，健全产学研一体化创新机制，加快培育引进新型高水平研发机构，推动中国航天十二院厦门分院、沈阳新松机器人产业研究院等项目落地，新增10家国家级研发平台。优化创新创业生态，加快发展创新工场、加速器等新型孵化模式，新增30家专业化众创空间、10家科技企业孵化器；推动创新链、产业链、资金链、政策链有机融合，促进高校、科研院所科技成果在厦转化；加强知识产权创造、保护与运用，深化质量提升和品牌创建，大力推进开放创新，激发全社会创新创业活力。二是全力推进产业发展高端化。要把制造业高质量发展放到更加突出位置，推动先进制造业与现代服务业深度融合。要增强主导产业竞争力，加快平板显示产业技术创新，推动计算机与通讯设备产业软硬件融合，重点布局新型显示技术，大力发展高端服务器与存储设备等核心产业，提升市场竞争力；推动机械装备产业突破一批核心基础零部件和先进基础工艺，加快实现智能制造。要实施新兴产业倍增工程，提升半导体和集成电路产业规模和水平，推进产业链各环节协同发展；加快引进一批医药龙头企业，大力发展仿制药，支持研发创新药；积极对接国家新材料产业“折子工程”，力争在高端稀土、锂离子电池材料等领域取得新突破；大力发展动漫游戏、设计服务、影视演艺、艺术品等文化创意产业；积极培育软件信息平台型企业，支持软件企业向大数据、移动互联网、物联网、云计算等领域发展，促进人工智能与经济社会发展深度融合，争创国家数字经济发展示范区。要促进现代服务业集聚发展，培育引进大型高端学术会议和展览项目，积极创建全域旅游示范市；推动物流业线上线下融合，加快建设东南区域物流枢纽中心；着力构建多层次资本市场体系，加快建设两岸区域性金融服务中心，提升金融服务实体经济水平。三是全力帮扶企业。深入开展企业服务年活动，推出重点行业和企业精准帮扶措施，健全分类帮扶工作机制，协调解决生产经营中存在的困难问题；帮助企业减轻负担，落实降本减负政策，及时兑现已出台的各项惠企措施；帮助企业转型升级，加快实施新一轮技改专项行动，鼓励企业增资扩产，助推一批优质科技企业到科创板上市；帮助企业融资对接，深化政银企合作，建立联合授信机制，用好应急转贷资金、政策性融资担保和纾困基金等，为企业发展提供更充裕资金保障；帮助企业开拓市场，发布地产工业品目录，鼓励产业链上下游互采互用，支持企业参加境内外各类展会；帮助企业招工引才，大力实施30万院校毕业生招聘行动，加强人才需求开发和对接，培育壮大面向生产一线的实用工程人才和专业技能人才队伍，让多层次人才成就未来。要支持民间资本进入教育、医疗、养老等领域，鼓励民间资本参与混合所有制改革。构建亲清新型政商关系，出台更多有温度、能见效的政策措施，让各种所有制经济依法平等使用生产要素、公平参与市场竞争、同等受到法律保护，充分激发企业、企业家活力和创造力。

（二）狠抓投资消费出口，推动经济持续健康发展

推动供给与需求有效对接、投资与消费有机结合、内需与外需协调拉动，筑牢经济持续稳定增长基础。一是持续抓好“双千亿”工作。深化项目带动，更好发挥投资关键作用，更加注重拉动有效投资，提升投资规模质量效益。针对产业链缺失和关键环节，精准强链补链扩链，力促工业投资增长10%。狠抓招商引资，注重以商招商、二次招商与产业链招商，瞄准世界500强、全国百强，引进一批投资强度大、科技含量高、创新能力强的项目。狠抓“五个一批”项目攻坚，推动翔安机场主体工程、“一场两馆、新会展中心”、黄厝国际会议中心等一批重大基础设施项目，厦钨新能源材料产业园、金鹭硬质合金产业园等一批重大产业项目，滨海旅游浪漫线三期、同安一中滨海校区等一批民生补短板项目集中开工建设。加快存量低效用地转型，支持存量土地二次开发，依法依规收回逾期未用土地，着力提高土地和投资产出效率。加强对114个在谈项目的跟踪促进，计划往前排、工期往前赶、服务往前冲，强化要素保障，推动项目早签约、早开工、早投产。二是积极推动消费升级。加快消费领域基础设施建设，优化城市核心商圈功能，完善岛外四区商业设施配套，加快农贸市场改造提升，推动商贸转型升级。大力培育中高端消费，推动邮轮中心保税综合体等一批优质项目落地。放宽服务消费市场准入，大力发展文化、教育、信息、健康等新兴消费。完善“互联网+”消费生态体系，促进电商、快递进社区进农村，推动线上线下销售融合发展。三是推动出口稳定增长。积极有效应对外部经济环境变化，用足用好出口信保、开拓市场等扶持政策，优化退税、通关、结汇等经营环境，大力拓展出口订单和异地货源。调整出口商品结构，扩大具有自主知识产权、自主品牌和高附加值产品出口。支持外贸综合服务、设备融资租赁、服务外包、国际中转集拼等新型贸易业态发展。坚持进口出口并重，削减进口环节制度性成本，鼓励大宗商品和消费品进口，扩大先进技术设备、关键零部件进口，推动建筑设计、商贸物流、咨询服务、研发设计、环境服务等生产性服务进口，促进对外贸易平衡发展。

（三）落实经济特区新定位，进一步深化改革扩大开放

认真贯彻落实习近平总书记在庆祝改革开放40周年大会上的重要讲话精神，按照经济特区成为“改革开放的重要窗口、试验平台、开拓者、实干家”的战略定位，持续深化市场化改革，扩大高水平开放。一是推进重点领域和关键环节改革。深化供给侧结构性改革，按照中央八字方针要求，持续巩固“三去一降一补”成果、增强微观主体活力、提升产业链水平、畅通经济循环。加快推进中央赋予的重大改革任务，推动经济体制、对外开放体制等11个重点领域改革，着力增强改革系统性、整体性、协同性。深化财税体制改革，加强财政专项资金整合，全面实施预算绩效管理，做到增收节支提效。深化国资国企改革，完善国企法人治理结构，推进混合所有制改革，抓好国有资本投资运营试点，强化经营风险管控和惩处违法违规行为，提高国有资本配置效率和国企竞争力。深化医药卫生体制改革，做好药品集中采购试点工作，加快紧密型医联体建设，完善公立医院管理体制和薪酬制度。建设信用大数据创新中心，加快信用数据政务共享和市场化应用。加快国家生态文明试验区建设，持续深化生态文明体制改革。二是打造国际一流营商环境。认真对照国家营商环境评价体系，精准补齐短板弱项，确保全国领先。深入实施准入前国民待遇加负面清单管理制度，持续放宽市场准入，保护外资企业合法权益，依法惩处侵犯知识产权行为。持续深化“放管服”改革，坚持能减则减、能简则简、能免则免、能并则并，深入推进“多证合一”“证照分离”改革，推动工程建设项目审批制度改革继续走在全国前列。深化“双随机一公开”监管改革，推进跨区域跨部门联合执法。加快审批服务便民化改革，大力推广电子证照，推动更多服务事项“马上办、网上办、就近办、一次办”，实现更多事项“一趟不用跑、最多跑一趟”。三是把自贸试验区建设成为新时代改革开放新高地。强化“三区联动”，加大改革措施系统集成，力争在投资、贸易、金融、事中事后监管等领域推出更多创新举措，提升投资贸易自由化便利化水平。更好发挥“保税+”“金融+”等综合优势，推动航空维修、跨境电商、融资租赁、机电设备等重点平台建设。充分发挥厦门中欧班列辐射带动作用，大力发展海铁联运，打造“海丝”与“陆丝”无缝对接的国际物流大通道。深入推进口岸通关提效降费，建设“单一窗口”3.0版。四是积极参与“一带一路”建设。围绕打造“海丝”战略支点城市，加快建设互联互通、经贸合作、海洋合作、人文交流四个枢纽。加快国际航运中心建设，增加“海丝”航班，打响“丝路海运”品牌。加强与沿线国家的产能合作和创新交流，办好厦洽会，大力促进双向贸易投资。加快建设中国—东盟海洋合作中心，强化海洋生态环境保护和产业合作。发挥侨务优势，深化与沿线国家科技、教育、文化、卫生、旅游等领域合作，促进民心相通。五是推进闽西南协同发展区建设。强化项目对接、信息沟通、事务协调，在更高站位上推动区域一体化发展。健全产业园区共建和利益共享机制，落实各项对口合作协议，加快城际轨道R1线建设，深化九龙江水源保护、海域污染联防联控等合作，扎实推进一批重大项目建设，推动五市全方位对接协作，提高区域整体竞争力。

（四）发挥前沿平台优势，持续深化对台交流合作

全面贯彻中央对台大政方针，大力促进经贸合作畅通、基础设施联通、能源资源互通、行业标准共通，为推动两岸关系和平发展作出更大贡献。一是增进经贸合作。持续推进两岸交流合作综合配套改革，加快“一区三中心”建设，深化先进制造业和现代服务业等方面合作，打造两岸共同市场。落实2018年两岸企业家峰会年会投资意向，精准引进一批台湾百大项目。拓展台湾入境商品“源头管理、口岸验放”模式，扩大台湾进口商品第三方检验检测结果采信范围，建设两岸货物集散转运枢纽。二是推动厦台融合。抓好“台商台胞服务年”活动，为台胞台企提供同等待遇。办好第十一届海峡论坛、文博会、海图会等重要活动。推动厦台教育文化、医疗卫生合作，社会保障和公共资源共享，力争率先与金门等地实现基本公共服务均等化、普惠化、便捷化。投用五通客运码头三期，全力推动厦金通电、通气、通桥，探索建立厦金旅游协作示范区。实施台青实习“银鹰计划”、赴台征才千人计划，继续打造一批国家级两岸青年就业创业基地和对台研学旅行基地，力争每年吸引5000名青年来厦实习、就业、创业。继续推动厦台社区村里结对共建，促进两岸同胞心灵契合。

（五）全力推进跨岛发展，提升城市发展科学化精细化智能化水平

围绕争创一流，统筹城市规划建设管理，着力提升城市能级，增强城市辐射力带动力。一是全面加快新城基地建设。集美新城要完成投资235亿元，加快电子城等166个项目建设，抓好软件园三期等片区产业集聚，完善生产生活综合配套。环东海域新城要完成投资535亿元，加快泰康之家养老等311个项目建设。马銮湾新城要完成投资280亿元，加快生态修复二期工程等223个项目建设。同翔高新技术产业基地要完成投资60亿元，加快石墨烯产业园等63个项目建设。二是完善现代化基础设施。开通运营地铁2号线，实现3号线全线洞通，加快建设4号线和6号线。加快建设第二东、西通道，推进第三东通道前期工作，加快福厦高铁客运专线建设进度。完成枋洋水利枢纽主体工程，建成西水东调一期工程，推进九龙江北溪雨洪利用工程、进岛输水第二通道等前期工作，加快实施提升城市供水水质三年行动方案。新建管道燃气60公里，新增用户3万户。开工建设500千伏集美输变电工程，提升配电网安全供电能力。开工建设15公里综合管廊。三是加快建设智慧城市。加快推进5G技术商用，加快建设大数据中心和先进计算中心，促进技术融合、业务融合、数据融合。大力发展智慧民生，在城市规划管理、医疗卫生、社会治安、交通出行、政务服务等领域打造一批应用示范项目。四是提升城市管理水平。强化沿海沿湖沿街等重要节点规划设计，统筹推进城市地上地下设施综合改造提升，完成铁路沿线环境综合整治。推进旧城旧村和老旧小区更新改造，优化物业管理。提升城市园林绿化水平，创建国家生态园林城市。深入推进“门前三包”，加强占道经营、户外广告、油烟噪音扰民等专项整治，岛内杜绝流动摊贩，鼓浪屿杜绝露天烧烤。严厉打击“两违”，发现一起、查处一起、问责一起，确保“两违”零增长。加快进出岛公交换乘枢纽建设，实施仙岳路、成功大道出入口、进出岛桥隧等堵点改善工程，整治30处交通安全隐患路段，加强出租车、网约车等行业管理。

（六）全力实施乡村振兴战略，加快推进农业农村现代化

按照产业兴旺、生态宜居、乡风文明、治理有效、生活富裕的总要求，深入实施12个三年行动计划，推动农业全面升级、农村全面进步、农民全面发展。一是大力发展都市现代农业。深入推进农业绿色化、特色化、品牌化，培育10个“三品一标”认证产品，加快实施25个农业产业化项目，大力发展农产品精深加工和综合利用，为市民提供更多优质农产品。二是加快建设美丽宜居乡村。抓好8个市级重点示范村、12个市级示范村建设，完善村庄规划、建设和管护机制。抓好农村人居环境整治“一革命四行动”，新建改造一批农村公厕，推行农村垃圾城乡一体化处理，推进“三边”整治和“四旁”绿化，全面提升农村人居环境质量。三是推动城乡融合发展。加快基础设施向乡村延伸、资源要素向乡村流动，持续完善农村供水供电、道路通讯等基础设施和教育医疗、健康养老等公共服务设施。鼓励引导社会资本、技术、人才参与农村建设，实现省级科技特派员覆盖全部镇街。深化农村集体产权制度改革，落实农村土地“三权”分置制度，培育新型职业农民和新型经营主体，推动农村劳动力就业转移，多渠道促进农民增收。发展优秀乡村文化，创新乡村治理，深入开展移风易俗行动。

（七）切实保障和改善民生，推动社会治理共建共治共享

始终坚持以人民为中心的发展思想，加快补齐民生短板，着力解决好事关百姓生产生活的关键问题，让市民有更多获得感幸福感安全感。一是加快推进教育现代化。落实立德树人根本任务，深化教育改革创新，构建德智体美劳全面培养的教育体系。建成16个中小学项目、开工建设18所幼儿园，新增学位2.8万个。大力实施名校跨岛战略，加快双十中学翔安校区、实验小学翔安校区、外国语学校集美校区建设。持续实施小学幼儿园课后延时服务。规范各类校外培训，为家长分忧、为学生减负。树立健康第一的教育理念，增强学生体质、健全学生人格。支持在厦高校加快“双一流”建设和应用型本科高校建设。提高职业教育办学质量，深化产教融合，加快培养高素质劳动者和高技能人才。弘扬尊师重教的社会风尚，努力提高教师政治地位、社会地位、职业地位，确保中小学教师平均工资收入水平不低于公务员。二是持续推进健康厦门建设。支持第一医院、中山医院等本地核心医院发展，加快马銮湾医院、环东海域医院等在建项目进度，开工建设市妇幼保健院集美院区和一批社区卫生服务中心。扩大复旦中山厦门医院、北京中医药大学厦门医院、名医工作室的知晓度和影响力，让更多市民享受到名医诊疗服务。支持社会资本举办中医、精神卫生、康复护理等短缺专科医疗机构。健全疾病防控和卫生应急体系，提高基本公共卫生服务水平。三是推动文体事业繁荣发展。永续传承鼓浪屿历史文脉，强化历史文物保护和活化利用，让琴声、书声、歌声代替叫卖声。完善现代公共文化服务体系，广泛开展各类群众性文化活动，办好金鸡百花电影节，倡导全民阅读，建设书香城市，创作一批文艺精品，加快闽南戏曲艺术中心建设。大力开展全民健身运动，继续推动学校体育设施向社会开放。办好第20届市运会。四是提高社会保障水平。健全就业服务体系，强化就业和创业技能培训，精准帮扶高校毕业生、被征地农民、海域退养渔民、失业人员等重点群体就业创业，建立劳动报酬正常增长机制，构建和谐劳动关系。完善医保筹资和支付制度，推进异地就医直接结算。提高低保对象和特困人员救助供养标准，加强残疾人康复服务。加快扩建厦门老年大学，继续推进居家社区养老服务照料中心、农村幸福院、高端养老项目建设，支持有条件的小区进行适老化改造，新增养老床位1300张。加快推进6.25万套在建保障性住房建设，新建2.1万套，推出更多房源配租配售。落实国家粮食安全新战略，保障军需民食。加强食品药品安全监管，建成国家食品安全示范城市。五是全面加强和创新社会治理。坚持重心下移、力量下沉，完善社区治理体系，打通服务市民的“最后一公里”。健全应急管理体制机制，完善防灾减灾救灾体系，提高应急救援能力，守护人民群众生命财产安全。深入推进扫黑除恶专项斗争，大力惩治各种违法犯罪活动，加快构建立体化、智能化社会治安防控体系。完善预防和化解社会矛盾机制，创新信访工作方式，保障人民群众合法利益。更好发挥工青妇等群团组织和民族宗教在社会治理中的作用，持续创建全国文明城市。加强双拥共建，支持驻厦部队练兵备战，做好退役军人事务，加快建设军民融合发展示范市。

（八）坚决打好三大攻坚战，为全面建成小康社会提供有力保障

以更大的力度、更实的措施，确保风险隐患得到有效控制，确保脱贫攻坚任务全面完成，确保生态环境质量持续提升。一是加强重大风险防范化解。加大不良贷款化解力度，加快地方金融机构非现场监管系统建设，规范发展各类交易场所，深化互联网金融专项整治，严厉打击非法集资等违法活动。加强地方政府债务管理，规范举债程序和资金用途，提升政府债务资金使用效益。坚持“房住不炒”定位，围绕稳地价、稳房价、稳预期目标，建立房地产管理长效机制，培育和发展住房租赁市场，促进房地产市场平稳健康发展。二是坚决扛起对口扶贫协作政治责任。做好援宁援藏援疆援渝各项工作，聚焦甘肃临夏州建档立卡贫困人口精准发力，多措并举促进对口协作地区贫困人口稳步脱贫。落实好省内扶贫开发工作任务，同时要高度重视本市困难群众帮扶，确保“两不愁、三保障”。三是推进污染防治取得更大成效。持续抓好中央和省环保督察反馈问题整改。坚决打赢蓝天保卫战，实施新一轮大气污染防治行动，加强工业、机动车、扬尘“三大污染源”治理，建设绿色海港空港，确保空气质量保持全国前列。着力打好碧水保卫战，实行“双总河（湖）长”制，深入实施水污染防治行动计划，加快饮用水水源地保护区“划、立、治”工作，持续深化小流域综合治理，推进前埔、西柯等污水厂新改扩建工程，新建改造城区污水管网90公里。加强陆海统筹，实施海域清淤整治，加强湿地、沙滩、海湾、海岛生态保育。扎实推进净土保卫战，稳步开展土壤污染状况详查、风险防控和治理修复。严禁新批矿产资源勘探开采，加强山体保护。建成投用东部垃圾焚烧厂二期，加快建设工业废物、医废处置二期项目，实现生活垃圾分类覆盖率100%、原生垃圾“零填埋”。

三、全面建设新时代人民满意政府

始终坚持以习近平新时代中国特色社会主义思想为指导，坚决把高质量发展落实赶超的重任扛在肩上，把解决群众关心关注的热点问题抓在手上，全面加强政府自身建设，切实做到信念过硬、政治过硬、责任过硬、能力过硬、作风过硬，推动厦门发展再上新台阶。

加强政治建设。牢固树立“四个意识”，坚定“四个自信”，坚决做到“两个维护”，始终在政治立场、政治方向、政治原则、政治道路上同以习近平同志为核心的党中央保持高度一致，全力推动党中央国务院、省委省政府和市委各项决策部署落地见效。坚决按照全面从严治党“八个坚定不移”的要求，落实主体责任，加强政府系统党的建设，严格遵守政治纪律和政治规矩，严格执行《准则》《条例》，严格落实意识形态工作责任制。狠抓中央巡视反馈意见后续整改，坚决防止问题反弹回潮。

坚持依法行政。严格遵守宪法法律，深化全民普法，加强重点领域立法，确保政府各项工作在法治轨道上运行。自觉接受人大监督、政协监督和监察监督，落实重大决策出台前向市人大及其常委会报告制度，办好人大代表议案、建议和政协提案，主动接受民主党派、人民群众和社会舆论监督。进一步强化审计监督，用好审计成果。坚持科学、民主、依法决策，对涉及公众利益的重大事项，广泛听取各方面意见。加大政务公开力度，严格规范公正文明执法，持续提升政府公信力。

增强能力本领。面对不断出现的各种困难、风险和挑战，必须持续增强学习本领、政治领导本领、改革创新本领、科学发展本领、依法执政本领、群众工作本领、狠抓落实本领、驾驭风险本领。要坚持问题导向，强化目标导向，更加注重精准施策，更加注重统筹协调，牢牢把握工作主动权，做到善谋善为、善作善成。

强化担当作为。大力弘扬“马上就办、真抓实干”优良作风，狠抓效能建设，深入开展“加大晒的力度、加快赶的进度”活动，定期晒指标进度、晒项目开竣工，以此晒出问题差距、晒出思路对策、晒出落地项目，赶出闯劲、赶出冲劲、赶出质量效益。要大力提振干部精气神，激励干部解放思想、开拓进取，在“比学赶超”中狠抓落实。要坚持严管和厚爱相结合，完善激励机制和容错纠错机制，让敢担当有作为的干部干得安心、拼得开心，让敢担当有作为的干部有干劲、有奔头。

建设廉洁政府。认真贯彻落实中央八项规定精神及省市实施办法，集中整治形式主义、官僚主义，严防“四风”问题回潮反复。保持无禁区、全覆盖、零容忍高压态势，严防关键岗位和重点领域廉政风险，严查各类违规违纪行为，严惩群众身边腐败问题。认真履行“一岗双责”，用好监督执纪“四种形态”，强化廉政警示教育，让广大公职人员知敬畏、存戒惧、守底线，形成风清气正的良好政治生态。

各位代表，新思想指引前进方向，新时代勇挑责任重担。让我们紧密团结在以习近平同志为核心的党中央周围，高举习近平新时代中国特色社会主义思想伟大旗帜，在省委省政府和市委的坚强领导下，苦干实干、敢闯敢拼，锐意进取、奋力赶超，加快建设高素质高颜值现代化国际化城市，勇当新时代中国特色社会主义排头兵！

责任编辑：林建高
审　　稿：白延蜻
校　　对：林炯程

2 大事记(2018)

1月

2 日　第六届海外华裔青少年中华文化大赛（知识竞赛）总决赛暨颁奖典礼在嘉庚剧院举行。来自法国、美国、意大利等 14 个国家 100 余人参赛，意大利队获得状元奖。

4 日　第十二期钱学森论坛深度研讨会暨首届网信军民融合峰会在厦门市举行。论坛的主题是“钱学森智库聚焦网信强国”，网络安全和信息化领域的 10 多位院士、20 多位将军以及各方代表近千人参会。厦门美亚柏科信息股份有限公司与中国航天十二院第三研究所在论坛上签订战略协议。

5 日　政协第十三届厦门市委员会第二次会议在厦门人民会堂召开。

△　中国航油厦门液体危险品保税仓库为厦门国际航班加注保税航空煤油，标志着厦门空港口岸国际航班航油供给从此告别“洋油”，“喝”上福建本地提炼的航空煤油。

6 日　厦门市十五届人大二次会议在厦门人民会堂召开。

△　由厦门市文化馆主办的“新时代新风采”2017 厦门市文化馆全民艺术普及成果展京剧专场演出在文化馆举办。

7 日　2018 建发厦门马拉松赛在“最美赛道”环岛路上开赛，来自 42 个国家和地区的 33239 人参赛。马拉松赛采用分枪起跑的发令方式，为国内全程马拉松赛首创。埃塞俄比亚选手德吉那·德比拉和法图玛·萨杜·德尔戈分别获得男子和女子组冠军。

8 日　复旦大学附属中山医院厦门医院开业，27 个临床科室、8 个医技科室全部开放，9 个病区共 328 张床位同步启用。

△　厦门市政府印发的《厦门市推进城市污水管网建设改造和黑臭水体整治工作实施方案》正式实施。

8—9 日　2018 年全国旅游工作会议在厦门召开。国家旅游局局长李金早在会上做工作报告，“美丽中国——2018 年全域旅游年”为年度宣传主题。

10 日　厦门市监察委员会挂牌成立，厦门市、区两级监察委员会组建工作全部完成，实现对所有行使公权力的公职人员监察全覆盖。

△　由厦门翔安区新店镇澳头村乡贤、澳头华侨联谊会会长蒋永泰创办的厦门首家民间华侨文史馆——“澳头古厝闽侨文史馆”在澳头村开馆。

△　厦门市首个青年创客联合党支部、团支部在思明区厦港街道成立。

△　四价宫颈癌疫苗在厦门市开始接种，适用于年龄为 20—45 岁人员。

10—11 日　中国数字娱乐产业年度高峰会在厦门举行，包括网易、腾讯、爱奇艺、4399 等多家数字娱乐企业负责人或高管参会，就游戏、动漫、影视、电竞、直播等热点产业领域开展交流。会上发布《2017 全球移动游戏产业白皮书》。

11 日　厦门海峡黄金珠宝产业园项目在海沧举行签约仪式。

△　厦门移动 NB-IoT 网络（窄带物联网）开通暨第十二届“和商务”杯 72 行移动信息化应用大赛启动仪式在厦门翔鹭国际大酒店举行。

12 日　中国农业银行与厦门大学在厦门签署全面战略合作协议，金融服务助力教育发展。

△　中国警察网承办的首届 2017 年度中国警务视频发展研讨会在北京举行。厦门警方全国首创的融媒体栏目《追缉》获评中国警务视频“十佳栏目奖”，并居榜首。

12—13 日　2018 年全国体育产业发展大会暨“畅享山海乐动八闽”体育产业项目洽谈推介活动在厦门举行。展会设 980 多个标准展位，吸引 300 多家中外参展企业，近 600 人参加观摩调研，展会规模近 2 万平方米。

13 日　第十三届中国工业论坛海西分论坛在厦门举行。

△　“国币之尊·艺术之美”——人民币硬币发行 60 周年纪念展厦门站在厦门市文化馆开幕，数百枚“国家名片”在市文化馆展出。

△　厦门市第五医院获福建省唯一国家级“管理创新医院”称号。

12—14 日　首届中国厦门体育产业博览会暨中国厦门移动电子竞技产业博览会在厦门会展中心举办，以“产业融合、创新发展”为主题，展会规模近 2 万平方米。

14 日　“电子健康卡福建省首发式暨家医签约及就医惠民应用启用仪式”

在厦门举办，标志着福建省从此进入虚拟电子健康卡时代。

15日　厦门市不动产统一登记信息平台上线运行，标志着不动产统一登记制度在厦门市全面落地。

△　滴滴租车在厦门正式推出租车业务，滴滴租车使用“全程线上化操作”模式。

△　2017中国拳王赛在厦门工人体育馆落幕，贵州迪创曼巴俱乐部的何君君加冕成为49千克级拳王。

16日　全国首个通关数据应用平台“关数e”（企业信用评估系统）在厦门海关启动。

△　全省首个区级城市党建服务中心——思明区城市党建服务中心揭牌成立。

△　厦门市举行2018年驻厦外交官市情通报会，副市长韩景义向各领事馆及驻厦外交官们通报2018年厦门经济社会发展情况和2019年主要工作规划。

17日　服务软件园台企和创业团队的“台创汇”揭牌成立。

△　厦门与以色列牵手技术创新中以合作项目（厦门）孵化中心揭牌成立，促进以色列的新技术、新成果在厦门加速转化落地。

18日　环保部通报2017年度全国74个重点城市的空气质量排名，厦门排名全国第四，空气质量优良率排名全省第一。

△　首届中国天使投资节在厦门国际会议中心举行，300多名天使投资人参加，见证“厦门大数据人工智能生态环境开发平台”的启动。会上成立中国天使投资人联盟，并首次发布中国天使投资人年鉴。

△　厦门本地两家基地航空公司宣布放开飞机上手机使用限制，旅客可“空中开手机”，但仅限使用手机的飞行模式。

△　厦门“e政务”便民服务站交通违法处理远程窗口核验功能正式上线，未记录到机动车驾驶人图像或人像不清晰的非重点车辆交通技术监控违法，车主可在该服务站申请“不记分”处理，不用再去交警大队窗口排队。该举措为全省公安系统首创。

△　厦门市与土耳其伊兹密尔市正式结为友好城市。厦门友好城市总数20个，实现西亚地区友好城市零的突破。

19日　从厦门开往匈牙利布达佩斯的中欧（厦门—布达佩斯）班列从厦门自贸片区海沧车站首发，为厦门开通的第七条国际货运班列。全程11595千米，开行17天，比传统海运节省至少一半时间。

△　福建省海警第三支队举行警艇命名仪式，分别将海警35007艇、海警35008艇命名为“湖里”号、“集美”号。

△　厦门市徐州商会在厦门东方艺术馆举行成立大会。

△　全国健康医疗大数据高峰论坛暨厦门老年重大慢病防控大数据平台启用大会在厦门举办，同时举行老年健康医疗大数据研究基地授牌仪式、数字福建健康医疗大数据研究所共建启动仪式。

20日　福建省医学会糖尿病学分会肥胖学组在厦门成立。

21日　在2017海峡两岸新媒体创业大赛举行的总决赛中，来自台北创业团队的“Rooit—机器人社交新媒体”夺得冠军。

23日　厦门象屿集团有限公司在境外成功发行5年期5亿美元债券，为厦门国企首次在境外发行美元债券。

23—24日　2018地球文明会国际高峰论坛在厦门国际会议中心举行。2014年诺贝尔生理学奖或医学奖获得者爱德华·莫索尔、2014年诺贝尔物理学奖获得者中村修二等多位诺奖获得者，以及国内外各行各业的专家、顶尖智库一起探讨关于文明互鉴共融命题。

25日　厦门（海沧）国际半程马拉松赛获“2017中国田径协会铜牌赛事”称号。

△　厦门市评选首批杰出青年7人、第三批青年创新创业人才70人，共兑现扶持资金1175万元。

26日　集美区人民检察院、集美区河长制办公室签订合作文件并正式成立驻区河长办检察室，为全市成立的首个驻区河长办检察室。

△　一架涂装有“in support of the UN”（支持联合国）以及可持续发展目标标识的波音787-9型飞机，于美国当地时间1月26日交付厦门航空。该机为全球首架经过官方认证的联合国特殊涂装飞机。

△　2017—2018年度英特尔创新加速器智胜未来创新大赛总决赛在厦门杏林湾大酒店举行，来自重庆清文科技的项目“听博士”夺魁。

28日　“灵动青春·台湾青年创业园”开园暨项目签约仪式在集美的厦门灵玲国际马戏城举行，18家台企当场签约入驻，涵盖设计、教育、音乐、文创等领域。

30日　全国质量管理工作暨质量提升现场交流会在厦门召开。

厦门完成水系生态蓝线划定，成为全国首个把水系生态蓝线纳入“多规合一”平台统筹规划、管控的城市。

△　海翔大道与田集连接线立交通车，实现两条交通主动脉互联互通。

31日　厦门市第九批拔尖人才代表获颁荣誉证书。该次有96人获拔尖人才称号。

1月31日至2月1日　中芬社区矫正发展性研讨会在厦门举办。芬兰司法部部长安蒂·海凯宁，中国司法部副部长刘振宇、省司法厅副厅长李陵军出席开幕式并致辞。该次会议是中芬司法部第八轮合作交流的重要活动，会议围绕“社区矫正法律制度问题”“政府各有关部门的衔接配合问题”“社会力量参与问题”3个议题开展研讨，分享两国社区矫正的成功做法和经验，推动两国社区矫正工作的交流与合作。

2月

1日　市委副书记陈秋雄会见以苏莱曼·迪亚基特·科蒂副主席为团长的科特迪瓦共和人士联盟代表团。

△　2017音乐厦门优秀原创作品暨优秀歌手颁奖晚会在小白鹭金荣剧场举行。《一生就爱一座城》等10件作品成为“音乐厦门——2017城市之歌年度十佳歌曲”。

2日　第十届厦门名优特农产品展销会在厦门国际会展中心举行。该展会设8个展区，总规模1万平方米，有238家单位参展。

3日　“新零售、星电商、新业态”论坛在厦门举行，探讨发展趋势支招传统电商。

5日　致公党厦门市委帮扶西藏昌

都市第三高级中学捐赠仪式在团结大厦举行。

6日　厦门抽水蓄能电站项目上库用地交地仪式举行，标志着厦门抽水蓄能电站征地工作全部完成。

7日　厦门市律师行业2013—2017年度大数据分析报告显示2017年度厦门律师业务收费104454.54万元，首次突破10亿元。

9日　云顶西路等153处地名命（更）名获批复，其中“同安大道”更名为“苏颂大道”。

△　作为翔安南部新城重要道路之一的洪钟大道（翔安南路—翔安西路段）正式开放通车。该大道于2月8日顺利通过竣工验收。作为翔安新机场的快速通道，翔安西路（翔安南路—翔安东路段）道路工程全线完工于2月7日通过竣工验收。

10日　全国文化创意产业人才联盟厦门分会暨两岸文化创意产业人才联盟启动大会及各专业委员会成立授牌仪式在厦门张雄美术馆举行。

14日　中华人民共和国海关总署同意厦门航空对经厦门机场中转的进、出境旅客试行“通程航班”业务监管模式。

16日　中国旅游研究院和携程旅游联合发布的数据显示，厦门旅游人气名列该年春节假日国内热门目的地城市第三名。

26日　“世界大学学术排名（ARWU）”公布中国最好的600所大学中，厦门有3所学校入选，分别是厦门大学（排22名）、集美大学（排223名）、厦门理工学院（排337名）。其中，厦门理工学院在福建新建本科院校中名列第一。

27日　厦门市建设局公布《建筑工程和拆除工程施工扬尘防治工作细则》，控制扬尘污染，提升环境空气质量。

3月

1日　新修订的《厦门市海上交通安全条例》正式实施。该条例为全国首部具有地方特色的综合性海上交通安全管理法规。

3日　2011年诺贝尔生理学或医学奖得主、美国免疫遗传学家布鲁斯·巴特勒（BruceA.Beutler）和比利时布鲁塞尔大学VeroniqueKruys教授一行，到厦门市妇幼保健院交流访问。

5日　《厦门市社会资本举办幼儿园暂行办法》发布并实施。

6—9日　全球最大石材展——第十八届厦门国际石材展在厦门举办，展出总面积18万平方米，规模全球第一，设置9300个国际标准展位，邀请到来自56个国家和地区超过2000家企业参展。

7日　2018厦门旅游营销年正式启动，打造旅游宣传营销“升级版”。

8日　全国首条跨东南亚六国“一带一路”航线在厦门国际邮轮母港起航。执行该航线的“歌诗达·新浪漫”号邮轮从日本转港，首度到厦，其所执行的航线串联菲律宾、马来西亚、文莱、新加坡、柬埔寨、越南6国，标志厦门邮轮产业“由量向质”深度发展。

9日　江西横岗至厦门开通海铁联运，厦门港海运服务延伸到江西企业的家门口，凸显“一带一路”陆海连接枢纽地位。

9—10日　2018年腹膜后肿瘤诊治厦门高峰论坛暨福建省肿瘤防治联盟皮肤与软组织肿瘤专业委员会成立大会在厦门宾馆召开。

10日　厦门市获批成为全国筹建国家级“芯火”双创基地（平台）的7个城市之一。

△　厦门船舶重工股份有限公司承建的7500车LNG（液化天然气）汽车滚装船开工仪式在船体车间举行，为全球最大的LNG汽车滚装船。

△　第十七届诺和诺德糖尿病论坛在厦门召开，会上宣布新一代超长效基础胰岛素类似物诺和达在中国上市。

12日　首届“中荷半导体产业合作论坛”在厦门海沧举行。中荷双方20余家机构代表参会。

△　副市长韩景义会见法国驻广州总领事周丽君，双方就加强厦门与法国之间的经贸文化交流进行探讨。

△　厦门中级人民法院生态环境审判庭正式揭牌。

14日　厦门理工学院和新丝路联合成立的厦门理工学院新丝路时尚学院揭牌，为国内首家具备本科学历的时尚学院。

16日　2018年厦门市首届博士选调生双向选择对接会在厦门帝元维多利亚大酒店举行。该次邀请到厦门参会的博士生65人，专业涉及城乡规划、土木工程、桥隧工程等50多个领域。

17日　第二届海峡两岸医药卫生交流协会海西医药卫生发展中心委员代表大会暨台海医学发展委员会更名仪式召开，海医会台海医学发展委员会1000余人参加。

21日　全球唯一的联合国特殊涂装飞机——厦门航空“联合梦想号”正式投入运行，首个保障任务是运送第十三届全国人大一次会议福建代表团从北京返回福州。

22日　中国首个以邮轮为载体的“一带一路”文化艺术交流推广活动启动。该活动以“歌诗达·新浪漫”号邮轮为载体，从厦门国际邮轮母港出发，执行马尼拉、长滩、文莱、沙巴航线，同时启动文化艺术交流推广活动。

△　厦门市儿童医院正式成为国家儿童先天性结构畸形救助项目的定点医疗机构。

22—28日　第四十五届世界技能大赛厦门市选拔赛举行，10个参赛项目选拔出来的30名选手备战2019年在俄罗斯喀山举行的第四十五届世界技能大赛。

22—31日　由厦门市旅游发展委员会主办，市政府新闻办、市文广新局、市外侨办协办，厦门港务控股集团、厦门旅游集团等单位承办的“海丝路·闽南情——中国厦门文化旅游汇”活动，先后在菲律宾、文莱、马来西亚3国开展。

23日　“鼓乐奏浪·屿纵琴声”——巴黎圣母院首席管风琴大师拉特利音乐会在鼓浪屿风琴艺术中心举行。该次音乐会是大陆最大的百年管风琴“卡萨翁700号”修复完成后的首次“亮嗓”。

△　全省首个“互联网妇联”在思明区梧村街道云顶创谷园区成立。

24日　第三届清华校友创意创新创业大赛海峡赛点在厦门市举行，两岸清华校友就创办或投资的项目进行交流。

△　厦门大学附属第一医院首次进入“2017届中国医院竞争力·顶级医院100强”榜单，排名第九十六位。厦门市中医院进入《2017中国医院竞争

力·中医医院 100 强》榜单，排名第四十四位。

24—26 日　第一届海峡两岸（厦门）纸艺产业博览在厦门文化艺术中心美术馆开展。该届纸博会是海峡两岸首次以纸的文化为主题的品牌展。

26 日　2018 闽西南粮食安全协作联席会在厦举办，其主题为“共建共享粮油食品安全追溯体系”，厦门、泉州、漳州、龙岩 4 个地市粮食行业 200 多人参加。

28 日　厦门市全面启用新能源汽车专用号牌，成为全省继福州、漳州、南平之后，第三批启用新能源汽车专用号牌的城市。

△　鹭港城市建设交流会在厦门举办，厦门和香港的城市建设相关部门的专家就推动双方进一步合作共赢展开对话。

28—30 日　2018 中国海西（福建）特殊资产行业高峰论坛暨专题研讨会在厦门市举行。

29 日　首批 15 名台湾青年拿到钥匙入住厦门公租房，向台湾青年提供公租房为厦门首创。

30 日　全国首个国际航班电子申报系统在厦门正式上线运行，国际航班电子数据与海关申报系统首次实现全面对接，提升国际航班申报效率。

△　2018CCTV 中国创新创业发展论坛暨《创业英雄汇》海选厦门站总决选在厦大翔安校区举行，20 位入围的参赛者向众人展示创业项目。

31 日　第十届海峡西岸经济区才智战略 HR 论坛暨 2018 中国人才变革高峰论坛厦门站活动在厦门市举行。

3 月 31 日至 4 月 1 日　由全国卫生产业企业管理协会数字化口腔产业分会（CSDDI）主办、厦门医学院附属口腔医院承办的 2018 第二届中国数字化口腔学术研讨会在厦门召开。来自全球范围内 400 名各国专家和国内相关领域的领军学者、专家，共同探讨数字化口腔医疗未来。

4 月

1 日　厦门市医保局发布《关于公立医疗机构实行按病种收费和支付有关问题的通知》从即日起实施，首批推出 158 个病种进行按病种收付费改革。

2 日　法国籍世界海洋科考船“塔拉号”首次抵达厦门，携手厦门大学海洋科考船“嘉庚号”开展系列活动。

3 日　全国学雷锋志愿服务工作推进会公布 2017 年学雷锋志愿服务“四个 100”先进典型名单，厦门 3 个典型分别获最美志愿者（思明区晨曦公益服务队理事长王世伟）、最佳志愿服务组织（厦门市“小黄帽”文明交通志愿服务联盟）和最美志愿服务社区（湖里区江头街道金尚社区）称号。

△　厦门港首个船舶淡水岸供系统在海天码头正式启用。

△　全省首个天猫（厦门）工业电商共享服务中心、淘宝大学厦门市培训基地两大项目正式落地中国梦谷翔安文创基地，阿里巴巴集团农村淘宝（天猫优品）项目同时落户位于翔安马巷的中国贡香城。

7 日　首届厦门大学“一带一路”发展论坛在厦门大学举办。

8 日　第二届海峡两岸佛医论坛在厦门海沧石室书院召开。

10 日　厦门市率先颁布出台《关于进一步深化厦台经济社会文化交流合作的若干措施》，提出 60 条具体举措（简称“惠台 60 条”），贯彻落实国台办、国家发改委《关于促进两岸经济文化交流合作的若干措施》。

12 日　“思明工会 e 家”微官网通过系统测试上线运行，为全国首创基层工会会员会费实名在线缴交模式。

△　2018 海峡两岸经贸论坛在厦门举行，两岸专家学者共论制造新趋势。

12—15 日　2018 厦门工业博览会暨第二十二届海峡两岸机械电子商品交易会在厦门国际会展中心举办。

15 日　运载全国最先进的自主无人潜水器“潜龙三号”和 70 名科考队员的“大洋一号”科考船首次从厦门出发，到南海执行“大洋一号”综合海试 B 航段科考任务。

17 日　厦门海关知识产权保护 App 正式上线，为全国首个知识产权海关保护 App。

△　同安区举行同安区医院集团成立大会暨授牌仪式。

△　福建省旅游协会民宿分会正式成立，总部设在厦门。

18 日　厦门天空于 10 时 20 分出现“日晕”奇观。

△　地铁 3 号线岛内首台盾构机始发，标志着 3 号线建设全面提速。地铁 3 号线翔安行政中心站—浦边站盾构区间全长 664.28 米，是该线首个盾构区间，右线于 6 月 25 日开始掘进，左线于 8 月 13 日开始掘进，12 月 8 日实现双线贯通。

18—22 日　2018 国际排联世界沙滩排球巡回赛厦门站在观音山黄金沙滩举行，33 个国家、124 支队伍参赛。俄罗斯年轻组合 Stoyanovskiy / Velichko 和加拿大组合 Pavan / Humana-Paredes 分别获得男子、女子冠军。

19 日　厦门市首批领到新能源号牌的大型公交车投放到翔安区农村线路。

20—22 日　第十四届海峡旅游博览会在厦门国际会展中心举办，展会使用面积逾 5 万平方米，展位 2200 个，有 23 个省市区和 43 个国家和地区的展商参展。2018 中国（厦门）国际休闲旅游博览会同期举办。

△　2018 厦门渔业博览会暨水产养殖展览会举办，20 多个国家和国内多个省市的 200 多家水产企业参展。

21 日　由中国循环经济协会主办，厦门市循环经济协会和环创（厦门）科技股份有限公司协办的 2018 垃圾资源化产业发展论坛在厦门市举行，近 400 人参会。

△　福建省首批“三焦点老视手术中心”及“三焦点屈光白内障手术中心”在厦门大学附属厦门眼科中心率先成立。

△　第二届全国体育休闲产业发展论坛在厦门理工学院举行。

△　福建省精神医学专科联盟在厦门成立，大会通过《福建省精神医学专科联盟章程》，并授予 66 家（省内 58 家，省外 8 家）联盟单位牌匾。

23 日　中国航天十二院厦门分院在首届数字中国建设峰会上正式成立。

△　中国载人航天庆祝 2018 年“中国航天日”主题活动暨第二届海峡两岸青少年航天梦主题活动在位于厦门市集美区杏林湾路 339 号的诚毅科技探索中心启动，以“聚力空间站迈进新时代”为主题，航天员刘旺到场并和厦门市第六中学合唱团合唱《茉莉花》。

24 日　福建省首个“全国家长学校建设实验基地”落户厦门湖里区。

25 日　位于厦门自贸片区内的自贸金融中心举行揭牌仪式。同时，正式启动自贸金融服务平台。

△　“厦门大学中美青年创客交流中心”揭牌，为首批挂牌“中美青年创客交流中心”之一。2018 中美青年创客大赛厦门分赛区暨厦门万科创新创业大赛同步启动。

26 日　第七届厦门网络文化节暨“四十年征程 e 点赞厦门”全媒体接力行启动仪式在海沧举行。

26—29 日　第一届全球华人新生儿医学高峰论坛暨第二届海峡两岸及港澳地区新生儿医学大会在厦门举行。来自加拿大、美国、英国、澳大利亚、新加坡、日本的华人医学专家及国内专家、学者围绕新生儿医学领域的新理念、新技术进行研讨和交流。

27 日　8 头海豚“乘坐”货运包机从日本大阪空运到厦门高崎国际机场，为厦门口岸进口的首批大型活体动物。

△　由台湾地区“中国信托商业银行”联合厦门金圆集团发起成立的厦门金美信消费金融有限公司获中国银行保险监督管理委员会批准筹建，成为首家两岸合资消费金融公司及厦门市首家法人消费金融公司。

△　自贸区厦门片区举行建设发展 3 周年总结评估发布会暨专家座谈会。

28 日　厦门市首个由市、区两级国企特房集团和翔投集团共同牵头建设的大型休闲农业项目——大帽山境・寨仔尾里田园综合体一期正式开园。

△　中版昆仑传媒有限公司、北京字节跳动科技有限公司、福建金银海文化传媒股份有限公司与厦门市火炬管委会、厦门市湖里区人民政府就中国短视频产业基地的合作事宜举行签约仪式。该次签约宣告中国短视频产业基地正式落户厦门市。该基地为全国首个集内容、制作、发行、交易为一体的短视频产业基地。

29 日　由厦门市政府台湾事务办公室和厦门日报社携手建设，“厦门台办”微信公众号正式上线。

4 月 29 日至 5 月 1 日　FUEG 福建省大学生电子竞技大赛决赛在厦门国际会展中心举行，20 支省内的大学生电竞队伍参赛。闽南师范大学的 ES.T1 战队获得王者荣耀项目的冠军，集美大学 JMG 战队获得英雄联盟项目冠军。

5 月

4 日　2018 年中国康复医学会康复治疗专业委员会学术年会论坛主席联席会议与常委会议在厦门举行，会议确认厦门弘爱康复医院承办 2018 年全国康复临床技能大赛。

△　厦门地铁 2 号线正式开始进入铺轨阶段。

4—6 日　2018 海峡两岸医药卫生交流与合作会议暨第十届海峡两岸超声医学高端论坛在厦门举行。来自海峡两岸以及香港、澳门等地近 900 位超声医学专家和青年学者参会。

5—6 日　第四届全国心理服务机构发展模式研讨会暨全国心理服务机构联盟成立大会、中国心理学会心理服务机构工作委员会（筹）年会在集美举办，来自全国各地 400 多名专家学者参会。

7 日　加拿大蒙特利尔的人工智能企业钛链智云（NebulaAI）在厦门软件园一期成立子公司——钛链智云（厦门）信息科技有限公司，致力推进人工智能技术研发及厦门当地产业人才培养。

△　厦门翔安港区海翔码头集装箱内贸干线成功首航。

10 日　15 时至 15 时 23 分，全市 280 多台防空警报器同时先后鸣放预先警报、空袭警报、解除警报 3 种防空警报信号，并首次在地铁 1 号线全线鸣响。

△　厦门理工学院获批成为硕士学位授予单位。

10—14 日　“2018 中国厦门国际佛事用品（春季）展览会”“2018 中国厦门国际素食暨有机产品（春季）展览会”“2018 中国厦门国际茶产业（春季）博览会”“2018 中国厦门传统手工艺品展览会”在厦门国际会展中心举行。展会吸引海内外 17 个国家和地区采购客商近 20 万人次，总面积超过 17 万平方米。

11 日　世界卫生组织西太平洋区域地区主任申英秀，世界银行健康、营养与人口全球实践局东亚及太平洋地区副局长托马斯・帕卢率访华考察团到厦门考察。

△　副市长韩景义会见加纳驻华大使爱德华・博阿腾一行，并就加强双方合作进行深入交流。

11—12 日　第四届“中华血・两岸情”母亲节无偿献血活动在自贸区厦门片区国际航运中心和厦门自贸时代广场举办，458 人成功献血，采血量 122350 毫升，海峡两岸的爱心人士创下新的献血纪录。

11—13 日　由国家发改委和中国科协主办的 2018 年“创响中国”厦门站暨“一带一路”创新大会在集美区嘉庚艺术中心举办。来自“一带一路”沿线 30 个国家（地区）的近 300 个海内外创业项目、60 余家一线投资机构、100 余位知名业内人士参会。

12 日　国内规模最大的国际业余橄榄球赛事——首届“鼓浪屿杯”橄榄球俱乐部友谊赛在鼓浪屿开赛，该赛事首次以“鼓浪屿杯”冠名，来自 25 个国家的逾 220 名运动员参赛。

△　厦门海关在旅客携带进境的芒果上发现的毁灭性害虫——芒果蛎蚧，为全国旅检口岸首次检出的此类有害生物。

13 日　位于集美的灵玲动物王国熊猫馆正式开馆。

14 日　2018 年度全国“最美家庭”评选活动揭晓，厦门市海沧区林美珠家庭上榜，是继郑丽娟家庭被评为 2016 全国“最美家庭”后，海沧又一个全国“最美家庭”。

15 日　厦门海沧货运通道海新一号隧道右线安全贯通，标志海沧货运通道的三座隧道工程实现全线贯通。

△　厦门环岛路（鳌山路—高殿二号路段）工程区间隧道顺利贯通。

△　厦门市土地矿产资源交易市场公开拍卖出让湖里区 2018P01 国有建设用地使用权，最终该地块由厦门两岸金融中心建设开发有限公司以总价 2.2 亿元竞得。该项目为厦门市首次通过土地市场推出的住房租赁试点项目，是福建省内首宗公开出让的租赁住房用地。

16 日　火炬高新区企业厦门云知芯母公司、业界领先的物联网人工智能服务企业云知声在北京召开新品发布会，正式推出全球首款面向物联网的 AI（人工智能）芯片—— UniOne。

△　全市首张“小餐饮登记证”发放。

18 日　市长庄稼汉会见俄罗斯鞑靼斯坦共和国总统明尼哈诺夫一行。

△　福建省举行第二届石墨烯产学研对接会，“厦门火炬石墨烯新材料公共技术服务平台”“厦门火炬石墨烯新材料专业孵化器”正式揭牌，助力石墨烯技术研发及产业化，为火炬高新区打造福建“烯谷”提供动力支撑。

△　厦门市检察机关首个律师办公室揭牌，首批来自全市 8 家律师事务所的 23 名律师作为值班律师进驻。

18—20 日　厦门国际消化内镜研讨会暨第四届海峡两岸消化道早期癌内镜诊疗论坛在厦门举办，两岸 20 多位青年医师在厦同台辩论。

19 日　由厦门旅游集团发起、12 个省的 32 家旅游集散中心设立的“全国厦金旅游集散联盟”在厦门旅游文化产业园正式成立，首批 35 条优质旅游线路正式出炉对外发布，并入选厦门优质旅游线路库。

20 日　一款名为“方便空间”的共享厕所智慧云平台在厦门宣布正式上线。平台利用互联网、物联网技术，整合有关资源，鼓励沿街商铺将厕所免费开放给市民使用。

21 日　《厦门日报》连续三届获全国“百强报刊”。

△　由厦门市工业设计企业、制造业企业和院校师生三方共同参与的“工业设计与产业对接会”在市文化艺术中心美术馆举行，在厦门市尚属首次。近 40 家企业、7 所院校共展出作品 450 件。

22 日　中央文明办、教育部、共青团中央、全国妇联、中国关心下一代工作委员会在河南洛阳举办“新时代好少年”先进事迹发布活动，厦门外国语学校集美分校七年级学生谢伊入选，是全省唯一获评全国第一批“新时代好少年”的学子。

△　厦航在西雅图接收首架波音 737MAX 飞机，厦航机队规模增至 200 架飞机。

23 日　《厦门市农副产品平价商店管理实施细则》开始实施。

24 日　厦门自贸片区航空产业投资恳谈会在北京举行，中国民航局、中国民航维修协会、美国大使馆、英国标准协会、波音公司、空客公司、中国航空工业集团、厦门海关、湖里区政府、厦门航空、厦门太古飞机等 30 多家政府机构、国内外知名航企、民企代表参会，共同就厦门航空产业发展机遇展开讨论。

△　新加坡胜安航空公司在厦门举行开航 25 周年纪念活动。该公司是第一批在厦门机场开辟国际航线的航空公司，在厦门运营 25 年。

25 日　亚马逊全球开店厦门跨境电商园的正式落成。厦门跨境电商园是亚马逊全球开店在华南地区的首个跨境电商园，为中国落户的第二个跨境电商园。

△　由国网福建电力投资建设的福建省内最大汽车充电站厦门滨湖充电站正式投运，配备 40 个快充桩。至此，全市有公共充电桩 1927 个。

△　厦门市新能源汽车行业协会成立，标志着该行业从单一的行政监管步入行业自律和社会共治。

△　北京中医药大学厦门医院（厦门市中医院）灸疗中心、热敏灸临床科研基地揭牌仪式在中医院举行。

△　厦门市首个共享职工之家——湖里区“创新园共享职工之家”正式投用。

26 日　厦门首家市级体育产业集团厦门路桥体育产业集团举办成立大会，路桥体育 2018 赛艇联盟大师赛同期举行，该赛为国内最高规格的水上赛事之一。

△　中国非公立医疗机构协会整形与美容专业委员会、海峡两岸医药卫生交流协会整形美容专业委员会 2018 年度大会暨“美哉思明”医美产业发展研讨会在会展中心举行，国际医疗美容产业博览会同时举办。海峡两岸近 150 位医美专家、1500 名医师参加，200 多家机构参会。

△　厦门滨湖充电站正式投运，该站占地 2702 平方米，为福建省最大。

26—28 日　2018 艺术厦门国际博览会在厦门国际会议展览中心举办，展会面积 2.1 万平方米，汇聚来自 11 个国家和地区上千名艺术家的作品。

28 日　“胡老三食品”在厦门两岸股权交易中心正式挂牌和展示，为厦门老字号食品加工企业中第一家挂牌的企业。

30 日　厦门首届 20 名党风政风监督员上岗。

6月

1 日　副市长韩景义会见阿联酋驻华大使阿里·扎希里一行，双方就进一步推动两地在经贸、文化等各领域交流交往进行探讨。

△　厦大附属心血管病医院通过全国首批 50 家“中国心衰中心”认证。

1—4 日　第五届海西儿科高峰论坛在厦门举办。论坛邀请海内外儿科领域顶级专家，针对儿科领域的最新研究热点、前沿问题作专题报告和深度讨论。现场举行厦漳泉儿科医联体远程医学平台联通仪式。同时福建省首个医师协会儿科医师分会——厦门市医师协会儿科医师分会成立。

2 日　厦门大学台湾研究院、两岸关系和平发展协同创新中心和福建省连横文化研究院联合主办的“纪念连横先生诞辰 140 周年学术研讨会”暨《青山青史》广播连续剧首播启动仪式在厦门宾馆举行。

△　清华人工智能产业发展论坛（厦门）暨清华海峡研究院人工智能研究中心专委会成立仪式在厦门举行。

△　联发 2018 海峡两岸（集美）龙舟文化节暨“嘉庚杯”“敬贤杯”海峡两岸龙舟赛在厦门集美龙舟池开幕。该龙舟文化节是第十届海峡论坛的首场活动。

4 日　厦门市政府办公厅正式印发《厦门市老年教育发展规划（2018—2020 年）》。

5 日　省委书记于伟国、省长唐登杰在厦门会见率团参加第十届海峡论坛的中国国民党副主席郝龙斌一行。省市领导裴金佳、梁建勇、周联清、李德金、庄稼汉参加会见。

△　作为第十届海峡论坛的重要配套活动之一，以“新时代　新公益”为主题的第六届两岸公益论坛在厦门海沧举行。开幕式上，“台湾青年在大陆就业创业支持计划”启动。

6 日　厦门集装箱码头集团宣布，

从即日起，该集团正式实施《中转服务保障计划》，中转水平对标全球一流。

△　第五届海峡两岸青少年新媒体文创论坛在海沧举办。论坛秉承“新媒体·新青年·新发展”的宗旨，吸引海峡两岸300多名行业精英、青年代表参加。

△　第八届海峡两岸红十字博爱论坛在厦门举办。论坛以“关爱长者，为了您的微笑”为主题，重点围绕居家养老照护中的红十字志愿服务展开探讨。

△　2018北京大学海峡两岸文创产业高峰论坛在厦门举行。

6—11日　第十届海峡论坛在厦门举行，由81家两岸单位共同主办。论坛围绕“扩大民间交流、深化融合发展”主题，中共中央政治局常委、全国政协主席汪洋出席论坛开幕式并致辞。

7日　“打破界限”海峡论坛首届创意涂鸦大赛在集美区大社举行。大赛以“大展宏涂梦圆两岸”为主题，30名选手参赛。

8日　该日是全国海洋宣传日，厦门和金门联合在厦金海域开展增殖放流，77万尾小鱼“游”入厦金海域。

9日　第十届海峡论坛·台湾人才就业创业暨实习见习厦门对接会在厦门举办，首次推出台生暑期实习计划，全市近190家用人单位、11家政策咨询单位以及约360名台湾专业人才和台生参与，提供就业和实习岗位2653个。

△　2018海峡两岸中医药发展与合作研讨会开幕，研讨会以“传承中医智慧助力健康中国”为主题。

△　2018两岸绿色交通发展论坛在厦举办。来自海峡两岸企业界、高校和科研院所的200多位专家学者，共同探讨两岸绿色交通的最新成果和发展趋势。

△　2018厦门数字水论坛暨第十四届国际可持续水环境会议在厦门大学举行，2018年海峡两岸环境与生态研讨会、第三届厦门大学环境与生态学科国际咨询委员会会议、首届数字流域与河长论坛等高水平系列学术会议同期举行，共有专家、学者、政企代表150余人参会。

9—10日，由国家中医药管理局和厦门市人民政府共同主办的2018海峡两岸中医药发展与合作研讨会在厦门举办，研讨会以“传承中医智慧助力健康中国”为主题。

9—10日　由中国航海学会、中国造船工程学会等单位与集美大学联合主办的2018海峡两岸航海技术与海洋工程研讨会在厦门举行。

10日　2018中国城市信用建设高峰论坛开幕式上，“守信激励创新产品与服务”联盟正式成立，厦门海沧创业广场入选首批“信易+”联盟成员，成为全省唯一入选的产业园区。

11日　厦门自贸片区（云创智谷）海外人才离岸创新创业基地正式揭牌，是福建省内首个在自贸试验区建立的海外人才离岸创新创业基地。

12日　厦门市医疗急救中心自主研发的凤凰花“厦门急救”志愿服务App正式上线，为全国首创的智能化急救志愿服务App，实现急救对象与志愿者、120调度系统、AED、救护车间的有效互动无缝对接。

13日　全国首个商用级5G智能网联驾驶平台在厦门签约。

14日　厦门市公安局举行“网络安全志愿者”活动启动仪式，组建成立首批“网络安全志愿者”队伍。

15日　国家税务总局厦门市税务局举行挂牌仪式，厦门市国家税务局、厦门市地方税务局正式合并。

17日　第八期“走遍中国前列县（腺）——诊疗泌尿疾病，关爱老年健康”大型公益活动福建海沧站在厦门市海沧医院举行启动仪式。

18日　厦门厦港老城区唯一直面大海的足球场——海滨足球公园举行开园仪式。

△　厦门港新增一条阿联酋航线，加强对东南亚、中东地区的航线布局。

19日　集美开通旅游专线“铛铛车”，首批投放的7辆旅游“铛铛车”均为无轨绿色能源车。专线沿途设15个站点，车程约为1个小时。

△　海外华侨华人社团厦门联络总部启用仪式在厦门市港澳中心举行。该联络总部设立在国内属首创。

20日　由厦门老年大学创办的《厦门老年大学》校刊首发。

△　厦门高崎机场海关与厦门航空、元翔（厦门）空港股份有限公司分别签订《开展国际（地区）“通程航班”的合作备忘录》，正式推出国际（地区）“通程航班”业务，标志着厦门机场向国际航空中转枢纽再进一步。

21日　高崎边检站首次查获使用伪造的赴台签注非法出境案。

22日　同安区房东协会成立大会暨第一次会员代表大会在同安会堂召开，宣告全市首个区级房东协会正式成立。

△　厦门海事法院召开新闻发布会，发布2017年度厦门海事审判工作情况。首次以中英文双语版的形式，向社会发布海事审判报告。

22—24日　2018年海峡两岸郑成功文化节在厦门举办。海内外共有26个团体近300人参加该届活动。

23日　中央电视台《新闻联播》节目播出《厦门：建设高素质高颜值的经济特区》，点赞厦门在改革开放40年中取得的成就。

△　2018海峡两岸郑成功文化节在厦门开幕。

26日　嘉莲街道在松柏中学正式启动以平安校园综合治理为主题的“守护嘉苗”计划，并在全省首创组建“平安校园维权联盟”。

△　厦门市机关事业工会联合会成立暨第一次会员代表大会召开。

△　中国供应链管理研究中心与建翼供应链金融战略签约暨供应链金融平台启动仪式在厦门举办，为厦门市首个供应链金融平台。

28日　全国佛教院校联席会暨全国汉传佛教院校学生论文联合发表会在厦门举行。

△　甘肃省临夏州代表团到厦门对接深化扶贫协作和对口支援，厦门市与临夏州签订《厦门市—临夏州全面深化东西部扶贫协作三年行动框架协议（2018—2020年）》。

6月28日至7月21日　由厦门市海外联谊会主办、厦门市教育局指导、集美校委会支持的2018年“青葱岁月　多彩年华”厦门—港澳台中学校际结对交流活动在厦门首次开展。11所中学分为5对结对校，共有300多名学生参与。

29日　“厦门市‘联心侨’侨界志愿者联盟”成立。

△　厦门市人民政府与橙联（香港）股份有限公司签订橙联中国项目战略合作框架协议，标志着橙联股份中国内地跨境电商物流运营管理总部正式落户厦门。

△ 厦门集装箱码头集团宣布，该公司“网上营业厅”“客服热线8060801”完成全面升级，厦门港集装箱码头信息服务迎来2.0时代，彻底实现码头业务“无纸化”受理，多项业务水平领先全国。

30日 2018年全国神经内镜技术高峰论坛暨神经内镜技术研讨会在厦门举行。会议由厦门大学附属中山医院参与承办，海峡两岸神经内镜技术及相关基础研究领域的知名专家应邀到厦门传经送宝，200多名神经外科专家学者参与学习研讨。

7月

1日 厦门直达广州（高铁）D2383次动车首发，使用16节动车组编组，共有约1260个席位。途经潮汕、普宁、惠州南、东莞，用时4小时45分钟。

2日 市人大常委会主任陈家东会见泰国国会第一副议长素拉猜·力布叻差一行。

△ 由文化和旅游部主办的2018年“华夏文明·薪火相传”台湾青年学生到厦门见习活动在厦门灵玲国际马戏城开幕，来自台湾的22名大学生成为首批到厦门市旅游企业见习的台湾大学生。

5日 国家税务总局厦门市湖里区税务局成立。同时，分布在岛内外的国家税务总局厦门市税务局另7个区级单位也同步挂牌，标志着厦门市、区两级新税务机构均完成挂牌工作。

△ “厦门造”全球首款L4级量产自动驾驶巴士金龙阿波龙下线，并销往日本，实现中国自动驾驶电动车的首次“出海”。

6日 同安区物业管理法律服务站在区建设局揭牌，是全市首个物业管理法律服务站。

△ 2018物联中国年度盛典暨第四届中国（国际）物联网博览会在厦门国际会展中心开幕。会上，中国移动推出“智联5G 和创未来”主题活动，深挖大数据应用，开创全新的物联网智能生活。

7日 全国首栋玉石建筑——凌云玉石大厦落成揭幕，全球首个以玉石为主题的商业综合体正式落户厦门湖里高新技术园区，并对市民游客开放。大厦总面积约3.5万平方米，融合DIY手作、互动、观光、展览、消费等功能于一体。

△ 厦门理工学院在龙岩成立全国首个高校红色孵化器——厦龙筑梦红色孵化器，将厦门理工学院的智力、技术和项目送到革命老区，助力精准扶贫和乡村振兴。

8日 鼓浪屿管风琴艺术中心揭幕，是中国大陆第一个集古董管风琴收藏研究、演奏展示、教育传播、古琴修复为一体的国际管风琴文化交流平台。

9日 省委常委、市委书记裴金佳，市长庄稼汉会见到访的华为公司轮值董事长徐直军一行，双方就加强在集成电路、软件信息、智慧城市等领域的合作进行深入交流。

△ 新书《鼓乐喧天——吴金宝口述金莲陞高甲剧团历史》《八十七载金莲陞》在厦门举行首发式，两书解密金莲陞发展史，是系统梳理和研究该剧团历史的重要文献。

10—12日 西安市党政代表团到厦门考察学习，两市代表就改革创新、对外开放、生态建设、城市建设管理、文化遗产保护传承等方面交流做法，分享经验。省委常委、市委书记裴金佳，陕西省委常委、西安市委书记王永康出席。

13日 厦门市入选国务院新设的跨境电子商务综合试验区。

14日 厦门“首届自动化高峰论坛暨工业互联网自动巴巴发布会”在罗约酒店举行，全市从事自动化和智能制造行业的300多家企业代表参加。

15日 厦门海关正式启动出口货物提前报关改革，出口货物可直接装船。

△ “中华颂·两岸情”第三届海峡两岸青少年经典诵读邀请赛在厦门青少年宫的红领巾剧场落幕。该次活动历时2个多月，收到海峡两岸近800个参赛作品，最终4个组别共115位选手入围决赛。

16日 市国土房产局与中国建设银行厦门市分行、中国工商银行厦门市分行、兴业银行及厦门银行签订“不动产登记与金融服务”合作协议，在银行设立不动产抵押登记便民服务处，推行抵押登记“不见面受理、全程网办、一趟不用跑”新模式。该模式在全省属首创。

△ 市交通局与华侨大学开展战略合作，共同组建公共交通研究中心。

17日 国家药品监督管理局发布《药物临床试验机构资格认定检查公告（第1号）》，认定厦门市仙岳医院具有精神病学药物临床试验机构资格，发放《药物临床试验机构资格认定证书》。这标志着厦门市仙岳医院作为福建省首家获得该资格的精神专科医院，正式具备承接Ⅱ、Ⅲ、Ⅳ期临床试验的资格和能力。

18日 全国最大的新能源物流车运营服务商——厦门市地上铁新创绿能汽车服务有限公司揭牌落户厦门自贸片区，该公司致力于为各大快递物流及城配企业提供一站式的新能源物流车队租赁及运营配套服务。

△ 厦门市公证处电子数据公证平台正式上线。公证处为厦航国旅现场出具全国电子数据全链式公证模式下第一份公证书。

21日 厦门知青文学艺术基金会成立。

24日 武汉至厦门的首班“铁水联运”班列开通，全程1336千米。

25日 由人才代表发起，市委组织部牵头筹备，挂靠厦门市高新协会的厦门市高新协会高层次人才分会正式成立。

26日 厦门航空再获一项世界级荣誉——“波音787机队全球可靠性奖”，是继2017年厦航获737NG全球可靠性奖后，再次获全球可靠性奖。

27日 海沧区天心岛小区物业管理中心的区级物业纠纷化解平台暨“海投物业纠纷人民调解委员会”揭牌，是厦门市首个区级物业纠纷专业调委会。

28日 由中国游泳协会、厦门市人民政府、“中华台北成人游泳协会”以及金门县政府共同主办的第九届厦金横渡在环岛路椰风寨沙滩开赛，横渡活动全程约7千米。来自台湾新北市的兄弟组合卓承齐/卓沛齐，用时1小时30分07秒，成功卫冕第九届厦金横渡男子A组冠军。

28—29日 2018年“廣鹏杯”第三届（厦门）神州跆拳道馆联盟大赛在市体育中心篮排球馆举行。来自福建、广东、江西等省的 33 支队伍共 819 名选手参赛。

△ 由中国医药教育协会主办，厦门医学院附属第二医院协办的中国医药教育协会介入微创呼吸分会在厦门成立大会在厦门市北海湾酒店召开。

29 日 商务部对 2017 年度中国服务外包示范城市及申请城市综合评价结果进行公示，厦门市在 31 个中国服务外包示范城市综合评价中综合得分排名第六位，较上次评价前进 15 位。

30—31 日，福建省第十六届运动会太极拳暨福建全民健身运动会太极拳总决赛在宁德举行，厦门市参赛选手获 7 块金牌、4 块银牌和 1 块铜牌。

8 月

1 日 厦门交警推出的首批多项便民服务措施正式实施，包括申请材料四减免、18 类简单业务一证即办、岛外各交警大队可考科目一、实现微信和支付宝等多种非现金方式支付、完成面签后可在网上办理 25 项简单业务等。

△ 厦门市市场监督管理局开发的商事主体开办“一网通”平台正式上线运行。

△ 《厦门经济特区园林绿化条例》正式施行。

△ 厦门开始实施机动车辆保险电子保单试点工作，车主投保交强险和商业车险都将生成电子保单，车辆上路及年检不再使用纸质保单。

△ 亚洲最大管风琴迎客，鼓浪屿管风琴艺术中心正式对外营业。

△ 市长庄稼汉会见到访的佐世保市市长朝长则男一行。

2 日 市委副书记、市对外友好协会会长陈秋雄会见率团到厦门开展青少年交流活动的佐世保・厦门市青少年交流协会会长古贺良一一行。

2—3 日 “2018（第三届）中国大数据产业生态大会”在北京召开，大会评选厦门软件园等国内 8 个园区为“2018 中国大数据明星产业园”。

3 日 2018 年全国青少年 U18 英式 15 人制橄榄球锦标赛决赛在集美大学举行，厦门队获亚军。该次赛事是福建首次承办国家级的橄榄球赛事。

4 日 厦金游艇自由行首航成功。

5 日 由厦门市妇幼保健院承办的中国妇幼保健协会妇科微创学术研讨会暨妇幼微创全国巡讲在厦门举行。

6 日 市长庄稼汉会见到访的玻利维亚首都拉巴斯市市长路易斯・雷维亚一行。

△ 厦门第一中学高二男生柯舒麟凭借组诗《穷》，获得第十三届全国中小学生创新作文大赛（高中组）特等奖。

△ 中国国际青少年艺术特长生才艺大赛全国总决赛颁奖盛典活动在杭州举办，由翔安第一实验小学、新店镇海娃队选送的少儿答嘴鼓《阿嬷啰嗦》获总决赛金奖。

8 日 市委副书记陈秋雄会见澳门基金会行政委员会主席吴志良率领的第三十六届澳门优异生参访团一行。

△ 市委常委、常务副市长黄强会见到访的菲律宾首都银行（中国）有限公司执行董事、行长林大镒一行。

△ 2018 传统文化艺术巡展“海丝丹青风狮爷文化艺术展”在同安文化馆开幕。

9 日 第七届“国际家政员工节”晚会在集美新城举办。

△ 第十六届省运会帆船帆板比赛在宁德霞浦高罗湾海域落幕，厦门市帆船帆板队获 10 金、7 银、5 铜，总分 234 分，在全省参赛的 8 个地市中获金牌数最多。

10 日 集美成立首个乡厨合作社，是厦门第一家，标志着乡厨队伍告别“散兵游勇”历史，成为有组织、有纪律的团体。

△ 厦门方特旅游区举行福建省中小学生研学实践教育基地授牌仪式。

△ 由厦门市思明区首创的“学习时间”音频节目正式入驻中国共产党新闻网“党课随身听”、咪咕阅读党员书屋、厦门党建 e 家三大平台。

△ 亚洲青年管弦乐团首次到厦门演出。

△ 厦门金龙客车出口玻利维亚交车仪式在厦门现代码头举行。

10—13 日 首届“华为杯”中国研究生创“芯”大赛决赛在厦门理工学院集美校区举行。

11 日 厦门大学青年创业高峰论坛举行，以“当实业遇上区块链”为主题。该次活动上，厦门大学区块链研究中心同步启动，厦门大学在区块链领域的研究走在全国高校前列。

12 日 厦门大学附属中山医院举办 2018 年海峡肝胆胰外科院士论坛暨厦门大学附属中山医院董家鸿院士名医工作室成立大会，中国工程院董家鸿院士与中山医院肝胆胰外科正式签约，挂牌落户厦大附属中山医院。

13 日 由厦门企业和企业家联合会、厦门日报社、厦门广电集团联合主办，各行业协会协办的“2018 厦门企业 100 强”排序活动揭晓。

△ 翔安区法院与中国人民财产保险股份有限公司厦门市分公司在翔安区法院举行战略合作协议签约仪式，双方在司法公共服务体系建设、诉前解纷机制建设、保险保障机制与审判执行有效衔接等六大方面开展战略合作。

16 日 国家自然科学基金委正式公布 2018 年度国家自然科学基金申请项目评审结果，厦门大学附属第一医院获得 18 项国家自然科学基金，其中面上项目 10 项、青年项目 8 项，资助经费 738 万元，立项数及资助经费居厦门市医疗系统首位，打破厦门医疗机构年度国家自然科学基金资助经费历史纪录，位居全省前列。

18—19 日 2018 年厦门市全民健身运动会幼儿滑步车赛在厦门三圈模型科技体验基地 ARC 赛车场举办，是首届官方正式幼儿滑步车赛事。

19 日 首个“中国医师节”庆祝大会暨第十一届“中国医师奖”颁奖大会在北京人民大会堂举行，厦门市第五医院的肾脏内科主任医师黄继义（教授）成为厦门市 2018 年唯一的获奖医师。

△ 第三十三届全国青少年科技创新大赛结束，厦门鹭江新城小学五年级的双胞胎姐妹姚郑不约、姚郑不韦（11 岁）获一等奖，是厦门在该届比赛获得的唯一一等奖。

20 日 厦门市思明区台湾人才服务中心暨网站信息平台正式启用，台湾人才及用人企业均可享受一条龙、一站式的专业化综合服务。

22 日 在第十八届亚运会羽毛球男子团体决赛中，厦门选手谌龙、刘成代表中国队出战，中国队以 3：1 战胜印度尼西亚队，夺得冠军。

△ 集美区总工会第八届四次全委会召开。会上，来自台湾高雄市、厦门飞鹏企业工会副主席张本树全票当选为集美区总工会兼职副主席。选举台籍职工在区级总工会担任职务，在全市是首例。

23 日　在雅加达亚运会皮划艇激流回旋男子单人皮艇决赛中，集美大学运动训练专业 2016 级学子全鑫以 89 秒 39 的成绩夺冠，是中国队继广州亚运会后，时隔 8 年再夺该项目冠军。

24 日　闽西南经济协作区联席会议第一次会议在厦门召开，开启新一轮的协作发展之路。

△ 京东携手厦门市网络零售协会、厦门市新媒体产业促进会等，在万科创想中心举行以“无界营销”为核心的专业市场营销分享沙龙，共同探讨无界营销时代下的区域市场新思路。

27 日　全国著名女企业家、原厦门华美卷烟厂董事长刘维灿因病去世，享年 90 岁。刘维灿曾冒着炮火修建海堤，是厦门引进外资的“第一人”，一生拥军被称为“拥军奶奶”。先后获得厦门市劳动模范、福建省五一劳动奖章、福建省劳动模范、全国五一劳动奖章、全国优秀经营管理者、全国“三八”红旗手、全国优秀女企业家、全国“十大扶贫状元”等荣誉。

28 日　国家发展改革委在北京举行全国营商环境评价现场会，北京、厦门和上海的营商环境位居前三名，厦门营商环境排名全国第二。

△ 科技部火炬中心与长城战略咨询在北京联合发布《国家高新区瞪羚企业发展报告 2018》，厦门火炬高新区 2018 年瞪羚企业 60 家，排名全国第八名，较上一年度上升 3 个名次。其中，新认定瞪羚企业数 35 家，美图之家、畅享信息、神州鹰 3 家企业入选瞪羚企业创新投入 100 强榜单。

30 日　市司法局出台《关于司法行政服务“双千亿”工作的实施意见》，列出 40 个法律服务清单。

△ 金旅客车塞拉利昂公交项目签约仪式在厦门市举行。该项目为塞拉利昂政府采购项目，塞拉利昂向金旅客车采购 200 台公交车及城际客车，创下塞拉利昂向中国客车企业采购数量之最。

9 月

1 日 《港澳台居民居住证申领发放办法》正式施行，吴家莹成为在厦门申领台湾居民居住证的第一人。

△ 厦门市思明区法院公开宣判以陈某杰为首的重大涉黑案件。该案是 2018 年扫黑除恶专项斗争开展以来，厦门市宣判的首起黑社会性质犯罪组织案。

△ “‘转型·突围’首届跨境电商供应链产融结合高峰论坛暨亚太跨境电商供应链 9610 联盟成立大会”在厦门举行。该次高峰论坛由厦门市物流协会牵头，联合香港航运物流协会、台湾全球商贸运筹发展协会、厦门市物流与供应链学会、厦门市海关特殊监管区协会、深圳小飞匣现代物流信息科技有限公司等单位共同举办。

2 日　2018 年厦门公交集团（海峡和特运顺联）出租汽车北汽新能源 EU300 投放仪式、第二十届中国国际投资贸易洽谈会交通保障运力投放仪式、9 月绿色出行月公共交通周无车日系列活动启动仪式在枋湖检测中心广场举行。该次投放的新能源出租车，实现纯电动“零排放”，电能补给采用“充换兼容”(即可以充电，也可以直接更换电池)的方式。

3 日　厦门船舶重工股份有限公司开工建造 2800 客邮轮型客滚船（488A 船），开创福建省建造该邮轮型船舶的先河。

4 日　全市发出首批台湾居民居住证，首批 7 名台胞拿到新证件。

△ 厦门市公安局湖里分局驻湖里区法院执行警务室揭牌，实现公安与法院执行力量的“无缝对接”。

5 日　厦门大学附属第一医院漳州开发区分院在厦门湾南岸揭牌，是推进厦漳医疗资源合作共享、推动闽西南经济协作区建设和厦漳同城融合发展的新成果。

7 日　厦门市信息安全等级保护非涉密信息系统定级备案实现全程网上办理。厦门在全省率先实现备案单位办理该项业务“全程网办、一趟不用跑”，是厦门警方深化“放管服”审批服务改革的一项创新举措。

△ 省委常委、市委书记裴金佳会见率团访问厦门并出席“9·8”投洽会的毛里塔尼亚总统阿齐兹一行。

△ 卡累利阿文化景观自然图片展在厦门国际会展中心揭幕。卡累利阿行政长官帕尔芬奇科夫，副行政长官季莫费耶夫，副总理帕德萨特尼克，俄罗斯驻广州总领事帕什科夫，福建省委常委、省委秘书长、宣传部部长梁建勇，厦门市市长庄稼汉出席开幕式。

△ 2018 海峡两岸（厦门）乐活节开幕。来自海峡两岸的民众、专家学者代表 700 余人出席开幕式。

△ 2018 海外华商中国投资峰会是国际投资论坛的重要活动之一，在厦门国际会议中心举行。峰会以“侨商与改革开放 40 周年回顾与展望——圆梦中国‘心’力量”为主题，来自 26 个国家和地区的近 400 位海外华商出席。

△ 第十七届世界商业领袖圆桌会议在国际会展中心举行，主题是“跨境电商发展与区块链应用”。该会是投洽会重要配套活动之一。

△ 中国利用外资 40 年研讨会暨 2018 世界投资报告（中文版）发布会在厦门举行。会上，联合国贸易和发展组织首次发布《2018 世界投资报告（中文版）》。该会是投洽会配套活动之一。

△ 2018 中国国际茶产业投资展览会开幕式暨茶业资本论坛在厦门国际会展中心举办，以“聚焦茶业新零售，推进茶业跨界合作发展”为主题。

△ 第十六届全国投资促进机构联席会议暨国际投资促进新趋势、新理念、新模式研讨会在厦门国际会展中心举行。

△ 由中国就业促进会、麦斯特人力资源有限公司主办的“一带一路”建设·人力资源发展论坛在厦门国际会议中心举行，是国内首次以此议题开展研讨。来自政府、企业等单位和部门的 200 余名代表参加论坛。

△ 由商务部投资促进事务局、华南美国商会联合主办，中国国际投资促进中心承办的中美投资论坛——健康食品产业合作交流会在厦门国际会展中心举行。约 50 家中国企业与近 20 家美国企业进行广泛深入的交流对接，部分企业达成初步合作意向。

△ 厦门市教育系统 2018 年教师节庆祝大会在五缘音乐厅召开。会上宣

布全市21名教师获评省特级教师。

7—9日 “重新认识传统海峡两岸学术研讨会”在海沧区举办，是2018海峡两岸（厦门）乐活节的重要活动之一。该研讨会被列为国台办年度对台重点交流项目。

8日 第二十届中国国际投资贸易洽谈会开幕。以“贯彻新发展理念，融入一带一路，促进双向投资”为主题，全面贯彻落实习近平新时代中国特色社会主义思想和中共十九大精神，融入国家“一带一路”倡议，落实“厦门会晤”成果，展示改革开放40年的丰硕成果。

△ 2018国际投资论坛在厦门举行，以“新挑战·新机遇，携手构建开放型世界经济”为主题。全国人大常委会副委员长曹建明出席并发表主旨演讲。毛里塔尼亚总统阿齐兹出席并作演讲。省委书记、省人大常委会主任于伟国，商务部副部长兼国际贸易谈判副代表王受文，中央广播电视总台、中国国际广播电台副台长胡邦胜分别致欢迎辞。中央统战部副部长、国侨办主任许又声，省长唐登杰出席论坛。省委常委、厦门市委书记裴金佳主持论坛。论坛由主旨论坛、专题论坛和智库论坛等组成。

△ 省委书记于伟国、省长唐登杰在厦门会见台湾工业总会理事长、台塑集团总裁王文渊一行。省领导裴金佳、梁建勇，厦门市市长庄稼汉参加会见。

△ 投洽会厦门团在国际会展中心举行首日项目签约仪式，签约项目27个。其中，外资项目9个，总投资11.6亿美元；内资项目18个，总投资158亿元。项目涵盖先进制造业、高端服务业、生物医药与健康、现代物流、文化创意、金融服务等诸多领域。

△ 投洽会活动之一，第十三届两岸经贸合作与发展论坛在厦门举行。商务部副部长王受文、厦门市委副书记陈秋雄等出席并致辞。论坛以“分享开放机遇、共促融合发展”主题，两岸企业界、学界200多名代表参加。

△ 由厦门市贸促会、菲律宾宿务省工商会主办的“福建—宿务经贸旅游合作对接会”在厦门日航酒店召开。会上，厦门国际商会与宿务工商会缔结友好协会的框架协议，富宝安—泰柯国际有限公司和厦门理工学院文化产业与旅游学院签署战略合作框架协议书。

9日 第二十届中国国际投资贸易洽谈会同安区招商项目签约仪式在同安会堂举行，同安区签约项目28个，项目总投资额355亿元，签约项目围绕总部结算、产业平台、先进制造业等产业主题。

△ “两岸集成电路新产品新项目发布会”在会展中心人才项目资本合作馆举行，来自集成电路、人工智能等多个领域的200多名高层次人才参会。

△ 首届“厦门国资国企项目签约暨投资对接会”在厦门国际会展中心举办，14个国企项目上台签约。

△ 在第四届亚太示范电子口岸网络公私对话会上，自贸协定智能优惠关税系统在厦门“单一窗口”上线，为厦门地区的外贸企业提供自贸协定关税优惠及原产地规则查询，帮助企业享受优惠关税。

△ 2018年厦门自贸片区创新发展机遇说明会在厦门举行，同时举行亚马逊入驻象屿跨境电商产业园签约仪式。

10日 厦门市地方金融协会挂牌成立。该协会是全国副省级城市中首个承担跨金融行业自律和行业服务职能的地方性金融行业组织。

11日 第二十届中国国际投资贸易洽谈会闭幕。厦门市商务局召开新闻发布会，通报该届投洽会厦门市代表团工作成果。会议期间，厦门团共形成外资签约成果53项，合同外资21.98亿美元；签约内资项目151个，投资总额1481.1亿元。通过举办、参加投洽会各项活动，对接外资项目28个，达成初步投资意向2.81亿美元，对接内资项目150个，达成初步投资意向415.4亿元。

13日 教育部科技发展中心与集美区政府、厦门火炬高技术产业开发区管委会三方共建的“中国高校（厦门）科技成果转化中心”在厦门软件园三期揭牌。该中心推动的首个项目——“蓝火计划”教育机器人研究院同步揭牌，致力打造“人工智能+教育”的行业公共服务平台。

△ 厦门市首个对角斑马线正式启动试用，地点位于思明南路和养元宫巷交叉路口，旨在缓解高峰期的拥堵状况，提高行人过街效率。

△ 厦门面向5G的车联网BRT示范应用项目正式发布，厦门成为全国首个面向5G的商用级智能网联应用城市，厦门BRT实现L2（半自动）智能辅助驾驶。

14日 自贸区厦门片区第100架租赁飞机成功交付。

19—20日 全国人大常委会副委员长白玛赤林率全国人大常委会执法检查组到厦门开展海洋环境保护法实地检查。

20日 福建省福州市晋安区、厦门市海沧区、宁德市福鼎市确认为全国农村社区治理实验区，围绕“两岸农村社区发展经验融合”主题开展实验探索，实验时间从2018年9月至2021年9月，为期3年。海沧区是全市唯一入选的行政区。

△ 福建省内海拔最高的电动汽车充电站在同安区军营村投运。

21日 商务部网站对全国供应链创新与应用试点城市和企业评审结果进行公示，厦门市成为全省唯一进入公示的试点城市。同时，厦门建发、厦门国贸、厦门象屿、厦门嘉晟、林德叉车、冻品在线、中绿食品7家企业进入试点企业公示名单。

23日 广深港高铁香港段正式开通运营，厦门同步开行直通香港的高铁列车，厦门站开出、到达的G3003/4、G3005/6、G3007/8次列车以及经停厦门北站的G3001/2次列车，当天发送、到达旅客超过5000人次，上座率超过80%。

△ 厦门市庆祝首届中国农民丰收节活动在同安区、集美区举办，主会场活动在同安区竹坝华侨经济开发区。

26日 中国航空维修界权威交流平台——2018中国航空维修峰会在厦门举办，峰会以“聚合发展，共享共赢”为主题。

27日 全市实施乡村振兴战略工作会议召开，市长庄稼汉主持会议。

28日 以“海滨邹鲁 礼仪传世”为主题的2018年厦门（同安）孔子文化节在同安孔庙举行。

29日 厦蓉高速公路漳州段改扩建工程正式通车。改造工程全线长60余千米，其中引人关注的“魔鬼路段”（从龙岩适中到南靖和溪的14千米长下坡路段，曾发生过多起严重交通事故），被改造成长缓坡。

10月

8日　中共厦门市委第十二届七次全会召开。

10日　地铁2号线最长区间——翁角路站—马青路站区间右线贯通。

10—14日　第十九届中国工艺美术大师作品暨手工艺术精品博览会在厦门国际会展中心举办，鼓浪屿艺术家林翰冰的鱼骨画作品《海魂》获“百花杯”金奖。该奖是中国工艺美术界的最高奖项。

13—15日　第四届中国“互联网+”大学生创新创业大赛冠军争夺赛在厦门大学举行。北京理工大学“中云智车——未来商用无人车行业定义者”获冠军，厦门大学“罗化新材料：全球激光荧光陶瓷的领航者”、北京邮电大学“人工智能影视制作—聚力维度”获亚军，浙江大学“邦巍科技——全球高性能结构材料领跑者”、北京理工大学“枭龙科技AR智能眼镜”以及来自国际赛道的加拿大多伦多大学“FlexCap柔性能源储存”获季军。

14日　闽西南协同发展区办公室在厦门市正式挂牌，标志着闽西南协同发展区的建设正式进入实质性运作阶段。

△　第四届中国“互联网+”大学生创新创业大赛冠军争夺赛在厦门大学举行，北京理工大学“中云智车——未来商用无人车行业定义者”获得冠军，厦门大学“罗化新材料：全球激光荧光陶瓷的领航者”、北京邮电大学“人工智能影视制作—聚力维度”获得亚军，浙江大学“邦巍科技——全球高性能结构材料领跑者”、北京理工大学“枭龙科技AR智能眼镜”以及来自国际赛道的加拿大多伦多大学“FlexCap柔性能源储存”获得季军。

18—22日　第十三届中国厦门国际佛事用品（秋季）展览会、2018中国厦门国际茶产业（秋季）博览会在厦门会展中心举办，同期举办的还有第十届中国厦门国际素食暨有机产品（秋季）展览会。为期5天的三大展会总展览面积19万平方米。

19日　福建省第十六届运动会开幕。厦门市派出1038名运动员组成的代表团，参加青少年部25个大项和群众部10个大项的角逐。

△　福建自贸试验区第六批可复制创新成果发布，新一批26项可复制创新成果将推广至福建全省或省内部分区域。厦门自贸片区新增22项创新成果，其中7项为厦门自贸片区独创。

21—22日　第十届中国文化软实力研究高层论坛暨第二届嘉庚论坛在集美举办。

22日　省委常委、市委书记裴金佳会见壳牌集团执行副总裁、全球零售业务总裁柯一凡（ISTVáN KAPITáNY）一行，双方就加快城市能源供给与消费转型升级进行深入交流。

△　首家两岸合资消费金融公司厦门金美信消费金融有限责任公司正式开业。

24日　市长庄稼汉会见渣打银行（中国）有限公司行长、总裁兼副董事长张晓蕾一行。

△　厦门市儿童医院依托复旦大学附属儿科医院成立的3个名医工作室——“黄国英名医工作室”“周文浩名医工作室”“郑珊名医工作室”正式揭牌。

△　以“与奇迹同行”为主题的2018第五届南靖土楼国际马拉松赛，在福建省漳州市南靖县开赛。厦门的选手童美霞以3小时52分成绩获女子全程冠军。

25日　市老龄办举行厦门市老干部活动中心、厦门市老年活动中心新大楼启用揭牌仪式。

26日　厦门市举行授证仪式，表彰为厦门经济建设、社会公益事业和对外交流交往作出突出贡献的10位港澳台同胞和外籍人士，授予他们第十批厦门市荣誉市民称号。

△　副市长韩景义在市政府西楼会见美国驻广州总领事李靖一行。

△　在厦门市海沧区文化中心，两岸嘉宾按下手印，共同揭开2018海峡两岸汉字节的序幕。2018海峡两岸汉字节系列活动于10月26日至12月14日在厦门和台北同步举行。

27日　厦门企业百强颁奖仪式在厦门白鹭洲音乐广场举行，是百强企业颁奖首次在读者节现场亮相。

29日　空军首次为第一次评定飞行等级的飞行员家庭颁发荣誉牌匾，空军在厦门市第一中学向苏汉斌家人颁发荣誉牌匾。苏汉斌2013年从厦门市第一中学毕业，以高出本一线50多分的成绩，考入空军航空大学，2017年被空军评定为三级飞行员。

11月

1日　2018中国（厦门）商人节开幕大会在厦门国际会议中心举行。在开幕式现场，厦门总商会、全港各区工商联合总会、香港观塘工商业联合会、新加坡华源会等22家商会共同签约成立“海丝”城市商会联盟。

2日　市长庄稼汉会见到访的塞尔维亚前总统、对华合作国家委员会主席托米斯拉夫·尼科利奇一行。

△　第十一届海峡两岸（厦门）文化产业博览交易会在厦门举办。展会秉承“一脉传承，创意未来”的主题，以“突出强企名企、突出工艺艺术、突出创意设计、突出数影智能、突出文创旅游”为宗旨，以“文创·无界”为概念，旨在沿着专业化、国际化、市场化、精品化、规范化的道路，汇聚文创精彩，深耕专业精华，打造两岸文化产业合作对接的第一平台。

△　“文博大讲堂2018峰会”在厦门国际会议展览中心举行。作为文博会首次推出的文博大讲堂的主论坛，该峰会由海峡两岸文博会组委会、台湾亚太文化创业产业协会主办。

△　以“共建共享　携手推进海洋可持续发展”为主题的2018厦门国际海洋周在海沧区开幕。

△　全国首家运用于跨境供应链的区块链贸易金融综合运用平台在厦门建行正式上线，标志着厦门自贸片区在供应链创新与应用试点中有新突破。

2—6日　第十一届中国（厦门）国际游艇展览会在厦门五缘湾举办。该展会水上展区3万平方米、陆地展区1.5万平方米，近百艘实船参展。

3日　红点设计博物馆·厦门开馆。该馆由厦门高崎国际机场原2号航站楼改造而成，是红点继德国、新加坡后设立的全球第三家博物馆，也是全球规模最大的红点设计博物馆。

3—4日　2018国际海洋周海洋嘉年华活动暨“大洲杯”第十一届厦门国

际风筝节在厦门观音山梦幻海岸黄金沙滩举办。

6日　“中国电子商务法——探索中国和欧盟知识产权未来合作”中欧研讨会，在厦门市中级人民法院举行，来自欧盟与中国的近百位专家参会。

9日　由厦门市商务局主办、中国银行厦门市分行协办的进博会厦门交易团采购商品对接会在上海国家会展中心举行，建发、国贸、象屿、古龙、中闽百汇、新华都、特房波特曼等众多厦门知名企业与50多家境内外企业开展多番“一对一”精准对接、深入洽谈。

10日　厦门市人民政府与中国电影家协会签约，厦门正式成为2019年第二十八届中国金鸡百花电影节暨第三十二届中国电影金鸡奖终评和颁奖典礼的举办地。

13日　ABB厦门工业中心正式启用。该项目位于厦门火炬（翔安）产业区，是ABB全球最大、最先进的制造基地。

14日　由全球化与世界城市（GaWC）研究网络编制的全球城市分级排名——《世界城市名册2018》正式公布，6座中国城市位居全球一线。厦门进入全球二线城市。

15—18日　第十一届厦门国际动漫节在厦门集美举办。

16日　中国人民对外友好协会和中国国际友好城市联合会主办的2018中国国际友好城市大会在武汉举办，厦门市获2016—2017年度“国际友好城市交流合作奖”，是厦门在该奖项上的“六连冠”。

17日　第三十四届厦门市青少年科技创新大赛在厦门科技馆启动。该届比赛有来自厦门市中小学的代表选手，还特邀台湾代表队参加。

19日　厦门市印发《厦门城市绿色货运配送示范工程实施方案》，着力构建集约高效的厦门城市绿色配送体系，使之成为千亿现代物流业的一个发展亮点。

23日　市长庄稼汉会见泰国新任驻厦门总领事甘迪满一行。

△　被誉为“人力资源行业奥斯卡奖”的“2018中国年度最佳雇主”评选活动颁奖盛典在成都举行，厦门国贸控股集团有限公司和厦门航空有限公司入选。

△　经国家标准委组织的专家组现场验收评审，厦门市质监局依托厦门市标准化研究院筹建的“台湾地区标准化（厦门）研究中心”，以优秀等级提前通过验收。

25日　金砖+新兴市场国家暨中外会展合作论坛在厦门举行，该论坛是2018厦门国际会展周的一项重要内容。

△　2018厦门（海沧）国际半程马拉松赛在厦门自贸片区海沧园区鸣枪开跑，是国内首个在自贸片区起跑的马拉松赛事。

26日　2018厦门国际会展周的重头戏——国际会展高峰论坛暨海峡会展合作论坛在厦门佰翔五通酒店举办。

29日　在香港会议展览中心举行第26届亚太区室内设计大奖（APIDA）颁奖典礼，来自厦门方式设计的“厦门海敢小鱿鱼餐厅”项目获亚太区室内设计大奖铜奖，是2018年该设计大奖唯一获奖的厦门设计师作品。

△　希腊驻华大使莱奥尼达斯·罗卡纳斯任团长的14国驻华外交官组成的“重走丝绸之路”外交官团到厦门市考察，市长庄稼汉会见外交官团一行。

11月29日至12月2日　第九届海峡两岸医药卫生交流协会心血管专业委员会年会、第九届海峡心血管病高峰论坛在厦门举行。3000余名海内外心血管领域的精英在一起展开学术交流。

30日　厦门国信信用大数据创新研究院正式成立，首期3亿条国家信用信息落地厦门。

11月30日至12月2日　2018中国厦门国际乐器展览会在厦门国际会展中心举办。来自国内外近百家展商展出200多个乐器品牌、数百种乐器。

11月30日至12月3日　厦门国际汽车展览会在厦门国际会展中心举办。

12月

1日　由致公党福建省委会主办，福建致公美亚参政议政基地、致公党福建省委会经济与科技工作委员会、致公党厦门市委员会承办的“科技创新促进民营经济发展论坛”在厦门市举办。

△　中国第2000架波音飞机，纪念版飞机落户厦航。厦航机队规模增至210架，厦航纯波音机队规模国内最大。机队最后的4架757飞机结束商业运营正式退役。

△　第六届全国高校教学督导、质量评价与质量保障体系建设学术年会在厦门开幕，来自全国各地260所高校的近800名专家学者参会，共同探讨教学督导、质量评价与质量保障体系建设新思路。该届年会为期4天。

2日　厦门首个摄影博物馆在厦门市集美区银江路132号的罗卡当代艺术馆揭牌。

2—9日　“情满嘉禾·一鹭同行”——“海丝”媒体艺术家厦门采风暨“美画厦门”大型艺术展在厦门市美术馆举行。

△　来自福建省内的18家医院代表在厦门举行国家肾脏疾病临床医学研究中心核心单位及网络成员单位授牌仪式。厦门大学附属中山医院肾内科作为福建区域核心单位，牵头并联合福建省17家医院共同建设“国家肾脏疾病临床医学研究中心协同研究网络”。

3日　“2018两岸企业家峰会年会——厦门集美对台研学总部大楼启用仪式暨集美两岸旅游产业推介会”在位于灵玲国际马戏城的集美研学总部大楼举行。大陆第一个对台研学旅行基地——集美对台研学总部大楼正式启用。

△　2018年国际安全社区命名仪式在北京举行，思明区嘉莲街道和鼓浪屿街道正式加入国际安全社区网络，成为全球第402个、第403个国际安全社区。

△　闽西南第一届暨厦门市第十六届校企合作对接会在厦门举办，会上15省市的151所院校与来自闽西南五市（厦门、漳州、泉州、龙岩、三明）的752家企业进行对接，院校与企业意向签约187份，共计签约学生11892人，涉及82个专业。参会院校和企业数量均为历届之最。

△　工业和信息化部官网公布2018年国家技术创新示范企业名单，包括厦门盈趣科技股份有限公司、厦门天马微电子有限公司在内的福建6家企业入选，数量在各省（市、自治区）中位居首位。

4日　2018两岸企业家峰会年会在厦门国际会议中心举行。

△　市委宣传部、市司法局、市

国资委、市依法治市办举行“宪法宣传周”暨“宪法驶进快车道”活动启动仪式，开通“宪法驶进快车道”地铁专列。

4—5 日 两岸企业家峰会年会在厦门国际会议中心举行，中共中央政治局常委、全国政协主席汪洋出席开幕式并发表演讲，两岸企业家、工商团体负责人、中小企业代表约 1100 余人参与活动。该次年会分别以“携手应对挑战，共创互利商机”“坚持融合发展，坚持共创双赢”“能源石化合作共赢，节能环保发展共享”“金融开放，金融合作，金融创新”“创新、融合、新梦想”“融合交流、共享明天”“现代服务业与文创产业共享发展”“融合两岸优势，创新智能装备，促进产业升级”为主题设置 8 场主题论坛。两岸企业在电子、医药、金融、农业、文创及服务业、中小企业及青年就业创业等领域达成一系列合作协议，共签约项目 36 个，涉及金额超过 103 亿元。

5 日 市检察院聘任 33 位具备各类相关领域专业知识或技能的专家成为市检察院首批公益诉讼专家辅助人。

△ 厦门大学两岸金融发展研究中心揭牌。

5—6 日 第十二届中国融资租赁年会在北京首都大酒店举行，厦门市 4 家企业获“2018 中国融资租赁成就奖”，分别是海翼融资租赁、建发旗下的星原融资租赁、七匹狼旗下的厦门百应融资租赁和弘信创业工场旗下的博格融资租赁有限公司。

6 日 闽西南协同发展区人大工作首次联席会在厦门召开。

△ 澳大利亚达尔文市市长孔·瓦茨卡利斯率团到厦门市考察，厦门市副市长张毅恭会见代表团一行。

△ 厦门地铁 2 号线首列地铁车辆在中车长春轨道客车有限公司顺利下线。27 日，厦门地铁 2 号线首批两列车长约 119 米的 6 辆编组型式 B 型车抵达厦门地铁 2 号线东孚车辆段。

△ 新建福厦铁路（福厦高铁）首孔箱梁顺利浇筑，标志着福厦高铁开始由桥梁下部结构转入上部结构施工。

△ 中国科学院物联网研究发展中心联合厦门火炬高新区管委会举办的“国际传感器·半导体产业链暨物联网高峰论坛”在厦门市举行。600 多名业界专家、学者及行业领军企业代表共同以“高峰论坛 + 展览展示 + 投资洽谈 + 参观对接”形式聚焦传感器、半导体产业发展趋势及相关创新应用。

7—9 日 第十九届中国绿色食品博览会暨第十二届中国国际有机食品博览会、第十一届厦门名优特农产品展销会在厦门国际会展中心举办，代表国内最高水平的绿色食品、有机食品企业齐聚厦门，寻求商机。

△ 地铁 3 号线首个盾构区间实现双向贯通。3 号线连接厦门火车站和翔安机场，途经体育中心、火炬园、翔安行政中心等。

8 日 厦门退役军官志愿服务大队传承红色基因永葆军人本色举办百名退役军医大型义诊活动，在厦门五一文化广场为 3200 人次提供健康服务。

9 日 在 2018 年 KIDE 国际发明暨设计展上，厦门市第六中学初一学生郑淳友发明的“电动牙套牙刷”、陈霖莹发明的“Y 字形电动牙刷”均获金牌奖，前者还获得 WIIPA（世界发明联盟总会）大会“最佳电子设计类特别奖”。

10 日 全省首个商事登记行政争议联合调处中心在集美法院揭牌。

11 日 厦门航空有限公司正式开通福州—巴黎往返定期直飞航线。该航线是福建首条直飞法国的航线，也是厦航开通的第十一条洲际航线。厦航成为继中国国际航空、中国南方航空、中国东方航空、海南航空后落户法国的第五家中国大陆航空公司。

△ 第十一届中国信息主管年会在北京召开，厦门软件园获由中国电子信息产业发展研究院颁发的 2018 年度中国软件园区最佳服务奖。

14 日 海沧区的厦门通富微电子股份有限公司一期项目正式封顶，标志着厦门市集成电路完整产业链基本框架进一步完善。

20 日 厦门市公安局、市综治办和市总工会在市公安局广场联合举办第三届辅警人员实战比武竞赛。有关部门领导、各参赛选手及民警辅警代表共 400 余人参加活动。

△ 厦门港与赣州国际港“同港同价”暨“海丝”班列从厦门出发，标志着厦门港与赣州国际港“同港同价”暨“海丝”班列实现双向对开。

24 日 厦门城市党建学院院部揭牌启用。该院部坐落在厦门中心城区，面积 1200 多平方米，作为统筹协调全市基层党务教育培训的核心枢纽。

△ 国家发改委官网公布《国家发展改革委自然资源部关于建设海洋经济发展示范区的通知》，支持建设厦门海洋经济发展示范区。

△ “丝路海运”首航船舶“中远泗水”集装箱轮离开厦门港海天码头，标志着国内首个以航运为主题的“一带一路”国际综合物流服务品牌和平台——福建省“丝路海运”正式启动运营。

27—28 日 由市委宣传部主办，厦门日报社承办的 2018·第四届新媒体与理论工作厦门论坛在厦门宾馆举行。论坛以“理论工作新媒体化的探索与实践”为主题，设主旨演讲、圆桌论坛等环节，邀请权威专家进行会诊式指导。

28 日 中共厦门市委第十二届八次全会在厦门人民会堂召开。

29 日 地铁 4 号线彭厝北站—蔡厝停车场盾构区间左线贯通，蔡厝站主体结构封顶，是 4 号线首个贯通的盾构区间和首个封顶的车站。

（王 妍）

责任编辑：王 妍
审 稿：李志宏
校 对：林德全

3 市情总貌

自然环境

【位置和面积】 厦门市位于台湾海峡西岸中部、闽南金三角的中心，地处北纬 24°23′ 至 24°54′ 、东经 117°52′ 至 118°26′ 之间。东与大小金门岛、南与龙海市隔海相望，陆地与南安市、安溪县、长泰县、龙海市接壤。厦门市境域由福建省东南部沿厦门湾的大陆地区和厦门岛、鼓浪屿等岛屿以及厦门湾组成。2018 年，全市土地面积 1700.61 平方千米，其中厦门本岛土地面积 157.98 平方千米（含鼓浪屿）；海域面积约 390 平方千米。

【地　质】 厦门地区在漫长的地质史上，经历过多次地壳运动，发生过多次海水进退。厦门岛上海拔 5—10 米的一级阶地是约 6000 年前露出海面的，云顶岩上的岩石（石龄 1 亿多年）保留着明显的海蚀状态。厦门的地质构造位于闽东火山断拗东缘、闽东南沿海变质带西南，属于中国东南沿海地震带范围，建筑防震设计标准为 7.5 级。

【地　貌】 厦门市的地形由西北向东南倾斜。西北部多中低山，其中位于同安与安溪交界处的云顶山海拔 1175.2 米，为全市最高峰。从西北往东南，依次分布着高丘、低丘、阶地、海积平原和滩涂，南面是厦门岛和鼓浪屿。厦门岛是福建省第四大岛，岛上最高峰云顶岩海拔 339.6 米。鼓浪屿在厦门岛西南部，与厦门岛之间隔着宽约 700 米的鹭江，岛上最高峰日光岩海拔 93 米。

【海　域】 厦门海域包括厦门港、外港区、马銮湾、同安湾、九龙江河口区和东侧水道。厦门港外有大金门、小金门、大担、二担等岛屿横列，内有厦门岛、鼓浪屿等岛屿屏障，是天然的避风良港。港区内有可供万吨级轮船停泊的锚地十余处，其中鼓浪屿以南的海域面积 14 平方千米，水深 10 米以上，可供 10 万吨级船舶停泊。港区内航道基本上为深 10 米以上的深水航道，5 万吨级的船舶可随时进出。厦门岛以东的刘五店航道亦能保证万吨级船舶随时进出。厦门市海岸线总长约 234 千米，其中 12 米以上深水岸线约 43 千米，适宜建港的深水岸线约 27 千米。

【资　源】 厦门有丰富的海洋生物资源，各类海洋生物近 2000 种，其中有经济价值的常见鱼类 157 种、软体动物 89 种、甲壳类动物 127 种、藻类 139 种。厦门海域内的文昌鱼和中华白海豚为国家一类保护动物，鲎为福建省重点保护的珍奇动物。厦门市金属矿藏资源比较缺乏，已发现的金属矿床、矿点有钍、铁、锰、铜、钨、铅、钛、钼、锌等。花岗岩和砂料是厦门最主要的非金属矿产资源，分布广、储量大、经济价值高，花岗岩地貌和沙滩同时又是厦门市重要的旅游资源。具有较大开采价值的非金属矿产还有高岭土、耐火黏土、砖瓦黏土等，大多分布在同安区和翔安区。厦门属于淡水资源匮乏的海岛型城市，城市日常用水 80% 取自九龙江，2018 年全市供水总量 47187 万吨（不含海水供应量），居民家庭用水 18078 万吨。已发现的温泉或地热异常点有 14 处，地热点水温一般为 50℃至 60℃，最高 90℃，总允许开采量为 33002 立方米 / 天。水中一般含有二氧化碳、硫化氢、偏硅酸、氟、溴、氡等化学成分，具有很好的开发利用价值。

【市花、市树、市鸟】 1986 年 10 月，在广大市民投票评选的基础上，由厦门市第八届人民代表大会常务委员会第二十三次会议正式确定，三角梅为厦门市花，凤凰木为厦门市树，白鹭为厦门市鸟。

建置沿革

【唐以前】 厦门岛古称嘉禾屿，别称鹭岛。汉代属侯官县地。晋太康三年（282 年）隶属同安县（后并入晋安县）。隋唐时期为南安县属地。唐代中叶，厦门岛被称为“新城”，后在岛上设置嘉禾里。后唐长兴四年（933 年）改隶同安县。

【宋元时期】 宋代，嘉禾里隶属同安县绥德乡。元代改里为都，厦门设四个都，即二十一都、二十二都、二十三都和二十四都，仍属同安县绥德乡。

【明清时期】 明代实行里都图制，厦门为嘉禾里，下设四个都，每个都下辖两个图。明洪武二十七年（1394 年）永宁卫的中、左两个千户所移驻嘉禾屿，并筑厦门城，此后遂以中左所作为厦门岛的代称。明永历九年（清顺治十二年，1655 年），郑成功改中左所为思明州，所辖境域包括厦门岛、鼓浪屿、浯洲（大金门）、烈屿（小金门）等岛屿。清康熙十九年（1680 年）清军攻占思明州。清康熙二十二年（1683 年），福建水师提督移驻厦门，翌年设立台厦兵备道（雍正五年改为台湾道），管理台湾、厦门两地政务。康熙二十五年（1686 年）泉州府海防同知移驻厦门。雍正五年（1727 年）分守兴泉道移驻厦门，雍正十二年（1834 年）改称兴泉永道，管辖兴化府（莆田）、泉州府和永春州。至此，厦门成为福建东南沿海的军事、政治、经济中心。鸦片战争之后，清政府被迫与英国签订《南京条约》，厦门成为《南京条约》中规定的五个通商口岸之一。道光二十三年九月十一日（1843 年 11 月 2 日），厦门正式开埠。光绪二十八年十月二十二日（1902 年 11 月 21 日），清政府正式批准《厦门鼓浪屿租界土地章程》，鼓浪屿成为“万国租界”。

【民国时期】 清宣统三年（1911 年）辛亥革命爆发，同年九月二十四日（11 月 14 日）厦门光复。翌日，成立福建军政府厦门军政分府，随即恢复兴泉永道，仍为省级政府的派出机构，在行政区划上，厦门岛仍属同安县嘉禾里。1912 年撤销兴泉永道，以其辖区设南路道（1914 年改为厦门道），道台衙署设在厦门。同年 4 月，厦门岛、金门岛及附近的岛屿（不包括鼓浪屿）从同安县划出成立思明县。1915 年 1 月，大、小金门岛和大、小嶝岛从思明县析出，设立金门县。1933 年 11 月，国民革命军第十九路军发动“闽变”，成立“中华共和国人民革命政府”，升思明县为厦门市，旋改厦门特别市。翌年 1 月“闽变”失败，厦门特别市随之撤销，恢复思明县建制。1935 年 4 月 1 日，厦门市正式成立，为福建省直辖市，市区范围即今将军祠以西、厦门大学以北、湖滨南路以南约 10 平方千米范围；禾山设特别区，直属省政府及第四行政督察区管辖。1937 年 9 月，禾山特别区改为甲种区，划归厦门市管辖，厦门市辖区始扩大到全岛。1945 年抗日战争胜利，鼓浪屿公共租界由国民政府收回，设置鼓浪屿区。厦门市辖厦西、厦南、厦港、禾山和鼓浪屿 5 个区。翌年并厦西、厦南为中心区。1948 年 3 月析中心区置开元区，同年 10 月中心区改名思明区。至此，厦门市辖开元、思明、厦港、鼓浪屿、禾山 5 个区，下设 57 个保。

【中华人民共和国成立后】 1949 年 10 月 17 日厦门解放。同年 10 月 21 日正式成立厦门市人民政府，下设思明、开元、厦港、鼓浪屿、禾山 5 个区。1953 年 11 月，同安县集美乡划归厦门市，并改为镇建制。厦门市管辖范围开始拓展到岛外。1957 年 4 月，同安县灌口区的东孚等 12 个乡（镇）划归厦门市。1958 年 10 月，海澄县（今龙海市）的海沧、新垵 2 个乡也划入厦门市。厦门市政府将禾山区、集美镇、灌口镇和海沧镇所属各乡合并，成立郊区。1970 年 7 月，同安县改属晋江专区。1973 年 9 月复归厦门市管辖。“文化大革命”期间，思明区改名向阳区，开元区改名东风区，“文化大革命”结束后，恢复原名。1978 年 9 月设置杏林区，将郊区的杏林公社划归杏林区管辖。至 1980 年厦门经济特区建立前，厦门市辖思明区、开元区、鼓浪屿区、郊区、杏林区和同安县。

1980 年 10 月，国务院正式批准在厦门湖里划出 2.5 平方千米设立经济特区，同年 11 月成立厦门经济特区管理委员会，直属福建省人民政府。1984 年 5 月，中共中央、国务院决定把厦门经济特区的范围扩大到厦门全岛（包括鼓浪屿），并实行自由港的某些政策。同年 9 月，厦门经济特区管理委员会与厦门市人民政府合并，厦门市人民政府行使地方和经济特区的双重职能。1987 年 8 月，厦门市区级行政区划进行调整，增设湖里区，郊区改为集美区。1988 年 4 月，国务院批准厦门为计划单列市，赋予相当于省一级的经济管理权限。1994 年 2 月，国务院批准厦门市行政级别升格为副省级。1996 年 11 月同安撤县改区，1997 年 5 月厦门市同安区人民政府正式挂牌。

2003 年 5 月，经国务院批准，福建省人民政府颁发《关于厦门市调整部分行政区划的批复》，同意撤销厦门市鼓浪屿区和开元区，其行政区域划归思明区管辖，杏林区更名为海沧区，设立翔安区。行政区调整后，厦门市下辖思明、湖里、集美、海沧、同安和翔安 6 个区，至 2018 年 12 月底未变。

区划和人口

【行政区划】 2018 年年末，厦门市有 6 个市辖区，26 个街道、12 个镇，378 个社区、147 个村。其中，思明区辖 10 个街道、99 个社区，湖里区辖 5 个街道、56 个社区，集美区辖 4 个街道、2 个镇、46 个社区、21 个村，海沧区辖 4 个街道、28 个社区、15 个村，同安区辖 2 个街道、6 个镇、59 个社区、81 个村，翔安区辖 1 个街道、4 个镇、90 个社区、30 个村。（见表 3-1）

以上每个街道有 1 个相应的街道办事处，每个社区有 1 个相应的社区居委会，每个村有 1 个相应的村委会。

表 3-1　**2018 年厦门市行政区划一览表**

市辖区名称（区政府驻地）	街道（镇）名称（街道办事处或镇政府驻地）	社区（村）名称（个数）
思明区（民族路）10 个街道 99 个社区	厦港街道（思明南路）	鸿山社区、蜂巢山社区、福海社区、下澳社区、巡司顶社区、沙坡尾社区、南华社区（7 个）

续表 3-1

市辖区名称（区政府驻地）	街道（镇）名称（街道办事处或镇政府驻地）	社区（村）名称（个数）
思明区（民族路）10 个街道 99 个社区	中华街道（镇海路）	仁安社区、镇海社区、霞溪社区、思南社区、文安社区、中山社区（6 个）
	滨海街道（曾厝垵）	演武社区、白城社区、上李社区、曾厝垵社区、黄厝社区（5 个）
	鹭江街道（厦禾路）	营平社区、大同社区、鹭江道社区、厦禾社区、双莲池社区、小学社区、禾祥西社区（7 个）
	开元街道（禾祥西路）	深田社区、溪岸社区、美仁社区、西边社区、后江社区、湖滨社区、阳台山社区、美湖社区、希望社区、虎溪社区、坑内社区、天湖社区（12 个）
	梧村街道（厦禾路）	梧村社区、文灶社区、金榜山社区、滨中社区、双涵社区、浦南社区、万寿北社区、金祥社区、文屏社区、东坪社区、溪东社区（11 个）
	筼筜街道（莲滨里）	西郭社区、四里社区、槟榔社区、湖光社区、一里社区、振兴社区、莲岳社区、岳阳社区、屿后西社区、育秀社区、仙阁社区、金桥社区、屿后社区、官任社区、仙岳社区（15 个）
	莲前街道（莲前西路）	龙山桥社区、金鸡亭社区、莲怡社区、莲顺社区、莲云社区、莲薇社区、前埔北社区、莲丰社区、侨福社区、瑞景社区、莲翔社区、何厝社区、前埔社区、洪文社区、西林社区、塔埔社区、岭兜社区、前埔南社区、莲成社区、万景社区、前埔东社区、前埔西社区、观音山社区（23 个）
	嘉莲街道（和光里）	盈翠社区、莲花北社区、莲坂社区、莲西社区、莲兴社区、莲花五村社区、长青社区、松柏社区、莲秀社区、华福社区、龙山社区（11 个）
	鼓浪屿街道（永春路）	龙头社区、内厝社区（2 个）
湖里区（枋湖南路）5 个街道 56 个社区	湖里街道（湖里大道）	湖里社区、村里社区、徐厝社区、濠头社区、东渡社区、塘边社区、后浦社区、金鼎社区、南山社区、东荣社区、康乐社区、康晖社区、康泰社区、怡景社区、和通社区、新港社区、海天社区、兴华社区（18 个）
	殿前街道（长浩路）	兴隆社区、长乐社区、北站社区、神山社区、高殿社区、马垄社区、兴园社区、嘉福社区、翔鹭社区（9 个）
	禾山街道（枋湖北二路）	枋湖社区、坂尚社区、钟宅社区、岭下社区、围里社区、禾欣社区、禾盛社区、禾山社区、禾缘社区、五缘湾北社区（10 个）
	江头街道（台湾街）	江头社区、吕厝社区、吕岭社区、园山社区、金尚社区、江村社区、蔡塘社区、后埔社区、祥店社区、江华社区（10 个）
	金山街道（云顶北路）	高林社区、五通社区、后坑社区、金山社区、金林社区、金安社区、湖边社区、金湖社区、金海社区（9 个）
集美区（岑东路）4 个街道 2 个镇 46 个社区 21 个村	集美街道（石鼓路）	岑东社区、岑西社区、浔江社区、盛光社区、银亭社区（5 个）
	侨英街道（兑山西里）	浒井社区、孙厝社区、凤林美社区、叶厝社区、兑山社区、东安社区、乐海社区、滨水社区、海凤社区、凤安社区（10 个）
	杏林街道（杏林南路）	纺织社区、曾营社区、宁宝社区、西亭社区、杏林社区、内林社区、高浦社区、杏北社区、宁海社区、园博社区、莲亭社区（11 个）
	杏滨街道（杏林南路）	锦鹤社区、日东社区、三秀社区、马銮社区、西滨社区、前场社区、锦园社区、康城社区（8 个）
	灌口镇（灌口大道）	灌口第二社区、灌口第一社区、上头亭社区、铁山社区、黄庄社区、双乐社区、安仁社区（7 个） 坑内村、深青村、田头村、上塘村、双岭村、李林村、东辉村、顶许村、三社村、井城村、陈井村、浦林村（12 个）
	后溪镇（孙坂北路）	新村社区、英村社区、三兴社区、龙山社区、二农社区（5 个） 前进村、溪西村、后溪村、仑上村、崎沟村、东宅村、后垵村、岩内村、黄地村（9 个）

续表 3-1

市辖区名称（区政府驻地）	街道（镇）名称（街道办事处或镇政府驻地）	社区（村）名称（个数）
海沧区（滨湖北路）4 条街道 28 个社区 15 个村	海沧街道（海沧社区新大街）	海沧社区、温厝社区、海兴社区、海农社区（4 个） 渐美村、囷瑶村、青礁村、后井村、锦里村、古楼村（6 个）
	嵩屿街道（嵩屿路）	海发社区、吴冠社区、钟山社区、海达社区、未来海岸社区、海虹社区、东屿社区、北附小社区、海翔社区、海林社区、海盛社区、海景社区（12 个） 石塘村、贞庵村（2 个）
	新阳街道（新光路）	霞阳社区、祥露社区、兴旺社区、一农社区、兴祥社区（5 个） 新垵村（1 个）
	东孚街道（洪诗路）	天竺社区、过坂社区、凤山社区、莲花社区、东埔社区、山边社区、寨后社区（7 个） 东瑶村、鼎美村、后柯村、芸尾村、贞岱村、会洪塘村（6 个）
同安区（银湖中路）2 个街道 6 个镇 59 个社区 81 个村	大同街道（朝晖路）	同新社区、西安社区、三秀社区、后炉社区、溪边社区、城西社区、凤山社区、北门社区、西池社区、朝元社区、东山社区、碧岳社区、新丰社区、溪苑社区（14 个） 田洋村、古庄村、顶溪头村、东宅村、下溪头村、康浔村（6 个）
	祥平街道（银湖西路）	西溪社区、陆丰社区、祥平社区、祥桥社区、杜桥社区、西洪塘社区、西湖社区、凤岗社区、溪声社区、阳翟社区、祥晖社区、芸溪社区、祥文社区、凤祥社区（14 个） 过溪村、卿朴村、瑶头村（3 个）
	莲花镇（美浦）	白沙仑社区（1 个） 莲花村、后埔村、蔗内村、内田村、上陵村、军营村、淡溪村、白交祠村、西坑村、罗溪村、尾林村、水洋村、小坪村、澳溪村、云埔村、云洋村、窑市村、溪东村、美埔村（19 个）
	新民镇（新民大道）	四口圳社区、后宅社区、禾山社区、梧侣社区、乌涂社区、西塘社区、湖安社区、兴店社区、凤南社区（9 个） 洋厝埔村、西山村、蔡宅村、湖柑村、柑岭村、溪林村、后坂村、南山村、新塘村、土楼村（10 个）
	洪塘镇（洪塘里）	石浔社区、龙东社区、龙西社区（3 个）洪塘村、三忠村、苏店村、新霞村、郭山村、龙泉村、新厝村、新学村、苏厝村、大乡村、下墩村、塘边村、埔后村（13 个）
	西柯镇（西柯街）	丙洲社区、潘涂社区、洪塘头社区、后田社区、西柯社区、吕厝社区、浦头社区、下山头社区、埭头社区、官浔社区、美人山社区、滨海社区、怡海社区、金海社区、东海社区（15 个） 西浦村、美星村（2 个）
	汀溪镇（温泉路）	隘头村、路下村、褒美村、古坑村、西源村、荏畲村、顶村村、堤内村、半岭村、前格村、五峰村、汪前村、造水村（13 个）
	五显镇（西洋路）	香溪社区、侨安社区、竹坝社区（3 个） 垵炉村、下峰村、布塘村、店仔村、溪西村、竹山村、后垄村、军村村、后塘村、上厝村、明溪村、宋宅村、四林村、西洋村、三秀山村（15 个）
翔安区（祥福路）1 个街道 4 个镇 90 个社区 30 个村	马巷镇（巷南路）	五美社区、友民社区、三乡社区、后亭社区、五星社区、桐梓社区、后滨社区、琼头社区、陈新社区、井头社区、城场社区、窗东社区、蔡浦社区、山亭社区、亭洋社区、郑坂社区、后莲社区、曾林社区、后许社区、沈井社区、黎安社区、内垵社区、垵边社区、前庵社区、内官社区、何厝社区、洪溪社区、同美社区、西炉社区、赵厝社区、西坂社区、市头社区、朱坑社区、舫阳社区、滨安社区、舫星社区（36 个）
	新圩镇（镇口路）	新圩社区、东寮社区、大帽山社区（3 个） 古宅村、后埔村、金柄村、凤路村、村尾村、乌山村、云头村、面前埔村、上宅村、诗坂村、桂林村、庄垵村、后亭村、马塘村（14 个）
	新店镇（顶曾路）	新兴社区、新店社区、莲河社区、霞浯社区、霄垄社区、珩厝社区、茂林社区、大宅社区、吕塘社区、溪尾社区、祥吴社区、湖头社区、东坑社区、洪前社区、洪厝社区、炉前社区、下后滨社区、刘五店社区、浦园社区、西滨社区、澳头社区、欧厝社区、彭厝社区、前浯社区、后村社区、蔡厝社区、陈塘社区、东园社区、沙美社区、下许社区、垵山社区、东界社区、钟宅社区、浦边社区、鼓锣社区、浦西社区、东兴社区、洪琳湖社区、曾坂社区、祥美社区、鼓岩社区（41 个）
	内厝镇（上塘内厝里）	上塘社区（1 个） 前垵村、后垵村、黄厝村、许厝村、莲塘村、莲前村、霞美村、赵岗村、曾厝村、官路村、美山村、新垵村、锄山村、琼坑村、鸿山村、后田村（16 个）
	大嶝街道（双沪北路）	田墘社区、山头社区、蟳窟社区、嶝崎社区、双沪社区、阳塘社区、北门社区、东埕社区、小嶝社区（9 个）

注：该资料截至 2018 年 12 月 31 日

【人　口】2018年末，厦门市总人口为411万人，人口密度每平方千米2417人，其中户籍人口242.53万人。在户籍人口中，城镇人口207.89万人。厦门岛内人口（即思明、湖里两区人口）115.20万人，占户籍人口的47.5%。在户籍人口变动中，全年人口出生率19.69‰，人口死亡率4.04‰，人口自然增长率15.65‰，比上年下降2.59个千分点。年末户籍人口中，男性人口和女性人口分别为119.78万人、122.74万人，性别比为97.59：100（以女性为100）。

气　候

【概　况】2018年，厦门市主要气候特点：气温显著偏高，降水显著偏少，日照异常偏多。年平均气温21.8℃，较常年偏高1.1℃，与上年持平；年降水量1049.0毫米，较常年偏少21.5%，比上年偏多6.8%；年日照时数2233.5小时，较常年偏多356.0小时。

2018年，厦门市主要气象灾害：暴雨、台风、高温、干旱等。全年出现4次暴雨天气过程，“5·7”特大暴雨的1小时和3小时降水强度均超百年一遇强度；全年受3个台风影响，影响台风个数少，灾害轻；年内旱情不断，累计气象干旱日数78天；高温日数多、强度强、持续时间长。全年的气象灾害给农业、渔业、水利、电力、航空和保险等行业带来一定的负面影响，影响程度和常年相比，整体程度偏轻，没有造成严重灾害损失。综合评价，2018年厦门气候影响属较好年景。

·小资料·

厦门气候特征：厦门市距北回归线偏北约1.5度，为南亚热带海洋性季风气候。年平均气温20.9℃，极端最低气温1.5℃（发生在1991年12月29日），极端最高气温39.2℃（发生在2007年7月20日）。厦门属于无冬季地区，一般以2月上旬至4月底为春季，5月初至10月下旬为夏季，10月底至2月初为秋季。厦门降雨主要集中在4—8月，全年平均降水量由西北向东南递减，同安区年平均降水量1464毫米，厦门岛1143毫米。厦门沿海地区多风且风速较大，其中厦门岛全年平均风速3.4米/秒，全年大于或等于8级大风的天数22.4天。厦门沿海地区夏秋两季受台风影响比较明显，1956年以来在厦门附近100千米以内登陆的台风每年平均近1个。风力最强的台风发生于1959年8月23日，瞬间最大风速60米/秒（注：当时仪器的极限测量值为风速60米/秒，且测量仪器因当时台风风速超其极限测量值而损坏）。根据历史记录，8月为厦门台风登陆次数最多、等级最高的月份，其次为7月和9月，但历史上登陆最早的台风为5月17日（1974年），最晚的台风为12月3日（2004年）。自中华人民共和国成立，登陆厦门最大的台风为“莫兰蒂”，于2016年9月15日在厦门翔安区沿海登陆。

【气　温】2018年，厦门岛内外年平均气温分别为21.8℃和22.8℃，分别比常年高1.1℃和1.4℃，其中岛内属显著偏高，岛外平均气温与2017年为历史同期并列第一名，属异常偏高（见图3-1、3-2）。厦门岛内外年平均气温变化的主要特征为：自20世纪90年代中期以来，一直处于高于常年状态，气温变暖趋势明显。

2018年，厦门岛内外各季平均气温情况见表3-2。厦门岛内外冬季（2017年12月至2018年2月）平均气温分别为13.8℃和14.9℃，均属正常。厦门岛内外春雨季（3—4月）平均气温分别为19.5℃和20.5℃，均属异常偏高，岛内、岛外分别为有气象观测记录以来同期第二高和第一高。厦门岛内外雨季（5—6月）平均气温分别为26.4℃和27.2℃，均属于异常偏高，岛内、岛外均打破历史同期最高纪录。厦门岛内外夏季

表3-2　**2018年厦门岛内外各季平均气温（℃）及距平（%）统计表**

气　温	冬季	春雨季	雨季	夏季	秋季
岛　内	13.8	19.5	26.4	27.9	21.4
岛内距平	0.3	2.5	2.0	0.5	0.1
岛　外	14.9	20.5	27.2	29.0	22.2
岛外距平	0.6	2.5	2.1	1.0	0.3

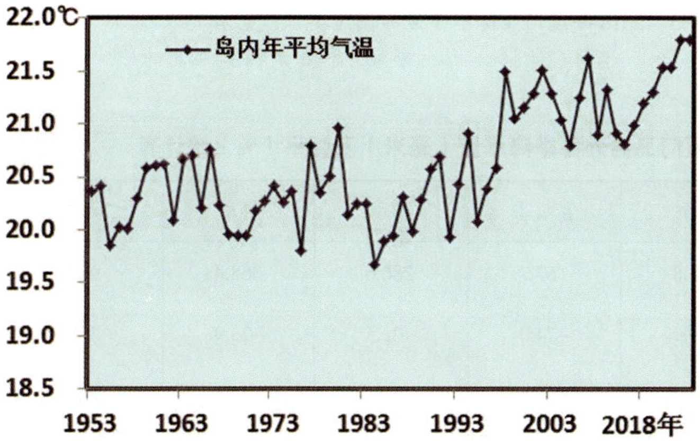

图3-1　1953—2018年厦门岛内年平均气温历年变化图

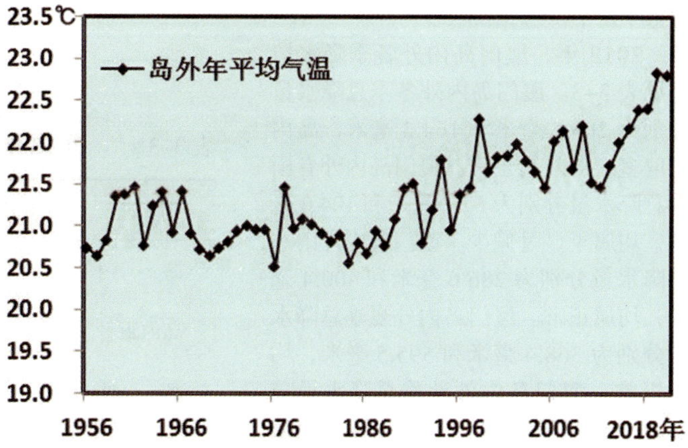

图3-2　1956—2018年厦门岛外年平均气温历年变化图

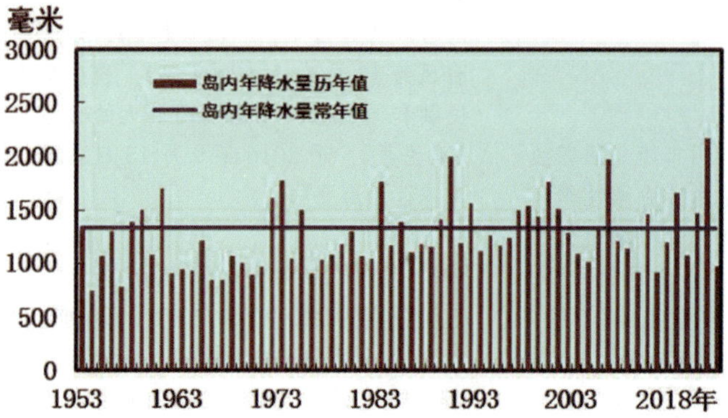

图 3-3 1953—2018 年厦门岛内年降水量年际变化图

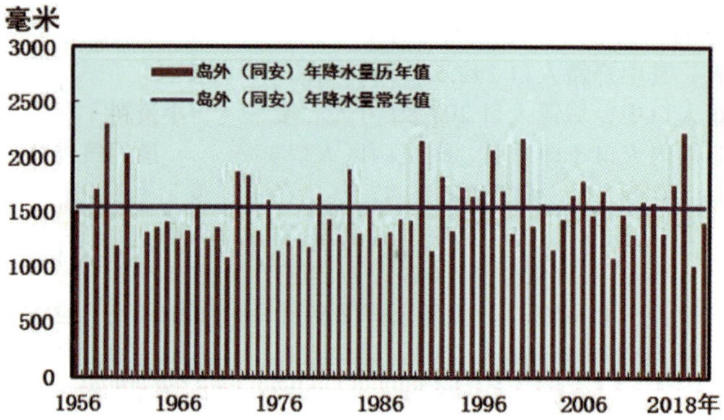

图 3-4 1956—2018 年厦门岛外年降水量年际变化图

（7—9 月）平均气温分别为 27.9℃和 29.0℃，岛内属正常，岛外属显著偏高。厦门岛内外秋季（10—11 月）平均气温分别为 21.4℃和 22.2℃，均属正常。

2018 年，厦门高温天气具有以下特点：（1）日数多。厦门站高温日数（日最高气温≥ 35℃）11 天，比常年多 6 天。同安站高温日数 30 天，比常年多 20 天。（2）强度较强。岛内和岛外的极端最高气温均出现在 7 月，分别是 36.8℃（7 月 27 日）和 37.4℃（7 月 31 日）。（3）持续性高温过程长。同安站在 7 月 26 日至 8 月 13 日 19 天中，有 17 天出现高温天气。

【降　水】 2018 年，厦门岛内外年降水量分别为 1049.0 毫米和 1403.9 毫米，分别比常年少 286.8 毫米（–21.5%）和 139.5 毫米（–9.0%），其中岛内属显著偏少，岛外属正常（见图 3-3、3-4）。厦门岛内降雨日数（日降水量≥ 0.1 毫米）104 天，比常年少 14 天；暴雨以上日数（日降水量≥ 50 毫米）3 天，较常年少 2 天。厦门岛外降雨日数 117 天，比常年少 11 天；暴雨以上日数 6 天，与常年持平。（见图 3-5）

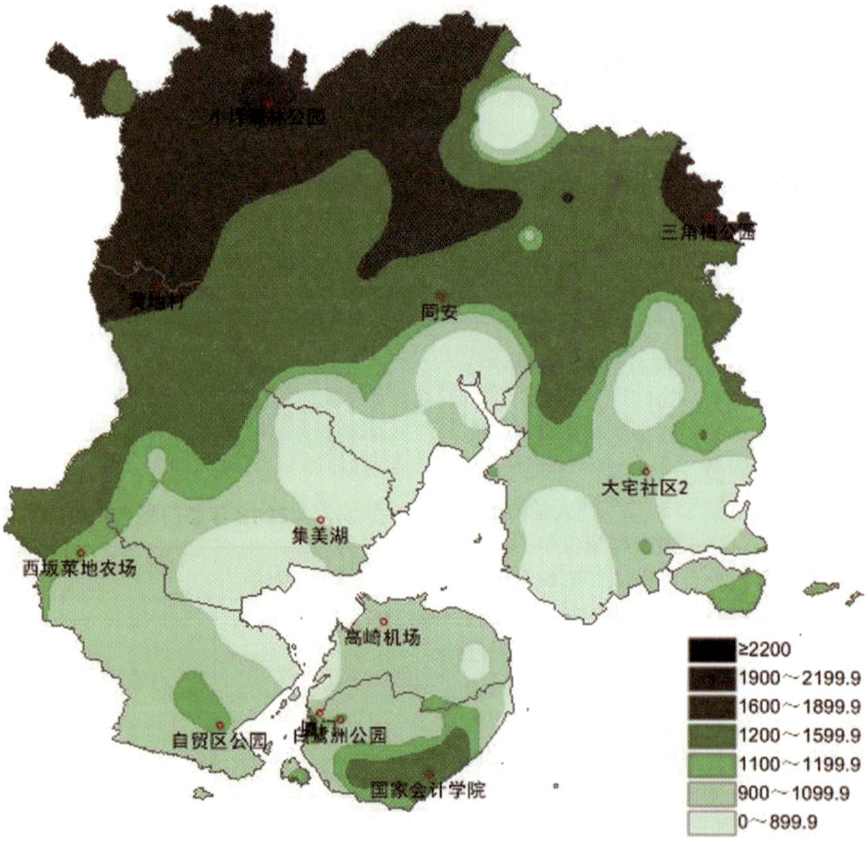

图 3-5 2018 年厦门市降水量分布图（单位：毫米）

2018 年，厦门岛内外各季降水情况见表 3-3。厦门岛内外冬季总降水量分别为 203.8 毫米和 164.2 毫米，岛内属偏多，岛外属正常。厦门岛内外春雨季总降水量分别为 67.7 毫米和 104.6 毫米，均属于显著偏少。厦门岛内外雨季总降水量分别为 286.6 毫米和 400.4 毫米，均属正常。厦门岛内外夏季总降水量分别为 368.4 毫米和 595.5 毫米，均属正常。厦门岛内外秋季总降水量分别为 98.1 毫米和 120.1 毫米，岛内属偏多，岛外属显著偏多。

表 3-3 **2018 年厦门岛内外各季降水量（毫米）及距平（%）统计表**

降水量	冬季	春雨季	雨季	夏季	秋季
岛　内	203.8	67.7	286.6	368.4	98.1
岛内距平	39.9	–74.0	–22.5	–23.9	30.4
岛　外	164.2	104.6	400.4	595.5	120.1
岛外距平	9.2	–59.9	–11.6	–2.3	75.2

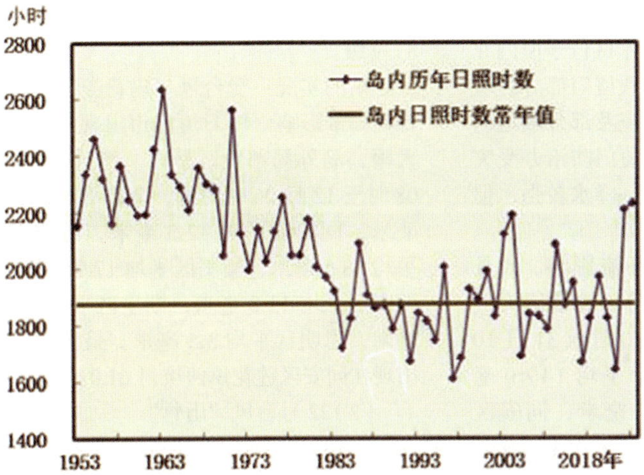

图 3-6　1953—2018 年厦门岛内日照时数年际变化图

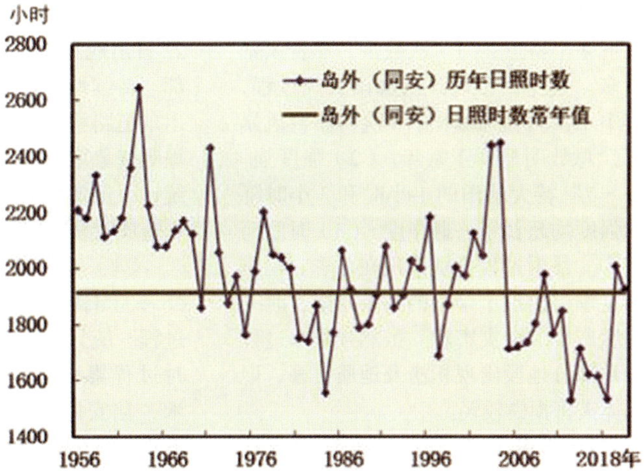

图 3-7　1956—2018 年厦门岛外日照时数年际变化图

【日　照】 2018 年，厦门岛内年日照时数为 2233.5 小时，比常年（1877.5 小时）多 356.0 小时，属异常偏多，是自 1981 年日照时数最多的年份（见图 3-6）。岛外年日照时数为 1922.0 小时，比常年（1914.4 小时）多 7.6 小时，属正常（见图 3-7）。厦门岛内外年日照时数的年际变化趋势具有相似的特征，整体呈减少趋势。厦门岛内春雨季日照时数异常偏多，打破历史同期最高纪录；雨季日照时数异常偏多，是历史同期第四高。岛外春雨季日照时数异常偏多，是历史同期第三高。（见表 3-4）

表 3-4　**2018 年厦门岛内外各季日照时数（小时）及距平（%）统计表**

日　照	冬季	春雨季	雨季	夏季	秋季
岛　内	465.4	393.8	424.6	692.9	329.3
岛内距平	75.8	183.1	131.4	62.9	-24.5
岛　外	426.5	352.1	341.0	617.6	263.5
岛外距平	9.8	140.3	64.5	-17.5	-110.6

【风】 2018 年，厦门岛内年平均风速为 2.7 米 / 秒，比常年（3.0 米 / 秒）偏小 0.3 米 / 秒；年极大风速 27.7 米 / 秒，出现在 8 月 2 日；极大风速≥ 17.0 米 / 秒的大风日数 5 天，比常年偏少 15 天。岛外年平均风速为 1.9 米 / 秒，与常年持平。（见图 3-8）

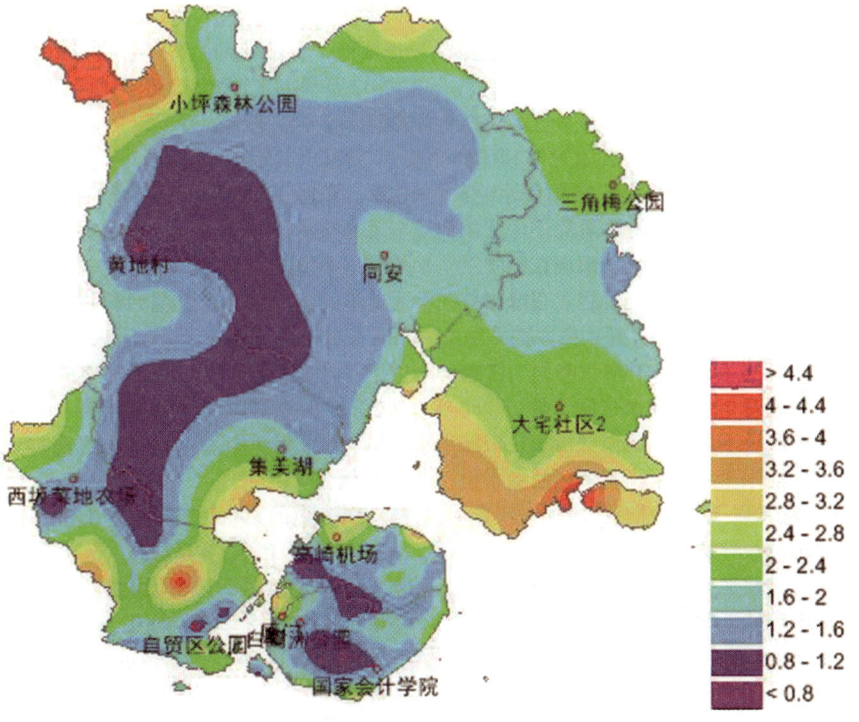

图 3-8　厦门 2018 年平均风速分布图（单位：米 / 秒）

岛内各月的平均风速在 2.3—3.1 米 / 秒之间，除 9 月、10 月、12 月平均风速接近于常年同期外，其他月份平均风速均低于常年同期；岛外各月的平均风速在 1.7—2.1 米 / 秒之间，各月平均风速均较接近常年同期。

平均风速的近期年际变化特征为，岛内年平均风速自 20 世纪 90 年代以来，呈明显减小趋势，并稳定低于常年。岛内风速减小一定程度上和城市化进程中高层建筑的迅猛增多有关系。岛外年平均风速自 20 世纪 80 年代中期有一个明显减小趋势。

岛内风向以偏东风至东北风为主，受台湾海峡地形影响显著；春季以偏东、东南风为主，夏季以东南、西南风为主，秋冬季以东北、偏东风为主。岛外风向以偏东、偏南风向为主，受大气环流和台湾海峡地形的共同影响；春、夏季以偏南、偏东风为主；秋季以东北、偏北风为主；冬季以偏东风为主。

【暴　雨】2018年，厦门暴雨天气具有以下4个特点：（1）次数少，非台风暴雨多。全年共出现4次暴雨天气过程，其中1次为台风暴雨，3次为非台风暴雨，总数明显少于常年。（2）强度强。“5·7”特大暴雨的1小时和3小时降水强度均超百年一遇强度。（3）时间跨度广。暴雨过程分别出现在冬季、雨季和夏季，出现了罕见的冬季暴雨，时间跨度广。（4）灾害轻。虽然强降水过程导致部分地段出现积涝及地质灾害，但总体灾害损失较轻。

2018年，厦门各暴雨过程分述如下：

（1）受加强的西南暖湿气流及冷空气共同影响，1月6—9日，厦门市出现罕见的冬季暴雨，强降雨持续4天，1月8日达到暴雨量级；全市共有126个测站过程降水量大于100毫米，其中28个测站过程降水量超过150毫米；厦门站和同安站过程累计降水量分别为151.4和123.2毫米，其中厦门站8日降水量57.8毫米，日降水量突破历史同期纪录；是有气象观测记录，1月份首次出现暴雨日。

（2）受强盛低空西南急流的影响，5月7日厦门市出现强降水过程，主要降水区位于厦门南部沿海一线，包括思明区、湖里区和翔安区的部分区域。该次强降水天气的主要特点如下：①降水量大。统计7日09时至15时降水量，有12个站降水超过大暴雨量级，其中最大降水量276.5毫米，出现在思明区国家会计学院站。②强度强。强降水集中出现在11—13时，其中3小时最大降雨274毫米，1小时最大降雨107毫米，均超百年一遇降水强度等级。③时空分布严重不均。厦门南部沿海一带降水出现暴雨至大暴雨，其余区域降水量在10毫米以下。④部分区域损失较重。强降水过程导致南部沿海一带部分地段出现积涝及地质灾害，据厦门防汛办受灾资料统计，此次过程造成直接经济损失1058万元。

（3）受西南暖湿气流影响，6月17—23日，厦门出现持续性暴雨天气过程，统计过程雨量，共有6个测站降水量超过300毫米，其中以三角梅公园的343.1毫米为最多。整个降水过程持续1周时间厦港街道小时雨强68.9毫米（22日08—09时），比较罕见；同安站21—23日连续3天出现暴雨日，厦门站22日出现暴雨；主要降水区位于厦门北部。持续性降水过程导致厦门部分区域出现道路积水、车辆被淹及部分坡地坍塌等气象次生灾害，据厦门防汛办受灾统计，虽然此次暴雨天气降水较强，但未造成明显灾害损失。

（4）受热带低压环流影响，8月26—31日厦门市出现持续性暴雨天气过程。统计8月26日10时至31日10时过程累积雨量，全市平均149.0毫米，翔安区平均180.6毫米，同安区平均168.9毫米，思明区平均140.8毫米，湖里区平均139.6毫米，海沧区平均134.9毫米，集美区平均112.7毫米。最大过程雨量出现在同安区汀溪镇云顶山368.7毫米。该次持续性强降水过程历时6天，为2018年入夏后持续时间最长的暴雨过程。全市有39个镇街出现暴雨至大暴雨。29日全市有57个站出现大暴雨（24小时降水量＞100毫米），最大日雨量出现在思明区中华街道159.9毫米。据市防汛办灾情统计，该次暴雨过程全市转移人员4180人，房屋受淹54处，地下室（车库）受淹3处，下水道堵塞1处，滑坡、挡墙倒塌4处，农田受淹、农作物受灾106亩（7.07万平方米），倒伏树木4棵，未出现人员伤亡。

【台　风】2018年，影响厦门台风主要特点如下：（1）数量少。全年共受3个台风影响，比常年偏少1个，分别是8号台风“玛莉亚”、22号台风“山竹”、26号台风“玉兔”。（2）风大雨小。3个台风均给厦门带来相对明显的大风天气，但带来的降水均较小。（3）损失轻。全年由于台风影响造成的经济损失相对偏轻。

各台风的影响情况具体分述如下：

（1）8号台风“玛莉亚”

2018年8号台风“玛莉亚”于7月4日20时在关岛以东洋面生成，生成后一直向西北方向移动，强度逐渐增强，9日14时增强为超强台风，于11日凌晨绕过台湾东北部，11日白天在福建连江县黄岐半岛登陆，登录时近中心风速42米/秒，登陆气压960百帕。“玛莉亚”是自1949年首个在7月份以强台风登陆福建的台风，创7月登陆福建最强台风纪录。

风的实况：厦门市及沿海极大风8—9级。

雨的实况：受台风“玛莉亚”外围螺旋雨带影响，11日厦门市出现中雨到大雨，岛外局部地区暴雨。统计11日08时至12日06时雨量，全市平均16.7毫米，同安区平均32.3毫米，海沧区平均18.5毫米，集美区平均17.9毫米，翔安区平均11.8毫米，湖里区平均7.1毫米，思明区平均3.5毫米。最大雨量出现在同安区莲花镇西坑村61.0毫米。

（2）22号台风“山竹”

2018年22号台风“山竹”于9月7日20时在西北太平洋洋面上生成，之后一路向西移动，9月16日在广东省江门市台山沿海登陆，登陆时中心附近最大风力14级（45米/秒），中心最低气压955百帕。

受台风“山竹”外围影响，厦门市14日夜间到16日白天出现大风天气过程。风力最强时段出现在15日夜间到16日凌晨，厦门市高海拔山区、内海和大桥平均风7—8级、阵风9—11级。其中，最大平均风速出现在翔安区大嶝街道大嶝大桥21.6米/秒（9级），最大阵风出现在同安区莲花镇白交祠村34.0米/秒（12级）。台风“山竹”仅给厦门市带来大风天气，影响较轻，未造成明显灾害损失。

（3）26号台风“玉兔”

2018年26号台风“玉兔”于10月22日在西北太平洋洋面上生成，生成后一直向西偏北方向移动，在13天内，先后登陆美国塞班岛和菲律宾，造成巨大的灾难，之后进入中国南海，于11月3日在南海上消亡。

受“玉兔”外围环流和冷空气的共同影响，厦门市出现大雨，局部暴雨的天气，市区出现5—7级平均风、8—10级阵风的大风天气。台风“玉兔”是近10年影响厦门市最晚的台风。

风的实况：受“玉兔”及冷空气共同影响，10月31日至11月3日，厦门市普遍出现5—7级平均风、8—10级阵风，崇武到东山沿海出现8—10级平均风、11—12级阵风。其中，陆地最大风出现在同安区莲花镇白交祠村，平均风19.4米/秒（8级）、阵风25.9米/秒（10级）；大桥最大风出现在翔安区大嶝大桥，平均风16.9米/秒（7级）、阵风24.5米/秒（10级）。

雨的实况：11 月 1—2 日，厦门市出现大雨，局部暴雨的天气。统计 1 日 08 时至 3 日 06 时雨量，全市平均 42.1 毫米，海沧区平均 51.8 毫米，同安区平均 43.4 毫米，湖里区平均 40.0 毫米，思明区平均 38.5 毫米，集美区平均 38.5 毫米，翔安区平均 36.5 毫米。最大雨量出现在同安区莲花镇小坪森林公园 67.3 毫米。

【气象干旱】 2018 年，厦门由于降水偏少，年内出现 2 次明显的气象干旱，累计干旱日数 78 天。3 月 21 日至 5 月 5 日，累计降水量 17.0 毫米，干旱日持续 43 天，达到春季中旱标准。6 月 25 日至 7 月 31 日，累计降水量 8.4 毫米，持续干旱日 35 天，达到夏旱中旱标准。

【大　雾】 2018 年，厦门大雾天气具有以下特点：（1）日数少。全年出现大雾 30 天，比常年少 12 天，大雾日数多发生在冬季和春季，占全年的 73.3%。（2）强度弱。30 次大雾天气中，最低能见度小于 200 米的只有 14 天，比年平均偏少 11 天。（3）影响轻。虽然个别浓雾天气影响城市交通管理，但整体影响较轻。

【高　温】 2018 年，厦门高温天气具有以下特点：（1）日数多。厦门站高温日数（日最高气温≥ 35℃）11 天，比常年多 6 天。同安站高温日数 30 天，比常年多 20 天。（2）强度较强。岛内和岛外的极端最高气温均出现在 7 月，分别是 36.8℃（7 月 27 日）和 37.4℃（7 月 31 日）。（3）持续性高温过程长。同安站在 7 月 26 日至 8 月 13 日 19 天中，有 17 天出现高温天气。

【霾】 2018 年，厦门霾日数仅 2 天，比常年少 18 天，是近 15 年霾日最少的年份，霾天气发生在 1 月 1 日和 2 月 4 日。厦门霾日表现出明显减少的特征，与政府部门长期坚持加强城市环境空气质量整治力度有关。

【冰　雹】 8 月 1 日，在暖湿大气背景下，受副热带高压的控制，厦门市出现高温天气和局地的强对流天气。下午 2:30—3:00 时左右，集美区灌口镇一带出现局地短时强对流天气，雨水中夹杂着冰雹，冰雹有指甲盖大小。由于冰雹天气持续时间较短，未对厦门市造成灾害。

（曾文慧）

海洋环境

【水　温】 2018 年，厦门海域年平均表层海水温度 23.0℃，高于历年平均 1.4℃；年最高表层水温高于历年最高水温平均值 0.9℃；年最低表层水温低于历年最低水温平均值 0.1℃；表层水温年极差 19.0℃。

【盐　度】 2018 年，厦门海域平均表层海水盐度 28.1（注：盐度单位为 psu，下同），比历年平均值偏高 1.2；年最高表层海水盐度比历年最高盐度平均值偏高 0.6；年最低表层海水盐度比历年最低盐度平均值偏高 10.1；表层海水盐度年极差 11.6。

【潮　汐】 2018 年，厦门海域最高潮位比历年最高潮位平均值偏高 4 厘米，年最低潮位比历年最低潮位偏低 2 厘米；年最大潮差 649 厘米，年最小潮差 178 厘米，年平均潮差 426 厘米；年平均高潮潮高 587 厘米（潮高起算基面为厦门验潮零点，下同），年平均低潮潮高 161 厘米；年平均海平面 365 厘米，高于常年平均海平面 4 厘米。

【风暴潮】 2018 年，厦门沿海出现 3 次增水大于 50 厘米的风暴潮过程，分别是 1808 号超强台风“玛莉亚”风暴潮过程最大增水 94 厘米、1822 号超强台风“山竹”风暴潮过程最大增水 63 厘米、1824 号超强台风“潭美”风暴潮过程最大增水 70 厘米。在 3 个台风风暴潮影响期间，均未出现超过蓝色警戒潮位（厦门验潮零点 700 厘米）的高潮位。

【灾害性海浪】 2018 年，厦门沿海及其周边海域受 5 次台风浪影响，出现台风大浪（浪高≥ 2.5 米）天数 14 天（含台风涌浪），分别是由受 1808 号超强台风“玛莉亚”、1822 号超强台风“山竹”、1824 号超强台风“潭美”、1825 号超强台风“康妮”和 1826 号超强台风“玉兔”引起的，具体为：7 月 9—11 日、9 月 15—16 日、9 月 27—28 日、10 月 3—5 日、10 月 30 日至 11 月 2 日厦门沿海分别出现 1.5—2.5 米的中到大浪、2.0—3.0 米的中到大浪、1.5—2.5 米的中到大浪、1.5—2.5 米的中到大浪、2.0—3.0 米的中到大浪。受到 6 次冷空气的影响，出现 20 天大浪。全年出现大浪天数 34 天，多于常年（32 天）。

（袁方超）

高素质高颜值城市建设

【概　况】 2018 年，厦门市以习近平新时代中国特色社会主义思想为指导，深入学习贯彻中共十九大和十九届二中、三中全会精神，全面贯彻落实习近平总书记对福建、厦门工作的重要指示精神，按照中共中央、国务院和省委、省政府决策部署，统筹推进“五位一体”总体布局和协调推进“四个全面”战略布局，坚持稳中求进工作总基调，坚持新发展理念，坚持高质量发展落实赶超，坚持以供给侧结构性改革为主线，坚持深化改革扩大开放，发挥金砖国家领导人厦门会晤效应，实施“双千亿”工作，牵头推进闽西南协同发展区建设，推动经济、政治、文化、社会、生态文明建设和党的建设取得新成绩。全年全市生产总值 4791.4 亿元，比上年增长 7.7%；规模以上工业增加值增长 8.8%，固定资产投资增长 10.1%，财政总收入增长 8.1%，地方级财政收入增长 8.3%，城乡居民可支配收入总量均居全省第一，增幅分别列全省第一和第二，发展质量效益稳步提升，发展新动能加快成长，民生福祉持续改善，社会保持和谐稳定。营商环境竞争力居全国试点评价第二，外贸综合竞争力居全国第五，空气质量优良率居全国 169 个城市第二，获评全国首批服务型制造示范城市和全国社会信用体系建设示范市。

·小资料·

双千亿：厦门市提出要重点打造 12 条千亿产业链群，力争到 2020 年其中 10 条产业链群分别达到千亿规模，到

2022年实现11条群产业链分别达到千亿规模；重点实施10个千亿投资工程，投资规模1.8万亿元，形成一批支撑城市快速发展的新增长极。

“千亿产业”指的是着力打造一批产值或营收超千亿元、具有更高产业水平与带动力的产业链群，是提升经济整体实力的重要抓手。12条千亿产业链群包括平板显示、计算机与通信设备、机械装备、生物医药与健康、新材料、旅游会展、现代物流、软件和信息服务、金融服务、文化创意、都市现代农业，以及半导体和集成电路产业。

“千亿投资”指的是实施一批拉动投资快速增长、提升城市承载力和宜居度的工程项目，涵盖产业投资、基础设施、新城建设、乡村振兴、民生保障、城市更新各个领域，对于快速增强城市发展后劲具有重要意义。10个重点实施千亿投资工程，包括产业发展、地铁及配套开发、新机场片区、东部（翔安）体育会展新城片区、环东海域新城、火炬高新产业区、马銮湾新城、乡村振兴、民生短板、城市更新。

【新时代厦门发展思路】 2018年，厦门市践行习近平总书记关于“办好一个会、搞活一座城”的重要指示精神，把习近平总书记在厦门工作时留下的科学理念、宝贵经验和优良作风当作做好各项工作的最大优势，把握中央关于经济特区“要成为改革开放的重要窗口、试验平台、开拓者、实干家”的新要求，完善提升坚持高质量发展落实赶超、加快建设高素质高颜值现代化国际化城市、勇当新时代中国特色社会主义排头兵的思路举措。围绕加快产业转型升级，出台实施《关于新时代新起点建设高素质创新创业之城高颜值生态花园之城的意见》《关于坚持高质量发展落实赶超建设高素质高颜值现代化国际化城市的意见》，推进“双千亿”工作。围绕推进体制机制创新，出台《关于进一步深化改革打造开放发展新高地行动方案》10个方面98条举措，持续打造国际一流营商环境，推进自贸试验区、自主创新示范区建设。围绕积极推动以开放合作提高国际化水平，出台实施加快建设“一带一路”战略支点城市的意见，融入“一带一路”建设，在更高起点上实施“引进来”和“走出去”战略。围绕对台先行先试，深入开展深化对台融合等重点专题蹲点调研，出台大陆首个地方“惠台60条”，更好担负服务国家战略的重大使命。大兴调查研究之风，出台进一步加强和改进调查研究的实施办法，完成《“金砖会晤”后的厦门发展研究》重大系列专项课题研究，系统提升新时代厦门发展理念和思路。

【三大攻坚战】 2018年，厦门市坚持目标导向和问题导向相统一，明确责任主体，聚焦重点精准发力，三大攻坚战取得进展。（1）防范化解重大风险攻坚战。加强重点领域金融风险防范，率先开发运行地方金融风险防控预警平台，建立全市信贷风险化解工作联席会议制度，持续推动化解不良贷款，全市银行不良贷款率降至1.35%；深化互联网金融风险专项整治，清理整顿现金贷、校园贷、互联网资产管理，加大非法集资等重点领域风险排查力度。出台风险应急处置预案，清查核实隐性债务，确保政府债务风险安全可控。坚持房子是用来住的、不是用来炒的定位，落实稳定房地产市场政策措施，推进住房租赁试点，开展房地产市场专项检查，稳定市场预期，维护房地产市场平稳健康发展。（2）精准脱贫攻坚战。坚决扛起对口支援、东西部扶贫协作，省内挂钩帮扶政治责任，紧扣“两不愁三保障”（不愁吃、不愁穿，义务教育、基本医疗、住房安全有保障），落实各级财政性帮扶资金超7.6亿元，围绕产业协作、劳动力转移、民生保障等领域开展精准帮扶，输转劳动力3459人，带动贫困人口就地就近就业4046人，助力甘肃临夏州临夏市率先脱贫摘帽，在国家东西部扶贫协作年度考核中位列东部城市首位，省内3个山海协作园区进入全省考评前五名。（3）污染防治攻坚战。抓好中央和省环保督察反馈问题整改落实，不断巩固整改成果、扩大战果。狠抓大气污染防治，空气质量综合指数在全国169个城市列第七。全面推行河（湖）长制，建成“河畅、水清、岸绿、景美”安全生态水系155.2千米。集中式饮用水源水质达标率保持100%，城市生活污水集中处理率95.4%，6处黑臭水体治理通过国家验收。实施土壤污染防治行动计划，危险废物规范化管理水平位居全省前列，危险废物处置利用率超96%。

【“双千亿”工作实施】 2018年，厦门市坚持质量第一、效益优先，以持续打造千亿产业链（群）和实施千亿投资工程的“双千亿”工作为抓手，建设现代化经济体系，推动高质量发展落实赶超。（1）深入实施创新驱动发展战略，经济创新力、竞争力持续增强。全市工业行业增长面85.7%，规模以上工业效益指数251.3，比上年提高12.9个点，全市税收增量50%以上来自新经济新业态。自主创新示范区建设在全省考评中获得第一，累计推出创新事项89项，落地产业科技项目269项，火炬高新区国家双创示范基地受国务院办公厅表彰。全市研发投入占GDP比重3.27%，比上年提高0.16个百分点。每万人有效发明专利为全国2.4倍，获评全国知识产权事业重大进展和突出成就典型城市。国家高新技术企业超1600家，规模以上高新技术产业增加值占全市规模以上增加值比重67.9%，高新技术成果转化项目增长70%。设立火炬美国硅谷孵化器、厦门自贸片区海外人才离岸创新创业基地等一批离岸孵化器。（2）现代产业体系加快构建。把加快产业转型升级作为适应和引领经济发展新常态的主攻方向，做强做大优势产业链，新增计算机与通讯设备、机械装备、文化创意3条千亿产业链，累计8条。先进制造业迈向集聚化高端化智能化，厦钨稀土永磁电机产业园、戴尔拓展等高端制造业集聚发展，ABB厦门工业中心建成投用，计算机与通讯设备增加值增长12.9%，超算中心及AI（人工智能）语音芯片等项目落地，厦门市“推动‘中国制造2025’、促进工业稳增长和转型升级”做法获国务院办公厅通报表扬。现代服务业快速发展，两岸股权交易中心挂牌企业2276家，中金资本、京东金融等项目落户两岸金融中心，上海黄金交易所厦门指定交割仓库启用，有76对厦门和境外银行机构签订人民币代理清算协议，累计清算金额超千亿元。旅游业收入1402亿元，增长20%，全年接待境内外游客8900万人次，获评“国内十佳旅游目的地”。在全国服务外包示范城市评比中名列第六。战略性新兴产业快速成长，半导体和集成电路、软件和信息服务、生物医药与健康、新材料等战略性新兴产业产值（或收入）分别增长19.3%、16.4%、

20.2%和14.8%。集成电路形成全产业链，产值规模居全国第六。电商平台交易额增长近40%。4家企业入选中国互联网企业百强，3家企业入选中国大数据产业发展试点示范项目。（3）供给侧结构性改革不断深化。落实“三去一降一补”（去产能、去库存、去杠杆、降成本、补短板），在“巩固、增强、提升、畅通”上下功夫，打好精准施策降成本组合拳。全年累计为企业减税降负超300亿元。小微企业信贷风险补偿比例提高到70%，科技企业平均融资成本降低40%。加大产业平台、基础设施、民生服务等补短板力度，2018年推进各领域补短板项目共728个，完成投资556.5亿元。应对中美经贸摩擦，制定并及时兑现精准帮扶政策，完善应对机制，支持涉税企业开拓市场、加快转型升级，把厦门市所受影响控制在有限范围。（4）坚持项目带动，增强经济发展后劲，省重大、重点在建项目均超过同期投资计划，新增“五个一批”项目1242个、总投资近1万亿元。围绕产业链建设招大商、引优资，完善市级统筹招商工作机制，加大平台招商、驻点招商、国企招商等力度，推动天马5.5代AMOLED等6个央企项目落地，成功引进趣店集团、神州优车、瑞幸咖啡、壳牌石油福建零售等企业总部。大力扶持民营经济，修订完善厦门市促进民营经济健康发展若干意见，民营企业发展环境进一步优化。

【深化改革扩大开放】 2018年，厦门市把贯彻落实中央赋予的改革任务和积极探索创新有机结合，当好改革开放的重要窗口、试验平台、开拓者、实干家。（1）自贸区改革试验取得新突破。坚持把制度创新作为核心任务，片区累计集成推出361项创新举措，其中63项全国首创，22项在全国复制推广，是国内最大的一站式航空维修基地，融资租赁累计引进飞机超百架，获批设立国家跨境电商综合试验区、国家文化出口基地、汽车整车进口口岸，重点产业平台集聚带动效应进一步增强。口岸降本增效成效明显，通关时间压缩比居沿海十大关区第一，口岸政府性收费降至大陆口岸最低。推进“双自联动”，形成集成电路产业链平台式保税监管新模式等13项可复制推广的集成创新政策举措。（2）重点改革取得新成效。持续打造国际一流营商环境，纵深推进“放管服”改革，取消、下放审批服务事项77项，取消129项审批特殊环节事项，实现“三十五证合一”，推进首批106项“证照分离”改革，创新“一会四函一书”模式，实现财政性投融资重大重点项目审批提速。全国工程建设项目审批制度改革试点工作座谈会在厦门召开，厦门经验获国务院办公厅通报表扬。深化“互联网+政务”服务模式，93%的审批事项实现“一趟不用跑、最多跑一趟”，网上可办率97.7%。深化社会信用体系建设，综合信用指数在全国省会及副省级以上城市排名第二。深化国企国资改革，新增混合所有制企业131家，国有资本投资运营试点稳步推进。（3）全方位对外开放。举办第二十届投洽会，习近平总书记专门发贺信。发展更高层次的开放型经济，加快构建全面开放新格局，全年实际使用外资107.3亿元，占全省35.2%。“一带一路”战略支点作用凸显，设立全国首支由地方政府主导的海丝投资基金，海丝沿线国家对厦门市投资比上年增长79.4%。深化“海丝”“陆丝”无缝对接，开通“一带一路”海运航线56条，中欧班列开行175列，增长41.1%。城市国际化水平持续提升，厦门港集装箱吞吐量对高雄港领先优势进一步扩大，厦门空港境外航线数35条，出入境旅客吞吐量365.8万人次，增长9.6%。国际化公共配套和服务环境进一步提升，获批外国人144小时过境免签政策，在厦常住外籍人士超7500人，海归人才超1万人。（4）厦台融合发展。发挥对台战略支点作用，深化两岸交流合作综合配套改革，促进厦台集成电路、智能制造、文创等特色产业深度对接。率先贯彻中央、省惠台政策，出台“惠台60条”措施并全部落实，有力促进台胞台企实现同等待遇，台胞申办台湾居民居住证数量居大陆城市第一，率先实现台湾青年入住公租房，新增3家国台办授牌的两岸青年就业创业基地和示范点，在厦就业创业台湾青年6000多人，66名台胞任社区主任助理。深入开展“台商台胞服务年”活动，成立6个深化台商台企服务专项工作小组，2018年全市实际使用台资5.4亿美元。加强对台湾人才吸引力，首创台湾特聘专家专才制度，评选195人；实施赴台征才“千人计划”，共引进台湾人才500多人，厦航3批共招募221名台籍空乘人员。举办第十届海峡论坛、2018两岸企业家峰会年会等重大两岸交流活动。厦金“小三通”出入境旅客174.5万人次，增长8.1%。

【跨岛发展战略深入实施】 2018年，厦门市深入实施跨岛发展战略，持续增强城市发展的系统性协调性，不断提升城市承载力、宜居度和带动力。（1）提升岛内外一体化水平，出台进一步加快推进跨岛发展的意见，全面加大对岛外产业、基础设施、新城建设、乡村振兴、民生保障、城市有机更新等领域投资力度，岛外固定资产投资占全市75%。坚持产城融合，集美、马銮湾和环东海域新城、丙洲和美峰现代服务业基地、同翔高新产业基地等岛外新城和产业基地建设全面铺开。轨道交通、“两环八射”快速路网、翔安新机场、地铁2、3、4、6号线建设加快，“一岛一带多中心”格局加快构建。（2）加强城市管理。实施第二轮城市整治提升行动，对1216栋街区建筑实施立面改造，完成老旧小区改造156个，拆违518.9万平方米，夜景照明建设管理长效机制建立，城市功能品质显著提升。生活垃圾分类工作位列全国46个重点城市首位，厕所革命经验做法获全国旅游厕所建设现场会推广，确立“门前三包”分级管理机制，背街小巷市容环境得到改善。（3）实施乡村振兴战略。成立领导小组，出台乡村振兴战略实施意见和五年规划，以及城乡融合、都市现代农业提升等12项三年行动计划和2个工作纲要，策划生成乡村振兴项目988个、总投资1074亿元。发展特色农业和乡村游，推动农村一二三产融合发展，多渠道促进农民转产增收，都市现代农业产业集群实现营收829亿元，7家企业进入全国农业产业化龙头企业500强，农村居民人均可支配收入总量稳居全省第一。30个美丽乡村建设进展顺利，2个村庄入选中国美丽休闲乡村。（4）推进闽西南协同发展区建设。按照省委、省政府的统一部署，牵头制定关于加快推进闽西南协同发展区建设的意见和合作章程，设立闽西南协同发展区办公室，建立务实紧密协作机制。牵头在厦门召开闽西南协同发展区联席会议第一次会议。加强项目策划生成，启动第一批重大（重点）项目22个，总投资3378.5亿元。深化重大平台、项目、载体相关机制政策研究，形成滚动接续项目推进态势。

【民生保障和改善】 2018年，厦门市坚持以人民为中心的发展思想，持续推进为民办实事工作，加快补齐住房、教育、卫生、交通等人民群众最关心的民生短板，加大就业和社会保障力度，建设最具安全感城市，提升共享发展水平。（1）加快补齐民生社会事业短板。坚持供需两端发力加强住房保障。新开建保障性住房2.8万套，2020年前建设10万套保障性住房的目标至此已完成6.92万套；受理保障房意向登记1.6万户，为上年受理量3倍，是自保障房政策实施后受理量最多、供应房源最多、保障范围最广的一年。优化教育资源配置提升教育绩效，新增学位2.75万个，厦门一中海沧校区和科技中学翔安校区建成招生，义务教育质量学业成绩等7项指标居全省第一。继续提供优质医疗资源，建成弘爱医院、厦门大学附属翔安医院、市心血管病医院等一批重点医疗项目，复旦中山厦门医院派驻到上海专家有120余人，国家健康医疗大数据中心和产业园引进一批健康大数据企业，厦门市民健康信息系统获国内医疗健康信息化最高等级评定。实施“畅通工程”，公交机动化出行分担率44.3%，全年新增公共停车泊位超1万个。开展健康老龄化行动，每千名老年人养老床位35.4张，达国家2020年标准，社区助老员覆盖率91%。（2）加强就业和社会保障。2018年全市城镇新增就业18.7万人，完成年度计划116.8%，城镇登记失业率3.34%。实施全民参保登记动态管理，基本养老、工伤、失业保险参保人数稳步增长，企业退休人员月人均基本养老金3526元，城乡居民月人均基础养老金290元。强化兜底帮扶，特困人员、低保对象慰问标准升至每人每年1300元，首次将低收入家庭纳入基本生活保障范围。（3）开展平安厦门建设。深入开展扫黑除恶专项斗争，抓好中央督导组反馈问题整改。2018年共查办黑恶团伙25个，刑拘团伙成员432人，立案查处涉黑涉恶腐败和“保护伞”案件54件61人，问责110人，群众满意率98.4%，“大数据＋扫黑除恶”模式被国家推广。持续建设最具安全感城市，深入开展矛盾纠纷积案化解等五个专项治理，推进“五安”等平安系列工程创建，“家住厦门”智慧小区平台项目获评2018年中国“互联网＋政务服务”优秀实践案例，全市安全生产死亡人数比上年下降22.1%，刑事警情降至10年最低，群众安全感创5年新高。

【生态文明体制改革】 2018年，厦门市坚持以习近平生态文明思想为指导，牢记习近平总书记“当好生态省建设排头兵”嘱托，推进国家生态文明试验区建设，持续打造高颜值的生态花园之城。（1）加快推进国家生态文明试验区建设。开展生态文明体制改革，出台实施51项改革成果。建成全国首套控制优化碳排放在线管理系统，率先全国形成生态系统价值核算试点改革“沿海样本”，率先全省开展生态环境损害赔偿，完成环保机构监测监察执法垂直管理制度改革，生态文明建设目标评价考核办法实施情况获中央改革办肯定。国家生态文明试验区建设现场经验交流会在厦门市召开。（2）持续优化生态空间布局。落实自然资源部国土空间规划工作座谈会精神，探索编制《厦门市国土空间规划（2018—2035年）》，落实主体功能区规划，统筹推进绿地系统、全域旅游等25个专项规划编制，建立健全空间规划体系，确保一张蓝图干到底。（3）不断提升生态环境质量。地下综合管廊全国试点绩效评价实现三连冠，完成管线入廊423.2千米，海绵城市建设试点工作全国领先。推行低碳出行，开工建设长约23千米的健康步道，新能源车分别占公交车、出租车总数的95%和50%，厦门市绿色交通入围第十届中华环境奖。建成区绿化覆盖率43.6%，顺利通过“国家森林城市”复查。

【全面从严治党纵深发展】 2018年，厦门市以永远在路上的执着推动全面从严治党向纵深发展。（1）市委带头落实《落实全面从严治党主体责任清单》，班子成员认真履行“一岗双责”，督促各级各部门主要负责人落实全面从严治党主体责任。抓好省委全面从严治党主体责任落实情况检查发现问题整改落实。严格落实意识形态工作责任制，对6个区和76家市直单位落实意识形态工作责任制情况统一督查考核，加强结果运用，及时通报反馈，督促整改提升；贯彻落实新闻发布制度，对在突发事件、敏感舆情应对处置中落实意识形态工作责任制作出明确规定；组织市属主要媒体开展舆论导向和意识形态工作责任制自查自纠，守好意识形态阵地。（2）弘扬“马上就办，真抓实干”精神，成立新时代新担当新作为工作领导小组，出台落实激励广大干部新时代新担当新作为、考准考实干部政治表现等办法，建立干部实绩档案对干部担当作为全纪实。继续推行“能上能下”，共问责“慵懒散”或违反效能规定的干部180名，调整不适宜担任现职干部7名。树立基层导向，选派192名挂职干部到基层一线和艰苦岗位历练成长。严格执行领导干部个人有关事项报告制度，年度干部选拔任用“一报告两评议”各指标优良。坚持党管人才，创新人才工作体制机制，新增国家“千人计划”专家、“双百”人才、“海纳百川”等各类高端人才约3000人。（3）市委召开19次常委会专题研究基层党建工作，举办9场党建工作交流座谈会。深入贯彻《支部工作条例（试行）》，狠抓支部规范化建设。制定全面加强国有企业党的领导和党的建设若干意见，建立常委会定期专题研究国企党建工作制度，督促市属国企落实党建重点任务。“厦门党建e家”平台获全国“互联网＋基层党建”典型创新案例一等奖。（4）中央第一巡视组反馈意见后，中共厦门市委立即传达学习中央巡视反馈意见和省委部署要求，成立市委书记任组长的市委巡视整改工作领导小组，制定《市委巡视整改工作领导小组工作规则》等文件规范工作运行。印发《落实〈中央巡视组关于巡视厦门市专题情况的反馈意见〉的整改任务与分解方案》和《巡视整改任务细化措施》，逐一分解巡视反馈整改任务，形成118条具体整改措施，逐项明确整改目标要求、完成时限、责任领导。市各套班子召开巡视整改专题民主生活会，主动对标对表，抓好自身和分管领域整改任务落实，取得重要阶段性成效。（5）落实中央八项规定精神，深挖隐形变异“四风”，共查处违反中央八项规定精神问题140起158人，给予党纪政务处分107人。集中整治形式主义、官僚主义，通报曝光典型问题15

表 3-5　**2018 年厦门重点产业链实现产值一览表**

序号	产业链	产值（亿元）	比 2017 年增长（%）	序号	产业链	产值（亿元）	比 2017 年增长（%）
1	平板显示	1314	7.9	7	旅游会展	1660	17.8
2	计算机与通讯设备	1204	14.5	8	现代物流	1180	7.4
3	半导体和集成电路	417	19.3	9	软件和信息服务	1493	16.4
4	机械装备	1037	15.1	10	金融服务	1528	7.3
5	生物医药与健康	589	18.2	11	文化创意	1040	10.0
6	新材料	888	20.2	12	都市现代农业	829	12.1

起。紧盯重点领域和关键环节，深化分领域整治，全年各级纪检监察机关共立案 637 件 637 人，增长 21.3%；给予党纪政务处分 473 人。注重日常监督，深入开展警示教育，深化运用监督执纪“四种形态”，推进监察体制改革，完善巡察工作机制，形成纪律监督、监察监督、巡察监督、派驻监督“四个全覆盖”的权力监督格局，不断完善不敢腐不能腐不想腐的有效机制，着力构建风清气正良好政治生态。

（中共厦门市委办公厅）

千亿产业链发展情况

【概　况】 2018 年，厦门梳理确定 12 条重点打造的产业链群，推动产业链牵头责任部门加快补链、扩链、强链。新增计算机与通讯设备、机械装备、文化创意 3 条千亿产业链群，千亿产业链群总数 8 条。厦门生物医药与健康、半导体和集成电路、旅游会展、软件和信息服务等重点产业链群分别比上年增长 18.2%、19.3%、17.8%、16.4%。厦钨稀土永磁电机、士兰微电子等项目签约落地，宸鸿新一代手机触控、强力巨彩 LED 产业园等开工建设，ABB 工业中心、厦顺四期等竣工投产，天马微电子、宸美光电等行业龙头企业持续增资扩产。厦门港集装箱吞吐量 1070.2 万标准箱，位居全球第十四位。全年接待国内外游客 8900 万人次，增长 13.7%，实现旅游总收入 1402.1 亿元，增长 20%；会展业经济效益 403 亿元，璞尚、万豪等高品质酒店投入运营。金融机构本外币存款余额增长 3.7%，各项贷款余额增长 8.3%，引进中金资本项目，海峡黄金珠宝产业园开工。厦门人工智能公共服务平台、超算中心及 AI 语音芯片等项目落地；4399、吉比特等 4 家企业入选 2018 年中国互联网企业百强。金鸡百花电影节落户厦门，举办厦门国际时尚周。（见表 3–5）

【战略性新兴产业培育】 2018 年，厦门重点推动 5G、集成电路、人工智能、碳化硅、干细胞治疗等关键技术研发及产业化，促进新旧动能转换。推动全磊、三安、乾照、三优光电在 5G 领域技术创新，支持 5G 技术在 BRT 上实现智能网联并试商用；推动联芯、三安、华天恒芯 3 家企业入选国家集成电路生产企业进口税收优惠政策名单，支持士兰微电子和通富微电子项目通过国家窗口指导；着力推动厦门大学能源与石墨烯创新平台、瀚天天成碳化硅外延片等项目建设；牵头编制《厦门市促进共享经济发展实施意见》，推动雅迅物流大数据平台、智慧海洋产业领域数字经济发展；围绕国家战略性新兴产业生物区域集聚试点，促进万泰沧海尖锐湿疣疫苗、力品药业缓控释儿童药物、艾德生物肿瘤精准基因检测等一批创新项目建设。

【现代服务业创新发展】 2018 年，厦门制定并推动出台实施《厦门市关于加快现代服务业发展的若干措施》，推进省级现代服务业集聚示范区建设，10 个省级集聚示范区实现营收 995 亿元，比上年增长 16.6%，集聚功能进一步提升。加快推动总部经济发展，出台实施《厦门市进一步促进总部经济发展的若干规定》和厦门市岛内（岛外）总部用地管理意见等总部经济若干政策，神州优车、瑞幸咖啡、橙联股份、中金资本等一批总部项目落地厦门。推动文化创意产业发展，牵头组织举办 2018 厦门国际时尚周，完成厦门服装设计行业发展资金扶持工作，吸引设计总部和人才落户。

【都市现代农业提升工作】 2018 年，厦门都市现代农业实现营收 829 亿元，比上年增长 12.1%。44 家农业产业化龙头企业实现营收 550 亿元，增长 12%。新建设施农业项目 12 个、面积 492.7 亩。国家级农村产业融合试点区示范工作持续推进，禾沣农业文旅生态园、百利现代农业科技园等投入运营。翔安区入选全国农村创业创新典型县范例，获农业部宣传推介。乡村休闲旅游收入 8.4 亿元，接待游客 650 万人、增长 16%，大帽山境、香山乡苑、青礁院前社等加快建设。（参见 P187【都市现代农业产业链】）

（市发改委）

责任编辑：孙志红
审　　稿：白延蜻
校　　对：林建高

4 资源·环境

国土资源

土地管理

【概　况】 2018年，厦门市农转用获批项目72个，总用地面积408.31万平方米，涉及新增建设用地384.53万平方米，保障环东海域新城、马銮湾新城、同翔高新技术产业基地片区和同安区、翔安区重点项目、民生项目等建设用地需求。全市完成补充耕地指标3155亩（210.33万平方米），其中购买异地补充耕地指标549亩（36.6万平方米），建设高标准农田项目48个，总规模23946亩（1596.4万平方米），超额完成年度补充耕地和高标准农田建设任务。厦门市国土资源与房产管理局（简称市国土房产局）实行新一轮基准地价和地价征收管理规定。印发《厦门市国有建设用地使用权二级市场交易管理暂行办法》《化解商业办公房地产库存的实施意见》《厦门市城镇商业办公土地用途和既有房屋功能审批管理实施办法》《关于建设项目竣工土地复核验收审批制度改革有关工作》《关于进一步明确建设项目竣工土地复核验收有关事项的通知》《关于取消建设项目履约保证金的通知》《关于明确收回已批国有建设用地红线内空地土地使用权补偿标准的通知》等文件。

【闲置土地整改】 2018年，厦门市国土房产局完成国家自然资源督察上海局等部门下发的疑似闲置土地整改任务111宗。全市开工项目197宗，土地总面积578.3万平方米；竣工项目110宗，土地面积388.2万平方米。受理竣工复核验收143件，出具验收合格意见书126份、整改通知书7份，退件10件，违约开竣工处置67宗，收缴违约金和因企业原因造成闲置项目土地闲置费9494万元。至年末，未动工项目319宗、土地面积1027.8万平方米，其中经营性用地41宗、工业用地48宗、社会事业用地102宗、基础设施建设用地128宗。

【土地供应】 2018年，厦门市国土房产局落实土地供应计划，为全市各类建设项目供应建设用地347宗，土地面积1466.2万平方米。其中，划拨建设用地276宗，土地面积1224.3万平方米；招拍挂出让经营性用地33宗，成交土地面积126.2万平方米，土地出让金376.4亿元；出让工业用地28宗，土地面积111.9万平方米，土地出让金5.6亿元；协议出让6宗，土地面积2.9万平方米；使用集体土地4宗，土地面积0.6万平方米。

【土地利用规划调整】 2018年，厦门市完成市、区、镇三级土地利用总体规划的调整完善工作。3月，省政府批准同安区、翔安区土地利用总体规划（2006—2020年）调整完善方案；4月，市政府批准灌口镇、后溪镇等8个镇的镇级规划调整完善方案。市国土房产局与市规划委推进国土空间规划编制工作，与海洋、市政园林、水利等资源主管部门初步厘清在用地分类和空间管制上的矛盾，摸清自然资源家底。市国土房产局加快推进国土资源环境承载力和国土开发适宜性评价、土地节约集约利用评价等5个专题研究，学习广州、武汉、深圳等市关于规划分区和用地分类标准研究成果，参与生态控制线、城镇开发边界划定与管理、用地预审与用地审批制度改革等专项内容的研讨并提出意见。

【耕地保护】 2018年，厦门市国土房产局对补充耕地及高标准农田建设任务进行分解。全市补充耕地任务1600亩（106.67万平方米），其中集美区16亩（1.07万平方米）、海沧区144亩（9.6万平方米）、同安区608亩（40.53万平方米）、翔安区832亩（55.47万平方米）；全市高标准农田建设任务2.28万亩（1520万平方米），其中集美区2449亩（163.27万平方米）、海沧区949亩（63.27万平方米）、同安区10095亩（673万平方米）、翔安区9307亩（620.47万平方米）。开展福厦客专永久基本农田补划工作，涉及海沧区、同安区、翔安区永久基本农田4.91万平方米，调整优化补划方案，共补划永久基本农田5万平方米。落实增减挂钩节余指标跨省调剂任务，海沧区落实调剂任务200亩（13.33万平方米）、调剂资金0.6亿元，同安区调剂任务600亩（40万平方米）、调剂资金1.8亿元，市级留存700亩（46.66万平方米）、调剂资金 2.1 亿元。会同市农业局等单位对 2016—2017 年耕地保护责任目标履行情况进行自查并迎接自然资源部等实地抽查工作。建立农用地破坏鉴定专家库，完成农用地破坏程度认定 25 宗。

【建设用地监管】 2018 年，厦门市国土房产局组织各国土分局开展国有建设用地“双随机”（随机抽取检查对象，随机选派执法检查人员）抽查工作，通过厦门市双随机事中事后监管综合平台从全市用地单位“市场主体目录库”中随机抽取建设项目 55 宗，重点抽查用地单位是否设立建设用地项目信息对外公示牌、是否按合同约定按时开竣工、是否达到开工标准、土地是否已闲置和是否申请建设项目竣工土地复核验收等情况，要求用地单位按时落实整改。

【卫片执法监督检查】 2018 年，自然资源部下发厦门市 2017 年度卫片（卫星遥感监测图片）监测图斑 2309 宗，涉及土地面积 23442 亩（1562.8 万平方米），涉及耕地面积 6518 亩（434.53 万平方米）。经实际核查，发现违法用地 1047 宗，违法用地面积 2092.3 亩（139.49 万平方米），其中耕地面积 500.53 亩（33.37 万平方米）。市国土房产局制定工作方案，成立工作协调领导小组，分解工作任务并逐级落实卫片整改。至年末，1047 宗违法用地全部移交行政执法部门查处，整改到位 876 宗。决定拆除违法建筑物 7.85 万平方米，拆除 1.85 万平方米；决定没收违法建筑物 3.78 万平方米，没收 2.24 万平方米；决定罚款 84.58 万元，收缴罚款 66.51 万元。

【建设用地使用权改革试点】 2018 年，厦门市国土房产局印发《厦门市国有建设用地使用权二级市场交易管理暂行办法》，上线试运行土地二级市场业务管理平台。厦门市承担“划拨土地出租收益金的法律地位问题和征收问题”（重点专题）、“房地产交易的衔接问题”、“土地开发利用监管与二级市场交易的问题”3 项试点专题研究。9 月 3 日，全部试点工作通过自然资源部验收。

【集体建设用地建设租赁住房试点】 2018 年 1 月，厦门市国土房产局上报的《厦门市利用集体建设用地建设租赁住房试点实施方案》经自然资源部和住房与城乡建设部批复同意。该方案规定集体经济组织利用农村集体预留发展用地指标建设集体租赁住房的，项目土地使用权性质可保留集体所有，不再征收为国有土地，按使用集体土地方式供地，并对相关审批程序、建设运营机制、监管措施等进行规范。至年末，全市完成湖里区高林—金林社区发展中心项目、海沧区莲花汤岸公寓项目 2 个项目供地，策划生成集美区灌口邻里中心、西亭人才公寓，海沧区祥露长租公寓、过坂长租公寓及商业广场、后井自贸公寓等 8 个项目。

【土地督察】 2018 年 5 月 29 日至 6 月 14 日，国家自然资源督察上海局对厦门市开展土地例行督察工作。10 月，该局下达《国家自然资源例行督察意见书》，指出厦门市需整改的问题 196 个。市政府组织各区及相关部门逐宗研究，市国土房产局加强对整改工作的业务指导，对照督察意见做好任务分解，并与区政府相关部门沟通协调，推动整改工作的末端落地。至年末，完成整改 175 个，整改率 89.29%。

（林　超）

矿产资源管理与地质灾害防治

【概　况】 2018 年，厦门市国土房产局联合市财政局、市环保局出台《厦门市绿色矿山建设工作方案》，引导各类矿山实行节约高效、生态良好和资源综合利用的绿色矿山发展模式。修改《厦门市砂、石、土资源管理规定》。下发《关于做好 2018 年地质灾害防治与地质环境管理工作的通知》，明确全市和各区的地质灾害易发区域、主要地质灾害隐患点分布和防范重点，提出具体防治措施。

【矿山生态环境治理】 2018 年，厦门市国土房产局开展矿山地质环境治理恢复现场检查工作，委托第三方监督检查；组织持证在采矿山边开采边治理，完成治理面积 1.1 万平方米；推进省下达的新增矿山生态环境恢复面积 5 万平方米治理工作，治理完成 5.08 万平方米。开展废弃矿山“挂白”图斑的地质环境详细调查，完成废弃矿坑和“挂白”图斑点调查 122 处。

【地质灾害治理】 2018 年，厦门市国土房产局编制年度地质灾害防治方案，通过群测群防体系开展汛前地质灾害安全隐患排查工作。经排查，全市房前屋后等地质灾害（隐患）点 112 处，其中思明区 4 处、湖里区 8 处、集美区 6 处、海沧区 1 处、同安区 89 处、翔安区 4 处。组织 2018 年度地质灾害治理攻坚战，督促各区对 211 个应治理项目倒排进度，明确责任人；联合市财政局下拨集美区、同安区、翔安区地灾工程治理资金 5860 万元。全年完成地灾隐患点治理施工 179 处。

【汛期地质灾害防抗】 2018 年，厦门市国土房产局开展暴雨引发地质灾害防御工作，及时预警预报，加强防灾指导、检查，做好应急值守与应急准备。联合气象部门发布地灾预警 13 次，处置险（灾）情报告 14 处，全市未发生造成人员伤亡和较大财产损失的地质灾害。《厦门市 2018 年地质灾害防治年度方案》经市政府研究同意后公布。对接各区防汛抗旱指挥部，组织城乡在册地质灾害隐患点受威胁人员转移演练 27 场，转移 368 人次。“5·12”防灾减灾日期间，开展应急抢险演练和地灾防治知识培训、宣传工作。

（林　超）

测绘管理和地理信息

【概　况】 2018 年，厦门市国土房产局推进“天地图·厦门”建设和应用，正式上线新版“天地图·厦门”门户网站、公共服务平台和收集 App（应用程序）；更新发布 2018 年厦门马拉松比赛路线地图及赛道景观图、地铁一号线、图书借阅、农家乐、地震应急避难所等 17 个专题图；更新 2017 年航拍影像、1∶500 数字线划图、地籍调查和房产测绘业务数据等电子地图。完善国土房产网上办事大厅，实现与“i 厦门”平台对接；强化市国土房产局系统内部电子证照应用，实现与市电子证照库和法人对接；进一步简化行政管理相对人所需提交材料，促进行政审批服务全程网上办理。

【“多测合一”工作制度】 2018年，厦门市国土房产局将竣工验收事项涉及的测量项目及产权登记手续涉及的房产测绘、地籍测绘合并为综合性联合测量项目，实行“一次委托、统一测绘、成果共享”。印发《关于进一步完善“多测合一”改革试点工作制度的通知》，公布测绘技术规范、测绘服务参考价格、压缩审核时限、明确全面实施时间等事项。至年末，申请进驻网上中介办事大厅的测量中介机构28家，审核通过9家。

【测绘基准建设管理】 2018年，厦门市国土房产局完成2018年度1∶500（1∶1000）数字地形图测绘项目、航飞影像和卫星影像采购与处理项目，简化2018年航空摄影与“两违”（违法占地、违法建设）图斑内业比对及外业核实测绘保障项目、2018年卫星影像采购和处理项目的采购流程。完成厦门市及周边区域3000平方千米卫星遥感影像获取及处理，成果通过省测绘产品质量监督检验站质检并对外提供服务，为市海绵办提供海绵试点区域卫星影像资料。完成数码航空摄影项目内外业图斑比对工作，成果交付市城市管理行政执法局用于“两违”工作考核。

【地图公共服务】 2018年，厦门市国土房产局印制各类电子版地图和影像地图，定制《闽西南协同发展区地图》，用于保障厦门市各单位协同发展区建设工作。受理45家企事业单位涉密测绘成果使用申请，提供各类比例尺地形图38112幅、影像图9397幅，用于保障生态园林城市创建、海绵城市试点考核、第四次森林资源规划设计调查、轨道交通线路前期调研、厦门新机场航站区工程项目等。开展测绘地理信息执法专项行动，排查整治全市“问题地图”。协助海关核查“问题地图”2起；全程参加厦洽会联合执法工作，督促12个展位整改不规范使用示意性地图问题。

【测绘地理信息行业管理】 2018年，厦门市国土房产局完成年度测绘“双随机”检查，制定测绘“双随机”检查工作方案，在厦门市“双随机”工作平台抽取测绘资质检查单位12家，选定4位测绘中心专家协助进行测绘质量检查，根据检查结果与整改情况发布通报。加强行业资质日常管理，受理审核资质申请、信息变更等214批次，对厦门铁研工程科技检测有限公司等11家单位丙、丁级资质申请进行现场考核，配合省测绘地理信息局完成厦门脉普信息科技有限公司等5家单位乙级资质申请、升级现场核实工作；完成辖区测绘资质单位2017年度报告公示和测绘行业信用信息审核报送工作。

（林　超）

海洋资源

海洋资源保护

【政策法规制定】 2018年，厦门市海洋与渔业局（简称市海渔局）推进《厦门海洋环境保护若干规定》《厦门市海域使用管理规定》《厦门市无居民海岛管理办法》的修订工作。推动《厦门市海洋珍稀物种保护区管理规定》纳入厦门市2018—2022年立法规划。市府办印发《厦门市海洋生态补偿管理办法》，市海渔局印发《厦门市海洋开发利用活动生态损害补偿标准（试行）》。

【执法监察】 2018年，厦门市海渔局梳理并公布行政执法事项、执法证件有效的执法人员信息、随机抽查事项、行政执法办事指南、行政执法流程图、音像记录事项、法制审核事项。落实行政执法公示制度、行政执法全过程记录制度、重大执法法制审核制度、重大行政处理决定备案工作和“两法”（行政执法与刑事司法）衔接工作制度。开展行政执法督察、执法案卷评查工作。市海渔局所有行政处罚案件全部并入市法制局行政处罚监控系统。

【审批事项改革】 2018年，厦门市海渔局制定《2018年“放管服”改革工作责任分解方案》，编制权责清单，推动审批服务事项的取消、下放及调整工作。加强事中事后监管，印发《社会信用体系建设2018年度工作计划及考核任务分解的通知》。完善市海渔局第二批信用信息目录和信用数据，做好信用应用反馈、信用修复、信用信息库、信用双公示全覆盖等工作。开展证明事项清理相关工作。

【“双随机”抽查】 2018年，厦门市海渔局开展“双随机”抽查6次，抽检海域使用监管项目6个、海洋工程建设环境影响监管项目6个、水生野生动物保护监管项目6个、伏季休渔监管渔船45艘，参与抽检执法队员60人次。联合市市场监督管理局通过“双随机”事中事后监管综合执法平台开展市场专项联合执法行动7次，检查大排档、市场摊位35家。开展伏休渔船“双随机”抽查2次。根据执法监管工作情况，每季度在信用厦门网站和市海渔局门户网站公示海洋与渔业“双随机一公开”抽查情况，督促抽查中发现问题的单位进行整改，对未整改的单位给予行政处罚并公示。

【联合执法】 2018年，厦门市、漳州市、泉州市继续落实三市海洋与渔业执法支队长联席会议制度，通过海上联合执法、信息共享等方式，共同打击海上非法倾废行为，处置海域环境污染突发事件。三市执法单位加强日常巡查，联合开展“蓝剑”、伏季休渔等专项行动，打击越界从事非法捕捞、养殖行为，加强跨界作业工程船舶、湾口采砂区联合监管。厦门、金门协同执法10次，厦门接收金门移送过界生产作业船舶6艘次、28人次。

【海洋环境监测预警】 2018年，厦门市海渔局完成4个浮标自动监测站位的监测任务，获取有效浮标自动监测数据约65万个；完成赤潮监控区监测、入海排污口监测、海洋与渔业环境监测等7项常规监测任务；完成《2017年厦门市海洋环境质量公报》等监测方案、报告的编制。做好海洋环境与灾害预警预报、海洋环境突发事件的应急处理。组织海洋三所、海洋预报台、省海洋研究所等单位召开业务讨论会，应对厦门海域赤潮应急监测3起，其中每日跟踪监测预警周边海域有毒赤潮1次。开展有毒赤潮生态调查研究，并向国家申请赤潮预警方法专利。

【涉海工程环保管理】 2018年，厦门市海渔局审批海洋工程环境影响评价报告书（表）6份，提出具体海洋环境保护措施。协调执法队伍，通过联合执法、错时执法、海上屯兵等措施，查处盗采海砂、非法倾废等破坏海洋环境的行为。完善海洋工程建设项目执法监管工作程序。市海洋执法支队组织海域巡航 1412 次、岸上巡查 2271 次、无居民海岛检查 180 次、海洋工程检查 1019 个次。

【珍稀动物保护】 2018 年，厦门中华白海豚文昌鱼自然保护区先后迎接福建省级环保督察、国家林业与草原局在全国范围内集中开展的自然保护地大检查、“绿盾 2018”自然保护区监督检查专项行动国家第十巡查、海洋环境保护法检查组海洋环境保护法执法检查，均无违规情况。首届全国中华白海豚保护宣传日活动、第九届全国水生野生动物保护科普宣传月活动（福建主会场）在厦门举行。厦门白海豚照片入选庆祝改革开放 40 周年大型展览并接受国家领导人参观。厦门中华白海豚文昌鱼自然保护区管理处在全国保护区评比中再次获得第一名，被授予中华白海豚保护行动计划“组织协助巡护示范单位”称号。厦门、漳州、泉州海洋渔业主管部门共同签署《中华白海豚及栖息地保护合作机制协议书》，在物种观测、保护和救护等方面展开协作。

【污染防治】 2018 年，厦门市推进《厦门近岸海域水环境污染治理方案》和《厦门市九龙江—厦门湾污染物排海总量控制试点实施方案》制定工作。开展全国第二次污染源普查涉及入海排放口的普查工作，基本完成普查任务。厦门湾局部海域符合一、二类水质标准的面积占 81.6%，超过当年目标值 16.6 个百分点。

【生态文明示范区建设】 2018 年，厦门市实施海洋生态环境保护目标责任制考核，推动各项措施的落实。编制《厦门市滨海湿地保护与修复方案》等规范性文件，推进设置海洋生态红线界标。《厦门市海洋生态补偿管理办法》及补偿标准在国内率先出台施行，为海洋生态保护与修复提供资金和政策措施保障。推进海洋生态修复工程，厦门观音山沙滩修复工程获评 2018 全国二十佳优秀海洋工程奖，名列第七位。推进

2018 年，厦门市加快建设下潭尾滨海湿地公园　（郭秋灯　摄）

“蓝色海湾”综合整治工作，加快下潭尾滨海湿地公园二期工程建设，种植红树林 18.75 万平方米。建成厦门海洋生态环境保护信息共享系统。总结开展蓝色海湾综合整治经验，形成蓝色海湾综合整治的“厦门示范”；总结红树林湿地重构经验，形成“厦门样本”，在中央电视台焦点访谈栏目播出。

【海漂垃圾防治处置】 2018 年，厦门市海渔局实施《中美海洋垃圾防治厦门—旧金山“伙伴城市”实施方案》，开展减少垃圾流入海洋的研究。中美海洋垃圾合作项目“海洋垃圾监测、评估与示范项目建设”完成验收，微塑料垃圾监测标准研究取得成效，完成入海垃圾拦截项目可行性研究报告 1 份。每日发布海漂垃圾漂移路径和分布区域的预测预报。开展“爱护海洋”海洋垃圾防治宣传及净滩等宣传活动。厦门市总结海洋垃圾防治经验，形成海洋垃圾防治的“厦门模式”，在 2018 年全国海洋工作会上和全国海洋生态保护会议上分别作介绍。

【赤潮预防治理】 2018 年，厦门海域未发生赤潮灾害。厦门市利用海域水质自动在线监测系统，做好海域赤潮等级预报和预警工作。市海渔局在赤潮高发期（5 月 1 日至 10 月 31 日）完成海域赤潮等级预报 184 期，其中预报赤潮等级 1 级（不会发生赤潮）129 天、2 级（发生赤潮概率较小）29 天、3 级（发生赤潮概率较大）15 天、处于临界赤潮 11 天。

【海洋风暴潮应急管理】 2018 年，厦门沿海出现 3 次增水大于 50 厘米的风暴潮过程，均未出现超过警戒潮位的高潮位。其中，1808 号超强台风“玛利亚”风暴潮过程最大增水 94 厘米，1722 号超强台风“山竹”风暴潮过程最大增水 60 厘米，1824 号超强台风“潭美”风暴潮过程最大增水 70 厘米。市海渔局完成《厦门市海洋灾害风险评估和区划项目（一期）》，研发厦门市精细化风暴潮漫滩数值模型并开展模型结果验证。

【海洋宣传教育】 2018 年，厦门市海渔局举办“爱海洋、爱厦门”主题摄影征文比赛、海洋意识教育基地评选、海洋科普之旅等活动。至年末，评选出厦门大学、科技中学、天心岛小学、厦门海堤纪念馆、厦门海底世界等全市海洋意识教育基地 12 个。编印《涉海舆情参阅》，得到市领导批示。编发《厦门海洋与渔业信息》28 期 5600 份。策划拍摄制作蓝色海湾治理纪实宣传片 1 部。“6·8”海洋宣传日、厦金共同增殖放流、厦门国际海洋周、全国水生野生动物保护月期间，在全国各级报刊、广播、电视、网站等新闻媒体共刊登海洋与渔业动态信息 7009 条，其中国家级 368 条、省级 672 条。

（市海渔局）

海洋资源开发

【概　况】2018 年，厦门市实现海洋经济总产值 2514.85 亿元，比上年增长 10.22%；实现增加值 661.42 亿元，增长 10.21%。海洋经济一、二、三次产业比重为 0.7 : 27.7 : 71.5。推进海洋经济创新示范试验区建设，海洋高新战略性新兴产业实现总产值 779.93 亿元，增长 14.55%；实现增加值 244.16 亿元，增长 18.68%，产业增加值占全市海洋经济增加值比重 36.91%，提高 2.63 个百分点。海洋工程装备制造业实现总产值 88.27 亿元、增加值 21.01 亿元，分别增长 17.06%、22.58%；海洋信息服务业、海洋文化教育科技服务业和涉海金融服务业实现总产值 449.40 亿元、增加值 148.38 亿元，分别增长 11.00%、14.41%；海洋药物和生物制品业实现总产值 80.03 亿元、增加值 33.21 亿元，分别增长 37.76%、42.19%。滨海旅游业对全市海洋经济增加值增长的贡献率 45.75%，实现总产值 841.27 亿元、增加值 168.25 亿元，分别增长 19.99%、19.99%；占全市海洋产业总产值、增加值比重分别为 33.48%、25.44%，分别提高 2.75 个百分点、2.08 个百分点。厦门港主航道扩建四期工程完工，海洋交通运输力提升。海洋交通运输业实现总产值 197.10 亿元、增加值 63.32 亿元，分别增长 6.65%、5.97%。

【海洋经济运行监测】2018 年，厦门市海渔局组织涉（用）海企业直报、海洋统计和海洋生产总值核算。应用厦门市第一次全国海洋经济调查成果，分析全市海洋产业涉海单位名录，将重点产业企业纳入运行监测统计，完善涉海企业直报名录库。调整直报节点，直报监测的产业涵盖海洋产业及海洋相关产业 12 个，其中海洋新兴产业占 28%。月度涉（用）海企业上报率 100%，季度上报率 80%。

【海洋科技产业扶持】2018 年，厦门市搭建科技创新孵化平台，推进海洋科技成果转化。建设全国首个海洋专业创业创新基地，推进厦门南方海洋研究中心研发基地、海洋产业公共服务平台建设。加强对海洋中小微企业创新支持，海洋创投引导基金完成对子基金 1500 万元的首期出资，带动社会资本出资 1578 万元。海洋“助保贷”支持贷款总金额 3970 万元，比上年增加 700 万元。厦门海洋新兴产业创新联盟组建。2012—2018 年，全市实施海洋经济项目 163 项，总投资 49.71 亿元。

【“十三五”海洋经济项目成果】2018 年，厦门市海洋经济项目涵盖海洋生物医药及生物制品、海洋高端装备及材料、海洋生物育种及健康养殖、海洋高技术服务等行业。推进“十三五”国家海洋经济创新发展示范市建设，在全国率先出台《厦门市海洋经济创新发展示范项目管理办法》，在财政部、原国家海洋局 6 月组织的首批示范市中期考核中获得肯定。2016—2018 年，全市建成或改造海洋经济项目生产线 49 条，新增研发投入 1.15 亿元。其中，建成企业研发中心 16 个，新增平台 12 个、配套设施 210 台（套），新增产品证书 17 个、新产品 74 种，实现成果转化 52 项，建成新示范工程 6 项，形成标志性成果 29 项，新增品牌 16 个；申请制定标准 43 项（国家标准 2 项、行业标准 3 项、企业标准 38 项）；发表论文、专著 172 篇，申请及获得专利 277 项；项目增加就业人数 3791 人，培养人才 107 人，实现新增产值 22.24 亿元，新增利税 1.67 亿元。厦门蓝湾科技有限公司承担的“海洋生物多糖新技术产业化开发与应用示范”获国家海洋科技进步二等奖，厦门汇盛生物有限公司承担的“海洋微藻 DHA 藻油的物理提取及其微胶囊粉产业化生产”项目获福建省技术发明奖二等奖、厦门市科技进步一等奖。

【南方海洋创业创新基地】2018 年，厦门市南方海洋创业创新基地入选年度市级科技企业孵化器，累计入驻企业 13 家、团队 15 个。在孵企业累计投入 1625 万元、申请专利 87 件，水体治理微生物制剂等项目实现产业化生产。纳入厦门南方海洋研究中心海洋产业公共服务平台共享系统的各平台对外提供科研服务 24206 次，比上年增长 119%；应收共享服务费 2350.3 万元，增长 60.7%；服务科研项目 339 项，服务企业 311 家，培养研究生（含博士）180 人，发表论文 204 篇，申请专利 74 项。

（市海渔局）

环境保护

环境质量与管理

【概　况】2018 年，厦门市环境保护局（简称市环保局）落实全国、全省、全市生态环境保护大会精神，实施打好污染防治攻坚战“1+8+N”（总体实施意见 +8 个标志性战役实施方案 +N 个专项行动计划）系列举措，排查整治重点生态领域问题，开展生态环境领域扫黑除恶专项斗争，移交涉黑涉恶线索 10 件；开展“绿盾 2018”自然保护区监督检查专项行动和自然保护区卫星遥感监测核查，问题整改率 100%；牵头编制《厦门市农村生态保护行动计划（2018—2020）》，推进全国第二次污染源普查。是年，厦门市生态文明指数在全国地级及以上城市中排名第一，整体上达到世界先进水平；党政领导生态环保目标责任书考核连续 4 年获得优秀，生态环境质量公众满意率连续 3 年全省最高。思明区入选全国第二批生态文明建设示范区。

【环境质量】2018 年，厦门市空气质量综合指数 3.31，在全国 169 个重点城市中排名第七位；优良率 98.6%，排名第二位；6 项主要污染物浓度均优于国家环境空气质量二级标准，其中 $PM_{2.5}$（直径不大于 2.5 微米的可吸入颗粒）平均浓度 25 微克 / 立方米，达到世界卫生组织空气质量准则过渡时期第二阶段标准；O_3（臭氧）平均浓度 127 微克 / 立方米，保持全省较低水平。全市国、省控断面水质达标率从 2017 年的 70% 提高到 100%，东西溪流域年度水质优良率（达到或优于Ⅲ类）80%，超过考核要求（60%）；许溪下庄鱼鳞闸、深青溪浦边桥、东溪南门桥 3 个小流域劣Ⅴ类断面完成销号，6 处黑臭水体治理通过国家验收；集中式饮用水源地水质达标率保持 100%；近岸海域一至二类水质面积比例达到省考核要求。筼筜湖无机氮、活性磷酸盐 2 项主要指标年均值为 0.818 毫克 / 升、0.046 毫克 / 升，较基准年 2015 年均值分别改善 57.8%、45.6%。全市危险废物收集利用处置能力 13.72 万吨 / 年，危险废物处置利用率 99.85%。在全省率先完成国家下达的 260 个农用地详查采样任务。

【环保督导考核】 2018 年，厦门市环保局推动各区、各部门履行生态环境保护工作职责规定，将生态环境保护工作与单位工作同步研究部署、同步推进落实、同步检查考核。坚持每季度研究生态环境保护工作，重点解决石材行业污染、劣Ⅴ类水体等重点难点问题。开展党政领导生态文明建设、生态环境保护目标责任、打好污染防治攻坚战目标任务考核，制定量化考核细则，落实每季度调度、每半年督查通报和专家评审团协同督导考核，考核对象涉及 67 个单位，考核结果运用于全市绩效和政绩考核。

【环保改革创新】 2018 年，厦门市环保局承担的 16 项生态文明体制改革任务全部完成，形成一批可复制可推广的改革经验。在全国率先开展生态系统价值核算，该做法作为省改革经验被中央深改组内刊《改革情况交流》刊登。在全省率先开展生态环境损害赔偿试点工作，形成全省第一例以政府为原告的生态环境损害赔偿案件。牵头开展闽西南协同发展区生态环境共治共保工作，提出闽西南协作发展近、中、长期“三步走”目标，建立厦漳泉大气污染、厦漳泉龙九龙江流域、三明龙岩汀江沙溪等生态环境联防联控联治多边双边协作机制。

【大气污染防治】 2018 年，厦门市环保局制定《臭氧污染防控实施方案》《臭氧污染应急防控指南（试行）》，臭氧防控工作经验在全省现场会推广。修订《轻微污染天气应对办法（第四版）》，细化分因子响应措施、启动、终止条件和重点企业的范围。组织两轮“守护蓝天”百日攻坚专项行动，开展 VOCs（挥发性有机物）治理，完成工业涂装、包装印刷、化工、船舶制造维修、橡胶制品、制鞋、工艺品 7 个行业 665 家企业 VOCs 污染整治工作。新增和更新纯电动公交车 884 辆，投放新能源旅游客车 21 辆、纯电动环卫车 6 辆。推进绿色海港、绿色空港建设，高压岸电建设覆盖率位居全省第一名。制定《工地扬尘污染防治工作方案》，在全省率先将扬尘管控纳入企业信用评价。开展扬尘防治工作督查，发出督查通报 27 份，通报扬尘问题 88 个，全部整改到位。开展“散、乱、污”专项整治行动，关停“散、乱、污”企业 1046 家。实行老旧机动车淘汰制度，判定国Ⅰ排放标准的汽油车为黄标车，强化外地转入二手车排气检测，在全省率先推行环检机构记分制管理，对环检机构立案 14 起，处罚 185 万元。

【水污染防治】 2018 年，厦门市环保局实施厦门“水十条”，推进 25 项重点任务的落实，编制工业污水处理专项规划，对隘头潭国控断面上游 80 个污染点源实施精准减排，对 44 个入河排放口实施精准溯源；加快小流域水环境综合整治工程建设，总投资 5701.03 万元，完成计划投资额的 123.56%，实施Ⅴ类小流域精准治理项目 11 个；推进小流域综合整治，实现小流域周边生猪、牛蛙、规模化禽类养殖和小石材加工企业清退率“4 个 100%”。开展集中式饮用水源地环境保护专项行动，新建或完善标牌 60 块，在全省率先完成上级交办的 9 处问题整改任务，通过国家专项督查。加强水源地风险防控能力，基本完成市、区两级饮用水源突发环境事件应急预案编制任务。推进长泰枋洋水利枢纽工程、莲花水库水源保护区划定工作。排查全市 88 个入海排污口，整治设置不合理的入海排污口 6 个，其中完成整治 1 个。推进加油站地下油罐防渗改造工作，全市建站 15 年以上的加油站 47 家，全部完成防渗改造；建站 15 年以下的加油站 83 家，完成防渗改造 59 家。

【土壤污染防治】 2018 年，厦门市环保局实施土壤污染防治行动计划，成立以分管副市长为组长、23 个相关单位领导为成员的土壤污染防治工作领导小组。采集农产品样 28 个、表层土壤样品 232 个，完成农用地土壤详查采样任务，检测分析全省农用地土壤详查样品 1800 个。完成全市 87 家重点行业企业用地调查信息初步采集，将 5 个地块纳入疑似污染地块目录；开展涉镉等重点行业企业排查，将 95 家企业纳入全口径涉重金属行业企业清单；开展危险废物产生、运输、处置全过程实时监管，禁止生活源废塑料、未分拣废纸等固体废物进口，全年进口限制类固体废物 4212 吨，比上年减少 4365 吨，其中限制类废塑料实现零进口。开展 2018“清废”专项行动，打击固体废物及危险废物非法转移、倾倒、处置等违法行为。

【生态环境管控】 2018 年，厦门市将绿色发展、主体功能布局纳入年度国民经济规划和社会发展第十三个五年规划纲要。完善全域全类型生态环境管控体系，将环保规划、环境功能区划、生态红线、环境准入特别管理等 12 个图层纳入全市“多规合一”（发展规划、城乡规划、土地利用规划、生态环境保护规划等合一）管理平台，在多规平台审查项目 1393 个。市环保局对接厦门市生态保护红线修改意见，划定厦门市陆域生态保护红线 233.57 平方千米。在集美区和同安区开展生态保护红线勘界定标试点工作。

【环评审批】 2018 年，厦门市环保局制定生态空间管控和环境准入制度 14 份，开展规划环评 52 个。在全国率先开展建设项目环评审批“告知承诺制”，缩减环评文件编制和审批时间，实现环评手续办理“一趟不用跑”，该做法获得全省机关体制机制创新二等奖。服务“双千亿”工程，35 个“重中之重”项目完成环评审批 29 个，开工项目环评执行率 100%。

【节能减排】 2018 年，厦门市环保局加强源头管控，强化节能减排，完成华夏电力、同集热电等 4 家企业大型燃煤锅炉超低排放改造，推进同安区城东、城南和翔安区银鹭 3 个工业区集中供热，保障通富微电子股份有限公司、厦门士兰明镓化合物半导体有限公司、全磊光电股份有限公司等“双千亿”重点发展产业项目总量需求。修订排污权有偿使用和交易管理办法，简化排污权交易流程，委托省交易平台直接出让储备排污权，保障企业排污之前先取得排污权。全年排污权交易项目 169 个，总金额 1633 万元。修订环保专项资金补充管理办法，将重点保障项目排污权和绿色发展项目纳入环保专项资金补助，全年安排环保专项补助资金 5168 万元。

【环保科技】 2018年，厦门市环保局制定并实施比国家、省排放标准更加严格的地方污染物排放标准，先后发布《厦门市大气污染物排放标准》《厦门市水污染物排放标准》《厦门市环境功能区划》。汇总生态环境监测数据，推进“智慧环保”暨生态环境大数据平台建设和“雪亮环保”工程建设。建设大气、水、机动车等环境管理调度指挥系统，其中空气应急调度指挥系统案例获得全省生态云平台建设首轮典型案例评选第一名。

【环境监测】 2018年，厦门市环保局推进生态环境监测网络建设，完成隘头潭国控考核断面水质自动站联网。更新空气质量管理平台，实时推送空气质量信息。全市重点工业企业新增自动在线监控设施53套，上传数据量位居全省前列。各区新增市控空气监测点位1个，在岛外4个区培育国控点位。加强水质监测分析，国、省控断面和黑臭水体监测频率加倍，编辑刊发环境质量简报95份。结合危险物品“一体化”综合监管，开展核与辐射监督监测检查，精细管控环境污染问题。

【环境监管】 2018年，厦门市环保局进一步完善环保网格平台功能，实行热点网格指数监管，全市网格员人均上报环保事件4.83件，人均环保上报件数全省各设区市最高。推进环保社会信用体系建设，开展2017年度137家企业环境信用等级评价，发布环保信用“红黑名单”和奖惩对象。制定《突发环境事件应急处置工作方案》，建立环境应急专家库，库存专家名单94人，正式启用环境安全应急物资储备库2个。

【环保执法】 2018年，厦门市环保部门采用遥感抓拍、生态云平台等科技手段执法，曝光十大典型环保违法案件。修订厦门市环境保护行政处罚自由裁量权执行标准，查办环境违法案件924起，罚款4891.2万元，受理信访投诉7504件，办结率100%。参加生态环境部、省环保厅组织的京津冀系列执法督查活动34批次100人次，6批次17人次获生态环境部通报表扬。2次参加全省环境执法大练兵比武，集体和个人名次均位居全省前列，市环境执法支队获评全国环境执法大练兵市级先进集体，被省人社厅、省环保厅和省公务员局授予集体三等功。

（市环保局）

节能与循环利用

【概　况】 2018年，厦门市编制年度节能技术产品推荐目录，印发新版《厦门市市级节约能源和发展循环经济专项资金管理办法》。开展各区、各行业能源消耗统计调查，编制各区能耗总量和强度“双控”情况报告；对各区年度“双控”工作开展评议考核，对未完成能耗强度降低目标和总量控制目标的进行通报批评和约谈。厦门市经济和信息化局（简称市经信局）开展节能循环经济财政奖励（补助）项目征集工作，74家企业通过评审并入选市级节能、合同能源管理及循环经济财政奖励（补助）项目。推进集美台商投资区等国家级园区循环化改造试点和中禾实业、银鹭等工业园区集中供热建设，鼓励“煤改电”“煤改气”，提高能源利用效率。是年，全市规模以上工业企业能耗值持续下降，实现工业节能目标，完成年度落后产能淘汰任务。

【固定资产投资项目节能审查】 2018年，厦门市经信局对年耗能标准煤1000吨（耗能1吨标准约等于0.81万千瓦小时）或电500万千瓦小时以上的25个固定资产投资项目进行节能评审，其中工业交通类项目10个、房地产项目14个、基础设施项目1个，能评项目总投资298.6亿元。项目原计划年综合能耗增量7.81万吨标准煤，节能评审提出各类节能技术和管理措施，实施节能措施后每年可核减能源消耗5332.46吨标准煤。

【节能监察】 2018年，厦门市经信局核查2017年度造纸企业单位产品能耗水平和能耗限额标准执行情况，开展2018年省重点用能设备能效提升计划执行情况专项监察和全市工业、服务业、公共机构等项目节能监察。全年监察各类用能单位200家（项），检查10家重点用能单位的能源利用状况报告报送情况、能源管理负责人聘用情况和用能单位存在的用能问题，督促160家重点用能单位落实能源利用状况报告制度。市经信局完成重点用能单位能耗在线监测平台建设，实现第一批69家重点用能单位的能耗在线监测。33家企业通过该平台与省级平台联网。

【绿色制造体系建设】 2018年，厦门市经信局制定《厦门市绿色制造体系建设实施方案》，修订《厦门市市级节约能源和发展循环经济专项资金管理办法》，提高绿色制造示范创建工作的奖励标准。开展2017年绿色制造系统集成项目中期检查，3个示范项目进展超过序时进度，一批企业入选工业和信息化部第三批绿色制造企业名单。其中，厦门固克涂料集团有限公司、福建安井食品股份有限公司、厦门长塑实业有限公司入选工业和信息化部绿色工厂名单，厦门固克涂料集团有限公司、厦门正新橡胶工业有限公司、厦门正新海燕轮胎有限公司3家企业的5个产品入选绿色设计产品名单，厦门盈趣科技股份有限公司入选绿色供应链管理名单；福建省环安检测评价有限公司获得工业和信息化部工业节能与绿色发展评价中心第三方评价机构资质。

【落后产能淘汰】 2018年，厦门市经信局打击“地条钢”(以废钢铁为原料、经过感应炉等熔化、不能有效地进行成分和质量控制生产的钢及以其为原料轧制的钢材）生产，整治建筑饰面石材生产企业659家。开展挥发性有机物“散、乱、污”企业专项整治，关停该类企业98家。制定《厦门市节能失信行为管理办法》，对违反节能法律、法规、规章的行为建立信用记录，将失信企业纳入全市信用信息共享平台，在“信用厦门”网站向社会公开，对严重失信主体实行联合惩戒措施。

【国家“城市矿产”示范基地建设】 2018年，厦门绿洲资源再生产业园获国家发改委和财政部中期验收和延期的批复。市经信局、市财政局组织专家对“城市矿产”举行进度评审会，下达国家“城市矿产”示范基地中央财政补助专项资金2400万元。厦门绿洲资源再生利用产业园国家“城市矿产”示范基地新增投资额3072.5万元。至年末，该基地累计投资2.32亿元，其中厂房投资1.71亿元、设备投资0.61亿元。

表 4-1　**2018 年厦门市节能技术和产品推荐目录一览表**

类别	产品技术	企业
绿色照明	LED 投光灯、LED 路灯、LED 集鱼灯	厦门市朗星节能照明股份有限公司
	LED 护眼教室灯、LED 护眼黑板灯、LED 录播教室灯、LED 学校办公室灯	厦门捷能通光电科技有限公司
	纳米反射罩节能路灯	厦门云能信息科技有限公司
	自然光导入照明系统	厦门市和奕华光电科技有限公司
建筑节能	三明治板墙体安装系统、建筑遮阳产品	帷森（厦门）建材工业有限公司
能源监控平台	金名 JM-EMP 能源监控平台	厦门金名节能科技有限公司
	具备电力线载波与 LoRa 技术接入能力的智慧路灯系统	厦门市致创能源技术有限公司
中央空调节能	金名分体空调节能控制器	厦门金名节能科技有限公司
	金名空调相变（雾化）节能系统	厦门金名节能科技有限公司
	雾濛濛空调节能雾化（冷却）系统	厦门绿践科技有限公司
	橡塑复合隔热材料、橡塑发泡隔热材料	厦门兴宏展节能科技有限公司
供配电系统节能	智能液晶触摸屏配电箱	厦门马斯威电气有限公司
	不间断电源	中航太克（厦门）电力技术股份有限公司
	Epower 建筑节能与控制系统	艾美肯（厦门）电力科技有限公司
	EMS600 能效管理系统	艾美肯（厦门）电力科技有限公司
容积式空气压缩机	两级压缩螺杆式空气压缩机	厦门艾尔托普机电设备有限公司
供热系统节能	双循环电磁开水机	厦门森卓节能科技有限公司
	康巴赫 KBH 锅具	厦门荣易成科技有限公司
显示屏节能	LED 显示屏	厦门强力巨彩光电科技有限公司

【市级循环经济试点示范】 2018 年，厦门市经信局修订《厦门市节能和循环经济专项资金管理办法》。支持 9 个循环经济和资源综合利用项目 398 万元。9 个循环经济和资源综合利用项目每年可回收利用废塑料 10060 吨，利用建筑废弃物 50 万吨，节约水泥 1 万吨，节能标准煤 500 吨，处理工业废水 5500 吨，减少工业污泥 60 吨，综合利用废地沟油 2.7 万吨，回收铜和镍等金属 1.5 吨、晶硅电池片 800 万片、超白低铁钢化玻璃 10 万片、背板（聚乙烯板）20 万平方米、铝框 400 吨。

【新能源汽车推广】 2018 年，厦门市累计推广新能源汽车 11572 辆。至年末，全市新能源汽车保有量逾 3.9 万辆，推广量居全省第一位，“至 2020 年全市推广 2.6 万辆新能源汽车”任务提前完成。

【节能技术和产品推荐】 2018 年 6 月 8 日，厦门市节能办、市经信局发布《厦门市 2018 年节能技术和产品推荐目录的通知》，LED 照明、能源智能化管理系统、空气源热泵、中央空调节能技术、供配电系统节能、余热余压利用、供热系统节能、节能汽车等领域的 19 项产品和技术入选。（见表 4-1）

【新能源汽车动力蓄电池回收利用试点】 2018 年 7 月，厦门市经信局、市科技局、市环保局、市交通局、市商务局、市质监局等部门共同编制的《厦门市新能源汽车动力蓄电池回收利用试点实施方案》通过工业和信息化部等 7 个部委审核批准。试点实施方案以厦门钨业股份有限公司为牵头单位，参加试点单位有厦门金龙联合汽车工业有限公司、厦门金龙旅行车有限公司、厦门绿洲环保产业股份有限公司、中国铁塔股份有限公司厦门分公司、厦门宝龙工业股份有限公司、厦门厦钨新能源材料有限公司、厦门大学能源学院。

（市经信局）

责任编辑：林建高
审　　稿：程成贵
校　　对：林德全

5 城乡建设与管理

城市规划

【概　况】2018年，厦门市规划委员会（简称市规划委）立各种规划71项，立项规划合同额8470万元。通过“多规合一”审批平台办理“一书两证”1756件、批后管理1090件；办理省市人大建议、政协提案137件，满意率100%；办理市委、市政府督办件412件，“12345”便民服务平台推送信访件、群众来信来访336件，办结率100%。选送的案例“构建‘多规合一’体系，推进工程建设审批制度改革实践探索”在“推进机制活，建设新福建”全省机关体制机制创新优秀案例征集评选活动中获一等奖；与市法制局联合申报的“构建多规合一厦门样本，建设法治政府，推动治理体系与治理能力现代化”项目获“中国法治政府奖”提名奖。

【空间规划体系改革】2018年，市规划委探索推动厦门市国土空间规划编制工作，先后8次召开国土空间规划编制推进会，形成《厦门市空间规划（2018—2035年）》文本及图集等初步成果。空间规划深化“多规合一”，坚持多规融合，以落实国家战略为目标，围绕“两高之城”（高素质的创业之城、高颜值的生态花园之城）建设，推动厦门在国家“一带一路”倡议和推进祖国统一进程中发挥重要的作用。结合新一版空间规划，推进厦门市绿地系统规划、厦门市全域旅游专项规划、厦门市养老设施规划等专项规划编制工作。完善全市域“一张蓝图”，将“一张蓝图”成果纳入多规平台进行管理，组织制定《厦门市规划委员会多规合一空间规划成果管理实施细则》，加强全市“多规合一”空间规划成果的管理。提出建构立体全域空间规划一张图，编制地下空间专项规划，指导地下空间建设与管理，促进地上地下开发有序结合。借鉴“一张蓝图”实践，启动厦门市市政一张图数据库建设，构建协同管理的“一个平台”，创建保障改革的“一套机制”，整合覆盖全市的“一版数据”。通过海沧区的试点，建设覆盖全市市政一张图数据库。

【“多规合一”管理平台建设】2018年，市规划委对“多规合一”综合管理平台功能进行优化和拓展：增设招商版块，策划十大类型的招商项目，形成招商专题图；增设会议模块，设置招商推进会、市规委会、环艺会等模块，拓展项目空间信息共享的应用场景；对接多政府部门，形成立体全域“一张蓝图”的共享和展示；建设厦门市法人社保库，综合工商、社保、公安等信息，落实有效的法人空间信息16万条、就业人口工作及居住空间信息210万条，为各部门摸清人口职住分布提供官方的数据查询。出台《多规合一市区联动机制》《多规合一绩效考核办法》等规定，加强业务协同平台的监督监管工作。多规平台接入全市297个部门和单位，其中业主（代建）单位61家。

【空间要素保障】2018年，市规划委推进《厦门市村庄空间布局规划（2017—2035年）》编制工作，通过村庄空间布局规划，推进跨岛发展、城乡一体，落实乡村振兴战略。加大乡村振兴工作统筹力度，推进试点村、示范村建设。8月，召开国土规划专题会议，研究审议《厦门市村庄空间布局规划（2017—2035）年》。印发《关于督促村庄建设规划试点工作及2018—2019年村庄建设规划编制计划的通知》。年内完成19个（含海沧寨后）村庄建设规划的评审工作。制定年度空间实施规划，衔接规划编制与项目实施。构建“总体规划—近期建设规划—年度计划”为主轴的完整规划管理体系，通过编制《年度空间实施规划》，落实近期建设规划，指导下一年度项目落地，实现承上启下、统筹协调，为统筹城市建设发展、推动项目顺利生成奠定基础。2016—2018年，共策划生成项目4091项，其中成熟项目2450项，占策划生成项目总数的60%。至年底，纳入“多规合一”业务协同平台的“年度项目空间实施规划储备库”项目1928项，其中已启动项目生成1081项，占年度储备库项目总数的56%。统筹推进项目建设，为“双千亿”项目提供空间保障。对纳入“双千亿”的2285个项目进行梳理，划为10个版块，重点布局岛外，并逐项核实空间；将“双千亿”项目与年度空间实施规划进行对接，对纳入2018年年度项目储备库的项目，配合发改部门及主管部门推动项目完成空间协调，尽快策划生成。对未落实空间的“双千亿”项目进行梳理，分阶段、分重点逐次落实至年度空间实施规划。打造服务招商平台，支撑精准招商、智慧招商。策划2018—2019年可供招商的项目，落实招商项目的用地面积、招商性质、建筑面积、场地平整与拆迁工作。加强第三产业研究，提出需要招商的经营性项目，形成规划招商材料《厦门规划招商推介手册》。依托招商服务平台，将“以商选地”转变为“以地引商”，确保投资方向和布局与城市发展规划相吻合。

【审批制度改革】 2018年，厦门市实行《厦门市工程建设项目审批制度改革试点方案》，安排改革试点任务14大类88项。其中市规划委承担56项，占改革项目的64%，全部按时间节点完成。主要内容包括：市规划委出台《关于将自贸区工程建设项目领域规划审批制度改革推广至全市的通知》，将自贸区审批制度改革的经验推广至全市；重新梳理发布2018年版办事指南，制定并联阶段统一的办事指南和申报表格，细化“一张表单”，整合申报材料，强化各审批阶段“一份办事指南、一张申请表格、一套申报材料、完成多项审批”的运作模式；出台审批制及告知承诺制项目分类清单，大幅扩大告知承诺制适用项目范围。强化批后监管，出台《关于启用建设工程规划许可证二维码的通知》《关于建设工程规划许可公告牌增设二维码的通知》，通过生成建设工程专属二维码，更直观、更权威展示建设项目的信息。出台《厦门市规划管理过程中推行信用承诺制的暂行办法》《厦门市城乡规划建设领域“红黑名单”管理办法》，对规划实施过程中的信用承诺制度予以确认和规范，进一步完善信用体系运行规则。优化审批服务，推行“互联网＋政务服务”，全面梳理公布“一趟不用跑”和“最多跑一趟”事项，办理事项减少至20项，实现“最多跑一趟”。全面推行电子报建，完成电子证照库系统建设，满足各部门证照生成及调用需求；推进服务事项网上办理，省网办事大厅事项全部部署完毕，部署事项四星率100%，全流程网上审批事项部署率100%，实际应用率100%。

【特色城市设计管理体系建立】 2018年，市规划委进一步完善《厦门市城市设计管理办法》和《厦门市城市设计编制办法》，建立并明晰城市设计要素体系，制定《厦门市城市设计标准与准则》，逐步建立有厦门管理特色的城市设计体系。年内完成《厦门总体城市设计》《厦门市城市设计要素管控体系规划》和《厦门市街道设计导则》等系统性城市设计研究工作，提升城市空间形态和品质，补足基础性短板。发挥城市设计策划城市功能和策划城市形态的作用，配合项目策划和城市片区的功能及形象策划，完成“一场两馆”、新会展片区、外贸仓库片区等空间详细规划的编制，以及局部地区的地块城市设计。推进厦门市历史建筑的保护与利用试点工作，做好历史文化名城、名镇名村、历史文化街区、历史建筑普查认定等规划管理，做好“城市乡愁”历史风貌建筑保护工作。

（陈宝明）

勘察设计

【概　况】 2018年，在厦门市承接勘察设计业务的企业163家，其中勘察单位68家，工程设计单位95家。全年完成勘察设计工程项目1009个，其中工程勘察项目461个、建筑设计项目338个、市政工程设计210个。

【市场监管】 2018年，厦门市建设与管理局（简称市建设局）运用《福建省工程设计直接委托和邀请招标实施细则》，办理“弘爱妇产医院”等27个工程项目性质确认表，支持建设单位龙头企业或引进大师方式参与项目设计，提升建筑设计水平。开展信息平台建设、企业信用评价、施工图审查机构监管，推进勘察设计企业信用评价建设工作。市建设局组织制定《台湾建筑企业进驻厦门市从事建筑活动管理办法（试行）》，深化厦台经济社会文化交流合作。深化工程建设组织管理模式改革，培育全过程工程咨询市场，出台《厦门市全过程工程咨询试点工作实施方案》，申报成功试点单位3家，完成“翔安污水处理厂四期扩建工程”试点项目的申报和推进工作。

【多图联审】 2018年，市建设局将消防设计审查、人防设计审查等技术审查交由施工图审查机构进行统一的整体性审查。7月27日，市建设局发布施工图审查必查项目清单和豁免项目清单，简化审查程序。8月31日，联合相关部门发布《厦门市房屋建筑和市政基础设施施工图设计文件联合审查实施办法（试行）》和审查要点，并于9月17日召开建设单位、设计单位、审查机构业务培训会。推行政府购买方式施工图审查，联合市财政局发布《厦门市推行政府购买服务方式开展施工图联合审查实施办法（试行）》，明确购买范围、名录库管理、审查机构选定规则、选定流程、结算办法等。

【质量监管】 2018年1月，市建设局出台《关于进一步简化施工图审查要求的通知》，简化施工图审查送审材料21项，明确施工图审查机构仅审查强制性标准、政策性规定和设计深度，并建立争议问题处理机制，快速解决审查过程中存在的问题，加强审查质量管理，规范审查市场秩序。同时，建立施工图审查情况月报制度，开展施工图设计文件“双随机”质量检查及住宅工程设计质量专项检查，并召开64家工程勘察单位专题会议，贯彻相关法律法规，落实工程质量安全主体责任工作。

（张婷婷）

重点项目

【概　况】 2018年，厦门市安排重点在建项目326个，总投资8743.6亿元，年度计划投资1179.4亿元。全年开工项目61个，竣工项目66个，实际完成投资1376.9亿元，完成年度计划的116.7%，连续4年投资突破千亿元。

【重点项目建设】 2018年，厦门市城乡基础设施建设项目中，第二东通道、同集路（海翔大道—福泽路段）跨线桥、芦澳路（马青路—翁角路）、滨海东大道（翔安东路—莲河段）、溪东路（翔安南路—机场快速路段）工程开工建设；厦门地铁2号线全线车站主体结构封顶，3号、4号、6号线进展顺利；汀溪水库至翔安原水管道工程主线贯通，具备通水条件；海沧货运通道隧道全线贯通；海沧隧道本岛端接线工程通车；新国道324线（风南—角美段）改线工程、海翔大道（公铁立交—孚莲路段）提升改造工程主线建成并通车。新城基地建设项目中，四环东海域新城一批市政设施和生活配套项目建设快速推进，马銮湾新城“四线五片”（外湾东路、环湾大道、东孚南路、新阳大道，东、西、南、北、中5个片区）开发框架全面拉开，软件园三期、火炬（翔安）产业区平台建设快速推进，同翔高新技术产业基地一期、二期框架初步形成，集美新城一批产业、旅游及民生项目建成，实现新城建设再提速、再提质、再提效。（参见P152【重大重点项目建设】）

【城乡民生基础设施建设】 2018年，厦门市级城乡民生基础设施建设项目202个（含工程包），计划投资100.90亿元，完成投资117.44亿元，占年度计划的116.33%，“八大工程”（水环境治理、供水安全、防洪防涝、城乡洁净、管网建设、景观提升、配套服务、智慧城市）均完成或超额完成年度投资计划。省级城乡民生基础设施建设项目509个，计划投资307.88亿元，全年完成投资387.57亿元，占年度计划的125.88%（在全省排名第三位），占省下达投资任务的132.73%（在全省排名第五位），省下达的16个指标任务均完成或超额完成。

【代建管理】 2018年，厦门市完善代建管理制度，出台《厦门市市级财政投融资建设项目代建制管理办法》，市建设局出台信用综合评价办法和考勤管理等配套细则以及竣工决算管理、安全生产管理等规定，形成闭合管理链条。同时，强化督查考评，严格名录准入，加强指导帮助，促进代建管理水平提高。

（张婷婷）

城市管理

【概　况】 2018年，厦门市建设局围绕打造“高颜值、高素质、更加宜居宜业的生态花园之城”目标，牵头协调有关部门，推动第二轮城市街区立面综合整治提升、夜景照明提升、公共停车场建设、城市节水管理服务等工作。全市新增公共停车位12156个，完成老旧小区改造156个，实施街区立面改造项目30个，夜景照明补缺提升和亮灯保障工作全面展开。老旧小区改造“厦门模式”向全国15个试点城市推广。

【街区立面综合整治】 2018年，厦门市开展第二轮街区立面改造，以城市主干线、重要门户、重要街区为重点，谋划生成项目30个（市级项目8个、区级项目22个），涉及5个区、37条主次干道，道路总长46.56千米，整治建筑1170栋（处），实施第五立面改造3个片区，完成坡屋顶改造106栋，整治面积317万平方米，拆除或整改碰窗2.1万个，整治店招5539块、9.8万平方米，缆化或规整管线52.4千米。嘉禾路、莲前东路、莲前西路、湖滨北站、湖滨南路、火车站周边、地铁1号线集美学村站周边等建筑立面景观全面提升。立面改造中注重选用节能环保绿色材料，保持同一区域建筑外立面风格统一和谐和整洁规范，适应当地文化、生活、环境要求，符合城市规划、城市管理、消防安全、城市交通、环境保护等有关法规和标准。

【夜景照明提升】 2018年，市建设局继续推进夜景照明补缺提升工作，完成“一线两节点”（一线为湖滨北路凤凰山庄—东渡路—兴湖路口沿线，两节点为火车站节点和仙岳路文化艺术中心及五一广场节点）夜景照明补缺提升概念性方案设计，制定并修改完善《厦门市夜景照明管理办法》。落实重大活动及重要接待时段亮灯保障任务。国庆节期间，配合央视完成“我爱你，中国”主题夜景的亮灯直播保障工作。央视“东方时空”“朝闻天下”栏目连续两天进行实况直播，展示厦门市高颜值生态花园城市风采。

【公共停车场建设】 2018年，市建设局参照重点工程项目协调推进机制，采用“月跟踪、季督查、年考核”办法，推进市、区两级公共停车建设项目“完成一批、续建一批、开工一批、谋划一批”，新增停车位12156个，超额完成市为民办实事项目“新增路外公共停车泊位4000个”的计划，实现年度新增量“三连升”。

【城市节水管理】 2018年，市建设局完成对非居民月用水量在200吨以上的9392个用水户（表）年度计划用水指标考核和183家用水企业水平衡测试，通过测试查堵漏和节水技术改造，日均节水16612吨，日节省水费61464元。组织全国城市节约用水宣传周活动，在平面媒体刊登专题专版，在广播电视播放公益广告，开展多形式、多渠道宣传活动，培训计划用水单位管水员200余人，提高全民节水意识和管理水平。完成“国家节水型城市”基础数据采集、汇编和上报任务。重新梳理、优化、简化增加年度用水计划指标审批工作细则及办理规程，推进审批服务便民化。

（张婷婷）

城市管理行政执法

【概　况】 2018年，厦门市城市管理行政执法局（简称市城管执法局）围绕第二轮市容环境整治提升、创建文明城市等中心任务，先后开展“两违”（违法用地、违章建设）安全隐患专项排查、“大棚房”问题专项清理整治、户外广告招牌清理整治、夜间烧烤扰民和垃圾乱堆放整治，以及共享单车、“僵尸车”、渣土车、占道经营改装车、油烟噪声、扬尘污染、垃圾分类、路名牌和公交站牌等13类专项整治。

【“两违”综合治理】 2018年，市城管执法局根据《厦门市治理新增“两违”责任追究暂行办法》，制定实施细则及配套措施，建立新增“两违”责任追究体系。建立“两违”动态巡查机制，采取人机结合、直奔基层、直击现场的巡查办法，辅以卫星拍摄图斑比对、无人机航拍重点区域，发现疑似新增违建及时下发各区落实整改，对整改不到位的启动问责。强化重点案件督办，组织拆除滨北101地块、中山路小牛芒、塔埔社区福济殿庙宇北侧违法搭建和仙岳路8号等复杂历史违建建筑物。出台《关于非诉行政案件实行“裁执分离”的意见》，实施裁执分离，建立存量“两违”消化机制，执行“裁而不决”历史“两违”案件390宗。全市处置“两违”530.89万平方米，完成省下达年度任务的151.7%。结合安全隐患排查、铁路沿线提升、扫黑除恶专项治理等重点工作，整治存在安全隐患的“两违”项目572宗，拆除第二轮立面整治涉及违建4794处。

【市容环境秩序整治】 2018年，市城管执法局组织环岛路沿线、环五缘湾片区综合整治，开展共享单车、“僵尸车”、渣土车、占道经营改装车、扬尘污染、油烟噪声、垃圾分类等专项整治，对火车站周边、进出岛铁路沿线、白鹭洲及筼筜湖区域、鼓浪屿等重要窗口景观地带实施重点整治提升。全年纠正占道经营47.6万起，查扣占道改装车2800多辆，处罚违反垃圾分类行为306起；取缔露天烧烤5782处，查处餐饮油烟扰民行为3023件，餐饮油烟投诉总量比上年下降20%；查处工地噪声、粉尘污染3695起，暂扣违规渣土车500多辆，施工噪声投诉总量下降11%；完成“僵尸车”两轮摸排整治，拖移车辆2140辆；开展第二轮共享单车清理，清理破旧单车7万余辆。

【户外广告设施管理】 2018年，市城管执法局结合全市第二轮城区立面改造提升，继续开展户外广告、招牌清理整治。按照“一路一清单”形式，下发各区整治清单，清理违规广告和店招牌19706块，面积20.67万平方米，完成仙岳路、金尚路、海沧滨湖北路、同安中山路、新兴街等288个重要路段的整治任务。开展调研排查，发动企业自查自改，逐条道路推进，整治广告式路名牌乱象，累计排查路名牌6200多块，拆除迁移违规广告式路名牌969块。优化审批流程，从严审批户外广告许可申请，强化批后监管，全年发放户外广告设施设置许可87份，受理临时小型户外广告设施设置备案8份。坚持政府引导、商家参加、协商共治的工作思路，指导商家规范设置店招，在湖明路、圆山路、金嶝街等建成广告招牌标准街，带动全市店招的统一规范设置。

【共享单车整治】 2018年，市城管执法局综合运用制度规范、科技管控、模式创新等手段，巩固提升共享单车管理效果。完善经营者考核方案，实施季度考核，根据考核结果调整单车投放量，倒逼企业建立运维管理队伍、完善管理制度、强化日常管理，全市共享单车总量稳定在14.3万辆左右。制定《厦门岛非机动车公共停放区设置规划》和技术导则，完成岛内人流量密集区域增设停车点规划。完善数字监管平台建设，初步实现线上监管单车数量和精确点位实时动态管控。推进新技术应用，建成电子围栏停车技术试点16处，精准管控停车秩序。

【门前三包】 2018年，市城管执法局贯彻《关于进一步深入推进“门前三包”的实施意见》，确立“门前三包”（包卫生、包绿化、包秩序）分级管理模式，实行三级街长制，固化科技监管模式和考评督查机制。制定“门前三包”操作说明，统一全市分级责任牌、责任书、承诺书、三级街长平台设置、考评方案等实施内容和相关标准，指导各区同步推进。确立“突出重点、以点带面、整体推进、分步达标”的工作思路，基本完成环岛路、湖明路、禾祥西路、长虹路、金湖路、环五缘湾、金嶝街等首批“门前三包”标准街的建设任务，初步形成一批可推广、可复制的工作经验。实现全市26个建成区街（镇）的考评全覆盖，通过抽查内业资料、组织问卷调查、现场测评等形式，督促完善管理机制，考评实际运行效果，对发现的问题及时通报、督促整改，倒逼三级街长和各部门的巡查、执法、管理职责落实到位，形成一级抓一级、层层抓落实的局面。

【城市综合管理考评】 2018年，市城管执法局在执行城区市容、铁路沿线、农贸市场等21个常规考评项目的同时，增加“门前三包”、二次供水等专题考评项目，组织对市容环境提升、户外广告、垃圾分类等重要工作，鼓浪屿、环岛路等重要节点，马拉松、海峡论坛、投洽会等重要活动期间开展专题巡查，发现并通报各类城市管理问题38184个，整改反馈37369个。利用科技手段强化考评机制，完善“互联网+考评”模式，通过网络公布考评规则标准，随机抽取考评对象，建立整改结果多重审核制度，实现整改前后对比情况的平台可视化，规范考评制度，提升考评过程的透明度和结果的公平性。在《厦门日报》《厦门晚报》开设城市综合管理考评台专栏，每月公布考核成绩和排名，播发“特区新闻广场·市民与城管”节目272期，强化典型问题曝光，提升考评影响力和公信力。

【城市管理法制建设】 2018年，市城管执法局在系统内全面推行行政执法公示制度、执法全过程记录制度和重大执法决定法制审核制度，建立配套工作制度25项，规范执法权力运行。完善法律顾问制度，修订《厦门市城市管理行政执法局法律顾问工作制度》，开展“律师驻队”试点，实现法制保障力量重心下移，发挥社会律师团队、专家咨询队伍和公职律师队伍的专业优势，强化法制辅助力量。组织系统内全员轮训，举办大规模专题培训13期。

【智慧城管建设】 2018年，市城管执法局着眼数字城管的可持续发展，按照“标准化建设、精细化管理、智能化运行、人性化服务”的原则，组织编写《厦门市智慧城管建设三年规划实施纲要》，明确智慧城管建设的总体目标、主要内容和保障措施。紧跟职能变化，运用大数据分析、物联网等技术手段，将建设内容锁定在服务群众、智慧巡查、移动执法、智能管理、远程调度等方面，完成执法案件一体化系统、执法记录存证系统、会议系统、广告管理系统、机房改造、DLP监控指挥屏幕、共享单车监管平台、智慧城管二期8个项目，提升服务群众能力及执法绩效。借助技术手段实现从管理到执法的无缝链接，通过业务应用系统的建设从源头管控违法行为，利用移动执法实现执法过程全记录，形成群众投诉处置案件查处的完整闭环，为远程、全盘指挥打下基础。

（朱少宇　陈玉珊）

物业管理

【概　况】 至2018年年底，厦门市有备案的物业服务企业507家，实施物业管理小区2127个，物业管理总建筑面积1.54亿平方米。其中，住宅小区

1226个，物业管理面积约1亿平方米，其他类型物业管理面积5399万平方米。

【物业行业管理】 2018年，市政府办公厅下发《关于进一步明确物业管理市区两级有关单位职责分工的通知》，进一步明确市、区、街工作职责。市建设局组织对区级物业主管部门履职情况的督察，开展住宅小区消防安全、垃圾分类等检查、抽查。完成《厦门市物业管理若干规定（修改）》《厦门市物业专项维修资金管理办法》立法课题调研，着手编制《厦门市住宅小区物业管理星级服务标准》，逐步完善物业行业信用指标体系建设。

【老旧小区改造】 厦门市2015年开展老旧小区改造试点，2016年全面铺开，至2018年年底，全市累计完成老旧小区改造318个，涉及建筑面积235.01万平方米、房屋996栋，惠及居民32078户。2018年，围绕市政配套设施、建筑本体、小区环境及配套设施、公共服务设施提升改造，挖掘小区特色，培育一批"适老化小区""智慧小区""平安社区"，打造老旧小区改造新亮点。3月，住房和城乡建设部在厦门市举办老旧小区改造试点培训班，向全国15个试点城市推广"厦门模式"。

【房屋专项维修资金征缴】 2018年，厦门市专项维修资金征缴6.33亿元，使用4218.48万元。至年底，市建设局专项维修资金专户累计余额57.80亿元，累计增值收益7.96亿元，累计使用1.36亿元。

（张婷婷）

市政建设

【概　况】 2018年，厦门市完成第二轮市政设施改造提升项目29个、道路38千米。通过实施道路及管线改造、"共杆共箱"（整合指示牌杆、电力杆、通信杆、路灯杆等杆件及各类箱体，推行"多杆合一""多箱合一"）及"城市家具"（城市中各种户外环境设施）规整，提高供水、供气安全性和稳定性，道路平整度、舒适性提升，岛内中压电力缆化率97%，居省内首位、全国前列。克服道路狭窄、车流量大等诸多困难，全面改造厦港片区水、电、燃气等管线，清疏排水管网390千米，清理检查水井、雨水井8265口，新建和改造雨水管网80千米，城市排水防涝能力增强。在住建部、财政部组织的地下综合管廊试点绩效评价中，厦门市在全国首批试点城市中再获第一名，实现"三连冠"。厦门市市政园林局（简称市市政园林局）推动"双千亿"项目实施，围绕供水、污水处理、园林绿化、生活垃圾处理等九大类，梳理生成2018—2022年项目614个，计划总投资641亿元。2018年完成投资115.10亿元，其中城市更新（市政绿化提升）完成投资28.77亿元，完成年度计划的100.3%。推进"五个一批"（发展生产脱贫一批、易地搬迁脱贫一批、生态补偿脱贫一批、发展教育脱贫一批、社会保障兜底一批）、民生补短板、省市投资工程包、省市重大重点项目等273个项目建设，完成投资136.08亿元；完成城镇污水管网新建和改造等省、市为民办实事项目11项。健康步道项目建设加速推进，狐尾山、仙岳山2千米体验段竣工。

【海绵城市试点】 2018年，厦门市海绵城市试点区完工项目118个，项目总投资27.32亿元。3年试点完工项目196个，完工连片面积32.54平方千米；在建项目14个，在建面积2.81平方千米。3年试点期总评验收位居全国前列。

【滨海旅游浪漫线建设】 2018年，环东海域滨海旅游浪漫线项目是环东海域新城的亮点项目，被列为省、市重点工程，也是厦门市为民办实事项目之一。该项目分三期建设。一期全长7.9千米，其中海岸线约9千米，景观面积95万平方米，南起集美大桥，北至同安官浔溪口，建设内容包括景观绿化、旅游道路、自行车道、景观游步道、红树林等。投资概算：道路工程1.04亿元，绿化工程1.51亿元，红树林工程1.16亿元，市政配套工程2.86亿元。2017年3月10日，绿化工程示范段开工；2017年11月，市政配套工程开工，浪漫线一期工程进入全面实施阶段。2018年国庆期间，旅游浪漫线一期工程完工。二期工程起于官浔溪，途经丙洲大桥、中洲岛、下潭尾湾，终于火炬大桥南桥头，横跨同安、翔安2区，全长17.4千米，建设内容包括马拉松赛道、景观绿化、岸线整治、桥梁、市政配套等。至2018年底，道路工程同安段第二层沥青施工结束，翔安段道路已在施工；景观工程同安段建设面积57万平方米，投资估算5.4亿元，完成项目方案设计及联评联审工作。三期工程位于环东海域东海岸，起于火炬大桥南桥头，沿环东海域岸线，途经琼头、马新大桥、东坑区、浏五店会展片区（马拉松终点）、隧顶公园，终于澳头特色小镇，全长21千米，总投资43.69亿元，计划2019年5月开工。

【城市照明管理】 2018年，厦门市市政工程管理处（简称市政工程管理处）管辖路灯2.3万杆4万余盏。年内，投资2200万元，完成凤屿路和岛内老旧小区、背街小巷路灯改造提升工程，安装路灯2660盏。修订《路灯设施突发事故应急预案》《关于重大会议期间路灯设施安全保障方案》，制定《积水点路灯抢险应急预案》，开展应急预案实战演练，提高应急管理能力，保障路灯正常亮灯和运行安全。厦门市城市照明管理平台建成，开始试运行。全年路灯平均亮灯率99.7%，设施完好率99.5%。

【防洪排水管网管理】 2018年，市市政园林局做好排水防涝及截流设施日常养护工作，开展截流防汛设施巡查1500余人次，异常取样45次，检修89次，设施设备维修保养1510次，闸门抢修5次，清淤33次3611立方米。清疏排洪箱涵100余处，清疏长度41.2千米，清淤量9万立方米。抢修南2号泵站附近排洪沟顶板破损、南10号沟万寿古玩城段顶板变形、南18号沟东埔公园段塌陷、西大沟（厦大西门对面）横梁断裂等36处，完成思明区统建房沟（书法广场段）盖板坍塌应急抢险工程、厦大片区排水东大沟（校外段）及演武路截水沟改造工程。排水管理信息系统（防汛可视化应急指挥平台）投入使用。排水公司截流设施向市政污水系统截流水量比上年提高1996万立方米，避免雨污水直排对周边海域生态的影响。年内，市政工程管理处编制《厦门市窨井设施管理工作手册》，指导各市政及管线单位对可调式防沉降井盖进行安装、调整和维护，确保城市道路平坦、窨井设施完整、井盖安全无隐患。

【仙岳路交通改善工程】 2018年5月20日，位于仙岳路与湖滨中路交叉点的仙岳路交通改善工程完工。该工程是市政府为民办实事、为民谋福利的民生工程。改造前，人行道宽度不足1米，机动车道3道。改造后，人行道拓宽至2—2.5米，并增加1道宽2.5米的非机动车道，机动车道拓宽1车道，交通拥堵状况改善。

【道路空洞探测】 2018年7月，市政工程管理处利用雷达探地系统，对23条市管道路进行道路空洞检测，测出病害体77处，其中空洞9处、脱空病害4处、土体疏松病害64处，道路平均完好率98.09%。对病害体进行维修养护，预防事故发生。

（方　泓）

公用事业

供　　水

【概　况】 2018年，厦门水务集团投入29.6亿元，进行给排水设施建设。其中，给水工程完成18.63亿元，污水处理工程完成10.69亿元，更新改造工程完成2563万元，其他部分完成投资289万元。重点实施长泰枋洋水利枢纽工程，石兜、汀溪、莲花水库水源连通工程，汀溪水库群至翔安原水输水工程，西水东调原水管道工程，城市老旧管网及农村管网供水改造工程，水厂和污水处理厂新建扩建工程，污水厂提标改造及黑臭水体整治等项目。完成原水供应量48530万吨，供水量47187万吨，售水量42248万吨，清水产销差率10.84%，水费回收率99.58%，污水处理量32409万吨。自来水水质合格率99.98%，给水管网压力合格率97.84%，污水出水水质合格率99.79%。

【水库水源连通工程】 2018年，莲花水库至西山水厂段连通工程计划投资4000万元，完成投资6830万元，完成计划的171%，管道工程全线贯通，具备向西山水厂供水条件。石兜水库至西山水厂段连通工程计划投资4000万元，完成投资4798万元，完成计划120%。莲花泵站至汀溪四林泵站段全线贯通。

【老旧管网改造】 2018年，厦门水务集团配合各区街道办，实施城市老旧小区供水改造工程14个、第二轮老旧管道改造项目7个，改造总长度4.1千米。继续推进海沧区、翔安区农村管网改造，完成7个村6590户的水表接抄工作，用户水压不足、水质差、漏水严重等问题得到解决。

【污水厂改扩建】 2018年，海沧、澳头污水处理厂提标改造工程，集美、杏林、同安、翔安、筼筜、前埔污水处理厂三期工程8个项目竣工通水，出水水质稳定达标。澳头污水处理厂提标改造工程和同安污水处理厂三期工程通过竣工验收。马銮湾再生水厂一期工程、前埔污水处理厂三期扩建工程、翔安污水处理厂四期工程年底开工。杏林污水处理厂提标、扩容改造工程同步实施，开始内架搭设及模板安装。

【供水保障】 2018年，厦门水务集团按照市政府、市防汛抗旱指挥部的统一部署，在抗旱的同时保障各区域供水平衡。根据供水形势做好原水及清水调度优化工作，共节约汀溪水库原水1250万吨。枯水季节，从集美向同安调度清水2377万吨，从高殿水厂往翔安水厂供应清水1256万吨；在杏林、集美增设一体化供水处理设施（4万吨/天），提前使用莲花泵站至汀溪四林泵站的水源连通工程，每天向同安供水12万吨；应急启用莲花水库水源，供水335万吨。同安、翔安用水紧张情况得到解决。

【水厂建设项目】 2018年4月，西山水厂一期工程开工。项目总投资估算3.92亿元，年内完成投资15104万元，主体工程开始施工。杏林水厂扩建工程，年内计划投资2.12亿元，实际完成投资1.05亿元，完成计划的49%。清水池建设完工并投入运行，每天新增供水能力1.2万吨，其他项目在施工中。翔安水厂二期扩建工程完成施工图设计、组织评审和送审工作。

（方　泓）

供　　气

【概　况】 2018年，厦门市市政园林局实施管道燃气“双百”工程建设，完成象屿花园、龙潭花园等102个小区的庭院管道施工和通气工作，新增燃气管道125.26千米，占年度计划90千米的139.2%；新增管道燃气用户60962户，管道燃气用户数占53.23%，首次超过瓶装燃气用户数。开展燃气器具整治工作，完成全市27127户餐饮用户和494352户居民用户燃气胶管减压阀更换工作。开展燃气行业安全大检查，查处违规钢瓶760个。开展燃气经营企业信用评价工作，并将信用评价结果与燃气企业市场份额挂钩，实现燃气行业全年无安全生产责任事故。

【燃气器具整治】 2018年，市市政园林局联合市市场监督管理局、市质量技术监督局，在湖里区禾山街道进行燃气灶具摸底调查，形成《厦门市燃气器具专项整治工作方案》后，在全市开展为期两个半月的燃气器具专项整治行动，共发放宣传资料10.4万份，查处国家规定淘汰和明令禁止销售的燃气灶具及附件3289件，公示不合格灶具及附件105批次，立案调查11起。同时，公布第一批在厦门市设有安装维修售后服务站点的燃气器具的产品目录，推广华润燃气公司代理瓶装灶具销售的做法，引导消费者购买有售后服务保障的合格燃气器具，净化城中村和城乡接合部的燃气使用环境。

【“双百”工程建设】 2018年，厦门市制定燃气“双百”工程计划，规划2018—2020年每年建设改造市政燃气管网100千米、“瓶改管”100个小区。厦门华润燃气公司实施“双百”工程建设，完成文屏巷56—72号、龙潭花园、兴湖花园、电化厂宿舍、象屿花园、鸿图苑等102个小区的庭院燃气管道施工和通气工作；完成厦港片区、禾祥东片区、同安老城区等市政道路，以及翔安洪钟大道、鼓锣路、集美天水路、同集路（集杏海堤—同安城区段）、诚毅大街、董任西二路等路段 125.26 千米燃气管道建设（含新建和改造）任务。

【燃气监管】 2018 年 1 月 1 日起，《厦门市燃气经营企业信用评价实施办法（试行）》正式实施，信用评价结果与燃气企业市场份额挂钩机制方案初步拟定，《2017—2035 年厦门市燃气专项规划》完成初审，《厦门燃气行业扫黑除恶专项斗争实施方案》和《厦门市燃气行业领域扫黑除恶综合治理专项工作实施方案》出台。年内，市市政园林局组织节日和夏季汛期燃气行业安全大检查，检查餐饮场所 23630 家、企业场站 458 家，取缔非法存放钢瓶场所 2 处，查处违规钢瓶 760 个，暂扣涉嫌违规钢瓶 183 个，没收倒灌设备 1 套，查处“黑气”窝点 3 个。

【岛内二轮燃气管线提升改造工程】 2018 年 3 月，厦门市岛内第二轮市政提升改造燃气管线建设工程启动，10 月竣工。该项工程包括厦禾路、云顶北路、金山路 3 条市级道路，厦港、禾祥东 2 个片区，共有市政项目 11 个。结合老旧小区改造计划，对湖滨南路 272 号之 3—5 号、禾祥东路 57—59 号、东方瑞士、富城花园等 13 个老旧小区实施铸铁管改造，长度 5 千米，约 600 户居民用户受益。

【无线远传智能燃气表投用】 2018 年 5—7 月，厦门华润燃气公司为故宫路、厦禾路、南山路、华昌路等老旧小区 3 万户居民免费更换无线远传智能燃气表。无线远传智能燃气表可提高燃气表计量准确性，遇紧急安全风险时，工作人员可利用智能燃气表单点精准切断功能远程关闭燃气表内置阀门，防止燃气安全事故的发生。

【同安客服中心营业】 2018 年 12 月 28 日，厦门华润燃气公司同安客户服务中心正式营业。厦门华润燃气公司共设有蔡塘、金桥、湖滨南、海沧、集美、翔安、同安 7 个客户服务中心，为市民提供业务咨询、管道燃气缴费、退费、IC 卡充值、燃气过户、发票打印、管道燃气业务申请等服务。

（方　泓）

供　电

【概　况】 2018 年，国网厦门供电公司有营业网点 29 个，服务供电客户 143 万户，其中大工业 0.3 万户、一般工商业 16.9 万户、居民 125 万户、农业 0.8 万户。全市用电量 269.6 亿千瓦小时，占全省用电量的 11.7%，用电量比上年增长 8.3%，居全省第六位。产业用电方面，第一、第二、第三产业及居民用电量分别占 0.5%、51.8%、25.4% 和 22.3%，分别增长 3.6%、9%、10.9% 和 4%；工业用电方面，工业用电量 135.7 亿千瓦小时，增长 8.7%，拉动全市用电量增长 4.4 个百分点，规模以上工业企业用电量增长 7.8%；行业用电方面，工业制造业用电居前三位的行业为计算机、通信和其他电子设备制造业，橡胶和塑料制品业，金属制品业，占 50.2%；重点企业用电方面，用电量前三位的企业为天马微、宸鸿科技、三安光电，用电增量前三位的企业为三安光电、厦钨新能源、电气硝子，用电减量前三位的企业为宸鸿科技、正新橡胶、厦门钨业；“千亿产业链群”方面，用电量排名前三位的产业链分别为平板显示产业链、新材料产业链、半导体和集成电路产业链，占 12 条产业链代表性企业总用电量的 74.8%，分属厦门市主导行业电子行业和新兴发展行业。厦门电网以 3 座 500 千伏变电站、嵩屿燃煤电厂、新店燃气电厂为电源注入点，220 千伏系统形成多环互联网架，10 千伏系统以链式和双辐射为主，开环运行；厦门岛通过 4 个跨海通道交直并济供电（6 回 220 千伏交流，2 回 ±320 千伏柔性直流）；厦门地区电厂装机容量 226 万千瓦，变电站 129 座，总容量 2392 万千伏安，全市容载比 1.73；输电线路 290 条，总长度 1655 千米。厦门岛内配网以电缆供电为主，环网接线，开环运行，绝缘化率 100%，缆化率 96%；岛外配网为电缆、架空混合接线，分段联络接线，缆化率 67%。

【供电安全建设】 2018 年，国网厦门供电公司在全省供电系统率先编制全员安全责任清单，科学划分集体企业安全责任界面，完成安全建设重点任务 48 项。开展电气火灾综合治理、集体企业施工安全专项治理，组织春、秋季安全大检查，排查整改隐患 397 条；查纠违章 385 起、质量事件 7 起。69 座变电站、30 条跨站线路实现“一键顺控”，占比全省最高。完成“9·8”投洽会、“海峡论坛”等重大保电任务，配合有关部门完成国家网络安全专项演习任务。

【电网跨岛发展】 2018 年，国网厦门供电公司组织市、区两级电网发展会谈，发布厦门城市能源互联网白皮书。滚动修编 2018—2025 年电网规划，优化全市电力设施规划布局。厦门抽蓄送出工程开工，500 千伏集美站获准建设，进岛二通道缆化工程启动。输变电工程开工 10 项，投产 10 项，新增变电容量 76.9 万千伏安、线路 18.6 千米，超长工期项目取得突破。落实“土建先行”，超前编制变电站土建设计方案 39 个，基建 12 项改革配套措施落地。优化复杂网络，局部建成“花瓣式”高可靠性自愈电网。成立电缆中心，完成厦门岛电缆信息采集，电缆运维水平显著提升。

【供电服务】 2018 年，国网厦门供电公司构建“e（易）用电”供电服务体系，创新供电便利化服务模式。办电流程嵌入“多规合一”平台，实现“免申请、免资料、免等待”，高压用电业务办理时间平均 50 天、低压用电业务办理 5 天，分别比上年下降 56% 和 59%；业扩结存容量 14.3%，下降 19.4%。全省供电系统首家实现扫码获取电子发票，累计开具电子发票 10 万份；智能缴费用户占 94%，超额完成推广任务。打赢蓝天保卫战，推进“两个替代”（电能替代、清洁替代），年替代电量 15.6 亿千瓦小时。抢占公交、网约车等优质充电市场，接入充电站 22 座、充电桩 370 个，车辆可在 1.5 千米范围内找到充电点，充电量居全国第三位。年内，一般工商业电价下降 11%，节省客户成本 2.3 亿元。

【电力改革】 2018 年，国网厦门供电公司推动第二、三批增量配电试点落地，参股海沧信息园区配售电公司。推动 137 家企业参与电力市场化交易，交易电量 68 亿千瓦小时，节约客户成本 2 亿元。推进国资国企改革和内部改革，“三供一业”（企业的供水、供电、供热、物业管理）分离移交工作全面完成。取得专利授权 30 项，获省部级以上创新奖励 21 项，优化电力营商环境课题获评国家级企业管理创新奖。

（刘海沧）

市容环境卫生

【概　况】 2018 年，厦门市出台餐厨垃圾管理办法、大件垃圾管理办法等制度 16 项，依法依规推动垃圾分类，不断完善配套设施建设，生活垃圾管理“三化”（减量化、资源化、无害化）水平提高，垃圾分类“厦门模式”基本形成。全市居民小区、学校、市属国有企业、农贸市场以及车站、码头、机场、公园、景区等公共区域和驻厦部队全部实行垃圾分类，70% 的农村地区推行垃圾分类，垃圾分类知晓率 100%、参与率逾 80%。第二季度、第三季度全国 46 个垃圾分类重点城市工作情况通报，厦门市名列第一。市市政园林局推进环卫基础设施建设，西部垃圾焚烧发电厂二期建成投用，垃圾发电量 450 千瓦小时 / 吨，在全国处于领先水平，全市垃圾焚烧处理占比提升至 65%。东部工业废物处置中心、东部餐厨垃圾处理厂和 4 座大件垃圾处理厂建成投用，东部垃圾焚烧厂二期主体工程开工建设，前埔、凤南、朱坑 3 个填埋场存量垃圾治理进场施工，形成比较完善的垃圾处理设施体系。推进“厕所革命”，全市新建和改造城乡公厕 114 座。厦门智慧环卫管理平台获评中环协“政府管理创新案例”。坚持“以克论净”，对岛内 400 条背街小巷开展垃圾过磅称重定量考评，城市洁净水平保持常态化。理顺海漂垃圾管理机制，运用无人机空中监测，实施海上精准作业，厦门海域常年保持洁净。推行垃圾处理费纳入城市供水进行征收管理，年度征收 6910 万元，超额完成年度任务。

【垃圾分类整治】 2018 年 4 月 2 日，厦门市 2018 年生活垃圾分类工作实施方案出台，明确到 2018 年底，全市建成区全部推行生活垃圾强制分类，农村三分之二地区推行生活垃圾分类。建立暗访督查、随机抽查、专业考核和第三方考评制度，编印考评周报和考评月报，向社会公布考核结果，确保考核工作公平、公正和公开。暗访督查结果每月按街道排名，年底以 2% 的权重纳入各区和市直机关的绩效考核。年内，在全市开展为期 3 个月的垃圾“先分后混”联合专项整治行动，对违反《厦门经济特区生活垃圾分类管理办法》的单位和个人开具执法文书 120 份，实施行政处罚 42 起，其中立案查处 8 起。通过媒体曝光 22 次，其中电视专题报道 4 次。市市容环境卫生管理处在开展生活垃圾分类执法过程中，发现华侨海景城存在垃圾混装混运问题，对责任单位禹洲物业公司处罚 1 万元，责任保洁员个人处罚 1010 元。

8 月 15 日，西部垃圾焚烧发电厂二期工程投产运行　　（林时蔚　摄）

【餐厨垃圾管理办法出台】 2018 年 7 月 19 日，市政府第四十二次常务会议通过《厦门市餐厨垃圾管理办法》，自 2018 年 9 月 1 日起施行。该办法全文 6 章 34 条，细化餐厨垃圾收集、运输、处理各环节相关责任人和监管单位的职责，建立管理台账、过程在线监控、联合执法、守信激励及失信惩戒、群众投诉举报等机制，确保餐厨垃圾减量化、资源化、无害化。

【西部垃圾焚烧发电厂二期投用】 2018 年 8 月 15 日，位于海沧的西部垃圾焚烧发电厂二期工程正式投产运行，总投资概算 5.84 亿元。该项目是厦门市加快为民办实事、解决民生问题、提高环境质量的重要举措，也是厦门市生活垃圾分类投放、收集、运输、处理环节中垃圾末端处理设施“补短板”的重要民生工程。该厂每日可处理垃圾 1250 吨，焚烧线采用国际一流的机械炉排炉，垃圾焚烧产生的热能可转化为电能，焚烧产生的烟气经烟气处理系统净化后可达到欧盟 2010 年的相关标准。该厂年处理生活垃圾 50 万吨，每年可提供绿色电能约 1.5 亿千瓦小时，减少垃圾填埋库容约 53 万立方米。西部二期工程建成后，厦门市垃圾焚烧日处理能力达到 2850 吨，垃圾焚烧处理的比例提高到 65%。

【大件垃圾处置】 2018 年 9 月 1 日，《厦门市大件垃圾管理办法》出台并施行。该办法规定市容环境卫生行政管理部门为大件垃圾处理主管部门，在小区设立大件垃圾临时堆放点，并设置标志标牌和遮蔽围挡；市容环境卫生专业管理部门向社会公布辖区内大件垃圾处理厂地址、联系电话，提倡和鼓励大件垃圾产生者将大件垃圾自行送至大件垃圾处理厂。年内，建成思明、湖里、海沧、集美 4 个大件垃圾处理厂，并开通预约电话热线。小区物业或社区人员通过预约电话热线通知大件垃圾处理厂前来收集，送往大件垃圾处理中心进行无害化、资源化处理，实现大件垃圾信息化收集、集中化处理、自动化拆解、机械化减容、自动化分选、资源化利用，提升大件垃圾收运和处理效率，降低处理成本。

【工业废弃物处置中心项目】 2018 年

11月14日，闽西南唯一综合性工业固体废弃物处置中心——厦门市工业废物处置中心通过环保验收，正式投产。该中心位于厦门市翔安区新圩镇东部固体废物处理中心内，占地面积10.67万平方米，集焚烧处理、物化处理、固化稳定化处理和安全填埋场于一体。项目投产后，预计年可处置危险废物4.65万吨，另外配套建设的安全填埋场有效库容32万立方米，可以对2016年《国家危险废物名录》公布的46类危险废物中的38类进行集中无害化处置。

（方　泓）

园林绿化

【概　况】2018年，厦门市推进依法治绿，《厦门经济特区园林绿化条例》《厦门市绿地规划建设导则指引》《厦门市绿化种植技术导则》《厦门市树木修剪技术规范》先后出台并施行。市市政园林局实行园林绿化施工企业信用评价，制定绿地和城市道路绿化养护专业考评办法，全年参加园林绿化工程抽查和巡查600人次，对不符合施工和验收规范的行为发出责令改正通知单163份。打造精品园林绿化景观，完成创建国家生态园林城市第一批资料申报和住建部下达的园林绿化工程建设市场管理改革创新试点任务。举办第六届福建省菊花展厦门展区展览和园博苑、植物园系列花卉展。新增和改造提升城市园林绿地532万平方米，新建绿道49.2千米。植物园西山园、上李水库公园、友好城市德国特里尔市“厦门公园”建成并对外开放。在住房和城乡建设部主办的第十一届中国（郑州）国际园林博览会上，“厦门园”获室外展园综合奖金奖、展园设计优秀奖、植物配置优秀奖、建筑小品奖。在英国伦敦举行的英国BALI国家景观奖颁奖典礼上，德国特里尔市“厦门公园”项目获2018年度国际奖，厦门市政府、市市政园林局分获特别贡献奖、优秀组织奖称号。

【道路绿化养护考评试点】2018年，厦门市绿化管理中心开展全市道路绿化养护考评试点工作，创新绿化考评机制，协助起草《厦门市城市道路绿地养护专项考评办法》，提升行业监管水平。绿化管理中心委托第三方，按照“全覆盖、随机性、回头看”的原则，每月对全市道路绿地进行专项考评。10月1日起，第三方专业考评团队（12人）正式开展考评工作。至年底，考评道路930条，发现问题4578处。

【园林管理平台建设】2018年，市绿化管理中心借鉴杭州、广州和厦门市环卫部门背街小巷考评经验，制定厦门市城市园林绿化监管考评方案，申报城市园林绿化监管考评及信用评价平台建设（2018—2019年）项目，上半年通过项目立项，完成社会化采购招标工作。下半年，全市道路绿化专项考评、15条自管道路日常巡查两个电子平台投入试运行。

【园林科普进校园】2018年，厦门市园林植物园与厦门市实验小学签订共建协议，开展校馆合作，在实验小学开设“走进植物园”课程，合作编制“种子的智慧”“初识水生植物”“奇妙的植物世界”“叶之密语”“花花世界”5个主题教材，“花花世界”学习手册完成印制并投入使用。全国科普日期间，分别在厦门实验小学、厦门市大同小学和槟榔中学开展科普进校园活动，开设热带雨林主题的公开课“雨林飞羽——西双版纳鸟类资源介绍”和“西双版纳热带雨林——北回归线上的绿洲”。在植物园举办“保护绿孔雀”“西双版纳植物园夜观明星物种”等讲座4场。全国科技活动周期间，园林植物园承办“绘眼观万物，童心探自然”2018年思明区“自然笔记”竞赛活动，活动历时3个月，为湖明小学、大同小学、槟榔中学等学校举办自然笔记活动与讲座多场，并将获奖作品编印成册和在百花厅展览。全年举办主题自然课堂4个、“与花有约”“六一儿童节插花体验主题”活动2场、“寻找林间飞羽”观鸟活动16次、暑期“夜趣自然”夜间户外探索活动8场。

【公园建设】2018年，厦门市东山水系公园、植物园西山园、鼓锣水系下游河道公园、新阳大道带状公园、上李水库公园、雪樵公园6座公园先后落成，对外开放。东山水系公园位于翔安新城翔安南路与洪钟大道交汇处，建设面积5.03万平方米，总投资1300万元。园内围绕凝翠湖建有多个主题广场、特色廊架，以及亲水栈道、亲水码头、亲水平台和垂钓平台等设施，9月对社会开放。植物园西山园总面积29万平方米，修复改造生态景观，重建喷灌系统，增添座椅、垃圾桶、标识牌、公共厕所等基础设施，9月22日对游客开放。鼓锣水系下游河道公园位于翔安新城中央，东至洪钟大道，西至新城路，南至翔安西路，北至城场路，分为10个地

2018年，实验小学“花花世界”课程　（谷悦　摄）

块，总占地面积19.2万平方米，其中水域面积12万平方米，生态河道长1.2千米，总投资6300万元，12月建成投用。新阳大道带状公园位于马銮湾新城新阳大道北侧，西起马二桥，东至新阳大桥，全长2千米，总面积20万平方米。公园引入多种极具观赏性植物，打造出“花叶出彩、乔木成林、一季一景”的特色景观。园内建有彩色透水路面、船形观景平台、景观干性沙滩等设施，12月对游客开放。上李水库公园（原东坪山体育公园）依托上李水库改造提升而建，总面积47万平方米，投资1400万元，12月30日对外开放。雪樵公园坐落于同安区祥平街道，位于风岗路北侧，总面积6.17万平方米，投资2300万元，12月31日对外开放。

11月1日，第六届福建省（厦门展区）菊花展开幕　（林斌亨　摄）

【绿地和树木认建认养活动】 2018年3月12日，市园林植物园以“美化环境、珍惜绿色”为主题，举办绿地（树木）认建认养活动。市发展研究中心、市文化广电新闻出版局等20家单位和个人参加活动，认建认养树木800余株、绿地2000平方米。

【中国园林园艺分会年会在园博苑举办】 2018年4月20日，由市园博苑承办的中国公园协会园林与园艺博览园分会第三届年会在厦门召开。会议主题为“转型发展、共创辉煌”，旨在交流、探讨博览园的发展、转型，推动园林行业的创新发展以及运营模式的改革与融合。中国公园协会副会长、厦门市风景园林学会会长蔡允嘉、市市政园林局副局长王伟军等代表厦门市园林行业参会。与会代表进行博览园管理经验交流，厦门园博苑代表介绍运营管理思路，提出“优化景区规划，增强活动娱乐性、科普性、参与性”建议。会议还开展“京津冀+特色旅游目的地”“慧营”机器人营地等项目交流。

【厦门园林绿化条例修订】 2018年6月29日，《厦门经济特区园林绿化条例》经厦门市第十五届人民代表大会常务委员会第十四次会议通过，于2018年8月1日起施行。内容包括：因地制宜，坚持四季常绿、四季有花、四季变化，优先使用乡土植物、遮荫乔木、抗风树种，注重凤凰木、三角梅市树市花的种植，合理配置乔灌草和开花植物，构建特色立体化园林绿化；严格规划，严格控制绿化规划指标，要求建成区绿地率、绿化覆盖率、人均公园绿地面积和公园绿地服务半径覆盖率等指标高于国家生态园林城市标准；重点保护，严格绿线管控，确定永久保护绿地，加大重要山体、湿地公园、国家重点公园等重点区域保护力度；精细管理，强化园林绿化工程质量监督监管，开展绿化养护考评考核，规范设计、施工、监理单位行为；强化市场主体监管、信用评价和事中事后监管，开展景观效果评价和养护绩效考核。11月27日，市园林绿化工程质量监督站对厦门市茜芳亭园艺有限公司在校园绿化提升工程（市科技中学）中的违法行为作出处罚，罚款24650元，并责令整改，成为《厦门经济特区园林绿化条例》实施后的第一个案件。

【福建省第六届菊花展】 2018年11月1—25日，以“绿色发展、美丽厦门”为主题的厦门市庆祝改革开放40周年菊花展览暨第六届福建省（厦门展区）菊花展览在厦门园博苑及思明区的主要公园节点举办。该届菊花展由福建省住房和城乡建设厅、厦门市政府主办，厦门市园博苑景区管理处和思明区市政园林局承办，展出精品菊品种180余种，各类菊花近5万盆，点缀草花近14万株。

（方　泓）

村镇建设

【概　况】 2018年，厦门市建设局推进农村人居环境试点示范村建设、美丽乡村建设、铁路沿线环境综合整治、农村生活污水分散式治理、农村生活垃圾治理、农村个人建房技术服务等工作，提升农村人居环境。农村生活垃圾治理工作，在全省上半年和第三季度农村生活污水垃圾治理督查考核中均居前三位。启动厦门市农村人居环境整治三年行动，8个农村人居环境示范村创建和30个美丽乡村建设工作进展顺利，完成346个自然村分散式污水处理设施建设，农村生活垃圾治理市级考评优良率91.55%。

【农村生活垃圾治理】 2015年，厦门市制定农村生活垃圾治理工作方案，启动农村生活垃圾治理三年行动。至2018年，建立“户分类、村保洁、镇收集、区转运、市处理”的农村生活垃圾治理长效机制，提前完成省提出的到2020年实现“五有”（有完备的设施设备、有成熟的治理技术、有稳定的保洁队伍、有完善的监管制度、有长效的资金保障）目标，海沧、集美、同安三区实现城乡环卫一体化，在全省率先实现所有村庄农村生活垃圾有效治理全覆盖。市、区两级建立考评机制，每年安排专项考评经费，对农村村容进行全覆盖考评，考评优良率（80 分以上）从 2016 年的 74% 提高到 2018 年的 91.55%。厦门市农村生活垃圾治理工作在全省上半年和第三季度农村生活污水垃圾治理督查考核中均位居前三位。

【农村人居环境示范村试点】 2018 年，市委、市政府颁布《厦门市农村人居环境整治三年行动实施方案》和《关于加快推进农村人居环境试点示范村创建工作的通知》，确定集美区后溪镇第二农场埭溪桥社、灌口镇田头村仙景社，海沧区海沧街道青礁村芦塘、东孚街道过坂村，同安区莲花镇军营村、竹坝开发区，翔安区新店镇大宅社区大宅、大帽山农场寨仔尾片区为农村人居环境示范村创建试点。该通知要求加强村庄规划管理，完善建设和管护机制，以建设生态宜居美丽乡村为导向，以村容村貌提升、农房整治为主攻方向，加快补齐村庄道路、供水、照明等农村基础设施短板，同步推进生活垃圾和生活污水治理、农村公厕改造提升，在年底前完成示范村建设任务，为 2019 年、2020 年全面推开农村人居环境整治打造可学习、可借鉴、可推广的样板。

【铁路沿线环境综合整治】 2018 年，市政府发布《厦门市铁路沿线环境综合整治专项行动方案的通知》，实施新一轮铁路沿线环境综合整治。重点开展房屋整治、绿化美化、卫生治理和安全保障 4 项工作，解决铁路沿线脏、乱、差和建筑风貌杂乱问题，形成安全有序、整洁美观、房屋和山水林田湖相互协调、富有地域特色的景观通道。整治范围以厦门北站至厦门站铁路沿线为主。至年底，各区完成沿线红线两侧 1000 米可视范围内杂乱搭盖和广告设施拆除、杆线整治、卫生清理任务。同时，开展铁路沿线区、镇、村有关人员环境综合整治专题培训，提升相关人员履职尽责业务水平和工作能力，把铁路沿线人居环境打造成为厦门生态文明建设的重要窗口。

【美丽乡村建设】 2018 年，厦门市安排美丽乡村建设村社 30 个，计划投资 5180 万元。至年底，400 多个自然村启动美丽乡村建设，实际投资 5392 万元，完成计划的 104.1%，打造出海沧区院前社，集美区田头村，同安区顶村村、军营村、白交祠村，翔安区澳头村等一批省级美丽乡村示范村。

【农村生活污水分散式治理】 2018 年，市建设局根据《厦门市九大流域污水截流建设规划》（2015 年编制），在 2012—2014 年实施试点项目的基础上，推进流域范围内的农村生活污水分散式治理，完成 346 个村庄农村生活污水分散式处理设施建设任务，完成投资 2.2 亿元。

【农村个人建房技术服务】 2018 年，厦门市出台《进一步完善农村村民住宅建设管理补充意见》及配套实施意见，开展农村住宅设计方案征集活动，评选出获奖方案 60 个，印发给村民免费试用。同时，举办农村村庄规划、住宅建设管理专题培训班和建筑工匠培训班，强化技术支撑。

（张婷婷）

建 筑 业

【概　况】 2018 年，厦门市新成立建筑业企业 287 家，其中总承包 95 家、专业承包 109 家、劳务分包 83 家。至年末，注册地在厦门市的建筑业企业 1581 家，其中施工总承包 623 家、专业承包 759 家（含未换证的设计施工一体化企业）、劳务分包 199 家。建筑业企业由总承包二级升一级的企业 5 家（5 项资质），由三级升二级的 3 家（4 项资质）。注册地在厦门的企业完成建筑业总产值 2614.93 亿元，比上年（1852.58 亿元）增长 16.9%。其中，在省外完成产值 869.04 亿元，增长 44.0%。产值总量首次突破 2000 亿元，排名全省第二位。

【信用体系建设】 2018 年，市建设局完成 2018 年建筑施工企业信用综合评价和补充评价工作，参与施工总承包系列信用评价企业 745 家，其中获评 A 等级 138 家、BB+ 等级 238 家；参评施工专业承包系列信用评价企业 287 家，其中获评 A 等级 50 家、BB+ 等级 105 家。年内，继续开展“黑名单”管理工作，有 1 家建筑业企业、1 名相关责任人被列入厦门市建筑市场“黑名单”。各监管部门按规定对相关责任主体实行相应的监管措施，在厦门市建筑市场“黑名单”信息平台发布。

【建筑市场管理】 2018 年，市建设局开展建筑业企业资质监督检查，抽检企业 36 家，核查率 7%。开展工程项目合同履约监督检查，检查在建项目 325 个，发出整改通知书 292 份，在省动态系统扣 2170 分。7 月，开展围标串标专项整治，市建设局印发《关于加强工程招标投标活动和房屋建筑市政基础设施工程施工项目标后监管的实施意见》，制定认定围标串标细则，要求工程建设各方主体要落实责任，严格考核，建立资金共管账户，遏制违法行为。

11 月 6 日，集美区后溪镇下庄社农村生活污水分散式处理设施建成

（倪澜绮　摄）

【建设工程造价管理】 2018年，市建设局开展《厦门市城市轨道交通工程预算定额》编制工作。至年底，完成土建工程定额编制，涉及4章节1388条定额子目，发布轨道交通工程参考价3期600余条。完成《厦门市建筑工程技术经济指标汇编》(2017年）编制。每天发布钢筋综合价格32条；每周发布砂石、水泥等地材综合价格34条，混凝土综合价格135条；每月发布市场材料综合价格2000余条，苗木参考价格700余条。编印《厦门建设工程信息》月刊12期、《厦门市建设工程材料价格》半年刊2期，平均每期发布信息1万余条、品牌参考价1.2万余条。同时，配合省造价总站做好全省各地市综合价格的发布工作，每月上传厦门市发布的材料综合价格500余条。

【工程质量安全管理】 2018年，市建设局加强建设工程质量安全生产管理，提高施工现场安全防护能力和文明施工水平。坚持建设工程质量安全“双随机”检查、监管警示和约谈制度，按照“全覆盖、零容忍、严执法、重实效”的要求，开展各类质量安全生产专项整治活动。全年召开全市建设工程质量安全生产形势分析会议5次，巡查工程项目1128个，发出责令整改通知书1822份，排查一般质量安全隐患19635条，给予469家企业不良行为记录，给予1833名建造师记25151分、1812名总监理工程师记18396分；予以建设工程质量安全行政处罚9起，其中暂扣安全生产许可证4起，罚款5起；责令5个项目全面停工整改、56个项目局部停工整改，暂停5家事故单位在厦门市承接工程施工业务。对发生安全生产事故的2家外地施工单位，提请省厅通知发证机关暂扣其安全生产许可证，消除安全隐患。年内，厦门市获国家优质工程奖项目3个、中国钢结构金奖项目2个，评为全国建设工程施工安全生产标准化工地项目4个，推荐参评省级建筑施工安全文明标准化优良项目34个，获“闽江杯奖”单位工程15项24个、市建设工程结构优质工程158个、市建设工程“鼓浪杯奖”(优质工程）工程73个、市级建筑施工安全文明标准化优良项目工程324个。全年发生事故5起，死亡5人。

【建筑工地扬尘管理】 2018年，市建设局重新印发《建筑工程和拆除工程施工扬尘防治工作方案》，并下发《关于印发预拌混凝土扬尘防治工作方案的通知》《关于计取建筑工程和拆除工程施工扬尘防治措施费的通知》，明确施工扬尘防治目标、建设工程各方主体施工扬尘防治责任以及各类建设工地施工扬尘防治措施，制定建筑工程和拆除工程施工扬尘防治措施费计价标准和列支办法，将扬尘防治费用作为不可竞争费用列入工程成本，确保该项费用落地。此外，开展渣土车专项整治，对各工地进行不定期突击巡查，对造成渣土污染、扬尘污染以及各种违规行为予以不良行为记录。

【建筑材料管理】 2018年，厦门市公布建设工程材料备案名录148件，完成建筑幕墙工程竣工信息登记67项，总面积78.33万平方米。公布全市既有玻璃幕墙服务期满10年及以上需要进行鉴定的项目名单，并发函督促其进行安全鉴定。组织建筑节能产品认定4批，认定建筑节能产品104种。全年办结返退墙改项目118件，办理墙改基金返退总金额6398.83万元。全市28个预拌商品混凝土搅拌站全部通过质量管理体系化和职业健康安全管理体系认证，绿色混凝土星级达标率100%，成为全省唯一实现混凝土绿色生产管理全覆盖的城市，位居全国前列。继续开展绿色建材评价，至年底完成绿色建材评价标识28项，其中一星级1项、二星级1项、三星级26项。

【绿色建筑推广】 2018年，厦门市发放绿色建筑财政奖励877.36万元，1210.18万平方米民用建筑通过绿色建筑施工图审查，绿色建筑占95%。开展绿色建筑标识评价，实行绿色建筑第三方评价，由厦门市建筑节能管理中心等3个单位承担市级绿色建筑第三方评价工作。全年有21个项目获得绿色建筑评价标识，建筑面积219.86万平方米。

【质量安全基础能力建设】 2018年5月，市建设局联合市环境保护局等5个部门，举办建设工程扬尘防治网络知识竞赛，参与企业681家，参赛人数160.11万人次。6月“安全生产月”期间，市建设局携手市水利局、市安全生产监督管理局，在厦门轨道交通1号线文灶站公交地块5个配套项目工地开展防台风、防汛排涝、基坑坍塌及灾后救援应急演练，演练过程观摩人数1000多人。与市环境保护局、市安全生产监督管理局、市城市管理行政执法局、市城市综合管理考评委员会办公室合作，共同举办5个工程项目扬尘防治施工现场观摩会，近3000人参加观摩。10月18日，在马銮湾保障房地铁社区一期工程等5个在建工地举办建筑施工质量安全标准化现场观摩会，6174人次参加观摩。6月、9月、11月，市建设局先后举办房建、市政、地铁工程共11个项目的质量安全标准化施工现场观摩会。11月全国“消防宣传月”期间，市建设局会同市安全生产监督管理局、市消防支队、市卫生与计划生育委员会、市城市管理行政执法局等相关部门，组织建

10月18日，建筑施工质量安全标准化现场观摩会举办　（尧华峰　摄）

设系统消防应急演练 6 场。

（张婷婷）

房地产业

房地产开发

【概　况】 2018 年，厦门市房地产开发完成总投资 884.6 亿元，比上年增长 0.54%。其中，建安投资 419 亿元，下降 6.15%，占总投资的 47.37%；土地购置费 465.6 亿元，增长 7.43%，占总投资的 52.63%。在各类物业投资中，住宅投资 536.32 亿元，下降 2.55%，占总投资的 60.63%。全市商品房新开工面积 414.56 万平方米，下降 32.52%。其中，住宅新开工面积 222.83 万平方米，下降 33.26%，占总新开工面积的 53.75%。商品房竣工面积 639.73 万平方米，增长 50.04%。其中，住宅竣工面积 347.87 万平方米，增长 52.05%，占总竣工面积的 54.38%。商品房施工面积 4343.24 万平方米，增长 1.3%。其中，住宅施工面积 1964.96 万平方米，下降 2.62%，占总施工面积的 45.24%。

【房地产企业资质检查】 2018 年，市建设局开展全市 241 家应检房地产开发企业的资质检查工作。其中，一级资质企业 11 家，二级 36 家，三级 25 家，四级 168 家，暂定二级资质企业 1 家。（见表 5-1）

【房地产开发企业信用综合评价】 2018 年，市建设局对参评的 122 家房地产开发企业进行信用信息审核、信用评分及等级评定。初评结果：AAA 级 1 家，AA 级 12 家，A 级 109 家，并上报省住建厅。

【房地产开发企业“双随机”检查】 2018 年 5 月和 9 月，市建设局两次开展房地产开发企业“双随机”抽查工作，检查房地产开发企业 67 家，其中 47 家企业检查合格，20 家企业存在问题限期整改。至年底，全部完成整改任务。

（张婷婷）

房地产市场管理

【概　况】 2018 年，厦门市国土资源与房产管理局（简称市国土房产局）落实房地产市场调控和监管政策，出台《进一步加强精准调控稳定房地产市场实施意见》，确定年度控价目标。推动商品住宅项目上市销售，制定完善住房限购政策操作细则，支持刚需和人才购房。加强市场监测分析、房地产中介行业管理、房地产领域舆情监控和宣传引导，及时掌握市场动态，化解苗头性的问题，提出政策措施建议，有效防范市场风险。

【商品住宅用地供应】 2018 年，厦门市商住用地出让 15 宗，土地面积 52.35 万平方米，建筑面积 144.56 万平方米，比上年下降 9%，成交金额 347.79 亿元，下降 14.5%。商品住宅供应稳定，全年商品房批准预售面积 354.2 万平方米，下降 11%。其中，住宅预售面积 130.9 万平方米，增长 10.2%，去化周期约 13.5 个月，存量合理可控。

【住房租赁试点】 2018 年，市国土房产局研究出台《关于加强培育和发展住房租赁市场的若干意见》《厦门市促进住房租赁企业发展财政扶持资金管理办法》等政策文件。培育市场主体，加大租赁住房供应，出让首宗建筑面积 2.74 万平方米的租赁住房用地。加强租赁平台建设，累计发布房源 23 万余套（间），全市培育规模化租赁企业 30 家，新增各类型租赁住房 8000 套（间）；完成住房租赁交易服务平台二期建设并投入运营，租赁平台累计访问量 92.7 万余次。推进利用集体建设用地建设租赁住房试点工作，策划生成推进灌口邻里中心、西亭人才公寓、同美公寓等项目建设。

【住房公积金惠民】 2018 年，市国土房产局落实多主体供给、多渠道保障、租购并举的住房制度配套措施，推动提高住房公积金支付房租额度、提高住房公积金贷款最高额度等 8 项利民举措。全年，住房公积金租房提取 4.76 亿元，发放住房公积金贷款 74.1 亿元，其中首次购房贷款占 84.51%，购买 90 平方米及以下房屋贷款占 51.43%。

【商品住宅项目上市销售】 2018 年，市国土房产局加强对开发企业的指导，要求企业合理确定预售价格，放弃涨价预期，推动项目上市销售，全年统计销售面积与 2017 年基本持平。防范化解房地产市场风险，推动 10 余个高地价项目上市销售。采取容缺受理、并联推进的方式，为符合条件的项目开辟绿色通道加快办理预售许可，及时上市销售。

表 5-1　**2018 年厦门市房地产开发企业资质检查情况汇总表**

单位：家

资质等级	应检企业				资质检查情况			
	总数	红色	黄色	绿色	总数	已检	限期整改	注销
一级	11	0	0	11	11	11	0	0
二级	36	0	3	33	36	35	1（已整改）	0
三级	25	1	0	24	25	24	0	1
四级	168	17	12	139	168	149	7（已整改）	12
暂定二级	1	0	0	1	1	1	0	0
合计	241	18	15	208	241	220	8	13

【房地产市场监测分析】 2018年，市国土房产局建立商品住宅楼盘销售联系人制度，为每个在售或拟售商品住宅楼盘确定联系人，实行楼盘跟踪监控，全面掌握楼盘规模、工程进度、预售办理、销售等基本情况。多次对房地产开发企业和项目进行实地调研，听取企业意见建议，掌握市场实际情况。组织专业机构开展厦门市住房发展课题研究，对市场情况进行监测、分析、研判，及时掌握市场动态，化解苗头性的问题，提出政策措施建议，防范市场风险。

【房地产市场乱象治理】 2018年，市国土房产局出台《厦门市房地产市场专项整治工作方案》，开展多轮房地产市场专项检查，妥善处置丹厦房产系列案和"城里""万科云城"两宗群体信访事件。对10家中介机构和1家房地产开发企业立案调查，对1家开发企业和11家中介机构做出行政处罚。

（林　超）

保障性安居工程

【概　况】 2018年，厦门市开建保障性住房2.8万套，超额完成开建保障性住房2.1万套的年度计划。至年底，累计开建保障性住房6.92万套，完成市委、市政府提出的"2017—2020年开工建设保障性住房10万套"计划的69.2%。市建设局启动中长期保障性住房规划（2018—2035）编制工作，对6000名住户进行问卷调查，结合产业园区发展趋势，规划建设项目，研究户型设计，制定建设导则。

8月9日，保障性住房浯家公寓项目开工仪式举行　（洪耘　摄）

【保障房建设】 2018年，厦门市本级新开工保障性住房项目9个，共2.23万套；开建省住建厅下达的棚户区改造项目3900套、公租房项目144套，实际开建保障性住房2.8万套，超额完成市委、市政府"为民办实事"工程安排的新开工各类保障性住房2.1万套任务，洋唐保障性安居工程A11地块获"国家优质工程奖"。年内，25个"双千亿"投资工程保障房项目投资任务76.8亿元，实际完成89.2亿元；36个加快补齐民生短板保障房项目完成投资64.03亿元，21个市级投资工程保障房项目完成投资112.06亿元。

【保障房使用管理】 2018年，厦门市新启动6个批次保障性住房申请分配工作，其中保障性租赁房4批次、保障性商品房2批次；累计受理申请10960户，其中保障性租赁房5853户、保障性商品房5107户，是2006年实施保障房政策以来，意向登记数量最多、安排房源最多、保障范围最广的一年。完成8个批次4616户（含往年申请批次）选房任务，签订合同7105户。同时，修订《厦门市市级公共租赁住房管理办法》，出台《产业园区公共租赁住房建设管理工作实施意见》，丰富租赁住房供给和保障渠道，实施精准保障。在保障性商品房申请分配中，首创承诺书、意向书制度，从源头剔除非刚需保障家庭，提高配置效率。

（张婷婷）

责任编辑：曲　艺
审　　稿：程成贵
校　　对：林建高

6 政党·政权

中共厦门市委员会

会议及活动

【全面深化改革领导小组会议】 2018 年，中国共产党厦门市委员会（简称厦门市委）全面深化改革领导小组召开 18 次会议。（见表 6–1）

【农村工作会议】 2018 年 2 月 4 日，厦门市委召开农村工作会议。市委书记裴金佳、市长庄稼汉出席并讲话。会议全面落实中央农村工作会议、省委农村工作会议部署，分析总结厦门市“三农”工作，对实施乡村振兴战略、做好新时代厦门“三农”工作作出部署安排。陈秋雄主持会议。市政协主席张健等市委、市人大、市政府、市政协领导出席。

【市金融工作会议】 2018 年 2 月 4 日，厦门市金融工作会议召开。会议贯彻落实全国、全省金融工作会议决策部署，研究部署厦门市金融工作。会议强调要守住不发生系统性、区域性金融风险底线，防范和化解信用风险；要坚持以服务实体经济为宗旨，把更多金融资源配置到经济社会发展的重点领域和薄弱环节；要落实金融监管体制改革部署，打造特色金融品牌，促进金融业持续健康发展；要扩大金融双向开放，提升金融业发展区域化、国际化水平。市委书记裴金佳、市长庄稼汉、市委副书记陈秋雄等市委、市人大常委会、市政府、市政协领导出席。

表 6–1　**2018 年厦门市委全面深化改革领导小组会议一览表**

会次	时间	主要内容
第三十一次会议	1 月 23 日	审议市自贸办提出的《2018 年福建自贸试验区厦门片区试验任务》和《2018 年厦门重点平台建设工作任务》，听取关于福建自贸试验区厦门片区工作推进情况和自主创新示范区厦门片区建设情况的汇报
第三十二次会议	1 月 23 日	审议《关于深化投融资体制改革的实施意见》
第三十三次会议	2 月 2 日	传达学习习近平总书记在中央全面深化改革领导小组第二次会议上的重要讲话精神和省委常委会会议精神，部署厦门市贯彻意见，审议厦门市全面深化改革 2017 年工作总结、2018 年工作要点及工作规则等文件
第三十四次会议	2 月 10 日	审议《莲花水库水源保护生态补偿实施方案（送审稿）》《厦门市文联深化改革方案（送审稿）》
市委第二十四次	3 月 2 日	听取市委全面深化改革领导小组各专项工作小组关于各领域深化改革工作进展和 2018 年改革突破重点的汇报，听取市委改革办关于厦门市全面深化改革 2017 年工作情况和 2018 年改革突破重点的汇报，听取各区书面汇报全面深化改革工作情况；审议《关于创新体制机制推进农业绿色发展加快建设生态农业实施方案（送审稿）》《关于完善农村土地所有权承包权经营权分置办法的实施意见（送审稿）》
市委第二十五次	3 月 23 日	审议《全面推进法治厦门建设 2018 年工作要点（送审稿）》
市委第二十六次	4 月 8 日	传达学习习近平总书记 3 月 28 日在中央全面深化改革委员会第一次会议上的重要讲话精神和省委常委会会议精神
市委第二十七次	4 月 15 日	传达学习习近平总书记在博鳌亚洲论坛 2018 年年会开幕式和庆祝海南建省办经济特区 30 周年大会上的重要讲话精神，市委常委成员、市人大常委会党组书记、市政协党组书记分别作学习体会发言

续表 6-1

会次	时间	主要内容
市委第二十八次	4 月 19 日	听取市自贸办关于贯彻落实《进一步深化中国（福建）自由贸易试验区改革开放方案》和厦门片区先行先试促进两岸经济文化交流合作等工作汇报，研究厦门港口对标先进、做大做强国际中转、拓展国际集拼业务、推进口岸降本增效、开展厦门金门游艇自由行 5 个专题方案，部署下一阶段改革创新工作
市委第二十九次	4 月 24 日	传达学习习近平总书记 4 月 2 日在中央财经委员会第一次会议上的重要讲话精神和省委常委会会议精神，审议《厦门市记协深化改革方案（送审稿）》
市委第三十次	6 月 11 日	传达学习贯彻习近平总书记在中央全面深化改革委员会第二次会议上的重要讲话精神和省委常委会会议精神
市委第三十一次	7 月 16 日	传达学习贯彻习近平总书记在中央全面深化改革委员会第三次会议上的重要讲话精神和省委全面深化改革领导小组第二十一次会议精神
市委第三十二次	8 月 17 日	研究厦门市进一步深化改革扩大开放有关文件
市委第三十三次	9 月 14 日	审议《厦门市进一步深化改革打造开放发展新高地行动方案》
市委第三十四次	9 月 18 日	听取关于推进建设高素质创新创业之城高颜值生态花园之城工作情况的汇报，听取关于《"金砖会晤"后的厦门发展研究》编撰起草情况及主要内容的汇报；审议《关于进一步加快推进跨岛发展的意见（送审稿）》
市委第三十五次	9 月 30 日	研究厦门市推进防灾减灾体制改革实施意见
市委第三十六次	11 月 14 日	传达学习贯彻习近平总书记重要讲话和重要批示精神，围绕"高举新时代改革开放旗帜，继续全面深化改革、全面扩大开放，以更坚定的信心、更有力的举措把改革开放不断推向深入，推进高质量发展落实赶超任务"主题，开展学习研讨
市委第三十七次	12 月 25 日	传达学习贯彻习近平总书记在庆祝改革开放 40 周年大会上的重要讲话精神及省委常委会（扩大）会议精神

【民主生活会】 2018 年 2 月 9 日，厦门市委常委班子召开 2017 年度民主生活会。市委书记裴金佳主持会议。民主生活会以学习领会习近平新时代中国特色社会主义思想，坚定维护以习近平同志为核心的党中央权威和集中统一领导，全面贯彻落实中共十九大各项决策部署为主题。会上，裴金佳代表市委常委班子进行对照检查，并带头作个人对照检查发言，接受其他常委批评。其他常委逐一进行个人对照发言，相互间开展批评。省纪委、省委组织部有关人员到会指导。

【中央巡视整改工作】 2018 年 2 月 22 日至 5 月 22 日，中央第一巡视组对福建省开展常规巡视，并将厦门市委、市人大常委会、市政府、市政协党组主要负责人纳入巡视监督范围，对厦门市有关情况进行专题巡视。7 月 22 日，中央第一巡视组向福建省委反馈巡视情况，同时向市委书记裴金佳反馈巡视厦门有关情况。厦门市委全面认领问题和责任，落实巡视整改的主体责任，成立市委巡视整改工作领导小组，组长由市委书记担任，副组长由市长、市委专职副书记、市纪委书记（监委主任）、市委组织部部长担任，成员由市委常委、市人大常委会党组书记、市政协党组书记组成。裴金佳先后主持召开 6 次市委常委会会议暨市委巡视整改工作领导小组会议、1 次市委常委会（扩大）会议、3 次领导小组专题会议，研究整改工作方案，听取整改工作进展情况汇报，研究解决整改过程中的突出问题，部署推进巡视整改工作。领导小组下设办公室，抽调干部集中办公，加强综合协调和督导落实，推动整改任务落地见效。建立健全工作机制，制定《市委巡视整改工作领导小组工作规则》《市委巡视整改工作领导小组办公室工作规则》。坚持问题导向，在听取意见建议基础上，制定印发落实中央第一巡视组巡视厦门市专题情况的反馈意见整改任务分解方案和细化措施，将中央第一巡视组反馈的 3 个方面、20 项巡视整改任务逐一分解，形成 118 条具体整改措施，逐项逐条明确整改目标要求、完成时限、责任领导；对落实意识形态工作责任制、选人用人、开展巡视工作 3 个专项报告中有关厦门的整改任务同步进行细化分解。把深挖根源、找准病灶作为推动巡视整改落实的关键，先后召开 4 场征求意见座谈会，共征求到 6 个方面 42 条意见。8 月 29 日，厦门市委常委班子召开巡视整改专题民主生活会，深入对照检查。10 月 25 日，《中共厦门市委关于巡视整改进展情况的报告》向社会公开。集中整改完成后，转入常态整改。

【市委常委（扩大）会议】 2018 年 2—4 月，厦门市委召开 3 次常委（扩大）会议。（见表 6–2）

【第十届海峡论坛开幕式】 2018 年 6 月 6 日，第十届海峡论坛在厦门市开幕。中共中央政治局常委、全国政协主席汪洋出席论坛大会并致辞。十三届全国政协副主席、台盟中央主席苏辉，十届全国人大常委会副委员长、中国关工委主任顾秀莲，十二届全国政协副主席王家瑞，刘结一、张志军、李玉赋、万立骏、姜增伟等中央和国家部委领导，于伟国、唐登杰、崔玉英、裴金佳等省领导，庄稼汉、张健等市领导，中国国民党副主席郝龙斌、新党主席郁慕明、无党团结联盟主席林炳坤等台湾政党代表和台湾有关县市代表、主办单位代表，以及台湾的各界人士 1000 余人出席开幕式。在厦门期间，汪洋到台资企业、台胞聚集社区、厦门大学台湾研究院调研，与在闽工作的台湾同胞代表座谈。（参见 P238【第十届海峡论坛】）

表 6-2　　**2018 年厦门市委常委（扩大）会议一览表**

时间	主要内容
2 月 25 日	会议听取市委常委班子成员 2017 年度述责述廉报告，并进行点评和评议；市委委员、候补委员，市纪委常委，各区党政主要负责人参加会议并对市委常委班子成员述责述廉情况进行评议
3 月 22 日	传达学习习近平总书记重要讲话和全国“两会”精神，传达学习省委常委会（扩大）会议精神，提出厦门市贯彻意见
4 月 15 日	传达学习习近平总书记在博鳌亚洲论坛 2018 年年会开幕式和庆祝海南建省办经济特区 30 周年大会上的重要讲话精神，听取《2018 年度市重点调研课题建议方案（送审稿）》有关情况汇报，听取第十批厦门市荣誉市民推荐名单有关情况汇报，听取市纪委有关案件情况的汇报

【全市高质量发展推进会】 2018 年 6 月 26 日，厦门市召开贯彻新发展理念建设现代化经济体系实现高质量发展推进会。会议的主要任务是落实省委、省政府关于统筹推进高质量发展和实现赶超任务的要求，以推动“双千亿”工作为抓手，贯彻新发展理念、建设现代化经济体系、推动高质量发展，为实现赶超目标和建设“五大发展”示范市奠定基础。市委书记裴金佳出席并讲话。市领导陈家东、叶重耕、蔡建新、林文生、张灿民、黄强、李伟华、倪超、黄文辉、陈沈阳等出席。

【全市上半年经济形势分析会】 2018 年 7 月 20 日，厦门市召开推进高质量发展落实赶超工作督查会暨上半年经济形势分析会，研究部署下半年经济工作。市委书记裴金佳主持会议并讲话。市长庄稼汉部署具体工作。陈家东、陈秋雄等市委、市人大常委会、市政府、市政协领导出席。

【习近平新时代中国特色社会主义思想学习汇报会】 2018 年 8 月 3 日，厦门市委召开习近平新时代中国特色社会主义思想学习汇报会，汇报交流厦门市深入学习宣传贯彻习近平新时代中国特色社会主义思想和中共十九大精神的进展和成效，研究部署下一阶段主要工作。市委书记裴金佳主持会议并讲话。市领导庄稼汉、陈家东、张健、陈秋雄、叶重耕、林文生、孙明忠、黄强、李伟华、陈沈阳，市法院、市检察院、厦门海事法院领导，各区、市直有关部门主要负责人，部分厦门市中共十九大代表等参加会议。

【闽西南经济协作区联席会议第一次会议】 2018 年 8 月 24 日，闽西南经济协作区联席会议第一次会议在厦门召开。市委书记裴金佳主持会议。会上，裴金佳，省政协副主席、三明市委书记杜源生，庄稼汉，漳州市长刘远，泉州市委书记康涛、市长王永礼，三明市长余红胜，龙岩市委书记许维泽、市长林兴禄，就完善协作区工作机制、加快跨区域发展、推进协作区建设发展思路举措进行交流。省发改委、省经信委、省农业厅、省交通厅等省直部门负责人出席会议并提出意见建议。会议同意建立闽西南经济协作区联席会议制度，将其作为协作区最高决策机构，原则上每年至少召开一次联席会，就重大事项、重大问题的决策进行协调。共同设立协作区办公室，由五市分别选派干部驻厦门办公，并建立综合组和经济协作、山海协作、基础设施等专门小组，协调推进工作落实。会议原则通过《闽西南经济协作区五市关于加快推进协作区建设的意见》《闽西南经济协作区合作章程》，提出涉及基础设施建设、产业融合和社会事业发展等 66 项加快推进闽西南五市协作发展的重点项目和闽西南经济协作区发展的近期目标、中期目标、远期目标。

【扫黑除恶工作动员会收听收看】 2018 年 8 月 28 日，厦门市组织收听收看中央扫黑除恶第四督导组督导福建省工作动员会。市委书记裴金佳、市长庄稼汉、市人大常委会主任陈家东、市政协主席张健等出席会议。裴金佳对厦门市高标准做好迎接中央扫黑除恶第四督导组各项工作，进一步向纵深推进扫黑除恶专项斗争提出要求。市扫黑办根据全省视频会议部署要求，围绕中央扫黑除恶第四督导组提出的 6 个督导重点，梳理重点，查缺补漏。

【全国文明城市创建动员大会】 2018 年 9 月 3 日，厦门市召开全市精神文明建设工作暨新一轮全国文明城市创建动员大会。裴金佳出席并讲话。中央文明办二局局长吴向东作“提高新时代文明城市创建水平”专题辅导讲座。大会宣读厦门市 2015—2017 年度全国和省级精神文明建设各类先进表彰名单，对市级文明村镇、文明单位、文明校园、文明社区、文明家庭等各类先进，以及创建第五届全国文明城市先进集体和先进个人进行通报表扬。市政协主席张健、厦门大学党委书记张彦，市委常委，市人大常委会、市政府、市政协领导，市法院、市检察院、厦门海事法院领导，驻厦门部队有关领导，各区各部门主要负责人参加会议。

【第二十届中国国际投资贸易洽谈会】 （见 P238 同名条目）

【市管干部专题班】 2018 年 9 月 14—19 日，厦门市委举办市管干部深入学习贯彻习近平新时代中国特色社会主义思想专题班。该专题班主题是贯彻落实习近平总书记“把党的政治建设摆在首位，以党的政治建设为统领”重要要求，进一步强化理论武装，推动全市“大学习”不断走深走实。该专题班为期 3.5 天，安排专题辅导报告 6 场、分组研讨 2 场。其中，裴金佳作动员讲话和专题辅导报告，全国政协常委、提案委员会副主任、国家质检总局原局长支树平，《求是》杂志社社长夏伟东作专题辅导报告。

【全市实施乡村振兴战略工作会议】 2018 年 9 月 27 日，厦门市召开全市实施乡村振兴战略工作会议。市长庄稼汉主持会议，市委书记裴金佳出席并讲话。市委副书记陈秋雄就贯彻会议精神作具体部署，副市长张毅恭就推进农村人居环境整治工作作部署安排。会议强调要按照全国、全省实施乡村振兴战略工作会议部署要求，以产业兴旺为重点，发展都市现代农业；以生态宜居为关键，加快现代化美丽乡村建设；以乡村文明为保障，深化农村精神文明建设；以治理有效为基础，创新乡村治理模式；以生活富裕为根本，加强和改善农村民生。市政协主席张健等市领导出席。

【市委十二届七次全会】 2018年10月8日，厦门市委十二届七次全会召开。市委书记裴金佳代表市委常委会作报告。市长庄稼汉就《中共厦门市委关于坚持高质量发展落实赶超建设高素质高颜值现代化国际化城市的意见（讨论稿）》作说明。全会审议通过《中共厦门市委关于坚持高质量发展落实赶超建设高素质高颜值现代化国际化城市的意见》《中国共产党厦门市第十二届委员会第七次全体会议决议》。市委领导陈秋雄、叶重耕、蔡建新、林文生、孙明忠、黄强、李伟华、倪超、黄文辉、陈沈阳，市委委员、候补委员出席。市人大常委会、市政府、市政协领导，在厦门的省市级老干部等参加会议。

【2018中国（厦门）商人节开幕】 2018年11月1日，2018中国（厦门）商人节在厦门国际会议中心开幕。（参见P106【2018中国（厦门）商人节启幕】）

【全市经济工作会议】 2018年12月28日，厦门市召开全市经济工作会议。会议总结厦门市2018年经济工作，分析经济形势，部署经济工作。庄稼汉主持并讲话。市领导陈家东、张健、陈秋雄等出席。市法院、市检察院、厦门海事法院领导，在厦门的省、市级老干部，各区、开发区、市直各部门及省部属驻厦门单位主要负责人等参加会议。

（市委办）

【接待工作】 2018年，中共厦门市委接待办公室接待部分党和国家领导人和到厦门检查、调研、考察的重要团组。参与接待保障的大型活动：第十届海峡论坛、第二十届中国国际投资贸易洽谈会、第四届中国“互联网+”大学生创新创业大赛、2018厦门工业博览会、第十一届厦门文博会、第十四届海峡旅游博览会、2018厦门国际海洋周、2018两岸企业家峰会年会、首届网信军民融合高峰论坛等。

（范　欣）

组织工作

【概　况】 2018年，中共厦门市委组织部（简称市委组织部）开展领导班子和干部队伍建设、基层党组织和党员队伍建设、人才队伍建设、“调查研究年”活动、支部建设规范提升年活动等。至年末，全市党组108个，党工委70个，各级中共基层组织14833个（党委819个、党总支741个、党支部13273个）。建制村147个（设党委47个、设党总支75个、设党支部25个），社区374个（设党委232个、设党总支93个、设党支部45个、新建社区尚未建立党组织4个）。全市党员总数224301人，其中女党员91811人。大专以上学历168070人，占74.93%，比上年提高2.39个百分点。年内，新发展党员7524人，其中女党员4197人。市委组织部根据中央巡视整改要求，组织开展对全市各区、市直各单位贯彻落实《中国共产党地方委员会工作条例》《中国共产党党组工作条例（试行）》情况进行监督检查。通过干部访谈、查阅资料等形式，重点检查各单位加强班子思想政治建设、领导班子整体功能发挥、遵守组织原则和坚持民主集中制、履行全面从严治党主体责任等情况，发现存在问题，督促责任整改。

【思想政治建设】 2018年，厦门市委组织部引导党员干部树牢“四个意识”，坚定“四个自信”，做到“两个维护”。将学习宣传贯彻习近平新时代中国特色社会主义思想和中共十九大精神作为最重要的党课和政治必修课，完成两轮次处级以上干部集中轮训，全市4900多名处级以上干部应训尽训，科级及以下干部累计轮训1.27万人次。组织骨干教师围绕新思想“1+11”课程体系备课，优先安排党员干部到党校集中轮训，举办集中轮训专题班80期，培训5000余人。推荐和选派122名处级以上干部参加中央和省级党干校学习。举办厅局级进修班、处级进修班等各主体班次29期，培训各级干部1949人。组建各级讲师团、宣讲团到社区、企业、农村开展宣讲活动。开展专题学习、主题党日等学做活动，先后组织学习宣讲8.2万场次。组织全市党员参加省委组织部在“党员e家”上发起的十九大专题学习活动，完成率90%。

【干部专业能力提升】 2018年，厦门市委组织部制定《2018—2022年全市干部教育培训规划》。实施“八种本领”提升工程，针对性举办专题培训13期、专题讲座10场，培训干部6900多人次，培训成效得到市委、市政府主要领导批示肯定。以创新驱动发展为主题，办好生物医药、第三代半导体、新材料等专题班，培训干部和业务骨干1260多人。到天津、上海、杭州等地举办融资租赁、文产融合、跨境电商等专题培训4期。统筹线上线下资源开发网络培训模块，举办“提升城市发展系统性和协调性”首期网络专题培训班。

【干部选拔任用】 2018年，厦门市委组织部根据工作需要和市管职位空缺情况，研究调配市管干部112人，其中提任87人、平级交流25人。完成监察体制改革人员、部分部门副职、市属国企专职副书记等急需岗位调配，调整7家市属国有企业正职领导。在全省率先制定市属国企职业经理人选聘和管理办法、转为职业经理人办法，选聘职业经理人3人、转为职业经理人5人；制定市属国企领导人员管理、交流办法、退休管理规定和市属国企内设部门、子企业主要负责人管理意见等。对在厦门会晤筹备保障、鼓浪屿申遗和“莫兰蒂”台风灾后恢复等重要任务中表现突出的部分干部予以提拔重用，新提拔的市管干部中80%来自区镇（街）基层和重点项目建设一线。调整15名不适宜、不胜任、不称职的市管干部。

【干部考核监督】 2018年，厦门市委组织部强化干部考核，制度化、常态化开展日常走访、蹲点调研、一线考察。制定干部蹲点调研工作方案，明确“两至三年蹲点调研全覆盖”目标，近距离、全方位观察掌握干部在关键时刻、急难险重任务面前的表现，为加强班子建设和干部调配提供第一手资料。完善实绩综合考评，根据各区各单位特点和主体功能针对性调整优化差异考评指标，提高考评针对性及有效性。组织开展各区、市直、市管国企年度述职评议、无任用方向测评。在全省率先制定《加强巡察整改日常监督工作暂行办法》，对落实党建主体责任不力和选人用人不规范问题突出的6家单位党委（党组）进行问责或通报，对市委第七轮巡察的15家单位整改工作加强监督检查。完成中央巡视反馈意见集中整改，结合机构改革，推进中组部选人用人专项检查反馈意见整改落实。执行新修订领导干部个人有关事项报告制度，完成全市处级以上领导干部年度数据上报并开展重点、随机抽查，对存在少报未报情况人员按规定从严从实处理。执行机构改革期间干部人事纪律，落实干部任前审核监督和任后报备制度，开展“带病提拔”干部选任过程倒查，对选人用人不规范问题督促整改。执行领导干部经济责任审计制度，重点开展任中审计，试点开展自然资源资产离任审计。在全省率先完成在职、退休市管干部档案数字化建设，完成第三批干部档案专项审核收尾工作，全市153家管档单位专项审核任务全部完成。

【干部录用安置挂职】 2018年，厦门市委组织部完成党群系统公务员录用和事业单位招聘考试，新录用公务员39人、事业单位工作人员7人。全市接收安置团职军转干部121人。选派干部特别是优秀年轻干部到区、镇基层和重点工作、指挥部一线挂职，选派到一线的占选派总数80%，从市直专业部门选派11名年轻中层干部开展机关国企互挂。15家省部属驻厦门单位选派40名干部到厦门市挂职。落实东西扶贫、对口支援挂职干部选派、接收任务，增派、轮换选派55名干部到西藏等对口支援地区和省内对口扶贫县挂职。

【担当作为激励】 2018年，厦门市出台《关于进一步激励广大干部新时代新担当新作为的若干意见》及助推高质量发展实现赶超任务实施方案。成立市委新时代新担当新作为工作领导小组，召开全市激励干部担当作为工作推进会，上报新时代新担当新作先进典型。落实中组部关于做好关心关怀干部心理健康有关工作要求和省委关心关爱基层干部相关举措，健全待遇激励保障制度体系，落实职务与职级并行制度，面向优秀村（社区）主干专项考试录（聘）用公务员、事业单位工作人员18人。

【农村基层党组织建设】 2018年，厦门市出台《乡村组织振兴三年行动计划》等文件，安排市直部门和市属国有企业挂钩联系集体经济收入20万元以下的村113个，精准帮扶建强基层组织、发展集体经济等工作。召开全市基层党建工作重点任务推进会和发展壮大村级集体经济暨村级组织活动场所建设推进会。

【社区基层党组织建设】 2018年，厦门市提升小区党建覆盖面，吸纳小区在职、退休、流动党员参加小区党支部、楼栋党小组。全市组建小区党支部867个，覆盖率67.3%。街道大党工委和社区大党委成员数2480家，通过召开党建联席会协商解决老旧小区改造、垃圾分类、志愿服务等问题。

【非公领域党组织建设】 2018年，厦门市把互联网企业党建作为非公领域党建的突破口和创新点，启动互联网企业党建工作“百日攻坚行动”，新建党组织264个、升格党组织4家，覆盖互联网企业780家，党组织覆盖率从上年37.1%提升到82.3%。厦门市2篇互联网企业党建材料在全国互联网企业党建工作座谈会上作书面交流。创新开展律师事务所党组织书记抓党建工作述职评议工作，出台《关于在律师党员队伍中进一步加强党内纪律执行工作的意见》，实现律师行业党的组织和工作全覆盖，受到司法部及全国律师行业党委的肯定。按照谁审批谁负责原则，推进民办学校党建工作全覆盖。

【国有企业党组织建设】 2018年，厦门市以中央巡视反馈问题整改为契机，制定《关于国有企业党建工作有关问题的指导意见（一）》等政策文件，提升国有企业党建工作质量。组织专场培训，加强跟踪指导，督促公交集团、海翼集团等市属国有企业党委完成换届选举。开展各领域基层党组织换届情况专项滚动排查，推动5284个基层党组织按期换届。督促指导各国有企业完善党委会议议事规则。

【党员教育】 2018年，厦门市坚持“线上+线下”相结合，利用微电影、微课堂等现代化手段，提升党员教育的“魅力指数”。做好党员发展工作，持续向高知识群体、非公企业和社会组织倾斜。采集党组织和党员基本信息数据。开展党费专项检查工作和党内关怀慰问工作。厦门城市党建学院开展分领域、分层次教育培训1750多场、8.1万人次，学员来自全国31个省市。

【人才集聚】 2018年，厦门市从体制改革、人才工程等方面促进人才集聚。（1）体制机制改革。改进人才评价机制，将生物医药和航空维修产业自主职称评审级别扩大至副高级，在物联网、智能输变电行业和宏发电声股份公司试点职称评审量化评价。为在经济社会发展中作出重大贡献的人才开辟职称评审绿色通道，全年有25人通过绿色通道获评高级职称。（2）重大人才工程。聚焦高质量发展和“双千亿”工作，评选完成第十批、第十一批“双百计划”210人，全部来自软件信息、新材料、生物医药等重点产业和战略性新兴产业。优化升级“海纳百川”子计划，出台实施加快发展集成电路产业实施细则、软件和信息服务业人才计划、高层次卫生人才办法，将绿色能源环保、互联网等“新经济”人才、集成电路和智能制造等全市急需紧缺产业人才纳入引才重点，近80%入选对象集中在重点产业龙头项目，2018年“海纳百川”计划新增人才4600人，累计资助人数11832人，兑现扶持资金1.6亿元。新增国家千人计划3人、万人计划26人，省百人计划等省级高层次人才348人（团队）。美亚柏科等4家企业通过院士专家工作站评审认定，厦门大学附属厦门眼科中心获评省级院士专家示范工作站，全市院士专家工作站增至26个。（3）人才特色品牌。深化自贸人才改革创新，设立外国人证件业务“单一窗口”。出台《关于促进台湾青年创业就业的十条措施》，突出两岸交流社会化和企业引才主体作用，为台湾青年来自贸区实习、实训、就业、创业提供便利渠道。新评定台湾特聘专家专才96人，引进台湾籍博士后8人，在全国率先实施台湾技术士证书比照职业资格证享受同等待遇，为153名台湾人才评审职称。成立福建自贸区首个海外人才离岸创新创业基地。(4) 人才发展环境。举办全市高层次人才学习党的十九大精神专题培训班。启动人才数据库建设、优化提升“i人才”信息公共服务平台、完善“白鹭英才卡”服务体系。简化人才引进调动手续。召开海外人才现场推介会。成立厦门市海外人才(以色列)工作站暨厦门火炬高新区驻以色列办事处。举办第二届海外(硅谷)创业大赛，11个优质项目入选“双百计划”。“30万院校毕业生招聘行动”启动，硕士毕业生就业人数增长较快。

【干部政治表现考核办法出台】 2018年，厦门市委组织部制定出台《关于考准考实干部政治表现的实施办法(试行)》，将政治标准作为首要标准，贯穿于干部选拔任用工作各个环节和日常了解干部各项工作，从正向、反向两个方面对政治标准进行具象化。正向内容主要是坚持“五看”(看政治忠诚、看政治定力、看政治担当、看政治能力、看政治自律)，反向内容主要是明确不符合政治标准要求的“负面清单”。

【“双千亿”重点工作一线考察】 2018年，厦门市委组织部围绕推动“双千亿”工作落实，制定《关于集中开展“双千亿”重点工作一线考察工作的方案》。成立5个考察组，到49家单位(含3个区)开展“双千亿”工作一线考察，通过实地走访、个别谈话、座谈汇报等，助推“双千亿”工作落实，同时了解掌握一批干部表现情况。

【村级组织换届选举】 2018年，厦门市510个村(居)选出新一届村(居)“两委”班子成员3912人，其中有一定专长的人才951人。村主干“一肩挑”比例52.4%，提前完成中央乡村振兴战略规划提出的2022年实现村主干“一肩挑”50%的目标，超额完成省里“一肩挑”比例和年龄结构等其他指标。

【扫黑除恶专项斗争组织建设】 2018年，厦门市委组织部把扫黑除恶与加强基层组织建设结合，列入全市组织工作要点，作为领导班子和领导干部综合考评、基层党建述职评议考核的重要内容。组织村(居)干部旁听案件庭审，开展政策宣讲、主题党日等活动。将扫黑除恶贯穿村(居)换届始终，对候选人资格实行区、镇(街)、村(居)“三级联审”。对35个软弱涣散村(居)党组织实行“一村一策”精准整治，全部整顿转化到位。厦门市相关做法得到中央督导组的肯定。

【“厦门党建e家”获全国表彰】 2018年，厦门市委组织部关于“厦门党建e家”的创新案例《福建厦门：打造“指尖上的党务管理抓手”》获“互联网+基层党建”典型创新案例一等奖。该评奖活动由“党建云”主办，参评对象为全国各地市的组织部门，评委为中央党校和中国电子中国软件党委“互联网+基层党建”研究中心有关专家。

【系列党建教材编印】 2018年，厦门城市党建学院成立13个教材编写小组，经省委组织部、省委党校专家指导，首批编印1套3类13册约70万字的系列教材。该系列教材以厦门市基层党建实践探索为主要内容，突出政治性、时代性、权威性、实用性，成为全市各领域党务工作者的工具用书，宣传介绍全市基层党建工作经验的新载体。

【人才新政45条补充说明出台】 2018年，厦门市委组织部牵头起草《〈关于深化人才发展体制机制改革　加快推进人才强市战略的意见〉办理事项补充说明》，重点围绕人才新政45条的落地实施和体系完善细化补充10条政策措施。政策包括面向新引进“双一流”本科毕业生发放一次性生活补贴2万元、重点产业中层骨干可享最高2万元培训费用补助、给予职业院校特色专业60万至100万元建设补助、为闽籍人才提供最高50万元融资补助等。

【“国台办31条”落实】 2018年，厦门市委组织部会同市委台办出台实施厦门惠台政策60条，在执业资格、创业就业、学习生活等方面为台湾人才提供更优同等待遇，成为全国首个“国台办31条”全部落地的城市。海沧区、思明区在全国首创公开招聘44名台胞社区主任助理，融入社区发展治理和乡村振兴战略。

【人才咨政建言】 2018年，厦门市委组织部落实中组部、中宣部《关于在广大知识分子中深入开展“弘扬爱国奋斗精神、建功立业新时代”活动的通知》，围绕全市产业转型、公共服务、两岸交流等热点问题，采取选题、专题、研讨咨政方式，为人才咨政建言搭建平台。吸引100多名人才参与，完成咨政报告42篇，并精选15篇形成《2018年厦门市专家人才咨政报告汇编》，为政府决策部署提供有益参考，得到市委、市政府主要领导批示肯定。

【首届博士选调生见面会】 2018年3月15日，厦门市委组织部在帝元维多利亚大酒店举办首届博士选调生见面会，中国科学院大学、复旦大学、南京大学等全国23所高等院校65名博士生参加。参加的博士生专业涵盖城乡规划、土木工程、桥隧工程、海洋、生态、农业、金融财政等厦门市经济社会发展急需紧缺的专业。通过双向对接，最终确定42名博士生选调到厦门，数量居全省第一，创博士选调生到厦门人数历史新高。

【全市首届党员教育微视频大赛】 2018年4—9月，厦门市委组织部举办全市首届党员教育微视频大赛。作为全国副省级城市首创，大赛以“幸福·奋斗”为主题，展示党建成果和先锋形象。大赛收到参赛作品近250部，作品质量高、社会反响好，大赛网络平台累计访问量1150万人次，投票数超过640万人次。经初审、初评、网络展评和专家终评等程序，最终产生65部政治性、思想性、艺术性较强，有时代感、有感染力的高质量获奖作品。大赛得到中组部党员教育中心、省委组织部的指导和肯定。

【“鹭岛先锋益站”启用】 2018年6月29日，厦门市“鹭岛先锋益站”启用，这是全省首个市级社会组织党建服务中心，集办事办公、参观展示、会议交流、学习培训等功能于一体，成为全市社会组织党建总部。至年末，该中心接待全国各地考察交流团队131个2200

人次。

【高新协会高层次人才分会成立】2018年7月25日，厦门市高新协会高层次人才分会成立。该分会由人才代表发起，市委组织部牵头筹备，挂靠厦门市高新协会，旨在进一步团结凝聚人才智慧力量，发挥人才引领作用，促进人才产业融合，服务人才创新创业和厦门经济社会发展。

【市组织工作会议】2018年8月6日，厦门市召开全市组织工作会议。裴金佳强调要加强党的组织体系，培养高素质干部，集聚优秀人才，培养选拔年轻干部。市委组织部部长陈沈阳主持会议并部署具体工作。市委领导陈秋雄、孙明忠、陈沈阳出席。

（市委组织部）

宣传工作

【概　况】2018年，中共厦门市委宣传部（简称市委宣传部）围绕组织一系列活动、推出一系列举措，提供思想保证、文化支撑和精神力量。向中宣部报送舆情信息3288篇，获中宣部“舆情信息工作优秀单位”称号。

【习近平新时代中国特色社会主义思想宣传学习贯彻】2018年，厦门市持续兴起习近平新时代中国特色社会主义思想“大学习”“大宣讲”热潮。市委召开习近平新时代中国特色社会主义思想学习汇报会，全市采用汇报会、学习会、交流会、分享会、宣讲轻骑兵等形式开展学习。11月16日，全市宣传思想工作会议召开。市委宣传部推出学习贯彻习近平新时代中国特色社会主义思想2期理论宣讲专题目录共187个宣讲课程。编印发放《学习之友》《学习参阅》。推出“深入学习全面贯彻党的十九大精神——勇当新时代中国特色社会主义排头兵”“在习近平新时代中国特色社会主义思想指引下——新时代新气象新作为”等一系列专题专栏和报道。

【庆祝改革开放40周年宣传教育活动】2018年，厦门市开展庆祝改革开放40周年宣传教育活动。开展“习近平在厦门经济特区的探索与实践”“壮阔东方潮　奋进新时代——庆祝改革开放40年”等系列主题宣传活动。对接《人民日报》、新华社等中央主要媒体，刊发聚焦厦门改革开放40周年历程经验成就的报道，开设改革开放40周年相关专栏近30个。开展庆祝改革开放40周年主题文艺创作，组织创作展演大型系列献礼片《蜕变》、音乐剧《鼓浪如歌》、舞蹈诗《厦门故事》、大型交响音画《厦门交响曲》等，其中舞蹈诗《厦门故事》、歌仔戏《侨批》分别获第七届福建艺术节舞蹈优秀剧目展演一等奖、戏剧会演一等奖。举办“厦门　勇立潮头奋进新时代——庆祝改革开放40周年”专题图片展，开展知识竞答、主题宣讲、参观走访、专题展览、征文比赛。

【理论学习研究】2018年，厦门市委宣传部牵头制定印发一系列制度性文件，提升理论中心组学习质量。全年开展市委理论学习中心组集中学习27场。推动重点课题立项并完成各类社科课题近100项，在核心期刊上发表多篇学术文章。召开社科理论专题座谈会6场，开展重点研讨，发挥智库作用。

【理论宣传】2018年，厦门市委宣传部组织开展“新时代　新思想　新作为”和“十九大精神@你我他”理论宣讲轻骑兵活动，组建覆盖各级党组织的理论宣讲轻骑兵、小分队2100余支，开展习近平新时代中国特色社会主义思想和十九大精神主题宣讲1.02万场次，直接受众44.5万人次。举办“2018·第四届新媒体与理论工作厦门论坛”。发挥“理论在线”系列宣传载体作用，改版推出厦门理论在线网站。编发《厦门宣传》12期近2万本，记录厦门市宣传思想文化工作的重大举措、成功做法、成效和经验。

【新闻舆论引导】2018年，厦门市委宣传部推出“为了人民对美好生活的向往”“弘扬新时代奋斗精神”“不忘初心　牢记使命”等专题专栏和重要报道。制定《厦门市加强和改进党的新闻舆论工作意见》。印发《厦门市党政机关新闻发布工作规定》，推进新闻发布工作规范化、常态化、制度化。加快推进媒体深度融合工作，建成厦门日报社融媒体“中央厨房”二期，厦门广电集团融媒体生产调度中心投入试运行，各区融媒体中心全部成立。

【网络宣传管理】2018年，厦门市围绕庆祝改革开放40周年、扫黑除恶专项斗争等主题，开设专栏专题刊发转载各类报道1.8万余篇，总阅读量4000多万次。市委宣传部推动落实网络意识形态工作责任制和网络安全工作责任制，实施网络宣传管理“1221”工程（1个核心、2个支撑、2个骨干、1个基础），建立全市网信指挥管理体系。落实属地管理责任，压实网站平台主体责任，开展全市网站平台基础数据库调研。监测、研判和报送网络舆情，拦截删除负面敏感有害信息，开展“清朗”、“净网”、“剑网”、直播平台、自媒体账号、移动应用程序等一系列专项行动，约谈网络平台，清理整治网上各类违法有害信息7万余条。举办第七届厦门网络文化节，开展22项网络文化活动，参与网民数超过300万人次。市委宣传部受中央网信办表彰，获“2018年争做中国好网民工程先进单位”称号。开展网络公益活动，推出“深蹲挑战”“爱心格子”等网络公益项目及“爱心图书馆”等网络扶贫项目。

【核心价值观培育践行】2018年，厦门市推进核心价值观融入家庭家风家教、融入法治建设、融入红色文化工程建设、融入典型宣传、融入阵地建设，继续推动核心价值观“一区一品”“一区多品”。新建一批社会主义核心价值观主题公园、社区、街道，在《厦门日报》、厦门电视台开设专栏，报道全市社会主义核心价值观建设经验成果和创新做法。开展2018年厦门市践行社会主义核心价值观基层“最美人物”系列评选活动，评选出10名基层最美人物。开展学雷锋活动示范点和岗位学雷锋标兵推荐评选活动，湖里区金安社区居委会入选第四批全国学雷锋活动示范点，海沧区行政服务中心、同安区新圩镇文化站站长刘良镇分别获得全省学雷锋活动示范点和全省岗位学雷锋标兵称号。开展各类道德模范推选活动，1人入选全国首批“新时代好少年”，3人登“中国好人榜”，12人获评“福建好人”。举办2018年在厦高校“三爱”主题教育系列活动（爱党、爱祖国、爱人民），开展文化科技卫生“三下乡”活动。根据《厦门市爱国主义建设管理使用办法》，开展市级以上爱国主义教育基地复评工作。

【传统文化传承发展】 2018年，厦门市根据《厦门市优秀传统文化传承发展工程实施方案》，实施中华民族精神传承发展工程、红色文化传承发展工程、闽南文化传承发展工程、民俗文化传承发展工程、地方戏曲传承发展工程等6个工程。制定《厦门市“戏曲进校园工程”推进实施方案》。落实《厦门市闽南文化生态保护区建设办法》。打造“一区一品”特色文化品牌，举办海峡两岸郑成功文化节、集美龙舟文化节、海峡两岸（厦门海沧）保生慈济文化节等活动。

【文化产业发展】 2018年，厦门市文化产业营业收入首次突破1000亿元。厦门市制定《关于进一步促进文化产业发展的补充规定》，修订《厦门市文化产业发展专项资金使用管理办法》，安排补助文化企业扶持资金近3000万元，兑现民营实体书店和文化产业人才个税扶持资金122.1万元。举办第十一届海峡两岸文博会、第十四届海峡两岸图书交易会、2018艺术厦门国际博览会等展会。申请第二十八届中国金鸡百花电影节落户厦门，“中国金鸡电影奖”颁奖地长期落户厦门申报工作取得阶段性成果。加快重点文化产业项目建设，推进海丝艺术品中心、包印厂影视基地、联发东南天地等项目建设，博乐德艺术品保税平台投入使用，华强方特三期开工建设。推动文化产业园区提升综合配套和服务能力，自贸区厦门片区入选第一批国家级文化出口基地。

【文化产业考核管理】 2018年，厦门市修订完善对区文化产业发展绩效考核办法。制定印发《厦门市市属文化企业负责人业绩考核暂行办法》和《厦门市市属文化企业负责人薪酬管理暂行办法》，初步建立国有文化企业薪酬分配制度和绩效考核管理体制。优化国有文化资源配置，推进国有影院资源整合、改制和重组。建立健全市属国有文化企业党委（党组）履行党建工作主体责任制度，推动市属国有文化企业健全完善内部运行机制，推动党委领导与法人治理结构相结合、内部激励和约束相结合。

【厦门形象宣传推介】 2018年，厦门市借助2018厦门马拉松赛、第十届海峡论坛、2018海峡两岸文博会、2018国际海洋周、2018两岸企业家峰会年会等大型展会赛事活动展示厦门形象。依托新华网、《经济日报》、《光明日报》、《北京周报》等外宣平台扩大宣传。与马来西亚《光华日报》、美国《世界日报》合办“今日厦门”海外专版，与台湾地区“《中华日报》”合作开设厦门专版，在新媒体“华人头条”开辟厦门专栏。宣传厦门市在“一带一路”建设上的特色、优势和举措成效。市委宣传部做好境内外媒体采访服务，配合开展中宣部“一带一路”建设情况集中采访、国台办海峡两岸网络新媒体大陆行等采访活动，接待新华社、中央电视台、人民网等中央媒体和韩国TVN电视台、香港《大公报》和《文汇报》等媒体。

【市宣传思想工作会议】 2018年11月16日，厦门市召开全市宣传思想工作会议。市委书记裴金佳出席并讲话。市委宣传部部长叶重耕主持会议并就贯彻会议精神、做好厦门市宣传思想工作作具体部署。市领导刘育生、国桂荣、黄学惠等出席。

（王振东）

精神文明建设

【概　况】 2018年，中共厦门市委精神文明建设办公室（厦门市精神文明建设指导委员会办公室，简称市委文明办）巩固深化全国文明城市“五连冠”创建成果。培育和践行社会主义核心价值观，深化群众性精神文明创建活动，推进学雷锋志愿服务和未成年人思想道德建设工作，贯彻落实2018年版全国文明城市测评体系。厦门市精神文明建设工作暨新一轮全国文明城市创建动员大会、全市试点社区书院建设现场会、2018年厦门市未成年人心理健康辅导站业务工作会议、厦门市乡村学校少年宫建设项目观摩培训会召开。

【互联网企业文明单位创建试点】 2018年，厦门市文明委制定《关于开展互联网企业文明单位创建试点工作的实施方案》，将互联网企业纳入全市精神文明建设总体规划。市委文明办、市委非公企业和社会组织工委办公室、市网信办、火炬高新区管委会、各区文明办召开会议讨论互联网企业文明单位创建试点工作方案，研究互联网企业文明单位创建标准。4月19—20日，市委文明办到厦门网、新浪厦门、美亚柏科等互联网企业进行实地调研并开展座谈。

【学雷锋志愿服务典型】 2018年，厦门市义务交警队获评全国“最佳志愿服务组织”，海沧区东孚街道天竺社区获评全国“最美志愿服务社区”。高瑜聪、彭军、陈雅勤获评福建省“最美志愿者”，市卫计委凤凰花志愿服务队、集美诚毅志愿者联盟、海沧心晴家园志愿服务队获评福建省“最佳志愿服务组织”，“小白鹭”志愿服务项目、“涉台法庭义工”志愿服务项目、书香邮差图书漂流志愿服务项目获评福建省“最佳志愿服务项目”，思明区莲前街道瑞景社区、思明区嘉莲街道盈翠社区、集美区杏林街道宁宝社区、海沧区东孚街道天竺社区、湖里区禾山街道禾山社区获评福建省“最美志愿服务社区”，王巧荣、项李养、徐友群、林洋、蔡丽曲、陈伟宪、叶主安获评“2018年福建省五星级志愿者”。市文明委宣传推选2018年厦门市学雷锋志愿服务“四个最美”70个典型（20名最美志愿者、20个最美志愿服务组织、20个最美志愿服务项目、10个最美志愿服务社区）。

【建设新时代文明实践中心试点】 2018年，厦门市推进建设新时代文明实践中心试点工作。市委出台《关于进一步加强和改进社区书院建设　推进社区书院与新时代文明实践中心相融合的工作意见》。市建设新时代文明实践中心试点工作指导组成立，同时作为推进社区书院与新时代文明实践中心相融合工作指导组。海沧区建设新时代文明实践中心省级试点工作全面启动，其他5个区各在1个镇（街道）及2—3个行政村（社区）先行试点工作。

【志愿服务“五化”建设】 2018年，厦门市委文明办推进志愿服务工作常态化、规范化、品牌化、项目化、便捷化建设。(1)常态化建设。开展“雷锋在鹭岛 文明一起行”“助力新福建 建功新时代”“不忘初心传递爱 志愿服务新时代”等主题宣传实践活动，共有65万名注册志愿者参与邻里守望、移风易俗、文明劝导、生态环保等11个主题内容的志愿服务。组织开展2018厦门志愿服务活动抖音短视频大赛。(2)规范化建设。市文明委出台《厦门市推进志愿服务制度化建设2018年工作方案》。厦门市为全市实名注册志愿者购买人身保险，新增多种保障内容，最高保障提升至139.6万元。市委文明办与市民政局、市志愿者联合会联合举办志愿服务培训班9期，志愿服务培训课程扩充至115个。(3)品牌化建设。通过各类媒体宣传推选出2018年学雷锋志愿服务“四个最美”典型(最美志愿者、最佳志愿服务组织、最佳志愿服务项目、最美志愿服务社区)。“文明厦门志愿行”栏目推出厦门志愿者故事22期。(4)项目化建设。结合精准扶贫、生态文明建设、乡村振兴等国家战略行动等，引导志愿服务“活动”向“项目”的转变，全市项目总量1.4万个，项目总时长540.2万小时。厦门白鹭志愿联盟“美丽中国 一鹭有我”等34个项目在2018年福建省志愿服务项目大赛中获奖，数量位居全省第一。(5)便捷化建设。推进“互联网+”志愿服务工作，拓展全国志愿服务管理信息系统平台日常应用和管理，“志愿厦门”网上地图展示志愿服务团队3500多个，实现志愿者注册、登记、招募、记录的一站式服务。全市103个志愿服务驿站对接736个各级文明单位志愿服务队。

【文明城市创建水平提升】 2018年，厦门市委文明办开展日常专题督查，编发《内部情况通报》22期、《督查通报》420份，发现问题2500多个，整改率98%，获市领导批示5次。开展文明创建“随手拍 大家评”活动，“随手拍”系统收到市民反映的问题654个，除少数地址不明确或反映事项无法解决之外，均得到有效处理。委托厦门日报社记者暗访团，围绕“门前三包”制度落实、市容环境、僵尸车整治、校园周边环境、窗口单位服务提升等内容组织暗访测评12次。创新建立“督查回头看”机制，将《内部情况通报》《督查通报》和“随手拍”平台问题反馈情况以及记者暗访团月暗访、季测评曝光的问题录入数据库，每季度从问题数据库中随机抽出每区10个问题，组织“回头看”，整改率从第二季度的40%提升到第三季度的55%。

【社会文明信息管理】 2018年，厦门市根据《厦门经济特区促进社会文明若干规定》，开发厦门市社会文明信息管理系统，推进文明行为记录信息的共享运用。市委文明办与市信用办将文明行为记录涉及的6类文明行为信息和9类不文明行为信息作为首批核心信息，与市信用信息共享平台对接，纳入市公民个人信用“白鹭分”评价模型。至年末，厦门市社会文明信息管理系统录入严重违章停车等不文明行为信息7724条并向各区各系统文明单位通报。

【移风易俗】 2018年，厦门市推进移风易俗各项工作。市委文明办召开全市文明办主任会议，将移风易俗列入2018年精神文明建设工作重点。在《厦门日报》、厦门电视台等市属主要新闻媒体和厦门文明网等新媒体广泛推出移风易俗主题宣传。依托社区书院，开设“倡导移风易俗 树立文明新风”相关课程，共举办培训453场次，受教育群众1.03万人次。全市687家各级文明单位制定工作方案，组织党员干部、公职人员签订移风易俗承诺书。市委文明办将移风易俗工作作为省市文明村镇、文明单位、文明家庭创建内容和评选依据，将移风易俗督查纳入文明创建日常巡查。1月30日，中国文明网发布“2017年地方网络文明传播十大特色活动”，厦门文明网开展的“移风易俗大家赞”网络文明传播活动入选。厦门文明网联合同安区委文明办于2017年12月在厦门文明网开展“移风易俗大家赞”网络文明传播活动，旨在弘扬时代新风，抵制腐朽落后文化侵蚀，倡导喜事新办、丧事简办，营造除陋习、尚科学、倡新风的良好社会氛围。该活动线上以新浪微博为传播主阵地，联合“@文明厦门”官方微信公众号、厦门文明网PC端等平台共同宣传推广；线下发动党员干部带头参与移风易俗活动，成立移风易俗宣传队伍，组织文化汇演。

【“3·5”学雷锋志愿服务活动】 2018年3月5日上午，厦门市“3·5”学雷锋志愿服务活动暨第四个市民文明行为示范月启动仪式在中山公园南门举行。该活动持续1个月，以“雷锋在鹭岛 文明一起行”为主题，由市委文明办、市国资委、厦门日报社主办，厦门轨道交通集团、思明区委文明办、海西晨报社承办，重点倡导文明出行、共筑地铁文明。启动仪式公布厦门地铁沿线新设立的首个地铁志愿服务驿站、首批厦门地铁文明示范站，揭晓“文明小白鹭”进地铁系列宣传漫画和主题车厢展示样板，厦门轨道交通集团倡议组建地铁文明联盟，各区志愿服务联盟、品牌志愿服务队等现场配套开展志愿服务活动。

【谢伊获“新时代好少年”称号】 2018年5月22日，“新时代好少年”先进事迹发布活动在河南洛阳举办，公布首批10名优秀青少年先进事迹，厦门外国语学校集美分校七年级学生谢伊入选(福建省唯一)。谢伊连续数年到青海玉树为藏族孩子送“爱心餐”、救助脊柱侧弯患儿，被誉为爱洒藏区的“小志愿者”。“新时代好少年”学习宣传活动由中央文明办、教育部、共青团中央、全国妇联、中国关心下一代工作委员会联合开展。

【省级群众性精神文明创先评选】 2018年7月18日，福建省委、省政府印发《福建省委、福建省人民政府关于表彰2015—2017年度省级文明城市、文明村镇、文明单位、文明校园、文明家庭的决定》。该文件对厦门市实现全国文明城市“五连冠”给予肯定。6个区获得省级文明城区称号，集美区后溪镇后溪村等10个村获省级文明村称号，集美区灌口镇等8个镇获省级文明镇称号，市委办公厅等199个单位获省级文明单位，思明区梧村街道文灶社区等25个社区获省级文明社区称号，市园林植物园、海沧区青礁慈济宫风景旅游区获省级文明风景旅游区称号，地税系统等13个行业系统获省级文明行业称号，厦门第六中学等47所学校获省级文明校园称号，思明区开元街道坑内社区彭忠孝家庭等8户家庭获省级文明家庭称号。

【志愿服务活动抖音短视频大赛】2018年8月至9月上旬，厦门市委文明办联合厦门日报社开展“文明厦门爱相随　志愿服务抖阵行——2018厦门志愿服务抖音短视频大赛”。大赛收到投稿作品213部，抖音大赛话题全网点击量950万次。该赛事在中国文明网举办的“文明中国·2018”优秀项目评选中被评为“文明中国”地方文明网优秀新媒体创新案例。

【国际志愿者日主题实践活动】2018年12月4日，由厦门市委文明办、市志愿者联合会、思明区文明委联合主办的厦门市庆祝第三十三个“国际志愿者日”主题实践活动暨思明区第三届志愿服务文化节在五一文化广场举行，36支志愿者队伍、近1000名志愿者参加。启动仪式上，厦门市学雷锋志愿服务“四个最美”先进典型宣传推选活动的部分代表、市志愿者联合会首批部分团体会员代表、思明区第二批10支品牌志愿服务队以及市民喜爱的思明区志愿服务项目的代表被授予荣誉证书。各部门、各级各类志愿服务团体集中组织开展活动370余场，参与人数1万多人次。

（市委文明办）

统一战线

【概　况】2018年，厦门市被中央统战部列入第二批新的社会阶层人士统战工作实践创新推广城市。中共厦门市委统一战线工作部（简称市委统战部）组织开展25期全市统战系统干部学习贯彻习近平新时代中国特色社会主义思想和中共十九大精神集中轮训。各民主党派、无党派人士开展“不忘合作初心　继续携手前进”主题教育活动。各民主党派围绕乡村振兴、做大做强实体经济、医疗人才引进等主题完成课题调研526项。市委统战部开展党外知识分子“弘扬爱国奋斗精神，建功立业新时代”主题活动。编印《我与厦门共成长》新的社会阶层人士访谈录。完成市知联会换届工作。成立厦门市新的社会阶层人士联谊会。宗教工作得到中央宗教工作督查组和省委统战部部长雷春美肯定。港澳专项工作任务得到香港中联办和省委统战部通报表扬。推进新一轮党外干部教育培训，继续开展党外干部定向挂职工作，继续推动落实党外代表人士联谊交友活动。协助市委完成《关于深入学习贯彻习近平总书记给集美校友总会重要回信精神　大力传承弘扬嘉庚精神的报告》。完成统战理论研究成果86篇，《厦门统战信息》刊发正刊44期。统战信息工作获全国三等奖、全省九市第一名，调研报告《民进党民意操纵策略及其破解研究》获全国统战理论政策研究创新成果三等奖。“2018‘青葱岁月　多彩年华’厦港澳台中学校际结对交流活动”获全国统战工作实践创新成果奖。中央统战部调研组到厦门调研侨务工作并召开座谈会。主办2018年厦门“同心文化艺术节”E鹭跑活动，200名“新的社会阶层代表人士”代表参加。召开2018年知情参政对接会。

【陈嘉庚精神学习发扬】2018年，厦门市继续发扬陈嘉庚精神。10月18日，2018年度陈嘉庚奖学金新生颁奖仪式在集美福南堂举行，203名海外华侨华人学生获陈嘉庚奖学金，郑志谦等3名教师获集美学村突出贡献奖，53名教师获奖教金，402名学生获奖学金。10月，“十年树木　春风化雨——陈嘉庚纪念馆（2008—2018）”展览举办并同步举办“四驱万里诚毅行”活动。10月，首届“嘉庚文化周”系列活动举办，该文化周活动与厦门日报社读者节相结合，内容包括“一座城·一个人”回顾展、《嘉庚颂》诗文音乐诵读会、“陈嘉庚星”科普活动、嘉庚故事作品展演、嘉庚主题文创产品及邮品展示等。10月26—28日，市委统战部、集美校委会联合组织陈嘉庚后裔团到全国政协港澳台侨委、中央统战部、中国侨联座谈。

【党风廉政建设和反腐败工作情况通报会】2018年1月19日，厦门市召开党风廉政建设和反腐败工作情况通报会，各民主党派市委主委、市工商联领导和无党派人士代表，市委常委、统战部部长张灿民，市委常委、市纪委书记、监委主任孙明忠，市纪委副书记、监委副主任黄聪敏等市纪委、市委统战部相关领导出席会议。会议向全市各民主党派、工商联和无党派人士通报2017年全市党风廉政建设和反腐败工作情况以及2016年通报会上党外人士意见的办理落实情况。各民主党派市委领导、市工商联领导和无党派人士代表对相关工作提出意见建议。

【纪念“五一口号”发布70周年系列活动】2018年4—5月，厦门市开展纪念“五一口号”发布70周年系列活动。4月，由厦门市委统战部、石家庄市委宣传部联合主办的“薪火相传　共创未来”厦门市纪念中共中央发布“五一口号”70周年主题联展在华侨博物院举行，展览分“不忘合作初心　继续携手前进”和“风雨同舟　继往开来”两个部分。4月28日，由市委统战部主办，各民主党派市委协办的厦门市纪念中共中央发布“五一口号”70周年文艺晚会在厦门小白鹭艺术中心举行。5月2日，厦门市纪念中共中央发布“五一口号”70周年座谈会召开，各民主党派市委领导、历任主委，市委办公厅、市人大常委会、市政府办公厅、市政协办公厅有关领导，市委统战部班子成员，各区委统战部、统战系统各单位、各高校党委统战部领导等参加座谈会。

【厦门—港澳台中学校际结对交流】2018年6—7月，由厦门市海外联谊会主办，厦门及港澳台学校承办的“青葱岁月　多彩年华”厦门—港澳台中学校际结对交流活动举行。集美中学和香港中华基督教会谭李丽芬纪念中学，厦门五中和香港闽侨中学，厦门双十中学和香港福建中学、台中双十中学，海沧实验中学和澳门东南学校，厦门二中和香港文理书院分别签订校际合作协议，形成定向结对、双向互动的长期交流机制。

【纪念建党97周年主题展览】2018年7月1日至8月10日，福建省委党史研究室、厦门市委统战部联合主办“不忘初心　牢记使命——廖俊波生平事迹展”“从一大到十九大图片展——中国共产党全国代表大会主题展”。该展览由福建省革命历史纪念馆、华侨博物院具体承办。展览期间累计接待各级党组织、社会各界参观者近6万人次。

【实施乡村振兴战略主题协商座谈会】2018年9月5日，中共厦门市委召开实施乡村振兴战略主题协商座谈会，与各民主党派、工商联、无党派人士共同探讨乡村振兴战略。会议通报厦门市实施乡村振兴战略工作情况。各民主党派、工商联、无党派人士代表提出促进人才返乡、发挥国企优势、鼓励社会资本参与、优化城乡资源配置、完善乡村发展用地规划、加强体制机制创新保障等意见建议。

【非公经济人士理想信念教育实践基地】2018年9月21日，厦门市首个非公经济人士理想信念教育实践基地在陈嘉庚纪念馆揭牌。市委统战部、市工商联、市工商联所属商协会党组织代表、非公经济人士代表共50余人参加揭牌仪式。该基地旨在通过开展非公经济人士理想信念教育，传承和弘扬陈嘉庚先生爱国爱乡、无私奉献、诚信果毅、勤俭清廉和改革创新的精神。

【"一鹭同心"实践创新基地】2018年9月，厦门市委统战部研究确认首批市级"一鹭同心"新的社会阶层人士统战工作实践创新基地。思明区观音山商务园区、湖里区云创智谷园区、湖里区青瓦创业基地、集美区创业大厦、厦门自贸片区海沧园区5个基地入选。创新基地旨在建设线下"一鹭同心"驿站，团结引领新的社会阶层人士，拓展统战工作覆盖面，完善统战工作组织网络。

（市委统战部）

信　访

【概　况】2018年，厦门市信访系统受理群众来信3597件，来访2560批9339人次；省长信箱转交办780件；网上投诉转交办3319件。中央信访联席办交办的2018年度11件重点信访事项全部办结化解。省、市级信访积案35件，息访率100%。厦门市信访工作考评成绩位列全省各设区市第二名。

【信访改革创新】2018年，厦门市信访系统聘请信访部门法律顾问，完善律师参与值班接访、轮值接听机制。联合司法行政机关开展"访调对接"，在市信访局引入"人民调解室"。联合市社科联、华侨大学，开展《新时代厦门信访"大数据"的构建与运用研究》课题调研，探索建立"信访大数据"分析研判机制。

【信访常态业务规范】2018年，厦门市信访系统保障市领导接访活动55场。督促责任部门制定依法分类处理信访诉求清单。成立信访基础业务规范化建设领导小组，开展实地督查，排查信访基础业务不规范行为，责成各区、各相关部门限期整改。通过查阅台账资料、实地走访调查、召开座谈会议等方式，办理群众复查、复核信访事项300件。

【便民服务热线】2018年，厦门市市长专线、政务热线受理群众诉求23.8万件。《厦门市12345便民服务平台运行管理办法》《关于建立12345便民服务平台督办回访工作机制的通知》等规范性文件出台。至年末，全市28家单位的51条热线整合，逐步实现"一号对外受理、统一协调办理"。12345便民服务平台接入"i厦门"平台，推出"随手拍""政企直通车"2个应用，市民和企业可在线参与城市治理，提出咨询、投诉、建议和求助。

【矛盾排查】2018年，厦门市信访系统建立分季度分类别信访督查督办机制，实行市、区、镇（街）定期排查报告和重大情况随时排查报告制度。组织部分市直部门、国有企业有关人员组成专案评审组，对4件信访"骨头案"进行会商评审。每周开展疑似涉黑涉恶问题线索排查，重点针对涉房地产、涉网贷投资平台、征地拆迁、工程建设等信访突出问题进行分析研判。

（市信访局）

政策研究

【概　况】2018年，中共厦门市委政策研究室（简称市委政研室）牵头或者参与起草各类市委重要综合文稿90多篇、市委和市政府重要文件10多份。承担市重点课题和部门课题23个，8篇调研成果在省委政研室《调研文稿》刊发。5篇改革经验做法在《福建改革情况》登载，3篇经验材料入围省全面深化改革复制推广典型做法。办好市委机关刊物《厦门通讯》，全年编辑出版12期，刊登各类文稿140多篇、60多万字，刊发图片200多张。

【改革推动】2018年，厦门市委政研室编撰2篇改革经验总结材料上报中央改革办，汇总整理省第二批全面深化改革复制推广典型相关材料并向省委改革办报送。梳理总结翔安区推进普惠性学前教育方面的创新做法。编辑《厦门改革情况》30期。提高改革创新工作在全市绩效考核中的权重。组织开展2018年度全市"改革创新项目"绩效指标考评工作，向省效能办申报的两项改革项目获评全省第一名、第二名。

【调查研究】2018年，厦门市委政研室优化重点课题选题，聚焦"后金砖"厦门发展战略，形成"推进厦台深度融合发展研究"等11个市重点课题。参与省重点课题"建设自由贸易港研究"调研，并与市自贸委联合起草《积极推进厦门自由贸易港建设研究》课题报告。确定"加快我市人工智能产业发展对策研究""厦门住房租赁市场结构发展战略探析""厦门市促进农业增收研究"等部门重点课题12个。与高校智库联合完成"'金砖会晤'后的厦门发展研究"重大系列专项课题研究。市委政研室向省委政研室推介课题调研成果16篇，向领导和其他部门推介11篇，在《厦门通讯》等刊物上发表15篇。

（刘斐蓉）

党校教育

【概　况】2018年，中共厦门市委党校（厦门市行政学院、厦门市社会主义学院，简称市委党校）设教研部7个、内设处室（部门）10个，有教职工104人，其中专职教师41人。全年举办主体班次39期，培训学员3194人次，举办"领导讲坛"20场、"专家讲坛"30场。制定、修订规章制度49项。获评福建省第十三届文明单位。组织"政策访谈"互动教学4期。《学习时报》刊发文章介绍市委党校创新教学机制的经验做法。《厦门特区党校学报》被中国社科院评为人文社会科学期刊A刊扩展期刊。

【专题研究】2018年，厦门市委党校围绕厦门市经济社会发展的热点、难点问题开展专题研究，中标课题49项，其中省部级课题10项。公开发表论文67篇，其中核心期刊论文10篇。呈报决策咨询件4份，均获市领导批示。

（李言超）

保密工作

【概　况】2018年，厦门市国家保密局（简称市保密局）组织保密知识培训班7期，到各单位开展保密专题讲座55场，近3000名干部职工参加。全年销毁硬盘2785块，监督销毁纸介质321吨。为市委十二届七次全会、海峡论坛、投洽会、两岸企业家峰会等20余场重大涉密会议提供保密服务保障。开展保密技术监管，排查可疑信息6.5万条、违反中央及省委文件保密管理规定的单位29家。加强对保密资质（格）单位的业务监管和指导，对9家拟申请军工保密资格、国家秘密载体印制、涉密信息系统集成资质公司进行保密指导，接收转报7家国家秘密载体印制资质公司的年审及重大事项变更资料，配合省保密局现场审查涉密资质公司13家，专题辅导53家单位。市保密局联合市公安局、市经信局、市通信管理局开展机关、事业单位、国有企业互联网电子邮件系统安全专项整治，检查自建电子邮件系统48个。

【保密自查自评】2018年，厦门市保密局开展保密自查自评督查工作。市、区保密局现场督查机关单位328家，检查文件900余份、信息公开审查表近9000份、计算机1000余台，现场发放计算机保密提醒标识3800余张。

【保密宣传教育】2018年，厦门市保密局落实《厦门市“七五”保密法治宣传教育规划》，专题制作《保守军事秘密人人有责》动画片，通过社区播放、微信公众号推送、干部在线平台学习等渠道进行宣传，受众人群近100万人次。组织全市领导、干部，特别是涉密人员和保密干部学习观看中央保密办、国家保密局组织摄制的大型保密文献纪录片《胜利之盾》，124家单位10478人观看。

【保密工作考核体系建设】2018年，厦门市推动把保密工作列入考核指标。6月，市委、市政府印发《关于印发2018年度绩效管理工作方案》，发生重大失泄密等保密问题的单位予以降低一个评估等次。11月，市综治委在2018年综治责任单位综治工作（平安建设）责任书落实情况考核评价办法中，将保密工作列为考核指标。

（市保密局）

机关党建

【概　况】2018年，厦门市市直机关聚焦“服务中心、建设队伍”核心任务，开展党建主题实践活动，践行“一个带头、三个表率”。全市任免机关党组织负责人66人。中共厦门市委市直机关工作委员会（简称市市直机关工委）学习贯彻《中国共产党纪律处分条例》。参与对部分单位全面从严治党主体责任落实情况进行交叉检查。印发《落实中央八项规定精神100条纪律红线典型案例和常见问题》和《激励干部新时代、新担当、新作为相关规定、警示案例》。开展推荐新一届全国文明单位、第十四届省级文明单位培育对象、2018—2020年度文明单位预申报及2017—2018年度市直机关文明单位考评工作。组织开展“不忘初心传递爱、志愿服务新时代”国际志愿者日主题宣传与实践活动；开展“最美家庭”“五好家庭”评选、表彰、宣讲活动。市直机关工委与市红十字会联合成立“厦门市直机关红十字应急救护志愿服务队”。厦门市召开市直机关党的政治建设推进会，落实中央、省委、市委要求，研究部署进一步推进市直机关党的政治建设任务和措施。市直机关工委联合市委组织部、市委巡察办开展机关党的建设大调研活动，活动覆盖市直机关系统96个直属党组织。

【“大学习”热潮】2018年，厦门市市直机关工委开展“大学习、大宣讲、大培训”活动。在《厦门日报》开设专版15个；市直系统共举办学习习近平新时代中国特色社会主义思想专题培训班2043场，88015人次参加；市领导带头到基层宣讲32人86场次，市直各部门领导干部全部落实到基层宣讲要求，组建理论宣讲轻骑兵小分队113支，组织开展新思想宣讲活动625场次；市直系统开展基层党务干部培训397场17010人，培训党支部书记234场7344人。

【机关党建主题实践活动】2018年，厦门市市直机关工委开展“勇当排头兵、机关作表率”主题实践活动，配套开展习近平新时代中国特色社会主义思想大学习、厦门经济特区精神传承激励和新时代新担当新作为岗位实践等活动。组织参与全省“推进机制活、建设新福建”机关体制机制创新优秀案例征集评选活动，15个案例获一、二等奖。

【机关基层党建规范化水平提升】2018年，厦门市市直机关工委召开市直机关基层党建工作重点任务暨党支部规范提升建设推进会，推广使用支部七项基本工作法。举办厦门市直机关基层党建规范提升典型经验展。依托“厦门党建e家”，开展党支部达标创星、规范提升活动。举办市直机关党支部书记示范培训班，培训党支部书记150人；组织“厦门党建e家”管理员轮训，办班9场，培训近3000人。

【机关党建联创共建】2018年，厦门市市直机关工委动员市直各单位参与城市基层党建工作。发挥机关党建联创协作组作用，定期召开会议，共同提升机关党建科学化水平。加强非公领域党建，规范党带群团建设，机关群团组织开展“工人先锋号”“劳模工作室”“青年文明号”“巾帼文明岗”工作。

（郑巧玥）

老干部工作

【概　况】至2018年12月31日，中共厦门市委老干部局（简称市委老干部局）管理的离休干部481人（平均年龄90岁），“5·12”退休干部（1949年10月1日至1950年5月12日之间参加革命工作并享受供给制待遇的干部）162人，副厅级以上退休干部446人，全市退休干部33173人。是年，市委老干部局在全国老干部局长会议上作经验介绍。老党员志愿者服务队项目被评为全省体制机制创新优秀案例三等奖。市委老干部局获评省级文明单位，综治、绩效等工作在全市位于前列。老干部工作得到中组部老干部局局长许宏彬肯定。市委老干部局推进建立“老党员之家”，探索由党工委、党支部、“老党员之家”共同组成的离退休干部党建服务共建联动体系，打造集党建活动、文化养老、发挥作用于一体的综合性共享阵地，实现党建活动场所、党建学习资料、文化养老设施和正能量活动信息共享。出台《关于推进社区离退休干部党组织建设的实施意见》。11个省级“四就近”（就近学习、就近活动、就近得到关心照顾、就近发挥作用）示范点和海沧区嵩屿街道8个社区全部成立离退休干部党支部。

【离退休干部思想政治建设】 2018年，厦门市委老干部局举办全市老干部辅导报告会3场、全市老干部通报会2场、在厦省市级老领导暑期读书班、地厅级老干部读书班、离退休干部党支部书记培训班。举办学习习近平新时代中国特色社会主义思想专题辅导报告会13场。组织宣讲团老党员到学校、社区等开展“习近平新时代中国特色社会主义思想”“党的十九大精神”巡回宣讲，宣讲350多场，受教育人数3万多人。

【增添正能量活动】 2018年，厦门市委老干部局围绕“展示阳光心态、体验美好生活、畅谈发展变化”，开展为党的事业增添正能量活动。先后组织1万余名老同志参观考察美丽乡村、自贸区建设、民生工程。围绕庆祝改革开放40周年，通过调研访谈、文艺汇演、书画诗影等形式，在离退休干部中开展“我看改革开放40年”系列活动。举办纪念改革开放40周年老干部书画展、邮展、笔会，出版《纪念改革开放40周年书画作品集》。拍摄纪念改革开放40周年微视频。开展治安巡防、市场巡查、科普下乡等活动。引导老党员在社区管理上发挥作用，推选老党员担任小区党支部书记、业主监督委员会主任。在《厦门日报》开辟每月一期的《鹭江秋红》专版，新开辟“我们的党支部”“寻找最美老干部”“我看改革开放40年”等专栏。拓展“老党员志愿者服务队”党建品牌，市市政园林局、湖里区等有关单位成立老党员志愿者服务队14支，全市有老党员志愿者服务队68支。

【精准服务老干部】 2018年，厦门市委老干部局举办精准服务老干部工作推进会，建立老干部慰问和帮扶档案，掌握老干部基本信息、需求，开展慰问帮扶工作。市委老干部局日常看望慰问住院的老干部232人次，发放困难补助18.56万元。开展省内外易地安置慰问工作。完善特殊困难老干部和老干部遗偶帮扶机制，市委老干部局机关干部分别与37名特困老干部及遗偶开展结对帮扶。社区老干部“四就近”服务站32个，比上年增加9个。

【老干部法律援助】 2018年，厦门市委老干部局与市司法局签订共建协议，成立市委老干部局法律援助工作站。安排法援律师为老干部提供法律咨询、代拟法律文书、上门解答问题等法律服务。

（市委老干部局）

关心下一代工作

【概　况】 2018年，厦门市各级关心下一代工作委员会开展各类主题教育活动5683场次，参加活动的青少年48万人次；开展冬、夏令营1922期次10.7万人次。厦门市关心下一代工作委员会（简称市关工委）法制委、关爱联合体协助有关部门落实综治责任书中“做好未成年人关爱活动”项目，取得满分的成绩。中国关工委主任顾秀莲对“帮教问题少年厦门模式”、《海峡两岸青年携手共绘海沧乡村振兴蓝图》作批示。市关工委承办第十届海峡论坛·海峡两岸关爱下一代成长论坛，共有200多位两岸学者参与，顾秀莲出席。市关工委组团到台湾马祖举办第六届海峡两岸老少书画摄影交流展。参与主办全市“携手新时代，共筑中国梦”读书征文演讲比赛等活动。全市28个单位获“全省关心下一代工作先进集体”称号，58人获“全省关心下一代工作先进工作者”称号，18人获“全省关心下一代工作突出贡献奖”。全市各级关工委编印简报714期，刊登在各类刊物、网站上新闻3253篇，其中国家级32篇、省级85篇、市级2422篇。

【红色基因传承教育】 2018年，厦门市各级关工委以“传承红色基因，争做时代新人”为主题开展各项教育活动506场次，参加活动的青少年58334人次。市关工委宣教委、报告团编印《厦门红色基因教育基地学习资料》600册。厦门大学革命史展览馆、厦门“英雄小八路”纪念馆入选省关工委第一批传承红色基因教育基地。推荐2名选手参加全省“传承红色基因，争做时代新人”演讲决赛，分别获得小学组二等奖、中学组三等奖；选送作品参与全省征文比赛，共获得12个奖项，其中中学组一等奖3个、小学组一等奖1个。厦门外国语学校集美分校七年级学生谢伊被中央文明办、教育部、团中央、全国妇联、中国关工委共同授予“新时代好少年”称号（全省唯一）。市关工委、市委文明办、市教育局、市妇联在全市中小学联合开展2018年“新时代好少年”推荐活动，12名学子入选。

【基层工作创新】 2018年，厦门市各区、街镇、社区、行政村全部成立关工委。296所学校、535个非公企业成立关工委组织。全市关工委组织总数1631个，其中“五好”基层关工委1475个。各级关工委参与共建项目1479个，开展共建活动1354项。各社区建立“五老”（老干部、老党员、老教师、老军人、老文体爱好者）志愿者网格化服务管理领导小组。中国关工委常务副主任闵振环在厦门考察时，到中华街道调研网格化管理工作。思明、湖里、集美区共有10个社区关工委工作纳入社区网格化管理系统。

【青少年普法教育】 2018年，厦门市各级关工委开展青少年普法教育活动1452场次，参加的青少年12.7万人次。全市关爱团（组）192个，成员2668人，帮教转化“五失”青少年（失足、失管、失学、失业、失亲青少年）1103人，其中失足青少年172人。老战士、老妈妈关爱团与问题少年结成对子100多对，开展帮教、帮学等活动18场次。“五老”网吧义务监督队伍开展网吧监督义务巡查83695人次，劝阻未成年人进入网吧821人次。

【关爱助学】 2018年，厦门关爱联盟筹集善款4302.76万元，资助和奖励贫困学生62365人次。关爱联盟各基地、快车团队和各区教育基地联合举办教育活动，参与关爱联盟教育基地、快车团队关爱活动的青少年150多万人次。

（林明础）

档案工作

【概　况】至2018年12月31日，厦门市各级各类档案馆馆藏档案892个全宗，283.2万卷（件）。全年新接收档案20万卷（件），厦门会晤专题档案全部挂接入库，包括照片、视频、录音等，照片挂接3285张；厦华企业和悦华酒店部分国家领导人书法作品、照片、纪念画册等重要档案移交进馆。市档案馆编辑出版《厦门改革开放四十周年重要档案文献选编》《近代厦门鼓浪屿公共租界档案汇编》《乡愁的寄托》《2017年度档案利用效果实例汇编》。市委办、市政府办联合转发《厦门市档案馆收集档案范围实施细则》。"乡村记忆档案"项目建设成果在全省现场会上作经验交流，社区档案工作成果在全省社区档案会议上作经验交流。厦门市档案局（简称市档案局）制作发布《厦门档案信息》18期，刊载信息221条；推送微信42期200余条信息；微博近400条；更新网站信息380余条。在湖里区兴华社区广场举办现场档案宣传活动。制作《兰台匠心》《兰台之烛照千年》2个微视频。爱国主义教育基地通过福建省中小学档案教育社会实践基地评审验收，全年接待参观658人次。市档案局与槟榔中学合作开展"梦想寄存·相约档案馆"活动，577件中学生梦想档案收藏进馆。市档案局开展市直机关档案安全工作专项检查、国有企业档案安全管理情况检查、区档案馆依法接收档案专项检查。更新完善档案库房安全设施，组织信息系统保密清查和网站安全漏洞自查整改。完成智能备份系统升级，到武汉、成都进行档案数据异地备份。

【档案服务】2018年，厦门市档案局做好农村承包地确权颁证档案工作，和市农业局联合制发文件，规范档案整理标准。档案文件利用中心接待利用服务1571人次、31080件、复制5347件，提供跨馆服务8次。举办档案业务专题讲座4场，机关、企事业单位和院校参与培训人员500多人。

【综合档案馆建设】2018年，厦门市档案馆新馆建设列入市重点工程，完成规划选址、可研批复、用地预审、建设用地规划许可证、项目报建和农转用等前期工作，建设方案报批建设工程规划许可。思明区、湖里区新馆封顶，海沧区新馆建设进入主体施工，集美区、同安区新馆建设处于前期准备阶段。全市基层档案馆馆库面积达标率从17%上升到67%。市档案局对照《副省级以上综合档案馆业务建设评价标准》96条评价指标，规范完善市档案馆基础业务建设。6月，通过国家档案局专家组验收。

【档案信息化】2018年，厦门市档案馆完成馆藏民国档案数字化三年任务，馆藏民国档案数字化率50%。档案目录与实体、原文匹配对应，电子目录挂接148165条，实现馆藏档案目录双套制管理。建成厦门市档案馆际共享服务平台，在全省率先实现部分开放档案数字资源网络共享，平台共享目录50577条。开展电子档案的接收试点，接收市档案馆及6家试点单位的电子档案数据包和电子档案。

【国家重点档案保护开发】2018年，厦门市档案局首次争取到国家重点档案专项资金41万元。采集馆藏民国时期厦门地方法院全宗下的民事案卷，共形成文件级目录9.8万余条，列入国家重点档案目录。编辑出版《近代厦门鼓浪屿公共租界档案汇编》，分上、下两册，共1188页，收集征集近代厦门华侨档案资料223份。

（市档案局）

党史研究

【概　况】2018年，中共厦门市委党史研究室（简称市委党史研究室）相继完成《"厦庇五洲客，门纳万顷涛"——2017年金砖国家领导人厦门会晤筹办工作实录》《厦门党史资料选编》等书籍的征编工作，编辑发行《厦门党史通讯》4期并开设"纪念改革开放40周年"纪念专栏。配合省委党史研究室整理编辑《福建党史月刊》厦门专刊。开展党的十九大精神理论研究，撰写理论文章。《高举习近平新时代中国特色社会主义思想伟大旗帜》在《福建党史月刊》2018年第二期发表。

【厦门改革开放实践与探索编写】2018年，厦门市委党史研究室将征集整理的改革开放专题（包含7篇国家级课题）编辑为《奋进之路——厦门改革开放40年实践与探索》一书。该书采取专题研究形式，共收录37个专题和5篇相关新闻报道，约64万字。

【厦门改革开放重大事件纪实征编】2018年，由厦门市委办公厅牵头，市委党史研究室具体实施，向全市各相关单位征集厦门40年改革开放伟大历程大事纪实文章143篇。征集到的资料编辑为《厦门改革开放40年重大事件纪实》一书，共68万字。

【《厦门党史资料选编》系列丛书】2018年，厦门市委党史研究室收集记载厦门改革开放时期党史资料，编辑并内部印制《厦门党史资料选编》丛书2套共5册。收录曾担任过市委主要领导的老同志讲话、访谈、公开发表的署名文章等473篇，共155万字。

【抗战时期人口伤亡和财产损失出版】2018年10月，厦门市委党史研究室编纂的《厦门市抗日战争时期人口伤亡和财产损失》由中共党史出版社公开出版。该书是"抗日战争时期福建省人口伤亡和财产损失课题"的重要组成部分，作为国家社会科学基金委托的一项重大课题，被纳入"抗日战争时期中国人口伤亡和财产损失调研丛书"B系列（市县区本）。该书分上下卷，共99万字，分调研报告、资料、大事记3个部分，全面客观反映厦门市抗日战争时期人口伤亡和财产损失的情况。其中，调研报告部分附抗战时期厦门死难者名单，收录有名有姓的死难者1360人，是厦门市最全的一份抗战死难者统计资料。

（朱黎明）

厦门市人民代表大会

【概　况】2018年，厦门市人民代表大会常务委员会共召开11次会议，审议法规草案15部、通过10部，作出决议决定9项，听取和审议专项工作报告20项，开展执法检查5项，开展专题询问3项，开展满意度测评1项，任免国家机关工作人员 59 人次，完成该届人大二次会议确定的各项任务。

主要会议

【市十五届人民代表大会第二次会议】 2018 年 1 月 6—9 日，厦门市十五届人民代表大会第二次会议在厦门人民会堂举行，会期 3.5 天。会议听取和审议市人民政府代市长庄稼汉作的《厦门市人民政府工作报告》；审查和决定批准市人民政府提出的《关于厦门市 2017 年国民经济和社会发展计划执行情况与 2018 年国民经济和社会发展计划草案的报告》，批准厦门市 2018 年国民经济和社会发展计划；审查和决定批准市人民政府提出的《关于厦门市 2017 年预算执行情况和 2018 年预算草案的报告》，批准 2018 年市本级预算；听取和审议市人大常委会主任陈家东作的《厦门市人民代表大会常务委员会工作报告》；听取和审议市中级人民法院院长王成全作的《厦门市中级人民法院工作报告》；听取和审议市人民检察院检察长黄延强作的《厦门市人民检察院工作报告》。会议选举孙明忠为厦门市监察委员会主任，选举万文蓉（女）、王雪敏（女）、王维川等 39 人为福建省第十三届人民代表大会代表。大会收到代表联名提出的议案 77 件，其中 25 件因不符合议案条件，经与代表沟通，直接转为建议处理；其余 52 件分别交由市人大有关专门委员会进行审议，再依法分别向市人大常委会提出代表议案审议结果报告。大会收到 284 件代表提出的建议、批评和意见，由市人大常委会工作机构会同有关部门组织办理。

【市十五届人大常委会会议】 2018 年，厦门市第十五届人民代表大会常务委员会召开 11 次会议，即市十五届第十次至第二十一次会议。第十七次会议在市行政中心西楼一楼 1 号会议室召开，其余各次会议均在厦门人民会堂召开。（见表 6–3）

表 6–3　**2018 年厦门市十五届人大常委会会议一览表**

时间	会次	主要内容
1 月 5 日上午，会期 0.5 天	第十次会议	审议并表决通过市人大常委会代表资格审查委员会关于个别代表的代表资格的审查报告
1 月 9 日上午，会期 0.5 天	第十一次会议	审议并表决通过有关人事事项
2 月 27 日上午，会期 0.5 天	第十二次会议	听取市人大财经委、内司委、城建委、教科文卫委、侨外委关于厦门市第十五届人民代表大会第二次会议主席团交付审议的代表议案处理的审议结果的报告。会议同意各专委会提出的代表议案处理的审议意见，并表决通过各专委会关于代表议案处理的审议结果的报告。会议同意将“关于进一步推动我市大数据管理与运用的议案”和“关于加强我市中小学生校外托管机构安全监管，做好中小学生课后服务工作的议案”列入市人大常委会议程，交由市政府办理。将其他 48 件议案转为代表建议，交由市政府办理。会议还审议通过有关人事事项
4 月 27 日，会期 1 天	第十三次会议	审议《〈厦门市海域使用管理规定〉等三部法规修正案（草案）》（一审）、《〈厦门市风景名胜资源保护管理条例〉等三部法规修正案（草案）》（一审）、《厦门经济特区园林绿化条例（草案）》（三审），听取和审议市政府关于海洋经济发展情况的报告，审议通过有关人事事项
6 月 27—29 日上午，会期 2.5 天	第十四次会议	审议通过市人大常委会关于修改《厦门市海域使用管理规定》等 5 部法规的决定、《厦门经济特区园林绿化条例》《厦门市人民代表大会常务委员会组成人员守则》《厦门市国家工作人员宪法宣誓办法》，审议《厦门经济特区轨道交通管理条例（草案）》（一审），听取和审议市政府关于 2017 年市本级财政决算报告、2018 年度市本级预算执行和其他财政收支的审计工作报告、2018 年地方政府债券发行及预算调整草案报告，表决通过关于批准 2018 年厦门市地方政府债券发行及预算调整的决议（草案）、关于批准 2017 年厦门市本级财政决算的决议（草案），听取和审议市政府关于厦门市生活垃圾分类执法工作情况的报告、关于厦门市学前教育发展情况的报告，听取和审议市人大常委会执法检查组关于检查《厦门经济特区促进中国（福建）自由贸易试验区厦门片区建设规定》实施情况的报告，听取和审议市政府关于第十批市荣誉市民推荐人选的议案，经审议，表决通过第十批厦门市荣誉市民名单
7 月 20 日下午，会期 0.5 天	第十五次会议	审议通过有关人事事项
8 月 22—24 日上午，会期 2.5 天	第十六次会议	审议通过《厦门市人民代表大会常务委员会关于深入学习宣传和贯彻实施〈中华人民共和国宪法〉的决定》，审议《厦门经济特区社会信用条例（草案）》（一审）、《厦门经济特区轨道交通管理条例（草案）》（二审），听取和审议市政府关于厦门市国民经济和社会发展第十三个五年规划纲要实施情况中期评估报告、2018 年 1—6 月国民经济和社会发展计划执行情况的报告、2018 年 1—6 月预算执行情况的报告，听取市政府关于厦门市工业废水治理情况报告并开展专题询问，听取和审议市人大常委会执法检查组关于检查《厦门经济特区燃气安全监管若干规定》《厦门经济特区高新技术产业园区条例》和关于检查涉侨法律法规实施情况报告。会议审议通过有关人事事项

续表 6-3

时间	会次	主要内容
9月28日上午，会期0.5天	第十七次会议	传达学习全国人大常委会在河北石家庄市召开的“深入学习贯彻习近平总书记关于坚持和完善人民代表大会制度的重要思想”交流会精神，审议通过有关人事事项
10月28—30日，会期3天	第十八次会议	审议《厦门经济特区鼓浪屿世界文化遗产保护条例（草案）》（一审）、《厦门市人民代表大会关于全面加强大气污染防治促进高颜值生态花园之城建设的决定（草案）》（一审）、《厦门经济特区社会信用条例（草案）》（二审）、《厦门经济特区轨道交通条例（草案）》（三审），听取和审议市政府关于厦门市企业国有资产管理情况的报告（不含金融类）、关于提升产业园区建设水平适应高素质创新创业之城发展需要的报告并开展专题询问、关于厦门市智慧医疗建设工作情况的报告并开展满意度测评，听取和审议市人大常委会执法检查组关于检查《厦门市人民代表大会常务委员会执法检查组关于检查〈消防法〉〈厦门市消防管理若干规定〉》实施情况的报告，审议通过个别代表的代表资格的审查报告和有关人事事项
11月29日上午，会期0.5天	第十九次会议	审议通过《厦门市人民代表大会关于全面加强大气污染防治促进高颜值生态花园之城建设的决定（草案）》（二审）、《厦门市人民代表大会常务委员会关于召开厦门市第十五届人民代表大会第三次会议的决定（草案）》，以及有关人事事项
12月18—21日上午，会期3.5天	第二十次会议	审议并表决通过市人大常委会代表资格审查委员会关于个别代表的代表资格的审查报告。会议审议通过《厦门市人民代表大会关于全面加强生态环境保护依法推动打好污染防治攻坚战的决议（草案）》《厦门经济特区轨道交通管理条例（草案）》（四审），以及市政府关于“进一步推动我市大数据管理与应用”的议案和关于“加强我市中小学生校外托管机构安全监管，做好中小学生课后服务工作”的议案办理情况报告。会议审议《〈厦门市市政工程设施管理条例〉等三部法规修正案（草案）》（一审）、《厦门经济特区鼓浪屿世界文化遗产保护条例（草案）》（二审）、《厦门经济特区信用条例（草案）》（三审）等法规。会议听取和审议市政府关于2017年度市本级预算执行和其他财政收支审计发现问题整改情况报告、关于厦门市社区治理工作情况报告、关于《厦门经济特区促进社会文明若干规定》实施情况报告、关于市十五届人大二次会议以来代表提出的建议、批评和意见办理情况报告。会议听取厦门海事法院2018年工作报告。会议讨论关于召开市十五届人大三次会议的有关事项和市人大常委会工作报告（稿）。会议专题询问《厦门经济特区促进社会文明若干规定》实施情况。会议还审议通过有关人事事项

地方立法

【概　况】 2018年，厦门市人大常委会坚持科学立法、民主立法、依法立法，坚持将社会主义核心价值观融入法规，发挥人大在立法中的主导作用，编制《厦门市2018—2022年立法规划》，推进重点领域和地方特色立法，提升立法质量。年内，审议法规草案15部、通过10部，作出决议决定9项。（见表6-4）

【经济领域立法】 2018年，厦门市人大常委会审议《厦门经济特区社会信用条例》，旨在发挥信用激励和约束作用，加强信用主体权益保护，促进和规范信用服务行业发展，为营造诚实守信的社会环境提供法治支撑，助推厦门市打造国际一流营商环境。审议通过《厦门经济特区轨道交通条例》，对轨道规划和建设、安全保护区、运营服务、安全与应急管理等作出规定，用法治保障轨道交通持续健康发展。启动修改《厦门市市政工程设施管理条例》等3部法规，确保工程建设领域“放管服”改革于法有据。

【文化领域立法】 2018年，厦门市人大常委会贯彻习近平总书记关于文化遗产保护的重要论述和对鼓浪屿申遗成功作出的重要批示精神，审议《厦门经济特区鼓浪屿世界文化遗产保护条例》。该条例拟对鼓浪屿的规划与管理、文化遗产的传承与利用、保障鼓浪屿居民共享文化遗产权益等作出规定，用严密的法治促进历史文脉的传承和可持续发展，进一步坚定文化自信。

【生态领域立法】 2018年，厦门市人大常委会贯彻习近平生态文明思想和习近平总书记在全国生态环境保护大会上的重要讲话精神，经5审通过《厦门经济特区园林绿化条例》，坚持四季有花、四季变换、四季常绿和体现厦门特色等原则，对园林绿化规划与建设、保护与管理等作出规定，推动高颜值生态花园之城建设。作出《关于全面加强大气污染防治的决定》，明确新形势下加强大气污染防治的重点领域、重要措施，为提升厦门市大气质量提供法治保障。做好《关于全面加强生态环境保护依法推动打好污染防治攻坚战的决议》提请代表大会审议的前期准备工作。对《厦门市海域使用管理规定》等5部法规进行一揽子修改，确保厦门市地方法规与上位法相一致。

【法规清理审查】 2018年，厦门市人大常委会对市政府报送的备案规章4件、规范性文件49件进行登记、分类和存档，并按照相关规定对全部文件进行审查和汇总研究。完善备案审查工作机制，落实中央关于有件必备、有备必审、有错必纠的要求，推进规范性文件报备、审查和纠错工作，实现备案审查的全覆盖。对各区人大常委会备案审查工作情况进行调研，指导建立健全相关制度，推动全市备案审查工作深入开展。加强法规备案审查信息平台建设，

表 6-4　**2018 年厦门市人大常委会颁布的地方性法规一览表**

法规名称	通过和施行日期
《厦门市人民代表大会常务委员会组成人员守则》	2018 年 6 月 29 日厦门市第十五届人民代表大会常务委员会第十四次会议通过，自 2018 年 7 月 2 日公布之日起施行
《厦门经济特区园林绿化条例》	2018 年 6 月 29 日厦门市第十五届人民代表大会常务委员会第十四次会议通过，自 2018 年 8 月 1 日起施行。1996 年 1 月 10 日厦门市第十届人民代表大会常务委员会第二十一次会议通过，根据 2004 年 6 月 4 日、2010 年 7 月 29 日、2016 年 2 月 26 日有关厦门市人民代表大会常务委员会的决定修正的《厦门经济特区城市园林绿化条例》同时废止
《厦门经济特区轨道交通条例》	2018 年 12 月 21 日厦门市第十五届人民代表大会常务委员会第二十次会议通过，自 2019 年 2 月 1 日起施行
《厦门市人民代表大会常务委员会关于深入学习宣传和贯彻实施〈中华人民共和国宪法〉的决定》	2018 年 8 月 24 日厦门市第十五届人民代表大会常务委员会第十六次会议通过，自 2018 年 8 月 31 日公布之日起施行
《厦门市人民代表大会常务委员会关于全面加强大气污染防治的决定》	2018 年 11 月 29 日厦门市第十五届人民代表大会常务委员会第十九次会议通过，自 2018 年 12 月 3 日公布之日起施行
《厦门市人民代表大会常务委员会关于修改〈厦门市海域使用管理规定〉等五部法规的决定》	2018 年 6 月 29 日厦门市第十五届人民代表大会常务委员会第十四次会议通过，2018 年 9 月 30 日经福建省第十三届人民代表大会常务委员会第六次会议批准，自 2018 年 11 月 1 日起施行

按照全国、省人大常委会的部署要求，做好法规电子报备工作，提升备案审查工作的信息化水平。

依法监督

【概　况】 2018 年，厦门市人大常委会围绕坚持高质量发展落实赶超，建设高素质高颜值现代化国际化城市，推动解决人民群众普遍关心的突出问题，厉行法治、全面推进依法治市，坚持正确监督、有效监督。年内，听取和审议专项工作报告 20 项，开展执法检查 5 项，开展专题询问 3 项，开展满意度测评 1 项。

【深化改革扩大开放监督】 2018 年，厦门市人大常委会开展《厦门经济特区促进中国（福建）自由贸易试验区厦门片区建设若干规定》执法检查，提出加大先行先试力度，构筑改革开放新高地。开展涉侨法律法规实施情况执法检查，推动维护华侨合法权益，弘扬嘉庚精神，发挥华侨在特区建设中的重要作用。审议通过《关于授予第十批荣誉市民的决定》，调动海内外人士参与特区建设的热情。组织代表视察两岸青创基地建设情况，提出充分发挥青年的生力军作用，促进厦台经济社会融合发展。听取厦门市“海丝”（海上丝绸之路）战略支点城市建设情况的报告，助推厦门市打造“海丝”互联互通、经贸合作、海洋合作、人文交流枢纽。听取厦门海事法院工作报告，支持厦门海事法院实施海事审判精品战略，推进国际海事司法中心建设。

【构建现代化经济体系监督】 2018 年，厦门市人大常委会听取和审议 1—6 月厦门市国民经济和社会发展计划执行情况报告、“十三五”规划中期评估报告，监督和支持政府落实“六稳”（稳就业、稳金融、稳外贸、稳外资、稳投资、稳预期）要求，推进“双千亿”工作，发展实体经济，促进民营经济健康发展。开展《厦门经济特区高新技术产业园区条例》执法检查，开展提升产业园区适应高素质创新创业之城发展需要专题询问，提出强化创新主引擎作用，推进产业园区标准化建设，集聚高端创新要素，优化创新生态，提升厦门市经济整体竞争力。督办“关于进一步推动我市大数据管理与应用”议案，提出提升“互联网＋政务”服务水平，发挥国企在发展人工智能和物联网产业中的重要作用。听取海洋经济发展情况报告并开展专题调研，提出做大厦门南方海洋研究中心双创基地，推动海洋经济形成新动能。召开闽西南协同发展区人大工作首次联席会议，签署《关于为推动闽西南协同发展区建设提供有力法治保障厦门备忘录》，推动厦门与周边地区优势互补、互利共赢。

【预算和国有资产管理监督】 2018 年，厦门市人大常委会听取和审议市本级决算、地方债券发行、1—6 月预算执行情况、审计工作和审计中发现问题整改情况等报告，提出建立债务绩效管理制度，全面提升预算绩效管理水平，发挥预算在推进高质量发展中的重要作用。推进预算联网监督工作，自主研发市人大预算联网监督系统，实现对财政资金从预算编制、执行、调整到决算的全过程监督。推进各区人大预算联网监督工作，提前 1 年完成全国人大常委会要求。首次听取和审议企业国有资产管理情况报告（不含金融类），提出管好用好国有资产，确保国有资产保值增值，发挥国有企业在实施创新驱动战略中的重要作用。

【污染防治攻坚战监督】 2018 年，厦门市人大常委会贯彻习近平总书记在厦门工作时提出的 20 字（依法治湖、截污处理、清淤筑岸、搞活水体、美化环境）治理筼筜湖方针，开展筼筜湖水环境整治专题调研，建议下决心彻底解决湖区截污问题，并将其作为人大持续监督的重点。多次组织代表视察生活垃圾分类情况，听取和审议厦门市生活垃圾分类执法工作情况报告，提出加大宣传和执法力度，增强全社会垃圾分类意识，加快收运处理体系建设，不断提高垃圾分类的覆盖率和准确率。听取厦门

8月23日，厦门市人大常委会对市政府关于“我市工业废水治理情况”的报告进行专题询问　　（胡晓云　摄）

市工业废水治理情况的报告并开展专题询问，推动理顺管理体制和实施工业废水处理专项规划。听取厦门市2017年环境状况和环境保护目标完成情况的报告，推动深化生态文明体制改革，加强环境执法监管，持续改善生态环境质量。开展供水安全课题调研，提出长远谋划城市供水安全问题。

【民生和社会事业补短板监督】2018年，厦门市人大常委会在《厦门经济特区促进社会文明若干规定》实施1周年之际，组织代表集中视察，听取专项工作报告并开展专题询问，肯定法规实施取得的成效，提出按照职能分工，狠抓法规落实，为厦门市争创全国文明城市“六连冠”贡献力量。开展《厦门经济特区燃气安全监管若干规定》执法检查，建议充实基层监管力量，加大联合执法力度，提高管道燃气覆盖率。市、区两级人大常委会联动开展《中华人民共和国消防法》和《厦门市消防管理若干规定》执法检查，同步录制执法检查视频短片，形成消防问题清单交由政府研究处理，提出总结推广成功经验，适应旅游业态发展，制定符合民宿发展实际的消防安全技术标准。开展文化发展与保护专题调研，重点督办关于推动漆画发展的建议，助推优秀闽南文化的保护与传承，打造特色文化品牌。开展基础教育发展专题调研，听取和审议学前教育发展情况报告，建议加大财政投入力度，调动社会办学积极性，加快补齐学位短板。督办“关于加强我市中小学生校外托管机构安全监管，做好中小学生课后服务工作”议案，推动政府出台《推进小学和幼儿园开展课后延时服务工作实施意见》。听取和审议智慧医疗建设情况报告并开展满意度测评，提出要加快推进互联网与医疗健康服务相融合，方便群众就医，减少重复检查，测评结果为满意。组织代表视察市养老服务工作，提出加快构建以居家为基础、社区为依托、机构为补充的多层次养老服务体系。

【司法监督】2018年，厦门市人大常委会根据《厦门市人大常委会关于加强对司法工作监督的决定》，开展对民事执行工作的监督，对发现的问题提出监督意见，督促法院、检察院落实重大事项、规范性文件、案件评查情况等报告制度。听取和审议社区治理工作情况报告，推动健全社区治理体系，完善共建共治共享的社区治理格局。组织代表视察《厦门经济特区多元化纠纷解决机制促进条例》执法检查审议意见落实情况，提出建设律师专业调解团队，创新网络纠纷预防化解模式，提升矛盾纠纷信息的收集处理能力。组织代表视察反家庭暴力“一法一决定”执法情况，推动“一府两院”出台8项配套制度，加快形成反家暴全过程工作链条。加大涉法涉诉信访件督办力度，接待群众来信来访1056批次，助推扫黑除恶专项斗争深入开展，维护群众合法权益。

重大事项决定权和人事任免权行使

【依法行使重大事项决定权】2018年，厦门市人大常委会围绕经济社会发展，作出关于批准2017年市本级财政决算的决议、关于2018年市级财政预算调整的决议等9项决定、决议。（见表6–5）

【依法行使人事任免权】2018年，厦门市人大常委会坚持党管干部原则与人大依法行使任免权的有机统一，做好市人大机关、政府组成人员和法官、检察官等的任命工作，全年任免59人次。坚持任前法律知识考试、任职表态发言、颁发任命书仪式，组织宪法宣誓，增强国家机关工作人员的宪法意识、法治观念。（见表6–6）

表6–5　**2018年厦门市人大常委会通过的决定、决议一览表**

时间	会议	通过的决定、决议
6月29日	市十五届人大常委会第十四次会议	厦门市人民代表大会常务委员会关于批准2018年地方政府债券发行计划及预算调整的决议
6月29日	市十五届人大常委会第十四次会议	厦门市人民代表大会常务委员会关于批准2017年厦门市本级财政决算的决议
6月29日	市十五届人大常委会第十四次会议	厦门市人民代表大会常务委员会关于授予第十批厦门市荣誉市民名单的决定
6月29日	市十五届人大常委会第十四次会议	厦门市国家工作人员宪法宣誓办法
8月24日	市十五届人大常委会第十六次会议	厦门市人民代表大会常务委员会关于接受王刚等辞去厦门市第十五届人民代表大会常务委员会委员职务的请求的决定

续表 6–5

时间	会议	通过的决定、决议
8 月 24 日	市十五届人大常委会第十六次会议	厦门市人民代表大会常务委员会关于接受林丽玲等辞去厦门市第十五届人民代表大会专门委员会主任委员职务的请求的决定
11 月 29 日	市十五届人大常委会第十九次会议	厦门市人民代表大会常务委员会关于接受郑慧丽辞去厦门市第十五届人民代表大会常务委员会委员职务的请求的决定
11 月 29 日	市十五届人大常委会第十九次会议	厦门市人民代表大会常务委员会关于召开厦门市第十五届人民代表大会第三次会议的决定
12 月 21 日	市十五届人大常委会第二十次会议	厦门市人民代表大会关于全面加强生态环境保护依法推动打好污染防治攻坚战的决议

表 6–6　**2018 年厦门市人大常委会任免的国家机关工作人员一览表**

时间	会议	任免名单
1 月 9 日	市十五届人大常委会第十一次会议	任　　命：黄聪敏、周进、柯军为厦门市监察委员会副主任；莫建鹰、邓英志（女）、林志明、洪全艺、吴国仁为厦门市监察委员会委员 决定免去：卢江（女）的厦门市人民政府副市长（挂职）职务；黄聪敏的厦门市监察局局长职务 接　　受：周进辞去厦门市人大常委会委员职务
2 月 27 日	市十五届人大常委会第十二次会议	任　　命：方斌为厦门市人大常委会信访局局长；刘辉煌为厦门市中级人民法院立案一庭庭长、审判员；王绮（女）为厦门市中级人民法院刑事审判第一庭庭长；叶炳坤为厦门市中级人民法院民事审判第六庭庭长；叶青（女）为厦门市中级人民法院生态环境审判庭副庭长；张宏伟为厦门市中级人民法院民事审判第三庭审判员；陈萍萍（女）为厦门海事法院海事审判庭庭长；蔡福军为厦门海事法院自由贸易区案件审判庭庭长；邓金刚为厦门海事法院海事审判庭副庭长 免　　去：郝勇、黄小民的厦门市中级人民法院副院长、审判委员会委员、审判员职务；叶青（女）的厦门市中级人民法院立案一庭副庭长职务；郑金雄的厦门市中级人民法院审判员职务；吴迪荣的厦门海事法院执行庭庭长、审判员职务；白羽的厦门海事法院宁德法庭副庭长、审判员职务
4 月 27 日	市十五届人大常委会第十三次会议	任　　命：洪志峰为厦门海事法院海商审判庭庭长；陈水柱为厦门海事法院宁德法庭庭长 免　　去：王灵石的厦门市中级人民法院审判委员会委员、审判员职务；李隽的厦门市中级人民法院民事审判第四庭副庭长、审判员职务；赖民勇的厦门市中级人民法院审判员职务；洪志峰的厦门海事法院执行庭副庭长职务；陈水柱的厦门海事法院福州法庭副庭长职务
7 月 20 日	市十五届人大常委会第十五次会议	决定任命：卢炳椿为厦门市人民政府副市长、厦门市公安局局长 决定免去：林锐的厦门市人民政府副市长、厦门市公安局局长职务
8 月 24 日	市十五届人大常委会第十六次会议	接　　受：王刚、李大辉、吴再阳、余江河、林起、林丽玲（女）、梁美丽（女）因到退休年龄请求辞去厦门市第十五届人民代表大会常务委员会委员职务；林丽玲（女）请求辞去厦门市第十五届人民代表大会内务司法委员会主任委员职务、余江河请求辞去厦门市第十五届人民代表大会城市建设环境资源委员会主任委员职务；因健康原因，李虹请求辞去厦门市第十五届人民代表大会教育科学文化卫生委员会主任委员职务 任　　命：王国利、张祖康为厦门市人大财政经济委员会副主任委员（兼）；傅远平为厦门市中级人民法院副院长、审判委员会委员、审判员；田兴玉为厦门海事法院海商审判庭庭长；洪志峰为厦门海事法院执行庭庭长；邓金刚为厦门海事法院福州法庭副庭长 免　　去：王刚、吴再阳的厦门市人大常委会副秘书长职务；林凯的厦门市中级人民法院执行庭副庭长、审判员职务；田兴玉的厦门海事法院福州法庭庭长职务；洪志峰的厦门海事法院海商审判庭庭长职务；邓金刚的厦门海事法院海事审判庭副庭长职务
9 月 28 日	市十五届人大常委会第十七次会议	免　　去：周内金的厦门海事法院副院长、审判委员会委员、审判员职务
10 月 30 日	市十五届人大常委会第十八次会议	免　　去：谭志明的厦门市人大常委会办公厅副主任职务 代表资格审查：因到龄退休，王刚、梁美丽（女）、余江河、李大辉、林丽玲（女）、吴再阳、林起等辞去市十五届人大代表职务，确认他们代表资格终止
11 月 29 日	市十五届人大常委会第十九次会议	免　　去：郑慧丽（女）的厦门市人大常委会副秘书长职务 决定免去：廖华生的厦门市人民政府秘书长职务；沈灿煌的厦门市科学技术局局长职务；林进川的厦门市文化广电新闻出版局局长职务

续表 6-6

时间	会议	任免名单
12 月 21 日	市十五届人大常委会第二十次会议	任　命：刘宁（女）为厦门市中级人民法院执行庭副庭长；林静（女）为厦门海事法院立案庭副庭长；郑秉物为厦门海事法院执行庭副庭长；郭昆亮为厦门海事法院海事审判庭副庭长 免　去：李桦（女）的厦门市中级人民法院民事审判第一庭庭长职务；刘宁（女）的厦门市中级人民法院民事审判第五庭副庭长职务；汪钢的厦门海事法院审判监督庭庭长、审判员职务

代表工作

【代表履职服务保障】 2018 年，厦门市人大常委会举办市人大代表集中学习班，提升代表的政治素质、政策水平和履职能力。召开政情通报会，让市人大代表加深对全市工作的了解。增加市人大代表列席常委会人数，组织各类视察活动 36 次，扩大代表对常委会工作参与的深度和广度。向全体代表通报 2017 年履职情况。配合全国、省人大常委会开展执法检查、调研等活动，保障在厦门的全国、省人大代表履职活动。

【代表联系人民群众】 2018 年，厦门市人大常委会修改《关于加强市人大代表与人民群众联系的若干意见》，坚持常委会组成人员联系市、区人大代表和市人大代表联系区人大代表的“双联”制度，完善民意反映和表达机制，做到“民有所呼，我有所应”。贯彻落实省、市人大常委会党组关于加强和改进人大代表履职有关工作的意见，全市所有镇（街）均建立人大代表联系群众活动室，422 个村（居）建立人大代表联系群众活动站，做到有场所、有牌子、有设施、有制度、有公开信息、有台账，并将在厦门的全国人大代表、省人大代表和市人大代表编入代表活动室（站），密切代表与人民群众的联系，该项工作走在全省的前列。

【议案建议办理】 2018 年，厦门市人大常委会列入常委会议程的 2 件议案和该届人大二次会议期间以及闭会后代表提出的 340 件建议全部办结。其中，“关于改进路桥缴费方式”等建议的办理，降低厦门市居民出行成本，助推岛内外一体化。“大力发展教育事业、提升厦门城市竞争力”等建议的办理，推动出台《关于加快教育事业发展的实施意见》，促进岛内外教育均衡发展。“加强医联体信息共享建设”等建议的办理，助推国家健康医疗大数据区域中心建设试点城市工作。

【宣传和调研】 2018 年，厦门市人大常委会完成 18 项市人大常委会重点课题和 11 项立法调研任务，《以习近平新时代中国特色社会主义思想为指引，开创新时代地方人大工作新局面的探索与思考开创新时代地方人大工作新局面》等调研文章在省人大常委会课题调研评奖中分获一、二、三等奖。发挥传统媒体和新兴媒体作用，宣传人民代表大会制度和改革开放人大工作成就，宣传新时代人大新作为和代表履职新风采。市人民广播电台播发的《民宿管理不能“纸上谈兵”》的新闻报道获全国人大好新闻一等奖。

（王雪辉）

厦门市人民政府

【市政府常务会议】 2018 年，厦门市人民政府（简称市政府）召开常务会议 30 次，即第二十七次至第五十六次市政府常务会议，会议均由市长庄稼汉主持。（见表 6-7）

（刘欢欢）

表 6-7　**2018 年厦门市政府常务会议一览表**

时间	会次	主要议题
1 月 3 日	第二十七次市政府常务会议	研究《关于促进民营经济健康发展的若干意见》（送审稿）、《厦门市加快现代服务业发展的若干措施》（送审稿）、《关于深化投融资体制改革的实施意见》（送审稿）、翔安南部莲河片区造地二期（东园地块）工程投资概算、翔安南部莲河片区造地二期（莲河地块）工程投资概算、东山变进出线地下综合管廊工程（一期）项目立项、翔安新城港汊流域市政配套工程可行性研究报告、欧厝维权执法基地配套道路工程可行性研究报告、亭北中学（厦门外国语学校集美校区）项目立项、《厦门市产业园区公共租赁住房建设管理工作实施意见》（送审稿）、《厦门市大病医疗保险办法》（送审稿）、《关于进一步做好退役士兵安置工作的实施意见》（送审稿）等议题
1 月 10 日 1 月 12 日	第二十八次市政府常务会议	研究 2018 年市委、市政府为民办实事项目，《厦门市治理新增“两违”责任追究暂行办法》（送审稿），《厦门市人民政府关于进一步完善农村村民住宅建设管理的补充意见》（送审稿），《厦门市市级财政投融资建设项目代建制管理办法》（送审稿），报送省级鼓浪屿申报世界文化遗产工作先进集体及个人名单，云顶西路等 153 条地名命（更）名方案，《莲花水库水源保护区生态补偿实施方案》（送审稿），环东海域滨海旅游浪漫线红树林绿化工程用海的意见，翔安后山岩公园二期工程可行性研究报告等议题
1 月 22 日	第二十九次市政府常务会议	研究《厦门市生态修复城市修补工作方案》（送审稿）、《厦门市“城市双修”近期实施项目库》（送审稿）、2017 年度计划生育目标管理责任制考核评估结果、象屿保税区二期对外道路交通改善工程重新立项、保障性住房湖边公寓项目可行性研究报告、西水东调原水管道工程可行性研究报告、城际铁路 R1 线机场段土建预留工程投资估算控制价等议题

续表 6-7

时间	会次	主要议题
2月1日	第三十次 市政府常务会议	研究《关于实施乡村振兴战略的实施意见》（送审稿）、《关于推进普惠金融发展的十条措施》（送审稿）、《关于进一步完善市级财政投融资建设项目业主确定机制的通知》（送审稿）、《厦门市贯彻落实国家海洋督察反馈意见整改方案》（送审稿）、厦门南方海洋研究中心研发基地项目可行性研究报告、《关于改革完善市属国有企业法人治理结构的实施意见》（送审稿）等议题
2月26日	第三十一次 市政府常务会议	研究《2018年市重大项目安排建议》（送审稿），《关于进一步促进总部经济发展若干规定》（送审稿），《关于岛内总部用地管理意见》（送审稿），《关于进一步促进文化产业发展的补充规定》（送审稿），《厦门航运交易所转企改制方案》（送审稿），《厦门市行政协助管理办法（试行）》（送审稿），《厦门市加快生物医药与健康产业发展的若干措施》（送审稿），《厦门市医疗救助办法》（送审稿），《关于完善农村土地所有权承包权经营权分置办法的实施意见》（送审稿），《关于创新体制机制推进农业绿色发展加快建设生态农业的实施方案》（送审稿），《厦门市海洋环境保护若干规定》，《厦门市无居民海岛保护与利用管理办法》，《厦门市海域使用管理规定》，《厦门市城市供水节水条例》，《厦门市风景名胜资源保护管理条例》，《厦门市砂、石、土资源管理规定》法规修正案（草案），厦禾路、云顶路、环湖里大道改造提升工程可行性研究报告，市教育科学研究院附属小学及幼儿园项目可行性研究报告，市老年活动中心改扩建二期项目可行性研究报告等议题
3月29日 4月2日	第三十二次 市政府常务会议	研究第十届海峡论坛筹备保障工作情况、做好大病医疗保险招投标工作、调整城乡居民基本医疗保险筹资标准、戴尔易安信项目、《厦门港总体规划修编》（送审稿）、《厦门市关于进一步深化厦台经济社会文化交流合作的若干措施》（送审稿）、《厦门市促进外资增长若干措施》（送审稿）、《关于2018年厦门市东西部扶贫协作工作意见》（送审稿）、《关于加强和完善城乡社区治理的实施意见》（送审稿）、《轨道交通建设资金平衡用地收储实施方案》（送审稿）、《厦门市海洋生态补偿管理办法》（送审稿）、第十批荣誉市民初审情况、申报2018年因公出国（境）培训项目计划等议题
4月20日	第三十三次 市政府常务会议	研究《推动经济建设和国防建设融合发展实施意见》（送审稿）、《厦门市2018年法治政府建设重点工作安排》（送审稿）、《在全市全面推行行政执法公示制度、执法全过程记录制度、重大执法决定法制审核制度工作方案》（送审稿）、《厦门市进一步推进“厕所革命”工作方案》（送审稿）、《关于落实进一步深入推进“门前三包”实施意见》（送审稿）、祥平保障房地铁社区二期工程项目可行性研究报告、《关于进一步加强耕地保护和改进占补平衡工作实施意见》（送审稿）、《关于调整优化企业研发费用补助政策》（送审稿）、《关于废止和修改部分市政府规章的决定（草案）》、《2018年度中国政府友谊奖人选名单》（送审稿）等议题
4月26日	第三十四次 市政府常务会议	研究全市第一季度安全生产情况并对第二季度防范重特大安全生产事故工作进行部署，研究《厦门经济特区轨道交通管理条例（草案）》、《关于加强涉海旅游管理的意见》（送审稿）、《厦门市统筹推进市域义务教育均衡发展实施方案》（送审稿）、《关于调整完善我市户籍迁移政策》（送审稿）等议题
5月11日	第三十五次 市政府常务会议	研究推荐福建省第五届杰出人民教师名单、推荐2018年高技能人才享受国务院政府特殊贴人选、新店保障房地铁社区二期工程可行性研究报告、厦门理工学院境外教师与留学生公寓项目可行性研究报告、海沧南部消防站项目可行性研究报告等议题
5月16日	第三十六次 市政府常务会议	研究2018年秋季中小学、幼儿园就学问题，在全市全面推行行政执法三项制度工作，《关于开展质量提升行动推动质量强市建设的实施意见》（送审稿），《厦门市创建国家生态园林城市工作方案》（送审稿），《关于我市工程建设项目审批制度改革试点方案》（送审稿），《厦门市党政领导干部自然资源资产离任审计实施方案（试行）》（送审稿），《关于进一步加强文物安全工作若干措施的通知》（送审稿），2019厦门马拉松赛，《关于提高非公办普惠性幼儿园财政补助标准的通知》（送审稿）等议题
5月30日	第三十七次 市政府常务会议	学习《地方党政领导干部安全生产责任制规定》，研究厦门健康步道（狐尾山—仙岳山—湖边水库—观音山）景观提升工程可行性研究报告，轨道2号线五缘湾南站地块配套项目增设图书馆，厦门市妇女儿童工作情况，厦门市2017年度绩效评估结果、绩效奖励建议及2018年度绩效管理工作方案，2017年厦门市本级财政决算和2018年厦门市地方政府债券发行及预算调整草案等议题
6月8日	第三十八次 市政府常务会议	研究《厦门市加快高质量发展推动“双千亿”工作实施意见》（送审稿）、《厦门市人民政府关于进一步扩大开放若干措施》（送审稿）、营商环境改进工作情况、《厦门市进一步推进“证照分离”改革试点工作的实施方案》（送审稿）、《厦门市党政机关新闻发布工作规定》（送审稿）等议题
6月20日	第三十九次 市政府常务会议	研究厦门市清理规范创建示范活动工作情况，《2017年度市本级预算执行和其他财政收支的审计结果报告》，《厦门市海洋开发利用活动生态损害补偿标准（试行）》（送审稿），《厦门大学排水改善工程方案》（送审稿），推荐2018年专业技术人才享受国务院政府特殊津贴人选，思明区火车站周边、莲前东路、莲前西路街区立面综合整治提升工程项目等议题
6月25日	第四十次 市政府常务会议	研究保障性住房龙泉公寓项目占用山体事宜、《厦门市社会保险监督委员会章程》（送审稿）、《厦门市国防动员建设“十三五”规划》（送审稿）等议题

续表 6-7

时间	会次	主要议题
7月5日	第四十一次市政府常务会议	研究《关于促进农产品加工业发展的实施意见》(送审稿),《厦门经济特区社会信用条例(草案)》,《厦门市促进部分财政性投融资重大项目开工建设试行办法》(送审稿),嘉禾路(南山路至富山转盘段)、嘉禾路(石鼓山立交—吕岭路段)、湖滨南路(湖滨中路—嘉禾路段)、湖滨北路(湖滨中路—嘉禾路段)、湖滨西路(东渡路—厦禾路段)、思明南路(大同路—南普陀厦大西门)以及溪头下、沙坡尾街区、同安区环城西路(银湖中路—环城南路段)等7个街区立面综合整治提升工程项目,前埔、凤南、朱坑垃圾填埋场整治有关事项等议题
7月19日	第四十二次市政府常务会议	研究厦门市上半年经济运行情况、第二十届投洽会筹备工作情况、《进一步提升"i厦门"平台实施方案》(送审稿)、《关于进一步降低厦门港部分港口收费标准的补充通知》(送审稿)、扫黑除恶专项斗争情况、《厦门市餐厨垃圾管理办法(草案)》、《关于进一步加强从业人员预防性健康检查管理有关事项的通知》(送审稿)、《厦门市推进小学和幼儿园开展课后延时服务工作实施意见(试行)》(送审稿)等议题
8月2日	第四十三次市政府常务会议	研究厦门市1—7月经济运行情况、厦门市防汛工作、厦门市实施乡村振兴战略工作、厦门市加强疫苗和药品管理工作、厦门市工程建设项目审批制度改革试点工作进展情况及下一步工作重点、《关于进一步做好2018年东西部扶贫协作工作的意见》(送审稿)、安兜—围里Ⅱ回220千伏线路土建工程可行性研究报告、东部固体废弃物处理中心填埋场二期项目可行性研究报告、同安区环城东路(东桥—环城南路段)立面综合整治提升工程可行性研究报告、翔安东路(海翔大道—翔安南路段)综合管廊工程可行性研究报告、《关于2018年调整机关事业单位退休人员基本养老金方案》(送审稿)、《关于2018年调整企业退休退养人员基本养老金方案》(送审稿)等议题
8月13日	第四十四次市政府常务会议	研究《厦门市国民经济和社会发展第十三个五年规划纲要实施情况中期评估报告》(送审稿)、《我市加快农业优势特色产业发展实施意见》(送审稿)、《我市乡村振兴战略三年行动计划》(送审稿)、《厦门市市级公共租赁住房管理办法》(送审稿)、赴宁夏闽宁镇对接产业协作情况等议题
8月24日	第四十五次市政府常务会议	研究厦门市扫黑除恶专项斗争情况、厦门市推进闽西南经济协作区相关工作、《关于贯彻落实积极有效利用外资推动经济高质量发展若干措施实施意见》(送审稿)、《厦门经济特区鼓浪屿世界文化遗产保护条例(草案)》、厦门市音乐学校艺术教学及配套用房项目可行性研究报告等议题
8月30日	第四十六次市政府常务会议	学习《消防安全责任制实施办法》并研究全市消防工作,研究《工程建设项目审批相关法律法规调整实施意见》、《工程建设项目审批事项改革意见清单及审批流程图》(送审稿)、《工程建设项目审批告知承诺制管理暂行办法》(送审稿)、《厦门市房屋建筑与市政基础设施工程联合验收实施方案(暂行)》(送审稿)、《厦门市房屋建筑和市政基础设施工程施工图设计文件推行联合审查实施办法(试行)》(送审稿)、《厦门市农村危房户和无房户解危解困工作方案》(送审稿)等议题
9月13日	第四十七次市政府常务会议	研究部署厦门市依法治市有关工作、加强厦门市信访有关工作,研究《厦门市农村人居环境整治三年行动实施方案》(送审稿)、厦门第二东通道项目工程可行性研究报告、市档案馆及城建档案馆技术业务用房项目可行性研究报告、乡村振兴工作财政投资体制有关建议、保障性住房洪茂居住区一期项目占用山体事宜、《厦门市岛外总部用地管理意见》(送审稿)、《厦门中小微企业政策性融资担保实施办法》(送审稿)等议题
9月18日	第四十八次市政府常务会议	研究厦门市军民融合发展,国防动员工作,中央扫黑除恶第四督导组在厦督导情况及厦门市初步贯彻意见,《2018厦门国际海洋周总体方案》(送审稿),《关于修改部分市政府规章的决定(草案)》,《关于降低鼓浪屿景点门票价格的方案》(送审稿)等议题
9月28日	第四十九次市政府常务会议	研究部署厦门市宗教工作,研究《厦门市铁路沿线环境综合整治专项行动方案》(送审稿)、厦门市学习贯彻实施《人民防空法》的情况及《厦门市人民防空管理办法(草案)》、《关于厦门市市政工程设施管理条例、厦门市节约能源条例、厦门市消防管理若干规定等三部法规修正案(草案)》、《关于推进防灾减灾救灾体制机制改革的实施意见》(送审稿)、《关于进一步促进农村土地经营权有序流转发展农业适度规模经营的实施意见》(送审稿)、《厦门市工业用地控制线方案》(送审稿)、厦门市妇幼保健院集美院区项目工程可行性研究报告、《厦门市信用数据政务共享和市场化应用暂行办法》(送审稿)等议题
10月25日	第五十次市政府常务会议	研究全市安全生产工作、《厦门市党政领导干部安全生产责任制实施细则》(送审稿)、支持厦门市民营经济发展政策落实情况、《关于促进民营经济健康发展的若干意见》(修订送审稿)、《关于完善产权保护制度依法保护产权实施意见》(送审稿)、《厦门市全面加强生态环境保护坚决打好污染防治攻坚战的实施意见》(送审稿)、《厦门市自然资源产权制度改革实施方案》(送审稿)、厦门市工程建设项目审批制度改革试点工作、《厦门市市属国有企业违规经营投资责任追究试行办法》(送审稿)、同安祥平保障房地铁社区一期市政配套工程可行性研究报告、新阳污水泵站改造工程可行性研究报告等议题
11月1日	第五十一次市政府常务会议	研究《全面推开"证照分离"改革实施方案》(送审稿)、关于扫黑除恶专项斗争有关会议精神政府系统及厦门市贯彻意见、全市禁毒工作情况、《厦门市人口发展规划(2016—2030年)》(送审稿)、闽南戏曲艺术中心项目工程可行性研究报告、《厦门市贷款道路(公路)车辆通行费征收管理办法》(送审稿)、亿元以上产业项目开竣工情况等议题

续表 6-7

时间	会次	主要议题
11 月 15 日	第五十二次市政府常务会议	研究 2018 年市委、市政府为民办实事工作进展情况,《厦门市提升城市供水水质三年行动方案》(送审稿),《厦门市城镇生活污水处理设施投资建设运营管理体制的实施意见》(送审稿),《中国（厦门）跨境电子商务综合试验区实施方案》(代拟稿),《厦门市关于进一步促进存量企业发展的若干规定》(送审稿)，前埔污水处理厂三期（扩建）项目、同安污水处理厂四期工程、翔安污水处理厂四期工程可行性研究报告，观音山及同类型总部企业的扶持政策等议题
11 月 20 日	第五十三次市政府常务会议	研究《厦门市关于营造企业家健康成长环境弘扬优秀企业家精神更好发挥企业家作用的实施意见》(送审稿)、《厦门市实施乡村振兴战略规划（2018—2022 年）》(送审稿)、《厦门市人民政府工作规则》(修订稿草案)、《厦门市人民政府重大决策出台前向市人民代表大会及其常务委员会报告规定（草案）》、《关于设立期货交割库的实施方案》(送审稿)、祥平保障房地铁社区二期配套西湖中小学项目可行性研究报告、福建海事局船员适任评估示范中心土建工程项目可行性研究报告、同翔基地五显片区洪新路（旧 324 线—马新路段）道路工程投资估算、《厦门市加快促进国际航线发展扶持意见》(送审稿）等议题
12 月 3 日	第五十四次市政府常务会议	研究厦门市扫黑除恶专项斗争整改情况、《关于促进开发区高质量发展的实施意见》(送审稿)、《关于 2017 年度粮食安全行政首长责任制考核情况的通报》、《关于认真开展 2018 年度粮食安全行政首长责任制考核机制的通知》(送审稿)、厦门市 1—11 月经济运行情况、BIM（建筑信息模型）报建试点和 CIM（城市信息模型）平台建设情况、《关于全面深化新时代教师队伍建设改革的实施意见》(送审稿)、观音山和两岸金融中心招拍挂项目转让处理意见等议题，传达学习国安办危险化学品安全生产专题视频会精神并研究部署下阶段安全生产工作
12 月 14 日	第五十五次市政府常务会议	研究《厦门市人民政府工作报告》(送审稿)、《厦门市 2018 年国民经济和社会发展计划执行情况与 2019 年国民经济和社会发展计划草案报告》(送审稿)、《厦门市 2018 年预算执行情况和 2019 年预算草案报告》(送审稿)、《厦门市打赢蓝天保卫战三年行动计划实施方案》(送审稿)、96 条地名命更名、《厦门市规章、市政府及市政府办公厅规范性文件自行设定的证明事项建议取消目录》(送审稿)、《废止和宣布失效的市政府文件目录（草案）》、《厦门市城市夜景照明管理办法（草案）》、轨道交通 2 号线五缘湾站配套项目（±0.00 以下工程）可研审批、市政府与中国出口信用保险公司深化合作协议等议题
12 月 25 日	第五十六次市政府常务会议	研究加快推进创建食品安全城市工作、全市安全生产形势、《厦门市关于推进城市安全发展的实施意见》(送审稿)、《关于贯彻落实打赢脱贫攻坚战三年行动的实施意见》(送审稿)、《厦门市提升跨境贸易便利化实施方案》(送审稿)、《关于降低厦门港部分港口收费标准的通知》(送审稿)、同安卿朴中小学项目可行性研究报告、集美污水处理厂尾水排海管项目可行性研究报告、同安祥平保障房地铁社区市政道路二期工程可行性研究报告、2018 年度计划生育目标管理责任制考核评估结果、《厦门市关于完善促进消费体制机制进一步激发居民消费潜力的实施方案（2018—2020 年）》(送审稿）等议题

【人大建议和政协提案办理】 2018 年，厦门市政府收到市人大代表议案 2 件、建议 333 件，办复率 100%，满意率 99%。收到市政协提案 532 件，办复率 100%，满意率 98%。

【政府信息公开】 2018 年，厦门市各级政府及其工作部门主动公开政府信息 39142 条，公开率 45.5%；依申请公开 1235 条，办结率 100%。其中，本级政府及其工作部门主动公开 29114 条，下级政府及其工作部门主动公开 10028 条。厦门市各级政府及其工作部门主动公开的政府信息主要有：机构职能类信息 2380 条，政策、规范性文件类信息 2335 条，规划计划类信息 1534 条，行政许可类信息 9962 条，重大建设项目信息 608 条，为民办实事类信息 1339 条，民政扶贫救灾社保就业类信息 870 条，国土资源城乡建设环保能源类信息 2559 条，科教文体卫生类信息 1714 条，安全生产、应急管理类信息 4332 条。主动公开信息全文电子化率 100%。政府门户网站主动公开政府信息 39142 条，网站政府信息公开专栏页面访问量 2296.22 万人次。至年末，厦门市各级政府及其工作部门累计主动公开 57.96 万条，其中市级政府及其工作部门 44.36 万条、区级政府及其工作部门 13.6 万条。是年，市政府公报每月出版 2 期，免费发放到各镇（街）、村居及社区文化活动室、各级图书馆、档案馆等公共场所，每期发放量逾 3000 份。各级政府公开信息公共查阅场所共接待现场查阅政府信息的社会公众 483 人次。厦门市召开政府新闻发布会 82 场，发布抗击台风、海峡两岸文化交流、公共文化服务体系建设、土地征用与补偿、拆迁许可和补偿安置等方面信息。通过《厦门日报》《厦门晚报》《厦门商报》《海峡导报》等新闻媒体公开政府信息 1351 条，涉及商事登记制度改革、食安创城、消费维权等内容。通过各电子触摸屏、大屏幕、厦门有线电视信息广场频道“政府信息公开”专栏和厦门移动数字电视等渠道为公众提供政府信息公开服务。

【政务公开机制建设】 2018 年，厦门市政府落实《中华人民共和国政府信息公开条例》各项规定，推进行政权力、财政资金、公共资源配置、重大建设项目、公共服务、国有企业、环境保护、食品药品安全、社会组织和中介机构 9 个大类政府信息公开。编制《厦门市重点领域政务公开清单》，推行主动公开清单目录制度，建立包括市政府信息公开目录、部门信息公开目录和区政府信息公开目录在内的 3 级目录框架体系。出台《推进重大建设项目批准和实施领域政府信息公开实施办法》。利用投资项目在线审批监管平台、公共资源交易平台、"信用厦门"网站等渠道推进信息共享和公开，把企业投资项目信息纳入市信用系统动态更新。在政府门户网站统一发布公共资源配置信息。建立公共资源配置"黑名单"制度，公开不良行为信息并交互至省、市社会信用信息共享平台。推进困难群众精准帮扶、社会救助和社会福利、教育、基本医疗卫生、环境保护、灾害事故救援、公共文化体育等公益事业建设领域政府信息公开。提升政务公开实效，通过市政府门户网站、政务中心、新闻媒体、政府公报、新闻发布会、市档案馆、市图书馆、政务微博、微信等实时发布政府信息。

【政策解读与回应】 2018年，厦门市政府围绕出台的重要政策、重大工程项目和政府工作报告、为民办实事项目、招商引资等热点问题及重大民生事项进行公开公示，公布月度、季度国民经济运行情况和财政收支情况，解读社会关注的重要指标数据，增加反应质量、效率、结构以及供给侧结构性改革推进情况等方面内容。全年发布文件解读793条，访谈解读254条。回应公众关注热点或重大舆情数108次，参加或举办新闻发布会82次，政府网站在线访谈254次，政策解读稿发布793次，微博微信回应3449次。按照"普通舆情关注始末、重大舆情特殊处理"原则，建立健全舆情回应快速反应和协调联动工作机制，依托厦门网搜集和掌控突发、敏感网络舆情信息。落实主要领导"第一解读人"职责，政策解读与政策制定同步考虑、同步安排。市本级举办"在线访谈"47期，发布解读报道6期、图解政策50期；"厦门发布"新浪微博发布信息141条，微信公众号发布信息65条。厦门市建立政务舆情检测、研判和回应机制，各级各部门同宣传、网信办等部门协调联动，发挥信息员、网评员的作用，加强分析研判和处置回应。各级各部门统筹运用部门领导撰稿解读、专家解读、政策问答、在线访谈、媒体专访、新闻发布会等方式，推进政策解读传播可视可读可感。各区政府门户网站首页设置"政策解读"专栏，落实政策解读"三同步"要求，同步发布规范性文件和规范性文件政策解读。每月2位部门负责人分别参与市、区政府门户网站开设的"在线访谈"栏目，围绕抓好防范化解重大风险、精准帮扶脱贫、污染防治三大攻坚战等重点领域，回应热点敏感问题。是年备案审查政府规范性文件1893件，解读文件出台背景、主要依据、对象范围、重点内容、特色亮点、惠民举措、办事指引、新老政策差异等。

（许岩胜）

机构编制管理

【概　况】 2018年，中共厦门市委机构编制委员会办公室（简称市委编办）深化"放管服"改革，推进简政放权。出台《厦门市行政协助管理办法（试行）》，在全国率先实施行政协助清单化管理，先后编制公布2批176项行政协助事项清单。推进"双随机一公开"监管改革和事中事后监管综合执法平台建设，完善跨部门综合执法机制。至年末，平台进驻市、区两级监管执法部门176个，12家市直单位纳入市场监管领域综合行政执法体制改革成员。是年，市委编办推进审批服务便民化、智能化、标准化和一体化。全市"一趟不用跑"和"最多跑一趟"事项提升至2081项，占比92%；厦门市线上线下一体化政务服务平台进驻市直部门38个审批服务事项1239个。1917个审批服务事项实现网上预审、网上办理，省网上办事大厅部署事项三星率97.6%。根据国家发改委公布的营商环境试评价结果，厦门市营商环境建设在全国22个参评城市中排名第二。是年，市委编办开展监察体制改革编制划转工作，调整公安系统机构编制职能，推进厦门市行政管理体制改革以及事业单位改革。推进机构编制管理规范创新，在全省率先完成监察体制改革人员2批130人的转隶工作，超额转隶任务14%。

【"放管服"改革】 2018年，厦门市"放管服"改革工作围绕建设"五大发展示范市，营造一流营商环境"总体目标，推进简政放权。（1）取消和下放77项审批服务事项，调整91项；保留行政许可事项326项（市本级231项、上级委托下放95项）、公共服务事项288项。以自贸区厦门片区和厦门火炬高技术产业开发区为试点，对98项市场准入领域行政审批事项进行改革。11月，在全市铺开"证照分离"改革，对106项涉企行政审批事项进行改革。（2）创新"一会四函一书"模式，推动财政性投融资重大重点项目审批提速。在全

9月2日，国务院第十三督察组一行到市政务中心现场督查

（市委编办　供图）

省首创建立行政协助管理机制，创新实施行政协助清单化管理，建立行政协助“1+1 > 2”的效率模式。《厦门“六对标”推进“放管服”改革 打造一流营商环境》做法获全省机制体制创新优秀案例一等奖。（3）开展“减证便民”专项行动，清理各类“奇葩证明”“重复证明”，取消市直各部门证明事项60项，保留46项（类）。配合推进审批服务便民化，梳理公布市级便民服务事项（公共服务）清单245项，深化“最多跑一趟”和“一趟不用跑”，打通服务群众的“最后一公里”。

·小资料·

一会四函一书：一会指“市政府常务会或专题会”，四函指发改部门“前期工作函”、国土部门“用地意见函”、规划部门“设计方案审查意见函”、建设部门“施工登记意见函”，一书指区政府“土地房屋征收承诺书”。“一会四函一书”采取审批流程与工作流程“两条腿”并行推进的方式，推动项目先开工建设，能缩短2个月以上的周期。林边公寓为首次采用工程建设“一会四函一书”审批改革模式推进的房建类项目。

【重点领域行政体制改革】 2018年，厦门市委编办推进党政机构改革，优化机构编制资源配置。（1）纪检监察体制改革。区级实行纪检监察综合派驻模式，覆盖范围包括区直部门与群团单位以及所属镇、街。在各区统一设立巡察组2个，完善各区巡察体制机制建设，党委巡察监督覆盖全区，推动全面从严治党向基层延伸。省委编办下达的第二批行政编制充实到市区两级纪委、监委部门，用于组建市区两级监察委员会。继续按照“人随编走”原则及机构编制职数“三不增”要求，配合纪委、监委和检察院做好人员转隶工作。（2）公安系统机构职能优化。按照警务辅助人员与政法专项编制数不超过3∶1的比例核定全市辅警额度，并综合工作实际和辖区人口等因素明确市、区两级公安局的辅警额度，规范市区两级编办、财政局和公安局在辅警管理方面的分工。整合市公安局刑事侦查支队案件审理处、经济犯罪侦查支队综合处法制科、治安支队综合处法制科、法制支队案件审核队有关职能和机构编制。在市公安局监所管理支队管理处增设医疗病区管理科，负责公安监管医疗病区和体检中心的安全管理和执法工作。在市公安局公共交通分局增设第四大队，履行省政府授权的莆田市与泉州市行政管辖分界线以南至福建省与广东省行政管辖分界线以北沿海海域海事公安职权。（3）跨部门综合执法改革。将市旅游发展委员会、市知识产权局、市烟草专卖局作为第三批开展市场监管领域综合行政执法体制改革的成员单位，有关市场监管执法工作纳入统一的监管综合执法平台。（4）其他重点领域体制机制改革。整合市委政法委与相关办公室行政资源，市欧美同学会纳入群众团体管理，整合市财政局内设机构及内设机构职责、市旅游发展委员会人事管理职责、市机关事务管理局国内公务接待有关管理职责。

【事业单位分类改革】 2018年，厦门市委编办落实政事分开、事企分开和管办分离要求，推进事业单位分类改革。（1）新设立事业单位分类。全年明确13家新设立事业单位类别、2家原未明确事业单位类别，已明确分类事业单位占全市事业单位机构数95.5%。（2）经营类事业单位改革。推动厦门航运交易所转企改制，落实相关机构编制调整事项等涉改后续工作。指导同安区完成区福利印刷厂的机构撤销工作。（3）行政职能事业单位改革。对市属事业单位承担行政职能、权责清单情况和有关法律依据摸底梳理，计划将完全、主要和部分承担行政职能事业单位所承担行政职能剥离回归相应行政机关。（4）重点领域事业单位改革。沟通协调市市政园林局、海沧区、同安区推进国有林场改革，完成区域机构整合优化、明确机构类别等改革任务并精简人员编制40%；完成厦门市环保机构监测监察执法垂直管理制度改革的机构调整工作；整合全市11家事业单位涉及公共资源交易的相关职责，组建厦门市公共资源交易中心，构筑全市统一的公共资源交易服务平台体系。（5）保障教育卫生事业发展。配合市教育局在全市范围内推进“区管校聘”改革试点，建立教职工编制区域和岗位区域统筹、动态管理机制；支持鼓浪屿教育品质提升工程，给予岛上实行小班化教学的英语、足球、美术特色实验班政策倾斜。调整理顺厦门医学院管理体制，隶属关系由市卫计委管理调整为市教育局管理，形成教育部门、学校、卫计部门“三位一体”管理格局；根据最新服务人口数重新核定市中医院所属社区卫生服务中心人员编制，保障分级诊疗推进和全科医生引进工作；配合推进全市医药卫生体制改革和医院建设，完成市第一医院、仙岳医院和海沧医院机构编制事项优化调整，指导同安区推进医疗联合体建设，配合开展组建同安区总医院。

【机构编制监督检查】 2018年，厦门市委编办推动机构编制监督检查工作，提升机构编制工作整体效能。（1）机构编制纪律监督。抓住机构改革各个阶段目标任务和时间节点，联合市纪委开展督查，发现和纠正改革执行落实中存在问题。（2）机构编制问题台账整改。推行机构编制问题提醒函制度，推动区级机构编制部门深入查摆问题，机构编制问题能改即改。（3）事业单位登记监管工作。强化事业单位信用体系建设、档案电子化、事业单位事中事后监管等工作联动管理，构建事业单位登记管理新方式；推出“厦门事业单位在线”微信小程序，提升事业单位登记管理服务；将事业单位法人登记管理工作融入厦门市社会信用体系建设，在福建省事业单位法人年度报告公示中率先推行《部分事业单位主要业务指标（试行）》，事业单位初步分为70多类300余项业务指标。是年，完成2017年度315家事业单位法人年报和网上公示工作，完成2018年事业单位法人年度报告公示“双随机”抽查工作。

（陈琦辉）

机关事务管理

【概　况】 2018年，厦门市机关事务管理局（简称市机关管理局）以“治理法治化、服务规范化、保障标准化、管理精细化、机构职能化、手段信息化、评价绩效化”为方向，为示范市建设提供后勤保障。厦门市建成“全市一张网”公务用车信息化管理平台，该做法被《厦门日报》、市委《特区快讯》刊发。公共机构节能工作位居全省前列。完成重大活动保障工作。坚持“三公”经费管理，市机关事务管理局19个财务保障单位“三公”经费开支总额比上年下降34.39%。

【重大活动保障】 2018年，厦门市机关事务管理局总结金砖国家领导人“厦门会晤”车辆保障工作经验，健全重大活动车辆保障机制，完成第十届海峡论坛、第二十届“9·8”投洽会、市委组织部2018年全国组织工作数据研讨暨分析报告评审会等车辆保障工作，合计筹集各类保障用车1323辆，驾驶员1323名，调度车辆13066辆次，安全行驶78.13万千米。完成国家领导人在厦门市行政服务中心召开的全国工程建设项目审批制度改革试点工作现场会相关会务服务保障工作，组织对厦门市行政服务中心后勤保障进行整体提升。该局重大活动保障做法被《中国机关后勤》《福建机关事务管理》等刊载。

【办公用房管理】 2018年，厦门市机关事务管理局先后为市监察委、市委巡察办、市医保局等20多个单位调配办公用房2.5万平方米，办理办公用房产权移交面积59.98万平方米。落实《党政机关办公用房管理办法》和《党政机关公务用车管理办法》，先后派出10批次12个组35人次对各区、市直机关事业单位基层站、所、学校、医院及企业等48个单位105名领导干部办公用房清理整改使用情况进行抽查，规范办公用房管理工作。

【公务用车管理】 2018年，厦门市机关事务管理局执行事业单位公务用车制度，压减事业单位车辆231辆。完成7批次非保留车辆拍卖和中央车改考核评估工作。加强厦门市“全省一张网”公务用车信息化管理平台硬件设施建设，完善平台各项管理规章制度，组织人员培训。该平台对划转到市公务用车信息化管理平台的车辆集一管理、统一调配，跨部保障目标，促进公车使用管理规范集约。该公车平台管理做法被《厦门日报》和市委《特区快讯》刊发。节假日期间，市机关事务管理局先后派出12个检查组46人次，对37个单位以及酒店、商场、机场、码头、景区等进行检查，检查情况通过《厦门日报》、厦门电视台、市纪委党风政风监督平台等向社会公开。

【公共机构节能】 2018年，厦门市12个公共机构申报创建节约型公共机构示范单位，均通过省考核组考核；湖里区机关事务管理局和厦门大学两家单位被国家机关事务管理局、国家发展和改革委员会、财政部联合授予国家“2017—2018年公共机构能效领跑者”称号。厦门市满分通过福建省对市能耗总量和强度“双控”目标责任的评价考核，在省机关事务管理局组织的“十三五”中期考核评估中获得104分，居全省第一。全市公共机构人均综合能耗比上年下降2.13%，超额113%完成福建省下达的节能任务。市机关管理局以节能周为契机，推广应用新能源汽车、提倡绿色出行方式，全市单辆汽车油耗下降2.2%。该经验做法在《厦门日报》《福建机关事务管理杂志》等刊发。

12月，2018两岸企业家峰会年会期间车辆保障　　（林淮婷　摄）

【公房维修管理】 2018年，厦门市机关事务管理局完成市廉政宣传教育基地扩建工程（二期）建设项目竣工验收工作，办理振业大厦配电室改造项目前期工作手续。完成2018年度市直机关单位办公用房、公用场所及公用设施的维修养护管理、自管公房的日常维护工作，全年维修改造办公用房面积1.5万平方米。完成公务人员租赁集体宿舍选房及管理软件的开发、测试、试运行工作，提高业务环节信息化程度和数据可靠性，提高对市直机关事业单位公务人员租赁集体宿舍的管理效率。全年完成4批次公务人员选房工作。

【机关财务保障】 2018年，厦门市机关事务管理局完成19个所属二级预算单位2017年部门决算、2018年部门预算批复及2019年部门预算。对其中16家单位进行内部审计、检查，检查覆盖率84.21%。完成金砖国家领导人厦门会晤有关资金结算和资产划拨工作，确保相关项目资金专款专用。完善国有资产信息化管理系统，规范化管理国有资产，采用二维码的管理模式对资产全生命周期进行监管，完成资产信息化管理的清查盘点。市机关管理局推行采购小组询价、引入第三方代理竞争性谈判等采购方式，节约采购资金129万元。

【机关安全保卫】 2018年，厦门市机关事务管理局督促指导市行政中心入驻单位落实综治目标责任，发挥群防群管作用。同公安、武警、消防、信访等部门协调联动，确保应急处置及时高效。加强节假日和重大活动期间值班巡查工作，加大人员、车辆出入的管控力度，落实人员身份信息登记制度。市机关事务管理局启动市行政中心网络视频监控系统升级改造项目和市行政中心电动门改造，完善“智能访客通”的“人证合一”登记管理系统。重新调整市行政中心交通道路标线、标志，规范市行政中心大院管理秩序。市机关管理局党组书记分别与各处室和局属单位负责人签订《综治（平安建设）责任书》和《全员安全生产责任书》，落实综治（平安建设）责任制。全年整改落实安全隐患问题19个。

【机关服务保障】 2018年，厦门市机关事务管理局做好水电、空调、会务、食堂、机关物业等日常管理服务保障，提升机关后勤保障能力。市直机关食堂推行网上预订副食品和“智慧餐盘”建设；在市行政中心、建设大厦食堂试点“明厨亮灶”工程建设。后保中心、人民会堂管理处完成设备改造20余项。市机关事务管理局定期开展市行政中心绿化美化、消毒消杀、保洁保养等工作，促进物业管理流程再造、作业流程调整，完成ISO 9001：2015服务质量管理体系换版。

（林淮婷）

地方志工作

【概　况】 2018年，厦门市人民政府地方志办公室（简称市方志办）树立地方志法治理念，推进“两全目标”工作（到2020年，全面完成第二轮修志规划任务，实现省、市、县三级综合年鉴全覆盖），拓展读志用志空间。先后两次召开全市地方志机构主任工作会议，推动新时代地方志事业转型升级；推进二轮修志和综合年鉴编纂工作；开展赠书、社区书院、举办“厦门文史沙龙”等活动；5月在市少儿图书馆开设“厦门方志专架”；8月协助厦门市民政局完成厦门市千年古镇古村落认定审核工作。

【志书编纂】 2018年，《厦门市志（1996—2005）》通过统计、保密、军事相关单位审查，以厦门市政府办公厅名义向79家单位发出审稿通知，市方志办根据各单位反馈的审核意见再次对志稿展开全面修改。8月7日，送审稿报送厦门市政府初审通过；8月16日，送审稿报送省方志委审查验收；12月，参加省方志委组织的市志审查验收第一次专家评审会。区志编纂方面，《厦门市同安区志（1997—2007）》于1月正式出版，全书28篇189万字，记述1997—2007年同安区政治、经济和社会事业等方面取得的成就和变化。至此，厦门市区级志书全部正式出版。

【年鉴编纂】 2018年，厦门市方志办开展《厦门年鉴（2018）》编纂工作，指导和督促各区综合年鉴编纂工作。至年末，《海沧区年鉴（2018）》出版发行，其余各区年鉴计划2019年年初出版。年内，《厦门年鉴（2017）》参加福建省地方志编纂委员会组织的年鉴评审活动，获福建省2017年优秀年鉴通报表扬一等奖；在中国出版协会年鉴工作委员会组织的第六届年鉴编纂出版质量评比活动中，获综合评比一等奖，其中框架设计、装帧设计、检索、编校质量和出版时效各获单项一等奖。

【“厦门文史沙龙”活动】 2018年，厦门市方志办与市图书馆、市政协文史宣委合作，先后以“华侨民族主义的高潮：抗日战争”“漫谈鼓浪屿华侨”“海关文史价值与鼓浪屿申遗意义”“厦门籍抗战将领”“从厦门漆画现象看中国漆画的发展”“厦门中秋博饼民俗探源”“改革开放初期厦门境外华商的小故事”“知厦门兴替，明人生得失”等为主题举办“厦门文史沙龙”活动，并于4月21日举办5周年座谈会。2014—2018年，该活动累计举办近50场，邀请30名文史专家主讲，2000多人次参加（年轻人占30%），成为厦门市民喜爱的文化服务品牌之一。

【社区书院活动】 2018年2月6日，厦门市方志办到溪岸社区开展“传厦门故事　盈溪岸香韵”社区书院活动，为社区冬令营的孩子们讲述老厦门历史及地名来历。该次冬令营由溪岸社区居委会主办，40名孩子参加，市方志办通过讲述厦门地名的历史来源，激发孩子们了解厦门地名及文化的热情。

【厦门方志专架开设】 2018年5月（厦门市地方志法规宣传月），市方志办与市少儿图书馆合作，开设“厦门方志专架”。该专架设在市少儿图书馆（中山馆）4楼，陈列地方志书、地方综合年鉴、地方文献资料等厦门地情书籍合计53种、111册，方便读者了解厦门历史，认识厦门地情。

【《大同志》点校本出版】 2018年9月，《大同志》点校本出版。该书点校工作于2017年5月启动，2018年4月底完成初校和统校。原稿总计8册12卷，载录同安自肇建至清初800余年间的山川形胜、建置沿革、人文丕变、社会变迁，是了解同安有史以来至清初发展情况的权威资料性文献。

（郑　欣）

5月，厦门市人民政府地方志办公室与市少儿图书馆合作开设“厦门方志专架”

（市方志办　供图）

政协厦门市委员会

主要会议

【市政协十三届二次会议】 2018年1月8—11日，政协第十三届厦门市委员会第二次会议在厦门人民会堂召开。市政协主席张健，副主席高玉顺、江曙霞、陈昌生、黄世忠、黄培强、黄学惠、陈永裕、黄国彬、王敍，秘书长张仁苇在主席台前排就座。庄稼汉、陈家东等市领导，邹尔均、洪永世、李秀记、蔡望怀、郭振家、郑道溪等在厦省市老领导，市中级人民法院、市人民检察院、厦门海事法院主要负责人，孙永富等驻厦部队领导，部分省部属驻厦单位领导，市政协部分常委，以及在厦全国政协委员，香港、澳门厦门联谊总会负责人等应邀出席大会并在主席台就座。张健代表政协第十三届厦门市委员会常委会向大会作工作报告。受政协第十三届厦门市委员会常委会委托，高玉顺向大会作十三届市政协提案工作情况报告。张健在闭幕会上发表讲话。庄稼汉等市委、市政府领导在大会发言、大会快报上做出28件次批示。

【十三届市政协常委会会议】 2018年，政协第十三届厦门市委员会举行7次会议，即第六次至第十二次常委会会议，会议均由市政协主席张健主持。（见表6–8）

【市政协第十三届第二次会议大会发言筹备】 2018年，厦门市政协经济城建委员会（人口资源环境委员会）承担市政协十三届二次大会发言筹备工作并成立大会发言组。大会发言组广泛调研征求意见，从“两高两城”（高素质的创新创业之城、高颜值的生态花园之城）、补齐民生短板、推动厦门自贸区升级和建设自由贸易港3个方面提出30个选题方向供各单位参考。本着“命题为主，自选为辅，约稿补充”原则，征集大会发言材料。截至2018年12月15日，共收到发言材料76篇，其中“两高两城”43篇，补齐民生短板25篇，推动厦门自贸区升级和自由贸易港8篇。经十三届十一次主席会议审议，遴选其中14篇作为大会口头发言，39篇

表6–8　**2018年厦门市政协常委会议一览表**

时间	会次	主要内容
1月4日	十三届六次常委会议	审议不再担任十三届市政协常委、委员名单，审议关于责令曾招文辞去十三届市政协委员、免去提案委员会兼职副主任职务的决定，审议十三届市政协委员增补名单，审议十三届市政协增补常务委员建议人选名单，审议市政协副秘书长任免名单，审议市政协十三届二次会议选举办法（草案），审议市政协十三届二次会议选举工作总监票人、监票人名单（草案），审议市政协十三届二次会议选举总计票人、计票人名单。市政协副主席高玉顺、江曙霞、陈昌生、黄世忠、黄培强、黄学惠、陈永裕、黄国彬、王敍，秘书长张仁苇和常务委员共69人出席会议
1月6日	十三届七次常委会议	听取各委员小组召集人对常委会工作报告、提案工作情况报告的审议情况和决议（草案）、政府工作报告的讨论情况，听取各委员小组召集人对选举办法（草案），有关人事事项文件（草案），总监票人、监票人建议名单（草案）的酝酿情况，审议有关人事事项文件（草案），选举办法（草案），总监票人、监票人名单（草案）。副主席高玉顺、江曙霞、陈昌生、黄世忠、黄培强、黄学惠、陈永裕、黄国彬、王敍，秘书长张仁苇和常务委员共66人出席
1月8日	十三届八次常委会议	审议市政协十三届二次会议决议（草案），审议提案委员会关于市政协十三届二次会议期间提案初步审查情况的报告（草案）。市政协副主席高玉顺、江曙霞、陈昌生、黄世忠、黄培强、黄学惠、陈永裕、黄国彬、王敍，秘书长张仁苇和常务委员共71人出席
3月26日	十三届九次常委会议	传达贯彻全国“两会”精神和市委常委会（扩大）会议精神。会上协商政协厦门市委员会2018年工作要点以及审议其他有关事项。市政协副主席江曙霞、陈昌生、黄学惠、陈永裕、黄国彬，秘书长张仁苇和常务委员共53人出席
5月29日	十三届十次常委会议	围绕“加快提质增效，大力发展高端制造业”协商议政。市委副书记、市长庄稼汉出席会议。庄稼汉指出，该次专题协商务实高效，问题找得准，建议提得实，指导性、针对性强，体现出选题好，准备充分，发言质量高的特点，市政府相关部门要对委员的意见建议，认真研究、吸纳借鉴。会议审议并原则通过《政协第十三届厦门市委员会常务委员会关于加快提质增效大力发展高端制造业的建议案》。市政协副主席黄培强、黄学惠、陈永裕、黄国彬、王敍，秘书长张仁苇和常务委员共44人出席
9月3日	十三届十一次常委会议	围绕“提升市容环境，全面打造高颜值生态花园城”协商议政，市政府副市长张毅恭出席会议。张毅恭表示，市政协委员提出的41项意见建议，对深化市容环境提升，提高城市建设管理水平起到极大的促进作用。会议审议并原则通过常委会《关于“提升市容环境　全面打造高颜值生态花园城”的建议案（草案）》。会议听取秘书长张仁苇关于十三届市政协副秘书长、专门委员会主任、副主任调整情况的说明。会议听取市委统战部常务副部长何秀珍关于政协第十三届厦门市委员会委员、常务委员调整情况的说明。市政协副主席高玉顺、陈昌生、黄培强、黄学惠、陈永裕、黄国彬，秘书长张仁苇和常务委员共53人出席

续表 6-8

时间	会次	主要内容
12 月 6—7 日	十三届十二次常委会议	学习贯彻中办《关于加强新时代人民政协党的建设工作的若干意见》，传达全国政协召开的习近平总书记关于加强和改进人民政协工作的重要思想理论研讨会以及全国政协十三届四次常委会会议精神。会议听取市政府副秘书长、办公厅主任黄杰关于市政协十三届二次会议以来提案办理情况的通报。会议听取关于市政协常委会工作报告（草案），关于提案工作报告（草案）起草情况和主要内容的说明。会议听取关于召开政协第十三届厦门市委员会第三次会议的决定（草案）的说明、关于政协第十三届厦门市委员会第三次会议议程（草案）的说明、关于政协第十三届厦门市委员会第三次会议日程（草案），秘书长、副秘书长名单（草案），各委员小组召集人名单（草案）的说明和关于授权主席会议审议市政协十三届十二次常委会会议未尽事宜的决定（草案）的说明。会议书面审议市政协各专委会 2018 年工作报告（草案）。市政协副主席高玉顺、江曙霞、陈昌生、黄世忠、黄培强、黄学惠、陈永裕、黄国彬，秘书长张仁苇和常务委员共 54 人出席

作为大会书面发言，其余的 23 篇转化为社情民意或提案上报。

【市政协界别工作座谈会】 2018 年 7 月 10 日，厦门市政协在市行政中心西楼一楼三号会议室召开加强和改进人民政协界别工作座谈会，听取在厦门全国政协委员、省政协委员和市政协界别召集人的意见建议。会议由市政协党组书记、主席张健主持。与会代表围绕习近平总书记关于加强和改进人民政协工作重要思想 8 个方面内容进行交流讨论，提出意见建议 25 条。市政协副主席陈昌生、黄培强，秘书长张仁苇，在厦门全国政协委员、在厦门省政协委员、市政协界别活动小组召集人等参加会议。

【加强和改进人民政协工作重要思想理论研讨会】 2018 年 8 月 3 日，厦门市政协主席张健在市行政中心西楼一层三号会议室主持召开全市政协系统学习贯彻习近平总书记关于加强和改进人民政协工作重要思想理论研讨会。会议围绕“学习贯彻习近平总书记关于加强和改进人民政协工作重要思想”开展理论研讨，黄国彬、张萍、吴丽冰、柯明哲、陈永东、林凡、陈小强、黄小林 8 人围绕会议主题，分别就做好政协宗教工作、履职为民、发挥民主党派在政协协商民主中作用、发挥工商联职能、界别工作、加强民主监督、加强联系群众等方面作大会口头发言。该次研讨会征集论文 51 篇，精选 47 篇汇编为论文集，内容涉及理论探讨、制度完善、工作创新等方面。省政协副主席薛卫民莅会指导并讲话，市政协副主席高玉顺、江曙霞、陈昌生、黄世忠、陈永裕、黄国彬，秘书长张仁苇出席会议。

【市政情通报会】 2018 年 8 月 7 日，厦门市政协和市委统战部在人民会堂联合召开 2018 年上半年全市政情通报会。会议由市政协主席张健主持。市委常委、市政府副市长黄强到会通报上半年全市经济社会发展情况和下一步工作思路。黄强指出，上半年厦门市经济社会平稳健康发展，产业转型步伐加快，发展质量持续提高；重点改革有力推进，优化营商环境典型做法受国务院通报表扬；重点项目加快推进建设，实现城市提升、生态优化、民生补强、效能提质的目标。副市长国桂荣，市政协主席高玉顺、陈昌生、黄培强、黄学惠、黄国彬、王焱，市政协秘书长张仁苇，在厦门全国政协委员、省政协委员，全体市政协委员，市各民主党派、工商联、相关人民团体负责人，新社会阶层人士代表等参加。

提案工作

【概 况】 2018 年，厦门市政协收到提案 676 件，经审查立案提案 532 件，其中大会提案 523 件，平时提案 9 件，至 10 月 30 日提案全部办结。政协提案工作得到党委政府的重视和支持，市委、市政府领导阅批重要提案摘报 33 件次，市政府领导领办重点提案 10 件，采纳提案建议 646 条，推动提案工作开展和提案建议落实。

【优秀提案及办理单位表彰】 2018 年，厦门市政协根据《政协厦门市委员会提案工作条例》《政协厦门市委员会优秀提案和优秀提案承办单位评选办法》等有关规定，依照优秀提案的评选条件和程序，在民主推荐、征求意见和提案委员会审议的基础上，经政协第十三届厦门市委员会第二十二次主席会议协商同意，决定对 16 件优秀提案和 16 家优秀提案先进承办单位、先进督办单位予以表彰。（见表 6–9）

16 家优秀提案先进承办单位、先进督办单位为：中共厦门市委机构编制委员会办公室、厦门市农业局、厦门市商务局、厦门市鼓浪屿—万石山风景名胜区管理委员会、厦门市海洋与渔业局、厦门市经济和信息化局、厦门市建设局、厦门市卫生和计划生育委员会、厦门市地铁办、中国（福建）自由贸易试验区厦门片区管委会、厦门市发展和改革委员会、厦门市市政园林局、厦门市国土房产局、厦门市科学技术局、厦门火炬高技术产业开发区管理委员会、厦门市翔安区人民政府。

表 6–9　**2018 年度厦门市政协优秀提案目录一览表**

序号	案由	提案者
1	关于深化“放管服”改革有效激发市场活力和社会创造力的建议	民革厦门市委
2	以“共享经济”推动厦门市乡村振兴的建议	民盟界别
3	关于我市服务贸易发展的对策建议	民建厦门市委

续表 6-9

序号	案由	提案者
4	关于完善鼓浪屿古建筑修缮保护工作的建议	民进厦门市委
5	关于加大厦门滨海湿地保护和修复力度的建议	农工党界别
6	大力培育人工智能产业，打造高素质的智慧之城	致公党厦门市委
7	关于进一步加强我市保障性住房建设与管理的建议	九三学社界别
8	关于加强厦门市水产品食品安全监管的建议	台盟厦门市委
9	关于扶持促进中小微企业科技创新发展的建议	工商联界别
10	借助高位嫁接手段整体提高医疗水平	无党派人士界别
11	关于补齐无偿献血民生短板助力健康厦门战略发展的建议	医卫界别
12	借鉴港铁成功管理经验，高起点运营厦门轨道交通	特邀二（港澳）界别
13	关于做强做大我市航空维修业的建议	市政协经建委（人资环委）
14	补齐基层医疗短板，做实做细家庭医生签约服务	吴启锋、吴星东、庄德义、王文强、牛建军、张红美、童绥君、宋秀宇、黄文霞、陈全胜、巫　斌
15	大力发展软件和信息服务业加快我市产业转型升级的建议	滕　达
16	建议将二次供水改造列入我市为民办实事工程	陈炳良

协商议政

【概　况】 2018 年，厦门市政协开展协商议政 4 次，其中常委会协商议政 2 次，主席会议协商议政 2 次。

【大力发展高端制造业协商议政】 2018 年 5 月 29 日，厦门市政协召开十三届十次常委会议，围绕“加快提质增效，大力发展高端制造业”开展协商议政。会议征集发言材料 40 篇，13 位委员代表现场发言。市长庄稼汉对此次协商工作给予高度评价。会议形成“加快提质增效，大力发展高端制造业的建议案”，从高端制造业发展、智能制造、营商环境 3 个方面提出 40 条建议，供市委、市政府决策参考。12 月 12 日，厦门市人民政府印发《厦门市人民政府关于加快提质增效大力发展高端制造业建议案办理情况的函》对“建议案”提出的 40 条建议内容逐条逐项进行梳理和答复，其中 13 条建议被政府吸收采纳，市政府及相关职能部门在“建议案”提出后新出台和修订与“加快提质增效，大力发展高端制造业”相关的产业政策 12 项。

【高起点运营厦门轨道交通协商议政】 2018 年 7 月 12 日，厦门市政协十三届十六次主席会议对“高起点运营厦门轨道交通，实现综合效益最大化”开展专题协商，市政协党组书记、主席张健主持会议，市委常委、常务副市长黄强到会听取政协委员意见建议并讲话。12 个参加协商界别围绕厦门轨道交通分别从推动可持续发展、拓展服务社会功能、提升地铁文化艺术、加强公共安全治理、完善相关政策法规等 5 个方面，提交 24 份大会发言材料，王春新等 6 位委员作大会发言，王少华等 3 位委员作互动发言。市发改、地铁、交通、国土、财政、规划、国资等 7 部门领导出席会议。主席协商议政会议，同时是重点提案办结会。市委书记裴金佳、市长庄稼汉对该协商议政作出相关批示。会议形成的《“高起点运营厦门轨道交通，实现综合效益最大化”建议案》，对进一步推动厦门轨道交通可持续发展提出 37 条建议，以市政协名义报送市政府研究。市政府职能部门逐一研究吸纳，推动落实，由市府办作出答复函。《高起点运营厦门轨道交通，实现综合效益最大化》是市政协 2018 年主席会议协商议题和重点督办提案，市政府由常务副市长黄强负责，市发改委、地铁办牵头办理，市政协由副主席江曙霞、黄世忠负责，港澳台侨和外事委承办，8 个民主党派、工商联、特邀二（港澳）、台联、侨联等 12 个界别参加协商调研。

【推进垃圾分类减量工作协商议政】 2018 年 8 月 24 日，厦门市政协召开十三届十八次主席会议，围绕“2017 年市政协推进垃圾分类减量工作建议案落实情况”开展民主监督性协商议政。会上，由市政协界别活动小组、民主党派、区政协组成的 8 个民主监督小组负责人及市、区两级政协委员围绕推进垃圾分类减量民主监督工作的开展情况进行发言，针对性地提出改进意见及建议。市市政园林局代表垃圾分类工作牵头部门对委员们的监督意见和建议作出回应。通过整理，形成《“2017 年市政协推进垃圾分类减量工作建议案落实情况”民主监督性主席会议建议案》，从继续重视并加大宣传力度、建立长效工作机制、推动垃圾分类源头减量化、提升垃圾回收及资源利用率、推动垃圾收集转运及末端处理 5 个方面提出 40 条建议，供市委、市政府决策参考。《人民政协报》《福建日报》《政协天地》《厦门日报》《厦门政协》及“政协视点”等新闻媒体作专题报道。

【全面打造高颜值生态花园城市协商议政】 2018 年 9 月 3 日，厦门市政协召开十三届十一次常委会议，围绕“提升市容环境，全面打造高颜值生态花园城市”举行专题协商议政。市政府副市长张毅恭应邀出席会议，市委文明办、市经信局、市财政局、市规划委、市环保局、市建设局、市农业局、市水利局、市市政园林局、市城管执法局、市海洋与渔业局 11 个部门有关负责人到会听取意见建议。会上，施正贤等 8 位常委、委员先后代表有关专委会、党派、界别等作重点发言，黄敏沁等 6 位常委、委员作补充发言。市政府副市长张毅恭对该次专题协商给予肯定。市政协委员提出的 41 项相关意见建议。会后市政府专题研究，细化落实政协委员提出的意见建议，优化建设管理、强化责任担当，推进市容环境提升工作向纵深开展。

课题调研

【概　况】2018年，厦门市政协完成调研报告45篇，其中常委会调研报告5篇，专委会调研报告5篇，界别调研报告35篇。45篇报告中向市委、市政府全文报送7篇，其他通过提案、大会发言、社情民意等方式进行成果转化。

【推进公益诉讼制度建立课题调研】2018年3月，厦门市政协针对厦门市未被列入国家检察机关提起公益诉讼试点城市及检察机关开展公益诉讼处于摸索阶段，市政协社法委（民宗委）成立课题组，先后到银川、兰州和三明等全国试点城市学习；课题组与市检察院、中级人民法院围绕厦门市生态环境和资源保护、食品药品安全、国有财产保护等重点领域和人民群众反映强烈的突出问题，开展座谈研讨，完成《关于推进我市公益诉讼工作的几点建议》常委会重点调研课题。提出把促进问题解决作为履职尽责的首要目标，把提起诉讼作为法律监督的最后手段，发挥检察建议作用等建议。年内，湖里区检察院运用公益诉讼前检察建议，推进社区“散乱污”集中整治，解决群众反映强烈的突出问题。

【探索台胞居民化进程课题调研】2018年3月，厦门市政协港澳台侨和外事委员会与台盟界别联合组成课题组，围绕厦门市台胞居民化进程推进厦台深度对接开展调研。4月下旬，市政协副主席江曙霞带领课题组成员到台湾开展相关调研，并走访市台商协会、华侨大学、市人社局、青创基地等单位进行交流，召开在厦门的台商、台湾学生、创业青年代表座谈会，广泛征求意见建议。形成《探索台胞居民化进程推进厦台深度对接》调研报告，旨在进一步促进两岸经济社会融合发展。

【提升厦门城市文化内涵课题调研】2018年4月，厦门市政协教科文卫委成立课题组，对“关于进一步提升厦门城市文化内涵的建议”进行调研。课题组到江苏、浙江考察，了解提升城市文化内涵、塑造城市文化精神的经验和做法。形成《关于进一步提升厦门城市文化内涵的建议》调研报告。调研报告围绕提升城市文化竞争力、城市颜值和引领城市发展、文旅融合、行销城市等方面，提出创新发展理念、打造文化品牌、有效整合资源、发展文化产业、充实文化内涵、加大传播推广等建议。

【促进农村社会全面发展课题调研】2018年4月，按照“产业兴旺、生态宜居、乡风文明、治理有效、生活富裕”总要求，厦门市政协社法委（民宗委）围绕乡村振兴战略实施主题，针对激发农村创新创业活力、推进美丽宜居乡村建设、持续改善农村人居环境、传承发展乡村优秀传统文化、培育文明乡风等关键问题，先后深入前格村、院前社等开展调研，完成《提升乡村治理水平，推动乡村振兴战略实施》专委会重点调研课题。提出加快农村集体土地产权制度改革，推动宅基地法治化信息化管理，着力培养农业科技人才、专业人才、乡土人才、创新创业人才和新型职业农民队伍等10多条建议，供党政部门决策参考。

【扩大与金砖+“一带一路”沿线国家贸易往来课题调研】2018年6月，厦门市政协经建委（人资环委）成立课题组，在市政协副主席陈永裕带领下分别走访市商务局、自贸委、发改委、市交通局物流办、市口岸办、南昌铁路局厦门指挥部、中铁厦门分公司、建发、海投等，先后召开8场座谈会。8月6—11日，陈永裕率课题组成员到海拉尔区、满洲里市和哈尔滨市考察中俄蒙贸易往来情况暨中欧班列开行情况。经广泛征求意见建议，最终形成《扩大我市与金砖+“一带一路”沿线国家贸易往来》调研报告，提出提高口岸物流效率，优化厦门市对外贸易营商环境，提升产品竞争力，优化产业结构，拓宽金融服务渠道，加强外贸企业信贷支持，发展国际中转集拼业务，打造区域中转枢纽，推动区域合作，实现优势互补5个方面17条建议，报送市委、市政府供决策参考。专委会将课题成果转化为市政协十三届三次会议《关于发展我市中欧班列的对策建议》《扩大我市与金砖+“一带一路”沿线国家贸易往来》2篇大会发言和2个提案。

【东南亚国家在厦门留学生现状课题调研】2018年6月，厦门市政协港澳台侨和外事委员会与侨联界别联合组成课题组，通过问卷、座谈会等多种形式，开展在厦门留学生现状调查，掌握在厦门东南亚留学生情况，并邀请相关单位为留学生提供政策咨询解答。形成《“新海丝”背景下东南亚沿线国家在厦门留学生现状的调查与思考》调研报告，对东南亚国家在厦门留学生的学习生活工作状况作进一步调查思考，将东南亚在厦门留学生作为“新海丝”建设重要抓手等建议，得到市有关部门重视。

【推动历史文化街区保护课题调研】2018年6月，厦门市政协社法委（民宗委）成立课题组，针对鸿山片区发展滞后，与紧邻的中山路历史风貌片区和厦大文教片区形成明显断层问题，组织课题组开展调研，完成《鸿山片区文化保护、提升和开发利用》调研课题。提出统一规划布局，强化保护措施，完善环境人居品，植入历史文化，提升片区发展价值等建议，为延续城市文脉，提升城区品质，建设高素质高颜值现代化国际化城市，提供决策参考。鸿山片区位于厦门市中心区域，有较多的历史文化物质遗存，其中华侨博物院，南普陀寺、闽南特色骑楼、华侨老别墅、《小城春秋》中破狱斗争旧址等历史古迹，孕育了闽南文化、郑成功文化、宗教文化、红色文化和华侨文化等。

【宗教文物保护和管理课题调研】2018年7月，厦门市政协民宗委（社法委）以《加强宗教活动场所文物保护和管理的建议》为题，组织委员和宗教代表人士成立课题组开展重点调研。课题组多次深入南普陀寺等五大宗教场所考察座谈，提出市文物保护单位主动介入，主动对接；各相关部门应建立经常性联络机制；发挥宗教文物的功能，让华人华侨、海峡两岸同胞和信徒看到宗教文物牢记乡愁，使其成为凝聚两岸关系的“粘合剂”和引导宗教中国化方向有力物证等建议。

【提升厦门影视产业核心竞争力课题调研】2018年8月，厦门市政协文史和学习宣传委员会围绕提升厦门影视产业核心竞争力，组织界别委员深入市委宣传部、市文广新局、市影视剧本协会以及相关影视企业开展重点调研。通过对厦门市影视产业发展现状和问题梳理分析，提出6个方面针对性意见建议，形成调研报告报市委市政府决策参考，得到市委主要领导和市政府分管领导批示。

委员视察

【概　况】2018年，厦门市政协组织委员视察19场。其中，开展市政协委员专题视察9场。

【全民健身与全民健康融合情况视察】2018年4月3日，厦门市政协副主席黄学惠率委员视察团专题视察厦门市全民健身与全民健康融合情况。委员们一致对“康乐家园”和国民体质监测中心建设点赞，认为“康乐家园”建设，有利提高社区居民的生活质量，提升居民幸福指数，对于活跃社区、社会文化生活有着十分重要的现实和深远意义；开展国民体质监测，可以帮助市民了解自身身体状态，根据运动处方有针对性地开展体育锻炼，是全民健身与全民健康融合发展的重要契合点。

【市学位增加项目进展情况视察】2018年5月25日，厦门市政协副主席黄学惠率领委员视察团专题视察全市学位增加项目进展情况。委员们肯定市教育局在增加学位项目方面所做的工作，并结合视察情况提出意见建议：要根据办学标准结合岛内外实际，适度超前为学校用地留足空间；要落实教育与规划、建设等部门在规划、设计、验收环节的会商机制，发挥各区政府的作用，形成合力，共同解决教育项目在建设中遇到的问题。

【市影视产业发展情况视察】2018年5月31日，厦门市政协主席张健、副主席黄学惠，率领民进、九三学社、社科新闻、文艺等界别委员视察厦门市影视产业发展情况，市委常委、宣传部部长叶重耕参加。在座谈会上，来自市影视文化产业领域的委员们，结合各自工作实际和调研情况，从加强影视制作人才培养、延长产业链、建立联动协调机制以及挖掘本土文化、投拍彰显厦门地域特色影视剧作等不同角度建言献策。

【乡村振兴战略实施情况视察】2018年6月12日，厦门市政协主席张健、副主席黄国彬带队前往同安区视察市乡村振兴战略实施情况。在听取区、镇领导和村“两委”对同安区、莲花镇“乡村振兴”战略实施情况汇报后，与会人员结合实地考察情况，分别就现代化农业产业发展、乡村旅游项目整体提升、大学生村官作用发挥、推动委员精准法律服务、村乡风文明建设等多个方面，进行深入交流。

【两岸青年创业创客基地视察】2018年6月26日，厦门市政协副主席江曙霞率领致公党界别、台盟界别、台联界别和侨联界别20多位委员，视察市两岸青年创新创业创客基地建设情况。委员们对两岸青年创业基地突出自身优势，开展特色运营表示赞赏，对思明区创新台胞服务模式经验做法给予肯定，并提出做好对台工作要重视基层，重视细微工作，要让政府支持台湾青年创业的政策落到实处，落到点上，更好地服务台胞到厦门发展、创业，更好促进两岸的融合发展。

【打造金砖+“一带一路”沿线国家物流新通道视察】2018年7月19日，厦门市政协副主席陈永裕率领民建、工商联、经济、农业等4个界别委员20多人，视察“打造金砖+‘一带一路’沿线国家物流新通道”情况，实地察看厦门机电设备展示交易中心、东南红酒自贸直销中心，并召开座谈会，听取委员们意见建议。座谈会上，委员们建言献策：（1）以向外管总局申请QDIE（合格境内投资者）业务为契机，尽快筹划在厦门设置期货交割库，扩大厦门周边货源。（2）更好地发挥市场的力量，让更多企业参与市物流行业相关软硬件建设。（3）加快海铁联运一体化建设，实现货物海上过驳、中转，实现海铁无缝对接，减少口岸的物流成本。（4）积极争取厦门过境口岸资质和对中欧班列过境货物的优惠运费政策，降低成本，提升厦门港转口货易竞争力。

【市邮轮经济发展情况视察】2018年11月15日，厦门市政协党组书记、主席张健率领经济、民建、工商联、农业界别委员视察市邮轮经济发展情况。委员们实地视察厦门国际邮轮中心以及歌诗达“大西洋”号邮轮，并与厦门港口管理局、市旅发委、市自贸委、市国资委、市发改委、市港务控股集团、歌诗达邮轮等有关单位和企业的负责人座谈。针对市邮轮经济面临竞争激烈、航线产品不够丰富、客源市场不足、区域非经济因素以及旅客素质有待提升等问题，委员们提出相应解决建议。

7月19日，厦门市政协副主席陈永裕（左四）带队视察厦门机电设备展示交易中心
（市政协　供图）

【开发性金融助推厦门社会经济发展视察】 2018年12月5日，厦门市政协党组书记、主席张健率经济界别委员就“开发性金融助推厦门社会经济发展”到国家开发银行厦门分行进行视察。市发改委、财政局、金融办、经信局、规划委、科技局等市直有关部门负责人陪同视察。委员们视察国开行厦门分行办公情况、党建及企业文化墙后召开座谈会。市政协党组成员、副主席陈永裕主持召开座谈会，委员们听取市政协委员、国开行厦门分行行长关宏岩及相关部门负责人关于国开行支持千亿产业链、支持民生和对台业务等方面介绍。结合考察情况，与会人员展开互动交流，委员们建言献策。张健表示，金融产业是厦门市“双千亿”产业链之一，推动“双千亿”工作离不开金融业的支持，委员们要思考3个方面问题：（1）研究如何用好用足国务院低息专项资金；（2）研究如何拓展厦门项目的生成空间，用更多更好的项目来承接金融机构的投放需求；（3）研究如何做好厦门建设资金拼盘的合理搭配，提高资金的使用效率。

【集成电路园区建设情况视察】 2018年12月20日，厦门市政协副主席陈昌生率领中共特邀（一）界别活动小组（2）、民革界别、民盟界别、九三学社界别的委员，视察市火炬翔安产业园区的2家光电及集成电路生产企业。座谈会上，委员们与企业主要围绕中美贸易摩擦对企业有没有产生影响，企业人才引进和流动情况进行交流互动。委员们表示，针对专业人才少，人才成本高；中高端人才因厦门生活成本高留不住、流动频繁；中美摩擦将造成企业原材料进口成本增长等问题，将通过提案、大会发言等渠道帮助呼吁，提出意见建议，力求协助企业解决困难问题。

专项民主监督

【垃圾分类减量工作监督】 2018年2—8月，厦门市政协组织各民主党派、区政协和部分界别委员成立8个民主监督工作组，在市政协副主席陈永裕带领下，深入基层围绕“2017年市政协推进垃圾分类减量工作建议案落实情况”开展专项监督活动，针对发现的问题，提出整改意见，在取得共识基础上，促进问题整改。据统计，监督期间组织开展各类监督活动112次，其中会议监督18次，视察监督22次，提案监督2次，专项监督4次，社情民意监督8次，应邀委派监督1次，其他形式监督57次；参加监督活动共计637次人次，其中市政协委员（含特邀研究员）189人次，区政协委员（含特邀研究员）156人次；开展民主监督工作期间，发现问题147个，其中解决问题70个，处于办理中的问题32个，待解决问题45个。

【法规实施情况监督】 2018年9月7日，厦门市政协社法委对《厦门市房屋安全管理规定》实施情况开展专项民主监督。其间，组织律师委员和民盟、致公党市委负责人，邀请市建设局、市国土房产局等部门领导参加，实地察看思明区大同路7号、翔安区洪溪仑头等城乡危旧房屋修缮改造情况，听取职能部门关于厦门市危房安全排查和修缮改造工作情况专题汇报，并围绕《房屋安全管理规定》实施中存在的主要问题建言献策。

委员联谊

【对台联谊】 2018年，厦门市政协开展对台联谊活动。主要活动有：

3月29日，台中市常春藤国际学校董事长李天泽率领台中教育参访团到厦门访问。市政协副主席江曙霞会见，双方就两岸合作办学、校际交流、游学互访、对台招生等方面展开深入交流。

4月10日和11月30日，江曙霞两次主持召开台商委员及特邀人士专题座谈会，分别以国台办31条、厦门60条惠台措施的效应和台湾“九合一”选举对两岸关系的影响为主题，听取市政协台商委员和市台商协会负责人的意见建议，市政协委员、台商协会会长吴家莹等20多人次出席座谈会。港澳台侨和外事委根据座谈会整理报送的《市政协台商委员及特邀人士对落实惠台31条措施及厦门60条举措的建议》等信息，得到市政协主席张健和市委副书记陈秋雄批示。

4月23—28日，以江曙霞为团长的厦门市政协赴台交流参访团，应台湾海峡两岸交流友好协进会邀请到台参访。参访以联谊访友、宗教文化交流、两岸婚姻为主题，通过走访拜会、座谈交流、实地考察等方式，深入台北、台中、高雄、彰化、屏东、金门等地基层社区、中小企业、宫庙寺院走访交流，先后拜会台中海峡两岸交流协会理事长蔡铃兰、“中华洪门联盟”总会长刘会进、台湾无极三清总道院管理委员会主任委员郑铭辉等各界人士。

12月18日，庆祝改革开放四十周年暨两岸“三通”十周年系列专题展览启动仪式在厦门博物馆举行。江曙霞出席展览启动仪式。该次展览客观记录厦门市坚持贯彻党中央、国务院关于对台工作的方针政策，以及自2008年两岸实现“三通”，厦门市承载通航、通邮、通商的代表企业所做出的努力，展示“海峡论坛”10年成果回顾。市政协港澳台侨和外事委及各主办、协办、指导单位和市各金融机构领导出席启动仪式。

12月29日，海峡两岸（厦门）盆景精品展暨首届闽派盆景精品展开幕仪式在位于同安区同集中路美格农艺举行。陈秋雄、江曙霞等出席开幕仪式。上百名两岸盆景艺术大师参加展会。来自两岸1300株（盆）造型姿态各异的精品盆栽集中展出。

【对港澳联谊】 2018年，厦门市政协广泛开展对港澳联谊活动。主要活动如下：

3月29日至4月1日，在厦门市政协港澳台侨和外事委员会牵线搭桥下，中国香港跳绳体育联会荣誉会长庄成鑫带领跳绳代表队和学生运动员一行35人，到厦门开展为期3天的“绳跃厦门”参访、交流活动。市政协副主席江曙霞会见交流团一行。交流团重点考察厦门双十中学海沧附属学校、厦门大学，体验内地课程教学，前往福建省跳绳协会参访，与厦门双十中学海沧附属学校联合举办“绳舞飞扬、缔结友情”表演活动。

6月28日，香港东涌青年会一行17人在主席刘淑娴率领下到访厦门，考察厦门北站台湾青年创新创业基地。江曙霞会见参访团一行。

8月4—6日，江曙霞率团到港参加福建省港区政协委员联谊会第三届理监事会就职典礼。其间，还参加福建省政协主席崔玉英与福建省港区政协委员座谈会和香港福建同乡会举办的千人斋宴，拜会香港厦门联谊总会以及厦门大学旅港校友会。

8月26日至9月1日，市政协主席张健率团到港澳访问。该次访问以通报政情、联谊访友、推介厦门、合作交流为主题，通过向市政协港澳委员通报厦门市情、拜会爱国爱港爱澳社团，宣传厦门营商环境，推介闽西南经济协作区和“双千亿”工作。

9月26—29日，香港深水埗社团领袖交流团一行48人到厦门考察访问，江曙霞会见交流团一行，与团员深入交流。

11月5—10日，张健率市政协港澳委员考察团一行28人，到江西上饶、景德镇和安徽黄山市考察乡村振兴和文化传承工作。11月6日晚，张健主持召开港澳委员座谈会，希望港澳委员们学习借鉴其他地市先进经验，给厦门提出好意见建议，为推进“双千亿”工作提供新思路。市政协副主席江曙霞，秘书长张仁苇，港澳台侨和外事委主任胡政兴，市政协港澳界别活动小组召集人王少华、曾志龙等参加考察活动。

11月16日，香港中华出入口商会妇女事务委员会主席杨静率考察团一行23人到厦门访问，江曙霞会见来宾，并深入交流。胡政兴参加会见活动。

12月12日，香港工联会（福建·厦门）咨询服务中心、工联康龄长者服务社（中国香港）厦门代表处（下称福建中心）在厦门工人文化宫举行揭幕典礼。全国总工会副主席、书记处书记江广平，福建省人大常委会副主任、省总工会主席黄琪玉，厦门市政协主席张健，香港工联会会长吴秋北，香港中联办秘书长文宏武，厦门市委常委、市总工会主席倪超等出席揭幕典礼。香港工联会会长吴秋北是厦门市政协常委、全国人大代表。工联会福建中心的设立，是工联会呼应闽籍港人要求、促成香港特区政府实施“福建计划”的结果。

12月19日，张健到翔安区宵垄路厦门大学国家大学科技园，看望该园区主要投资人、市政协常委、特邀二（港澳）界别召集人曾志龙，并与其企业高管进行座谈交流。

【市政协领导出国访问】 2018年，厦门市政协领导先后出访塞尔维亚、匈牙利、英国、摩洛哥、葡萄牙、罗马尼亚、立陶宛、荷兰、德国、意大利。

4月19—28日，厦门市政协副主席江曙霞率团到摩洛哥、葡萄牙、罗马尼亚访问，拜会摩洛哥、葡萄牙和罗马尼亚的华侨华人社团、华人商协会、当地企业联合会、华文学校及旅游会展企业等近10个机构和社团，进行深入交流，并分别在3国举办3场厦门国际投资贸易洽谈会（简称厦洽会）推介会，介绍厦洽会的新内容新特点、厦门自贸试验区和“一带一路”建设投资新机遇。

5月20—29日，厦门市政协主席张健率厦门市代表团到立陶宛、塞尔维亚及匈牙利访问，拜会驻立陶宛大使馆经济商务参赞陈霖、驻塞尔维亚大使李满长及驻匈牙利大使段洁龙，介绍厦门作为海上丝绸之路重要支点城市、自贸试验区、全国四大航运中心对外经贸合作机遇，以及厦门通过中欧班列进口中东欧国家优质农产品的巨大潜力，推介厦洽会；拜会立陶宛考纳斯市、匈牙利佩奇市，开拓与塞尔维亚地方政府联系渠道；拜会立陶宛华侨华人联合会会长王金炜、塞尔维亚华人华侨社团联合会和塞尔维亚华人华侨商业总会会长金东荣、匈牙利福建同乡会会长陈雷，并走访海外华人华侨企业以及塞尔维亚中国银行。

7月18—27日，厦门市政协副主席高玉顺率领访问团一行6人出访塞尔维亚、匈牙利、英国，围绕重点督办提案《关于深化“放管服”改革、有效激发市场活力和社会创造力的建议》展开调研。同时，发挥侨务资源和友城优势开展海外统战联谊工作，推介自贸试验区建设和第二十届中国（厦门）国际投资贸易洽谈会。

9月18—27日，厦门市政协副主席黄学惠率团到荷兰、德国、意大利访问。代表团在荷兰海牙出席由中国人民对外友好协会和荷兰中国友好协会主办的中国荷兰友好省市大会，拜会友城政府、友好协会、意大利地方政府、华人华侨社团以及知名高校和企业，推动相关合作项目开展，拓展交流交往渠道。

【在厦门华裔留学生座谈会】 2018年8月，厦门市政协港澳台侨和外事委、市侨联联合召开在厦门华裔留学生座谈会，了解他们在学习生活中遇到的问题，并邀请市公安局出入境管理支队、厦门大学、华侨大学、集美校委会等单位现场答疑解惑。会议由市侨联副主席邓飚主持，市政协港澳台侨和外事委主任胡政兴、市委统战部副部长蔡林娜参加座谈会，15位在厦华裔留学生代表与各单位相关负责人面对面交流。

【英国皇家医学院院士到访厦门】 2018年9月30日，英国皇家医学院院士高武图到厦门访问，市政协副主席高玉顺会见客人，并陪同参观考察建发集团弘爱医院，现场解该院医疗设备和专家团队建设情况。市政协副秘书长苏清臻、厦门建发集团总经理王沁参加活动。

其他工作

【政协履职宣传】 2018年，厦门市政协十三届二次会议期间，围绕全会新闻，各类报纸累计发稿120余篇（条），电视广播播出180余条/次，网络媒体报道35条。同时，市政协文史学宣委围绕政协工作重点，在《人民政协》、《中国政协》、中新网等中央媒体刊发多篇专题报道，编印《厦门政协》杂志6期，编发《厦门日报》“政协之声”专版12期，拍摄播出政协视点12期。年内，市政协分别围绕“高端制造业”“高起点运营轨道交通”“垃圾分类减量”等协商议题、重点提案和民主监督，进行系列报道。围绕两岸基层治理论坛、省市政协书画摄影展等重点工作策划专题宣传报道，中央、省、市新闻媒体共刊发各类新闻稿件20余篇，策划《福建日报》《厦门日报》《城市捷报》等报纸专版5个，其他新闻媒体也作大量转载。《厦门政协》杂志增设“学习贯彻十九大”、“庆祝改革开放四十年”、纪念“五一口号”等专栏，宣传委员心声、感想及回忆，共刊登照片145幅、文章84篇；“政协之声”刊登各类反映政协委员履职的文章45篇；“政协视点”拍摄采访委员100余人次。

【政协文史工作】 2018年，厦门市政协开展文史资料征编工作，《厦门科举纪事》《厦门商人商事》文史资料征编，初步汇总并形成框架目录。初步收集《厦门鼓浪屿建筑》有关史料。完成省政协关于《亲历福建改革开放40年》史料征集任务，征得《开启“9·8”掘宝金钥匙》等4篇文史资料报省政协。完成《厦门改革开放实录》和《厦门改革开放40年大事》市政协部分的编写报送工作。完成《厦门年鉴（2018年）》“市政协”部分编写，其中包括政协会议、政协提案、视察调研、民主监督等12个部分、2万多字、12张图片资料的征编和报送。以每月1期“文史沙龙”活动为载体，举办“海关文史价值与鼓浪屿申遗意义”“厦门文史沙龙五周年回顾与展望”“博饼民俗探源”等12期沙龙，共组织地方文史专家学者80多人次、吸引市民500多人次参加，推进政协文史工作的普及化、社会化。

【政协信息工作】 2018年，厦门市政协反映社情民意信息工作，在全国15个副省级市政协及福建省9地市政协社情民意信息排名中均位居第一。在济南市举办的全国副省级市政协第八次信息工作座谈会上作典型经验发言。全年，市政协收到各单位报送的社情民意信息稿件2000多篇，编辑报送全国政协、省政协及市级领导600多期，内容涉及经济、政治、文化、社会、生态文明各方面。其中，《打造“知识产权共同体” 推进“一带一路”建设》《厦门各界人士对疫苗事件的反映》《关注惠台政策可能导致激励不相容现象》等18件信息得到全国政协采用；《深化福建与金门区域合作打造融合发展先行区》《推进福建集成电路产业创新发展的建议》《改善我省家庭医生签约服务质量》等91件信息被省政协采用，获省领导批示14件次；《结合我市实际修订台胞“平等待遇”的政策法规》《创新我市公租房运营管理模式》等信息得到市领导批示27件次。

【政协信访工作】 2018年1月，厦门市政协第十三届第二次会议期间，信访组受理群众各类信访73件，及时转至市信访局交由有关部门处理。信访工作呈现受理信访群众批次及信访件有所增加，群众信访反映的问题比较集中，重复上访和多头上访较多，部分反映问题时间跨度长、处理难度大等特点。大会信访组加强和改进工作方法，及时在大会召开前组织成立信访工作组，明确分工、定岗定责，确保各项工作规范有序、顺畅高效推进；完善制度，严格按照大会秘书组要求规范处置工作流程，推行逐日分析工作制度，做到当日接访、当日处置、当日总结；逐件确定会后办理程序，按照信访工作职属分工和属地管理原则，及时转送、答复信访群众各类诉求，提升信访工作实效。

【两岸基层治理论坛在厦门举办】 2018年6月6—8日，由全国政协港澳台侨委员会、福建省政协主办，厦门市政协、福建省政协港澳台侨和外事委员会承办，台湾村里长联合总会、台湾村里长联谊总会、台湾海峡两岸民意交流基金会协办的第十届海峡论坛·两岸基层治理论坛在厦门举行。来自海峡两岸的百余名基层代表围绕“共谋民生福祉、共创美好生活”主题，共享经验、共话发展、共叙情谊。该论坛是全国政协首次参与主办海峡论坛的活动，是海峡论坛自举办首次设立两岸基层治理论坛。论坛采用“1+2+3”即1个大会主旨发言、2次小组座谈研讨、3社区交流参访形式进行，所有活动都在厦门举办。全国政协副主席、台盟中央主席苏辉，福建省政协主席崔玉英，厦门市政协主席张健，台湾海峡两岸民意交流基金会董事长饶颖奇出席开幕式并致辞。来自台湾基隆、桃园、台中、台东和浙江温州、福建平潭、厦门、广东佛山的8位代表作大会主旨发言，23位代表在小组会上进行互动发言。与会代表分3次6批前往思明区前埔北社区、湖里区禾山社区、集美区园博社区和厦门规划展览馆、筼筜书院等地交流参访。全国政协港澳台侨委员会驻会副主任吕虹、办公室主任黄安理，福建省政协副主席王惠敏、办公厅主任刘宏伟、港澳台侨和外事委主任吴国盛和副主任洪碧玲、卢德昌，厦门市政协主席张健、副主席江曙霞等全程参加论坛活动。

【改革开放四十年书画摄影展】 2018年6月29日，由福建省政协、厦门市政协联合举办的省市政协庆祝改革开放四十年书画摄影展在厦门市美术馆开幕。省政协主席崔玉英、原主席张昌平，省政协副主席杜源生、原副主席陈荣凯，省政协秘书长陆开锦，厦门市市长庄稼汉，市政协主席张健、市委常委叶重耕、张灿民，市政协原主席陈修茂、副主席高玉顺、江曙霞、陈昌生、黄学惠、陈永裕、黄国彬、原副主席詹沧洲、秘书长张仁苇等出席开幕式。省政协办公厅、省政协文史学习委、省政协教科文卫体委、省政协社会法制委，市文广新局，市文联领导，市政协各专委会、各民主党派、工商联及有关团体和各区政协领导，特邀嘉宾和省市政协书画室成员等参加。会议由市政协主席张健主持。该次展览展出作品280余幅，涵盖书法、国画、油画、漆画、摄影、雕塑、剪纸等，全面展示福建省和厦门市取得的巨大发展成就，记载海上丝绸之路、自贸试验区、金砖国家领导人厦门会晤等重大历史事件。29日下午，在厦门市美术馆举办省市书画艺术家笔会交流活动。笔会主要环节是共同创作完成2幅4米长的画作。1幅由省政协书画室的画家代表合力完成，另1幅由市政协书画室的画家代表们集体创作。两幅画都是典型的中国风，在创作2小时后，省政协书画室和市政协书画室互换画作以纪念。

【市政协学习中心组暑期研习班】 2018年8月14—16日，厦门市政协在市委党校举办“习近平总书记关于加强和改进人民政协工作的重要思想学习班暨市政协暑期研习班、委员培训班”。该次专题学习突出政治性和政策性，紧扣习近平新时代中国特色社会主义思想，以习近平总书记关于加强和改进人民政协工作的重要思想，政协新章程和中央、省、市关于建设现代化经济体系的决策部署为核心课程。4门课程邀请全国政协的领导和地方专家学者授课，参训190多人，取得预期成效。

（毛　鑫）

纪检监察

【概　况】 2018年，厦门市各级纪检监察机关受理检控类初次举报2448件，比上年增长84.8%；立案637件637人，增长21.3%。其中，自办案件463件463人，增长31.2%；市管干部案件23件23人，处级以上干部案件84件84人；党纪政务处分473人，移送司法机关48人。开展涉黑涉恶腐败专项治理，处置涉黑涉恶线索272条，立案54件61人，其中涉嫌充当“保护伞”22人。探索适用认罪认罚从宽制度，主动交代违纪违法问题的党员干部65人。加大专案追逃力度，追回市公安局原副局长郑东强等外逃人员13人。对纪检监察干部违纪行为零容忍，立案6件，党纪处分5人，组织调整4人。试点开展不实举报公开澄清制度。

【主体责任落实协助】 2018年，厦门市纪检监察机关协助市委开展落实全面从严治党主体责任检查，通过重点检查、交叉检查、委托检查等，将高校、国企、医院等纳入检查范围，实现对全市实地检查全覆盖。针对检查发现的108个问题，提出问责建议26条，督促建章立制91项并建立问题抄报制度。全年党内问责党组织5个、党员领导干部84人，给予党纪处分22人。

【全面从严治党监督】 2018年，厦门市纪检监察机关构建纪律、监察、派驻、巡察监督“四个全覆盖”权力监督格局。运用监督执纪“四种形态”（让咬耳朵、扯袖子，红红脸、出出汗成为常态，党纪轻处分、组织调整成为大多数，重处分、重大职务调整的是少数，而严重违纪涉嫌违法立案审查的只能是极极少数），完善谈话函询月分析、季通报，函询了结情况反馈等工作机制，推动全市党委（党组）班子成员开展谈话459件次。全市运用“四种形态”处理3504人次，比上年增长10.3%，其中第一种形态处理2996人次、第二种形态处理290人次。建立完善执纪监督室挂钩联系派驻机构制度，组建案件审理、监督检查和办信办案划片协作小组，形成纵横交错、条块结合的片区协作机制。

【巡察监督】 2018年，厦门市纪检监察机关细化政治巡察指标，创新机动式巡察、交叉巡察方式，建立巡察整改监督机制，拓展巡察成果运用。市、区巡察党组织113个，移交党员干部问题线索370条，根据线索立案审查77人、党纪政务处分69人。至年末，市级完成8轮巡察，涉及党组织54个，覆盖率51.43%。

【腐败惩治】 2018年，厦门市纪检监察机关针对国企经营管理、工程招投标、涉黑涉恶腐败等重点领域和关键环节，查处腐败案件。其中，查处中国进出口银行厦门分行原行长王云生，建发地产原副总经理程冰，翔安投资集团副总经理李苏飞，翔安区原副区长、区公安分局原局长杨江忠等违纪违法问题。

【巡视整改落实】 2018年，厦门市成立市纪委巡视整改工作领导小组，先后召开巡视整改领导小组会5次、整改办周例会9次，协调整改过程中遇到的问题。制定《巡视整改专项督查工作办法》，明确督查内容、督查方法、督查机制和工作要求，推动整改任务落地见效。市纪委监委牵头的22项阶段性整改任务按时完成。对长期性整改任务，建立跟踪督查通报机制，加强日常监督检查。

【监察体制改革】 2018年，厦门市完成市、区监委组建，实现对全市7.6万名监察对象监督全覆盖。整合行政监察、反贪反渎和预防腐败等力量，市区两级共转隶干部130人。对纪委原有干部和转隶干部交叉配备、混合编制。完善监督检查、审查调查、案件监督管理、案件审理等相互协调、相互制约的工作机制。出台市监委工作规则，制定完善执纪监督、审查调查文书63种。运用12项调查措施，对非党员监察对象政务立案87人，依法留置涉案人员59人。

【“四风”纠正】 2018年，厦门市纪检监察机关明察暗访带有私人会所性质的场所，开展快递收受节礼专项检查，深挖隐形变异“四风”问题。查处违反中央八项规定精神问题140起158人，党纪政务处分107人，通报曝光典型问题57期102起。开展形式主义、官僚主义专项整治，重点围绕文山会海、为官不为4个方面30种表现的突出问题，查处53件106人，党纪政务处分20人，通报曝光典型问题15起。整治群众身边腐败和作风问题，出台《群众反映强烈问题专项治理方案》，重点针对帮扶领域工作落实、民俗活动大操大办、民生领域等问题进行专项整治，查处群众身边腐败和作风问题68起82人，党纪政务处分53人。开展两轮村（居）换届专项督查，通报典型问题3起。

【移风易俗专项治理】 2018年，厦门市组织近3万名党员干部、公职人员签订《移风易俗承诺书》，开展党员干部参加封建迷信活动专项整治。在民俗日活动时间节点进行防范劝导和督促检查，处理顶风违纪和工作落实不力的党员干部。全市查处移风易俗问题10起，处理17人，给予党纪处分2人。

【警示教育】 2018年，厦门市坚持以案为警，有案必鉴，市委、市纪委将党章党规党纪和警示教育纳入市区两级党校和行政学院主体班次。升级改版市党风廉政教育基地展厅，定期在《厦门日报》案例警示录专栏、《厦门通讯》警钟常鸣专栏发布典型案例剖析，拍摄《贪婪的代价》等警示教育片，编印《厦门历史名人勤廉故事读本》。出台《违反中央八项规定精神问题警示教育制度》，明确10种教育形式，组织违规人员深入偏远农村访贫问苦。整理汇编100条纪律红线分发各级各部门，督促对标对表。

【检控类信访举报】 2018年，厦门市纪检监察机关将来访接待室从市政府大院内搬迁至市信访局来访接待大厅，建立完善全员轮值开放式接访工作机制，实现全面开放（接访场所向群众完全开放）、全员接访（机关干部和派驻纪检组干部轮流接访）、全面反馈（来访件办理结果全部反馈）。

（蔡江彬）

民主党派和工商联

民革厦门市委员会

【概　况】 2018年，中国国民党革命委员会厦门市委员会（简称民革厦门市委）履行参政党职能，加强思想建设，推进组织建设，被评为第十五届（2015—2017年度）市级文明单位。年内发展党员48人，截至年底，党员总数880人。12月22日，民革厦门市第十三届委员会第三次全体（扩大）会议召开，会议听取和审议并通过民革厦门市第十三届常务委员会工作报告。

【参政议政】 2018年，民革厦门市委向市政协十三届二次会议提交大会发言3件，其中《深化“放管服”改革　有效激发市场活力和社会创造力》发言获市长庄稼汉、常务副市长黄强批示。提交集体提案26件，其中党派提案11件，界别提案15件。民革界别人大代表和市政协委员共提交建议案、提案20余件。《深化“放管服”改革　有效激发市场活力和社会创造力》《举“洪荒之力”解决我市幼儿园、中小学“学位荒”问题》被确定为重点提案，《加快我市工业园区升级转型的建议》获得市政协2017年度优秀提案表彰。年内，基层支部、专委会立项课题55个，民革省委下达重点课题1个，参加市委统战部联合调研课题1个，市政协专题议政课题4个。参加政治协商，完成专题议政调研和协商发言。围绕推进乡村全面振兴主题，完成《双轮驱动“产业”和“人才”　全面实施乡村振兴战略》《培育乡村振兴带头人队伍　推进乡村振兴战略》2篇调研报告。在中共市委召开的实施乡村振兴战略主题协商座谈会上，围绕“产业”和“人才”两个要点做重要发言。在市政协常委会和主席会的协商议政会上，分别作《以提升自主创新能力为抓手，打造我市新材料产业集群》《关于采用“地铁＋物业”模式建设厦门地铁的建议》《关于可持续地综合治理农村生活污水的建议》3个口头发言，同时提交《推动我市体育制造向“智造”升级的建议》《我市园林绿化既要提升颜值魅力也要增强抗风能力》2个书面协商发言。《厦门日报》、厦门电视台《政协视点》栏目对上述协商发言分别做专题采访和报道。《人民政协报》以《国桂荣委员：做老百姓身边的“有心人”》为题对全国政协委员、民革中央委员、民革厦门市委主委、厦门市副市长国桂荣在全国政协大会上履职做专题报道。国桂荣在年初全国两会期间提交的个人提案中就“升格台胞证为18位数”建议获落实。

【信息工作】 2018年，民革厦门市委报送信息378篇。其中，13件信息得到全国政协、中共中央统战部《零讯》（综合）和民革中央采用，14件信息得到省委办公厅《福建信息》、《福建八闽快讯》、省委统战部和省政协采用，34件信息得到市政协、《统战建言专报》、《厦门信息》和《厦门统战信息》采用；获省领导批示2件，市领导批示1件。获2017年度全市统战系统信息工作先进集体一等奖、市政协信息工作先进单位二等奖和民革福建省委信息工作先进集体三等奖。

【宣传工作】 2018年，民革厦门市委利用民革报纸、网站、微信公众号等宣传平台，开展“动动手指宣传民革”活动，全年微信公众号发布信息逾百条；编印《厦门民革》报纸6期、《厦门民革工作简讯》12期。获《团结报》《厦门日报》《厦门政协》报道15篇；厦门电视台《政协视点》栏目就厦门市高端制造业、轨道交通、建设高颜值厦门等议题，3次采访民革党员。获《团结报》2018年度发行征订工作先进集体一等奖。

【涉台交流】 2018年，第十届海峡论坛期间，民革厦门市委与到厦门出席论坛的台湾新党主席郁慕明、台湾亲民党副秘书长李鸿钧开展交流。1月30日，协助台湾两岸经贸文化发展交流协会会长等一行考察厦门自贸区及生技产品企业。8月17日，协调台湾“中华青年发展联合会”理事长及其他台湾企业家等到龙山青创园和象屿保税区管委会考察洽谈。6月25日，与到厦门参访的中国国民党高雄市党部所属的高雄市青溪总会一行和中国国民党中央委员进行交流。11月2日，与中国国民党桃园市党部副主委陈维德等一行交流。

【社会服务】 2018年，民革厦门市委慰问帮扶对象包括同安明溪村困难农户，后埔小学和白沙仑小学困难学童，湖里禾山街道、同安福利院、集美福乐家园的残障人士，厦门市各区部分困难群众；关爱困难民革党员。为白沙仑小学送去党员捐赠的书籍800多本，与南平政和县两名贫病特困家庭学生建立结对帮扶。组织民革党员中的医卫人员、教育工作者开展免费肝脏检测义诊活动，送医、送教下乡。开展法律援助和咨询宣传等公益活动，针对部队官兵、企业家、律师、村居基层工作人员需求开展专题法治宣讲，举办千人“领军律师公益讲坛”等公益讲座43场，受惠人数1万余人；通过各种渠道提供无偿法律咨询360多件（次），参与法律援助19件。参与同安区汀溪镇古坑村的乡村振兴工作，开展帮扶贫困大学生、为村民培训三角梅培育种植技术等工作。

【“精准立法促进社会文明”实践报告获推广】 2018年，民革厦门市委报送《以法治擦亮城市文明的底色——民革中央“精准立法促进社会文明”在厦门实践情况的报告》获民革中央领导肯定。9月28日，民革中央办公厅以《民革通报》的形式，印发至民革各省、自治区、直辖市委会及副省级市委会，时任中共厦门市委书记裴金佳作出批示，感谢民革中央对厦门工作的关心和支持。

【参政议政工作会议】 2018年5月5日上午，民革厦门市委“2018年参政议政工作会议暨全国两会精神学习辅导讲座”在团结大厦举行。民革厦门市委主委国桂荣出席会议并讲话。会议表彰2017年度为民革厦门市委参政议政工作做出积极贡献的先进个人，何燕珍等8人获“参政议政工作先进个人一等奖”，陈建文等6人获“参政议政工作先进个人二等奖”，苏奕欣等16人获“参政议政工作先进个人三等奖”。参政议政工作会议结束后，与会人员听取关于《中国人民政治协商会议章程（修正案）》和《中华人民共和国宪法修正案（2018年）》的辅导讲座。

【民革中央主席到访厦门】 2018年11月7日下午，民革中央主席万鄂湘到访民革厦门市委机关，深入了解民革厦门市委关于参政议政工作责任机制、规范化机制和激励机制等方面的建设情况。民革中央副主席张伯军、民革中央联络部副部长张庆盈、民革中央调研部副巡视员周丽萍、民革福建省委专职副主委董良瀚等陪同。民革厦门市委主委国桂荣携班子成员及机关全体干部参加座谈，中共厦门市委统战部常务副部长何秀珍、副部长曾庆军应邀参加。万鄂湘对民革厦门市委会参政议政等各项工作给予肯定，希望民革厦门市委进一步开

11月7日，民革中央主席万鄂湘（前排左七）到访民革厦门市委机关，与机关人员合影
（郑晓东 摄）

拓创新，服务大局，特别是要进一步加强涉台信息工作敏感性，加强涉台课题调研，多出涉台参政议政精品，在涉台参政议政中发挥独特的作用。

（游秀凤）

民盟厦门市委员会

【概 况】 2018年，中国民主同盟厦门市委员会（简称民盟厦门市委）发展新盟员122人，新成立5个支部，海沧区总支升格为基层委员会。至年底，全市盟员2125人，基层组织73个，其中基层委8个、总支2个，支部63个。年内，增设艺术委员会，同时对多个专委会委员进行调整和补充。新创办盟员之家1个。新任民盟中央主席丁仲礼到民盟厦门市委机关看望机关人员并座谈。民盟中央副主席徐辉到厦门大学开展高校基层组织建设工作调研。民盟厦门市委领导班子成员集体参加市多党合作理论研修班和市政协学习中心组暑期研习班。全年共选送骨干盟员35人次参加民盟省委、市委统战部和省、市社会主义学院举办的各类民主党派干部培训班学习。中科院院士郑兰荪（厦门民盟盟员）继续受聘新一届全国政协委员并当选常委、省科协第九届主席；2位盟员获聘民盟中央参政党理论研究中心特邀研究员；2位盟员分别获聘厦门市首批党风政风监督员和市特约审计员，4位盟员到霞浦、政和县相关政府部门挂职锻炼。2位盟员分别当选新一届教育部化学学科、社会学科教学指导委员会正副主任委员，1位盟员当选新一届中国美协理事、福建省美协副主席。2位盟员分别获民盟全国参政议政、社会服务工作先进个人称号，1位盟员获2018年福建省劳动模范称号，2位盟员获全省文化系统先进工作者称号，3位盟员分别获2015—2017年度厦门市文明市民标兵、2017“感动厦门”十大人物、市人大优秀代表建议奖称号。民盟市委获民盟中央、省委思想宣传工作先进集体，福建民盟组织成立70周年先进集体，民盟省委、市政协、市委统战部信息工作一等奖，市政协先进界别等多项表彰。湖里区、翔安区两个基层委“盟员之家”获民盟全国优秀“盟员之家”称号。11个基层组织获“福建民盟组织成立70周年”先进集体称号，20余位盟员分别获民盟上级、市区政协、市区统战部信息工作先进个人称号。

【学习活动】 2018年，民盟厦门市委组织专题学习贯彻习近平新时代中国特色社会主义思想和中共党的十九大精神。开展庆祝改革开放40周年和纪念“五一口号”70周年系列活动。举办全市青年盟员“忆盟史·朗读者”诵读比赛；组织盟员参加民盟省委纪念“五一口号”70周年系列活动，美术院书画家参加省、市政协“改革开放40年，政协履职展风采”书画摄影作品展；组织专人采写厦门民盟与庆祝改革开放40周年征文，7篇次文章在中央、省市杂志中刊登。

【信息宣传】 2018年，民盟厦门市委报送信息223条。被上级有关部门采用123篇次，其中1条信息被中共党和国家领导人批示；1条信息被中共中央办公厅采用，是福建民盟年度唯一被中共中央办公厅采用的信息；1条信息被评为“全国政协2016—2017年度优秀社情民意信息”；22条信息分别被中央统战部、全国政协和民盟中央采用；4条信息获福建省领导批示，58条信息被省委办公厅、省政协、省委统战部及民盟省委采用。8条信息经中共市委常委、统战部部长批示后作为党外人士建言专报报送市主要领导。年度报送稿件被民盟中央网站采用122篇，被福建民盟网站采用215篇，在《厦门日报》、厦门电视台等媒体中报道145篇次。

【两会建言】 2018年，民盟厦门市委在市政协十三届二次会议上，向大会报送3篇大会发言、6件党派提案、17件界别提案。其中，《把握自贸港建设契机，构建厦门航运金融要素市场》书面发言得到时任中共厦门市委书记裴金佳和市委常委倪超批示；“以共享经济推动厦门市乡村振兴的建议”口头发言，得到张毅恭、孟芊2位副市长批示，被列为年度市政协重点提案，并被评为优秀提案。书面发言附件《厦门经济特区控制吸烟条例》被列为5年立法规划项目。《完善海沧港区物流便利化措施，推动自贸区发展》等2件提案分别得到市委常委倪超和副市长国桂荣的批示。民盟市委和民盟界别14篇发言被市政协常委会协商议政会、主席协商议政会收入发言汇编。市政协民盟界别全年完成《厦门市中小学开展课后延时服务工作的调查与建议》等3个调研报告，上年度完成的《以厦门片区为例推进我省双自联动的建议》等2个盟省委课题转化为2018年省政协大会提案。

【课题调研】 2018年，民盟厦门市委完成民盟省委调研课题4个、民盟市委课题55个，其中《盘活资源要素，加快千亿产业链群建设》等6个课题转化为2019年度市政协大会发言，《加快电子政务发展，助推“数字厦门”再上新台阶》等20个课题转化为市政协提案，3个课题转化为2018年度中共市委党际协商会发言，14个课题转化为市政协常委协商会、主席协商会发言。选送多篇论文参加民盟中央教育、民生、法治、经济论坛，以及民盟副省级城市、西部城市盟务工作会议交流发言。

【专题研讨】 2018年，民盟厦门市委联合厦门理工学院，承办民盟“一带一路”核心区建设研讨会。民盟中央副主席张道宏发来书面致辞，省政协副主席、民盟福建省委主委阮诗玮作开幕致辞。“一带一路”沿线省市民盟组织领导、专家、在闽高校留学生代表等120余人参加会议，收到研讨论文26篇。会议同时在理工学院成立民盟“一带一路”（福建）研究院研究基地。年内，民盟厦门市委完成理论论文12篇，其中《在建设高素质中国特色社会主义参政党地方组织中走前头》《新时代中国特色社会主义参政党协商能力研究》分别被民盟中央、省委采用，其他被作为理论研究成果分别报送市政协和市委统战部，相关论文在上级有关杂志中刊出，或被收入相关研讨会论文汇编。

6月3日，民建厦门市委成立60周年纪念大会在团结大厦一楼多功能厅举行

（陈潮萍 摄）

【社会服务】 2018年，民盟厦门市委组织发动2位盟内企业家参加民盟省委到贵州毕节试验区开展“同心助学”调研帮扶活动。修订续签民盟市委与大嶝田墘社区“同心”共建协议书，出资1万元支持田墘社区第四届纪念林希元文化节活动，发动盟员企业家向田墘社区捐赠树苗220棵；联合盟员企业家，多次对田墘社区困难居民、市定安养老院老人开展慰问。社服委到革命老区明溪县，为当地贫困学生捐赠价值200万元的眼镜。民盟理工学院总支大学生志愿者对口帮扶新霞小学。

（陈志毅）

民建厦门市委员会

【概　况】 2018年，中国民主建国会厦门市委员会（简称民建厦门市委）发展新会员78人，会员总数1651人，平均年龄48岁。完成同安总支、翔安总支等3个基层组织的届中调整和厦门理工学院支部、机关二支部的换届工作。5月18日，全国人大常委会委员、华侨委副主任委员、民建中央副主席张少琴到厦门开展组织工作调研。年内，民建厦门市委开展中共中央发布“五一口号”70周年、改革开放40周年、黄炎培先生诞辰140周年、民建厦门市委成立60周年等系列纪念活动。

【参政议政】 2018年，民建厦门市委完成97篇调研成果，承接民建省委、市政协、市委统战部共16篇理论研究课题。其中，调研形成《关于我市实施乡村振兴战略的四点建议》等18篇发言材料，部分课题转化为市、区两会提案。市政协大会上，作大会发言1篇、书面发言2篇，提交集体提案26件，确定为重点提案1件，获评优秀提案2件。民建界别活动小组被评为“年度先进界别活动小组”。民建厦门市委的口头发言《建立新型国际离岸金融中心，推进自由贸易港建设》获中共厦门市委常委、常务副市长黄强批示，书面发言《关于提升我市轨道交通可持续发展能力的建议》获市委副书记、市长庄稼汉批示，3件信息快报获市领导批示5件次，《关于我市服务贸易发展的对策建议》《关于提升我市轨道交通可持续发展能力的建议》被审定为重点提案，《厦门市地下管线公共安全措施的建议》获评“年度优秀提案”。

【信息宣传】 2018年，民建厦门市委报送议政信息828篇。其中，中共中央统战部采用5篇次，全国政协采用6篇次，民建中央采用16篇，省政协采用38篇次，获国家领导人批示1篇，省领导批示11篇次，市领导批示15篇次。获“全省民建社情民意信息工作先进单位一等奖”“厦门市政协信息工作先进单位一等奖”“全市统战信息工作先进单位一等奖”等表彰。提高《厦门民建》会刊、“民主与建设”网站编办水平，微信公众号运作良好，强化维护网络意识形态安全的自觉性和责任感。省、市主流媒体报道民建厦门市委及会员的新闻稿件113篇次，民建厦门市委获“全省新闻宣传工作先进单位一等奖”称号。

【民建厦门市委成立60周年纪念活动】 2018年6月3日，民建厦门市委成立60周年纪念大会在团结大厦多功能厅举行。省政协原副主席、民建福建省委原主委郭振家，民建福建省委专职副主委王宁新，中共厦门市委常委、市委统战部部长张灿民，厦门市其他民主党派和对口联系单位到会祝贺。大会由专职副主委柯明哲主持。民建厦门市委黄世忠主委代表市委会讲话，回顾民建市委60年发展历程中的主要工作和成绩，总结和阐述民建市委发展的体会。大会表彰基层优秀会务工作者，课题调研先进集体、先进工作者，信息工作先进工作者，新闻宣传工作先进个人和社会服务工作先进个人，对为纪念民建厦门市委成立60周年而举办的气排球赛、会章会史知识竞赛等系列比赛的获奖代表队进行颁奖。当天在团结大厦一楼多功能厅还举办文艺汇演和纪念中共中央发布“五一口号”70周年、改革开放40周年、黄炎培诞辰140周年暨庆祝厦门民建成立60周年会章会史知识竞赛等一系列庆祝活动。

（郑有卫）

民进厦门市委员会

【概　况】 2018年，中国民主促进会厦门市委员会（简称民进厦门市委）开展“不忘合作初心，继续携手前进”专题教育活动，围绕中共厦门市委、市政府中心工作，履行参政党职能。民进厦门市委获评民进全国宣传思想工作先进集体、民进省委参政议政工作先进集体一等奖、全市统战系统信息工作先进单位一等奖、市政协信息工作先进单位二等奖、市三八红旗先进集体等荣誉。在省两会换届中，会员吴丽冰当选省政协常委，谢英挺当选省人大代表，庄晏红当选省政协委员。邓利娟、郑海雷、彭莉3名会员进入民进中央新一届专委会，其中邓利娟担任社会法制委员会副主任；朱敬恩受聘为民进中央参政议政特邀信息员；26名会员进入民进省委新一届专委会。全年发展会员54人，截至年底，全会会员总数1156人，文化教育出版主界别731人占63.2%，中高级职称835人占72.2%。

【宣传教育】 2018年，民进厦门市委被《人民政协报》采稿3篇，其中统战新闻版头条2篇；《中国统一战线》刊载1篇，《团结报》刊载3篇，《民主》杂志刊载5篇，民进中央网站刊载37篇；人民网、新华网、光明网、中国统一战线网等国内主要门户网站刊载民进厦门市委通讯稿100余篇；福建电视台、东南电视台、厦门电视台、厦门卫视及《福建日报》《厦门日报》等省市媒体报道民进厦门市委通讯稿50多篇；省委统战部网、厦门政协网、市委统战部网、福建民进网及《厦门政协》等网站及刊物采稿200余篇；协拍政协视点5个。年内，民进厦门市委以“不忘合作初心，继续携手前进”主题教育活动为主线，举办3场“不忘合作初心继续携手前进”理论宣讲会和“我身边的先进”宣讲报告会，在陈嘉庚纪念馆正式挂牌“民进厦门市委学习教育基地”。开展“五一口号”发布70周年纪念活动、改革开放四十周年纪念活动，选送优秀节目参加“不忘合作初心共赴复兴征途”——厦门市纪念“五一口号”发布70周年文艺晚会。《建诤言谋良策，合力谱写厦门公共交通新篇章》位列市政协“改革开放四十周年与人民政协事业新发展”征文一类课题榜首，在《人民政协报》《民主》《政协天地》刊发。16件作品参加民进省委纪念改革开放四十周年书画摄影作品展。

【参政议政】 2018年，民进厦门市委完成民进市委课题58篇、民进省委课题29篇。在市两会期间，提交政协大会发言5篇，党派、界别提案28件，人大代表建议21件，委员个人提案22件。其中，《把握自贸港建设契机，构建厦门航运金融要素市场》书面发言得到中共厦门市委书记裴金佳、市委常委倪超批示；《保护和开发厦门沧江古镇的对策建议》口头发言得到市长庄稼汉批示。《关于协同推进我市公共自行车共享发展的建议》获评市政协2017年度优秀提案；《关于推动我市休闲农业发展的议案》获评2017年度优秀代表议案。6个课题成果被载入市政协首次编发的《大会快报》中，其中《关于创新我市公租房运营管理模式的建议》等5件得到裴金佳、庄稼汉等市主要领导批示10次。在省两会期间，由民进市委重点课题转化的省“两会”快报《关于完善鼓浪屿古建筑保护修缮工作的建议》得到中共福建省委书记于伟国批示，《关于新形势下落实在闽台胞“同等待遇”的对策建议》得到中共省委常委、秘书长梁建勇的批示。承担市委统战部重点课题，先后形成《率先推动台资企业进入厦门两岸区域股权交易中心的建议》《新形势下推动落实在厦台企台胞享受同等待遇的建议》课题成果，得到裴金佳、陈秋雄、倪超、韩景义等市领导批示，推动厦门市在全国率先推出“惠台60条”措施，及两岸股权交易中心“台资板”在第十届海峡论坛期间挂牌。围绕协商议题开展深入调研，形成《关于我市乡村振兴工作的几点建议》《提升高职院校专业建设水平，补齐我市高端制造业人才短板》《立足闽南传统艺术现代表达，打造厦门地铁公共艺术国际化都市新标识》等19个课题成果，分别在中共厦门市委与各民主党派有主题协商座谈会、市政协常委会专题协商、市政协主席会议专题协商、市政协民主监督专题协商以及全市党风廉政建设和反腐败工作座谈会、全市综治工作情况通报会上发言，其中口头发言8篇、书面发言11篇，30多条建议被吸纳进市政协常委会建议案、主席会议建议案。在中共厦门市委书记与党派领导的无主题协商座谈会上，民进厦门市委提出的《关于加强和改进我市人才工作的建议》得到裴金佳等市主要领导的重要批示。立足界别特色开展联合调研，4篇联合调研课题成果转化为政协专报件或市两会大会发言，其中《提升厦门影视产业核心竞争力》得到裴金佳、副市长国桂荣批示，《提升乡村治理水平，推动乡村振兴战略实施》转化为福建省政协十二届五次常委会专题协商书面发言。全年完成民进省委课题29篇，其中《建立健全福建自贸区多元化纠纷解决机制》获评2018年福建统一战线建言献策成果一等奖，《优化我省涉税营商环境的建议》等2篇入选福建省政协常委会专题协商发言，《加快推动我省生产性服务业融入智能制造的对策建议》等3篇入选2018年省委统战部同心建言献策论坛。全年完成理论课题15篇，《台湾青年来厦就业创业问题的分析与探讨》获评全市统战理论研究成果一等奖，《新形势下推进高校统战工作研究》等2篇课题获全市统战理论研究成果优秀奖。

全年采编报送各类信息225条，被中共中央办公厅采用1条，全国政协5条，中央统战部《零讯》1条，民进中央13条，省政协、省委统战部22条，得到省、市领导人批示14条24次。《建议尽快设立“疫苗救济基金”制度》获评2018年民进中央参政议政成果二等奖，《食品安全国家标准存在短板急需引起重视》等3条信息获评民进中央参政议政成果三等奖。

【社会服务】 2018年，民进厦门市委落实民进中央参与毕节试验区建设、打赢精准脱贫攻坚战三年行动方案的工作要求，开展“同心助学”行动，选派会内幼儿教育、音乐、体育、计算机、心理学方面的学科带头人和医卫界会员共11人，第四次到贵州毕节金沙县，举办2场名师讲座、10节教学观摩课、5堂教学研讨、5场户外心理拓展活动，金沙县408名骨干幼儿教师、6个乡镇的114名小学教师和1500多名学生受益，并对198名小学生实施免费窝沟封闭。上述活动成为献礼毕节试验区30年的重要活动，得到民进中央和金沙各方的赞扬。推进“同心教育志愿者服务团”共建活动，组织会内名师到厦门后溪镇中心小学开设教学公开课、教学专题讲座，携同市博物馆开展文化进校园活动；开展“六一”儿童节慰问活动，为学生送去价值10774元的658册崭新图书。参与同心助推政和金秋助学活动，首次将心理拓展训练带进澄源乡中小学课堂。开展扶贫济困、“春联万家”、航模夏令营、垃圾分类宣传、慈善年夜饭等微公益活动。

【民进中央副主席走访民进厦门市委机关】 2018年11月19日，全国人大常委会委员、民进中央副主席兼秘书长高友东走访民进厦门市委机关，并参访布袋木偶艺术家、民进会员庄晏红创办的弘晏庄木偶艺术馆。中共厦门市委常委、秘书长黄文辉，民进福建省委主委严可仕等陪同走访座谈。11月23日，全国人大常委会委员、民进中央副主席卫小春到民进厦门市委机关进行走访调研，听取民进福建省委副主委、民进厦门市委主委吴丽冰汇报民进厦门市委工作情况。

（曾永华）

农工党厦门市委员会

【概　况】 2018年，中国农工民主党厦门市委员会（简称农工党厦门市委）履行参政党职能，参政议政，各项工作取得新成效。全年发展新党员66人，其中大学以上学历占99%，中高级职称占70%。截至年底，有党员1402人，其中医药卫生界占45%，教育界占30%，人口资源、生态环境与科技界占7%，其他界别占18%，平均年龄54岁。被农工党省委评为信息工作标兵单位。成立青年工作专委会，成立厦门国宇支部。推荐24名党员参加各级各类培训班。向省委统战部、市委统战部推荐3名干部赴外挂职锻炼。创建“星级支部”，评选表彰五星级支部5个，四星级支部10个，三星级支部17个。

【学习宣传】 2018年，农工党厦门市委组织学习中共十九大、十九届二中、三中全会精神和习近平新时代中国特色社会主义思想。召开十三届三次全委（扩大）会议，开展“三学一讲”（学习习近平新时代中国特色社会主义思想和中共十九大精神，学习《中华人民共和国宪法》，学习《中国农工民主党章程》和多党合作历史，领导干部讲党课）专题活动。结合纪念改革开放40周年，举办基层主委学习交流会，体验“晋江经验”。在农工党省委组织的纪念改革开放四十周年征文活动中，市委获得一等奖2篇，二等奖3篇，三等奖3篇。在农工党省委举办的纪念中共中央发布“五一口号”70周年暨“福建事变”85周年知识竞赛中，厦门代表队取得第一名。理论课题《新时代福建省坚持好发展好完善好新型政党制度的思考》获农工党中央2018年度理论研究优秀论文一等奖。全年在各种媒体和网站发表报道近百篇次，其中《农工党厦门市委建言医疗制度改革：做实做细家庭医生签约服务》在《人民政协报》刊登，《陈嘉庚与艺术大师的交往》在《中国统一战线》刊登。

【参政议政】 2018年，农工党厦门市委做好提案工作，在市政协十三届二次大会上，提交集体提案18件，提案《关于加大厦门滨海湿地保护和修复力度的建议》被评为市政协2018年度优秀提案。开展课题调研，全年完成67个课题。在市委统战部指导下，联合民盟市委、九三学社市委和市卫计委，就“完善我市医疗人才政策”开展联合调研，形成完善的调研报告提交中共厦门市委，推动《厦门市高层次卫生人才引进实施办法》的出台。在农工党全省调研论文评选中，农工党厦门市委2篇论文获得一等奖，3篇获得二等奖，2篇获得三等奖。

【协商监督】 2018年，农工党厦门市委参加专题协商，分别就提升高端制造业发展水平、提升厦门地铁运营效益、建设高颜值生态花园城市、加强民主监督和党风廉政建设、加强综治平安建设等提出意见建议。开展专项监督，组织农工党界别政协委员对湖里区的垃圾分类工作开展专项民主监督，并形成监督报告提交市政协“垃圾分类民主监督座谈会”。课题《进一步加强民主监督制度化规范化建设的几点思考》获中共中央统战部一局民主党派工作调研报告一等奖。

【信息工作】 2018年，农工党厦门市委调动基层组织和广大党员撰写信息的积极性，全年收集信息300条，经整理完善，向各级各部门报送信息150篇，被采用138篇。其中，《关于实施肿瘤登记管理的建议》《重视罕见病防治》获国家领导人批示，3篇信息获省领导批示，4篇获市领导批示，4篇被中央统战部采用，12篇被农工党中央采用。农工党厦门市委被农工党省委评为信息工作标兵单位。

【社会服务】 2018年，农工党厦门市委深入贵州省、云南省开展对口帮扶工作，为贵州省大方县博爱家园捐款10万元，为绿塘乡同心助学基金捐款10万元，为云南省会泽县新街乡卫生院捐款8万元，被农工党中央评为定点扶贫大方县先进集体。围绕共建协议，以集美区灌口镇为重点，开展社会服务9次。组织开展同心医卫志愿者服务活动4次，免费配送药品2.5万元。

（农工党厦门市委）

致公党厦门市委员会

【概　况】 2018年，中国致公党厦门市委员会（简称致公党厦门市委）增强“四个意识”、坚定“四个自信”、做到“两个维护”，履行参政党职能。全年发展新党员31人，平均年龄38.84岁，其中女党员8人，大学以上学历31人（其中硕士4人，博士3人），海外留学回国人员6人，具有中高级职称18人。截至12月底，全市有基层组织49个（基层委员会1个，总支部8个，支部40个），致公党员1138人，其中有侨海关系的党员1027人，占90.2%。在2018年中国致公党参政议政工作会议上，致公党厦门市委、致公党思明区基层委员会获评参政议政工作先进集体，4位党员获评参政议政工作先进个人，2篇调研文章获评致公党参政议政优秀成果。全年编发网站通讯报道279篇，微信报道135篇，出版《厦门致公》刊物4期。参加新时代中国特色社会主义思想轮训，以中共中央“五一口号”发布70周年、改革开放40周年为主题，进行主题教育凝聚思想共识。

【参政议政】 2018年，致公党厦门市

委课题立项85项，其中重点课题6项。《贯彻新发展理念，推动我市幼儿托育公共服务体系建设》调研成果通过市政协二十次主席会议审议，并以课题形式报送中共厦门市委办、市政府办，在《厦门日报》刊登。参与中共厦门市委重点课题《强化创新驱动，做大做强做优厦门实体产业》调研，参与中共厦门市委统战部《关于借鉴深圳经验，做大做强我市实体经济》课题调研，参与致公党中央科技委《区域协作提升海洋科技新能力，助推海南自由贸易港建设》课题调研。承担致公党省委重点课题《新时代民主党派成员发展新特点新问题新对策》、中共厦门市委统战部《我省惠台措施适当向台湾少数民族群体倾斜研究》等课题并完成7篇理论研究文章，调研报告《新时代民主党派基层组织履职现状发展趋势及对策》获评年度全市统战理论研究优秀成果一类课题，被中央统战部评为一等奖。在中共厦门市委及市委统战部组织的专题协商座谈会上，围绕产业转型、乡村振兴、党风廉政建设及反腐败工作、全市综治（平安厦门）建设工作等主题作《以建设“乡村群”为核心，以发展“特色产业”为基础，大力提升厦门乡村规划建设水平》《关注隐情作风问题，提升群众体验度和获得感》《关于引导青少年参与网络社会治安综合治理的几点建议》发言。在市政协十三届二次会议上，致公党厦门市委共提交党派提案10件、界别提案23件，作《大力培育人工智能产业发展》大会发言，提交《关于继续整治“两违”建筑的建议》等4篇书面发言。大会发言得到时任中共厦门市委书记裴金佳，市长庄稼汉等领导批示11次。致公党厦门市委提交的《拓展共享发展理念，有效缓解我市儿科就医难》被评为厦门市政协2017年度优秀提案，被《厦门日报》《海西晨报》《海峡导报》等媒体报道，致公界别获评市政协优秀界别。此外在市政协主席会、常委会专题协商会议上，就“加快提质增效，大力发展高端制造业”“高起点运营厦门轨道交通，实现综合效益最大化”“推进垃圾分类减量”“提升市容环境，全面打造高颜值生态花园城”等主题作《加快发展我市智能制造产业的建议》等多项发言。报送反映社情民意信息稿件179篇，其中被全国政协办公厅、中央统战部以及省市政府、政协、统战部门信息刊物采用52篇，8篇被评为“致公党中央2017年度参政议政优秀成果”。《关于构建有效服务“一带一路”倡议专利维权保险制度的建议》被中央统战部零讯采用，得到国务委员王勇批示；《科研成果“准入难”严重制约海洋生物技术产业化进程》《建议将纪念连横诞辰140周年活动纳入2018年海峡论坛》2篇获省领导批示，《完善公共安全管理平台，提升我市综治水平》等7篇获得市领导批示。

【海外联谊】 2018年，致公党厦门市委接待巴拉圭、缅甸、菲律宾等国家的侨团和洪门团体共计100多人次。与省侨办、致公党省委联合举办2018年海外华裔青少年“中国寻根之旅”冬令营（厦门致公营），接待印度尼西亚39名营员。

【社会服务】 2018年，致公党厦门市委开展“扶贫日”系列活动，以致公党员、归侨侨眷为主体，面向患重疾或困病而生活困难的致公党员及其家庭开展慰问帮扶，走访慰问党员12人，送出慰问金6000元；以养老院、特殊教育学校、自闭症儿童等老弱病残及其他困难群体为对象，通过捐资助学、捐款捐物、上门慰问等方式，开展扶贫助困活动；以“结对子”、“共建”村居为对象，开展与霄垄村、东宅村、后江社区的对口帮扶，探索建立长效机制，帮助村民自力更生、勤劳致富；加强宣传，依托网站、《厦门致公》刊物、微信公众号，宣传各项扶贫工作，带动党员参与，其中以党员为代表捐献苹果2500千克给各社会服务机构。对口帮扶同安区东宅村、翔安区霄垄村，并向西藏昌都第三高级中学捐赠“开水机”。参与致公党中央、致公党福建省委精准扶贫工作，对口帮扶重庆酉阳和铁山镇。开展送春联、义诊进社区、垃圾分类宣传、植树造林美化等志愿服务活动，协助中共厦门市委统战部军民联欢文艺晚会的开展，举办和参加同心讲坛、科普讲座等主题多样的公益讲座，与致公党员企业及厦门市益城社会服务中心共同发起美亚柏科·益城“小种子”儿童成长计划。加强社区致公学校建设。

（柯雯靖）

九三学社厦门市委员会

【概　况】 截至2018年年底，九三学社厦门市委员会（简称九三学社厦门市委）下属9个委员会、46个支社共55个基层组织，有参政议政研究室和科技、教育文化、社会法制、医疗卫生、经济、青年工作、老龄工作、妇女工作等9个专门（工作）委员会。社员总数1170人，平均年龄52.8岁。女社员416人，占35.6%，高级职称社员691人，占59.1%。社员主要分布在高等教育212人，科学技术440人，医药卫生209人，3个界别合计861人占比73.6%。全年发展新社员55人，发展率4.9%。新社员平均年龄38.8岁，其中高级职称23人，博9人，硕士20人。年内，增补思明区委员会及所属第一支社、第二支社和城市职业学院支社班子成员，增补湖里区中医院支社委员，调整并增补翔安区委员会领导班子。九三学社厦门市委被九三学社中央办公厅评选为2018年度机关正规化建设交叉检查市级组织机关规范建设先进单位，在“九三学社全国机关建设暨交叉检查工作总结交流会”上作典型发言。被九三学社福建省委评选为社务工作量化考评先进集体。获厦门市第十五届（2015—2017年）文明单位称号。组织参加社省委第二届气排球赛获第三名。社员陈典全获国家科学技术奖国家技术发明二等奖，蔡锋、黄培强等14人次获部、省、市级科学技术奖励，吴华等13人分别获福建省劳模、福建省特殊支持“双百计划”人才、厦门市拔尖人才、厦门市五一劳动奖章、厦门市青年杰出人才等各类表彰。举办学习贯彻十九大精神书画笔会。承办九三学社福建省委纪念“五一口号”发布70周年书画笔会。承办厦门市统一战线纪念中共中央发布“五一口号”70周年文艺晚会。举办纪念中国人民抗日战争胜利73周年暨九三学社创建73周年纪念活动。年内慰问社员307人次。

【学习研讨】 2018年，九三学社厦门市委组织市委委员、骨干社员和新社员培训200多人次，组织机关干部参加学习贯彻习近平新时代中国特色社会主义思想和中共十九大精神集中轮训25次。举办“深入学习贯彻中共十九大精神”

和“中国新型政党制度的理论与实践”专题讲座。组织社员申报省委、市委统战部及社中央、社省委理论研讨课题，提交社中央“五四运动与九三学社初心”研讨会论文3篇，提交社省委《新时代九三学社思想建设面临的新形势新任务新课题研究》，提交市政协“改革开放四十周年与人民政协事业新发展”理论研讨会征文3篇。

【参政议政】 2018年，九三学社厦门市委征集参政议政课题70多个，评审立项57个，完成56个。《关于改善我省科技创新环境的对策建议》在福建省统战系统第十三届建言献策论坛上作口头发言，并获优秀论文一等奖。省政协重点协商的全部9个课题中，社市委提交的《关于加强我省全科医生队伍建设的建议》《加速我省人工智能与产业融合发展的建议》2个课题经社省委转化后作为重点提案入选。完成社省委《关于构建我省更具公平性和竞争力的和谐劳动关系的建议》《关于推动闽台资金自由流动的建议》等立项课题。组织社员参与社中央《关于乡村环境综合治理》《关于海洋生态保护》重点课题调研。社市委领导参与政党协商，分别就厦门市经济社会发展情况、《政府工作报告》、党风廉政建设、社会管理综合治理等重大问题发表意见建议。社市委专职领导参加市人大常委会，依法行使监督权，参与专题询问等活动。社市委在市政协常委会议和主席会议的协商议政中，分别就《关于推进工业互联网与我市制造业深度融合的建议》《广泛发动、共同监督，生活垃圾混装混运整治行动见成效》等作口头发言。参与市委统战部重点课题《关于加强我市医疗人才和设备引进的研究》调研。2018年，九三学社厦门市委的《关于厦门石墨烯产业发展的建议》《关注全面二孩政策后我市幼儿园教育的建议》被评为市政协优秀提案。社市委提交市政协提案17件、九三学社界别提交市政协提案9件，其中《关于进一步加强我市保障性住房建设与管理的建议》被列为重点提案。社市委全年整理上报信息稿件197篇，其中中央统战部采用1篇、全国政协采用3篇、社中央采用10篇、省委领导批示2篇、省委办公厅采用1篇、省政协采用10篇。

11月28日，九三学社老龄委志愿者在华侨博物院为到访的澳门青少年义务讲解

（郑轰轰　摄）

【社会服务】 2018年，九三学社厦门市委组织医务界专家社员到社市委“同心健康服务基地”新圩卫生院为300多位当地群众义诊。落实九三学社福建省委“九永合作”行动计划，在永泰县大洋中心卫生院建立健康服务基地。服务“一带一路”战略，组织水产专家社员到社市委同心科技服务基地海沧养殖场为养殖户提供技术支持，为来自柬埔寨、泰国、缅甸等29个国家学员进行培训，指导147位学员进行对虾育苗实习，为国家援外项目学员进行培训。社老龄委志愿者坚守华侨博物院为来宾提供义务讲解服务，全年接待12批400位全国各地参观者。社经济委志愿者两次走访慰问文安社区困难家庭和残疾儿童，送出2万元的慰问金及爱心助学款。社市委举办第十一个“世界自闭症日”主题宣传活动。湖里区社员参加“进社区迎新春送温暖献爱心”活动，向枋湖社区困难户献捐赠价值3万元的物资。九三学社海沧区委员会组织社员为市民送春联、讲解垃圾分类知识、义诊咨询、法律服务等。中山医院支社联合翔安区委员会医疗专家前往翔安区鋤山村开展“情暖鋤山、让爱传递”义诊活动。第一医院支社前往泉州市惠安县玉霞村开展“同心·健康服务”义诊活动。中山医院支社联合南普陀寺慈善会前往小嶝岛开展“慈善行医、让爱传递”义诊活动并签署共建协议。中医院支社组织专家社员走进南安市霞光社区，开展“不忘初心·真情服务”义诊活动。社市委举办以“中国芯片产业的机遇与挑战”为主题的九三学社福建省2018（厦门）科技论坛。社市委到南平市东平镇开办乡村振兴与旅游文创辅导讲座和VR/AR科普讲座。社青工委举办“新时代未来教育背景下VR/AR/MR技术如何推动教育变革”研讨会。社科技委和中科院支社联合举办“科学大数据与生物多样性”科技沙龙。社市委领导为厦门理工学院师生举办《信息化潮流中的地理空间信息技术》科普讲座。九三学社翔安区委员会组织开办“痛风疾病知识”科普讲座。社员联合集美大学组建福建省首个中学人工智能实验室——乐安中学“人工智能实验室”，并举办《从结绳计数到大数据》讲座。

（张　铭）

台盟厦门市委会

【概　况】 2018年，台湾民主自治同盟厦门市委员会（简称台盟厦门市委）开展“不忘合作初心，继续携手前进”专题教育活动，开展“学盟章、读盟史、做合格盟员”专题学习实践活动，履行参政党职能。举办第三届盟员读书会，交流学习成果。年内发展盟员7人，年末盟员总数244人，平均年龄51.4岁。具有高级职称盟员43人、中级职称盟员68人。厦门市人大常委会副主任、台盟市委主委陈紫萱再次当选第十三届全国人民代表大会代表，获聘最高人民法院第三届特约监督员。在台盟中央纪念改革开放40周年表彰大会上，台盟厦门市委、台盟厦门市思明总支被授予先进盟组织，4位盟员被授予优秀盟员，1位机关干部被授予优秀盟务工作者。连续第十二次被台盟中央授予“地方级组织参政议政先进集体”称号。全年，编辑出版《厦门台盟》6期、《台盟简讯》12期，微信公众号“厦门台盟”推送139条信息。

【参政议政】 2018年，台盟厦门市委参加中共厦门市委召开的政党协商会议3次，围绕乡村振兴、党风廉政建设、综治等议题建言献策。发挥政协议政平台作用，向台盟中央报送全国“两会”提案素材1件，向台盟福建省委报送省政协大会发言材料4篇、提案3件。在厦门市政协大会期间，提交大会发言1篇、书面发言1篇、党派提案13件、界别提案8件。《关于加强厦门市水产品食品安全监管的建议》入选市政协2018年度优秀提案。盟员当中的全国人大代表在全国两会期间提交议案1份、建议案10份，省政协委员提交省政协提案1份，市政协委员提交个人提案9份，区政协委员提交个人提案14份。在市政协召开的以高质量经济发展、轨道交通、高颜值花园生态建设为主题的3次专题协商会议上，台盟市委提交《加大扶持模具产业的建议》等3篇口头发言材料。推荐3名盟员参加台盟中央第五次、第六次协商议政论坛，均获得论坛演讲最具实力奖（二等奖）。参与台盟中央8项重点课题，提交《关于深化影视合作的建议》等10篇调研报告，其中《以政府补助引导企业创新，引领实体经济可持续发展》作为台盟中央参加全国政协“发展实体经济，提高供给体系”专题协商会口头发言材料。参与市委统战部重点联合课题《新形势下落实在厦台企台胞“同等待遇”的建议》。与市政协港澳台侨委联合开展《探索我市台胞居民化进程，推进两岸深度融合》课题调研，被列为市政协常委会重点课题。全年，完成调研报告47篇，其中基层完成调研报告33篇。调研报告《台湾“时代力量”的现状、发展趋势及对策研究》获全国统战理论政策研究创新成果三等奖，《民进党民意操纵策略及其破解研究》获第十四届福建省建言献策论坛优秀论文三等奖，《加强闽台影视文化交流的若干建议》《大陆惠台新政策对台湾影响及进一步完善政策实施的建议》被中共福建省委政策研究室《调研文稿》采用，《加强闽台影视文化交流的若干建议》获副省长郑建闽、杨贤金、郭宁宁批示。全年提交社情民意信息80余篇。信息“深化厦台集成电路产业对接合作，有效应对美国制裁中兴”获市长庄稼汉批示，“关于促进厦台两地社区居家养老长期照护产业融合发展的建议”（党外人士建言专报刊载）获副市长林锐批示。

【历史事件纪念活动】 2018年，台盟厦门市委围绕纪念“五一口号”发布70周年、改革开放40周年等重大历史事件开展征文活动，有2篇获得省委统战系统“五一口号”发布70周年征文一等奖和三等奖。组织观看“五一口号”发布70周年专题展，举办“传五四精神、扬青春风采”活动、纪念改革开放40周年“台盟好声音”歌咏活动、“我与台盟一起走过的时光”摄影比赛等活动。开展纪念改革开放40周年先进个人评选，有17位盟员被台盟厦门市委授予先进个人。

【社会服务】 2018年，台盟厦门市委举办“不忘初心，让爱传承”庆祝“六一节”活动，邀请溪声小学30位师生与盟员子女一起过“六一节”。筹款1.7万多元对受损的溪声社区卫生宣传栏进行修复并更新宣传内容。联合市科普中心、市地震局、省亚植所等单位，在金尚社区举办“崇尚绿色环保生活”为主题的科普进社区活动。协助台盟中央社会部和台盟福建省委举办“筑梦师者”中小学校长培训班，为来自贵州赫章县、南平市政和县的贫困乡镇40名中小学校长在厦门集中培训。开展支援临夏“爱心捐款”活动，组织盟员和台盟机关干部为灾区捐款3400元。组织台盟机关干部参与社区文明创建活动，进社区开展垃圾分类宣传。组织盟员志愿者参加官任国际社区“庆中秋慈善义卖活动”，通过自制、自筹商品，参与义卖，所得款项慰问社区内困难家庭和困难群众。

（黄景胜）

厦门市工商业联合会（总商会）

【概　况】 2018年，厦门市工商联（总商会）会员总数8168家。其中，企业会员7849个，个人会员117人，团体会员202家。指导厦门市顺昌商会、厦门市贵州商会、厦门市广西商会、厦门市江苏商会、厦门市绍兴商会、厦门市襄阳商会、贵州省厦门商会7家异地商会成立。全年完成调研课题30个，其中《强化创新驱动，做大做强做优实体经济》列入市重点课题。2篇调研报告转化为十三届三次市政协大会书面发言和提案，4篇被列为协商议政发言；编纂《厦门民营经济发展报告2016—2017》。向中共厦门市委和市政协、统战系统、上级工商联报送信息逾200条、专报件20篇。举办第二期厦门市年轻一代民营企业家理想信念教育专题培训、厦门市非公有制企业第十五期经营管理（总裁）高级研修班（第四期会长班）、厦门市非公经济第十六期经营管理研修班，到台湾举办厦门市非公经济第十七期经营管理研修班。首次举办商协会党建研修班。2018年，干部骆小兰获评“厦门市五一劳动奖章”和“全国工商联系统先进工作者”称号。成立“海丝”城市商会联盟。成立厦门市首个非公经济人士理想信念教育实践基地。组织厦门市民营企业家到甘肃临夏州对接推进东西部扶贫协作工作。召开十三届三次执委监事（扩大）会议，会上向参与甘肃省临夏州精准扶贫行动的会员企业、企业家和商协会颁发捐赠证书，向2017年入会的16家团体会员颁发牌匾。市光彩事业促进会向市残联、第一医院分别捐赠15万元。

【“2018百商万人献血公益行”启动】 2018年1月20日，“百商万人献血公益行”启动仪式在湖里区万达广场举行。市工商联（总商会）主席（会长）柯希平致辞，党组书记陈永东同厦门市中心血站站长、书记宋秀宇为爱心企业颁牌。当日有208人成功献血，献血量5.79万毫升。

【“甘当‘店小二’，服务好民企”系列活动】 2018年4月26日上午，“甘当‘店小二’，服务好民企”系列活动之税企、科企直通车在厦门总商会举行，市地税局、市科技局领导向到场的100余名企业代表宣讲解读企业所得税相关政策、企业所得税汇算清缴时注意事项及高新企业认定办法。4月27日，系列活动之一站式年检服务在厦门总商会举行，市工商联联合市民政局为80多家到场的所属商协会集中年检。该年度有69家商协会一次性通过年度审核，年检合格率84%，比上年的61%大幅提升。4月28日，系列活动之银企对接会举行，市金融办、市银监局、兴业银行厦门分行有关领导出席，100余名企业家代表及10家银行代表参加，与会领导详细阐述厦门本地小微企业借贷及金融产品状况及趋势，兴业银行、建设银行、中国银行等10家银行现场介绍相关金融产品。

【“亲”“清”政商关系大讲堂】 2018年8月9日，厦门市工商联（总商会）举办“总商会大讲堂之共建廉洁社会，营造良好营商环境”主题讲座。邀请市监察人员谈非公有制企业职务犯罪的惩防思考。全市近50家商协会代表参会。讲座从非公有制企业及其员工涉及犯罪案件概况、非公有制企业相关的职务犯罪法律规定、预防非公有制企业职务犯罪的思考与建议3个方面切入，结合理论分析与案例讲解的形式展开。自2016年3月4日，习近平首次以“亲”“清”阐述新型政商关系，市工商联将“亲清润闽商，促进两健康”系列宣传教育活动作为工作重点，在市纪委的指导下开展一系列“亲”“清”新型政商关系宣传活动，引导企业参与共筑新型政商关系。

【东西部扶贫协作】 2018年9月26—27日，厦门市工商联（总商会）对口帮扶临夏州企业家考察团在党组书记陈永东带领下，到甘肃省临夏州和政县、永靖县深入对接推进东西部扶贫协作分解任务工作，于2天内跋涉300多千米走访慰问6户贫困户，考察8处扶贫车间，并与两县有关部门就新能源光伏扶贫、增资扩产扶贫、劳务扶贫、技能扶贫等方面达成初步意向项目。之后，市工商联进一步贯彻落实中共厦门市委、市政府的部署要求，向所属商协会和会员企业发出倡议，动员广大民营企业家投入到厦门市对口帮扶临夏州的扶贫脱贫攻坚战中，并筹集第一年的专项扶贫资金，有序投放到临夏州和政县、永靖县的20个贫困村中。

【2018中国（厦门）商人节启幕】 2018年11月1日，厦门总商会和台北市商业会联合主办，以“改革开放40年·弘扬企业家精神”为主题的2018中国（厦门）商人节活动在厦门国际会议中心酒店正式启幕。全国工商联党组成员、副主席王永庆，福建省委常委、统战部部长雷春美，福建省委常委、厦门市委书记裴金佳，福建省政协副主席、省工商联主席王光远，厦门市委副书记、市长庄稼汉，厦门市人大常委会主任陈家东，厦门市政协主席张健，台北市商业会副理事长陈春铜，来自港澳台和海丝沿线国家的30多个工商社团的代表，厦门市委统战部、各民主党派、人民团体、市民营经济领导小组各成员单位、厦门市各区统战部、区工商联、全国各大银行在厦门分行代表，省内各设区市工商联等单位领导，以及省内知名闽商代表、国内各地厦门商会代表等近700人出席开幕式。王永庆传达中央重要指示精神，肯定民营企业家的巨大贡献。裴金佳勉励企业家把握时代大势，共享改革发展机遇。全国政协副主席、全国工商联主席高云龙为该次活动发来贺词。活动现场为2017—2018年度参与精准扶贫的企业、企业家以及商协会授牌，表彰60家龙头骨干企业；市工商联副主席、市光彩事业促进会常务副会长邹剑寒发表“执商道，奉商德，行天下”主题演讲，向全市民营企业家和商协会做“精准扶贫倡议”。厦门总商会牵头，联合海内外多个商会共同签约成立“海丝”城市商会联盟。活动现场还举行《厦商风华：改革开放40年敢勇当先40人》新书发布仪式。

【“海丝”城市商会联盟成立】 2018年11月1日，在厦门国际会议中心举行的2018中国（厦门）商人节开幕大会上，由厦门总商会牵头，联合来自新加坡、马来西亚、泰国、柬埔寨、越南、菲律宾、捷克、德国、波兰、西班牙、澳大利亚、新西兰等国家及中国香港、澳门等地区的21家商会团体作为发起商会的“海丝”城市商会联盟成立。联盟以“友好合作、开放发展、同心聚力、互利共赢”为合作理念和合作纲领推进合作，打造促进“海丝”沿线工商界增强互信、优势互补、拓展合作的商务服务联合体。联盟以主席联席会议和秘书长联席会议为领导机构和执行机构，商讨决定联盟发展的重大事宜和具体事务。联盟经费由各联盟成员共同筹措，原则上各联盟单位各自负责本地区活动经费，组织联盟重大活动经费由联盟秘书处进行协调筹措。在初创期开展的活动由厦门总商会负责筹措，采用向商会会员企业进行募捐，争取政府财政补助等形式。

【首个民企“诉调对接工作室”成立】 2018年12月26日，厦门市工商联与市中级人民法院共同发布《关于全面深化涉民营企业纠纷诉调对接工作的实施意见》，并于当日在厦门总商会举行厦门市首个民企“诉调对接工作室”揭牌仪式。该意见指出，成立民企“诉调对接工作室”，建立联席会议、信息共享、情况反馈和常态化交流等创新工作机制，聘请特邀调解员，运用诉讼和非诉讼相互配合、相互衔接的方式，高效快捷调解化解涉民企矛盾纠纷，依法平等保护民营企业和民营企业家的合法权益，打造一流国际营商环境。市中级人民法院同步发布《关于服务保障民营经济健康发展的十条措施》，并聘任陈水湖等12位民营企业家为“诉调对接工作室”特邀调解员，该工作室设在厦门总商会409室。

（黄洁霖）

责任编辑：孙志红
林建高
林炯程
曾一一
审　　稿：阳晓儒
校　　对：曲　艺

7 群众团体

厦门市总工会

【概　况】2018年，厦门市新建基层工会组织1200个，新发展会员5万多人（农民工近1.8万人），独立基层工会1.57万家，覆盖基层单位7万家，会员162.8万人。命名“五星职工之家”201家、“四星职工之家”311家，推荐全国模范职工之家4个、全国职工小家5个，省职工之家、省职工小家各25个。30家基层工会开展工会主席直选试点。厦门市总工会（简称市总工会）两个微信公众号分获“全省十佳最有影响力工会新媒体”第一、二名。市总工会落实《关于进一步深化厦台经济社会文化交流合作的若干措施》精神，3名台籍一线员工分别获得福建省劳动模范和厦门市“五一劳动奖章”称号。推荐评选“全国五一劳动奖章”2人、“省级劳动模范”43人、“省级先进工作者”14人、市级“五一劳动奖章”获得者200人、“全国工人先锋号”集体3个、“市级五一劳动奖状”单位40个。在中央网信办、中华全国总工会主办的2018年“网聚职工正能量·争做中国好网民”主题活动中，市总工会全媒体中心获评“全国职工网民网络素养教育基地”称号。市总工会开展创建劳模创新工作室、职工技术创新工作室活动，新命名职工技术创新工作室21家。创新、完善职工医疗互助保障工作，80万多名职工参加保障，新增近7万人，2.7万多名职工获补助金额5134万元。2018年“平安返厦”补助金额1870万元，惠及职工11.7万人。开发、共享工会服务项目应用，通过网上办事累计40万人次，互动次数累计超1.6亿次。不断扩大工会卡普惠服务范围，全年开展5场主题会员服务日活动，百万职工参与线上线下普惠服务，拓展特惠商户32家和优惠项目30余个。以百人以上非公企业协商和行业性、区域性集体协商为重点，开展“要约行动月”活动，全市签订集体合同8511份，覆盖企业46620家，覆盖职工139万人，签订率87.1%。

【帮扶慰问】2018年，市总工会出台关于困难职工档案建设与管理、专项帮扶资金使用管理等一系列制度性文件，逐步建立地方级困难职工档案，规范提升职工帮扶工作，实现精准帮扶。元旦、春节期间，市总工会开展工会干部“进企入户”活动，对建档的2731名困难职工进行走访慰问，年底筹措近80万资金，慰问182户全国总工会档案级的困难职工家庭，做到走访慰问全覆盖。筹集帮扶资金888.7万元，对3404名困难职工及苦脏累险岗位一线职工进行帮扶和慰问。“金秋助学”活动资助困难职工子女137人，发放慰问金47万元。

【技能平台】2018年，市总工会开展第二十四届职工技术比赛，完成A类比赛项目23个和B类比赛项目54个。在重点建设项目中开展“新时代新征程新奋斗”劳动竞赛活动，参赛的省、市重点项目316个，参赛职工数10.29万人次，重点建设班组获评“省工人先锋号”。在各行各业推动“工人先锋号”创建活动，命名市级工人先锋号757家。自贸区工会举办厦门市首届焊接机器人操作比赛，参赛职工50多人。参加省百万职工“五小创新”比赛，参赛项目总数451项，比上年度增加131项，其中102项获奖。开展小发明小创造项目申报，给予34项扶持资金126万元。与市教育局联合实施在厦门职工“求学圆梦”学历提升行动，范围由农民工扩大到在厦门职工，为2017年“求学圆梦”学历提升行动中第一学期、第二学期符合条件的职工发放学费补助178.7万元，组织1000名在厦门职工参加2018年学历提升行动。协助办好海峡职工论坛和中央领导与在闽工作台湾同胞座谈会，推荐职工创新成果参加两岸职工技能展示和发明创新成果展示等活动，为两岸职工提供技术交流的平台。

【女职工特殊权益】2018年，市总工会举办女职工保健和育儿公益讲座39场，惠及女职工近6000人次。推进“一室多用”功能哺乳室建设，全年新建哺乳室29家。促成14家基层及社区工会开办暑托班37个，服务职工子女近千人。与市卫计委联合开展2万名女职工癌症免费筛查，为建档困难单亲女职工开展免费体检活动。

【普法宣传】2018年，市总工会举办各级各类普法讲座、培训和广场宣传活动近 200 场，广播普法节目 42 期，微信“三分钟普法”栏目 55 期，“以案说法”案例 45 篇。举办服务农民工公益法律服务行动，分别会同市司法局、律师协会和市教育局组建 10 多支公益法律服务队，协调启动市、区两级法律援助“绿色通道”，为农民工提供公益法律服务约 12870 人次，调解集体工资争议 3 次 61 人。

【“五一”国际劳动节】 2018 年 4 月 28 日，厦门市庆祝“五一”国际劳动节暨表彰市“五一”劳动奖状（章）大会在市工人体育馆综合馆召开。省委常委、市委书记裴金佳，市委副书记、市长庄稼汉，市委副书记陈秋雄，市委常委、市总工会主席倪超，市委常委、秘书长黄文辉，市人大常委会副主任陈琛，副市长李辉跃，市政协党组副书记、副主席高玉顺及市相关部门领导出席大会，大会由庄稼汉主持。裴金佳、庄稼汉与改革开放 40 年来历届劳模代表进行座谈，感谢他们的付出与贡献，号召全市人民向劳模学习。会议通报获全国五一劳动奖章、全国工人先锋号的先进集体和个人名单、福建省劳动模范和先进工作者名单，以及 2017 年度厦门市“五一”劳动奖状、奖章表彰决定。

【共享职工之家成立】 2018 年 5 月 24 日，厦门市首个共享职工之家在湖里创新园成立。市总工会党组成员、巡视员杨中华，湖里区委副书记、区总工会主席卢秀萍共同为共享职工之家揭牌。湖里创新园共享职工之家是厦门市总工会和湖里区总工会在推进“会、站、家”一体化运作的基础上推出的一项创新性服务，面对园区小微企业众多、职工需求多元化的现实困难，依托园区内创新驿站，以职工需求为导向，构建法律援助、心理咨询、素质提升、职工书屋、运动场馆等一站式的共享服务平台，职工凭工会卡享受“娘家人”提供的相关服务。

【扶贫工作】 2018 年 8 月 2 日，市总工会主席倪超一行 6 人到临夏州考察调研扶贫工作，与临夏州总工会座谈交流。临夏州委副书记苟天宏，州人大常委会副主任、州总工会主席沈国伟，州政府副州长连坤明出席座谈会。倪超强调，两地工会要积极响应中央的号召，着眼职工群众需求，发挥各自优势，深化合作机制，不断推进工会工作创新发展。10 月 15 日，临夏州总工会党组书记、常务副主席马梅英一行到厦门市总工会走访交流，双方签署《厦门市总工会—临夏州总工会 2018—2020 年扶贫协作框架协议》，内容涉及助力脱贫攻坚、增加转移就业、加强工会干部培训等方面。马梅英对厦门各级工会对临夏州无私的援助表示感谢，希望两地工会加强沟通，共同发展。

4 月 28 日，厦门市庆祝“五一”国际劳动节暨表彰市五一劳动奖状（章）大会在市工人体育馆综合馆召开 （市总工会 供图）

【第十二届“新厦门人”集体婚典】 2018 年 10 月 1 日，市总工会在厦门市工人体育馆内举行第十二届“新厦门人”集体婚典。市委常委、市总工会主席倪超，副市长李辉跃，市政协副主席黄国彬等领导出席。主办方代表、新人家属和观礼的市民群众 500 多人出席婚典仪式。李辉跃为新人证婚。参加集体婚典 92 对新人，就业于全市 127 家企（事业）单位，分别来自全国 18 个省、自治区和直辖市，其中 1 名新人系外籍。

【第二十次联席会议】 2018 年 12 月 14 日，市政府与市总工会第二十次联席会议在市政府召开。市长庄稼汉出席并讲话。市委常委、市总工会主席倪超，副市长李辉跃以及市两办领导，各区政府、市政府相关部门负责人、市区工会领导参加会议。会议决定：由市土地开发总公司、市国土房产局、集美区政府和市总工会配合做好原杏林工人文化宫土地收储工作，并统筹考虑工会活动场馆建设事宜；由市财政局对市工人文化宫给予资金补助，解决因土地收益金标准调整后市工人文化宫运行经费不足的问题；支持做好厦门市职工终身教育项目。市政府对市终身教育促进委员会成员单位进行调整，并在委员会下设“职工学堂”，办公室设在市总工会，配备相应的职工教育专干，负责具体日常事务。由市财政局对职工终身教育项目予以经费支持，2019—2021 年每年补助 300 万元，用于“求学圆梦”学历提升行动和“职工学堂”等职工终身教育项目。

（黄庆明）

中国共产主义青年团厦门市委员会

【概　况】 2018 年，中国共产主义青年团厦门市委员会（简称团市委）加强基层团青工作力量配备，建立完善“8+4”（团干部 1 年要有 8 个月在机关，4 个月在基层）、“4+1”（是指团干部 1 周要有 4 天在机关，1 天做调研）工作机制，推动团市委机关干部常态化下沉基层工作；建立完善“1+100”机制（每名专职、挂职团干部经常性联系不少于100名不同领域的团员青年）。选派机关干部到团区委挂职，建立“团干部+社工+志愿者”的基层工作队伍。推动“基层团干成为青少年事务社工”“青少年事务社工兼任基层团干部”的双向对接，成立“团团星·厦门青社工”团队。统筹打造专职、挂职、兼职相结合的干部队伍。机关挂、兼职干部比例50%。截至年底，初、高中阶段毕业班团青比例分别控制30%、60%以内；到2025年，将总体团青比例控制30%以内。重新整合机关部门，优化工作职责，以对应团中央、团省委职能，并符合当前青年工作新要求。

2018年，团市委集合官方微信公众号“厦门团团”、服务号“青春厦门”、官方微博、官方报刊《青春厦门》、官方网站等宣传阵地。《福建青年》刊登厦门共青团特色工作案例5篇，福建共青团官微全文转发厦门共青团特色活动3篇。“厦门团团”官微累计推送284篇图文（80篇原创图文），H5（HTML5，用于网页制作的第五代超文本标记语言）推送9个（官微位列全省2位），配合机关大型活动专题宣传5个；微博400余条，官网更新200余条。制作《厦门共青团工作剪报汇编》，收录新闻341篇。制定《在全市广大团员青年中开展“青年大学习”行动的实施方案》《深入学习领会习近平总书记“7·2”重要讲话精神切实抓好团的十八大精神学习宣传贯彻工作的通知》。依托“厦门团团”微信公众号，推出“青年大学习”线上答题活动，覆盖全市6各区、14个行业系统，参与人数万余人。结合改革开放40周年，组织全市各级团组织“重走习近平总书记推动厦门经济特区建设发展的探索与实践之路”为主题的“青年大学习”活动。

【精准扶贫】 2018年，团市委开展助力精准脱贫工作，以产业帮扶为亮点，深入了解地方特色，发掘经济潜力，宣传扶贫政策，培育当地人才，帮扶脱贫产业，开展帮扶项目3个，实现“一户一策”脱贫举措。以教育扶贫为重点，动员青联委员参与青联爱心助学，发动146名青联委员参与助学，与206名全省各地贫困学生结对帮扶，开展交流实践活动22次，吸引学生参加984人次。以就业帮扶为焦点，创新试点对接康乐县输转劳务48人，到翔安区良一食品转移就业。市青基会打造精准扶贫新局面，在宁夏泾源县、宁夏彭阳县、甘肃临夏州设立“青少年鹭岛奖学金”，捐资10万元在康乐县3所小学设立3间希望教室。推动爱心企业豪客到临夏州深度贫困县积石山县、永靖县援建两所希望小学。实现希望小学项目在积石山县、永靖县、东乡县3个深度贫困县的援建全覆盖。

【青年文明号工作】 2018年，团市委提升青年文明号创建活动影响力，开展“青年文明号优质服务示范月”“青年文明号开放周”活动，组织全市各级青年文明号集体创先争优；开展全市各级青年安全生产示范岗“安全生产月·青安岗在行动”活动，有3家单位获评福建省青年安全生产示范岗，其中厦门青岛啤酒厂获评全国青年安全生产示范岗。全市有37家单位列入省级青年文明号考核单位。

【青年交流】 2018年，团市委择优推荐56名在厦门工作的高层次台湾籍人才参评引进台湾高层次人才“百人计划”。截至年底，有9人进入实地考察环节，占37.5%。吸引优秀台湾籍青年加入厦门市青年企业家协会，引导台湾籍创业青年践行厦门市青年企业家协会、青年商会的“五度”好青年（有高度、有厚度、有宽度、有深度、有温度）标准，为把厦门打造成两岸同胞相融的温馨家园做出贡献。开展香港大学生30人到厦门实习活动。接待港澳到厦门考察团组，做好澳门“千人计划”、香港浩洋青年商会代表团、闽港行业（创科）青年交流团3个交流访问团组的接待、协调工作。

【青年服务工作】 2018年，团市委与市委统战部联合举办新的社会阶层人士培训班暨“新思想、新阶层、新青年”理论研修班。拓宽联系青年路径，摸底并上报新兴青年群体花名册134人，不断扩大联系覆盖面。吸纳新兴青年群体中的优秀青年为团工委委员。组织万名青年志愿者服务春运、全程马拉松、半程马拉松。开展“共青团员义务星期六”“共青团青春志愿驿站”活动3000多场，参与人数5万余人。“青春之光”助老计划结对1000余人。利用“三角梅”青年志愿者加油站阵地，推出“小白鹭”骨干传承计划，每半月举办1期，覆盖11所高校，打造青年志愿者专业化队伍。举办“小白鹭，再出发！”活动，让“小白鹭”志愿服务精神得以传承和延续。组织参加关爱外来务工人员子女、春运等志愿服务活动，凝聚新兴青年群体参与社会治理。组织开展与“外卖小哥”面对面活动，完成《快递小哥成长手册》。推动各区落实购买青年服务的工作要求，全市现有涉及服务青年的社工项目33个，涉及金额860.77万元。开展安全自护、中高考减压、普法宣传、禁毒4项专题教育活动近400场。设计的《千万别碰不良校园贷》漫画线上阅读量约37万人次，并作为线下宣传材料在11所大学推广使用；联合相关部门策划制作反校园欺凌沙画视频《亲爱的朋友》。

【第十八次团员代表大会】 2018年3月26日，团市委在厦门市人民大会堂召开共青团厦门市第十八次团员代表大会。省委常委、市委书记裴金佳出席会议并发表讲话，勉励广大团员青年要勇于担当新时代赋予的光荣使命，踊跃投身伟大实践，用青春书写无愧于时代、无愧于历史的华彩篇章。裴金佳要求，着力建设充满活力、坚强有力的共青团，努力当好党和政府联系青年的桥梁和纽带；全市各级团组织要压紧压实管团治团政治责任，坚定不移深化改革，服务大局主动作为，不断增强共青团组织的政治性、先进性、群众性；全市各级党组织要切实加强党对共青团工作的领导，坚持党建带团建，坚持党管青年原则，加强领导班子和干部队伍建设，为厦门市共青团事业发展创造更加有利的环境和条件。3月27日，召开共青团厦门市第十八届委员会第一次全体会议，选举产生第十八届团市委常委、书记、副书记，并选举产生第十八届团市委委员45人、候补委员15人。会议审议通过第十七届团市委向大会所作的报告。回顾过去5年厦门市共青团工作的基础上，提出未来5年厦门市共青团组织所努力的方向，着力提升“四力”（凝聚力、创新力、执行力、服务力），团结带领全市团员青年争做“五度”好青年。

3月26日，共青团厦门市第十八次代表大会在厦门市人民大会堂召开

（团市委　供图）

【少先队主题队日活动】 2018年5月31日，团市委、市教育局、市少工委在厦门市青少年宫共同主办2018年“六一”“争做新时代好队员——你好，新时代”少先队主题队日活动。来自同安区莲花中心小学军营村和白交祠村76名小学生参加活动。在活动中，边远地区的孩子们感受“小小党课”的熏陶，体验鼓艺、国学、航模制作、书法、儿童画、心理沙盘游戏等市青少年宫校外教育培训课程，参观厦门大学和厦门科技馆，感受特区发展新成就。省委常委、市委书记裴金佳一行出席活动，看望参加活动的同安区莲花中心小学军营村和白交祠村的小学生，并向全市少年儿童送上节日祝福。

【中华传统文化体验营开幕】 2018年7月14日，由厦门市台办作为指导单位，厦门市民宗局作为顾问单位，厦门市青年联合会（团市委内部社团）、厦门市海峡青少年发展基金会和金门相关单位承办的“2018厦门、台湾青年中华传统文化体验营暨第四届海峡两岸青年禅文化体验营”在厦门南普陀寺开幕。来自海峡两岸的领导嘉宾、大德法师和两岸青年营员400多人参加。活动以促进两岸融合发展为主线，以厦台闽南文化交流为纽带，以“文化传承，心灵契合”为主题，让两岸青年在加深了解中华传统文化，亲身体验祖国发展成果的过程中，心灵契合，亲情融合，发展联合。则悟法师发言。该活动旨在为两岸青年搭建学习中华传统文化和建立友谊的平台，引导两岸青年领悟中华传统文化思想精华、道德精髓，使大家在展现青年活力、建立深厚友谊的同时，共同携手做中华优秀传统文化和道德的传承者，做诚信、友爱、两岸和平友谊桥梁的发动者，增强中华民族文化认同和文化自信，铸牢中华民族共同体意识。

【“厦门团建e家”信息化平台建设】 2018年6月15日，团市委在厦门宾馆举办“厦门团建e家”信息化平台系统启动仪式。“厦门团建e家”信息化平台，是厦门团市委在党建带团建的指引下，以“互联网+大数据”思维为牵引，创新探索并牵头开发的一套面向基层团组织建设的信息化工作平台。针对团建工作中所遇到的“团组织在哪里，团员在哪里”等问题进行探索，并在全市各级团组织当中进行推广应用。该系统以厦门团市委新媒体平台为接入手段，首创性开发团建地图功能和信息共享功能，有效提升厦门共青团基层团组织建设信息化水平。

（李　灿）

厦门市妇女联合会

【概　况】 2018年，厦门市妇女联合会（简称市妇联）配备市、区兼职副主席22人，全市街（镇）、社区（村）妇联兼职副主席1124人，比群团组织改革前增加909人，扩容5.2倍；街（镇）、社区（村）妇联执委人数9159人，增加5315人，扩容2.4倍。全市“一呼百万”妇女姐妹微信群7169人，新增484人。各级妇联执委直接联系妇女群众近百万人。推进女性进村“两委”（支委会、村委会）工作，把落实专职专

5月31日，省委常委、市委书记裴金佳（着长袖衣者）一行出席少先队主题队日活动

（团市委　供图）

选情况作为妇女参与决策管理领域重点指标纳入政府督查内容。全市社区（村）党组织班子成员中女性1002人，占43.57%。全市147个行政村，村委会均配备女干部，村妇联主席均进村“两委”；78个行政村党组织班子有女性成员，占53.1%。全面启动各级妇女干部履职提升培训工作，举办执委履职培训、妇女干部专题研修等学习培训，轮训555人次。市妇联深入各区、市直机关开展妇联改革督查，推动基层妇联组织建设向新领域、新阶层、新群体拓展和创新组织覆盖，在云顶创谷园区、鑫点击网络科技股份有限公司组建互联网妇联，在厦门农商银行等成立妇联。市妇联投入616万元，实施36个政府购买服务项目，服务妇女儿童4万余人次。市妇联社会治理创新服务基地吸纳20多家社会组织入驻，整合力量常态化开展儿童安全保护、关爱困境儿童、妇女癌症患者关怀服务等系列活动及市直机关等妇女干部综合素质提升培训等。该基地开展优秀案例展览及推介活动等69场次，服务妇女儿童超5000人次。组织开展新时代妇联公益创投的智库观察等专题培训，吸引56个项目参与首届“凤凰之约”妇女儿童家庭领域公益创投活动。全国人大常委会副委员长、全国妇联主席沈跃跃到厦门调研期间，高度肯定厦门市妇联改革、巾帼建功、对台交流、参与垃圾分类等工作。全国妇联副主席邓丽点赞“市妇联在厦门台商、台胞家庭纳入寻找‘最美家庭’范围”的举措。中央媒体刊发厦门市妇联工作经验10篇，其中中国妇联主办的《中国妇女报》3次头版头条分别报道厦门市妇联改革、政府购买服务、“儿童之家”建设等工作。

“三八”节期间，市妇联召开“巾帼心向党·建功新时代”优秀女性事迹报告会

（市妇联　供图）

【思想政治引领】 2018年，市妇联制定下发《关于进一步兴起习近平新时代中国特色社会主义思想“大学习”热潮的通知》《关于深入学习贯彻习近平总书记重要讲话和中国妇女十二大精神的通知》，集中举办学习研讨、报告辅导等上百场次。组织中国共产党十九大女代表、中国妇女十二大代表、各级妇联干部、妇女先进典型、最美家庭和巾帼志愿者等组成巾帼宣讲团，深入社区、农村、学校、企业开展宣讲256场。开展“巾帼心向党·建功新时代——厦门市优秀女性事迹报告会”、庆祝改革开放40周年“鹭岛巾帼情”书画摄影作品展暨诗歌朗诵会等主题宣传教育活动。畅通和拓展网上联系服务妇女的渠道，“市妇联微信公众号”全年推送《习近平新时代中国特色社会主义思想三十讲》等微信1160条，阅读量突破5万人次；面向社会征集妇联工作金点子，吸引3400多人次参与互动。厦门市妇女网全年发布信息772篇，总访问量突破71万人次；拍摄制作“巾帼好网民”等专题公益宣传片5部；“喜庆中国妇女十二大”“轨道交通开设女性专用车厢”等主题讨论及视频宣传吸引超过百万网民在线互动、跟帖转发。

【巾帼建功】 2018年，市妇联助推妇女创新创业，到浙江大学举办巾帼创新创业专题研修班，培训女企业家、众创空间负责人及农村妇女创业带头人72人，对接合作项目42个。举办第三届中国（福建）女大学生创新创业大赛，吸引国内外高校1026个项目参赛，在第二十届中国国际投资贸易洽谈会上设立市女企业家协会“创新创业巾帼馆”，举行创新创业项目战略合作签约仪式。修改《厦门市妇女创业发展专项资金实施办法》，简化妇女申请贷款流程、增加额度、延长期限。全年向71名农村创业妇女发放小额贴息贷款1381万元。实施“乡村振兴巾帼行动”，以素质提升工程、金融服务工程、家庭文明工程、维权关爱工程、美丽家园工程、组织建设工程为抓手，推进14项举措落实。开办“妇女公益培训流动教室”，对接基层妇女需求举办订单式培训308个班次、31期农村妇女就业创业技能培训、30期国家职业资格培训班、3期家政员培训班，培训妇女1.25万人次。引领妇女岗位建功成才，举办“建功新时代·勇当排头兵”申报全国级、省级巾帼文明岗负责人培训班，推荐申报国家级巾帼文明岗54个、省级巾帼文明岗84个，规范全市省级以上巾帼文明岗管理480家。

【家庭文明建设】 2018年，市妇联培育树立全国“最美家庭”3户、全国“五好家庭”3户、省“最美家庭”18户、省“五好家庭”9户、厦门市“十佳最美家庭”10户、厦门市“最美家庭”100户。全市普遍建立“家风馆”，开展好家风好家训宣传教育。引导少年儿童践行社会主义核心价值观，开展“好家风、好家规、好家训伴我成长”少儿朗诵比赛，“培育好家风　传承好家训”征文活动征集作品1279件。开展垃圾分类知识培训31场次1600余人次，开展亲子环保义卖等活动，印发垃圾分类家庭版宣传手册2万册。全市中小学家长学校、社区家庭教育学校办校率均100%。开展家庭教育公益讲座“进学校、进机关、进社区、进农村、进军营”活动132场，受益群众3万余人次。召开推进厦门经济特区家庭教育立法工作座谈会，与市教育局等联合举办第五届海西家庭教育论坛，协办海峡两岸家庭教育高峰论坛。市妇联、市妇儿工委办联合印发《关于开展农村“儿童之家”建设的通知》，明确到2020年实现全市100%行政村建立“儿童之家”。全年投入17.5万元，新建35个乡村“儿童之家”，全市“儿童之家”377个。

【妇女合法权益维护】 2018年，市妇联配合市人大开展《中华人民共和国反家庭暴力法》调研视察活动。市妇儿工委、市妇联等10部门联合印发《关于加强反家庭暴力工作制度建设的通知》，制定出台《人身安全保护令实施细则》等8项反家暴工作制度。制作播放反家暴公益宣传片。提出的《建议完善夫妻债务案件中配偶的救济机制》的提案得到全国妇联、最高人民法院的高度重视，“明确夫妻共同债务认定的统一标准”“增设大额债务夫妻共同确认制度”“完善举证责任分配制度”等内容被最高人民法院司法解释采纳。持续推进厦门市政策法规性别平等评估机制建设工作，对《厦门市轨道交通条例》《厦门经济特区鼓浪屿世界文化遗产保护条例》开展性别评估调研。深入区、街（镇）、社区（村）开展“平安家庭”创建宣传及婚姻家庭纠纷预防化解，发放宣传资料5万余册。开通“鹭姐微信普法”栏目，推送普法文章21篇。深入高校开展法制教育和安全校园活动，开展远离毒品、反对邪教、反金融诈骗等宣传活动。深入看守所、收容所，做好特殊妇女的帮教工作。购买市律协专业维权服务，全年妥善处理妇女群众来信来访616件。

【民生改善】 2018年，市妇联围绕女性参与基层民主管理、“全面二孩”政策下妇幼健康服务等重难点指标，推动将重难点问题纳入政府督查。全市“两纲”（妇女发展纲要、儿童发展纲要）12个领域92项指标中，76项提前达到或超过省市纲要终期目标，达标率为82.6%。完成农村妇女和女职工免费癌症检查4.4万余例，救助贫困妇女癌症患者和大病救助妇女儿童189人，发放救助金148.12万元。帮扶贫困儿童550人、困难妇女407人，发放慰问金64万元。资助困难学生892人，发放春蕾计划助学金77.08万元，新设2个春蕾班。持续开展“关爱妇女儿童健康”保险项目，受惠妇女儿童6.5万人。持续做好关爱留守流动等困境儿童工作，举办“让爱住我家”爱心妈妈与留守流动、困境儿童结对帮扶活动，有86对爱心妈妈与儿童结对。引进市民婚姻家庭心理辅导与咨询项目，开通免费心理咨询热线，设立妇女儿童心理关爱服务中心，开展公益心理讲座与活动162场，为妇女儿童提供免费心理辅导与咨询服务598人次，心理健康评估420人次。开展幸福婚姻、女性健康大讲堂100余场。

【对台交流】 2018年，市妇联开展“姐妹情·一家亲”两岸妇女交流活动，承办第十届海峡论坛·海峡妇女论坛，举办“绿色家庭·绿色生活”主题论坛、两岸女大学生“绿色共享‘骑’乐融融”骑行等活动，育秀社区、全国文明家庭游文晃等7对两岸社区（村）、家庭和巾帼环保志愿者结对签约。市妇联与省妇联、金门县妇女会联合主办的第十三届厦金亲子夏令营在厦门举行，50个厦门、金门家庭开展为期4天的“践行生态文化　放飞绿色梦想”交流联谊活动，继续开展“一对一”结对民宿，增进两岸儿童和家庭深度融合。

（庄　玲）

厦门市科学技术协会

【概　况】 2018年，厦门市科学技术协会（简称市科协）实施“科普中国·百城千校万村”行动，科普e站覆盖全市所有街道。新建“科普中国e站”117个，现有总量229个，配备科普大屏92个。“全国科普日”期间，市科协组织科普基地巡游等主题系列科普活动470余场，参与公众近36万人，赠送科普图书、科普资料4万余册（份）。科普基地进学校累计298场，与社区对接开展科普活动62场。市科协获福建省2015—2017年文明单位称号，获评2017年“科普中国·百城千校万村行动”地市级优秀组织单位。市科协命名授牌第十一批厦门市科普教育基地16家（其中台资企业2家）。启动厦门市AIOT科技加速营助力创新创业项目，配置院士专家导师8人，完成入营项目3个，追踪项目5个，为党政决策服务，完成重点调研课题10项。联合推动中国科协创新创业基地建设项目落地，举办2018数字经济产学融合厦门论坛，初步建成绿色开源共享平台并组织近200家在厦门企业入驻。拓展服务科技工作者渠道，举办专利应用工程师培训班2场，培训企业人员近150人。

第十届海峡论坛·海峡妇女论坛期间，举行两岸女大学生“绿色共享‘骑’乐融融”骑行活动

（市妇联　供图）

2018 年“全国科普日”期间，市科协组织科普基地巡游活动　（市科协　供图）

【院士专家工作站建设】 2018 年，市科协引导成长型、先导型高新企事业单位申报建设院士专家工作站，新建罗普特（厦门）科技集团有限公司、厦门塔斯曼生物工程有限公司、厦门长庚医院有限公司的 3 个工作站，引进院士 3 人（科学院 1 人，工程院 2 人），15 位外部专家签约院士专家工作站并进站工作。美亚柏科、亿力吉奥、泰普生物和恩成制药 4 个市级院士专家工作站通过省级院士专家工作站考评并授牌，厦工机械、爱德森、麦克奥迪医疗和麦克奥迪实业集团 4 个院士专家工作站通过省级考评并获得省级院士专家工作站重新认定，眼科中心院士专家工作站获评 2017 年度省级院士专家示范站。21 个院士专家工作站完成网上数据更新并获审核通过。

【全国科技工作者日】 2018 年，市科协开展“全国科技工作者日”系列活动，组织科技社团党支部党员参观改革开放 40 周年厦门经济特区建设重大成果展，举办科技讲座，组织开展法律服务进学会、走访看望基层一线科技工作者、科技教师培训、科技下乡、百场报告进校园等活动。在厦门日报刊发专版，宣传 10 名优秀科技工作者的先进事迹。2018 年全国科普日活动获中国科协表扬。

【青少年科教】 2018 年，市科协举办全国青少年科学高校营、科技教师培训班，实施中学生英才计划。其中，全市青少年科技创新大赛参赛人数 7800 人，青少年电脑机器人竞赛参赛人数 340 人，参加青少年科学调查体验活动人数 1600 人。厦门市选手在第三十三届福建省青少年科技创新大赛的青少年科技创新项目中获得一等奖 17 项，其中 7 项选送全国参赛，占全省推荐项目数量 35%；获得青少年科技创新项目一等奖、二等奖共 4 项，占福建省总量 33%；获得小学技术组一等奖 1 项。

【两岸科技教育交流】 2018 年，市科协与市民政局联合出台《关于进一步推动厦门和台湾科技社团及科技人员融合发展的意见》，扩大厦台科技社团、科技场馆交流合作，推动在厦门的台湾科技人员加入厦门市各级科协及其所属学会（协会、研究会），促进厦门台科技创新人才融合发展。市科协邀请台南、金门代表队 70 余人参加（观摩）第三十四届厦门市青少年科技创新大赛；承办厦门市第八届暨海峡两岸第三届大学生实体建构竞赛；协办第十届海峡论坛——2018 海峡科技专家论坛。

（王　殊）

厦门市归国华侨联合会

【概　况】 2018 年，厦门市归国华侨联合会（简称市侨联）按照中国侨联第十次全国归侨侨眷代表大会工作部署，跟紧新时代。全市侨联工作涌现一批先进典型：集美区侨联被授予“全国侨联系统先进集体”称号，思明区侨联、集美大学侨联、市侨商会被授予“全国侨联系统先进组织”称号，同安区侨联林一亭、海沧区侨联杨建良被授予“全国侨联系统先进个人”称号，全市 11 人被授予“全国归侨侨眷先进个人”称号。嘉庚故里集美街道被评为“福建省侨乡文化名镇”。市侨联与华侨大学共同建立的“归根情·情暖归侨侨眷志愿服务实践基地”入选第五批福建省大学生社会实践基地名单。市政协侨联界别小组连续 3 年获市政协先进界别小组表彰，侨联界别提案《关于我市集成电路产业健康发展的建议》获 2017 年度市政协优秀提案表彰。厦门市侨情信息工作连续第五年位列全省前列，数篇专报被《中国侨联侨情专报》和省委办福建信息采用。市侨联接待菲律宾、马来西亚、荷兰等 18 个国家或地区海外侨领侨商到访 38 批次、541 人次，举办新侨创业创新分享会、新侨论坛、侨智沙龙等 11 场次，扶持、培育大嶝科创基地作为厦门市首个侨界青年创新创业服务基地。市侨联开展侨商侨青“一对一帮扶”“送服务下乡”“爱心惠侨·高考助学”等活动，与 63 位侨界困难学生结对子；为同安区四林小学等 3 所学校捐赠图书，设立“侨爱心图书角”；帮助翔安区澳头村建立闽侨失散亲人服务中心网站。加快建设“网上侨胞之家”，升级改版微信公众号、厦门侨联网站，优化侨情信息平台，厦门数据被“福侨世界总网”采纳 1.7 万条，居全省第一。

【侨界联欢节】 2018 年 5 月 12 日，市侨联在同安竹坝华侨经济开发区举办第六届侨界联欢节。来自各区侨联、各归侨联谊会及海外留学生联合会代表 700 多人参加。活动以“侨联四海，情暖银城”为主题，突出“侨”的特色，安排同安区侨界书法作品展、南洋美食展、义诊、侨界游园等活动，发放“十九大精神”宣传材料、涉侨法律、“七五”普法读本宣传材料、垃圾分类等材料，深入侨界群众中开展涉侨政策法规宣传活动。

【海峡两岸暨港澳侨界圆桌峰会】 2018 年 6 月 6 日，第十届海峡论坛分论坛之

5月12日，第六届全市侨界联欢节在同安竹坝华侨经济开发区举办

（市侨联 供图）

一的“2018两岸侨联和平发展论坛·海峡两岸暨香港澳门侨界圆桌峰会”在厦门举办。来自台港澳和海外侨界的代表150余人参会，围绕以“凝聚侨心侨力、深化融合发展”为主题深入交流。中国侨联主席万立骏在峰会上发表主旨发言：新时代为两岸经济合作开辟更广阔空间，要坚持体现一个中国原则的“九二共识”，推动两岸民间交流交往，共同弘扬中华文化，共享发展机遇，共同致力于中华民族的伟大复兴。省委常委、统战部部长雷春美致辞发言：归侨侨眷和海外侨胞在推进福建经济社会发展、增进友好往来等方面发挥重要作用，希望大家继续发挥资源优势，推动福建对外交流合作，积极参与新福建建设，同心共筑中国梦。

【“归根情·老侨说”系列主题活动】 2018年6月23日，“归根情·情暖归侨侨眷”系列活动启动仪式暨“老侨说”侨课进校园首场授课，在华侨大学厦门校区王源兴国际会议中心启动。厦门市侨联携手华侨大学，以3场讲座让老一代归侨为华裔新生代和志愿者学生们讲述厦门华人华侨历史发展情况和华侨故事，以促进华裔新生代奉献精神和民族情怀的培养。首场讲座由厦门市侨联原副主席王起鹍以“侨史、侨联、侨务”为主题分享厦门的华人华侨历史发展情况。7月5日，新加坡归侨、华侨博物院名誉院长陈毅明上侨课，讲述陈嘉庚创业海外、教育救国、抗日救国、教育建国的一生。7月7日，缅甸归侨陈汀阳作题为《足迹遍及缅甸南北，初心不改爱国情怀》的讲座，讲述他侨居国外和归国的生活。

【侨界志愿者联盟成立】 2018年6月29日，由市侨联主办、思明区侨联和开元街道协办的“厦门市‘联心侨’侨界志愿者联盟”成立仪式在中山公园广场举行。市委统战部、市委文明办、市“五侨”等领导为志愿者联盟揭牌，并为来自市、区侨联，高校侨联，归侨联谊会，市、区侨联青委会，华侨农场侨联，街道及社区侨联等组织的志愿服务队授旗。市“联心侨”侨界志愿者联盟正式组建，发展侨界志愿者队伍35支、400多人。

【加拿大华裔青少年寻根夏令营】 2018年7月23—30日，市侨联举办为期8天的2018年加拿大华裔青少年夏令营，营员来自加拿大多伦多的29名海外华裔青少年（12—19岁青少年，成长在海外，中文水平不高，读写能力不强，对中华民族文化知之甚少）。夏令营期间，加拿大华裔青少年营员近距离接触中华民族文化，通过学习蝴蝶剪纸制作手工课、中文音乐课、葫芦丝课程、节令鼓课等，感受中华传统文化和民族艺术魅力。课堂文化学习外，营员们到华侨博物院、陈嘉庚纪念馆、鼓浪屿、福建土楼、古龙酱文化园等历史文化名胜进行文化体验参观。

【“侨与厦门的故事”系列专题】 2018年8月13日，市侨联在《厦门日报》开设“中国梦·桑梓情——侨与厦门的故事”系列专题，连载侨务工作者、侨界文化科技工作、侨界经济人士和侨领后裔所讲述的在改革开放过程中的感人故事，以展示华侨华人在厦门市改革开放过程中的特殊贡献。采访报道肖永

7月23—30日，市侨联举办为期8天的2018年海外华裔青少年夏令营

（市侨联 供图）

吉、曾淑萍、陈毅明、黄美缘等16位老华侨，并将故事结集出版，讲述者们来自科技、经济、城市建设、农业、文化和公益等多个领域，有旅居海外的侨胞、在厦门发展创业的归侨、侨眷、在基层一线为侨胞服务的侨务工作者，都为厦门发展作出重要贡献。12月25日，改革开放40周年·"侨这四十年，与特区共奋进"座谈会暨新书签赠仪式在团结大厦举行，其中8位讲述人到场座谈，畅谈40年来奋斗历程以及他们与侨40年的渊源关系。

【侨界健步行活动】 2018年11月10日，以"贯彻新思想　走进新时代"为主题的第八届厦门市侨界健步行活动，在全市5个片区同步举行（海沧片区于10月份举办），来自全市各级侨联、归侨联谊会、高校侨联、华侨农场侨联、侨商会、青委会、新侨人才联谊会等涉侨单位近4000名归侨、侨眷及在厦门华裔留学生代表参与。思明片区25支队5000名侨界群众欢聚于起点"音乐广场"，健步行走在环岛路；湖里片区5个街道侨联以及印度尼西亚、马来西亚各归侨联谊会等侨团640名侨界群众及港澳同胞代表齐聚五缘湾开展健步行；集美片区6个镇街和集美大学、华侨大学厦门校区及华文学院、厦门理工学院等高校侨联、天马华侨农场侨联及印联会、缅联会、"联心侨"志愿者队等720多名侨界群众沿着环杏林湾红色步道健步行；翔安片区8支队伍近300人在香山健步行；同安片区各镇街（场）侨联、致公党同安总支、印联会、缅联会等1000余名侨界群众沿着大轮山步行道健步行。

【中国侨联海外侨领研修班】 2018年12月12—16日，由中国侨联、福建省侨联主办，厦门市侨联、厦门大学承办的中国侨联海外侨领研修班在厦门举办。来自意大利、法国、新西兰、阿联酋、美国、新加坡等32个国家的68名海外侨领参加研修。厦门大学国际关系学员发展经济学教授廖少廉，中国侨联联谊联络部副部长朱柳，厦门大学公共事务学院社会学系教授李明欢，厦门大学南洋研究院院长李一平，两岸关系和平发展协同创新中心执行主任刘国深，中国侨联副主席李波等专家、领导，分别就中国的新发展理念与对外经济关系的新趋势，海外侨情与侨务工作，海外华人社团动态、功能与管理，中国外交的几个问题，台湾局势与两岸关系、人民币国际化的现状与未来等内容先后开设6场讲座。

【闽侨智库厦门大学研究中心成立】 2018年12月13日，闽侨智库厦门大学研究中心成立仪式暨研讨培训班在厦门大学举办，来自厦门大学各院系的专家、学者约50人出席成立仪式。该中心是厦门市侨联率先在全省开展"地方侨联+高校"合作的创新之举，发挥高校专家人才智力优势，拓宽侨情信息来源，助力厦门侨联发挥智库职能，为党委、政府科学决策提供侨智支持，得到中国侨联主席万立骏的批示肯定。省侨联党组书记、主席陈式海，厦门大学党委副书记、副校长李建发，市侨联党组书记、主席潘少銮和省侨联党组成员、秘书长吴武煌共同为研究中心揭牌。

（林珍珍）

厦门市台湾同胞联谊会

【概　况】 2018年，厦门市定居台胞3000多人，常住台胞13万人，在厦门台资企业3200多家，台商个体户近1000户。全年，厦门市台湾同胞联谊会（简称市台联）累计发放老台胞、老台胞遗偶生活津贴，台胞低保户生活补助金，困难台胞家庭学生助学金以及困难台胞医疗、生活补助约252万元；开展"两节"送温暖活动，慰问180名80岁以上高龄台胞和低保困难户，走访39名台商名誉理事；举办台商子女入学政策说明会和入学现场办公会，解决144名台商（台胞）子女入学问题；举办首届海峡两岸鼓乐文化节，两岸10余支鼓乐队伍80余名老师和学生参加；举办两岸书画及工艺美术精品展示交流活动，55名两岸书画家参加；组织举办庆祝改革开放40周年文艺演出和台商（台胞）座谈会、观看《厉害啊！我的国》《红海行动》等电影、到台湾岛内交流等活动，开展社会主义核心价值观宣传教育；接待台湾澎湖科技大学、台湾公党团、台湾"中华两岸文经观光协会"、台湾国际创新协会、台湾"中华文化教育交流协会"等团组34批次360人；加强厦门市台联微信公众号信息推广，全年推送消息83期124条。

【台湾大学生大陆就业政策说明会】 2018年3月24日，市台联联合市台办、市教育局举办第六届台湾大学生大陆就业政策说明会，邀请市公务员局、市人社局、市就业服务中心等相关部门，就厦门市台湾大学生就业、创业的相关政策等问题为在厦门的台湾大学生答疑解惑，并开展现场互动交流。会后，组织在厦门60名台湾大学生参加台湾人才

3月24日，市台联举办第六届台湾大学生大陆就业政策说明会　（市台联　供图）

现场招聘会，为台湾大学生到大陆实习见习、就业创业搭建平台。

【津贴和补助金审核】 2018 年 5 月 3—16 日，市台联举行 2018 年厦门市老台胞、老台胞遗偶生活津贴及台胞低保户生活补助金审核现场办公。对厦门市老台胞、老台胞遗偶生活津贴及台胞低保户生活补助金进行集中审核，面对面审核申请对象的身份证、户口簿、银行卡等有关材料，并存档备查。累计审核 1049 人次。其中，老台胞 898 人次（7 人无领取社保金）、老台胞遗偶 127 人次、低保户 24 人次。

【两岸青少年新媒体文创论坛】 2018 年 6 月 5—8 日，市台联与全国台联共同举办海峡论坛的分论坛“海峡两岸青少年新媒体文创论坛”，秉承“新媒体·新青年·新发展”主旨精神，邀请 56 名台湾青少年参加，其中有 20 名首次到大陆的台湾青年及 4 名台湾初中生。论坛用情景剧“短视频下无声的呐喊——超级大网红”再现当下短视频行业存在的乱象，并进行第二届“传播真善美 弘扬正能量”两岸青少年短视频大赛颁奖典礼。

【同名村联谊活动】 2018 年 6 月 6 日，市台联参与主办第十届海峡论坛“同名村·心连心”联谊活动。主场活动以“同名村·心连心”为脉络，以“食同味——阿嬷的味道”为主题，海峡两岸 310 人参会。通过闽南特色舞蹈《拍胸舞》《惠安女美》以及《厦门人家》《幸福花开》等传统民俗文艺节目，穿插闽南五香卷、海蛎炸、炒面线等特色小吃的品尝互动，讲述小时候的美食记忆、魂牵梦萦的乡愁，让两岸同名村宗亲领悟两岸饮食文化的一脉相承，深化两岸同名村宗亲，特别是青少年宗亲的祖地文化和中华文化的认同感。

【“相聚厦门”两岸青年教师夏令营】 2018 年 7 月 17 日，市台联围绕“教学经验交流”的主题，举办“相聚厦门”两岸青年教师夏令营，吸引台湾 30 名青年教师和 32 名台湾大学生参加。台湾青年教师与厦门一中、工商旅游学校及厦门大学的重点学科教师开展以教学经验交流为主要内容的座谈会。通过参观、座谈等形式，搭建两岸教师互动平台，加深两岸教师队伍交流与联系。

【鹭岛小天使到台湾交流】 2018 年 8 月 2—8 日，市台联组织 2018“乡土乡音两岸情”鹭岛小天使到台文化交流访问。来自厦门的 82 名鹭岛小天使在台中、南投进行 2 场文艺交流演出，并与新北市学生鼓乐团 15 名学生举办 1 场合作演出，与台 3 所小学 20 名学生开展联谊交流，观看演出的台湾民众 800 多人。该活动系国台办 2018 对台重点文化交流项目，在中央电视台、人民网、新华网均有报道。

【改革开放 40 周年座谈会】 2018 年 12 月 20 日，市台联举办“改革开放 40 年 我的创业发展在厦门”庆祝改革开放 40 周年在厦门台商（台胞）座谈会，在厦门台商台青和定居台胞 50 人参加。会上，在厦门台商、定居台胞和在厦门的台湾青年代表分别发言，共同畅叙 40 年来祖国的发展，共同回忆台商在厦门创业历程，号召广大在厦门台商台胞在新时代继续把改革开放推向前进，在厦门建设高素质、高颜值、现代化、国际化城市的新征程中再立新功。

（王珊珊）

厦门市金门同胞联谊会

【概　况】 2018 年，厦门市金门同胞联谊会（简称市金联）组团到台湾、金门参访 14 个旅台金门同乡会，增进与旅台金门同胞的友谊，宣传厦门最新出台的惠台 60 条举措。继台中市金门同乡会之后，与台湾金门同乡会总会在台北签署合作备忘录。与市关工委在台湾地区马祖列岛联合举办第六届海峡两岸老少书画摄影交流活动，与市民盟、大嶝街道、金门县文化局等单位联合主办第四届纪念林希元文化节。与翔安区金联和翔安区档案局联合举办“两岸一家·文档为证”两岸书画交流展，展出两岸书画家的 300 多幅书画作品。市金联落实政府关怀，完成在厦门老龄、困难金胞补贴的发放工作，为 1225 人次发放各类生活补助金 293.2 万元。帮助台湾南投县金门同乡会总干事黄水禄寻找到其祖父的陵墓。协办第十届海峡论坛·海峡两岸关爱下一代成长论坛，参与第二十届中国国际投资贸易洽谈会的客商邀请接待工作，参与承办两岸青少年经典诵读邀请赛。

【第十届两岸金门同乡会理事长联席会】 2018 年海峡论坛期间，由市金联举办的第十届两岸金门同乡会理事长联席会在厦门召开。来自旅台各金门同乡会、金门县各界、旅台金门青年等 76 位代表和市金联理事 100 多位嘉宾出席会议。联席会以“两岸一家亲·厦金亲上亲”为主题，从不同的领域、不同角度总结 10 年来联席会的丰硕成果，继续依托联席会平台，让厦金亲上加亲。应参会台胞的要求，市金联详细解读惠台 60 条举措。

海峡论坛期间，第十届两岸金门同乡会理事长联席会在厦门召开 （市金联 供图）

【两岸同胞合唱音乐会】 2018年5月6日，在市海外联谊会、市台办的指导下，市金联、市青少年宫在红领巾剧场联合举办“龙的传人 唱响鹭岛”——两岸同胞庆祝改革开放40周年合唱音乐会，来自两岸的400多位观众参加音乐会。台湾桃园乐友合唱团、台北圆韵合唱团、金门县合唱团、厦门圣音尚室内合唱团、厦门市青少年宫凤凰花女子合唱团和凤凰花少儿合唱团应邀登台。海峡两岸同胞以大合唱《快乐聚会》拉开帷幕，大合唱《金厦情牵》《龙的传人》把现场气氛推向高潮。

【东南亚金门籍青少年祖地行活动】 2018年6月15日，市金联联合省金联、市教育局主办2018年东南亚金门籍青少年祖地行活动，来自马来西亚、印度尼西亚和集美大学的50名青少年参加活动。活动采取东南亚青少年与中国青少年一对一结对的形式开展，以增进对中华优秀传统文化的了解与认同，弘扬“嘉庚精神”为主线，结合端午节开展一系列富有闽南特色的交流体验活动，加深东南亚金门籍青少年对祖国的了解、对中华文化的认同和对鹭岛厦门的印象。

【第十四届“厦金情深·闽南初体验”夏令营】 2018年7月23—27日，由市海联会、市关工委、市金联联合主办，市金联具体承办的第十四届“厦金情深·闽南初体验”两岸青少年夏令营在厦门举行。夏令营邀请近40位两岸青年学子参观鼓浪屿、陈嘉庚纪念馆、鳌园和闽台缘博物馆，体验永春牛姆林，到厦门市青少年气象馆学习气象知识。通过夏令营交流活动让台湾青少年逐渐了解祖国大陆新时代、新气象，让海峡两岸青少年互相学习，共同进步，不断加强青少年间的互动了解。

（何　杰）

厦门市文学艺术界联合会

【概　况】 2018年，厦门市文学艺术界联合会（简称市文联）编制所属2个事业单位（厦门文学院、厦门书画院）、11个文艺家协会、星海合唱团、文艺志愿服务团，6个挂靠文艺协（学）会。全市市级文艺家协会会员4702人，省级文艺家协会会员1468人，全国级文艺家协会会员613人。截至年底，通过建立工作台账、对账盘点、跟踪问效等措施，加强督促检查，基本完成改革任务并指导市作协、各区文联根据实际情况制定深改方案。

【改革开放40周年艺术展览系列活动】 2018年，市文联围绕庆祝改革开放40周年，举办“新时代·新征程——庆祝改革开放40周年”系列文艺活动。组织各门类文艺家深入生活，扎根人民，感受特区改革开放巨变。文艺家创作的文艺作品，通过集中展览，以文艺的形式反映厦门改革开放辉煌历程和丰硕成果，传播厦门精神，展示厦门市文学艺术创作水平。6月13—22日，厦门市书协历届主席团成员书法作品展在厦门文联展览馆开展，展出21位市书协历届主席团成员的105幅书法精品。7月28日至8月6日，厦门市美术家协会历届主席团成员美术作品展在厦门文联展览馆开展，展出34位历届主席团成员的98幅作品，是厦门市美术界自厦门改革开放以来美术精品佳作的一次展现。12月9—21日，厦门市摄影协会历届主席团成员摄影作品展在厦门文联展览馆开展，展出市摄影协会历届主席团21位成员的94幅作品。作品展示厦门从一个海岛小城发展成高素质高颜值现代化国际化城市的历史变迁。

【文艺惠民活动】 2018年，市文联在29个社区和单位授牌“文联服务点”，形成市、区、街道、社区四级文艺资源共享系统。文艺志愿服务走进农村、厦门海关、学校，开展“送欢乐·下基层”“学习贯彻新思想 建功立业新时代”文艺慰问演出。全年举办“2018厦门市文联迎新年文艺志愿服务走进同安区慰问演出”、“我们的中国梦”——文化进万家送“福”写春联活动、2018“中华情·中国梦”中秋展演、“第十九届红土地·蓝海洋笔会”、“不忘初心弘扬正气 扫黑除恶砥砺前行”——扫黑除恶专场文艺演出等文艺活动20余场，举办“文艺大讲堂”27场，满足不同地区、不同人群的多层次、多样化文艺需求。

【文艺创作成果】 2018年，市文联推动扶持厦门市文艺精品创作、文艺作品出版展览、重大主题文艺创作和文艺活动，推动青年艺术人才暂行办法的实施，经过评审，有47个文艺创作项目得到扶持。其中，李秋沅短篇小说《流光》、颜妍短篇小说《兔子和狼，向北而去》分别获福建省第三十二届优秀文学作品榜、第十四届“陈明玉文学榜”的上榜提名作品；郭溪福的《竹情水暖》、陈明龙的《向阳花地》获第二届福建省美术双年展“八闽丹青奖”金奖，陈静的《崇武秋风》、黄志洋的《五缘吾缘》、郭鑫的《高原人·雪域魂》获第二届福建省美术双年展“八闽丹青奖”金奖提名；王安娜南音表演唱《鼓浪曲琴风》获第十届中国曲艺牡丹奖全国曲艺大赛（余杭赛区）表演奖提名。

【协会换届】 2018年，厦门市作家协会、戏剧家协会、音乐家协会、美术家协会、书法家协会、摄影家协会、舞蹈家协会、民间文艺家协会分别开展换届工作。市文联明确换届协会主席团成员中至少有1名新文艺群体或新文艺组织代表。指导换届协会审议通过《理事会议事规则》《主席团议事规则》《关于加强协会理事会建设的决定》，在章程中明确规定，协会理事以上人员必须成为文艺志愿者。指导换届协会成立协会艺术创作指导委员会、行风建设委员会、新文艺业态委员会、青年委员会、文艺理论和评论专委会等。换届后，新文艺群体和体制外文艺家在协会理事会中的占比大幅提高，市作家协会40.4%，市书法家协会54.8%，市摄影家协会54.5%，市民间文艺家协会63.2%；青年艺术家在协会理事中比例均超过10%，市舞蹈家协会理事会有青年文艺家32人，占总人数47.8%，市戏剧家协会理事会有青年文艺家20人，占总人数39.2%。

【第六届海峡两岸闽南语电影文化研讨会】 2018年8月30日至9月2日，由厦门市台办支持，中国电影家协会、中国文联电影艺术中心、福建省文联、厦门市文联主办，中国电影家协会海峡两岸电影交流工作委员会、福建省电影家协会、厦门市电影家协会、厦门市人民剧场承办的第六届海峡两岸闽南语电影文化研讨会在厦门华侨大厦举行。来自两岸电影界的63名专家、学者，电影工作者出席研讨会。中国影协分党组成员、副秘书长孙崇磊，福建省文联党组成员、书记处书记、副主席林瑞发，厦门市委宣传部副部长唐向阳分别致辞。该会把海峡两岸闽南语电影文化研讨会活动转化为两岸闽南语电影交流合作的互动平台，促进闽南语电影的传承与发展。通过研讨，两岸电影人加深对闽南语电影文化的认识，对海峡两岸闽南语电影事业的传承与发展有更为清晰的思路和规划。

【第六届海峡两岸文学笔会】 2018年11月2—7日，由中国作家协会港澳台办公室、福建省作家协会、厦门市文联主办，厦门市作家协会承办的第六届海峡两岸文学笔会在厦门、长汀、连城举行。中国作家协会港澳台办公室副主任李锦琦，福建省文联副主席、福建省作家协会主席杨少衡，厦门市委宣传部副部长唐向阳以及“台湾全球华人艺文创作协会”理事长郑羽书、秘书长吴钧尧在开幕式上致辞，海峡两岸70余名作家和学者参会。笔会以“文学的穿越：两岸与城乡”为主题，两岸作家、学者畅谈文学在促进两岸交流、透视城乡发展方面的作用及意义。同时，组织与会者到长汀、连城，与当地作家切磋、交流。

（赖妙宽）

厦门市社会科学界联合会

【概　况】 2018年，厦门市社会科学界联合会（简称市社科联）组织召开厦门市社科界学习贯彻习近平新时代中国特色社会主义思想座谈会、厦门市社科界庆祝改革开放40周年理论座谈会等5场专题研讨。加强意识形态管理，严格落实意识形态工作责任制，出台《意识形态工作责任制实施意见》，对举办的各类讲坛、论坛、报告会以及各种学术出版物、网站、微信公众号等进行登记和管理，对所属社科学会的管理，实行学会重大事项报告制度，确保各类意识形态阵地可管可控。全年完成53家业务主管学会的年检工作，开展第十一批厦门市社科标准化学会评选。新增厦门廉政与治理研究中心、华人华侨与厦门发展研究中心、厦门金融管理与资产配置研究中心3个社会科学研究基地。编辑《智库报告》20期、《厦门社会科学》杂志6期、《厦门社科界》杂志18期、《台情内参》16期。出版《鼓浪屿研究》辑刊第九期，出版厦门文献系列丛书第三辑8册，出版洪卜仁、何丙仲《学术文集》，资助出版《通洋裕国——厦门古代对外交往史钩沉》。全年被中宣部综合采用舆情信息100多条。

【社科联第七次代表大会】 2018年4月18日，厦门市社会科学界联合会第七次代表大会召开。省委常委、市委书记裴金佳出席开幕式并讲话。市领导以及厦门市各人民团体代表、市社科界代表等200多人出席会议。大会审议通过《厦门市社会科学联合会第六届委员会工作报告》《厦门市社会科学联合会章程（修改草案）》，选举产生市社科联新一届委员会和主席、副主席。叶重耕当选新一届市社科联主席，何瑞福、陈怀群、庄志辉为驻会副主席，魏志坚为秘书长。大会选举李建发、陈珍（女）、赵振祥、洪文建、徐祥清、彭心安、曾路、温金辉、戴志望为非驻会副主席，聘任吴凤章、陈炳发、黄杰成为市社科联名誉主席；聘任林聪明、张亚梅、林书春等16人为市社科联顾问。

【社会科学课题调研】 2018年，市社科联、市社科院以厦门经济社会发展中的热点难点问题和具有全局性、战略性、前瞻性的重大理论和实际问题为主攻方向，组织开展一批应用对策性的研究课题，发挥地方新型智库重要作用。围绕加快建设“五大发展”示范市战略规划、加快推进自贸试验区改革等重大战略目标，立项调研课题52项。其中，立项《推进厦门自由贸易港建设的研究》《“一带一路”背景下鼓浪屿华侨文化的传承研究》等重大课题6项、《发挥厦门侨乡资源优势与“一带一路”支点城市建设的研究》《鼓浪屿音乐文化遗产核心要素的创新与发展研究》《习近平新时代中国特色社会主义思想在厦门的实践与探索》等重点课题17项、《国家自主创新示范区厦门片区建设研究》等一般项目19项、《“一带一路”背景下厦门外贸企业向跨境电商“品牌出海”转型的路径升级与对策建议研究》等青年项目10项。

【第九届社科界学术年会】 2018年，市社科联举办厦门市第九届社会科学界学术年会。该届学术年会的主题为“贯彻新发展理念、开启新时代征程”。年会收到各区社科联，各社科学会、协会、研究会，各高校科研机构提交的论坛申办方案15个，其中10个论坛申办方案入选并陆续举办。厦门市经济师协会承办的完善社会主义市场经济体制与厦门实践论坛，厦门大学台湾研究院、厦门市社科院联合承办的新时代两岸融合发展学术论坛，厦门市卫生资讯协会承办的新时代智慧健康论坛，厦门市社会发展研究会承办的厦门民营经济转型升级论坛的4个论坛被评为该届优秀学术论坛。

【社科知识普及】 2018年，市社科联依托“鹭江讲坛”载体，开展经常性社科知识宣传普及活动。重新修订《“鹭江讲坛”管理办法》，召开2018年年度“鹭江讲坛”教学分析会、全国“两会”备课会等，设置习近平新时代中国特色社会主义思想和十九大精神宣讲专题，编辑《2018年“鹭江讲坛”讲座选题》，推出选题853个，组织社科专家、学者深入基层举办讲座270场，“鹭江讲坛”报告人为有关单位作专题报告700多场，受众25万人次。“同文讲坛”开展《习近平新时代中国特色社会主义思想的科学内涵和重大意义》《新时代的社会建设——中国收入增长和分配差距变迁新趋势与展望》等5场讲座。推动志愿服务工作制度化、常态化，紧密围绕广大市民需求，组织社科志愿者及41支志愿服务分队，在10个挂钩配对示范点及全市组织开展形式多样、内容丰富的社科志愿服务活动143场。基地社科普及项目6个，新设市级社科普及基地4个。围绕庆祝改革开放40周年等专题，编辑出版《厦门社科知识普及读本》13册。

【第十四届社科普周】 2018年10月20—26日，市委宣传部、市社科联联合举办以“新时代新征程新使命 谱写厦门发展新篇章”为主题的厦门市第十四届社会科学普及宣传活动周，开展系列活动14项，涉及具体项目672个、社科普及服务单位300多个，参加服务活动的社科专家学者、社科志愿者和工作人员3000多人次。活动周期间，发放宣传材料11万份、赠送各类科普书刊1.5万册，赠送宣传品2.2万份，接受各项社科咨询服务的群众4.5万人次，近40万人次通过各种途径不同程度地接触、了解社会科学知识。市社科联调动社科学会、高校、区社科联等社科力量承办、参与社科普及周活动，如厦门大学开展“青春建功新时代·社科普及进校园”主题文化展览，华侨大学举办“社会科学普及宣传周社会科学专题系列讲座”，思明区社科联开展“美丽厦门 魅力闽南”多彩闽南文化宣传活动，翔安区社科联组织“咱厝的好声音”闽南童谣专场演出等。

【社科学会管理】 2018年，市社科联加强学会管理服务，推动学术立会、活动兴会、依法办会。以社科学会“双十活动”“对台文化交流重点项目”为平台，分类指导和扶持学会活动，立项资助重大社科活动10个、重点调研课题10个、对台交流重点项目10个。全年组织召开学会工作委员会议4次，完成53家业务主管学会的年检工作，完成7家学会换届改选。市社科联授予厦门市两岸会计合作与交流促进会、厦门市审计学会、厦门市行为科学学会、厦门市群众文化学会、厦门市老年摄影学会、厦门市钱币学会、厦门市朗诵学会7家学会为第十一批厦门市社科标准化学会称号。

【对台民间交流】 2018年，市社科联立项资助市社科学会开展对台文化学术交流重点项目10项：台湾民俗文化考察交流活动、第四届中华武术文化交流活动暨学生夏令营、2018年会计文化研习夏令营、第四届厦门·合肥·金门青少年书画交流活动、第三届闽台（厦门）六桂文化论坛、第九届闽台（厦门）姓氏文化论坛、厦门将军祠历史文化遗址学术研讨会、中华家道文化论坛、鹭台新型智慧城市建设研讨与对接系列活动、闽南语金曲演唱会。指导社科学会举办海峡两岸青少年中华姓氏源流知识竞赛、2018海峡科技专家论坛海峡两岸区块链应用与合作研讨会等活动。其中，海峡两岸青少年中华姓氏源流知识竞赛被列为第十届海峡论坛的重点项目之一。

【《2018—2019年厦门市经济社会发展与预测蓝皮书》出版】 2018年12月，市社科联、市社科院组织编撰的《2018—2019年厦门市经济社会发展与预测蓝皮书》出版。该书由50多名专家、学者参与撰写、编审，收录文章37篇、47.8万字。全书分为经济篇、社会篇、区域篇、专题篇4篇，其中经济篇、社会篇新增加“厦门市集成电路产业发展情况分析及建议”“厦门市再造‘厦’字头企业与品牌情况分析及建议”“厦门市引进世界500强企业情况分析及建议”“厦门市推进高质量发展和培育发展新动能情况分析及建议”“厦门市自由贸易港建设情况分析及建议”“厦门市养老产业发展情况分析及建议”等篇目。

（文治平）

厦门市残疾人联合会

【概　况】 2018年，厦门市残疾人联合会（简称市残联）开展“十三五”加快残疾人小康进程专项规划实施情况中期评估，在残工委单位协助提供完成情况的基础上形成评估报告，对存在的问题进行分析，明确下一步工作重点，推进残疾人基本服务状况和信息数据动态更新手机App试点工作，完成残疾人登记41745人，入户调查率96.5%，及时掌握残疾人基本状况第一手信息。全市持证残疾人42457人，比上年增加874人。按性别分，男性23330人，占54.95%；女性19127人，占45.05%。按户籍分，农村残疾人12891人，占30.36%；城镇残疾人29566人，占69.64%。按残疾类别分，视力残疾2985人，听力残疾2809人，言语残疾730人，肢体残疾20769人，智力残疾4594人，精神残疾7432人，多重残疾3138人。

【残疾人社会保障】 2018年，市残联全面落实残疾人缴交城乡居民基本医疗保险和养老保险补助政策，为21393名符合条件残疾人补助个人缴费部分，为23343名残疾人缴交城乡居民养老保险，为43804名持证残疾人购买意外伤害险。修订完善重度残疾人托养补助政策，对324名入住托养机构的重度残疾人补助155.78万元。提升各区“福乐家园”和街（镇）残疾人职业援助中心的“日间照料＋辅助性就业”服务功能和水平。其中，同安区出台“一户多残”困难家庭、重度残疾托养、“四残儿童”康复护理、盲人按摩场所租金的补助政策，提高保障水平。

【残疾人康复服务】 2018年，市残联为13942名有需求的残疾人提供康复服务，精准康复服务率96.02%。结合落实厦门市乡村振兴战略三年行动，深入34个村（居）开展个性化辅具适配服务，为475名残疾人适配辅具626件。开展残疾儿童康复服务，为1094名残疾儿童家庭实施抢救性康复训练。做好社区康复治疗服务，为残疾人提供53060项次的康复治疗和康复训练服务。举办残疾人康复活动进社区6场、残疾预防和残疾人康复知识宣传活动进社区入家庭8场。推动康复服务机构规范化建设，新增定点康复机构4家，督查民办残疾儿童康复定点机构8家，督导社区康复活动站24家。按时完成《厦门市残疾儿童康复救助办法》的起草工作。其中，翔安区出台政策，对贫困精神病患者住院给予最高2万元的区财政专项补助。

【残疾人就业】 2018年，厦门市全市新增残疾人就业738人。为2138人次就业年龄段内残疾人发放各种就业创业补贴1355.85万元。市残联举办首届厦门市残疾人职业技能竞赛；举办各类培训105期，培训残疾人1906人次，新增培训505人；组织10名盲人医疗按摩师参加国家级、省级继续教育培训，7名就业机构工作人员和208名基层残疾人就业指导员参加中残联就业中心举办的培训班。为231人次残疾人及工作者开展职业心理咨询服务，为114名残疾人进行职业能力测评。通过“一对一”推介等方式帮助15名应届残疾人高校毕业生实现就业创业，就业率82%。举办

15 场残疾人就业专场招聘会，促进残疾人就业。发挥创业创新孵化基地示范作用，入驻的 11 个残疾人创业团队有 5 个创业项目实现盈利。其中，思明区通过向社会组织购买服务的方式，精准帮扶残疾人就业。

【残疾人教育】 2018 年，市残联为 2517 名残疾人及困难残疾人子女发放就学补助 400.77 万元，投入职业教育经费 159.5 万元。鼓励厦门市城市职业学院改变管理模式，集中为残疾学生单独建班的基础上，全市各教学点为有条件的残疾学生提供就近入学，加大函授残疾大学生招收力度，秋季一期就招收残疾学生 193 人。注重推进融合教育，市心欣幼儿园与华东师大、陕西师大、滨州医学院等高校开展“深化学前特殊幼儿日常生活技能研究”“医教结合”人才培养模式等重点项目研究；与市教科院、城市职业学院等单位开展融合教育师资培训及志愿者培训；与新景等 3 所普通幼儿园及共建社区开展 7 次融合教育活动。“全国助残日”期间，市心欣幼儿园携手金福幼儿园开展“你好·朋友”助残日融合文艺汇演。该园《特殊幼儿日常生活技能研究》课题获 2018 年省级基础教育成果奖二等奖。

【残疾人文体活动】 2018 年，市残联推进文化进残疾人家庭活动，40 个残疾人家庭参与读书、观影、游园等活动。组织残疾人到 4 个区开展“送文化、送健康、送祝福”进村居活动，展示残疾人自强不息的精神面貌。在集美区开展康复体育关爱家庭计划试点工作，为 97 名不易出户或家庭困难的重度残疾人实施康复体育家庭关爱服务。全年各协会组织开展“健步行”“牵着蜗牛去散步”“相约菊展，共享美景”“盲人看电影”以及“趣味运动会”“篮球、乒乓球比赛”等残疾人文体活动 232 场（次），吸引残疾人及其亲属近 6000 人次走出家门，走进社会。3 名残疾人运动员在第三届亚残运会上，获 4 金 2 银并创厦门在该赛事上的历史最好成绩。参加省级以上残疾人体育赛事获 32 金 14 银 8 铜的佳绩。海沧区开展残疾人文体活动，让更多的爱心志愿者参与到扶残助残的活动中，促进残健融合。

【残疾人合法权益保障】 2018 年，市残联做好“12385”残疾人信访热线和“12345”市长专线互通互接，畅通残疾人合法诉求表达通道，坚持每月开展“理事长接访日”活动，全年接待来信来访 205 人次，办结率 100%。开展法律宣传，强化助残法律服务，发挥市、区两级残联法律援助救助站作用，维护残疾人合法权益。承办中残联、住建部联合举办的全国老旧小区无障碍改造试点工作调研，老旧小区无障碍改造和地铁无障碍建设得到中残联领导的肯定。组织对镇（街）、村（居）和主要车站码头的无障碍设施进行督导检查 4 次，消除残疾人社会融合障碍。

2018 年“全国助残日”期间，厦门市心欣幼儿园携手金福幼儿园开展“你好·朋友”助残日融合文艺汇演
（吴婉婷　摄）

【残疾人事业宣传】 2018 年，市残联发挥《厦门日报》“残联之窗”、厦门电视台“手语新闻”、广播栏目“残联之声”专题节目、市残联微信公众号等立体宣传网络的作用，宣传厦门市残疾人事业。与省残联、厦门大学联合承办 2018 海峡论坛两岸残障人士交流嘉年华；与《厦门晚报》联合开展“我身边的助残故事”征文活动，收到来稿近百篇。围绕全国助残日、残疾预防日、国际残疾人日等重大纪念日组织开展系列宣传活动，发挥活动带动效应，在社会上营造扶残助残良好氛围。

【社会助残】 2018 年，市残联推进各专门协会社团法人登记，制定完善各项制度，发挥各专门协会职能作用。厦门残疾人福利基金会募集资金 216 万元，为 105 户农村困难残疾人家庭免费安装光伏发电设备；开办特需儿童融合中心，为 600 多人次的特需儿童提供服务。依托残疾人福利基金会、各专门协会、无障碍督导队、中途之家等社会组织，组织助残志愿者培训 30 多场，培训助残志愿者近 2000 人次。

（彭胜辉）

厦门市红十字会

【概　况】 2018 年，厦门市红十字会（简称市红十字会）募集资金 1728.29 万元，募捐物资折款 851.27 万元，位列全省九地市红十字系统第一。探索互联网筹资，依托腾讯公益平台、中国红十字基金会公募平台，参与开展“99 公益日”筹资活动。市红十字会、红十字基金会与市工行开发积分献爱心系统，春节前试运行并向困难群众发放物资。市红十字会、集美区红十字会、思明区红十字会开通手机移动筹资渠道，集美区红十字会开发建设“集美区红十字会在线上募捐与积分兑换系统”，解决偏远群众物资领取困难的实际问题。推动基层组织建设示范点，使其成为基层公共服务、社区治理和精神文明建设的重要平台与活动载体。湖里区、海沧区、集美区红十字会各有 1 个社区获得“2018 年度省级红十字会基层组织建设示范点”称号，思明区持续规范抓好社区红十字服务工作，各个社区均衡发展，规范统一。市红十字会做好红十字体验式生命教育，加强工作规范指导，在市教育局的共同推动下，调整充实学校红十字工作委员会，组建学校红十字工委；开展生命教育安全辅导员培训，指导各区、各校开展人道传播、生命教育夏令营活动59场次2950人；通过厦门金龙汽车“移动图书馆”项目全年募捐图书2.18万册支援贫困地区。针对年度受灾户及困难群体，连续24年在元旦春节期间开展“红十字博爱送万家”活动，慰问困难群众20611人次，用款296.12万元；针对因病致贫困难户，实施大病救助，全市红十字系统救助1315人，用款424.41万元。通过市红十字会光明专项基金救助困难家庭的眼疾患者312人，用款60.44万元；红十字人道救心基金救助贫困先心患儿95人，用款107.64万元；配合厦门市对口帮扶工作，全年向甘肃、四川、贵州及福建龙岩、漳州等11个地区援助物资397.94万元。市红十字会直属各服务队组织活动567场次，参与服务4609人次、10060小时。其中，参加志愿服务120小时以上星级志愿者144人。市红十字会做好海峡两岸红十字博爱论坛筹备和会晤保障工作，开展闽台红十字大学生人道之旅夏令营活动等工作。主动联系金门红十字组织开展交流访问活动，做好“厦金生命救助绿色通道”护送病患台胞返台服务工作，全年有9名台胞病患在工作人员见证和服务下返台治疗。主动与金门县和台湾红十字组织联络，帮助查人寻人5人。

【应急救护培训】 2018年，市红十字会加大应急救护培训组训力度。全市开展公益普及培训1018场，受益人数13.72万人（其中市级170场，1.75万人）；开展急救员持证培训155期，受训6780人。加大基地建设力度，按照关于全市集中打造一个培训基地的指示精神，与厦门医学院签订战略合作备忘录，向中国红十字会申报列入2019年国家级应急救护培训基地建设计划。思明区红十字会巩固应急救护培训基地建设，打造集教学、训练、互动体验为一体的示范基地，开办“博爱学堂”群众性生命救护技能公益培训，获得思明区党建工作品牌；集美区、湖里区红十字会应急救护培训基地建成并投入使用。在全省组织的应急救护技能大赛中，厦门市赢得团体、个人双冠的成绩。

【应急救援建设】 2018年，市红十字会联合市直机关党工委，成立市直机关红十字应急救护志愿服务队（下设7支分队），逐步构建与政府应急救援体系联动的群众自救互救安全网络体系。举办全市各区、街道等备灾点58名骨干培训，提升业务素养；组织社区群众、红十字青少年、赈济救援队参与全市“5·10”防空日紧急疏散演练。10月，联合厦门市海洋与渔业局，建设闽台中心渔港红十字救护站，成立红十字海上应急救护志愿服务队，配合海洋与渔业部门，为海峡两岸渔船民提供红十字应急救护和人道救助服务。新建备灾救灾仓库1个，向海沧、集美、同安6个备灾救灾仓库调拨857个博爱应急箱。更新赈济救援队、海沧、湖里、思明10个备灾救灾仓库2064个博爱应急箱内物品，确保各备灾点储备物资质优量足。

【“三献”工作】 2018年，市红十字会新增造血干细胞600人份采样入库，占全省50%，累计35195人份；实现捐献9例（全省21例），比上年增长超过30%，累计实现捐献76例。人体器官捐献志愿者全年新增捐献登记146例，累计1290例，实现遗体捐献26例（全省64例），器官捐献15例（全省55例），增长100%。联合《厦门日报》、厦门电视台等主流媒体，开辟“三献”（无偿献血、造血干细胞捐献和人体器官捐献）专题宣传专栏，宣传报道40余篇次；组织各区、各高校红会深入社区、校园开展主题宣传活动，发放宣传材料2万余份；清明节期间，组织捐献者家属、志愿者代表及相关单位代表400余人在市遗体和器官捐献者纪念园举行遗体和器官捐献者纪念活动；结合纪念《中华人民共和国献血法》颁布实施20周年，组织召开造血干细胞捐献者座谈会，组织人员参加省会造血干细胞捐献培训，组织对各区红十字会相关人员、器官捐献协调员进行宣传培训活动等，推进“三献”工作开展。

（苏映红）

10月，市红十字会联合市海渔局成立红十字海上应急救护志愿服务队

（市红十字会 供图）

中国国际贸易促进委员会厦门市委员会

【概 况】 2018年，中国国际贸易促进委员会厦门市委员会（简称市贸促会）推动自贸区建设，与中国贸促会共同开展自贸区调研，协助举办2018厦门自贸片区创新发展机遇说明会等活动。开展主题招商活动11场，结合“双千亿”战略，推动德国汉堡经济促进局等机构对接高新技术、文创等重点产业。中国国际投资贸易洽谈会接待境外客商团组66个，客商768人，主办或协办系列经贸推介会、对接会9场，参会企业代表超过2000人次，获颁“中国国际投

资贸易洽谈会特别贡献奖”。助推闽西南协同发展区建设，借助闽西南贸促机构联席会平台，举办厦门·龙岩“互联网+特色产业”培训班等活动促进对接合作。全年组织邀请30多个国家（地区）、101个团组、1045个客商到厦门对接交流，客商数首次突破千人。与80多家境外经贸机构共同举办经贸活动，与德国莱茵黑森工商会、印度中小企业协会等7家境外商协会签署合作协议；新增乌兹别克斯坦、菲律宾海外联络处，海外联络处总数28个；境外贸促机构联席机制新增澳大利亚厦门商会、新西兰厦门商会、意大利厦门商会、马来西亚厦门商会等成员单位。借助世贸体系平台开展交流合作，推进厦门世贸中心实体项目建设工作。全年签发各类原产地证84570份，涉及货物金额57.31亿美元，比上年增长5.5%，为企业减免办证费用296万元，优惠减税1270万美元。签发国际商事证明书、ATA单证册（世界海关组织为暂准进口货物面专门创设的海关文件）及代办领事认证13636份，增长12%，为企业减免办证费用15万元，首次使用ATA信用评价，为企业节省担保金130万元。举办培训、讲座、论坛以及对口经贸洽谈会52场，会员企业参加6312人次。打造定制增值服务，针对会员企业的不同需求，为会员企业提供定制化、个性化服务56次。做好内外展工作，组织403家企业到境外参展，展位数516个，展出面积4626平方米。举办首届中国厦门体育产业博览会暨中国厦门移动电子竞技产业博览会，提升信息、宣传服务，发布微信多图文信息650条，发布网站经贸信息5136条，提供信息咨询服务273次。与海西晨报社合作开辟“厦门品牌海外路”专栏，刊发企业专访14篇。为12名厦门贫困生、3名厦门籍优秀外经贸专业学子颁发“贸促英才”奖助学金8.7万元。

【法律服务】 2018年，市贸促会受理各类企业法律咨询及投诉案件27起；在建发、象屿等13家设立企业经贸预警联络点；协助13家企业处理8个经贸摩擦应对案例；发布预警信息333条，涉及18个国家和地区；举办多场中美经贸摩擦应对培训，配合总会开展美国“301调查”结果、英国脱欧后贸易救济措施等6个主题对企业进行调查，有近1000家企业参与。建立纠纷多元化解工作机制，在“体博会”设立商事纠纷处理服务中心，举办体育产业法律论坛。举办法律业务讲座和培训15场，参训企业3100人次。

9月7日，第十七届世界商业领袖圆桌会议在会展中心举办　（蔡灵新　摄）

【“一带一路”系列活动举办】 2018年，市贸促会围绕“一带一路”倡议，举办活动促进对接。全年与境外相关机构合作举办“一带一路”活动16场。主办2018年“创响中国”厦门站暨“一带一路”创新大会——创投“一对一”对接会，推荐匈牙利摩根达斯集团的WIWE心脏测量仪、降压食品、巴西国际营销服务平台3个项目入选创业加速器路演，其中WIWE心脏测量仪项目入选厦门市“一带一路”创业孵化加速器项目，获得市级“双创”政策和资金支持。举办福建—宿务经贸旅游合作对接会，厦门国际商会与宿务工商会签署友好协会框架协议。

【组织电商企业到境外考察对接】 2018年6月21日至7月1日，市贸促会组织福建电商企业到巴西、墨西哥、美国考察，拜会中国—巴西企业家委员会、墨西哥外贸委员会、迦南巴西商品有限公司、Google、Ebay等对口经贸机构和电商企业，实地调研巴西Mega Polo Moda公司旗下O2O（线上线下电子商务）时尚产品市场Bras（宽带接入服务器）、拉美地区最大的B2C（企业对消费者的电子商务）电商平台Linio等企业，与墨西哥外贸委员会及斑马物联网签署战略合作协议，在境外举办3场对接洽谈会，与近百家外方企业进行深入对接，厦门象屿集团、厦门和新电子商务有限公司、漳州英姿钟表等企业与巴西、墨西哥相关企业就商品进出口合作达成初步合作意向，厦门易象通网络科技有限公司与斑马物联网就入驻厦门跨境电商产业园等事宜达成初步合作意向。9月7日，市贸促会主办的“跨境电商发展与区块链应用”为主题的第十七届世界商业领袖圆桌会议在会展中心举办，邀请境内外11位嘉宾现场演讲，会议规模超过1000人。配套举办跨境电商产业资源对接会，200多家企业参与对接活动，近60家企业达成初步合作意向。

（胡薇薇）

厦门市中华职业教育社

【概　况】 2018年，厦门市中华职业教育社（简称市职教社）建立与社员的双向沟通机制，倾听反映社员诉求，探索厦门职业教育发展方向。召开以“走进产教融合、校企合作新时代”为主题的团体职业学校院校长座谈会，共商校企合作新使命；召开2018年度优秀教师代表座谈会，通报表扬优秀教师代表24人。举办2018年社务委员及团体社员学校骨干培训班，近50人参加培训班；举办第十五届“同心·职教杯”篮球赛，16支球队参赛，华天涉外职业技术学院和安防科技职业学院分获男、女组冠军；协办厦漳泉第七届暨厦门市第十五届校企合作对接会。开展《工匠精神背景下的厦门中职生职业素养锻造研究》《厦门民办高职院校毕业生就业竞争力分析》课题调研。组织团体社员学校参加“和职教杯”第二届福建省黄炎培职业教育奖创新创业大赛，工商旅游学校和城市职业学院、海洋职业技术学院、华天涉外职业技术学院分获中职组和高职组的竞赛组织奖；团体社员学校取得3金2银5铜的成绩；工商旅游学校参赛项目获中职组金奖，城市职业学院、海洋职业技术学院参赛项目获高职组金奖。

【温暖工程】 2018年，市职教社发挥“同心·温暖工程励志助学金”作用，资助福建省诚毅技术学校、福建华夏高级技工学校、福建鸿源技术学校3.6万元；资助品学兼优、家庭经济困难、符合温暖工程助学条件的90名学生，资助每人400元。开展“同心·温暖工程关爱特教行动”，资助同安区特殊教育学校1.4万元；六一儿童节、国庆节期间，资助167名学生的生活用品和学习文具。协调华夏学院心理咨询专家为同安区特殊教育学校教职工进行心理辅导。

【职业教育活动周】 2018年5月6日，厦门市职业教育活动周在城市职业学院启动并举行校企合作签约仪式。活动由市职教社、市教育局、市人社局共同主办，城市职业学院承办，12所职业院校协办。市委统战部及主承办单位的领导、部分团体职业院校师生代表以及社会各界人士130余人参加启动仪式。活动周以“职教改革40年，产教融合育工匠”为主题，旨在宣传改革开放40年以来厦门市职业教育取得的成果，营造全社会关心支持职业教育的氛围。活动周开展内容丰富、形式多样的职业体验活动，产教融合、校企合作等主题推介活动，走进城乡、走进社区，开展贴近群众的志愿服务活动，使社会各界更好地了解职教、体验职教、参与职教，共享职教成果。

5月6日，厦门市职业教育活动周在城市职业学院启动　　（市职教社　供图）

【海峡两岸职业教育论坛】 2018年6月5—6日，由中华职业教育社、台湾私立科技大学校院促进会、台湾海峡两岸教育交流促进协会、“台湾中华劳工共同品质产物提升暨就业辅导促进会”、台湾劳动人权协会主办，省、市职教社承办，《教育与职业》杂志社、厦门南洋职业学院协办的第十届海峡论坛·海峡两岸职业教育论坛在厦门举行。省委常委、省统战部部长雷春美，十一届省政协副主席、省中华职教社主任郭振家，市委常委、统战部部长张灿民等领导出席开幕式。来自台湾地区12余所院校、教育机构的20位嘉宾以及来自大陆各省区市的职业教育专家、学者及职业院校校长等120余名代表与会。两岸专家、学者围绕“职业教育中的全人教育”主题展开交流研讨。论坛期间，举办两岸职业院校校长座谈会，就职业教育改革创新发展问题和两岸交流合作进行对话。

（粘世贤）

责任编辑：林德全
审　　稿：曲　艺
校　　对：曾一一

8 外事·侨务·港澳台事务

外　　事

【概　况】 2018年，厦门市接待外宾团组220批3030人次，其中副总理级以上外宾4批81人次，正、副部级外宾32批563人次，驻华大使10批次，包括毛里塔尼亚总统代表团、泰国国家立法议会第一副议长、汤加副首相兼基础设施和旅游大臣塞密西·西卡等国宾团组。法国驻华大使到厦门访问并出席在集美举办的2018年集美·阿尔勒摄影季，新加坡驻华大使罗家良访问厦门并出席华侨银行大楼启用仪式和新加坡53周年国庆招待会。市外侨办承担“9·8”投洽会、2018建发厦门马拉松赛、2018国际海洋周、中国—芬兰社区矫正发展性研讨会等活动的翻译及礼宾保障工作。厦门市与土耳其伊兹密尔市正式结好，与日本佐世保市结好35周年，与马来西亚槟城结好25周年，德国特里尔市的“厦门园”正式开园。市外侨办组织举办“后金砖·看厦门”摄影、法国尼斯《玫瑰人生》友好交流音乐会、2018“行·摄友城”系列交流活动摄影展暨槟城书画展和2018厦门国际青少年足球邀请赛及夏令营等活动，连续第六次获“国际友好城市交流合作奖”。举办驻厦外交官2018市情通报会、第二十届投洽会驻华外交官招待会。全年办理各国驻华使领馆照会285份，处理涉外案（事）件14起，处理领事保护事件6起。加强对外宣传平台建设，宣传介

表8-1　**2018年厦门市部级外宾团组接待统计一览表**

序号	到访时间	到访团组名称	团组人数（人）	厦门市领导会见
1	1月3日	芬兰司法部部长代表团	9	副市长韩景义
2	1月24日	塞尔维亚前总统、塞对华合作国家委员会主席尼科利奇一行	16	副市长韩景义
3	1月25日	俄罗斯联邦卡累利阿自治共和国代表团	17	省委书记于伟国 市委副书记陈秋雄
4	1月31日	科特迪瓦共和人士联盟代表团	5	市委副书记陈秋雄
5	4月11日	德国莱法州副州长代表团	38	市委副书记陈秋雄
6	4月18日	纳米比亚人组党代表团	8	市委副书记陈秋雄
7	5月17日	俄罗斯联邦鞑靼斯坦共和国总统	33	市长庄稼汉
8	6月11日	所罗门群岛代表团	11	
9	6月28日	尼日尔民社党干部考察团	18	
10	7月1日	泰国国家立法议会第一副议长	19	市人大常委会主任陈家东
11	8月30日	塞拉利昂交通部长代表团	3	
12	9月7日	毛利塔利亚总统代表团	37	市委书记裴金佳
13	9月7日	俄罗斯联邦卡累利阿行政长官代表团	14	省委书记于伟国 市委副书记陈秋雄
14	9月7日	马来西亚槟州行政议员代表团	10	市委副书记陈秋雄
15	9月7日	菲律宾宿务省代表团	27	
16	9月7日	加纳高级部长代表团	49	市人大常委会副主任刘绍清
17	9月7日	捷克奥洛幕茨州副州长代表团	8	
18	9月16日	拉美和平安全组织领导人考察团	15	
19	9月18日	日中法律家交流协会代表团	14	市人大常委会副主任陈琛
20	9月18日	肯尼亚内罗毕郡议会代表团	5	
21	9月26日	越南广宁省代表团	24	
22	10月10日	菲律宾外交关系委员会代表团	12	

续表 8-1

序号	到访时间	到访团组名称	团组人数（人）	厦门市领导会见
23	10 月 14 日	2018（首届）全球贸易与知识产权创新论坛重要嘉宾	12	副市长韩景义
24	10 月 28 日	非洲重要团组（非公开）	8	副市长韩景义
25	11 月 1 日	塞尔维亚前总统代表团	3	市长庄稼汉
26	11 月 1 日	意大利多党议员考察团	14	市人大常委会副主任刘绍清
27	11 月 4 日	菲律宾仙朝峨市代表团	12	
28	11 月 7 日	汤加副首相兼基础设施和旅游大臣	17	市长庄稼汉副市长韩景义
29	12 月 4 日	新加坡文化、社区及青年部长兼社区事务署主管部长傅海燕	14	副市长国桂荣
30	12 月 10 日	南苏丹苏丹人民解放运动干部考察团	16	
31	12 月 15 日	泰国立法议会代表团	49	市人大常委会主任陈家东
32	12 月 21 日	韩国全罗南道议会代表团	26	

绍“双高双创”（高端集聚、高端引领，创新驱动、创新发展）厦门。全年累计接待外国记者团组 10 批 90 人，在官网发布信息 513 条、海外安全动态 125 条，发布微信 194 条、微博 374 条。策划、编辑《厦门外侨》5 期、《厦门外侨动态》信息 12 期。（见表 8-1）

（陈巧玲）

【俄罗斯鞑靼斯坦共和国总统到访厦门】 2018 年 5 月 17—18 日，俄罗斯鞑靼斯坦共和国总统明尼哈诺夫率政府及经贸代表团一行 31 人访问厦门。18 日，厦门市长庄稼汉会见该代表团。双方均表示，希望促进双方在经贸、投资、旅游、文化等领域合作交流，实现双方优势互补、共赢发展。代表参加“福建省—鞑靼斯坦共和国”商业论坛；参观考察美亚柏科信息股份公司、金龙联合汽车工业公司及厦工机械股份公司，推动两地企业搭建起联系渠道，促成合作意向。

【多米尼加共和国记者团到访厦门】 2018 年 6 月 29 日至 7 月 1 日，多米尼加总统府行政部新闻司司长路易斯·加西亚带领记者团共 18 人到访厦门。该团是多米尼加与中国建交后的第一个访问中国的记者团，加勒比报社、里斯汀报社等多家媒体的记者参加。代表团参观访问厦门船舶重工、龙山文创园区、儒士茶文化交流中心、鼓浪屿。通过现场连线、网络直播等方式，向多米尼加民众介绍厦门经济特区建设和发展成就。

【泰国国家立法议会第一副议长到访厦门】 2018 年 7 月 1—5 日，泰国国家立法议会第一副议长素拉猜·力布叻差率团访问厦门。2 日晚，市人大常委会主任陈家东会见素拉猜一行，双方就如何落实“一带一路”倡议、深化两地经贸、旅游合作进行探讨。素拉猜到华侨大学出席第十三期外国政府官员中文学习班毕业典礼，参观考察鼓浪屿、环岛路、中山路等。

【2018 厦门国际青少年校园足球邀请赛】 2018 年 7 月 28 日，2018 厦门国际青少年校园足球邀请赛在厦门第二中学举行。厦门市副市长国桂荣、中国人民对外友好协会欧亚部副主任吕宏伟参加开幕式。来自德国特里尔、澳大利亚阳光海岸和韩国釜山等 4 个城市的 8 支青少年校园足球队参赛。厦门二中代表队获该次邀请赛冠军。赛后，参赛选手参加青少年足球文化夏令营。

【卡累利阿自治共和国行政长官到访厦门】 2018 年 9 月 7—10 日，俄罗斯联邦卡累利阿自治共和国行政长官帕尔芬奇科夫率团到访厦门。7 日晚，省委书记、省人大常委会主任于伟国会见帕尔芬奇科夫一行，省委宣传部部长梁建勇、副省长李德金、厦门市委副书记陈秋雄等出席会见。帕尔芬奇科夫一行参加第二十届中国国际投资贸易洽谈会开馆式，举办“卡累利阿：传奇、古老、神秘的土地”摄影展；参观厦门市中医院，就吸引投资在卡累利阿建设传统中医理疗度假中心，开发与中医特色疗法相关的旅游产品等问题进行探讨交流；参观厦门大学以及厦门市规划展览馆；与厦门市会展局、永辉集团、夏商集团、厦门金龙联合汽车工业公司、厦门辉宏达发展有限公司等举行座谈会。

【毛里塔尼亚总统出席投洽会】 2018 年 9 月 7—8 日，毛里塔尼亚总统阿齐兹到厦门出席第二十届投洽会，考察毛中务

9 月 8 日，毛里塔尼亚总统阿齐兹在 2018 国际投资论坛上发表主旨演讲

（市外侨办　供图）

11月7日，厦门市长庄稼汉（右一）会见汤加副首相代表团一行

（市外侨办　供图）

实合作成果，了解厦门市经济社会发展情况，探讨与厦门市开展经济合作及交流的可能性。7日，厦门市委书记裴金佳会见毛里塔尼亚总统阿齐兹一行，探讨推动双方在海洋渔业、矿产资源等领域的务实合作。8日，阿齐兹出席投洽会开馆式；在2018国际投资论坛上发表主旨演讲，介绍毛里塔尼亚的资源、产业优势、优惠政策和举措。

【塞尔维亚对华对俄合作国家委员会主席到访厦门】 2018年11月1—3日，塞尔维亚前总统、对华对俄合作国家委员会主席尼科利奇一行访问厦门。2日，市长庄稼汉会见尼科利奇一行。双方计划落实“一带一路”倡议，拓展贸易、投资、旅游等领域合作渠道，加强两地优势互补，实现共同发展。副市长韩景义出席会见。

【汤加副首相到厦门推介旅游】 2018年11月7日，汤加副首相兼基础设施和旅游大臣塞密西·西卡率团访问厦门。厦门市长庄稼汉会见该代表团并介绍厦门市的经济社会发展情况。该代表团举行汤加王国旅游推介会，参观访问金龙客车、自贸区、邮轮中心等。

【波兰音乐校园行】 2018年11月19—21日，由全国对外友协和波兰艺术圈基金会联合组织的波兰音乐校园行系列活动分别在厦门大学、中央音乐学校鼓浪屿钢琴学校和厦门音乐学校举办。波兰钢琴演奏家格热高什·涅姆楚克在厦门大学艺术学院举办钢琴独奏会，演绎以波兰著名作曲家、钢琴家肖邦为主题的音乐作品；在中央音乐学院鼓浪屿钢琴学校举办“大师讲堂”。

（陈巧玲）

侨　　务

【概　况】 2018年，厦门市外侨办受理涉侨来信来访来电430件（次），办结率100%。出具高考加分的“三侨生”（归侨青年、归侨子女、华侨在国内的子女）身份证明25份、华侨及外籍学生在厦门就读中小学身份介绍信91份，审核批准15名华侨到福建定居的申请。接待海外侨团及重点侨领、侨商138批1684人次，对外发出贺电、唁电、电邮172份。市外侨办开展归侨的救济工作，为325户归侨低保户、归侨重疾困难户和归侨侨眷升学高校困难户发放补助26.61万元，其中在元旦、春节慰问活动中，为268户贫困归侨归眷发放困难补助14.09万元，为全市27名归侨低保户提供6.02万元补助，为25名归侨重疾困难户发放5万元补助，为5名归侨侨眷升学高校困难户发放1.5万元助学金。协助厦门市人大开展涉侨执法检查，开展厦门市侨乡侨文化系列宣传活动。中央统战部副部长、国务院侨办主任许又声率调研组一行，到海外华侨华人社团厦门联络总部开展侨务工作专题调研并召开座谈会。市外侨办举办2018海华会、第十六届“6·18”（海峡项目成果交易会）期间华侨华人项目成果（厦门）专场对接会等推介活动，全年引进9个项目，合同意向金额38.4亿元，促进4个项目落地厦门。举办中国寻根之旅夏令营、在厦海外学生迎新联谊等活动。4月，马来西亚IOI GROUP董事主席李深静一行到厦门考察环东海域同安片区及IOI园博湾城、IOI棕榈城、IOI翔安南部新城项目的进展情况。

9月8日，中央统战部副部长、国务院侨办主任许又声在海外华侨华人社团厦门联络总部召开海外统战工作调研座谈会

（市外侨办　供图）

【德国侨商经贸代表团厦门推介交流会】2018年4月19日，德国福建闽商会会长周鸿图率领德国侨商经贸代表团一行13人到厦门考察交流。考察团由德国巴伐利亚州的慕尼黑、纽伦堡等工业城市的侨团组成。厦门市友协、市自贸委、市商务局等相关人员出席推介交流会，推介厦门市营商环境，争取项目对接。双方探讨推动德国人工智能产业到厦门投资、设立孵化或研发中心。

【海外华侨华人社团联络总部设立】2018年6月19日，海外华侨华人社团厦门联络总部启用仪式在厦门市港澳中心举行。福建省侨办主任冯志农、厦门市委副书记陈秋雄，市委办、市府办等有关部门领导及来自30个国家和地区首批入驻的40个海外华侨华人社团代表共同出席入驻恳谈会暨侨商项目签约仪式。正大集团水产投资总部、博恩思医疗机器人、夏日国际贸易等项目签约，项目涉及总部经济、金融、人工智能、生物医药、高端花卉进出口贸易等。

【2018海外华商中国投资峰会】2018年9月7日，2018海外华商中国投资峰会在厦门国际会议中心举行。会议由国务院侨办主办，福建省侨办、厦门市外侨办承办。会议以“侨商与改革开放40周年回顾与展望——圆梦中国‘心’力量”为主题，来自26个国家和地区近400位海外华商参会。中央统战部副部长、国侨办主任许又声，福建省委统战部部长雷春美，省侨办主任冯志农，厦门市委副书记陈秋雄出席会议。世茂集团董事局主席许荣茂、完美集团董事长古润金、全球化智库理事长王辉耀等海外华商代表出席活动并作为访谈嘉宾参与央视“对话”节目录制。

【第十批厦门市荣誉市民授证仪式举行】2018年10月26日，第十批厦门市荣誉市民授证仪式在厦门人民会堂举行。仪式由厦门市副市长韩景义主持，市委书记裴金佳，市长庄稼汉，市人大常委会主任陈家东，市政协主席张健出席。10位为厦门经济建设、社会公益事业和对外交流交往作出突出贡献的港澳台同胞和外籍人士被授予第十批厦门市荣誉市民称号（见表8-2）。庄稼汉向第十批厦门市荣誉市民颁发证书。厦门市1996年起开展荣誉市民评选工作，至2018年，共评授荣誉市民10批231人。

（陈巧玲）

表8-2　**2018年第十批厦门市荣誉市民一览表**

姓名	职务
尤　汉	厦门国际学校校长
加里·罗宾	厦门大学附属心血管病医院客座教授
朱德贞	厦门德屹股权投资管理有限公司董事长
吴家莹	厦门市台商投资企业协会会长
陈岱桦	厦门建霖健康家居股份有限公司总裁
洪　伟	清源科技（厦门）股份有限公司董事长兼总经理
黄陈宏	戴尔全球资深副总裁兼大中华区总裁
韩萤焕	厦门东亚机械工业股份有限公司董事长
曾志龙	厦门大学国家大学科技园开发建设有限公司执行董事
蔡文胜	厦门美图之家科技有限公司董事长

港澳事务

【概　况】2018年，厦门市人民政府港澳事务办公室（简称市港澳办）完成包括27批1274人港澳团组到访厦门的接待工作。接待香港公务员内地专题考察团，该团由国务院港澳办组织到厦门进行访问考察。接待到厦门出席2018中国（国际）物联网博览会的香港特区政府驻粤办主任邓家禧一行4人。推动《港澳台居民居住证申领办法》落地。

【内地高校优秀澳门学生访问团到访厦门】2018年1月26日，国务院港澳办和澳门中联办联合组织的，由在内地大学就读的优秀澳门学生代表组成的内地高校优秀澳门学生访问团一行32人到访厦门。访问团参观城市规划展览馆、软件园二期、鼓浪屿等地，了解厦门市在改革开放及“一带一路”倡议下城市建设发展和生态文明建设成就。

【香港城市建设服务业代表团到访厦门】2018年3月27—28日，香港贸发局中国内地总代表吴子衡率香港城市建设服务业代表团访问厦门。27日，厦门市副市长李辉跃会见该代表团。代表团举办鹭港城市建设交流会，考察马銮湾新城、马銮湾保障房地铁社区、集美新城地下综合管廊和市民广场项目，了解厦门市城市建设服务业相关领域发展情况，推动厦门香港两地城市建设服务业领域的交流与合作。

【香港“一带一路”国际合作促进会到访厦门】2018年6月4日，香港“一带一路”国际合作促进会会长潘进源一行4人到厦门金龙联合汽车工业有限公司参观访问。参观金龙公司厂区沙盘、车型墙、品牌文化展厅，观看企业宣传片并进行座谈。双方探讨新能源车出口“一带一路”国家、新能源研发和无人驾驶车辆等项目及合作事宜。

【香港“同行万里”工作小组到访厦门】2018年8月31日，香港特区政府教育局“同行万里”内地交流计划系列团踩线工作小组一行6人到厦门参观考察。工作小组参观访问厦门金龙联合汽车工业有限公司和美图公司，与外侨办就进一步推动开展厦门香港两地青少年交流合作项目进行探讨和交流。“同行万里—香港高中学生内地计划交流系列团（2017—2018）”共组织15批次约1500名香港师生到厦门参观访问。

【“一带一路·共创新思路”投资香港座谈会】2018年9月8日，厦门市港澳办与香港特区政府投资推广署在厦门合作举办“一带一路·共创新思路”投资香港座谈会。该座谈会鼓励内地企业在国家“一带一路”战略及粤港澳大湾区建设形势下，以香港营商环境为平台，拓展海外市场。

【香港社工及福利人员工会考察团到访厦门】 2018年11月2—4日，由中央政府驻港联络办公室组织的香港社工及福利人员工会考察团一行30人到厦门开展交流活动。考察团参观访问市民政局、台商聚集的兴隆社区和官任社区，了解学习厦门市社区管理及促进社区居民与境外人士深度融合经验和做法。

【澳门青年法律人才访问团到访厦门】 2018年11月14—16日，澳门青年法律人才访问团到厦门考察。访问团参观市城市规划馆、鼓浪屿等地，了解厦门市改革开放、经济社会发展及历史文化等情况。代表团与福建联合信实律师事务所开展业务交流，了解内地法律框架，开展业务合作。

【香港特区政府政务司代表团到访厦门】 2018年11月28—29日，香港特区政府政务司司长张建宗率团访问厦门。市长庄稼汉会见代表团一行。双方探讨在闽港合作框架下加强交流合作，融入“一带一路”建设，推进共同繁荣发展。副市长韩景义、省台港澳办副主任刘良辉参加会见。代表团参观港资企业宏泰集团并访问华侨大学厦门校区，了解港资企业及香港学生在厦门学习发展情况。

（陈巧玲）

涉台事务

【概　况】 2018年，厦门市批准台资项目794个，比上年增长15.4%；合同使用台资14.3亿美元，增长5.3%；实际使用台资5.4亿美元。厦金航线出入境旅客174.5万人次，为历年最高，增长8.1%。经厦门口岸到台旅游47.2万人次，其中个人游37.7万人次，增长66.2%。国台办副主任龙明彪一行到厦门开展调研。厦门市出台实施“惠台60条”及实施细则，落实台胞台企同等待遇。5月1日起，厦门信息集团易通卡公司客服营业厅受理65岁以上台胞老人办理敬老卡业务。厦门市制定《全市“台商台胞服务年”活动工作方案》，成立6个专项工作小组，支持台企转型升级、对台招商引资、创新对台金融服务、协助台企引才用工、自贸区对台先行先试、完善对台综合服务等工作，定期编发《厦门市深化台商台企服务工作动态》。市台联和市台协召开庆祝改革开放40周年在厦台商（台胞）座谈会，市台协向全市台商台胞发出“中国改革开放40年，我的创业发展在厦门”倡议书。设立厦门市台胞服务中心，开通“968820”台胞服务热线电话，与市台胞权益保障法官工作室、市台办志愿服务驿站、大嶝小镇“台商之家”等涉台服务机构合作为台胞台企提供服务。至年末，台胞服务热线接听台胞咨询近800人次。市政府印发《关于落实台湾居民来往大陆通行证便利使用的通知》，全市政务服务和公共服务领域台胞证与居民身份证同等使用。市人民检察院印发《厦门市人民检察院关于充分发挥检察职能作用服务台胞台企的若干意见》，为台湾同胞在厦门创业、就业、生活提供法律保障。

【两岸交流】 2018年，厦门继续促进两岸交流。举办首届海峡两岸（厦门）纸艺产业博览会、首届闽南传统艺术种子培训冬令营、郑成功文化节、保生慈济文化旅游节、龙舟文化节、福德文化节、孔子文化节、两岸民间艺术节、两岸茶王擂台赛等两岸文化交流活动。厦台合作的闽南经典剧目《阿搭嫂》在台北城市舞台剧场公演。厦门卫视、台湾华视联合制作2018两岸元宵戏曲晚会。厦台影视文化机构签订海峡百艺计划并成立项目运营公司——百艺青创文化产业公司。厦门市举办海峡论坛、两岸工博会、旅博会、文博会、两岸经贸合作与发展论坛、乐活节、两岸特色庙会、两岸婚姻家庭论坛、“同名村·心连心”原乡之旅、两岸社区服务恳谈会等100多场两岸民间交流活动。江夏堂获批省级对台交流基地，两岸千名黄氏宗亲在厦门江夏堂参加中秋祭祀谒祖，举办两岸青少年“祖训家风”书法邀请赛。濠头社区和官任社区获批省级基层对台交流示范点。厦门市举办两岸交流协会第三届会员大会，选举产生新一届理事会。兴隆社区、曾林社区等台胞聚居社区设立台胞服务窗口。台胞连嘉胜、翟心筠家庭获评2018年厦门十佳最美家庭，厦门市台商投资企业协会会长吴家莹、厦门建霖健康家居股份有限公司总裁陈岱桦、厦门东亚机械工业股份有限公司董事长韩萤焕3位台胞获评第十批厦门市荣誉市民。厦门市举办全国文化创意产业人才联盟厦门分会暨两岸文化创意产业人才联盟2018年新年启动大会，成立20个专业委员会。举办第十四届海峡两岸信息化论坛暨2018海峡两岸数字经济项目对接洽谈会。举办两岸职业教育论坛、两岸百名中小学校长论坛、两岸教育行业发展论坛等两岸教育交流活动，第四批中职骨干教师到台培训。支持长庚医院等台资医疗机构发展，引进台湾高端医疗人才到厦门执业；举办两岸中医药发展与合作研讨会、两岸佛医论坛等医疗卫生交流活动。举办首届海峡两岸（厦门）青少年乒乓球夏令营、迎新春海峡两岸冬泳活动、两岸城市马拉松邀请赛等体育交流活动。

【对台经贸合作】 2018年，厦门市获批设立跨境电商综合试验区和海洋经济发展示范区，被台湾区电机电子工业同业公会评为大陆城市综合实力极力推荐城市之一。省内首个自贸区人才离岸基地——云创智谷海外人才离岸创新创业基地、省内首家台湾独资演艺公司——量能文化经纪公司、台湾惠特科技半导体检测设备研发制造项目等落户自贸区厦门片区。厦门对台湾婴幼儿纸尿裤等部分消费品实施检验结果采信，对造血干细胞等特殊物品开展境外风险评估，开展进口非特殊用途化妆品备案管理试点。中欧（厦门）班列开通4条国际线路，联通12个国家，支持台湾货物经班列运往欧洲。首家两岸合资消费金融公司——金美信消费金融公司开业；台湾富邦金控首次以直接股东身份入股厦门银行。厦门两岸股权交易中心设立“台资板”，230家台企挂牌。宸鸿科技手机触控、东亚机械空气压缩机、明达实业配件生产、厦晖橡胶增资扩产等台资项目通过产业准入和特殊工艺审查。厦门市支持台胞在厦门设立个体独资诊所，6家台资个体诊所成立。出台《台湾建筑企业进驻厦门市从事建筑活动实施办法（试行）》。获批筹建大陆首个国家级台湾标准研究中心——台湾地区标准化（厦门）研究中心。

【厦门金门合作】 2018年，厦门和金门政府在金门举办第五次厦金合作对接会。在厦金海域联合增殖放流。推动厦金游艇直航开展4批次、6艘次试点，实现两岸游艇双向对开。在两地举办海峡春节焰火晚会等交流活动。成立全国厦金旅游集散联盟、厦金全域旅游联盟。举办海峡旅游博览会、厦金两门旅游节、集美两岸旅游产业推介会等活动。厦金联合编发《厦金旅游宝典·厦门金门旅游实用手册》，推出精品线路23条；联合在台湾岛内开展“来金门·游厦门”旅游推介，在漳州、龙岩等地开展“来厦门·游金门”旅游推介。闽西南5市联合在台北、高雄设立旅游形象店。启用自贸区厦门片区台湾导游执业一站式服务平台，22名台湾导游成功办证。厦金航线累计更新“新东方”等客船5艘。五通码头三期1号趸船通过交工验收，2号、3号趸船通过现场核验。“I海台”网上售票截止时间推迟至开航前2个小时，19家民宿上线。五通码头设立出入境自助办证一体机，卡式通行证再次签注立等可取。五通码头及邮轮中心增设旅客自助查验通道20条，平均通关速度6—8秒。

【台湾青年在厦门创业就业】 2018年，厦门市开设全省首家对台人才服务中心——思明区台湾人才服务中心，引进3家台湾独资人才服务机构。举办首届“华夏文明·薪火相传”台湾青年学生到厦门见习活动，首次推出台生专项暑期实习计划、台生火炬实习生计划。举办第十三届台湾专业人才厦门对接会、第十届海峡论坛·台湾人才就业创业暨实习见习厦门对接会，推出对台招聘岗位近5000个。选聘第四、五批台湾特聘专家专才，人数增至291人。举办两岸台胞青年跨境电商种子实训营。出台《厦门自贸片区关于促进台湾青年创业就业的十条措施》。18家台企入驻灵动青春·台湾青年创业园。大嶝科创台湾青年创业就业服务基地揭牌。厦门银行、厦门航空获批国台办海峡两岸青年就业创业示范点，龙山文创园获批国台办海峡两岸青年就业创业基地；集美海蛎文创基地、市台联鑫创业家台湾青年创业基地、北大创业营获批省级台湾青年就业创业基地；厦门银行获批省级台湾青年实习实训基地。全市有两岸青创基地近30个，其中国家级基地7个、省级基地10个，累计入驻台湾团队500个、创业就业台湾青年3200多人。

【对台研学旅行工作】 2018年，厦门举办首届海峡两岸（厦门）高校旅游研学营。该研学营以“跨越海峡·悠游思明”为主题，借助第十二届厦门高校“未来导游之星”大赛平台，邀请闽南、台湾相关院校大学生到思明区进行研学交流，开展学生导游交流会、研学旅行主题线路策划、服务技巧交流沙龙、学生导游赛事观摩交流等系列活动。厦门市举办首期两岸家庭新二代研学团、首届两岸青年公益摄影展，首次在厦门金门两地举办厦门金门澳门“三门”青年论坛。启用厦门集美对台研学总部大楼，两岸研学主题馆在厦门灵玲国际马戏城开馆。举办3期以“集美研学记忆”为主题的两岸青年创作工作营，近100名台湾大学生参与。

【2018海峡两岸民间艺术节】（见P342同名条目）

【2018两岸企业家峰会年会】（见P239同名条目）

【第十届海峡论坛】（见P238同名条目）

【“厦门台办”微信公众号上线】 2018年4月29日，由厦门市台办和厦门日报社共同建设的“厦门台办”微信公众号正式上线。“厦门台办”微信公众号旨在提升厦门在推动两岸和平发展中的战略支点作用，应对移动互联网时代的传播特点，创新对台宣传服务方式方法。该微信公众号主要推送内容：两岸资讯、惠台政策、厦门对台交流交往最新举措和成果、对台品牌活动，两岸经贸、文化、旅游等各领域交流交往动向，为台胞提供政策咨询、旅游资讯、生活服务等资讯；解读惠台政策。全年，“厦门台办”微信公众号推送123期355条，总阅读量约17万人次。

【台胞居住证受理点开设】 2018年9月1日起，在厦门市工作、学习、生活的台湾居民可以依照规定到受理点申领居住证，全市共开设派出所受理点53个。1日，台湾居民居住证申办量为733人。3日，湖里区金山派出所制发厦门第一批台湾居民居住证，7位台胞领取台湾居民居住证。至年末，全市5438人申领台湾居民居住证，申办量占全省近一半，居大陆各城市前列。

【闽西南协同发展区5市对台部门首次联席会议】 2018年10月30日，由厦门、漳州、泉州、龙岩、三明市5个城市台办及台协会联合举办的闽西南协同发展区对台部门第一次联席会议在厦门召开。闽西南协同发展区对台部门签署合作协议，确定对台协作工作方案及2018—2019年度闽西南协同发展对台协作项目。

【第十一届海峡两岸文博会】 2018年11月2—5日，由中共中央台办、文化和旅游部、国家新闻出版广电总局和福建省政府主办，厦门市政府、台湾亚太文化创业产业协会承办的第十一届海峡两岸（厦门）文化产业博览交易会在厦门举办。文博会投资签约项目82个，签约金额253.59亿元；现场交易额14.53亿元，其中订单额13.68亿元。境内外文化企业和机构1100余家参展，展位数3440个。其中，台湾参展企业424家，展位数926个。该届文博会突出两岸特色，集合台湾文创品牌企业，首次设立台湾生活馆。

（谢嘉兴）

责任编辑：胡　恩
审　　稿：林建高
校　　对：曲　艺

9 法 治

政法委及综治

【概　况】 2018年，厦门市各级政法综治部门持续深化更高水平的平安厦门和最具安全感城市建设，推进扫黑除恶专项斗争和社会治理创新工作，全市社会大局持续安定稳定，人民群众的安全感、获得感进一步提升。是年，综治考评名列全省第一名，取得近5年最好成绩；群众安全感率98.91%，位居全省第一名，创历年新高。年内，市委政法委深入开展反渗透、反恐怖、反邪教斗争，落实网络舆情监测预警和“三同步”（重大敏感案件、事件要做好依法处置、舆论引导、社会面管控“三同步”）机制；协调落实地铁4号和6号线工程、翔安机场高速公路、第二东通道工程等重点项目社会稳定风险评估，实现应评尽评；完成全国“两会”、“9·8”投洽会、大学生互联网+“双创”大赛等132项643场次重大活动安保任务和52批次等级警卫任务。全年全市未发生影响全局的重大案件、事件。市委政法委探索推进社会治理现代化，推动打造“特区版枫桥经验”多元化纠纷解决机制，升级社会治理协同平台，推广运用“家住厦门”智慧小区平台，思明区曾厝垵、集美区金海湾的社区治理经验在中央电视台推介。第三届平安中国“三微”（微电影、微视频、微动漫）比赛颁奖活动及“新时代市域社会治理智能应用交流展”在厦门市举办，获中央政法委肯定。

【平安厦门建设推进】 2018年，厦门市围绕打造最具安全感城市目标，开展社会治安问题专项治理3年行动，打造“五安”（家安、路安、食安、业安、心安）工程，实施“威慑警务”，全市接报刑事类警情在2017年大幅下降的基础上再下降23.79%，是近10年新低。实现“两抢”（抢劫、抢夺）零警情289天、“车扒”零警情291天，火灾、道路交通事故亡人数分别比上年下降71.4%和11.29%。

【扫黑除恶斗争】 2018年，厦门市将扫黑除恶专项斗争作为一项重要政治任务，查办一批黑恶团伙，立案查处一批涉黑、涉恶、腐败和“保护伞”案件，整顿软弱涣散村（社区）党组织，撤换部分不胜任村居“两委”干部。创新建立“大数据+扫黑除恶”和“大数据+综合治理”机制，经验做法被中央政法委肯定，扫黑除恶工作群众满意率98.38%。

【司法机制完善】 2018年，厦门市持续深化“法治厦门”建设，全面落实司法责任制，重组优化办案机构，开展员额法官、检察官择优选升工作，完善领导干部办案机制。市中级人民法院推进繁简分流和调解速裁机制经验入选最高人民法院司法改革案例。厦门海事法院在全省法院中率先以中英双语向社会发布年度审判工作白皮书，推出官方网站英文版网页。完成检察机关与监察委的工作衔接。公安机关执法质量考评全省第一。推广“诉讼与公证协同机制”，鹭江公证处成为全国最大的公证信息化服务单位。

（李少锋）

政府法治建设

【概　况】 2018年，厦门市加强法治政府建设，发挥法治对厦门市经济社会发展引领、规范和保障作用。在第五届“中国法治政府奖”评选活动中，厦门市法制局和市规划委联合申报的“打造多规合一厦门样本　深化审批制度改革创新”项目获提名奖。

【政府立法】 2018年，厦门市法制局突出重点领域立法，强化规范性文件审查，服务保障改革发展。推进轨道交通管理、社会信用管理、鼓浪屿世界文化遗产保护、餐厨垃圾管理等重点领域立法；先后提请市人大常委会审议法规草案12件，制定、修改市政府规章5件，废止1件。按照国家、省、市统一部署，开展《厦门市海洋环境保护若干规定（修正）》《厦门市风景名胜资源管理条例（修正）》《厦门市无居民海岛保护与利用管理办法（修正）》《厦门市海域使用管理规定（修正）》等涉及生态文明和环境保护法规的修订工作。（见表9-1）

表 9-1　**2018 年厦门市人民政府规章制定情况一览表**

文件名称	通过、公布和施行日期
厦门市人民政府关于废止和修改部分市政府规章的决定	2018 年 4 月 20 日市人民政府第 33 次常务会议通过，2018 年 4 月 26 日以厦门市人民政府令第 172 号公布，自公布之日起施行
厦门市餐厨垃圾管理办法	2018 年 7 月 19 日市人民政府第 42 次常务会议通过，2018 年 7 月 29 日以厦门市人民政府令第 173 号公布，自 2018 年 9 月 1 日起施行
厦门市人民政府关于修改部分市政府规章的决定	2018 年 9 月 18 日市人民政府第 48 次常务会议通过，2018 年 9 月 30 日以厦门市人民政府令第 174 号公布，自公布之日起施行
厦门市人民防空管理办法	2018 年 9 月 28 日市人民政府第 49 次常务会议通过，2018 年 10 月 11 日以厦门市人民政府令第 175 号公布，自 2019 年 1 月 1 日起施行

【行政执法监督】 2018 年，厦门市政府办公厅印发《厦门市人民政府办公厅关于印发在全市全面推行行政执法公示制度执法全过程记录制度重大执法决定法制审核制度工作方案的通知》，市法制局印发《厦门市法制局关于印发厦门市行政执法三项制度工作指导意见的通知》，全面推行行政执法三项制度。全市各执法部门建立执法信息平台，实现执法依据、执法过程、执法结果依法公开；建立重大执法决定法制审核工作规则和工作机制，保障执法的合法性；推行使用音像记录仪，对现场检查、调查取证等环节进行音像记录，实现执法全过程留痕和可回溯管理，规范执法程序，推进全市法治政府建设重点任务落实。市法制局加强行政执法主体资格管理，严格行政执法人员持证上岗制度。全市有 600 余人通过参加行政执法培训考试，取得厦门市行政执法证。1400 余名到期持证执法人员通过审查注册换发执法证。市法制局按年度执法检查计划，先后对《厦门市房屋安全管理规定》《厦门市城乡建设档案管理办法》实施情况开展执法检查，对全市各执法部门的 60 余件行政许可、行政处罚等案卷进行抽查评查，对 82 件法律法规的行政处罚自由裁量标准备案和 95 件重大行政处罚决定备案进行合法性审查。

【规范性文件管理】 2018 年，厦门市法制局对规范性文件合法性进行审查，对改革先行先试、推动创新发展的文件予以重点推动、优先办理，推进相关政策尽快出台实施。对市政府拟出台的规范性文件等提出合法性审查意见 300 余件次，对市政府部门 89 件规范性文件进行前置审查，对区政府 100 件规范性文件进行备案审查，保障重大行政决策合法规范。参与工程建设项目审批制度改革试点工作，全面开展厦门市相关法规、规章清理工作，提请市人大常委会审议《厦门市市政工程设施管理条例》《厦门市节约能源条例》《厦门市消防管理若干规定》3 件法规修正案；对《厦门市人民防空管理办法》《厦门市建设工程质量监督管理规定》《厦门市建筑市场管理若干暂行规定》3 件政府规章进行修改，破除制度障碍；推动出台《厦门市商事登记和工程建设项目审批电子文件归档与电子档案管理规范》，实现电子档案与纸质档案具有同等法律效力。落实国家有关生态环境保护、产权保护等规章和规范性文件清理工作，提请市政府印发清理工作方案，指导、协调有关部门开展相关规范性文件清理，废止和宣布失效市政府规范性文件 43 件。开展证明事项清理工作，推动减证便民、优化服务，上报 953 项证明事项的清理建议，市政府研究审定后下发《厦门市人民政府关于印发厦门市规章市政府文件自行设定证明事项取消目录的通知》，将厦门市规章市政府文件自行设定证明事项取消目录 39 项予以公开。（见表 9-2）

表 9-2　**2018 年厦门市人民政府规范性文件目录一览表**

序号	规范性文件文号	文件名	实施日期	颁布日期
1	厦府〔2018〕15 号	厦门市人民政府关于印发大病医疗保险办法的通知	2018.7.1	2018.1.10
2	厦府〔2018〕17 号	厦门市人民政府关于印发进一步做好退役士兵安置工作实施意见的通知	2018.1.12	2018.1.12
3	厦府〔2018〕22 号	厦门市人民政府关于印发产业园区公共租赁住房建设管理工作实施意见的通知	2018.1.15	2018.1.15
4	厦府〔2018〕34 号	厦门市人民政府关于延长房屋征收过渡安置期限意见等文件有效期的通知	2018.1.30	2018.1.30
5	厦府〔2018〕67 号	厦门市人民政府关于印发厦门市医疗救助办法的通知	2018.7.1	2018.3.7
6	厦府〔2018〕87 号	厦门市人民政府关于印发进一步完善农村村民住宅建设管理补充意见的通知	2018.3.22	2018.3.22
7	厦府〔2018〕91 号	厦门市人民政府关于印发进一步促进文化产业发展补充规定的通知	2018.1.1	2018.3.26
8	厦府〔2018〕111 号	厦门市人民政府关于印发厦门市促进外资增长若干措施的通知	2018.4.13	2018.4.16

续表 9-2

序号	规范性文件文号	文件名	实施日期	颁布日期
9	厦府〔2018〕113 号	厦门市人民政府关于调整城乡居民基本医疗保险筹资标准的通知	2018.4.20	2018.4.20
10	厦府〔2018〕136 号	厦门市人民政府关于加强涉海旅游管理的意见	2018.5.14	2018.5.14
11	厦府〔2018〕211 号	厦门市人民政府关于 2018 年调整企业退休及退养人员基本养老金的通知	2018.1.1	2018.8.7
12	厦府〔2018〕235 号	厦门市人民政府关于印发市级公共租赁住房管理办法的通知	2018.8.31	2018.8.25
13	厦府〔2018〕257 号	厦门市人民政府关于完善我市户籍迁移政策的通知	2018.10.1	2018.9.21
14	厦府〔2018〕260 号	厦门市人民政府关于印发中小微企业政策性融资担保实施办法的通知	2018.11.1	2018.9.29
15	厦府〔2018〕276 号	厦门市人民政府关于印发厦门市排污权有偿使用和交易管理办法的通知	2018.10.13	2018.10.13
16	厦府〔2018〕321 号	厦门市人民政府关于印发厦门经济特区公共资源市场配置监管条例实施细则的通知	2018.11.8	2018.11.1
17	厦府〔2018〕322 号	厦门市人民政府关于印发厦门市贷款道路（公路）车辆通行费收费管理办法的通知	2018.9.30	2018.11.5
18	厦府〔2018〕326 号	厦门市人民政府关于印发厦门高崎国际机场净空保护和电磁环境保护实施细则的通知	2018.11.1	2018.11.6
19	厦府〔2018〕369 号	厦门市人民政府关于废止和宣布失效一批市政府文件的通知	2018.12.21	2018.12.21
20	厦府〔2018〕373 号	厦门市人民政府关于印发厦门市规章市政府文件自行设定证明事项取消目录的通知	2018.12.21	2018.12.21
21	厦府〔2018〕388 号	厦门市人民政府关于继续实施阶段性降低企业部分社会保险费政策的通知	2019.1.1	2018.12.29
22	厦府办〔2018〕21 号	厦门市人民政府办公厅转发市金融办等关于促进厦门市资本市场发展绿色金融意见的通知	2018.1.28	2018.1.28
23	厦府办〔2018〕22 号	厦门市人民政府办公厅转发市金融办等关于促进厦门市保险行业发展绿色金融意见的通知	2018.1.28	2018.1.28
24	厦府办〔2018〕24 号	厦门市人民政府办公厅关于印发市级财政投融资建设项目代建制管理办法的通知	2018.2.1	2018.2.1
25	厦府办〔2018〕45 号	厦门市人民政府办公厅关于印发加快生物医药与健康产业发展若干措施的通知	2018.3.21	2018.3.21
26	厦府办〔2018〕53 号	厦门市人民政府办公厅关于印发厦门市海洋生态补偿管理办法的通知	2018.4.4	2018.4.4
27	厦府办〔2018〕58 号	厦门市人民政府办公厅关于印发加快发展集成电路产业实施细则的通知	2018.4.10	2018.4.10
28	厦府办〔2018〕67 号	厦门市人民政府办公厅关于转发市物流办等部门关于支持快递业发展若干措施的通知	2018.4.24	2018.4.24
29	厦府办〔2018〕68 号	厦门市人民政府办公厅关于印发厦门市软件园企业管理规定的通知	2018.4.23	2018.4.23
30	厦府办〔2018〕76 号	厦门市人民政府办公厅关于印发农副产品平价商店管理实施细则的通知	2018.5.7	2018.5.7
31	厦府办〔2018〕87 号	厦门市人民政府办公厅关于印发促进工业有效投资增长若干意见的通知	2018.5.23	2018.5.23
32	厦府办〔2018〕113 号	厦门市人民政府办公厅转发市国土房产局关于进一步加强精准调控稳定房地产市场实施意见的通知	2018.7.2	2018.7.2
33	厦府办〔2018〕123 号	厦门市人民政府办公厅关于印发促进厦门港海铁联运发展扶持意见的通知	2018.1.1	2018.7.16
34	厦府办〔2018〕125 号	厦门市人民政府办公厅关于印发规模生猪养殖场考核办法的通知	2018.7.17	2018.7.17
35	厦府办〔2018〕126 号	厦门市人民政府办公厅关于延长厦门市废弃矿点管理暂行规定有效期的通知	2018.7.1	2018.7.17
36	厦府办〔2018〕128 号	厦门市人民政府办公厅关于印发厦门市生活垃圾违法行为信用修复办法的通知	2018.9.1	2018.7.20
37	厦府办〔2018〕129 号	厦门市人民政府办公厅关于印发厦门市大件垃圾管理办法的通知	2018.9.1	2018.7.20
38	厦府办〔2018〕133 号	厦门市人民政府办公厅关于印发厦门市海绵城市建设管理办法的通知	2018.7.27	2018.7.25
39	厦府办〔2018〕135 号	厦门市人民政府办公厅转发市市政园林局等部门关于厦门市地下综合管廊安全保护范围管理办法等文件的通知	2018.7.27	2018.7.26
40	厦府办〔2018〕147 号	厦门市人民政府办公厅关于印发厦门市挥发性有机物污染防治（第二和第三阶段）专项资金补助办法的通知	2018.8.6	2018.8.6
41	厦府办〔2018〕162 号	厦门市人民政府办公厅关于印发工业稳增长促转型五条措施的通知	2018.1.1	2018.8.23
42	厦府办〔2018〕165 号	厦门市人民政府办公厅关于印发工程建设项目审批告知承诺制管理暂行办法的通知	2018.8.31	2018.8.30

续表 9-2

序号	规范性文件文号	文件名	实施日期	颁布日期
43	厦府办〔2018〕178 号	厦门市人民政府办公厅关于印发扩大进口促进对外贸易平衡发展若干措施的通知	2018.9.26	2018.9.26
44	厦府办〔2018〕185 号	厦门市人民政府办公厅关于调整加快发展集成电路产业实施细则的通知	2018.10.3	2018.10.3
45	厦府办〔2018〕195 号	厦门市人民政府办公厅关于印发专利奖评奖办法的通知	2018.10.24	2018.10.23
46	厦府办〔2018〕235 号	厦门市人民政府办公厅关于进一步加强建筑废土管理的通告	2018.12.25	2018.12.25
47	厦府办〔2018〕238 号	厦门市人民政府办公厅关于印发厦门市商事主体登记备案办法的通知	2019.1.1	2018.12.27
48	厦府办〔2018〕239 号	厦门市人民政府办公厅关于印发厦门市商事主体经营场所备案及监管若干规定的通知	2019.1.1	2018.12.27
49	厦府办〔2018〕240 号	厦门市人民政府办公厅关于印发厦门市商事主体登记及信用信息公示办法的通知	2019.1.1	2018.12.27
50	厦府办〔2018〕241 号	厦门市人民政府办公厅关于印发厦门市经营场所禁设区域目录的通知	2018.12.27	2018.12.27

【行政复议应诉工作】 2018 年，厦门市各级行政复议机关收到行政复议申请 146 件，受理 133 件，通过调解和解方式终止行政复议案件 18 件。推行典型行政复议案件决定书在厦门市法制局网站公开。加强行政应诉工作，依法组织办理以市政府为被告的行政应诉案件 76 件。市法制局强化对行政复议、应诉工作的监督检查和指导，针对行政复议能力建设和行政复议保障能力建设情况、单位负责人出庭应诉情况以及执行法院生效裁判情况等，对相关区政府和市直部门进行专项检查指导，推进行政机关自觉接受司法监督工作，维护法治权威。以市推进依法行政领导小组办公室名义印发《关于 2017 年全市行政案件司法审查情况的通报》至各区、市直各部门。完成《行政诉讼案例汇编》编印工作。开展政府法律顾问工作，吸收市政府法律顾问参与市政府法律事务的征求意见工作，发挥市政府法律顾问在制定重大行政决策、推进依法行政中的作用。

（厦门市法制局）

公　安

【概　况】 2018 年，厦门市公安机关完成各项公安保卫任务，确保全市大局稳定，获群众安全感测评、执法质量考评、实战考核比武、综治考评涉公安项目 4 个全省第一名。构建灵敏感知、精确研判、高效应对的反恐维稳工作体系，维护国家安全和社会稳定。推进“平安厦门”建设，扫黑除恶战果显著，禁毒综治考评成绩位居全省第一名，全市“两抢”（抢劫、抢夺）、扒窃、盗窃“两车”（摩托车、电动车）、入室盗窃等可防性刑事类警情比上年分别下降 41%、68.35%、40.33% 和 40%。其中，“两抢”累计 289 天零发案，“车扒”累计 291 天零发案，实现“无扒公交”“无扒地铁”“无扒 BRT”常态化目标，刑事总警情在 2017 年同比下降 42.8% 的基础上，再降 23.79%，创 10 年新低。完成“9・8”投洽会、两岸企业家峰会等 132 项 643 场次重大活动安保任务。深化公安“放管服”改革，全面推出“一趟不用跑”和“最多跑一趟”办事清单，推出台胞证社会化便利使用等便民措施，“e 政务”便民服务站建设得到于伟国、庄稼汉等省、市领导肯定。构建现代警务机制，深化“雪亮工程”建设，探索人脸识别技术深度应用，打造交通骑警动态勤务，推进全市“一标三实”（标准地址，实有人口、实有房屋、实有单位）基础大排查，全市标准地址二维码综合质量系数、实地评估综合得分位居全省第一名。全面推进公安队伍正规化、专业化、职业化建设，公安党建成效显著，公安现役部队转制和两个职务序列套改稳步推进，全年有 4 个集体、1 名个人立一等功、8 个集体和 9 名个人立二等功。

・小资料・

“e 政务”便民服务站： 厦门“e 政务”便民服务站依托社区便利店建站，采用“互联网 +”可信身份认证技术，实行网上身份认证，通过多功能自助终端为市民群众提供多部门多业务自助政务服务，将政务服务延伸至市民“家门口”，被列入 2017 年度厦门市为民办实事工作。

雪亮工程： 该工程是以县、乡、村三级综治中心为指挥平台，以综治信息化为支撑，以网格化管理为基础，以公共安全视频监控联网应用为重点的“群众性治安防控工程”。

【出入境办证量创新高】 2018 年，厦门市公安局出入境支队持续深化简政放权和“放管服”改革，实施提效、减证、降费、增点、分流等一系列便民举措，其中一步到位推出“一站式集约办证”“一张表单一个号”“立体化预约办证”“三分钟立等可取”“周末办证常态化”“全天候绿色通道”6 项举措，落实“只跑一次”制度要求，实现公民出国境证件“就近办”“一次办”“异地办”“马上办”。全年受理各类出入境证件申请 117.15 万人次，比上年增长 20.3%，创历史新高。口岸签证机关用好外国人口岸团体旅游签证政策，办理外国人团体旅游签证 3678 人次。

【推动台胞证社会化便利使用】 2018 年，厦门市公安机关对台胞证社会化便利使用上存在的台胞证识读设备加装、配套系统软件修改、自助设备改造升级、台胞证数据核查支撑等难点问题，联合台办等部门，密切协调对接，强化督导检查，通过以点带面、多点发力、整体化推进，解决上述难点问题。至 7 月底，基本实现台胞证在政府公共服务，酒店住宿登记，航班、动车、轮渡，金融通信等 8 个领域 26 个项目与大陆居民身份证同等使用。国家移民管理局相关领导专程到厦门调研，副省长、公安厅厅长田湘利等省、市领导对该项工作给予肯定。

【“雪亮工程”建设】 2018年，公安机关围绕“雪亮工程”总体目标，以“实战、实用、实效”为导向，综合运用现代科技信息化手段和措施，推进厦门市公共安全视频监控建设联网应用工作。截至2018年年底，全市接入视频图像资源74239路，接入数比2017年底（45780路）提高62.2%。其中，一类视频监控点摄像机（覆盖重点公共区域、以公安机关为主建设的监控摄像机）30509路，二类视频监控点摄像机（覆盖重点行业、领域内涉及社会治安的重要部位、易发案部位，以政府部门或者社会单位为主建设的监控摄像机）14464路，三类视频监控点摄像机（除一、二类视频监控点以外，以一般企事业单位、商户、居民社区或者住宅小区为主建设的监控摄像机）29266路。通过“雪亮工程”建设和运用，公安社会治安防控能力提高。2018年，全市社会治安态势总体保持平稳，刑事类警情呈现大幅回落态势，全市接报刑事类警情21549起（日均59起），比2017年减少6725起，下降23.79%，为近10年新低。

【执法质量考评“三连冠”】 2018年，厦门市公安局健全执法监督管理委员会机制，建立执法监督管理平台，实现对执法活动全流程、闭环式、可回溯管理。创新基层执法单位“1名法制员+N名法制辅警”的法制室建设模式，全面推行执法记录仪配备使用，研发应用执法记录仪管理系统，打通执法监督“最后一百米”，实现对基层执法办案单位案件全要素、全过程、全覆盖管理，获2018年全省公安机关执法质量考评第一名，实现“三连冠”。

【吕厝恶势力团伙铲除】 自2015年，吕厝社区融信一期、泰普生物二期及环东海域厦门大学附属中山医院项目工地，多次发生吕厝社区老人协会与社会闲散人员用沙石堆堵施工单位大门、阻挠机械施工等方式滋扰施工事件。厦门市公安机关通过侦查，初步锁定以吕某池等人为主的本地籍闲散男子具有涉恶重大嫌疑。2018年3月9日，同安公安分局联合厦门市委巡察组抓获包括吕厝社区党总支书记吕某凉、居委会主任吕某草等13名涉恶嫌疑人，后又先后抓获团伙成员10人，彻底铲除盘踞同安区西柯镇多年的吕厝社区宗族恶势力团伙，在全市打响打击农村恶势力、深挖“保护伞”第一枪。该团伙20名涉案犯罪嫌疑人被移送起诉，吕某凉、吕某草被开除党籍。

【“胖毛在线”特大非法吸收公众存款案破获】 2018年2月，厦门市思明辖区“胖毛公司”涉嫌特大非法吸收公众存款，涉及投资受损2200余人。市公安局思明分局启动打击涉众型经济犯罪案件专案机制，分局经侦大队联合其他警种成立专案组，辗转5省10多个城市调查取证，历时3个多月，查明以泉州南安籍人员洪某钊、洪某根等为首的涉嫌非法吸收公众存款犯罪团伙，抓获21名犯罪嫌疑人。该团伙自2013年6月起，在未取得相关金融许可的情况下，成立“胖毛在线”网站，在该网站设置虚假的过桥标、抵押标、车辆抵押标的，以高利息为诱饵，吸引群众在“胖毛在线”平台注册账号进行投资，涉案金额7.68亿余元。专案组从嫌疑人自身所持固定资产方面对涉案财物及资金进行追缴，挽回损失6000余万元，化解重大维稳隐患。

【“网络水军”团伙犯罪案件破获】 2018年3月22日，厦门市警方侦破“网络水军”团伙犯罪案件，抓获吴某添、吴某林、罗某泓、陈某浩、陈某盛等犯罪嫌疑人32人。经查，犯罪嫌疑人吴某添于2015年成立厦门某互联网服务有限公司并担任总经理，公司下设技术部、业务部等部门，由吴某林任公司后勤主任、罗某泓为财务、陈某浩为业务总监、陈某盛为技术总监。该公司以互联网公司为掩护，通过自营网站或租用其他站点等方式，涉嫌从事为网络赌博网站提供互联网接入、广告投放、技术支持服务以及负面维权新闻发布、推广、删除等违法犯罪行为，从中攫取非法利益900余万元。

【团伙网络贩毒案告破】 2018年5月4日，在公安部、福建省公安厅的指挥协调下，在福州、南京、上海警方支持下，厦门市公安局禁毒支队联合湖里分局斩断以“互联网+寄递”模式贩卖大麻的暗黑产业链。经查，嫌疑人自2014年，多次大量购买大麻，用微信联系购毒人员，通过快递公司以寄递茶叶、文件等物品为名将大麻邮寄给买家，案涉北京、上海、广东等近20个省、市，收件者300余人。该案抓获犯罪嫌疑人14人，查获吸毒人员25人（其中香港籍4人、台湾籍1人、外国籍1人），缴获大麻6.08千克，是近5年厦门市破获的网络贩毒案件中涉及范围最广、缴毒大麻量最大的案件。

【“2018·11·13”特大跨境走私毒品案告破】 2018年6月初，厦门市公安局禁毒支队在工作中获悉：一伙台湾籍男子频繁来往于宁德、龙岩、厦门等地，有从事大宗毒品走私活动的重大嫌疑。经5个多月侦查，查明该走私团伙以台湾籍欧某为首，组织严密、分工明确，从龙岩籍货主处购买氯胺酮，从宁德海域走私出境。11月24日，禁毒支队联合技侦支队、集美分局等单位，一举打掉以嫌疑人欧某为首的台湾籍特大跨境走私贩毒团伙，抓获嫌疑人14人（其中台湾人5人），缴获毒品氯胺酮527.5千克，毒资约4500万元，扣押涉案车辆10部。该案是全国近5年破获走私毒品氯胺酮案件中单案缴获毒品、毒资数量最多的案件。

【18项户籍业务审批权下放】 2018年7月1日起，厦门市公安机关取消市行政服务中心户籍业务办理窗口，将原来由市行政服务中心受理的非厦门市户籍人员申办厦门户籍业务审批权限全部下放至各区行政服务中心，方便群众就近办理户籍业务。户籍业务包括驻厦办事机构人员落户，调动人员入户，夫妻投靠落户，父母投靠成年子女落户，未成年子女投靠父母落户，购房入户，外来人员落户，普通教育大中专毕业生入户，留学人员落户，投资入户，收养子女落户，复员、退伍及转业军人落户，随军家属落户，知青本人及其子女来厦落户，原厦门籍退休或归侨人员回厦落户，获得荣誉称号人员落户，侨房业主或继承人落户，捐赠落户共18项。

【“04·23”特大网络销售有毒有害减肥食品案侦破】 2018年7月

27 日，厦门市公安局治安支队侦破“2018·04·23”特大网络销售有毒有害减肥食品案，抓获违法犯罪嫌疑人员 6 人，捣毁销售窝点 2 个，缴获有毒、有害减肥胶囊 10 万余粒以及大量食品外包装，涉案金额 1600 万元。该案侦破，实现从供货商到销售商等各环节的全链条打击，成功摧毁利用淘宝等网络平台，通过中通、顺丰等物流、快递渠道运售涉案减肥食品的犯罪网络。

【交警骑警队建立】 2018 年 8 月，厦门市交警支队、大队、中队三级骑警队组建，依托交通大数据精确研判预警和视频点对点指挥调度，建立动中备勤、巡定一体、快速响应机制，形成路面骑警勤务与网格勤务高度协同、互为补充，点线结合、以线结网的交通管理模式，变被动接警为主动巡查，提升交通违法发现和处置效率。至年末，骑警动态接警率 20.5%，警情主动发现率 19.9%，警情主动处置率 40.4%。

【“2016·07·13”侵犯著作权案侦破】 2018 年 8 月 13 日，厦门市公安局治安支队根据市文化市场综合执法大队移交的线索，在网安支队支持下，侦破“2016·7·13”侵犯著作权案，抓获犯罪嫌疑人李某函、李某、李某并提起公诉，涉案价值逾千万元。该案系福建省首例侵犯网络版权案件，被公安部、文化部、省厅列为挂牌督办案件。

【“8·25”故意杀人抛尸案告破】 2018 年 8 月 25 日 7 时 20 分，同安分局接到 1 名“滴滴”司机报警称：有 1 名男子携带大个行李箱搭乘其车到汀溪某山，形迹可疑。接报后，汀溪派出所民警立即带领报警人上山搜寻，在汀溪镇文山陇尚牧场半山腰发现丢弃的行李箱，箱内藏有 1 具女性尸体，手脚被绳索捆绑，全身用编织袋包裹。分局立即启动命案侦破机制及“三同步”（依法办理、舆论引导、社会面管控三同步）工作机制，分局领导抽调精干警力成立专案组并赶到现场开展侦破工作。在市局刑侦、技侦、网安支队支持下，专案组兵分 3 路开展侦破工作。专案组经综合研判分析，确定死者暂住处为第一现场，锁定死者男友张某强具有重大作案嫌疑。当日 16 时许，专案组在厦门市湖里区高崎社将张某强抓获。经审讯，犯罪嫌疑人张某强如实交代杀人抛尸犯罪事实。

【港澳台居住证申领发放】 2018 年 9 月 1 日起，全国正式启动港澳台居民居住证申领发放工作。为方便港澳台居民就近申请办理居住证，厦门市公安机关对各派出所身份证办理窗口进行梳理，落实人员配备，做好人财物保障，作为港澳台居民居住证受理点统一对外公布。组织各分局、派出所窗口工作人员、相关业务民警开展相关业务培训和技术培训。制定具体办事指南和便民须知，明确申领条件、申请材料和办理流程，统一印制办事指南和须知便民折页下发至各分局。9 月 1 日，全市 53 个派出所户籍窗口正式开展港澳台居住证申领发放工作。截至 2018 年 12 月 31 日，全市受理申请 12806 人，其中台湾居民 5438 人、香港居民 6787 人、澳门居民 581 人。

【警用摩托车护卫队组建】 2018 年 9 月 20 日，厦门市公安局从全局民警中遴选 25 名政治可靠、素质过硬、形象良好的年轻民警，统一配备专用的 650CC 春风大功率摩托车和骑行服等防护装备，正式组建警用摩托车护卫队，承担执行保障重要外宾警卫任务。厦门市是全国 12 个城市开展摩托车遂行保障警卫试点之一。按照“3 个月规范战术、6 个月磨合演练、1 年形成战斗力”要求，护卫队邀请专业技术教员任教，开展为期 3 个月集中训练，包括交通指挥、事故处理、骑行技术和驾驶护卫等专业技能科目训练。警用摩托车护卫队实行“平战结合”工作机制，日常负责道路巡逻、执勤执法、应急处突工作，执行警卫任务时负责警卫开道、线路保障工作，紧急需要时承担礼宾护卫任务。年内，出动警组 600 个次，警力 1300 余人次，累计巡查线路 1000 条次，巡逻总里程约 1 万千米，执行摩托车滚动护卫一级警卫任务 1 起 4 趟次，动态接警率 20.5%，主动发现率 19.9%，主动处置率 40.4%，救助群众 20 余起。

【马巷“9·26”抢劫杀人案告破】 2018 年 9 月 26 日，厦门市翔安区一出租房内发现 1 名身上有多处刀伤、高度腐败的男性尸体。厦门市公安局刑侦支队启动大案同步上案机制，与翔安分局、网安支队、技侦支队组成“9·26”命案专案组，经过 37 个小时侦查，于 9 月 27 日晚在重庆市抓获犯罪嫌疑人龙某，“9·26”命案告破。经查，犯罪嫌疑人龙某与被害人系朋友关系，借住在被害人暂住处，因其经济拮据而起意杀人劫财。9 月 21 日凌晨 6 时许，龙某用匕首杀死被害人，将被害人手机微信零钱内的现金 2300 元转账到自己手机提现后潜逃。

【“百立宝”非法吸收公众存款案破获】 2018 年 11 月 8 日，“百立宝”非法吸收公众存款案破获。2017 年 7 月，朱某麟、杨某维、居某、谢某彪等人在广州市注册成立了广州百立宝电子商务有限公司，开设手机 App 网站，运营“百立宝”业务。2017 年 8 月，广州市市场监管等部门对该公司涉嫌传销及非法集资行为展开调查，朱某麟、居某等人便将广州“百立宝”业务转移到厦门。2017 年 9 月 15 日厦门百立宝公司注册成立，延用广州“百立宝”模式继续开展业务，通过公开宣传方式线上非法吸收公众资金。厦门市公安局调查有关后台数据显示，“百立宝”会员 7 万余人，涉案金额 15.5 亿元，未兑付金额 4.1 亿元。通过为期数月的调查、走访，案件查明。市公安局专案组成员跨省追逃，抓获该案主要犯罪嫌疑人 10 人。案件移送检察院起诉。

【“12·08”重大抢劫杀人案破获】 2018 年 12 月 8 日 15 时许，厦门市公安局指挥情报中心接群众报警称，有 1 名女性租客在思明区某房屋内死亡，死因不详，现场腐臭味严重，疑似他杀。接警后，市公安局刑侦、技侦、网安支队及思明分局组成专案组，市公安局启动重大案事件快速反应机制，开展案件侦办工作。现场勘验发现，死亡女子尸体高度腐烂，下身赤裸，未发现该女子手机、钱包。查明死者身份后，发现死者银行账户内 18 万余元资金于 11 月 29 日 2 时被转入程某新账户。程某新具有抢劫作案重大嫌疑，且于 11 月 30 日逃往宁夏银川。12 月 9 日下午，抓捕组通过装扮送餐员方式诱开房门，在银川公安机关配合下，擒获犯罪嫌疑人程某新，“12·08”重大抢劫杀人案告破。

（杨　帆）

消 防

【概 况】2018年，厦门市共发生火灾334起，死亡3人，受伤3人，直接财产损失714.02万元。火灾四项指数（火灾数、受伤人数、死亡人数、直接财产损伤）持续下降，连续18年未发生较大以上亡人火灾。厦门市消防支队先后开展冬春火灾防控、夏季消防安全检查专项行动，检查单位14686家，督促整改消防隐患8056处；全年接警出动7224起，出动车辆9436辆，出动警力55468人，抢救被困人员999人，疏散被困人员1384人，抢救财产价值359.9万元。全体消防指战员以人民满意为中心，以“两个稳定”（社会火灾稳定和队伍管理稳定）为目标，圆满完成海峡论坛、“9·8”投资贸易洽谈会等重大活动、重要节日消防安保任务。支队制定出台《全市消防部队训练工作考核奖惩办法》，将练兵成效与绩效奖惩相挂钩，落实机关干部蹲点帮扶机制，建立健全“每周一测、每月一考、半年一赛”练兵机制，支队在福建省消防总队冬训交叉考核中名列第三，在总队上、下半年两次业务比武竞赛中均获得团体总分第二名。12月28日，厦门市消防支队整体退出现役，划转应急管理部门。

【消防行政审批改革推进】2018年，根据厦门市委、市政府的统一部署，消防支队继续推进消防“放管服”改革，推出集中受理审验、采信审测成果、强化事中事后监管等措施，形成消防审批改革的“厦门经验”，消防审批制度改革走在全国前列。通过改革，支队进一步明确小型社会投资项目告知承诺制的法定条件、告知要素。工程规划许可联审阶段，审核人员就介入消防技术标准指导，从源头上提升项目方案、设计合理性。建立单位消防安全信用认定、评价体系，先后制定《厦门市公安消防支队守信激励与失信惩戒暂行办法》《厦门市消防安全领域信用承诺制度》，健全消防安全黑名单制度，将企业和从业人员违法违规、不履行承诺的不良行为向社会公开，构建“一处失信、处处受限”联合惩戒机制。

【消防专项执法检查】2018年，厦门市人大常委会将《中华人民共和国消防法》《厦门市消防管理若干规定》列为年度执法检查重点内容之一。消防支队提前制订检查方案，梳理近10年厦门市消防工作开展情况，找准薄弱环节和突出问题，提出加强消防工作的意见建议。年度执法检查期间，市人大执法检查组到基层走访调研5次，召开座谈会3场，推动老城区、城中村、老旧小区、工业园区、农贸市场、地铁站点、民宿行业等消防安全工作。10月28日，市人大召开厦门市第十五届人民代表大会常委会第十八次会议，审议通过相关工作报告。

12月28日，厦门消防救援支队举行迎旗、授衔和换装仪式（曾德猛 摄）

【《厦门微型消防站》获金狮奖】2018年3月26日，在上海举行的中国广告影片金狮奖颁奖典礼上，《厦门微型消防站》获2018中国广告影片最佳公益片金狮奖。由厦门消防支队报送的广告公益片《厦门微型消防站》创作于2017年。该片以最具厦门本地特色的第八市场为故事背景，用幽默手法，借用周星驰电影中广为人知的包租婆形象，讲述微型消防站用途和义务消防员的组成及作用。该片具有闽南市井文化特色，上线后，国内各大主流媒体竞相转载，阅读量5000多万人次，并被公安部消防局表彰为最佳创意奖。

【《消防安全责任制实施办法》宣传】2018年5月23日，厦门消防支队召开全市消防安全重点单位《消防安全责任制实施办法》宣介会，158家市级消防安全重点单位消防全责任人、管理人参加会议。6月27日，市政府召开《消防安全责任制实施办法》宣贯会，全市各部门、各单位领导、消防安全管理人共计200余人参加宣贯培训会。8月30日，市长庄稼汉主持召开第四十六次市政府常务会议，学习《消防安全责任制实施办法》，研究部署全市消防工作，市消防工作联席会议成员单位主要领导参加集中学习。

【消防支队退役转制】2018年10月9日，原公安消防部队整体退出现役，划转应急管理部门。11月9日，习近平总书记在人民大会堂向国家综合性消防救援队伍授旗并致训词，提出“对党忠诚、纪律严明、赴汤蹈火、竭诚为民”方针。12月28日，厦门消防救援支队举行迎旗、授衔和换装仪式，厦门市政府副市长卢炳椿出席仪式并讲话。支队党委书记、政治委员张昌顺带领参加仪式的全体消防救援指战员庄严宣誓，卢炳椿代表市委、市政府向全体消防救援指战员表示祝贺，对厦门消防救援队伍长期以来忠诚履行职责使命，全力维护公共消防安全，为全市经济社会发展、人民群众安居乐业做出巨大贡献给予充分肯定。

（蔡 澄）

边 防

【概 况】2018年，厦门市公安边防支队（简称厦门边防支队）围绕改革划转任务，强化党建塑警、政治建警，忠诚履行职责使命，完成支队及所属单位成建制划转厦门市公安局管理任务，边防辖区和队伍内部始终安全稳定。以“扫黑除恶”“飓风肃毒”等专项行动为主抓手，开展“固边5号”等沿海管防系列专项行动，打击各类违法犯罪。查破刑事案件453起，查结治安案件4691起，抓获网逃人员66人，查获“三非”（非法居留、非法入境、非法就业）案件16起18人、毒品案件45起46人、偷案件5起5人、走私案件17起；自主查获涉黑恶案件24起64人，缴获管制刀具11把，辖区刑事类警情比上年下降14.4%。举办“鹭岛小边防”夏令营，完成687名官兵健康体检工作，组织25名优秀基层干部进行疗养，解决15名官兵的医疗救助、家属随迁随调、子女入学入托等难题。年内，支队有1人获公安部边防管理局“两会”安保火线嘉奖，2人因缉私成绩突出获专项记功，2个单位、15名个人获评各级“两优一先”（优秀共产党员、优秀党务工作者，先进基层党组织）表彰。12月26日，市公安边防支队划转厦门市公安局管理。

【沿海管防专项行动】 2018年，厦门边防支队组织开展“固边5号”“靖海固边2018”“防范劝阻船舶前往涉台敏感海域生产作业”等沿海管防系列专项行动，专题向市委政法委发文汇报强化涉渔“三无”（无船籍港、无船舶证书、无船名船号）船舶管理情况，推动加大对涉渔“三无”船舶处罚力度。出台《下何情报指挥室运行工作规范》《小型船舶防越界预警系统工作规范》规范性文件，运用沿海立体化智能管控系统、小型船舶防越界预警系统，提升支队管边控边能力。印发《成品油案件证据规格及全流程办案指引》《办理边防行政案件常见问题及注意事项》，明确边防类案件管辖权限，强化支队对基层办理边防类案件指导力度，确保案件办理质量。年内，新摸排船舶1400艘、渔船民1650人，列管重点关注船舶242艘，约谈走访重点渔船民99人，劝阻船舶进入禁行区域230艘次，查处越线作业违法行为16起，破获偷渡案件5起、走私案件17起，缴获无合法手续成品油264.38吨。

【第十届海峡论坛边防安保任务】 2018年6月5—7日，厦门边防支队出动警力57批次1800余人次、车辆336台次、船艇12艘次，执行海峡论坛主会场周边社会面管控、周边涉海岸线管控、周边制高点控制、场馆安保、应急处突等勤务，完成第十届海峡论坛边防安保任务。

【边防成建制划转公安工作】 2018年12月26日起，厦门市公安边防支队及所属单位成建制划转厦门市公安局管理。是年，厦门边防支队成立支队划转领导小组和工作专班，制定推进改革划转工作措施，形成运转高效的工作机制。完成历年档案资料整理资产装备清查核对和登记造册工作。成立改革教育宣讲小组，到基层单位开展巡回宣讲、谈心活动等11场次，引导官兵主动投身改革。主动对接改革相关职能部门，确保各项工作有机衔接、不留空档、不出问题，完成厦门边防支队划转厦门市公安局各项工作任务。12月29日上午，市公安局在边防支队召开划转过渡期工作会议。副市长、公安局长卢炳椿出席会议并讲话，市公安局党委副书记、巡视员范锦昌，市公安局党委委员、政治部主任、巡视员刘峰，边防支队全体官兵和公安局有关单位领导参加会议。卢炳椿肯定支队在服务特区建设发展、守护厦门百姓平安等方面所取得的成绩，代表市局党委向全体官兵表示衷心的感谢和崇高的敬意，要求全市公安机关和广大边防官兵抓好各项改革部署的衔接落地。

（白桦涛）

12月29日，市公安局在边防支队召开划转过渡期工作会议　（薛剑　摄）

海　警

【概　况】 2018年，福建省海警第三支队（简称海警三支队）接警182起，处警78起，成功救助遇险船只4艘、群众31人，打捞海漂尸16具，挽回群众经济损失1000多万元。11月初，35111舰成功救起落水船员2人，受到福建省委、省政府表扬。是年，先后开展“扫黑除恶”“净海2018”“禁毒2018两打两控”“蓝天2018”“国门利剑2018”等专项行动，共查处各类刑事、行政及治安案件79起，破获公安部毒品目标案件3起、走私成品油团伙性案件1起，查获毒品氯胺酮（俗称K粉）343.18千克、成品油3863吨、水产品129箱，涉案金额3100余万元；联合驻地公安机关成立专案组，并案侦办李某等人组织和领导黑社会性质组织案、涉嫌非法占用海域实施诈骗犯罪27起；整治重点海域非法捕捞等乱象问题5个，确保辖区平安管控。承办第十九届北太平洋地区海岸警备执法机构论坛专家会议，先后完成首届中国国际进口博览会、备战东海敏感海域维权巡航、“9·8”厦门国际投洽会等海上安保任务。围绕“仗怎么打兵就怎么练，打仗需要什么就苦练什么”，在各类训练竞赛中取得1个团体、19个岗位第一名的成绩，其中35111舰在外驻训期间，创下全国海警单舰单航次实弹射击种类最多、击中目标距离最远、打击精度最高的纪录。双拥共建工作稳步推进，实现家属随军就业满意率100%，子女入学入托安排率100%，干部转业安置率100%。强化思想建党、政治建军、从严治队，部队保持高度纯洁稳定，全年未发生案件事故，支队党委被上级评为优秀支队级党委班子，先后有6个集体、156名个人受到各级表彰奖励，其中1个集体、15名个人立三等功。

【“基层建设样板”试点】 2018年，海警三支队将海警部队“基层建设样板”试点任务作为党委“1号工程”，提出“正规化建设对标武警、舰艇建设对标海军、海上执法对标公安”建设总思路。改造升级库室场所76处，精简合并方案预案86个、文书台账16类171项、表本簿册219本，完善工作制度138项，建立一系列正规的备战、训练、执勤、工作和生活秩序，在3个试点单位中率先打造出全国海警部队一流的、过硬的“标杆”。

【全民国防教育基地建成启用】 2018年9月15日，位于海沧区排头路88号的“卫我海疆”全民国防教育基地正式启用。该教育基地由海沧区委国防教育委员会组织牵头，驻地党委、政府投入建设资金395万元打造，是全国首个以海洋战斗文化为主题的全民国防教育基地。基地分为“主题浮雕”“伟人语录”“功勋舰艇”“海战群雕”“海域地图”“海战英雄雕塑”六大部分，集中展示中华民族维护国家领土主权和海洋权益战斗历史、海洋领土构成情况、海警功勋舰艇，以及开拓海洋、维护海权的历代先驱与英烈志士的雕塑群像等，展现博大精深的中国海洋文化积淀。该教育基地旨在增强人民群众海洋国防意识、加强海洋战斗文化建设等。

【“2018·10·09”特大走私毒品案破获】 2018年10月17日，海警三支队自主经营侦破公安部“2018-686”号毒品目标案件，摧毁以台湾籍毒贩为主的跨境走私毒品通道1条，现场抓获台湾籍犯罪嫌疑人4人，缴获毒品氯胺酮（俗称K粉）343.18千克，查扣毒资29万元、涉案车辆5部。该案是海警局转隶武警部队后破获的首起特大走私毒品案件，受到武警部队及公安部领导肯定。

（邱小彬）

检　察

【概　况】 2018年，厦门市检察机关共办理各类案件16556件。其中，审查逮捕各类案件3218件4761人，审查起诉各类案件6978件9325人，办理公益诉讼案件36件，办理刑事、民事、行政诉讼监督案件3139件。开展维护社会稳定工作，全年批准逮捕刑事犯罪嫌疑人3360人，提起公诉6873人。开展缉枪治爆、严打暴恐以及打击电信网络新型违法犯罪等专项行动。贯彻宽严相济刑事政策，对初犯、偶犯、过失犯等涉嫌犯罪但无逮捕必要的，决定不批准逮捕1254人；对犯罪情节轻微、依法不需要判处刑罚的，决定不起诉686人。开展矛盾纠纷积案化解专项治理行动，受理群众来信来访2238件，通过检调对接促成和解10件。排查化解风险隐患，妥善处理“万协云商”等涉众型群访纠纷10件217人。运用新媒体技术深化检务公开，“厦门检察”微信公众号获全省政法系统“十佳”新媒体账号。开展教育培训、岗位练兵和实战实训，《书证的审查和运用》《4+X答复法在来访接待中的运用》两门课程获评全国检察教育培训精品课程。年内，全市检察机关有35个集体、65人次获省级以上表彰，市检察院检察官黄威被最高检察院记一等功。

【刑事检查监督】 2018年，厦门市检察机关开展对刑事立案、侦查活动监督，纠正漏捕、漏诉134人，对违法侦查活动发出纠正违法通知书、检察建议44件，办理的3件案件获评全省侦查监督精品案例。推进刑事司法与行政执法衔接工作，纠正有罪不究、有案不移、以罚代刑。监督公安机关立案、撤案25件，比上年增长150%。对最高检察院交办的安徽省原副省长陈树隆受贿、滥用职权、内幕交易、泄露内幕信息案，依法提起公诉。加强刑事审判监督，对认为事实认定或法律适用错误的判决，提出刑事抗诉、再审检察建议18件，增长100%。深化刑事执行监督，审查减刑、假释、暂予执行案件1842件，开展羁押必要性审查，依法建议释放或变更强制措施270件。办理的3件羁押必要性审查案件分别获评全国精品、全省精品、优秀案件。强化对社区服刑罪犯脱管、漏管、虚管的监督，向法院、公安、司法行政机关提出纠正意见17件。对核查发现的判决前未羁押或判实刑后未入狱的罪犯，依法监督收监17人。

【民事行政检察监督】 2018年，厦门市检察机关开展民事行政检察监督，办理各类民事行政申请监督案件148件。对认为裁判正确的76件民事行政申请监督案件，向当事人释法说理，促进息诉服判；对审判程序存在违法情形的提出检察建议8件，比上年增长60%，采纳率100%。针对民间借贷、房屋买卖等领域的20件虚假诉讼案件开展调查，向法院发出检察建议4件，6900余万元虚假债务被撤销；从中发现线索并移送公安机关立案15人，涉案金额2300余万元。对认为确有错误的生效裁判、调解书，提请民事抗诉、提出再审检察建议4件，法院改判、发回重审6件，监督改变率为100%。开展民事行政执行监督，就行政机关和法院怠于履职行为，提出执行监督检察建议6件，帮助当事人挽回经济损失350余万元。

【公益诉讼监督】 2018年，全市检察机关针对西井溪、小光山环境污染等涉及社会公共利益问题，持续开展检察公益诉讼专项监督。发挥诉前监督职能作用，就27件行政公益诉讼向行政机关发出检察建议，督促整治非法采矿、排污及违章建筑等行为。促成收回被占土地16万余平方米，追回罚款70余万元。就企业违法倾倒渣土等9件民事公益诉讼案件发出诉前公告，对洪金宝小吃店销售有毒、有害食品行为，向法院提起刑事附带民事公益诉讼。市检察院在全省首创专家辅助人参与公益诉讼工作机制，从高等院校、科研机构、行政机关选聘33人组成专家库，为公益诉讼提供专业咨询意见，提升法律监督精准度。集美区检察院创新公益诉讼网格化机制，组建以村民为主体的“环保公益群”，发动群众挖掘案源线索。

【“双千亿”工作服务保障】 2018年，市检察院落实市委关于加快高质量发展推动“双千亿”工作的决策部署，制定

12 月 5 日，市检察院举行厦门市检察机关公益诉讼专家辅助人聘任大会

（林少宁　摄）

保障“双千亿”工作 17 条意见，从实从细担负起服务保障发展的责任。加强对各类产权的依法平等保护，在自贸区建立打击和预防知识产权犯罪教育基地，开展产权司法保护专项督察，批准逮捕生产、销售伪劣产品和强迫交易等破坏社会主义市场经济秩序犯罪 333 人，起诉侵犯知识产权犯罪 19 人。市检察院、湖里区检察院分别与自贸区管委会、法院、司法局等签署协议，就探索建立自贸区综合法律服务体系、多元化纠纷解决体系等方面开展合作。依法保障和促进非公有制经济健康发展，起诉各类影响非公有制经济发展的犯罪 85 人。依托巡回检察室、“CBD 法务讲堂”等载体，为企业提供法治宣讲、法律咨询等服务 31 场次。加强民营企业司法保护，严格规范文明司法，把握法律政策界限与办案方式方法，依法审慎采取批捕、查封、扣押、冻结等措施。助推两岸深度融合发展，办理两岸司法互助案件 8 件。市检察院制定《充分发挥检察职能作用服务台胞台企的若干意见》，进一步落实惠台政策。海沧区检察院依托涉台检察联络员机制开展法治宣传。

【“三大攻坚战”服务保障】 2018 年，全市检察机关坚持案件办理与风险防控同步推进，建立捕、诉、研、防一体化工作机制，为打好“三大攻坚战”提供服务保障。强化对互联网金融风险、“套路贷”、洗钱犯罪的专项整治，批准逮捕金融犯罪 105 人，起诉 106 人。融入精准扶贫工程，延伸检察职能，向 40 名因遭受犯罪侵害而面临生活困难的刑事案件被害人或其近亲属发放司法救助金 131.2 万余元。围绕打好污染防治攻坚战，实行涉生态环境资源案件集中管辖，实现全市派驻河长办检察联络室（员）全覆盖。开展“清水蓝天”等专项监督，起诉破坏环境资源犯罪 22 人，督促犯罪嫌疑人、被告人签订生态修复协议 4 件，实现补植复绿 5.1 万平方米。

【扫黑除恶专项斗争】 2018 年，全市检察机关依法严惩“村霸”、宗族恶势力及“软暴力”等群众反映强烈的黑恶势力犯罪，共批准逮捕涉黑涉恶犯罪嫌疑人 253 人，起诉 173 人；依法办理全国扫黑办督办的陈世杰等 54 人黑社会性质犯罪组织案等重特大案件。坚持提前介入，引导侦查取证，提前介入案件 38 件，核查公安机关未立案侦查线索 43 条，建议公安机关重启线索深查并报捕 18 人。深挖黑恶势力“保护伞”，移送涉“保护伞”案件线索 17 条，办理涉黑恶势力“保护伞”职务犯罪案件 5 件 6 人。

【未成年人和校园保护】 2018 年，全市检察机关关注“校园贷”、性侵害未成年人和校园欺凌等问题，批准逮捕侵害未成年人犯罪 126 人，起诉 193 人。开展平安校园建设，采用普法情景剧、AR 课程等形式，举办“法治进校园”巡讲、法治夏令营等活动 128 场，覆盖学校 102 所学生 4.3 万余人。推动新建 13 个涉罪未成年人帮教基地及一体化帮教救助线上平台；帮助 8 名涉罪未成年人就业、入学；开展涉罪未成年人家长强制亲职教育，促进涉罪未成年人改过自新、回归社会。联合市教育局、司法局、依法治市办出台《关于扩充“法治进校园”讲师队伍的意见》，组建由 66 名教师及司法工作者参加的讲师队伍，制定“一校一讲师”目标，扩大厦门市校园法治教育覆盖面。思明区检察院开展检校合作，建立鹭岛青少年法治教育学院和反校园欺凌服务队。

10 月 11 日，厦门市检察机关到厦门一中开展“法治进校园”扫黑除恶专题巡讲

（谢帆　摄）

【民生福祉司法保障】2018年，全市检察机关开展“保障千家万户舌尖上的安全”专项监督，从严惩治非法添加硼砂、非法屠宰生猪的“黑餐馆”“黑作坊”。起诉生产和销售有毒有害食品、假药等犯罪嫌疑人27人。协同市场监管、卫生和计划生育等部门对网红餐饮、学校食堂、医院和疾控中心等单位，开展安全检查、联合执法共38次。针对食品医疗行业监管漏洞，向相关部门发出检察建议30件。同安区检察院发出的“强化医疗监管检察建议”获评全省检察建议精品案例。全市检察机关开展农民工讨薪问题专项监督，依法起诉拒不支付劳动报酬等侵害进城务工农民犯罪129人；运用案件公开审查、释法说理等手段，引导讨薪职工依法维权，帮助追回被拖欠工资、经济补偿金1612万余元；向人社等部门发出检察建议，促进完善监管制度，畅通农民工申诉救济渠道。强化对特殊群体的司法人文关怀，依法起诉侵害残疾人、老年人犯罪87人，支持5名被害人提起诉讼，帮助追回损害赔偿金、赡养费、医疗费共10万余元。

【检察服务推进】2018年，全市检察机关推进“12309”检察服务中心建设，运用网站、电话、移动客户端和微信公众号，向群众提供“一站式”智能化检察服务。受理并答复网络信访及法律咨询301件，公开案件信息、法律文书21896件。依托巡回检察工作室、社区检察官室等载体，受理群众法律咨询、信访139人次，息诉息访5件。邀请律师、心理咨询师、专家学者等第三方人员，参与案件公开审查、公开听证、联合接访等128次。组织人民监督员监督评议职务犯罪案件4件，听取、采纳监督员异议。

【司法改革创新】2018年，全市检察机关以集美、翔安区检察院为试点，探索“捕诉一体”办案新模式。实行入额院领导直接办案常态化，两级检察院检察长列席同级法院审委会8次，38名入额院领导共办案1179件。市检察院运用信息化手段强化对案件的全流程监控，组织案件质量评查和年度法律监督十佳案件评选等活动，开展司法责任制绩效考核。全市检察机关配合国家监察体制改革，贯彻落实《中华人民共和国监察法》和修改后的《中华人民共和国刑事诉讼法》，健全与监委的协调衔接机制；建立提前介入调查机制，提前介入监委查办案件25件；受理监委移送审查起诉职务犯罪案件41件，决定逮捕20人，提起公诉44人；坚持认罪认罚从宽制度，适用该制度办案3962件，占公诉案件审结数的60.5%。

（林燕芬）

法 院

人民法院

【概 况】2018年，厦门市中级人民法院和各区人民法院共受理案件120701件，办结106964件，比上年分别增长1.56%、1.63%。其中，市中级人民法院受理15874件，办结14087件，下降4.08%和3.09%。全市两级人民法院共有14个集体和38名个人受到省级以上表彰。

【刑事审判】2018年，厦门两级人民法院审结各类刑事案件6743件，比上年下降5.39%；判处刑罚生效6504人，下降11.46%。严惩危害国家安全、公共安全、食品药品安全和毒品等犯罪，突出惩治电信网络诈骗等涉众型经济犯罪，对540人判处5年以上有期徒刑直至死刑。开展扫黑除恶专项斗争，审结涉黑恶案件24件229人。严惩腐败犯罪，审理安徽省原常务副省长陈树隆案等职务犯罪案93件。坚持宽严相济，判处缓刑、管制等非监禁刑2502人，裁定减刑、假释998人。完善防范冤假错案工作机制，宣告2名被告人无罪。

【民商事审判】2018年，厦门两级人民法院审结民商事案件59418件，比上年增长1%。助力防范化解重大风险，审结各类金融案件19031件、房地产纠纷案件6861件、破产案件112件。服务污染防治攻坚战，市中级人民法院、同安区法院设立和加挂生态环境审判庭，在全省率先对生态案件实行跨区域集中管辖。开展产权保护专项行动，发挥司法裁判对公平竞争市场环境的维护和引导作用，审结知识产权案件1557件。促进两岸融合发展，审结涉台案件820件，对17名台籍被告人依法适用缓刑。服务“海丝”战略支点建设，审结涉外、涉港澳民商事案件930件。关注民生基本诉求，审结婚姻家庭、教育、劳动、医疗、交通、消费等民生案件10869件。服务保障乡村振兴战略实施，审结涉农案件3520件。保障国防和军队改革与建设，审执结涉军全面停止有偿服务案件127件。

【行政审判】2018年，厦门市两级人民法院审结行政案件3231件，比上年增长4.63%。其中，审结行政诉讼案件1162件，增长10.04%；审查非诉行政案件2069件，增长1.82%。在审结的977件一审行政诉讼案件中，厦门地区690件、泉州地区287件。

【执行难攻坚】2018年，厦门市两级人民法院受理执行案件40843件，执结34014件，分别比上年增长5.05%、1.74%。执行到位53.26亿元。经最高人民法院组织的“基本解决执行难”第三方评估，全市法院核心指标均达标。自2016年年初最高人民法院部署2—3年基本解决执行难之后，厦门市两级人民法院采取一系列超常规举措推进执行攻坚，2016—2018年累计执结案件90838件，执行到位144.93亿元，分别是2013—2015年3年总数的2.01倍和4.13倍。执行联动方面，全市联动单位增加到65家，并纳入综治、文明和绩效考评。全市法院累计公开失信被执行人信息65721人次，全方位实施限制高消费、出入境、取消村居两委候选人资格等惩戒措施，“一处失信、处处受限”成为常态，助推厦门市诚信体系建设。强制执行方面，全市法院拘留失信被执行人1706人，移送追究拒执罪312人，判决有罪74人，分别是2013—2015年3年的11.37倍、22.28倍和6.17倍。规范执行方面，出台执行规范制度11项，狠抓节点留痕、事项督办，挤压消极执行、选择性执行空间，促进执行规范化水平提升。科技执行方面，查控手段从传统的登门临柜到网络查控全覆盖，查控对象从银行存款到财产全类型，查控范围从厦门市到全省再到全国，实现执行模式的根本变革。

【助力打造国际一流营商环境】 2018年，厦门市中级人民法院坚持“对标国际、聚焦厦门”的原则，出台司法服务保障营商环境意见和三年行动计划，开展高品质的诉讼服务、高标准的审判质效、高水平的司法公开“三大提升行动”，营造创新型、开放型、诚信型、效率型、安全型“五型法治环境”，“执行合同”“办理破产”指标分别达到世界银行190个评估对象先进水平。12月，厦门法院服务优化营商环境的工作经验在全国法院司法改革推进会上交流，并被中国网、人民法治网等转发。

【共建共治共享的基层治理格局打造】 2018年，厦门市中级人民法院坚持运用新时代“枫桥经验”，构建以诉讼调解为主体，诉前调解、人民调解、行业调解、公证调解、律师调解等为补充的大调解格局，诉前多元化解纠纷5372件，27515件民商事案件以调撤方式结案。开展涉诉信访矛盾化解攻坚战，强化领导包案督办，聘请律师参与化解。针对审判中发现的问题，及时提出司法建议，发布行政审判、劳动争议审判等白皮书，促进社会治理法治化。加强未成年人司法保护与犯罪预防，会同教育部门等出台防治校园欺凌的意见。推进以案释法，在学校、社区、自媒体等平台展播《失格的爱》等7部法治微电影和《小夏说法》动漫宣传片，举办宪法宣传教育等主题开放日活动46场。发挥全国首个法治文化街区普法作用，接待全国各地考察团交流参观960人次、社会各界群众参观7200余人次，弘扬社会主义核心价值观，增强全民法治意识。

【司法体制改革】 2018年，厦门市两级人民法院完善新型审判权力运行机制，组建新型审判团队159个，设立30个专业法官会议团队提供咨询服务，院庭长直接审理案件29590件，占总结案27.66%。坚持有序放权与有效监督相结合，建立审判委员会统筹监管、专业法官会议咨询服务、院庭长重点监管、合议庭自主管理、审判管理部门职能管控、审判监督部门“反向审视”六位一体的案件质量监督管理机制。推进司法公开民主，全市人民陪审员参审案件12023件，直播庭审5179场，公开裁判文书88990份。统筹推进司法责任制配套改革。深化以审判为中心的刑事诉讼制度改革，推动证人、侦查人员、鉴定人出庭作证，探索刑事案件律师辩护全覆盖，完成认罪认罚从宽改革试点任务。深化“分调裁”等民事诉讼制度改革，推进繁简分流、多元调解、简案速裁。深化诉讼与公证协同创新，公证机构参与试点法院送达、调查、保全等78620件次，减轻审判事务性工作负担。“内部挖潜外部借力”“司法辅助人才培养机制”入选全国法院改革优秀案例。

【生态环境审判庭设立】 2018年3月12日，经省委编办批复同意，厦门中级人民法院正式设立生态环境审判庭。生态环境审判庭对全市涉生态环境案件实行刑事、民事、行政、非诉行政执行案件“3+1”归口审理，并由同安法院集中管辖全市6个区的上述一审案件。省法院党组成员、副院长林玫瑰出席生态环境审判庭成立活动并讲话，市委常委、政法委书记李伟华为生态环境审判庭授牌。该审判庭设立，旨在发挥司法审判在保护生态环境、促进绿色发展中的职能作用，进一步增强厦门市涉污染环境、破坏生态案件审判的专业性和统一性。

【厦门嘉利得置业有限公司执行转破产和解案】 2018年7月，市中级人民法院审结厦门嘉利得置业有限公司执行转破产和解案。该案系全省法院最大标的额的执行转破产和解案，入选2018年度全省法院优化营商环境服务保障民企发展十大典型案例。厦门嘉利得公司主营开发厦门市翔安区唯一的五星级酒店及商业广场项目，因决策失误导致亏损，项目建设到三分之二停工近3年。该案经执行转破产审查后进入破产清算程序，申报债权3.52亿元。该项目属“烂尾”工程，无投资方愿意收购。鉴于该公司资产优良，发展潜力大，且与债权人关系良好，具备破产和解条件。市中人民级法院推动债务人与债权人进行和解，引入战略投资者盘活酒店项目，于2018年7月促成各方达成破产和解协议，重新启动工程项目建设，化解工程烂尾、民间借贷、环境保护、城市景观等问题。该案发挥执行转破产工作对实现市场主体救治、社会资源最大化利用、各方共赢的机制作用，是司法服务保障大局的典型个案。

【重大涉黑案判处】 2018年9月1日，思明区法院审理陈某杰等人重大涉黑案，一审判处陈某杰有期徒刑25年，判处其他组织成员3年8个月至20年不等有期徒刑。该案是全省涉案人数最多的涉黑案，涉及54名被告人和3个被告单位，涉及组织、领导、参加黑社会性质组织等罪名17项。审理查明，以陈某杰为首的黑社会性质组织，长期在厦门市翔安区大嶝进行强迫交易、聚众斗殴、敲诈勒索、寻衅滋事、串通投标、虚开增值税专用发票、对非国家机关工作人员行贿、非法采矿、故意伤害、妨害作证等犯罪活动，以及强行侵

3月12日，市中级人民法院生态环境审判庭授牌　（李新卫　摄）

3 月 26 日，思明区法院一审公开开庭审理陈某杰涉黑案　（李新卫　摄）

占沙场、非法占用土地、违法建设等违法行为。

（吴密菱）

厦门海事法院

【概　况】 2018 年，厦门海事法院受理各类案件 2151 件，其中新收 1641 件，新收标的金额 55.37 亿元；结案 1904 件，结案率 88.52%，新收诉讼案件结收比 104%。法院审理的马绍尔群岛第一投资公司申请承认与执行英国 LMAA 仲裁裁决系列案，入选外交部条约法律司编著的《中国国际法实践案例选编》；“碧华山”轮与“力鹏 1”轮船舶碰撞损害责任纠纷案获评全国海事审判年度十大案例。是年，法院关注国际航运贸易形势变化，加强对涉新兴市场国家航运纠纷的研究应对，妥善处理域外禁诉令、外国当事人消极避诉等复杂问题，审理涉“一带一路”相关案件 178 件。制定《关于自贸海事案件受理范围的实施意见》，界定自贸海事案件的范围、类型，明确审判分工，优化司法资源配备，服务保障自贸区建设。首次以中英双语向社会发布年度审判工作白皮书及年度典型海事案例，推出英文版网页。运用全国海事审判大数据，形成专题调研报告，指引规范行业发展，受到业界广泛好评。推进司法改革和信息化建设。完善健全法官员额退出、增补机制；沟通、协调、完成聘用制书记员的签约工作；举行人民陪审员、聘用制书记员就职宣誓仪式，深化“分调裁”改革。完成“12368”语音服务热线平台、庭审法庭语音识别系统和执行指挥中心建设、执行单兵系统升级等一批信息化工程项目。

【海事海商案件审判】 2018 年，厦门海事法院新收诉讼案件 1194 件，比上年下降 43.41%。累计新收诉讼案件标的金额 257375.2 万元，比上年增加 28268.36 万元。审结诉讼案件 1241 件，下降 42%。累计诉讼结案标的金额 153074.78 万元。诉讼案件结案率 93.38%。着眼防范化解重大风险，审结标的金额 15 亿元、具复杂金融交易背景的船舶贷款合同纠纷案件，判决一批以提单为交易担保获取资金融通的新型案件，确保外贸、航运金融秩序稳定，保障航运经济健康发展。

【海洋生态环境案件审判】 2018 年，厦门海事法院发挥生态民事和行政审判职能，审结原告林某发等 1011 人诉平潭县流水镇政府、龙翔房地产公司海洋开发利用纠纷案，福州某公司诉罗源县海洋与渔业局、罗源县政府标的额 1.03 亿元的海洋环境行政处罚等一批大要案。向全省涉海行政机关发送非诉案件办案注意事项告知书和专项建议函，促进行政机关规范执法，强化对海洋生态环境保护。

【执行案件】 2018 年，厦门海事法院新收执行案件 447 件（包含 14 件行政执行案件），比上年下降 54.2%，累计新收申请执行案件标的额 324650.99 万元。执结案件 663 件（包含 15 件行政执行案件），下降 33.77%；累计执结标的金额 156587.44 万元，执行结案率 80.66%。执行庭全面推行网络拍卖，完善网络司法拍卖机制，加速财产变现，网拍覆盖率 100%。完善无财产可供执行案件退出和恢复执行配套机制。是年，厦门海事法院加强海上陆地执行协作和执行联动，强力推进车、船等财产的执行。法警支队强化惩戒措施，加大对拒不履行的被执行人的惩处。多起案件的被执行人慑于压力主动履行生效裁判，1 名被执行人主动“送车”上门交厦门海事法院扣押，《人民法院报》作

6 月 11 日，失信被执行人主动将车辆送“上门”，让法院扣押拍卖　（朱忠宝　摄）

为头版新闻予以报道。

【多元化解纠纷】 2018年，厦门海事法院新增不同行业的特邀调解员29人，形成覆盖全省沿海、海上所有行业的调解体系。建立诉讼服务中心律师法律服务工作站，开展律师调解试点，增强诉讼服务与律师法律服务的衔接配合。破解跨域难题，发挥诉讼服务中心和派出法庭优势，以“线上+线下”“远程+巡回”方式，对接港区、渔区源头，实时指导纠纷化解。“泰锋”轮欠薪案调处后，14名船员迅即拿到工资120万元。年内，经多元化解渠道调处各类纠纷287件，多数案件在1周之内结案。

（李哲鹤）

司法行政

【概　况】 2018年，厦门市人民调解组织排查调处各类矛盾纠纷13533件，调解成功13532件、成功率99.99%，协议涉及金额3.36亿元，有效防止群体性上访107件。全市律师办案62367件，业务收费12.52亿元。办理公证105740件，比上年增长39.95%，业务收费1.27亿元，为重点项目提供公证服务1517件次。办理各类鉴定16061件，业务收费4436.4万元。受理法律援助10060件，全省第一，调解医疗纠纷144件。主要业务指标位居全省首位或前列。9月22日、10月20日，国家统一法律职业资格考试（客观题、主观题）厦门考区首次开考，分别有3736人、1705人报考，实现考卷、考场、考试和人员“四个安全”。

【人民调解】 2018年，厦门市有人民调解组织1053个、人民调解员8097人，共调解矛盾纠纷13533件，成功调解13532件，成功率99.99%，有效防止群体性上访107件。调解案件分为17类，其中排在前6位的为邻里纠纷（3228件）、其他纠纷（2835件）、损害赔偿纠纷（2632件）、道路交通事故纠纷（1658件）、劳动争议纠纷（771件）、婚姻家庭纠纷（698件），合计占到总案件数的87.5%。

【社区矫正】 2018年，厦门市新接收社区服刑人员2335人，解除社区矫正2224人，在册社区服刑人员1988人，其中缓刑1885人、假释57人、暂予监外执行43人、管制3人。服刑人员中，港澳台籍8人、外国籍1人。入矫、解除矫正、在册人数分别比上年增长16.17%、17.49%和6.31%，全市社区矫正工作总体业务量呈逐步增长趋势。

【刑满释放安置】 2018年，厦门市新衔接刑满释放人员1887人，比上年下降3.68%；在册刑满释放人员6829人，增长4.68%，安置率98.40%，帮教率100%。

【律师行业】 2018年，厦门市有律师事务所193家、律师3266人、业务收费12.52亿元，比上年分别增长12.2%、11.7%、19.9%。有2家律师事务所业务收费破亿，其中福建天衡联合律师事务所2.13亿元、福建联合信实律师事务所1.42亿元。全市律师行业收费比上年涨幅较大的主要原因：律师业务水平逐步提高，服务市场持续开拓，以IPO、破产管理业务为代表的新型业务领域不断扩大，非诉讼法律事务的办理数量及收费涨幅明显；律师办案专业性提升，代理案件的平均收费标准提高；在市司法局及律师协会引导下，各律师事务所达成共识，进一步规范、完善、细化收费标准，办案以“质”取胜，杜绝低价竞争。

【公证业】 2018年，厦门市办理公证105740件（其中为重点项目提供公证服务1517件）、收费1.27亿元，办证数比上年下降9.96%、收费下降8.72%。主要原因：受厦门市出台遏制“炒房”系列政策及司法部出台公证执业“五不准”（不准为未查核真实身份的公证申请人办理公证、不准办理非金融机构融资合同公证、不准办理涉及不动产处分的全项委托公证、不准办理具有担保性质的委托公证、不准未经实质审查出具公证书）影响，涉及不动产交易类、金融类的公证业务比上年同期明显减少，其中委托公证最明显；贯彻落实打击“套路贷”等相关文件要求，各公证处在办证过程中对存在合理怀疑的业务暂不受理；厦门市出台推动“双千亿”工作的实施意见，围绕“双千亿”建设的招投标、证据保全等公证业务有所增多。

·小资料·

套路贷：对以非法占有为目的，假借民间借贷之名，诱使或迫使被害人签订“借贷”或变相“借贷”“抵押”“担保”等相关协议，通过虚增借贷金额、恶意制造违约、肆意认定违约、毁匿还款证据等方式形成虚假债权债务，并借助诉讼、仲裁、公证或者采用暴力、威胁以及其他手段，非法占有被害人财物的相关违法犯罪活动的概括性称谓。

【司法鉴定】 2018年，厦门市办理鉴定16061件、收费4436.4万元，比上年分别增长15.03%、54.85%。电子数据鉴定成为厦门司法鉴定行业的龙头，业务发展迅速，鉴定数量增长84.23%，业务收费增长156.72%；公安机关在打击酒驾、醉驾、毒驾过程中，加大路检检测力度，法医毒物鉴定增长24.08%；文书鉴定增长56.81%；汽车检验等鉴定项目下降10.46%。

【司法强制隔离戒毒】 2018年，厦门司法强戒所第四季度在册人数389人，比上年减少198人、下降33.7%。主要原因：国家禁毒委和公安部门开展“禁毒2018两打两控”专项行动，对涉毒违法犯罪活动打击力度加大，震慑效果明显；根据《福建省强制隔离戒毒人员诊断评估细则（试行）》相关规定，场所人员流转速度加快。

【法律援助】 2018年，厦门市受理法律援助案件10060件，比上年增长24.37%。主要原因：（1）受理的重大群体性案件涉及人数众多，抬升全市案件总量。其中，翔安区中心受理的“奥力龙公司”劳动纠纷、“奥龙体育器材公司”劳动纠纷及“郑坂社区股份经济合作社”分红纠纷3个群体性案件共涉及2132人次，该区当年案件受理数量增长近8倍。（2）刑事案件律师辩护全覆盖试点工作的开展，全市刑事法律援助案件增长47.22%。

【医患纠纷调处】 2018年，厦门市调解医疗纠纷案件144件，比上年下降5.3%；参与医疗机构现场引导处置纠纷事件12起，下降42.9%；为当事人达成赔偿金额1258余万元，增长2.9%。厦门市医疗纠纷案件减少主要原因：国务院《医疗纠纷预防与处理条例》颁布实施，相关法律法规不断完善，医疗纠纷化解机制趋于成熟，纠纷处理途径透明畅通，第三方调解成为主要途径，厦门市与全国医疗纠纷案件小幅下降的总体趋势基本一致；普法宣传力度加大，通过多种媒体、多种形式广泛宣传调解成效，医疗法治氛围不断加强。

【中芬社区矫正发展研讨会在厦门召开】 2018年1月31日至2月1日，司法部主办、厦门市司法局协办的中芬社区矫正发展性研讨会在厦门召开。芬兰司法部部长安蒂·海凯宁、中国司法部副部长刘振宇、福建省司法厅副厅长（主持工作）李陵军出席开幕式并致辞。研讨会围绕社区矫正法律制度问题、政府各有关部门的衔接配合问题、社会力量参与问题3个议题开展研讨，共同分享两国社区矫正的成功做法和经验，进一步推动两国社区矫正工作的交流与合作。会后，芬兰代表团参观考察集美区社区矫正中心和湖里区殿前司法所社区矫正工作。安蒂·海凯宁称赞厦门在社区矫正方面对服刑人员的管控非常有效。中国司法部社区矫正管理局局长姜爱东肯定“厦门社区矫正工作为国争光”。厦门市政府副市长韩景义会见安蒂·海凯宁。

【两岸调解员联谊】 2018年6月6日，第十届海峡论坛·两岸基层调解员联谊交流会在厦门市举行，海峡两岸50名基层调解员代表参会。联谊交流会以“扩大调解交流，深化融合发展”为主题，回顾总结两岸在调解方面交流的成果，共同探讨两岸调解交流的新模式。联谊交流会由厦门市司法局局长叶勇义主持，国台办法规局副局长唐正瑞、司法部基层司副司长郑文彪、中华全国人民调解员协会副会长兼秘书长李冰、福建省司法厅厅长邬勇雷、省司法厅副厅长俞建春等到会指导。

【海峡律师（厦门）论坛举办】 2018年10月13—14日，第六届海峡律师（厦门）论坛在厦门宝龙铂尔曼大酒店举行，海峡两岸200多名律师代表参会，其中台湾地区代表80人。论坛以“‘一带一路’背景下的两岸律师法律服务合作”为主题。论坛主办单位为历届最多。国台办法规局处长王艳、中华全国律师协会副会长蒋敏、福建省司法厅厅长邬勇雷、福建省律师协会会长于宁杰等到会指导。

（蒋建龙）

仲　裁

【概　况】 2018年，厦门仲裁委员会（简称厦门仲裁委）受理仲裁案件1012件，涉案标的额150.32亿元，比上年分别增长12%和40%，涉案总标的额和案均标的额均创历史新高。审结案件1033件，增长10%，其中裁决结案占比76%、撤案和调解结案占比24%。受理案件的案均标的额1485万元，创历史新高，个案标的额超过5000万元低于1亿元的案件46件，个案标的额超过1亿元的案件24件，分别增长100%和200%。审结案件的平均结案周期为65天。审结的案件中，被法院裁定撤销仲裁裁决案件、裁定不予执行仲裁裁决案件均为0，未出现新的信访缠诉案件。厦门仲裁委作为2018年省人大第1729号《关于加快推进仲裁事业发展的建议》市级主办单位，该建议办理工作受到省人大分管领导肯定。年内，厦门仲裁委与省工商联签署战略合作协议，建立推行和宣传仲裁法律制度的战略合作关系；以办理省、市两级人大代表建议为契机，将仲裁法列入厦门市“七五”普法法治宣传内容。

【仲裁案件类型】 2018年，厦门仲裁委受理的仲裁案件类型共61种，比上年增加3种。其中，银行借款合同纠纷、民间借贷纠纷、股权转让纠纷类案件占据受案标的额前3名，该3种类型案件标的额共计92.67亿元，占总涉案标的额的62%。其他类型案件涉案标的额从2017年的46亿元上升至2018年的79亿元，其中民事信托纠纷涉案标的额增加13.3亿元，占比由2017年的5%上升至2018年的12%；股权类纠纷涉案标的额增加14.55亿元，占比由2017年的2%上升至2018年的11%；民间借贷纠纷涉案标的额增加8.43亿元，占比由2017年的6%上升至2018年的10%。

【仲裁案件当事人地区分布】 2018年，厦门仲裁委受理的仲裁案双方均为厦门地区当事人的案件284件，至少有一方来自厦门以外地区的728件，涉厦门以外地区当事人案件占总受案量的72%。其中，涉外案件11件，案件当事人分别来自英国、澳大利亚、新加坡、加拿大、越南等国家；涉港澳台案件67件；当事人来自北京、上海、广州、深圳、武汉、南京、杭州等城市的650件。双方当事人均来自厦门以外地区的337件，涉案标的额64.5亿元，数量和标的额分别占全年受案量的33%和43%。

【仲裁交流合作】 2018年，厦门仲裁委与省工商联签署战略合作协议，全面建立推行和宣传仲裁法律制度的战略合作关系；与省律协仲裁专委会合作，举办“先予仲裁”问题专题座谈会、“走进厦门仲裁委员会”等活动。应邀参加第十六届海峡法学论坛、中国（重庆）自由贸易试验区仲裁中心成立大会暨首届中国（重庆）自由贸易试验区仲裁论坛、第三届前海法智论坛、中国（海南）自由贸易试验区（港）国际仲裁高端论坛、澜湄合作国际仲裁高端论坛暨澜湄国际仲裁中心启动仪式、中国仲裁法学研究会2018年年会暨第十一届仲裁与司法论坛，派员参加在天津举办的融资租赁专题培训班。加强与中国东盟（澳门）仲裁协会、澜沧江·湄公河流域五国仲裁调解机构的交流互动，达成2019年加入澜湄国际仲裁中心联盟的意向。参与接待新加坡仲裁委厦门考察团，与其达成初步合作意向；与市金融办联合举办第一期金融仲裁高级研修班。受福建省律师协会、厦门市律师协会、龙岩市律师协会、三明市律师协会、漳州市律师协会、厦门公司法学研究会邀请，为上述单位主办的培训活动讲授仲裁专业课。

（蔡　满）

责任编辑：孙志红
审　　稿：程成贵
校　　对：曾一一

10 军　事

部队建设

【概　况】 2018年，中国人民解放军福建省厦门警备区（简称厦门警备区）系统学习习近平新时代中国特色社会主义思想和强军思想，全面贯彻军委主席负责制，聚力推动改革转型，持续深化动员备战。学习贯彻中央军委党的建设会议精神和军委国防动员部“郑州会议”精神，贯彻落实中央军委《关于加强新时代军队党的建设的决定》，围绕存在问题开展检讨剖析，对照要求召开区团两级党委民主生活会。召开警备区第六次党代会，规划部署新一轮建设发展任务，如期完成党委、纪委换届选举。组织研读规定书目，开展“传承红色基因、担当强军重任”主题教育，落实党委中心组带机关、人武部、干休所理论学习，紧抓基层经常性思想政治教育。开展庆祝改革开放40周年、向“时代楷模”王继才学习和“强军风采”文化活动，强军使命成为广泛共识。贯彻习主席开训动员训令，引导官兵投身动员备战。紧抓民兵整组、兵员征集、动员支前准备和实战化训练等工作。持续推动全民国防教育深入普及，贯穿全年开展“传承红色基因、汇聚强军力量”主题宣传教育，组织第十八个全民国防教育日活动，首次协办全国大学生“爱我国防”主题演讲比赛。推进经济适用住房建设，落实官兵体检、干部疗养、探亲休假等制度；规范装备管理秩序，开展枪弹专项清查整治，完成民兵报废弹药上交工作。推进老干部服务保障体制调整改革，完成4个干休所整合组建、人员落编和组织设置。

【国防动员】 2018年，厦门警备区协调市政府召开常务会议研究国防动员工作，推动厦门市国防动员委员会（简称市国动委）体制机制、国有企业武装、海上动员力量和人防指挥所建设。按作战需求确定潜力调查项目，完成8大类30小类102项潜力数据调查。指导市人防办组织“5·10”全市人防演练，全市38个镇（街）全部列入人防重点设防镇，新选定人防重要防护目标170个。市国动委推进基层武装机构规范化建设，完成全市510个村（社区）民兵营（连）部挂牌。提升专武干部队伍能力素质，年底参加省军区专武干部集训厦门警备区获单位总评第一。牵头协调驻厦部队参加闽西南经济协同发展区军民融合协作建设，促进军地经验交流和需求对接。协调市国动委各办完成演训部队人员装备过境保障任务。

【城市警备】 2018年，厦门警备区发挥警备司令部职能作用，与驻厦解放军、武警部队及厦门市军警办、交战办等部门对接协调，健全完善警备值班执勤、军车违章抄告、涉军警情联动、情况处置通报等机制，推进警备司令部职能拓展和规范运行。3月，牵头驻厦武警6个单位领导召开警备工作协调会，进一步对接协调警备工作有关事项，规范武警警备工作，推动平稳转入警备司令部职能范围。全年遇检军车114台次、军人224人次，查纠违规违章军车8台次、违纪军人58人次。

【有偿服务工作全面停止】 2018年，厦门市军地各级贯彻党中央、中央军委和习主席决策部署，着眼停偿工作进入“深水期、攻坚期”的工作特点和任务实际，驻厦部队军地协调领导小组先后召开12次专题协调推进会议，针对21个“重难点项目”，逐一成立专班、制定专案、落实专责，综合运用法律、行政、市场等手段加以解决。截至10月30日，全市驻军部队1325个项目停止有偿服务，全部按照军委明确的任务指标和时间节点如期完成。委托管理、资产置换等项目按照军委后续停偿政策接续推进。

（高　升　褚雪锋）

征　兵

【概　况】 2018年，厦门市征兵办公室围绕福建省政府、省军区提出的“两保一降”（保质量、保廉洁、降低退兵率）和征集高学历青年达到任务数72%的目标，坚持早分析、早预测、早宣传、早发动，继续保持厦门市征兵工作良好势头，按时完成征集兵员任务（女兵占5%），其中大专以上学历人员85.9%。

4月19日，厦门市征兵“五率”业务集训　（沈勇军　摄）

5—8月，完成直招士官工作。

【兵役登记】 2018年，从全国征兵网开通开始，厦门市委宣传部负责在各媒体、报纸、户外LED显示屏和网站发布兵役登记公告，市公安局负责提供适龄男性青年信息，市教育局负责督导各高中、中专院校做好在校适龄学生兵役登记工作。全市18岁适龄青年兵役登记率100%。2月起，厦门市征兵办公室对全市“五率”（报名率、上站率、合格率、择优率、退兵率）情况进行实时监控，每月通报“五率”数据；6月起，落实每周通报制度，加强对“五率”指标偏低单位的检查督导，及时解决矛盾问题。全市各项数据相比上年均有提高，大学生比例增加16个百分点，大学毕业生比例增加1.5个百分点，双合格人员比例增加10个百分点，兵役登记率提前2个月达到100%，辖区应征率全省排名第一，最终“五率”考评全省排名第三。

【征兵宣传】 2018年，厦门市征兵办公室以高校学生为重点对象，开展“高校征兵宣传月”活动，思明、集美、翔安区征兵办深入各高校进行宣传活动，厦门警备区动员处和政治工作处协调开办6场征兵专题文艺巡演和1场征兵演讲比赛，组织优秀大学生士兵现身说法，以身边人身边事感召和激励大学生报名参军。5月起，协调各类新闻媒体展开征兵宣传，在厦门地铁、BRT（快速公交）等5000余块户外广告屏滚动播放征兵公益广告，在厦门市国防教育微信公众号开设征兵专栏，打造多层次、全方位、立体化的征兵宣传新格局。

【役前训练】 2018年8月底至9月初，厦门市征兵办公室按照省征兵办要求在新兵输送前统一开展役前训练，以部队一日生活制度和作风纪律养成为基础，严密组织条令、队列、基础体能、政治思想教育等内容的学习训练，全面掌握预定兵员思想、身体底数。通过役前训练，淘汰不合格人员19人，提高兵员质量。

（高　升　褚雪锋）

民兵预备役

【概　况】 2018年，厦门市民兵预备役工作着眼平时服务、急时应急、战时应战需求，持续开展群众性练兵比武活动，突出抓好遂行多样化任务能力建设，常态保持战备水平和应急处突能力。根据改革后的新体制新要求，完成省军区赋予的基干民兵整组任务，全年完成基干民兵训练任务12类56批次。厦门警备区下半年加强民兵各兵器分队和工程抢修、交通运输、保交护路等重点分队训练；加强与作战部队对接联系，先后多批次动员海、空军预编预备役士兵完成返岗训练。7月上旬，思明区人武部派员参加“闽盾-2018B”人防演练，组织思明区民兵高炮分队参加战区防空演习专项行动。

【民兵教练员集训比武】 2018年3月，厦门警备区在原警备区教导队组织1期各区民兵“四会”（会讲、会做、会教、会做思想工作）教练员骨干集训。通过集训挖掘民兵训练教学人才，探索民兵情报信息网和民兵参加安保警戒行动2个课题15个课目的组织与实施。4月16—20日，厦门市派遣2支民兵“四会”教学分队参加省民兵“四会”教练员集训比武，其中海沧区民兵阮富彬、同安区民兵高洪新分列全省第一、第二，被评为省民兵优秀“四会”教练

6月27日，征兵宣传暨国防教育进高校活动走进厦门理工学院　（褚雪锋　摄）

员；厦门市综合成绩位列全省第一。

【民兵应急分队轮训备勤】 2018年，厦门警备区探索性展开民兵应急分队12天的集中备勤轮训，围绕“军事理论、手榴弹投掷、北斗操作、防护、卫生与救护、轻武器操作、单兵战术基础、应急装备器材操作使用、简易通信、执勤抓捕、要点守护、综合演练”12个课目，组织7支民兵应急分队“逐个过”考核，为创新民兵建、训、用、管、保模式积累经验。思明区民兵应急连担负省军区备勤轮训任务，参加省军区考评验收成绩优异。

【民兵首度带训学生】 2018年，厦门警备区首度启用民兵队伍遂行学生带训任务。7月，重点围绕“树好形象、守好纪律、确保安全”等要求，组织全市部分退伍老兵岗前集训和资格认证，确保民兵带训不出问题。第三季度，民兵队伍承接15所高中以下学校军训任务，带训学生1万余人。

（高 升 褚雪锋）

国防教育

【概 况】 2018年，厦门市国防教育工作围绕构建“政府、军队、社会、学校、家庭”五位一体大国防教育格局，军地合力主动作为、创新发展。市国防教育办公室经常性开展地方领导干部过“军事日”活动。落实国防教育“进课表、进教案、进课堂、进学分”制度，将国防知识列入中小学升学考试内容，广泛开展“启航明天、争当四好少年”活动，先后派出官兵和民兵共700余人组织军训学生2万多人。严格民兵预备役教育落实，结合点验整顿、军事训练、执行勤务等时机，为民兵预备役授课20场次。在厦门大学、集美大学、华侨大学、厦门理工学院、厦门城市职业学院、厦门海洋学院6所高校组织国防教育暨征兵宣传进高校主题巡演。第十八个全民国防教育日期间，组织开展高端讲座、国防主题演讲比赛、高校文艺演出暨国防知识有奖竞答、发放“国防知识手册”等系列活动。继续办好厦门电视台“军情全球眼”栏目和《厦门日报》“特区国防”专栏。推广运行“厦门国防教育”微信公众号，每日推送国防知识和驻军动态，组织国防知识竞赛、国防教育演讲比赛、国防知识有奖问答等活动，教育受众面不断增加，提升国防教育覆盖面。升级改版“厦门国防教育网”，开通“国防热点论坛”，邀请专家教授在线解疑释惑，年访问量100万人次。继续国防教育展览馆升级改造。市国教办与厦门大学军事教研室建立联系机制，共同会商国防教育难点课题，开展国防教育概论编撰工作。12月21日，国家国教办、国家征兵办联合在厦门大学举办第二届全国“爱我国防”大学生演讲比赛现场决赛。

9月29日，厦门第十八个国防教育日活动之高端讲座 （褚雪锋 摄）

【第十八个全民国防教育日系列活动】 2018年7—9月，由厦门警备区和市委宣传部牵头，围绕“赞颂辉煌成就、赓续红色基因、支持改革强军”主题，开展国防教育日“五个一”（一场高端讲座、一场知识竞赛、一场广场晚会、一次手册发放、一次展板巡展）系列活动。活动期间，组织国防形势高端讲座，邀请国防大学教授杨毅为120余名军地领导做“我国周边环境及国家安全”讲座；举办“传承红色基因，汇聚强军力量”主题电视演讲比赛，组织6个区、市教育局和市国资委8支队伍参赛，赛况在厦门多个电视台黄金时间播出；安排国防教育讲师团成员进企业、进社区、进乡村开展国防教育宣讲；在中山路步行街组织国防知识有奖竞答晚会，在中山路步行街、鼓浪屿、SM城市广场、环岛路、厦门大学、集美学村等地发放国防知识手册近3万份。各区也相应开展相关国防教育活动。

（高 升 褚雪锋）

双拥共建

【概 况】 2018年，厦门驻军继承和弘扬习主席在闽工作期间留下的双拥工作好传统，聚焦服务能打仗打胜仗、推动军民融合深度发展、巩固加强军政军民团结，开展拥政爱民工作。协调解决转业退伍军人安置、随军家属就业、子女入学入托、伤病残军人和离退休干部移交安置问题，推动军用土地确权、战备工程建设、军事设施保护等历史遗留问题解决。军队转业正团职干部平职安排比例上升至62%。

【拥军优属】 2018年，在军改期间转业干部数量剧增的情况下，厦门市坚持安置力度不减、标准不降，正团职干部平职安排比例持续上升至62%，营以下干部进公务员（含参公）比例保持在90%左右。随军家属就业在军改期间安置数量按照10%的比例递增，是年拿出96个岗位供随军随调家属择岗就业。由厦门警备区牵头负责，协调驻厦部队官兵子女入读中小学，全年安排25名符合优待条件的军人子女入读中小学。

【拥政爱民】 2018年，厦门警备区本级设立30万元帮扶专项基金，支持同安区莲花镇上陵村振兴乡村环境整治、村庄绿化后期管理、农田灌溉水利维修等3个项目，帮助家庭困难大学生20人。

（高　升　褚雪锋）

武　警

【概　况】 2018年，武警厦门支队坚持以强军目标为统领，以“打造一支与特区地位相匹配的特质部队”为目标，部队建设稳中求进、稳中有为、稳中提质。常态开展隐患整治活动，确保固定勤务万无一失。全面规范动态勤务兵力使用、指挥控制，加强武装巡逻、押解押运、警卫安保等临时勤务管控，提高应对能力。与市监管支队召开联席会议，对哨兵站立点选择、活动区范围、监控探头位置、哨位主要监视方向等逐一现地论证，对人员思想、武器装备、执勤设施、组勤模式等逐一探讨研究，提升执勤质效。全年完成等级警卫、春运执勤、海峡论坛安保等临时勤务470余起；成功排除各类执勤险情152起；按要求担负并完成一级、二级首长（国家重要领导人和外宾）住地警卫和专机警卫勤务。武警厦门支队全年突出抓好首长机关、机动分队、执勤分队应急班及后勤应急保障分队编携配装，每周组织机关干部进行业务学习，落实武警部队战备值班力量体系建设，着眼提高兵力使用率稳住执勤力量、充实机动力量、加强特战力量，持续完善战备力量体系，提升官兵信息素养和部队基于信息系统的执勤处突备战能力。常态组织应急力量拉动演练，确保部队始终保持良好戒备状态。

【练兵比武】 2018年，武警厦门支队抓住新大纲集训成果转化，以军事训练和组训模式双落实为抓手，以勤训轮换、“魔鬼周”极限训练、卫士演习等为主要载体，补齐指挥、战术、险难科目和教练员、训练场地“五大短板”，扭住计划、准备、考核、监察“四个环节”，紧盯体能技能、指挥协同、战术演练“三个重点”，用好群众性练兵比武、实战化对抗演练“两根杠杆”，与兄弟部队特战分队建立训练资源人才共育共享机制，严密组织方案讲解竞赛、“四会”教练员集训、舟艇操作手集训、搏击技能集训、狙击手和机枪手集训，在武警总部侦查业务骨干集训中获团体第一名、武警总队“巅峰”比武中获团体第四名。

【大型活动安全保卫】 2018年9月7—11日，武警厦门支队出动多名官兵担负第二十届中国国际投资贸易洽谈会营区机动备勤和联勤武装巡逻任务。11月1—11日，支队出动多名官兵担负第二届中国国际进口博览会加密联勤武装巡逻任务。

【抢险救灾】 2018年8月29日12—16时，武警厦门支队执勤分队出动兵力和车辆，携带橡皮艇，到思明区梧村街道火车站周边参与抢险救灾。当日12—19时，机动分队出动兵力和龙吸水排涝车，到湖里区中埔周边参与抢险救灾；另出动兵力及车辆，携带橡皮艇和冲锋舟，到湖里区禾山街道周边参与抢险救灾。

（陈锦鸿）

12月21日，厦门市举行“剑盾2018”反恐应急处突合成演练

（武警厦门支队　供图）

人民防空

【概　况】 2018年，厦门市人民防空办公室（简称市人防办）以建设强大巩固的现代人民防空体系为目标，履行“战时防空、平时服务、应急支援”使命任务，深化人防军事斗争准备，颁布出台2018版《厦门市人民防空管理办法》。全市人防“十三五”规划八大体系建设成绩显著，人防建设“十三五”规划中期执行情况良好。开展人防工程项目审批制度改革，推动人防职能向“减审批、强监督、优服务”转变，成为全国人防工程审批制度改革范本。市人防办被《中国人民防空》杂志社评为全国人防宣传先进单位。

【审批制度改革】 2018年，厦门市以优化审批流程、减少审批事项、压缩审批时间为导向，开展人防工程项目审批制度改革，出台系列配套文件和措施，推动政府人防职能向“减审批、强监督、优服务”转变，成为全国人防工程审批制度改革的范本，得到国家人防办主任殷勇在全国人防工作会议上点名表扬，并将厦门市人防办的改革经验材料在国家人防办《人民防空通讯》（2018第三期）印发全国交流学习推广。市人防办根据市委、市政府的审批制度改革和省人防办、省法制办、省效能办核发的

《福建省人防系统行政审批事项参考目录》，进一步梳理、界定、确认市、区人防部门权责清单。以深化“放管服”为抓手，开展“双随机一公开”改革，强化事中事后监管。主动承接省人防办下放厦门自贸区的省级行政审批事项，对市级人防行政审批事项进行简化优化，1 个事项由审批改为备案制，3 个审批事项改为告知承诺制，全年办结各类事项 738 件。

【“5·10”防空演练】 2018 年 5 月 10 日 15 时，厦门市举行防空警报试鸣。全市 200 多台防空警报（含固定警报、机动警报、多功能警报和手摇警报）分别试鸣“预先警报”“空袭警报”“解除警报”3 种信号。该演练是厦门市连续第十八年开展防空警报试鸣和组织大规模人防演练，全市 60 余万名市民参加，人数规模创历史新高。同时组织防空袭和突发事件背景下市民应急疏散、人防专业队灾后救援演练和应急救护技能演示，以及“急救技能演示、车辆抢修技能演示”等科目演练，参演人员 4000 余人，人防专业队 9 支共 300 余人，各专业救援车辆 20 余部，无人机 1 架。市委副书记陈秋雄、市政府副市长韩景义、省人防办副主任张祖明、厦门警备区副司令员方荣松到演练现场指导，市人防办和指挥部各组成单位、各区领导参加演练。

【新《厦门市人民防空管理办法》颁布】 2018 年 10 月 11 日，《厦门市人民防空管理办法》经市长庄稼汉签署颁布，自 2019 年 1 月 1 日起施行。由于 2005 年颁布施行的《厦门市人民防空管理办法》不能适应新形势需要，根据市政府 2018 年度立法计划，2018 年 5 月起市人防办对该办法重新起草，形成草案，于 9 月 28 日经市政府第四十九次常务会议研究通过。新办法是一份规范的地方性法律文件，减少以往有关人防工作各种行政规范性文件繁多、相互冲突等问题和矛盾，保证基层行政部门行政行为一致性。新办法将厦门市防空组织指挥层级划分为市、区、街道、村（居委会）4 级，组织结构合理、职责明确，指挥体系核心作用得到强化；明确人防工程维护和管理责任主体；明确人防地下工程互联互通要求；明确厦门市人防行政信息网络化要求，建立信息基础网络、指挥控制、预警报知、防护救援、综合保障一体化的人民防空信息系统。

【人防基础建设】 2018 年，厦门市各区成立人防工作领导小组和人防指挥部，各镇、街道依托人武部设立人民防空工作部门，社区（村）开展试点建立人防工作站，配置人防应急救援物资。市人防办推进人口疏散基地建设，修订完善城市人民防空疏散计划，在同安区设立市属人口疏散基地和指挥分中心；调整完善思明区、湖里区人口预定疏散区域建设，岛外 4 个区就近建设人口疏散基地：海沧区、翔安区在相应地点建立区级人口疏散基地指挥分中心，集美区、同安区各基本完成 1 个区属人口疏散基地建设任务。

【人防宣传】 2018 年，市人防办结合“5·10”防空警报试鸣暨人防演练，分别在《厦门日报》《海西晨报》开辟宣传专版，介绍厦门人防应急备战工作情况，厦门广播电视台对活动进行全程现场直播，厦门电视台、市政府网站和市人防官方网站大篇幅报道该次警报试鸣和演练活动，新华网、《国防报》、东南网也专门进行宣传报道。市人防办按照特色鲜明、内容丰富完整、效能作用发挥明显的要求，命名第一批 4 个“厦门市人民防空宣传教育基地”。策划、建设、更新鸿山隧道、美仁山隧道、厦大芙蓉隧道人防宣传版面。人防教育进小学工作全面展开，市区人防和教育部门联合发文推进《防空防灾知识手册》《人防知识教育读本》《厦门市小学人民防空知识教育读本》在全市各学校开展课堂教学。与市教育局联合确定在全市 8 所小学开展人防教育试点，建立工作室和人防体验馆，促进和帮助学生学习人防知识。

【人防建设“十三五”规划落实】 2018 年 3 月 16 日，厦门市召开人防工作会议，推进厦门市人防建设“十三五”规划任务落实。市委副书记、市人民防空应急准备工作领导小组组长陈秋雄和市委常委、厦门警备区政委蔡建新到市人防办调研全市人防工作并于 5 月 18 日组织召开市委人防工作专题会议，研究解决市人防工作存在的困难问题。会议形成专题会议纪要，明确任务目标、责任单位、完成时限及要求，同时要求各区按会议纪要抓好落实。8 月，市委办、厦门警备区和市人防办组织联合检查组，对全市 6 个区进行人防建设“十三五”规划中期评估和市委专题会议确定的相关工作落实情况检查。全市人防“十三五”规划的体系建设取得显著成绩，人防建设“十三五”规划中期执行情况良好。

【通信警报体系建设】 2018 年，市人防办根据城市规划和发展情况，调整优化全市警报器设置规划，建立健全电动、电声、手摇、多媒体等种类齐全的防空警报器和警报发放系统。全年新增设警报系统 9 台，移装警报器台点 6 个，完成老旧警报器站点升级改造 17 个；警报音响覆盖率岛内 98%，岛外重要城镇 95%。是年，市人防办在厦门市地铁 1 号线沿线安装防空警报设备，在“5·10”防空演练中完成警报试鸣：防空警报首次“响进”厦门地铁 1 号线全

5 月 10 日，厦门市在全市范围试鸣防空警报并开展大规模人防演练（主场设在厦门技师学院）（马勇兵　摄）

线，在沿线每个站点和每一节车厢，市民都能听到防空警报或看到防空警报相关告示。该举措为全国首创。

（万　洪）

海防管理

【概　况】 2018 年，厦门市海防委员会办公室（简称市海防办）学习贯彻中共中央、国务院、中央军委加强党政军警民合力强边固防意见，推进海防基础设施项目建设，加强海防基础设施维护经费监管，组织海防基础设施建设工程竣工验收。协调联系涉海相关工作，推进砂场专项整治，协调推进全市船管站规范化管理。协调指导厦门海域管控，形成综合管控力量，依托下何船管站打造厦门市“平安海域”信息中心，建设智慧海域。协调指导重点管控，保障厦门金门海峡横渡等重大活动海上安全。组织“平安海域”创建工作，创新海防基础设施项目建设方式，推进金沙湾和鼓浪屿等因军队改革而停滞的海防基础设施建设项目。结合综治宣传月、平安大篷车集中宣传日活动，召开渔船民大会 120 场次，发放各类宣传资料 1.8 万余份，受教育渔船民 1 万余人。2018 年厦门市平安海域创建工作获全省第二名。市海防办开展海防工作宣传活动，全年上报信息稿 14 篇，被《福建海防工作简报》刊用 7 篇。其中，大嶝边防派出所船管站船管员张金绵的事迹——“小小船管员，守住一片海”，被 11 月 13 日《参考消息》报刊登。7 月，选派 2 名干部参加省海防办依托陆军边海防学院举办的海防业务培训班。

【检查考核】 2018 年 5 月 10—11 日，国防动员部边防局、国家财政部预算评审中心领导率海防基础设施维护专项绩效考核组一行 6 人到厦门市检查海防维护经费使用管理情况。考核组先后检查海警三支队地级监控中心和船载监控站的使用维护情况，对市海防办创新海防维护经费监管机制（由海防办会同市财政局和市发改委组成维护经费专项督查组，对各使用管理单位的维护经费进行专项督查，并将督查结果及时向单位党委反馈，形成维护经费监管合力，确保经费使用的规范化和科学化）的做法给予肯定。9 月 14—15 日，广西壮族自治区边海防办领导率海防基础设施省级交叉检查组到厦门市，对厦门市“十三五”以来的海防基础设施建设与维护管理工作进行检查。检查组先后检查下何县级监控中心和鼓浪屿监控站，对厦门市海防基础设施维护使用管理工作给予肯定。

【海防基础设施建设】 2018 年，市海防办启动海防监控站项目建设，投入中央专项经费 300 余万元。其中，创新项目建设模式，部分项目由市信息集团有限公司以代建方式组织项目建设。该做法经省海防办肯定后在全省推广。9 月 11—12 日，由市海防办组织，市边防支队、海警三支队等单位参加，专家组 3 人对 2014—2017 年度竣工未验收的 16 个海防基础设施建设工程进行验收，所有工程验收合格。

【平安海域创建】 2018 年，市海防办按照市委政法委的文件要求，召开部署会，分解任务，明晰职责，形成平安海域创建工作整体合力，“平安海域”创建工作贯穿 2018 年度工作始终。7 月、11 月两次组织市海洋与渔业局、厦门海事局、市公安边防支队等单位检查各区“平安海域”创建工作，作为年底“平安海域”创建工作考评的评分依据。12 月 18 日，福建省海防工作专题会议在福州召开，会议传达《关于新时代加强党政军警民合力强边固防的意见》工作推进会议有关精神，总结平安海域创建工作，厦门市平安海域创建工作获全省第二名。

【砂场专项整治行动】 2018 年，厦门市继续加大非法采砂整治力度。市有关领导多次召开专题会，研究协调解决存在问题，部署砂场专项整治工作。市海防办协调市海洋与渔业局结合 110 联动，进行夜间常态海上巡查，持续保持对非法采砂的高压管控。全年查获非法采、运砂船 56 艘，至年末处置完毕放行 55 艘。

【海上治安】 2018 年，市海防办定期组织市公安边防支队、海警三支队、厦门海事局、厦门警备区、东海第二求助基地、市海洋综合执法支队等执法力量开展海上联合巡查、执法等活动。全年组织 2 批次 100 余人和 10 余艘船（艇）装备参加。指导各区海防办组织常态化联合执法，各区共组织 200 余次，动用人员 4000 余人次，各类船艇等装备 1000 余艘。参与协调保障厦门金门海峡横渡、“9·8”投洽会、“互联网+”大学生创业大赛和海峡两岸企业家峰会年会等重大活动的海上安保任务。

（王立久）

责任编辑：林炯程
审　　稿：孙志红
校　　对：林建高

11 经济管理与监督

宏观经济管理

【概　况】2018年，厦门市以“双千亿”（千亿产业链、千亿投资）工作为抓手，强化创新驱动，打好防范化解重大风险、精准脱贫、污染防治三大攻坚战，经济、社会保持平稳健康发展。地区生产总值比上年增长7.7%，财政总收入增长8.1%，其中地方级财政收入增长8.3%，总量继续保持全省领先。城镇、农村人均可支配收入增幅均高于同期经济增速。居民消费价格指数、城镇登记失业率均控制在预期目标范围内。地方政府债务余额637亿元，政府债务风险安全可控。不良贷款率1.35%，下降0.12个百分点。主要污染物排放量控制在国家和省下达的年度目标范围内，碳减排任务完成“十三五”目标序时进度。

【创新创业】2018年，厦门自主创新示范区推出创新事项2批89项，落地实施80项，其中6项在全省推广。全社会研发投入占国内生产总值（GDP）3.4%，每万人口发明专利拥有量逾27件，为全国平均水平的2.4倍。新增计算机与通信设备、机械装备、文化创意3条千亿产业链群，千亿产业链群总数8条。新增企业类“千人计划”专家3人、“国家万人计划”专家26人，新评定“双百计划”人才83人。累计设立众创空间203家，在孵创业团队4686个，火炬高新区推动双创发展工作获国务院办公厅表彰。国家海洋经济示范区正式获批。出台扶持推动集成电路、生物医药等产业加快发展政策，提高软件信息服务业人才落户、就业、居住保障标准。全市规模以上高新技术产业实现增加值1094亿元，比上年增长9.3%，增加值占全市规模以上工业增加值比重67.9%。国家高新技术企业净增200家，总数逾1600家。火炬高新区在全国高新区排名升至第十五位。清华海峡研究院、厦门大学能源与石墨烯创新平台加快建设，西安交通大学等800所高校院所在厦门设立技术转移机构。新设中国科学院大学（厦门）环境监测研究院等新型研发机构。新增国家级小微企业创业创新示范基地2个、国家级中小企业公共服务示范平台3个。

【生态花园之城建设】2018年，厦门市完善生态补偿机制，打好蓝天、碧水、净土三大保卫战，空气质量优良率在全国169个重点城市中排名第二位，集中式饮用水水源水质达标率100%，6处黑臭水体治理通过国家验收。老旧小区改造“厦门模式”向全国15个试点城市推广。垃圾分类工作在全国46个垃圾分类重点城市工作情况通报中居第一位。地下综合管廊试点绩效在全国首批试点城市中实现“三连冠”。完成中央和省环保督察、国家海洋督查反馈问题整改23项。在全省率先将扬尘管控情况纳入企业信用评价，臭氧防控工作走在全省前列。开展小流域周边污染源整治，全市污水厂提升改造工程基本建成通水，省级水功能区水质达标率保持100%。实施土壤污染防治行动计划，在全省率先完成农用地土壤详查和重点企业周边环境监测，危险废物处置利用率超过96%。累计修复岸线30千米，海沧湾综合整治工程入选国家蓝色海湾综合整治示范工程。推进国家低碳城市试点建设工作，改造提升城市园林绿地532万平方米，完成营造林4.9万亩（32.67平方千米）；新增燃气管道100千米。入选国家绿色货运配送示范工程创建城市，投放纯电动公交车884辆、纯电动出租车2564辆，新建公交车充电站11个、公共充电桩1118个。新能源汽车动力蓄电池回收利用纳入国家试点，新能源汽车推广量居全省第一位。碳排放智能管理云平台建成投用，温室气体排放控制通过年度考核，在全省率先完成重点企业碳排放配额履约工作。

【城市现代化国际化水平提升】2018年，厦门市外贸综合竞争力居全国外贸百强城市第五位，入选国家跨境电商综合试验区。自贸区厦门片区入选商务部首批国家文化出口基地。外籍人士144小时过境免签政策获批。“丝路海运”航线正式开行。在国家发改委营商环境试评价中名列全国试点城市第二位。城市综合信用指数在36个省会及副省级以上城市中排名第二位，闽西南协同发展区办公室正式挂牌。

【产业协调发展】2018年，厦门三次产

业结构 0.5∶41.3∶58.2，第三产业比重比上年提高 0.5 个百分点。实现规模以上工业增加值 1611.4 亿元，增长 8.8%，工业对经济增长的贡献率 34.9%。实施“中国制造 2025”、促进工业稳增长和转型升级工作获国务院表彰。入选全国首批“服务型制造示范城市”。制造业质量竞争力指数 90.3，位居全国前列。新增国家级企业技术中心 4 家、省级企业技术中心 10 家、省级以上制造业单项冠军企业 7 家、省级以上智能制造试点示范企业 7 家。10 个省级现代服务业集聚示范区实现营收 995 亿元，增长 16.6%。

【美丽乡村建设】 2018 年，厦门市出台《关于实施乡村振兴战略的实施意见》，编制《厦门市乡村振兴战略规划（2018—2022 年）》。策划生成乡村振兴项目 988 个，总投资 1074 亿元，军营村、青礁村等 20 个乡村纳入市级乡村振兴试点。农村居民人均可支配收入保持全省第一位。30 个美丽乡村、8 个农村人居环境示范村建设全面推进，白交祠村、马塘村入选 2018 年“中国美丽休闲乡村”。开展农村人居环境整治三年行动，1414 户农村厕所完成无害化改造，346 个村庄的农村生活污水分散式治理、146 个行政村的农村生活垃圾治理工程开始实施。

【重大重点项目建设】 2018 年，厦门市 164 个省重大重点项目、326 个市重点项目超额完成年度投资计划。落实重大项目百日攻坚战计划，346 个项目按时完成攻坚行动计划目标。电气硝子生产线等项目投用，能源材料与石墨烯产业协同中心等加快建设。推进 44 个市重大项目前期工作，紫光科技园等开工。新增“五个一批”（谋划一批、签约一批、开工一批、投产一批、增资一批）项目 1242 个，总投资 9862 亿元。高标准农田、城乡公共停车场等 27 个省级投资工程完成投资 119.7 亿元，总体进度位列全省第一位；老旧小区提升改造、中小学基础教育等 14 个市级投资工程完成投资 235.2 亿元；新建公共停车泊位 1.2 万个。36 项为民办实事项目全部完成，全年完成投资 74.9 亿元。（参见 P50【重点项目建设】）

【“海丝”发展成效】 2018 年，厦门新增“海丝”（海上丝绸之路）港口航线 13 条，开通国内首条连接东南亚六国的邮轮航线；开辟厦门—金边等 3 条空中航线；中欧（厦门）班列新开通厦门至布达佩斯班列，共通达 12 个国家 30 多个城市。实现与“海丝”沿线国家和地区贸易额 1515 亿元，新增“引进来”项目 68 个、“走出去”项目 30 个，承办国家“一带一路”创新大会。举办 2018 厦门国际海洋周，中国—东盟海洋合作中心、厦门南方海洋研究中心加快建设。举办第二届嘉庚论坛、第三届“一带一路”财经发展论坛。设立海外华侨华人社团厦门联络总部、“一带一路”城市商会联盟，厦门大学发起成立“21 世纪海上丝绸之路”大学联盟。厦门市与土耳其伊兹密尔市结为友好城市。

【社会事业发展】 2018 年，厦门市新增中小学和幼儿园学位 2.75 万个、医疗床位 4000 张，20389 名进城务工人员随迁子女实现积分入学，复旦中山厦门医院、弘爱医院、老年活动中心改扩建一期等运营，厦门一中海沧校区、科技中学翔安校区建成招生，市图书馆集美新馆投用。新审批设置弘信泰和（厦门）康复医院、厦门兰馨护理院等医疗机构 8 家，国贸教育集团与上海协和教育集团合作举办厦门协和双语学校高中部。建立职工、城乡居民统一的大病医疗保险制度，取消居民准入门槛，降低大病保险起付标准。新增各类养老床位 1612 张。开工建设保障性住房 2.8 万套，公开配租公共租赁住房 3000 套。

【社会治理水平提升】 2018 年，厦门市加快法治中国典范城市建设。推进城乡社区建设，探索完善社区治理模式、创新城乡社区结对共建等经验获民政部高度评价。社会治安防控体系持续完善，扫黑除恶取得进展，全市刑事警情比上年下降 23.8%。全年未发生重特大生产安全事故。开展“两违”专项整治行动，拆除违法占地、违法建设 518.9 万平方米。清除超额投放共享单车 21 万辆、“僵尸车”1400 余辆。市民群众对文明创建的参与率和支持率均超过 98%。

（市发改委）

经济体制改革

【降本增效】 2018 年，厦门市开展“降成本、优环境”专项行动。实行收费目录清单和报告制度，清理行政事业性收费，整顿中介服务收费。落实减负降费政策，全年为企业减负逾 300 亿元；职工基本养老保险费率、工伤保险费率全国最低。口岸政府性收费降至大陆最低，实现压缩整体通关时间三分之一目标。电力体制和增量配电业务试点改革持续深化，春节期间，16 家重点工业企业参加电力直接交易，直接降低用电成本 3375 万元。

【国际一流营商环境打造】 2018 年，厦门市在国家发改委组织的城市营商环境试评价中居第二位。精简办电手续，实现“零上门、零审批、低成本”，容量全国最高；优化不动产登记，在全省首次启用电子证照。创新便捷纳税，首次申领发票时间压缩到 1 个工作日，推出“网上智能咨询机器人”。创新人才服务，在全省率先实施“白鹭英才卡”，682 名人才享受 40 多项优惠政策。

【城市发展补短板项目】 2018 年，厦门市提升住房、教育、医疗卫生、交通、养老、城乡民生基础设施水平，梳理城市发展短板，明确补短板思路、目标和主要举措，形成补短板具体项目清单。推进各领域补短板项目 728 个，全年计划投资 451 亿元。至年末，6 个领域补短板项目完成投资 556.5 亿元。

【两岸交流合作综合配套改革】 2018 年，厦门市入选设立跨境电商综合试验区和供应链创新应用试点城市。中金资本、京东金融等 1052 个金融机构及项目落户两岸金融中心片区，总注册资金 945 亿元。跨海峡人民币代理清算累计 1057.6 亿元；对台跨境人民币贷款累计 4.88 亿元，占大陆试点地区业务总量的 85%。首家两岸合资消费金融公司（金美信消费金融公司）在厦门开业。在全国率先开启邮轮物供“快速通道”模式，成为国内首批国际船舶登记船籍港之一；在全国率先突破国际船舶登记“中方投资人出资额不得低于 50%”的股比限制。实现厦台海运快件专区双向对接；开展两岸小额贸易，厦门同益码头获批成为试行更开放管理措施的对台小额贸易口岸。获商务部、文化和旅游部等批准，入选首批国家文化出口基地。获批筹建台湾地区标准化（厦门）研究中心，为大陆首个国家级台湾标准中心。首次在台湾地区举办乡音之旅、两岸民间艺术节等交流活动。实现两岸口岸进出口货物门对门直接运输，台海运邮快件 652 万件。推进首批大陆居民赴台个人游试点，首创厦金游艇“自由行”，实现游客自发包租游艇厦金直航。首次实现两岸游艇双向直航，厦门—金门游艇累计开航 8 批 19 艘次。出台《台湾建筑企业进驻厦门市从事建筑活动实施办法（试行）》。率先实现台商在厦投资可选择美元或人民币作为注册资本。首批 15 位台湾青年入住市级公共租赁住房，在大陆首开先例；台胞首次获评省劳模和五四青年奖章。全市有两岸青创基地近 30 个，其中国家级基地 7 家，省级基地 10 家，累计入驻台湾团队 500 个，创业就业台湾青年 3200 余人。

【“多规合一”改革】 2018 年，厦门市提升建设工程项目审批效能。“五个一”（一张蓝图、一个系统、一个窗口、一张表单、一套机制）审批管理体系作为标准在全国推广，“多规合一”“并联审批和多图联审”被国务院列入全国优化营商环境典型做法。推进审批服务便民化改革，首批 26 个事项“靠前联办”，359 个事项“全城通办”，324 个事项“全程网办”；“一趟不用跑”和“最多跑一趟”事项占比提升至 93%；清理规范审批特殊环节，取消 129 项，压缩 173 项。

【社会信用体系建设】 2018 年，厦门市与国家公共信用信息中心签署共建信用大数据创新中心战略合作协议。推动成立信用大数据运营公司、厦门国信信用大数据创新研究院、信用信息技术有限公司等载体。设立 3 支信用大数据产业引导基金，规模 10 亿元。《厦门市信用数据政务共享和市场化应用实施细则》出台。设立信用建设公益基金 2 支。个人“白鹭信用分”上线，应用于公共自行车、公共图书馆、政务办理等 8 个领域。国家信用信息中心收录厦门信用数据逾 3 亿条。

（市发改委）

国有资产监督管理

【概　况】 2018 年，厦门市政府国有资产监督管理委员会（简称市国资委）所出资企业主要经济指标保持稳定增长。至年末，资产总额 9392 亿元，比上年同期增长 15.1%；实现营业收入 9133 亿元，增长 17.1%；利润总额 225 亿元，增长 13.6%；税金 309 亿元，增长 11.5%。净资产收益率 5.38%，比全国地方国有企业平均水平高 3.08 个百分点。剔除非经营性资产，实际净资产收益率 8.12%；资产现金回收率提高 4.4 个百分点，经营活动现金净流入增长 102.8%。人均创收 635.80 万元，增长 13.2%；人均创利 15.71 万元，增长 9.8%；全员劳动生产率提高 8.7%；平均资产负债率 64.71%，下降 0.31 个百分点；本地税金 120.7 亿元，增长 13.0%，占全市税收总收入的 10.7%；批发零售销售额 4294.5 亿元，增长 20.6%，增速比全市高 11.9 个百分点，占全市总量 33.5%。厦门港集装箱吞吐量 1070.23 万标准箱，增长 2.86%，居全国第七位、世界第十四位；厦门机场完成飞行 193385 架次，增长 1.78%；旅客吞吐量 2655.3 万人次，增长 3.07%；货邮吞吐量 34.55 万吨，增长 3.39%。国有企业涉及新兴产业和转型项目的资产总额 678.08 亿元，增长 39.04%；营业收入 282.22 亿元，增长 45.92%；利润总额 13.19 亿元，增长 71.19%。首次举办“厦门国资国企项目九八签约暨投资对接会”，参加的国有企业 23 家，签约项目 14 个。国资国企全年推动招商项目 36 个，其中工业项目 15 个、第三产业项目 21 个。

【质量效益提升】 2018 年，厦门市国有企业聚焦康养产业、智慧物业、新零售、新金融、新信息、新物联等“新产业、新业态、新模式”。厦门建发集团、厦门国贸控股集团、厦门象屿集团累计收购海外林权、铜钼矿、镍矿和码头等资源性投资项目 9 个，建立国际物流网点 63 个。国有房地产企业探索“房产 +”运营与盈利模式，加快“产城融合”转型升级、多元混合发展。国有金融企业降低实体经济要素成本，加快“产融结合”，服务实业和中小微企业改革发展。厦门国贸控股、厦门建发集团、厦门象屿集团入选“2018 年财富世界 500 强排行榜”，排名分别为 360 位、362 位、375 位。厦门建发股份、厦门象屿、厦门国贸、厦门信达入选《财富》中国企业 500 强排行榜，排名分别为 39 位、42 位、49 位、160 位。至年末，市国资委所出资企业旗下 9 家国有控股上市公司总市值 638.16 亿元。

【重点项目建设】 2018 年，厦门市国有企业集中人力、物力、财力，承担城市基础设施、新城建设、民生保障等省市重点项目建设任务。市属国企 146 个重点建设项目实际完成投资 507.01 亿元，完成年度计划的 120.34%，占全市重点项目总投资 36.82%。其中，地铁 1 号线日均客运量 11.3 万次，2 号线实现洞通，3、4、6 号线按计划推进；翔安机场立项报批，机场“三纵一横”骨干路网基本建成；弘爱医院、厦门市心脏中心建成投用；软件园三期、火炬（翔安）高新产业基地、海峡旅游服务中心、海丝艺术品中心、爱鹭老年养护中心等项目按计划推进；第二西通道海沧连接线、国道 324 改线等重点交通项目建成；长泰枋洋水利枢纽工程有序推进，河溪水库群至翔安原水输水工程通水。8 座污水厂提标改造完成并投入运行，新建改造污水管网 71 千米，清疏排水管网 371 千米。综合管廊和海绵城市完成三年试点任务，累计建成投用综合管廊 43.81 千米（试点总评成绩位居全国第一），累计建成海绵城市 29.11 平方千米（位居全国前列）。

【自贸区建设引领】 2018 年，厦门国有企业加快推进中欧班列、国际贸易“单一窗口”、跨境电商、整车进口、会展经济、航空维修、国际航运中心、进口商品（进口酒及机电）、游艇、艺术品、黄金等 14 个重点产业平台建设。厦门跨境电商产业园二期建成投入运营，“自贸 In 象跨境商品体验中心”开业，亚马逊等企业入驻。厦门建发中欧专列常态化运营，累计发运 64 列，5246 标准箱，货值 1.48 亿美元。189 家国企入驻自贸区，带动产业链上下游企业近 2000 家入驻。

【扶贫协作】 2018年，厦门市国资国企扶贫工作领导小组印发《关于加快推进市属国资国企东西部扶贫协作工作的实施意见》，在业绩考核、经济责任审计等方面进行单列处理，支持国企落实扶贫工作。国有企业开展精准帮扶。其中，厦临公司增资至1.3亿元，高原夏菜、羊养殖、临夏饭店改造、圣诞灯圈等10个项目加快实施，雇佣建档立卡贫困户333人；新设厦临物业、厦琳鞋业等3家企业，累计注册资金1500万元；厦门建发集团设立宁夏建发实业有限公司，帮扶闽宁镇发展葡萄酒产业和建设会议中心酒店项目；夏商集团、旅游集团、海翼集团、轻工集团在西藏左贡县成立合资企业，注册资金1000万元；建发集团出资500万元，帮扶定西市渭源县；厦门港务控股集团、翔业集团等15家集团分别对口临夏州积石山县和东乡县20个村，捐赠扶贫款1000万元。

【民生需求保障】 2018年，厦门市国有企业供应蔬菜163.18万吨、猪肉4.18万吨、水产15.97万吨、粮油72.39万吨，台湾水果4.62万吨。检测各类干、鲜农副产品105万批次，销毁各类不合格农副产品7.99万吨。供应自来水4.17亿吨、天然气2.92亿立方米。处理污水4.70亿吨，无害化处理生活垃圾159.69万吨。新增缆线管廊25.35千米、停车位1.32万个、充电桩300个。新增公交线路17条，优化调整线路91条，更新投放纯电动车876辆。继续推进厦门园博公寓、九溪小区等20多个保障性住房项目建设，完成市级公共租赁住房46批次配租工作，解决7922名外来户籍务工人员住房问题。

【企业改革】 2018年，厦门市国有企业加快改革重组和混合发展。厦门国贸控股、象屿集团、国际港务股份、厦工股份、夏商农产品5家企业进入国务院国资委“国企改革双百行动”名单。市国资委对厦门建发集团、象屿集团开展国有资本投资运营综合授权试点。推动厦门海翼集团、厦工股份开展提质增效、债转股等工作。支持国企参与设立金砖股权投资基金。推进国企融入全省港口资源整合。探索厦龙经济区创新开发机制。研究组建厦门国贸会展集团。加快产权交易中心改制。支持组建知识产权公司。市国资委所出资企业通过混合所有制带动社会资本244.25亿元。全市国有企业中，混合所有制企业1578家，占全市国有企业的61.96%，比上年增加131家。其中，市国资委所出资企业混合所有制企业1453家，增加115家。市国资委设立国企改革与发展基金，制定《国企改革与战略发展基金设立方案》，出台《厦门市国企改革与战略发展基金管理办法》等配套制度4个。至年末，市国资委所监管的9家企业参与医疗健康、信息技术、高端装备制造、新能源等领域的投资基金74支，投资额54.5亿元，总规模594.2亿元。市国资委起草或推动出台《关于改革完善市属国有企业法人治理结构的实施意见》《厦门市人民政府关于推进国有资本投资、运营公司改革试点的实施方案》《市属国有企业违规经营投资责任追究暂行办法》等文件，重新修订《厦门市境外企业国有产权管理暂行办法》等文件。

【风险防范】 2018年，厦门市国资委督促国有企业降杠杆、减负债、控风险。对国有企业资产负债风险和房地产去库存情况开展专项稽查监督，形成《关于我市国有企业资产负债风险的报告》《关于防范化解我市国有企业债务风险工作建议的报告》《关于全市国有企业房地产投资相关情况的报告》等文件。批复国有企业发行债券725亿元。对15家国有企业2017年度开展物资贸易高风险业务的存续及增量情况进行专项清查，形成《关于市属国有企业物资贸易高风险业务专项检查的报告》。对8家国有企业下属的58个类金融企业2017年度业务存续及增量情况进行专项清查，形成《关于厦门市国有企业类金融业务专项检查的报告》。

（刘聪斌）

统　计

【统计方法制度改革】 2018年，厦门市统计局（简称市统计局）在“三新”（新产业、新业态、新商业模式）统计数据不足的情况，承担省统计局“三新”课题试点研究任务。做好地区生产总值统一核算改革准备，实现500万元至5000万元投资项目统计方法改革，争取省统计局根据厦门投资结构情况调整投资基数；组织开展互联网统计、电商交易平台统计工作；加强对企业的辅导，做好R&D支出（全社会研发支出）统计；牵头编制自然资源资产负债表。

【第四次全国经济普查】 2018年，厦门市政府召开“四经普”（第四次全国经济普查）专题会和工作部署会议。市经普办落实组织、机制、人员、经费、物资、宣传事宜，与市委宣传部联合制定宣传工作方案，与市人社局、市财政局协调人员选聘和工资待遇。全市3000多名普查员、普查指导员、普查工作人员开展“地毯式”核查，完成清查底册35.58万个单位的全部事项核查任务，清查单位180995家，是第三次全国经济普查清查单位数的2.8倍。

【统计基础建设】 2018年，厦门市统计局联合市发改委、市经信局、市财政局、国家统计局厦门调查队等部门，共同探讨强化部门统计，加强数据交流的办法，建立健全政府统计与部门统计的互动机制。更新维护名录库，做好7788家“四上”（规模以上工业企业、资质等级建筑业企业、限额以上批零住餐企业、国家重点服务业企业）企业统计报表工作；做好企业“升规”“入统”及基本名录库维护，纳统新增企业801家。统一为镇街统计工作站挂牌。组织2018年度镇（街）事业编制统计人员业务考核。“厦门市经济大数据平台”统计综合分析平台上线试运行。

【中心工作统计服务】 2018年，厦门市统计局挖掘数据变化，加强动态监测研判，配合做好全市经济运行调度工作。完成《关于全市经济指标预测情况的报告》《关于促进住宿餐饮业统计工作的情况报告》《关于研发统计工作情况的报告》等文件的起草工作。组织全市38个镇街统计员278人，调查全市非联网直报餐饮企业、个体户等647家，重点跟踪140家。制定《厦门市统计局“双千亿”统计服务行动方案》，明确“双千亿”产业链群统计内容和范围、口径界定、行业划分、企业认定，对平板显示、计算机与通信设备、机械装备、新材料等千亿产业链产值完成情况进行监测汇总，提供给市政府及各部门参考。做好项目入库、行业归属、数据核查等工作。编印《40年40数说大厦之门》《辉煌历程——厦门四十年》等书籍。与《厦门日报》联合开办“数读厦门”栏目。发布并解读年度统计公报。

【统计调查】 2018年，厦门市统计局编制并发布《厦门市第三次全国农业普查主要数据公报》；完成厦门投入产出调查报表培训、收集及审核工作；对全市1%人口开展人口抽样调查。开展福厦泉自主创新示范区问卷调查、部分重点企业用工情况快速调查、外向型制造业企业用工情况专题调查、基层统计调查工作现状调查等问卷调查，配合市环保局完成“厦门市公众环境质量满意度测评”电话调查。编印各类月度、季度、年度统计资料，编写统计政务信息300多条，获全市信息工作优秀单位称号。

【统计改革创新】 2018年，厦门市统计局制定《统计创新服务行动方案》，探索建立“五大发展”统计指标体系。开展住餐企业调查、飞机融资租赁、连锁经营调查等市、区联动。建立经济大数据共享平台。

【依法统计及治统】 2018年，厦门市统计局组织编写《领导干部统计知识百问》，完成国家统计局部署的“以数谋私、数字腐败”专项清查整治工作。采取机构专业摸排整治、重点抽查方式，逐条逐项分解排查、研究归纳存在问题、实地抽查整治情况。建立领导干部违规干预统计工作记录制度。从全市统计执法骨干人才库抽取执法人员，对同安区、湖里区32个单位进行现场监督检查，事前、事中、事后全过程向社会公示。开展失信企业诚信教育和统计信用修复工作，2017年在统计上失信的企业中，80%主动申请信用修复。

（市统计局）

审　计

【概　况】 2018年，厦门市审计局（简称市审计局）人员编制86名，实有81人。设有审理处、经济责任审计处（市经济责任审计工作联席会议办公室）、财政审计处、行政事业审计处、农业与资源环保审计处、社会保障审计处、固定资产投资审计处、金融与外资审计处（计算机审计处）、企业审计处等处室。完成审计项目168个，审计专项资金112亿元，延伸审计单位479个。审计查出违规金额52亿元、损失浪费金额3.6亿元，审计促进增收节支8.32亿元，移送纪检监察等有关单位处理事项30件，移送处理人员25人，移送处理金额1.03亿元。报送市委、市政府的8份审计专报、10份审计报告得到主要领导、分管领导批示，1个项目入选审计署全国表彰审计项目。制定《审计专家库管理办法》，从相关单位选聘内部审计（含财务）、工程、造价、土地、矿产等领域人员166人，作为审计专家参与国家审计工作。

【资源环境保护审计】 2018年，厦门市市委、市政府颁布《厦门市党政领导干部自然资源资产离任审计实施方案（试行）》。市审计局开展领导干部经济责任和自然资源资产责任同步审计、生态建设和环境保护政策资金专项审计，市海洋与渔业局审计项目专报和《部分土地出让后的监管力度有待加强》专报获市委、市政府主要领导肯定。市审计局紧扣污染防治攻坚战，探索自然资源资产审计工作机制的报告《厦门审计助力生态文明建设初获成效》获国家审计署领导批示并在国家审计署《审计工作通讯》、《福建日报》、厦门市委办《特区快讯》上刊发。

【同级审计】 2017年下半年至2018年上半年，厦门市审计局对市本级预算执行和其他财政收支情况进行审计，重点审计市本级财政管理、部门预算执行、重大政策措施落实、自然资源资产管理、精准帮扶、市属国有企业财政收支情况，共审计单位100多个。派出14人次参加对23个单位的巡察工作，抽调10多人次参与纪检办案。同级审工作得到市政府第三十九次常务会议、市人大常委会肯定，得到国家审计署领导批示。

【重大政策措施贯彻落实跟踪审计】 2018年，厦门市、区两级审计机关共派出14个审计小组64人，对国家重大政策措施贯彻落实情况进行跟踪审计。抽查13个市直相关政府部门、6个区、104个单位，抽查资金总量45.05亿元；抽查项目185个，项目总投资额54.88亿元。审计发现问题42个，其中重大项目推进方面问题8个，计划投资额27.84亿元；其他问题主要涉及促进生态环境保护和节能环保产业发展、加强社会救助、保障困难群众基本生活等领域。推动3个重大项目加快进程，促进重大政策落实18项、完善体制机制和建立健全制度12项。跟踪审计工作2次获市政府主要领导批示。

【领导干部经济责任审计】 2018年，厦门市审计局开展领导干部经济责任审计和自然资源资产离任（任中）审计27个。其中，任中审计19个，占70%。专报《厦门市属事业单位资产管理情况的监督检查工作有待加强》，特房集团、路桥集团主要领导人员任期经济责任审计报告、企业资产损益审计专报获市领导批示。

【民生审计】 2018年，厦门市审计局对全市社区卫生服务中心家庭签约服务费、全市促进就业帮扶资金、保障性安居工程建设资金、莲花水库移民安置和征地拆迁资金、道路交通事故社会救助基金、城市立面改造项目建设资金使用情况进行审计调查。《我市城市立面改造项目建设与管理有待提高》专报获市政府主要领导批示。“关于全市社区卫生服务中心家庭签约服务费管理使用情况”“全市促进就业帮扶资金审计调查结果”被纳入重大政策措施落实情况的跟踪报告，获市政府主要领导批示。

（陈城辉）

市场监督管理

【概　况】 2018年，厦门市市场监督管理局（简称市市场监督管理局）行政编制700名，实有行政编制人员761人、工勤人员39人。设处室22个、直属机构9个、基层监管所21个。办理动产抵押登记100件，融资金额58.7亿元。

公布全市守合同重信用企业735家、省级守合同重信用企业218家、2016—2017年度省级诚信示范市场3家。开展“厦门会晤”会标使用申请受理工作，120家企业签订使用许可合同。规范机动车会展业监管工作，海西汽博会等展会共销售车辆10768辆，金额11.78亿元。全年新增各类商事主体13.5万户，比上年增长13.83%；存量商事主体58.8万户，增长17.50%。审批食品药品类申请6.94万件，有证相对人累计9.83万户，分别增长3.16%、13.10%。推进自贸区大型医疗器械融资租赁监管改革，受理许可申请2家。推进上市许可持有人制度。保持打击传销高压态势。起草并送审《厦门经济特区食品安全信息追溯管理办法》。首次参与国家食品快检标准《水发产品中甲醛的快速检测》相关研究工作。完成首个氯雷他定片仿制药一致性评价复核工作。

【商事制度改革】 2018年，厦门市统筹推进“多证合一”改革，实行与企业登记同步完成备案的证照事项等35种证件合一,一次性办理；压缩企业开办登记注册时间，8月起，企业登记注册时间压缩至3.5天以内，提前完成国务院要求的年底前压缩至8.5天内的目标，得到国务院四部委调研督导组的肯定。牵头实施“证照分离”改革，解决企业“准入不准营”难题。

【营商环境优化】 2018年，厦门市搭建企业开办注册“一网通”平台，推行名称预先核准与设立登记二合一，动态调整完善企业名称库，开展个体工商户登记和部分内资公司联络人备案“全城通办”试点工作，驻市行政服务中心登记窗口实行“一窗受理、集成服务”，实施外商投资企业商务备案与工商登记“一口办理”，优化资源配置，提高登记工作效率，缩短群众办事时间。推进小餐饮企业审批改登记工作。实行进口非特殊用途化妆品备案制度，受理区域涵盖厦门、漳州、泉州、龙岩4市，3个产品取得进口非特化妆品备案凭证，系福建省开展进口非特备案后首个企业获得的备案凭证。

【商标战略实施】 2018年，厦门市新增注册商标7.49万件，比上年增长92.9%；累计商标有效注册量24.52万件，比“十三五”规划目标高45.95%。新增驰名商标5件，累计107件。

【反不当竞争】 2018年，厦门市市场监督管理局开展反不正当竞争执法“八闽红盾出击”专项行动，针对市场混淆、虚假宣传、商业贿赂等重点行为，在网络交易、农村市场、医药、教育、旅游等领域开展集中整治。立案查处各类经济违法违规案件1507件，结案1156件，罚没金额6488.11万元。查处的侵犯纪梵希等注册商标权案入选全国工商和市场监管部门查处商标侵权十大典型案例，查办的闫帅商业贿赂案为新修订《中华人民共和国反不正当竞争法》施行后全省首例商业贿赂案件。落实公平竞争审查制度，开展增量审查和存量清理工作，共审查各类文件63份。

【消费维权】 2018年，厦门市市场监督管理局登记各类举报投诉信息14.05万件，为消费者挽回经济损失12280.12万元，加倍赔偿金额113.62万元。强化“3·15”主题宣传，开展各类消费警示工作，处置“开蚌取珠”存在骗局等应急事件。加强流通领域商品质量“靶向式”抽检，完成商品质量抽检654批次，合格率79%，依法查处不合格商品。完成市消保委换届工作，引导首批10家ODR企业（在辖区工商和市场监管部门的指导监督下，通过平台提供消费纠纷在线解决服务的企业）入驻国家互联网投诉平台，4家企业入选省级放心消费创建示范单位。

【重点领域市场监管】 2018年，厦门市正式开展网络交易无照无证经营主体状态在线提示工作，是全国第二个开展该项工作的城市。开展2018“网剑行动”和药品“净网2018”专项行动，在网络市场进行定制式定向监测监管。监测广告内容81.95万条次，总违法率控制在1.28%以内，五大类严重违法率控制在0.01%以内，媒体广告违法率持续走低，稳定可控。打击互联网广告违法行为，开展互联网金融广告、非法集资广告、房地产广告等专项整治，探索建立网络广告监管平台，办结国家市场监督管理总局转办线索184条，查处广告违法案件104件，解决大嶝市场偷售假冒侵权箱包问题。开展红盾护农、农资打假、格式条款等专项整治，配合相关部门开展旅游市场监管、扫黄打黑、道路交通安全、电动自行车流通领域等各项“涉安”专项整治。

·小资料·

五大类互联网严重违法广告：涉及导向问题、政治敏感性问题、损害国家利益的违法互联网广告；危害人民群众人身安全、身体健康的食品、保健食品、医疗、药品、医疗器械等虚假违法互联网广告；含有欺骗误导消费者内容、损害人民群众财产利益的金融投资、招商、收藏品等虚假违法互联网广告；妨碍社会公共秩序、违背社会良好风尚、造成恶劣社会影响、损害未成年人身心健康的虚假违法互联网广告；社会公众反映强烈的其他虚假违法互联网广告等。

【扫黑除恶斗争】 2018年，厦门市市场监督管理系统摸排上报涉黑涉恶线索52条，其中39条被市扫黑办采用。对冒用他人身份信息注册公司等4类行业乱象、全市第三批乱象乱点中涉及市场监管职能的5类问题、市政府会议纪要中涉及市场监管职能的6个问题、保健品市场乱象进行专项整治。市扫黑办对市场监管局“扫黑除恶”综治动态考评加0.33分，在全市成员单位中加分最高。

【食品安全示范城市创建】 2018年，厦门市推进国家食品安全示范城市创建工作，出台《厦门市食品安全举报人保护办法》，召开现场推进会6场，开展监管事权、基础信息大排查。“食安斗阵行”入选首届市场监管领域社会共治案例评选活动政府类全国“十佳”案例。举办首届“厦门市十佳食安卫士”评选。“食安厦门”微信公众号在《中国工商报》地市级市场监管新媒体影响力评选中排名第一位。开展“月月十五查餐厅”“直击网红店”等行动，邀请市民代表现场参与监督执法。

【食品安全信息化监管】 2018年，厦门市在全国率先建成统一的食品安全追溯平台“厦门市食品安全信息系统”，成立厦门市食品药品监测预警中心，将5.28万家食品生产经营主体的28.12万种食品纳入监管系统，备案交易台账

5650万笔，预包装食品追溯数据量居全省首位。在全省率先建立食用农产品追溯平台，实现农产品进入市场后的全程可追溯。厦门市食品安全追溯体系建设项目在商务部4个试点城市验收中得分居第一位；在省政府组织的效能检查中，厦门市企业注册率和数据上传率均位居前列。是年，福建省首个追溯建设地方标准《厦门市标准化农贸市场溯源体系建设规范》出台，8个农贸市场完成改造，17个改造中。全市累计3.5万家餐饮服务单位实施“明厨亮灶”，覆盖率超过80%，实现学校食堂全覆盖，养老院及医院食堂基本覆盖，其中达到“良好”等级以上的重点餐饮服务单位占85%。

【精准化监管】 2018年，厦门市创建食品生产加工小作坊示范点15家，累计45家；9家“放心肉菜示范超市”通过验收。规模以上食品生产企业质量管理体系认证率100%。市市场监督管理局加强应急检测能力建设，使用执法存证仪、存证云系统，建立涉案食品药品检验检测机制，引进国际机构开展食品药品检验检测业务，全年食品安全抽检16380批，合格率98.1%；药品监督抽检1057批，合格率99.33%。“蓝马甲+云存证”抽检模式得到国务院食安办肯定。完成第四届中国“互联网+”大学生创新创业大赛等41项重大活动保障任务，保障对象58万人次。以政府采购的方式，引入第三方机构开展医疗器械生产质量管理体系检查。继续开展家庭失效药品定点回收工作，19家药品零售连锁企业的481家门店参与，无害化销毁家庭失效药品8883千克，工作成效位居全国前列、全省第一。指导老字号协会发布全省首个土笋冻小作坊团体标准。事中事后监管综合执法平台纳入市、区两级监管执法部门176个，制定抽查计划2446个，推行“双随机”移动监管模式，向社会公布抽查事项清单及抽查计划，抽查单位12706家。

【食药重点领域专项整治】 2018年，厦门市立案查处食药类违法违规案件873件，结案539件，罚没金额4609.88万元。组织风险隐患排查2次，对食品、保健食品欺诈和虚假宣传，十类危害食品安全“潜规则”，非洲猪瘟防控，学校、养老机构、医院及建筑工地食堂，旅游餐饮部门进行联合整治，开展疫苗专项检查、高风险药品专项检查等50次，食品非法添加硼砂现象基本消失。履行疫苗属地监管责任，采取的监管措施在全省推广。全市1100家药店使用远程电子处方和远程审方平台，凭电子处方销售处方药累计逾105万次，位居全省首位。

【信用监管机制完善】 2018年，厦门市在全国率先出台解除名称被剔除商事主体法定代表人、负责人任职限制规定，消除“任职限制”惩戒措施对正常企业经营的影响。企业年报公示率92.79%，创历史新高。信息公示平台初步实现不同行政部门间商事主体信息的共享及内联应用，开通部门录入账号183个，接收并公示各部门许可信息13万条，归集行政处罚信息2.4万余条，归集的信息内容及数量居全省第一位。向社会公示经营异常名录主体逾3万家，对9000余家商事主体及违法当事人实施失信联合惩戒。

【综合执法】 2018年，厦门市开展市场监管领域综合行政执法体制改革，成员单位扩至12个。对医疗机构、医疗美容、重点旅游景区芒果销售、海鲜大排档、野生动物经营等开展专项联合执法64次，立案查处59件，给予简易行政处罚16件，向公安部门移送涉嫌生产假药案件2件。厦门市综合执法经验被中央编办《中国机构改革与管理》杂志刊载推广。

（刘启国）

价格管理

【概　况】 2018年，厦门市居民消费价格比上年增长1.8%，在全国36个大中城市排名第二十八位，比市政府控价目标低1.2个百分点。公共管廊、与供水供气主营业务相关的服务项目、前期物业服务（除保障性住房）和再生水价格等15个原实行政府定价项目放开，改为实行市场调节价。（见表11-1）

【平价商店补贴销售】 2018年春节前后，厦门市执行为期30天的政府差价补贴销售蔬菜、猪肉政策，共有96家平价商店参加，发放差价补贴107.3万元。其中，蔬菜类销售1107.5吨，补贴差价88.9万元；肉类销售136.1吨，补贴差价18.4万元。

【价格补贴慰问】 2018年，厦门市发放一次性2017年临时价格补贴58.1万元，发放2018年2月价格临时补贴50.32万元。中秋、国庆期间，市、区财政安排专项慰问经费743.34万元，慰问城乡低保、分散供养特困人员21723人次，慰问低收入家庭1562户次。

【重点领域价格改革】 2018年，厦门市在全省率先制定公建公营养老机构收费标准。实行学生住宿收费标准类别管理。公办幼儿园收费标准调整。市发改委会同教育、财政等部门，修订完善厦门市普惠制幼儿园管理办法，提高保教费财政分级补助标准。

表11-1　**2018年厦门市居民消费价格情况表**

项目	指数	项目	指数
居民消费价格总指数	101.8	衣着	99.4
食品烟酒	101.7	居住	103.0
#粮食	99.9	生活用品及服务	101.2
鲜菜	109.6	交通和通信	101.0
畜肉	95.9	教育文化和娱乐	101.7
水产品	103.2	医疗保健	104.0
蛋类	104.1	其他用品和服务	100.2
鲜瓜果	98.6		

注：上年同期为100

【用电成本降低】 2018年，厦门市落实企业用电降价，与上年相比，累计降幅11%，为企业减负5.38亿元。取消临时接电费等6个用电收费项目，为企业减负0.5亿元；清退已收取的临时接电费1.42亿元。缓征地方水库后期扶持资金0.09亿元。落实符合条件软件企业执行大工业用电价格、免收基本电费和平时段执行谷时段价格措施，为企业减负0.36亿元。增量配电网优惠电价，减负198万元。城市新建住宅供电工程建设收费标准放开，实行市场调节价。

【用气成本降低】 2018年，厦门市对部分工业企业用气量比上年增长部分实行优惠，65家企业降低用气成本74万元。重新制定管道燃气配气价格，降低非居用气终端销售价格每立方米0.04元，156家用气企业减负780万元。重新规范管道燃气供气工程建设费，供气工程建设费从3550元/户下调至3200元/户，减轻社会负担975万元。优化价格机制，上调气价的20%由城市燃气公司承担，用气企业减少支出0.17亿元。

【制度性成本降低】 2018年，厦门市制度性成本减负784万元。其中，建设工程交易服务费标准平均比上年降低53%，减轻企业和社会负担284万元；产权交易服务收费降低，减负500万元。

【物流成本降低】 2018年，厦门市取消临时乘机证明服务费和机场安全控制区通行证服务费，年减负116万元。降低机动车驾驶许可考试收费标准，年减负773万元。继续扩大货物港务费、设施保安费的降标，暂缓开征外贸船舶瞄地停泊费，继续实施集装箱查验服务收费政府购买服务，共减轻企业负担1.5亿元。取消厦门籍车辆“四桥一隧”(厦门大桥、集美大桥、杏林大桥、海沧大桥、翔安隧道)通行费单一年费制，由车主自行选择按年缴费或按次缴费的缴交方式，减负1.5亿元。免收鲜活农产品车辆通行费、高速公路电子不停车收费，对集装箱运输车辆、货运车辆、大型物流企业车辆等实施差异化收费等优惠措施，为企业减负1.14亿元。

【重点国有景区门票降价】 2018年，厦门市政府定价管理的旅游景区门票全面降价，减收0.55亿元。其中，集美鳌园、青礁慈济祖宫、天竺山3个景区免费；鼓浪屿、北辰山、金光湖、影视城、植物园5个景区门票比上年平均下降25.37%。

【行政事业性收费】 2018年，厦门市行政事业性收费总额54.31亿元，比上年减少5.32亿元。其中，涉企收费总额21.25亿元，减少3.36亿元。市发改委审核公示2018年度311个符合资质的行政事业性收费单位名单及46个行政事业性收费项目，符合资质的单位减少21家，收费项目减少17项。

【成本监审】 2018年，厦门市发改委完成成本监审项目9个，涉及管道燃气工程建设、旅游景区、民办教育等行业。监审企业12家，核减经营者3年成本共4.77亿元，核减率32.43%。

（市发改委）

质量技术监督

【概　况】 2018年，厦门市开展制造业质量竞争力指数、服务业顾客满意度和市民质量满意度测评活动，制造业质量竞争力指数90.3；银行、旅游、养老服务、零售、移动通信、现代物流六大服务业顾客满意度81.13，保持全省第一位；市民质量满意度84.50，连续6年提升。厦门市在省政府质量考核迎检工作中继续名列前茅，6个区考核成绩连续两年全部达到A级。《2018年质量强市工作要点》印发。厦门市质量技术监督局（简称市质监局）推进“放管服”改革，落实支持自贸片区发展8条举措，特种设备生产单位、食品相关产品等4项行政许可纳入“证照分离”改革试点，实现审批办理结果100%推送、100%应用，全部审批事项实现“最多跑一趟”或“一趟不用跑”。

【质量品牌建设】 2018年，厦门市引导企业增品种、提品质、创品牌，提高供给质量。集美、同安2个工业园区获批筹建全国知名品牌示范区。17家企业申报第六届省政府质量奖，120项产品参加2018年度省名牌产品评选。新增厦门优质品牌产品80个。首届“厦门质量品牌故事大赛”举办。

【质量信用体系建设】 2018年，厦门市质监局召开质量信用建设推进会，印发《2018年质量信用体系建设重点任务及责任分工方案》，提出加强制度建设等5个方面20项重点任务。全面推广质量信用承诺制度和信用审查制度，信用审查省名牌产品和市优质品牌参评企业100多家。推动500多家企业开展质量信用等级评定，公布“红榜”企业77家、质量失信典型案例11起，72家企业发布质量信用报告。

【质量共治】 2018年，厦门市、区两级分别兑现质量发展扶持资金3483万元、2617万元。全市新增企业首席质量官238人，培训企业质量管理人员1800余人次。市质监局开展中小企业质量技术精准服务行动，为1349家企业提供1417项服务。“质量伴我行”主题夏令营、“质量之光”征文活动举办。

【标准化战略】 2018年，厦门市获批地方标准制定权，启动首批特色美食地方标准制定工作。新增国家、行业标准237项，发布地方标准24项、社会团体标准3项，立项省、市地方标准72项，获省标准贡献奖5个，新增国家标准化试点1个，市、区两级分别兑现标准化扶持资金2758万元、2337万元。农产品冷链流通标准化示范城市建设经验在全国复制推广。555家企业自我声明公开标准2157项，数量全省领先。厦门市主导制定《政务服务中心进驻事项服务指南编制规范》国家标准，发布市级《行政许可标准化实施指南》。

【产品质量监督】 2018年，厦门市质监局强化产品质量安全风险监测和隐患排查，监督检查检验检测机构22家、重点企业304家，排查质量隐患企业24家，全部督促整改到位。完成8类重点产品117批次的监测任务，发现质量风险26批次，省、市两级产品监督抽查合格率连续5年稳定在97%以上。组织“质检利剑”执法行动，开展电线电缆、互联网领域侵权假冒治理等10多项监督检查。加强事中事后监管，推

表 11-2　　**2018 年厦门市产品质量监督抽查情况表**

产品类别	抽查批次（批）	合格批次（批）	批次合格率（%）
农用产品	4	4	100
家用电器	109	109	100
轻工产品	330	314	95.15
机电产品	1076	1076	100
化工产品	33	33	100
建材产品	211	211	100
金属制品	205	205	100
合计	1968	1952	99.19

行“双随机、一公开”抽查机制，参与10多个领域56次综合执法行动，检查企业2144家次，向社会公开发布检查结果。受理质量投诉举报咨询5081件，办结率逾95%。全年立案107起，罚没款145万元。（见表11-2）

【特种设备安全监察】 2018年，厦门市质监局实施加强电梯质量安全工作20条措施，推行电梯安全责任保险，推进老旧电梯更新改造，财政补助675万元。研究制定进一步规范特种设备检验、监察和审批服务工作的12条措施。组织开展特种设备安全隐患排查治理和客运电梯、游乐设施、城市公用管道等专项整治，推进特种设备重要问题“清网行动”，检查生产使用单位2335家次，开出监察指令88份，立案22起，督促整改重要问题237条。特种设备使用登记率、作业人员持证率、隐患检查整改率、定期检验率均通过检查验收，全市特种设备运行总体保持平稳态势。

【计量监管】 2018年，厦门市质监局制定打击计量欺诈行动方案，对电子计价秤、加油机、定量包装商品等领域计量欺诈行为进行重点整治。联合开展计量综合执法32次，曝光不合格电子秤商户，首次将计量违法行为纳入个人信用“白鹭分”评价体系。做好水电气“民用三表”抽检工作，新建社会公用计量标准13项，完成强制检定计量器具31.8万台件，停征费用1019万元。

【标准检验认证合作】 2018年，厦门市质检技术机构分别与美国保险商试验所、日本建设机械施工协会在轻工产品、健身器材、挖掘机等领域开展检测认证合作，与德国南德意志集团、瑞士通用公证行联合开展平板显示器、塑胶部件加速老化测试检测，与新加坡科技研究局等达成合作意向。5项国际能力验证取得结果，市质检院与国外知名检测机构联合颁发国际认证证书124张，累计2685张。制定并实施“建设‘海丝’战略支点标准联通行动计划”，市企业累计参与国际标准制修订9项。台湾标准化研究联盟和专家库组建。

【质检科技】 2018年，厦门市质检领域1项国家科技重大专项、12项省市级科技项目通过验收。获省部级科技奖励7项、省科技计划项目8项、授权专利10项。全国首个自然阳光光辐射安全性能数据库建成。国家物流包装质检中心、国家平板显示计量中心筹建。市质检院获全国Ⅰ类产品质量检验机构和最高人民法院对外委托专业机构资质。

【各类标准服务】 2018年，厦门市标准化研究院更新国家标准题录1531条、电子文本1522件，行业标准题录1722条、电子文本399件，地方标准题录1035条、电子文本146件，国外及国际标准5127条、电子文本3800件。台湾标准信息平台收集整理台湾标准题录数据674条，更新电子馆藏674件，更新资讯动态129条。为企事业单位提供专业标准的查新服务14009份，为企事业单位免费托管标准5418份。全年扩充入库各类标准、书籍1414册。

【台湾地区标准化研究中心成立】 2018年11月23日，台湾地区标准化（厦门）研究中心以优秀等级（92.67分）提前通过国家标准委专家组现场验收，12月28日经国家标准委批准成立，是全国唯一国家级台湾标准化研究基地。该中心于2017年12月14日经国家标准委批准筹建，主要研究台湾地区的标准化发展战略与规划、标准化体系，建立台湾地区标准化信息服务平台，定期跟踪台湾地区标准化动态。

（魏欣倩）

安全生产监督管理

【概　况】 2018年，厦门市发生生产安全事故234起，比上年增长13.6%；死亡90人，下降18.2%。其中，较大事故1起，下降66.7%。厦门市人民政府安全生产委员会（简称市安委会）对思明、湖里区和象屿、火炬管委会开展安全生产巡查，重点巡查8个方面58项内容。年度执法抽查工作中，67%采用“双随机”抽查，其中对非煤矿山、危险化学品、烟花爆竹、重大危险源等实现100%随机抽查、100%全覆盖检查。厦门市人民政府安全生产委员会办公室（简称市安委办）印发《关于推进落实安全生产领域改革发展重点任务的通知》。厦门市安全生产监督管理局（简称市安监局）组织召开安监系统“证照分离”改革部署推进会，在自贸区厦门片区和火炬高新区开展“证照分离”改革试点工作。面向全市危险化学品、消防、道路交通等行业领域一线职工，评选厦门“最美安全生产代言人”10人。举办安全生产咨询日活动，市建设局、市交通运输局等33家市安委会成员单位设展示台，接受市民咨询。

【安全生产大检查】 2018年，厦门市安委办组织开展安全生产大检查。（1）危险化学品检查。联合经信、质监、公安等部门，开展油气输送管道、加油站（散装汽油）安全督查和“禁毒2018两打两控”专项行动。推进危险化学品安全风险分级管控和隐患排查治理双重预防机制建设，36家危化品生产储存使用企业完成安全风险分级并全面实施危化品企业安全风险研判与承诺公告制度。对构成重大危险源和使用快速冻结装置的10家涉氨制冷企业开展安全生产风险管控与隐患排查。(2)工贸行业检查。开展工贸行业粉尘防爆专项整治，委托第三方机构对63家粉尘涉爆企业开展风险辨识和隐患排查，编印《有限空间作业手册》。检查冶金等行业企业安全生产标准化二、三级企业运行情况。(3)消防安全检查。开展火灾隐患排查整治，共检查单位2240家，督促整改火灾隐患1182处，下发责令改正通知书777份，责令"三停"(停止使用、停产、停业)36家，罚款197.57万元；调整确定消防安全重点单位2051家、火灾高危单位328家。开展高层建筑消防安全、电气火灾、出租房消防安全专项督导检查。(4)建筑(含地铁)施工检查。开展建筑施工安全专项治理，建立健全危险性较大的分部分项工程安全管控体系，构建安全监管长效机制。市安委办组织市建设、安监部门和轨道集团联合开展建设项目和轨道建设安全检查，印发《关于进一步加强地铁项目及建筑施工领域安全生产工作、预防生产安全事故的通知》。(5)交通运输检查。市交通运输局立案查处案件3328起，其中运政案件2526起、路政案件802起；出动检查人员574人次，检查企业246家次，排查问题隐患265个，督促企业完成隐患整改252个，整改率95.09%。市交警支队每月通报严重道路交通违法行为及摩托车、大货车查处工作情况，督促餐饮企业、娱乐场所落实酒驾劝导责任和举报制度。(6)其他领域检查。市海渔局出动执法人员2988人次，开展海上执法检查402次，登临检查渔船642艘次，处罚违规船舶38艘，罚款63.17万元。市质监局开展特种设备安全大检查，共出动检查人员2661人次，检查特种设备使用单位922家，发现事故隐患587条，发出特种设备安全监察指令24份，对6家单位立案查处。市市政园林局开展隐患督查排查，发现隐患1915个，全部整改；对全市燃气瓶施行橡胶软管换金属波纹管工程("软换硬")，全市2.71万户餐饮场所的胶管减压阀更换工作全部完成，52.77万户居民用户更换工作基本完成。在以危险化学品为重点的25个行业领域开展为期1个月的大排查大整治。

【安全生产标准化评审】 2018年，厦门市招标中介机构6家，对403家企业进行安全生产标准化评审(含新申报与复评)，达标390家。其中，工贸达标293家(二级13家、三级280家)，达标率95.8%；危险化学品企业达标97家，均为三级达标企业，达标率100%。复评企业326家，达标315家，复评达标率96.6%。市安监部门对未达标的企业开展执法监督检查。厦门市开展全国安全生产标准化样板地区建设工作，海沧区样板地区建设工作于12月通过国家应急管理部验收。

【职业健康监管】 2018年，厦门市有开展职业危害检测评价的技术服务机构5家。新增申报涉及职业病危害企业96家，累计1199家。市安监部门加强日常监管和专项治理，督促企业落实职工劳动保护待遇、职业病危害告知、日常监测、定期监测评价、职业健康监护等法定责任。开展职业病防治法宣传周活动。对56家涉及职业健康危害的企业开展职业安全健康检查，约谈10家。

【应急救援】 2018年，厦门市安监局印发《关于进一步做好生产安全事故应急预案备案工作的通知》，开展安全生产监督检查、"双随机"抽查和专项检查。全市应备案的危险化学品企业192家、非煤矿山4家、烟花爆竹企业2家，均按要求向辖区安监局备案。市安委办牵头组织市交通运输局、厦门消防支队和厦门轨道集团，开展厦门轨道交通地铁火灾事故应急救援综合演练，共有21个部门和单位、291人、27台(套)车辆设备参演。全市各级各部门组织各类演练3405场次，参加演练92万人次。全市安监系统开展火灾、液氨泄漏、海上施救、设备故障、农机事故、人员疏散等应急演练1570场次，15.86万人次参加演练。市安监局开展全市危险化学品重大危险源摸底调查2次，收集汇总各区安监部门重大危险源备案信息。至年末，安监系统主管危险化学品重大危险源企业20家，其中新增备案1家，到期重新备案5家。

(吴升涵)

中小企业管理

【概　况】 2018年，厦门市纳入统计分析范围的中小企业(纳入监测中小企业)1684家。按三次产业结构划分，第一产业13家，第二产业1043家(其中工业企业961家)，第三产业628家。按企业规模划分，中型企业282家，小型企业1243家，微型企业159家。中小企业营业收入比上年同期增长率从上半年的9.3%下滑至7.1%，利润总额从12.9%下滑至-2.2%。工业总产值一季度、上半年、前三季度、全年增速分别为11.5%、11.6%、10.7%、10.2%，全年增速比上年低3.1个百分点(见图11-1)；减产面为38.5%，比上年扩大6.1个百分点；营业收入、利润总额增速均呈单边下行，分别从上半年的

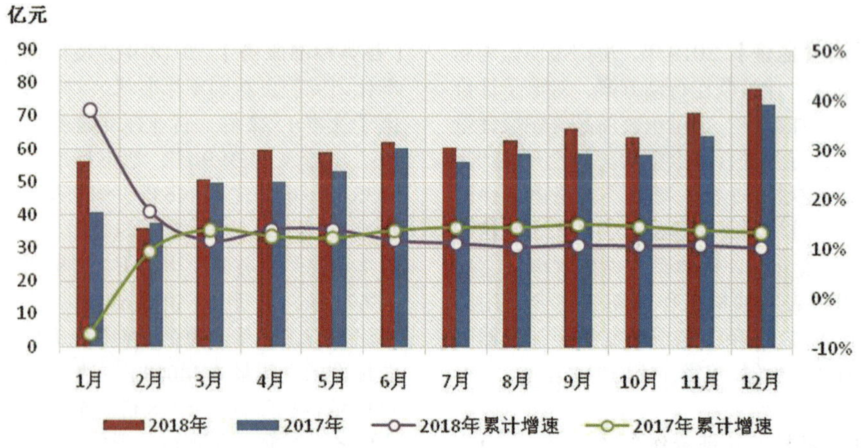

图11-1　2018年厦门市纳入监测中小企业工业总产值及累计增速图

13.0%、12.6% 下滑到 9.0%、5.5%。第三产业营业收入先抑后扬，在 7 月份探底后逐步回升至 5.6%，但利润总额全年均处于负增长态势，其中软件和信息服务业、批发和零售业在营业收入保持增长的情况下，利润总额分别下滑 35.4%、26.1%。是年，市经信局组织企业参加第十五届中国国际中小企业博览会、第十届 APEC 中小企业技术交流暨展览会、香港中小企业博览会等，拓展国内外市场。

【促进中小企业发展工作领导小组成立】 2018 年，厦门市政府成立以庄稼汉为组长，黄强、李辉跃为副组长，黄杰、张志红、柯继安、郭献文等为成员的市促进中小企业发展工作领导小组，办公室设在市经信局。该领导小组及办公室负责推动党中央、国务院、省委、省政府、市委、市政府各项支持中小企业创新发展政策的落实，研究协调全市中小企业发展中的重大事项，解决中小企业发展面临的突出问题。

【融资渠道拓宽】 2018 年，厦门市运用小微企业还贷应急资金，为小微企业提供免息“过桥”贷款，降低小微企业的融资成本。开展小微企业信贷风险补偿专项工作，将小微企业补偿比例提高到 70%，提高银行为小微企业发放信用贷款积极性。

【国家产融合作云平台】 2018 年，厦门市国家产融合作云平台为资金供需双方搭建信息交流渠道，促进政银企对接。该平台全年放款 601 笔，放款金额 6.58 亿元。

【公益培训】 2018 年，厦门市发挥中小企业公共服务平台作用，整合各种资源，举办中小企业管理提升系列培训、中小企业高级研修班及各类主题沙龙、公益培训和项目对接等活动，提升企业管理水平。其中，由市委组织部、市经信局、市财政局主办，市中小企业服务中心和清华大学承办的首届厦门市专精特新企业创新研修班招收学员 55 人。

【中小企业招聘】 2018 年，厦门市搭建中小企业招聘公共服务平台“慧企云 | 招聘”（zp.xmsme.gov.cn），开通“厦门人才招聘”微信公众号，联合全市 18 所大中专院校建设大学生找工作和企业招人才的信息对接平台。该平台新增中小企业 3000 余家，发布有效岗位 32635 个。

【小微企业创业创新示范基地】 2018 年，厦门市推动大众创业、万众创新，开展小微企业创业创新示范基地认定工作，新增市级小微企业创业创新示范基地 7 家。厦门创新创业园和“云创智谷”被认定为国家级小型微型企业创业创新示范基地。

【公共服务示范平台】 2018 年，厦门市开展年度中小企业公共服务示范平台认定工作，新增市级示范平台 8 家、省级示范平台 9 家。厦门创新软件园管理有限公司等 4 家运营单位被工业和信息化部认定为 2018 年度国家中小企业公共服务示范平台。

【专精特新培育】 2018 年，厦门市开展年度小微企业专精特新产品（技术）培育认定工作，114 家企业被认定为市级专精特新小微企业，33 家企业被认定为省级专精特新中小企业。中小企业公共服务大厅设立专精特新展示区，展示专精特新转型升级技术创新成果。开展首批国家级专精特新小巨人推荐工作。

【创新创业升级】 2018 年，厦门市经信局根据财政部、工业和信息化部、科技部支持打造特色载体，推动中小企业创新创业升级工作要求，推荐厦门火炬高技术产业开发区申报“中小企业创新创业升级特色载体”并入选“大中小企业融通型特色载体”。该项目获财政部专项资金支持，拓展孵化服务功能和辐射范围，为中小企业提供市场化、专业化、精准化服务。

【小微企业服务补贴券范围扩大】 2018 年，厦门市小微企业服务补贴券范围从 4 类扩大到 11 类，扶持力度加大，预算金额提高。市经信局认定 2018 年度小微服务券签约服务机构 96 家。全市 3002 家企业累计申请服务补贴券 1408.18 万元。

【中小企业服务月】 2018 年，厦门市中小企业服务月活动以“服务中小微、培育新动能”为主题，举办培训、沙龙、座谈会、推介会、对接会等活动 73 场，涉及政策宣讲、产融对接、创新创业、管理提升、技术创新、信息化服务等方面，共服务企业逾 1 万家。通过浏览网络专题、微信公众号投票、咨询互动等方式参与的市民超过 100 万人次。

【中小企业服务平台建设】 2018 年，厦门市按照“互联网 + 中小企业服务”的模式，继续加强“慧企云”建设与运营。依托“中小在线 | 慧企云”公共服务平台，引导和带动管理咨询、投融资、人才服务、培训服务等各类专业服务机构 843 家，有效特色服务 1496 项，促成企业与机构服务对接 5 万余次；带动各示范平台、示范基地、协会会员举办各类活动 670 余场，培训企业 2.5 万家次，培训人数 3.2 万人次。市级枢纽平台联合各窗口平台、示范平台、示范基地，服务中小企业逾 3.9 万家，服务人数逾 23 万人次。依托“慧企云”公共服务平台，受理在线及呼叫服务逾 4.6 万人次。该平台微信矩阵累计关注人数 20.5 万人。《厦门中小企业》期刊（月刊）全年发行 6 万册。

【中小企业运行监测】 2018 年，厦门市经信局根据工业和信息化部中小企业局统一部署，开展厦门市中小企业生产经营运行监测数据的收集、分析等工作。至年末，完成 1800 家运行监测样本企业常态化申报任务。加强监测分析，每月形成《厦门市成长型中小微企业生产运行监测样本企业分析报告》。

【中小微企业认定】 2018 年，厦门市经信局开展中小微企业认定工作，线上审核 1526 家，线下纸质盖章 1415 家。开展 2018—2019 年度市级成长型中小微企业认定工作，认定 445 家，其中最具成长性企业 92 家、成长型中小微企业 343 家（见表 11-3、11-4），通过资金扶持、管理提升、融资服务等方式促进企业发展。厦门市中小企业发展专项资金对 189 家企业予以中小企业成长支持资金贷款贴息 3454.6 万元。

表 11-3　　2018—2019 年度厦门市最具成长性中小微企业一览表

序号	企业	序号	企业
1	厦门精研自动化元件有限公司	39	太阳城（厦门）户外用品科技股份有限公司
2	厦门耐德电气有限公司	40	厦门二五八网络科技集团股份有限公司
3	罗普特（厦门）科技集团有限公司	41	厦门四信通信科技有限公司
4	厦门立业卫浴工业有限公司	42	厦门倍杰特科技股份公司
5	福建蓝帽子互动娱乐科技股份有限公司	43	厦门美润合悦卫生材料有限公司
6	厦门市燕之屋丝浓食品有限公司	44	厦门市巨龙信息科技有限公司
7	厦门上特展示系统工程有限公司	45	中航太克（厦门）电力技术股份有限公司
8	厦门赛尔特电子有限公司	46	厦门美驰汽配工业有限公司
9	厦门宝麦克斯科技有限公司	47	厦门市达超工贸有限公司
10	厦门明翰电气股份有限公司	48	厦门隆力德环境技术开发有限公司
11	厦门双润小额贷款股份有限公司	49	厦门市金汤橡塑有限公司
12	厦门航天思尔特机器人系统股份公司	50	厦门特力通信息技术股份有限公司
13	捷卡（厦门）工业科技有限公司	51	厦门亚锝电子科技有限公司
14	厦门智欣建材集团有限公司	52	厦门市港龙装修工程有限公司
15	厦门华特公路沥青技术有限公司	53	睿科仪器（厦门）有限公司
16	厦门厦迪亚斯环保过滤技术有限公司	54	厦门海菱科技股份有限公司
17	厦门金龙江申车架有限公司	55	厦门富可汽车配件有限公司
18	厦门著赫电子科技有限公司	56	厦门市立方艺品有限公司
19	厦门三优光电股份有限公司	57	厦门捷昕精密科技股份有限公司
20	厦门麦丰密封件有限公司	58	环创（厦门）科技股份有限公司
21	古琳达姬（厦门）股份有限公司	59	厦门力富电子有限公司
22	厦门建发保险代理有限公司	60	厦门超宇环保科技股份有限公司
23	华茂光学工业（厦门）有限公司	61	厦门广成实业有限公司
24	厦门威迪亚精密模具塑胶有限公司	62	厦门嵩湖环保股份有限公司
25	厦门金腾装饰集团有限公司	63	厦门天和项目管理投资咨询有限公司
26	厦门陆海环保股份有限公司	64	厦门市兴亚泰塑料工业有限公司
27	厦门纳龙科技有限公司	65	厦门固克涂料集团有限公司
28	欧兰普电子科技（厦门）有限公司	66	厦门和丰利干冰除污设备有限公司
29	协成科技股份有限公司	67	来明工业（厦门）有限公司
30	来奇偏光科技（中国）股份有限公司	68	厦门象形远教网络科技股份有限公司
31	厦门华盛弘精密模具有限公司	69	厦门市爱维达电子有限公司
32	合联胜利光电科技（厦门）有限公司	70	厦门万仟堂艺术品有限公司
33	厦门永裕机械工业有限公司	71	厦门欧圣斯科技有限公司
34	厦门欣众达科技有限公司	72	厦门福立鞋业有限公司
35	三达膜环境技术股份有限公司	73	吉特利环保科技（厦门）有限公司
36	厦门恒驰汇通融资租赁有限公司	74	福建安德鲁森大卫食品有限公司
37	厦门昆仑石油化工有限公司	75	厦门安德鲁森食品有限公司
38	厦门市朗星节能照明股份有限公司	76	厦门砺德光电高科技股份有限公司

续表 11-3

序号	企业	序号	企业
77	厦门市得尔美卫浴有限公司	85	厦门游动网络科技股份有限公司
78	福慧达远东（厦门）实业有限公司	86	厦门网中网软件有限公司
79	厦门新声科技有限公司	87	厦门市松竹精密科技有限公司
80	厦门万明电子有限公司	88	厦门思巴克运动用品有限公司
81	厦门英诺尔信息科技有限公司	89	厦门豪盛塑料制品有限公司
82	厦门泉舜纸塑容器股份有限公司	90	厦门绵羊抗疲劳垫有限公司
83	厦门市榕鑫达实业有限公司	91	厦门斯坦道科学仪器股份有限公司
84	厦门海荭兴仪器股份有限公司	92	厦门高士达科技股份有限公司

表 11-4　**2018—2019 年度厦门市成长型中小微企业一览表**

序号	企业	序号	企业
1	厦门捷信达精密科技股份有限公司	28	厦门大雅传奇文化传播有限公司
2	厦门积硕科技有限公司	29	厦门美科安防科技有限公司
3	厦门市江平生物基质技术股份有限公司	30	厦门倍洁特建材有限公司
4	厦门睿康科技有限公司	31	厦门创凯工贸有限公司
5	厦门振泰成科技有限公司	32	厦门金欣荣电子科技有限公司
6	厦门正黎明冶金机械有限公司	33	厦门欢乐逛科技股份有限公司
7	灏景（厦门）文化传媒股份有限公司	34	厦门富全钢铁有限公司
8	福建艺景园林工程有限公司	35	厦门智为建筑装饰设计有限公司
9	厦门市博朗精密工业有限公司	36	厦门德丰行塑胶工业有限公司
10	厦门吉信德宠物用品有限公司	37	麦迪驰杰（厦门）模具科技有限公司
11	厦门天辅星食品有限公司	38	厦门龙安盛装修工程有限公司
12	厦门力巨自动化科技有限公司	39	厦门市三利通用机电有限公司
13	厦门立宇达科技有限公司	40	厦门康纳威汽车零部件有限公司
14	厦门福励织造有限公司	41	厦门荣兴达户外装备科技有限公司
15	厦门宏发先科新型建材有限公司	42	爱芯环保科技（厦门）股份有限公司
16	厦门埃菲铁件有限公司	43	厦门帝网信息科技有限公司
17	厦门美时美克空气净化有限公司	44	厦门市天宇塑料工业有限公司
18	厦门市康泰兴运动器材有限公司	45	厦门华联电子科技有限公司
19	厦门安明丽光电科技有限公司	46	厦门聚富塑胶制品有限公司
20	厦门盈瑞丰电子科技有限公司	47	厦门源利达环保科技股份有限公司
21	厦门恒好旅游用品有限公司	48	厦门特盈自动化科技股份有限公司
22	厦门鸿基伟业复材科技有限公司	49	厦门森洋工贸有限公司
23	厦门盛方生态技术有限公司	50	厦门扬森数控设备有限公司
24	厦门夏纺纺织有限公司	51	厦门市源香食品工业有限公司
25	厦门陈纪乐肴居食品有限公司	52	厦门唐昱电材有限公司
26	厦门梵思网络技术有限公司	53	厦门金虹门餐饮管理有限公司
27	厦门市同昌顺印刷包装有限公司	54	福建坤加建设有限公司

续表 11-4

序号	企业	序号	企业
55	厦门拓宝科技有限公司	94	厦门兴厦控电气有限公司
56	厦门市铂联科技股份有限公司	95	福建山铼特光电科技有限公司
57	迈贝特（厦门）新能源有限公司	96	厦门巨创科技有限公司
58	厦门欣建雅工贸有限公司	97	厦门先科电气技术开发有限公司
59	创信（厦门）融资租赁有限公司	98	厦门金名节能科技有限公司
60	厦门万仟堂陶业有限公司	99	厦门捷视光学有限公司
61	威士邦（厦门）环境科技有限公司	100	厦门广开电子有限公司
62	厦门娜其尔日化股份有限公司	101	厦门龙商网络技术服务有限公司
63	厦门三骏工贸有限公司	102	厦门升正机械有限公司
64	厦门赛诺邦格生物科技股份有限公司	103	福建俊佑机电设备有限公司
65	厦门市新峰工贸有限公司	104	艾普偏光科技（厦门）有限公司
66	福建中科亚创动漫科技股份有限公司	105	厦门海为科技有限公司
67	厦门杭叉叉车有限公司	106	厦门浩纬实业有限公司
68	福建博泷工程建设有限公司	107	厦门艾斯霖橡塑科技有限公司
69	厦门房米信息科技有限公司	108	厦门复晟复合材料有限公司
70	厦门日辰科技有限公司	109	厦门夏盛工贸有限公司
71	厦门普杰信息科技有限公司	110	厦门华源发纸业投资有限公司
72	厦门市丰大电气科技有限公司	111	厦门恒兴兴业机械有限公司
73	厦门保视丽无尘科技有限公司	112	厦门创信亿达精密科技有限公司
74	海森林（厦门）净化科技有限公司	113	厦门博电科技股份有限公司
75	厦门三行电子有限公司	114	厦门泽宇科技工程有限公司
76	厦门欧替埃电子工业有限公司	115	厦门元谷节能环保集团有限公司
77	厦门众志达互联网装修工程股份公司	116	厦门市海德龙电子股份有限公司
78	厦门市尚易科技有限公司	117	厦门泰华工贸有限公司
79	厦门鑫利基工业设备安装有限公司	118	厦门市成业辰机械有限公司
80	厦门金耀工贸有限公司	119	鑫金诚防腐工程（厦门）有限公司
81	厦门一泰消防科技开发有限公司	120	厦门盈发实业有限公司
82	厦门市勤贤工贸发展有限公司	121	厦门海马化妆品有限公司
83	翼石电子股份有限公司	122	厦门市云中飞体育用品有限公司
84	厦门通耐合金材料有限公司	123	厦门矽创微电子科技有限公司
85	厦门厦化实业有限公司	124	厦门兴联汇都实业有限公司
86	厦门威欣电子科技有限公司	125	爱美景（厦门）模特衣架有限公司
87	厦门悠度休闲用品股份有限公司	126	厦门三德信电子科技有限公司
88	厦门市超游网络科技股份有限公司	127	新捷鸿光学（厦门）有限公司
89	厦门洪海机械有限公司	128	厦门鸣友数码科技有限公司
90	厦门加晟生物科技有限公司	129	厦门鑫科安安全系统工程有限公司
91	厦门华旸建筑工程设计有限公司	130	厦门中天旭日投资实业有限公司
92	厦门市华德康塑胶制品有限公司	131	厦门康帅电子有限公司
93	厦门跨世机械制造有限公司	132	厦门优力播休闲用品有限公司

续表 11-4

序号	企业	序号	企业
133	厦门华丽设计装修工程有限公司	172	厦门绿馨物业服务有限公司
134	厦门市酷游网络科技有限公司	173	厦门鹏远仓储设备制造有限公司
135	厦门新洋石油化工有限公司	174	厦门心利合包装工业有限公司
136	厦门市拙雅科技有限公司	175	厦门优世商用科技有限公司
137	厦门光讯电子有限公司	176	福建先海电气设备有限公司
138	厦门福成兴工贸有限公司	177	厦门夏谷软件有限公司
139	厦门求实智能网络设备有限公司	178	厦门市金泰金研磨科技有限公司
140	厦门市再丰运动器材有限公司	179	厦门超凡建材有限公司
141	厦门欧凯科技有限公司	180	厦门万顺城建设工程有限公司
142	厦门市天艺传媒股份有限公司	181	厦门彼奥动力科技有限公司
143	厦门康谱卫浴科技有限公司	182	厦门凯欣达体育用品有限公司
144	厦门美尼斯金属制造有限公司	183	厦门凯浦瑞运动器材有限公司
145	厦门鑫利基机电设备有限公司	184	厦门市景威五金工业有限公司
146	厦门昕艺程教育科技有限公司	185	厦门市科罗恩生活家居有限公司
147	厦门立洲五金弹簧有限公司	186	福建优倍特新材料有限公司
148	厦门博聪信息技术有限公司	187	厦门培英塑胶有限公司
149	厦门托普拉材料科技有限公司	188	厦门市雅丽发家具设计装饰有限公司
150	厦门厦芝科技工具有限公司	189	厦门聚佳拉链有限公司
151	厦门印天电子科技有限公司	190	厦门新旺新材料科技有限公司
152	福建省博南集团股份有限公司	191	厦门阿玛苏电子卫浴有限公司
153	厦门圣源金属制造有限公司	192	厦门市昕圣机电工业有限公司
154	厦门汇德环保纸袋有限公司	193	厦门伟合科技有限公司
155	厦门浩仁塑胶制品有限公司	194	厦门美乐镁装饰材料有限公司
156	厦门飞华环保器材有限公司	195	厦门嘉烨兴农业科技有限公司
157	厦门市萨珀莱照明技术有限公司	196	厦门优伯科技有限公司
158	厦门富钢工贸有限公司	197	厦门闽鸿信实业有限公司
159	厦门市海悦电气设备有限公司	198	科技谷（厦门）信息技术有限公司
160	厦门市欣捷龙包装有限公司	199	厦门市向高电子有限公司
161	晋大纳米科技（厦门）有限公司	200	厦门致上信息科技有限公司
162	厦门金三角特种织物有限公司	201	厦门花木易购电子商务有限公司
163	厦门新树金属制品有限公司	202	厦门巨臣土地房地产评估咨询有限公司
164	厦门市欧立通电子科技开发有限公司	203	厦门加捷税务师事务所有限公司
165	厦门诚发物流有限公司	204	厦门市艺述集团有限公司
166	厦门信乐昌电子有限公司	205	厦门天瑀餐饮管理有限公司
167	福建卓知项目投资顾问有限公司	206	厦门聚智科技有限公司
168	厦门纽优新型工艺有限公司	207	厦门卓网信息科技股份有限公司
169	厦门宏鹏发进出口有限公司	208	厦门市锦坤工贸有限公司
170	福建拓尔通软件有限公司	209	厦门博维尔卫浴有限公司
171	厦门芊慧物业服务有限公司	210	厦门三德信塑胶制品有限公司

续表 11-4

序号	企业	序号	企业
211	厦门卓讯信息技术有限公司	250	厦门网为网络有限公司
212	厦门印驰包装有限公司	251	厦门格睿伟业电子科技有限公司
213	厦门奕昕科技有限公司	252	厦门格美粉末涂料有限公司
214	伊莱斯（厦门）电气有限公司	253	厦门大都世纪进出口有限公司
215	厦门华致家具有限公司	254	厦门羽星科技股份有限公司
216	厦门海天盈捷进出口有限公司	255	厦门诺恩斯科技有限公司
217	厦门市建豪市政工程有限公司	256	厦门市希尔企业管理咨询有限公司
218	福建成田科技有限公司	257	厦门智能达电控有限公司
219	厦门智宇信息技术有限公司	258	厦门乙达工贸有限公司
220	厦门集恩图造信息科技股份有限公司	259	厦门市聚雄建设集团有限公司
221	厦门伟然科技有限公司	260	厦门华弘昌科技有限公司
222	厦门百度科技开发股份有限公司	261	飞讯达（厦门）信息技术有限公司
223	厦门永信隆塑胶包装有限公司	262	厦门曼科特卫浴有限公司
224	安田信邦（厦门）电子科技有限公司	263	厦门市纳丝达无纺布有限公司
225	厦门锐益达电子科技有限公司	264	厦门佰伦斯电子科技有限公司
226	厦门才茂通信科技有限公司	265	金安盛（厦门）精密钣金有限公司
227	厦门伊示雅商贸有限公司	266	厦门奇霖工业有限公司
228	厦门德众汽车维修有限公司	267	凯运物流（厦门）有限公司
229	厦门源龙生物科技有限公司	268	厦门市永福工贸有限公司
230	厦门伟屹有限公司	269	厦门涌腾达电子有限公司
231	厦门欧罗巴服饰织造有限公司	270	厦门鑫万彩塑胶染料工贸有限公司
232	厦门广菱机电设备有限公司	271	厦门易瑾文化传播股份有限公司
233	厦门广菱安装工程有限公司	272	厦门诺瑞特实业股份有限公司
234	厦门合佳酒店有限公司	273	佰鑫源精密机械（厦门）有限公司
235	厦门君立集团有限公司	274	锐骐（厦门）电子科技有限公司
236	厦门欢乐园信息科技有限公司	275	厦门广盛弘科技有限公司
237	厦门汇智贸易有限公司	276	厦门市永裕丰工贸有限公司
238	厦门德益工贸有限公司	277	厦门求同信息科技有限公司
239	福建科荣家具有限公司	278	厦门市旷盛文化传播有限公司
240	厦门蓝极档案技术有限公司	279	厦门奕铨精密五金有限公司
241	厦门康士达科技发展有限公司	280	厦门枫辉建筑材料有限公司
242	厦门微众文化传媒有限公司	281	厦门鹭康顶品工贸有限公司
243	厦门唯美优格家具有限公司	282	福建平航数码科技有限公司
244	厦门市闽工工程设备安装有限公司	283	厦门绿动力环境治理工程有限公司
245	田菱新材料（厦门）有限公司	284	厦门光博新能源科技有限公司
246	厦门业盛电气有限公司	285	德基申（厦门）电气有限公司
247	福建省台华化学工业有限公司	286	厦门磊峰五金弹簧有限公司
248	厦门奥林体育用品有限公司	287	厦门立新洗染有限公司
249	厦门市顶味兴业香料发展有限公司	288	厦门和郡物业管理有限公司

续表 11-4

序号	企业	序号	企业
289	厦门致力金刚石科技股份有限公司	322	厦门市顶芳食品有限公司
290	厦门市神力机械有限公司	323	厦门精晶压铸有限公司
291	厦门金诚霖建材有限公司	324	厦门三立电子有限公司
292	福建省巨匠科技发展有限公司	325	厦门昱盛机械股份有限公司
293	厦门煜乘电子技术有限公司	326	厦门鑫创辉工贸有限公司
294	厦门佑科自动化科技有限公司	327	凯氟隆（厦门）密封件有限公司
295	厦门鑫沛榕通信技术有限公司	328	莱尔（厦门）企业服务有限公司
296	厦门市佳义丰进出口有限公司	329	厦门翔英自动化有限公司
297	厦门瑞京金属制品有限公司	330	厦门北泰电气有限公司
298	厦门市同安合鑫雨具工艺有限公司	331	厦门平昇工贸有限公司
299	厦门乾历诚电气有限公司	332	厦门源广泉鞋业有限公司
300	厦门逸强精密机械有限公司	333	厦门彦熹电子有限公司
301	厦门明信行进出口有限公司	334	厦门市凯益达工贸有限公司
302	厦门新智科光电有限公司	335	厦门冠科科技有限公司
303	厦门中泓基国际货运代理有限公司	336	厦门市胜意龙纺纤有限公司
304	厦门欣科科技有限公司	337	厦门华炀装饰工程有限公司
305	厦门加新精密金属有限公司	338	厦门藤田重工有限公司
306	厦门特骑服饰有限公司	339	厦门市百农花卉租赁有限公司
307	御彰（厦门）水暖制造有限公司	340	厦门市固欣康乔进出口有限公司
308	厦门佰斯通贸易有限公司	341	厦门市振鑫盛五金制品有限公司
309	厦门荆艺软件有限公司	342	厦门宝利德信息科技有限公司
310	厦门彼岸天网络科技有限公司	343	厦门艾派特宠物用品有限公司
311	厦门菲达斯服装有限公司	344	厦门市三友和机械有限公司
312	厦门市博格管理咨询有限公司	345	厦门民源裕电镀有限公司
313	厦门腾云塑胶有限公司	346	厦门联重筑路机械有限公司
314	厦门玉商贸易有限公司	347	厦门胜中陶瓷阀门科技有限公司
315	厦门维康智慧物联科技有限公司	348	厦门市益乐家具有限公司
316	厦门和信华通汽车服务有限公司	349	厦门易仕通科技有限公司
317	厦门华炀智能化系统工程有限公司	350	厦门凯浦瑞电子科技有限公司
318	厦门力迪塑胶有限公司	351	厦门协四方工贸有限公司
319	厦门海诺达科学仪器有限公司	352	厦门市瑞意达经编有限公司
320	欣国开（厦门）汽车零部件有限公司	353	厦门未派家居有限公司
321	厦门米冠网络科技有限公司		

（市经信局）

责任编辑：林建高
审　　稿：程成贵
校　　对：胡　恩

12 财政·税务

财 政

【概 况】 2018 年，厦门市一般公共预算总收入 1283.3 亿元，为预算的 100.1%，比上年增长 8.1%。其中，地方级收入 754.5 亿元，为预算的 100.1%，增长 8.3%；上划中央收入 528.8 亿元，增长 7.8%。全市一般公共预算支出 892.5 亿元，其中预算支出 843.6 亿元，完成预算的 96.3%。市本级一般公共预算收入 534.9 亿元，为预算的 100.5%，增长 8.7%。市本级一般公共预算支出 505.3 亿元，其中预算支出 466 亿元，完成预算的 96.5%。全市政府性基金收入 399.1 亿元，为预算的 82%。全市政府性基金支出 446.8 亿元，其中预算支出 375.7 亿元，完成预算的 73.3%。市本级政府性基金收入 261 亿元，为预算的 88%。市本级政府性基金支出 65.2 亿元，其中预算支出 260.9 亿元，完成预算的 86.1%。市国有资本经营预算收入 18.9 亿元，为预算的 119.2%。全市国有资本经营预算支出 14.6 亿元，其中预算支出 12.4 亿元，完成预算的 94.3%。市本级国有资本经营预算收入 17.3 亿元，为预算的 119.8%。市本级国有资本经营预算支出 13.4 亿元，其中预算支出 11.7 亿元，完成预算的 97.4%。全市社会保险基金收入 243.9 亿元，为预算的 76.4%，其中保费收入 199.6 亿元，财政补贴收入 11.5 亿元。全市社会保险基金支出 175.2 亿元，完成预算的 78.6%。

【财政减税降费】 2018 年，厦门市财政局落实减税降费政策，维持较低的社保费率水平，减轻企业港口物流、融资等成本，全年为企业减税降负超 300 亿元。出台支持民营企业发展、工业稳增长促转型等政策，加大工业企业投资、技术改造等奖励力度，助力企业扩产提质；工业产销率稳步提高，全市工业税收 335 亿元，比上年增长 11%，高于税收增幅 3 个百分点。厦门市完善政策性融资担保体系，扩大担保规模、降低担保费率，设立应急转贷资金。加大对进出口企业在信用保险、开拓市场方面的扶持力度，鼓励企业争取订单，扩大出口，开展离岸贸易。

【产业转型财政扶持】 2018 年，厦门市财政投入 50 亿元支持产业转型。推出“企业上云”、人工智能等扶持政策，重点支持集成电路、生物医药、软件信息、新材料等产业发展，增加计算机与通讯设备、机械装备、文化创意 3 条千亿产业链群，千亿产业链群累计 8 条。厦钨永磁电机、士兰微电子等项目落地，戴尔、天马微电子等龙头企业增产增效。壳牌石油、神州优车、瑞幸咖啡、橙联等企业进驻厦门，美团、美柚等企业成长迅速。厦门市先进制造业和现代服务业税收超过 300 亿元，增长 20% 以上，成为财政增收新动能。

·小资料·

企业上云：指企业以互联网为基础，进行信息化基础设施、管理、业务等方面应用，通过互联网与云计算手段连接社会化资源、共享服务及能力的过程。

【科技创新财政支持】 2018 年，厦门市财政投入 20 亿元支持科技创新，支持高新技术企业、重点工业企业，加大科创孵化器、企业研发经费等奖补力度，鼓励企业研发投入和自主创新。净增国家高新技术企业 200 家，增加国家级企业技术中心 4 家，规模以上高新技术企业增加值占全市工业增加值的 68%。深化科技和金融结合试点，完善科技信贷风险补偿机制，支持知识产权运营服务体系运作，鼓励开展技术转移和科技成果转化，国内专利授权比上年增长 53%，高新技术成果转化项目增长 70%。加大引才引智资金投入，兑现人才新政 45 条，重点引进高端产业人才和团队，国家“千人计划”人才增至 110 人。

·小资料·

千人计划：2008 年，中共中央办公厅转发《中央人才工作协调小组关于实施海外高层次人才引进计划的意见》。海外高层次人才引进计划（简称“千人计划”），主要是围绕国家发展战略目标，自 2008 年起，用 5—10 年，在国家重点创新项目、重点学科和重点实验室、中央企业和国有商业金融机构、以高新技术产业开发区为主的各类园区等，引进并有重点地支持一批能够突破关键技术、发展高新产业、带动新兴学科的战略科学家和领军人才回国（到华）创新创业。

【营商环境优化】 2018年，厦门市财政投入18亿元优化营商环境。支持大通关一体化建设，政府性收费降至大陆口岸最低水平，通关效率提高。厦门市出台促进外商投资、总部经济发展等政策，优化投资和营商环境，总部企业税收比上年增长超过20%。厦门市促进自贸区厦门片区发展，促进航空维修、融资租赁、跨境电商、文化出口等业态发展，航空维修业产值增长14%，税收增长23%，厦门成为全国最大的一站式航空维修基地。获批国家跨境电商综合试验区、国家供应链创新与应用试点片区、国家文化出口基地。厦门软件园获中国服务外包产业集聚园区称号。

【教育发展扩容提质】 2018年，厦门市财政投入40亿元扶持教育发展。厦门市加大公办校建设资金保障力度，建成中小学项目20个，开建幼儿园项目20个，新增学位2.75万个。提高普惠性幼儿园补助标准，鼓励国有企业、优质民办学校参与办学，缓解学前教育学位紧张问题。支持厦门一中、科技中学岛外校区开办，实施农村义务教育学校质量提升项目60个，推动优质教育资源向岛外、农村拓展。落实名师考核奖补政策，加大教育人才引进资金投入，助力打造高素质教师队伍。支持厦门高校人才引进和科技成果转化，推进6所省级示范职业院校复评达标，推动高校、职校服务本市经济社会发展。

【健康厦门建设】 2018年，厦门市财政局投入39亿元支持健康厦门建设。厦门市建成厦门大学翔安医院、心血管病医院和一批社区卫生服务机构，增加医疗床位4000张。支持与复旦大学、北京中医药大学等高校开展战略性合作，设置名医工作室，柔性引进专家170人。提高基本公共卫生服务经费标准，财政补助资金向基层医疗机构倾斜，推进分级诊疗制度改革。多部门联合开展医保反欺诈专项整治行动，查处违规医疗机构、药店574家，保障医保基金使用安全。

【民生保障工程财政扶持】 2018年，厦门市财政投入33亿元扶持民生保障工程。厦门市加强困难群众帮扶，落实困难群体医疗救助、残疾人生活补助等政策，将重残、重疾群体纳入低保范围。城乡居民医保财政筹资标准从450元提高至650元，扩大大病医保受惠范围，减轻患者医疗负担。为超过12万人次提供就业创业培训服务。在全国率先启动实施个人税收递延型商业养老保险试点。加大居家养老服务机构建设投入，推进39家农村幸福院和社区养老服务照料中心建设，鼓励社会资本兴办养老机构，增加养老床位1612张。落实精准扶贫要求，对口支援新疆、西藏、甘肃临夏、宁夏、重庆万州及福建省内贫困地区近7亿元，比上年同期增长95%。

【惠民工程财政支持】 2018年，厦门市财政投入59亿元用于惠民工程。支持36项为民办实事项目。厦门市开建保障性住房2.8万套，推出1.97万套，出台住房租赁试点扶持政策，多层次住房保障体系。支持改革开放40周年优秀文艺作品创作、展演，组织文化惠民演出近500场。建成厦门市体育中心综合健身馆，免费开放学校体育设施，举办30场国际、国家级赛事和600多场全市群众体育赛事，参与人数超过150万人次。加大食品安全监管投入，初步建成食品安全追溯体系，食品安全综合考评和群众食品安全满意度均位列全省第一。

【新城建设财政支持】 2018年，厦门市财政投入69亿元支持新城建设。保障岛外新城公建项目建设，全年竣工项目64个、新开工项目126个、续建项目210个。丙洲、美峰现代服务业基地初具规模，滨海旅游浪漫线一期、集美新城图书馆等一批公共设施建成投入使用。厦门市有序推进新城片区地下综合管廊和海绵城市试点建设，完成3年试点建设任务，地下综合管廊绩效考核连续3年排名全国第一。

【乡村振兴财政支持】 2018年，厦门市财政投入26亿元支持乡村建设。厦门市出台强化乡村振兴投入保障3年行动计划，推进涉农资金统筹整合，完善惠农、支农政策体系。7家企业入选全国农业产业化龙头500强，厦门市增加农业标准化生产示范基地21个。持续开展农村人居环境综合整治，基本建成自然村分散式污水处理设施346个和自然村截污纳管工程278个，推动建设市级重点示范村8个、市级示范村12个和美丽乡村30个，白交祠、马塘入选中国美丽休闲乡村。推进安全生态水系建设，推进9条主要溪流及其他小流域的整治工作。

【基础设施建设财政投入】 2018年，厦门市财政投入101亿元完善基础设施建设。厦门市轨道交通1号线运营安全有序，日均客运量11.4万人次，2、3、4、6号线工程加快推进，国道324改线等交通项目建成通车。推进国际性综合交通枢纽建设，支持建设邮轮母港，开拓国际航线和中欧（厦门）班列，邮轮旅客运输量比上年增长100.8%，中欧（厦门）班列发运列数增长42%。实施城市提升改造工程，实施街区立面改造项目30个，整治主次干道31条、建筑1216栋，改造老旧小区156个。推进交通疏解工作，打通6条断头路，整治36处存在安全隐患的路段和20所学校周边堵点，增加公共停车泊位1.2万个。

【污染防治财政投入】 2018年，厦门市财政投入29亿元用于污染防治。厦门市在全省率先开展挥发性有机物等污染防治，继续实施新能源汽车推广补贴政策，推广新能源车超过9000辆，更新纯电动公交车884辆，空气优良率在全国169个重点城市中排名第二。厦门市开展水环境综合整治，全市6处黑臭水体基本除臭，8座污水处理厂完成提标改造，新（扩）建13个污水处理厂。西部垃圾焚烧发电厂二期投用，东部垃圾焚烧厂二期开工建设，全市93%的居民小区开展生活垃圾分类工作。实施土壤污染防治行动计划，在全省率先完成农用地土壤详查和重点企业周边土壤环境监测工作。

【政府债务风险管控】 2018年，厦门市财政局落实监管职责，明确各级各部门债务风险防化责任，将债务风险指标纳入各区党政领导综合考评。健全债务风险预警监测体系，开展政府隐性债务清查，防范增加隐性债务。严控债务风险，发债资金主要用于土地收储项目、重点基建投资，确保后续债务有还款来源。至年末，全市债务余额637亿元，债务风险安全可控。

【预算管理改革】2018年，厦门市财政局落实部门预算执行主体责任制度。细化预决算公开内容，健全考核监督。扩大预算绩效评价覆盖面，邀请人大代表、政协委员参与重点绩效评价，推进绩效目标和绩效评价结果公开。增加和调整政府购买服务目录，被列入政府购买服务目录的事项总数285项。

【财政监督管理】2018年，厦门市财政局开展涉农资金、灾后重建资金、中小企业帮扶资金、“三公”经费等专项检查。率先在全国推进财政资金支付信用审查，限制失信对象获取财政资金支持，有关案例入选福建省十大信用典型案例。配合市人大开展预算联网监督，联网监督实现市区全覆盖。完善公务支出管理，确保“三公”经费只减不增。推动出台财政投融资项目业主确定机制，实施代建单位激励约束措施，硬化各方监管责任。

·小资料·

“三公”经费： 一般指“三公”消费，是指政府部门人员因公出国（境）经费、公务车购置及运行费、公务招待费。

【政府资产管理】2018年，厦门市财政局建立国有资产报告制度，明确各类国有资产底数，并向市人大常委会报告，为强化监管打下基础。健全基建项目竣工财务决算管理机制，处理一批历史遗留项目竣工决算，防控资产流失，提升资产管理水平。基本完成机关事业单位所办企业清理，分类明确管理要求，逐步实施经营性国有资产集中监管。

（朱曼宁）

税　务

【概　况】2018年，厦门市税务系统组织入库各项收入1487.2亿元，比上年增加129.79亿元，增长9.6%。其中，税收收入入库1158.74亿元，增加87.16亿元，增长8.13%；非税收入入库328.46亿元，增加42.63亿元，增长14.92%。全市税收收入弹性系数1.07，税收与经济运行保持在合理区间。税收收入中，中央级收入556.98亿元，增加41.14亿元，增长7.97%；地方级收入601.76亿元，增加46.02亿元，增长8.28%。全年办理出口退税351.8亿元，减少15.3亿元，下降4.2%。其中，直接出口退税290亿元，减少18.2亿元，下降5.9%；免抵调库61.8亿元，增加2.9亿元，增长4.92%。全年海关代征税收222.38亿元，增加16.76亿元，增长8.2%。全市房地产业、金融业、批零业和烟草业4个行业分别完成税收收入229.55亿元、185.8亿元、115.47亿元和61.73亿元，共计592.55亿元，增加61.69亿元，增长11.6%，占总税收收入比重的51.1%，增收贡献率为70.8%。互联网相关服务业税收收入增长30.7%；国内增值税直接收入338.71亿元，免抵调库61.8亿元，营改增162.31亿元；增值税增长10.26%，个人所得税增长40.7%，2个税种合计入库582亿元，占总税收收入50.2%，增加89.73亿元，占总增收额的102.95%。（见表12–1、表12–2）

厦门税务各项工作获税务总局及市委、市政府领导肯定性批示49次，厦门市税务纳税人满意度调查位列全国第七，获“创建全国文明城市工作突出贡献单位”等称号。

表12–1　**2018年税务部门组织税收收入分税种情况表**

项　目	收入		
	金额（万元）	比上年增减（万元）	比上年增长（%）
税收收入合计	11587384	871568	8.13
#中央级	5569790	411372	7.97
地方级	6017594	460196	8.28
国内增值税	4005087	372762	10.26
国内消费税	509080	–68840	–11.91
营业税	5153	–270	–4.98
企业所得税	2807671	–22631	–0.80
个人所得税	1815044	524543	40.65
资源税	143	–11	–7.14
城镇土地使用税	51588	2200	4.45
城市维护建设税	326430	27552	9.22
印花税	119361	–238	–0.20
#证券交易印花税	0	0	0.00
其他印花税	119361	–238	–0.20

续表 12-1

项　目	收入		
	金额（万元）	比上年增减（万元）	比上年增长（%）
土地增值税	923953	-24278	-2.56
房产税	283299	36540	14.81
车船使用税	47407	5692	13.64
车辆购置税	227782	-13370	-5.54
烟叶税	0	0	0.00
耕地占用税	8823	7295	477.42
契税	455292	23351	5.41
环境保护税	1271	1271	0.00

表 12-2　**2018 年税务部门组织非税收入分费种情况表**

项　目	收入		
	金额（万元）	比上年增减（万元）	比上年增长（%）
非税收入合计	3284588	426339	14.92
1. 教育费附加	145211	12539	9.45
2. 文化事业建设费	10128	2227	28.19
3. 社会保险费	2969639	395149	15.35
# 企业职工基本养老保险	1879363	242534	14.82
失业保险	64635	-14952	-18.79
职工基本医疗保险	907642	127905	16.40
工伤保险	30924	1568	5.34
生育保险	66833	17853	36.45
城乡居民基本养老保险	237	237	
机关事业单位基本养老保险	19528	19528	
城乡居民基本医疗保险	477	477	
4. 地方教育费附加	96801	8372	9.47
5. 残疾人就业保障金	24245	4424	22.32
6. 其他收入	38564	3628	10.38

【税收收入特点】 2018 年，厦门市税收收入主要特点：（1）经济税收协调发展。第二产业税收入库 380.9 亿元，比上年增收 18.06 亿元，主要是增值税税率下调和部分企业进项留抵退税影响第二产业税收增长；第三产业税收入库 777.07 亿元，增收 69 亿元，增长 9.8%，其中金融业个人限售股减持所缴纳的个税增收 49.78 亿元，增长 1.7 倍，第三产业税收收入占总体收入 67.1%，贡献 79.2% 税收增量。（2）工业创新驱动税收增收。专用制造业税收增长 42.2%，通信设备、计算机等制造业税收增长 26.7%，高于工业税收 5% 的平均增幅。（3）批发零售业持续增长。销售额增长 10%，商业增值税增长 9.1%。主要受重点商贸企业拉动，其中“信和达”供应链入库 4.2 亿元，增收 3.8 亿元，增长 10 倍；斐乐系列入库 6.13 亿元，增收 2.13 亿元，增长 53.2%。

【国税地税征管体制改革】 2018 年，厦门市税务部门按照国家税务总局的统一部署，实施税务机构改革，合并原国家税务局、地方税务局 2 套税务机构，组建新税务机构。6 月 15 日，新的税务机构国家税务总局厦门市税务局挂牌成立。7 月 5 日，各区税务局挂牌成立。9 月 30 日，各区税务局派出机构（税务所）统一完成挂牌。税务机构改革后，全系统设置正处级机构 43 个，其中市局内设机构25个、派出机构6个、事业单位4个、区税务局8个；设置正科级机构218个，其中市局派出机构内设科室共计37个，各区局内设机构、派出机构、事业单位共计181个。全系统在职干部职工2209人，其中安排“正转副”正处级领导干部9人、“正转副”正科级领导干部37人、“正转非”正科级领导干部2人。推进原国税、地税业务整合，实现一厅通办、一键咨询、一人通答，业务联办；整合税收征管业务，转变税收征管方式，构建优化统一的税收征管体系；整合信息系统，推进功能统一、数据合并系统化建设；整合财务管理，完成25个预算单位资产清查核查；完善制度，制定税收业务、行政管理等规章制度127项。

【税收法治】 2018年，厦门市税务系统机构改革后制定出台规范性文件26份，清理文件109份。改革行政执法体制，组建跨区域税务稽查机构2个，建立跨区域税务稽查机制。依法向公安机关移送涉嫌犯罪案件，向市公安局移送案件33件。建立健全行政处罚裁量权基准制度，发布《厦门市税务行政处罚裁量基准》。制发《关于机构改革过渡期税收执法工作有关事项的通知》，对承接案件复议答复与诉讼应诉事项作出规定。全年收到行政复议申请13件，正式受理10件，经审查，维持3件、撤销3件、和解1件，在审3件。

【税收政策落实】 2018年，厦门市税务系统落实各项税收优惠政策，涉及税额277.58亿元，比上年增长16.4%。其中，征前减免税273.42亿元，占全部减免税额98.5%。支持金融市场发展减免税额118.88亿元，鼓励高新技术减免税额44.66亿元，享受税收协定优惠减免税额6.36亿元，小微企业优惠减免税额9.42亿元，支持“三农”减免税额7.59亿元。落实增值税进项留抵退税政策，完成全市18个先进制造和现代服务行业共108户合计10亿元指标的增值税留抵退税工作；落实增值税税率调低政策，自5月1日起，将增值税17%和11%该2档税率各下调1个百分点，全年减税16亿元。落实个人所得税改革，从10月起实施提高起征点、扩大中低档税率级距等过渡期政策，第四季度个人所得税减税8.98亿元；开展个人所得税改革政策宣传辅导，为从2019年起实施的6项专项附加扣除等个人所得税第二阶段改革做前期准备工作。落实退税政策，办理出口退（免）税351.8亿元。扶持万众创新创业，走访企业，召开问需求优服务座谈会，推出支持民营经济健康发展6方面16条措施。推行“一带一路”、双千亿、跨境电商等涉税支持政策，助推自贸区厦门片区发展。

【税种管理】 2018年，厦门市税务系统落实各税统征统管。（1）增值税管理，推广增值税发票管理系统，推广商品和服务分类编码简称，将二手车销售统一发票纳入该系统，扩大工业及信息传输服务业小规模纳税人自开专用发票范围，全市推行使用升级版发票管理系统186337户，其中一般纳税人104104户、占比55.87%，小规模纳税人82233户、占比44.13%。（2）企业所得税管理，依据预缴率，开展企业所得税季度申报入库工作，加强重点税源户日常管理和季度预缴管理；以年度汇算清缴为重点，落实申报率和申报准确率；完善所得税制度建设，组织编写“金税三期系统”企业所得税业务操作指引，修订高新技术企业优惠管理等4个工作指引，完善房地产业等11个行业（项目）风险应对工作指引。（3）个人所得税管理，开展年所得12万元以上个人所得税自行纳税申报工作，受理年所得12万元以上纳税人自行纳税申报15.78万人，比上年增加3.54万人，增长28.92%；完成独资合伙企业个人所得税汇算清缴，推进独资合伙企业个人、企业所得税汇算清缴工作；优化个人所得税明细申报管理，推行代扣代缴，提高申报率和准确率，全年累计入库181.50亿元，增收52.46亿元，增长39.26%。个人限售股减持缴纳个人所得税入库78亿元，占个人所得税收入43%，增收49.78亿元，增长1.7倍。

【社保费征缴】 2018年，厦门市税务系统组织入库社会保险费296.96亿元，比上年增收39.51亿元，增长15.35%，落实社保减负48.15亿元。全市参保总人数394万人，占厦门常住人口98%，增加24万人，增长6.48%。落实厦门市“惠台60条”中关于在厦门居住的台湾居民以个人身份参加养老保险的政策，在厦门参保台胞6360人，其中参加职工社保3637人，参加城乡居民社保2723人。同公安、民政、残联、人社、医保等部门进行数据交互与配合，从源头上确保社保费增减员、补缴、账目纠错的真实性，实现个人一卡通社保费实时扣款以及强行撤销业务功能，减轻缴费人办费负担。

【其他非税收入】 2018年，由厦门市税务部门征收的非税收入（不含社保费）包括：教育费附加、地方教育费附加、工会经费、文化事业建设费、残疾人就业保障金、废弃电器电子产品处理基金6项，其中工会经费由厦门市总工会委托代征。税务部门推进税费同征同管，建成网上申报系统和信息共享平台，全年累计组织非税收入（不含社保费）31.22亿元。10月23日，厦门市完成首批划转项目交接，即原由财政部驻厦门专员办负责征收的免税商品特许经营费，从2019年1月1日起正式由税务部门负责征收。2020年12月31日前将分批完成依法保留、适宜划转的非税收入项目交由税务部门统一征管，根据厦门市政府印发的《社会保险费和非税收入征管职责划转工作实施意见》和《厦门市非税收入交接方案》，确定该项目为第一个划转项目。

【纳税服务】 2018年，厦门市税务系统开展新机构新服务新形象活动。纳税服务实现“12366”热线1套系统、1个按键、16个税种6个非税收收入一人通答，厦门市税务局成为全国第一批实现“一人通答”单位。在涉税投诉方面，接收转办纳税服务投诉202件；纳税咨询方面，厦门税务系统收到来电127.52万个，转人工103.23万个，满意度评价99.44%；新媒体宣传方面，“厦门税务”微信订阅号关注用户67万人，“厦门税务微服务”微信服务号关注用户13万人，“厦门税务”官方微博关注用户4.2万人；办税服务方面，厦门税务系统以“新时代·新税貌”为主题连续第五年开展“便民办税春风行动”，推出5类20项60条便民措施，办税时间下降25.96%；推行税收优惠备案、存款账户报告等15项跨省经营企业涉税事项全国通办。在2018年全国纳税满意度调查中排名全国第七。

【征收管理】 2018年，厦门市有纳税人户数47.00万户（其中企业33.95万户、个体户10.02万户、临时户3.03万户），正常纳税户39.8万户。厦门市税务系统推进征管体制改革，实行征管科技部门一体化办公，联合开展单管户清理、征管流程和办税资料整合、征管体制改革征管方案制定、业务印章制作、征管制度修订等工作；开展管户调整，明确调整前国税地税共有业务办理规则，解决2套征管系统并行、征管方式差异等管理问题，开展4次管户调整，涉及40万户纳税人。推进信息系统整合，改革金税三期系统文书字轨，调整职责权限，落实非税收入划转、社保费转换、个人所得税改革信息化系统建设；落实征管制度规范，推进实名办税，采用公安部“人证一致”面部识别技术，提高辨识准确度和效率，注销办理效率提升50%。推进征管方式改革，与“三定”（确定机关主要职责、内设机构、人员编制及领导职数）方案同部署同落实同到位，将征管资源向税收风险和税收集中度较高的管理领域倾斜，强化基层征管一线人员配备，改革后基础税源管理、风险管理、纳税服务部门人员占基层局人员比重59.66%。推进分类分级管理，将纳税人划分为重点税源、一般税源、特殊税源等类别，实行差异化管理和服务，对原国税地税346个流程类事项进行流程再造，前移办税厅19项、指定岗位集中管理18项、上收市税务局管理17项，实施业务事项分类分级管理。依托税收大数据和信息化平台，加强数据分析应用，前移风险防范关口，加强事前事中风险防控力度；对高风险纳税人在办理发票领用开具、出口退税等涉税业务时进行风险预警、提示或业务阻断，全年推送风险管理任务4318户，风险识别命中率89%，入库税款14.65亿元。

【税务稽查】 2018年，厦门市税务稽查部门审结税收违法案件705起，其中亿元以上案件6起、千万元案件23起、百万元案件59起，查补税收收入16.33亿元。深化部门协作机制，发挥大数据作用，开展打击虚开骗税违法犯罪行为2年专项行动，立案查处涉嫌虚开骗税案件908起，审结骗税虚开案件346起，挽回经济损失29.90亿元，26名被告人被判处6个月到14年6个月不等的有期徒刑。厦门税务系统打击发票违法犯罪，落实旅游市场、房地产市场各类行业专项整治，查处发票违法企业1273户，涉及发票10.6万份、发票金额87.7亿元。接收厦门市公安局、扫黑办线索18条，涉及企业52户，查补税收445万元。推进稽查改革，根据税务机构改革方案，成立由市税务局稽查局和第一、第二稽查局组成的跨区域稽查部门，明确新旧稽查机构案件承接划转。落实“双随机一公开”（在监管过程中随机抽取检查对象，随机选派执法检查人员，抽查情况及查处结果及时向社会公开）监管，根据税务总局随机抽查部署，抽查83户自查成员单位，查补总额2.40亿元；抽取省级重点稽查对象3户、市级重点稽查对象2户及异常稽查对象20户，查补入库税收收入263万元。

【国际税收】 2018年，厦门市税务系统构建反避税体系，以风险管理为导向，确保关联申报和同期资料的准确率，促使企业自行调增企业所得税税款6.33亿元，反避税调查入库税款1.11亿元。加强非居民管理，明确跨境税源底数，掌握国际税收税源变化规律，针对非居民收入24.82亿元，办理非居民企业和个人享受税收协定待遇1194笔，减免非居民企业所得税5.17亿元、非居民个人所得税7.63万元。

【电子税务】 2018年，厦门市税务系统推进电子税务局建设。以机构改革为契机，深化信息系统平台和数据资源整合，完成电子税务局整合改造，实现纳税人网上办理涉税事项的渠道、登录、界面的统一，主要关联业务一次联动办结。推进无纸化办税，无纸化办税覆盖报告、发票、申报、备案、证明、出口退免税管理等7类120项功能，无纸化办税覆盖98%的涉税事项。推进“掌上”办税，通过微信小程序、掌上App等线上渠道，为纳税人提供一般纳税人登记、最高开票限额审批、增值税发票代开、“一键零申报”等服务，全年网上无纸化办税和掌上办税业务覆盖面超过98%，网上办理业务73万笔，网上办理比例94%。

（王宝进）

责任编辑：胡　恩
审　　稿：孙志红
校　　对：林炯程

13 口岸管理

综　述

2018 年，厦门海港口岸完成货物吞吐量 21719.93 万吨，比上年增长 2.86%；其中外贸货物吞吐量 9225.81 万吨，下降 0.49%；集装箱吞吐量 1070.24 万标准箱，增长 3.09%；厦金出入境旅客 174.5 万人次，增长 6.78%；对台货运直航 38.16 万标准箱，增长 16.98%，靠泊国际邮轮 96 艘次，接待出入境旅客 24.68 万人次。厦门港口岸是全国 25 个主要港口、12 个区域性枢纽港、9 个沿海国际集装箱干线港之一和对台航运重要口岸，范围跨厦门与漳州两个地市级行政区共 8 港区（厦门东渡、海沧、嵩屿、刘五店、客运 5 个港区、漳州后石、石码、招银 3 个港区）。至年末，厦门港有集装箱班轮航线 146 条，其中国际航线 92 条、内贸线 42 条、内支线 12 条，与世界 53 个国家 136 个港口建立业务联系。是年，厦门港继续执行降本减负举措，暂缓开征外贸船舶锚地停泊费、减免集装箱口岸查验费，进一步降低货物港务费、港口设施保安费和引航费。仅减免集装箱口岸查验费一项，就为企业节省 685.75 万元。各行业协会、收费主体在各经营场所和厦门口岸服务经营企业收费信息公开平台上公开公示口岸收费目录清单。继续落实完善免除集装箱查验服务费政策试点工作。截至 12 月 31 日，通过厦门集装箱查验费分类管理系统与海关数据审核后统计，有 18500 个自然箱属于政府购买范围之内，为厦门外贸企业减免集装箱查验服务费约 1028 万元。根据国务院调查结果和第三方阶段性评估，厦门口岸集装箱进出口成本处在全国沿海主要港口最低水平。厦门口岸完成国务院 2018 年降费要求。厦门国际邮轮主动融入“一带一路”倡议，开辟包括“全国首个跨东南亚六国航线”在内的多条“一带一路”精品航线，成功实践中国首个以邮轮为载体的文化艺术交流活动。出台《关于促进厦门自贸试验区邮轮船供服务业发展的暂行办法》，为邮轮物供产业发展提供新引擎。邮轮保税物供“整进散出”全国首创模式启动。五通码头三期和邮轮中心场地和通道的改造以及配套设施的安装得到落实。

厦门空港口岸保障安全飞行 19.3 万架次，增长 3.72%；旅客吞吐量 2655 万人次，增长 8.45%；其中，出入境旅客 365.80 万人次，增长 9.57%；货邮吞吐量 34.60 万吨，增长 2.03%，其中出入境货邮 14.10 万吨，增长 4.57%。厦门空港口岸为国家一类口岸，在厦门空港营运的航空公司 44 家，其中国内航空公司 28 家，国际及地区航空公司 16 家，有航线 171 条（境外 35 条），航线网络覆盖中国所有省会城市和主要二、三线城市，搭建直达欧洲的客、货运航线，同时厦门机场的东南亚航线覆盖较广、航班密度较高，在全国位居前列，厦门两岸直航航班的密度位居大陆地区前 3 位。年内新开“一带一路”国际航线 3 条，分别是厦门—金边、厦门—普吉岛、厦门—沙巴。至年末，厦门机场有国际及地区通航城市 28 个（东南亚 12 个，港澳台 4 个，东北亚 4 个，欧洲 3 个，澳洲 2 个，美洲 3 个），航线遍及中国港澳台地区、东南亚、东北亚、澳洲、欧洲、美洲，厦门航空口岸已成为华东地区重要的区域性航空枢纽。是年，厦门空港口岸 24 小时直接过境旅客和直接往返机组免办边检政策获国家移民管理局批复支持。厦门机场开展国际中转封闭隔离区软硬件提升改造工作，简化中转手续，完善通关流程和服务，全面提高中转效率，缩短“国际—国际”MCT（最短中转衔接时间），提升厦门机场国际中转服务竞争力。厦门机场开展绿色空港建设，全年改造场内特种电动车 8 辆，建设场内充电桩 7 个，并会同市财政局制定《厦门机场场内“油改电”财政补贴办法（试行）》。

2018 年，市口岸办与厦门海关、自贸委等相关部门形成协同工作机制，多措并举推进压缩整体通关时间工作。先后制定《厦门口岸降本增效工作方案》《厦门口岸提高通关效率工作方案》《海港口岸提升进口集拼货物通关时效工作方案》《提升厦门空港口岸货物进出口整体通关时效工作方案》《厦门口岸鼓励进口货物提前报关奖励暂行办法》。分别提出海运、空运及海运拼箱、空运快件等压缩目标，重点推广提前报关。对二次运抵海关监管作业场所前申报的进口报关单，按规定给予奖励。自 6 月，厦门口岸进口通关时间每月逐步压缩，平均每月下降约 11 小时，实现全年既定的进出口整体通关时间压缩至 60 小时以内、6 小时以内的工作目标，进出口均达国务院压缩三分之一的任务目标。

“单一窗口”标准版业务稳步推进。截至 12 月 31 日，厦门口岸各项相关试点业务累计 1000 多万票，国口办考核的四项主要业务指标（报关、报检、运输工具、舱单覆盖率），均达到国家口岸办 80% 覆盖率的要求。8 月 1 日，“单一窗口”标准版关检融合整合申报系统实现全面切换，系统整体运行稳定，厦门当日申报量 8458 票，覆盖率 100%。新增新一代海关税费电子支付系统和标准版机电产品进口许可证申领业务，扩大业务功能，进一步便利企业。推进标准版运输工具（船舶）申报系统。推动企业在标准版完成向海关、海事局和边检总站的“一单多报”。

2018 年，厦门市落实“厦门 60 条惠台举措”，建立两岸通关合作机制，简化两岸进出口货物、人员等通关手续。完成《厦金游艇自由行》（讨论稿），推动由金门始发的台湾籍游艇到厦门为期 3 天的两岸游艇产业交流之旅开展。支持大嶝对台小额贸易市场等涉台功能区建设和发展。推动扶持厦门口岸成为对台生鲜冷链物流配送中心，为厦门涉台生鲜类农产品及食品建立特别的快速通关机制。

（蔡　璐）

海关监管

【概　况】 2018 年，厦门海关监管进出口货物总值 9000.43 亿元、货运量 1.02 亿吨、集装箱 574.23 万标准箱、进出境人员 766.85 万人次，分别比上年增长 8.6%、2.84%、7.95% 和 11.96%。税收入库 434.79 亿元，稽查补税 1.13 亿元，均创历史新高。全年，检验检疫出入境货物 25.7 万批，检出不合格货物 3359 批。检出传染病病例 427 例，发现放射性异常 197 批。截获有害生物 546 种、9026 种次，退运或销毁未准入境食品化妆品 127 批。实施质量安全风险处置 439 起、质量追溯 273 起。签发各类原产地证 30.5 万份。海关总署决定 4 月 20 日起，原检验检疫统一以海关名义对外开展工作。厦门海关推动机构改革和业务融合，完成机构整合、队伍转隶、办公集中、一口对外等改革任务。落实严禁“洋垃圾”进境，全年滞港固体废物 100% 清退。加强口岸传染病疫情防控，强化非洲猪瘟全链条防控。强化进出口食品、化妆品、商品质量安全监管，维护厦门市社会稳定、生态安全和人民群众健康。改善通关环境，压缩整体通关时间三分之一目标超额完成。出台落实总署“一带一路”大通关合作 19 项重点举措，与南非德班海关建立全国首个对非关际合作项目，中欧（厦门）班列通达 12 个国家 30 多个城市，中欧“安智贸”航线（安全智能贸易航线试点）通达 3 个国家。严格执行贸易管制措施，完善口岸供应链风险防控模式，实施属地纳税人管理。加快智能审图、智能旅检等新技术应用，深化“多查合一”业务改革，进出口查获率 3.81%，在全国业务量较大的 12 个海关中排名第二。查获“出口侵权香烟案”入选全国海关十佳案例。开展“五星党支部”建设，3 个党支部获评全国海关基层党建品牌，“初心堂”建设 2 次获“紫光阁”网站报道。全年有 4 个单位获评全国文明单位，1 个集体获评全国海关先进集体，1 个单位获评“全国模范职工小家”。

【海关服务“一带一路”建设】 2018 年，厦门海关支持“丝路海运”建设，助推厦门成功获批集装箱货物过境口岸。推进多式联运和国际中转集装箱拼箱业务试点，国际中转集装箱拼箱业务量比上年增长 506%。服务通程航班、空运转关等业务发展，助力全国首条跨东南亚 6 国“一带一路”邮轮航线开通。支持中欧（厦门）班列增班扩线，实现中欧、中亚路线全覆盖，并通过海铁联运向台湾和东南亚延伸；全年开行 165 列、运送货物 1.19 万标准箱、货重 9.87 万吨、货值 31.4 亿元，分别增长 38.66%、93.84%、42.22%、51.84%。首次加入中俄绿色通道项目。推动厦门中欧“安智贸”航线扩展至 4 条，厦门“安智贸”航线出口货值占全国“安智贸”航线出口货值的 60% 以上。是年，厦门关区对“一带一路”沿线国家地区进出口货值 3111.8 亿元，增长 9.5%，占同期关区外贸总值的 34.6%。厦门海关教育培训基地正式获批金砖国家海关培训中心，并开展国外海关关员培训研修。

【口岸监管】 2018 年，厦门海关加强知识产权海关保护，加大涉枪涉爆物品、违禁出版物查缉力度，全年查获枪支 2 把、仿真枪 5.31 万把、管制刀具 31 件、违禁出版物 4.27 万件。加强口岸传染病疫情精准防控，完善动植检口岸分类分级管理机制，严格进出口食品、化妆品安全监管，强化进出口商品质量安全监管，开展“口岸天平行动”，

1 月 18 日，中欧（厦门—布达佩斯）班列开通，厦门海关人员在发货现场检查货柜

（郑伯坚　摄）

完善质量追溯监管、安全风险预警和快速反应体系。全年检验检疫出入境货物25.7万批，检出不合格货物3359批。检出传染病病例427例，发现放射性异常197批。截获有害生物546种、9026种次，退运或销毁未准入境食品化妆品127批，检出不合格进口危化品289批、大宗资源性商品203批、消费品93批。实施质量安全风险处置439起、质量追溯273起。

【"放管服"改革】 2018年，厦门海关重新编制海关行政审批事项目录，进出口环节需验核的监管证件从86种减至46种。规范设置35个"一个窗口"，推行审批服务"马上办、就近办、一次办"。健全关企座谈会制度，召开各类企业座谈会70余场次，开展"厦门市优化营商环境海关服务优化效果"企业调查和专项回访，收集企业对海关改革的意见建议51项。全面排查事业单位、关联单位收费情况，推广出口食品检验监管"即报即放"、进口大宗散货先验放后检测等作业模式，推进"自报自缴"、汇总征税、关税保证保险等便利措施，推动关区通关效率持续提速。12月，关区进口、出口整体通关时间为42.85小时、5.78小时，分别比上年下降60.94%、70.48%，超额完成压缩三分之一目标。

【监管新举措助推产业发展】 2018年，厦门海关推进自贸试验区深化方案31项改革任务，全年推出创新监管制度17项，有9项举措被评为全国首创、4项被国务院复制推广，促进集成电路、生物医药等新兴产业快速发展。推动地方获批国家跨境电商综合实验区、市场采购试点。支持燕窝、酒类、进口车、全球一站式航空维修基地等平台建设，助推厦门融资租赁飞机规模累计突破100架、进口平行汽车货值近4亿元、进口啤酒位居全国第一，进口台湾水果连续11年居大陆城市首位。

【"洋垃圾"进境禁止】 2018年，厦门海关坚持将禁止"洋垃圾"进境作为生态文明建设的标志性举措纵深推进。加强固废属性鉴别能力建设，取消7个废物原料查验场站，注销71家国内收货人资质。严格执行进口固废"三个100%"（对进口固体废物100%机检查验，机检发现有走私嫌疑的100%开箱人工查验，装载进口固体废物的运输车辆进出海关监管场所时100%过磅称重）查验要求，滞港固体废物实现100%清退。关区全年进口固体废物122.4万吨、货值225.7亿元，分别比上年下降43%、48.3%。

【非洲猪瘟疫情防控】 2018年，厦门海关针对非洲猪瘟疫情成立三级应急处置指挥中心，制定应急处置预案，开展专项培训和防控应急实操演练，加大对来自疫区货物的查验力度，严禁疫区猪肉及其产品进境。全年截获旅客携带物、邮寄物2.4万批次、36吨，其中猪肉及其制品1828批、5.1吨；检疫来自疫区航空器2架次、船舶41航次，封存运输工具上来自疫区猪肉制品20吨，查获走私猪肉及其制品案件1起，关区口岸无疫区猪肉及其制品入境。

【通关改革成果惠企便民】 2018年，厦门海关创新实现国际航班电子申报，单个航班申报用时从半小时以上缩减至5分钟左右。推广应用"先放行后改单"，企业平均节省通关时间约17小时。推进船舶吨税申缴无纸化，船舶申报缴税时间比上年缩短30%。推出企业年报"多报合一"、知识产权海关保护App等创新举措，以"信息跑路"代替"人跑腿"。深化食品安全"源头管理、口岸验放"模式改革，试行进口企业自主审核制度，优化整车进口检验检疫监管程序，扩大第三方检验检测结果采信商品范围，降低企业办事成本。

【打击走私创佳绩】 2018年，厦门海关保持打击走私高压态势，查办各类案件2456起、案值52.2亿元、涉税金额11.08亿元。开展"国门利剑2018"联合专项行动和扫黑除恶专项斗争，缉获2018年海关首例"猎狐行动"目标嫌疑人，成功劝返逃匿境外11年的目标嫌疑人。联合多个部门打掉多个固体废物走私团伙，侦破"9·17""9·25"成品油走私等一批大要案，获国务委员、公安部部长赵克志等领导批示肯定。"智慧缉私"（指通过海关情报系统的应用，为缉私提供数据和技术支撑，实现智慧化缉私的工作方式）高效有力，促进全国复制推广"案管系统"。

【监管新模式推进产业发展】 2018年，厦门海关探索寄递业务"智慧监管"新模式，开发"互联网+身份认证+寄递监控"功能，推广应用跨境电商出口统一版系统，支持厦门试行跨境电商"保税备货"模式，全年监管进出境快件、邮件、跨境电商6504.05万件，比上年增长33.24%，其中对台海运快件22.14万件，增长311%。牵头7个直属海关开展"以企业集团为单元"的加工贸易监管模式改革，大幅减少企业申报频次、中间环节和交易成本，全年为企业减免保证金1.08亿元。深化集成电路产业链保税监管模式改革，推动其向高端化、集群化、全产业链式发展。

【企业应对贸易摩擦帮扶】 2018年，厦门海关应对中美贸易摩擦，加强对厦门市对美贸易预警监测情况和相关贸易统计情况分析，先后向海关总署和省、市报送分析报告18篇、预警信息351条，多份报告建议获省部级以上领导批示肯定。提升税政服务水平，7项税率调整建议被国务院税则委员会采纳。深入厦门港务集团、恒安集团等重点企业进行实地调研，及时掌握企业所受影响和困难问题，引导企业研究应对贸易摩擦措施。简化加工贸易内销手续，延长手册核销期，为厦门市加工贸易企业应对贸易形势变化提供回旋余地。加大出境加工业务推广力度，全年关区出境加工金额885.23万美元，比上年增长1.93倍。

【出入境检验检疫划入海关】 2018年3月，中共中央印发《深化党和国家机构改革方案》，将国家质量监督检验检疫总局的出入境检验检疫管理职责和队伍划入海关总署。海关总署决定4月20日起，原检验检疫统一以海关名义对外开展工作。厦门海关严格按照总署部署，完成队伍转隶、业务现场调整、集中统一办公、制定"三定"（定机构、定职能、定编制）方案、人员调配等改革任务。组织全员培训和执法能力考试，推进业务融合，完成申报单证、作业系统、风险研判、指令下达、现场执法"五统一"。办事窗口实现"一口对外、一次办理"，口岸通关实现"一次申报、一次查验、一次放行"，报关报检业务实现由“串联”到“并联”再到“一体化”的三级跳跃，改革红利有效释放。设立20个机关处室、14个隶属海关单位，34个单位、部门领导班子均调整到位，基本实现派驻纪检组基层单位全覆盖。改革期间全关上下思想不乱、工作不断、队伍不散，得到社会和企业好评。

【全国首个对非关际合作项目签署】 2018年11月16日，海关总署副署长张际文代表中国海关与南非海关在南非约翰内斯堡正式签署《中华人民共和国海关总署与南非共和国税务署关于厦门海关与德班海关加强合作的安排》，是中国首个对非关际合作项目。双方主要在贸易统计、贸易便利化、打击走私、海关估价、能力建设等方面展开合作，旨在减少重复监管、打击瞒骗行为、加强风险管理，提升政策和实践交流。厦门海关与德班海关关际合作项目成为中南双边海关合作重要项目。该项目是厦门海关发挥“海上丝绸之路”核心区优势，抓住金砖国家领导人厦门会晤契机，历时2年持续沟通、主动对接达成。

（喻　波）

海事监管

【概　况】 2018年，厦门海事局辖区船舶进出港34万艘次、比上年增长14.71%，货物吞吐量1.23亿吨，集装箱吞吐量892.17万标准箱；保障安全运送旅客3578.22万人次，增长0.48%，其中厦金航线旅客量174.5万人次，增长8.1%；保障超大型船舶进出港161艘次，保障厦金航线安全运营13142航次，保障“维京猎户座”号等国际邮轮安全进出港192航次；组织实施海上搜救行动7次，成功救助遇险人员45人，人命救助成功率95.74%；辖区发生一般等级水上交通事故2起，直接经济损失约50万元，水上交通安全形势总体趋好。接受船舶报告535023次，重点船舶监控179961艘次，提供信息服务280970次，支持联合行动32次。全年接收并成功处置厦门市公共安全平台转警等各类海上应急事件165件，避免险情106件。查获危险货物集装箱谎报瞒报案件22起，全年对各类违法行为实施行政处罚583件、处罚金额457万元，分别增长69%和34.2%。征收港口建设费2.93亿元，下降1.12%。落实“双预防”机制，督促55家企业自查整改安全问题和隐患148处。统筹开展各类专项整治活动，滞留中小型缺陷船舶28艘次并列入重点跟踪，持续保持海上交通安全“严管”态势。

【海事融入自贸片区建设】 2018年，厦门海事局融入自贸区厦门片区建设，建设并运行国内首个游艇信息化综合服务平台，推动“厦金游艇自由行”试点探索，协助市政府向交通运输部争取自由行政策，安全保障4批6艘游艇往返厦门、金门两地，台湾地区游艇首次安全靠离厦门港。依托海上应急搜救协作信息系统建设，构建“互联网+海上搜救”信息平台，建设基于大数据和信息高速传递的救援体系。率先试点运行国家版“单一窗口”，海事协同管理平台与“单一窗口”成功对接，率先全省实现进出口岸申报在线办理，提升通关效率。

【海事降本增效举措】 2018年，厦门海事局继续推进“运—检—航”集约化服务模式，建立工作机制作为常态化工作，为4艘进口新船办理证书，累计节省93个工作日，节约企业经营成本400多万元。深化船舶抵押登记“双同步”，涉及企业经营资金流1.27亿元，节省资金利息成本约180万元，缩短时间成本近50%。船舶证书“三合一”并联办理创新举措持续优化，入选全国可复制推广经验，通过该方式为辖区62家企业136艘船舶办理证书，压缩工作时限近70%。“一趟不用跑、最多跑一趟”办事清单率先公布并在省内推广，梳理事项（50项）占该局权责清单事项的91%，厦门海事局政务中心2018年办结“一趟不用跑”许可申请14485件，占全部办件量的80%。

·小资料·

船舶抵押登记“双同步”：是指在对同一船舶办理抵押权注销及抵押权再登记时，采取申请资料“同步收存”、船舶抵押权注销和抵押权再登记证书“同步发证”的工作模式。

船舶证书“三合一”并联办理：是指改船舶国籍证书、船舶最低安全配员证书、船舶油污损害民事责任保险或其他财务保证证书分别受理审批为一并受理联办的工作模式。

【两岸在特殊海域共设航标】 2018年，厦门海事局通过多渠道向厦门市政府及台湾有关方面反馈金门北碇岛东侧附近海域存在船舶触礁搁浅事故风险，协调在该海域设航标事项。推动台方对该海域进行扫测，在中版海图上进行浅点标识，并于4月由台湾地区航港局在该海域设立3个虚拟航标，维护该海域通航安全。

【《厦门市海上交通安全条例》实施】 2018年3月1日，新修订的《厦门市海上交通安全条例》正式生效施行。年内，厦门海事局推进该条例规定落实：（1）及时发布与条例配套的公告（《关于厦门海域船舶航速限制的公告》《关于厦门海域恶劣天气条件下船舶航行限制的公告》），明晰厦门港海上交通安全管控标准；完成海上休闲船舶活动水域划定课题研究，推动加快海上休闲活动区域规划与建设；开展避风坞、锚地、扣船点选址研究，推动政府设立专项打捞资金。（2）配合市人大完成该条例释义编写并正式印发，开展全方位宣传贯彻，营造水上交通安全文化氛围。（3）推动市政府加快“船舶污染应急补偿机制”建设，推动港口部门发布实施《厦门港危险货物事故应急预案》。（4）推动市政府出台《加强涉海旅游管理意见》，厘清涉海旅游管理各方职责，促进厦门海域海上休闲活动监管难点解决。

【全国首期台湾船员适任证书知识更新培训班】 2018年8月28—30日，在海事部门协调与组织下，全国首期台湾船员知识更新培训班在集美大学举办。培训班旨在贯彻“两岸一家亲”理念，搭建海峡两岸同胞间的沟通交流平台，为台湾船员创造高效、便捷的协作环境与学习条件，促进两岸经济文化的交流合作。作为贯彻落实国台办“31条惠及台湾同胞措施”新举措，该次培训班为期3天，来自长荣海运股份有限公司的

17名台湾船员通过培训和考试评估，海事主管机关对其适任证书进行再有效换证。

【无证驾驶机动船案件移送】 2018年8月31日，由厦门海事局移送湖里区公安分局的“某南海盛××无证驾驶机动船舶”案件，由高崎边防派出所办结完毕，4名当事人被依法实施行政拘留。该案件的移送标志着厦门海事局推进无证驾驶机动船舶案件移送公安试点的成功。厦门海域从事砂石、渣土运输的船舶数量逐年有所攀升。在参与海上运输过程中，个别船舶受违法高收益驱使，存在雇佣无证船员上船服务的违法行为，严重危害到水上交通安全。海事部门坚持重拳治理，推进将涉嫌扰乱治安管理秩序的严重违法案件移送公安部门试点。该行政违法案件由海事部门单独执法和立案调查取证，并成功向地方公安机关移送。

【小型砂船配员和船员持证问题解决】 2018年10月，在厦门、漳州两地海事部门的共同推动下，首批厦门湾小型砂石运输船船员的培训、评估和考试完成，缓解厦门、漳州两地长期存在的湾内小型砂船配员持证问题，为规范海事监管执法、维护水上交通安全稳定打下良好基础。厦门湾内从事漳州龙海到厦门本岛运输建筑砂石的小型船舶日益增多，船舶配员不足等违法现象时有发生。厦门海事局深入调研，拟订《关于解决厦门湾小型砂石运输船船舶配员和船员持证问题工作方案》。该方案旨在加强对厦门湾小型砂石运输船（即未满1000总吨或主推进动力装置功率未满750千瓦的船舶）安全管理，规范此类船舶的最低配员和船员持证、值班行为，为海事现场监管提供必要的执法依据。

【海上搜救联合演练】 2018年10月25日，华南4省（区）（福建、广东、海南、广西）海上搜救联合演练在厦门举行，由厦门市海上搜救中心主办，翔安海上搜救分中心、东海救助局厦门基地、厦门曙光救援队承办，展示政府主导、社会参与的联合救助模式。演练在五缘湾大桥附近水域展开，模拟1艘帆船与1艘快艇发生碰撞事故，导致帆船上2人落水，快艇侧翻倾覆，对落水人员进行海上搜救。演练历时30分钟，来自福建、广东、海南、广西4省（区）的20余名搜救行业领导、专家现场观摩。作为专门针对帆船、快艇海上事故的救援行动，该次演练具有两大突出特点：历来公认的“翻扣船救助”救援难点在演练中得以展示，演练采用包括智能遥控救生器、“捞网救助”等新技术新设备，展现专业救助队伍的救援新技能和志愿者队伍的救援建设情况；演练全程无脚本无预演，最大可能锻炼各参演力量的应变能力和协调配合能力。

10月25日，华南4省（区）海上搜救演练现场　　（厦门海事局　供图）

【港内客运船舶夜间停航看护难题破解】 2018年10月25日起，《厦门港内客运船舶夜间停航看护人员配备方案》进入为期2个月的试运行，在试运行评估后开始正式运行。厦门港年均海上游客运输量近4000万人次，其中约75%的运输任务（5条航线）由厦门轮渡有限公司承担。在营运方面，轮渡公司航线点多、线长，航班密集，船舶保障需求大，船员工作强度大，所属船员如得不到充分休息会导致疲劳，易发重大海上交通事故。为解决企业实际困难，节约企业运营成本，确保客船夜间停航安全，厦门海事局先行先试，指导并推动轮渡公司联合集美大学开展课题研究，最终制定《厦门港内客运船舶夜间停航看护人员配备方案》。方案主要内容：（1）港内夜间停航客船采取群靠原则，每6艘客船（不足6艘按6艘计）配备不少于6名适任船员看护；按岗位不同，每6艘客船至少组成一个应急班组。（2）面对突发紧急情况，看护保障人员应能在30分钟内做出应变反应，公司及时启动应急预案妥善处置。（3）看护人员每日值班时间为船舶停航后至次日07:30时，看护人员以集中管理、轮值看护为原则，看护人员应每2小时对群靠船舶舱室及系泊情况进行安全检查，确定安全后记录在《航海日志》中并签名。（4）夜间看护人员在看护期间如遇天灾、火灾、人为破坏、紧急或意外事件时，应立即履行应急班组职责、采取适当措施处理，以最大限度地减少损失，并向单位相关领导报告或直接报“12395”。

（肖同乐）

边防检查

【概　况】 2018年，厦门边检总站严密口岸管控，提升服务效能，创新边检管理，营造安全顺畅、高效便捷的出入境通关环境。全年查验出入境人员641.3万人次，交通运输工具4.8万架（艘）次，分别比上年增长10.8%和2.9%，占全省63%和56%，完成第二十届投洽

8月7日，同益边检站人员上船对靠泊五通码头的首艘中国台湾籍游艇进行入境边检（厦门边检总站 供图）

会、两岸企业家峰会等重大活动边检安保和服务保障任务。

【边检对接“单一窗口”建设】2018年，厦门边检总站对接自贸区“单一窗口”建设，自主研发“边检行政许可办理系统”于10月22日上线试运行，实现边检船舶报检和办证网络化申请、系统化审批、电子化签发、智能化查验的四位一体融合、一站式服务，提高口岸通关效率。落实国家移民管理局“放管服”改革措施，根据全国统一部署于9月1日起全面实行国际航行船舶网上申报边检手续，优化升级“单一窗口”边检相关功能模块，免去提交相关纸质单证环节，全年厦门口岸通过“单一窗口”办理船舶出口岸联系单1.3万余份，出入境船舶网上报检比例100%，实现“数据多跑路，群众少跑腿”。

【对台工作服务】2018年，厦门边检总站服务厦金（厦门、金门）“小三通”航线，改进勤务模式，推广自助通关，全年查验出入境人员186.4万人次，比上年增长7.1%，客流量多次刷新单日、单月最高纪录。配合厦门市政府研究推动厦金游艇“自由行”政策措施，8月7日，同益边检站完成首艘中国台湾籍游艇“希瑞丝”号靠泊五通码头入境边防检查工作，促成厦门市实现厦金两地游艇年内互访目标。受理台湾居民查询出入境记录工作，提供电话预约受理方式，减少现场等候办理的时间，为台湾居民快速出具出入境记录证明材料，受到台湾居民普遍好评。

【边检服务国际航空枢纽港建设】2018年，厦门边检总站优化通关流程、推进勤务革新，落实便利政策，保障高崎国际机场7×24小时通关运营，支持航空枢纽港建设。高崎国际机场全年查验出入境人员391.4万人次，航班2.7万架次，分别比上年增长7.1%和3.8%。针对国际中转旅客数量持续大幅增长实际，优化中转手续办理，启用贴纸式24小时过境免签和紧急类临时入境许可，全年签发24小时、72小时临时入境许可4.6万份，增长50%。在全国首创研发“旅客通关候检智能计时预警系统”，创新空港自助查验“厦门模式”，在福建省体制机制创新案例评选中获奖。

【边检服务邮轮经济发展】2018年，“歌诗达幸运”号等5艘邮轮以厦门为母港运营，多次出现双轮同靠勤务。厦门边检总站简化邮轮查验流程，推进邮轮母港入境中国旅客“扫码通关”举措，改进大型邮轮入境外国人指纹留存工作，缩短旅客候检时间。全年查验出入境国际邮轮184艘次，比上年增长29.58%；出入境人员44.75万人次，增长100.8%。

【口岸通关环境改善】2018年，厦门边检总站落实“中国公民出入境通关排队不超过30分钟”等通关便利举措，实行中外分区蛇形候检，结合自主研发的“智能勤务平台”等大数据应用，加强客流定量分析，实现精确预判客流，精准投放警力，做好节假日口岸顺畅通关工作，提高整体通关效率。推广自助查验服务，在高崎国际机场、五通码头、国际邮轮中心等口岸设置自助通道32条，提供出入境记录凭证自助打印服务，通过前置引导分流、自主拍摄闽南语引导视频、优化现场标识等方式，加强宣传指引，持续提升自助通关率。2018年，全省口岸自助通关旅客224.8万人次，自助通关率39%，高崎国际机场单月自助通关率最高突破50%，在全国空港口岸保持领先。试点成立“同心桥服务组”，创新推出“爱心通道”服务举措，对出境游家庭旅客实施精准分流，大幅缩短家庭旅客整体候检时间；立足口岸对台特色，开展“乡俗、乡情、乡音”通关服务，营造“两岸一家亲”和谐通关氛围。在2018年上半年全省口岸通关便利化测评中，厦门口岸边检站在前6名中占据3席。

（朱华煜）

责任编辑：孙志红
审　　稿：阳晓儒
校　　对：曲　艺

14 开放·开发

对外贸易

【概　况】 2018年，厦门市实现外贸进出口总额6002.0亿元，比上年增长3.2%。其中，出口3338.5亿元，增长2.6%；进口2663.5亿元，增长4.0%。服务贸易总额136.9亿美元，增长18.8%，占对外贸易比重提高1.6个百分点。外贸综合竞争力位列全国外贸百强城市第五位，提升2位。

【出口运行】 2018年，厦门市出口总额逐季提升，4个季度出口值分别为751.2亿元、797.9亿元、879.0亿元、910.4亿元，分别比上年同期增长7.1%、下降2.9%、增长0.7%、增长6.2%。是年，一般贸易出口2015.1亿元，下降0.9%；加工贸易出口881.8亿元，增长1.0%；保税区仓储转口等其他贸易出口441.7亿元，增长27.5%。内资企业出口1943.7亿元，增长1.8%。其中，国有企业出口444.6亿元，增长31.5%；民营企业出口1468.4亿元，下降4.8%。外资企业出口1394.8亿元，增长3.7%。机电产品出口1559.3亿元，增长7.2%；高新产品出口672.7亿元，下降0.5%。其中，液晶显示板下降26.3%，自动数据处理设备及其部件、手机零件、通断电保护电路装置及零件分别增长18.6%、15.8%、22.5%。传统7个大类产品出口1042.4亿元，下降8.8%，其中服装、纺织分别下降23.5%、17.9%。主要出口市场中，对美国、欧盟出口分别增长7.2%、4.6%，对东盟出口下降6.6%；对“一带一路”沿线国家出口1009.6亿元，下降3.1%；对金砖国家出口193.4亿元，增长19.1%。

【进口运行】 2018年，厦门市进口整体保持增长，增幅下滑。其中，一般贸易进口1831.6亿元，比上年增长4.5%；加工贸易进口455.6亿元，增长1.7%；保税区仓储转口进口376.4亿元，增长3.8%。内资企业进口1669.6亿元，增长5.0%。其中，国有企业进口1047.4亿元，增长4.3%；民营企业进口602.1亿元，增长5.5%。外资企业进口993.9亿元，增长2.1%。机电产品进口990.1亿元，增长3.3%；高新产品进口493.2亿元，增长0.6%。其中，集成电路进口增长29.6%，飞机进口增长11.5%，液晶显示板进口下降18.9%。受中美贸易摩擦的影响，粮食进口下降30.0%。自美国、澳大利亚、欧盟进口总额分别下降6.3%、10.1%、9.4%，自东盟进口增长10.3%；自“一带一路”沿线国家进口783.7亿元，增长8.7%；自金砖国家进口308.9亿元，增长14.1%。

【市场信心提振】 2018年，厦门市推出《厦门市促进外贸持续向好若干意见》《厦门市扩大进口促进对外贸易平衡发展若干措施》等政策。加大企业服务力度，举办外经贸形势及政策宣讲会、政银企对接会等活动超过10场。市政府与中国出口信用保险公司签订深化合作协议，建立出口信用保险保单融资担保风险补偿机制，改善外贸企业融资环境。与税务部门共同探索建设新型企业信息化平台，提高退税效率并促进企业诚信经营。传统出口产品核心竞争力提高，4个基地入选国家级外贸转型升级基地，水暖卫浴、医疗器械、汽车、船舶、灯具等基地产品出口实现较快增长。

【贸易摩擦应对】 2018年，厦门市建立应对中美经贸摩擦联席会议制度。加强风险预警，运用信用保险等手段防范风险。指导企业制定长期应对策略，采取议价、寻找替代货源地、拓展多元化市场等措施。协调金融机构加大对相关外贸企业的融资、贷款支持力度，缓解企业因贸易摩擦导致的资金压力。全市对美进出口1035.3亿元，比上年增长2.7%。其中，出口719.6亿元，增长7.2%。

【业态创新推动】 2018年，厦门市外贸综合服务、跨境电商、融资租赁和保税进口等新型贸易业态快速发展。启动亚马逊全球开店厦门跨境电商园建设，引入电建贸服平台、橙联跨境电商项目等。实现跨境电商零售进出口5525.5万件，比上年增长14.5%。自贸区厦门片区入选全国首批国家文化出口基地。厦门市在服务外包示范城市综合评价中位列全国第六名，提升15名。服务外包执行金额40.3亿美元，增长22.4%。厦门软件园获中国服务外包产业集聚园区称号，太古发动机等5家企业入选中国服务外包百强企业。

【市场开拓】 2018年，厦门市企业组团参加首届中国国际进口博览会，成交项目63个，成交金额50.5亿美元。企业组团参加广交会、华交会等国内重点出口型展会，参展企业1100余家，展位3268个，成交金额4.5亿美元。厦门市支持规模以上境外展会53场，参展企业1560家、展位1800个，境外展会规模创新高。支持企业国际营销网络建设。支持183家企业参加中国国际食品餐饮博览会、中国国际体育用品博览会、上海法兰克福汽车零配件展等15个国内展会，展位面积8070平方米。

【厦门市入选出口电商城市榜20强】 2018年6月29日，《亚马逊全球开店中国出口电商城市发展趋势报告》发布并揭晓"亚马逊全球开店中国出口电商城市发展20强"城市榜单，厦门、北京、上海、杭州等上榜。厦门企业在服装鞋靴、箱包、家具家饰、户外照明等领域初步形成品类多元化优势，辐射能力突出，带动周边城市协同发展。2017年，厦门实现跨境电商零售进出口4799.06万件，货值36.64亿元，比2016年增长18.7%。

【厦门获批新设跨境电商综合试验区】 2018年7月13日，国务院常务会议决定在北京、沈阳、南京、武汉、西安、厦门等22个城市新设一批跨境电商综合试验区。厦门市委、市政府重视跨境电商产业发展，将其作为深化外贸领域"放管服"改革的突破口，依托自贸试验区改革创新优势，通过打造跨境电商综合服务平台、引进国际平台、出台配套扶持政策等措施，支撑外贸转型升级和创新发展。

【厦门市入选全国外贸百强城市】 2018年8月，《中国海关》杂志公布2017年中国外贸百强城市名单，该榜单由海关总署统计司联合《中国海关》杂志社共同评选，数据来源于中国海关统计数据并综合国民经济数据排定。外贸百强城市评选指标包括外贸水平竞争力、结构竞争力、效益竞争力、发展竞争力和潜力竞争力5个方面25个指标。厦门外贸竞争力综合得分77.8分，位列全国第五名，排名比上年提升2名。

（市商务局）

对台贸易

【概 况】 2018年，厦门市对台贸易总额398.06亿元，比上年增长2.6%。其中，对台销售额101.86亿元，增长7.6%；自台采购额296.2亿元，增长1%。大嶝市场采购台湾商品4348.34万美元，下降9.5%。厦门口岸采购台湾水果4.8万吨、5.7亿元，创历史新高。厦门口岸占大陆采购台湾水果总量90%，连续11年位列大陆最大台湾水果采购口岸。厦门口岸自台湾采购水海产品5.9万吨，增长1.4倍；金额4.4亿元，增长1.5倍。其中，活鱼、鲜冷鱼、种苗分别增长252.4%、100.97%、79.71%。对台湾销售水海产品增长55.5%，主要为冻鱼和贝类产品。

【两岸经贸促进】 2018年，厦门市新设台资企业（含转第三地）794家，比上年增长15.4%；合同利用台资14.3亿美元，增长5.2%；实际使用台资5.4亿美元。厦门市到台举办经贸专业展会6个，是大陆到台举办展会最多的城市。其中，第三届厦台家用工艺品展在台北举办，411家展商参展，总展位超过620个，厦门展团共17家企业。厦台海运快件实现两岸快件专区互通，全面放开快件承运船舶和停靠码头，完成厦台海运快件9.1万件，增长1.1倍。厦金"小三通"运送旅客174.5万人次，增长8.1%。

【对台口岸便利化】 2018年，厦门市推动口岸便利化，持续保持相关政策的稳定性。厦门海关有针对性地实施快速验放便利化措施，提供"提前申报、船边验放"等便捷通关措施，将台湾水果和水产品优先列入"一次查验"目录，缩短通关时间，实现台湾农产品到厦门口岸"零滞留"，推动台湾产品快速从厦门分拨到大陆各地。

【蔬菜首次通过厦金航线售往台湾】 2018年，台湾南部暴雨灾害严重，市场蔬菜供应紧张，大陆企业利用厦金快捷通道转运优势，为台湾本岛市场供应新鲜蔬菜，实现两岸农产品双向互补。8月20日，大陆第一批10.08吨辣椒从同益码头通过厦金航线运到高雄；8月28日，大陆第二批22.68吨萝卜通过厦金航线运到高雄。

（市商务局）

经济技术合作

【概 况】 2018年，厦门市备案对外投资项目109个，比上年同期增长32.9%，协议投资总额9.96亿美元，下降61.7%，其中中国大陆方面投资额7.6亿美元，下降68.4%。新签对外劳务合同额8059万美元，下降31.0%，营业额2.22亿美元，增长12.6%；新派对外劳务1.35万人，增长2.9%；期末在外劳务1.23万人，增长1.8%。至年末，全市登记境外投资项目1328个，投资分布在70多个国家和地区，协议投资总额153.21亿美元，其中中国大陆方面投资额137.58亿美元。厦门市投资地集中于欧美和港澳台等传统地区，"海丝"（21世纪海上丝绸之路）沿线国家占比下降。其中，对欧美投资37个，投资额1.98亿美元；对港澳台地区投资33个，投资额2.11亿美元；对"海丝"沿线国家和地区投资32个，投资额3.3亿美元。对外投资行业以软件信息、批发零售、制造业为主，投资额分别为0.37亿美元、1.37亿美元、1.52亿美元。软件信息类大项目：厦门盈趣科技瑞士信息服务项目、厦门吉相股权投资开曼群岛游戏开发项目；批发零售大项目：厦门金达威美国保健品项目、厦门象屿速传供应链公司香港物流货代项目；制造业大项目：厦门象盛印尼不锈钢冶炼项目、厦门高时实业纳米比亚石材加工项目。按对外投资方式划分，新设企业48家，投资额2.04亿美元，下降2.3%；增资企业21家，增资额2.97亿美元，下降85.3%；并购项目32个，投资额2.61亿美元，增长45.4%，拉动全市对外投资增长3.1个百分点。

【企业境外参展】 2018年，厦门市通过支持多展位特装及提高公共费用补助上限等措施，全年举办境外“精品厦门”展会5场，推介纺织服装、箱包、石材、体育用品、家居用品等出口商品，目标市场涵盖传统市场及新兴市场，厦门市参展企业197家次，展位规模371个，“抱团出展”规模创新高。规模以上境外展会（参展企业10家以上）超过80场，参展企业近1800家次、展位超过2500个，涵盖服装、鞋类、家居、电子、照明、建材等商品。面向“一带一路”国家共组织展会25场，主要涉及石材、光电、日用品等商品。

【国际营销网络扩大】 2018年，厦门市支持企业国际营销网络建设，对企业境外营销网点购置或租赁费用、长期外派营销技术人员费用、海外仓建设（运营）及使用费用给予补助。企业累计在境外设立分支机构、零售网点、批发中心、售后维修网点、海外仓等超过600个。2015—2018年，厦门市以政府购买服务方式在印度孟买、南非约翰内斯堡、俄罗斯莫斯科、日本东京等设立厦门海外投资贸易服务联络点5个，其中2018年在阿联酋设立海外联络点。

【境外投资推动】 2018年，厦门市政府批准设立厦门海丝投资基金（全国首支地方政府主导的海丝投资基金），该基金按照市场化方式运作，重点支持厦门市企业开展资源开发合作型、技术和品牌合作型、贸易带动型境外绿地投资或并购项目，优先支持对“一带一路”沿线国家、对台的投资项目。该基金管理机构与进出口银行、国家开发银行等合作筛选首期项目。厦门市推动境外园区项目建设，支持象屿集团扩建升级印尼不锈钢一体化项目，推动建设“象盛镍业印尼经济园区”项目并上报商务部争取作为“丝路明珠”项目。

（市商务局）

招商引资

【概　况】 2018年，厦门市新设外资企业1215家，实际利用外资108.3亿元，比上年增长11.6%，增幅居5个计划单列市第一。利用外资规模居全省各设区市首位。合同利用外资465.9亿元，占全省总量的44.6%，增加12.1个百分点；实际利用外资占全省35.2%，增加8.1个百分点。实际利用外资中，第一产业、第二产业、第三产业的比重为0∶54∶46。制造业和服务业实际利用外资比例为57∶43。高技术制造业合同利用外资、实际利用外资分别为98.8亿元、33.8亿元，占全市比重分别增加17.9个百分点、3.4个百分点。其中，医药制造、电子及通信设备制造业合同利用外资分别增长11倍、1.4倍。高技术服务业合同利用外资、实际利用外资分别为66.3亿元、12.2亿元，占全市比重分别增加5.7个百分点、5.0个百分点。其中，信息服务、研发与设计服务、科技成果转化服务合同利用外资分别增长26.5%、1.4倍、87.8%。全市新增1000万美元以上合同利用外资项目104个，合同利用外资金额占全市的93.4%；新增1000万美元以上实际利用外资项目20个，实际利用外资金额占全市的87.0%。1000万美元以上项目主要集中在平板显示、计算机与通信设备、软件和信息服务、金融等千亿产业链行业。

【招商引资政策落实】 2018年，厦门市出台促进外资增长12条措施，围绕进一步落实扩大外资开放领域、促进外资增长、鼓励引进与留住人才、优化营商环境等方面加大扶持力度。完善招商引资工作机制，发挥产业招商推进小组作用，强化重点在谈外资项目统筹促进机制，完善“五个一批”（谋划一批、签约一批、开工一批、投产一批、增资一批）外资项目跟踪落实机制，建立“项目+载体+政策+推介+团队”全链条投资促进体系，促成落地项目超过200个，计划总投资1162.6亿元。

【招商渠道拓展】 2018年，厦门市加大平台招商、驻点招商、国企招商和特色招商等工作力度。鼓励外资并购，建立并购项目库，促进产业基金投资项目和境外返程投资。组织企业参加首届中国国际进口博览会，对接企业、政府机构和行业协会；参加第二十届投洽会、海内外闽商回归项目对接会、国际资本投资福建对接会，共上报签约项目74个，合同利用外资281.4亿元。北京、上海、深圳3个经济联络处新增策划项目65个、在谈项目66个，落地项目19个。

【项目结构优化】 2018年，厦门市围绕“双千亿”工作，引进高端制造业和现代服务业重点项目，神州租车、趣店集团、金鹭特种合金、泰康医养综合体、顺丰物流产业园、海峡黄金珠宝产业园等项目签约、落地。高技术制造业、高技术服务业实际到资分别占制造业和服务业实际到资的52.1%、24.9%，分别比上年提高3.4个百分点、5.0个百分点。新设内资企业中，电子元件及组件等高端制造业和互联网、软件信息等现代服务业引资金额增长较快。

【厦门参加国际资本投资推介会】 2018年5月18日，国际资本投资福建推介会在福州举行。厦门市上报签约成果项目38个，总投资400.42亿元，合同利用外资128.13亿元。其中，现场签约项目6个，总投资89.67亿元，合同利用外资36.46亿元，分别是壳牌福建省加油站总部项目、美图移动科技项目、瑞幸咖啡全国总部项目、晨星半导体项目、硕达航材供应链服务项目、蒙发利稻田健康科技项目。

【橙联股份跨境电商物流总部落户】 2018年6月29日，厦门市政府与橙联（香港）股份有限公司签订橙联中国项目战略合作框架协议，橙联股份中国内地跨境电商物流运营管理总部正式落户厦门。厦门市推进外贸新业态发展，促进外贸转型升级，开展外贸主体招商。厦门市计划借助橙联中国项目全市物流仓储、供应链金融、大数据等相关现代服务业快速发展，打造中国跨境电商国际物流新通道和国际型综合交通枢纽中心，促进跨境电商全产业链发展。

（市商务局）

区域经济协作

【概　况】 2018年，厦门市召开市委常委会、市政府常务会及专题会议16次，研究部署扶贫协作工作和对口支援工作。利用区域合作平台，做好省级扶贫开发、山海协作和区域合作工作。闽西南五市对口支援和山海协作工作经验交流会、闽西南协同发展区经济协作和山海协作对口部门第一次工作会议、闽粤赣十三市党政领导联席会议等召开，《促进闽粤赣十三市生态环境建设协同发展若干意见》发布。《厦门市—临夏州全面深化东西部扶贫协作三年行动框架协议（2018—2020年）》签订。《关于2018年东西部扶贫协作工作的意见》《关于进一步做好2018年东西部扶贫协作工作的意见》出台。

【对口帮扶考察调研】 2018年，厦门市领导带队到宁夏、甘肃等地考察调研。6月10—13日，市委书记裴金佳到宁夏银川市参加闽宁互学互助对口扶贫协作第二十二次联席会议并考察闽宁互学互助、对口协作情况。6月21—22日，市长庄稼汉带团到临夏州，两地召开党政联席会议，探讨东西部扶贫协作；实地调研高山乡布楞沟村，考察厦门援建的临夏中学新校区、拱北湾希望小学、高原夏菜生产加工基地、清真烹饪技术培训中心等项目。

【项目资金落实】 2018年，厦门市落实各级财政资金70733万元，重点围绕“两不愁三保障”（稳定实现扶贫对象不愁吃、不愁穿，保障其义务教育、基本医疗和住房），开展村级道路、村级学校、医院、住房安全、饮水安全、劳动力输转、特色产业发展等方面项目援建。其中，援建新疆11329万元，援建西藏6218万元，援建甘肃临夏州47501万元，援建宁夏5000万元，援建重庆685万元。援建项目227个，其中新疆10个、西藏4个、甘肃202个、宁夏4个、重庆7个。

（市经信局）

开发区建设

中国（福建）自由贸易试验区厦门片区

【概　况】 2018年，中国（福建）自由贸易试验区厦门片区（简称自贸区厦门片区）总面积43.78平方千米，包括两岸贸易中心核心区和东南国际航运中心海沧港区两大功能园区。是年，130项改革创新试验任务中，已实施84项，部分实施24项，正在推进22项。集成推出361项创新举措，在全市复制推广263项。在国务院4批89项复制推广的自贸试验区改革试点经验中，由自贸区厦门片区首创并在全国得到推广的22项；商务部评定的12项“最佳实践案例”中，自贸区厦门片区2项。福建省自贸办评估通报的创新举措中，自贸区厦门片区属全国首创63项。自贸区厦门片区完成地区生产总值649.4亿元，比上年增长8%；实现进出口总额1777.4亿元，增长9.1%，其中出口789.3亿元，增长14.0%；财政收入104亿元，增长10.3%，其中地方级收入56.7亿元，增长14.8%。新增企业1.06万家，注册资本1004亿元。其中，新增外资企业518家，注册资本266.4亿元。引进世界500强企业壳牌、硕达等一批重点项目。自贸金融中心成立。自贸区厦门片区成为首批国家文化出口基地，获批开展外商投资企业资本金结汇支付便利化试点，获批开展供应链创新应用试点。世界贸易组织副总干事易小准、世界知识产权组织副总干事王彬颖、中国工业经济联合会主席团主席张蔚文、全国人大常委会副委员长王东明、汤加副首相兼基础设施和旅游大臣塞密西·西卡等分别调研自贸区厦门片区。至年末，自贸区厦门片区累计新增企业41256家，注册资本5952.5亿元，实有企业48739家、注册资本7326.6亿元，企业注册数比挂牌前增长近6倍。

【营商环境优化】 2018年，中国（福建）自由贸易试验区厦门片区管委会（简称自贸区厦门片区管委会）参照世界银行营商环境评价指标体系，通过取消审批、审批改备案、实行告知承诺制、简化优化审批流程等方式，在全国率先推进工程建设和市场准入领域审批制度改革，工程建设审批时限由66—71天缩短为18—33天。在8月国家发改委的营商环境评估中，厦门市位居全国第二。经第三方评估，厦门市营商环境相当于全球第三十八位。

【事中事后监管】 2018年，自贸区厦门片区开展知识产权和文化市场执法检查，以综合监管执法协作机制为基础，健全跨部门联合抽查监管制度。制定《关于加强厦门自贸片区旅游商品市场综合监管的实施方案》，采取随机抽查、突击检查等方式开展旅游购物市场跨部门协同执法检查。推行“信用公示”管理模式，800多家企业通过采用审批承诺方式办理行政许可事项，做出相应的信用承诺并公示。自贸区防范和处置金融风险工作小组成立，印发自贸区涉嫌非法集资风险专项排查活动实施方案，排查企业近1500家。跨部门、多维度、离在岸、本外币相结合的自贸区金融统计监测制度加快构建。

【港口竞争力提升】 2018年，自贸区厦门片区管委会等部门出台《厦门港口对标先进工作方案》《厦门口岸降本增效工作方案》《做大做强港口国际集装箱中转业务工作方案》《厦门片区拓展国际集拼工作方案》。提高通关效率，推出调整进口集装箱码头免费堆存等20条措施；提高口岸通关信息化服务水平，优化提升厦门国际贸易“单一窗口”功能，加快海运提单电子化步伐，推广集装箱设计交接单无纸化工作。推进申报项目整合优化，推动关检业务全面融合。12月，厦门口岸进口整体通关时间42.85小时，出口整体通关时间5.78小时。进出口整体通关时间分别比上年末缩短66.86小时、16.53小时，均完成国务院目标。降低通关成本，进一步降低政府性收费，每年为企业节省1.6亿元费用，厦门口岸是大陆政府性收费最低的口岸之一；降低非政府性收费，国企参与行业竞争，行业协会发布行业收费参考价指导意见，非政府性收费降低20%。优化提升口岸营商环境，政府购买集装箱查验服务，创新邮轮物供模式，实施全国首例邮轮物供“整进散出”业务。

【重点平台建设】 2018年，自贸区厦门片区推进重点平台建设。（1）航空维修。落实自贸区厦门片区航空保税维修试点业务适用退税政策，推进特殊监管区外保税维修监管试点政策落地。对接中国商飞国产大飞机。航空维修产值143.5亿元，比上年增长8.2%，超过80%为境外业务。（2）进口酒。组建进口酒专业委员会，出台支持进口酒市场发展若干措施，推动厦门国际酒类交易平台集聚发展。厦门口岸进口酒总量继续保持全国第三，进口酒货值4.7亿美元，增长16.8%，其中进口啤酒占大陆的38.9%（居全国第一名），葡萄酒占大陆8%。（3）融资租赁及中后期飞机处置产业链群。自贸区厦门片区引进融资租赁企业393家，为全国第三大融资租赁聚集区。全年引进租赁飞机51架，增长154.5%，累计引进租赁飞机103架，租赁金额70.5亿美元。厦门飞机租赁公司与东航完成28架在役飞机售后回租交付，为全国规模最大的在役飞机售后回租项目。累计开展船舶融资租赁9艘，融资金额5亿元。引进国家集成电路大基金下属企业鑫芯租赁。（4）机电设备。发挥“保税+”“金融+”“会展+”优势，打造智能制造全产业链一站式综合服务平台。累计引进日本山崎马扎克、瑞士肖柏林机床、台湾百德机械等20多个品牌。全年智能制造全产业链一站式综合服务平台实现交易额超10亿元，纳税550万元。（5）跨境电商。打造跨境出口品牌营销中心，落地亚马逊、雨果等龙头项目。实现跨境电商货物进出口5525.5万件，增长14.5%。（6）国家文化出口基地。博乐德艺术品保税共享平台开业，首场保税拍卖会成交金额3731万元，东南亚中国图书巡回展举办，丹溪映画与巴基斯坦电视台等开展合作。（7）国际航运中心。全国首创“进口直供、保税供船”监管模式，构建邮轮物供快速通道。接待国际邮轮96航次，旅客吞吐量32.48万人次，增长100.7%；集装箱吞吐量1070万标准箱。

【对台融合】 2018年，自贸区厦门片区贯彻中央惠台政策，参与提出全国首个地方版“厦门惠台60条”。制定自贸区厦门片区惠台26条。发挥自贸区负面清单管理等优势，鼓励台资在自贸试验区内投资金融保险、航运物流、文化旅游、海员培训外派、人力资源、医疗生技、演艺经纪、法律服务、油脂制造等领域。引进台资企业271家，累计新增台资企业1214家，厦门两岸股权交易中心“台资板”企业数232家。建立对台人民币清算渠道，23家台湾地区银行在厦门开立人民币代理清算账户，累计清算金额1107亿元。开展两岸人民币现钞直接调运，对台人民币现钞调运412次，共129亿元。出台《关于台湾技术士证书匹配规范的通知》，实施台湾技术士等级证书与大陆职业资格证书包容共存的“一区两标”制度。推进两岸司法、调解、仲裁、法律合作，成立熊麒调解室，累计调解涉台案件20多件、200多人。试行海铁联运拼箱业务，推动冠捷等台湾货物通过海铁联运经中欧（厦门）班列运往欧洲。扩大海运快件试点，打造大陆入台货物及台湾货物进入大陆的集散分拨中心。全年完成对台海运邮快件2388标准箱、700万件，件数比上年增长59%。持续推进“源头管理、口岸验放”的两岸商品快速通关模式，厦门口岸台湾食品进口货物批次占大陆50%以上，进口台湾水果占大陆超80%。开展进口非特殊用途化妆品备案管理试点，建立非特备案服务联合工作机制。新增非特化妆品进口企业18家，其中台湾企业8家。出台促进台湾青年创业就业“新十条”及相关实施细则。厦门两岸青年创业创新创客基地和云创智谷入选国家级海峡两岸青年创业基地，累计入驻企业1486家，其中台企200家、台湾创客371人。厦门金门“小三通”出境客轮自动批复、即报即放。首次实现两岸游艇双向直航，厦金游艇直航4批、6艘次，累计开航8批19艘次。通过空港与海港的联动及厦门与金门、澎湖多地联线，促进“旅游+”产业链发展。

【“一带一路”倡议支持】 2018年，自贸区厦门片区拓展国际物流新通道和“海丝”合作新空间。中欧（厦门）班列是全国自贸试验区开出的首条中欧班列、中欧安智贸计划首条铁路试点，已开通厦门至汉堡、布达佩斯、阿拉木图、莫斯科4条国际线路，海铁联运延伸至香港、台湾及莫斯科、东南亚等地区，形成跨越海峡、横贯亚欧的国际物流新通道。中欧（厦门）班列发运175列，比上年增长41.1%；货值33.02亿元，增长50.1%。境外投资服务平台和厦门“走出去”服务联盟建立，围绕基础设施、贸易金融、双向投资、海洋经济、旅游会展、人文交流等领域开展合作。厦门象屿集团投资120亿元建设印尼不锈钢一体化冶炼项目。

【金融创新】 2018年，自贸区厦门片区推动企业开展离岸贸易，选择3家国企开展离岸贸易业务，优化离岸贸易跨境收支。自8月28日启动至年末，结算量15.63亿美元。国家外汇局发布《进一步推动中国（福建）自由贸易试验区厦门片区外汇管理改革试点实施细则》，放宽货物贸易电子单证审核条件、优化调整区内融资租赁外汇管理部分政策、支持发展外汇市场业务（NRA结汇）、扩大跨国公司外汇资金集中运营管理业务的参与主体范围等。国家外汇局支持自贸区厦门片区企业资本项目收入支付便利化试点。

【双自联动】 2018年，自贸区厦门片区、福厦泉国家自主创新示范区联合构建“双自联动”工作协同机制，扶持奖励范围拓展到科技创新和泛知识产权领域。建立“双自联动”联席会议制度，加快自贸区、自创区政策的相互复制拓展。建立新兴行业创新联络服务机制。依托“双自联动”和国家“芯火”双创平台，启动以企业集团供应链为单元的加工贸易监管改革试点和非报关货物管理改革试点工作，实施集成电路产业链保税监管模式改革，首批1.3万美元保税流片产品报关进口，节省进口增值税1.3万元。全省首个在自贸区成立的海外人才离岸创新创业基地挂牌。

【制度创新】 2018年，自贸区厦门片区继续推动制度创新。单一窗口平台新上线税费自报自缴、边检证件办理等13个系统模块，标准版实现货物申报、水运运输工具、空运运输工具、水运舱单四大业务100%申报。新增用户1069家；单证处理量6621.24万票，比上年增长12.34%。该平台在省绩效考评机制创新项目评审中获第一名。自贸区厦门片区获批开展台湾、东南亚等地集装箱货物过境运输业务。部署国际中转集拼系统，开展多货主、多通道、多业态、多国别的国际集拼业务试点。建设海沧铁路中欧班列多式联运监管中心。厦门国际航运中心多式联运项目被列入国家多式联运示范工程试点。建立线上线下公共服务平台，推出“中转服务保障计划”。国际中转实现62.1万标准箱；国际集拼实现10.39万标准箱，增长22.9%。

（郭立群）

厦门海沧台商投资区

【概　况】2018年，厦门海沧台商投资区（简称海沧投资区）完成地区生产总值676.11亿元，比上年增长7.7%；固定资产投资（不含农户）下降4.1%；全区财政总收入174.06亿元，下降3.3%；区级财政收入39.10亿元，增长0.7%。完成外贸进出口总额636.74亿元，增长13.5%；合同利用外资42.01亿元，实际利用外资9.54亿元。全年征地面积127万平方米，交地面积256.96万平方米，拆迁面积73.66万平方米。

【产业发展】2018年，海沧投资区规模以上工业企业329家，完成产值1174.79亿元，实现工业增加值353.37亿元，比上年增长8.9%。其中，产值1亿元以上企业143家，共完成产值1078.2亿元。（1）集成电路产业。通富微电子一期封顶，士兰12吋芯片、士兰化合物项目正式开工，芯舟科技、金柏科技等项目签约。集成电路设计产业园平台加快建设，引进设计类企业15家。首届中荷半导体产业合作论坛、第二届集微半导体峰会在海沧投资区举办，国内外500余家企业、投资机构参加。（2）生物医药产业。盛迪医药等33家企业落户，生物医药产品注册数全省领先，万泰宫颈癌疫苗、艾德生物试剂盒等产品培育取得新突破。45家规模以上生物医药产业企业完成产值142.3亿元，增长17%。海沧投资区与中国生物技术发展中心、国家医药卫生科技发展研究中心等签订战略合作协议。（3）新材料产业。厦钨新能源、金鹭硬质合金项目落户，总投资近60亿元。厦钨三元正极材料项目、厦顺四期建成投产。长塑双向拉伸尼龙薄膜全球市场占有率较高，凯纳石墨烯科研成果批量投入市场。11家规模以上新材料产业企业完成产值181.6亿元，增长17.2%。（4）传统产业。狄耐克等9个项目开工建设，IOI棕榈油等12个项目竣工投产；沙迪克等31个增资扩产项目按计划推进。实现建筑业产值383.53亿元，增长17.7%。黄金珠宝产业园等项目落地。新增市级优质品牌7家，15个产品入选省级名牌。28家企业共实施标准化项目75个。

【高新技术产业发展】2018年，海沧投资区78家企业被认定为国家高新技术企业，比上年增长44.44%。至年末，资格有效国家级高新技术企业162家。全年规模以上高新技术产业工业产值724.71亿元，占规模以上工业总产值61.69%。海沧投资区组织实施科技计划项目13批，财政投入科技扶持资金7774万元。无人机孵化基地、车库咖啡等14家众化空间总孵化面积42270平方米，累计孵化初创企业（团队）1310家（个）、创客人数5313人，孵化出国家级高新技术企业6家、市级高新技术企业14家。是年，海沧投资区国内专利申请量3301件，增长25.56%；国内专利授权量2232件，增长39.5%；有效发明专利拥有量1205件，增长18.72%。海沧投资区出台《进一步加强集成电路产业人才引进培育的若干意见》。完成首批集成电路产业人才政策受理工作，审核通过8家企业105人次，扶持资金833万元。探索开展生物医药高级职称评审改革，申报中高级职称人数增长133%。新增市级以上高层次人才68人，区级高层次人才503人，高层次人才总量居全省各县区首位。发放各类补贴1746万元，人才公寓入住960人次。

【对台合作交流】2018年，海沧投资区审批台商投资项目53个，总投资3741万美元，合同利用台资2544万美元，实际利用台资5949万美元。引入台湾地区集成电路龙头企业芯舟科技（厦门）有限公司。举办“乐业两岸　创享未来”青创先锋汇活动。在全国率先实现台胞社区主任助理村居全覆盖。落实台胞台企同等待遇政策，推出台胞证取号办理行政服务业务，厦门首家台胞独资个体诊所落户海沧。举办第十一届海峡两岸（厦门海沧）保生慈济文化旅游节、2018年海峡两岸（厦门）乐活节、首届海峡两岸乡村振兴论坛、第十届海峡论坛“书院建设与文化自信——海峡两岸国学专家海沧行”、第二届海峡两岸佛医论坛、海峡两岸青少年新媒体文创论坛等活动。接待台湾宗亲、宫庙115个团组4700人次；组织16个团组156人次到台交流。

【海沧保税港区汽车整车口岸】2018年，海沧保税港区汽车整车口岸完成整车进口泊位、关检查验监管场所、整车进口检验检测场站和整车仓储及展示场所等整车口岸首期基础设施建设。2月1日，海沧口岸出具首张整车进口货物证明书，首期30台进口整车用时35天完成口岸清关并被发运到全国各地。至年末，海沧口岸累计进口整车1422辆，进口货值约5700万美元。自贸区厦门片区6家平行进口试点企业均在海沧口岸开展业务。

【台胞社区主任助理村居全覆盖】2018年，海沧投资区新上任35名台胞社区主任助理，连同已在海沧工作的8名台胞社区主任助理，在全国县（区）中率先实现村（居）台胞社区主任助理全覆盖。台胞社区主任助理全职驻点于各街道、村（居），参与乡村振兴和社区治理工作，参与村（居）规划、环境改造、社区书院建设、挖掘村情村史、弘扬耕读文化及促进两岸宗亲交流互动等。该工作2014年启动，台湾社区规划师李佩珍获聘为海沧区首位台胞社区主任助理。

【东南燕都进境毛燕加工平台】2018年，东南燕都进境毛燕加工平台不断完善，毛燕进口进入实操阶段。5月4日，国务院发布《进一步深化中国（福建）自由贸易试验区改革开放方案》，支持厦门建设毛燕进口指定口岸。7月29日，海关总署公布毛燕指定加工企业名单，燕安居实业有限公司作为东南燕都项目的专属配套工厂，是海关总署公告的2家指定加工企业之一，年指标250吨。8月27日，国家燕窝及燕窝制品检测重点实验室合作实验室揭牌，该实验室获厦门海关技术中心独家授权，为全国唯一；10月17日，总投资2.6亿元的东南燕都产业园封顶，计划2019年下半年投产。

【黄金珠宝产业园落地】2018年1月11日，厦门海峡黄金珠宝产业园项目签约落地海沧。2月8日，厦门海峡黄金珠宝产业园有限公司成立。该公司计划在自贸区厦门片区内建设黄金珠宝产业园，主要开展黄金精炼，引进产业链下游企业开展加工、文创设计、商贸、展示业务。其中，园区首个项目黄金精炼厂已落地，计划2019年投产。产业园建成达产后计划每年精炼黄金约100

吨，产值270亿元；加工约50吨，产值135亿元；年工业产值约300亿元，税收约1.5亿元。

【首届中荷半导体产业合作论坛】 2018年3月12日，由中国半导体行业协会、荷兰半导体行业协会主办的首届中荷半导体产业合作论坛在海沧投资区举办，中国、荷兰半导体企业、投资机构代表共200余人参加。该论坛为荷兰与中国半导体产业搭建沟通与交流平台，促进中荷半导体产业创新融合。

【青礁慈济祖宫入选中医药示范基地】 2018年3月20日，青礁慈济祖宫景区入选全国首批国家中医药健康旅游示范基地创建单位（全国73家）。海沧投资区成立专项工作领导小组。青礁慈济祖宫景区将保生慈济文化和闽台中医药博物馆、百草园、中医长廊等景点以及沧江会展中心的海峡两岸中医药文化展示馆进行整合，结合智慧景区建设，建设中医药健康服务设施设备，推动景区旅游业、中医药健康服务产业、养生产业融合发展。

【台湾—厦门—欧洲散货拼箱业务】 2018年10月30日，首批台湾地区散货由台湾高雄港始发，经海运到达厦门港，货物卸船后，在厦门与本地货物集中拼箱，于11月3日搭乘中欧（厦门）班列转运至波兰波兹南。这标志着台湾—厦门—欧洲的散货拼箱业务正式开启，满足台湾客户在货量不足装满一整柜情况下铁路发运的需求，为中小客户搭乘中欧（厦门）班列提供便利。

【海洋赤子纪录片入选全国十佳】 2018年11月，纪录片《海洋赤子——周起元》入选中国电视艺术家协会、中国视协电视纪录片学术委员会评选的第二十四届中国纪录片长片十佳作品。该片为央视“海丝”题材重点纪录片，由中国国际电视总公司、央视纪录国际传媒有限公司、厦门市海沧区广播电视台、厦门文广影音有限公司联合拍摄，于2017年2月15日在厦门海沧开机，2017年8月29日封镜，2018年1月7日在中央电视台纪录频道（CCTV-9）进行首播。周起元为海沧区后井村人，是明末东林党后七君子之一，为官清正廉明、刚正不阿，支持开拓海上航路，保护并鼓励月港和海洋贸易，是明朝中后期海洋文明先驱。

（海沧投资区）

厦门火炬高新区

【概　况】 2018年，厦门火炬高新区（简称火炬高新区）工业总产值2729亿元，比上年增长11.26%，增速比全市高2个百分点；规模以上工业增加值643.68亿元，增长9.6%；固定资产投资230亿元，增长26.1%；实际利用外资30.59亿元。高新技术产业产值占全区规模以上工业总产值比重82.7%，比全市高10个百分点。软件与信息服务业营业收入首次突破1000亿元。位居国家级高新区综合排名全国第十五名，提高5名。国家双创示范基地建设成效受到国务院办公厅表彰。火炬高新区招商服务中心公司化改制经验和运营管理机制在全省推广。

【产业发展】 2018年，火炬高新区新增1亿元以上企业27家。新增入区企业1752家，比上年增长48.2%，企业总数6565家。新增“五个一批”1亿元以上项目138个，新增开工产业项目总数排名全市第一。净增国家级高新技术企业120家，总数775家，占全市47.66%。新增瞪羚企业35家，总数60家，位列全国第八名，提高3名。厦门软件园新增注册企业945家，全园区营业收入1001.2亿元，增长19.4%。千亿产业链中，平板显示产业结构持续优化，半导体和集成电路产业、计算机与通信设备产业保持高速增长。平板显示产业在工业和信息化部国家新型工业化示范基地细分评价中排名第一；火炬高新区被评为全国十大集成电路优秀产业园；软件园综合评价排名全国第七，成长性指标全国第一。

【创新创业】 2018年，火炬高新区推进“双创”（创新、创业）工作。获批建设“大中小企业融通”特色载体并获财政部资金支持。新增美亚柏科、乾照光电2家国家级企业技术中心；天马微电子入选国家技术创新示范企业；3个专利获第二十届中国专利优秀奖；新增入选国家知识产权示范企业3家，知识产权优势企业4家。厦门高新技术创业中心获中国技术创业协会科技创业孵化贡献奖（全省唯一）。新增市级专业科技企业孵化器4个，占全市57%；新增省级众创空间4个。3家国家级孵化器新增入孵企业230余家，孵化毕业36家。厦门高新技术创业中心入选国家创新人才培养示范基地。新引进和培育国家省市各类高层次人才410人次，居全市第一，其中千人计划3人、台湾特聘专家54人；火炬高新区拨付各类人才创业扶持资金7608.65万元。首批火炬台湾实习生计划完成。火炬高新区知识产权服务中心成立。“创新券”扶持力度和覆盖范围加大，新增26家高水平创新券服务机构。科易网技术交易促成115个技术项目落地，比上年增长82%。清华大学半导体工业技术研究院设立。中以合作项目（厦门）孵化中心及高新区驻以色列办事处在以色列设立。健康医疗大数据产业联盟增加会员8家。人工智能产业技术与应用联盟成立。

【园区建设】 2018年，火炬高新区推进产业载体平台建设。同翔高新技术产业基地起步区投资41亿元，新增招商用地42.4万平方米，落户产业项目24个。厦门软件园三期建成面积160万平方米，入驻企业超1000家，员工突破2万人，营业收入176.1亿元。嘉福人才公寓交房535套；厦门软件园三期人才公寓投入使用2771套；火炬国际学校开工建设。

【营商环境】 2018年，火炬高新区进一步简化企业行政许可、备案材料，审批服务事项通过“智慧火炬”平台或市级平台，全部实现“最多跑一趟”。加强“火炬政务协同系统”建设，19项区级政策兑现项目实现网上审批。火炬高新区管委会走访企业2013家，协调解决企业困难和问题1927个。开展房易贷、税易贷业务，破解企业无抵押贷款难问题，覆盖中小企业逾600家，累计融资余额超过6亿元。兑现政策扶持资金26.56亿元。

（陈智明）

责任编辑：林建高
审　　稿：阳晓儒
校　　对：胡　恩

15 农业·水利

农　业

【概况】 2018年，厦门市以产业兴旺为重点、生态宜居为关键、乡风文明为保障、治理有效为基础、生活富裕为根本，推动农业全面升级、农村全面进步、农民全面发展。全市农村居民人均可支配收入22410元，比上年增长9.5%，总量位居全省首位，增长幅度位列全省第二，为“十三五”以来最好水平。其中，工资性收入14845元，增长9.9%，占66.24%；经营净收入5202元，增长6.2%，占23.21%；财产净收入965元，增长9.8%，占4.31%；转移净收入1398元，增长19.1%，占6.24%。农林牧渔业总产值47.24亿元，增长2.3%。其中，农业产值22.60亿元，增长7.2%；林业产值0.28亿元，下降15.9%；牧业产值11.08亿元，下降16.0%；渔业产值8.04亿元，增长28.6%；农林牧渔服务业产值5.24亿元，增长1.0%。

【现代农业发展】 2018年，厦门市农业局（简称市农业局）落实10万亩（6666.67万平方米）、3.5万吨粮食播种面积和产量指导性计划，划定全市2万亩（1333.33万平方米）水稻生产功能区。全市完成主要农作物机耕面积5.54万亩（3693.33万平方米），综合机械化率47.2%。市农业局推动同安国家农业科技园区、省级现代蔬菜产业园、厦门海峡农业高新技术园和同安区省级农民创业示范基地、翔安区省级农民创业园建设。厦门市新建设施农业项目12个、面积492.65亩（32.84万平方米），翔安区创建2个旱地作物生产全程机械化示范点，同安区创建1个水稻生产全程机械化示范点。全市引进农作物新品种200个，完成非主要农作物品种登记18个。农友种苗等5家种子企业入选2018年度省级重点农作物种子企业，占全省50%。全市建设农业标准化生产示范基地21个，新增农产品质量安全可追溯点11个。在追溯平台上备案的食用农产品生产主体700多家。农业农村部对厦门市蔬菜、水果和畜禽产品例行监测合格率分别为95.31%、96.36%和99.17%。全市未发生重大农产品质量安全事件。

【都市现代农业产业链】 2018年，厦门都市现代农业全产业链实现收入829亿元，比上年增长12.1%。厦门市推进集美汽车小镇、集美动漫小镇、翔安大嶝台贸小镇等特色小镇和汀溪特色小城镇建设，提升改造保留村，打造一批特色小镇和乡村旅游精品线路。加快农业产业项目建设，1000万元以上投资项目39个，其中在建29个、谋划10个。大帽山境、香山乡苑等项目加快推进。44家农业产业化龙头企业销售收入550亿元，增长12%。厦门市有全国农业产业化龙头企业500强7家。乡村休闲旅游总收入8.4亿元，接待游客约650万人，增长16%。同安区白交祠村、翔安区马塘村入选2018年中国美丽休闲乡村。厦门市承办中国绿色食品博览会暨中国国际有机食品博览会，举办农民丰收节等展销活动。厦门百利种苗有限公司、厦门如意食用菌生物高科技有限公司被确定为省级农业物联网示范点。厦门市扶持智慧农业发展，支持农副产品各类直供直销新型业态发展，推动开展岛内农产品智能直供直销试点。

【农村生态环境建设】 2018年，厦门市开展30个村庄的美丽乡村建设，14个村获评省级美丽乡村建设示范村。全市完成346个自然村农村生活污水分散式治理和262个自然村农村生活污水截污纳管，新建改建农村公厕15座。累计推广测土配方施肥面积24.84万亩（165.6平方千米），施用有机肥3.42万吨，开展耕地质量监测点7个。市农业局实施废弃物资源化利用行动，备案规模畜禽养殖场66家，畜禽粪污综合利用率89.03%，其中63家生猪养殖场设施装备配套率100%。建设“绿色高效技术推广示范基地”4个，推进同安区和翔安区水稻、玉米等作物的秸秆还田利用试点项目建设。厦门市建设安全生态水系项目81个，基本覆盖243千米的任务河段；完成水土流失综合治理1.18万亩（786.67万平方米）；森林生态修复（林相改造）完成投资7984万元，完成森林生态修复造林17961亩（1197.4万平方米）、森林抚育13000亩（866.67万平方米）。

【农村改革推进】 2018年，厦门市推进农村土地确权颁证，确权登记数据库成果于6月在全省率先通过农业农村部检查验收。厦门市被列入2018年全国整市农村产权制度改革试点单位，全市318个村（居）及2516个有独立资产的小组全面完成集体资产清查核实工作，在全省率先完成农村集体资产清产核资工作。制定《关于完善农村土地所有权承包权经营权分置办法的实施意见》，落实农村土地集体所有权、保护农户承包权、放活农村土地经营权，促进农村土地经营权有序流转。全市6个农垦国有农场由各区政府批复并设立国有农场社区，国有土地使用权确权登记发证率99.8%，全市农场职工参保率100%。全市有农民专业合作社1955家、家庭农场437家。完成新型职业农民相关培训0.5万人次，认定市级新型职业农民培育示范基地10个。

【城乡公共服务】 2018年，厦门市推进“四好”（建好、管好、护好、运营好）农村路建设，成立全省首个市级路长办。重点推进农村公路建设和改造工程84个，新改建农村公路36千米。完成4个村（居）自来水改造，建设山区村安全饮水工程2个。实现农村地区所有行政村第四代移动网络全覆盖，光缆建设全到位，农村宽带99%具备带宽50兆端口提供能力。落实名校出岛战略，建设厦门一中、双十中学、外国语学校、科技中学等岛外分校，保证各区至少有2所优质高中。实施农村义务教育提升计划，遴选60个农村义务教育学校质量提升改革实践项目进行培育，推动城区义务教育学校与农村薄弱学校开展合作办学。提升农村医疗卫生服务水平，岛外11家社区卫生服务中心、13家镇卫生院、278家村卫生所、6家社区卫生服务站（分中心）全部完成标准化建设。提高民生保障水平，给予招用厦门市农村劳动力的企业社保补差3.3亿元。城乡居民基本医疗保险筹资标准提高至930元，大病综合保障额度提高至50万元。新建农村幸福院30家，累计建成108家。

【农村社会治理】 2018年，厦门市开展文明村镇创建活动，18个村镇被评为省级文明村镇，26个村镇被评为市级文明村镇。全年完成8个达标镇（街）文化站和97个村（社区）文化中心标准化建设，建成农村社区书院37家。构建“党建引领，互动共治”的农村社区治理机制，2个村获评全国农村社区建设示范单位，31个村获评省级农村社区建设示范单位。厦门市推进法治乡村建设，全市38个镇（街）全部建立法律援助联络站，有503个村（社区）聘请法律顾问；开展“家安工程”建设，选取部分社区、小区、自然村作为无盗小区创建试点；开展农村“雪亮工程”建设，全市133个较大行政村中有120个行政村实现公共安全视频联网接入。开展农村扫黑除恶专项斗争。

【乡村振兴】 2018年，厦门市成立市委实施乡村振兴战略领导小组及办公室，设立11个专项小组，建立联席会议制度、工作情况报告制度、工作联络机制和绩效考核制度。编制完成《厦门市乡村振兴战略规划（2018—2022年）》《厦门市村庄空间布局规划（2018—2035年）》《厦门市实施乡村振兴战略三年行动计划及工作纲要》，确定编制乡村振兴规划行政村98个。策划生成项目988个，总投资1074亿元，2018年完成投资55亿元。推动试点先行，以“梯次推进、因地制宜、突出特色、彰显亮点”为原则，确定乡村振兴市级示范村20个。

（杨凤阁）

种植业

【概况】 2018年，厦门市农作物总播种面积32.54万亩（216.93平方千米），比上年下降4.1%；粮食总产量2.29万吨，下降6.1%。其中，粮食播种面积6.02万亩（40.13平方千米）。蔬菜播种面积22.62万亩（150.8平方千米），增长2.0%；蔬菜总产量51.45万吨，增长7.7%。水果播种面积9.07万亩（6046.67万平方米），下降13.3%；水果总产量7.32万吨，增长8.9%。食用菌总产量2.9万吨，增长17.4%。（见表15–1）

【农业基础设施建设】 2018年，厦门市农业局下达年度农业设施建设市级补助资金5000万元，其中同安2500万元、翔安1500万元、集美500万元、海沧500万元。新建项目12个，各类设施共计492.65亩（32.84万平方米），项目总投资10566万元。

【农作物病虫害防控】 2018年，厦门市农业局做好日常病虫测报、病虫害发生危害情况调查、病虫防治指导，组织完成早晚季中后期病虫草鼠发生趋势分析，发布病虫情报15期。做好农药科学安全使用技术宣传、农作物病虫害统防统治和绿色防控等工作，在全市建立7个绿色防控与统防统治融合示范点，示范推广生态调控、物理诱避、生物防治等绿色防控单项技术。通过示范推广，化学农药使用量比上年下降5%。

【农产品质量安全监管】 2018年，厦门市农业局开展农产品质量安全监测，抽检2097批次。其中，种植业产品抽检1719批次，合格率98.95%；畜禽产品抽检378批次，合格率98.41%。种植业产品快速检测27276批次，瘦肉精检测12497批次。推进“一品一码”全过程追溯体系建设，对食用农产品生产企业、农民专业合作社、家庭农场等生产主体数量、名称、产业类型、生产规

表15–1 **2018年厦门市主要农作物种植情况表**

品 种	播种面积（平方千米）	播种面积比上年增长（%）	产量（万吨）	产量比上年增长（%）
水 稻	19.73	–11.85	1.10	–16.69
甘 薯	8.87	9.67	0.56	10.79
马铃薯	8.13	3.51	0.48	4.58
油料作物	12.93	2.65	3.80	6.74
蔬 菜	150.73	1.98	51.45	7.75

2018 年农产品质量安全宣传周期间，工作人员进村宣传　　（苏春森　摄）

模、销售渠道等信息进行摸底，追溯平台上主体备案追溯点新增 11 家，累计 700 多家。

【农业生产质量安全宣传】 2018 年，厦门市开展农机（农药）安全生产月、农产品质量安全宣传周、放心农资下乡等进村宣传活动 32 场，发放国家禁限用农药、禁用兽药规定、法律规定的假劣农资等宣传单 3.2 万张，农机安全生产知识手册、农机用户购机指南等宣传手册 2800 多本，宣传购物袋 2900 多个，有机肥料 1.5 吨，农药 600 多瓶，蔬菜种子 1800 多包，法规知识问答卷 2800 余份；开展打击私屠滥宰、农业植物检疫普法等农产品质量安全相关培训 24 场，发放宣传材料 3.15 万份。市农业局通过各种媒介宣传农产品质量安全工作，在中国食品安全网、海西食安等新闻媒体上发表《厦门农业局着力构建农产品“全链条”追溯体系》等 40 多篇报道；牵头推动厦门市 9 家农产品追溯点，与沃尔玛（中国）投资有限公司、福建欣璟源农业发展有限公司联合举办“挖掘厦门农产品好商品暨可追溯蔬菜发布会”，打造具有厦门特色的从田间到餐桌的农产品采购供应信息化可追溯模式，助推厦门市农产品“一品一码”追溯管理。

【种子种苗产业】 2018 年，厦门市持有种子生产经营许可证的企业 28 家，占全省 30%，居全省首位。农作物种子种苗销售总额 3.2 亿元，优良蔬菜瓜果品种嫁接苗年产 1.2 亿多株。5 家种子企业入选 2018 年度省级重点农作物种子企业，农友种苗（中国）有限公司列入国家级“育繁推一体化”农作物种子企业。全市引进和选育优质、专用、特色农作物新品种 200 多个，50 多个蔬菜品种取得非主要农作物品种登记证书。建立 8 个优质、特色农作物新品种展示示范点，面积 391 亩（26.07 万平方米），展示示范 50 多个农作物新品种。农作物新品种推广面积 30 万亩（200 平方千米）；农作物良种覆盖率 98.4%。市农业局抽查农作物种子种苗生产经营企业 10 家，抽取蔬菜种子样品 31 个，抽检合格率 100%。

【平安农机建设】 2018 年，厦门市农机总动力 36.48 万千瓦，主要农作物机耕面积 8799 万平方米、机收面积 2289 万平方米、机播面积 306 万平方米，全市农作物耕种收综合机械化率 47.2%，其中水稻综合机械化率 63.8%。农机购置补贴资金 577 万元，受益农户 898 户，补贴机具数量 1361 台，补贴机具销售总价 1407 万元。拖拉机牌证数 3525 台，其中有效在册数 1758 台，持有效拖拉机驾驶证数 2296 人。拖拉机年检 850 台，拖拉机驾驶员考试 18 人，换发拖拉机驾驶证 256 本。全市组织农机安全执法及宣传 96 次，出动执法人员 273 人次，查处拖拉机违法行为 45 台次，其中逾期未年检 36 台。发送农机安全宣传短信 6522 条，发放各类宣传材料 8265 份，给机手发放倡议信 595 份。全市农机在道路以外的田间、场院和村道等作业场所未发生安全生产事故，连续 12 年保持农机事故“零”死亡。

【农业技术服务】 2018 年，厦门市建立乡镇农技员队伍和专家服务队伍，其中村级农民技术员 98 人、市区级农业专家 49 人，实行视频咨询专家值守工作制度。市农业局通过科技、文化、卫生“三下乡”等形式宣传、推广和指导农业新品种、新肥料、新技术、新机具使

2018 年，市农业局组织人员参加“三下乡”活动　　（方凡　摄）

用，累计发放宣传资料 400 多册，《厦门市种植业绿色推广技术实用手册》100 册，参与发放优质新品种种苗 8 种 1000 多株。开展全市村级农民技术员培训，250 人次参训。全年接到“12316”热线电话 2643 人次；接待群众来访 784 人次；现场指导 881 次，参加人数 3261 人。举办各类技术培训 123 场，农技员或农户参训 6220 人次。各级农技人员下乡指导 746 次，参加群众 2560 人次，挽回经济损失 406 万元，增创经济效益 355 万元。

【化肥减量】 2018 年，厦门市累计完成测土配方施肥面积 24.84 万亩次（165.6 平方千米），技术覆盖率 95% 以上，年化肥使用量 1.19 万吨，比上年下降 4%；累计推广应用商品有机肥、堆肥和其他农家肥面积 24.06 万亩（160.4 平方千米）；秸秆通过机械粉碎还田、覆盖还田、马铃薯种植夹心还田等方式，共还田 6.69 万亩（44.6 平方千米）。全年举办 8 期（场）有关减少化肥使用量、科学施肥培训，农业企业、家庭农场、种植大户技术人员 1360 多人次参训。推进同安区五显镇、莲花镇实施整建制应用缓控释配方肥，结合推广测土配方施肥技术，施用壳灰（生石灰）进行土壤酸性中和及重金属钝化治理；建设并开展省、市级共 7 个耕地质量监测点的监测工作。

【农业品牌建设】 2018 年，厦门市农业局做好无公害农产品认证与监管工作，组织人员检查厦门市川祥生态农业专业合作社和厦门市鑫美园果蔬专业合作社的无公害农产品产地。组织 4 家企业参与 2017 年度福建省著名农业品牌评选认定工作，全年新认证绿色食品产品 8 个，比上年增长 60%。参与举办第十九届中国绿色食品博览会。

（杨凤阁）

林　业

【概况】 2018 年，厦门市完成营造林 3270.7 万平方米，占年度任务的 178.5%；完成森林抚育 2042.7 万平方米，占年度任务的 306.4%。完成林地补充面积 1200 万平方米。森林覆盖率从 42.05% 上升到 42.07%。厦门市林业局（简称市林业局）持续推进林相、林分改造，对岛内狐尾山等山体森林景观进行提升改造。推进重点项目林地要素保障工作，批准使用林地 22 个项目 55.5 万平方米。推进重点生态区位商品林调整试点改革，完成 141 万平方米的森林资源调查和建档工作，占年度任务 196.8%。编制完成《厦门市湿地保护修复工程“十三五”实施规划》，将湿地资源现状布局图纳入厦门市“多规合一”平台。全市森林综合保险投保覆盖率 100%，居全省前列。推进集体林权制度改革，汀溪、祥溪国有林场体制改革通过省国有林场改革验收。下发《厦门市市政园林局关于加快推进集体林权制度改革工作的通知》，做好与农村集体产权制度改革衔接工作。推进林地林木资产股权量化工作，在海沧区启动厦门市第一起重点生态区位商品林赎买，面积 2.13 万平方米。开展坂头林场水源地环境整治，完成果林清退和复绿整治 18.87 万平方米。实施乡村生态景观林建设，编制完成《厦门市乡村生态景观林建设指南》，指导督促各区结合全市 21 个试点村、8 个示范村推进生态环境和村庄绿化工作。开展世界野生动植物日宣传活动。厦门市森林公安局落实森林防火责任制，强化进山火源管控，建设生物防火林带 38 万平方米，全市无发生森林火灾。至年末，厦门市累计完成森林资源规划设计样地调查 1144 个，完成林地小班区划调查 66106.7 万平方米。

·小资料·

林相：“森林的外形”。一是指林冠的层次，分成单层林和复层林；二是指森林的林木品质和健康状况。

林分：指内部特征大体一致而与邻近地段有明显区别的一片林子。

【国家森林城市创建】 2018 年，厦门市编写完成《厦门市森林城市规划实施总体情况报告》3 万余字。成为全省第一个通过国家林业与草原局综合审评复查的国家森林城市。厦门市 2013 年获“国家森林城市”称号，持续把森林城市建设作为生态文明建设、改善人居环境和为民办实事的重要抓手。2018 年，森林覆盖率从 42.05% 上升到 42.07%，城市森林网络等 5 个大类 40 项指标均达到或超过国家评价标准。

【涉林犯罪打击】 2018 年，厦门市森林公安局部署开展“扫黑除恶”专项斗争、“绿剑 2018”专项打击及缉枪治爆、禁种铲毒等 13 次专项行动。全年受理案件 50 起，立刑事案件 29 起，强制措施 39 人次，移送起诉 22 起 37 人次，不予立案移送相关主管部门处罚 14 起，提请批准逮捕 3 人次。协助各级林业部门查处林政案件 82 起；协助外省市森林公安机关查处案件 10 起，调查取证 25 人次，抓获在逃人员 5 人。开展“严打生态犯罪　护航美丽厦门”破积案攻坚行动，梳理至 2017 年年底未破的各类涉林刑事案件 36 起，各办案单位共清理积案 13 起，积案下降率 36%。

【有害生物防治】 2018 年 2 月 2 日，国家林业与草原局发布 2018 年第二号公告，解除思明区松材线虫病疫区疫情，厦门市实现岛内无松材线虫病疫点目标。市林业局编制完成《厦门市 2018—2022 年松材线虫病综合防控总体方案》。简化植物检疫审批程序，办理“植物检疫证书”174 件，调运木材 6907.2 立方米，苗木复检 10 万多株。全市林分改造面积 198.8 万平方米，完成率 100%；清理松枯死木（含受灾木）超 12 万株，捕获天牛超 88 万只。

【森林防火】 2018 年，厦门市无森林火灾。全市各森林防火单位召开森林防火专题会议 229 场次，抽调人员 900 人组成近 200 个检查组开展督查；布设宣传标语 10780 个，新设固定宣传牌 200 块，分发宣传单 58.7 万张，出动宣传车 242 台次，开展扑火演练 42 场次共 1100 多人参与。重点防火期间，启动或增设路口防火哨卡 300 多处，增派临时护林员 500 人，总人数 1200 多人。推进森林防火监控系统建设。市防火办获市财政资金 418 万元，对遭受“莫兰蒂”超强台风袭击受损的市森林防火监测预警指挥系统升级改造，9 月竣工验收投入使用，监控预警范围覆盖思明区、湖里区、坂头林场、汀溪林场。岛外各区自主建设监控预警系统逐步启动，同安区投入 482 万元，11 月项目完工验收；翔安区项目进入施工阶段；集美、海沧区完成项目前期设计。

（方　泓）

畜牧业

【概况】2018年，厦门市肉蛋奶总产量2.87万吨，比上年下降31.5%。其中，肉类产量2.45万吨，下降17.2%；禽蛋产量0.42万吨，下降65.0%；奶类产量32吨，下降87.4%。家禽存栏106.79万只，下降50.7%，其中存栏专用型蛋鸡4万只、专用型肉鸡43.46万只、兼用型鸡11.83万只、肉鸭47.32万只、鹅0.18万只。家禽出栏412.25万只，下降38.2%。家畜存栏15.25万头。生猪存栏14.87万头，下降12.9%；能繁母猪存栏1.47万头，下降13.5%。生猪出栏24.34万头，下降15.0%。牛存栏0.21万头，下降68.7%；出栏0.64万头，增长52.4%。羊存栏0.17万头，下降37.0%；出栏0.31万头，增长40.9%。蜜蜂存栏0.62万箱，下降7.5%；蜂蜜产量128.9吨，下降21.9%。

【重大动物疫病防控】2018年，厦门市农业局组织全市畜牧兽医工作人员参加全国、全省2018年重大动物疫病防控工作视频会议。组织召开全市畜牧兽医工作会暨重大动物疫病防控工作会议。开展秋季重大动物疫病防控。全年开展H5动物流感、H7动物流感、新城疫、猪瘟、高致病性蓝耳病、口蹄疫、猪流行性腹泻病毒、狂犬病、小反刍兽疫等抗体、病原和流行病学监测12863份。重大动物疫病群体免疫密度维持在90%以上，应免畜禽免疫密度100%，重大动物疫病平均免疫抗体合格率均超过农业农村部规定的70%的合格率。市农业局推进动物疫病防控支持政策实施，简化“先打后补”申报程序，13家生猪养殖场报批口蹄疫“先打后补”补助资金12.7万元，比上年增长200%。非洲猪瘟疫情防控应急指挥部成立，对生猪产品调运继续实施差异化管理，强化生猪及生猪产品检疫，监测排查养殖场生猪，强化消毒灭源工作。

【动物卫生监督】2018年，厦门市屠宰检疫生猪146.87万头、牛羊2.93万头、家禽251.74万只，检出不合格生猪1971头。产地检疫生猪23.74万头、牛1986头、家禽24.21万只。动物产品检疫申报点受理动物产品申报检疫5.46万吨，未发现不合格动物产品。犬、猫、鸽等动物运输检疫出证150份。查处45件有关动物卫生监督违法案件，共处罚没款49334元。其中，违反动物检疫案件44件（简易程序33件、一般程序11件），违反牲畜屠宰移交公安部门处理案件1件。市动物卫生监督所关于未取得动物诊疗许可证从事动物诊疗活动案件被福建省农业厅评为优秀案例。

2018年，厦门检疫人员开展屠宰生猪现场检疫　　（苏春森　摄）

【“瘦肉精”监管】2018年，厦门市开展51794头份的“瘦肉精”快速检测工作，其中屠宰场抽检44777头份、养殖场7017头份，检测项目包括盐酸克伦特罗、莱克多巴胺及沙丁胺醇3个项目。超额完成省级下达的屠宰场生猪“瘦肉精”监测任务，共抽样5700头份，均未检出“瘦肉精”阳性。

【牲畜屠宰监管】2018年，厦门市组织各私宰易发地段不间断全覆盖日常巡查1005次，出动人员6893人次，查处私宰窝点67个次，罚没生猪149头，猪肉10.05吨，捣毁生猪私宰窝点63个。给予行政处罚1起，抓获犯罪嫌疑人2人，移送公安立案1起。办结“12345”便民服务中心转办、公共安全平台转办、群众反映有关牲畜私屠滥宰等问题的举报53件。

【畜禽养殖示范创建】2018年，厦门市7家生猪养殖场参加省级畜禽养殖标准化示范创建活动，其中厦门嘉烨兴农业科技有限公司、厦门市振坤记养殖有限公司、厦门白云山生态农业有限公司、厦门市霞彬农牧发展有限公司、厦门市鑫家华养殖有限公司5家生猪规模养殖场通过验收。市农业局组织开展畜禽养殖场标准化示范基地建设工作，提升厦门市畜禽养殖畜牧规范化、现代化水平。至年末，累计完成40家畜禽养殖标准化示范基地建设任务。

【饲料兽药行业管理】2018年，厦门市农业局开展饲料质量安全风险监测，检测饲料样品100批次，检测重金属、违禁物质、水份、粗蛋白等项目。开展饲料质量安全监管，全覆盖检查辖区内饲料和饲料添加剂生产企业。开展饲料行业粉尘防爆专项整治行动，第三季度完成粉尘涉爆专项整治现场检查，饲料和饲料添加剂生产企业主要负责人均签订安全生产承诺书。8月22—24日，省农业厅到厦门开展兽药生产企业督查，抽查兽药经营企业和养殖场。

【畜禽养殖废弃物利用】2018年，厦门市农业局制定《厦门市畜禽养殖废弃物资源化利用实施方案》，成立厦门市畜禽养殖废弃物资源化利用工作领导小组，出台《厦门市畜禽养殖废弃物资源化利用工作考核办法（试行）》，对全市规模养殖场进行梳理，实现养殖场、粪污资源化利用机构基础信息联网管理，信息直联直报。市农业局和市环保局组织开展养殖废弃物资源化利用督查工作，重点督导养殖企业粪污处理设施使用情况。全市畜禽养殖废弃物综合利用率 89.03%，比省定目标高 9.03 个百分点，比市年度目标高 4.03 个百分点。规模畜禽养殖场粪污处理设施装备配套率 98.44%，比省定目标高 13.44 个百分点，达到市政府年度目标要求。其中，63 家生猪养殖场设施装备配套率 100%。

（杨凤阁）

渔　业

【概况】 2018 年，厦门市各级渔业主管部门促进水产种苗升级，推进加工流通提质增效，发展远洋渔业，提升休闲渔业水平，加强渔业生态保护，落实惠民政策，促进渔业增效、渔民增收和渔业经济可持续发展。水产品质量产地抽检合格率 100%，农业农村部市场例行监测合格率 99%，位居全国前列。渔业生产安全平稳，未发生安全生产事故。渔业总产值 70.20 亿元，比上年增长 52.83%，其中渔业产值 11.91 亿元、渔业加工及制造产值 23.13 亿元、渔业流通和服务业产值 35.15 亿元。渔业产值中，捕捞产值 3.91 亿元，养殖产值 3.88 亿元，苗种产值 4.12 亿元。水产品总产量 7.05 万吨，增长 28.60%。其中，水产养殖 1.99 万吨，捕捞产量 5.06 万吨。生产对虾苗 2077 亿尾，下降 0.67%。水产加工量 12.81 万吨，下降 4.33%。夏商国际水产交易中心总交易量 19.71 万吨，增长 133.25%；交易额 103.19 亿元，增长 213.08%。全市渔业乡 4 个，渔业村 25 个，渔业户 16652 户，渔业人口 51026 人，渔业从业人员 23651 人，其中专业从业人员 13045 人、兼业从业人员 7523 人、临时从业人员 3083 人。厦门大学科研团队培育的绿盘鲍和方斑东风螺“海泰 1 号”水产苗种新品系，通过全国水产原种和良种审定委员会审定。

【休闲渔业】 2018 年，厦门市海洋与渔业局（简称市海渔局）推动策划高崎渔港渔市游项目，形成高崎渔港渔市游初步方案。促进观赏鱼产业发展，全市营业额超 1 亿元的观赏鱼企业 78 家。小嶝休闲渔村从业人员超 100 人，产值近 1000 万元。11 月 9—11 日，第十一届中国（厦门）国际休闲渔业博览会在厦门会展中心举办，展会面积 1.1 万平方米，展位 510 个，参展企业 150 多家，意向交易金额 5700 多万元，参观人数近 4 万人。同期举办全国第三届休闲渔业高峰论坛暨农业农村部休闲渔业带头人管理培训班。

【远洋渔业】 2018 年，厦门市远洋渔业企业 5 家、远洋渔船 106 艘、船网指标 38 艘，作业海域分布北太平洋以及几内亚、缅甸、莫桑比克，拥有印尼、缅甸、几内亚等境外远洋渔业基地 8 个。远洋渔业捕捞总产量 4.76 万吨，产值 3.07 亿元，渔获物回运厦门 3.88 万吨。

【水产品加工利用】 2018 年，厦门市水产批发市场交易量 17 万吨，比上年增长 99%；交易额 103 亿元，增长 210%。福建安井公司被农业农村部评为国家冷冻调理水产品加工技术研发专业中心。高崎渔港从台湾进口活石斑鱼 50 船次、800 多吨，货值近 400 万美元。厦门市通过项目带动培育一批水产品加工与综合利用企业。其中，厦门洋江食品有限公司以牡蛎为主要原料，开发牡蛎蛋白肽粉，开展规模化生产；厦门东海洋水产品有限公司从水产加工品下脚料中提取牛磺酸，年产 15.5 吨；岛之源生物科技有限公司优化超低温鲜鲍产业化生产工艺，开发鲍鱼多糖、牛磺酸和鲍鱼蛋白肽综合利用制备技术。

【水产品质量安全监管】 2018 年，厦门市海渔局应对泉港海域化学品泄漏事件，防止突发事件海域问题水产品进入厦门市场。继续推进国家食品安全城市创建工作，加强水产品质量安全“一品一码”追溯体系建设，健全完善水产品安全监管、监测、应急等各项制度。完成药残、重金属、贝毒等各类监测抽检 777 次，占年度任务的 130%。接受省海渔局水产苗种和水产品监督抽查 18 批次，合格率 100%。农业农村部水产品质量安全市场例行监测中，厦门市全年合格率 99%，居全国首位。

【渔业科技培训】 2018 年，厦门市海渔局组织编写《渔业培训》和《互联网 + 渔业电子商务培训》教材 2 册。聘请厦门大学、集美大学、东海学院、海洋职业学院、福建省水产研究所等专家、教授，建立专家队伍为渔民授课及现场讲解咨询。通过村委会、培训机构、各区水产渔业协会等开展送训上门，将培训从课堂延伸到渔村、渔场。全年组织集中培训 17 期，参训渔农 1674 人次。其中，“互联网 + 渔业”培训 6 期 602 人次；职业技能鉴定 2 期 95 人次，94 人获得职业技能鉴定证书；水产品质量安全“一品一码”追溯管理培训 3 期 180 人次；水产品质量安全应急处置培训 2 期 144 人次；渔船民培训 4 期 429 人次。

【发展中国家海洋渔业产业交流对接会】 2018 厦门国际海洋周期间，厦门市举办 2018 年海上丝绸之路国家海洋管理与蓝色经济发展部级研讨班暨发展中国家海洋渔业产业交流对接会。来自中国、几内亚、斯里兰卡、柬埔寨、利比里亚、土耳其、马来西亚、菲律宾、越南、泰国、印度尼西亚等 15 个国家的政府部门官员、企业代表以及海洋领域的专家学者出席。15 家厦门市海洋渔业企业及 12 家福建省海洋渔业企业参与对接。

【渔船渔港管理】 2018 年，厦门市海渔部门检验渔业船舶 1431 艘次，办理渔业船员证书 415 本。全市登记在册渔业船舶 1412 艘。其中，捕捞渔船 764 艘，总吨位 2274.5 吨，主机总功率 5366.81 千瓦。捕捞渔船按作业类型分：拖网渔船 1 艘，灯光围网 3 艘，刺网渔船 640 艘，张网渔船 2 艘，钓业渔船 11 艘，其他杂渔具渔船 107 艘。在册渔港 4 个，其中中心渔港 1 个、群众渔港 3 个。澳头对台渔业基地二期起步工程完成初步设计、施工图审查等前期工作。

【渔业安全生产】 2018 年，厦门市海渔局开展厦门市海洋与渔业安全生产大检查、海洋与渔业安全生产执法专项行动、渔业安全生产专项大整治行动、年底海洋与渔业安全生产大排查大整治行动等。上半年对各区渔业行政主管部门开展安全生产目标责任暨渔业安全生产专项督查，全年组织厦门市海洋与渔业安全演习 2 次。全市渔业安全生产形势平稳，渔业安全生产“零事故”，渔港避险设施建设到位，渔船通导在全省先行投入实用。

【增殖放流】 2018年，厦门市海渔局放流3.38亿尾海洋生物，超额完成全年增殖放流计划。其中，放流平均规格全长5厘米以上的大黄鱼59.33万尾；平均规格全长5厘米以上黄鳍鲷苗98.93万尾，黑鲷64.45万尾，花鲈48.65万尾；平均规格同胸甲宽5厘米以上三疣梭子蟹319.22万尾；平均规格全长0.8厘米以上的日本对虾1.3亿尾；平均规格全长1厘米以上长毛对虾2.01亿尾。是年，厦门市继续与金门共同开展增殖放流，增加放流数量，放流品种增至9个。6月8日全国海洋宣传日活动当天，在厦金海域放流小鱼77万尾。

【渔业专项发展】 2018年，厦门市3项渔业项目获市海洋与渔业发展专项资金立项。其中，“基于全基因组信息的鲍鱼良种培育及示范应用”项目由厦门大学承担，总投资504.48万元，该项目计划培育鲍新品种（系），构建新品种种苗扩繁技术和配套养殖技术，进行养殖推广示范；“海马苗种繁育及养殖技术产业化应用示范”项目由厦门小嶝水产科技有限公司承担，总投资1190.7万元，该项目计划解决海马亲鱼人工繁育的难题；“利用微卫星选育技术实现对虾种业自主创新产业化示范”项目由亚太海洋生物科技（厦门）有限公司承担，总投资3659.7万元，该项目计划选育适合中国养殖的优质对虾新品系。

（林月叶　王依璐）

水　利

【概况】 2018年，厦门市平均降雨量1290.2毫米，属偏枯水年。地表水资源量9.42亿立方米，地下水资源量2.86亿立方米；扣除重复计算量后水资源总量9.42亿立方米，比历年平均水资源总量减少23.67%；以年末常住人口计算，人均水资源229立方米。全市供水总量6.73亿立方米，其中供水量地表水最大，占92.35%；用水量城镇居民最高，占31.67%。

【防汛抗旱】 2018年，厦门市先后启动防御暴雨应急响应16次、防御台风应急响应8次。在防御“5·7”特大暴雨和“6·22”暴雨袭击工作中，未出现因灾人员伤亡。其中，“5·7”暴雨3小时最大降雨量274毫米，1小时最大降雨量107毫米，分别为有记录以来极值的2.5倍、1.2倍。厦门市防汛抗旱指挥部（简称市防指）将厦门大学、轨道集团等易涝区域责任单位纳入成员单位，并细化海上航线、跨海大桥（高架桥）关停与恢复的工作流程。市防指编制镇级防汛指挥“一张图”，完成市、区、镇（街）防汛高清视频会议系统建设，完善基层防汛预报预警体系。推行避险转移“明白卡”，发放入户并开展演练。全市完善村级预案538个，核实各类危险区域需转移群众6499人，开展转移演练的行政村289个、参加人数8216人，完成计划数100%，做到危险区域建档立卡群众演练全覆盖。2017年9月至2018年6月，厦门市持续长时间无有效降雨，出现气象特旱，累计降雨量比常年同期偏少50%，导致全市水库蓄水量严重不足，其中汀溪水库群蓄水量最少时比常年同期偏少45%。市防指采取系列应急供水保障措施，投入抗旱资金1074万元，增加各类供水水源2863万吨，保障同安、翔安2个区近100万人口生活生产用水，增加农业抗旱浇灌面积1220万平方米。

【水利工程建设】 2018年，福建省水利厅下达厦门市水利投资计划款14.03亿元。截至12月底，实际完成投资14.045亿元。其中，汀溪水库群至翔安原水输水工程主线、莲花泵站至西山水厂、莲花泵站至汀溪四林泵站等水源连通工程投入使用，莲花水库与汀溪水库群打通，东、西部系统水源实现连通互济，同安区和翔安区供水紧张局面得到缓解。西水东调管道工程（一期）和杏林湾排涝泵站工程按时开工建设。厦门供水大水网系统工程规划基本完成。全市依托“多规合一”平台定期调整河道水系生态蓝线。是年，厦门市牵头组织召开闽西南协同发展区水资源合作工作联席会第一次会议，通过合作章程，签订合作备忘录，筹划编制《闽西南协同发展区水资源合作专项规划》。长泰枋洋水利枢纽工程建设完成投资40492万元，占年度投资计划184%。该工程获2017—2018年度中国水利工程优质（大禹）奖。

·小资料·

长泰枋洋水利枢纽工程： 是厦门漳州两市共同依托九龙江流域，实现跨区域、跨流域水资源配置的重要工程，是全国172个重大节水供水水利项目之一，是省市重点水利项目。工程位于长泰县枋洋镇，由上存水库、尚吉电站、溪口闸坝及溪口—许庄引水隧洞组成，工程概算总投资23.02亿元。建成后，年均可向厦门供水约2亿立方米。其中，上存水库正常蓄水位201米，最大坝高89.3米，总库容1.23亿立方米；尚吉电站装机容量12兆瓦，年均发电量约4000万千瓦小时；溪口闸坝正常蓄水位70米，最大坝高21米，库容304万立方米，溪口—许庄引水隧洞洞长13.8千米。

2018年，建设中的上存水库大坝　　（黄聪龙　摄）

2018年，蓄水中的溪口闸坝　　（黄聪龙　摄）

【流域生态保护】 2018年，厦门市水利局以河湖长制工作为平台，实行双总河长制，全面建立湖长制。联合出台《关于设立厦门市人民检察院驻市河长制办公室检察联络室的意见》《关于设立驻市河长制办公室法官工作站，为推进河长制工作提供司法服务保障的意见》《加强绿色金融合作，全面推进厦门市河（湖）长制工作战略合作协议》等规章制度。实施生猪、牛蛙、小石材、禽畜“四个100%”全清退，全面推进截污纳管，全覆盖溪流养护。省级水功能区水质达标率保持100%，10个国省控断面全部达标，比上年提高20个百分点；6个黑臭水体水质均达到消除黑臭水体标准。截至8月，除市政府批准7座以供水和灌溉为主的水电站不予考核外，11座溪流来水自然下泄小水电站关停解列，剩余31座全面完成生态流量下泄设施改造、监控设施安装及联网，在全省率先100%落实小水电生态下泄流量，比全省计划时间提前2.5年。

【水土保持】 2018年，厦门市水利局出台通知，明确生产建设单位是生产建设项目水土保持方案实施和验收的责任主体，以简化验收工作；制定《生产建设项目水土保持设施自主验收办理指南》和范本。是年，145个生产建设项目通过报备，水土保持设施验收率提高到90%以上，水土保持设施“未验先投”的现象基本消除。

【水行政审批】 2018年，厦门市水利局推进行政审批标准化，压缩自由裁量空间；清理规范审批特殊环节，全部事项承诺时限压缩在法定时限35%以内；印发《加强工程建设领域涉水审批事项事中事后监管方案》《工程建设项目审批制度改革试点工作方案》。联合市发改委等部门出台《工程建设项目区域评估实施细则》，在火炬高新五显片区、集美新城等片区试行水土保持区域评估。

【水政管理】 2018年，厦门市水利局开展执法巡查241批，出动人员723人次；查处水事（含水土保持）事件27起，其中4起立案予以行政处罚，处罚金3.37万元；发出责令停止（改正）水事违法行为通知书15份；征收水土保持补偿费1018.36万元、水资源费954.6万元。监督在建水利工程36个，其中新增监督项目12个。开展综合检查、专项检查及巡视检查共731人次，发出整改通知书44份，检查通报27份；发现质量与安全一般隐患229个，有效整改219个。所监督的在建项目未发生质量安全事故。市水利局围绕水利系统涉黑涉恶突出问题为打击重点，上报省水利厅扫黑办问题线索9条，上报市扫黑办问题线索1条，各区水行政主管部门上报区扫黑办问题线索6条（同安区1条、翔安区3条、集美区1条、海沧区1条）。

（张　纯）

责任编辑：林炯程
审　　稿：林建高
校　　对：孙志红

16 工 业

综 述

2018年，厦门市工业经济坚持稳中求进工作总基调，贯彻高质量发展落实赶超的决策部署，应对外部环境的变化。全市工业经济延续稳中向好态势，质量效益稳步提升。厦门市促进工业稳增长和转型升级成效明显，连续两年获国务院表扬；入选全国首批“服务型制造示范城市”。

工业运行成绩良好。出台稳增长促转型、降本增效等系列措施，规模以上工业完成总产值6392.32亿元。规模以上工业增加值1611.35亿元，比上年增长8.8%，增速超出全市GDP增速1.1个百分点，对全市经济增长的拉动作用进一步增强。

重点项目建设加快。《关于促进工业有效投资增长若干意见》等政策出台，全市工业投资增长12%，技改投资增长20.7%。厦门钨业有限公司永磁电机、厦门士兰微电子有限公司等百亿级项目签约落地，电气硝子玻璃（厦门）有限公司二期、厦门厦顺铝箔有限公司四期等优质项目竣工投产，天马微电子股份有限公司、宸美（厦门）光电有限公司等行业龙头企业持续增资扩营。

招商引资成效明显。完善工业招商机制，建设工业用地信息服务平台，全年策划生成工业招商项目263个，在谈项目98个，落地项目80个，落地项目计划总投资440.83亿元（不含待定数），达产后计划新增产值1086.43亿元（不含待定数）。芯舟科技（厦门）有限公司、金柏科技有限公司、厦门金鹭特种合金有限公司、厦门惯航科技有限公司等一批重点产业项目落地。华为云创新中心、中软国际有限公司东南总部基地落户厦门，共同打造智能制造云和软件开发云。

“双千亿”工作推进。厦门市经济和信息化局（简称市经信局）梳理工业和信息化领域7条千亿产业链群发展情况，编制行业总图和细分领域发展路线图。平板显示产业实现产值1314.87亿元，增长7.9%；计算机与通讯设备产业实现产值1204.44亿元，增长14.5%；半导体和集成电路产业实现产值417.4亿元，增长19.3%；机械装备产业实现产值1037.05亿元，增长15.2%；生物医药与健康产业实现产值589亿元，增长20.2%；新材料产业实现产值888.78亿元，增长14.8%；软件和信息服务产业实现营收1493.02亿元，增长16.4%。新增计算机与通信设备、机械装备2条产值千亿产业链群，累计4条。

产业高端化特征明显。高新技术产业实现增加值1093.99亿元，增长9.3%，占规模以上工业增加值的67.9%。全年新增省级以上企业技术中心14家、制造业单项冠军7家、智能制造试点示范企业7家、服务型制造试点示范4家、工业设计中心4家、人工智能创新示范3家、制造业创新中心试点单位2家。

企业帮扶力度加大。厦门市成立促进中小企业发展工作领导小组，提高小微企业信贷风险补偿比例，完善“产融云”“慧企云”等平台建设，为银企对接提供全天候服务。帮助企业获得融资35.3亿元。出台落实集成电路、软件信息产业人才支持政策，助力重点产业引才、留才。举办中国互联网企业100强发布会、第十一届国际动漫节、中小企业服务月等系列活动。出台降本减负措施60余批次，全年为企业减轻负担逾300亿元。

（市经信局）

主要工业行业

【农副食品加工业】 2018年，厦门市农副食品加工业有规模以上工业企业64家，全行业总资产107.37亿元，固定资产原值41.47亿元，全部从业人员年平均人数1.26万人。完成工业总产值197.87亿元，实现主营业务收入182.72亿元。谷物磨制企业4家，生产小麦粉21万吨；饲料加工企业11家，生产饲料34.19万吨；植物油加工企业6家，生产精制食用植物油69.90万吨；屠宰及肉类加工企业9家，生产鲜、冷藏肉8.72万吨；水产品加工企业10家；蔬菜、水果和坚果加工企业18家；其他农副食品加工企业6家。大型企业1家，中型企业7家，小型企业56家，微型企业3家。产值1亿元以上企业35家，实现产值182.64亿元。其中，厦门中禾实业有限公司、厦门银祥油脂有限公司、如意情集团股份有限公司、厦门银祥肉业有限公司4家企业的工业总产值均超10亿元。民营企业39家，完成工业总产值110.41亿元，实现主营业务收入103.60亿元，出口交货值13.37亿元。

【纺织服装及服饰业】2018年，厦门市纺织服装及服饰业有规模以上工业企业91家，其中机织服装制造企业55家、针织或钩针编织服装制造企业21家、服饰制造企业15家。全行业总资产108.44亿元，固定资产原价19.80亿元，全部从业人员年平均人数2.96万人。完成工业总产值115.01亿元；实现出口交货值19.13亿元；实现主营业务收入101.35亿元。生产各类服装10205.80万件，其中梭织服装3295.80万件、针织服装6910万件。大型企业4家，中型企业17家。产值1亿元以上企业20家，工业总产值82.29亿元。“三资”企业（中外合资经营企业、中外合作经营企业、外商独资经营企业）29家，固定资产原价12.75亿元，完成现价工业总产值74.04亿元，实现主营业务收入61.38亿元。

【专用设备制造业】2018年，厦门市专用设备制造业完成工业总产值186.14亿元；实现工业销售产值176.61亿元，产销率94.9%；实现出口交货值38.66亿元，出口交货值率21.9%。全行业总资产234.80亿元，完成主营业务收入171.27亿元，实现利润总额18.30亿元，利税总额25.50亿元，年平均从业人员2.78万人。规模以上工业企业126家。其中，采矿、冶金、建筑专用设备制造企业9家，产值42.72亿元；化工、木材、非金属加工专用设备制造企业28家，产值40.39亿元；电子和电工机械专用设备制造企业15家，产值14.05亿元；医疗仪器设备及器械制造企业43家，产值53.33亿元；环保、邮政、社会公共服务及其他专用设备制造企业22家，产值30.84亿元。大中型企业23家，其中大型4家，工业总产值87.34亿元。年产值1亿元以上企业38家。全行业生产建筑工程用机械7665台、模具1764套。

【橡胶和塑料制品业】2018年，厦门市橡胶和塑料制品业完成工业总产值303.00亿元；实现工业销售产值303.67亿元，产销率100.2%；实现出口交货值113.04亿元，出口交货值率37.2%。全行业总资产322.97亿元，完成主营业务收入301.50亿元，实现利润总额17.62亿元，利税总额26.91亿元，年平均从业人员5.19万人。规模以上工业企业177家。其中，橡胶制品企业33家，产值95.02亿元，生产橡胶轮胎外胎1877.99万条；塑料制品企业144家，产值207.98亿元，生产塑料制品31.30万吨。大型企业5家，中型企业21家。年产值1亿元以上企业43家，工业总产值240.68亿元，其中年产值10亿元以上企业5家。“三资”企业58家，工业总产值205.67亿元，出口交货值92.47亿元。

【有色金属冶炼和压延加工业】2018年，厦门市有色金属冶炼和压延加工业有规模以上工业企业19家，完成工业总产值167.26亿元；实现工业销售产值157.17亿元，产销率94%；实现出口交货值72.16亿元，出口交货值率45.9%。全行业总资产255.31亿元，完成主营业务收入157.28亿元，实现利润总额15.39亿元，利税总额20.47亿元，年平均从业人员0.92万人。常用有色金属冶炼制造企业1家；贵金属冶炼制造企业2家；稀有稀土金属冶炼制造企业3家，完成工业产值62.38亿元；有色金属合金制造企业5家，完成工业产值21.32元；有色金属压延加工制造企业8家，完成工业产值80.62亿元。大型企业3家，中型企业3家。产值1亿元以上企业14家，产值164.06亿元。“三资”企业9家，产值114.76亿元，出口交货值52.96亿元。

【金属制品业】2018年，厦门市金属制品业有规模以上工业企业173家，总资产312.37亿元；完成工业总产值342.74亿元；实现工业销售产值330.86亿元，产销率96.5%；实现出口交货值149.90亿元，出口交货值率45.3%；完成主营业务收入331.33亿元，实现利润总额21.27亿元，利税总额29.94亿元，年平均从业人员4.96万人。结构性金属制品制造企业60家，产值89.05亿元；金属工具制造企业7家，产值4.33亿元；集装箱及金属包装容器制造企业6家，产值29.27亿元；金属丝绳及其制品制造企业3家，产值2.81亿元；建筑、安全用金属制品制造企业50家，产值157.61亿元；金属表面处理及热处理加工业企业6家，产值2.99亿元；金属制日用品制造企业13家，产值7.36亿元；铸造及其他金属制品制造企业28家，产值49.32亿元。大型企业6家，中型企业21家。产值1亿元以上企业47家，完成产值281.35亿元。“三资”企业55家，产值219.23亿元，出口交货值125.28亿元。

【通用设备制造业】2018年，厦门市通用设备制造业有规模以上工业企业93家，总资产187.76亿元；完成工业总产值194.05亿元，实现工业销售产值179.33亿元，产销率92.4%；实现出口交货值61.94亿元，出口交货值率34.5%。完成主营业务收入184.87亿元，实现利润总额16.66亿元，利税总额24.51亿元，年平均从业人员2.75万人。金属加工机械制造企业13家，产值17.74亿元；物料搬运设备制造企业8家，产值41.03亿元；泵、阀门、压缩机及类似机械制造企业15家，产值23.32亿元；轴承、齿轮和传动部件制造企业5家，产值4.95亿元；烘炉、风机、衡器、包装等设备制造企业10家，产值12.93亿元；气体、液体分离及纯净设备制造企业3家，产值4.53亿元；文化、办公用机械制造企业12家，产值64.56亿元；通用零部件制造企业22家，产值19.67亿元；其他通用设备制造企业8家，产值9.85亿元。全行业生产电动车辆（电动叉车）和内燃叉车1.95万辆、金属成形机床1352台、泵5309台、金属紧固件419吨、滚动轴承976万套、照相机127.66万台。大型企业4家，中型企业11家。产值1亿元以上企业31家，产值166.73亿元。“三资”企业37家，产值133.3亿元，出口交货值57.33亿元。

【汽车制造业】2018年，厦门市汽车制造业完成工业总产值286.41亿元，实现工业销售产值287.09亿元，产销率100.2%；实现出口交货值66.03亿元，出口交货值率23.0%。全行业总资产

328.76亿元，完成主营业务收入289.17亿元，实现利润总额17.83亿元，利税总额26.08亿元，年平均从业人员2.69万人。规模以上工业企业72家。其中，汽车整车制造企业3家，产值126.44亿元；汽车车身、挂车制造企业4家，产值4.30亿元；汽车零部件及配件制造企业64家，产值155.25亿元。全行业生产客车4.96万辆，其中新能源汽车1.09万辆。大中型企业19家，其中大型企业4家。年产值1亿元以上企业33家，产值267.39亿元，其中年产值10亿元以上企业3家。"三资"企业37家，产值243.68亿元，出口交货值56.97亿元。

【电气机械及器材制造业】 2018年，厦门市电气机械及器材制造业完成工业总产值499.74亿元；工业销售产值471.84亿元，产销率94.4%；实现出口交货值171.40亿元，出口交货值率36.3%。全行业总资产502.21亿元，完成主营业务收入458.03亿元，实现利润总额51.95亿元，利税总额66.58亿元，年平均从业人员6.79万人。规模以上工业企业220家。其中，电机制造企业11家，产值25.54亿元；输配电及控制设备制造企业100家，产值288.08亿元；电线、电缆、光缆及电工器材制造企业25家，产值32.13亿元；电池制造企业6家，产值6.12亿元；家用电力器具制造企业24家，产值56.13亿元；照明器具制造企业44家，产值85.32亿元。全行业生产电池5.66亿只、电光源（灯泡）3.80亿只、交流电动机34.86万千瓦、低压开关板6.21万面、高压开关板2.64万面、灯具及照明装置2985.23万套。大中型企业50家，其中大型企业12家。年产值1亿元以上企业77家，产值430.33亿元，其中年产值10亿元以上企业12家。"三资"企业68家，产值298.44亿元，出口交货值107.76亿元。

【电子设备制造业】 2018年，厦门市计算机、通信和其他电子设备制造业完成工业总产值2558.91亿元；实现销售产值2442.86亿元，产销率95.5%；实现出口交货值1115.22亿元，出口交货值率45.7%。全行业总资产2235.60亿元，完成主营业务收入2396.85亿元，创造利润总额96.07亿元，利税总额126.61亿元，年平均从业人员15.89万人。规模以上工业企业238家。其中，计算机制造企业17家，产值636.25亿元；通信设备制造企业26家，产值151.46亿元；广播电视设备制造企业7家，产值50.46亿元；非专业视听设备制造企业14家，产值178.44亿元；智能消费设备制造企业4家，产值24.82亿元；电子器件制造企业90家，产值1260.41亿元；电子元件及电子专用材料制造企业68家，产值236.19亿元。全行业生产移动通信手持机（手机）722.60万台、光电子器件309.72亿只、电子元件39.73亿只、彩色电视机897.01万台、电子计算机整机1027.43万台。大型企业29家，中型企业57家。年产值1亿元以上企业122家，产值2503.76亿元。其中，年产值1亿元至10亿元的企业86家，年产值10亿元至100亿元的企业29家，年产值100亿元以上企业7家。"三资"企业89家，产值1815.12亿元，出口交货值1007.26亿元。

（市统计局）

工业运行与管理

【概　况】 2018年，厦门市规模以上工业增加值1611.35亿元，比上年增长8.8%，比全市GDP增速高1.1个百分点，比第三产业增速高1.3个百分点，对全市GDP增长贡献率40.6%，直接拉动GDP增长3.1个百分点。工业产销率95.22%，下降0.86个百分点。市经信局编制工业布局规划，危化品生产企业厦化集团、厦门二化化工有限公司搬迁改造启动，明达玻璃的平板琉璃指标计划转出，基本实现全市无落后产能或过剩产能目标。半导体和集成电路、新材料、生物医药与健康成为重点发展产业。（见表16–1）

【高新技术产业发展】 2018年，厦门市高新技术产业增加值比上年增长9.3%，高出全市工业增速0.5个百分点。高新技术企业增加值1093.99亿元，占规模

表16–1　**2018年厦门市规模以上工业生产销售情况表**

指标	金额（万元）	比上年增长（%）
全市现价工业增加值	16113513	8.8
轻工业现价工业增加值	5414059	7.5
重工业现价工业增加值	10699454	9.4
集体企业现价工业增加值	648	–32.3
股份制企业现价工业增加值	6735804	11.3
外商及港澳台投资企业现价工业增加值	9377060	7.0
#台资企业	4971657	5.6
其他经济类型企业现价工业增加值	0	—
国有控股企业现价工业增加值	2686152	18.5
私营企业现价工业增加值	2660947	7.4
高新技术企业增加值	10939881	9.3
现价工业总产值	63923237	—
现价工业销售产值	60865803	8.8
#出口交货值	22829997	6.5
支柱行业产值	44439904	10.5
#机械	19230023	9.5
电子	25209881	11.3

以上工业增加值的 67.9%。厦门天马微电子有限公司等一批高新技术企业陆续投产或保持快速增长，厦门亿联网络技术股份有限公司、厦门雅迅网络股份有限公司等工业互联网企业快速发展。

【企业质量效益提升】 2018 年，厦门市工业经济效益综合指数逐季提升，第一季度 230.68，第二季度 246.49，第三季度 248.79，11 月末 251.28。工业实现税收 335 亿元，比上年增长 11.0%，比全社会税收增速高 5.5 个百分点。厦门烟草工业有限责任公司、戴尔（厦门）有限公司、捷太格特转向系统（厦门）有限公司等前 10 名工业纳税大户合计纳税 107.45 亿元，其中厦门烟草工业有限责任公司纳税 61.41 亿元。

【规模以上工业企业增产】 2018 年，厦门市 1896 家规模以上工业企业中，有 1185 家企业增产，合计实现产值增量 867.14 亿元。其中，增量超过 1 亿元企业 143 家。

【出口交货值提升】 2018 年，在汇率波动和贸易摩擦的影响下，厦门市出口交货值一季度比上年同期增长 1.7%，上半年增长 1.9%，前三季度增长 4.6%，全年增长 6.5%。全年实现工业出口交货值 2283 亿元，出口交货值率 37.5%。有出口业务规模以上企业 1024 家，其中 631 家实现出口增长。

【工业用电增长】 2018 年，厦门厦钨新能源材料有限公司、电气硝子玻璃（厦门）有限公司、厦门长塑实业有限公司等企业持续增容扩产，带动工业行业用电需求增长。全市工业用电 135.65 亿千瓦小时，比上年同期增长 8.7%，其中第四季度增速比前三季度高 1 个百分点。

【消费品工业主营收入增加】 2018 年，厦门市消费品工业（不含家电）完成主营收入 888.99 亿元，实现利润 61.45 亿元，分别占全市规模以上工业的 14.6%、18.2%。家具制造业、医药制造业、食品制造业增加值增速位于全市工业行业前三位，分别比上年增长 20.8%、18.8%、15.8%。农副产品与食品加工和水暖厨卫 2 条产业链产值突破 150 亿元，前者完成产值 301.38 亿元，后者完成产值 176.97 亿元。福建安井食品股份有限公司获“全国轻工行业先进集体”称号。

【区工业增加值】 2018 年，厦门市岛外海沧、集美、同安、翔安 4 个区规模以上工业增加值占全市的 71.3%，所占比重比上年进一步扩大。（见表 16–2）

【市重点工业企业】 2018 年，厦门市经信局发布 2018 年市重点工业企业。（见表 16–3）

表 16–2 **2018 年厦门市各区规模以上工业增加值完成情况表**

区划	工业增加值（万元）	比上年增长（%）
思明	674386	8.0
海沧	3533744	8.9
湖里	3957907	10.0
集美	2565734	8.1
同安	2138442	8.1
翔安	3243302	8.4

表 16–3 **2018 年厦门市重点工业企业一览表**

序号	企业	序号	企业
1	戴尔系列 #戴尔（中国）有限公司 戴尔（厦门）有限公司	4	冠捷系列 #冠捷显示科技（厦门）有限公司 三捷科技（厦门）有限公司
2	宸鸿系列 #宸鸿科技（厦门）有限公司 宸美（厦门）光电有限公司 祥达光学（厦门）有限公司 长鸿光电（厦门）有限公司 宝宸（厦门）光学科技有限公司 厦门京嘉光电科技有限公司 宸展光电（厦门）有限公司	5	厦门天马微电子有限公司
		6	金龙系列 #厦门金龙联合汽车工业有限公司 厦门金龙旅行车有限公司 厦门金龙汽车车身有限公司
		7	厦门烟草工业有限责任公司
3	友达系列 #友达光电（厦门）有限公司 达运精密工业（厦门）有限公司	8	正新系列 #厦门正新橡胶工业有限公司 厦门正新海燕轮胎有限公司 厦门正新实业有限公司

续表 16-3

序号	企业	序号	企业
9	太古系列 #厦门太古飞机工程有限公司 厦门太古发动机服务有限公司	20	盈趣系列 #厦门盈趣科技股份有限公司 厦门攸信信息技术有限公司 厦门盈趣汽车电子有限公司
10	厦钨系列 #厦门钨业股份有限公司 厦门厦钨新能源材料有限公司 厦门金鹭特种合金有限公司 厦门虹鹭钨钼工业有限公司 厦门嘉鹭金属工业有限公司 厦门朋鹭金属工业有限公司	21	中盛系列 #厦门中盛粮油集团有限公司 厦门象屿盛洲粮油有限责任公司
		22	联想移动通信科技有限公司
		23	联芯集成电路制造（厦门）有限公司
		24	明达系列 #明达实业（厦门）有限公司 明达玻璃（厦门）有限公司
11	ABB 系列 #厦门 ABB 开关有限公司 厦门 ABB 低压电器设备有限公司 厦门 ABB 高压开关有限公司 厦门 ABB 器控制设备有限公司	25	如意情集团股份有限公司
		26	厦门船舶重工股份有限公司
		27	银祥系列 #厦门银祥油脂有限公司 厦门银祥肉业有限公司
12	三安系列 #厦门市三安光电科技有限公司 厦门三安光电有限公司 厦门市三安集成电路有限公司	28	厦门强力巨彩光电科技有限公司
		29	林德（中国）叉车有限公司
13	翔鹭系列 #厦门翔鹭化纤股份有限公司 腾龙特种树脂（厦门）有限公司	30	锐珂（厦门）医疗器材有限公司
		31	厦工系列 #厦门厦工机械股份有限公司 厦门厦工中铁重型机械有限公司
14	宏发系列 #厦门宏发电声股份有限公司 厦门宏发电力电器有限公司 厦门宏发开关设备有限公司 厦门宏发汽车电子有限公司 厦门金越电器有限公司	32	通达系列 #通达（厦门）科技有限公司 通达（厦门）精密橡塑有限公司
		33	欣贺股份有限公司
		34	世纪宝姿服装（厦门）有限公司
15	路达系列 #路达（厦门）工业有限公司 百路达（厦门）工业有限公司	35	厦门松下电子信息有限公司
		36	厦门 TDK 有限公司
		37	厦门中禾实业有限公司
16	捷太格特系列 #捷太格特转向系统（厦门）有限公司 协富光洋（厦门）机械工业有限公司 光洋连接器（厦门）有限公司	38	玉晶光电（厦门）有限公司
		39	厦门长塑实业有限公司
		40	厦门阳光恩耐照明有限公司
17	厦门银鹭食品集团有限公司	41	建霖系列 #厦门建霖健康家居股份有限公司 厦门英仕卫浴有限公司
18	厦门美图移动科技有限公司		
19	厦门厦顺铝箔有限公司	42	福建安井食品股份有限公司

续表 16-3

序号	企业
43	厦门通士达照明有限公司
44	厦门旗胜科技有限公司
45	厦门建松电器有限公司
46	贝莱胜电子（厦门）有限公司
47	厦门华夏国际电力发展有限公司
48	厦门太古可口可乐饮料有限公司
49	厦门松霖科技股份有限公司
50	东亚电力（厦门）有限公司
51	日上系列
	# 厦门新长诚钢构浪板有限公司
	厦门日上集团股份有限公司
	厦门日上金属有限公司
52	厦门科华恒盛股份有限公司
53	厦门法拉电子股份有限公司
54	威迪亚系列
	# 厦门威迪亚科技有限公司
	厦门威迪亚精密模具塑胶有限公司
	厦门和利多卫浴科技有限公司
	厦门优胜卫厨科技有限公司
55	华懋系列
	# 华懋（厦门）新材料科技股份有限公司
	华懋（厦门）特种材料有限公司
56	厦门保沣实业有限公司
57	春保系列
	# 春保森拉天时硬质合金（厦门）有限公司
	春保森拉天时精密钨钢制品（厦门）有限公司
58	厦门海莱照明有限公司
59	来福太（厦门）塑胶制品有限公司
60	施耐德电气华电开关（厦门）有限公司
61	峻凌电子（厦门）有限公司
62	安费诺系列
	# 安费诺电子装配（厦门）有限公司
	安费诺（厦门）高速线缆有限公司
63	晶宇光电（厦门）有限公司
64	同致电子科技（厦门）有限公司
65	蒙发利系列
	# 厦门蒙发利电子有限公司
	厦门蒙发利健康科技有限公司
	奥佳华智能健康科技集团股份有限公司
66	厦门钢宇工业有限公司
67	厦门金牌厨柜股份有限公司
68	高时系列
	# 厦门高时实业有限公司
	高时（厦门）石业有限公司
69	厦门新凯复材科技有限公司
70	际诺思（厦门）轻工制品有限公司
71	瑞声达听力技术（中国）有限公司
72	弘信系列
	# 厦门弘信电子科技股份有限公司
	厦门弘汉光电科技有限公司
73	厦门金德威包装有限公司
74	品谱（厦门）工业有限公司
75	厦门瑞尔特卫浴科技股份有限公司
76	厦门华电开关有限公司
77	厦门华联电子股份有限公司
78	厦门三圈电池有限公司
79	朗美（厦门）健身器材有限公司
80	厦门台松精密电子有限公司
81	柯达（中国）图文影像有限公司
82	厦门新科宇航科技有限公司
83	ECCO（厦门）有限公司
84	厦门厦杏摩托有限公司
85	厦门龙胜达照明电器有限公司
86	未名生物医药有限公司
87	厦门兴盛食品有限公司
88	施耐德电气信息技术（厦门）有限公司
89	厦门亿联网络技术股份有限公司
90	厦门智欣建材有限公司
91	厦门乾照光电股份有限公司
92	诚益光学（厦门）有限公司
93	厦门台和电子有限公司
94	厦门海嘉面粉有限公司
95	厦门惠尔康食品有限公司
96	厦门亨东制动系统有限公司
97	厦门民兴工业有限公司
98	厦门古龙食品有限公司

续表 16-3

序号	企业	序号	企业
99	英科新创（厦门）科技有限公司	124	柯尼卡美能达（厦门）医疗器材有限公司
100	厦门力隆氨纶有限公司	125	福建泰琛实业发展有限公司
101	开发晶照明（厦门）有限公司	126	厦门万久科技有限公司
102	厦门路桥翔通股份有限公司	127	厦门瑞新热电有限公司
103	厦门星际电器有限公司	128	厦门东亚机械有限公司
104	客贝利（厦门）休闲用品有限公司	129	厦门市信达光电科技有限公司
105	厦门富士电气化学有限公司	130	厦门雅迅网络股份有限公司
106	清源科技（厦门）股份有限公司	131	福建龙净脱硫脱硝工程有限公司
107	电气硝子玻璃（厦门）有限公司	132	厦门新技术集成有限公司
108	厦门延江新材料股份有限公司	133	合联胜利光电科技（厦门）有限公司
109	厦门象屿兴泓特种材料有限公司	134	厦门同恒金属有限公司
110	厦门华诚高新纺织有限公司	135	泰普生物科学（中国）有限公司
111	厦门群鑫机械工业有限公司	136	厦门厦晖橡胶金属工业有限公司
112	信华科技（厦门）有限公司	137	鹏威（厦门）工业有限公司
113	大博医疗科技股份有限公司	138	厦门唯科模塑科技有限公司
114	沙迪克（厦门）有限公司	139	厦门金汇峰新型包装材料股份有限公司
115	厦门万德宏光电科技有限公司	140	厦门太平货柜制造有限公司
116	厦门康乐佳运动器材有限公司	141	利胜电光源（厦门）有限公司
117	厦门三航混凝土有限公司	142	林德气体（厦门）有限公司
118	厦门市翔宏科技股份有限公司	143	厦门歌乐电子企业有限公司
119	厦门东纶股份有限公司	144	金日制药（中国）有限公司
120	麦克奥迪系列	145	厦门中药厂有限公司
	#麦克奥迪实业集团有限公司	146	珀挺机械工业（厦门）有限公司
	麦克奥迪（厦门）电气股份有限公司	147	厦门吉宏包装科技股份有限公司
121	厦门三维丝环保股份有限公司	148	厦门普瑞特科技有限公司
122	乔丹（厦门）实业有限公司	149	厦门视贝科技有限公司
123	赫比（厦门）精密塑胶制品有限公司	150	厦门多彩光电子科技有限公司

【工业投资促进】 2018年，厦门市出台《关于促进工业有效投资增长的若干意见》，对完成年度投资3000万元以上的企业，按当年度纳入统计投资额分档给予奖励，促进企业加快项目建设；对投资额5亿元以上、带动性强的增资扩产项目，报请市政府同意后给予“一企一策”支持。全市工业投资比上年增长12.0%，超额完成省下达的9%增速目标。

【重点工业项目】 2018年，厦门市有85个工业项目列入省、市重大重点项目，计划总投资1759亿元。是年，完成投资194.53亿元，其中宸鸿科技手机触控模组、联芯集成电路制造等72个项目分别完成投资逾1亿元。

【项目入库跟踪】 2018年，厦门市落实“全系统、全覆盖、全过程”抓项目工作机制，市、区经信部门联动，指派专人负责，每月定期做好项目入库、进度跟踪、问题协调等工作。至年末，全市纳入省工信项目管理系统跟踪管理项目393个，总投资2499亿元，累计完成投资585亿元。

【半导体和集成电路产业链培育】 2018年，厦门市半导体和集成电路产业链实现产值417.4亿元，比上年增长18.1%。《厦门市加快发展集成电路产业实施细则》出台，从投融资、人才引进、科研支持、成长激励等方面加大扶持力度。“芯火”双创基地获工业和信息化部批复筹建。联芯集成电路成为国内最先进的28纳米晶圆专业生产企业之一。碳化硅产业链初具规模。新引进星辰科技、芯达茂微电子、凌阳华芯、天虹半导体设备、清华大学厦门半导体工业技术研究院等项目。通富微电厦门海沧先进封测项目（总投资70亿元）、士兰微12英寸特色工艺晶圆制造项目及化合物半导体器件项目（总投资220亿元）等一批重大项目开工建设。

【机械装备产业链培育】 2018年，厦门市机械装备产业链实现产值1037.05亿元，比上年增长15.2%。航空维修业再获国家支持，实现区外保税维修项下出口业务退税。ABB厦门工业中心建成投用。总投资上百亿元的厦钨永磁电机项目签约并于年底开工。厦门航天思尔特机器人系统股份公司、厦门金龙旅行车有限公司入选省级智能制造试点示范企业，厦门船舶重工股份有限公司、厦门龙净环保节能科技有限公司脱硫脱硝研制的首台（套）重大技术装备获中央专款补助，科华恒盛股份有限公司等9家企业研制的9台（套）装备获省首台（套）重大技术装备与智能制造装备认定。

【新材料产业链培育】 2018年，厦门市新材料产业链实现产值888.78亿元，比上年增长14.84%。金属制品业、橡胶和塑料制品业、有色金属冶炼和压延加工业、化学原料和化学制品制造业主营收入分别为321.68亿元、303.79亿元、152.68亿元、141.07亿元，均进入全市规模以上工业主营收入前十位。特种金属材料、光电信息材料规模和技术优势进一步强化，先进高分子材料向环保、特种功能方向升级，新能源材料产业开始聚集并形成规模。厦门厦钨新能源材料有限公司成为国内锂离子正极材料领军企业，“隐形冠军”厦门长塑实业有限公司自主研发的新能源汽车锂电池用高抗冲型尼龙膜PHA进入国内高端市场，瀚天天成电子科技（厦门）有限公司的碳化硅外延片和厦门凯纳石墨烯技术股份有限公司的石墨烯导电浆料的销售收入均突破3000万元。新材料产业链上下游不断融合，路达（厦门）工业有限公司、厦门信达股份有限公司等建设研发产业平台，向上游关键材料研发生产延伸。

【产业准入审查】 2018年，厦门市经信局继续实行产业准入审核，促进工业用地节约集约和高效利用。厦门士兰集科微电子有限公司12英寸特色工艺晶圆制造、厦门厦钨新能源材料有限公司年产4万吨车用动力锂离子正极材料等27个项目通过产业准入审查；厦门金龙旅行车有限公司新能源实验室、厦门金牌厨柜股份有限公司同安四期厂房及配套设施等26个项目通过特殊工艺审查，建设新的生产研发设施。市经信局支持捷太格特转向系统（厦门）有限公司生产配套及厂房、厦门太古发动机服务有限公司五期配套发动机维修厂扩建工程等17个项目，新增项目均满足“符合产业发展方向，工业用地节约集约和高效利用”条件。

【产业交流对接】 2018年，厦门市经信局支持行业协会举办新材料、模具行业、物联网、工业设计、军民融合、闽西南、智能制造等9场对接会，1000多人次企业代表参加。该系列对接会的举办促进行业交流、上下游协作、产业对接、闽西南产业合作。

【国内市场开拓】 2018年，厦门市经信局组织603家（次）企业参加第十八届中国上海国际眼镜业展览会、2018中国厦门国际智能制造展览会、第三十二届中国国际塑料橡胶工业展览会、第二十三届中国国际厨房卫浴用品设施展览会等25个展会。厦门市企业参展展位总面积2.78万平方米，参展成交总额约40亿元。

【地产工业品推荐目录】 2018年，厦门市建立地产品产销融通对接平台，200多家企业的产品进入平台，实现网络在线展示对接。《厦门市地产工业品目录（2018版）》发布，468个产品进入目录，其中药品及医疗器械产品20个、机械装备产品119个、电子信息产品77个、消费类产品208个、材料产品44个（见表16-4）。政府采购和财政投融资工程采购地产工业品54.53亿元，比上年增长26.72%。

表16-4 **2018年厦门市地产工业品一览表**

序号	产品类别	产品	企业
1	药品及医疗器械产品	八宝丹胶囊	厦门中药厂有限公司
2	药品及医疗器械产品	六味地黄丸	
3	药品及医疗器械产品	芪骨胶囊	
4	药品及医疗器械产品	珠珀惊风散	
5	药品及医疗器械产品	一次性医用水凝胶眼贴	厦门凝赋生物科技有限公司
6	药品及医疗器械产品	候诊椅	厦门泰康盛医疗科技有限公司
7	药品及医疗器械产品	陪护椅	
8	药品及医疗器械产品	诊室诊疗桌	
9	药品及医疗器械产品	手摇理疗床	
10	药品及医疗器械产品	台式自动压力蒸灭菌器	致微（厦门）仪器有限公司

续表 16-4

序号	产品类别	产品	企业
11	药品及医疗器械产品	凉芯壹号	厦门浩添冷链科技有限公司
12	药品及医疗器械产品	便携式肺功能检测仪	赛客（厦门）医疗器械有限公司
13	药品及医疗器械产品	氯雷他定片	万全万特制药（厦门）有限公司
14	药品及医疗器械产品	氟康唑胶囊	
15	药品及医疗器械产品	盐酸二甲双胍片	
16	药品及医疗器械产品	羧甲司坦颗粒（0.2 克）	
17	药品及医疗器械产品	羧甲司坦颗粒（0.5 克）	
18	药品及医疗器械产品	羧甲司坦片	
19	药品及医疗器械产品	氢溴酸西酞普兰片	
20	药品及医疗器械产品	小二复方磺胺甲噁唑颗粒	
21	输配电产品	户内交流金属封闭式开关设备	厦门电力成套设备有限公司
22	输配电产品	低压开关柜	
23	输配电产品	智能户外箱式开闭所	
24	输配电产品	干式电力变压器	
25	输配电产品	复合 MPP 管	
26	输配电产品	电缆保护管（PE）	
27	输配电产品	改性聚丙烯平壁波纹管（MPP 方形管）	
28	输配电产品	玻璃钢高压电缆中间接头防水防火防爆盒	
29	输配电产品	半导电复合材料单芯电缆夹具	
30	输配电产品	半导电复合材料电缆支架	
31	输配电产品	半导电复合材料电缆滑板	
32	输配电产品	铠装移开式户内交流金属封闭开关设备	厦门闽光电气实业有限公司
33	输配电产品	环网型组合式变压器	
34	输配电产品	铠装式金属封闭开关设备（KYN61-40.5、KYN28A-12、MiniGear550-12、P/V-12）	协成科技股份有限公司
35	输配电产品	户内交流金属封闭铠装移开式开关设备（MVnex-12）	
36	输配电产品	小型化交流高压金属封闭开关设备（M-XGN-12）	
37	输配电产品	交流高压金属封闭环网开关设备（HXGN17-12）	
38	输配电产品	户内箱型固定式交流金属封闭环网开关柜 [XGN（SF6）-12]	
39	输配电产品	交流金属封闭固定式开关柜（XGN-12）	
40	输配电产品	地埋式箱式变电站（YBD1-12）	
41	输配电产品	高压 / 低压预装式变电站 [YB（XB）-12]	
42	输配电产品	低压成套无功功率补偿装置（GGJ）	
43	输配电产品	低压成套开关设备（GGD、GCK、MLS、MNS2.0、SENPlus、BLOKSET、SIVACON 8PT）	
44	输配电产品	配网自动化站所终端（DTU SID3000）	
45	输配电产品	户内高压真空断路器 [VPT-12、VPM1（VS1）-12]	
46	输配电产品	户内交流高压固封极注真空断路器（VEM1-12）	

续表 16-4

序号	产品类别	产品	企业
47	输配电产品	交流高压接触器（CVE/M-12）	协成科技股份有限公司
48	输配电产品	户内交流高压三工位隔离开关（DES1-12）	
49	输配电产品	交流高压负荷开关（XCFZN25-12D、XCFKN12-12D）	
50	输配电产品	交流高压负荷开关与熔断器组合电器（XCFZRN25-12D、XCFKRN12-12D）	
51	输配电产品	小型化真空负荷开关（S-XCVFM-12D）	
52	输配电产品	小型化真空负荷开关－熔断器组合电器（S-XCVFRM-12D）	
53	输配电产品	气体绝缘环网开关设备（XCGIRNS-12 SF6）	
54	输配电产品	分布式直流电源	
55	输配电产品	智能仪表	
56	输配电产品	不锈钢电缆槽盒	厦门市李氏工贸有限公司
57	输配电产品	不锈钢电缆支架	
58	输配电产品	玻璃钢槽盒	
59	输配电产品	玻璃钢电缆支架	
60	输配电产品	抗震支吊架	
61	输配电产品	排烟阀	
62	输配电产品	综合配电箱	厦门兴厦控电气有限公司
63	输配电产品	配电箱	
64	输配电产品	半导电复合材料单芯夹具	中美汇能（厦门）电力科技有限公司
65	输配电产品	半导电复合材料电缆支架	
66	输配电产品	半导电复合材料电缆滑板	
67	输配电产品	稳压器	中航太克（厦门）电力技术股份有限公司
68	输配电产品	低压配电系统的电涌保护器	厦门大恒科技有限公司
69	输配电产品	SPD 后备保护器	
70	输配电产品	智能重合器	
71	输配电产品	电力直流电源	厦门众芯电气设备有限公司
72	输配电产品	双重备用节约型并联直流供电系统	
73	输配电产品	电能表外置断路器产品	厦门威尔圣电气股份有限公司
74	输配电产品	户内高压真空断路器	
75	输配电产品	三相不平衡自动调节装置	
76	输配电产品	半导电复合材料正三芯电缆夹具	伊莱斯（厦门）电气有限公司
77	输配电产品	半导电复合材料电缆支架	
78	输配电产品	半导电复合材料电缆滑板	
79	输配电产品	半导电复合材料单芯电缆夹具	
80	输配电产品	电力变压器	
81	输配电产品	双电源柜	厦门百利丰电气设备有限公司
82	输配电产品	抽出式开关柜	

续表 16-4

序号	产品类别	产品	企业
83	输配电产品	配电箱	厦门百利丰电气设备有限公司
84	输配电产品	动力柜	
85	输配电产品	电表计量箱	
86	输配电产品	铠装移开式交流金属封闭开关设备	
87	输配电产品	真空环网柜	
88	输配电产品	箱式变电站	
89	输配电产品	家用和类似用途插座	厦门视贝科技有限公司
90	输配电产品	家用和类似用途开关	
91	输配电产品	一般用途单芯硬导体无护套电缆	
92	输配电产品	自镇流 LED 灯	
93	输配电产品	低压智能无功补偿控制器	厦门亿力天龙科技有限公司
94	输配电产品	柴油发电机组	厦门和明科技有限公司
95	输配电产品	电磁式电压互感器 JDZX2-35CQ	厦门大一互科技有限公司
96	输配电产品	电流互感器 LZZBJ9-35/CQ	
97	输配电产品	电流互感器 LZZB9-24	
98	输配电产品	应急照明集中电源（消防应急灯具专用应急电源）	厦门科华恒盛股份有限公司
99	输配电产品	再生电能吸收利用装置	
100	输配电产品	XJ-DC 直流充电桩	厦门欣机电器有限公司
101	输配电产品	XJ-AC 交流充电机	
102	输配电产品	六氟化硫气体绝缘高压组合电器 GIS	厦门 ABB 高压开关有限公司
103	输配电产品	模块化 UPS 电源	厦门市爱维达电子有限公司
104	输配电产品	交直流一体化电源	
105	输配电产品	GP 系列 UPS 电源	
106	输配电产品	箱式开闭所	澳美诺电气有限公司
107	输配电产品	箱式气体绝缘金属封闭环网开关柜	
108	输配电产品	户外交流高压喷射跌落式熔断器	
109	输配电产品	户外高压隔离开关	
110	输配电产品	固体全绝缘金属封闭环网柜	
111	输配电产品	高低压预装式变电站	
112	输配电产品	低压成套开关设备	
113	输配电产品	低压抽出式成套开关设备	
114	输配电产品	低压无功功率补偿装置	
115	输配电产品	铠装式金属封闭开关设备	厦门市趣味龙科技有限公司
116	输配电产品	箱式固体绝缘交流金属封闭开关设备	厦门顾德益电器有限公司
117	输配电产品	太阳能锂电储控一体机	厦门市嘉灏照明电器有限公司
118	输配电产品	内燃机驱动的发电机组	厦门固泰力动力科技有限公司
119	输配电产品	柴油机	工钛（厦门）新能源有限公司
120	输配电产品	环保型柴油发电机组	

续表 16-4

序号	产品类别	产品	企业
121	输配电产品	UKKMS 尾（烟）气净化器	工钛（厦门）新能源有限公司
122	输配电产品	静音集装箱式环保型发电机组	厦门瑞宸机电设备有限公司
123	输配电产品	静音集装箱式环保型柴油发电机组	厦门市四海名建材有限公司
124	环保设备	再生水处理设备系列	中联环股份有限公司
125	环保设备	渗滤液处理设备系列	中联环股份有限公司
126	环卫装备	电动桶装垃圾清运车	厦门鑫雷发工贸有限公司
127	工程机械	重型有轨物流输送装置	厦门航天思尔特机器人系统股份公司
128	工程机械	轮式装载机	厦门市装载机有限公司
129	工程机械	轮胎式块料叉装载机	厦门市装载机有限公司
130	汽车配件	载重汽车公制子午线轮胎	厦门正新海燕轮胎有限公司
131	汽车配件	车身骨架弧杆散件	厦门美驰汽配工业有限公司
132	汽车配件	底盘五金结构件	厦门美驰汽配工业有限公司
133	汽车配件	客车用空调器	厦门金龙汽车空调有限公司
134	汽车配件	汽车再制造发电机	三立（厦门）汽车配件有限公司
135	汽车配件	汽车再制造起动机	三立（厦门）汽车配件有限公司
136	汽车配件	公交车载智能终端	厦门蓝斯通信股份有限公司
137	消防设备	高温消防排烟风机	厦门欣鹭江机械设备有限公司
138	消防设备	消防低噪声柜式风机	厦门欣鹭江机械设备有限公司
139	消防设备	防火阀、排烟防火阀、排烟阀	厦门欣鹭江机械设备有限公司
140	电子信息产品（不含软件产品）	4G 布控球	罗普特（厦门）科技集团有限公司
141	电子信息产品（不含软件产品）	结构化高清网络摄像机	罗普特（厦门）科技集团有限公司
142	电子信息产品（不含软件产品）	人像微卡口摄像机	罗普特（厦门）科技集团有限公司
143	电子信息产品（不含软件产品）	防爆网络高清红外摄像机	罗普特（厦门）科技集团有限公司
144	电子信息产品（不含软件产品）	枪球联动一体机	罗普特（厦门）科技集团有限公司
145	电子信息产品（不含软件产品）	探针型人像微卡口摄像机	罗普特（厦门）科技集团有限公司
146	电子信息产品（不含软件产品）	探针型网络高清监控摄像机	罗普特（厦门）科技集团有限公司
147	电子信息产品（不含软件产品）	探针型网络高清球机	罗普特（厦门）科技集团有限公司
148	电子信息产品（不含软件产品）	探针型人脸抓拍摄像机	罗普特（厦门）科技集团有限公司
149	电子信息产品（不含软件产品）	监控镜头	罗普特（厦门）科技集团有限公司
150	电子信息产品（不含软件产品）	数字高清快球（SDI）	罗普特（厦门）科技集团有限公司
151	电子信息产品（不含软件产品）	违章抓拍布控球	罗普特（厦门）科技集团有限公司
152	电子信息产品（不含软件产品）	人像抓拍智能网关	罗普特（厦门）科技集团有限公司
153	电子信息产品（不含软件产品）	网络高清视频解码器	罗普特（厦门）科技集团有限公司
154	电子信息产品（不含软件产品）	数字高清监控高速球型摄像机	罗普特（厦门）科技集团有限公司
155	电子信息产品（不含软件产品）	数字高清监控网络半球摄像机	罗普特（厦门）科技集团有限公司
156	电子信息产品（不含软件产品）	视频监控超高清摄像机	罗普特（厦门）科技集团有限公司
157	电子信息产品（不含软件产品）	远距离双光谱一体机	罗普特（厦门）科技集团有限公司
158	电子信息产品（不含软件产品）	电警抓拍单元	罗普特（厦门）科技集团有限公司

续表 16-4

序号	产品类别	产品	企业
159	电子信息产品（不含软件产品）	车辆微卡口摄像机	罗普特（厦门）科技集团有限公司
160	电子信息产品（不含软件产品）	卡口抓拍单元	
161	电子信息产品（不含软件产品）	雪亮社区管控系统	
162	电子信息产品（不含软件产品）	拼接显示单元	
163	电子信息产品（不含软件产品）	自助借还书机	厦门印天电子科技有限公司
164	电子信息产品（不含软件产品）	智能微型图书馆	
165	电子信息产品（不含软件产品）	LED 显示屏	福建日顺欣电子科技有限公司
166	电子信息产品（不含软件产品）	一体式门禁	厦门路桥信息股份有限公司
167	电子信息产品（不含软件产品）	电信和信号网络的电涌保护器	厦门大恒科技有限公司
168	电子信息产品（不含软件产品）	视频监控防雷器	
169	电子信息产品（不含软件产品）	提前预放电避雷针	
170	电子信息产品（不含软件产品）	智能雷电频谱记录仪	
171	电子信息产品（不含软件产品）	雷电峰值记录仪	
172	电子信息产品（不含软件产品）	蜂窝状雷电预警系统采集器	
173	电子信息产品（不含软件产品）	博聪枪球一体式人脸抓拍摄像机 F300	厦门博聪信息技术有限公司
174	电子信息产品（不含软件产品）	博聪 180 度全景联动高空巡视摄像机 H900	
175	电子信息产品（不含软件产品）	电子公交站牌	金安盛（厦门）精密钣金有限公司
176	电子信息产品（不含软件产品）	LED 芯片	厦门乾照光电股份有限公司
177	电子信息产品（不含软件产品）	室内高清 LED 全彩显示屏	厦门众丽光电科技有限公司
178	电子信息产品（不含软件产品）	户外高清 LED 全彩显示屏	
179	电子信息产品（不含软件产品）	消防员单兵定位系统	厦门物之联智能科技有限公司
180	电子信息产品（不含软件产品）	装备健康监测管理系统	
181	电子信息产品（不含软件产品）	液晶拼接屏	厦门凯川科技有限公司
182	电子信息产品（不含软件产品）	广告机	
183	电子信息产品（不含软件产品）	商用显示屏	
184	电子信息产品（不含软件产品）	通信终端	厦门四信通信科技有限公司
185	电子信息产品（不含软件产品）	24 小时街区自助图书设备	厦门信昇达物联科技股份有限公司
186	电子信息产品（不含软件产品）	自助办证设备（自助终端）	
187	电子信息产品（不含软件产品）	自助借还书设备（自助终端）	
188	电子信息产品（不含软件产品）	移动点检车（自助设备）	
189	电子信息产品（不含软件产品）	馆员工作站（自助设备）	
190	电子信息产品（不含软件产品）	智慧微型图书馆（室内图书机）(自助终端）	
191	电子信息产品（不含软件产品）	智能书架（自助终端）	
192	电子信息产品（不含软件产品）	门禁系统	
193	电子信息产品（不含软件产品）	快速贴标器	
194	电子信息产品（不含软件产品）	执法记录仪	厦门瞳景智能科技有限公司
195	电子信息产品（不含软件产品）	线束	厦门广成实业有限公司
196	电子信息产品（不含软件产品）	单相两极带接地不可拆线插头	

续表 16-4

序号	产品类别	产品	企业
197	电子信息产品（不含软件产品）	农药残留检测仪	厦门海荭兴仪器股份有限公司
198	电子信息产品（不含软件产品）	家居智能化楼寓对讲系统	厦门奥马科技有限公司
199	电子信息产品（不含软件产品）	人脸抓拍相机	厦门身份宝网络科技有限公司
200	电子信息产品（不含软件产品）	人证合一核验系统	
201	电子信息产品（不含软件产品）	酒店智慧前台	
202	电子信息产品（不含软件产品）	FL-2000 取证航母	厦门市美亚柏科信息股份有限公司
203	电子信息产品（不含软件产品）	FM-Lab 取证金刚	
204	电子信息产品（不含软件产品）	DC-8811 取证魔方	
205	电子信息产品（不含软件产品）	取证塔	
206	电子信息产品（不含软件产品）	超声波多普勒流速仪	厦门博意达科技有限公司
207	电子信息产品（不含软件产品）	超声波多普勒流速流向仪	
208	电子信息产品（不含软件产品）	超声波多普勒流速流量仪	
209	电子信息产品（不含软件产品）	微型多普勒流速仪	
210	电子信息产品（不含软件产品）	楼宇对讲系统产品	厦门立林科技有限公司
211	电子信息产品（不含软件产品）	数字家居系统产品	
212	电子信息产品（不含软件产品）	视频监控产品	
213	电子信息产品（不含软件产品）	智能停车管理系统产品	
214	电子信息产品（不含软件产品）	智能锁安全管控系统	华数（厦门）信息有限公司
215	电子信息产品（不含软件产品）	互联网门禁视屏信息终端	福建求实智能股份有限公司
216	电子信息产品（不含软件产品）	拉曼光谱仪	厦门市普识纳米科技有限公司
217	照明产品	智能光能路灯	厦门兴泰启贤新能源科技有限公司
218	照明产品	LED 黑板灯	厦门市朗星节能照明股份有限公司
219	照明产品	LED 教室护眼灯	
220	照明产品	LED 护眼吸顶灯	
221	照明产品	嵌入式 LED 灯具（LED 筒灯）	厦门市三安光电科技有限公司
222	照明产品	道路与街路照明灯具（LED 路灯）	
223	照明产品	固定式灯具（吊式，LED 工厂灯）	
224	照明产品	LED 地埋灯	厦门兴恒隆股份有限公司
225	照明产品	LED 一体化日光灯	
226	照明产品	LED 线条灯	
227	照明产品	可移式 LED 灯具（LED 台灯）	厦门捷能通光电科技有限公司
228	照明产品	LED 路灯	厦门闽光电气实业有限公司
229	照明产品	固定式灯具（LED 吸顶灯）	厦门通士达有限公司
230	照明产品	固定式 LED 灯具（吸顶式）	
231	照明产品	固定式 LED 灯具（LED 天棚灯）	
232	照明产品	固定式通用灯具（吸顶式）	
233	照明产品	固定式灯具（吸顶灯）	
234	照明产品	固定式灯具（吊式）	

续表 16-4

序号	产品类别	产品	企业
235	照明产品	固定式灯具（LED 轨道灯）	厦门通士达有限公司
236	照明产品	嵌入式灯具（嵌天花板式）	
237	照明产品	固定式灯具（吸顶式）	
238	照明产品	固定式灯具（LED 面板灯）	
239	照明产品	嵌入式灯具（LED 筒灯）	
240	照明产品	LED 防水吸顶灯	
241	照明产品	室内加热器	
242	照明产品	智能音响氛围灯（音箱功能）	
243	照明产品	换气扇	
244	照明产品	可移式 LED 灯具（台灯 / 夹）	
245	照明产品	道路与街路照明灯具（LED 路灯）	
246	照明产品	LED 线条灯	
247	照明产品	LED 路灯	东德泰（厦门）能源科技有限公司
248	照明产品	LED 隧道灯	
249	照明产品	LED 投光灯	
250	照明产品	太阳能便携灯	厦门冠宇科技股份有限公司
251	照明产品	可弯曲单晶硅太阳能板	
252	照明产品	太阳能路灯	
253	照明产品	太阳能草坪灯	
254	照明产品	太阳能壁灯	
255	照明产品	LED 射灯	厦门市信达光电科技有限公司
256	照明产品	LED 厂房灯	
257	照明产品	LED 交通灯	
258	照明产品	LED 球泡灯	
259	照明产品	LED 日光灯	
260	照明产品	LED 隧道灯	
261	照明产品	LED 面板灯	
262	照明产品	LED 室内显示屏	
263	照明产品	LED 室外显示屏	
264	照明产品	LED 路灯	
265	照明产品	LED 户内 P6、P10 全彩单元模组	
266	照明产品	LED 护栏管	
267	照明产品	LED 投光灯	
268	照明产品	LED 封装产品	
269	照明产品	LED 灯	厦门海莱照明有限公司
270	照明产品	节能灯	
271	办公家具	工作位	福建科荣家具有限公司
272	办公家具	立地柜	

续表 16-4

序号	产品类别	产品	企业
273	办公家具	办公桌	厦门源名匠家具有限公司
274	办公家具	幼儿课桌	厦门源名匠家具有限公司
275	办公家具	幼儿课椅	厦门源名匠家具有限公司
276	办公家具	办公桌	厦门耀协工贸有限公司
277	办公家具	文件柜	厦门耀协工贸有限公司
278	办公家具	鞋柜	厦门耀协工贸有限公司
279	办公家具	课桌	厦门耀协工贸有限公司
280	办公家具	手摇升降椅	厦门耀协工贸有限公司
281	办公家具	柜子	厦门星好美家具有限公司
282	办公家具	转椅	厦门星好美家具有限公司
283	办公家具	实木椅	厦门星好美家具有限公司
284	家具产品	橱柜	美睿（中国）家居有限公司
285	家具产品	衣柜	美睿（中国）家居有限公司
286	家具产品	台板	美睿（中国）家居有限公司
287	卫厨产品	水龙头及五金卫浴配件	路达（厦门）工业有限公司
288	卫厨产品	马桶、台盆、小便斗、浴缸、蹲便器等卫浴陶瓷类产品	路达（厦门）工业有限公司
289	卫厨产品	整体厨房、衣柜、浴室柜、内门及其他木制品（含五金配套）	路达（厦门）工业有限公司
290	卫厨产品	马桶	优达（中国）有限公司
291	卫厨产品	蹲便器	优达（中国）有限公司
292	卫厨产品	小便斗	优达（中国）有限公司
293	卫厨产品	陶瓷盆	优达（中国）有限公司
294	卫厨产品	浴缸	优达（中国）有限公司
295	卫厨产品	龙头	优达（中国）有限公司
296	卫厨产品	厨盆	优达（中国）有限公司
297	卫厨产品	浴室柜	优达（中国）有限公司
298	卫厨产品	五金卫浴配件	优达（中国）有限公司
299	卫厨产品	排烟系统	厦门火了厨具有限公司
300	卫厨产品	鲜风系统	厦门火了厨具有限公司
301	卫厨产品	工作台	厦门火了厨具有限公司
302	卫厨产品	储物柜	厦门火了厨具有限公司
303	卫厨产品	不锈钢水槽	厦门火了厨具有限公司
304	卫厨产品	推车	厦门火了厨具有限公司
305	卫厨产品	餐具	厦门火了厨具有限公司
306	卫厨产品	货架	厦门火了厨具有限公司
307	卫厨产品	餐具	厦门市诺安达环保科技有限公司
308	卫厨产品	排烟系统	厦门市诺安达环保科技有限公司

续表 16-4

序号	产品类别	产品	企业
309	卫厨产品	货架	厦门市诺安达环保科技有限公司
310	卫厨产品	厨房用车	
311	卫厨产品	储物柜	
312	卫厨产品	鲜风系统	
313	卫厨产品	不锈钢洗涮池	
314	卫厨产品	不锈钢工作台	
315	卫厨产品	节能饮水机	
316	卫厨产品	中餐燃气炒菜灶	厦门市裕阳厨房设备有限公司
317	卫厨产品	商用电磁灶	
318	卫厨产品	通道工作台	
319	卫厨产品	双层工作台	
320	卫厨产品	货架	
321	卫厨产品	水池（洗涤池）	
322	卫厨产品	储物柜	
323	卫厨产品	保温汤饭桶车（活动暖汤、暖饭车）	厦门南益通工贸有限公司
324	卫厨产品	不锈钢三星洗刷台	
325	卫厨产品	不锈钢双通工作台	
326	卫厨产品	不锈钢调味拼柜	
327	卫厨产品	单星洗涮台	
328	卫厨产品	电磁双头灶	
329	卫厨产品	电磁灶	
330	卫厨产品	简易工作台	
331	卫厨产品	沙网柜	
332	卫厨产品	商用电磁灶	
333	卫厨产品	四层存放架	
334	卫厨产品	电冰箱 / 商用冷柜	
335	卫厨产品	不锈钢五格保温台	
336	卫厨产品	消毒柜	
337	卫厨产品	蒸饭箱	
338	卫厨产品	中餐燃气炒菜灶	
339	五金产品	地弹簧	金钢狼有限公司
340	五金产品	防火闭门器	
341	五金产品	合页	
342	五金产品	滑撑	
343	五金产品	滑轮	
344	五金产品	门夹	
345	五金产品	门拉手	
346	五金产品	门锁	

续表 16-4

序号	产品类别	产品	企业
347	五金产品	执手	金钢狼有限公司
348	五金产品	不锈钢栏杆	厦门群力金属制品有限公司
349	五金产品	安必乐缩舌锁	厦门美科安防科技有限公司
350	五金产品	自动售货机锁芯	
351	五金产品	双面弹子锁	
352	五金产品	圆盘密码锁	
353	五金产品	字母排片锁	
354	轻工产品	环保移动公厕	厦门涌宏钢结构工程有限公司
355	轻工产品	智能骨灰存放设备	厦门市汇纳环保科技有限公司
356	轻工产品	金属 / 不锈钢候车亭（非标产品）	厦门亿竑实业集团有限公司
357	轻工产品	金属 / 不锈钢候车亭（非标产品）	厦门佑丰建设有限公司
358	轻工产品	生态公厕	厦门利新德环保科技工程有限公司
359	轻工产品	聚乙烯三化池	
360	轻工产品	香精	厦门琥珀日化科技股份有限公司
361	轻工产品	晴雨伞	太阳城（厦门）户外用品科技股份有限公司
362	纸制品	多吉美简柔系列可湿水面纸	厦门耀健纸品有限公司
363	纸制品	呢喃宝贝婴儿润肤湿巾	
364	纸制品	多吉美妇婴无芯卷纸	
365	纸制品	多吉美茶语丝享系列手帕纸	
366	纸制品	纸袋	厦门创业人环保科技股份有限公司
367	纸制品	小战神 1 类相纸	厦门安妮股份有限公司
368	纸制品	小战神热敏纸	
369	纸制品	小战神传真纸	
370	纸制品	安妮牌办公用纸	
371	纸制品	小战神牌办公用纸	
372	纸制品	安妮牌办公用纸	
373	纸制品	王者牌办公用纸	
374	食品	铁观音	华祥苑茶业股份有限公司
375	食品	岩茶	
376	食品	普洱	
377	食品	红茶	
378	食品	白茶	
379	食品	绿茶	
380	食品	庄园茶系列产品	
381	食品	丝路传香系列产品	
382	食品	钓鱼台系列产品	
383	食品	味丹味精	厦门味丹食品有限公司
384	食品	速冻鲍鱼	厦门市岛之原生物科技有限公司

续表 16-4

序号	产品类别	产品	企业
385	食品	铁观音	厦门清雅源科技股份有限公司
386	食品	工夫红茶	
387	食品	F42、F-55 果葡糖浆	双桥（厦门）有限公司
388	食品	麦芽糖浆	
389	食品	啤酒用糖浆	
390	食品	葡萄糖浆	
391	食品	低聚异麦芽糖	
392	食品	燕之屋	厦门燕之屋生物工程发展有限公司
393	食品	碗燕	
394	食品	银祥肉制品	厦门银祥集团有限公司（厦门银祥豆制品有限公司、厦门银祥豆制品有限公司）
395	食品	银祥豆制品	
396	食品	速冻调制食品	福建安井食品股份有限公司
397	食品	古龙牌系列产品（罐头、酱油、白糖、味精、大米）	厦门古龙食品有限公司
398	食品	"古龙、蒸传"双品牌旗下所有产品	厦门古龙真传食品有限公司
399	食品	水稻核心种、原种	袁梦（厦门）光伏农业投资有限公司
400	食品	金针菇	厦门如意食用菌生物高科技有限公司
401	纺织服装	床上用品面料	厦门市艺新雅诗兰生活用品有限公司
402	纺织服装	窗帘布	
403	纺织服装	垫被	
404	纺织服装	长袖白色上衣	
405	纺织服装	格子短裙	
406	纺织服装	无纺布内裤	厦门悠派无纺布制品有限公司
407	纺织服装	一次性纯棉内裤	
408	纺织服装	时尚女装（团购定制）	景业晟美（厦门）实业有限公司
409	纺织服装	休闲鞋	古琳达姬（厦门）股份有限公司
410	运动休闲产品	帐篷	厦门悠度休闲用品股份有限公司
411	运动休闲产品	野营地毯	厦门恒好旅游用品有限公司
412	运动休闲产品	野餐包	
413	运动休闲产品	帐篷	
414	运动休闲产品	睡袋	
415	运动休闲产品	iAnkle 足轻盈	奥佳华智能健康科技集团股份有限公司
416	运动休闲产品	iKnee 爱膝足	
417	运动休闲产品	Master Drive 御手温感大师椅	
418	环保专用设备	三达净水机（型号：三达 A、三达 B、三达 C SC-4）	三达膜科技（厦门）有限公司
419	环保专用设备	三达超滤机（型号：ST-UF-1.5T）	
420	环保专用设备	三达超滤机（型号：ST-UF-2.5T）	
421	环保专用设备	净水工程设备	
422	环保专用设备	三达膜生物反应器	

续表 16-4

序号	产品类别	产品	企业
423	环保专用设备	水净化设备与机器	三达膜科技（厦门）有限公司
424	环保专用设备	污水处理设备	
425	包装材料	钢架结构中纤复合板箱	耐立特科技有限公司
426	消防器材及防火材料	泡沫灭火剂	厦门一泰消防科技开发有限公司
427	消防器材及防火材料	A 类泡沫灭火剂	
428	消防器材及防火材料	水系灭火剂	
429	建筑材料	电缆桥架	厦门永华光电科技股份有限公司
430	建筑材料	管廊支架、抗震支架	
431	建筑材料	（IFB）改性聚丙烯增强波纹管	盛兴强管业（厦门）有限公司
432	建筑材料	MPP 电力电缆用导管	
433	建筑材料	（IFB）改性聚丙烯增强波纹管	厦门闽互通科技推广有限公司
434	建筑材料	MPP 电力电缆用导管	
435	建筑材料	PVC-U 电工套管	厦门深联塑胶有限公司
436	建筑材料	U-PVC 给水管	
437	建筑材料	U-PVC 排水管	
438	建筑材料	PPR 管材	
439	建筑材料	铝合金蜂窝板	帷森（厦门）建材工业有限公司
440	建筑材料	石材蜂窝板	
441	建筑材料	木皮蜂窝板	
442	建筑材料	不锈钢蜂窝板	
443	建筑材料	矿棉夹芯板	
444	建筑材料	倍荷力蜂窝板	
445	建筑材料	MC 吸音铝蜂窝板	
446	建筑材料	80 厚三明治板	
447	建筑材料	K12 克洛格板	
448	建筑材料	活动地板	
449	建筑材料	PS 遮阳	
450	建筑材料	SS 遮阳百叶	
451	建筑材料	遮阳百叶	
452	建筑材料	SS70 推拉百叶	
453	建筑材料	透水砖	厦门宏鹭升建筑新材料有限责任公司
454	建筑材料	透水板	
455	建筑材料	花岗岩大理石	厦门佳好建材有限公司
456	建筑材料	透水路面板	厦门翔涌建材有限公司
457	建筑材料	透水路面砖	
458	建筑材料	砂基透水砖	厦门美益建材有限公司
459	新材料产品	MDS816 防护剂	厦门诺恩斯科技有限公司
460	新材料产品	有机硅防水剂	

续表 16-4

序号	产品类别	产品	企业
461	新材料产品	混凝土防护剂 SD	厦门诺恩斯科技有限公司
462	新材料产品	盾构泡沫剂	
463	新材料产品	盾尾密封油脂	
464	新材料产品	双向拉伸聚酰胺（尼龙）薄膜（BOPA）	厦门长塑实业有限公司
465	新材料产品	双向拉伸 EVOH 型高阻隔尼龙薄膜（EHA）	
466	新材料产品	高抗冲尼龙薄膜（PHA）	
467	新材料产品	精密钨钢制品	春保森拉天时精密钨钢制品（厦门）有限公司
468	新材料产品	硬质合金	春保森拉天时硬质合金（厦门）有限公司

（市经信局）

技术改造与创新

【技术改造投资】 2018 年，厦门市落实技改奖补政策。宸鸿科技（厦门）有限公司、厦门乾照光电股份有限公司等龙头企业产线加快改造。全市技改投资比上年增长 20.7%，高于工业投资增速 8.7 个百分点。技改投资占工业投资比重连续 3 年超过 55%。

【重点技改项目实施】 2018 年，宸鸿科技（厦门）有限公司触控模组扩产、厦门金鹭特种合金有限公司航空航天硬质合金刀具生产线等 8 个项目被列入省重点技改项目，计划总投资 24.15 亿元，年度完成投资 16.56 亿元，完成年度计划的 160.4%。市经信局向工业和信息化部推荐的厦门特宝生物工程股份有限公司、厦门盈趣科技股份公司等 3 个项目被列入工业技术改造专项中央预算内投资计划。

【技改奖补政策落实】 2018 年，厦门市实施市级产业转型升级资金技改补助专项，采取事后补助的方式，按技改项目设备投入给予不超过 10% 的资金补助。落实省技改奖励政策，出台《厦门市工业企业技术改造奖励实施办法》，结合原有技改项目补助政策实际，对上一年度完工投产且营收实现增长规模以上工业企业技改项目，按项目设备投资额的 5% 追加奖励。全年向 128 家次企业发放市级技改奖补资金 21371 万元。

【工业和信息化龙头企业培育】 2018 年，厦门市落实《福建省新一轮促进工业和信息化龙头企业改造升级行动计划（2018—2020 年）》，结合产业转型升级专项资金等各类惠企政策兑现工作，通过政策引导和项目带动，助推企业做强做大。其中，捷太格特转向系统（厦门）有限公司的电动助力转向器、厦门长塑实业有限公司的 BOPA 薄膜、厦门船舶重工股份有限公司的汽车滚装船、厦门宏发电声股份有限公司的电力磁保持继电器、厦门虹鹭钨钼工业有限公司的钨丝 5 个单项产品市场占有率位居全球第一名。

【省级工业和信息化龙头企业】 2018 年，经厦门市经信局推选、省经信委评定，福建安井食品股份有限公司、厦门宏发电声股份有限公司等 72 家企业（含子公司）入选 2018 年省级工业和信息化龙头企业。入选企业完成工业产值 2105.26 亿元，比上年增长 6.8%，占全市规模以上工业总产值的 32.9%。（见表 16-5）

表 16-5　**2018 年厦门市省级工业和信息化龙头企业一览表**

序号	企业	序号	企业
1	如意情集团股份有限公司	9	厦门百霖净水科技有限公司
2	福建安井食品股份有限公司	10	厦门立霖卫浴有限公司
3	厦门烟草工业有限责任公司	11	厦门钨业股份有限公司
4	腾龙特种树脂（厦门）有限公司	12	厦门金鹭特种合金有限公司
5	厦门翔鹭化纤股份有限公司	13	厦门虹鹭钨钼工业有限公司
6	厦门长塑实业有限公司	14	厦门嘉鹭金属工业有限公司
7	厦门建霖健康家居股份有限公司	15	厦门朋鹭金属工业有限公司
8	厦门英仕卫浴有限公司	16	厦门厦钨新能源材料有限公司

续表 16-5

序号	企业	序号	企业
17	厦门厦顺铝箔有限公司	45	厦门亿联网络技术股份有限公司
18	路达（厦门）工业有限公司	46	厦门强力巨彩光电科技有限公司
19	厦门松霖科技股份有限公司	47	厦门强力巨彩显示技术有限公司
20	百路达（厦门）工业有限公司	48	冠捷显示科技（厦门）有限公司
21	林德（中国）叉车有限公司	49	宸美（厦门）光电有限公司
22	玉晶光电（厦门）有限公司	50	友达光电（厦门）有限公司
23	福建龙净脱硫脱硝工程有限公司	51	宸鸿科技（厦门）有限公司
24	厦门龙净环保技术有限公司	52	厦门天马微电子有限公司
25	厦门金龙联合汽车工业有限公司	53	祥达光学（厦门）有限公司
26	厦门金龙旅行车有限公司	54	厦门三安光电有限公司
27	厦门日上集团股份有限公司	55	开发晶照明（厦门）有限公司
28	厦门新长诚钢构工程有限公司	56	厦门盈趣科技股份有限公司
29	厦门日上钢圈有限公司	57	长鸿光电（厦门）有限公司
30	厦门日上金属有限公司	58	宝宸（厦门）光学科技有限公司
31	厦门船舶重工股份有限公司	59	中国厦门外轮代理有限公司
32	厦门 ABB 开关有限公司	60	厦门国贸泰达保税物流有限公司
33	厦门宏发电声股份有限公司	61	四三九九网络股份有限公司
34	厦门宏发电力电器有限公司	62	厦门网宿有限公司
35	厦门宏发电力电子科技有限公司	63	厦门信息集团有限公司
36	厦门精合电气自动化有限公司	64	厦门信息港建设发展股份有限公司
37	厦门宏发汽车电子有限公司	65	厦门路桥信息股份有限公司
38	厦门金越电器有限公司	66	咪咕动漫有限公司
39	厦门宏发开关设备有限公司	67	国网信通亿力科技有限责任公司
40	厦门宏远达电器有限公司	68	厦门亿力吉奥信息科技有限公司
41	厦门宏发信号电子有限公司	69	厦门市美亚柏科信息股份有限公司
42	厦门科华恒盛股份有限公司	70	厦门美亚中敏科技有限公司
43	厦门华联电子股份有限公司	71	厦门亿力吉奥信息科技有限公司
44	厦门美图移动科技有限公司	72	厦门美图之家科技有限公司

【企业技术中心】 2018 年，厦门市新增国家级企业技术中心 4 家、省级 11 家、市级 15 家（见表 16-6）。至年末，市级以上企业技术中心 163 家。其中，国家级企业技术中心 21 家，占全省 48.8%。市经信局根据厦门市企业技术中心认定管理办法，兑现 2017—2018 年度国家、省、市级企业技术中心研发补助费用 1690 万元。

【技术创新与产学研合作】 2018 年，厦门天马微电子有限公司、厦门盈趣科技股份有限公司被认定为国家技术创新示范企业。厦门易功成信息技术有限公司“基于智能工程平台的区块链软件系统开发”等 26 个项目被确认为年度重点产学研合作支持项目，共获支持资金 397.2 万元。厦门市下达 11 个通过验收的往年市级重点技术创新及产学研合作项目第二次拨款 175 万元，累计 572.2 万元。

【质量强市建设】 2018 年，厦门市经信局出台 2018 年工业质量品牌建设工作意见，组织有关单位申报质量品牌重点项目。经工业和信息化部审核，厦门新材料产业协会的“2018 年厦门市原材料质量提升工程”获工业和信息化部 20 万元支持。厦门金龙联合汽车工业有限公司、厦门中药厂有限公司获 2018 年“省级质量标杆企业”称号，大博医疗科技股份有限公司“实施数字化车间全员参与质量管理的实践经验”获 2017

年“全国质量标杆”称号。

【制造业品牌培育】 2018年，厦门市实施品牌带动战略，引导工业企业完善品牌管理体系、创新管理模式、增强品牌培育能力。鼓励企业参加全国品牌培育试点、中国工业企业品牌竞争力评价等活动，开展品牌宣传推介。市经信局组织部分企业参加省工信厅主办的品牌培育交流会。9月，全市工业企业品牌培养标准宣贯会召开，32家企业40余人参会。

【重大技术装备专项工程】 2018年，厦门船舶重工股份有限公司的“福建海上风电一体化移动作业平台（493A）”、福建龙净环保股份有限公司脱硫脱硝工程有限公司的“燃煤烟气多污染物超低排放成套设备”和“多污染一体化协同处理装备”获国家首台（套）重大技术装备保险保费补贴。厦门科华恒盛股份有限公司等9家企业的9台（套）装备获福建省首台（套）重大技术装备和智能制造装备认定（见表16-7）。

【智能制造试点示范】 2018年，厦门市新增国家级智能制造试点示范企业2家、省级5家、市级15家、市智能制造样板工厂（车间）企业7家。（见表16-8）

表16-6　**2018年厦门市新培育企业技术中心一览表**

级别	企业技术中心	级别	企业技术中心
国家级	大博医疗科技股份有限公司技术中心	市级	罗普特（厦门）科技集团有限公司技术中心
	厦门建霖健康家居股份有限公司技术中心		宏泰集团（厦门）有限公司技术中心
	奥佳华智能健康科技集团股份有限公司技术中心		厦门路桥信息股份有限公司技术中心
	厦门市建筑科学研究院集团股份有限公司技术中心		厦门百霖净水科技有限公司技术中心
省级	中城投集团第八工程局有限公司技术中心		厦门卫星定位应用股份有限公司技术中心
	厦门安能建设有限公司技术中心		泰普生物科学（中国）有限公司技术中心
	中铁二十二局集团第三工程有限公司技术中心		厦门光莆电子股份有限公司技术中心
	厦门亿联网络技术股份有限公司技术中心		奥捷科技（厦门）有限公司技术中心
	厦门艾德生物医药科技股份有限公司技术中心		厦门广成实业有限公司技术中心
	华尔达（厦门）塑胶有限公司技术中心		吉特利环保科技（厦门）有限公司技术中心
	协成科技股份有限公司技术中心技术中心		厦门东声电子有限公司技术中心
	厦门弘信电子科技股份有限公司技术中心		瑞华高科技电子工业园（厦门）有限公司技术中心
	中建鑫宏鼎环境集团有限公司技术中心		厦门市通达创智实业有限公司技术中心
	厦门市捷安建设集团有限公司技术中心		厦门星际电器有限公司技术中心
	厦门鲁班源房屋营造有限公司技术中心		中建鑫宏鼎环境集团有限公司技术中心

表16-7　**2018年厦门市入选省首台（套）重大技术装备和智能制造装备企业表**

企业	申报产品名称、型号、规格
环创（厦门）科技股份有限公司	大件垃圾破碎机（型号：HCDS-50210）
福建龙净脱硫脱硝工程有限公司	循环氧化吸收协同脱硝装置（G-COA-160）
厦门市美亚柏科信息股份有限公司	FM-Lab取证金刚分布式智能取证分析系统
威斯坦（厦门）实业有限公司	SLA1600三振镜三激光光固化3D打印机
厦门盈硕科智能装备有限公司	高压套管—静态混料真空浇注及浸渗系统vHVB-2/500-1S-7T
厦门海普锐科技股份有限公司	HPC-8040D型全自动穿号码管端子压着机
蓝天鹏（厦门）科技有限公司	碱液净化剂LTP-J24
厦门科华恒盛股份有限公司	KR33800三进三出UPS
厦门中科城环新能源有限公司	污泥高液压脱水—热解炭化成套装备

表 16-8　　**2018 年厦门市智能制造试点示范、样板工厂（车间）企业表**

序号	企业	入选级别
1	厦门乾照光电股份有限公司	国家级智能制造试点示范企业
2	厦门长塑实业有限公司	国家级
3	厦门航天思尔特机器人系统股份公司	省级
4	厦门金龙旅行车有限公司	省级
5	厦门长塑实业有限公司	省级
6	宸美（厦门）光电有限公司	省级
7	厦门乾照光电股份有限公司	省级
8	厦门华联电子科技有限公司	市级
9	厦门达真电机有限公司	市级
10	宝淇（厦门）服饰有限公司	市级
11	厦门倍杰特科技股份公司	市级
12	厦门卫星定位应用股份有限公司	市级
13	厦门身份宝网络科技有限公司	市级
14	厦门赢定信息科技有限公司	市级
15	瑞之路（厦门）眼镜科技有限公司	市级
16	厦门捷昕精密科技股份有限公司	市级
17	厦门力巨自动化科技有限公司	市级
18	厦门五星珑科技有限公司	市级
19	厦门聚富塑胶制品有限公司	市级
20	厦门中药厂有限公司	市级
21	晶宇光电（厦门）有限公司	市级
22	厦门中科城环新能源有限公司	市级
23	厦门华联电子股份有限公司	市智能制造样板工厂（车间）企业
24	厦门中药厂有限公司	市智能制造样板工厂（车间）企业
25	厦门乾照光电股份有限公司	市智能制造样板工厂（车间）企业
26	厦门建霖健康家居股份有限公司	市智能制造样板工厂（车间）企业
27	厦门金牌厨柜股份有限公司	市智能制造样板工厂（车间）企业
28	晶宇光电（厦门）有限公司	市智能制造样板工厂（车间）企业
29	大博医疗科技股份有限公司	市智能制造样板工厂（车间）企业

（市经信局）

责任编辑：林建高
审　　稿：程成贵
校　　对：胡　恩

17 交通·物流·邮政

综　　述

2018年，厦门市交通设施建设固定资产投资1006亿元，比上年增长42.0%。第二东通道项目立项，并获交通部历史最高单项补助资金24.66亿元；第二西通道、福厦高铁厦门段、岛外城市快速路网系统二期工程开工建设；第三东通道、厦漳泉城际轨道R1线、渝（西）长厦铁路、吉永泉厦门支线铁路等项目规划和前期工作在进行中。厦门翔安机场、东南国际航运中心、厦金跨海通道、厦门企业参与金门公共交通建设、厦台城市公交运营合作、智轨交通、微循环公交、海峡两岸5G创新产业园区、中欧班列延伸服务台湾等项目在酝酿中。

2018年，厦门市以轨道、BRT（快速公交）为骨干，常规公交为主体，出租车、轮渡为补充的公共交通体系日益完善。公共交通日均客运量230万人次，其中地铁1号线11.3万人次、BRT27万人次。全市有公交线路413条，在营公交车4335辆，万人拥有公交车15.4标辆，公交机动化出行分担率44.3%，公交服务水平位居全国前列。年内，围绕与地铁有机衔接，优化公交线路58条，增开公交线路18条，调整公交线路104条，新建公交场站5个、公交中途站63个，开通BRT快8及B5路机场接驳快线，以及定制公交、社区公交、高峰专线等特色公交10条。有巡游出租车5620辆，在册网约车12035辆，更新投放巡游出租车2259辆。创新网约车管理体制，制定网约车地方标准、分类管理、信息化监管等措施，网约车管理厦门经验在交通运输部会议上作为典型交流。

2018年，全市物流产业实现总收入1180亿元，增长7.38%。中欧班列稳定运行，3条线路通达欧亚大陆16个城市，全年开行176列1.5万标准箱，货值5亿美元，实现中国台湾地区及韩国、越南等地货物通过海运经厦门发往欧洲。推动发展载体项目招商建设，有物流产业招商重点项目62个，京东同安物流园、中马普洛斯冷链物流园开工建设，宏仁医药物流园竣工投产。推动物流降本增效，减征全市集装箱车辆、快递企业及重点物流企业货运车辆通行年费，年内减征车辆通行费1.3亿余元。推进厦门市车辆通行费征收方案改革，9月26日起实行新征收方式，全面取消收费方案在研究中。

2018年，厦门市加快新能源汽车更新投放，有新能源公交车2283台、清洁能源公交车723台，占在营公交车总量的69.3%；纯电动巡游出租车1409部，占巡游出租车总量的25.07%。开展绿色物流城市创建，构建城市绿色货运配送体系，筹划公共物流信息平台、三级城市配送网络体系建设，厦门绿色物流城市合作项目获“全球绿色目标伙伴2030”国际倡议P4G首届6个最佳合作伙伴大奖，入选全国绿色货运配送示范工程创建城市。促进两岸绿色交通项目合作，与中华环境保护基金会共同发起设立“绿色交通公益基金（厦门）”，开展“一带一路”、两岸绿色交通及公益性交流活动，厦门绿色交通获第十届中华环境奖。

2018年，厦门市交通运输局（简称市交通运输局）各项行政审批、公共服务事项全部进驻市行政服务中心办理，审批事项从62项减少到19项，审批时限压缩至法定的35%以内。精简审批事项申办材料60项、“一趟不用跑”事项44项、“最多跑一趟”事项144项，推广“运政自助服务一体机”，方便群众办事。市交通执法支队全年办理各类交通违法案件1.25万件，人均办案量居全省前列。推动厦门市大交通信息共享服务平台建设，推动交通数据跨部门、跨层级的互联互通、业务协调，实现交通数据信息的可视化管理与集约化管理。完成市综合交通运行信息指挥中心一期工程建设，汇集接入行业监管和动态监控数据7大类60项，初步构建集枢纽场站交通运输流量采集、交通出行信息服务、出租车异常运行预警、网约车监管等多功能于一体的基础应用平台。

（陈颖坚）

港　　口

【概　况】2018年，厦门港有集装箱航线146条，其中国际航线92条、内支线 12 条、内贸线 42 条；有生产性泊位 165 个，其中万吨级以上泊位 76 个（10 万吨级以上泊位 17 个，20 万吨集装箱泊位 5 个），码头货物综合通过能力 1.78 亿吨，其中集装箱通过能力 1033 万标准箱，最大靠泊能力 20 万吨级。航道总长 720 千米，其中沿海航道长 340 千米、内河航道长 380 千米，万吨级以上深水航道总长 154 千米；20 万吨级主航道水深 16.6 米至 17.1 米，底宽 490—560 米，可满足 20 万吨级集装箱船舶与 15 万吨级集装箱船舶组合全潮双线通航要求，同时满足 20 万吨级集装箱船舶与 20 万吨级散货船舶组合双线通航要求，具备接待全球最大型集装箱船舶和全球最大国际豪华邮轮的港口条件。年内，厦门港完成货物吞吐量 2.17 亿吨，比上年增长 2.86%，其中集装箱吞吐量 1070.23 万标准箱，增长 3.09%；旅客吞吐量 862.4 万人次，增长 0.41%；水路运输周转量 1873.29 亿吨千米，增长 14.64%，增速在全省排名第一位。厦门港完成固定资产投资 21.5 亿元，主航道扩建四期新增航道里程 34.8 千米。全年接待邮轮 96 航次，增长 24.68%；旅客吞吐量 32.48 万人次，增长 100.73%，创历史最好成绩，其中母港旅客吞吐量 29.27 万人次、85 个航次，分别增长 118.66% 和 32.81%。全年母港邮轮运营“一带一路”航线 12 个航次，旅客吞吐量 5.42 万人次，增长 291.71%。厦金“小三通”方面，旅客客运量创历史新高，达 174.51 万人次，占全国两岸民众往来总人数的 20%，增长 8.10%。“中远之星”轮客滚航线完成 103 个往返航次，累计客运量 2.63 万人次，运载集装箱 1.05 万标准箱。船舶运力 282.21 万载重吨，8.31 万标准箱载箱量。海铁联运完成 2.22 万标准箱，增长 35.62%。全年安全引领船舶 11202 艘次，其中 20 万吨级船舶 373 艘次。厦门港第三方公益性信用评价体系获国家发改委肯定，在全省及全国处于领先水平。海润集装箱码头、远海码头同获亚太港口服务组织（APSN）“2018 年亚太绿色港口”（GPAS）称号。厦门港集装箱智慧物流平台、厦门港传统岸桥远程操控自动化升级项目获中国港口科技进步一等奖。

【港口国际营商环境打造】 2018 年，厦门市港口落实降费和优惠政策，累计发放省市港航扶持资金 3.9 亿元。拨付“中远之星”轮专项扶持资金 1728 万元，发放岛际农村燃油补助 718 万元。厦门市港口管理局（简称市港口管理局）推广集装箱设备交接单无纸化操作，实现一个平台办理各类手续，减少单证流转环节和时间。开展小提单无纸化操作试点，加快海运小提单电子化运程，提高口岸通关效率。建立集装箱智慧物流平台与国际贸易“单一窗口”平台数据共享通道，提升港口物流运行效率。暂缓开征锚地停泊费，减免集装箱口岸查验费、货物港务费、港口设施保安费和引航费，为企业减免成本约 1.54 亿元。

【绿色智慧港口建设】 2018 年，市港口管理局开展自然资源保护、绿色港口建设工作，争取到中央和市财政节能减排和绿色发展奖补资金 4700 万元，建成高压岸电设施 10 套，提前两年超额完成交通部《港口岸电布局方案》指标；新增“油改电”堆场 18 个，改造 16 个，改造 ERTG（油改电轮胎式集装箱龙门起重机）29 台，提前更新淘汰港内拖车 110 辆。鼓浪屿轮渡船启用油电混动技术，减少大气污染排放。开展蓝天保卫战、污染防治攻坚战等行动，完成能源消耗总量和强度“双控”目标考核任务，通过港区扬尘防治工作考评。建设港口船舶污染物接收、转运及处置设施，改造海澳石化码头污水池。制定厦、漳两市《港口船舶污染事故应急预案》和《防治港口船舶及其作业活动污染水环境的应急能力建设规划》。

【国家“一带一路”倡议落实】 2018 年，市港口管理局加快“海丝”（海上丝绸之路）核心区高质量建设，“丝路海运”开行，并建立工作联席会制度。地中海线、澳洲线和东南亚线货运量保持较快增长，分别完成 27 万、25 万和 63 万标准箱，分别比上年增长 64%、36% 和 13%。构建“一带”与“一路”陆海联动、东西双向互济的物流新通道。开通厦门—四川攀枝花—江西横岗和龙岩—厦门—山东临沂高岭土海铁联运班列，进一步完善内陆地区进出快捷物流通道。帮助台湾、东南亚地区货物通过厦门港过境经中欧班列运输出口，按照过境货物监管模式，加快通关速度。在成都市举办厦门港口物流推介会，推动厦门港向武汉、成都等中西部地区延伸。推进与南非德班港、开普敦港和比利时安特卫普港交流合作，就人员交流互访、分享经验成果达成合作意向。

【集装箱业务绿色发展】 2018 年，厦门港加快“绿色智慧”港口建设，提质增效、降本减排多措并举，深化能源管理，减少能源消耗，提高智能化水平，实现“污水零排放、油污不落地、垃圾有分类”和闸口智能化、作业指挥智能化、岸边交接智能化、船舶装卸远程化、堆场操作自动化。11 月 15—16 日，由亚太港口服务组织主办的港口互

2018 年，市港口管理局到成都开展海铁联运物流推介活动（市港口管理局 供图）

2018 年，厦门远海集装箱码头获得“2018 年亚太绿色港口”称号

（市港口管理局　供图）

联互通论坛和 2018 年亚太绿色港口奖励计划颁奖仪式在新加坡举办，厦门海润集装箱码头、厦门远海集装箱码头获“2018 年亚太绿色港口”称号。

【全国首条“一带一路”航线起航】 2018 年 3 月 8 日，歌诗达邮轮公司旗下邮轮“新浪漫”号满载 1800 名游客，从厦门国际邮轮母港启程，全国首条跨东南亚六国的“一带一路”航线开航。航线串联菲律宾、马来西亚、文莱、新加坡、柬埔寨、越南 6 国，航程 15 天。年内，“双子星”号、“天海新世纪”号、“大西洋”号等邮轮相继到厦门，全年运营周期、接待艘次再创新高。

（赖世威）

公　路

【概　况】 2018 年，厦门市公路局（简称市公路局）专养公路里程 564.7 千米，其中一级公路 372.5 千米、二级公路 152.55 千米、三级公路 26.94 千米、四级公路 6.03 千米；国道 140.93 千米、省道 189.54 千米、县道 230.29 千米、乡道 3.94 千米。有专养隧道 12 条（单洞总长 13.2 千米）、大型桥梁 27 座、路灯及夜景灯 15.9 万盏、下穿通道泵站 20 座。年度完成公路建设投资 8.73 亿元、公路养护投资 5.41 亿元。全年接报信息事件 3.92 万件，话务量 2.73 万通，录入路网平台信息 6.15 万条，编发信息快报 26 期。舆情监测发现相关公路信息 574 件，参与应急响应 16 次。市公路局监督检查 3893 车次、10904 人次，纠正、制止违章 1426 起；办理路产损坏索赔案件 214 起，收取赔（补）偿金 401.67 万元；开展联合整治行动 218 次，发送重大违法行为函告 20 起，办结 13 起。

【养护标准化建设】 2018 年，市公路局以探索标准化养护新模式为着力点，促进公路养护标准化、精细化、信息化、机械化。选定国、省干道及干线公路 17 条（总长 172 千米），创建特区高颜值景观公路。因路施策，实行“一路一方案，一路一特色”，通过养护标准化示范路现场会，总结推广创建经验，提升道路管理综合服务品质。重点加强人流密集、公众要求服务标准高的重要路段、重要区域的养护保洁，实现道路清洗全覆盖。道路管养“厦门样本”，在全省国、省道养护管理标准化示范专项活动现场会上作经验交流。

【公路工程建设】 2018 年，市公路局出台建设项目工程决算管理制度和重大工程招标及大宗货物、服务采购事前提醒承诺工作实施办法，推进基本建设工程项目决算。推动前期项目落地，完成新机场东进场路、溪东路（翔安南路—机场快速路段）等 13 个项目代建合同签订。后坳高速出口道路整治提升工程、海翔大道（香山—鸿渐山段）二期工程等 3 个项目启动前期方案设计。芦澳路（马青路—翁角路段）、滨海东大道（翔安东路—莲河段）项目开工建设。完成同安大道（海翔大道—同南路段）交通监控设施提升工程、海翔大道同安段交通完善工程等 10 个项目工可报告，完成国道 324 复线同安段二期完善工程（二次）等 3 个项目联评联审，完成芦澳路（马青路—翁角路段）工程、滨海东大道（翔安东路—莲河段）等 4 个项目概算批复。

【公路养护管理】 2018 年，市公路局建立容缺受理机制，督促代建单位尽快完善遗留缺陷问题，做到权责明晰。接养绿化和道路项目 34 个，提前介入保洁项目 6 个。成立养护绿化考评组，对管养道路进行日常养护考评检查，发布养护检查通报 30 份、养护指导意见 10 份。春季绿化补植草木 4 万平方米，修剪乔灌木 13 万株，养护绿篱、地被、草皮 638 万平方米。组建专业控花队伍，对岛内 85 处花镜、4 座高架桥、15 座人行天桥三角梅进行专项养护。完成县道 414 线（上埔—奎武岫）和同南路（铺里—环城北路）路面大修等 7 个养护大中修工程。加强小修管理，修复沥青路面 3.45 万平方米、人行道 1.99 万平方米、混凝土路面 2500 平方米、路面坑槽 489 处，更换井盖 833 套，完成交通设施日常维护 28 项、标线刷新 7.7 万平方米，新建交通标志 117 块。

【公路安全管理】 2018 年，市公路局开展公路行业治安乱点、管理行业乱象自查，对信访案件线索逐一排查。组织防洪排涝抢险演练、钢架桥架设应急演练、防汛专项演练等安全应急抢险演练 10 次，参演人员 1200 余人次。开展安全生产教育，进行班前教育、亲情教育等人性化教育；以公路站为试点，推行机械操作人员、一线作业人员授课机制，强化安全教育。

【路产路权管理】 2018年，市公路局试行“路长制”，路长对责任路段道路路面、道路设施、路容路貌、交通秩序、绿化管理和环境卫生等实行全面综合管理，提升管理内涵。加强重点路域环境整治，采用行政许可检查挂牌督办制，协同交通综合执法部门推动重点区域及城乡接合部路段路域环境整治，解决管理难点、热点问题，巩固路域环境。建立完善路域环境整治“建管群动”新机制，会同街道、城管等部门，持续开展国、省干道垃圾收集及路域环境整治，确保清理全覆盖。全年受理并审批路政许可案件210件，收取破路赔（补）偿费2788万元；办理路产损坏索赔案件201起，收取赔（补）偿费395.93万元。

【公路信息化建设】 2018年，市公路局依托市交通信息中心“雪亮交通”项目，推动完善大型桥梁重要部位、隧道监控视频点位建设，700余路监控视频接入市综合交通运行指挥中心视频共享平台。实施信息化项目，整合各类数据，建设公路大数据信息服务平台，提高信息化管理水平内部运转效率。实施公路应用支撑平台、公路基础数据库二期、官方微信平台二次升级改造项目，完成公共基础应用建设。探索新技术运用，以云顶隧道为试点，研究隧道人脸识别技术，通过人脸抓拍，传输至市交通信息中心，接入公安数据库进行识别比对，实现交通、公安联动执法。以仙岳隧道、西亭隧道为试点，安装激光+视频非接触式交通量调查设备各1套。

（陈雅婷）

公共交通

【概　况】 2018年，厦门市有城市公交线路413条，其中常规公交406条、快速公交7条，公交线路总长7477.95千米。全市有公交车4632辆，万人拥有公交车14.6标辆（按全市411万常住人口计算），公交日均客运量220万人次，其中BRT快线日均客运量27万人次。有出租车企业13家，出租车5620辆，其中岛内5462辆、岛外158辆，出租车驾驶员1.3万余人。年内，同安东海学院公交首末站、同安育才公交首末站、集美大桥（南站）BRT首末站、同安BRT枢纽站、厦大（翔安）校区公交首末站5个公交场站建成并投入使用。投入资金7.5亿元，新投放纯电动公交车884辆。按照“少量多次、分期分批、视情完善”原则，分批次出台公交线路调整优化方案，提升地铁客流量，新增线路18条，优化线路109条。12月21日，《厦门经济特区轨道交通条例》经厦门市第十五届人民代表大会常务委员会第二十次会议表决通过，自2019年2月1日起施行。

【公交优质线路及文明场站评选】 2018年，厦门市道路运输管理处（简称市运管处）在全市开展公交优质服务示范线路和公交文明示范场站评选，经过企业自评、行业考核、专家点评、媒体公示等程序，从全市300多条公交线路和200多个公交场站中，评选出公交优质服务示范线路8条、公交文明示范场站10个，并授牌。8条公交优质服务示范线路为快3路、2路、51路、439路、659路、753路、929路、931路，10个公交文明示范场站为第一码头公交场站、BRT前埔枢纽站、方特公交场站、海沧街道站、东渡公交场站、县后公交场站、胡里山公交场站、内厝车场、仰后站、金尚公交场站。

【巡游出租车更新】 2018年，厦门岛内有2267辆巡游出租车经营期满需报废更新，约占全市出租车总数的44%。市运管处以推动绿色交通发展为原则，兼顾出租车企业和驾驶员多样化、自主性的购车选择，将652辆更新为纯电动出租车，其余均更新为新能源和清洁能源车型。至此，厦门市共有纯电动出租车1546辆，占全市出租车总数的27.5%，其余均为新能源和清洁能源车型。

（樊　蓉）

【轮渡运输】 2018年，厦门轮渡有限公司（简称轮渡公司）完成客运量3087.67万人次，比上年增加111.83万人次，增长3.76%，安全航行44.59万千米，完成16.18万个航班，实现全年安全生产无事故，获“省级文明单位”“厦门港守信港航企业”等称号。年内，轮渡公司整合海、空、铁交通资源，与厦门航空公司携手，推出“e鹭飞抵鼓浪屿”联运产品，在候机楼、铁路候车室设置自动售票设备；并联合邮轮公司销售船票，让国内外游客“先游鼓浪屿、再乘邮轮游”，形成“一站式”旅游。轮渡公司承办中国城市公共交通协会轮渡专业委员会三届四次会议，并在会上做“融入全域旅游，助力轮渡发展”发言。新一代“鹭江”系列客船完成设计及建造合同签订工作。参与承办鼓浪屿合唱节、鼓浪屿钢琴节，让候船旅客在“鼓浪屿文化客厅”感受鼓浪屿的音乐文化。年内，轮渡购票功能升

2018年，轮渡码头实现无感刷脸过渡　　（洪志佳　摄）

级，推出支付宝官方生活号，人工售票窗口实现微信、支付宝扫码支付。同时升级市民航线人脸识别系统，在全国公共交通航线首家实现乘客无感刷脸过渡，公司各码头实现台胞证和港澳台居民居住证机读识别购票、检票。

（黄靖如）

10月15日，BRT高崎机场站启用，配套开通BRT快8路　（市运管处　供图）

【6条定制公交线路开通】 2018年，为满足市民多元化、个性化出行需求，市运管处在广泛征集市民出行需求的基础上，开通D9、D10、D12、D14、D15、D16共6条定制公交线路，服务软件园、湖里高新技术园区、象屿保税区、市金融中心等园区。定制公交利用移动互联网定制线路和购票，为市民提供上下班高峰期更舒适、更便捷的出行选择。

【BRT新站点启用】 2018年10月15日，BRT高崎机场站启用。该站点位于枋钟路和环岛干道交叉口西侧，占地面积2.43万平方米，总建筑面积5.2万平方米，地上2层，局部3层，地下1层，集社会停车、BRT场站及配套服务用房于一体。同时配套开通BRT快8路（第一码头—高崎机场）及B5路机场接驳快线，调整78路、快1路、快2路、快5路、快6路等公交线路增停BRT高崎机场站，串联高崎国际机场、厦门火车站、厦门北站3座综合交通枢纽，打造立体式交通保障体系。12月20日，BRT同安枢纽站启用。该站点位于同安区环城西路与凤岗路交叉口东北角，地下1层、地上3层，总用地面积1.74万平方米，总建筑面积4.12万平方米。同时将BRT快2路、快5路调整至该站点始发，并调整10条常规公交线路就近停靠，提升BRT快线与常规公交的换乘衔接效率。

（樊　蓉）

铁　路

【概　况】 2018年，厦门车站累计发送旅客2795.55万人次，其中高铁动车2539.01万人次、普速256.54万人次，比上年增加180.89万人次，增长6.92%；完成运输收入34.06亿元，增加4.07亿元，增长13.59%；完成其他业务收入1.11亿元，增加2062.69万元，增长22.84%；完成毛利1.09亿元，增加2037.86万元，增长22.88%。至12月31日，实现铁路运输安全7471天，连续实现第二十个安全年。

2018年，市运管处开通定制公交线路　（市运管处　供图）

【铁路客运】 2018年，厦门车站辖厦门站和厦门北站，均为客运一等车站。厦门站设站台5座、旅客列车到发线9条（其中6道兼机走线），站房总建筑面积2.76万平方米，高架候车室建筑面积7400平方米，最高聚集人数3500人/小时，出站人行地道1处。车站设有售票窗口16个、自动售票机29台、自助取票机22台、自助检票闸机52台、扶梯30部、直梯14部、实名制验证口22个、查危口11个。2018年年底，厦门站开行图定旅客列车63.5对，其中普速12对、动车51.5对。全年发送旅客1033.59万人次，完成运输收入13.35亿元。厦门北站位于集美区后溪镇，设站台6座、旅客列车到发线12条（其中Ⅰ、Ⅱ道为正线），站房总建筑面积10.9万平方米，候车厅面积2万平方米，最高聚集人数6300人/小时，出站人行地道2处。车站设有售票窗口16个、自动售票机20台、自助取票机21台、自助检票闸机60台、扶梯36部、直梯11部、实名制验证口30个（自助验证机

12 台、人工验证口 18 个）、查危口 10 个。2018 年年底，厦门北站开行图定旅客列车始发 60.5 对，经停动车 83.5 趟。全年厦门北站发送旅客 1761.96 万人次，完成运输收入 20.72 亿元。

【铁路安全管理】 2018 年，厦门车站构建安全双重预防机制、安全风险全面管控机制、全员安全生产责任制。推进标准化建设，初步完成车站安全生产监控指导中心的改造建设。加强铁路安全环境保护和反恐怖斗争，确保全国“两会”、上合组织青岛峰会、中非合作论坛北京峰会、上海“进博会”等重要时期安全稳定。年内，提升应急处置水平，开展应急管理专项检查，发现和整改问题 21 个。修订变更列车车底、站台作业车辆（设备）坠入股道、人身伤害、列车运行秩序异常等应急预案 11 个，优化应急处置流程。开展电梯、消防、大面积停运晚点等全站性多工种联合应急演练 9 次，提升车站应急管理能力和水平。

【服务品质提升】 2018 年，厦门车站落实畅通工程，优化旅客通道设置，合理规划无障碍通道，提高安检通行效率，优化旅客进站流线。拆除厦门站南广场、厦门北站南落客平台栏杆，增加无障碍引导指示。协调推进厦门北站到达旅客换乘地铁免安检工作，方便旅客出行。对厦门、厦门北两站商务座旅客服务流程进行优化，与“悦途出行”公司合作，将商务座旅客引入“悦途”VIP 专区候车，提升商务座旅客服务品质。推行车站厕所“双所长”制和“互联网 + 餐饮、特产”等综合服务，协调中铁快运公司开展厦门北站便民托运服务，改善旅客出行体验。

（段　婧）

城市轨道交通建设

【概　况】 至 2018 年年底，厦门市轨道交通累计完成投资 639 亿元，年内完成投资 204.5 亿元，超额完成年度 200 亿元投资计划。其中，1 号线加快剩余出入口建设等扫尾工作；2 号线 32 座车站主体全部封顶，33 个区间已洞通 30 个，铺轨 38.7 千米，预计 2019 年年底建成；3 号线 26 座车站中开工 23 个，区间掘进 24.3 千米（单洞），计划 2020 年年底建成（厦门火车站至蔡厝站）；4 号线 12 座车站开工 9 个，区间掘进 24.6 千米（单洞），计划与翔安机场同步建成；6 号线首开段全部开工，马銮西站及马銮中心站车站主体结构完工。厦门市地铁办公室（简称市地铁办）推进新一轮轨道交通线网规划修编及第二期建设规划调整工作。组织轨道 1、2 号线交通一体化衔接和站点换乘配套设施优化研究，构筑以轨道交通为骨干的一体化城市公共交通体系，促进客流提升。推动厦、漳两市角美延伸段建设运营合作框架协议签订，配合做好延伸段建设工作。分析 3 号线延伸段及 7 号线建设时序安排，研究解决南部片区交通问题。

11 月 13 日，地铁 2 号线全线车站主体封顶　（梁喆宇　摄）

【地铁配套建设】 2018 年，市地铁办借鉴香港地铁建设经验，创新“地铁 + 物业”模式，推动综合开发与地铁建设同步规划、同步设计、同步建设。配套项目开发有序开展，1 号线 14 个项目，开工建设 13 个，完工 5 个；2、3 号线 17 个项目，开展设计、地勘、项目立项、招标等前期工作，计划 2019 年开工 6 个；4、6 号线 2 个项目，开展规划设计工作，计划 2019 年开工 1 个。年内，计划出让的 1 号线 7 个综合开发地块，出让前期工作业完成。其中，温泉南、董任南两个项目地块于 9 月 20 日公开出让，出让金 44.83 亿元，超额完成年度计划（35 亿元）。其他 5 个地块受竞买资格条件设置、出让时序等影响暂缓出让。

【质量安全监管】 2018 年，市地铁办制定《厦门市轨道交通建设质量安全、文明施工督查工作制度》等管理制度，督促各方落实质量、安全责任。开展日常督查，对轨道 2 号线育秀东路材料临时堆放场、海东区间大兔屿风井等施工突出问题进行跟踪督查。加强春节、国庆、“两会”等重要节点，低温、台风和强降雨等灾害天气重点检查。开展盾构施工、粉煤灰质量、深基坑施工等专项督查。组织车站主体结构混凝土裂缝、地下防水、清水混凝土技术应用等专项研究。

【地铁 1 号线运营】 至 2018 年 12 月 31 日，轨道 1 号线开行列车 10.69 万列次，运营里程 311.05 万列千米，列车运行图兑现率 100%，正点率 99.97%，累计运载乘客 4166.09 万人次，未发生列车故障救援事件，实现首个运营安全年。

（张岳俊）

航 空 港

【概　况】 2018 年，厦门机场保障安全飞行19.34万架次，比上年增长3.72%。其中，运输起降19.15万架次，增长3.88%；完成旅客吞吐量2655.34万人次，增长8.45%；完成货邮吞吐量34.55万吨，增长2.03%。2018年年底，与境内外110个城市通航，其中国内86个（含地区4个）、国际24个（含货机通航点2个）。累计开通运营线171条，其中国内142条（其中地区6条）、国际29条。翔业集团4地机场（厦门高崎机场、福州长乐机场、武夷山机场、龙岩冠豸山机场）年内旅客吞吐量首次突破4000万人次大关，达4179.74万人次，超过福建总人口数，占全省航空旅客吞吐量的84.53%。其中，厦门机场2655.34万人次、福州机场1439.35万人次、龙岩机场20.7万人次，均创历史新高。

【厦门空港接收机坪管制移交】 2018年4月26日，厦门机场T3区域机坪管制扇区启用，厦门空港正式完成机坪管制移交工作。2013年，民航局启动机坪管制移交工作，厦门机场是国内首家通过局方验证性检查，接收机坪管制的机场。在已接收T4机坪管制扇区的基础上，经过2年多的筹备，实现机坪管制的全面移交，厦门机场航空器地面管制业务全部由机场负责，实行“地—空”紧密互通的运行保障新模式，开启国内机场运行模式新纪元。

【首届“海上共明月”公共艺术节开幕】 2018年9月30日，由厦门佰翔海丝盛业国际文化艺术发展有限公司、中央美术学院联合主办的“海上共明月”公共艺术节暨首届厦门“海丝”艺术品中心公共艺术展在厦门机场T3航站楼前的海丝文化广场开幕。公共艺术节由“视觉艺术”“文化论坛”两大板块组成，其中“视觉艺术”板块作为该届“海上共明月公共艺术节”一大亮点，以艺术家作为主体，通过对话厦门公共环境的方式，通过艺术体融入艺术节突出和强调艺术展整体的互动和体验性，以其独特的艺术形式去再现自然、文明与人类的社会关系。拉尔方索（瑞士）、松尾光伸（日本）、景育民、王中等国内外近30余位艺术家的作品亮相海丝文化广场，塑造新时代下的“城市人文精神”。以“艺术引领城市创新”为题，首届“海丝”公共艺术论坛同期举行。与会嘉宾将“艺术引导城市”这一在全球亦具有领先价值的理念在社会深层进一步推动，为艺术介入和城市设计为导向的“软城市”建设思路寻求共识。中央美院城市设计与创新研究院副院长周榕、第七十七届奥斯卡最佳特效导演奖得主安东尼·拉默里纳拉等多位艺术界的意见领袖受邀出席并发表主题演讲。

【红点设计博物馆落地厦门】 2018年11月3日，全球第三座红点设计博物馆落地厦门机场T2航站楼，这是全球唯一一座完整汇集红点设计大奖三大奖项（红点产品设计大奖、红点设计概念大奖、红点传达设计大奖）获奖作品的全球面积最大的机场博物馆。场馆由厦门机场原T2航站楼整栋改建而成，有上下两层展览空间，总面积近1万平方米。馆内设有3个特展厅，每年策划红点三大奖项最新获奖作品展，举办诸如新领域、跨界合作、设计经典、新兴市场、社会设计等多层次多领域展览。

（乔晓薇）

航空公司

【概　况】 2018年，厦门航空有限公司（简称厦航）安全飞行64.3万小时，起落27.5万架次，完成运输总周转量58.75亿吨千米、旅客运输量3589.4万人次、货邮运输量28.52万吨，实现总收入342亿元、利润18.26亿元，连续32年盈利。厦航原总经理吴荣南获党中央、国务院授予的“改革先锋”称号。

【安全管理】 2018年，厦航航班正常率75.18%。除“8·16”事件外，全年发生严重差错6起（比上年下降33.3%），严重差错万时率0.11。“8·16”事件发生后，厦航成立安全责任领导小组、飞行实力提升暨飞行员减压领导小组，制定《关于贯彻落实民航局要求确保安全运行平稳可控的96条措施》。通过第七次IOSA（国际航空运输协会运行安全审计认证）复审，首度加入ISAGO地面运行安全审计。将飞机故障信息和维护情况纳入运行风险管理体系，成功防范空停隐患8起，波音737NG和787机队可靠性均位居全球第一名。成功处置洲际航班备降马加丹和拉萨襟翼不对称等事件。继续完善信息安全管理体系，通过ISO 27001信息安全管理体系认证，建立个人信息保护工作三级联动机制，推进GDPR（通用数据保护条例）合规改造工作，确保全年网络信息安全“零事件”。至年末，厦航成立后累计飞行时间突破530万小时。

·小资料·

“8·16”事件： 2018年8月16日23时55分，厦航MF8667厦门—马尼拉航班，在马尼拉机场冒雨降落滑行时，发生偏出跑道事件。该事件无人员伤亡，机上157名旅客和8名机组人员全部安全撤离。

【服务品牌提升】 2018年，厦航连续26个季度获评内地服务最佳航空公司，以79%的高端旅客净推荐值位列天合联盟第一位。打造“60分钟中转”品牌，推行通程航班，覆盖32个航点，过境通程旅客比上年增长72.85%。与厦门海关联合开发全国首个国际航班电子申报系统，国际航班申报用时由半个多小时缩短到5分钟。实现厦、福始发或中转旅客行李状态自助查询。实施无纸化通关项目，电子登机牌月度使用比例位居行业第一位。创新“白鹭常伴”服务产品43项，首推机上法餐和天际侍酒师服务，升级经济舱餐谱11套。上线全渠道退改签功能，做到“退票秒到账、改期秒处理”。举办首届服务论坛，开展服务质量体系建设专项行动，关键指标完成率96%。

【联合国特殊涂装飞机引进】 2018年1月26日，厦航在美国查尔斯顿工厂接受由波音交付的全球唯一经官方确认的联合国特殊涂装飞机。该飞机注册号B-1356，机身主体用蓝色覆盖，象征美好、希望以及无限的未来；机腹的波浪形白色部分象征孕育地球生命的海洋；机身印有“in support of the UN”（支持联合国）的标语，尾翼点缀有17项联合国可持续发展目标的标识，整体涂装简单大方且极富动感，体现厦航主动履行地球公民职责、推进可持续发展目标的社会责任。3月21日，该架被命名为“联

1月26日，厦航接受由波音交付的全球唯一经官方确认的联合国特殊涂装飞机“联合梦想”号 （厦航 供图）

合梦想”号的787-9飞机运载着参加十三届全国人大一次会议后的福建代表团平稳落地福州。该飞机计划主要用于执飞从福建始发的洲际航线，在全球范围内传播联合国可持续发展目标的理念。

【海峡职工论坛举办】 2018年6月5—6日，海峡职工论坛在厦航培训中心举行，来自海峡两岸的近300名工会和职工代表参加论坛。该论坛由中华全国总工会、海峡两岸劳工发展交流协会、台湾“中华两岸劳动关系发展协会”、台湾总工会、两岸劳工事务交流委员会、台湾产业总工会共同主办，厦航承办。该次论坛以“深化职工交流，谱写时代新篇”为主题，围绕新时代两岸职工交流的新情况、新变化、新发展开展座谈和交流活动。中共中央政治局常委、全国政协主席汪洋，中共中央台办、国务院台办主任刘结一，中华全国总工会党组书记、副主席李玉赋，福建省委书记于伟国，中华全国总工会副主席、书记处书记江广平等参加论坛和职工交流活动。

（陈　晶）

物 流 业

【概　况】 2018年，厦门市物流产业完成总收入1180亿元，比上年增长7.38%；物流产业增加值440亿元，增长10.04%；43家重点物流企业实现营业收入463.03亿元。港口货物吞吐量2.17亿吨，增长2.86%；集装箱吞吐量1070.23万标准箱，增长3.09%；空港货邮吞吐量34.55万吨，增长2.03%；铁路货物发送量820.52万吨，增长3.72%；公路货运量2.09亿吨，增长1.21%；水运货运量9903.95万吨，增长12.53%；快递业务收入42.79亿元，增长22.79%；快递业务量3亿件，增长24.40%。

【物流产业绿色发展】 2018年，厦门市探索绿色物流发展新途径，联合中华环保基金会、菜鸟网络，开展“绿色物流城市”建设，《国务院关于研究处理固体废物污染环境防治法执法检查报告及审议意见情况的报告》被列入十三届全国人大常委会第三次会议专题审议，厦门绿色物流城市合作项目在10月首次P4G峰会（全球绿色目标伙伴2030）上获唯一大会展示的大奖。6月13日，厦门市入选全国城市绿色货运配送示范工程创建城市，通过制定绿色发展标准化、经济上补助和奖励支持、主体市场培育、税费减免、新能源车交通出行保障等一系列举措，促进绿色物流快速发展。厦门市发展现代物流产业协调小组办公室（简称市物流办）与中华环保基金会、菜鸟网络合作，推广绿色快递包装、更换新能源车，在厦大、集大等学校和社区设置“绿色共享纸箱”站，建成投放智能快件箱3444组297999格口、环保快递袋约100万个、可循环回收箱2500个，设回收点250个，每个箱子平均循环3次，替代纸箱约5000个，节约胶带11.5万米，减少碳排放135千克。年内，物流企业节能减排投入力度加大，新购置、使用新能源车逾500辆。厦门良好的发展营商软环境推动物流企业“引进来”“走出去”并行发展，“地上铁”“鼎连鑫”等大型新能源车平台型企业落户厦门。厦门本土品牌“唯捷城配”作为高效绿色城市配送创新典范，在全国24个城市建立服务网络，形成“总部+全国布局”物流发展格局。

【物流重点项目建设】 2018年，厦门市加快重大在建与已签约项目投产。京东同安物流园、中马普洛斯冷链物流园等31个在建项目（其中亿元以上项目21个），总投资102.83亿元，年内完成投资16.15亿元；宏仁医药现代物流园、元钢食品快消品物流园等14个项目投产，预期可实现产值87.1亿元。推动试点项目落地，加速推进国家现代服务业综合试点项目建设，年内完成投资4.8亿元，投资整体进度完成101%，9个项目建成投产。推动物流产业招商，年内物流产业招商重点项目60个，其中策划项目4个、在谈项目9个、前期项目14个、在建转续建项目14个、投产项目19个，引进项目总投资300.03亿元，2018年度投资27.24亿元。

【物流市场拓展】 2018年，厦门市物流办发挥港口和铁路枢纽优势，延伸和拓展港口和口岸服务功能，开展闽西南物流产业合作，加强三明、吉安、赣州等陆地港建设与运营。年内，海铁联运完成集装箱2.22万标准箱，比上年增长35.62%；散货658.37万吨，增长17.24%。厦门港与福建、江西4个陆地港合作，完成集装箱（途经厦门港）16.93万标准箱，增长6.10%。

【厦台海运】 2018年，厦门市物流办推动厦台海运资源整合，协调出台通道扶持政策，实现厦门—台湾点对点海运快件航线开行，确立厦门市两岸快件中心地位，海运快件快速增长。海运快件完成1041标准箱，比上年增长66.83%。打造大陆对台湾和东南亚跨境电商物流枢纽，推动厦门海速通跨境电商物流。

【"互联网 + 物流"升级】 2018年，市物流办建设智慧交通，搭建物流行业大数据平台，建设厦门市物流产业运行监测系统、厦门市综合交通运行信息指挥中心平台、新能源智慧物流车平台、象屿公共物流信息平台等智慧平台，打通信息壁垒，实现信息共享。建设智慧港口，打造一体化绿色港口生态圈，建成国际领先、中国第一个全智能、零排放、安全、环保的全自动化集装箱码头——远海全自动化集装箱码头。市政府主导，关、检等口岸部门共建厦门"单一窗口"平台，口岸主要通关业务均通过国际贸易"单一窗口"平台办理，实现"一个窗口、一次申报、一次办结"，年内平台累计开户企业6888家，处理单证6056.57万票，比上年增长32.6%。现代服务业综合试点项目"厦门唯捷民生消费仓配中心"，通过企业管理和技术创新升级的结合，自主研发"天穹"仓配一体化智能城配系统，满足日均10万票的业务量，运营效率提升80%以上。

【物流"一带一路"倡议落实】 2018年，厦门中欧班列平稳运行，年内累计开行176列、14714标准箱，货值5.03亿美元。其中，厦门—欧洲（波兹南、汉堡、杜伊斯堡）出口57列、4820标准箱；厦门—莫斯科出口68列、5474标准箱，进口23列、1918标准箱；厦门—阿拉木图出口28列，折合2502标准箱。12月25日，首次办理集装箱过境转关业务，来自泰国的集装箱到达海沧港区后，搭载中欧班列驶向德国汉堡，比传统的海运模式，全程可节省2个星期。筹备"丝路海运"，12月24日，在厦门港启动10余条航线，加强与"一带一路"港口航运合作，推动货物国际中转，结合厦门中欧班列，实现"一带""一路"无缝连接。

（陈颖坚）

邮　　政

【概　况】 2018年，厦门市有担负国家邮政普遍服务业务的邮政企业1家。至年底，全市有邮政营业场所87个，邮政箱（筒）210个，报刊亭97座；取得快递业务经营许可证的企业106家，备案分支机构550家，末端网点726个，快递网点密度每平方千米0.81个，快递网点人口密度每万人3.45个，行业从业人员1.6万余人。全年邮政业实现收入47.72亿元，比上年增长19.26%，占全省邮政业总收入的18.39%；实现业务总量7.57亿元，增长26.86%，占全省的14.10%。其中，快递业务收入42.79亿元，增长22.79%；实现快递业务量3.03亿件，增长24.40%。厦门市顺丰速运有限公司获2017年度"厦门优质品牌"称号。

【快递服务业】 2018年，厦门市邮政管理局（简称市邮政管理局）以顺丰寄递水果项目为试点，深化快递业与农业相关产业的协同发展。顺丰寄递公司全年水果快递业务量6.6万件，销售渠道为电商（淘宝天猫），产生业务收入153万元，服务农产品产值655万元。市翔安邮政管理局协调顺丰寄递公司与翔安刘五店虾苗养殖企业合作，发挥冷链运输和空运优势，提供个性化的增值服务，该地年内销往各地的虾苗约60亿尾，其中大部分由顺丰公司承运。厦门百世快递公司服务"蓓蕾初华"项目，通过个性化优派服务及仓储管理，全年完成快递业务量136.6万件，实现快递业务收入478万元，服务制造业产值13660万元；服务"与狼共舞"项目，通过向客户提供O2O（线上到线下）服务，实现线下门店调拨，减低库存及资金占用率，全年完成快递业务量34.19万件，实现快递业务收入133.3万元，服务制造业产值4444.7万元。邮政速递公司服务亚瑞光学，以"仓配一体"为先导，打通快递企业和制造业生产信息平台衔接，为制造业提供订单管理、生产线流程管理和仓配售后管理等服务，累计服务产值8000万元。海沧韵达公司服务松霖卫浴，服务产值57万元；圆通快递公司服务海洋诗韵、中闽茶叶、芭比娃娃化妆品，年均发货量分别为146万件、219万件和292万件。

【首批新能源智慧物流车投入使用】 2018年1月，厦门鹭申通快递企业在全市率先引进新能源智慧物流车19辆，投入快递揽投作业。该新能源车安装有行车记录仪和GPS定位系统，荷载重量1080千克，纯电力驱动，续航里程260千米。

【厦门对台邮件交换中心揭牌】 2018年2月23日，厦门对台邮件交换中心举行揭牌仪式，两岸邮政速递（快捷）业务在厦门国际邮件互换局正式启动。厦门对台邮件交换中心成立后，台湾进口大陆全境的两岸速递邮件均可在厦门国际邮件互换局办理入境通关手续，清关后即通过国内邮政EMS渠道转运、投递。厦门对台邮件交换中心将对台邮件的安检环节前置到进出境邮件快件监管中心，延长通关作业时长，提高清关效率。

2月23日，厦门对台邮件交换中心举行揭牌仪式　（张丽燕　摄）

12月，厦门市开通警邮合作项目　　　　（市邮政管理局　供图）

【寄递企业购置安检机补贴】 2018年5月，厦门市对符合条件的部分寄递企业购置安检机予以补贴。市邮政管理局对在指定期间购置安检设备并向邮政管理部门报备的寄递企业，按照实际采购含税单价的50%予以奖励，奖励资金总额241.45万元，市财政承担60%，区财政承担40%。

【住宅小区智能信包箱设置】 2018年6月，市邮政管理局与市建设局联合发布《厦门市住宅小区智能信包箱设置指导意见》，通过鼓励老旧小区改造、新建小区取代等方式，开展智能信包箱建设工作。同时，支持传统信报箱生产企业、智能快件箱生产运营企业以及互联网高新技术企业发挥市场主体作用，在城市新建小区配套建设中推广使用智能信包箱。

【厦门被确定为绿色货运配送示范创建城市】 2018年7月，交通运输部、公安部、商务部联合发布《关于公布城市绿色货运配送示范工程创建城市的通知》，确定厦门等22个城市为绿色货运配送示范工程创建城市。通知要求，被确定为城市绿色货运配送示范工程创建的城市，要围绕完善城市配送物流基础设施、推广新能源物流配送车辆普及应用、优化配送车辆便利通行政策、推广先进运输组织模式、推进信息互联共享、落实支持政策和保障措施等开展工作。示范工程创建时间为2018年7月至2020年6月。

【邮政行业发展扶持】 2018年11月，市交通运输局下发《关于减征市重点物流企业专业货运车辆、邮件（快件）运输车辆通行年费的通知》，市邮政管理局申报的第二批339辆快递营运车辆符合减征条件，全部享受在厦道路车辆通行年费减征50%年费的扶持政策。市邮政管理局联合市物流办、财政局、交通运输局、商务局，出台《厦门市支持快递业发展若干措施》，从落实用地保障、实行用地优惠政策、完善快递服务网络、优化行业管理服务、引进和培育龙头企业、推动产业集聚发展、推进企业技术创新和升级改造、强化绿色发展理念、加大财政扶持力度8个方面提出具体保障措施，将快递业列为重点扶持发展行业，给予政策支持。市邮政管理局强化与市交通、财政等部门的协调沟通，拟订《厦门市快递业发展专项资金申报指南》和《厦门市快递业发展专项资金管理办法》，保障支持行业发展相关政策落地实施。

【邮政集团公司厦门寄递事业部成立】 2018年11月，中国邮政集团公司厦门市寄递事业部成立。寄递事业部整合厦门速递物流有限公司的所有资源和厦门市邮政分公司的网运、投递、包裹快递业务相关的人、财、物、产品及客户资源，提升人力、设备和网络的效率，促进企业加快发展，提升市场竞争力。

【"警邮"便民服务项目启动】 2018年12月2日，市邮政管理局携手公安局、市卫健委、邮政分公司，在厦门松柏邮政网点举行"警邮"便民服务项目启动仪式。首批10个"警邮"邮政网点可代办公安交管、居住证业务，提供"警医邮"便民服务，并有"e政务"便民服务站进驻，群众可享受79项"就近办、马上办"政务服务。

【两岸"三通"10周年主题展览】 2018年12月18—23日，"改革开放四十周年暨两岸'三通'十周年"系列主题展览在厦门市博物馆举行。展览分为"高举旗帜""伟大实践""筑梦新时代"和"邮票上的厦门"四大部分。"邮票上的厦门"以图文、图表、数据和实物的形式，展示厦门市对台政策法律法规、惠台举措和2008—2018年"三通"十年间两岸在通航、通邮、通商方面取得的成就。

（陈晶晶）

责任编辑：曲　艺
审　　稿：程成贵
校　　对：孙志红

18 信息化与通信保障

信息化建设

【概　况】 2018年，厦门市固定电话用户普及率27.43%，移动电话用户普及率157.45%，互联网用户普及率198.41%。新建宽带端口78万个，284个行政村及下属所有自然村100%建成全光网，FTTH（Fiber To The Home，光纤到家）光纤覆盖率99.8%，光端口占比84.6%，具备126万个千兆用户接入能力，100兆以上宽带用户占66.8%。新建4G基站2093个，4G基站数累计1.57万个。4G移动电话用户数535.61万户。厦门市引入厦门人工智能公共服务平台、人工智能语音芯片量产等项目。推进智慧城市建设，获2018中国城市治理智慧化综合奖、中国智慧城市发展十周年领军城市奖，入选第四届中国“互联网+政务”50强。

【“i厦门”平台】 2018年，厦门市政府办印发《关于进一步提升“i厦门”平台实施方案》。新版“i厦门”平台正式发布，推出政企政民互动、便民服务掌上办等功能，其中“i厦门”App（应用程序）新增随手拍、政企直通车、权威资讯中心、即时在线评价4项政民政企互动功能。该平台接入服务110项，覆盖公安、交通、医疗等14大类，“i厦门”用户数243万人，App用户数13万人。“i厦门”平台获第四届中国“互联网+政务”优秀实践案例50强（中国社会科学院信息化研究中心组织评选）。

【市民卡App建设】 2018年，厦门市民数据服务股份有限公司挂牌。市民卡App（应用程序）3.3版发布，用户量近13万人，入选“2017年智慧城市示范案例”“首届数字中国峰会最佳实践成果30强”。完成对接15个部门，上线25类事项50余种功能，支持诊疗结算、学校校园健身、信用乘车（公交、地铁、快速公交BRT）、信用就餐、飞鸽传书、学费缴纳等民生高频应用，启动并完成社保卡、医保卡、图书证、银行卡、健康账户、E通卡、路桥卡、旅游年卡、工会卡8种实体卡虚拟化业务。

【智慧小区平台建设】 2018年，厦门市经济和信息化局（简称市经信局）与市综治办联合推动全市统一的小区治理平台建设，在集美区选择6个小区为试点单位。该平台开发物业管理功能，整合政府部门面向互联网的其他服务功能。

【政务信息共享协同平台】 2018年，厦门市政务信息共享协同平台累计接入单位67家，挂接各类服务资源994个，服务调用超过3亿次。建立数据交换通道73个，实现交换数据量近7.4TB（8.14万亿字节），为交通、综合治理、行政审批、公共安全、信用、网格化、i厦门、多规合一、教育积分、居住证网上办理等38个业务提供数据支撑。

【政务信息资源目录】 2018年，厦门市经信局组织53个部门参与政务信息资源目录编制工作。实际完成编制资源目录7319条，自建系统资源目录编制完成率100%。以政务信息资源目录为基础，开展政务信息资源共享、业务协同和数据开放，各政务部门之间信息共享及政务数据向社会开放等工作。编制工作包括对政务信息资源的分类、元数据描述、代码规划和目录编制，以及相关工作的组织、流程、要求等。

【政务信息系统调查】 2018年，厦门市经信局联合市审计局调查48家市直政府部门各类政务信息系统建设和使用情况。调查网站、数据库、办公系统等，掌握信息系统数量、名称、功能、使用范围、使用频度、审批部门、审批时间、经费来源、网络和安全等情况。该调查有助于政务信息系统风险防控和资源共享互通。

（市经信局）

软件信息服务业

【概　况】 2018年，厦门软件和信息技术服务业实现软件业务收入1493亿元，比上年增长16.4%。厦门软件园在国家火炬计划特色产业基地评价中综合分数排名全国第七，成长性指数排名全国第一。美图、四三九九、吉比特、美柚入选 2018 年中国互联网企业 100 强，美亚柏科获评“全国十佳大数据案例”，易联众、美亚柏科、厦门卫星定位 3 家企业的项目入选 2018 年全国大数据产业发展试点示范项目，南讯软件入选 2018 中国大数据企业 50 强，四三九九、美图、翔通动漫等 14 家企业入选 2018 福建省互联网企业 20 强。厦门市“中国软件特色名城”创建工作通过工业和信息化部实地评估。2018 年“中国互联网企业 100 强”发布会在厦门举办。

【服务型制造示范城市创建成效】 2018 年，厦门入选全国首批“服务型制造示范城市”，厦门狄耐克智能科技股份有限公司、厦门长塑实业有限公司、厦门东亚机械工业股份有限公司的东亚机械智能管理服务系统应用项目、厦门理工学院的 3D 创意设计与打印公共服务平台、厦门医疗器械研发检测中心有限公司的厦门医疗器械研发检测中心被认定为市级服务型制造示范；厦门盈趣科技股份有限公司通过省级示范认定；厦门狄耐克智能科技股份有限公司通过国家级示范认定。厦门市落实增产增效措施，给予省级示范企业（厦门盈趣科技股份有限公司）政策奖励 100 万元。

【两化融合】 2018 年，厦门市推动信息化和工业化两化融合管理体系贯彻标准工作，通过贯标的企业 147 家，入选工业和信息化部两化融合贯标试点企业 1 家（厦门保沣实业有限公司）。实施两化融合重点项目入库管理，新增省级两化融合重点项目 35 个。

【工业设计】 2018 年，厦门市新增厦门优胜卫厨科技有限公司、林德（中国）叉车有限公司、厦门英仕卫浴有限公司、厦门倍杰特科技股份公司 4 家省级工业设计中心，华尔达（厦门）塑胶有限公司、厦门唯科模塑科技有限公司、厦门东亚机械工业股份有限公司 3 家市级工业设计中心。2014 年、2016 年已认定的省、市级工业中心均通过复核。市经信局制定厦门工业设计研究院创建工作指南及扶持政策，征集市级工业设计研究院培育名单。

【物联网产业发展】 2018 年，厦门市出台《厦门市加快推动物联网应用实施方案》，从发展重点、发展空间拓展、研发创新支持等方面推动物联网产业发展。物联网产业实现产值 480 亿元。厦门金龙旅行车“金旅智能网联客车”、厦门金龙联合汽车“智能网联无人驾驶纯电动客车”项目入选 2018 物联网集成创新与融合应用项目。2018 第四届中国（国际）物联网博览会在厦门举办。

【人工智能产业发展推进】 2018 年，厦门市出台《厦门市新一代人工智能产业发展行动计划（2018—2020）》《厦门市关于推动新一代人工智能产业发展的若干措施》，编制《厦门市推动新一代人工智能加快发展的实施意见》。15 个项目入选市级人工智能与实体经济深度融合创新项目，其中云知芯、金龙汽车、矽创微电子 3 个项目入选工业和信息化部人工智能与实体经济深度融合创新项目。厦门市与国家新一代人工智能产业技术创新战略联盟签署战略合作协议，围绕专家资源对接、咨询培训服务、研究院所落地、相关人才引进、举办高端博览会、筹建产业基金、应用试点示范 7 个方面开展合作。

【制造业与互联网融合发展】 2018 年，厦门市出台《厦门市制造业与互联网融合发展规划（2018—2022）》《厦门市“企业上云”行动计划（2018—2020）》。市经信局摸底厦门市工业云平台建设情况，与华为、中软国际、SAP 对接洽谈落地事宜，研究“厦门市工业互联网平台”建设方案。金旸（厦门）新材料科技有限公司“基于互联网的高分子新材料‘双创’平台”、厦门盈趣科技股份有限公司“基于 UMS 系统的物联网智造‘双创’平台”项目入选 2018 年国家级制造业“双创”平台试点示范项目。

【软件产业人才政策出台】 2018 年 2 月 1 日，中共厦门市委组织部、市经信局、市财政局、市人社局、市公安局发布《厦门市软件和信息服务业人才计划暂行办法》，进一步明确市软件和信息服务业人才方面的骨干补贴、学历奖励、人才落户、培训奖励办法。该办法自发布之日起实施，2013 年印发的“海纳百川”人才计划中关于软件和信息服务业人才的子计划同时废止。至年末，95 家企业累计 727 名软件人才根据该办法办理落户。

【第十一届厦门国际动漫节】 2018 年 11 月 15—18 日，第十一届厦门国际动漫节在厦门集美区举办。其中，“金海豚”作品大赛设 15 个奖项，总奖金 183 万元，收到来自 54 个国家和地区的 2662 部作品参赛。该届动漫节现场面积 2 万平方米，人流量 6 万多人次。配套举办商务活动 9 场，16 个国家和地区 300 家企业的代表 3000 人次参与。

11 月，第十一届厦门国际动漫节在集美区举办　（市经信局　供图）

【软件产业政策出台】 2018年12月25日，厦门市政府出台《厦门市人民政府关于加快推进软件和信息技术服务业发展的意见》。该意见突出奖励和扶持的重点，从奖优奖强和补缺补短两方面做好引导和培育；首次加入对工业软件、游戏出口等方面的奖励和扶持。

（市经信局）

通信管理

【概　况】 2018年，厦门市完成电信业务总量328.72亿元，比上年增长126.33%；完成电信业务收入70.42亿元，增长0.04%；实现利润总额19.46亿元，增长4.91%。至年末，全市固定电话用户数109.98万户，减少7.12万户。移动电话用户数631.38万户，增加35.31万户。其中，3G移动电话用户数35.03万户，4G移动电话用户数535.61万户。互联网用户数795.62万户。其中，（固定）互联网宽带接入用户数237.6万户，增加29.01万户；移动互联网用户数558.03万户，增加46.49万户。厦门电信“中国电信时空长廊”开馆，建设“智慧菜市场”项目，厦门电信位居中国通信产业榜十佳地市运营商第五名。

【信息通信基础设施建设】 2018年，厦门市信息通信业完成电信固定资产投资14.3亿元。其中，信息通信基础设施重点项目实际完成投资13.47亿元（光纤网络建设项目完成投资6.51亿元、无线网络覆盖项目完成投资6.96亿元），完成年度投资计划的114.07%。新建宽带端口78万个，284个行政村及下属所有自然村100%建成全光网，具备126万个千兆用户接入能力，100兆以上宽带用户占66.8%。新建4G基站2093个，4G基站数累计1.57万个，比上年同期增长15.4%。4G移动电话用户数535.61万户，增加67.55万户。4G移动电话用户占比84.83%，位居全省第一名。厦门市信息通信业跟进第二轮城市市政设施提升工作，累计出动1349人次、1267车次，先后开工实施项目18项（15条道路），完成46.3千米管道建设，箱体搬迁28个，41.6千米架空缆线缆化下地。开展老旧小区弱电改造，完成16个小区管道改造，16个小区缆化下地，涉及3378余户，累计改造提升管道22338米。全市部署农村和铁路沿线通信基础设施专项整治三年行动。启动湖里区西部旧村更新改造。

6月，厦门市通信行业开展海峡论坛通信保障　（厦门移动公司　供图）

【通信服务质量提升】 2018年，厦门市通信行业提高受理住宅区与住宅建筑内光纤到户通信设施工程的质量监督及验收备案窗口服务效率，简化办理手续，实现即来即办当日内办结、建设单位临柜办理“最多跑一趟”。在工程建设许可阶段对设计方案进行技术指导，执行“多规合一”并联审批86个项目。开展营商环境试评价，各通信企业办理网络报装的时间压缩10%以上。

【降费惠民】 2018年，厦门市通信行业落实让利政策，推动降费惠民相关举措，全面完成网络提速降费的目标。7月1日起正式取消流量漫游费，手机上网流量单价0.007元/兆字节，比上年同期下降61%，移动流量资费下降60%，惠及用户580万户，年让利约2.8亿元。家庭宽带平均速率83.4兆比特/秒，增长21%；企业宽带和专线平均速率42兆比特/秒，增长20%。

【通信安全保障】 2018年，厦门市通信行业累计出动1328人次、510车次，安排479人次24小时值班，完成第十届海峡论坛、第二十届中国国际投资贸易洽谈会、第四届大学生“互联网+”创新创业大赛等重大活动的通信保障工作。3家基础通信运营商协助市反诈骗中心拦截主叫号码（含虚拟主叫）29.7万个，被叫送空号音26.4万个，封堵漫游省内的外省涉案号码2.4万个，关停涉嫌诈骗、骚扰电话号码1.48万个，成功处置率100%。各通信企业配合群发公益反诈提醒短信2200万条，协助公安机关办案部门查询各种信息数1.47万条，配合公安部门打击伪基站设备4台。

【政务云建设】 2018年，厦门移动构建政务外网专有云平台，实现市政府网站群近70家重点网站一次性引入，同时接入“i厦门”平台（含200多项便民应用）。为同安区政府打造“云视讯动员系统”，同安区政府、区直机关、镇（街、农场）、村（社区）等共184个会场实现高清视频会议系统全覆盖，是全国首例区县级全覆盖高清云视频会议系统。创新建设防诈骗业务云，为市公安防诈骗业务提供云服务，为市民提供防诈骗提醒和中断保护。

【4G智能公交安全节能诱导系统】 2018年，厦门移动与厦门公交集团合作共同打造“4G智能公交安全节能诱导系统”，为公交行业提供基于大数据的车

辆云控解决方案。该系统为智能网联汽车技术在全国公交行业实施的首个综合集成系统，通过大数据采集分析，对车辆在非红绿灯斑马线、公交进出站时的油门刹车行为进行统计评估，计算最优控制策略下发至车辆，在司机后续驾驶操作时进行扭矩限制，实现基于特定位置的智能安全诱导和节能诱导服务，可使超速、急刹车等不安全行为下降50%，油耗平均下降3%至5%。

【厦门电信 NB-IoT 网络实验室】 2018年4月，厦门电信建成全市首个NB-IoT（窄带物联网）网络实验室。该实验室开展物联网、大数据、云计算等研究，展示物联网技术配置模式和应用案例。

【BRT 智能网联应用】 2018年9月13日，厦门公交集团有限公司发布国内首个面向5G的城市级快速公交BRT智能网联应用。厦门联通从试验路段选择、技术组网、站址勘察到工程实施、项目联调、演示体验等各环节全程参与。该应用初步实现L2级别的智能辅助驾驶（部分自动化驾驶），并具备从有条件自动化到完全自动化驾驶逐步升级的条件。

（市通信局）

无线电管理

【概　况】 2018年，厦门市无线电管理局（简称市无线电管理局）受理业务申请155份，转报业务申请10份，发放频率批复13份，许可超短波频率20个，注销频率35个；为36533部电台发放执照（其中公众移动通信基站35198部），注销电台471部；指配业余呼号3个，发放业余电台执照10份；为5家销售单位办理销售备案并发放销售备案确认书。开展无线电管理执法活动22次，出动执法人员77人次，联合执法3次，检查设台单位15家，警告、责令整改3次。抽测各类电台168部，无线电监测时数近10.9万小时，涉及日常无线电监测、重大活动监测保障、重大时段监测保障、重大考试监测保障、边境地区监测任务、无线电干扰排查等。收集汇总厦门地区使用集群通信、无中心通信系统等设台单位基本管理制度、人员、频率使用率等资料数据并形成分析结果、评价报告。对评价过程中发现的违规行为，指导有关单位进行自查整改。

【5G 移动通信系统频率核查清理】 2018年，厦门市无线电管理局开展5G移动通信系统频率核查清理。上报厦门地区6家设台单位需保护的卫星地球站信息，为5G通信系统商用部署做好服务。组织举办5G知识讲座。派员参加华为公司在世界电信日举办的“5G通讯技术讲座”。

【新型电信网络违法犯罪打击】 2018年，厦门市无线电管理局开展打击新型电信网络违法犯罪专项活动。打击“伪基站”、打击“黑广播”两个专项方案出台。全年排查伪基站6起，抓获嫌疑人4人；排查“黑广播”7起。开展净空行动，处理危害国家安全的无线电管理案件3起，约谈当事人3人，查扣监听设备1部。

【无线电干扰查处】 2018年，厦门市无线电管理局受理无线电干扰申诉，保障合法无线电业务的正常运行。原无线电干扰投诉平台整合到厦门市“12345”便民平台。市无线电管理局处理各类无线电干扰投诉20起，其中涉及干扰器的投诉有5起。

【重大活动时段无线电保障】 2018年，厦门市无线电管理局完成厦门国际马拉松比赛、厦门民防日、海峡论坛、第二十届中国国际投资贸易洽谈会、世界半程铁人三项赛等重大活动及首届进博会厦门高崎备降机场无线电安全保障任务。完成研究生入学考试、高考、公务员招考、卫生资格考试、会计专业资格考试等20场考试的防作弊监测保障任务。开展节假日、春运等期间无线电监测。加强用于抢险救灾、森林防火、医疗急救、城市应急联动、民用和军用航空导航通信、水上安全救险等重要无线电业务的监测保护力度。

【无线电监测】 2018年，厦门市无线电管理局开展边境电磁环境测试，掌握来自金门方向的调频广播、开路电视和移动通信信号。开展航空、铁路及水上无线电频率专项测试，在11个监测站点进行监测，累计监测时长1.7万小时。完成频率使用评价任务监测数据采集和集群通信覆盖测试，累计监测时长830小时。

【“双随机”抽查】 2018年6—7月，厦门市无线电管理局配合省工信厅组织完成厦门地区7家重点设台单位“双随机”（随机抽取检查对象、随机选派执法检查人员）抽查任务。出动50人次，现场核查58台套无线电发射电台，覆盖厦门6个区，涉及各种通信制式、各种有代表性的基站设置点。检查发现1家设台单位电台执照超期，督促其完成整改。

（陆　兴）

责任编辑：林建高
审　　稿：孙志红
校　　对：林德全

19 商贸·会展

商业贸易

国内贸易

【概　况】 2018年，厦门市限额以上批发零售业销售额12806.7亿元，比上年增长8.7%；社会消费品零售总额1542.4亿元，增长6.6%。批发零售业实现增加值394.1亿元，增长2.8%；住宿餐饮业实现增加值97.3亿元，增长3.9%。生活必需品类累计实现零售额191.6亿元，增长30%。其中，日用品销售累计实现零售额44.4亿元，增长15.5%。粮油、食品类累计实现零售额78亿元，增长9.3%。金银珠宝销售额累计实现销售额11.9亿元，增长22.8%。中西药品类商品累计实现销售额11.7亿元，下降13.1%。石油及制品类累计实现零售额84.1亿元，增长2.6%。汽车类共实现零售额314亿元，下降3.6%。通信器材累计实现零售额74.5亿元，下降1.5%。家电音像产品累计实现零售额55.7亿元，下降0.3%。

是年，全市各区社会消费品零售总额除湖里区比上年下降4.8%之外，翔安区、集美区、同安区、思明区和海沧区分别增长15.1%、13.5%、12%、10.8%和0.6%。岛内思明区和湖里区社会消费品零售总额占全市比重59.1%。

【消费升级】 2018年，厦门市出台消费升级行动计划工作方案，围绕商圈建设、平台搭建、便民服务等6个方面提出17条措施，扩大消费规模，促进消费升级。厦门市商务局（简称市商务局）完善厦门市商业网点布局专项规划，加快地铁沿线商圈建设，结合华润万象城、宝龙一城、五缘湾天虹购物中心等商业综合体，推动重点区域商业业态升级和特色消费街区打造。开展促消费活动，支持购物嘉年华、两岸斗茶等具有厦门特色的品牌促销活动7场，举办台胞回乡旅游购物节及最闽台伴手礼购物节。做大汽车平行进口、保税展示销售、进口商品直销等业务。

【便民服务】 2018年，厦门市支持社区新零售发展，天虹、银泰等商场和元初、永辉超级物种、夏商新生活等社区商业推出“足不出户，想购就能送到家”等便民服务。支持生活性服务业规范化、品牌化、智能化发展，全市拥有21个福建省示范性家政服务站，“家政+互联网”处于全国领先水平。推进再生资源回收体系建设，推行可回收物回收“以箱置桶”模式，在全市安装回收箱521套，回收可回收物3.2万吨。

【流通改革】 2018年，自贸区厦门片区入选全国供应链创新与应用试点。厦门市入选全国农产品冷链流通标准化示范城市。推进物流标准化试点，17家企业项目入选试点项目。电子商务实现网络零售额990.8亿元，比上年增长39.2%。安踏等传统生产企业拓展电子商务业务，好慷在家、美团、美柚、盈拓商务、一品威客等一批区域性、行业垂直型、线上线下服务型电商企业在全国快速扩张。市商务局对80家厦门老字号开展重新复核。

【商务扶贫】 2018年，厦门市开展对外劳务扶贫，对外劳务合作企业外派贫困地区人员1884人，其中国家级贫困县1071人、省级贫困县813人。开展电商扶贫，开展产销对接活动，与临夏州商务局共建临夏州“农村电商（精准扶贫）服务平台”，平台在售商品47种，对接贫困户448户。厦门企业为临夏州建设电商服务支撑体系，做好电商孵化，举办电商培训班。

【厦门入选农产品冷链流通示范城市】 2018年4月，商务部和国家标准委联合印发《关于复制推广农产品冷链流通标准化示范典型经验模式的通知》，公布4个示范城市和9个示范企业，厦门市入选首批农产品冷链流通标准化示范城市。厦门市累计发布食品冷链物流系列标准9项并全部升级为区域联盟标准。《食品冷链物流储存、运输、销售温度控制要求》《食品冷链物流多温共配技术与管理规范》2项标准作为省级标准立项。冷链物流及相关企业50余家，其中15家入选农产品冷链流通标准化试点企业。

【厦门三明商务合作框架协议签订】 2018年6月，厦门市商务局与三明市商务局签订《关于协同开展商务工作合作框架协议》。两地商务部门开展山海协作，以主动对接融入、加强协同合作、共建共商共享为宗旨，加强项目策划，促进产业对接，建立两地合作推进和沟通协调机制。厦门、三明两地商务局计划围绕搭建招商平台、承接项目转移、加强商贸合作、推进电商发展、深化口岸通关、加强互动交流、建立沟通机制等方面展开协作与交流。

【全国供应链创新与应用试点】 2018年9月21日，商务部网站对全国供应链创新与应用试点城市和企业评审结果进行公示。自贸区厦门片区入选（全省唯一），厦门建发、厦门国贸、厦门象屿、厦门嘉晟、林德叉车、冻品在线、中绿食品7家企业入选试点企业。

（市商务局）

副食品供应

【保供稳价】 2018年，厦门市“菜篮子”供应量足价稳。蔬菜交易量177.4万吨，批发均价比上年下降0.1%；生猪交易量150.9万头，统肉批发均价下降9.0%；蛋品交易量2902吨，批发均价上涨2.9%。是年，厦门市落实“菜篮子”市长负责制及考核机制，推进闽夏批发市场二期公益性建设，被商务部评为全国公益性农产品示范市场。加快批发市场和农贸市场提升改造，基本完成中埔批发市场、闽南农副产品物流中心、夏商国际水产交易中心改造工程。开展精准应急调控，完善供应量补贴政策，突出“淡、节、灾、突”供应紧张时期保障。特别是针对猪肉供应市场出现的新情况，制定应急工作方案，增加冻肉储备，实施生猪肉品价量日监测，鼓励从省外调运冷鲜白条生猪产品。

【产品追溯体系示范建设】 2018年，厦门市重要产品追溯体系建设试点通过商务部评估检查，在开展示范建设的“三省一市”评估验收中排名第一，“厦门模式”获全国推广。初步构建以市级追溯系统统一平台、政府部门追溯子系统、示范企业追溯子系统为基础架构的三级重要产品追溯体系，覆盖全市5.4万家经营主体、29.2万种商品，包括食品、农产品、化妆品等，基本实现全市重要产品“一张网”全覆盖。

（市商务局）

【供销合作】 2018年，厦门市供销社系统完成营业收入4.22亿元，实现利润3874.78万元，其中区基层社获利1889.15万元。完成冬储化肥1.5万吨。在同安、翔安开展福建省供销社农资科技下乡专场活动。推进基层社经营网点建设及改造提升，后溪供销社加油站网点安全设施改造提升项目投入使用。推进农村电商工作，豆仔尾“商贸中心”项目累计投资6987.85万元，同安区供销社联合相关基层社成立同祥顺盛电子商务公司。选取“一村一品”农产品，与建行网上商城、吉象吉送等平台开展资源共享。推进供销社、农民专业合作社“两社融合”，同安区莲花供销社吸纳同安丽田园农家乐专业合作社、瑶龙腾水产养殖专业合作社；翔安区马巷社吸纳富美大宅火龙果农民专业合作社。12月27日，厦门市供销合作社联合社召开第一次代表大会，市商务局、市供销联社、市供销社集团公司及各基层社、社有企业代表参会，会议审议并表决通过《厦门市供销合作社联合社章程》《厦门市供销合作社联合社理事会、监事会选举办法》，选举产生厦门市供销合作社联合社第一届理事会理事、监事会监事，陈跃进当选为第一届理事会主任，吴东生、林颖蓁、陈守碰、陈朝峰当选为第一届理事会副主任，林颖蓁当选为第一届监事会主任，李玲、康宁当选为第一届监事会副主任。

（林世平）

粮食储备与供应

【概　况】 2018年，厦门市粮食系统在岗干部职工356人，其中行政管理部门31人、事业单位36人、市储备粮管理集团公司291人。厦门市粮食局（简称市粮食局）获全国粮食流通执法督查创新示范单位、全省粮食安全责任制考核优秀、福建省第十三届省级文明单位等称号或荣誉。举办纪念第三十八个“世界粮食日”、粮食科技周、爱粮节粮等系列宣传活动。向上级粮食部门争取资金2048万元。其中，厦门海嘉面粉、厦门市粮油质量监督站分别获“优质粮食工程”中央补助资金364万元和22.7万元，市军粮供应站获得维修改造补助资金30万元。全市获得省粮食风险基金补助1121万元，厦门粮食企业申报并获得引粮入闽资金510万元。获省粮食产业发展补助资金362.6万元（计入2017年度、2018年拨付到账）。粮食系统安全生产无事故。

【粮油供需】 2018年，厦门市粮油供需基本平衡，粮食价格总体平稳，水稻、小麦小幅走低，玉米、大豆小幅走高。全社会粮食总供给691.2万吨（原粮口径），比上年同期增长10.9%，其中粮食自产2.3万吨，下降37.8%；国内购进475.5万吨，增长11.2%；进口215.7万吨，增长12.2%。粮食总需求688.6万吨，增长17%，其中当地消费148.8万吨，增长0.7%（口粮消费76.8万吨，增幅2.8%；饲料和工业用粮消费72万吨，下降1.5%）。年末粮食库存（不含上级储备）198.1万吨，增长11.1%，再创历史新高；粮食库存量与消费量比率133.1%，远超17%的国际粮食安全库存标准线。食用植物油总供给107.5万吨，与上年持平；总需求110.4万吨，增长8.2%，其中当地消费9.8万吨（口油消费8.8万吨），增长4.3%。年末食用植物油库存10.9万吨，下降20.4%。

【政策性粮食库存大清查试点】 2018年，厦门市开展全国政策性粮食库存数量和质量大清查先行试点。市政府成立以分管副市长为组长，市发改委、市粮食局、市财政局、市农业局和市储备粮管理集团公司等组成的大清查协调机制领导小组，下设协调机制办公室，并从各成员单位选调60多人组成数量核查、财务统计检查等6个工作组。至10月底，完成对全市纳入检查范围的18个库点、128间仓廒（市级储备）开展自查、普查，普查在厦门6个省级动态储备粮相关单位商品粮，涉及本级储备粮24.8万吨、相应企业商品粮1.8万吨。自查、普查结果表明，厦门市政策性粮食储备和轮换计划落实到位，库存数量真实，账实相符，账账相符，存储安全。清查工作受到国家粮食和物资储备局的肯定。

【储备粮管理】 2018年，厦门市粮食局完成2018年度市级储备粮公开拍卖94521吨，招标采购60951吨（另有订单采购3万吨）。择优选择招标代理机构，降低代理费用，招标代理费率降至

0.04%。全面采用粮情测控系统、机械通风、环流熏蒸、谷物冷却“四合一”科学保粮技术，在同安粮库、翔安粮库二期运用充氮储粮技术，实现充氮气调储粮2.74万吨。增强粮食经营风险管控，建立非常态下应急处置办法。

【粮油市场监管】 2018年，厦门市粮食局配合全市“餐桌污染”治理和食品安全城市创建工作，强化粮食流通监督检查，组织开展粮油质量季度考评和粮食库存春季大检查。完成全年粮油质量卫生抽检400批次，其中原粮、政策性用粮等进出仓抽查与预检测样本229批次，抽样检验结果向社会发布。“双随机”回访10家申报企业。

【粮油质量检测】 2018年，厦门市粮食质量检验监测能力建设项目通过竣工验收，ICP-MS电感耦合等离子体质谱仪、快速液相色谱—三重四极杆质谱联用仪等检测分析仪器设备投入使用。检测能力提高，质量、食品安全等参数增加到168个，具备开展转基因与微生物检测条件。全市完成各类粮油抽检1135批次，其中市级储备粮入库前预检447批次、入库检测67批次、出库检测32批次，政策性粮食库存数量与质量大清查95批次，储备应急成品粮（大米、油、面粉）86批次，市场监督抽查206批次，社会企业委托71批次，其他检测18批次。

（李金团）

会展业

会展建设与管理

【概　况】 2018年，厦门市会展业推动国际化、品牌化、专业化、市场化发展，保持稳步增长态势。会展业实现经济效益403.03亿元，比上年增长5.7%。其中，直接经济效益191.83亿元，增长5.92%；带动经济效益211.2亿元，增长5.51%。直接经济效益中，直接收入19.9亿元，增长9.82%；间接收入171.93亿元，增长5.48%。展览业实现经济效益173.82亿元，增长4.93%。其中，直接经济效益85.34亿元，增长5.57%；带动经济效益88.48亿元，增长4.32%。直接经济效益中，直接收入18.97亿元，增长9.4%；间接收入66.37亿元，增长4.52%。会议业经济效益229.21亿元，增长6.3%。其中，直接经济效益106.49亿元，增长6.2%；带动经济效益122.72亿元，增长6.38%。直接经济效益中，直接收入0.93亿元，增长19.23%；间接收入105.56亿元，增长6.1%。是年，厦门市获2018年度金五星优秀会展城市奖、2018中国最具竞争力国际会奖目的地等称号，思明区获2018中国最具竞争力会奖强区称号。厦门市会展局获“2018年度金五星优秀会展管理机构奖”，厦门会展协会获“2018年度金五星优秀会展行业协会奖”、亚洲会展协会联盟（AFECA）成员单位贡献奖，厦门市会展业公共信息服务平台获“中国城市优秀会展信息网站奖”，海峡两岸（厦门）文化产业博览交易会获“中国城市优秀会展项目奖”。

【展览业】 2018年，厦门市举办展览项目229场，比上年增长11.71%。其中，经贸类展会166场，增长16.08%；书画艺术类展会63场，增长1.61%。展会总面积237.83万平方米，增长8.6%；150多个国家和地区的境外展客商10.43万人，境内展客商45.56万人，观众总人次518.67万人次，境内外展客商在厦门225.42万人·天。展览数量、展览面积、境内外展客商数、观众总人次等指标再创新高。新办展会25场，其中首次举办规模超过1万平方米的展会9场，主要有2018中国厦门国际茶产业暨茶叶包装设计（春季）博览会、2018中国高端食品展暨中国糖果零食展览会（春季）、中国材料展、亚洲国际环境景观产业展览会、第十九届中国绿色食品博览会暨第十二届中国国际有机食品博览会、厦门人工智能零售展、海名春季美容美发博览会、2018“大国强军科技筑梦”军事科技博览会、福建（厦门）海峡两岸美容美发美体化妆用品展览会。79场经贸专业展会中，专业化率100%的有62场，90%至99.99%的有10场，80%至89.99%的有7场。其中，国际性展会25场（境外参加国家或地区5个以上），两岸性展会15场（台湾地区展位比例占总展位数5%以上），全国性展会28场（15个省、自治区、直辖市以上企业参展）。58场会议主题展和公司品牌展专业化水平均为100%。展会全部引入市场化运营机制，完全通过市场化运营方式的展会占86%。政府支持展会6场。

【会议业】 2018年，厦门市各饭店和会议中心接待50人以上的商业性会议9262场，比上年增长12.14%。其中，达到市级奖励标准的规模以上会议368场，增长1.66%。境内外到厦门参会总人数188.32万人次，增长12.1%，在厦门停留963.77万人·天，增长8.31%。纳入会展统计的高等级饭店123家，增加7家，其中五星级18家、四星级23家、三星级21家、未评星级酒店61家。按区域分，思明区74家、湖里区26家、集美区13家、海沧区6家、同安区1家、翔安区3家。五星级饭店承接会议2201场，四星级饭店承接会议1730场，三星级饭店承接会议204场，未评星的高等级饭店承接5127场。思明区承接会议6345场，湖里区承接会议1179场，集美区承接会议1108场，海沧区承接会议463场，同安区承接会议62场，翔安区承接会议105场。

【会展设施建设】 2018年，厦门市能承办1000平方米以上的展览场所22处，总面积30.37万平方米。其中，思明区9处，面积17.56万平方米；湖里区6处，面积8万平方米；集美区5处，面积2.99万平方米；海沧区2处，面积1.82万平方米。127家能够承接会议活动的饭店和会议中心拥有各种类型会议室888间，比上年增加31间；总面积19.23万平方米，增加1.51万平方米。其中，会议室总面积在2000平方米以上的酒店23家，增加2家。思明区能够承接会议活动的饭店和会议中心78家，会议室总数533间，总面积11.62万平方米；湖里区26家，会议室总数187间，总面积4.2万平方米；集美区13家，会议室总数98间，总面积2.07万平方米；海沧区6家，会议室总数57间，总面积1.02万平方米；同安区1家，会议室总数5间，总面积0.07万平方米；翔安区3家，会议室总数8间，总面积0.24万平方米。全市新增海沧融信华邑酒店、厦门佳逸酒店（希尔顿格芮精选酒店）、厦门泰地万豪万怡酒店、厦门希尔顿欢鹏酒店等未评星高等级饭店，新建成投入使用的高等级饭店均设有会议室和会议设施。

【饭店会议室设施】 2018年，厦门市127家会议型饭店和会议中心中，会议室共有音响743套、照明设备853套、同传设备49套、投影设备698套、安检设备157套。其中，18家五星级酒店有音响设备206套、照明设备208套、同传设备7套、投影设备193套、安检设备19套，23家四星级酒店有音响设备99套、照明设备81套、同传设备2套、投影设备98套、安检设备21套，21家三星级酒店共有音响设备55套、照明设备62套、同传设备2套、投影设备37套、安检设备16套，61家未评星的酒店共有音响设备325套、照明设备441套、同传设备12套、投影设备341套、安检设备62套。

【饭店会议承揽】 2018年，厦门市各会议型饭店和会议中心共有会议承揽营销人员607人，比上年增长10.36%。其中，18家五星级酒店均设立会议承揽部，共有业务人员94人；23家四星级酒店均设立会议承揽部，共有业务人员131人；16家三星级酒店设立会议承揽部，占三星级酒店总数的76.2%，共有业务人员59人；未评星酒店61家均设立会议承揽部，共有业务人员284人；其他4家会议场所中有3家设立会议承揽部，占其总数的75%，共有业务人员39人。

【会展营销】 2018年，厦门市制定会展业全球营销方案，以“金砖厦门”的形象进行全面营销。市会展局派人到荷兰、英国、德国、捷克、奥地利、匈牙利等国家和地区宣传推介，参加第二十三届澳门国际贸易投资展览会（MIF）、第八十五届UFI全球年会、第五十七届国际大会及会议协会（ICCA）大会、亚洲会展协会联盟（AFECA）年会、台湾两岸会展交流等活动。组织80多家会展企业参加中国（上海）国际奖励旅游及大会博览会（IT&CM CHINA）、中国（北京）第十一届中国会议产业大会、中国（杭州）第八届中外会展项目合作洽谈会、中国（合肥）城市会展合作发展论坛、中国（海南）2018中国城市会展合作发展论坛暨中国城市会议展览业协会联盟年会等活动。举办“2018厦门国际会展周”活动（国际会展高峰论坛暨海峡会展合作论坛、金砖+新兴市场国家暨中外会展合作论坛、亚洲高校会展教育合作论坛暨第十届中国会展教育年会、海峡会展合作论坛、厦门国际会展周项目对接洽谈、SITE中国峰会暨国际奖励旅游专业培训），金砖国家、新兴市场国家、欧美地区和国内参会团组参加，参会嘉宾国别、地区近30个。厦门会展网年度总点击数首次突破1100万次，其中中文版点击数970万次、英文版点击数130万次。市会展局刊发《海峡会展》6期，共发行1.8万份；编发《厦门会展动态》18期共14万字。与俄罗斯、南非、巴西、印度会展协会及一带一路国家会展协会（新加坡、泰国、马来西亚、印尼、菲律宾、墨西哥）建立“金砖国家+新兴市场国家会展组织合作联盟”。厦门市参加亚洲会展协会联盟（AFECA）的活动，推动6家大陆机构、企业参加亚洲会展协会联盟。加强与泛珠会展联盟各会员单位、中国城市会议展览业协会联盟各成员单位的交流合作。

【会展产业链建设】 2018年，厦门市会展场馆、展览机构、会议机构、设计搭建、庆典礼仪、翻译、安保、宾馆、酒店、旅行社、通关、物流、客运、喷绘、摄影摄像、教育培训和管理机制等会展产业链不断完善。登记注册的会展机构和企业超过400家。常年开展会展业务的会展机构和企业400多家，直接从业人员1.5万人。加入市会展协会的企业390多家，业务范围涵盖会议展览上、中、下游各个环节。其中，会议公司80家，比上年增长5.26%；会展设计搭建企业145家。年内，获会展设计、搭建工程企业资质的会展设计搭建企业34家企业，其中AAA级18家、AA级9家、A级7家。至年末，全市有获得资质认证的会展设计搭建企业102家。

【展览场馆运营机构】 2018年，厦门国际会展中心为厦门市经贸类展的主场地，文化艺术中心为书画类展的主场地。全市137场展览活动在厦门国际会展中心举行，33场在厦门市文化艺术中心举行，10场在中华儿女美术馆举行，9场在翔鹭酒店举行，8场在乔丹海西中心举行，32场展览展示活动分别在厦门市美术馆、世纪大厦、宝象红星美凯龙等场地举行。全市承办展览的企业（机构）60家，其中主承办当地经贸类展企业（机构）46家，代理境外展业务的企业（机构）14家。贸促会、金泓信、新天、建旅等展览机构既承办当地经贸类展，又从事外展业务。

【会议场馆运营机构】 2018年，厦门市举办会议9262场，其中328场会议在厦门国际会展中心（含厦门国际会议中心）举办。厦门宾馆、厦门华侨大厦酒店、厦门航空金雁酒店、厦门悦华酒店、亚洲海湾大酒店、厦门翔鹭国际大酒店（厦门国际大酒店有限公司）、五缘湾凯悦酒店、日航酒店、厦门海景大酒店、海沧正元希尔顿酒店举办各类会议均超过100场。以承接会议为主要业务的饭店有厦门国际会议中心酒店（含厦门国际会展酒店）、厦门翔鹭国际大酒店（厦门国际大酒店有限公司）、厦门北海湾惠龙万达嘉华酒店等。其中，厦门北海湾惠龙万达嘉华酒店会展收入占全年总营业额的55%，厦门翔鹭国际大酒店（厦门国际大酒店有限公司）会展收入占全年总营业额的44%，厦门国际会议中心酒店（含厦门国际会展酒店）会展收入占全年总营业额的43%。全市申报会议型饭店25家，经会议型饭店评审委员会综合评定，24家饭店达到申报等级条件，获得会议型饭店证书（AAA级会议型饭店8家、AAAA级会议型饭店10家、AAAAA级会议型饭店6家）。至年末，全市获得会议型饭店证书的饭店59家。在市工商局注册的会议公司超过100家，常年开展会议承办服务业务的70多家。其中，厦门建旅商务会展有限公司、厦门会展国际旅行社有限公司、厦门厦旅会展服务有限公司等单位平均年承接各类会议近100场，平均年营业额超过3000万元。

【会展教育培训】 2018年，厦门市开设会展专业教育的高等院校有厦门理工学院、厦门华厦学院、厦门城市职业学院、厦门东海职业技术学院、厦门华天涉外职业技术学院，开设会展经济与管理、会展策划与管理、会展展示艺术设计等专业，共有在校生892人，其中本科生487人、高职生405人。厦门理工学院及厦门华厦学院是开设四年制本科专业的学校，其余3所为三年制专科学校。在校会展专业学生担任各类展会志愿工作者和信息采集员2300多人次。市会展协会以专业培训和以会代培的方式举办会展从业人员在职素质教育6场，参加培训人员740人次。

（市会展局）

【会展集团】 2018年，厦门市会展集团举办各类展览活动230场，比上年增长16.75%；总展览面积328万平方米，增长7%。其中，厦门本部展馆举办展览活动171场，增长16.33%，总展览面积221万平方米，增长9%；福州展馆举办展览活动56场，增长12%，总展览面积106.6万平方米，增长3%。举办会议787场，下降7.08%。其中，厦门场馆366场，增长39.69%；福州场馆421场，下降28.03%（主要因为数字中国从筹备到会议结束为期1个月，无法承接其他会议活动）。自办展总面积54.3万平方米，增长8.6%。其中，石材展是全球规模最大的石材专业展，佛事展举办春秋两届。市会展集团新设立会展思尔福公司，举办中国（福建）智慧商业大会，是市会展集团首个自办会项目。组织参加德国慕尼黑体育运动用品博览会、俄罗斯莫斯科国际石材展、意大利维罗纳国际石材展、波兰波兹南国际石材展、厦台家用工艺品展、厦台智能科技生活展等境外展会。是年，市会展集团入选中国会展之星“改革开放40年，中国会展领军企业”、中国会展产业联盟“改革开放40年，40个品牌会展企业”。市会展中心入选中国学术会议服务联盟“2017年度中国最受学术会议欢迎之十佳会议中心”、中国会展业金海豚大奖“2017年—2018年度中国会展标志性展馆”、中国会展产业联盟“改革开放40年，40个品牌会展场馆”、中国会展会奖产业“最具影响力会展中心”。会议中心入选中国学术会议服务联盟“2017年度中国最受学术会议欢迎之十佳会议中心”、中国会展会奖产业“最具影响力会议中心”。石材展获中国会展之星年度大奖“改革开放40年，中国品牌展会金奖”；石材展、佛事展、茶博会入选中国会展产业联盟“改革开放40年，40个优秀特色展会”；石材展入选中国会展会奖产业“最具影响力展览会”，佛事展入选“最具品牌力展览会”，茶博会入选“十大自主品牌展览会”。

（市会展集团）

展会选介

【第十八届中国厦门国际石材展】 2018年3月6—9日，由厦门会展集团股份有限公司、厦门会展金泓信展览有限公司共同主办的第十八届中国厦门国际石材展览会在厦门国际会展中心举办。该届石材展总面积18万平方米（含第七届中国厦门国际石材机械工具展览会），居世界第一。设置国际标准展位9300个，来自全球56个国家和地区逾2000家企业参展。境外140多个国家和地区以及境内30多个省、市、自治区的专业石材客商参加。展会设24个展厅，按功能分为国内石材展区、机械工具展区、国际展区、室外展区和新品发布区。国际展区A1厅内新开辟国际机械工具展区。意大利、土耳其、巴西、埃及、西班牙、葡萄牙、希腊、印度、伊朗、法国、巴基斯坦11个国家展团参加。

【2018厦门工业博览会】 2018年4月12—15日，商务部特别授权，由中国机电产品进出口商会、中国机械工业联合会、台湾区电机电子工业同业公会、厦门市政府共同主办的2018厦门工业博览会暨第二十二届海峡两岸机械电子商品交易会在厦门国际会展中心举办。展览面积8.5万平方米，标准展位3500多个，参展企业800多家。设机床设备、智能制造、橡塑工业、工模具、印刷及广告设备、工程机械等专业展区，28个国家和地区的3万多名专业客商参会。配套举办各类论坛、研讨会15场，主题涉及两岸经贸、创业创新、工业智能化、工业合作、机械、光电等领域，海峡两岸163位专家演讲，演讲主题包括智能制造领域理论研究、成果创新、技术交流、智能制造产业发展成果共享。

【中国厦门国际佛事用品展览会】 2018年，由厦门会展集团股份有限公司、厦门会展金泓信展览有限公司主办的中国厦门国际佛事用品展分春秋两季在厦门国际会展中心举办。5月10—14日，2018中国厦门国际佛事用品（春季）展览会、2018中国厦门国际素食暨有机产品（春季）展览会、2018厦门国际茶产业（春季）博览会、2018中国厦门传统手工艺品展联合举行，总展览面积11.75万平方米，设置国际标准展位6500个，参展商近1000家，17个国家（地区）的采购商近20万人次参会。展会规划佛像佛龛法器法物、佛教工艺品礼品、寺院建筑古雕古建、禅意空间装饰、蜡烛灯具、香品香具、僧服绣品禅服、心视界艺术空间、素食暨有机产品

3月，第十八届石材展在会展中心举办 （市商务局　供图）

和国际展区等展区。10月18—22日，第十三届中国厦门国际佛事用品（秋季）展览会、第十届中国厦门国际素食暨有机产品（秋季）展览会、2018中国厦门国际茶产业（秋季）博览会联合举办，总展览面积18万平方米。其中，佛事展展览面积11万平方米，来自中国、日本、韩国、加拿大、印度、马来西亚、澳大利亚等国家的1126家企业参展，境内外客商28.6万人次。

【中国厦门国际茶产业博览会】 2018年，中国厦门国际茶产业博览会分春、秋两届举办。5月10—14日，2018中国厦门国际茶产业（春季）博览会在厦门国际会展中心举办，展览面积40732平方米，设置国际标准展位2600个，产品涵盖茶类、茶器、茶包装以及茶行业上下游产品，15个国家和地区的逾1000家企业参展，49个国家和地区参会人员18.6万人次，配套举办2018国际乌龙茶论坛、品牌推介会·新品发布会、包装专场推介会、国际茶叶包装设计作品展。10月18—22日，2018中国厦门国际茶产业（秋季）博览会在厦门国际会展中心举办，展览面积7.5万平方米，国际标准展位数3800个，设置品牌茶企展区、茶器展区、茶叶包装设计展区、台湾展区、国际展区，超过1500家境内外企业参展，同期举办国际茶器论坛。

【第十届海峡论坛】 2018年6月5—11日，由国台办等两岸81家单位联合主办的第十届海峡论坛在厦门等地举办。论坛以“扩大民间交流，深化融合发展”为主题，中共中央政治局常委、全国政协主席汪洋在论坛大会上发表讲话，阐述新形势下维护和促进发展两岸关系和平发展的方针政策，台湾地区8000余人出席。该届论坛首次面向台湾开放网络报名。两岸142家媒体785名记者参加（台湾地区各类媒体55家86名记者），编发稿件1000多篇（条、幅）。海峡论坛“十年故事汇”直播点击数突破1000万次，在新浪微博上相关话题阅读总数近1500万人次。论坛期间，福建省发布66条惠及台胞政策措施；厦门市在论坛上举办人才对接会，面向台湾地区人才和青年提供2653个就业创业见习岗位。两岸科技、人才、公益、社区、金融、卫生健康、农田水利等领域、界别和行业签约合作项目（协议）80多个。

【人工智能零售产业博览会】 2018年6月22—24日，由厦门会展集团、厦门会展思尔福展览有限公司、厦门国际商会共同主办的首届中国国际人工智能零售暨无人店产业博览会在厦门国际会展中心举办，同期举办“智能场景”2018亿邦智能商业大会夏季峰会暨全球人工智能＋零售未来发展大会。展会设国际标准展位500个，展出面积10561平方米，百度企业智能平台部、京东便利店、深兰科技等150家人工智能零售企业参展。

【2018海峡西岸汽车博览会】 2018年6月29日至7月2日，由中国机械工业联合会主办，厦门市汽车流通协会承办的2018海峡西岸汽车博览会在厦门国际会展中心举办。该届海西汽博会围绕“两岸交流、节能环保、汽车文化”主题，设置展厅13个，总展览面积72716平方米，176家企业、89个汽车品牌参展。展览销售车辆4368辆，销售额8.18亿元。

【2018中国材料大会】 2018年7月12—15日，由中国材料研究学会主办的2018中国材料大会在厦门国际会展中心举办。5500余名材料领域代表参加，其中中国科学院院士和中国工程院院士10余人，欧洲、亚洲、南美等地区高校及科研机构学者50余人。香港城市大学吕坚、巴西圣保罗大学Osvaldo Oliveira、沈阳铸造研究所娄延春分别作“超纳米结构双相金属：金属材料的一个新领域”“机器学习数据分析和生物传感器检测癌症生物标志物”“高性能不锈钢及其大叶片先进制造技术”报告。大会收到论文摘要4000余篇。

【第二十届中国国际投资贸易洽谈会】 2018年9月8—11日，第二十届中国国际投资贸易洽谈会在厦门市举办。中共中央总书记、国家主席习近平专门向投洽会致贺信，全国人大常委会副委员长曹建明宣读贺信。毛里塔尼亚伊斯兰共和国总统穆罕默德·乌尔德·阿卜杜勒·阿齐兹、捷克众议院经济委员会主任拉迪姆·菲亚拉、卡塔尔国务大臣兼自由区委员主席艾哈迈德·赛义德、俄罗斯联邦卡累利阿共和国行政长官帕尔芬奇科夫等30多位境外副部级以上政府官员，东盟、世界投资促进机构协会（WAIPA）、联合国贸发会议、联合国工发组织、世界贸易组织和OECD等组织代表参会。世界贸易中心协会、英中贸易协会、华南美商会、德国中小企业联合总会、西班牙驻广州总领事馆等境外机构团组到会；微软、IBM等200多家世界500强和跨国公司，中央统战部、商务部、国资委、中央广播电视总台、国台办等国家部委领导，中国国际投资促进会、中国贸促会、中国商业联合会、中国公共外交协会等全国性商协会以及各省、自治区、直辖市领导出席。该届投洽会展览面积13万平方米，设置国际标准展位6000个，分“投资主题馆”和“产业招商馆”2个部分，设专业展区16个，40多个国家和地区2500多家机构参展。举办投资促进主题论坛87场。大会专设2000平方米的“海丝国家投资馆”，吸引包括马来西亚、泰国、印度尼西亚、菲律宾等东盟国家以及巴基斯坦、约旦、西班牙等“一带一路”沿线国家参展。WAIPA世界投资大会首次在中国举办。大会推出有效投资项目2万多个，其中2018年新增项目近9000个（包括近1000个境外招商项目）；签订各类投资项目1982个，协议总投资额5275亿元，其中利用外资2510亿元、对外投资672亿元、区域合作1843亿元。首次应用“网上投洽会”进行数据精准匹配，现场引流参加“大对接、大洽谈”数据86230条，6856人次在网上投洽体验区进行匹配，参与对接洽谈。200多家境内外媒体，1500多名记者参与报道，在平面媒体、网络媒体、新媒体上编发报道1万多篇。会上，联合国贸发会议发布中国利用外资40年回顾暨《2018世界投资报告》（中文版），联合国工发组织发布《2018金砖＋国家电子商务发展研究报告》，商务部、中国企业联合会、中国电子商务协会、中国投资协会、中国商业联合会、中国物流与采购联合会、中国企业报等机构发布《中国外商投资报告（2018）》《中国对外投资合作发展报告（2017）》《中国对外承包工程发展报告》《中国对外劳务合作发展报告》

《2017—2018 年中国电子商务发展报告》《绿色发展创新样本》《两岸冷链物流合作产业报告》《2018 年商业地产投资促进报告（摘要）》《2018 中国新商业城市研究》《2018 特色小镇发展趋势报告》等报告。

【2018 国际投资论坛】 2018 年 9 月 8 日，由商务部和中央广播电视总台共同主办的 2018 国际投资论坛在厦门国际会展中心举行。该届论坛以“新挑战·新机遇，携手构建开放型世界经济”为主题，全国人大常委会副委员长曹建明出席并发表主旨演讲。商务部副部长兼国际谈判贸易副代表王受文，福建省委书记、省人大常委会主任于伟国，毛里塔尼亚总统阿齐兹，主宾国捷克众议院经济委员会主任拉迪姆·菲亚拉，印尼投资协调委员会主席托马斯·兰邦，东盟秘书处秘书长林玉辉，世界投资促进机构协会首席执行董事波斯简·斯卡拉等 14 人先后登台致辞或演讲。境内外投资促进机构的官员、工商界人士和有关国际组织的代表等 1000 多人参加。

【第二十一届全国临床肿瘤学大会】 2018 年 9 月 19—23 日，由中国临床肿瘤学会（CSCO）主办的第二十一届全国临床肿瘤学大会暨 2018 年 CSCO 学术年会在厦门国际会议中心召开，全国各地 3 万余名代表参会。该届大会以“健康中国”为方针，主题为“全力推进临床研究，谱写抗癌治疗新篇章”。举办 75 个专场，配套卫星会 90 场、专题或者展台展示 150 场。同期举办抗癌新药、仪器设备和新书刊学术展览会。

【第十一届海峡两岸文博会】（见 P343 同名条目）

【第十一届国际游艇展览会】 2018 年 11 月 2—5 日，由国家海洋局、厦门市政府主办，厦门路桥游艇港开发有限公司承办的第十一届中国（厦门）国际游艇展览会在厦门五缘湾举办。该展会作为 2018 厦门国际海洋周的主要配套活动之一，展出面积 5 万平方米，阿兹慕、汉斯、圣汐克、博纳多、蒙帝菲诺、红龙、瀚盛、航通、均合兴等品牌企业参展。开幕式上，福建省游艇产业发展协会与台湾游艇工业同业公会、厦门路桥游艇旅游集团与台湾嘉信游艇股份有限公司分别签署战略协议，就两地游艇展会合作、游艇消费市场开发、产业政策研究、厦门金门游艇旅游航线运营、游艇售后维修服务中心运营建设、游艇港管理等方面开展合作。

【2018 厦门国际会展周】 2018 年 11 月 24—28 日，由厦门市政府、商务部外贸发展局主办的 2018 厦门国际会展周在厦门佰翔五通酒店与帝元维多利亚酒店举行。亚洲会展协会联盟（AFECA）、国际展览业协会（UFI）亚洲总部、国际展览与项目协会（IAEE）亚洲委员会、国际奖励旅游精英协会（SITE）、专业会议管理协会（PCMA）参与组织，中国城市会展协会联盟、俄罗斯会展联盟、南非会展协会等金砖 + 新兴市场国家会展机构联合主办。设 2018 厦门国际会展合作高峰论坛、2018 海峡会展合作论坛、2018 金砖 + 新兴市场国家暨中外会展合作论坛、2018 亚洲高校会展教育合作论坛、2018 厦门国际会展周项目对接洽谈会和 2018SITE 中国高峰会 6 个板块。近 30 个国家和地区 1300 多名会议展览界代表参加。会展周达成《金砖 + 新兴市场国家会展组织合作备忘录》。参会采购商超 230 人，其中会议、展览买家 150 多人，奖励旅游买家 53 人，境外展览机构 30 多人。

【亚洲国际环境景观产业展览会】 2018 年 11 月 30 日至 12 月 2 日，由世界人居环境科学研究院和长城国际展览有限公司联合主办的 2018 亚洲国际环境景观产业展览会暨第八届世界人居环境产业博览会在厦门国际会展中心举行，展出面积 11583 平方米。展会以“未来乡村”为主题，英国、荷兰、葡萄牙以及国内多个省市的政府管理部门、城市规划、地产开发、园林园艺、科研院校、行业协会代表参加。156 家景观、建筑、地产、设计、装饰、园林等行业企业、科研院校、行业协会参展。同期举行 2018 第八届国际园林景观规划设计大会暨中国建筑文化研究会风景园林委员会学术年会。

【2018 两岸企业家峰会年会】 2018 年 12 月 3—5 日，2018 两岸企业家峰会年会在厦门举办。中共中央政治局常委、全国政协主席汪洋出席开幕式并发表演讲。两岸企业家、工商团体负责人、中小企业和青年创业者代表等 1000 多人参加。年会分别以“携手应对挑战，共创互利商机”“坚持融合发展，坚持共创双赢”“能源石化合作共赢，节能环保发展共享”“金融开放，金融合作，金融创新”“创新、融合、新梦想”“融合交流、共享明天”“现代服务业与文创产业共享发展”“融合两岸优势，创新智能装备，促进产业升级”为主题设置 8 场主题论坛。年会达成合作签约项目 36 个，涉及金额超过 103 亿元。

【中国绿色食品博览会】 2018 年 12 月 7—9 日，经农业农村部批准，厦门市政府支持，由中国绿色食品发展中心、福建省农业农村厅共同主办的第十九届中国绿色食品博览会暨第十二届中国国际有机食品博览会在厦门国际会展中心举办，这是两个博览会首次合并举办。农业农村部总农艺师马爱国、农产品质量安全监管司司长肖放，福建省农业农村厅厅长黄华康，厦门市政府副市长张毅恭，中国工程院院士张福锁等出席。博览会展出面积 32805 平方米，参展企业 2253 家，产品超过 1 万个，实现订单交易额 33.8 亿元，合作意向金额 45.8 亿元。其中，绿博会参展企业 1699 家，实现订单交易额 32 亿元，意向成交金额 40.2 亿元；有机博览会参展企业 554 家，实现订单交易额 1.8 亿元，意向成交金额 5.6 亿元。

（市会展局）

责任编辑：林建高
审　　稿：阳晓儒
校　　对：林炯程

20 旅游业

综　述

2018 年，厦门市接待国内外游客 8900.32 万人次，比上年增长 13.66%；实现旅游总收入 1402.12 亿元，增长 19.99%；旅游业增加值占全市 GDP（生产总值）11.7%；游客人均花费 1575 元，增长 5.57%；人均过夜天数 2.62 天，增加 0.04 天。其中，接待国内游客 8469.89 万人次，增长 13.78%，占接待总人数 95.16%，实现国内旅游收入 1141.38 亿元，增长 20.01%，占旅游总收入 81.40%。接待国内过夜游客 3686.60 万人次，增长 11.24%，占国内游客 43.53%；接待国内一日游游客 4783.29 万人次，增长 15.82%，占国内游客 56.47%。接待入境游客 430.43 万人次，增长 11.42%，占接待总人数 4.84%，实现旅游创汇 39.40 亿美元，增长 22.32%。接待入境过夜游客 282.18 万人次，增长 13.18%，占入境游客 65.56%；接待入境一日游游客 148.25 万人次，增长 8.22%，占入境游客的 34.44%。分季度看，全年呈现出稳步向好的趋势。一至四季度厦门市分别接待国内外游客 1834.39 万人次、2094.90 万人次、2752.36 万人次和 2218.68 万人次，分别比上年同期增长 13.11%、11.57%、15.38% 和 14.04%；旅游总收入分别为 307.16 亿元、321.53 亿元、384.60 亿元和 388.82 亿元，分别增长 15.61%、19.63%、22.85% 和 21.13%。

2018 年，全年接待的国内游客人均消费 1348 元，增加 70 元，增长 5.47%，国内过夜游客人均住宿 2.41 天，增加 0.02 天，人均消费 2426 元，增加 194 元，增长 8.71%；入境过夜游客人均住宿 5.41 天，增加 0.35 天，人均消费 1364 美元，增加 114 美元，增长 9.08%。游客消费支出中交通、住宿、餐饮、购物占比分别为 30.03%、26.02%、15.51% 和 14.48%，其中弹性消费包括餐饮、购物、游览和娱乐支出分别上升 0.69、0.31、0.33 和 0.21 个百分点。

2018 年，全市星级饭店营收总额 28.61 亿元，下降 1.53%，其中客房收入 16.25 亿元，下降 0.39%；餐饮收入 103381.2 万元，下降 4.75%。星级饭店平均房价 485 元，减少 5 元 / 间・天，平均出租率 66.32%，减少 1.32 个百分点，客房平均出租收益 321.6 元 / 间・天，减少 2.7 元 / 间・天。其中，五星级饭店平均房价 651 元 / 间・天，减少 8 元 / 间・天，平均出租率 69.27%，上涨 0.66 个百分点；四星级饭店平均房价 360 元 / 间・天，增加 4 元 / 间・天，平均出租率 64.71%，减少 3.28 个百分点；三星级饭店平均房价 260 元 / 间・天，增加 11 元 / 间・天，平均出租率 61.95%，减少 3.44 个百分点。

全年旅游质监执法机构接到各类旅游投诉、服务咨询和情况反映 1932 件，其中正式受理旅游服务质量投诉 737 件，转办其他部门办理投诉 33 件，解答旅游咨询和情况反映 1162 件，累计为游客挽回经济损失 248 万余元，旅游投诉接收率、联系率、答复率和反馈率 100%。立案调查案件 96 起，依法作出行政处罚决定 92 件，吊销旅行社经营资质 5 家，累计罚款金额 323.97 万元。

（付锦凝）

旅游规划与项目建设

【概　况】 2018 年，厦门市政府办公厅出台《关于加快推进全域旅游建设实施方案的通知》，厦门市编制完成《厦门市全域旅游专项规划（2017—2035）》《厦门市涉海旅游规划》《厦门市休闲农业与乡村旅游发展实施规划》和与之配套的“三年行动计划”。在旅游融入“多规合一”和全市空间布局“一张蓝图”上取得突破。厦门市全年在建及策划在谈旅游项目 83 个，其中在建及新投产项目 52 个，总投资约 690 亿元。年度计划投资 72 亿元，实际完成投资 89.85 亿元。

【旅游专项规划】 2018 年，厦门市旅游发展委员会（简称市旅发委）与市规划委共同委托北京绿维文旅科技发展有限公司、厦门城市规划设计研究院等单位开展并完成《厦门市全域旅游专项规划（2017—2035）》编制工作。该专项规划对厦门旅游业的总体定位是：世界一

2018年，厦门市全域旅游规划评审会 （张雅婧 摄）

流休闲度假城市，国际滨海花园旅游名城；对厦门旅游产业定位是：城市国际化的形象、动力产业，城市经济社会发展的支柱产业，居民和游客共享生活的幸福产业，闽南文化传承创新的窗口产业。市旅发委在梳理厦门旅游业发展短板的基础上，策划旅游项目77个，其中有3个核心项目、6个重点项目和68个支撑项目。市旅发委配套编制《厦门市全域旅游专项规划三年行动计划和实施方案（2018—2020年）》。市旅发委与北京巅峰智业旅游文化创意股份有限公司签署合作协议，启动并完成《厦门市涉海旅游规划》编制工作。该规划旨在进一步贯彻全域旅游发展理念，挖掘和利用好厦门市海洋特色旅游资源优势，提高涉海旅游发展品质，打造具有厦门特色的滨海旅游度假品牌。该规划以涉海旅游为主线，着眼于推动厦门市国际化涉海旅游发展规划建设，对发展目标、产业协调、产业体系、旅游产品、重点项目、市场营销、区域合作、消费引导、监管机制、环境保护、规划保障等方面精心规划，创新涉海旅游发展方式，增强旅游产业发展实力，促进涉海旅游的可持续发展。市旅发委联合市农业局编制并完成《厦门市休闲农业与乡村旅游发展实施规划（2018—2035）》。该实施规划对厦门市休闲农业与乡村旅游发展方向进行剖析与定位，对休闲农业和乡村旅游发展所需建设的产品体系、项目提升、基础设施、保障体系、实施方案等领域进行较为合理的规划，有序推进休闲农业与乡村旅游的开发利用，促进乡村旅游的提质升级。

【旅游会展“双千亿”工作】 2018年，厦门市旅游会展产业链产值1661.97亿元。市旅发委成立市旅游会展“双千亿”工作推进领导小组，编制《厦门市旅游业“双千亿”工作实施方案（2018—2022）》，涉及26个市直部门和6个区政府。方案坚持问题导向，梳理产业发展短板，精准施策，提出三大发展路径，32个工作着力点；建立动态更新的重点项目库（83个项目，涉及资金1294亿元），研究制定工作计划，分工到具体部门，细化节点安排，落实督察，推进工作。

【乡村旅游“百镇千村”创建】 2018年，市旅发委贯彻落实《福建省乡村旅游“百镇千村”提质升级三年行动方案》，推动乡村旅游休闲集镇、特色村提质升级，开展2018年福建省乡村旅游休闲集镇、旅游村（特色村）评定工作。推荐评选汀溪镇为四星级休闲集镇，东孚街道为三星级休闲集镇，军营村和院前社为四星级乡村旅游村，前格村、白交祠村、寨后村、垵炉村、新村村为三星级乡村旅游村，鑫美园农场、云和农庄、顶上人家为三星级省级乡村旅游星级经营单位。

【景区治理】 2018年，厦门市新增AAA级旅游景区3家（灵玲国际马戏城、双龙潭生态运动景区、英雄三岛战地观光园）。旅游年卡和户外运动卡实现市场化运作，加盟景区从13个拓展到18个，持卡量从25万张增加至31万张，新开卡量和充值额度比上年增长44%。市旅发委在全市开展A级旅游景区复核检查工作，对存在较为严重问题的翔安区小嶝休闲渔村和湖里区上古文化园2家AAA级景区分别予以降级和摘牌处理。实施旅游景区质量提升“三年行动计划”。对全市A级旅游景区108个改造升级项目实行动态考核。

【旅游项目建设】 2018年，厦门市在建及策划在谈旅游项目83个，其中在建及新投产项目52个，总投资约690亿元，年计划投资75亿元，实际完成投资89.85亿元，占年度计划124.8%。宝龙一城、华润中心、闽南古镇等一批集观光、休闲、度假、购物、娱乐、体验等功能为一体的旅游综合体投入运营，璞尚酒店、佳逸酒店、万豪国际会议中心等高品质、国际化酒店开门营业，集美汽车小镇、动漫小镇、罗普特兵器科技馆、瑞幸咖啡等“旅游+”项目开放运营。

【邮轮旅游】 2018年，厦门港接待国际邮轮96艘次，比上年增长24.7%；旅客吞吐量32.48万人次，增长100.7%。其中，母港邮轮85艘次，增长32.81%；母港旅客吞吐量29.27万人次，增长118.66%。3月，2个“一带一路”跨多个国家的邮轮航线先后起航，航线分别历时15天14晚和10天9晚，沿线停靠菲律宾、马来西亚、文莱、新加坡、越南等多个港口，实现厦门市“一带一路”长距离航线的首次突破。3月22—31日，“海丝路·闽南情——中国厦门文化旅游汇”活动邮轮航次从厦门起航，途经马尼拉、长滩、文莱、沙巴后返回厦门，完成中国首个以邮轮为载体的文化艺术交流推广活动。4—10月，福建邮轮旅游联盟包租丽星邮轮“双子星”号，首次开通每周固定2个艘次往返日本的定期航线，历时6个月54艘次，接待约10万人次游客，刷新厦门母港运营航线跨度、航次密度纪录。10月，市旅发委联合港口管理局、市财政局出台新

3月22—31日，“海丝路·闽南情——中国厦门文化旅游汇”活动邮轮航次在厦门起航
（伍佳婧 摄）

一轮《关于进一步促进邮轮旅游业发展的扶持意见》，支持招揽邮轮旅客、培育“海丝”航线、长航线和定期航线，促进厦门市邮轮经济做大做强。首航“一带一路”长距离航线以邮轮为核心的海铁、海空联运交通体系，约13万人次的母港邮轮游客中有40%来自福建省以外的地区。全国各地近30趟动车专列以及约1万人次的航空旅客到厦门乘坐邮轮。市旅发委推进“邮轮+”产品融合，借势金砖效应和鼓浪屿申遗成功影响，专门设计包装一系列适合“黄金8小时”邮轮岸上观光特色线路，增强途经港的吸引力。针对省外客源市场需求，设计包装“邮轮+金门”“邮轮+鼓浪屿”“邮轮+厦漳泉”等全域旅游产品。

【旅游厕所建设】 2018年，市旅发委制定推进《厦门市旅游厕所建设管理新三年行动计划（2018—2020）实施方案》，以A级景区、乡村旅游“百镇千村”和自驾车营地为重点，开展“厕所革命”建设、管理服务、科技、文明四大提升行动，“三年计划”建设旅游厕所100座，其中新建43座、改扩建57座。全年，新改建旅游厕所56座，完成省下达任务164%、市下达任务127%；推动全市AAAA级以上景区和重要旅游场所建设“第三卫生间”26个。截至年底，全市有AAA级旅游厕所6座，AA级旅游厕所65座，A级旅游厕所66座。

·小资料·

第三卫生间：是在厕所中专门设置的、为行为障碍或协助行动不能自理的亲人（尤其是异性）使用的卫生间。解决一部分特殊对象（不同性别的家庭成员共同外出，其中一人的行动无法自理），主要指女儿协助老父亲，儿子协助老母亲，母亲协助小男孩，父亲协助小女孩等。

【旅游公共服务建设】 2018年，厦门市旅游集散中心服务体系建设进一步完善，市旅发委在全市建设完成并投入使用的有邮轮码头、第一码头、和平码头、胡里山、曾厝垵、观音山的服务点，累计服务游客142.9万人次，公益宣传播放7.758万小时，发放宣传单293.65万单次，应急医药救护1387人次，游客满意度99.4%。集美区打通旅游交通“最后1千米”，开通串联核心景区与酒店的特色旅游专线车——铛铛车和集美学村旅游观光电瓶车，方便游客出行。

【厦门全域旅游智慧导览公共服务平台】 2018年9月21日，在上海举办的“2018亚洲旅游产业年会”上，“厦门全域旅游智慧导览和公共服务平台”凭借公开透明的客观数据和严谨权威的评分体系，获“2018亚洲旅游‘红珊瑚’奖——最佳智慧旅游项目”。该会由《二十一世纪经济报道》主办，被誉为“亚洲旅游‘奥斯卡’”。9月27日，在工业和信息化部举办的“2018中国国际信息通信博览会”上，“厦门全域旅游智慧导览公共服务平台”获中国通信协会颁发的“2018年度最佳城市应用奖”。“厦门全域旅游智慧导览和公共服务平台”根据市民与游客的游览习惯及信息获取需求，以构建城市级“吃住行游购娱”旅游资源库的方式，通过App、微信、网站、触摸屏等多终端应用的方式，为游客提供优质的旅游产品、新颖的旅游线路以及便捷旅游公共设施信息服务，促进游客深度游览厦门，为游客和市民提供展示厦门城市历史底蕴和丰富旅游资源的贴身窗口。

（付锦凝）

对台旅游

【概　况】 2018年，厦门市接待台胞到厦门入境过夜人次105.39万人次，比上年增长12.81%，占厦门市入境过夜游客总数的37.36%，居入境市场第一位。大陆居民经厦门口岸到台湾旅游38.01万人次。其中，团队游11.18万人次，增长33.62%；个人游26.83万人次，增长18.25%。厦金（厦门、金门）“小三通”出入境旅客174.52万人次，增长8.11%。厦金“小三通”仍然是大陆游客经厦门到台旅游最热络的“黄金通道”。

【“来厦门·游金门”推介活动】 2018年，市旅发委联合金门县政府观光处组织两地旅游主管部门、主要旅行商到青岛、济南、漳州、龙岩、深圳、珠海、重庆、成都开展巡回宣传推介活动，宣传“来厦门·游金门”旅游品牌。在台北面向台湾旅行商、媒体记者开展“来金门·游厦门”推介活动，强化“厦金旅游一体化”整体形象，受到台湾各界的关注和追捧。在厦门首次举办“展会+金门游”推介活动，发挥厦门“会展名城”辐射带动效应，面向厦门展商和旅行商推介金门旅游资源和产品，为厦金两地旅游与会展业者搭建“展会+金门游”交流对接平台，构建厦门与金门、旅游与会展等各方“信息共享、市场互推、互利共赢”的合作机制。针对省外到厦门游客，在厦门动车站和机场投放“来厦门·游金门”专题旅游宣传广告，覆盖境内外到厦门旅客约334万人次。在厦门旅游官网、公众号（微信微博）、“发现金门”专题网站、全市星级饭店电子显示屏等平台及时发布“省外到厦门到金门游指南”，重点涵盖省外游客金门游“一次性大通证”办理手续、金门旅游产品、到金门旅游组团社联系方式、厦金航线船票预订等信息，为省外游客了解到金门旅游信息提供便利。

【惠台举措】 2018年，市旅发委针对涉台旅游方面的“鼓励台湾青少年到厦门开展研学旅行以奖代补”“支持台湾导游领队在厦换证执业”“在厦门长期居住的台胞可在厦门市建行服务网点办理旅游年卡，享受市民同等待遇”政策措施，制定落实细则。按照要求兑现“惠台31条”、厦门市“惠台60条”举措，做好对台企台胞的各项服务工作，为台湾大学生及中小学生到厦门见习、研学旅游、就业提供平台。

【厦金旅游民间合作】 2018年4月，厦金两地旅行社、酒店、特产商家和旅游交通企业等自发组织成立“厦金全域旅游联盟”，有16家成员单位。联盟旨在通过行业自律、资源共享、市场共拓等模式，做大闽台旅游市场，助力推动厦金旅游业深入交流和融合。5月，全国12个省20多个城市的32家旅游集散中心联合在厦门成立“厦金旅游集散联盟”。该联盟以厦门旅游集散服务中心开发的全国厦金旅游集散系统平台为依托，协同整合全国旅游集散中心资源，为游客提供便捷高效的到金旅游一站式服务，实现共享共赢，拓展加盟地居民到厦门到金旅游市场。

【“名导论剑”活动】 2018年4月20—21日，“2018海峡两岸及港澳地区名导论剑”活动作为第十四届海峡旅博会的配套活动在金门举办。活动以“传播中华文化，共论职业发展”为主题，策划“中华导游同心同行”户外骑行主题活动和海峡两岸及港澳地区“名导论剑”活动两大板块，首次将大陆（厦门）30台共享单车带入金门作为骑行活动用车，海峡两岸及港澳地区的导游骑“共享”单车，发表“共同宣言”，体现中华导游

7月，台湾大学生在厦门灵玲国际马戏城暑假见习 （陈滨城 摄）

同心同德、共同传承中华文化的信念。“名导论剑”是海峡两岸及港澳地区导游员互相交流、互相学习的平台。

【厦金两门旅游节】 2018年4—11月，市旅发委联合金门县政府观光处共同策划举办厦金两门旅游节，以“厦金门对门，两岸一家亲”为主题，围绕金门特色旅游资源，先后举办厦金越野走、金门迎城隍——浯岛宗教文化观光季、QUEMOY国际海岛音乐季、“小鬼当家”亲子活动、青少年厦金研学旅行嘉年华、厦金文化交流，“寻找风狮爷”两岸石文化等14项系列活动。该旅游节项目多、人数广、规模大，吸引两岸近10万名民众游客参与，活动注重产品创新、市场对接和品牌培育，彰显厦金旅游的丰富内涵。

【台湾大学生到厦门见习】 2018年7月，由国家文化和旅游部主办的“华夏文明·薪火相传”台湾青年大学生暑期见习活动在厦门启动。来自台湾高雄餐旅大学、醒吾科技大学、台北城市科技大学、高雄科技大学、台湾辅英科技大学等9所高校43名大学生在厦门灵玲国际马戏城开始为期2个月的见习历程。期间，市旅发委组织引导青年大学生实地参访厦门、泉州的旅游企业，了解闽台文化及旅游企业发展历程与现状，增强“两岸一家亲”的认同感与归属感。

【厦门集美对台研学总部大楼启用】 2018年12月，厦门集美对台研学总部大楼启用。集美区人民政府、厦门建发国旅集团、中青旅研学旅行事业部共同签订研学项目合作协议，联合致力发展集美研学旅行项目。该大楼集教学、研发、接待等功能为一体，可为近500名青少年提供研学住宿及课程，围绕“行、知、乐、学、玩、购”六大核心主题呈现人文集美、魅力厦门。大楼启用旨在让更多的台湾青少年认识集美，走进厦门，感知大陆，增进两岸青少年的情感交融。

（付锦凝）

旅游宣传营销

【概　况】 2018年，厦门旅游宣传通过开展多渠道立体化营销模式，在目标客源市场纸媒和新媒体、动车高铁、航空机队等投放厦门旅游城市形象广告与特色旅游资源宣传，持续释放“金砖效应”“高素质”“高颜值”影响，提升厦门旅游美誉。市旅发委开展厦门优质旅游线路设计推广活动，发动海内外旅行社、旅游OTA平台（在线旅行社）、旅游达人等包装设计以厦门为目的地的多种不同主题的优质旅游线路，建立厦门优质旅游线路库，为到厦门游客提供个性化的出行参考及优质旅游体验。市旅发委微信公众号对入选优质旅游线路库的100条作品开展网络评选（占评分30%），22万人次参与投票；主办方组

织召开专家评审会（占评分70%），邀请著名文史专家、高校教授、协会领导、媒体主编、资深业者等组成专家评审团进行专业的评判。最终评选出“2018年度最受达人推崇的十佳厦门自助游优质旅游线路”“最佳厦门优质旅游自由行攻略”“最受网友推崇的厦门自由行攻略平台”等奖项。针对厦门以国际邮轮母港暨高端旅游目的地作为自身定位，评选出“最受游客推崇的厦门邮轮旅游线路”奖项；针对主题化、个性化、多样化的旅游线路产品的市场需求，评选出最佳休闲、最佳文化、最佳研学、最佳美食、最佳亲子等类别的“2018年度厦门最佳主题游线路”奖项。

【国内外联动市场营销】 2018年，市旅发委开展国内联合巡销，到天津、重庆、山西、河北、吉林、陕西、甘肃、湖南、湖北、浙江等地的29个城市，开展推介活动30多场，覆盖人群7000多万人，相关营销活动资讯关注量462万次。国际方面，（1）“走出去”推广。围绕“一带一路”国家战略、金砖厦门会晤、厦门市十大客源国、厦航直航国际航线等要素，分市场、分主题到德国、捷克、奥地利、马来西亚、菲律宾、文莱、南非、肯尼亚、埃及等12个国家开展旅游宣传推介活动，组织旅游企业参加俄罗斯秋季旅游展以及到哈萨克斯坦、乌克兰、俄罗斯等国举办“你喜欢的厦门”旅游专题推介活动。（2）“请进来”互动。多批次邀请境外旅行商、媒体达人到厦门采风踩线。第十四届海峡旅游博览会期间，邀请港澳台地区、东南亚、俄语系市场以及日本、加拿大等国家专业买家150人参加福建省内世界遗产主题旅游产品的考察。中秋博饼嘉年华期间，邀请100多名来自英国、美国、俄罗斯、日本、印尼、马来西亚、菲律宾、巴基斯坦、迪拜、柬埔寨、泰国、印度等国家以及港澳台地区的40多个城市的旅行商、旅游达人和博饼状元，开展以厦门为核心的采风踩线活动。（3）多渠道“出海”。在厦门航空、中国国际航空、荷兰皇家航空机队、欧洲旅游大巴上投放厦门旅游形象广告，启动Facebook（美国社交网站）、Twitter（美国社交网站）、YouTube（美国视频网站）、Instagram（移动端上的社交应用）等“互联网+”出海四大新媒体矩阵营销模式。其中，Facebook粉丝量超过20万人，YouTube视频观看量突破50万次。

【对台宣传营销】 2018年，市旅发委开展对台湾基层民众及台湾青少年市场的精准营销。在台湾开展以“YOUNG艺厦”为主题新媒体营销活动，结合网页、脸书、谷歌、LINE等台湾民众青睐的网络工具，针对台湾青少年学子开展厦门旅游宣传推广；在新北、台中和高雄等台湾重点县市的81台公交车和50部计程车上投放厦门旅游形象宣传海报，吸引更多台湾民众到厦门旅游。12月，市旅发委联合漳州、泉州、三明和龙岩闽西南五市旅发委在台湾台北和高雄开设“清新福建，山海闽西南”旅游形象店，展示闽西南五市的山海风光和民俗风情。闽西南五市的“山海”旅游形象宣传、旅游产品销售和客源市场组织得以紧密衔接、有机结合，得到长期、稳定而有效的品牌宣传与推广效果。市旅发委借助台湾雄狮旅行社的营销网络优势，通过城市旅游形象展示、旅游产品持续开发与销售、平面与网络媒体宣传推广、主题旅游活动营销等形式，推广闽西南五市旅游资源和产品，共同打造闽西南旅游品牌，加强与台湾旅游业界交流合作，促进互利互信，深度拓展客源市场。

【第十四届海峡旅游博览会】 2018年4月20—22日，第十四届海峡旅游博览会及2018中国（厦门）国际休闲旅游博览会（简称厦门旅博会）在厦门国际会展中心举办，由厦门市人民政府和福建省旅游发展委员会主办，市旅发委承办。该届旅博会七大亮点：（1）台味浓。“台湾馆”“金门馆”的参展摊位数从2017年的80个展位增加至110个，参展的台湾伴手礼商家40家。台湾旅游交流协会理事长赖瑟珍、台湾旅行业品质保障协会理事长许晋睿、台湾旅行商业公会总会理事长萧博仁等台湾七大公（协）会主要负责人参与。（2）国际范。参展的国家及地区数43个，比上年增加6个。其中，俄罗斯旅游局、泰国国家旅游局、菲律宾旅游局、马来西亚旅游局、美国洛杉矶旅游局、关岛旅游局、日本冲绳福州事务所、大阪旅游局、澳门旅游局等官方旅游机构参展，塞舌尔、秘鲁旅游局及斯里兰卡旅游协会、土耳其航空首次参展。境内外旅行商超过1万人参会，其中境外旅行商2500人。（3）“金砖”热。该会距金砖国家领导人第九次会晤结束不到8个月。市旅发委策划“厦门会晤”主题系列旅游推广活动，设立“厦门会晤”主题展区，举办“厦门会晤旅游接待成果图片展”“金砖国家美食节”，推出“新世遗·金砖路”旅游线路考察等活动，

12月，闽西南五市在台北和高雄开设“清新福建，山海闽西南”旅游形象店

（吴泉亮　摄）

4月20—22日，第十四届海峡旅游博览会在厦门国际会展中心举办（张雅婧 摄）

让境内外嘉宾到厦门亲身体验到“高素质”“高颜值”魅力。（4）大咖（成功人士）多。邀请到众多业界大咖参与“2018中国（厦门）海洋旅游热力论坛”“2018中国（厦门）国际休闲旅游博览会”分享智慧结晶。（5）热卖火。21.5万人次到旅博会现场，对100多家旅行社及OTA（在线旅行社）、30家高端酒店、200余家伴手礼商家厂家、14家国际航空公司以及其他境内外展商带来的海量旅游产品进行集中采购，展会3天，现场销售额7100万元，比上届增长222.7%。（6）业态新。展会新增旅游+保险金融、旅游+地产、旅游+教育、旅游+网络平台等多种类型展商，参展业态多种多样，满足人们的各种需求。（7）活动足。主办方开展“环球嘉年华”活动，来自43个国家和地区进行的50多场旅游资源与文化推介展演活动。

【福建旅游援疆推介】 2018年5月20日，福建援疆厦门分指挥部在厦门召开“2018年福建旅游援疆暨丝绸之路旅游专列包机”发布会。发布会旨在引导更多厦门市民深入了解厦门市对口援建的昌吉州吉木萨尔县旅游文化、餐饮文化、民族风情、人文精神以及民族团结、社会稳定等情况，感受新一轮对口援疆成果，为传承两地文化、加深两地人民友谊、促进多层次交流交往奠定良好基础。福建援疆厦门分指挥部副指挥长颜伟强做吉木萨尔县全域旅游推介。市旅发委副主任钟海林介绍厦门市在旅游援疆方面开展的各项工作和两地旅游携手共进、协同发展的有关情况。昌吉州旅游推广人员推介由乌鲁木齐市、昌吉州、吐鲁番市联动打造的新疆首条跨地州旅游环线——“环游天山·千里黄金线”，发布昌吉州大团游市场奖励政策，鼓励厦门游客进疆入昌，介绍福建援疆丝绸之路旅游专列、包机线路的安排及景区（点）。

【海外OTA推广】 2018年9月，厦门旅游品牌馆在海外OTA（在线旅行社）平台上线，厦门相关旅游产品在美国市场和俄罗斯市场得到推广。针对以美国为主的英语国家市场，市旅发委通过与全球最大的在线旅游平台Expedia合作，重点推广厦门作为国际旅游会展城市的资源和产品，发挥144小时过境免签利好政策作用。除项目上线的Expedia平台外，Expedia旗下其他平台，如Hotels.com，Orbitz，Cheap Tickets等厦门旅游产品的预订量及游客数量逐渐增加。截至年底，厦门在Expedia平台推广的总曝光量超过324万人次，厦门旅游相关产品预订量比上年增长16%，机票、酒店、机+酒、线路产品等厦门旅游产品的预订用户超过2.6万人次，预订金额接近91万美元。针对俄罗斯市场，通过与俄罗斯最大的在线旅游平台Avaisales.ru合作，搭建线上专题馆，完善产品内容，增强厦门系列旅游产品的针对性，强化潜在游客对厦门旅游的认知与兴趣，通过广告投放引流，提升厦门旅游产品购买的便利性与成交率，促进游客从意愿到交易的转化。厦门在俄罗斯推广项目的总曝光量超122万人次，机票、酒店、机+酒、线路产品等厦门旅游产品的预订用户超过8000人次，预订金额超过12万美元。

【中秋博饼旅游嘉年华活动】 2018年9月10日至10月8日，中国厦门中秋博饼旅游嘉年华活动在厦门举办，由市旅发委、思明区主办，思明区旅游局、厦门旅游集团有限公司承办。活动以“欢乐中秋，好运厦门”为主题，中秋博饼嘉年华活动主题呈现民俗化、国际化、

9月10日至10月8日，中国厦门中秋博饼旅游嘉年华活动在厦门举办（市旅发委 供图）

2018 年中秋博饼旅游嘉年华活动中，外国友人参与博饼　（市旅发委　供图）

消费化的特色。活动聚集近 2500 万次活动人气，旅游产品特卖月总成交额 4000 万元；好运之星全球游客视频秀，总点击量超 250 万次；全球游客博饼汇厦门线上活动通过海外著名的社交平台发布，总点击量近 1000 万次，马来西亚吉隆坡博饼专场活动近万人次参与。市旅发委邀请 100 名来自英国、美国、俄罗斯、日本、马来西亚、菲律宾、巴基斯坦、柬埔寨、泰国、印度等国家以及港澳台地区的全球 40 多个城市的旅行商、旅游达人和博饼状元，到厦门参加全球博饼总决赛和采风踩线活动，从中遴选 15 名厦门民俗旅游产品体验师，现场举行授牌仪式，希望他们做好厦门旅游传播者，为厦门旅游业发展添光增彩，持续打响“高颜值、高素质”厦门旅游品牌的知名度与美誉度。

（付锦凝）

旅游行业管理

【概　况】 2018 年，厦门市有国家 A 级旅游景区 23 家（AAAAA 级景区 1 家，AAAA 级景区 11 家，AAA 级景区 9 家，AA 级景区 2 家）。星级饭店 63 家（五星级饭店 18 家、四星级饭店 23 家、三星级饭店 21 家、二星级饭店 1 家），未评星级的高端酒店 30 家。五星级饭店数量、品质居全省龙头地位，每百万人口和每平方千米拥有高端饭店数量高于同类型城市。全市有独立法人旅行社 368 家，出境游组团社 47 家，到台游组团社 5 家，台资合资旅行社 1 家。

【旅游行业信用体系建设】 2018 年，市旅发委落实国家发改委、中国人民银行、文化和旅游部等 26 个部门印发的《关于对旅游领域严重失信相关责任主体实施联合惩戒备忘录》，加快建设透明公开、便于查询的旅游行业信用体系，在建章立制、数据归集、市场培育等工作中先行先试。全面推行《旅游行业公共信用信息分类管理办法》《旅游行业联合奖惩实施办法》《旅游行业信用承诺制度》等，落实行政处罚、行政许可 7 天双公示。全年公示行政处罚信息 87 件、行政许可信息 72 条，公告旅游投诉信息 254 例，“厦门旅游信用网”访问量 135 万次。7 月，《中国改革报》对厦门市旅游行业信用体系建设工作进行专题报道。

【行业治理】 2018 年 1 月，市政府办公厅出台《厦门市进一步优化旅游市场秩序工作方案》，明确市场秩序整治、涉旅投诉办理、涉旅舆情处置等工作责任分工和工作程序，建立健全旅游市场监管责任分工机制、情况通报机制、联查联办机制、曝光公示机制、网格监管机制和工作考评机制等，促进旅游市场监管工作落实。市旅发委发挥市旅游会展产业发展领导小组办公室综合协调职能，针对重点问题、热点区域和重点时段，结合扫黑除恶专项斗争，联合相关部门加强旅游市场集中整治，先后开展专项整治治理和集中整治提升行动，通过市区联动、部门联动，深化市场治理，打击涉旅违法违规行为。根据市政府旅游市场整治提升工作专题会议精神，牵头建立旅游市场联合执法办公室，针对游客投诉和网络舆情集中反映的突出问题，加大巡查检查力度，完善督办机制，整治旅游市场乱象。采取明查暗访、网上排查、日常巡查、群众举报、从严处罚、公示曝光等多手段整治旅行社组织“不合理低价游”等违法违规行为，指导旅游协会制定厦门市部分主要旅游产品线路指导价。先后组织开展“利剑行动”“鹰眼在线”“啄木鸟行动”“暑期整治”“联合执法”专项整治行动，重点打击组织“不合理低价游”、欺骗强迫购物、擅自变更旅游项目以及旅行社、导游违法违规行为等市场顽疾，加大“诉转案”力度，坚持发现一起，查处一起，保持对违法违规行为的高压打击态势。全年立案 96 起，行政处罚 92 件，罚没金额 323.97 万元。

【旅游质监区域协作座谈会】 2018 年 8 月 24 日，由闽西南协同发展区旅游部门主办，旅游质监区域协作座谈会在厦门召开，泉州、漳州、三明、龙岩等地市及厦门市各区旅游质监部门主要负责人及相关人员 70 人参会，省旅游质量监督管理所派人出席。该会旨在全面贯彻落实 2018 年厦漳泉旅游同城化工作会议精神，持续推动闽西南旅游区域协同发展，着力构建以“放心游福建”服务承诺为核心的旅游市场综合监管机制。会议首先传达全省旅游市场综合监管责任单位联络员培训班会议精神，并以各地市为主汇报交流上半年旅游质监执法工作情况，围绕进一步强化区域旅游质监互动协作开展座谈，形成决议，签署《旅游质监执法区域协作备忘录》，从建立旅游投诉互理机制、旅游市场互管机制、执法经验互学机制、质监信息互通机制、信用建设互促机制 5 个方面入手，建立起更加完善、更加紧密的协作机制。

（付锦凝）

旅游人才队伍建设

【概　况】2018年，市旅发委通过多主题、多形式强化旅游教育培训，先后举办旅游16期系列培训，累计培训10500多人次，为厦门市旅游业发展提供人才支撑。完善“旅游网络教育平台”制作，采取线下与线上培训相结合，提升旅游行业服务技能和水平。

【旅游人才培训】2018年，国家海洋旅游人才基地正式落地厦门，厦门微众世纪教育科技有限公司、厦门旅游培训中心被省旅发委确定为基地培训机构，基地相继举办内蒙古阿尔山全域旅游人才培训班、全国邮轮管理人员培训班、江苏省旅游管理人才培训班、全省优秀导游培训班、全国邮轮旅游营销与管理培训示范班和全国海洋研学旅行高级研修班等。开展针对性旅游培训教育，先后举办第十五期旅游饭店主管领班培训班、第十期旅游教育培训超市、旅游师资培训班、全市导游素质提升系列讲座以及第二期台湾导游换证培训等，为厦门市的旅游业发展提供专业人才保障。

【台湾导游领队执业换证】2018年，市旅发委推动台湾导游领队执业换证工作，发挥自贸片区先行先试制度优势，创新台湾旅游人才培训交流机制，率先在自贸片区成立“两岸导游领队（厦门）培训基地”“两岸旅游人才（厦门）培训基地”。举办2期台湾导游执业换证培训班，报名119人，通过考核97人。3月，市旅发委开发建设集换证培训、执业申请、政策公开、人才服务、信息监管五位一体的“台湾导游领队在福建自贸实验区（厦门片区）执业一站式服务平台”，推动台湾导游领队在厦门执业换证，逐步实现由传统监管向精细化、智能化、长效化监管转变。其中，22名台湾导游办理专用导游证。

【导游人员资格考试工作】2018年，市旅发委强化导游资格考试的管理和监督，旨在通过考试的规范性和权威性，引导考生全面提高综合素质和业务能力，为厦门市旅游业选拔一批合格的导游人才，加强厦门市导游人才队伍建设。根据省、市两级旅发委的相关工作部署，2018年厦门市导游人员资格考试工作由厦门市旅发委导考办统一组织，委托厦门旅游培训中心具体实施。厦门考区报考人数创下实行全国导游考试之后的新高，在厦门报考人数1892人，同比增长59.5%。2018年是面向台湾同胞开放参加全国导游资格考试的首年，福建省有42名台湾考生报考，其中在厦门考点报考的考生有32名，报名人数位居全省第一。在报名审核方面，市旅发委安排专人负责报名审核工作，搭建“导考有方”微信客服平台，加强与考生的联系与互动，开展“导考报名咨询服务月”活动，安排专人负责报名审核等工作。

【乡村旅游品质服务培训班】2018年11月27—30日，由市旅发委和市农业局主办，国家海洋旅游人才基地依托厦门旅游培训中心承办厦门市乡村旅游品质服务专题培训班，来自厦门市各乡村旅游休闲集镇、特色村、星级经营单位负责人、乡村旅游项目业主80多人参加。培训班课程设计以乡村旅游品质服务提升为主题，培训班邀请北京和浙江两地乡村旅游领域的专家、学者到厦门授课交流。培训班采取“理论讲授、实操教学、现场学习、交流研讨”相结合的方式，突出乡村旅游工作的实践实务，注重品质服务提升的实操实效，具有较强的针对性和实用性。培训班围绕乡村旅游亲子产品规范服务流程与营销方法、乡村旅游民宿服务质量管控方法与技巧、舌尖上的乡村旅游——乡土特色菜肴的制作方法和技巧、乡村旅游民宿客房规范化服务操作与客房卫生注意细节等专题进行讲授，专门安排学员到大帽山境·寨仔尾里田园综合体项目，深入实地学习乡村民宿与旅游度假、生态景区与文化游憩、创意农业与亲子旅游等旅游新业态、新举措、新方法。

（付锦凝）

鼓浪屿—万石山风景区管委会

【概　况】2018年，鼓浪屿—万石山风景区名胜区管理委员会（简称鼓浪屿管委会）全面贯彻习近平总书记对鼓浪屿“申遗”成功后的批示精神，遗产总体保护状况良好，旅游服务品质有效提升。全年接待游客1003.8万人次，比上年增长3.3%；五大国有核心景点（日光岩、菽庄花园、皓月园、风琴博物馆、国际刻字艺术馆）接待游客343.64万人次，增长9.2%，总体实现“安全、有序、优质、高效、文明”的目标。鼓浪屿管委会被市委、市政府评为“第五届创建全国文明城市突出贡献单位”。

【历史风貌建筑修缮保护】2018年，鼓浪屿管委会完成14处遗产核心要素的保护与利用（延平戏院、廖宅、三落姑娘楼、美国领事馆、博爱医院、黄家花园、自来水公司旧址、八卦楼、三一堂、海关验货员公寓、天主堂修女楼、大夫第、黄氏小宗后落、虎巷8号）；完成9处核心要素小修保养工程；制定26栋历史风貌建筑保护方案及1栋历史风貌建筑修缮方案；完成3栋历史风貌建筑保护工程；启动1栋历史风貌建筑保护修缮工程；完成2处历史风貌建筑保护工程的竣工验收；完成8处风貌建筑小修工程，另有4处历史风貌建筑小修工程在施工中。全年，受理并办结不可移动文物修缮前置审查4件，历史风貌建筑修缮审查1件，家庭旅馆二次装修施工图审查2件，历史风貌建筑结构更新规划许可1件。扩大历史风貌建筑保护范围，324栋建筑列入鼓浪屿第三批历史风貌建筑名单。配合市建设局研究出台《厦门经济特区历史风貌建筑维护建设工程监管办法》，对历史风貌建筑的项目前期、施工审批、过程监管、造价确定、竣工验收等方面进行规范，为鼓浪屿风貌建筑修缮管理提供依据。

【公房管理】2018年，鼓浪屿管委会出台《鼓浪屿直管非住宅公房租赁管理暂行办法》，明确鼓浪屿直管非住宅公房利用的禁止性业态和鼓励性业态，规范鼓浪屿直管非住宅公房的租赁行为，利用公房扶持文创、民生产业，在租赁方式、租金减免等方面给予扶持。全年，累计发放解危治理通知书76份，对巡查中发现的6处存在安全隐患的房屋完成排险加固工作。继续推进非住宅公房的清理回收工作，推动“住改非”违规行为整治和历史遗留问题用房的清理回收，收回非住宅公房7处，对拒不退房的36处非住宅公房占用人提起诉讼，引导41户“住改非”违规承租户自行整改，对拒不整改的25户“住改非”违规承租户提起诉讼。回收历史遗留问题用房20处，对拒不配合腾房的1处占用人提起诉讼。启动厦门市第五批退侨房、第七批代管房、信托房使用权清退工作，完成12名承租户的入户调查工作，完成对鼓浪屿兴化路2号房产、福州路20号房产2处历史遗留问题国有房产的回收工作。

【文化旅游品牌打造】 2018年，鼓浪屿管委会以政府购买服务的方式，委托文化企业创作音乐情景剧，引入高端演出，提升鼓浪屿音乐厅的公共文化服务功能；建成鼓浪屿管风琴艺术中心，举办“王者之声　唱响百年管风琴音乐会”“拉特利管风琴音乐会”等系列活动；推动菽庄花园“百年菽庄”展示馆、晃岩路1号乐器博物馆、中国人民银行鼓浪屿支行货币博物馆的建设。将原荷兰领事馆打造成鼓浪屿艺术展厅，举办“方寸间讲述鼓浪屿的情和景”等多场与鼓浪屿文化传承、文化回归工作密切相关的展览、展陈；开展鼓浪屿钢琴艺术节暨鼓浪屿钢琴比赛、鼓浪屿合唱节、“中外名曲天天演”、中秋文化节等活动，打造鼓浪屿文化旅游品牌。

【旅游环境整治】 2018年，鼓浪屿管委会严格执行岛上最大承载量管控，加强厦鼓客运航线、环鼓海域海岸线的安全管理，杜绝木质船客货混载和私自运客现象。启动龙头路、福州路业态综合整治工作，全面禁止海鲜大排档、使用尖锐竹签、销售无预包装食品、食品加工操作台沿街摆放等商业业态和商事模式，整改、提升或转型商家33家。打击野导游、“黄牛”等各种破坏旅游秩序的违法犯罪行为，联合思明区政府开展为期3个月的旅游市场秩序集中整治，重点针对不合理低价游、“开蚌取珠”欺骗销售、海鲜大排档欺客宰客、“黄牛”拉客欺骗游客等问题开展专项整治；加强对景区旅游安全、旅游市场秩序、旅游服务质量、旅游投诉处理、电瓶车运营等情况的检查；利用城区管理信用惩戒制度，将245人列入黑名单，采取取消过渡资格等惩戒措施，净化鼓浪屿旅游市场秩序。

2月2日，鼓浪屿遗产保护志愿者服务大队开展志愿服务活动

（鼓浪屿管委会　供图）

【旅游服务质量建设】 2018年，鼓浪屿管委会完善旅游公共服务设施，科学规划游客中心网点，全面提升内厝澳游客中心服务功能，与三丘田游客中心、菽庄花园游客驿站形成功能齐全、全面覆盖、立体保障的旅游服务网络；更新补充各景点内音响、安保、监控以及标识系统；提升改造景区内旅游公厕8座，其中2座建设有第三卫生间，皓月园公厕、美华公厕获评AAA公厕。推进智慧景区建设，完成鼓浪屿电子导览手册制作，提高游客游览便利性；持续推动鼓浪屿景区智慧WiFi二期建设，建成后将实现免费WiFi覆盖鼓浪屿上的旅游节点和重点区域，为游客出行提供便利。优化旅游服务，将文化遗产要素融入旅游品质提升，推出“文化之旅”“遗产之旅”、商务游、蜜月游等体验式旅游及高端私人定制旅游项目，打造文化旅游形象。优化鼓浪屿网站内容，增加英文版旅游推介内容，解决境外游客无法网上预订过渡船票的问题。创建“鼓浪屿”微信公众号，提供鼓浪屿旅游咨询、文化遗产保护知识、线上预约办事等服务。在码头向外地游客推送文明旅游信息，引导游客自觉文明出行；每季度推出一期旅游快讯，为游客自助旅游提供全方位的旅游资讯和温馨服务信息；制作宣传《厦门经济特区促进社会文明若干规定》《厦门经济特区生活垃圾分类》《中国公民旅游文明公约》《鼓浪屿爱岛公约》等文明宣传册，分发给居民和游客，进一步倡导和规范文明行为。

【志愿服务活动】 2018年，鼓浪屿管委会开展志愿服务工作，调动社会各界以及驻岛单位参与志愿服务，成立鼓浪屿民宿联防巡逻、文物讲解、钢琴志愿服务队以及巡岛护卫队，针对性地开展特色志愿服务。利用学雷锋日、国际消费者权益日、文化遗产日等纪念日开展各类主题志愿服务活动；鼓浪屿遗产保护志愿者每周三上午及节假日在钢琴码头、三丘田游客中心、人民体育场、日光岩、菽庄花园等地为游客提供信息咨询、文明旅游宣传、便民利民、紧急救助、线路引导等志愿服务活动。2018年，鼓浪屿遗产保护志愿服务大队被授予“福建省百家优秀志愿服务组织”。

【鼓浪屿文化遗产保护】 2018年1月，厦门市委、市政府成立厦门市鼓浪屿文化遗产保护委员会，统筹协调鼓浪屿文化遗产保护工作中的重大事项。委员会由市委常委、宣传部部长叶重耕任主任，市政府分管副市长韩景义任常务副主任，下设办公室，挂靠鼓浪屿管委会，主要负责落实鼓浪屿文化遗产保护工作的组织实施、统筹协调、监督检查等。鼓浪屿管委会启动《厦门经济特区鼓浪屿文化遗产保护条例》的修订工作，明晰鼓浪屿世界文化遗产保护机构职责，明确设在遗产区的所有单位，除业务上各自受上级主管部门领导外，服从文化遗产保护机构对文化遗产的统一管理。鼓浪屿管委会进一步加强文化遗产保护研究与交流推广，与厦门大学、华侨大学等高校签订高校实践基地合作协议，通过大学生工作坊模式全面系统总结、推广鼓浪屿“申遗”成功经验；与厦门市社会科学界联合会合作开展鼓浪屿文史研究，推进专题课题研究，着力挖掘鼓浪屿国际历史社区内涵和核心价值；参加世界遗产城市组织第三届亚太区大会、2018北京中轴线遗产保护国际学术研讨会、2018年大运河文化遗产保护传承利用培训班、北京遗产活化城市联盟大会、2018中国未来景区峰会等国内外学术研讨会。协助举办全国文保单位负责人培训班和中国文化遗产监测年会，在全国范围内推广鼓浪屿文化遗产保护经验。

7月16—20日，2018轮渡之夏鼓浪屿合唱节闭幕式音乐会 （夏迪 摄）

【鼓浪屿申遗周年纪念活动】 2018年7月7—11日，“2018年鼓浪屿申遗成功1周年纪念活动”在鼓浪屿管风琴艺术中心举办。纪念活动以鼓浪屿管风琴音乐文化系列活动为主，来自6个不同国家的8位音乐家为鼓浪屿居民和游客表演6场演奏会。该活动配套活动有“发现鼓浪屿之美”亲子拍画活动、鼓浪屿主题路线明信片免费赠送活动、民间音乐团体音乐活动、文艺汇演等10余场，吸引大量游客、市民参与。举办庆祝鼓浪屿申遗成功1周年系列活动，旨在让更多的人感受鼓浪屿的独特魅力，进一步呼吁社会大众共同珍惜、爱护鼓浪屿。

【2018“轮渡之夏”鼓浪屿合唱节】 2018年7月16—20日，2018“轮渡之夏”鼓浪屿合唱节在鼓浪屿举办。合唱节由鼓浪屿管委会指导，厦门市鼓浪屿钢琴艺术研究会主办，厦门轮渡有限公司冠名，厦门市游览区管理处、厦门市音乐学校、厦门歌舞剧院等多家单位共同承办。合唱节旨在打造国际知名合唱团交流合作平台，进一步推动鼓浪屿音乐文化繁荣发展。参加该届合唱节的有俄罗斯圣彼得堡城市女子合唱团、内蒙古少年合唱团、北京Harmonia和谐之声合唱团以及厦门当地的多支合唱团以及在全国各地遴选的合唱教师100余人。期间，5场高水平合唱的“音乐盛宴”、20场音乐快闪活动、5场专家工作坊、1场理论研究讲座给市民、游客留下深刻印象，体现鼓浪屿音乐文化的多样性与广泛参与性。

7月7—11日，鼓浪屿“申遗”1周年纪念活动开幕式——管风琴演奏会

（蔡松荣 摄）

【中国世界文化遗产监测2018年年会】 2018年7月26—27日，由国家文物局指导，中国文化遗产研究院、鼓浪屿管委会共同主办的中国世界文化遗产监测2018年年会在鼓浪屿召开。国家文物局、各遗产地所在省（自治区、直辖市）文物局、澳门特别行政区文化局、各遗产地管理机构代表和专家约140人参会。年会以“运用科学监测服务世界文化遗产管理”为主题，包括中国世界文化遗产年度工作汇报、优秀保护管理案例分享、现场调研、分组讨论4个环节。2017年度鼓浪屿世界文化遗产监测报告被评为优秀监测年报。

（张春甜 张丽舒）

责任编辑：林德全
审　稿：孙志红
校　对：胡　恩

21 金融业

综 述

至2018年12月31日，厦门市有银行业金融机构44家，其中法人金融机构9家、中资银行分行20家、外资（国）银行分行及代表处15家；证券公司1家、证券分公司25家、证券营业部105家；法人期货公司2家、期货分公司10家、期货公司营业部29家；保险主体39家，其中财险公司21家、寿险公司18家。金融业实现增加值524.17亿元，比上年同期增长5.3%，对GDP增长贡献率7.7%。

社会融资业务。年末，社会融资规模余额15377.86亿元，增长5.8%，增速比上年同期下降5.0个百分点；全年社会融资规模增加802.53亿元，同比少增624.65亿元。非金融企业债券发行1026.50亿元，增加345.50亿元。金融机构本外币贷款余额10554.05亿元，增长8.3%，增速比上年同期下降4.8个百分点；全年增加787.37亿元，同比少增337.68亿元。金融机构本外币存款余额10995.00亿元，增长3.7%，增速比上年同期下降4.6个百分点；全年增加396.67亿元，同比少增413.38亿元。银行结售汇总额790.24亿美元，下降1.5%，结售汇逆差13.26亿美元。

金融基础建设。支付清算系统方面，厦门市通过大小额支付系统和同城资金清算系统，发起业务1987.09万笔，增长12.0%；金额44.67万亿元，下降11.5%。非现金支付工具方面，厦门市签发票据9236.47亿元，下降15.1%。支付密码推广率95.7%，比上年同期提高0.9个百分点。厦门市备案多用途预付卡机构9家，备案银行卡收单机构分公司33家。

信用体系建设。厦门市统一社会信用信息平台归集79个部门数据，推出市民“白鹭信用分”等应用。征信系统收录信息数量增长，信用信息基础数据库收录厦门市8.10万户借款企业和超过300万人的信用信息。厦门市共发放机构信用代码证25.98万份。应收账款质押登记系统和融资服务平台发展方面，厦门市有429家银行和企业注册为平台用户，融资交易近900笔，交易金额近70亿元。中小企业和农村信用体系建设方面，对厦门市纳税信用A级企业实施守信激励措施，对1.10万多户次企业提供近200亿元信贷支持；完成农户精准建档15万余户，评定信用镇2个、信用街道4个、信用村48个、信用社区55个。

（邓雪春）

银行业

银行业监管

【概　况】至2018年12月31日，厦门市有中外资各类银行业金融机构51家，其中法人机构11家、分行34家、代表处2家、信用卡中心4家。银行业金融机构营业网点629个，比上年同期减少1个，其中岛内400个、岛外229个。厦门银行业资产总额18038亿元，增长4.3%；负债总额17165亿元，增长4.3%；本外币各项存款余额10995亿元，增长3.7%；各项贷款余额10554亿元，增长8.3%；实现税后利润148亿元，下降20.9%。中国银行业监管委员会厦门监管局（简称厦门银监局）针对影子银行、交叉金融、房地产、不良贷款等领域，对13家银行机构开展14项现场检查，发现问题267个。督促银行业机构将逾期90天以上贷款计入不良，辖区逾贷比由年初105%降至93%；银行业增提拨备68亿元。处置不良贷款138亿元，增长161%。年末不良贷款余额142.58亿元，不良率1.35%，实现“双降”。针对证券市场波动较大的情况，对表外股票质押业务开展排查并提示风险。督促信托公司压缩通道业务规模26.82%。会同市金融办对21家涉嫌经营互联网资管业务的企业进行清理整顿，对21家P2P（点对点网络借款）机构开展2轮整改验收检查，发现各类违规问题2853笔并督促整改。落实银保监会扫黑除恶专项斗争要求，做好宣传发动、摸排线索、督导培训等工作，移送涉黑涉恶线索4条，配合公安机关查询158个银行账户信息和183条保单记录，开展现场宣传974场。落实绿色金融扶持政策，11家银行机构获奖励资金2184.9万元。降低实体经济融资

12 月 7 日，中国银行保险监督管理委员会厦门监管局正式揭牌　（陈欣铭　摄）

成本，25 家中资银行为各类客户减免费用 15.18 亿元，增长 28.97%。厦门银监局督促机构落实主体责任，强化问责力度，保护金融消费者权益，局领导轮流公开接访，接待 3 批次 60 人群访及 97 人次到访。12 月 17 日，中国银行保险监督管理委员会厦门监管局揭牌，标志着新组建的中国银行保险监督管理委员会厦门监管局正式运行。

【国企降杠杆】 2018 年，厦门银监局落实银保监会联合授信管理办法，筛选 14 家企业作为试点，指导完成联合授信额度测算、成员银行协议和银企协议签约等工作。在 2017 年对 10 家试点国企压降授信总额 24.2% 的基础上，扩大国企集团联合授信管理试点，对 3 家区属国企集团压降授信总额 14.7%。与厦门市国资委工作联动，促进国企集团负债率下降 0.35 个百分点。

【差别化房地产信贷政策执行】 2018 年，厦门银监局建立非房贷类个人贷款滚动式排查的长效监测机制，禁止“首付贷”和消费贷资金流入房地产市场等违规行为。对违规个贷，责令全部提前收回，未能及时整改的，实施行政处罚。年末，按揭贷款比年初减少 17.8 亿元，其他类个人消费贷款减少 14.5 亿元。

【民营企业贷款支持】 2018 年，厦门银监局针对不同类型民企召开座谈会 6 场，出台《关于强化企业融资服务进一步疏通货币政策传导机制的意见》和《关于促进民营经济健康发展的若干意见》。向市政府提交支持民营经济发展专题报告，得到市领导书面批示。至年末，辖区民营企业贷款余额 2579 亿元，占公司类贷款比重 50.6%，比全国平均水平高约 11 个百分点。

【普惠金融】 2018 年，厦门市小微贷款余额 2573.32 亿元，比上年同期增长 24.99%，法人机构实现“两增两控”目标。在实现农户建档全覆盖的基础上，精准建档 14.57 万户。建立小微企业贷款成本监测机制，督促银行机构制定并落实减费让利计划。法人机构 3 个季度发放普惠型小微企业贷款平均年利率 7.04%。

·小资料·

两增两控：“两增”即单户授信总额 1000 万元以下（含）小微企业贷款比上年同期增速不低于各项贷款同比增速，贷款户数不低于上年同期水平；“两控”即合理控制小微企业贷款资产质量水平和贷款综合成本。该措施旨在突出对小微企业贷款量质并重、可持续增长的监管导向。

【对外开放】 2018 年，厦门银监局推动厦门银行业对外开放。厦门银行成为大陆首家台资股东直接持股的城商行；支持符合条件的外资银行到厦门设立机构，菲律宾首都银行正式对外营业；全国首家由两岸共同出资设立的消费金融公司（厦门金美信消费金融公司）获批开业。

（廖燕晖）

银行卡产业

【概　况】 2018 年，厦门市银行卡发行总量超 4200 万张，人均持卡量 10.22 张（按厦门 411 万常住人口计算）；银行卡刷卡消费额（剔除信托、购房、批发、典当、政府服务类、投资性交易等）占同期社会消费品零售总额（银行卡渗透率）比例超过 88%。银行卡 ATM（自动柜员机）跨行交易 1090 万笔，交易金额超 229 亿元，全市 ATM 终端机 3456 台；POS（销售终端）跨行交易 9265 万笔，交易金额超 4250 亿元；在厦门开展收单业务的支付机构 43 家，全年活动商户近 18 万户，活动终端近 27 万台；全市一卡通公共缴费业务笔数 3039 万笔，交易金额超 257 亿元，委托用户超过 425 万户；银联便民支付点 1600 个，公共支付联网银行 17 家，服务商单位涉及 16 个行业 200 多家单位。

【移动支付便民工程建设】 2018 年，厦门市 18 家金融机构开展示范工程建设工作，增加云闪付有效用户 45 万户，累计注册用户 93 万。（1）公共缴费方面。市民可通过云闪付 App（应用程序）、银联微信公众号、合作单位官网和微信号等多个线上入口，完成水、电、燃气、通信、数字电视、交警罚款以及厦门税务申报等业务办理和移动支付业务缴费。（2）商圈和街区建设方面。完成 20 个商圈及 45 个街区的手机闪付或二维码受理改造。中国银联厦门分公司在建成的商圈及街区开展铺底营销、银联“62”“双 12”等事件性营销活动。（3）菜场和“15 分钟”生活圈建设方面。完成 45 家菜场和 42 个“15 分钟”生活圈建设。（4）公交地铁方面。厦门地铁 App 接入云闪付 App 支付购票渠道；厦门银联和厦门公交集团签订银行卡及手机闪付、云闪付 App 乘车码合作协议，启动全市所有公交线路终端改造工作。（5）校园场景方面。厦门银联在市财政局、教育局的支持下，建设全市教育统一收费平台，开通线上云闪付支付。该平台在 2018 年春季实现厦门一中、外国语中学和厦门双十中学学费缴交试点，在秋季向市属各学校进行推广。在厦门理工学院、厦门华厦学院、厦门工学院等8家大学校园的食堂、零售店和超市开展移动支付受理场景建设；在厦门大学、集美大学等学校的部分食堂开展银联二维码营销活动。（6）食堂场景方面。25家政府、企业园区食堂开通银联手机二维码交易，包括厦门市政府机关食堂、中国人民银行厦门市中心支行食堂、中国银行厦门分行食堂、农业银行厦门分行食堂、航空自贸区食堂、松霖卫浴食堂等。（7）医院场景方面。市民通过云闪付App实现全市公立医院预缴金充值。厦门大学附属第一医院、厦门市妇幼保健院、厦门市中医院、174医院等缴费窗口或自助终端完成手机闪付或二维码受理的改造。国大、鹭燕、湖滨、九鼎和同仁堂等连锁品牌药店实现手机闪付和银联二维码支付。

（曾　蓁）

12月30日，厦门工行联合市总工会举办工会卡发卡六周年纪念暨会员服务日活动，市委常委、市总工会主席倪超（右）为厦门工行参与共建的“工会爱心驿站”授牌

（林希灿　摄）

银行和银行金融机构

【中国工商银行厦门市分行】 2018年，中国工商银行股份有限公司厦门市分行（简称厦门工行）有员工2300多人，下属机构69家，包括二级分行1家、一级支行（营业部）17家、准一级支行3家、二级支行48家；已投产智能网点66家、智能设备210台、自助银行108家、自助设备872台。实现拨备前利润22.63亿元，净利润14.69亿元，中间业务收入10.71亿元。本外币全部存款余额1151.83亿元，比上年末增加74.82亿元。本外币各项贷款余额1148.26亿元，增加59.78亿元。上缴各类税收10.25亿元，是厦门市纳税大户和福建省纳税百强单位。厦门工行获评福建省第十三届省级文明单位，辖属同安支行获2018年度中国银行业文明规范服务千佳示范单位称号，厦门工行有百佳网点和千佳网点各1家、中国银行业协会和中国工行总行五星级服务网点6家、四星级服务网点17家。多名员工获全国金融五一劳动奖章。

厦门工行支持轨道交通、软件园三期等千亿工程建设。加大民营和普惠金融支持力度，民营企业贷款占公司贷款近一半，推荐2家本地民营企业入围总行级合作客户，实现普惠金融“两个不低于”（对于小企业信贷投放，增速不低于全部贷款增速，增量不低于上年）的监管目标。协助厦门象屿集团有限公司到境外发行美元债券，该公司为厦门首家境外发行美元债券的国企。

12月30日，厦门工行联合市总工会在五一广场举办工会卡发卡6周年纪念暨会员服务日活动。工会卡发卡量已近140万张，惠及各行各业工会单位1.3万多家。厦门工行与市总工会联合70多家工会卡特约商户推出“微信、支付宝绑卡0.01元购”“1元购”“10元购”等会员特惠购活动，以及工银e生活“5元购”、融e购O2O等互联网金融活动，提供现场业务办理、理财咨询等服务。

（程少鹏）

【中国农业银行厦门市分行】 2018年，中国农业银行股份有限公司厦门市分行（简称厦门农行）有一级支行11个（含分行营业部、自贸试验区分行）、二级支行70个，在岗员工1862人。资产总额1236亿元，本外币各项存款余额823亿元，比上年末增加42亿元；本外币各项贷款余额1141亿元，增加97亿元；实现中间业务收入9.8亿元，实现营业收入34亿元，不良贷款减少0.77亿元，不良贷款占比0.13%，下降0.1个百分点。厦门农行获省级文明单位称号，风险考核评价和信贷管理评价保持农行系统A类行，内控评价保持农行系统一类行，安全保卫评估全市第一，打击治理电信网络新型违法犯罪工作经验获全市推广。（1）民营普惠金融。厦门农行建立“分行—支行—网点”普惠业务3级服务体系，创新推广“微捷贷”“科技担保贷”“银税通”“流量贷”等10多个产品组合，落实降低贷款利率要求，实现普惠业务全辖网点的全覆盖，普惠贷款余额46.16亿元，增长57%，计划完成率农行系统第一，实现小微企业融资“扩面、增量、降成本、防风险”目标任务。（2）支持民营经济。厦门农行推荐总行投资厦门国企2018年纾困专项债券1亿元，运用厦门市应急还贷资金为3家民营企业办理应急还贷资金信贷业务，金额1.72亿元。（2）线上银行建设。厦门农行研发上线农行系统和“全线上、开放式、场景化”家装消费信贷产品“家+贷”，上线2个月贷款投放2.64亿元，该产品获评厦门年度最佳金融产品创新奖；拓展汽车消费信贷产品“贷你买车”，上线10天发放贷款2100万元。（3）承建上海黄金交易所指定交割仓库。厦门农行成为厦门地区唯一一家上金所指定的交割仓库，为厦门及周边地区的上海黄金交易所会员及客户提供黄金、白银等实物贵金属储存、保管、收发等服务，对公贵金属业务中收（中间业务收入）首次突破1亿元。（4）与厦门市海沧区政府签署战略合作协议。2018—2023年，厦门农行提供500亿元人民币意向信用额度，支持海沧新城开发、城市基础设施建设、新兴产业、“三农”、自贸试验区、民生工程等领域金融服务需求。

（黄俊杰）

【中国银行厦门市分行】 2018年，中国银行股份有限公司厦门市分行（简称厦门中行）资产总额601.50亿元，负债总额591.64亿元，净收入20.59亿元。国际结算、跨境人民币结算业务保持市场第一。不良贷款余额4.46亿元，不良率0.73%。厦门中行协办的厦门市交易团采购商品对接会在上海举办，该对接会由厦门市商务局主办，是首届中国国际进口博览会的活动之一，参会的30余家厦门企业与40多家境外企业开展多轮一对一洽谈对接，建发集团、国贸集团等厦门当地企业与法国、新西兰、英国、瑞士、荷兰、澳大利亚、韩国、新加坡等国的企业进行13个项目的签约。厦门中行引导中小企业开展跨境合作，促成7个项目的签约并为其提供金融服务保障。厦门中行开出全市首笔售电履约保函。续做全辖首笔“信贷工厂”银行间共同抵押授信业务。受理厦门关区内首笔国际贸易单一窗口海关税费支付业务，单一窗口平台全年完成海关税费实时扣税13笔，金额78.94万元。厦门中行开立厦门关区首笔电子汇总征税保函，标志着汇总征税保函从纸质文书向电子化的转变，实现汇总征税保函从开立、海关备案到额度扣减、恢复、撤销等全流程电子化。协助厦门象屿集团有限公司发行5年期5亿美元债券，协助厦门航空引进中国民航第2000架波音飞机，协助厦门海关开通行邮税（行李和邮递物品进口税）缴交移动支付。与集美区政府签署战略合作协议。厦门市银行外汇和跨境人民币业务自律机制2018年年初工作会议、厦门市市场利率定价自律机制换届选举大会、银监局中美贸易摩擦对涉外企业及银行影响情况专题调研会在厦门中行召开。

（黄永春）

【中国建设银行厦门市分行】 2018年，中国建设银行股份有限公司厦门市分行（简称厦门建行）一般性存款余额1511亿元，在全市同业中首家突破1500亿元，当年增加95亿元。其中，对公存款余额795亿元，增加42亿元；储蓄存款余额716亿元，增加53亿元。各项贷款余额1439亿元，增加97亿元，在全市同业中首家突破1400亿元。其中，个人贷款余额859亿元，对公贷款580亿元。全年实现拨备前利润35.6亿元，实现中间业务收入13.9亿元。不良贷款余额12.67亿元，不良贷款率0.88%，分别比上年末减少6.3亿元，下降0.53个百分点；逾期贷款率0.54%、关注贷款率1.44%；按同业同等口径，不良率0.42%，全年完成不良资产处置17.5亿元。手机银行用户260万户，移动金融交易量占比96.6%，手机银行活跃率36.1%，均在建行系统内排名第一位。（1）支持重大项目建设。综合交通运输体系方面，组织厦门市轨道交通1号线一期工程139.23亿元银团贷款，参与厦门轨道交通4号线工程，授信额度18亿元，已支用1.25亿元。对接台联电在厦门的联芯集成电路项目，提供一期7亿元的授信支持。为两岸金融中心、软件园三期、火炬高新区人才用房、杏林湾营运中心、紫光科技园等项目发放城镇化建设贷款超过30亿元。为厦门新机场前期大小嶝造地围堰工程提供7.6亿元的海洋经济建设贷款授信额度，为新机场建设出具220亿元的贷款意向书。为宸鸿科技、东亚电力、厦钨新能源、盈趣科技、电气硝子、福清核电、冠捷显示、麦克奥迪、天马微电子等客户发放贷款38.77亿元。为厦门大学马来西亚校区建设提供5000万美元的授信支持，支持中国“一带一路”倡议的第一个教育行业“走出去”项目。（2）支持“双千亿”。厦门建行于9月下发《关于加强市区两级政府及“双千亿”营销工作的通知》，在火炬高新区、同安工业园区、软件园二期、软件园三期等产业园区分别设支行，提供对口服务。（3）支持住房租赁市场发展。成立建信住房服务（厦门）有限责任公司，发放全市首笔线上个人租赁贷款，与市住房保障管理中心签订《住房综合服务平台建设合作协议》，成为厦门市政策性公共住房服务平台唯一战略合作伙伴。与驻厦某部队签署《住房租赁共建合作协议》，成为建行系统内首家与军队客户开展住房租赁合作的分行。厦门建行累计发放各类企业住房租赁贷款近6亿元。与厦门住宅集团、金圆集团、安居集团、万科、龙湖等品牌企业及租租侠、世联行等住房租赁专营机构等18家单位签署住房租赁战略合作协议。厦门建行开展多场高校毕业生住房租赁专项营销活动，联手品牌租赁企业进厦门大学开展毕业季建融公寓租房节活动。厦门建行住房租赁综合服务平台实名认证个人用户突破10万户，房源超过3万套，房源类型包括养老公寓、高校教职工宿舍、优质企业员工宿舍、市场化公租房等。（4）支持民营经济发展。厦门建行与厦门市工商联（总商会）联合举办支持民营企业发展暨合作

7月11日，厦门建行工作人员上门为建筑工人办理“筑梦龙卡”

（厦门建行　供图）

11 月 21 日，厦门建行“裕农通”进农村，为村民普及培训金融知识

（厦门建行　供图）

签约仪式。提出“3、4、5”的发展目标，即民营企业不良贷款容忍度控制在3%以内，信贷余额在对公余额中的占比超过40%，信贷新增在对公信贷中占比超过50%，并推出“加减乘除”10项举措：“加”科技、平台、链接、比率、资源、激励，“减”费用、流程，“乘”智慧，“除”责任。拓展民营经济融资渠道，在资产证券化（ABS）投资方面，厦门建行通过供应链保理（保付代理）ABS融资，解决民营企业上下游中小企业融资需求。针对当地上市公司，通过员工持股计划、股票质押、定向增发、可转债等多元化的资本市场融资产品，满足民营企业融资需求。厦门建行民营企业信贷客户占对公授信客户93%，提高1个百分点，全年信贷投放额超过1000亿元。通过理财、基金、信托、资管计划等方式为在厦门的企业提供直接融资，总融资规模超过350亿元。（5）发展普惠金融。在网点服务力较弱的岛外偏远郊区推广“裕农通”普惠金融业务，通过设立“裕农通”服务点、结合网点外拓模式，为乡镇客户提供金融下乡服务。拓展服务点20个，服务辐射10余个乡镇，开展金融知识及防诈骗培训下乡、龙支付满减优惠活动。针对建筑工人群推出“筑梦龙卡”。（6）创新金融科技。通过供应链融资为核心企业及其上下游供应商提供7×24小时、一点接入、全国共享的网络金融服务。厦门建行网络供应链累计投放量近10亿元。厦门建行推出“物业e家”，搭建物业服务、业主缴费、物业管理等全流程线上办理的社区物业综合管理平台；与停车平台服务商合作推出“无感停车”；推出医疗结算“银联专线直联+特色清算”模式，提供医疗结算移动支付服务，推动智慧医院落地。（6）银校合作。厦门建行与厦门大学签订《中国建设银行厦门市分行和厦门大学产教融合框架协议》，双方在深化人才培训、惠民培训、课程开发、产教融合、课题研究、智库建设等领域开展合作。协办“建行杯”第四届中国“互联网+”大学生创新创业大赛。（7）创建“劳动者港湾”。8月3日，首个“劳动者港湾”揭牌。厦门建行在全辖71个网点设立“劳动者港湾”，面向交警、环卫工人、出租车司机、快递人员等户外工作者提供港湾服务，全面开放饮水点、洗手间，提供WiFi（无线局域网技术）、手机充电、失物招领、走失儿童关怀等服务，累计服务1万多人次。

（陈勇鹏）

【交通银行厦门市分行】 2018年，交通银行股份有限公司厦门市分行（简称厦门交行）本外币各项存款304.25亿元，其中人民币存款余额297.7亿元，比上年末增加13.6亿元，市场占比提升0.26个百分点；对公存款增加1.5亿元，市场占比提升0.35个百分点；储蓄存款增加12亿元，增长20.7%，位列交通银行系统第一、当地五大行首位，市场占比提升0.25个百分点。经济利润增加1.24亿元，完成率128%，位列系统第三。经营利润增加4926万元，完成率92%，全口径存贷利差上升11个基点。不良贷款控制完成率152%，位列系统第一，逾期贷款控制完成率132%，LGD（调整后的违约损失率）完成率751%，3项资产质量考核年度得分合计双百分。外币日均存款完成率417%，国际非息净收入完成率115.7%，国际对公账户完成率103%，在当地外汇局年度考评中获评A级。小微贷款余额增长16.3%，完成率114%，小微贷款户增长25.8%，完成率242%，普惠对公存款完成率161%。交

2018年，交通银行网点获中国“千佳”和五星级网点称号　　（吴福生　摄）

通银行厦门分行27家支行、4家网点分别获全国“千佳”和五星级网点称号。普惠金融方面，厦门交行通过对组织架构进行调整，将大客户集中上收分行本部，成立小微业务专营团队。在资金、规模上单列信贷计划，保证实体小微企业贷款投放，在贷款定价上执行优惠定价政策，为实体小微企业定制“小微快贷”“快捷抵押贷”“税融通”等产品。设计“工厂化”操作模式，提高小微信贷审批效率，在申贷材料齐全的情况下，后台部门1个工作日审批完结。厦门交行为实体小微企业提供政府“采购贷”“科技贷”等创新型小微信贷产品。宣传金融知识，提升服务质量方面，走进开元社区书院，向公众普及防范诈骗小常识以及“双录”知识，走进华侨大学、金尚小学等大中小学开展送金融知识进校园活动。惠民方面，与翔安区政府共同推进失地农民贷款项目。

（陈黄熠）

【国家开发银行厦门市分行】 2018年，国家开发银行股份有限公司厦门市分行（简称开发银行厦门分行）表内外资产总额1351亿元，其中境内非个人人民币中长期贷款余额372亿元、境内人民币中长期固定资产贷款余额293亿元、外币贷款余额87亿美元。开发银行厦门分行连续2年获评厦门市纳税信用A级企业，2018年缴纳税收4.4亿元。（1）为厦门市“十二大千亿产业链”累计发放贷款251亿元，其中发放高新技术产业贷款114亿元，占产业发放总量的45%；发放集成电路产业贷款75亿元、航运物流贷款119亿元、科技企业贷款40亿元。（2）为六大民生领域（教育、医疗、低保、住房、养老、食品药品安全）累计投放项目贷款65亿元，占境内贷款投放总量的23%。为厦门市首批公租房建设发放厦门市租赁住房贷款2.2亿元，实现8个项目36亿元评审承诺；发放城乡基础设施领域贷款62亿元，牵头轨道交通143亿元银团贷款并实现首笔发放，实现第二西通道、港口码头、水厂等基础设施领域评审承诺100亿元；以高端养老、医养结合、社会办医院及医疗养老设备融资等为切入点，推动全市规模最大的在建医养结合项目建设，实现贷款发放2.4亿元。（3）支持地方特色经济发展，为自贸区厦门片区24家企业发放贷款92亿元，其中提供飞机租赁融资27亿元；涉台贷款余额62亿元，推动台资银行统贷、转贷和直贷等合作模式，与中国信托商业银行厦门分行签约，开展两岸金融合作；支持绿色信贷项目35个，贷款余额73亿元，连续2年获厦门市银行业发展绿色金融贷款贴息奖励。（4）支持厦门打造“海丝”重要支点城市，累计发放国际业务贷款20亿美元，助力中国首单高铁“走出去”，支持印尼金融、镍铁、电力等国际产能合作和能源资源项目；实现“一带一路”合同签订384亿元、贷款发放95亿元，累计发放103亿元；发放开发银行厦门分行首笔支持厦门企业“走出去”贷款。（5）支持东西部扶贫协作，作为唯一的金融机构加入厦门市对口支援领导小组，会同四川省分行发放建发纸业循环流动资金贷款1.2亿元，该贷款用于四川永丰纸浆厂扶贫项目，带动当地贫困竹农人均增收1413元。（6）支持民营经济和小微企业发展，分行民营及外商经济贷款余额153亿元，占境内贷款总额的31%。

（谢　静）

【中国农业发展银行厦门市分行】 2018年，中国农业发展银行厦门市分行（简称农发行厦门分行）内设部门5个，下设机构1个（同安支行）。全辖正式员工59人，本科学历以上占比94.92%。农发行厦门分行各项贷款余额48.4亿元，各项存款余额9.60亿元。全年累计投放各级储备粮油贷款2.07亿元，支持调入粮食8.21万吨，政策性储备贷款余额8.67亿元。（1）支持农村流通体系建设，获批77.8亿元，累计投放农村流通体系建设贷款15亿元，促进涉农客户农副产品在国际、国内市场中流通。（2）支持海洋资源开发与保护，获批海洋资源开发与保护中长期贷款5亿元，用于支持翔业集团五通客运码头三期建设项目，累计投放2.8亿元。（3）支持现代农业发展，获批现代农业园区中长期项目贷款4.5亿元，用于支持大帽山休闲农业文旅项目，累计投放8765万元。

（郑玲娜）

【中国进出口银行厦门分行】 2018年，中国进出口银行厦门分行（简称厦门进出口银行）表内信贷资产余额折合人民币356.97亿元，表外资产45.52亿元，本外币存款余额16.58亿元。厦门进出口银行设办公室（与党委办公室、组织部、人力资源处、监察室合署办公）、公司客户一处、公司客户二处、风险管理处、评估审查处、贸易金融处、营业部等7个部门，有正式员工50人。支持厦门“一带一路”支点城市建设，全年发放“一带一路”建设贷款20.69亿元，涉及新加坡、印尼等“一带一路”沿线国家。推动国际产能和装备制造合作，发放国际产能和装备制造合作贷款12.33亿元。发展普惠金融，通过与地方商业银行合作，提供批量化资金，解决小微企业融资难、融资期限错配等问题，分行小微企业贷款余额93.02亿元，比上年末增加28.05亿元，其中小微企业银行转贷款余额13亿元，增加6亿元，支持457户小微企业生产经营。服务“三农”，涉农贷款余额32.22亿元。发放外贸产业贷款189.45亿元，支持进出口贸易合同金额48.65亿美元。支持厦门供给侧结构性改革和新旧动能转换，涉及集成电路、汽车、航运及贸易行业，全年累计发放转型升级贷款23.80亿元。

（冯　垒）

【邮储银行厦门分行】 2018年，邮储银行厦门分行（简称厦门邮储银行）资产规模299.94亿元，比上年末增长8.29%。各项存款余额158.79亿元，各项贷款余额302.25亿元，不良贷款率0.46%。邮储银行厦门分行有营业网点81个，其中银行自营32个（含分行营业部）、代理49个。全年累计投放贷款262.10亿元，存贷比190%，其中支持地方国企与中小创企业的批发类贷款超90亿元，支持地方进出口企业发展的贸易融资贷款超40亿元，支持地方“三农”贷款近50亿元，支持小微企业贷款近90亿元，金融扶贫贷款净增5290万元。制定出台绿色金融发展指导意见和绿色银行建设3年规划，促进绿色信贷发展突破，全年累计发放绿色信贷1.15亿元。邮储银行厦门分行单户授信总额1000万元以下（含）小微企业贷款余额净增4.59亿元，单户授信总额1000万元以下（含）小微企业贷款户数增加224户。第四季度发放普惠小微企业贷款加权平均利率较一季度下降

94BP（1BP=0.01%），完成“两增两控”工作目标。

（李俊毅）

【兴业银行厦门分行】 2018年，兴业银行股份有限公司厦门分行（简称厦门兴业银行）资产总额1405.13亿元，比上年增长4.96%。各项存款余额939.15亿元，各项存款日均数1071亿元，增长8.18%；各项贷款余额718.14亿元，各项贷款（不含企金非标投资）日均数724亿元，增长11.9%。按中国人民银行口径，分行各项存款市场占比8.54%，各项贷款市场占比6.84%，均位列厦门市第四名。厦门兴业银行全辖下设综合性支行5家、零售支行19家、社区支行5家、对公经营机构18家，在册员工1000余人。支持民营经济发展，申请总行专项规模，成为首家政府还贷应急资金的发放银行，全年小企业人民币敞口（分行自定义口径）余额76.38亿元，增加16.59亿元。落地厦门地区首笔分布式光伏发电项目贷款。（1）与集美区签署战略合作协议，5年内为集美区提供不低于200亿元的意向性融资支持。（2）融资支持厦门河长制项目，与厦门市河长制办公室签订战略合作协议，在水资源管理、水污染防治、水环境治理及水生态修复等领域加强绿色金融合作。厦门兴业银行计划在“十三五”期间为厦门市河（湖）长制相关项目提供不低于100亿元的绿色融资，同时提供绿色信贷、绿色基金、绿色债券、绿色租赁、绿色信托等金融服务，并予以专项资金优先支持。绿色金融余额77.96亿元，增加27.26亿元。（3）落地厦门首笔应急还贷资金。在厦门兴业银行和厦门市融资担保有限公司的协助下，为企业申请首笔600万元的应急还贷资金。（4）推出“贸融宝”。厦门兴业银行与中国人民财产保险股份有限公司合作，推出“贸融宝”。投保短期出口信用保险的（国标）外贸中小企业借款人，其需投保以厦门兴业银行为被保险人的贷款保证保险，该行即基于该贷款保证保险向借款人发放流动资金贷款，单户最高300万元，无需提供其他担保措施。截至11月底，落地2笔，金额384.25万元。（5）与弘信创业工场缔结战略合作伙伴关系，支持弘信创业工场及其云创生态圈企业发展。厦门兴业银行通过“连连贷”“循环贷”“诚易贷”等金融产品，解决企业融资难、融资贵问题；通过发债、资产证券化、创设基金等形式，帮助企业优化财务结构，满足企业战略整合扩张的金融需求。

（郑　静）

【中国光大银行厦门分行】 2018年，中国光大银行股份有限公司厦门分行（简称厦门光大银行）全行本外币资产总额444.95亿元，比上年下降31.68%；本外币一般存款余额226.55亿元，增长1.18%；本外币各项贷款余额276.86亿元，增长6.22%；不良贷款余额（5级分类）3.84亿元，下降0.45%；不良贷款率1.39%，下降0.09个百分点。前埔支行在2018年度中国银行业文明规范服务千佳示范单位评选活动中获千佳示范单位称号。厦门光大银行成为厦门区属担保公司首批战略合作银行。与厦门市知识产权局联合推出知识产权质押融资产品——“知银贷”，以企业所拥有的专利权为担保，向其提供融资服务，发放辖内首笔由银行独立授信的专利质押信用贷款200万元。为厦门康纳威汽车零部件有限公司办理光大银行系统内首笔“应收账款池管理＋银保融易贷”。提出“授信融资”与“回款监管”双线操作、引入第三方增信简化审批的金融服务方案，满足客户动态应收账款管理、简化贷款申请手续、加快资金利用效率等多项需求，创新供应链上游融资模式，累计投放1951万元。落地分行首笔对公外币“流汇盈”业务，解决客户外币资金流动性问题。

（吴传珍）

【中信银行厦门分行】 2018年，中信银行股份有限公司厦门分行（简称厦门中信银行）总资产规模超200亿元，总负债规模约150亿元，全年累计投放贷款126.47亿元，实现营业净收入5.78亿元，实现拨备前账面利润2.79亿元。设同城支行（含营业部、五缘社区支行）16家、二级分行（自贸区分行）1家，有员工500余人。中信银行厦门分行与厦门市住房公积金管理中心合作，开发上线厦门市信秒贷（公积金）系统和公积金中心查询中信银行厦门分行住房按揭数据系统。举办中信银行全球签之英国如意签厦门站活动，为76位中高端客户办理英国签证录入指纹及材料递交服务，带动管理资产提升2400万元，增加存款1540万元，增加客户15人。

（张爱萍）

【民生银行厦门分行】 2018年，民生银行股份有限公司厦门分行（简称厦门民生银行）资产总额319.78亿元，投融资总额577亿元，全年贷款累计投放401.45亿元，贷款余额310.91亿元，市场占比2.98%，存款余额197.53亿元。厦门分行不良贷款余额3.5亿元，不良率1.13%；逾期贷款余额4.47亿元，逾期率1.44%。全年累计清收不良及问题资产7.85亿元。民生银行厦门分行员工总数535人，辖属分行营业部1家、同城支行9家、县域支行1家和社区支行11家，属地管理村镇银行（翔安民生村镇银行）1家。分行辖属的自贸区厦门片区分行营业部入选2018年银行业协会“千佳网点”。厦门民生银行对符合国家政策的节能环保、物流、医药流通、医疗器械、食品和公共事业等高新行业、重点客户、重点项目提供授信支持。定位于“小微金融＋普惠金融＋互联网金融”。组织开展“雷霆行动”，推进风险分类处置。

（林嘉希）

【华夏银行厦门分行】 2018年，华夏银行股份有限公司厦门分行（简称厦门华夏银行）下辖营业网点6家，员工278人。华夏银行厦门分行推出“口岸通”业务，该业务包含电子口岸进口付汇、关税履约保证保险和关税贷等系列业务。利用政府增信贷业务模式服务小微企业，推出以政府专项小微企业信贷风险资金为补偿手段的“政府增信贷”产品，为符合相关条件的小微企业提供融资服务，单户最高额度300万元。与担保公司合作，推出“银担接力贷”，由华夏银行厦门分行认可的国有背景专业担保机构为贷款到期的抵押类小微企业提供阶段性担保，华夏银行厦门分行向小微企业发放用于归还拟抵押房产在银行（包括华夏银行或他行）的原授信业务余额的流动资金贷款，减轻借款企业跨行续贷的“过桥融资成本”。风控技术方面，华夏银行厦门分行与市担保、金原担保、金海峡担保、中国人保等担保公司及保险公司合作，探讨支持科技型小微企业的风险共担模式。与中国人民财产保险股份有限公司厦门市分公司合作，推出“银保通—流动资金贷款”的金融服务方案，为厦门市行政区域内经营期1年以上的小微企业及科技型企业提供单户授信额度最高300万元的“银保通”贷款。与自贸区厦门片区电子口岸有限公司合作，推出“关税贷网贷”融资服务方案，对厦门辖内进出口贸易型或生产型的小企业、小企业主及个体工商户提供信用免担保融资支持，最高授信额度300万元，专项用于支付其进出口业务所需关税。

（彭　莹）

【平安银行厦门分行】 2018年，平安银行股份有限公司厦门分行（简称厦门平安银行）本外币各项存款余额370.62亿元，比上年增长11.62%。存款余额占当地市场份额3.42%，增加0.27个百分点。表内外业务余额517.15亿元，其中表内108.89亿元、表外408.26亿元。贷款不良率0.63%。账面利润4.98亿元，非利息净收入0.47亿元。厦门平安银行设有二级分行1家（自贸区分行）、营业网点11家、社区支行7家和私人银行分中心1家，员工总数417人。智能化零售银行建设方面，“口袋银行”“信用卡”“平安橙子”3个App整合为“口袋银行4.0”，承载厦门平安银行全部零售产品及线上服务；实施网点布局，增加松柏支行、思明支行、湖里支行和翔安支行4家智能零售门店。推进智慧城市建设方面，落地非税线上缴费、诉讼费扫码缴交、商品房预售资金监管等业务。服务实体经济和扶持小微企业方面，推出普惠金融专属产品KYB（中小企业征信数据贷）业务。该业务依托互联网科技，通过对接税务、征信、反欺诈、移动运营商等内外部大数据，建立真实交易场景模式下的风控模型，构建中小微企业的信用评价体系。平安银行厦门分行与厦门国税局完成“银税互动”平台建设，将厦门市“银税互动”平台与总行KYB系统对接，为依法纳税、诚信经营的厦门地区小微企业提供基于纳税数据的信用贷款。

（徐俊娇）

【赣州银行厦门分行】 2018年，赣州银行股份有限公司厦门分行（简称赣州银行厦门分行）资产总额36.38亿元，负债35.87亿元，各项存款余额20.16亿元，各项贷款余额9.15亿元，其中贷款余额8.07亿元，贸易融资余额0.55亿元，贴现及买断式转贴现余额0.53亿元。表外业务中委托及代理业务余额2.31亿元，承兑汇票余额13.49亿元。经营效益方面，分行营业收入11057.86万元，营业支出15680.23万元，净利润亏损4836.5万元。赣州银行厦门分行下设营业部、海沧支行、观音山支行、湖里支行、自贸试验区象屿支行5家支行，员工100人。赣州银行厦门分行向中国人民银行厦门中心支行申请并通过再贴现业务，业务金额1700多万元。

11月25日，平安智慧城与平安银行厦门分行、厦门市民数据服务股份有限公司举行战略合作签约仪式

（厦门平安银行　供图）

落实现自贸区厦门片区内A类企业的货物贸易跨境收款业务直接入企业结算账户的政策。

（刘莱璐）

【福建海峡银行厦门分行】 2018年，福建海峡银行股份有限公司厦门分行（简称福建海峡银行厦门分行）各类资产40.63亿元，其中表内贷款10.27亿元，各项表外业务30.36亿元（银行承兑汇票24.75亿元、保函0.6亿元、信用证5.01亿元）；在职员工72人，其中正式员工67人，劳务派遣制员工5人。分行设综合管理部、财务营运部、法律合规部、授信评审部、授信管理部5个中后台部门，业务条线设立公司金融部、公司业务一部、公司业务二部、公司业务三部、公司业务四部、零售金融部、零售业务部、金融同业部8个前台部门；分行营业部内设营业厅、零售业务部、公司业务部3个部门。服务小微企业方面，海峡银行厦门分行小微企业贷款余额（含个人经营性贷款）8.91亿元，比上年增长3.82%，占分行各项贷款余额90%，小微贷款户数379户，占比95%。零售业务方面，推出“助业贷”“独立产权车位贷”“加成贷”等产品，提升零售产品金融服务功能。

（夏　媛）

【厦门国际银行】 2018年，厦门国际银行股份有限公司（简称厦门国际银行）资产8061亿元，比上年末增长13.14%；全年净利润58.24亿元，比上年末增长7.86%；客户存款余额5372亿元，增长14.13%；全行不良贷款率0.73%。2018年，厦门国际银行资产总额排名位列英国《银行家》全球1000大银行第165位。获2018企业社会责任荣誉盛典年度责任企业、最佳公益创新、第七届中国财经峰会2018杰出品牌形象奖等奖项。与澳门大学、澳门科技大学合作设立澳门国际银行奖学金，联同闽都中小银行教育发展基金会向集美大学捐赠1000万元。首次发行的100亿元普通金融债券是该行发行的金额最大的单期债券，票面利率持平2017年以来AAA城商行金融债发行利率的最低纪录。厦门国际银行附属机构澳门国际银行合计募集34320万美元的次级资本债券，发行23.1亿澳门元的一级资本补充债券，成为澳门金融资产交易场所的首只债券发行上市项目；附属机构集友银行推动增资约30亿港元，第一期14.72亿港元增资款到位。厦门国际银行推出聚焦集团服务的“盈升”直联业务、“汇升”现金管理和“融升”授信融资的业务平台，银企直联、线上交易资金监管、“对账宝”管理活期存款余额47.54亿元。推进科技金融创新，建立金融服务数据模型及统一指标体系；引入法院、税务、工商等外部信息，结合厦门国际银行行内数据，形成客户画像，支持反欺诈、贷后风险预警和智能营销；建设管理驾驶舱，为银行管理层提供可视化的决策支持等。推出厦门国际银行首款在线审批的小微税务贷款创新产品。参与发起成立厦门大学两岸金融发展研究中心。与上海财经大学、复旦大学签约，联合培养博士后研究人员。

（谢渊泉）

【厦门银行】 2018年，厦门银行股份有限公司（简称厦门银行）资产2324.14亿元，吸收存款1208.64亿元，利润总额17.79亿元，营业收入41.86亿元，净利润14.15亿元。富邦金融控股股份有限公司完成其全资子公司富邦银行（香港）有限公司所持有的厦门银行19.95%的股份受让，成为该行的第二大股东。厦门银行有网点60个，员工约2500人；在重庆和福建省内9个设区市设立分行9家。获海峡两岸青年就业创业示范点、全国金融系统“五四红旗团委”2项全国性称号，获中国人力资源开发研究会2018年企业人才发展优秀企业奖。厦门银行成为中国互金协会认证的首批具备正式存管资质的商业银行之一（银行存管“白名单”），为联想集团、新希望集团、国美集团、阳光保险集团、安邦集团等36家集团企业旗下平台开展存管资金业务。获上海清算所跨境外汇交易、人民币外汇询价交易业务普通清算会员资格、银行间外汇市场货币掉期会员资格等业务资质牌照。依据企业纳税数据与纳税记录，借助“互联网＋大数据＋征信”实现“以税定贷”。在金融科技发展论坛暨第三届中国金融科技创新大会上，该行网贷资金存管业务获2018中国金融科技创新优秀案例。发行小微金融债券60亿元。小微贷款产品方面，厦门银行与厦门市科技局、担保公司、保险公司合作推出“科技担保贷”“科技银保贷”等产品和服务，推出政府采购贷款“政采融”和农业支持贷款“农业担保贷”。整合两岸资源，推广以首张两岸联名借记卡“厦门银行升恒昌金湖广场借记卡”为载体的旅游一体化服务解决方案，整合货币兑换、出行服务、消费优惠等，以手机移动端为旅游服务通道，将台湾金融服务功能拓展为跨越海峡两岸、融合线上线下的产业链态平台。与台湾土地开发集团、台湾雄狮旅游集团等建立战略合作关系。42个支行网点开展新台币现钞兑换业务。厦门银行参与全国“银鹰计划”，2012—2018年累计接待8批次304名台湾实习学生。2018年，获中共中央台办和国台办颁发的海峡两岸青年就业创业基地示范点称号。

（张燕珍）

12月1日，厦门银行董事长吴世群（右）代表厦门银行向富邦金控总经理韩蔚廷发放股权证（张晓芳 摄）

【厦门同安农银村镇银行】 2018年，厦门同安农银村镇银行有限责任公司（简称厦门同安农银村镇银行）资产总额10.22亿元，负债总额8.64亿元，所有者权益1.57亿元；存款余额8.54亿元，贷款余额6.03亿元；营业收入3560万元，净利润1521万元，缴纳各项税收604万元。员工总数34人，内设营业部、客户拓展部、风险管理部、综合管理部、内控合规部5个部门。支持新农村建设，与祥平、汀溪、大同、新民和五显等镇街的15个村建立合作关系，提供新农村居民住房建设贷款835万元。参与农村集体经济合作组织等各项农村改革及休闲农业贴息贷款项目，研发“农家乐”“民宿贷”等产品，为丽田园、五峰土楼等“农家乐”项目提供信贷支持，贷款230万元。落实富民惠农工程，持续发放失地农民基本养老保险贷款，2015—2018年累计为五显镇下峰村、布塘村、西洋村及汀溪镇荏畲村289户农民发放贷款1223万元。与区政府配合开展企业应急还贷资金业务，2018年度提供应急资金贷款1笔，金额700万元，撬动区域内企业近6500万元银行贷款的转贷工作。开展“送金融知识下乡”等公益活动，到同安区竹坝中学、莲花中心小学和军营小学开展“美丽乡村，乐享悦读”公益活动。

（王　熔）

【厦门翔安民生村镇银行】 2018年，厦门翔安民生村镇银行股份有限公司（简称翔安民生村镇银行）资产总额11.06亿元，负债总额9.79亿元，所有者权益1.27亿元，利润1431.61万元，达成年初预算指标的102.26%，2013—2018年，累计未分配利润3439.42万元。2018年，存款余额9.66亿元，年日均存款1.01亿元。贷款余额6.46亿元，比上年增长16.28%；年日均贷款6.06亿元；涉农贷款2.38亿元；户均贷款余额53.44万元；不良贷款617.37万元，不良率0.96%。总资产利润率

6月28日，翔安民生村镇银行员工向客户讲解“胡萝卜贷”产品

（翔安民生村镇银行　供图）

透支贷款额度8500万元，累计发放法人账户透支贷款资金4545万元。推出无还本续贷业务，全年为旅游传媒、龙岩机场2家集团内小型成员单位发放3笔贷款的续贷，合计900万元。推出绿色信贷业务，落地首笔绿色信贷业务，向厦门瀚藏置业有限公司投放绿色信贷270万元。办理存放同业61笔，全年平均收益率超过4%。获批同业拆借资质，获13家金融机构同业授信，向14家金融机构开展主动授信，办理同业拆借32笔，合计发生额61亿元，减少财务费用超过50万元。对集团成员单位到期的银行保函进行清理。全年归集成员单位88家，归集账户135个，日均吸收存款41.75亿元，账户集中度67.46%，全口径资金归集度85.16%，可归集口径资金集中度86.28%。

（何庆龄）

1.21%，净资产利润率11.63%，存贷比66.87%，成本收入比49.88%，资本充足率21.54%，流动性比例47.07%，拨贷比3.83%，不良贷款率0.96%。有员工62人，下设综合管理部、运营管理部、风险管理部、业务一部、业务二部、业务三部、大嶝支行等7个部门。在中国银行业协会第九届服务小微及“三农”百佳金融产品评选中，翔安民生村镇银行“胡萝卜种植及收购贷”产品获2017年服务小微及“三农”50佳金融产品，翔安民生村镇银行为福建省内和民生系统村镇银行唯一一家获“三农”50佳产品的金融机构。该行“续贷宝”产品获2018年厦门金融青年“金点子”创新创效大赛优秀项目。翔安民生村镇银行营业部获厦门市“工人先锋号”称号。

（黄　云）

【厦门海翼集团财务公司】 2018年，厦门海翼集团财务公司（简称海翼财务公司）资产总额33.61亿元，净资产9.61亿元，总负债24亿元，营业收入6637.09万元，利润总额4391.10万元，净利润3776.59万元。本年发放授信294笔，金额63.98亿元，年末用信余额30.79亿元。结算业务笔数75241笔，比上年末增加6831笔，结算金额1647亿元，减少371亿元。实现货币市场基金投资719笔，金额59.04亿元。海翼财务公司有成员企业56家，员工21人，部门8个。海翼财务公司拓宽信息沟通渠道，实现财务公司与成员企业信息共享。三季度宝塔财务公司银票出现兑付困难，海翼财务公司制定宝塔财务公司银票应急预案，防范海翼财务公司授信业务出现不良事件。海翼财务公司成立专项工作组，完成接入上海票交所直连系统的软硬件建设，独立完成测试案例438个，产生报文上万条，准确率100%。接入直联系统后，海翼财务公司票据在全国票据市场中直接交易流转，进一步发挥财务公司“票据池”功能。至2018年11月，海翼财务公司是厦门唯一一家接入直连系统的财务公司。

（翁艳虹）

【厦门翔业集团财务有限公司】 2018年，厦门翔业集团财务有限公司（简称翔业财务集团），营业收入1.70亿元，比上年增长17.7%，净利润总额1.09亿元；资本充足率30.94%，平均流动性比例37%，日均存款41.8亿元，增长31%；日均贷款29.43亿元，增长35%；全口径资金集中度85.16%。推进减费让利政策，全年为厦门翔业集团有限公司成员单位减费让利3500余万元，为成员单位发放贷款20.83亿元。为35家成员单位提供授信额度56.14亿元，授信覆盖率48%。开发公司法人账户透支业务，成员单位实现贷款资金随借随还，全年累计为9家成员单位核定法人账户

【集友银行厦门分行】 2018年，集友银行有限公司厦门分行（简称集友银行厦门分行）资产规模56亿元，比上年增长21.7%；贷款余额37亿元，增长60.9%；小微企业贷款余额占总贷款的9.7%；客户存款21亿元，增长61.5%；实现税后利润5678万元。集友银行厦门分行设有支行2家（集美支行、观音山支行），分、支行共有员工61人。2018年，集友银行厦门分行获2018年度外汇指定银行执行外汇管理情况考核A类银行评级、2018年中国人民银行金融统计外资组一等奖、支付结算综合评价先进单位等称号，观音山支行获厦门市总工会“工人先锋号”称号。集友银行联同闽都中小银行教育发展基金会，向集美大学捐赠1000万元。在2018年10月举行的“陈嘉庚奖学金”新生颁奖仪式上，向集美学村53名优秀教师、402名优秀学生颁发奖教、学金。集友银行于1989年捐资成立厦门集友陈嘉庚教育基金会，后更名为厦门市陈嘉庚教育基金会。

（陈芳芳）

证券·期货业

【证券业】 至2018年12月31日，厦

门有证券公司1家、证券公司分公司25家、证券营业部105家、台资背景的证券代表处1家、证券投资基金公司1家、证券投资基金分公司2家、独立基金销售机构分公司1家、证券投资咨询公司2家。增加证券分公司5家、证券营业部8家。分别为华龙证券、民生证券、中国国际金融、光大证券、广州证券5家证券公司在厦门新设分公司；平安证券、国元证券、湘财证券、华宝证券、中邮证券、华创证券、东吴证券、信达证券等证券公司共设立或增设厦门营业部8家。长城国瑞证券有限公司增设营业部2家，营业网点增至42个。全市证券交易总额3.84万亿元，比上年同期下降13.66%；证券经营机构利润总额1.26亿元，下降64.55%。融资融券余额97.72亿元，股票质押回购余额195亿元。投资者开立证券账户数和资金账户数分别为437.66万户和196.37万户，增加46.94万户、18.31万户；从业人员2130人，同比增加64人。厦门市企业发行资产支持证券169.59亿元，其中厦门国际银行发行132.66亿元。

【期货业】 至2018年12月31日，厦门有期货公司2家、期货分公司10家、期货营业部27家。新增期货分公司5家，期货营业部减少4家，宏源期货、深圳瑞龙期货、信达期货分别在厦门新设分公司；东方汇金期货、中信期货分别将其在厦门的营业部升级为分公司；神华期货、北京首创期货共注销营业部2家。瑞达期货异地注销营业部2家，年底营业网点数量为40个；国贸期货异地新设营业部1家、分公司1家，异地注销营业部1家，年底营业网点数量为13个。全市期货交易额2.70万亿元（统计口径包括本地期货公司总部和异地期货公司在厦营业部，不包括本地期货公司设在异地的营业部），增长6.64%；期货经营机构利润总额1.46亿元，下降29.93%。全市期货投资者开户数5.06万户，比上年末增加0.38万户；期货经营机构总资产89.83亿元，下降19.51%；期货从业人员609人，减少7人。

【上市公司】 2018年，厦门增加上市公司1家（盈趣科技），迁出上市公司1家（广汇物流）。至年末，厦门有上市公司47家，其中主板上市公司20家、中小板上市公司15家、创业板上市公司12家。上市公司总股本264.45亿股、总市值2771.51亿元。39家上市公司实施分红，分红总额44.88亿元。建发股份、法拉电子、厦门国贸、厦门空港近3年分红总额分别为19.85亿元、7.43亿元、7.29亿元、7.24亿元。2017—2018年上市的11家公司全部进行现金分红。年内，厦门市上市公司从资本市场融资47.27亿元（见表21-1），从银行间市场融资285.5亿元。47家上市公司实现营业收入9586.13亿元，比上年增长23.05%，归属母公司股东净利润158.02亿元，增长6.37%。

【非上市公司参与公司债券发行】 2018年，厦门市非上市公司参与公司债券市场，通过发行公司债券筹资280.7亿元。（见表21-2）

表21-1　**2018年厦门上市公司筹资情况表**

筹资渠道类别	企业名称	融资方式	发行日期	融资金额（亿元）
资本市场融资	盈趣科技	首发	1月15日	16.88
	盛屯矿业	再融资（定向增发）	1月23日	14.39
	厦门国贸	公司债（公开发行）	4月24日	10.00
	盛屯矿业	公司债（公开发行）	6月21日	1.00
	安井食品	可转换债券	7月12日	5.00
	合　计			47.27

表21-2　**2018年厦门非上市公司公司债券筹资情况表**

序号	企业名称	发行方式	发行日期	融资金额（亿元）
1	厦门路桥建设集团有限公司	公开发行	1月18日	10.00
2	厦门象屿集团有限公司	公开发行	3月12日	10.00
3	厦门国贸控股集团有限公司	公开发行	4月11日	25.00
4	厦门象屿集团有限公司	公开发行	4月18日	10.00
5	厦门金圆投资集团有限公司	公开发行	4月19日	15.00
6	厦门国际港务股份有限公司	公开发行	4月24日	12.00
7	厦门象屿集团有限公司	公开发行	4月24日	12.00
8	厦门住宅建设集团有限公司	非公开发行	7月12日	10.00
9	厦门象屿集团有限公司	公开发行	7月20日	5.00
10	恒安（中国）投资有限公司	公开发行	7月27日	30.00
11	厦门翔业集团有限公司	公开发行	8月1日	10.00
12	厦门建发集团有限公司	公开发行	8月2日	10.00
13	厦门金圆投资集团有限公司	公开发行	8月10日	5.00
14	厦门住宅建设集团有限公司	非公开发行	8月16日	8.00
15	厦门禹洲鸿图地产开发有限公司	非公开发行	8月28日	10.00
16	联发集团有限公司	非公开发行	9月4日	10.00
17	厦门经济特区房地产开发集团有限公司	非公开发行	9月17日	5.50
18	厦门禹洲鸿图地产开发有限公司	非公开发行	9月21日	8.00

续表 21-2

序号	企业名称	发行方式	发行日期	融资金额（亿元）
19	厦门禹洲鸿图地产开发有限公司	非公开发行	9月21日	12.00
20	厦门建发集团有限公司	公开发行	10月18日	15.00
21	厦门国际港务股份有限公司	公开发行	11月8日	9.00
22	厦门金圆投资集团有限公司	公开发行	11月9日	10.00
23	厦门经济特区房地产开发集团有限公司	非公开发行	11月27日	12.20
24	厦门建发集团有限公司	公开发行	11月29日	5.00
25	厦门象屿集团有限公司	公开发行	12月19日	7.00
26	厦门国贸控股集团有限公司	非公开发行	12月21日	5.00
合　计				280.70

【证券业监管】 2018年，中国证券监管委员会厦门监管局（简称厦门证监局）组织对各类监管对象现场检查111家次，下发行政监管措施决定书、监管意见告知书等监管函件140份，开展案件调查25件。与厦门市打非协调小组合作，对多家涉非公司进行联合突击执法，暗访摸排涉非举报线索38起，向公安移送线索10余件，为各地公安、法院等司法机关提供案件咨询、调查取证等17家次。配合地方政府处理关停的交易场所遗留问题，支持地方法院开展交易场所相关诉讼案件的审判、司法调解工作。与市金融办共同开展现场检查，重点核查发生延迟兑付的金融产品。

【股票质押专项风险应对】 2018年，厦门证监局协同各方应对股票质押风险，7家高风险上市公司中，4家解除风险，另外3家平仓风险得到控制，未新增高风险公司。长城国瑞证券通过“以股抵债”、量身定制措施等化解风险，参与厦门市上市公司救助计划，与金圆集团共同发起设立2支百亿级纾困基金。

【风险排查化解】 2018年，厦门证监局开展风险排查和化解工作。日常监管方面，从信息披露、发生重大事件、“涉系类”公司等维度对上市公司开展拉网式排查，借助中介机构开展挂牌公司风险排查，开展债券、资管等领域排查，开展证券期货咨询机构风险排查和流动性压力测试，开展私募基金分片区监测，排查各类风险点167个。加强与证监会、交易所沟通协作，化解某上市公司退市风险、某新三板挂牌公司经营风险、某期货公司因与现货平台合作不合规导致的2000多名客户集中解约风险。信访件处理方面，办结各类信访诉求155件，处理2起P2P（点对点网络借款）平台共100余名投资者到访，处理某投资平台投资者邮件700余封。组织机构签署投诉处理承诺书。舆情工作要求落实方面，监测和处置负面舆情100余个，配合证监会全系统监测工作；开展舆论引导工作，撰写推送正面文章100余篇，转发、评论媒体正面文章。

【上市后备企业梯队建设】 2018年，厦门证监局深入辖区“四新”（新技术、新产业、新业态、新模式）企业调研，挖掘“科创板”企业等潜在资源，联合地方政府相关部门、交易所召开IPO（首次公开募股）辅导企业专题研讨会、高新技术企业座谈会6次，引导企业树立正确的上市理念。加强辅导监管，对辖区内被否的IPO企业进行原因倒查，严肃问责。

【盛屯矿业收购科立鑫】 2018年，盛屯矿业通过发行股份购买资产的形式，以交易金额12亿元收购国内规模较大的钴材料生产加工企业科立鑫，产业链得到延伸和完善，钴业务规模大幅提升，形成协同效应，在钴业务领域的综合竞争力增强。

【“新三板”挂牌公司】 2018年，厦门市有挂牌公司155家，占全省数量的四成。“新三板”挂牌公司增加融资4.66亿元，18家企业通过增发股票融资实现产品、技术、规模的升级发展。厦门证监局组织挂牌公司及主办券商开展“夯基础·重规范·谋发展”专项活动，要求开展挂牌公司“拉网式”自查，主办券商予以指导，结合自查情况对创新层和有外部融资的重点挂牌公司开展核查，对发现的问题立查立改，促进挂牌公司提升规范运作水平。

【证券期货公司资管新规落实】 2018年，厦门证监局通过下发通知，约谈3家证券期货公司高管和资管业务负责人，开展私募资管业务风险防控现场检查，要求各机构制定整改计划，建立资管产品台账，每日报送高风险产品情况，有序压缩、递减存量不合规产品，确保平稳过渡。

【证券业服务实体经济】 2018年，厦门证监局推动长城国瑞证券开展资产证券化、并购重组等业务，解决实体企业融资问题；指导国贸期货、瑞达期货重点对“三农”企业提供一对一支持服务；推进“保险＋期货”试点，通过子公司业务开展仓单回购、合作套保等期现结合业务。

【投资者保护】 2018年，厦门证监局与省、市、区三级法院建立多元纠纷化解机制，会同中小投资者服务公司，指导地方协会加强调解工作站建设，与证券投资者保护基金签订投资者保护工作合作备忘录，增强投保工作合力。开展“理性投资　从我做起”活动、诚信主题宣传活动和多轮防非专题宣传活动。通过大型户外宣传、讲师团巡讲、走进上市公司、走进社区、与高校及图书馆合作、投资教育产品稿件征集、网上知识竞赛、电视报纸地铁宣传等活动，引导辖区投资者树立正确投资理念，远离非法证券期货活动。

【区域性股权市场规范】 2018年，厦门证监局开展区域性股权市场专题调研，推动两岸股权中心向政府性平台转变。提升专业能力，健全信息披露制度，推动有关部门加强联动和资源整合。厦门金圆金控股份有限公司受让国信证券部分股权，持股增至29.44%，成为新控股股东。证监局推动两岸股权中心推出“台资板”，至年底，“台资板”企业增至232家。关注私募债兑付风险，引导两岸股权中心规范开展可转债业务。

【绿色金融发展】 2018年，厦门证监局与市金融办等部门联合制定出台《关于促进厦门市资本市场发展绿色金融的意见》。加强环境信息披露监管，召集被列入重点排污单位名单的10家上市公司座谈，鼓励其他上市公司自愿披露环境信息，对披露工作不达标的予以批评、警示。开展绿色金融政策宣导，增强各方主体绿色发展理念，推动绿色企业上市挂牌、绿色公司债券发行、绿色资产证券化等业务。

【私募机构】 至2018年12月31日，厦门辖区登记备案的私募基金管理人共363家，比上年末增加36家，管理基金803支，管理基金规模（实缴规模）712亿元。

【扶贫攻坚】 2018年，厦门证监局与四川证监局、四川剑阁县签署三方扶贫战略合作备忘录，组织辖区67家上市公司和证券期货机构共67家，募集资金和实物合计近900万元，用于剑阁县贫困村医疗设备、“事实无人抚养”儿童救助、县道公路维护等精准扶贫项目。支持辖区证券期货公司、上市公司面向陕西、宁夏、云南、福建的贫困地区和人群，开展产业扶贫、助学奖学、定向招聘活动。

（厦门证监局）

保 险 业

保险业监管

【概　况】 2018年，厦门保险市场实现保费收入210.51亿元，比上年增长5.1%，增幅高于全国1.2个百分点。保险公司资产532.59亿元，增长10.7%；全年赔付支出73.02亿元，增长1.9%。全市保险深度4.4%，高于全国0.2个百分点。保险密度5122元，是全国平均水平的1.9倍。全市保险主体有39家（产险公司21家、寿险公司18家），其中台资保险法人机构2家；经营机构241家，专业中介机构主体75家，兼业代理机构164家；保险从业人员6.67万人。财产险保费收入80.32亿元，增长9.2%。其中，车险保费收入57.58亿元，增长6.2%；非车险保费收入22.74亿元，增长17.5%；车险、非车险结构比为71.7∶28.3，非车险占比上升2个百分点，高于全国1.1个百分点。人身险保费收入130.19亿元，增长2.7%。其中，寿险保费收入95.19亿元，下降1.5%；健康险保费收入28.23亿元，增长20.6%；意外险保费收入6.77亿元，增长0.9%。财产险公司保费收入85亿元，增长10.2%；人身险公司保费收入125.51亿元，增长1.9%。主要风险指标低于全国水平，剔除保证保险后的产险公司应收保费率5.0%，与全国水平相当，行业综合成本率92.5%，下降0.3个百分点，低于全国7.6个百分点；寿险公司综合退保率4.0%，上升0.3个百分点，低于全国2.8个百分点。（见表21-3）

保险业全年提供风险保障14.13万亿元。巨灾保险提供人身和财产风险保额20亿元，赔付151万元。社会治安综合保险保障居民住户超80万户，支付赔款318万元。环境污染责任险保费收入216万元，为企业提供风险保障2.01亿元。职工、城乡居民大病医疗保险个人自付费用起付标准降低为1万元、3万元，最高赔付限额分别提高至50万元、40万元。计生家庭保险保费收入1778万元，赔付总额2473万元。补充工伤保险第二轮累计保费2.17亿元，赔付一次性工亡补助金6380万元、生活护理费307万元、一次性就业补助金7646万元。老年人幸福安康险为37万名在厦门的60岁以上老人提供风险保障。女性安康险保费收入608万元，赔付167万元。出口信用保险为企业承保出口额159.32亿美元，协助企业获出口信用险项下融资1.02亿美元，其中对“一带一路”沿线国家和地区的出口信用限额21.2亿美元，支持企业对“一带一路”沿线国家和地区出口金额16.4亿美元。

表21-3　**2018年厦门市保险公司经营情况表**

公司名称		保费收入（万元）	市场占比（%）
产险公司	富邦财产保险有限公司	16238	1.9
	中国人民财产保险股份有限公司厦门市分公司	363052	42.7
	中国出口信用保险公司厦门分公司	27092	3.2
	中国太平洋财产保险股份有限公司厦门分公司	92828	10.9
	中国平安财产保险股份有限公司厦门分公司	194477	22.9
	天安保险股份有限公司厦门分公司	11581	1.4
	中国大地财产保险股份有限公司厦门分公司	26318	3.1
	安邦财产保险股份有限公司厦门分公司	1490	0.2
	都邦财产保险股份有限公司厦门分公司	2893	0.3
	太平财产保险有限公司厦门分公司	9100	1.1
	中国人寿财产保险股份有限公司厦门市分公司	40168	4.7
	阳光财产保险股份有限公司厦门市分公司	28769	3.4
	长安责任保险股份有限公司厦门分公司	3836	0.5
	中华联合财产保险股份有限公司厦门分公司	9428	1.1
	紫金财产保险股份有限公司厦门分公司	4647	0.5
	华泰财产保险股份有限公司厦门分公司	1183	0.1

续表 21-3

	公司名称	保费收入（万元）	市场占比（%）
产险公司	英大泰和财产保险股份有限公司厦门分公司	7987	0.9
	中银保险有限公司厦门分公司	1500	0.2
	海峡金桥财产保险股份有限公司厦门分公司	4336	0.5
	永诚财产保险股份有限公司厦门中心支公司	734	0.1
	国泰财产保险有限责任公司厦门中心支公司	372	0.0
	互联网保险公司（虚拟）	1967	0.2
	产险公司合计	849996	100.0
寿险公司	君龙人寿保险有限公司	19565	1.6
	中国人寿保险股份有限公司厦门市分公司	283721	22.6
	中国平安人寿保险股份有限公司厦门分公司	467169	37.2
	中国太平洋人寿保险股份有限公司厦门分公司	74910	6.0
	新华人寿保险股份有限公司厦门分公司	53835	4.3
	泰康人寿保险有限责任公司厦门分公司	105655	8.4
	中英人寿保险有限公司厦门分公司	10894	0.9
	太平人寿保险有限公司厦门分公司	49988	4.0
	平安养老保险股份有限公司厦门分公司	35334	2.8
	中宏人寿保险有限公司厦门分公司	3281	0.3
	中国人民人寿保险股份有限公司厦门市分公司	37835	3.0
	陆家嘴国泰人寿保险有限责任公司厦门分公司	6552	0.5
	富德生命人寿保险股份有限公司厦门分公司	48261	3.8
	民生人寿保险股份有限公司厦门分公司	12664	1.0
	信泰人寿保险股份有限公司厦门分公司	7190	0.6
	农银人寿保险股份有限公司厦门分公司	25243	2.0
	泰康养老保险股份有限公司厦门分公司	1984	0.2
	阳光人寿保险股份有限公司厦门中心支公司	10982	0.9
	寿险公司合计	1255064	100.0

注：1. 人身险业务包括寿险业务、健康险业务和意外险业务，所以产险公司产生的健康险业务及意外险业务计入人身险业务统计范围内；
2. 泰康养老保险股份有限公司厦门分公司于 2018 年 3 月开业；
3. 互联网保险公司（虚拟）保费指众安在线财产保险股份有限公司、安心财产保险有限责任公司、易安财产保险股份有限公司、阳光信用保证保险股份有限公司、泰康在线财产保险股份有限公司归属厦门的互联网保险业务保费

【服务自贸区厦门片区建设】 2018 年，厦门保险公司在自贸区厦门片区开设分支机构 18 家，全年提供风险保障金额 1.22 万亿元，保费收入 13.64 亿元。建设工程保险在区内试点，并在全市范围内复制推广，为相关企业提供风险保障 173.50 亿元。11 月，关税保证保险在厦门落地，降低企业资金占用成本，至年末，承保保额 1.29 亿元。

【交通事故快处快赔机制建设】 2018 年，中国保险监管委员会厦门监管局（简称厦门保监局）联合公安交管部门出台《厦门市道路交通事故快速处理办法》《关于建立健全道路交通事故快处快赔警保联动工作机制的通知》，推行交通事故快处快赔与警保联动机制。保险公司通过参与事故处理引导、组建农村事故协理员队伍上路巡查等方式，参与交通治理工作。保险行业参与道路交通事故一体化调处中心工作，事故调处总量 4375 件，金额 1.15 亿元。

【农险产品】 2018 年，厦门保监局与市农业局、财政局联合出台《厦门市露地蔬菜种植保险实施方案（试行）》，在水稻保险、能繁母猪保险、设施蔬菜（大棚）保险等农险的基础上，进一步引导行业丰富农险险种，提高农险覆盖面和保障力度。全年，农业保险实现保费 454 万元，风险保障 4.94 亿元，赔款支出 997 万元。其中，森林综合保险承保 46 万亩（约合 3.07 万公顷），保额 3.12 亿元。

【科技企业保险】 2018 年，厦门市的首台（套）设备重大技术装备保险共为 4 家企业提供超过 18 亿元的风险保障。重点新材料首批次应用综合保险为 3 家企业提供超过 3.6 亿元的风险保障。保险公司联合银行、评估机构推出针对中小微企业的专利权质押贷款服务的融资方案，向 3 家企业发放贷款 600 万元。推进中小型科技企业贷款保证保险发展，支持 287 家科技型企业获贷款 6.31 亿元。

【税收优惠型险种试点】 2018 年，厦门保监局与税务、财政等部门建立分工协作机制，推进个人税收递延型商业养老保险试点工作，开展专项调研，跟踪掌握试点情况，全年实现保费收入 208 万元。启动税优健康险全面试点，全年 5 家保险公司 7 款税优产品在厦门销售，保费收入 228 万元。

【人身险销售行为神秘客户调查】 2018 年，厦门保监局指导厦门市保险行业协会，委托第三方专业机构对开办个险业务的 15 家人身险公司开展神秘客户调查，从宣传与身份展示、保险产品讲解、保单填写与缴费、回访与退保等方面对个险销售全流程、全环节进行评

测，分析调查数据，针对存在的问题在全行业进行通报，督促人身险公司规范销售行为，提升服务质量。

【中国银保监会厦门监管局揭牌】 2018年12月17日，中国银行保险监督管理委员会厦门监管局（简称厦门银保监局）揭牌，标志着新组建的中国银行保险监督管理委员会厦门监管局正式运行。3月，根据国务院机构改革方案，组建中国银行保险监督管理委员会，不再保留中国银行业监督管理委员会、中国保险监督管理委员会。厦门银保监局在原厦门银监局和厦门保监局合并的基础上组建而成。

（徐淋琳）

12月25日，中国信保与厦门市政府签署深化合作协议　（湛亮　摄）

保险机构

【富邦产险公司】 至2018年12月31日，富邦财产保险有限公司实现保费收入1.62亿元，比上年同期下降23.3%，累计赔款支出0.89亿元，下降31.2%。9月，赔付厦门裕亮工贸有限公司火灾事故财产险赔款110万元。11月，承保台达电子集团财产险基本险及财产一切险业务，保费约300万元。

【君龙人寿公司】 至2018年12月31日，君龙人寿保险有限公司实现保费收入1.96亿元，比上年同期下降44.3%，赔付支出0.62亿元，下降0.3%，其中赔款支出0.10亿元，增长6%。1月，连续第十年成为厦门国际马拉松赛事唯一指定保险机构，承保运动员与工作人员人身保险，累计风险保额420.63亿元。

【出口信保厦门分公司】 至2018年12月31日，中国出口信用保险公司厦门分公司实现保费收入2.71亿元，比上年同期增长2.3%，累计赔款支出2.42亿元，增长31.6%。12月，厦门市政府与中国出口信用保险公司签署深化合作协议。全年累计服务出口企业1857家，支持出口金额132.25亿美元，增长约18.4%，短期险一般贸易渗透率43.9%，出口渗透率26.5%。向出口企业支付赔款3873万美元，帮助企业实现保单融资1亿多美元。

【人保财险厦门市分公司】 至2018年12月31日，中国人民财产保险股份有限公司厦门市分公司实现保费收入36.31亿元，比上年同期增长14.9%，累计赔款支出19.24亿元，下降7.1%。7月，独家承保厦门市老年人幸福安康险。10月，与厦门市中级人民法院签署全面战略合作协议，初步搭建“司法+保险”合作平台。11月，承保首单“关税保证保险”，开启厦门口岸企业通关担保新模式。

【太平洋产险厦门分公司】 至2018年12月31日，中国太平洋财产保险股份有限公司厦门分公司实现保费收入9.28亿元，比上年同期增长6.2%，累计赔款支出5.11亿元，下降21.5%。承保厦门市集美区、翔安区、思明区社会治安综合保险，保额分别为22.11亿元、11.41亿元、16亿元。承保厦门市翔安区政府环境污染责任险，保额800万元，该险种是厦门首个政企合作的环境污染责任险项目。

【平安产险厦门分公司】 至2018年12月31日，中国平安财产保险股份有限公司厦门分公司实现保费收入19.45亿元，比上年同期增长11.5%，累计赔款支出9.73亿元，增长16.4%。1月，参与厦门市政府巨灾保障项目，累计保险金额3.68亿元。12月，承保厦门船舶重工股份有限公司首台（套）重大技术装备综合保险，累计保险金额5亿元。

【中国人寿厦门市分公司】 至2018年12月31日，中国人寿保险股份有限公司厦门市分公司实现保费收入28.37亿元，比上年同期下降1.3%，赔付支出9.29亿元，下降2.7%，其中赔款支出0.92亿元，增长6.9%。6月，在厦门市首家发布个人税收递延型养老年金保险产品。

【平安人寿厦门分公司】 至2018年12月31日，中国平安人寿保险股份有限公司厦门分公司实现保费收入46.72亿元，比上年同期增长11.4%；赔付支出6.7亿元，增长32.1%，其中赔款支出0.17亿元，增长19%。推广“金融+科技”投保方式，通过核保问卷智能互动、在线核保视频等方式有效缩短核保时间。

【泰康人寿厦门分公司】 至2018年12月31日，泰康人寿保险股份有限公司厦门分公司实现保费收入10.57亿元，比上年同期下降9.4%；赔付支出1.68亿元，增长10.9%，其中赔款支出0.31亿元，增长20.8%。2月，台湾花莲发生地震，泰康人寿厦门分公司启动重大突发事件理赔应急响应，成为厦门第一家完成赔款支付的人身险公司。

（徐淋琳）

责任编辑：胡　恩
审　　稿：林建高
校　　对：林炯程

22 民营经济

综　述

截至 2018 年 12 月 31 日，厦门市民营企业 310884 家，比上年同期增长 17.08%，其中分支机构 11865 家，增长 7.76%；注册资金总额 18830.98 亿元，增长 22.62%。个体工商户 253101 户，增长 19.8%；注册资金总额 219.91 亿元，增长 28.27%。民营企业投资者 583967 人，增长 15.35%；雇工 1735032 人，增长 15.7%。个体工商户从业人员 520275 人，增长 15.54%。民营企业和个体工商户从业人员占全市城镇就业登记在职人数的 80.57%；年内新增就业人数 16.37 万人，占全市新增就业人数的 87.59%。

2018 年，厦门市民营经济实现增加值 1637.77 亿元（增长 13.78%），占全市 GDP 比重 34.18%。民营经济第一产业、第二产业、第三产业增加值比重为 1.47∶41.26∶57.22。其中，民营经济第一产业实现增加值 24.77 亿元（增长 2.61%），占全市第一产业增加值 100%；民营经济第二产业实现增加值 675.79 亿元（增长 12.33%），占全市第二产业增加值 34.13%；民营经济第三产业实现增加值 937.21 亿元（增长 15.18%），占全市第三产业增加值 33.24%。民营经济完成民间投资 742.57 亿元（下降 1.5%），占全社会固定资产投资 28.35%。民营企业和个体工商户缴纳各项税收总额 206.31 亿元（增长 5.54%），占全市财税收入 16.08%。其中，民营企业纳税额 183.79 亿元，增长 5.28%；个体工商户纳税额 22.52 亿元，增长 7.75%。

（严　旭）

经济构成

【民营企业产业构成】 截至 2018 年 12 月 31 日，厦门市从事第一产业的民营企业数量占全市民营企业总数 0.5%，比上年同期净增 115 家；注册资金占民营企业注册资金总额 0.53%，净增 8.43 亿元。从事第二产业的民营企业数量占全市民营企业总数 14.93%，净增 4909 家；注册资金占民营企业注册资金总额 14.52%，净增 462.2 亿元。其中，从事制造业民营企业占民营企业总数 9.48%，注册资金占总额 7.74%。从事第三产业的民营企业数量占全市民营企业总数 84.57%，净增 40338 家；注册资金占民营企业注册资金总额 84.95%，净增 3003.41 亿元。（见表 22–1）

表 22–1　**2018 年厦门市民营企业产业构成表**

产业	行业	企业数（家）	# 分支机构	投资者人数（人）	雇工人数（人）	注册资金（万元）
第一产业	农林牧渔业	1557	35	2976	10082	1002257.38
第二产业	采矿业	79	0	185	524	122743.50
	制造业	29468	638	55892	206142	14577031.88
	电力、燃气及水的生产和供应业	367	77	656	2411	608256.68
	建筑业	16511	1291	28099	91128	12033667.82
第三产业	批零商贸业	117666	3969	206049	602830	44009917.73
	交通运输、仓储和邮政业	7973	1012	12812	44193	3476251.38
	住宿和餐饮业	4367	601	7434	25328	933308.83

续表 22-1

产业	行业	企业数（家）	#分支机构	投资者人数（人）	雇工人数（人）	注册资金（万元）
第三产业	信息传输、计算机服务和软件业	23912	501	48002	131561	11497731.02
	金融业	795	153	1321	4558	1502215.56
	房地产业	5460	669	9474	32829	5717227.11
	租赁和商务服务业	52720	1784	114666	297925	65226138.37
	科学研究和技术服务业	30038	501	59604	176717	20422037.40
	水利、环境和公共设施管理业	1082	52	2097	6893	1004919.67
	居民服务、修理和其他服务业	5795	333	10043	30839	1159679.76
	教育	1528	64	2845	8585	362750.76
	卫生、社会保障和社会福利业	398	8	676	3670	362226.67
	文化、体育和娱乐业	11168	177	21136	58817	4291440.91
	其他	0	0	0	0	0

【个体工商户产业构成】 截至2018年12月31日，厦门市从事第一产业的个体工商户占全市个体工商户总数1.47%，比上年同期净增409户；注册资金占个体工商户注册资金总额6.11%，净增1.78亿元。从事第二产业的个体工商户占全市个体工商户总数4.72%，净增969户；注册资金占个体工商户注册资金总额5.81%，净增1.81亿元。从事第三产业的个体工商户占全市个体工商户总数93.81%，净增40462户；注册资金占个体工商户注册资金总额88.08%，净增44.87亿元。（见表22-2）

表22-2　**2018年厦门市个体工商户产业构成表**

产业	行业	全市			#城镇		
		总户数（户）	从业人员（人）	注册资金（万元）	户数（户）	从业人员（人）	注册资金（万元）
第一产业	农林牧渔业	3730	11085	134442.30	506	1440	23332.04
第二产业	采矿业	31	86	369.10	5	15	115.00
	制造业	11158	33230	113435.22	5557	15452	47559.06
	电力、燃气及水的生产和供应业	18	40	139.00	3	8	25.00
	建筑业	723	2282	13786.11	299	967	5342.80
第三产业	批零商贸业	143506	252040	1151257.25	103405	182884	812163.16
	交通运输、仓储和邮政业	3276	6111	18592.31	1811	3359	9990.66
	住宿和餐饮业	55606	135306	497065.96	42915	106894	386023.26
	信息传输、计算机服务和软件业	512	1086	4024.51	388	781	2973.48
	金融业	21	50	253.00	15	37	167.00
	房地产业	1043	3555	11762.42	884	3040	8824.32
	租赁和商务服务业	5561	11393	48812.41	3768	7866	34121.77
	科学研究和技术服务业	1229	2932	9834.04	1013	2456	7935.67
	水利、环境和公共设施管理业	82	251	2894.30	35	102	1199.80
	居民服务、修理和其他服务业	23258	53531	159750.53	16202	38172	111361.29
	教育	171	492	1895.40	137	409	1467.30

续表 22-2

产业	行业	全市			# 城镇		
		总户数（户）	从业人员（人）	注册资金（万元）	户数（户）	从业人员（人）	注册资金（万元）
第三产业	卫生、社会保障和社会福利业	128	514	4563.32	103	432	4059.52
	文化、体育和娱乐业	3048	6291	26213.25	2165	4377	17173.36
	其他	0	0	0	0	0	0

【民营企业开业和注销】 2018 年，厦门市民营企业新开业 55260 家，比上年下降 0.24%；新增投资者人数 99170 人，新增雇工 293938 人；新增注册资本 2874.84 亿元，下降 12.28%。其中，从事第一产业新开业民营企业家数、注册资金分别占全市新开业民营企业总数（额）0.32%、0.32%，从事第二产业新开业民营企业家数、注册资金分别占全市新开业民营企业总数（额）10.93%、11.81%，从事第三产业新开业民营企业的家数、注册资金分别占全市新开业民营企业总数（额）88.75%、87.87%。民营企业注销 6545 家，总注销注册资金 343.48 亿元。（见表 22-3）

【个体工商户开业和注销】 2018 年，厦门市个体工商户新开业 76977 户，比上年增长 29.79%；新增从业人员 149560 人，增长 16.45%；新增注册资本 79.17 亿元，增长 24.13%。其中，从事第一产业新开业个体工商户户数、注册资金分别占全市新开业个体总户数（额）0.79%、2.9%，从事第二产业新开业个体工商户户数、注册资金分别占全市新开业个体总户数（额）2.71%、3.57%，从事第三产业新开业个体工商户户数、注册资金分别占全市新开业个体总户数（额）96.5%、93.53%。全市个体商户注销 2.92 万户。（见表 22-4）

表 22-3 **2018 年厦门市民营企业新开业和注销情况表**

产业	行业	新开业				当年注销	
		家数（家）	投资者（人）	雇工（人）	新增注册资金（万元）	家数（家）	注册资金（万元）
第一产业	农林牧渔业	175	357	981	90536.00	34	11470.00
第二产业	采矿业	2	7	15	13008.00	3	303.00
	制造业	3078	5435	20674	1524626.05	333	279960.30
	电力、燃气及水的生产和供应业	62	121	354	104496.00	9	6428.00
	建筑业	2899	4578	15489	1754250.60	355	138624.80
第三产业	批零商贸业	18936	31892	91084	5841269.07	2140	628393.79
	交通运输、仓储和邮政业	1325	1906	6206	443225.20	161	25861.00
	住宿和餐饮业	951	1553	5258	157094.38	183	9726.00
	信息传输、计算机服务和软件业	5090	9528	29758	2461129.27	504	155546.60
	金融业	45	22	282	63400.00	64	36011.10
	房地产业	977	1575	5642	748854.60	327	94780.00
	租赁和商务服务业	9750	19544	51925	9885920.49	1467	1648810.12
	科学研究和技术服务业	7388	14285	40734	4100574.43	448	256741.00
	水利、环境和公共设施管理业	171	287	1606	121335.00	27	7003.00
	居民服务、修理和其他服务业	936	1625	4925	246997.79	157	15703.01
	教育	515	936	3043	98237.23	40	9975.00
	卫生、社会保障和社会福利业	169	282	1506	110285.69	26	20175.00
	文化、体育和娱乐业	2791	5237	14456	983159.42	259	85886.23
	其他	0	0	0	0	8	3452.00

表 22-4

2018 年厦门市个体工商户新开业和注销情况表

产业	行业	新开业户数（户）	新增从业人员（人）	新增注册资金（万元）	当年注销（户）	# 城镇
第一产业	农林牧渔业	606	1502	22954.53	150	19
第二产业	采矿业	0	0	0	1	0
	制造业	1870	5251	23570.27	763	400
	电力、燃气及水的生产和供应业	0	0	0	0	0
	建筑业	219	668	4705.80	31	12
第三产业	批零商贸业	41861	68105	400900.67	11500	8461
	交通运输、仓储和邮政业	357	844	4828.20	141	85
	住宿和餐饮业	21936	49972	235001.99	12825	9945
	信息传输、计算机服务和软件业	169	362	1879.00	34	29
	金融业	7	14	90.00	9	7
	房地产业	241	708	3270.50	227	194
	租赁和商务服务业	2538	4923	21502.14	523	355
	科学研究和技术服务业	350	797	3528.59	81	66
	水利、环境和公共设施管理业	10	25	368.00	1	0
	居民服务、修理和其他服务业	6034	14464	56699.23	2545	1905
	教育	39	133	405.60	18	14
	卫生、社会保障和社会福利业	80	299	2856.52	18	12
	文化、体育和娱乐业	660	1493	9154.52	365	291
	其他	0	0	0	0	0

【民营企业组织形式构成】 2018 年，厦门市民营企业组织形式以有限责任公司为主，占总数 97.51%；个人独资企业、合伙企业、股份有限公司占总数 2.49%。有限责任公司中，自然人独资 82582 家，投资者人数 81532 人，雇工人数 402967 人，注册资本 2960.78 亿元；法人独资 7400 家，投资者人数 6260 人，雇工人数 56220 人，注册资本 1300.05 亿元。合伙企业中，普通合伙企业 213 家，合伙人数 603 人，雇工 1561 人，认缴出资金额 5.15 亿元；特殊的普通合伙企业 18 家，均为租赁与商务服务行业，合伙人数 3 人，雇工人数 486 人，认缴出资金额 30 亿元；有限合伙企业 3689 家，有限合伙人数 18033 人，普通合伙人数 3698 人，雇工 44683 人，认缴出资金额 2418.61 亿元。（见表 22-5、22-6、22-7、22-8、22-9）

表 22-5

2018 年厦门市民营企业组织形式构成表

企业类型	家数（家）	# 分支机构	投资者人数（人）	雇工人数（人）	注册资金（亿元）	注册资金类别	实收资本（亿元）
独资企业	2693	95	2598	13126	11.87	出资额	—
合伙企业	3920	26	22337	46730	2423.76	认缴出资金额	—
有限责任	303151	11465	554739	1660443	16018.89	注册资本	5028.03
股份公司	1120	279	4293	14733	376.46	注册资本	175.29

表 22-6

2018 年厦门市民营独资企业情况表

产业	行业	家数（家）	分支机构	投资者人数（人）	雇工人数（人）	出资额（万元）
第一产业	农、林、牧、渔业	32	0	32	223	1254.00
第二产业	采矿业	7	0	7	46	213.00
	制造业	229	1	228	1756	8126.65
	电力、热力、燃气及水生产和供应业	1	0	1	9	20.00
	建筑业	153	1	152	443	1361.90
第三产业	批发和零售业	625	7	618	2160	8615.05
	交通运输、仓储和邮政业	6	0	6	24	200.00
	住宿和餐饮业	545	60	485	3183	23292.78
	信息传输、软件和信息技术服务业	83	0	83	243	792.00
	金融业	1	0	1	4	3.00
	房地产业	14	1	13	42	70.50
	租赁和商务服务业	143	1	142	494	3009.00
	科学研究和技术服务业	84	2	82	230	3159.60
	水利、环境和公共设施管理业	5	0	5	42	1110.00
	居民服务、修理和其他服务业	191	15	176	964	3365.65
	教育	2	0	2	6	13.00
	卫生和社会工作	154	1	153	1327	11565.89
	文化、体育和娱乐业	418	6	412	1930	52491.45
	其他	0	0	0	0	0

表 22-7

2018 年厦门市民营合伙企业情况表

产业	行业	家数（家）	# 分支机构	投资者人数（人）	雇工人数（人）	认缴出资金额（万元）
第一产业	农、林、牧、渔业	4	0	23	50	1525.00
第二产业	采矿业	0	0	0	0	0
	制造业	60	1	157	526	15315.00
	电力、热力、燃气及水生产和供应业	0	0	0	0	0
	建筑业	5	0	17	33	414.80
第三产业	批发和零售业	49	1	131	337	116093.51
	交通运输、仓储和邮政业	5	0	16	36	2948.00
	住宿和餐饮业	19	1	53	191	1560.00
	信息传输、软件和信息技术服务业	116	0	712	1350	51868.51
	金融业	2	0	34	87	42030.00
	房地产业	10	0	23	60	56765.00
	租赁和商务服务业	3496	22	20520	42687	23828473.23
	科学研究和技术服务业	92	1	396	803	108140.20
	水利、环境和公共设施管理业	1	0	2	4	500.00

续表 23-7

产业	行业	家数（家）	#分支机构	投资者人数（人）	雇工人数（人）	认缴出资金额（万元）
第三产业	居民服务、修理和其他服务业	19	0	55	127	1068.00
	教育	9	0	37	94	2211.80
	卫生和社会工作	4	0	9	28	2410.00
	文化、体育和娱乐业	29	0	152	317	6280.00
	其他	0	0	0	0	0

表 22-8　**2018 年厦门市民营有限责任公司情况表**

产业	行业	家数（家）	#分支机构	投资者人数（人）	雇工人数（人）	认缴出资金额（万元）	实收资本（万元）
第一产业	农、林、牧、渔业	1512	35	2862	9682	957897.38	334410.06
第二产业	采矿业	71	0	176	469	112530.50	40174.50
	制造业	29061	623	54925	201968	13865356.49	6772437.05
	电力、热力、燃气及水生产和供应业	362	77	647	2354	597281.68	171508.70
	建筑业	16296	1254	27852	90198	11928584.29	4450239.27
第三产业	批发和零售业	116798	3877	204828	597941	43536240.14	15016774.32
	交通运输、仓储和邮政业	7943	1005	12728	43892	3445283.38	1608948.25
	住宿和餐饮业	3800	538	6894	21929	903456.05	297761.54
	信息传输、软件和信息技术服务业	23531	459	46421	127450	10858535.72	2639377.93
	金融业	762	127	1268	4313	1414282.56	399250.53
	房地产业	5419	663	9365	32486	5526941.61	3211951.19
	租赁和商务服务业	48929	1733	93202	252632	40786328.88	10358827.88
	科学研究和技术服务业	29586	473	58018	171898	19336795.68	3674005.17
	水利、环境和公共设施管理业	1064	52	1998	6643	955494.59	434311.48
	居民服务、修理和其他服务业	5573	312	9779	29646	1145321.61	297296.92
	教育	1513	62	2798	8461	359525.96	39649.82
	卫生和社会工作	239	7	512	2307	347250.78	47411.48
	文化、体育和娱乐业	10692	168	20466	56174	4111818.29	485938.00
	其他	0	0	0	0	0	0

表 22-9　**2018 年厦门市民营股份有限公司情况表**

产业	行业	家数（家）	#分支机构	投资者人数（人）	雇工人数（人）	认缴出资金额（万元）	实收资本（万元）
第一产业	农、林、牧、渔业	9	0	59	127	41581.00	9800.00
第二产业	采矿业	1	0	2	9	10000.00	0
	制造业	118	13	582	1892	688233.74	540703.13
	电力、热力、燃气及水生产和供应业	4	0	8	48	10955.00	5355.00
	建筑业	57	36	78	454	103306.83	51272.83

续表 22-9

产业	行业	家数（家）	#分支机构	投资者人数（人）	雇工人数（人）	认缴出资金额（万元）	实收资本（万元）
第三产业	批发和零售业	194	84	472	2392	348969.03	134112.47
	交通运输、仓储和邮政业	19	7	62	241	27820.00	15850.00
	住宿和餐饮业	3	2	2	25	5000.00	0
	信息传输、软件和信息技术服务业	182	42	786	2518	586534.79	386408.23
	金融业	30	26	18	154	45900.00	44900.00
	房地产业	17	5	73	241	133450.00	32180.00
	租赁和商务服务业	152	28	802	2112	608327.26	166299.72
	科学研究和技术服务业	276	25	1108	3786	973941.92	280043.81
	水利、环境和公共设施管理业	12	0	92	204	47815.08	26815.08
	居民服务、修理和其他服务业	12	6	33	102	9924.50	6772.50
	教育	4	2	8	24	1000.00	100.00
	卫生和社会工作	1	0	2	8	1000.00	0
	文化、体育和娱乐业	29	3	106	396	120851.17	52286.17
	其他	0	0	0	0	0	0

【民营企业投资规模构成】 2018年，厦门市新开业民营企业平均注册资金520.24万元，比上年同期下降12.07%。至年末，全市民营企业平均注册资金605.72万元，增长4.73%；投资者人均出资322.47万元，增长6.31%。从事第一产业的民营企业平均注册资金643.71万元，投资者人均出资336.78万元。从事第二产业的民营企业平均注册资金588.94万元，投资者人均出资322.3万元；从事第三产业的民营企业平均注册资金608.46万元，投资者人均出资322.41万元。民营独资企业平均出资额44.06万元，投资者人均出资额45.68万元。民营合伙企业平均认缴出资金额6183.06万元，投资者人均认缴出资金额1085.09万元。民营有限责任公司平均注册资本528.41万元，平均实收资本165.86万元；投资者人均注册资本288.76万元，人均实收资本90.64万元。民营股份有限公司平均注册资金3361.26万元，平均实收资本1565.09万元；投资者人均注册资本876.92万元，人均实收资本408.32万元。注册资金1亿元以上的民营企业2721家，增长13.61%；注册资金1000万至1亿元的民营企业40551家，增长20.48%；注册资金500万至1000万元的民营企业43308家，增长23.96%；注册资金100万至500万元的民营企业142013家，增长21.58%；注册资金100万元以下的民营企业82291家，增长2.71%。民营企业集团727家，增长8.18%。

【个体工商户投资规模构成】 2018年，厦门市新开业个体工商户平均注册资金10.29万元。至年末，全市个体工商户平均注册资金8.69万元，比上年同期增长7%。其中，城镇个体工商户平均注册资金8.22万元，增长9.22%。从事第一产业的个体工商户平均注册资金36.04万元，从事第二产业的个体工商户平均注册资金10.71万元，从事第三产业的个体工商户平均注册资金8.16万元。

（严　旭）

生产经营

【概　况】 2018年，厦门市委、市政府联合出台《关于促进民营经济健康发展的若干意见》，从6个方面提出30条扶持措施。民营企业和个体工商户共创产值2160.68亿元，比上年增长8.42%；实现营收总额4328.73亿元，增长11.22%；社会消费品零售总额1357亿元（增长6.04%），占全市社会消费品零售总额的87.98%。（见表22-10）

【民营境内A股上市公司】 2018年，厦门市有1家民营企业（厦门盈趣科技股份有限公司）在A股上市，募集资金168750万元。至年末，厦门市境内A股上市民营企业31家，占全市境内A股上市企业总数64.58%。

【市级龙头骨干民营企业】 2018年，厦门市60家民营企业入选市民营办评选的2018—2019年度（第二批）厦门市龙头骨干民营企业名单。（见表22-11）

【民营企业市级重点项目】 2018年，厦门市民营企业41个项目入选市政府公布的市重点在建项目，占全市入选项目总数12.58%。其中，工业项目16个，服务业项目25个。

表 22-10

2018 年厦门市民营企业和个体工商户生产经营状况表

单位：万元

行业	民营企业			个体工商户		
	总产值	销售总额（营业收入）	社会消费品零售额	总产值	销售总额（营业收入）	社会消费品零售额
农、林、牧、渔业	612787.36	319032.13	2982.08	62640.93	66629.38	5541.95
采矿业	7665.07	0	0	1852.27	0	0
制造业	12768230.12	0	860812.66	1148808.56	0	153615.48
电力、燃气及水的生产和供应业	62173.24	0	53972.35	3188.17	0	52.38
建筑业	6936045.31	0	0	3390.61	0	0
批发和零售业	0	27894298.23	5475286.76	0	2386681.58	1274480.92
交通运输、仓储和邮政业	0	578915.07	266265.08	0	5557.31	4115.81
住宿和餐饮业	0	919288.63	621665.16	0	556316.45	567518.26
信息传输、计算机服务和软件业	0	1054866.35	208372.49	0	12343.55	3659.37
金融业	0	93956.47	1850.42	0	0	0
房地产业	0	4520498.55	121766.82	0	172502.87	45342.47
租赁和商务服务业	0	2675892.69	2079160.53	0	18321.43	2275.28
科学研究、技术服务和地质勘查业	0	144858.78	26588.32	0	5825.36	0
水利、环境和公共设施管理业	0	137163.04	9772.51	0	0	0
居民服务和其他服务业	0	363267.36	75012.43	0	198849.33	305197.27
教育	0	73069.59	4349.25	0	0	0
卫生、社会保障和社会福利业	0	7475.48	201.85	0	2013.44	47.39
文化、体育和娱乐业	0	1050618.69	1380718.72	0	29046.36	19381.86
其他	0	0	0	0	0	0

表 22-11

2018—2019 年度（第二批）厦门市龙头骨干民营企业一览表

行业	企业	行业	企业
农副食品生产加工、制造	厦门银祥集团有限公司	新材料	科之杰新材料集团有限公司
	福建安井食品股份有限公司		厦门三维丝环保股份有限公司
	厦门惠尔康食品有限公司		厦门卓越生物质能源有限公司
平板显示、光电、计算机与通信设备、集成电路	厦门立达信绿色照明集团有限公司		厦门聚富塑胶制品有限公司
	厦门乾照光电股份有限公司	生物医药与健康	厦门金达威集团股份有限公司
	厦门强力巨彩光电科技有限公司		奥佳华智能健康科技集团股份有限公司
	厦门弘信电子科技股份有限公司		大博医疗科技股份有限公司
	厦门立林科技有限公司		厦门艾德生物医药科技股份有限公司
	清源科技（厦门）股份有限公司		未名生物医药有限公司
机械装备	厦门航天思尔特机器人系统股份公司	其他高端制造	厦门松霖科技股份有限公司
	环创（厦门）科技股份有限公司		厦门金牌厨柜股份有限公司
	厦门欣机电器有限公司		厦门合兴包装印刷股份有限公司

续表 22-11

行业	企业	行业	企业
其他高端制造	厦门华特集团有限公司	软件和信息服务	易联众信息技术股份有限公司
	厦门万里石股份有限公司		厦门美图网科技有限公司
	厦门唯科模塑科技有限公司		厦门狄耐克智能科技股份有限公司
	厦门保沣实业有限公司		厦门网宿有限公司
建筑（含勘察设计）	厦门中联永亨建设集团有限公司		厦门柏事特信息科技有限公司
	福建省九龙建设集团有限公司		智业软件股份有限公司
	厦门合立道工程设计集团股份有限公司		厦门科拓通讯技术股份有限公司
批发	均和（厦门）控股有限公司		趣游（厦门）科技有限公司
	厦门信和达电子有限公司		厦门三五互联科技股份有限公司
	福建三安集团有限公司		厦门鑫点击网络科技股份有限公司
	厦门航空开发股份有限公司	文化创意	厦门美柚信息科技有限公司
	厦门安踏有限公司		大洲控股集团有限公司
零售	斐乐服饰有限公司	现代物流	成记泰达航空物流股份有限公司
软件和信息服务	厦门市美亚柏科信息股份有限公司		弘信物流集团有限公司
	厦门吉比特网络技术股份有限公司	其他现代服务	华厦眼科医院集团股份有限公司
	厦门万安智能有限公司		厦门恒兴集团有限公司
	四三九九网络股份有限公司		健研检测集团有限公司
	罗普特（厦门）科技集团有限公司		铂爵蜜月文化（厦门）有限公司

【宏发电声入选中国民企 500 强】 2018 年，厦门宏发电声股份有限公司入选全国工商联评选的 2018 中国民营企业 500 强。宏发电声排名 480 位，上一年度营收总额 794318 万元。

【民企入选中国服务业 500 强】 2018 年，厦门市 6 家民营企业入选中国企业和企业家联合会、中国企业家协会联合评选的 2018 年中国服务业 500 强，占全市入选企业 35.29%。（见表 22-12）

【13 家民营企业入选省企业百强】 2018 年，厦门市 13 家民营企业入选省企联会、福建日报社、福建省广播影视集团联合评选的 2018 年福建省百强企业，占全市入选企业 41.94%。入选的民营企业：均和（厦门）控股有限公司、禹洲集团、中骏集团、恒兴集团、厦门万科企业有限公司、鹭燕医药股份有限公司、中建鑫宏鼎环境集团、厦门航空开发有限公司、福建九龙建设集团、明穗粮油贸易有限公司、福建裕华集团、宏发电声股份有限公司、海澳集团。

【52 家民营企业入选市企业百强】 2018 年，厦门市 52 家民营企业入选市企联会、厦门日报社、厦门广电集团联合评选的 2018 年厦门企业 100 强。（见表 22-13）

【民企入选市制造业十强】 2018 年，厦门市 3 家民营企业入选市企联会、厦门日报社、厦门广电集团联合评选的 2018 厦门制造业企业十强。其中，中骏集团有限公司排第二名，福建省九龙建设集团有限公司排第九名，厦门宏发电声股份有限公司排第十名。

【民企入选市服务业十强】 2018 年，厦门市 3 家民营企业入选市企联会、厦门日报社、厦门广电集团联合评选的 2018 厦门服务业企业十强。其中，均和（厦门）控股有限公司排第四名，厦门禹洲集团股份有限公司排第七名，厦门恒兴集团有限公司排第九名。

表 22-12　**2018 年厦门市入选中国服务业企业 500 强的民营企业一览表**

排名	企业	营业收入（万元）	排名	企业	营业收入（万元）
208	厦门禹洲集团股份有限公司	2170067	376	鹭燕医药股份有限公司	833823
234	厦门中骏集团有限公司	1905027	423	厦门明穗粮油贸易有限公司	634553
301	厦门恒兴集团有限公司	1285342	465	厦门海澳集团有限公司	532049

表 22-13　　**2018 年厦门市入选市百强企业的民营企业一览表**

排名	企业	排名	企业
5	均和（厦门）控股有限公司	55	厦门盛元集团
8	厦门禹洲集团股份有限公司	56	裕华能源（厦门）有限公司
11	厦门中骏集团	58	顺通达集团
14	厦门恒兴集团	61	厦门科华恒盛股份有限公司
19	厦门市万科企业有限公司	63	厦门中禾实业有限公司
22	鹭燕医药股份有限公司	65	厦门电力工程集团
23	厦门航空开发股份有限公司	67	厦门强力巨彩光电科技有限公司
24	福建九龙建设集团	68	厦门金达威集团股份有限公司
25	厦门市明穗粮油贸易有限公司	70	厦门市建筑科学研究院集团股份有限公司
27	福建裕华集团	71	厦门源昌集团有限公司
29	厦门宏发电声股份有限公司	74	厦门中联永亨建设集团有限公司
31	厦门海澳集团	75	厦门市捷安建设集团
33	厦门立达信绿色照明集团	79	东琦（厦门）石化有限公司
34	福建联美建设集团	81	厦门永佳和塑胶有限公司
35	鑫东森集团	82	华厦眼科医院集团股份有限公司
36	华特控股集团	84	道普（厦门）石化有限公司
37	奥佳华智能健康科技集团股份有限公司	85	四三九九网络股份有限公司
39	厦门银祥集团	87	厦门福慧达果蔬股份有限公司
42	美图移动科技有限公司	88	福建三建工程有限公司
46	厦门源昌城建集团	89	厦门吉比特网络技术股份有限公司
47	厦门嘉联恒进出口有限公司	91	厦门亿联网络技术股份有限公司
48	福建安井食品股份有限公司	92	厦门美亚柏科信息股份有限公司
49	鑫泰建设集团	93	厦门中艺抽纱进出口有限公司
50	恒晟集团	94	福建同发食品集团
52	厦门市嘉晟对外贸易有限公司	97	厦门金华南进出口有限公司
53	厦门育哲集团	100	厦门新景地集团

【民营市级新兴产业专精特新企业】 2018 年，厦门市 7 家民营企业入选市企联会、厦门日报社、厦门广电集团联合评选的 2018 厦门新兴产业专精特新企业十强。其中，厦门立达信绿色照明集团有限公司排第一名，厦门美图移动科技有限公司排第二名，厦门科华恒盛股份有限公司排第三名，厦门强力巨彩光电科技有限公司排第四名，四三九九网络股份有限公司排第六名，厦门市美亚柏科信息股份有限公司排第七名，厦门乾照光电股份有限公司排第九名。

【民企入选市绿色企业十强】 2018 年，厦门市 4 家民营企业入选市企联会、厦门日报社、厦门广电集团联合评选的 2018 厦门绿色企业十强。其中，厦门立达信绿色照明集团有限公司排第五名，厦门强力巨彩光电科技有限公司排第七名，厦门吉比特网络技术股份有限公司排第八名，福建中绿投资有限公司排第十名。

【民企入选市重点工业企业】 2018 年，厦门市 42 家民营企业入选市政府、市经信局联合评选的 2018 年厦门市重点工业企业。（见表 22-14）

【民营省级工业设计中心】 2018 年，厦门优胜卫厨科技有限公司、厦门倍杰特科技股份公司 2 家厦门市民营企业入选省经信委评选的 2018 年省级工业设计中心（第六批）名单，占全市入选企业的 50%，占全省入选企业的 18.18%。至年末，厦门市有民营省级工业设计中心 9 家，占全市省级工业设计中心的 56.25%。

表 22-14　**2018 年度厦门市民营重点工业企业一览表**

排名	企业
12	三安系列
	厦门市三安光电科技有限公司
	厦门市三安光电有限公司
	厦门市三安集成电路有限公司
14	宏发系列
	厦门宏发电声股份有限公司
	厦门宏发电力电器有限公司
	厦门宏发开关设备有限公司
	厦门宏发汽车电子有限公司
	厦门金越电器有限公司
17	厦门银鹭食品集团有限公司
18	厦门美图移动科技有限公司
20	盈趣系列
	厦门盈趣科技股份有限公司
	厦门攸信信息技术有限公司
	厦门盈趣汽车电子有限公司
21	中盛系列
	厦门中盛粮油集团有限公司
	厦门象屿盛洲粮油有限责任公司
22	联想移动通信科技有限公司
25	如意情集团股份有限公司
27	银祥系列
	厦门银祥油脂有限公司
	厦门银祥肉业有限公司
28	厦门强力巨彩光电科技有限公司
37	厦门中禾实业有限公司
39	厦门长塑实业有限公司
40	厦门阳光恩耐照明有限公司
42	福建安井食品股份有限公司
51	日上系列
	厦门新长诚钢构浪板有限公司
	厦门日上集团股份有限公司
	厦门日上金属有限公司
52	厦门科华恒盛股份有限公司
54	威迪亚系列
	厦门威迪亚科技有限公司
	厦门威迪亚精密模具塑胶有限公司
	厦门和利多卫浴科技有限公司
	厦门优胜卫厨科技有限公司
65	蒙发利系列
	厦门蒙发利电子有限公司
	厦门蒙发利健康科技有限公司
	奥佳华智能健康科技集团股份有限公司
67	厦门金牌厨柜股份有限公司
72	弘信系列
	厦门弘信电子科技有限公司
	厦门弘汉光电科技有限公司
73	厦门金德威包装有限公司
75	厦门瑞尔特卫浴科技股份有限公司
79	朗美（厦门）健身器材有限公司
87	厦门兴盛食品有限公司
89	厦门亿联网络技术股份有限公司
90	厦门智欣建材有限公司
91	厦门乾照光电股份有限公司
95	厦门惠尔康食品有限公司
108	厦门延江新材料股份有限公司
113	厦门大博颖精医疗器械有限公司
116	厦门康乐佳运动器材有限公司
118	厦门市翔宏科技股份有限公司
120	麦克奥迪系列
	麦克奥迪实业集团有限公司
	麦克奥迪（厦门）电气股份有限公司
121	厦门三维丝环保股份有限公司
122	乔丹（厦门）实业有限公司
125	福建泰琛实业发展有限公司
138	厦门唯科模塑科技有限公司
139	厦门金汇峰新型包装材料股份有限公司
147	厦门吉宏包装科技股份有限公司
148	厦门普瑞特科技有限公司
149	厦门视贝科技有限公司
150	厦门多彩光电子科技有限公司

【华特集团入选中国石化民企百强】2018年，厦门华特集团有限公司入选中国石油和化工联合会等评选的2018中国石油和化工民营企业百强。华特集团排名第七十三名。

【中联永享获评建筑业AAA级信用】2018年，厦门中联永享建设集团有限公司入选2018年度全国建筑业AAA级信用企业名单。该名单由中国建筑业协会评选，全国342家。

【民企入选中国房地产开发500强】2018年，厦门市7家民营企业入选中国房地产业协会、中国房地产测评中心联合评选的2018中国房地产开发企业500强，占全市入选企业58.33%。其中，禹洲集团排37名，宝龙地产控股有限公司排38名，中骏集团排44名，明发集团排114名，厦门新景地集团排337名，厦门源昌房地产开发有限公司排358名，厦门中澳城房地产开发有限公司排492名。

【宏发电声入选中国电子百强】2018年，厦门宏发电声股份有限公司入选中国电子信息百强企业（第三十二届），排第九十七名，该榜单由工业和信息化部、中国电子信息行业联合会联合评选。入选中国电子元件行业协会评选的2018年（第三十一届）中国电子元件百强企业名单，排第十名，上年度主营业务收入58.75亿元。该企业同时入选利润总额前十强，排第十名；入选专利水平前十强，排第七名，发明专利43件，其他专利130件；入选出口创汇前十强，排第十名，出口额30848.5万美元。

【民企入选中国互联网企业百强】2018年，厦门市4家民营企业入选中国互联网协会、工业和信息化部信息中心联合评选的2018年中国互联网企业100强，占全市入选企业100%。其中，美图公司排第十七名，四三九九网络股份有限公司排第三十四名，吉比特网络技术股份有限公司排第六十名，厦门美柚信息科技有限公司排第九十八名。

【民企入选省互联网企业20强】2018年，厦门市12家民营企业入选工业和信息化部信息中心、福建省互联网协会联合评选的2018年福建省互联网企业20强，占全市入选企业92.31%。（见表22-15）

表22-15　2018年厦门市入选省互联网企业20强的民营企业一览表

排名	企业	品牌
1	美图公司	美图秀秀、美拍
2	四三九九网络股份有限公司	4399小游戏
4	厦门吉比特网络技术股份有限公司	问道
6	厦门美柚信息科技有限公司	美柚、柚宝宝
7	厦门翔通动漫有限公司	绿豆蛙、酷巴熊
9	厦门三五互联科技股份有限公司	35.com
10	厦门鑫点击网络科技股份有限公司	鑫点击
11	厦门南讯软件科技有限公司	客道、雁书
12	厦门易名科技股份有限公司	易名中国
13	厦门极致互动网络技术股份有限公司	极致游戏
17	趣游（厦门）科技有限公司	哥们网
18	厦门集微科技有限公司	集微
19	厦门易功成信息技术有限公司	易工程

【民营企业入选人工智能榜单】2018年，厦门瑞为信息技术有限公司入选《互联网周刊》、eNet研究院联合评选的2018年度人工智能企业百强，排第二十一名。美图秀秀入选IT耳朵、IT桔子联合评选的2018年人工智能行业创新企业Top100，排第三名。

【民营企业入选区块链企业榜单】2018年，泰链（厦门）科技有限公司入选清华大学互联网产业研究院、链塔BlockData、赛迪区块链研究院等机构联合评选的2018年中国区块链企业百强榜。厦门本能管家科技有限公司入选挖链网评选的2018年中国区块链企业Top100指数榜单。

【民企入选中国地理信息产业百强】2018年，厦门市2家民营企业入选中国地理信息产业协会公布的2018中国地理信息产业百强企业。其中，厦门亿力吉奥信息科技有限公司排第十名，厦门精图信息技术有限公司排第二十五名。

【民企入选上市公司信用500强】2018年，厦门市6家民营企业入选中国合作贸易企业协会、中国企业改革与发展研究会联合评选的2018年中国企业信用500强，占全市入选企业85.71%。其中，三安光电股份有限公司排113名，信用指数94.251；厦门盈趣科技股份有限公司排204名，信用指数93.015；厦门金牌橱柜股份有限公司排340名，信用指数91.615；厦门金达威集团股份有限公司排389名，信用指数91.154；厦门亿联网络技术股份有限公司排413名，信用指数90.784；厦门科华恒盛股份有限公司排489名，信用指数90.163。

【民营市重点文化企业】2018年，厦门市31家民营企业入选市文化改革发展工作领导小组办公室评选的2018—2019年度厦门市文化企业30强和创新成长型文化企业。其中，文化企业30强企业21家，占全市入选企业70%；创新成长型文化企业10家，占全市入选企业90.91%。（见表22-16、22-17）

【2家民营企业入选中国餐饮百强】2018年，厦门市2家民营企业入选中国烹饪协会评选的2018中国餐饮百强企业。其中，厦门豪享来餐饮娱乐有限公司排第四十九名，厦门市舒友海鲜大酒楼有

表 22-16　**2018—2019 年度厦门市文化企业 30 强民营企业一览表**

类别	企业
内容创作生产类	厦门吉比特网络技术股份有限公司
	四三九九网络股份有限公司
	趣游（厦门）科技有限公司
	天翼爱动漫文化传媒有限公司
	厦门翔通动漫有限公司
	厦门极致互动网络技术股份有限公司
	厦门多想互动文化传播股份有限公司
	花火（厦门）文化传播股份有限公司
	厦门新游网络股份有限公司
创意设计服务类	厦门美柚信息科技有限公司
	厦门智顶互动传媒股份有限公司
	厦门大雅传奇文化传播有限公司
	厦门市天艺传媒股份有限公司
	厦门万仟堂艺术品有限公司
	厦门风云科技股份有限公司
	厦门威扬广告股份有限公司
文化娱乐休闲服务类	铂爵旅拍文化有限公司
	华夏文化旅游集团（厦门）有限公司
	厦门灵玲演艺有限公司
文化制造业类	厦门合兴包装印刷股份有限公司
	厦门强力巨彩光电科技有限公司

表 22-17　**2018—2019 年度厦门市民营创新成长型文化企业一览表**

企业	企业
厦门美图科技有限公司	厦门十点文化传播有限公司
华侨城天视文化集团股份有限公司	厦门飞博共创网络科技股份有限公司
厦门创想无限信息科技有限公司	厦门大洲影视文化发展有限公司
厦门一品威客网络科技股份有限公司	厦门淘金互动网络股份有限公司
厦门西岐网络股份有限公司	厦门图特动漫科技有限公司

表 22-18　**2018 年厦门市入选中国建材企业 500 强的民营企业一览表**

排名	企业	经营范围
127	厦门市建筑科学研究院集团股份有限公司	科研、混凝土外加剂
202	厦门松霖科技股份有限公司	卫浴产品
224	厦门瑞尔特卫浴科技股份有限公司	卫浴产品
251	厦门万里石股份有限公司	石材
269	厦门威迪亚科技有限公司	卫浴产品、配件
411	厦门固克涂料集团有限公司	涂料
451	厦门宏发先科新型建材有限公司	混凝土外加剂

限公司排第五十四名。

【银祥入选全国放心粮油示范企业】 2018 年，厦门市 1 家民营企业（厦门银祥油脂有限公司）入选中国粮食行业协会评选的全国放心粮油示范工程第七批示范企业，占全市入选企业 50%。该企业同时入选食用油加工企业 50 强、菜籽油加工企业 10 强。

【民企入选中国建材企业 500 强】 2018 年，厦门市 7 家民营企业入选中国建筑材料企业管理协会评选的 2018 年中国建材企业 500 强，占全市入选企业 87.5%。（见表 22-18）

【民企入选厦门十大放心家装企业】 2018 年，厦门市 10 家企业入选海峡导报社等联合评选的厦门十大放心家装企业，占全市入选企业的 100%。入选的企业：厦门总全设计装饰工程有限公司、国广一叶装饰机构厦门分公司、厦门威尔思装饰工程有限公司、九鼎装饰股份有限公司厦门分公司、厦门阔达装饰设计工程有限公司、厦门喜迎门装饰工程有限公司、广东星艺装饰集团股份有限公司厦门分公司、厦门金至尊装饰设计工程有限公司、厦门福旺达装饰工程有限公司、厦门有家装饰有限公司。其中，总全装饰获“厦门十大放心家装企业・王中王”称号。

【4 家民营企业入选中国机械 500 强】 2018 年，厦门市 4 家民营企业中国机械工业企业管理协会评选的 2018 中国机械 500 强，占全市入选企业的 80%。（见表 22-19）

【民营物流企业】 2018 年，厦门市 4 家民营物流企业入选中国物流与采购联合会评选的第二十五、二十六批全国 A 级物流企业名单，占全市入选企业的 50%。其中，厦门全程德邦物流有限公司从 AAA 级升 AAAA 级，厦门来得顺物流有限公司、厦门诚发物流有限公司、厦门苏宁物流有限公司入选 AAA 级。8 家全国 A 级民营物流企业通过中国物流与采购联合会复核，占全市通过复核企业的 47.06%。其中，厦门市中鹭达进出口有限公司、厦门汉航物流有限公司、厦门旺墩冷冻仓储有限公司、厦

表 22-19　**2018 年厦门市入选中国机械 500 强的民营企业一览表**

排名	企业	行业	得分
116	厦门宏发电声股份有限公司	电子工业专用设备制造	87.77
209	厦门科华恒盛股份有限公司	输配电及控制设备制造	82.95
444	厦门日上集团股份有限公司	泵、阀门、压缩机及类似机械制造	71.85
464	厦门三维丝环保股份有限公司	环保、邮政、社会公共服务及其他专用设备制造	71

门市杏林永顺运输有限公司、厦门九州通医药有限公司、厦门优创思特供应链管理有限公司、联冠物流（福建）股份有限公司、厦门兆冠物流有限公司为AAA级。盛世通物流（厦门）有限公司、厦门市海骏达物流有限公司、厦门全程德邦物流有限公司3家民营企业入选第五届中国国际物流发展大会公布的2018年度全国先进物流企业，占全市入选企业的37.5%。

【民营印刷业企业】 2018年，厦门市2家民营印刷业上市公司。其中，合兴包装市值排名全国印刷业上市公司第十名，市值50.06亿元，上年度营业收入总额63.23亿元，净利润1.54亿元；吉宏股份排第十八名，市值29.09亿元，上年度营业收入总额11.33亿元、净利润0.8亿元。合兴包装入选《印刷经理人》杂志社评选的2018年度中国印刷业企业百强，排名第二名。

【固克涂料入选中国涂料百强】 2018年，民营企业厦门固克涂料集团有限公司入选《涂界》评选的2018年中国涂料100强企业，占全市入选企业的100%。固克涂料排名第三十名，上年度营业收入总额10.74亿元。

【安井食品入选中国食品饮料百强】 2018年，厦门市1家民营企业（福建安井食品股份有限公司）入选食品饮料创新论坛评选的2018中国食品饮料100强。该企业排名第八十一名，上年度销售额34.84亿元。

【民营农业产业化龙头企业】 2018年，厦门市民营农业产业化龙头企业29家，占全市农业产业化龙头企业的65.91%。民营农业产业化龙头企业共创产值229.3亿元，占全市农业产业化龙头企业总产值41.5%；缴纳税收4.2亿元，占48.8%；实现利润7.7亿元，占46.4%；出口创汇2.7亿美元，占69.2%。

【民营进出口企业】 2018年，厦门市实际从事进出口业务民营企业9941家，占全市实际从事进出口业务企业总数82.79%。民营进出口企业完成进出口总值2123.93亿元（比上年增长0.52%），占全市进出口总值35.37%。其中，完成出口值1502.15亿元（下降2.6%），占全市出口值44.95%；完成进口值621.78亿元（增长8.94%），占全市进口总值的23.34%。实现贸易顺差880.37亿元。出口值500万至1000万美元企业共435家，1000万美元以上企业416家；进口值500万至1000万美元企业107家，1000万美元以上企业147家。11家企业入选2018年中国对外贸易民营企业500强。（见表22-20）

（严　旭）

表 22-20　**2018 年厦门市入选中国对外贸易民营企业 500 强企业一览表**

单位：亿美元

排名	企业	进出口额	出口额	进口额
96	福建三钢国贸有限公司	7.5	0	7.5
107	联芯集成电器制造（厦门）有限公司	6.97	0.48	6.49
150	厦门嘉联恒进出口有限公司	5.53	5.46	0.07
207	厦门市明穗粮油贸易有限公司	4.38	0	4.38
257	厦门市嘉晟对外贸易有限公司	3.83	3.2	0.63
270	联想移动通信科技有限公司	3.67	0.13	3.54
288	厦门晟茂有限责任公司	3.4	1.41	1.99
309	厦门中禾实业有限公司	3.19	0	3.19
356	奥佳华智能健康科技集团股份有限公司	2.87	2.87	0
373	厦门宝拓资源有限公司	2.75	2.53	0.22
416	信达点矿（厦门）矿业有限公司	2.55	0	2.55

科技创新

【民营高新技术企业】 2018年，厦门市561家民营企业入选市科技局、市财政局等联合认定的高新技术企业，占全市入选企业80.72%。至年末，厦门市认定23批高新技术企业，其中民营企业2453家，占全市入选企业76.75%。市高新技术企业认定管理办公室公布2018年度高新技术企业认定中介机构推荐名单，大信、厦门怡盟、厦门红大、厦门加捷正大等59家民营企业入选，占全市入选企业100%。

【民营创新型企业】 2018年，福建省科技厅、省经信委、省国资委、省总工会累计联合公布9批“福建省创新型企业”，厦门市入选的民营企业39家（含国家级8家），占全市入选企业60%。至年末，全市有民营国家级创新型试点企业8家，占全市入选企业57.14%，其中晋升示范企业3家。

【民营国家技术创新示范企业】 2018年，民营企业厦门盈趣科技股份有限公司入选工业和信息化部、财政部联合评选的2018年国家技术创新示范企业（第八批），占全市入选企业50%。至年末，厦门市民营国家级技术创新示范企业6家，占全市入选企业75%。

【国家级民营企业技术中心】 2018年，厦门市3家民营企业（大博医疗科技股份有限公司、厦门奥佳华智能健康科技集团股份有限公司、厦门市建筑科学研究院集团股份有限公司）入选国家发改委、科技部、财政部、国家税务总局、海关总署联合发布的2018年（第二十五批）国家企业技术中心，占全市入选企业75%。至年末，厦门市民营国家级企业技术中心14家，占全市入选企业56%。

【省级民营企业技术中心】 2018年，厦门市5家民营企业（厦门安能建设有限公司、厦门亿联网络技术股份有限公司、协成科技股份有限公司、厦门弘信电子科技股份有限公司、厦门鲁班源房屋营造有限公司）入选福建省级企业技术中心，占全市入选企业71.43%。至年末，厦门市民营省级企业技术中心35家，占全市入选企业50%。

【市级民营企业技术中心】 2018年，厦门市5家民营企业入选第二十一批市级企业技术中心，占全市入选企业33.33%。入选企业：罗普特（厦门）科技集团有限公司、厦门光莆电子股份有限公司、厦门广成实业有限公司、厦门东声电子有限公司、中建鑫宏鼎环境集团有限公司。至年末，民营市级企业技术中心52家，占全市入选企业47.71%。

【民营省级重点实验室】 2018年，厦门市2家民营企业重点实验室获省科技厅重点实验室立项评审。其中，集美大学、罗普特（厦门）科技集团有限公司合作的福建省机器人感知与智能计算重点实验室，厦门理工学院、麦克奥迪（厦门）医疗诊断系统有限公司合作的福建省模式识别与图像理解重点实验室均在信息科学组。至年末，厦门市民营省级企业重点实验室5家，占全市71.43%。

【民营市级重点实验室】 2018年，厦门市1家民营企业重点实验室（依托厦门市三安集成电路有限公司的厦门市化合物半导体芯片重点实验室）获市科技局备案，占全市入选实验室11.11%。至年末，厦门市民营市级企业重点实验室10家，占全市入选实验室62.5%。

【民企入选省专精特新中小微企业】 2018年，厦门市29家民营企业入选省工信厅、省财政局联合评选的2018年福建省专精特新中小企业，占全市入选企业87.88%。（见表22-21）

表22-21 **2018年厦门市入选省专精特新中小微企业的民营企业一览表**

入选理由	企业	入选理由	企业
符合专业化条件	厦门四信通讯科技有限公司	符合特色化	厦门一品威客网络科技股份有限公司
	厦门倍杰特科技股份有限公司		厦门博聪信息技术有限公司
	厦门捷讯汽车零部件有限公司	符合新颖化	厦门长塑实业有限公司
	厦门至恒融兴信息技术有限公司		环创（厦门）科技股份有限公司
	厦门捷昕精密科技股份有限公司		中航太克厦门电力技术股份有限公司
	大禾众邦（厦门）智能科技股份有限公司		厦门市智联信通物联网科技有限公司
	厦门市数字引擎网络技术有限公司		厦门快商通科技股份有限公司
	厦门物之联智能科技有限公司		厦门倍洁特建材有限公司
符合精细化条件	厦门扬森数控设备有限公司		厦门宝太生物科技有限公司
	厦门万泰凯瑞生物技术有限公司		厦门众联世纪科技有限公司
	厦门科恒塑胶有限公司		厦门市福工动力技术有限公司
	厦门托普拉材料科技有限公司		厦门赛诺邦格生物科技股份有限公司
符合特色化	厦门立达信照明有限公司		厦门东顺涂料有限公司
	厦门卓网信息科技股份有限公司		科技谷（厦门）信息技术有限公司

【民营市级小微企业专精特新产品（技术）】 2018年，厦门市民营企业95项产品（技术）入选市经信局评选的2018年度厦门市小微企业专精特新产品（技术）名单，占全市入选产品（技术）83.33%。（见表22-22）

表22-22　**2018年度厦门市民营小微企业专精特新产品（技术）一览表**

企业	产品（技术）
厦门赛诺邦格生物科技股份有限公司	用于长效药物/医用水凝胶关键原料的官能化多臂聚乙二醇新产品
厦门振泰成科技有限公司	家用终端漏电保护装置
厦门著赫电子科技有限公司	低待机功耗电源
厦门长江电子科技有限公司	批量显示屏的高精度流水化检测与维修
厦门顾德益电器有限公司	一种带有观察筒的固体绝缘柜
厦门美科安防科技有限公司	简化版字母叶片锁结构
厦门德力实自动化设备有限公司	高速碳带分切机
厦门威亮光学涂层技术有限公司	化学合成材料光学级有机硅强化液
三固（厦门）科技有限公司	模具监视器SAG-800-S
厦门朗视信息科技有限公司	互联网+通信系统
厦门飞朔生物技术有限公司	人类肿瘤多基因变异检测试剂盒（半导体测序法）
厦门新页微电子技术有限公司	无线充电芯片及方案
厦门金升泵电子科技有限公司	超静音型精密气泵
厦门物之联智能科技有限公司	基于物联网的城轨车辆关键部件诊断分析平台
厦门市润铭网络科技有限公司	停开心智慧停车平台
厦门纵行信息科技有限公司	基于智能网络组网方法的中继器、中继系统及其中继方法的研发及产业化
厦门视诚科技有限公司	VENUS X7
厦门博聪信息技术有限公司	枪球一体式动态人脸抓拍摄像机
厦门普利得汽车电子有限公司	大负载电磁汽车继电器
厦门英瑟雷特电气科技有限公司	高压输配电环氧树脂绝缘件
厦门捷讯汽车零部件有限公司	皮带轮
厦门云顶伟业信息技术有限公司	银医保一卡通系统
厦门生命互联科技有限公司	“基于血小板RNA测序结合机器学习算法（TCPseq）”的肿瘤早期检测技术
厦门博意达科技有限公司	超声波测流技术
厦门帝嘉科技有限公司	地震预警信息发布服务云平台
厦门方光电子科技有限公司	基于变恒流IC为恒功率IC补偿电路的LED恒功率电源
厦门尚宇环保股份有限公司	大胃王家庭厨余垃圾处理器
厦门享游网络科技有限公司	海豚网游加速器软件
厦门印天电子科技有限公司	智慧校园物联网系统综合管理平台
厦门达斯自动化技术有限公司	推杆炉智能装卸料系统
厦门市和奕华光电科技有限公司	自然光聚光分流智能调节照明系统
简极科技有限公司	茵战INSAIT K1足球表现分析系统
厦门市为纳光电有限公司	偏振变色防伪二维码标签
厦门致上信息科技有限公司	跨境电商供应链管理平台

续表 22-22

企业	产品（技术）
厦门腾月光电科技有限公司	建筑级高透光率 LED 玻璃智屏
厦门华晔精密模具有限公司	手机摄像头精密注塑组件
厦门卫鹰科技有限公司	智能数显卫洁垫
厦门瑞为信息技术有限公司	人脸抓拍摄像机
厦门众芯电气设备有限公司	双重备用节约型直流供电系统
厦门夏谷软件有限公司	智能化合理用工精益管理系统
三维码（厦门）网络科技有限公司	三维码
厦门市硅兆光电科技有限公司	YAS 系列小型塑封型固态继电器
厦门市先创鹭为自动化科技有限公司	全自动 LED 灯泡组装生产线
福建山铼特光电科技有限公司	新型展览用环保 LED 六面灯
厦门福美科技有限公司	连续流体处理装置
厦门汇利伟业科技有限公司	旬客 VR 家居平台
厦门海荭兴仪器股份有限公司	食品安全综合检测仪
厦门金名节能科技有限公司	分体空调节能控制器
中科贝思达（厦门）环保科技股份有限公司	高效低阻纳米口罩
福建伟士通热能设备有限公司	BTG 燃气燃烧器
厦门奥泰科机器人系统有限公司	移动式薄膜打包机器人
厦门强本科技有限公司	三维精准手术可视化云系统
厦门万泰凯瑞生物技术有限公司	一系列感染标志物核心原料的开发与应用
厦门市普星电子科技有限公司	对讲机
厦门锐谷通信设备有限公司	电力站房智能运检及托管服务系统
厦门直播星电子科技有限公司	移动卫星电视接收天线
厦门兴重环保化工有限公司	无二次污染的生物柴油
厦门美益绿建科技有限公司	高性能生态砂基透水砖
厦门金诚霖建材有限公司	液压远程控制循环切换花洒
厦门美好出行物联网技术有限公司	“悠泊”（UPARK）机电一体智能升降柱
厦门朗臣电子科技有限公司	AHR/ALP 系列全数字、智能型高效节能 UPS
厦门市恒源新电力设备有限公司	12kv 小型化移开式智能开关设备
跑动（厦门）信息科技有限公司	种智能监测分析运动数据的薄膜压力传感器及其系统
厦门锐大自动化设备有限公司	继电器自动化生产线
厦门浩添冷链科技有限公司	医药安全冷链运输箱
厦门农丰园大棚开发有限公司	基于遮阳系统的钢架大棚
厦门恒羿诚信息科技有限公司	面向政务应用的一站式综合管理平台
厦门和美科盛生物技术有限公司	高活性益生菌果蔬系列营养食品研发与应用
厦门三德信电子科技有限公司	一种吸塑模具的翻转脱模机构
厦门佰欧科技工程有限公司	注入式低温等离子 + 洗涤 + 生物处理 + 手机 App 控制的废气处理系统
厦门闵图盛道科技有限公司	车载无油空压机
厦门多米诺数据科技有限公司	微猫信息搜索引擎

续表 22-22

企业	产品（技术）
厦门清谷信息技术有限公司	一站式自助海外广告投放服务平台
厦门维克机械设备有限公司	气体绝缘开关设备（GIS）内部固体绝缘件真空浇注设备
厦门誉匠复合材料有限公司	一种具有粘接性的高透明耐黄变 TPU 弹性体
厦门南鹏物联科技有限公司	NPIOT 基于位置服务的（LBS）低功耗精准定位系统
厦门华研软件科技有限公司	华研石材大板图像采集系统
厦门熙宝源化工技术有限公司	Advanced-PHA 软件
拾联（厦门）信息科技有限公司	千眼一平台
厦门迈拓宝电子有限公司	金属基覆铜板
厦门冠科科技有限公司	建筑智能化信息系统集成系统
厦门威尔信息技术有限公司	建设项目联合审批平台
厦门米特自动化设备有限公司	电磁开关绕线包胶一体机
安田信邦（厦门）电子科技有限公司	低温固化高强度塑封胶的研发
厦门市法度信息科技有限公司	法度智能笔录系统
厦门欣昱机电有限公司	恒功率智能中频感应熔炼炉
厦门安耐伟业新材料有限公司	导热硅凝胶组合物及其制备方法
厦门市普识纳米科技有限公司	便携式拉曼光谱食品安全快速检测仪
厦门云之拓科技有限公司	智能高清摄像设备模组（一体机机芯）
厦门芯鸽信息科技有限公司	互联网会员营销系统
厦门简会信息科技有限公司	简会智慧城市应用平台
厦门东顺涂料有限公司	抗黄变界面剂
厦门创思信息技术有限公司	基于物联网技术的空气质量监测管理平台
厦门市富众渔具有限公司	高强力尼龙单丝多股有结渔网
互隆科技有限公司	基于中央厨房的智能取餐系统资源共享服务平台

【民企科技成果获国家科学技术奖】 2018年，厦门市民营企业 1 项技术（厦门亿力吉奥信息科技有限公司参与完成的“复杂大电网时空信息服务平台关键技术与应用”）入选科技部评选的 2018 年国家科学技术奖，占全市入选技术25%。该技术获国家科技进步奖二等奖。

【民企科技成果获省科学技术奖】 2018年，厦门市民营企业 10 项科技成果入选省科技厅评选的 2018 年福建省科学技术奖名单。（见表 22-23）

表 22-23　**2018 年厦门市民营企业获省科学技术奖一览表**

获奖项目	企业	主要研究人员
海绵城市系统平衡理论与建设关键技术研究及示范	厦门市城市规划设计研究院、中国水利水电科学研究院、中联环股份有限公司	刘家宏、王　浩、关天胜、邵薇薇、丁相毅、吴连丰、杨志勇、李尔泉、王　宁、于赢东
节能型纯平智能坐便器技术研究及产业化	厦门优胜卫厨科技有限公司	方奕敏、许海涛、陈联进、吴爱民、江长发
混凝土多相体系高效水化调控关键技术及产业化研究	科之杰新材料集团有限公司、福建径坊建造工程有限公司、厦门市建筑科学研究院集团股份有限公司	方云辉、张小芳、柯余良、赖广兴、赖华珍、林艳梅、李格丽、徐仁崇
双向拉伸尼龙薄膜的智能制造技术开发与功能化应用	厦门长塑实业有限公司、厦门理工学院	郑　伟、刘跃军、陈　曦、林新土、林凤龙、谢建达、陈剑洪、尹　芳、陈曾侃、毛　龙

续表 22-23

获奖项目	企业	主要研究人员
基于食源性组分多维结构干预的水产蛋白制品新型加工技术及产业化	福建安井食品股份有限公司、江南大学	周文果、范大明、黄建联、阮东娜、叶伟建、张文海、余　良、张清苗
双面卷对卷微细线路挠性印制电路板技术开发及产业化	厦门弘信电子科技股份有限公司、厦门工科自动化设备有限公司	李毅峰、何耀忠、续振林、黄冬荣、王　毅、陈嘉彦、童本平、陈妙芳
微细粉尘控制专用水刺覆膜高性能滤料关键技术及产业化	厦门三维丝环保股份有限公司	蔡伟龙、郑智宏、王　巍、郑锦森、张静云、李　彪、戴婷婷、邱薰艺、陈建文、林新民
双磁势多回路大功率继电器的研究与产业化	厦门宏发电声股份有限公司	朱艺青、谭忠华、刘金枪、陈文榜
一类糖靶向制剂应用于术中肿瘤微小病灶定位显像和光热治疗	厦门大学附属中山医院、厦门大学抗癌研究中心、厦门生光生物科技有限公司	苏新辉、韩守法、吴选俊、吴淑琪、罗芳洪、陈陆馗、刘平果、薛钟慰
肉制品加工过程品质提升及化学危害物控制关键技术	厦门银祥集团有限公司、江南大学、泉州师范学院、厦门华厦学院	陈　洁、张志刚、曾茂茂、郑宗平、郭凤仙、邹忠爱、苏永裕、胡　涛

【民企科技成果获市科学技术奖】 2018年，厦门市民营企业30项科技成果获市政府评选的2018年厦门市科学技术奖，占全市获奖成果55.56%。其中，一等奖2项，二等奖12项，三等奖16项。（见表22–24）

【民企发明设计获中国专利奖】 2018年，厦门市民营企业5项发明设计获国家知识产权局公布的第二十届中国专利奖，占全市获奖发明设计83.33%。其中，中国专利银奖1项，中国专利优秀奖4项。（见表22–25）

【民营企业24项发明获市专利奖】 2018年，厦门市民营企业24项发明获市知识产权局公布的第七届厦门市专利奖。其中，特等奖1项，一等奖2项，二等奖4项，三等奖14项，外观设计银奖1项，外观设计优秀奖2项。（见表22–26）

表 22–24　**2018年厦门市民营企业获市科技进步奖一览表**

获奖项目	企业（单位）	等次	主要研究人员
磁驱动同步双向拉伸功能化尼龙薄膜的应用技术开发与产业化	厦门长塑实业有限公司、厦门理工学院、上海紫江新材料科技股份有限公司	一等奖	郑　伟、刘跃军、陈　曦、林新土、贺爱忠、林凤龙、谢建达、陈剑洪
超高密度小间距LED芯片关键技术开发及应用	厦门市三安光电科技有限公司、厦门三安光电有限公司	一等奖	林素慧、何安和、王　锋、郑高林、夏章艮、洪灵愿、彭康伟、吴超瑜
节能型纯平智能坐便器技术研究及产业化	厦门优胜卫厨科技有限公司	二等奖	方奕敏、许海涛、骆忠锋、陈联进、吴爱民、江长发
高品质LED健康照明封装与检测技术及其产业化	厦门多彩光电子科技有限公司、厦门大学	二等奖	郑剑飞、陈　忠、曾人杰、涂庆镇、郭伟杰、吴挺竹、林　岳、郭盛辉
琼脂精准提取及高值产品开发	集美大学、福建省绿麒食品胶体有限公司、绿新（福建）食品有限公司、厦门唯康食品科技有限公司	二等奖	倪　辉、杨远帆、肖安风、姜泽东、陈申如、胡　阳、张其标、朱艳冰
基于食源性组分多维结构干预的水产蛋白制品新型加工技术及产业化	福建安井食品股份有限公司、江南大学	二等奖	周文果、范大明、黄建联、张清苗、张少华、方　涛、王俊坤、余　良
一类糖靶向制剂应用于术中肿瘤微小病灶定位显像和光热治疗	中山医院、厦门大学抗癌研究中心、厦门生光生物科技有限公司	二等奖	苏新辉、韩守法、罗芳洪、陈陆馗、刘平果、吴选俊、吴淑琪、薛钟慰
外科器械穿刺器系列产品技术攻关与产业化项目	施爱德（厦门）医疗器材有限公司、福建医科大学附属漳州市医院	二等奖	蔡铭智、莫易凡、林聪杰、蔡丽生、林小雷、洪建明、陈秋贤、邱木旺
基于视频的海面目标智能识别技术	罗普特（厦门）科技集团有限公司、集美大学、厦门大学	二等奖	陈延行、蔡国榕、张　翔、李绍滋、孙申雨、陈水利、李仁杰、江文涛
具备自学习功能的楼寓智能系统研发与产业化	集美大学、厦门立林科技有限公司、厦门大学	二等奖	许志龙、王远春、刘菊东、汤光耀、钟建华、黄种明、陈毅城、洪永强

续表 22-24

获奖项目	企业（单位）	等次	主要研究人员
融合知识图谱技术的医疗保障基金监管平台关键技术研究	厦门理工学院、易联众信息技术股份有限公司	二等奖	林开标、郭骁昌、卢洪满、卢　萍、潘才色、郁　静、饶志坤、翁　伟
进口货物消毒及废水资源化关键技术研究与应用	华侨大学、厦门和健卫生技术服务有限公司	二等奖	洪俊明、黄柏山、张　倩、王泊舟、苏　升、陈志坤、张发明、孙　荣
基于双模通信的智能路灯管控系统研发及应用	厦门理工学院、厦门市智联信通物联网科技有限公司	二等奖	朱顺痣、查利君、王大寒、谢大成、谢彦麒、蔡滨锋、戴　彬
互联网医疗健康服务平台	第一医院、智业互联（厦门）健康科技有限公司、智业软件股份有限公司、厦门安盟网络股份有限公司	二等奖	姜　杰、王占祥、许　中、吴谨准、陈　坚、蔡哲锋、陈玉秀、林土笔
功能化聚丙烯树脂专用料研发与产业化应用	金旸（厦门）新材料科技有限公司、厦门大学、厦门市通达创智实业有限公司	三等奖	郭永新、罗伟昂、骆　杰、袁丛辉、陈明进、曾碧榕、陈国荣、赵海波
建筑化学外加剂结构设计与智能制造关键技术及产业化	科之杰新材料集团有限公司、福建科之杰新材料有限公司、厦门市建筑科学研究院集团股份有限公司	三等奖	郭鑫祺、蒋卓君、官梦芹、李乐民、温庆如、尹键丽、林添兴、麻秀星
车载儿童约束系统集成关键技术与产业化	厦门理工学院、福建麦凯智造婴童文化股份有限公司	三等奖	韩　勇、陈治宇、王丙雨、王　方、周水庭、黄红武、彭　倩、潘　迪
中医推拿数字化模拟技术研究及产业化	奥佳华智能健康科技集团股份有限公司、厦门蒙发利电子有限公司	三等奖	张云龙、冯　时、贺中春、陈水金、陈建福、肖　健、陈国华、洪辉能
双面卷对卷微细线路挠性印制电路板技术开发及产业化	厦门弘信电子科技股份有限公司、厦门工科自动化设备有限公司	三等奖	李毅峰、何耀忠、续振林、黄冬荣、王　毅、陈嘉彦、童本平、陈妙芳
基于烟气余热蒸发的脱硫废水零排放技术	盛发环保科技（厦门）有限公司、中国科学院城市环境研究所	三等奖	万忠诚、郑煜铭、张净瑞、刘其彬、苑志华、马明军、黄奕军、赵　飞
环保舒适型游览船舶动力总成研发与应用	集美大学、厦门瀚盛游艇有限公司	三等奖	于洪亮、俞万能、吴德烽、廖建彬、王国玲、王荣杰、廖卫强、谢启栋
高强度汽车零部件特殊热处理与成形关键技术及应用	厦门宇龙机械有限公司、集美大学	三等奖	郭幼丹、廖德峰、陈益明、王沁峰、程　俊、陈彰健
面向公路客运的网约车智能调度平台	华侨大学、蓝海（福建）信息科技有限公司	三等奖	傅顺开、李海波、王　田、王　成、高悦尔、蔡奕侨、陈永红、曾省明
数据中心供电可靠性与节能关键技术研究及应用	厦门科华恒盛股份有限公司、漳州科华技术有限责任公司	三等奖	苏先进、黄　詹、江　勇、王志东、林艺成、苏宁焕、江立佳
高效高光通 LED 灯技术研发及产业化	厦门理工学院、厦门砺德光电高科技股份有限公司、厦门强力巨彩光电科技有限公司	三等奖	朱文章、沈汉鑫、何贵聪、熊飞兵、王素彬、许英朝、何景清、朱卫平
中厚板机器人的自适应焊接控制系统	厦门理工学院、厦门航天思尔特机器人系统股份公司	三等奖	柯晓龙、刘建春、谢传禄、林彦锋、易际明、林晓辉、黄海滨
融合 3G/4G 及无线采集技术的多功能“全网”物联网终端系统研发	厦门四信通信科技有限公司	三等奖	陈淑武、唐仕斌、彭　府、苏怀恩
综合管廊智慧管控平台	厦门精图信息技术有限公司、厦门市政管廊投资管理有限公司	三等奖	乔志勇、林亚杰、宋跃明、柏　鹤、李坤煌、童丽闺、陈庆聪、刘　轩
铁矿石柔性选矿及污水快速处理技术	厦门环资矿业科技股份有限公司	三等奖	苏木清、苏建财、唐立靖、李　萍
金融软件系统智能风险防控技术研究与应用	厦门理工学院、厦门至恒融兴信息技术有限公司	三等奖	马　樱、李　峰、卢俊文、刘曹雄、庄蔚蔚、潘淑珍

表 22-25

2018 年厦门市民营企业获第二十届中国专利奖一览表

奖项	专利号	专利名称	专利权人	发明人（设计人）
银奖	ZL201310353686.8	一种并联型磁路的磁保持继电器	厦门宏发电声股份有限公司	蔡文智、谭忠华、曹宏江、刘金枪
优秀奖	ZL201310443689.0	一种近红外发光二极管的外延结构、生长工艺及芯片工艺	厦门乾照光电股份有限公司	林志伟、陈凯轩、蔡建九、张　永、林志园、尧　刚
	ZL201310463435.5	一种提高微藻生物质和油脂产量的培养方法	厦门博露环保科技有限公司	陈意民
	ZL201410274430.2	一种含铜氧化金矿氨氰选择性提金的方法	厦门紫金矿冶技术有限公司、紫金矿业集团股份有限公司	黄怀国、陈庆根、林鸿汉、张文波、叶志勇、熊　明、李晓伟、许晓阳、孙艳慧、丁文涛
	ZL201620456849.4	一种座便器排臭水封装置	厦门市极洁卫浴有限公司	刘建平

表 22-26

2018 年厦门市民营企业获第七届市专利奖一览表

奖项	申报单位	专利名称	专利号	专利权人	发明人（设计人）
特等奖	厦门科华恒盛股份有限公司	一种光伏发电系统最大功率点跟踪方法	ZL201510432597.1	厦门科华恒盛股份有限公司	黄凯伦、曾春保、陈聪鹏
一等奖	罗普特（厦门）科技集团有限公司	一种通过视频校准与电子地图相结合的监控设备及方法	ZL201210078823.7	罗普特（厦门）科技集团有限公司	孙申雨、卢天发、李仁杰、陈延艺、林　敏
	麦克奥迪实业集团有限公司	一种数字切片实时扫描自动聚焦跟踪方法	ZL201310549338.8	麦克奥迪实业集团有限公司	贾守礼、康　军、陈　进、高志刚
二等奖	厦门金达威集团股份有限公司	斥水型维生素微胶囊的制备方法	ZL201310578561.5	厦门金达威维生素有限公司、厦门金达威生物科技有限公司、厦门金达威集团股份有限公司	黄聿魏、帅明星、叶艳秋、郭琦龙、何剑洋、陈芳芳
	厦门乾照光电股份有限公司	一种具有高质量 InGaN/GaN 有源层的 LED 外延结构生长方法	ZL201410551820.X	厦门乾照光电股份有限公司	卓祥景、陈凯轩、林志伟、蔡建九、张　永、姜　伟、林志园、尧　刚
	厦门天锐科技股份有限公司	基于进程识别文件进行文件备份的方法	ZL201310345744.2	厦门天锐科技股份有限公司	涂高元、邱志斌、张艳蓉、刘鉴元、郭永兴、陆云燕、陈体然、吴炜斌
	厦门狄耐克智能科技股份有限公司	一种具有模拟数字转换功能的智能门禁系统	ZL201510155918.8	厦门狄耐克智能科技股份有限公司	杨国精
三等奖	厦门宏发电声股份有限公司	一种双线圈继电器的线圈架	ZL201310359111.7	厦门宏发电声股份有限公司	蔡文智、谭忠华、刘金枪、曹宏江
	厦门立业卫浴工业有限公司	一种进水阀的防止小漏水装置	ZL201410248289.9	厦门立业卫浴工业有限公司	刘永茂、张子鹏
	厦门德浦精密科技有限公司	一种阻尼式结构	ZL201210011904.5	厦门德浦精密科技有限公司	李才有、李飞勇
	天海欧康科技信息（厦门）有限公司	连续高速分拣设备	ZL201210430613.X	天海欧康科技信息（厦门）有限公司	何辉金
	厦门延江新材料股份有限公司	超柔蓬松无纺布	ZL201510006548.1	厦门延江新材料股份有限公司	谢继华、谢继权

续表 22-26

奖项	申报单位	专利名称	专利号	专利权人	发明人（设计人）
三等奖	厦门蓝斯通信股份有限公司	一种抑制静态定位漂移的方法及车载终端定位系统	ZL201410013615.8	厦门蓝斯通信股份有限公司	朱　宏、林佩坤、赖坤峰、王　宇、苏灿江、易族金、王银坤
	厦门纳网科技有限公司	一种可移动无线定位方法及系统	ZL201310336953.0	厦门纳网科技有限公司	廖天明、陈迎锋
	厦门市三安光电科技有限公司	一种倒装发光器件及其制作方法	ZL201410517051.1	厦门市三安光电科技有限公司	钟志白、林文禹、江彦志、刘建明、李佳恩、林素慧、徐宸科
	厦门欧凯科技有限公司	一种褐色乳酸菌饮料稳定剂、杀菌型褐色乳酸菌饮料及其制备方法	ZL201410478543.4	厦门欧凯科技有限公司	蒋东晋、孙金玉、伍素芳
	厦门飞朔生物技术有限公司	一种单管高通量测序文库的构建方法	ZL201510496049.5	厦门飞朔生物技术有限公司	陈　琰、郭飞飞
	麦克奥迪（厦门）医疗诊断系统有限公司	一种载玻片粘附剂	ZL201210036368.4	麦克奥迪（厦门）医疗诊断系统有限公司	黄荣祥、唐　剑、朱晨雁
	厦门多彩光电子科技有限公司	无边框 LED 的封装方法及装置	ZL201410271081.9	厦门多彩光电子科技有限公司	郑剑飞
	华祥苑茶业股份有限公司	一种含茶夹心糕的制作方法	ZL201310640774.6	华祥苑茶业股份有限公司	刘华峰、陈荣山、叶陈英、刘长辉、何素萍
	厦门柏事特信息科技有限公司	一种医疗机构协同管理系统	ZL201620144496.4	厦门柏事特信息科技有限公司	王旭昕
外观设计银奖	厦门创凯工贸有限公司	垃圾袋（带束口）	ZL201730148366.8	厦门创凯工贸有限公司	陈旭端
外观设计优秀奖	厦门优胜卫厨科技有限公司	座便器（861）	ZL201230187655.6	厦门优胜卫厨科技有限公司	郑少聪
	厦门虎来福文化传播有限公司	工艺品（古田小红军）	ZL201630334008.1	厦门虎来福文化传播有限公司	刘奎宁

【民企入选市科技成果转化与产业化基金拟投资企业】 2018 年，厦门市 13 家民营企业入选市科技局评选的 2018 年厦门市科技成果转化与产业化基金拟投资企业名单，占全市入选企业 100%。入选的民营企业：厦门威芯泰科技有限公司、厦门鼎铸智能设备有限公司、厦门奕宝互联科技有限公司、厦门钜瓷科技有限公司、厦门市超娱网络科技有限公司、福建首冠电力科技工程有限公司、远盈智慧能源有限公司、厦门睿析检测技术有限公司、厦门市可好科技有限公司、厦门南鹏物联科技有限公司、厦门兑泰实业有限公司、厦门笨鸟电子商务有限公司、厦门汉飞鹰航空科技有限公司。

【民企入选厦门网络零售创新榜】 2018 年，厦门市 18 家民营企业入选市网络零售企业协会评选的 2018 年中国厦门网络零售创新榜。其中，厦门天钰商贸有限公司等 8 家入选 2018 年度厦门十佳新锐网商榜，厦门见福连锁管理有限公司等 10 家入选 2018 年度厦门新零售创新企业榜。

【国家备案民营众创空间】 2018 年，厦门市民营企业 22 个众创空间入选科技部评选的 2018 年国家备案众创空间名单，占全市入选众创空间 66.67%，占全国入选众创空间 1.13%。（见表 22-27）

【省级民营众创空间】 2018 年，厦门市民营企业 12 个众创空间入选省科技厅公布评选的 2018 年福建省众创空间名单，占全市入选众创空间 66.67%，占全省入选众创空间 32.43%。（见表 22-28）

【民营企业项目获市软件和信息技术服务业专项资金扶持】 2018 年，厦门市民营企业 151 个项目获市经信局 2018 年市软件和信息技术服务业专项资金扶持，占全市入选项目 88.82%。（见表 22-29）

【民营市级重点软件和信息技术服务业企业】 2018 年，厦门市 39 家民营企业入选市经信局评选的 2018 年厦门市重点软件和信息技术服务业企业，占全市入选企业 78%。（见表 22-30）

表 22-27　**2018 年厦门市国家备案民营众创空间一览表**

企业	众创空间
厦门一品威客网络科技有限公司	一品威客创客空间
厦门爱爱特信息技术有限公司	爱特众创
厦门龙之山文化创意产业有限公司	启达臻尚空间
厦门神仙网络科技有限公司	厦门腾讯众创空间
厦门青瓦投资管理有限公司	青瓦众创空间
厦门大拇哥动漫股份有限公司	大拇哥众创空间
厦门市派美特科技有限公司	派美特众创空间
厦门商集企业咨询有限责任公司	3W 唯你空间
两河（厦门）信息技术有限公司	嘉禾众创
面对面创新驿站（厦门）科技有限公司	思明“互联网 + 创新极第”
厦门一品翼兴创业孵化器有限公司	海峡两岸智能机器人孵化空
厦门英诺爱特投资管理有限公司	英特嘉创新空间
厦门书生天下投资管理有限公司	Booksir 共享办公平台
厦门市美亚柏科信息股份有限公司	美亚柏科网络空间安全专业
厦门派美特智能科技有限公司	派美特智能众创空间
厦门蝌蚪生态环保科技有限公司	蝌蚪生态空间
厦门市小样创业信息科技有限公司	厦门小样青年社区
厦门一品威客投资管理有限公司	一品威客加速器
厦门天擎网络科技有限公司	创客坞（软三）
厦门誉群新能众创投资管理有限公司	YQSPACE 新能源众创平台
厦门舒同网络科技有限公司	创业树
燕园校友（厦门）投资管理有限公司	北京大学创业训练营两岸青年创客空间

表 22-28　**2018 年厦门市省级民营众创空间一览表**

企业	众创空间
燕园校友（厦门）投资管理有限公司	北京大学创业训练营两岸青年创客空间
爱特众创空间（厦门）投资管理有限责任公司	爱特众创五缘空间
厦门市群落文化传播有限公司	兑空行众创空间
厦门匠仕工业设计有限公司	匠仕创客空间
厦门夏理世维投资管理有限公司	WePinker 众创空间
厦门现代青年创业园管理有限公司	厦门北站台湾青年双创基地
厦门青年人才交流有限公司	南洋创客家园
厦门市东东东电子商务有限公司	H&L 乐爱众创空间
厦门创业公社孵化器管理有限公司	厦门创业公社
厦门一品众创咖啡有限公司	一品威客众创咖啡
诺斯蒂文体发展（厦门）有限公司	奥林匹克文体三创社区大学
厦门墨客空间创业投资有限公司	墨客众创空间

表 22–29　**2018 年厦门市软件和信息技术服务业专项资金扶持的民营企业项目一览表**

企业	项目	计划支持金额（万元）
厦门市美亚柏科信息股份有限公司	软件骨干企业销售增长、经营管理团队、首次获国家和省级荣誉及资质奖励项目、高级人才引进、优秀信息化示范项目应用推广	387.06
厦门美柚信息科技有限公司	软件骨干企业销售增长、经营管理团队、首次获国家和省级荣誉及资质奖励项目	224.79
厦门神州鹰软件科技有限公司	软件骨干企业销售增长奖励项目	115.83
厦门中软卓越教育科技有限公司	培训人员房租补助项目	50
厦门美图网科技有限公司	软件骨干企业销售增长、经营管理团队、首次获国家和省级荣誉及资质奖励项目	273.75
厦门美图之家科技有限公司	软件骨干企业销售增长、经营管理团队奖励项目、高级人才引进	255.75
罗普特（厦门）科技集团有限公司	软件骨干企业销售增长奖励项目、软件企业认证补助、优秀信息化示范项目应用推广	138.71
厦门触控未来科技有限公司	培训人员房租补助项目	37.6
厦门锐特信息技术有限公司	软件企业认证补助项目	9.58
厦门中智信系统集成有限公司	软件企业认证补助项目	2.33
厦门四信通信科技有限公司	软件骨干企业销售增长奖励项目	115.83
厦门云之巅信息技术有限公司	软件企业认证补助项目	8
厦门吉比特网络技术股份有限公司	软件骨干企业经营管理团队、首次获国家和省级荣誉及资质奖励项目	80
趣游（厦门）科技有限公司	高级人才引进项目	4
厦门极致互动网络技术股份有限公司	软件骨干企业销售增长奖励项目	115.83
厦门柏事特信息科技有限公司	软件骨干企业销售增长奖励项目、软件企业认证补助	117.53
法信公证云（厦门）科技有限公司	软件企业认证补助项目	8.86
厦门二五八网络科技集团股份有限公司	软件企业认证补助项目	2.33
厦门精图信息技术有限公司	软件骨干企业经营管理团队奖励项目	30
厦门快云信息科技有限公司	软件骨干企业销售增长奖励项目	96.53
厦门蓝斯通信股份有限公司	优秀信息化示范项目应用推广奖励	20.72
厦门鑫点击网络科技股份有限公司	首次获得国家级、省级荣誉及资质奖励项目	50
厦门卓讯信息技术有限公司	软件企业认证补助项目	2
厦门网宿有限公司	软件骨干企业销售增长、经营管理团队奖励项目	223.75
厦门众联世纪科技有限公司	软件骨干企业销售增长奖励项目、优秀信息化示范项目应用推广	165.83
厦门市巨龙信息科技有限公司	软件骨干企业销售增长、优秀信息化示范项目应用推广奖励项目	165.83
厦门万安智能有限公司	优秀信息化示范项目应用推广奖励	38
厦门融通信息技术有限责任公司	软件企业认证补助项目	1.7
厦门市洋翔技术开发有限公司	软件企业认证补助项目	2.5
福建易华录信息技术有限公司	软件骨干企业销售增长奖励项目	115.83
厦门快商通科技股份有限公司	软件企业认证补助项目	6.8
厦门亿联网络技术股份有限公司	软件骨干企业销售增长、管理团队奖励项目、优秀信息化示范项目应用推广	316.96
厦门蓝极档案技术有限公司	软件企业认证补助项目	1.8
厦门网为网络有限公司	软件企业认证补助项目	2.33

续表 22-29

企业	项目	计划支持金额（万元）
家乡互动（厦门）网络科技有限公司	软件骨干企业销售增长奖励项目	118.16
厦门同步天成软件股份有限公司	软件企业认证补助项目	3
厦门服云信息科技有限公司	软件企业认证补助项目	2.25
厦门锐思特软件科技有限公司	软件企业认证补助项目	2.33
厦门卓网信息科技股份有限公司	软件企业认证补助项目	2.24
厦门欢乐逛科技股份有限公司	高级人才引进项目	8
科技谷（厦门）信息技术有限公司	优秀信息化示范项目应用推广奖励	10.42
厦门集微科技有限公司	软件骨干企业销售增长奖励项目	115.83
厦门威尔信息技术有限公司	优秀信息化示范项目应用推广奖励	24.51
厦门物之联智能科技有限公司	软件企业认证补助、优秀信息化示范项目应用推广	31.19
厦门狄耐克智能科技股份有限公司	软件骨干企业销售增长奖励项目	115.83
厦门南讯软件科技有限公司	软件骨干企业销售增长奖励项目、软件企业认证补助、优秀信息化示范项目应用推广	115.83
厦门尚为科技股份有限公司	软件企业认证补助项目	1.8
厦门安胜网络科技有限公司	软件企业认证补助项目	11.19
厦门笨鸟电子商务有限公司	软件企业认证补助项目	1.85
厦门又一城网络科技有限公司	优秀信息化示范项目应用推广奖励	50
厦门纳龙科技有限公司	软件企业认证补助项目	5.5
易联众信息技术股份有限公司	软件骨干企业销售增长奖励项目、软件企业认证补助	134.8
厦门市旷盛文化传播有限公司	新招动漫人才补贴、新媒体业务运营奖励	50.4
厦门六次方信息技术有限公司	原创游戏上线运营奖励项目	1.47
厦门彼岸天网络科技有限公司	新招动漫人才补贴、新媒体业务运营奖励	31.6
厦门优莱柏网络科技有限公司	新招动漫人才补贴、参展补贴	4.3
厦门市风吉网络技术有限公司	原创游戏上线运营奖励项目	2
厦门泡游网络科技有限公司	新招动漫人才补贴	1
厦门本捷网络股份有限公司	原创游戏上线运营奖励、新招动漫人才补贴	5.05
厦门翔通动漫有限公司	参展补贴项目	1.4
厦门真有趣信息科技有限公司	新招动漫人才补贴项目	0.4
厦门大黑科技有限公司	原创游戏上线运营奖励项目	15.53
观印数字影像（厦门）有限公司	新招动漫人才补贴项目	0.2
厦门风云科技股份有限公司	新招动漫人才补贴项目	0.6
厦门自由沙漏动漫科技有限公司	新招动漫人才补贴项目	0.4
厦门欢乐园信息科技有限公司	新招动漫人才补贴项目	0.2
华强方特（厦门）动漫有限公司	新招动漫人才补贴项目	4.2
厦门绘梦想动漫科技有限公司	新招动漫人才补贴项目	0.2
厦门织梦盒子教育科技有限公司	新招动漫人才补贴项目	0.2
厦门新游网络股份有限公司	原创游戏上线运营奖励项目	30.05

续表 22-29

企业	项目	计划支持金额（万元）
厦门图特动漫科技有限公司	获奖作品奖励项目	16
厦门市火之辉文化创意有限公司	新招动漫人才补贴项目	0.8
厦门梵思网络技术有限公司	新媒体业务运营奖励项目	50
四三九九网络股份有限公司	原创游戏上线运营奖励项目、获奖作品、新招动漫人才、参展补贴	49.52
厦门魔兔网络科技有限公司	原创游戏上线运营奖励项目	29.17
厦门简创网络科技有限公司	新招动漫人才补贴项目	0.2
厦门青瓷数码技术有限公司	原创游戏上线运营奖励项目	29.34
厦门市酷游网络科技有限公司	新招动漫人才补贴项目、参展补贴	4.3
福建中科亚创动漫科技股份有限公司	参展补贴项目	0.8
摩多（厦门）科技有限公司	原创游戏上线运营奖励项目	19.1
家乡互动（厦门）网络科技有限公司	原创游戏上线运营奖励项目	65.72
厦门淘金互动网络股份有限公司	原创游戏上线运营奖励项目	21.96
厦门星瞳网络科技有限公司	新招动漫人才补贴项目	0.2
厦门市睿游网络技术有限公司	原创游戏上线运营奖励项目	2.16
厦门市超游网络科技股份有限公司	原创游戏上线运营奖励项目、参展补贴	17.85
厦门勇仕网络技术股份有限公司	原创游戏上线运营奖励项目	20
厦门大拇哥动漫股份有限公司	参展补贴项目	1
厦门梦加网络科技股份有限公司	原创游戏上线运营奖励、新招动漫人才补贴	29.97
厦门卡酷动漫有限公司	原创游戏上线运营奖励、新媒体业务运营	14.07
厦门吉比特网络技术股份有限公司	原创游戏上线运营奖励项目、新招动漫人才补贴、参展补贴	21.8
厦门雷霆互动网络有限公司	原创游戏上线运营奖励项目、新招动漫人才补贴	21
厦门极致互动网络技术股份有限公司	原创游戏上线运营奖励项目、新招动漫人才补贴	64.12
厦门市妮东科技有限公司	参展补贴项目	1
厦门翼次方文化传媒有限公司	新招动漫人才补贴项目	0.4
厦门市希苒文化传播有限公司	新媒体业务运营奖励项目	18
厦门游力信息科技有限公司	新招动漫人才补贴项目	0.2
厦门西岐网络股份有限公司	原创游戏上线运营奖励项目	4.32
厦门冠赢网络科技有限公司	新招动漫人才补贴项目	0.2
厦门翼逗网络科技有限公司	原创游戏上线运营奖励项目	20
厦门汇乔文化传播有限公司	新媒体业务运营奖励项目	50
厦门光翎信息科技有限公司	原创游戏上线运营奖励、新招动漫人才补贴	33.61
厦门市妖猫网络有限公司	新招动漫人才补贴项目	0.2
厦门扬顺科技有限公司	原创游戏上线运营奖励项目	7.22
厦门口袋工场信息科技有限公司	原创游戏上线运营奖励项目	3.2
厦门手游时代信息科技有限公司	原创游戏上线运营奖励项目	3.5
厦门市冰天信息科技有限公司	新媒体业务运营奖励项目	12

表 22-30 **2018 年厦门市民营市级重点软件和信息技术服务业企业一览表**

企业	企业
厦门吉比特网络技术股份有限公司	厦门亿联网络技术股份有限公司
四三九九网络股份有限公司	厦门市美亚柏科信息股份有限公司
厦门亿力吉奥信息科技有限公司	厦门美图网科技有限公司
厦门网宿有限公司	易联众信息技术股份有限公司
厦门万安智能有限公司	厦门美柚信息科技有限公司
智业系列（智业软件股份有限公司	厦门云顶伟业信息技术有限公司）
厦门点触科技股份有限公司	厦门狄耐克智能科技股份有限公司
厦门精图信息技术有限公司	罗普特（厦门）科技集团有限公司
趣游（厦门）科技有限公司	厦门集微科技有限公司
厦门翔通动漫有限公司	厦门众联世纪科技有限公司
厦门快云信息科技有限公司	厦门市酷游网络科技有限公司
厦门青瓷数码技术有限公司	厦门极致互动网络技术股份有限公司
厦门市巨龙信息科技有限公司	厦门神州鹰软件科技有限公司
厦门勇仕网络技术股份有限公司	厦门靠谱云股份有限公司
厦门游动网络科技股份有限公司	厦门用友烟草软件有限责任公司
厦门飞博共创网络科技股份有限公司	厦门四信通信科技有限公司
厦门易名科技股份有限公司	厦门三五互联科技股份有限公司
厦门淘金互动网络股份有限公司	厦门至恒融兴信息技术有限公司
厦门纳龙科技有限公司	厦门二五八网络科技集团股份有限公司
厦门南讯软件科技有限公司	厦门欢乐逛科技股份有限公司
厦门快商通科技股份有限公司	—

【民企入选省智能制造试点示范企业】 2018 年，厦门市 3 家民营企业入选省经信委评选的 2018 年福建省智能制造试点示范企业，占全市入选企业 60%，占全省入选企业 11.54%。（见表 22-31）

【国家级知识产权示范优势企业】 2018 年，厦门市 7 家民营企业入选国家知识产权局评选的第五批国家知识产权示范、优势企业，占全市入选企业 70%。其中，厦门三安光电科技有限公司、厦门乾照光电股份有限公司入选国家知识产权示范企业，罗普特（厦门）科技集团有限公司、厦门金牌橱柜股份有限公司、厦门金达威集团股份有限公司、厦门多彩光电子科技有限公司、厦门科华恒盛股份有限公司入选国家知识产权优势企业。至年末，厦门市民营国家级知识产权示范企业 6 家，占全市国家级知识产权示范企业 50%；民营国家级知识产权优势企业 25 家，占全市国家级知识产权优势企业 65.79%。

【民营市级知识产权试点企业】 2018 年，厦门市 26 家民营企业入选市知识产权局评选的第十五批（2018 年）厦门市知识产权试点企业，占全市入选企业 86.67%。（见表 22-32）

【民营市级动漫企业】 2018 年，厦门市 80 家民营企业入选市经信局评选的 2018 年市级动漫企业名单，占全市入选企业 93.02%。至年末，厦门市民营市级动漫企业 245 家，占全市市级动漫企业 96.84%。（见表 22-33）

表 22-31 **2018 年厦门市入选省智能制造试点示范的民营企业一览表**

行业	企业	试点示范模式	项目
机械	厦门航天思尔特机器人系统股份公司	离散型	机器人装备的智能生产试点示范
轻工	厦门长塑实业有限公司	流程型	双向拉伸尼龙薄膜（BOPA）智能制造试点示范项目
电子	厦门乾照光电股份有限公司	离散型	LED 外延片、芯片智能制造试点示范

表 22–32　**2018 年厦门市入选第十五批知识产权试点的民营企业一览表**

企业	企业
厦门鸿基伟业复材科技有限公司	厦门力巨自动化科技有限公司
厦门三安集成电路有限公司	厦门长塑实业有限公司
厦门琥珀日化科技股份有限公司	厦门普瑞特科技有限公司
厦门广泓工贸有限公司	厦门市凯纳石墨烯有限公司
金旸（厦门）新材料有限公司	厦门攸信信息技术有限公司
厦门东顺涂料有限公司	厦门锐谷通信设备有限公司
厦门市蒙泰健康科技有限公司	爱启（厦门）电气技术有限公司
厦门安胜网络科技有限公司	厦门加晟生物科技有限公司
厦门米特自动化设备有限公司	厦门豪帝卫浴工业有限公司
昇捷丰电子（厦门）有限公司	厦门印天电子科技有限公司
厦门诺恩斯科技有限公司	传孚科技（厦门）有限公司
安田信邦（厦门）电子科技有限公司	厦门物之联智能科技有限公司
厦门三优光电股份有限公司	厦门农丰园大棚开发有限公司

表 22–33　**2018 年厦门市民营市级动漫企业一览表**

企业	企业
厦门泡游网络科技有限公司	厦门悦游网络科技有限公司
厦门市在野网络科技有限公司	海天云龙（厦门）文化传媒有限公司
厦门冠赢网络科技有限公司	华强方特（厦门）动漫有限公司
厦门白鹭互动科技有限公司	厦门七月动漫科技有限公司
厦门市风吉网络技术有限公司	厦门正映文化传播有限公司
厦门摩游科技有限公司	厦门地心互娱网络科技有限公司
厦门翼次方文化传媒有限公司	厦门自由沙漏动漫科技有限公司
厦门织梦盒子教育科技有限公司	厦门大行道动漫文化有限公司
厦门火游信息科技有限公司	厦门速固利网络科技有限公司
厦门涂鸦王国网络科技有限公司	四三九九网络股份有限公司
厦门雷霆互动网络有限公司	厦门吉比特网络技术股份有限公司
厦门点触科技股份有限公司	趣游（厦门）科技有限公司
厦门极致互动网络技术股份有限公司	厦门翔通动漫有限公司
厦门翔通信息科技有限公司	福建蓝帽子互动娱乐科技股份有限公司
厦门青瓷数码技术有限公司	厦门市酷游网络科技有限公司
厦门风云科技股份有限公司	厦门市旷盛文化传播有限公司
花火（厦门）文化传播股份有限公司	厦门翼逗网络科技有限公司
厦门淘金互动网络股份有限公司	厦门新游网络股份有限公司
厦门梦加网络科技股份有限公司	厦门市光娱投资管理有限公司
厦门魔兔网络科技有限公司	厦门游力信息科技有限公司
厦门仙侠网络股份有限公司	厦门笑傲信息科技有限公司

续表 22-33

企业	企业
福建中科亚创动漫科技股份有限公司	厦门市超游网络科技股份有限公司
厦门西岐网络股份有限公司	厦门大黑科技有限公司
厦门本捷网络股份有限公司	厦门真有趣信息科技有限公司
厦门彼岸天网络科技有限公司	厦门优莱柏网络科技有限公司
厦门市妮东科技有限公司	厦门大拇哥动漫股份有限公司
厦门易我玩信息科技有限公司	观印数字影像（厦门）有限公司
厦门六次方信息技术有限公司	厦门阳光互动软件技术有限公司
厦门网中网教育科技有限公司	厦门市摹刻数码科技有限公司
厦门市睿游网络技术有限公司	厦门嘉影动漫有限公司
厦门易景软件工程有限公司	厦门大界营销策划有限公司
光游（厦门）网络科技有限公司	厦门市蝶之谷动漫科技有限公司
厦门市唐游网络科技有限公司	厦门千骥网络科技有限公司
厦门青鸟动画有限公司	厦门市实景文化科技有限公司
厦门黑火网络科技有限公司	学之源（厦门）科技开发有限公司
厦门天之谷动画有限公司	厦门乔福文化传播有限公司
厦门漫游云中网络科技有限公司	厦门市突破数码科技有限公司
厦门异次元网络技术有限公司	晟景科技（厦门）有限公司
厦门市玄惠德网络科技有限公司	厦门英凰网络科技有限公司
厦门蓝火焰影视动漫有限公司	厦门沙漠舟动漫有限公司

【民营企业 3 项成果获省标准贡献奖】 2018 年，厦门市民营企业参与的 3 项成果（厦门中迅德检测技术有限公司参与的“鞋用网眼布”“鞋用水性聚氨酯胶粘剂”和厦门祥禾门窗有限公司参与的“客车外推式应急窗”）获 2018 年福建省标准贡献奖。该奖项由省政府评选，全省共 30 个项目。

（严　旭）

社会活动

【民营企业 38 人入选市青年杰出创新创业人才】 2018 年，厦门市民营企业 38 人入选市委组织部、共青团市委联合评选的市第二批杰出青年和第四批青年创新创业人才入选名单，占全市入选人数 52.78%。其中，杰出青年人才 4 人，青年创新人才 20 人，青年创业人才 14 人。（见表 22-34）

表 22-34　**2018 年厦门市入选市青年杰出创新创业人才的民营企业人选一览表**

类别	人员	企业
杰出青年人才	王　靖	厦门泰启力飞科技有限公司
	田　靖	准动网络科技（厦门）有限公司
	李建清	厦门睿康科技有限公司
	熊　欣	厦门美柚信息科技有限公司
青年创新人才	王　晶	厦门欢乐逛科技股份有限公司
	王伟毅	厦门安普利生物工程有限公司
	王海圣	厦门乃尔电子有限公司
	石国宗	厦门蓝湾科技有限公司
	田　力	厦门此刻装置科技有限公司
	田志鹏	厦门烽行光电科技有限公司
	朱　宏	厦门蓝斯通信股份有限公司
	孙文檠	金派（厦门）新能源汽车有限公司
	李海波	厦门大学附属厦门眼科中心有限公司
	张　洁	厦门市三安光电科技有限公司
	陈　奋	厦门服云信息科技有限公司
	钟石根	厦门南洋职业学院

续表 22-34

类别	人员	企业
青年创新人才	姜　帆	厦门安斯通微电子技术有限公司
	郭　立	厦门昶科生物工程有限公司
	唐志伟	厦门市纳提诺科技有限公司
	黄益聪	厦门美柚信息科技有限公司
	蒋卓君	科之杰新材料集团有限公司
	程棋锋	合诚工程咨询集团股份有限公司
	谢　伟	厦门骐俊物联科技股份有限公司
	薛　亮	厦门明延科技有限公司
青年创业人才	王　宇	厦门蓝斯通信股份有限公司
	王劲草	厦门智顶互动传媒股份有限公司
	刘双印	厦门蓝海天信息技术有限公司
	刘志杰	厦门欢乐逛科技股份有限公司
	孙小泉	花火（厦门）文化传播股份有限公司
	严竹明	瑞颐（厦门）酒店管理有限公司
	吴剑锋	厦门美乐镁装饰材料有限公司
	吴梁斌	易联众民生（厦门）科技有限公司
	陈升想	摩多（厦门）科技有限公司
	陈宜飞	智能特（厦门）科技有限公司
	林扬波	厦门扬森数控设备有限公司
	赵瑞兴	厦门鼎运智能股份有限公司
	黄　绿	厦门泡游网络科技有限公司
	黄建荣	厦门房米信息科技有限公司

【3位民营企业家入选胡润慈善榜】 2018年，厦门市3位民营企业家入选胡润研究院发布的2018胡润慈善榜。该慈善榜根据公开捐赠金额评选100位中国大陆慈善家。（见表22-35）

【民营企业家入选胡润研究院榜单】 2018年，厦门三安集团林秀成、林志强父子入选胡润研究院发布的2018胡润中国百富榜，以390亿元财富排第八十名；福信集团黄曦入选胡润女企业家榜前50名。该榜单是胡润研究院根据公开数据和调查结果评选。

【《厦商风华》出版】 2018年11月，厦门市工商联编辑出版《厦商风华》。该书以“改革开放40年，敢勇当先40人”为主题，记录王瑞祥（味友）、孙少锋（中绿）、陈清渊（银鹭）、柯希平（恒兴）、郭满金（宏发电声）等40位厦门市民营企业家事迹。

（严　旭）

责任编辑：林建高
审　　稿：阳晓儒
校　　对：林炯程

表 22-35　**2018年厦门市入选胡润慈善榜的民营企业家一览表**

排名	姓名	捐赠总额（亿元）	主要捐赠明细	主要捐赠方向	企业
8	黄朝阳	5	以个人名义向福建南安慈善总会捐款5亿元，成立南安慈善总会中骏慈善基金	教育、扶贫、社会公益	中骏
21	林秀成、林志强（父子）	1.1	以个人名义向福建安溪捐赠1亿元设立三安教育慈善基金	教育	三安
65	柯希平、刘海英（夫妻）	0.32	以集团名义向厦门市慈善总会捐赠2000万元，向蓬莱精准扶贫捐赠1100万元	社会公益、扶贫	恒兴

23 科学技术

综　　述

2018年，中国城市科技创新发展指数、中国创新创业指数厦门市均居第十一位；福厦泉自创区考评厦门片区居全省首位，核心区火炬高新区综合实力排名跃升至全国第十五位；4项科技成果获国家科技奖。

2018年，厦门市国家高新技术企业1626家，实现工业增加值1093.99亿元。重点实验室国家级4家，省部（市）共建2家，省级13家；工程技术研究中心国家级2家，省级36家；产业技术创新战略联盟15个；科技企业孵化器28家，其中国家级5家；创新型企业847家，其中国家级创新型企业7家、试点企业7家，省级创新型企业42家。

2007—2018年度企业所得税汇算清缴数据显示，厦门市企业累计申报研发费用总额267.51亿元，涉及减免税额48.89亿元。2018年，厦门市投入市级科技发展经费10.93亿元，争取国家、省科技资金近8亿元，支持中小微企业、驻厦高校院所等实施研发创新项目1万余项，促成新增国内专利授权2.14万件，比上年增长45.75%。新增国家知识产权示范企业4家、优势企业6家。新登记科技成果532项，增长19%；55个项目获2017年度福建省科技奖，54个项目获2018年度厦门市科技奖。全市每万人有效发明专利拥有量28.21件，为全国平均值的2.45倍、全省平均值的2.86倍。全市登记技术交易4562项，合同金额70.82亿元，分别占全省58.84%、63.83%。艾德生物获批上市中国首个多癌种基因突变联合检测试剂盒，全球第二支二代宫颈癌疫苗进入临床。“戊型肝炎疫苗国际化”等6个项目获国家新药创制和重大传染病防治重大专项支持。

（曾广明　郭燕妮）

高新技术及新兴产业

【概　况】 2018年，厦门市国家级高新技术企业（简称高企）认定通过694家企业，比上年增长27.11%，全市资格有效高企数1626家，占全省资格有效高企数的42.79%；市级高企备案通过企业591家，2017—2018年累计备案市级高企数1809家。规上（规模以上，简称规上）高新技术产业实现工业产值4552.72亿元，占全市规上工业总产值71.2%；实现工业增加值1093.99亿元，占全市规上工业增加值67.89%。其中，资格有效国家高新技术企业实现工业产值增长11.81%，540家企业增长超过10%，216家增长超过50%，110家增长超过100%。年内，厦门市承办第七届中国创新创业大赛（厦门赛区）暨第四届“白鹭之星”创新创业大赛；厦门市科学技术局（简称市科技局）对2017年发布《厦门市市级高新技术企业备案及扶持办法》进行修订并发布，进一步完善厦门市高企培育体系政策；市科技局制定《推动生物医药与健康产业“双千亿”工作实施意见》。

【高新技术企业】 2018年，厦门市不断完善高新技术企业梯次培育体系，通过一次性奖励、研发补助、科技金融等措施鼓励企业研发创新，完善“科技中小微企业—市级高新技术企业—国家级高新技术企业—科技小巨人领军企业”的“全周期”梯次培育体系。国家高新技术企业年净增量从“十二五”期间的年均95家提高到年均200多家，进入历史发展最快时期。2018年，备案市级高新技术企业591家；实现净新增国家高新技术企业201家，全市国家高新技术企业1626家，占全省42.79%。根据企业申报数据，2018年通过认定的国家级高新技术企业涵盖电子信息、生物与新医药、先进制造与自动化、新材料、高技术服务等领域。全市资格有效的高新技术企业实现营业收入2245.84亿元，其中超过1亿元的高新技术企业324家。

【光电产业】 2018年，厦门光电产业（包括平板显示、LED、太阳能光伏、光通信和现代光学等细分产业）直接总产值为1762.5亿元，比上年增长5.11%，直接总产值占全省光电产值近一半。其中，平板显示产业直接产值1122.51亿元，增长3.07%，占光电产业直接总产值的63.69%。LED产业受中美贸易摩擦等因素影响，直接产值为439.29亿元，占光电产业直接总产值的24.92%，增长速度减缓，增长10.57%；LED外延芯片产值142亿元，LED外延芯片规模、产业实力和产量继续保持全国第一；厦门市继续保持全球LED光源类高端产品最大的制造和出口基地之一，立达信、阳光恩耐、通士达、龙胜达4家企业位列2018年全国LED照明产品出口前十企业。

【集成电路产业】 2018年，厦门市有集成电路企业180多家，集成电路产业产值186.8亿元，其中设计业产值35.3亿元，有5家集成电路设计企业销售额突破1亿元。厦门联芯成功试产采用28纳米High-K/Metal Gate工艺制程的客户产品，良率98%，月产能超过1.7万片，进入国内前十大晶圆厂之列。厦门优迅参与的“十二五”国家863计划项目“下一代光传输系统中高速模数转换（ADC）/数模转换（DAC）芯片和关键技术研究”在厦门顺利通过科技部技术验收。厦门雷迅科自主设计的“WiFi 5GHz射频功放（FEN）芯片”获“中国芯”优秀技术创新产品奖。

【科技小巨人企业】 2018年，厦门市遴选推荐的150家企业成为第三批进入“省科技小巨人领军企业培育发展库”企业；厦门市科技小巨人企业及领军企业认定工作启动，相关机构全年受理312家企业申报，经专家评审和联审会讨论，认定155家科技小巨人企业和94家科技小巨人领军企业。厦门市入库科技小巨人企业692家，2017年共实现销售收入719.34亿元，研发费用投入总额51.57亿元，累计上缴税收38.13亿元；入库小巨人企业已有44家高新技术企业成为主板、中小板、创业板及境外上市公司主体或上市公司子公司，新三板挂牌企业90家，其中2017年销售收入上亿元企业53家。

【生物医药与健康产业】 2018年，厦门市生物医药与健康产业领域244家国家高新技术企业实现主营业务收入238.27亿元，比上年增长18.3%。截至年底，厦门市生物医药与健康产业有上市企业18家，科技小巨人企业111家，科技小巨人领军企业60家。厦门市备案Ⅰ类的医疗器械733个，注册Ⅱ类医疗器械471个，注册Ⅲ类医疗器械310个；注册药品的品种数量402种，常年生产的品规数量141种。3月，市政府办公厅出台《厦门市加快生物医药与健康产业发展若干措施》，围绕“研发资助、产业化奖励、国际认证和做强做大”4部分，加大对产业的扶持力度和广度。2018年，厦门市组织兑现2017年度《厦门市加快生物与新医药产业发展的若干措施》研发补助与产业化奖励项目35项，奖励资金1900万元，9家企业获国际认证补助，补助资金218.05万元。

【艾德生物多个新产品上市】 2018年1月19日，艾德生物Super-ARMS® EGFR基因突变检测试剂盒通过创新医疗器械特别审批通道，获中国食品药品监督管理总局（CFDA）快速批准，成为中国首个以伴随诊断试剂标准获批上市的血液ctDNA-EGFR突变检测试剂盒。11月20日，艾德生物用于定性检测非小细胞肺癌、结直肠癌患者基因变异的人类10基因突变联合检测试剂盒（维惠健™）通过中国药品监督管理局（NMPA）创新医疗器械特别审批程序获批上市，是国内伴随诊断位点最多的NGS检测产品。此外，艾德生物的AmoyDx ROS1（基因融合检测）试剂盒获韩国食品药品安全部（MFDS）批准作为靶向药物克唑替尼的伴随诊断试剂，是艾德生物在海外获批的第二个伴随诊断试剂产品。

·小资料·

NGS检测： 高通量测序（High-Throughput Sequencing），又称为下一代测序（Next Generation Sequencing，NGS），可以对DNA或RNA样本中的碱基对进行快速测序。支持各种应用，包括基因表达谱分析、染色体计数、检测表观遗传变化和分子分析，NGS可促进发现和实现精准诊疗医学。

【505b2口腔黏膜药获美国FDA临床试验批准】 2018年4月15日，力品药业（厦门）有限公司自主研发产品505b2创新制剂药盐酸帕洛诺司琼口腔黏膜获得美国FDA（美国食品药品监管局）临床试验批准，是中国第一个在国际上获批临床的口腔黏膜剂型，该产品是力品药业自主开发的全球独家创新制剂新药，拥有国际国内专利6项。年内，力品药业的“口服固体高端制剂共性技术国际化研究”项目获国家重大新药创制科技重大专项立项支持，涵盖6个高端制剂品种的国际化资助金额1294.7万元。

（许 敏 钟建平）

科技计划项目与经费

【概 况】 2018年，厦门市科技局投入市科学技术创新与研发资金10.51亿元。全年重大项目滚动支持10项，市科技计划项目立项170项，其中产学研协同创新与合作项目83项、科技惠民项目89项。在全市科学技术创新与研发资金中，资助新立项项目资金1960万元；滚动资助历年创新项目资助资金3844.93万元；国家项目配套资金1176.9万元；项目管理费212.76万元；补助研发经费63736.04万元；科技与金融结合资金支出9610万元；科技政策兑现资金支出24576.88万元。科技政策兑现资金中，加快生物与新医药产业发展补助1952.04万元，高新技术企业补贴资金5065万元，重点实验室补助资金2440万元，科技小巨人领军企业奖励资金1175万元，集成电路设计流片补贴1520.62万元，工程中心补助资金2355.72万元、创新型企业补助资金725万元，科学技术奖奖励资金570万元，技术交易奖励、技术转移机构办公经费、技术平台引进人才补助资金1595.15万元，创新大赛奖励资金1000万元，众创空间认定补助资金3189.2万元，科技孵化器建设补贴1117.96万元，科学仪器补贴105.91万元，市公务员博士后补贴655万元，小微企业引才补贴955.8万元，引进新型研发机构建设资助154.49万元。支出中央引导地方科技发展专项资金1020万元，用于项目建设、补助研发经费和众创空间扶持。支出福厦泉国家自主创新示范区厦门片区专项资金941.61万元，用于项目建设、补助研发经费和科技金融政策扶持。

【全社会研发投入】 2018年，厦门市全社会研发投入（R&D）经费投入142.39亿元，比上年增长21%，增幅比上年提高7.23个百分点，占全省R&D经费的26.22%。R&D经费投入强度（R&D经费支出占GDP比重）为3.27%，比上年提高0.16个百分点，创历史高点；R&D经费投入强度比全省平均水平高1.59个百分点，比全国平均水平高1.14个百分点。

【国家及省科技项目立项资金支持】 2018年，厦门市获批中央引导地方专项资金1000万元，带动总投入14585万元。据不完全统计，2018年厦门市获国家项目立项543项，争取国家资金5.46亿元；获省科技项目立项392项，争取省级资金1.17万元。

【研发经费补助】 2018年，厦门市有2162家科技企业申请研发费用补助，创历史新高，申报数是上年的1.5倍。企业申报研发费用额112.24亿元，是上年的1.44倍。2104家科技型企业共获企业研发经费补助资金6.37亿元。

（邢　博　陈卫锋）

科技成果与奖励

【概　况】 2018年，厦门市认定登记技术合同4562项，比上年增长8.16%；技术合同成交总额70.82亿元，增长3.79%；技术合同登记量及成交总额居全省首位，分别占全省58.84%、63.83%。全年登记科技成果532项。拥有国家技术转移示范机构3家，国家科技成果转化服务示范基地、中国创新驿站区域站点和基层站点各1个。全年有4项成果获国家科学技术奖，45项科技成果获省科学技术奖，54项成果获2018年度厦门市科学技术进步奖。

【科技成果获国家科学技术奖】 2018年，厦门市4项科技成果获国家科学技术奖。其中，厦门大学郑南峰教授课题组牵头完成的“金属纳米材料的表面配位化学”获国家自然科学二等奖；厦门亿力吉奥信息科技有限公司的“复杂大电网时空信息服务平台关键技术与应用”项目和厦门金龙联合汽车工业有限公司的“基于共用架构的汽车智能驾驶辅助系统关键技术及产业化”项目作为合作单位分别获国家科技进步二等奖，厦门钨业股份有限公司的“基于硫磷混酸协同浸出的钨冶炼新技术”项目作为合作单位获国家技术发明二等奖。（见表23–1）

【科技成果获省科学技术奖】 2018年，厦门市45项科技成果获省科学技术奖，其中一等奖3项，二等奖15项，三等奖27项。其中，厦门大学“孤儿核受体TR3 / Nur77功能多样性及调控功能的化合物研究”项目获得省自然科学一等奖，厦门大学“多场调控化合物半导体量子结构关键技术及其固态光源应用”和“北斗通信与导航终端关键技术研发与产业化”项目获得省科技进步一等奖。（见表23–2）

【市科学技术进步奖】 2018年，厦门市“磁驱动同步双向拉伸功能化尼龙薄膜的应用技术开发与产业化”等54项成果获市科学技术进步奖，其中一等奖5项，二等奖20项，三等奖29项。54项成果中，电子信息、先进制造、生物医药和医疗器械、新材料、节能环保等重点产业领域成果显著。企业为主或参与完成的成果有44项，占获奖成果的81%。其中，企业主导完成的4个项目获一等奖。54项科技进步奖获奖项目共获授权专利554件，其中发明专利251件，发表论著397篇；累计实现产值267.9亿元，其中实现产值上亿元的项目有29项。

表23–1　**2018年厦门市获得的国家科学技术奖项目一览表**

获奖类别	项目名称	主要完成单位	主要完成人
自然科学二等奖	金属纳米材料的表面配位化学	厦门大学	郑南峰、黄小青、傅　钢、陈光需、杨华艳
科技进步二等奖	复杂大电网时空信息服务平台关键技术与应用	国网信息通信产业集团有限公司、武汉大学、厦门亿力吉奥信息科技有限公司、武大吉奥信息技术有限公司、国网福建省电力有限公司、北京恒华伟业科技股份有限公司、中国电力科学研究院有限公司	王继业、朱欣焰、赵　光、刘金长、庄玉林、赖征田、杨成月、李功新、曾楠、李浩松
	基于共用架构的汽车智能驾驶辅助系统关键技术及产业化	清华大学，苏州智华汽车电子有限公司，广州汽车集团股份有限公司，厦门金龙联合汽车工业有限公司	李克强、罗禹贡、李升波、王建强、杨殿阁、邓　博、席忠民、陈卫强、成　波、许　庆
技术发明二等奖	基于硫磷混酸协同浸出的钨冶炼新技术	中南大学、厦门钨业股份有限公司、中南大学、厦门钨业股份有限公司、中南大学、中南大学	赵中伟、方　奇、李江涛、杨金洪、陈星宇、刘旭恒

表 23-2　　**2018 年厦门市获得的福建省科学技术奖项目一览表**

获奖类别	项目名称	主要完成单位	主要完成人
自然科学奖一等奖	孤儿核受体 TR3 / Nur77 功能多样性及调控功能的化合物研究	厦门大学	吴　乔、林天伟、陈航姿、李　莉、李博安
自然科学奖二等奖	Banach 空间的非线性几何及其应用	厦门大学	程立新、张　文、程庆进
	抗肿瘤药物新靶点 tRXRα 的发现与应用研究	厦门大学	张晓坤、苏　迎、周　虎、黄培强、刘　文
自然科学奖三等奖	无线网络物理层安全博弈研究	厦门大学	肖　亮、黄联芬、程　恩、唐余亮
	石斑鱼肠道功能微生物	集美大学	孙云章、叶继丹、杨红玲
技术发明奖二等奖	空间分辨腐蚀电化学仪器方法及应用	厦门大学、广州市本原纳米仪器有限公司、厦门乐钢材料科技有限公司	林昌健、卓向东、吴浚瀚、林理文、杜荣归
	天然气化工清洁技术研发及靛蓝等特色产业链的构建	厦门大学、北京紫光英力化工技术有限公司、内蒙古泰兴泰丰化工有限公司	尹应武、张正西、毛永生、师雪琴、栾敏红
	基于压电材料的超高层建筑钢—混凝土组合结构检测新技术与应用	华侨大学、湖南大学、中建二局第一建筑工程有限公司	许　斌、罗晓生、李婉琴、陈洪兵、王海东
科学技术进步奖一等奖	多场调控化合物半导体量子结构关键技术及其固态光源应用	厦门大学、厦门乾照光电股份有限公司、厦门华联电子股份有限公司、厦门光莆电子股份有限公司	康俊勇、陈凯轩、林　丞、林　伟、卓祥景、黄兆武、高　娜、李金钗、蔡端俊、黄　凯
	北斗通信与导航终端关键技术研发与产业化	厦门大学、福州大学、厦门国海中森航电科技股份有限公司、福州福大北斗通信科技有限公司	石江宏、苏凯雄、陈凌宇、彭　敖、袁家德、陈根潮、张　建、余之喜、杨华炜、赖泽恒
科学技术进步奖二等奖	高端干式机制砂生产装备关键技术开发及产业化	华侨大学、福建南方路面机械有限公司	杨建红、黄文景、房怀英、汤　明、李建生、周建华、陈俊龙
	聚烯烃包装薄膜功能化开发与产业化应用	厦门大学、厦门金汇峰新型包装材料股份有限公司	戴李宗、罗宇峰、曾碧榕、许一婷、袁丛辉、陈国荣、罗伟昂
	8500PCTC 汽车滚装船的研制	厦门船舶重工股份有限公司	曾震宇、黄得壮、谢荣炳、王树松、刘剑峰、张江兴、王　罡
	匀相纳米晶硬质合金工业化制造技术	厦门金鹭特种合金有限公司、厦门钨业股份有限公司	吴其山、陈成艺、张守全、文　晓、聂洪波、龙本夫、王　年
	环保型足尺建筑结构抗火试验平台	华侨大学、山东思达特测控设备有限公司、福建博成建筑工程有限公司、福建径坊建造工程有限公司、福建闽清一建建设发展有限公司	董毓利、王卫华、张大山、郭　琪、房圆圆、徐玉野、王玲玲
	北斗 / GNSS 多模导航关键技术研究与应用	厦门雅迅网络股份有限公司、北京邮电大学	邓中亮、陈　挺、赖荣东、黄运峰、尹　露、杨　磊、陈茹涛
	土壤环境修复与系统调控技术研发及其应用	厦门理工学院、厦门市江平生物基质技术股份有限公司	黄国和、李永平、傅海燕、夏江平、安春江、姚　尧、阳艾利
	并联非对称永磁磁路的研究及其在智能家居控制用继电器的应用	厦门宏发电声股份有限公司	谭忠华、刘金枪、林　晶、蔡文智、曹宏江
	大功率 LED 灯制造关键技术的研究及智能化控制	厦门理工学院、富顺光电科技股份有限公司	谢　安、何仲全、谢　丹、张旻澍、曹春燕、陈勇财
	流感广谱表位的发现及流感抗原免疫诊断试剂的研制与应用	厦门大学、厦门国际旅行卫生保健中心、北京万泰生物药业股份有限公司、厦门万泰凯瑞生物技术有限公司	陈毅歆、杨坤宇、邱子欣、袁　权、葛胜祥、乔　杉、徐飞海

续表 23-2

获奖类别	项目名称	主要完成单位	主要完成人
科学技术进步奖三等奖	XG822FL 北美液压挖掘机	厦门厦工机械股份有限公司	黄鹤艇、王文龙、郑初源、苏跃强、赵永前
	新能源客车关键技术研发及产业化项目	厦门金龙联合汽车工业有限公司	徐一凡、刘强生、吴焜昌、朱武喜、李志强
	超大功率（＞100W）单芯片 LED 光源技术开发及产业化	厦门市三安光电科技有限公司	梁兴华、张　洁、时军朋、杨力勋
	应用于边海防的多光谱图像感知技术	罗普特（厦门）科技集团有限公司	陈延艺、陈延行、蔡渠棠、张　翔、孙申雨
	智慧交通云服务系统	厦门蓝斯通信股份有限公司、厦门大学	王　宇、黄　悦、赖坤锋、朱　宏
	基于照明物联网的城市公共智能管理平台研发及产业化	厦门理工学院、厦门市智联信通物联网科技有限公司、厦门市三安光电科技有限公司	朱顺痣、查利君、马　樱、谢大成、陈　思
	移动终端极速快充与长待机技术的研究及应用	联想移动通信科技有限公司、联想移动互联科技（厦门）有限公司	林文新、林　喆、王永亮、陈永斌、康志洪
	超高清高可靠性全彩 LED 显示屏的研发及产业化	厦门强力巨彩光电科技有限公司、厦门理工学院、厦门大学	王素彬、朱文章、朱丽虹、徐慧能、郭自泉
	物联网医疗无线信息系统及可穿戴式终端设备关键技术研发与产业化	厦门理工学院、锐捷网络股份有限公司	陈旭辉、吴克寿、洪朝群、梁　伟、王　杰
	纯电动轻型客车关键技术与产业化	厦门理工学院、厦门金龙联合汽车工业有限公司	韩锋钢、谢乐敏、彭　倩、鞠　涛、周水庭
	同时高效脱硫脱硝的干法烟气净化工艺装置的研发与应用	福建龙净脱硫脱硝工程有限公司	王建春、张志文、张　原、林驰前、詹威全
	锅炉烟气余热的深度回收利用及减排系统的研制与工程应用	厦门理工学院、成信绿集成股份有限公司	常海青、张　燕、袁　朝、宋卫华、张　灿
	农村分散点源污染治理集成技术研发与产业化	中国科学院城市环境研究所、集美大学、福建中科同恒环保规划设计有限公司	陈少华、方宏达、林向宇、吴　杰、付远鹏
	集成车内（室内）空气安全监测及空气污染处理系统的回风口装置	爱芯环保科技（厦门）股份有限公司	钟红生、陈勤耀、钟喜生、周三君、古大鹏
	基于超低功耗 DSP 的智能助听器算法、系统与产品	欧仕达听力科技（厦门）有限公司、集美大学	薛行栋、梁维谦、郑佳春、吴松林
	燕窝产品质量安全控制关键技术及在新产品创制中的应用	厦门出入境检验检疫局检验检疫技术中心、厦门市丝浓食品有限公司、广东出入境检验检疫局检验检疫技术中心	徐敦明、范群艳、奚星林、吴　媛、黄蓬英
	亚热带常绿阔叶林次生林可持续经营技术的研究	中国科学院城市环境研究所、福建省顺昌埔上国有林场、中国科学院寒区旱区环境与工程研究所、福建省林业调查规划院	任　引、左舒翟、翁　闲、李　峥、丁洪峰
	鲍杂交育种技术的集成创新与应用	集美大学、莆田市海发水产开发有限公司、莆田市汇龙海产有限公司、莆田市秀屿区水产技术推广站	严正凛、严志洪、骆文树、林玉雨、钟幼平
	牡蛎特色产品开发技术及产业化应用	福建省水产研究所、厦门洋江食品有限公司、漳州元新食品有限公司	刘智禹、刘淑集、许　旻、苏永昌、吴靖娜
	眼表与角膜病的创新理论和关键技术研究	厦门大学附属厦门眼科中心	吴护平、林志荣、李　程、董　诺、李晓峰

续表 23-2

获奖类别	项目名称	主要完成单位	主要完成人
科学技术进步奖三等奖	磁共振分子影像新技术及其在医学诊断中应用	厦门大学、厦门市第二医院、厦门中山医院、福建国民商用软件股份有限公司	陈　忠、郭　岗、黄玉清、蔡淑惠、高锦豪
	人源化抗 NRP-1 单克隆抗体的制备及其用于肿瘤显像与治疗	厦门大学附属中山医院、厦门大学抗癌研究中心、东南大学附属中大医院	苏新辉、颜江华、陈陆馗、罗芳洪、苗　伟
	脑积水的基础研究与临床救治	厦门大学附属第一医院、第三军医大学第一附属医院、宁夏医科大学总医院	王占祥、冯　华、张庆华、徐　昊、陈　志
	乳腺癌综合治疗策略优化的临床与基础研究	厦门大学附属第一医院	吴三纲、周　娟、陈珊宇、戴明明、赖友群
	肺癌的早期诊断和微创治疗新技术	中国人民解放军第一七四医院	郭　明、孙晓雁、胡　蒙、杨清杰、包传恩

【技术合同交易特点】 2018 年，厦门市技术市场保持健康发展，全市技术交易活动呈现六大特点：（1）在厦门市先后出台的有关技术交易奖励政策及促进成果转移转化政策的引导下，厦门市技术合同登记量及成交额两项指标连续两年创历史新高。（2）企业继续保持市场主导地位，输出技术和吸纳技术成交额占全市技术合同成交总额的比例分别超过 85%。（3）登记的技术合同技术领域涉及电子信息、先进制造、生物医药和医疗器械、新材料等厦门重点发展的“双千亿”产业链以及战略性新兴产业，其中电子信息、生物医药领域合同成交额占全市合同总成交额的 80% 以上。全年登记的技术合同中，落地厦门市 2435 项，占登记合同总量的 53.38%，促进厦门市产业的技术提升和转型升级。（4）全市成交千万元以上重大技术合同 46 项，成交额 41.90 亿元，单项重大合同金额平均约 9100 万元，重大合同成交额占全市技术合同总成交额的 59.16%。（5）厦门伯赛基因转录技术有限公司、联想移动互联科技（厦门）有限公司、厦门歌乐电子企业有限公司、厦门市美亚柏科信息股份有限公司、厦门中软海晟信息技术有限公司等交易排前 20 名的机构登记的技术合同成交额 47.87 亿元，占全市合同成交总额的 67.59%，平均单项合同总成交额 588.07 万元。（6）新增注册技术卖方机构 391 家，比上年增长 24.13%。2018 年共有 822 家技术卖方机构参与技术交易，增长 24.20%，其中企业法人性质卖方机构 803 家，占比 97.69%。截至年底，全市累计技术卖方机构超过 2000 家。

【国家科技成果转化服务（厦门）示范基地】 2018 年，厦门市国家科技成果转化服务（厦门）示范基地通过推动以需求为导向的技术转移供给侧变革，提出运用人工智能、大数据等技术，实现要素配置智能化；针对企业需求构建十大创新产品服务链，为政府提供十大创新解决方案。示范基地在实现创新产品链条化的同时，注重解决方案的个性化，针对企业端，提出一企一案的创新管家服务，助力企业创新能力提升及企业产品、研发能力变现；针对政府端，各地政府可根据自身需求，构建独立而不孤立区域技术市场，同时打造全新的线下服务模式——科易创新中心，作为服务城市、园区的创新载体，为城市与园区的高质量发展提供“加法”（招商孵化）和“乘法”（创新驱动）的专业服务支撑。至年底，示范基地已为全国各地建设技术市场 78 个、运营 45 个，举办创新活动 638 场，并新入驻天津、武汉等中心城市。通过示范基地促成的在线技术交易额实现快递增长，截至 12 月，“科易宝”在线技术交易额 37 亿元。

（唐燕婷　姜艳红　李　根）

科技与金融结合

【概　况】 2018 年，厦门市继续推进全国促进科技和金融结合试点城市建设，发挥财政资金的杠杆作用，使之成为撬动银行、担保、保险、创投以及社会资金的支点。通过政银企对接，投保贷联动，创新科技金融产品和服务，建立以科技担保贷款、科技保证保险贷款、科技成果转化与产业化基金、科技创业种子暨天使投资基金、科技保险补贴、科技资本对接会等直接融资与间接融资相结合，政府引导，社会资本为主的科技投融资体系。市科技局、财政局制定出台《厦门市科技信贷及保险扶持管理办法》，完善科技信贷扶持手段，安排风险补偿资金承担贷款本金损失的 40%，为金融机构风险“托底”。

【科技金融】 2018 年，市科技局继续加强与银行、担保、保险等金融机构合作，新增 2 家合作担保机构，全市有科技合作银行 13 家、合作担保机构 9 家、合作保险公司 2 家，多家合作金融机构建立科技支行或科技金融部。厦门市全年新增 408 笔科技担保贷款项目，实际发放科技担保贷款 23.21 亿元，拨付担保费补贴 4292.3 万元、利息补贴 2241.7 万元；截至年底累计发放科技担保贷款

68.47 亿元。新增科技保证保险贷款 228 家 5.02 亿元，拨付利息补贴 475.8 万元；截至年底，累计发放科技保证保险贷款 8.62 亿元。新增科技保险保额 70 亿元，拨付科技企业科技保险保费补贴 816 万元。

【科技成果转化与产业化基金】 2018 年，厦门市科技成果转化与产业化基金到位资金 2 亿元，完成第八批 6 家企业投资 1320 万元、第九批 6 家企业投资 1600 万元。至年末，完成 60 家科技初创企业投资 1.58 亿元，已投企业营收比上年增长 11.65%，纳税增长 40%，带动社会资本投入 4.34 亿元。其中，16 个项目成功回购，36 家企业升级成为国家、市级高新技术企业。

【科技创业种子暨天使投资基金】 2018 年，厦门市科技创业种子暨天使投资基金到位资金 2000 万元。至年末，该基金已征集团队和企业 457 家、尽职调查 43 家，完成首批 2 家企业投资 300 万元。

【科技与资本对接会】 2018 年，厦门市继续整合科技资源，举办厦门科技资本对接会 15 场，包括 1 场主题专场（“9・8”人才资本合作展暨白鹭之星优胜项目展示专场）和 14 场行业专场（集成电路、互联网和移动互联网、集成电路高新产业、综合专场、生物医药、医疗信息化专场、先进制造、生物医药、TMT、电子信息、人工智能、物联网、电子信息以及新能源），合计路演项目 67 个，参与对接金融机构 120 家次。

（李 根）

区域创新体系建设

【概 况】 2018 年，厦门市有重点实验室国家级 4 家，省部（市）共建 2 家，省级 13 家，市级 78 家（新增 15 家），备案中 33 家（新备案 9 家）；工程技术研究中心国家级 2 家，省级 36 家，市级 91 家（2018 年撤销 2 家）；博士后科研工作站 25 个；产业技术创新战略联盟 16 个；科技企业孵化器 15 家，其中国家级 5 家。

【企业研发费用加计扣除】 2007—2018 年度企业所得税汇算清缴数据显示，厦门市企业累计申报研发费用总额 267.51 亿元，涉及减免税额 48.89 亿元。2018 年度厦门市享受研发费用加计扣除政策的企业数 3088 家，企业申报研发费用额 136.42 亿元，涉及减免税 17.48 亿元。其中，厦门市科技局完成 150 家企业 867 项的研发项目鉴定。

【科学仪器共享】 至 2018 年年底，厦门市科学仪器设备资源协作共享平台有 144 家成员单位，上线约 7000 台套科学仪器设备，价值超过 5 亿元，其中单台套 50 万元以上的设备共价值 3.59 亿元，年服务企业 400 多家次，累计为企业解决超过 2 万项的分析测试认证等任务。2018 年，厦门市共享网有 8 家高层次人才单位获使用补助 91.93 万元；3 家科学仪器设备提供单位获服务奖励 13.98 万元。

【众创空间发展】 至 2018 年年底，厦门市有众创空间 203 家，其中国家专业化示范 2 家、国家备案 33 家、省级 69 家。一品威客创客空间、北京大学创业训练营等一批对台特色众创空间相继出现；金旸集团、美亚柏科、厦门钨业股份、建霖集团等各行业领军企业分别建设专业化众创空间，为行业创新和内部创业搭建平台。全市经认定的众创空间面积 42.2 万平方米、在孵创业团队 4686 个、创业导师 2732 人、吸纳就业人员 18625 人、累计新注册企业 3095 家、累计获投资 22.1 亿元、培育 12 家上市（挂牌）企业。

【自主创新示范区经验推广】 2018 年，福厦泉国家自主创新示范区（厦门片区）首批 69 项创新事项落地实施 65 项，其中 13 项在全省复制推广。新推出第二批 20 项创新事项，其中创新产融合作服务模式、创新科技特派员制度、建设台胞综合服务平台等 16 项创新事项落地实施。建立健全联席会议制度，加快自贸区、自创区政策的相互复制拓展，共同破解制约自贸区、自创区企业发展的体制机制障碍和疑难问题。厦门片区构建重点产业全链条公共技术服务平台体系、创新知识产权金融服务模式等 7 项创新举措，成为全省首批复制推广的“双自联动”创新改革举措。

【国家级优秀科技企业孵化器单位】 2018 年，科技部火炬中心公布 2017 年度国家级科技企业孵化器考核评价结果。厦门市 5 家国家级科技企业孵化器中，厦门高新技术创业中心有限公司、厦门软件产业投资发展有限公司和厦门海峡科技创业促进有限公司 3 家获评国家级优秀（A 类）科技企业孵化器。其中，创业中心和软投公司连续 4 年获评优秀（A 类），海峡科创连续 3 年获评优秀（A 类）。至年底，全市累计认定科技企业孵化器 28 家（其中国家级 5 家），孵化场地面积 116.17 万平方米，在孵企业 2035 家，毕业企业 2301 家，累计培育出三达膜、乾照光电、三维丝环保、美图公司、清源科技等 144 家企业上市（挂牌），诞生 4399 网络、弘信电子等一批在全国具有较强行业影响力和产业竞争力的高科技企业。

【《厦门市关于深入推行科技特派员制度的实施意见》颁布】 2018 年 8 月 31 日，中共厦门市委办公厅、厦门市人民政府办公厅印发《厦门市深入推行科技特派员制度的实施意见》，深入推行科技特派员制度，建立由市委、市政府分管领导牵头，市委组织部、宣传部、市科技局等 20 多个部门参与的市科技特派员工作联席会议制度。该意见在全省创新 4 项举措：（1）创新选派机制。因地制宜实行“平台制”和“下派制”。（2）创新服务内容。服务领域从传统的农业科技领域拓展到工业、卫生教育、文化旅游、绿色环保、城镇建设等领域。（3）创新支持方式。科技特派员对接服务，补贴标准按实际到现场服务的次数予以补贴（每人每次 300 元 / 半天、600 元 / 天），好申请、易操作、接地气。（4）创新政策机制。对下派科技特派员纳入厦门市挂职干部队伍管理和考核。对每年深入农村农业农民开展科技技术服务累计 60 天，视为基层工作经历，在职务、职称晋升时予以倾斜。年内，首批 69 名科技特派员派往岛外 4 个区 23 个街（镇）开展科技服务。

（高爱绒 王维贤）

科技应用与科普宣传

【概　况】 2018年，厦门市科学技术局实施科技惠民工程。厦门市科技局、市卫计委联合立项医疗卫生科技项目67项，资助资金335万元；支持78项医疗卫生项目列入2018年厦门市医疗卫生指导性项目，会同市卫计委联合印发《关于加强医疗卫生科技计划项目管理的通知》。市科技局以科技创新支持厦门市开展低碳城市试点、生态文明先行示范区和海洋生态文明城市的建设，实施厦门市水污染防治行动计划、厦门市最严格水资源管理制度，开展大气污染防治等。中国科学院城市环境研究所承担的“水源地环境质量监测与污染突发事故的应急处置技术”重大项目进展顺利。市科学技术局以研发经费补助支持厦门市环保类企业48家，补助资金共计523.52万元。举办以“科技创新　强国富民”为主题的科技活动周系列活动；组织2名选手参加“2018年全国科普讲解大赛”，均获三等奖并被评为全国优秀讲解员，市科技局获“优秀组织奖”。组织人员参加全市文化科技卫生“三下乡”活动，送政策下乡。从省亚植所选派10名科技特派员到临夏州开展科技对口帮扶工作。市科技局、市科协等单位联合举办厦门市“全国科技工作者日”“青少年科技创新大赛”“少儿科技征文及科技创想绘画比赛”等活动。市科技局推荐的“华厦星创天地”进入第三批国家星创天地备案。2018年科技部党员干部现代远程教育工作会议上，由厦门市社会科技与科普促进中心制作的节目《李水钻的辣木致富新思路》获2017年度科技部党员干部现代远程教育专题教材优秀节目优秀奖。

【加强医疗卫生科技计划项目管理】 2018年，根据“科技创新25条”关于科技计划项目切块管理的改革精神，厦门市科技局推动医疗卫生科技项目管理改革，12月21日会同市卫计委联合印发《关于加强医疗卫生科技计划项目管理的通知》，简政放权，进一步强化各医疗机构责任，加强医疗卫生科技计划项目管理。医疗卫生机构每年申报医疗卫生科技计划项目，经过评审后给予立项，每个项目5万元。

【科技特派员与技术服务对接平台投用】 2018年12月27日，厦门市科技局开发的“厦门市科技特派员与技术服务对接平台”正式上线，该平台采取电脑端（即PC端）和手机端（微信小程序）两种登陆模式，方便科技特派员和基层用户等使用。平台建立特派员管理、技术成果展示、需求信息发布、服务需求对接、绩效评估考核、工作动态信息、服务补贴管理、政策法规等模块，具备为科技特派员提供注册备案、科技成果发布、需求信息发布、需求服务对接、对接服务评价及绩效评估考核等功能，提供全链条技术支撑，可以随时查询“平台制”和“下派制”科技特派员工作动态、服务绩效等信息。同时方便市、区科技特派员管理机构监督管理和服务保障。

（张锦榕　方舒玫　蒋海洋　潘松峰）

科技交流与合作

【概　况】 2018年，厦门市向科技部推荐申报各类国际科技合作项目9项，申报金额4000万元。“2018年中国与东盟打击网络犯罪培训班”项目获科技部立项支持。市科技计划立项支持对台科技合作项目28项共489万元。厦门市1个国际合作项目获国家重点研发项目资助，资助金额427万元；引进中国电子科技集团公司第五十八研究所，与沈阳市共建技术转移中心；市科技交流合作工作围绕市校、院地科技合作，及国际与港澳台科技合作，促进产学研合作和科技成果转化。重点推进与中科院研究所的技术合作，引进大型央企到厦门设立技术转移机构，完成省市重点项目厦门市稀土材料研究所的建设工作工程竣工并实现科研成果产业化，举办2018年两岸青年创新创业研讨会。两岸人才项目资本对接平台于6月14日在第十届海峡论坛·两岸人才机构合作洽谈会上发布并开通试运行。《厦门市高校科研院所产学研项目绩效考核暂行办法》于11月9日出台。

【国际科技合作】 2018年，厦门市向科技部推荐申报9项国际合作项目，其中国家重点研发计划政府间国际科技创新合作项目6项，政府间科技交流例会项目2项，亚太经合组织合作基金项目1项，合作方涉及美国、日本、欧盟、白俄罗斯和“一带一路”沿线国家。1个国际合作项目获科技部立项支持，资助资金427万元，完成科技部授权的厦门稀土材料研究所承担的“核医学成像用溴化镧基闪烁晶体的开发”、厦门大学承担的“新型Co基高温合金的结构、组织设计及性能的合作研究”2个国合项目验收。推荐申报的“2018年中国与东盟打击网络犯罪培训班”项目获科技部立项，实现厦门市在发展中国家技术培训班项目零的突破。亚太经合组织合作基金项目“互联互通蓝图下中国产业转型升级与经济中高速增长研究”结题，相关研究成果获得优秀奖。厦门市2家单位申报科技部“发展中国家技术培训班项目”，推动厦门市与东盟、俄罗斯、捷克等“一带一路”国家合作，传授先进适用技术，促进科技企业和科研机构走出去。

【两岸青年创新创业基地】 2018年，厦门市继续打造两岸青年创新创业基地，全市203家市级众创空间吸引364个台湾创业团队到厦门，占在孵创业团队10%，形成一批具有对台特色的众创空间，全市5家全国海峡两岸青年创业基地中2家为众创空间。一品威客创客空间（全国海峡两岸青年创业基地）与台湾145个孵化中心建立战略合作关系，实现“一地进驻，两岸运营”，同时为台湾团队提供6个月的“六免服务”（免费提供办公空间、免费提供办公设备、免费创业培训辅导、免费协助注册公司、免费配置订单信息、免费大咖创业分享）；有57个台湾创业团队入驻，孵化京瑞钨钢等一批优秀台湾青创项目。台资龙头企业建霖集团打造的专业化众创空间——匠仕创客空间，围绕“健康、智能、创新、潮流、整合”五大元素，打造家居产业的创新孵化平台，有20个两岸创新创业团队入驻，空间孵化的工业设计团队设计的地漏和抽拉龙头获红点设计大奖。

【院地合作】 2018年，厦门市先后组织

20余家科技企业到吉林大学、航天八院800所、中科院兰州化学物理所、中科院近代物理研究所等开展科技交流和技术对接活动，先后与航天八院800所、中铁西南科学研究院、中科院沈阳自动化等3家大院大所签署合作协议，上述机构在厦门设立分支机构。与福州大学、北京邮电大学、兰州大学、西南交通大学、西安交通大学、工业和信息化部电子第五研究所、中海油天津研究院、新松机器人、沈阳机床等14家机构或上市公司洽谈在厦设立技术转移机构和研发机构。

【科技展会参展】 2018年，厦门市组织厦门市企业参加重庆高交会、北京科博会、吉林大学对接会、兰州科博会、深圳高交会、“6·18”海峡项目展等大型展会，共有52家企业120余个项目先后参展。在北京科博会中厦门代表团获得组委会颁发的“优秀组织奖”和“优秀展示奖”；在重庆高交会中厦门代表团获组委会颁发的“优秀组织奖”；在深圳高交会中厦门代表团获得组委会颁发的“优秀组织奖”“优秀展示奖”“优秀产品奖”。

【两岸青年创新创业研讨会】 2018年8月，厦门市科技局与科技部海峡两岸科学技术交流中心在厦门共同举办“2018年两岸青年创新创业研讨会”。会议开展嘉宾论坛、“两岸创新创业邀请赛”等系列活动，两岸从事创新创业的专家学者、众创空间创始人、高校及科研院所负责人、青年创业者、投资人等约160人参会，会上介绍全球创业、大陆创业、台湾青年人才在厦门就业创业等情况，与会人员就大陆、台湾两地高校创新创业发展趋势及面临的问题展开讨论。“两岸创新创业邀请赛”征集两岸创新创业项目50余项，项目涉及电子信息、健康医疗、现代农业等新兴产业和特色产业领域。参赛项目获相关技术、创业辅导、法律、财务、市场咨询等服务，获奖项目享受优惠的创业扶持政策，同时推荐入驻市级众创空间，在“创业导师+创业辅导员+创业团队”的创业生态圈中享受优质创业孵化。

【区域科技合作】 2018年10月16日，厦门市科学技术局牵头组织召开“闽西南协同发展区科技合作领导小组第一次会议”，确定闽西南协同发展区科技部门协作联席会议召集人及工作小组名单，讨论并通过《闽西南协同发展区科技合作工作机制》，确立“闽西南协同发展区科技部门协作联席会议”为5市科技部门协商与决策机构。会议议定，进一步促进5市科技资源共享，如科技政策分享、科技专家库共享、科技平台及技术共享、前沿科技情报共享等；复制推广厦门自创区、泉州自创区的建设经验及做法；建立5市科技金融服务的共享平台、设立“闽西南科技板”引导基金；5市联合开展主体科技协作招商，探索建立协作区协同配合的招商引智机制等。

【厦门产学研对接峰会】 2018年10月26日，由厦门市科技局主办、厦门产业技术研究院承办产学研对接会在厦门举办。中科院沈阳自动化所等国内知名的院所专家与厦门100多家企业技术负责人进行技术需求对接，8个项目现场签约，签约金额6000多万元，20多项技术需求达成初步合作意向。会上市科技局分别与中科院沈阳自动化所、中铁西南科学研究院、上海航天精密机械研究所3个院所签订战略合作协议，鼓励院所到厦门设立分支机构。

（马冬菊　谢桂挺）

知识产权工作

【概　况】 2018年，厦门市新增国内专利申请32234件，比上年增长31.0%；新增国内专利授权21393件，增长45.8%。全市有效发明专利增长超过20%，每万人口发明专利拥有量27.5件，为全国平均水平的2.4倍，全省平均的2.8倍。新增10项中国专利奖，42项厦门市专利奖。构建国家、省、市三级知识产权重点企业发展梯队，新增国家知识产权示范企业4家、优势企业6家，省优势企业5家，市示范企业15家、试点企业30家。知识产权示范城市考核在15个副省级城市中位列第二，专利行政执法在全国161个城市中位列第四，知识产权维权援助举报投诉在76个维权工作站中位列第四。被选为改革开放40年、《国家知识产权战略纲要》实施十年中国知识产权事业取得的重大进展和突出成就的典型城市代表，获中央媒体集中发文20篇宣传知识产权“厦门样本”。

【知识产权政策保障】 2018年，厦门市出台《厦门市知识产权运营服务体系建设专项资金管理办法》，对“运营机构扶持”“运营主体培育”“高价值组合培育”“小微企业托管”“专利预警”“法律服务扶持”等厦门市尚未形成具体扶持措施的关键领域予以重点扶持，扶持力度从20万元至300万元不等。修订《厦门市专利奖评奖办法》，优化奖项设置，提升奖励标准，最高额度由30万元提升至50万元，突出专利转化、实施对全市经济社会发展的重大作用。

【知识产权保护】 2018年，厦门市开展知识产权双随机抽查3次，驻展会执法7次，市场检查12次，查处假冒专利349件，立案专利侵权纠纷案件101件，完善知识产权纠纷多元解决机制，发挥知识产权人民调解委员会作用，调解案件41件，其中调解并销毁某公司案值300多万元的侵权产品。打造“12330”知识产权维权援助智能服务平台，接听咨询电话2515个，受理维权援助咨询525件，举报投诉80件，出具维权援助书面意见10件，资金援助23件，举报奖励案件8件。建立健全17家维权援助工作站工作机制，定期组织对接会，搭建保护互助平台，开展前置维权援助行动。推动重点企业开展知识产权防范能力提升试点，引导代理机构入驻企业提升风险防范能力，首批4家企业开展试点。开展知识产权信用体系建设，出台相关管理办法。

【知识产权教育】 2018年，厦门市新增理工学院、集美大学两个知识产权远程教育子站，举办5期培训班参训5.7万人次，连续3年被评为知识产权远程教育优秀分站。拓展高校共建，新增厦门工学院、华侨大学2所知识产权教育与运用研究中心。将知识产权内容纳入厦门市中小学教育课程体系，新增市级知识产权示范学校2所，试点学校5所。发展知识产权学科教育，厦门理工学院开设知识产权本科专业，厦门大学知识产权研究院申办知识产权学院。

【知识产权跨区跨界融合】 2018年，厦门市发挥"一带一路"支点城市和对台前沿城市优势，推出知识产权惠台政策，支持台湾地区知识产权在厦门转化，纳入厦门"惠台60条"。推出"严格知识产权保护，健全知识产权创造保护运用机制"6条举措，纳入《厦门市进一步深化改革打造开放发展新高地行动方案》。完成"厦门国际知识产权新城"概念性规划设计，与新疆昌吉、甘肃临夏、陕西延安等地达成共建知识产权经济协作区意向。协助有关部门在厦门举办2018（首届）全球贸易与知识产权创新论坛、2018中欧互联网知识产权保护与创新大会等国际会议。

（曹 亮）

气象事业

【概 况】 2018年，厦门市主要气候特点：气温显著偏高，降水显著偏少，日照异常偏多。年平均气温21.8℃，较常年偏高1.1℃，与上年持平；年降水量1049.0毫米，较常年下降21.5%，比上年增长6.8%；年日照时数2233.5小时，较常年偏多356.0小时。主要气象灾害为暴雨、台风、高温、干旱等。市气象部门编制厦门综合气象观测系统建设规划，构建5条廊线综合观测网。推进国家级台站观测自动化，自动日照计投入业务试运行。组织开展国家级台站降水现象平行观测数据评估。同安国家气象观测站具备对比观测条件。市气象部门开展双偏振雷达评估和应用研究，编制试验报告。新建、优化区域自动气象站26个，建成鼓浪屿、植物园等生态、旅游气象观测站。推进无居民海岛自动站建设审批和船舶自动站建设。地面高空一体化综合质量指数99.88分，位于全省第一。

【气象服务】 2018年，厦门市气象部门精准预报，全市有效应对3个台风、7次暴雨、4次大风、4次大雾、2次连续低温、8次高温和持续干旱等天气过程。优化决策服务，归类整合决策气象服务产品，新增延伸期（10—30天）和月气候预测等决策气象服务产品，为多行业需求提供保障。提升预报预测支撑能力，完善内涝预警、气候监测与评估、台风实时监测预警、地质灾害风险预警4类系统。在全省率先开展微波辐射计和风廓线雷达资料融合应用研究并业务化使用。全年发布市级气象预警信号272份，市防指根据气象预警信息启动应急响应12次，暴雨过程提前预警、精细分区预警工作得到政府各部门认可。2018年的暴雨预警时间提前量为80分钟，整体预警水平排在全省前列。在应对"5·7"和"6·22"特大暴雨过程中，气象预警及时发布暴雨一级预警和红色预警信号，并且根据雨势实行分片区预警，为政府部门及时启动应急预案、精准防汛救灾提供科学依据。

全年人工影响天气作业93队次，累计增雨量1.5亿立方米，缓解厦门市供水紧张的局势。市气象部门开展涉及航运、菜篮子保障等10多个专项服务。推进"三农"项目建设，与保险公司签订农业保险气象服务合作协议。推进军民融合气象服务，为军事行动提供气象服务保障。与环保部门联合发布空气质量预报。参与创建全国综合防灾减灾示范社区，推荐全国示范社区11个，占全省近30%。开展城市降水承载力和风环境研究，形成《厦门暴雨致涝阈值图集》。开展城市风环境特征及城市通风廊道构建可行性研究。中国厦门台风科技馆（蔡尖尾山）建成，全年阵地科普受众超过20万人次。

【"十三五"规划的项目建设】 2018年，厦门市新一代双偏振雷达建设项目进入竣工决算阶段，同安雷达辅助阵地完成主体竣工验收和观测场建设，翔安雷达辅助阵地主体工程封顶。厦漳泉区域气象中心工程（厦门一期）进入竣工决算阶段，软件部分完成；厦漳泉区域气象中心工程（厦门二期）建设方案及用地申请获市土管会通过。厦门市突发公共事件预警信息发布中心项目进入工程结算阶段；厦门区域人工影响天气作业能力提升建设项目完成部分作业点与烟炉建设；厦门市边界层环境气象监测预警系统完成项目立项和实施准备工作；宜居城市气象服务保障工程基本完成可研编制；步道系统狐尾山气象园区景观提升项目进入"多规合一"平台征求意见。

【气象科技创新成效】 2018年，厦门市气象局制定市气象科学技术委员会工作规则。出台《厦门市气象局气象科研专项科技成果绩效激励管理办法》《海峡气象开放实验室特聘专家管理办法》《海峡气象开放实验室运行维持专项经费管理办法》。"双偏振雷达应用评估工作"获评省气象局年度创新项目；"地球坐标系下多普勒雷达三维风场反演分析系统"在国家气象中心强天气预报中心试运行；开展新型探测资料的解释应用，开发风廓线和微波辐射计遥感数据等多源遥感资料融合产品；自主开发自动站雨量质量控制检测系统。建立多元化的导师制，聘请知名专家4人，对应指导6名年轻科技人员，指定业务骨干对应指导新入职人员。全年发表核心学术论文16篇，连续3年获国家自然科学基金项目资助；获省气象局成果奖1项。1人在中国气象局第六届预报竞赛中获得个人全能第十一名，2人参加国际会议，4人参加全国级别的学术会议交流。

【海峡两岸气象科技交流合作】 2018年，厦门市气象局协办海峡两岸民生气象论坛。开展厦金两地气象灾害联防。海峡气象开放实验室，搭建两岸气象科技常态化交流平台，特聘台湾大学教授周仲岛到厦门开展辅导讲座6次。选派2名科技骨干到台湾进行为期5—6个月的双偏振雷达技术研发。

【气象改革】 2018年，厦门市气象局参与市"互联网+"、多证合一、多图联审改革。气象探测环境保护纳入建设项目工程审批改革主流程，受理联合技术指导项目78个。继续提升网上审批工作，三星率以上100%，其中2项五星级，"一趟不用跑"和"最多跑一趟"事项100%。开展"双随机，一公开"的监督检查活动。制定出台《厦门市气象局防雷监管信用信息安全管理规定》。开展企业防雷安全生产专项大检查，检查单位120家，督促企业落实主体责任。完成"厦门市防雷安全社会监管服务平台"建设。加强气球安全监管和气象信息传播检查工作。

（曾文慧）

海洋环境预报

【概　况】2018年，厦门海洋环境预报台开展厦门沿海各项日常海洋预报、中长期预报、海洋灾害预警报、专项保障预报工作。通过广播、电视、传真、网络、LED屏、微信、手机短信、综合信息服务平台等方式，为60多家单位部门发送日常海洋预报单约6.3万份、手机短信约11.5万条；为32家单位发布中长期预测单160余份；制作发布专项预报服务产品48份。在台风等影响期间，制作海浪灾害预警报产品159期、风暴潮灾害预警报产品26期，发送传真2970余份、手机短信1.81万条；参加全国海洋灾害预警会商24次，厦门市防汛会议11次，为厦门市防汛抗旱指挥部提供风暴潮、海浪实时信息总计3份，提供厦门航线海浪、潮位监测与预报服务产品共15份。

【海洋观测】2018年，厦门海洋环境预报台在厦门海域新建高崎观测点（潮汐、风）。完成鼓浪屿测点海洋水文气象观测工作，获取数据量2671278个，实现实时数据采集率99.0%，资料传输率99.6%；分别获取五通码头测点数据520974个、高崎码头测点数据517279个、海投码头测点数据525163个、马銮码头测点数据525163个、小嶝测点数据525163个、厦门南部浮标数据16939个、厦门东部浮标数据16938个、厦门湾南口浮标数据9271个、厦门湾北口浮标数据14388个，并通过数据专线向市防汛办发送防汛验潮点实时观测数据；继续利用高清摄像设备对厦门白海豚保护区实时监视。在沙坡尾避风坞、第一码头、高崎中心渔港和集美鳌园安装高清视频系统，借助该系统实时监测海水漫堤现象。

【海洋防灾减灾宣传】2018年，厦门海洋环境预报台通过“厦门海洋预报台”微信公众号，发布每日的海洋预报信息，在海洋灾害期间加密发布海洋灾害预警报和防御对策指南。每周通过该公众号发布关于海洋学及防灾减灾领域的科普性文章，文章内容包含物理海洋学、海洋生态环境及海洋环保等方便的科普内容，普及民众对基本海洋灾害知识的了解和防御指导。以椰风寨海滩作为试点岸段开展裂流灾害风险排查工作，并将调查成果制作成警示文档和科普小视频，通过LED大屏幕、微信公众号等媒介加强滨海旅游安全科普宣传。

【专项预报保障】2018年，厦门海洋环境预报台做好对台合作预报项目两岸客轮航线预报，负责的厦门至金门、泉州至金门和马尾至马祖3条客轮航线预报合作项目相关预报工作平稳运行，每天发布3个时次的航线预报，预报结果与台湾预报机构共享。继续开展厦门港大潮预报、厦门渔港渔船保障预报、“海上丝绸之路”港口航线预报。开展厦金海峡横渡、“铁人三项”等体育赛事保障预报工作；同时继续为厦门海事局提供未来3天台湾海峡海洋环境预报保障服务。

【海洋科技】2018年，厦门海洋环境预报台申报的“厦门海域极端潮位灾害精细化预警与应用”项目成果获2018年度海洋科学技术进步奖二等奖。该项目针对厦门市极端潮位灾害预警和防灾减灾的现实需求，构建集实时观测、数值模拟、淹没区预报与预警、发布服务为一体的精细区域性极端潮位灾害预警体系，基于该预警体系，在国内率先实现城市极端潮位沿海岸段及社区、街道、道路、重点目标的精细化预报和预警。年内，派出2名技术人员参加无人机操作与技术培训，无人机应用在重点海域疑点疑区核查、围填海现状调查等方面。

【海洋监视监测】2018年，厦门海洋环境预报台开展对椰风寨、黄厝等海水浴场及环岛路东部、鼓浪屿滨海旅游渡假区海洋环境监测，4月底至10月底，完成浴场24个站位每周2次（周二和周六）和滨海旅游度假区12个站位每周1次的监测工作，编写评价报告19份；完成厦门海域海漂垃圾评价工作，提交评价报告14份；完成东碇临时海洋倾倒区海洋环境跟踪监测22站位的监测工作，提交跟踪监测报告2份；完成厦门市第二西通道（含海底隧道段）等10个市重点用海项目的海洋环境跟踪监测。完成厦门市9个入海污染源调查监测工作。完成环岛东路太阳湾沙滩岸线侵蚀和滩面下蚀调查。

（袁方超　倪　清）

地震监测及应对

【地震活动监测】2018年，福建省及其沿海地区地震活动水平和上年度相比活动水平较低，厦门市数字化遥测台网记录到福建及其沿海地区M ≥ 2.0级地震70次，台湾及其沿海地区M3.5级以上地震135次，产生地震信息96条，及时向社会提供震情服务信息。其中，福建内陆最大地震为7月12日三明市明溪县M3.1级；厦门市境内最大地震为3月5日发生在集美区灌口镇的M2.4级地震。台湾及其沿海地区发生M_S5.0级以上地震15次（见表23–3、表23–4）。

【防震减灾科普宣传】2018年，厦门市地震局强化防灾减灾意识，开展防震减灾科普宣传。结合“科技三下乡”、“7·28”唐山地震纪念日等活动，深入

表23–3　**2018年福建及其沿海地区各月份地震频次和最大震级情况一览表**

月份	频次（$M_L \geq 2.0$）	最大震级（M_L）	月份	频次（$M_L \geq 2.0$）	最大震级（M_L）
1	2	3.1	7	2	3.9
2	10	2.6	8	4	2.5
3	2	2.4	9	7	2.6
4	7	2.9	10	4	2.9
5	8	2.7	11	12	2.7
6	3	3.4	12	9	3.0

表 23-4　**2008—2018 年福建及其沿海地区 $M_L \geq 2.0$ 级地震情况一览表**

年份	频次	最大震级（M_L）	年份	频次	最大震级（M_L）
2008	161	4.6	2014	80	3.8
2009	71	4.3	2015	67	3.6
2010	56	3.2	2016	81	4.0
2011	78	3.7	2017	63	3.8
2012	117	4.1	2018	70	3.9
2013	103	5.0			

推进防震减灾宣传“进机关、进学校、进企业、进社区、进农村、进家庭”，开展防震减灾知识讲座，发放防震减灾宣传资料，普及防震减灾基础知识，增强全民防震减灾意识。发挥地球科普教育基地优势，加强中小学生和社会民众防震减灾科普宣传，教学与实践互动，提升社会防震减灾科学素养。利用地震局网站、微信公众平台和新闻媒体宣传防震减灾知识，快速、权威发布震情信息。全年利用局官方网站推送震情信息和防震减灾知识 223 条，利用微信平台推送 110 条，利用新闻媒体宣传报道 16 次。联合诚毅科技探索中心举办“小宝当家”防震减灾科普实践活动，通过“5・12”汶川地震十周年纪念活动、2018 小宝当家之百人知识竞赛、防震减灾科普图文展、防震减灾科普小讲堂等一系列科普活动，提高公众的防震减灾意识。组织厦门市科普讲解员参加第二届全国防震减灾科普讲解大赛，5 名选手进入全国总决赛，1 人获一等奖，2 人获二等奖，2 人获得三等奖；厦门科技馆李家琪获全国防震减灾科普大使称号。组织厦门市中学生参加全国防震减灾知识大赛，厦门一中海沧分校获 2018 年全国防震减灾知识大赛南部赛区竞赛（初中组）二等奖、2018 年全国防震减灾知识大赛福建赛区总决赛（初中组）一等奖，厦门一中获得 2018 年全国防震减灾知识大赛福建赛区总决赛（高中组）二等奖。参加首届全国防震减灾科普作品大赛，厦门市地震局自行研制的《地震应急避难场所指南》《地震预警与地震应急避险演练装置》分别获首届全国防震减灾科普作品大赛其他创意类二等奖、展教具类三等奖。推进防震减灾科普示范学校建设，厦门一中集美分校（灌口中学）被中国地震局认定为“国家防震减灾科普示范学校”。推进全国综合减灾示范社区创建工作，湖里区东渡街道东渡社区等 13 个社区被认定为全国综合减灾示范社区。

【应急救援建设】 2018 年，厦门市地震局不定期组织开展学校、社区的地震应急演练，增强防灾减灾意识。“5・12”期间，与湖里区政府联合主办，湖里区科协、湖里区科技局具体承办，在湖里区金尚社区、康泰社区和嘉福社区开展“5・12”防震减灾疏散演练，社区工作人员、社区志愿者、小区物业人员、社区居民、附近学校数千人参加活动。组织开展对全市建设完成的公园绿地应急避难场所进行集中检查，指导完善 16 个地震应急避难场所标识牌建设。组织完成地震预警信息发布终端建设 452 处，超额完成省政府要求 2018 年完成 426 处的建设任务。

【地震突发事件处置】 2018 年 11 月 26 日上午 07 时 57 分，在台湾海峡（北纬 23.28 度，东经 118.60 度）发生 6.2 级地震（见图 23-1），震源深度 20 千米，距离厦门 140 千米左右。地震发生时，厦门全市震感强烈，部分地区影响烈度 5 度，楼房摇晃严重，部分市民到户外避险，部分学校组织学生疏散到操场避险。

震后市地震局迅速向市委、市政府上报第一份震情专报，由于地震震级和地震烈度未达到《厦门市破坏性地震应急预案》的要求，无需启动地震应急预案。市地震局密切监视震情发展，保持与省地震局等技术指导部门的联系，接听群众来电，答疑解惑；与厦门电视台、厦门广播、《厦门晚报》、《厦门日报》、《海西晨报》等新闻媒体合作，及时做好震情、地震应急避险相关信息、地震知识以及地震谣言识别等报道，解释地震三要素（时间、地点、震级）和民众可能提出的问题，以维护社会稳定。市地震局和福建省地震局厦门地震勘测中心安排 3 组现场调查小组开展震

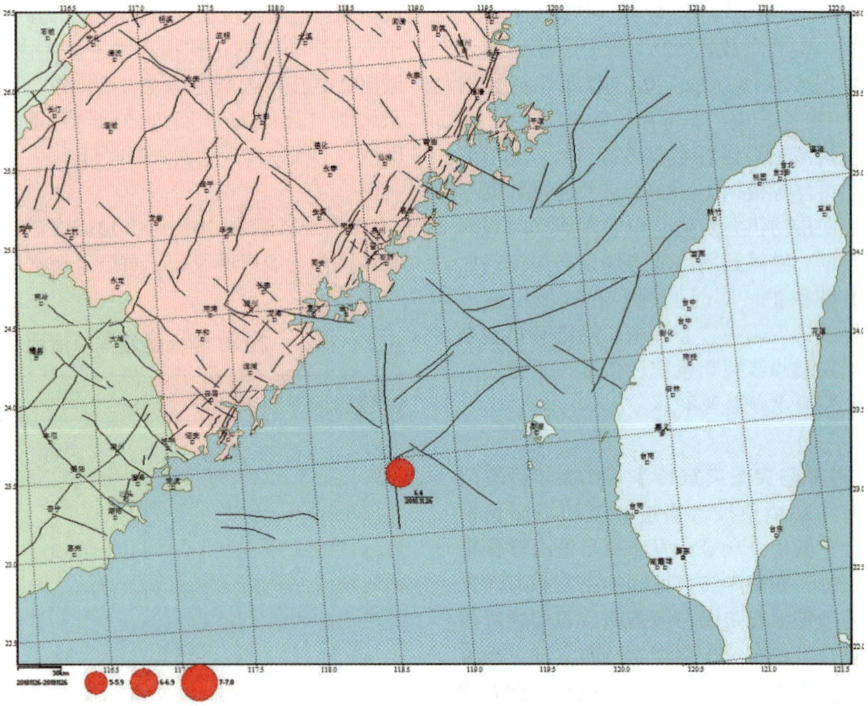

图 23-1　2018 年 11 月 26 日台湾海峡 6.2 级地震震中图

情调查。调查结果显示大部分民众震感强烈，但未接到房屋受损及人员受伤的情况报告，厦门市无破坏情况发生，社会生产生活秩序正常。

（蔡欣欣）

科研院所

自然资源部第三海洋研究所

【概　况】 2018年，自然资源部第三海洋研究所（简称海洋三所）各类经费总到款4.6亿元。其中，项目经费到款3.48亿元。新增产业研发合同经费1700万元。新增8项国家基金项目，其中重大研究计划1项，面上项目3项，青年项目4项；新增16项福建省科技计划项目，其中福建省杰出青年基金1项，引导性项目6项，自然科学基金项目9项；2项产学研结合项目获厦门市科技计划立项。组织实施2项大洋“十三五”资源环境项目，39项在研国家自然基金项目有序开展，8项福建省科技计划项目通过验收。全年发表论文184篇，其中SCI（科学引文索引）收录142篇，EI（工程索引）收录3篇，专著8部；申请专利17项，授权3项；获海洋科学技术奖一等奖1项，海洋工程科学技术奖特等奖1项，海洋优秀科技图书奖1项，厦门市科技进步二等奖1项；完成各类人才人选申报12项。

【科考与极地考察】 2018年，海洋三所组织完成全球变化与海洋气候相互作用专项东北印度洋冬季航次科考任务。组织实施完成中国大洋50航次科考任务。组织人员参加第三十四、三十五次南极科学考察、黄河站考察。首次开展罗斯海和阿蒙森海等区域的高分辨海洋生源气体与气溶胶的联合观测及对海洋生物影响监测；首次开展南大洋人工核素监测与评价业务化工作。组织11人次参加中国第九次北极科学考察，首次结合同位素技术研究微塑料在不同营养级中传递规律。

【科技成果转化】 2018年，海洋三所1项专利授权许可使用，与企业共建联合实验室6个，向企业提供海洋微生物来源新型化合物、标准样品、海水健康养殖微生态制剂、生活餐厨垃圾及厕所抑菌除臭微生态制剂、海洋虾青素产品、海藻寡糖系列产品等共6类24项样品或产品。海洋三所海洋生物产业化中试技术研发公共服务平台为34家单位提供38项技术开发服务，2项高校科研成果经该平台放大研究后在企业实现成果转化。海洋药源生物种质资源库提供520份样品检测分析服务和5个品种的优良藻种种质。该所建立药源动物养殖基地，示范面积105亩（7万平方米）；开展方格星虫多糖、海马活性物质、鲍肽多糖的关键技术开发；开发海胆辅助降血压软胶囊；药源功能性牡蛎蛋白肽粉完成实验室工艺技术研究。

【国际合作】 2018年，海洋三所派出64批次214人次出国（境）执行各类国际合作与交流任务，接待境外专家到访30批次60人次。组织申报并获得外交部F资金项目1项，亚洲区域合作专项基金项目1项，对外援助项目4项，中国—东盟海上合作基金1项，中国APEC合作基金项目7项，援外人力资源开发项目4项，海洋权益维护1项，项目总额5000余万元。派出17批次80余人次赴泰国、马来西亚、印尼、孟加拉、越南等国家，开展联合调查研究。与法国国家科学研究院、法国海洋开发研究院、西布列塔尼大学3家机构签署合作协议，共建中法深海极端微生物联合实验室。与德国极地与海洋科学研究所联合开展中国沿海有毒藻类的多样性和毒素大小及成分研究。

（龙邹霞）

中国科学院城市环境研究所

【概　况】 2018年，中国科学院城市环境研究所（简称城市环境研究所）获批科研项目151项，到账合同经费10688万元。其中，国家自然基金28项。发表论文540余篇。448篇论文被SCI收录，97篇被CSCD（中国科学引文数据库）收录。1人入选国家万人计划科技创新领军人才，1人入选国家“优青”（国家优秀青年），1人入选中国科学院2018年度率先行动“百人计划”（C类）；1团队入选福建省第六批百人计划，2人入选福建省特殊支持高层次人才“双百计划”，1人入选福建省海峡博士后，3人入选厦门市重点人才；1个团队入选宁波市“3315”团队，1人入选浙江省151人才工程第二层次公示名单。在读外国留学生20人。因公出访145人次，涉及30个国家和地区，接待来自美国、英国、波兰、日本、伊朗等29个国家的科研人员共269人次。5月19日，举行主题为“科技保障环境质量”的2018公众科学日。年内，举办2018雄安新区生态环境建设论坛，召开第三届流域城镇化国际研讨会，举行变化环境中的城市健康与福祉国际研讨会。11月5日，召开“环保科技成果推介会”。

【废弃物综合利用技术与示范培训班】 2018年10月20—31日，城市环境所举办东南亚城乡生物质废弃物综合利用技术与示范培训班（Training course of comprehensive utilization technology and demonstration of biomass wastes in urban and rural of Southeast Asia Countries）。来自马来西亚、印度尼西亚、柬埔寨、泰国、缅甸、菲律宾、巴基斯坦国家的政府管理部门、科研院所技术和管理人员、企业工程技术人员共20余人参加培训。培训以课堂教学、现场考察和讨论交流相结合的方式进行。学员结合培训学习实践，探讨各自国家在生物质废弃物利用方面存在的实际问题及解决方案。随后组织学员们实地考察厦门市东部固废处理中心垃圾填埋场和垃圾焚烧厂、瑞科际再生能源股份有限公司、厦门市垃圾分类示范点、污泥热解炭化制备生物炭示范工程和浙江省桐乡市华腾牧业有限公司的猪粪制备生物炭及其应用示范工程等。

【《厦门市环境保护条例》修订项目通过验收】 2018年10月26日，由中国科学院城市环境研究所唐立娜研究组承担的“修订《厦门市环境保护条例》项目”通过专家验收评审。来自厦门市环境保护局、福州大学、厦门大学以及集美大学的有关专家参加评审，专家组组长、福州大学教授罗涛主持会议。修正条例着重解决以下问题：修订或删除与上位法不相符的条款，增加上位法新规定的内容，对厦门市生态环境保护过程中出现的新情况进行规范，对现行《厦门市环境保护条例》的缺陷进行补充和完善等。

（聂　璇　陈伟民）

福建省水产研究所

【概　况】2018年，福建省水产研究所（简称省水产研究所）新增各级各类项目33项，其中国家重点研发计划“蓝色粮仓科技创新”重点专项2项，国家重点研发计划“海洋环境安全保障”重点专项2项，省自然科学基金2项，省属公益类科研院所基本专项11项，省农业五新工程项目1项，省海洋渔业经济发展补助专项2项，省海洋与渔业结构调整项目7项，厦门市科技计划项目2项，国家行业标准制定项目2项，福建省地方标准修订项目2项，另有多项资源、环境、病害、水产品检测等专项任务，实现新增科研经费4975.8万元。承接科技服务项目48项，累计到位经费1468.04万元。全年全所发表科技论文53篇，其中SCI收入2篇。申请专利17项，授权专利5项。在第十六届中国·海峡项目成果交易会上，推荐参会对接项目11项，现场签约2项。牵头成立“福建省海洋与渔业装备产业技术创新联盟”，组织加入“福建省海洋生物医药产业创新联盟”和“厦门海洋新兴产业创新联盟”。组织科技人员深入全省渔业乡镇和渔村开展水产技术培训和咨询。利用福建海洋渔业科学馆科普教育示范基地，开展科普宣传活动。推进重大科技平台建设，提升科技竞争力。

【牡蛎特色产品开发应用】2018年，省水产研究所承担的“牡蛎特色产品开发技术及产业化应用”项目获2017年度省科技进步三等奖。项目立足于福建优势资源牡蛎的开发状况，系统开展高品质牡蛎冷冻贮藏技术研究，创建牡蛎系列特色食品加工新工艺，构建牡蛎功能活性物质高值化开发技术体系，创建天然牡蛎调味品研发技术；通过对牡蛎贮藏、精深加工、高值化利用等技术的集成和创新，重点突破牡蛎特色产品产业化生产的关键技术，开展牡蛎全值化开发与多元化利用，提升牡蛎产品的竞争力，提高牡蛎资源的应用价值。

【国家重点研发计划专项】2018年，省水产研究所海洋生物育种、海洋生物高值化利用、海洋生态环境工程、海洋渔业资源保护与利用4个科研团队参与国家重点研发计划“蓝色粮仓科技创新”和“海洋环境安全保障”重点专项，获3个专项下的4项子课题研究任务，包括福建牡蛎优质、高产种质创制和规模化制种，海洋血管紧张素转化酶（angiotensin-converting enzyme，ACE）抑制肽结构表征及构效关系研究，海洋生态牧场模式构建与示范，大黄鱼种群资源分布现状及其生物学特征。参与国家级重大专项的合作攻关，推进国内科研院所、重点高校的科技合作交流。

【水产品及水域环境安全监测】2018年，省水产研究所承担农业农村部及省海洋与渔业局下达的水产品质量安全监督抽查和例行监测、贝类产品卫生监测和生产区域划型、农业基础性长期性农产品质量安全观测监测、水产苗种质量安全监督抽查、无公害产地产品认证检测及监督、织纹螺毒素检测及预警等9项专项任务。开展福清湾、旧镇湾、诏安湾海洋环境质量，漳江、龙江、木兰溪污染物总量，福建省近岸贻贝质量，海水入侵和土壤盐渍化等海洋与渔业生态环境监测工作，为农业农村部渔业生态环境监测网络工作、各级主管部门的海洋与渔业环境监督管理、行政管理及渔业发展提供技术支持。

【省种业创新与产业化工程项目】2018年，省水产研究所承担省种业创新与产业化工程项目“海带品种创新与种苗繁育产业化工程”“凡纳滨对虾品种创新与健康种苗繁育产业化工程”“东方鲀种业创新与产业化工程”，完成年度任务目标，重点解决海带、对虾、东方鲀等品种全产业链的关键技术问题。育成海带新品系2个，繁育海带苗种8.6万片，推广良种面积6万亩（40平方千米）；繁育优质虾苗93亿尾，选育优质种虾13万尾，推广良种面积4.2万亩（28平方千米）；育成双斑东方鲀新品系1个，繁育双斑东方鲀苗种159.3万尾，菊黄东方鲀苗种856.7万尾，合计1025万尾，推广良种面积1.2万亩（8平方千米）。

【重大科技平台建设】2018年，省水产研究所围绕海洋生物种业技术国家地方联合工程研究中心、福建省海洋生物增养殖与高值化利用重点实验室、福建省海洋渔业种业工程研究中心、国家贝类产业技术体系福建综合试验站、国家藻类产业技术体系莆田综合试验站、国家农业科学实验站福建省渔业科学观测站等在建重点平台项目，推进重大科技平台建设，提升科技竞争力。重点建设“一库一中心四个分中心”即海洋生物种质资源库、海洋生物遗传育种中心和鱼、虾、贝、藻4个分中心研发平台。建设鱼类良种繁育车间3000平方米、藻类分中心科研楼主体1992平方米，建成石斑鱼科普展示中心和育种实验室、海带保种场和室内活体种质库、贝类分中心水质监测控制系统。

【科普教育】2018年10月，厦门市委宣传部、教育局、科协等部门授予福建省水产研究所“厦门市中小学生社会实践基地”称号。省水产研究所整合利用已有资源，建设福建海洋渔业科学馆，打造省海洋与渔业科普教育基地。进一步完善科学馆的科普教育设施，增加全息成像系统1项、借展中华白海豚成体标本1副，提升科普教育展示效果，并以科技活动周和科学馆为平台，联合多家单位开展了多项主题活动，积极配合开展援外学术交流等活动。年内，科学馆接待各级单位和公众共64批1800余人次参观交流。

（郭书悦）

福建省亚热带植物研究所

【概　况】2018年，福建省亚热带植物研究所（简称省亚植所）承担运行各类研发项目59个，其中国家级科研项目5个、市级重大科技创新平台项目1个、市级研发项目38个、其他单位委托项目4个、所内自主课题12个，项目涉及亚热带、热带作物的栽培技术，品种选育、植物生理生化及提取技术的研究。新增研发项目12个，新增项目经费233.3万元。申请发明专利6个，申请实用新型专利1个；获发明专利授权2个，实用新型专利授权6个；完成结题验收项目10个，发表研究论文22篇。“拟南芥叶酰聚谷氨酸合成酶AtDFB调控下胚轴伸长的机理研究”项目获国家自然科学基金资助，厦门市科技计划项目“扁桃斑鸠菊叶片提取物对肾脏的毒性效应及安全性评价”取得阶段性进展。至年末，累计获资助的基础理论研究项目 12 个。全所科技工作者参与厦门市科技活动周，以专业的业务水平向广大市民宣传科普植物相关知识。

【科研平台建设】 2018 年，省亚植所持续开展研发平台的建设，加强省市重点实验室、工程技术中心的建设与运行管理力度，按时通过实验室年度绩效评估考核，其中“厦门农林新优种苗繁育工程技术中心”通过厦门市科技局评估并获优秀；“海西植物提取中试基地”建设于 7 月完成相关竣工验收工作，9 月收到“工程竣工验收通知书”，设备开始安装调试。发挥对台科技合作基地交流作用，与台湾多家企业合作，就台湾花椰菜的品质优化、台湾牛樟芝的分子鉴定等方面进行联合研发。

【科技成果转化】 2018 年，省亚植所以“一种污泥发酵方法”（专利号 ZL201110175724.6）和“一种用于污泥发酵有机肥的调理剂及制造和使用方法”（专利号 ZL201110222364.0）2 项发明专利技术 8 年独占许可使用权和“污泥快速堆肥发酵及双层结构的生物肥料研究及应用”（成果登记号 xk20130210）经中都国脉（北京）资产评估有限公司评估后作价 160.5 万元入股益三原（厦门）生物科技有限公司，省亚植所占 15% 股份。公司于 2 月在厦门市市场监督管理局登记注册。8 月，根据相关成果转移转化规定，亚植所持有的 15% 股份划转 12% 到课题组名下，其余 3% 将划转到上级部门指定单位。

【对口扶贫工作】 2018 年，省亚植所结合专业特色，组织开展科技对口帮扶工作，安排 50 万元科研经费用于甘肃临夏对口资源开发应用研究，设立科研项目 5 个，组织专家 12 人次到甘肃临夏对口帮扶进行科技扶贫。专家深入田间地头了解当地的农民及企业的技术需求，对农科院相关人员进行春蚕豆品种选育的培训，开展牡丹花采集、窨制等工作，确定较为适合的牡丹花茶制作的工艺；考察调研农村产业，指导农村扶贫工作；为临夏农科院、临夏现代职业学院的科研人员、教师学生作《中国花卉出口国际市场分析》《植物细胞悬浮培养技术及次生物质提取》《水果多酚及其功能的研究》《组织化学技术在药用植物研究中的应用》等 9 个专题学术报告。

【产学研合作】 2018 年，省亚植所继续与福建农林大学及华侨大学联合运作研究生工作站，进站学习工作的研究生人数 8 人；7 位科研人员成为福建农林大学、华侨大学的校外导师。全年承接厦门大学、华侨大学、集美大学相关技术专业教学实习业务，接待实习生 190 人次。与企业签订技术开发协议 7 项，科研技术推广应用 1000 亩（66.67 万平方米），与浙江仙居台湾农民创业园以及安溪、厦门等地企业签订 4 个共建研发基地协议。

【分析检测技术服务社会】 2018 年，省亚植所继续完善实验室计量计证管理体系，建立标准化分析测试实验室，该实验室通过 CMA 计量认证。为西汉园林集团有限公司、东莞市芊艺园林绿化有限公司、福建绿化生态发展股份有限公司、福州好乐园艺工程有限公司、厦门市市政建设开发有限公司、厦门路桥建设集团有限公司等 39 家公司或单位提供技术测试服务，共完成 64 批次 147 个样品检测。检测样品类别包括有机肥、复混肥、土壤、植物材料等，检测项目包括氮、磷、钾、有机质、pH 值、水分、重金属元素等。该所科研团队完成全所全年科研课题的分析测试任务，对外分析检测业务 30 批次。

·小资料·

中国计量认证，简称“CMA”，英文译名为“China Metrology Accreditation”。是根据中华人民共和国计量法的规定，由省级以上人民政府计量行政部门对检测机构的检测能力及可靠性进行的一种全面的认证及评价。这种认证对象是所有对社会出具公正数据的产品质量监督检验机构及其他各类实验室；如各种产品质量监督检验站、环境检测站、疾病预防控制中心等。取得计量认证合格证书的检测机构，允许其在检验报告上使用 CMA 计量认证标记；有 CMA 计量认证标记的检验报告可用于产品质量评价、成果及司法鉴定，具有法律效力。国家正在推行强制性的计量认证、审查认可和实验室自愿参加的“实验室认可”等制度，来保证检测机构为社会提供服务的公正性、科学性和权威性，这些认证都是以《中华人民共和国计量法》《中华人民共和国标准化法》及《中华人民共和国质量法》等法律为依据。

【水果病害免疫诱抗剂】 2018 年 6 月，省亚植所承担的厦门市科技计划项目“亚热带水果采后病害免疫诱抗剂的开发应用”通过厦门市科学技术局组织的项目验收，开发的免疫诱抗剂产品——果霉抗 1 号用于柑橘青霉病的防治，对于芒果炭疽病免疫有一定的效果。该产品经西安国联质量检测技术股份有限公司检测为急性经口毒性属实际无毒，对柑桔果实果肉维 C 含量和可滴定酸含量没有影响，产品的推广可减少有毒有害水果农药的使用，增强出口水果的国际竞争力。在使用该产品后，水果在运输经过较炎热的场所时才使用低温控制，减少低温使用频率，为水果出口企业减少运输成本并延长常温下的保鲜时间。通过该项目，推动企业从越南进口芒果的业务。

（李　影）

责任编辑：曾一一
审　　稿：孙志红
校　　对：林建高

24 社会科学

学术交流

【新时代中国特色社会主义政治经济学理论体系研讨会】 2018年1月15日，厦门大学经济学院、王亚南经济研究院、南京大学中国特色社会主义政治经济学研究中心联合主办的“新时代中国特色社会主义政治经济学理论体系研讨会”在厦门大学召开。来自复旦大学、南京大学、西北大学、西南财经大学、中央民族大学以及厦门大学等高校的20多位马克思主义政治经济学专家学者，围绕建设新时代中国特色社会主义政治经济学理论体系进行深入研讨。在主题演讲中，“马克思主义理论研究和建设工程”重大项目首席专家、南京大学原党委书记洪银兴教授从理论的宏观框架出发，详细阐述马克思政治经济学要遵循的方向、性质、主线、内容、资源来源等关键问题。

【厦门高校信息技术研讨会】 2018年1月19日，厦门理工学院信息中心主办的厦门高校信息技术研讨会在厦门理工学院教工之家报告厅举行，厦门大学、华侨大学、集美大学、厦门医学院等20余家高校教育信息技术领域的专家教授以及锐捷网络、绿盟科技、赛尔网络等知名IT企业代表约70人参加研讨会。该研讨会旨在搭建高校间相互学习借鉴的平台，推进厦门高校信息化的交流与合作，促进新形势下教育理念与教育模式的转变，推动高校信息安全、智慧校园规划与建设的创新。厦门理工学院校长、首席信息官CIO朱文章教授在开幕式上致辞。厦门大学、华侨大学、集美大学、厦门理工学院等高校代表围绕数据安全、邮件安全、Web网管、流程再造、高校数据治理服务等内容分别作7场专题报告。

【中美青年学者对话会】 2018年3月19日，中国国际问题研究院、华侨大学和太平洋国际交流基金会联合举办的2018年中美青年学者对话会在华侨大学厦门校区开幕。会议以“携手构建互利共赢的中美经贸合作”为主题，旨在促进中美各界精英的沟通和了解，围绕共同关心的问题搭建对话平台，促进相互沟通和交流，推动双方关系健康稳定发展。40余位中美青年学者与会。与会学者围绕“中美经济关系的宏观环境”“中美经贸关系”“中美金融与投资关系、产业与基础设施合作”“中美关系与全球治理”等分议题展开对话，并到北京考察交流。与会美方学者主要来自美国对外关系全国委员会、约翰霍普金斯大学、兰德公司、中美研究中心、上海美国商会、投资美国协会、国际私募投资集团、高盖茨律师事务所、赖斯哈德利盖茨战略咨询公司、百峰集团等单位，中方学者主要来自商务部、国家发改委、科技部、中国国际问题研究院、中央电视台、北京大学、复旦大学、华侨大学、太平洋国际交流基金会、阿里巴巴集团、中国民生银行、中国与全球化智库等单位。

【福建省闽南文化研究会学术年会】 2018年3月24—25日，福建省闽南文化研究会主办厦门市闽南文化研究会承办的福建省闽南文化研究会2018学术年会在厦门召开。福建省政协副主席薛卫民，福建省委宣传部原常务副部长、福建省炎黄文化研究会常务副会长马照南，福建省闽南文化研究会会长林晓峰，厦门市政协副主席黄学惠，漳州市人大常委会副主任李珊珊，漳州市委原副书记、泉州郑成功研究会会长郑栋梁，厦门市文广新局局长林进川等出席会议。马来西亚侨生公会总会、台湾闽南文化促进会、金门大学、台湾安平文教基金会、台南文化协会、北京学研究所、内蒙古自治区社科联、鄂尔多斯学研究会、广东广府文化研究会以及福建省内各地的专家学者共200多人参加会议。该届学术年会以“新世纪闽南文化的回顾与新时代闽南文化的前瞻”为主题，收到论文73篇。研讨会上，陈耕、郑勇、林少川、陈支平、林华东、周长楫6位知名学者，分别从“闽南文化学术研究”“闽南文化生态保护区的建设”“闽南文化与海上丝绸之路”“闽南文化对台交流合作”“闽南方言传承传播”以及“闽南历史文化的双重认知”6个方面发表主旨发言，与会代表就多元闽南文化进行探讨。

【闽侨智库与华侨华人研究论坛】 2018年4月3日，福建省侨联、华侨大学主办的闽侨智库与华侨华人研究论坛在华侨大学厦门校区举行。福建省侨联及各设区市侨联领导，德国、法国、西班牙、波兰、新西兰、印尼、新加坡、泰国、马来西亚等12个国家和地区的海外侨胞代表，以及闽籍专家学者、侨商、侨青、新侨、留学人员、侨联工作者等130余人参加。与会代表围绕侨联信息工作、华侨华人研究等内容展开研讨，听取中国侨联办公厅、中共福建省委办公厅和福建省侨联等专家有关信息专报的专题培训。福建省侨联主席陈式海，华侨大学副校长曾路，福建省侨联兼职副主席、厦门市侨联主席潘少銮，福建省侨联挂职副主席、厦门大学教授程璇等出席开幕式。“闽侨智库”是由福建省侨联于2017年搭建起的平台，旨在运用海外侨胞优势，发挥侨联工作智库的功能，为党委政府科学决策提供侨智支持。其成员主要来自海外侨团负责人、侨界专家学者、新侨知识分子、海外媒体人士、律师等186人。

【中国特色社会主义政治经济学学科建设院长论坛】 2018年4月7日，厦门大学王亚南经济研究院举办的首届习近平新时代中国特色社会主义经济思想研讨会之中国特色社会主义政治经济学学科建设院长论坛在厦门大学经济楼举行。发展中国家科学院院士、厦门大学经济学院和王亚南经济研究院院长洪永淼在论坛开幕式致辞。该次论坛邀请国内高校从事政治经济学领域相关研究并在学院管理有造诣的经济学家100多人，围绕新时代中国特色社会主义政治经济学的学科体系、人才培养模式、教材建设、教学与研究方法等主题进行探讨，从多维度分析中深入学习、研究习近平新时代社会主义经济思想，以理论指导实践，推动学科建设、教学科研发展。

【首届厦门大学“一带一路”发展论坛】 2018年4月7—8日，厦门大学与福建省商务厅联合主办，厦门大学“一带一路”研究院、厦门大学经济学院与王亚南经济研究院承办的首届厦门大学“一带一路”发展论坛召开。论坛开幕式在厦门大学科学艺术中心举行，该次论坛设6场主题演讲和48场分论坛报告，涵盖政策沟通、设施联通、贸易畅通、资金融通、民心相通以及海峡两岸等议题。来自国家发改委、商务部、国家税务总局、国家知识产权局、国务院发展研究中心、中国科学院、中国社会科学院等政商学各界代表200余人应邀参会。会议深入探讨“一带一路”建设取得的成果，为中国全方位推进“一带一路”建设提出政策建议。

【世界人文学术会议】 2018年4月15—19日，联合国教科文组织（UNESCO）、国际哲学与人文科学理事会（CIPSH）、亚洲新人文联网（ANHN）、厦门大学联合主办的世界人文学术会议暨第一次国际哲学与人文科学理事会执行委员会会议在厦门大学召开。近80名中外哲学与人文学科的顶级学者和学术机构的负责人出席会议，围绕“人文的挑战与责任：亚洲和全球的承诺”主题展开一系列学术讲座、学术对话、开放性论坛、人文教学研讨和文化展示活动。16日上午，会议在厦门大学科艺中心7号会议室开幕。开幕式后，11位海内外专家先后作大会特邀报告，会议开设6个学术工作坊，围绕大会主题从多种角度、多个层次进行深入讨论。17日上午，会议召开两场主题报告会，6位学者围绕人文教育展开讨论；当天下午与会学者在厦门大学人文学院、外文学院、艺术学院、嘉庚学院开设14场大师讲座，内容涵盖人类学、哲学、美学、翻译等多个领域。

【2018年全国体育休闲产业发展论坛】 2018年4月21日，由中国高等教育学会体育专业委员会、厦门理工学院主办，厦门市体育局指导的第二届全国体育休闲产业发展论坛在厦门召开。国内外体育院校知名学者、体育产业专家及知名企业负责人等80多人参会，围绕“休闲、时尚，助推体育产业未来”主题进行探讨和交流。与会学者指出，在发展体育休闲产业上，厦门市具有明显的区位优势、资源优势、品牌优势和侨台优势，应充分利用资源，加强规划促进产业发展。

【纪念改革开放40周年学术研讨会】 2018年5月12日，由《科学社会主义》杂志社、厦门大学马克思主义学院、福建省社会科学研究基地中国特色社会主义研究中心主办的“新时代全面深化改革与马克思主义理论创新——纪念改革开放40周年学术研讨会”在厦门大学举行。该次研讨会有来自中共中央党校、中国社会科学院、北京师范大学、中山大学、南开大学、东北大学、华中师范大学、东北农业大学等高校、党校和科研院所的60余位学者参加。《新华文摘》《科学社会主义》《华中师范大学学报》等期刊和新闻媒体派人参会。与会专家学者主要围绕“改革开放40年的历程、经验和成就”“习近平全面深化改革的理论与实践”“新时代全面深化改革的目标和任务”“全面深化改革与国家治理现代化”“全面深化改革与‘四个自信’”等议题展开学术研讨。

4月16日，世界人文学术会议现场 （市社科联 供图）

【高等教育研究与高等教育内涵式发展学术研讨会】 2018年5月17—18日，新时代高等教育研究与高等教育内涵式发展学术研讨会在厦门大学召开。研讨会由厦门大学教育研究院、厦门大学高等教育发展研究中心、厦门大学高等教育质量建设协同创新中心联合主办。500多人参会，其中特邀代表46人，包括中国教育学会会长、北京师范大学原校长钟秉林，清华大学原副校长、教育研究院院长谢维和，上海师范大学原校长杨德广，教育部高等教育司司长吴岩，以及各大高校党委书记、校长、院长等。国际知名高等教育专家、多伦多大学安大略教育研究院教授许美德参会并做学术报告。该次会议以“新时代高等教育研究与高等教育内涵式发展”为总主题，分主题涵盖高等教育内涵式发展的理论与实践探索、高等教育研究机构创新发展、加快建设一流大学和一流学科建设的路径、高校教学文化与学生学习体验四大主要研究议题。

【第十四届海峡两岸端午文化论坛】 2018年6月2日，由中共厦门市委宣传部、厦门市台办指导，厦门市政协教科文卫委、厦门市社会科学界联合会、厦门市集美区委宣传部主办的第十四届海峡两岸端午文化论坛在厦门集美举行。厦门市、集美区相关部门领导以及来自台湾、金门民间社团组织负责人和厦门高等学校专家、教授、学者共数百人参加论坛，论坛在儿童朗诵屈原名著《橘颂》声中拉开活动序幕。该届论坛结合新时代中国特色社会主义的新思想、新理念、新思维展开研究和探讨。在陈嘉庚、龙舟池与端午文化传承，不忘初心弘扬端午精神，闽南端午习俗，端午习俗故事，端午文化内涵及意义等方面深入探讨。参加端午论坛的两岸知名专家学者一致认为，海峡两岸同根同源，举行两岸端午文化论坛意义深远、责任重大，两岸统一的文化是两岸人民和平统一的精神纽带，开展海峡两岸端午论坛是两岸人民共同心声。该次端午文化论坛部分优秀论文由厦门大学传播研究所主办的《中华文化与传播研究》期刊选登。

【国际经济统计学会（SEM）第五届年会】 2018年6月8日，国际经济统计学会（SEM）第五届年会在厦门大学经济楼开幕。会议由厦门大学、堪萨斯大学（University of Kansas）、卡内基梅隆大学（Carnegie Mellon University）和金融稳定中心（Center for Financial Stability）联合主办，主题为“经济数据和统计测度的理论与应用”，来自世界各国的近200名嘉宾参会。该次会议为期两天半，邀请6位特邀嘉宾发表主题演讲。此外，在27个分会场中，共计113篇与经济统计相关的论文被宣读，参会者围绕国家数据、房地产市场和宏观经济政策、生活费用与物价指数测量、国民核算与物价统计、货币政策与金融市场、应用经济理论、全球价值链测度及其政策含义、数量经济学与金融学的新发展等多个议题展开探讨。2018年，SEM年会在厦门大学举办，是该学会首次在亚洲地区举办。会议为全球经济统计相关领域的专家学者、科研人员提供交流平台，分享科研经验与成果，推动经济统计研究发展。

【2018海峡两岸航海技术与海洋工程研讨会】 2018年6月9—10日，由中国航海学会、中国造船工程学会等单位与集美大学联合主办的2018海峡两岸航海技术与海洋工程研讨会在厦门举行。中国航海学会常务副理事长曹迪、中国造船工程学会副理事长李国安、中国航海技术研究会（台湾）理事长李选士、中国造船暨轮机工程师学会（台湾）理事长蔡进发、福建省交通运输集团副总经理杨锦昌、省船舶工业集团副总经理李振均、集美大学副校长曹敏杰等来自海峡两岸专家学者120余人参会。交通运输部原安全总监、教授级高级工程师刘功臣，中国造船工程学会首席专家方书甲研究员，台湾海洋大学教授李选士、林益煌分别作“智能航运发展趋势”等4个主题报告，航海技术、海洋工程两个小组交流相关领域的最新研究成果。

【第五届两岸学子论坛】 2018年6月27日，以“深耕与发展”为主题的第五届两岸学子论坛在厦门大学开幕。论坛由两岸关系和平发展协同创新中心、中华全国台湾同胞联谊会、海峡交流文化中心主办，厦门大学台湾研究院承办。美国哈佛大学、韩国高丽大学、香港理工大学、台湾大学、台湾政治大学、台湾“清华大学”、北京大学、清华大学、中国人民大学、复旦大学、南开大学、厦门大学等海内外近60所知名高校的260多名台湾研究专家学者及青年学子与会。论坛下设政治、经济、历史、文学、法律、两岸、微视频、EMBA 8个分论坛。两岸学子与台湾研究领域知名专家学者交流互动，共同研讨台湾研究的前沿理论等学术课题。“台湾中华世纪文教发展协会”理事长吴建国以“两岸青年的融合与互利——新世纪青年应有的胸襟与抱负”为题，讲述其在两岸交流过程中所做的学术研究和实践活动。两岸学生通过微信群等方式建立长期的交流合作关系。

【“改革开放40年妇女发展的理论与实践”研讨会】 2018年6月30日，厦门大学妇女/性别研究与培训基地、福建省妇女理论研究会联合主办的“改革开放40年妇女发展的理论与实践”学术研讨会在厦门大学举行。中国妇女研究会、北京大学、中国人民大学、中国社科院、复旦大学、武汉大学、厦门市妇联等全国20多所高校和相关机构的领导、专家及学者百余人参会。北京大学党委副书记叶静漪、复旦大学党委副书记许征等作主题发言。与会人员分别围绕“女性解放与性别平等”和“女性福利与社会保障”议题进行分组发言和讨论，讨论涉及法学、社会学、教育学、文学、哲学与历史学等研究领域。

【“中国公共政策的理论建构与实践创新”中青年论坛】 2018年7月21日，由厦门大学公共事务学院、公共政策研究院暨厦门大学校长基金·创新团队主办的“中国公共政策的理论建构与实践创新”中青年论坛在厦门大学成智楼301会议室举行，来自清华大学、中国人民大学、复旦大学、上海交通大学、吉林大学、中山大学、厦门大学等10所高校的近30名专家学者出席。论坛以“中国公共政策的理论建构与实践创新”为主题，设置政策与制度变迁、政策执行、政策认知与行为、政策环境4场专题讨论。论坛的主旨演讲主题为“政策与制度变迁”。在论坛的主旨发言中，清华大学教授朱旭峰以事件史分析的方法探讨当代中国政策的扩散机制，厦门大学教授陈炳辉从建构民主基础上的权力集中体制为主题对当代中国政治发展予以探讨，中山大学教授何俊志以全国人大代表连任率的影响因素为主题对中国人大制度的运行与变迁予以分析，厦门大学教授吕志奎以中国行政机构机构改革为议题探讨中国行政机构改革的历史与逻辑。

【会计准则与概念框架学术论坛】 2018年9月22日，由安永华明会计师事务所、厦门国家会计学院、厦门大学会计发展研究中心、厦门大学会计系和中国会计学会企业会计准则专业委员会联合主办的“会计准则与概念框架学术论坛”在厦门大学召开，该次会议由财政部“我国企业会计准则体系全面修订完善研究”课题组发起。来自财政部、安永华明会计师事务所、厦门国家会计学院、西安交通大学、中国海洋大学、暨南大学、吉林大学和厦门大学等学术界及实务界的78位代表应邀参加，共同就会计准则、财务会计概念框架相关重要问题进行学术讨论。学术论坛以“会计准则与概念框架”为主题，采取大会主题报告、论文报告与讨论相结合的形式。在大会主题报告中，财政部会计准则二处处长陈瑜、安永华明会计师事务所合伙人王鹏程，以及厦门国家会计学院院长黄世忠分别作题为《会计准则国际趋同的进展与思考》《企业会计准则的修定与完善》《商业模式创新对概念框架和会计准则的影响》报告。在论文报告与交流上，中国海洋大学教授王竹泉、福州大学博士朱灵子、厦门大学教授刘峰分别报告论文《现行财务报表列报及分析体系却陷与改进》《基于创新商业模式的会计准则完善探讨》《会计准则制定程序与国际会计准则的应用：以SFAS为例》。与会代表还围绕报告的论文进行交流与讨论。

【大学教学改革40年与新时代展望学术研讨会】 2018年9月23日，大学教学改革40年与新时代展望学术研讨会在厦门大学科学艺术中心举行。研讨会由厦门大学高等教育发展研究中心、《中国大学教学》编辑部与教育研究院联合主办，来自北京大学、清华大学、浙江大学、华中科技大学、北京航空航天大学、吉林大学、华南理工大学和厦门大学等高校高等教育研究领域60余名专家学者参会。厦门大学教授邬大光、别敦荣在研讨会上分别作《现状·历程·成就——改革开放40年大学教学改革》《40年来大学教学改革的重大课题与研究进展》主题报告。会议围绕大学教学改革的历史、实践和理论问题进行交流研讨，涉及“深化教育教学改革”“提高本科教学质量”“创新人才培养体系”“一流本科教育”“‘双一流’建设背景下地方高校高质量发展”“高等教育教学机制建设”以及“大学教学理论反思”等主题。该次研讨会是一次高等教育理论研究者与大学教学管理者跨界交流的学术会，总结大学教学改革40年成就与经验教训，交流各大学深化教学改革蓝图，对新时代大学教学改革的方向进行展望，从理论上探讨大学教学的深层次问题，为进一步推进大学教学改革提供理论指导。

【第九届海峡两岸海洋海事大学蓝海策略校长论坛】 2018年10月20—21日，由集美大学主办的第九届海峡两岸海洋海事大学蓝海策略校长论坛暨海洋科学与人文研讨会在集美大学召开，来自海峡两岸37所高校及相关单位200余位专家学者与会。集美大学3000余名在校师生参加开幕式。福建省教育厅副厅长陈国龙在开幕式上致辞，海峡两岸关系协会副会长张铭清作题为《两岸交流的历史、现状与展望》主旨报告。该届论坛分为“校长论坛”及“专场研讨会”两部分。20日下午，来自两岸的15所涉海院校的校长及相关单位的专家学者出席校长论坛。台湾海洋大学校长张清风、中国海洋大学校长于志刚、大连海事大学副校长赵友涛、上海海洋大学校长程裕东、河海大学副校长郑金海、淮海工学院校长宁晓明、高雄科技大学副校长俞克维、集美大学校长李清彪及特邀嘉宾世界航标协会（IALA）秘书长Francis Zachariae，围绕论坛主题“海洋人才培养与文化传承”，从海洋科教与人才培养的不同视角做专题报告，分享涉海专业教育人才培养的发展思路与创新途径及思考。21日，海洋科学与人文研讨会召开，分设“海洋渔业与食品工程卓越人才培养”“航海类专业人才培养”“海洋人文与法制研究——历史、现状与前景”“人文与法制”4个专场，海峡两岸150余名专家学者及集美大学相关专业师生参会。研讨会收录报告及论文摘要66篇，海峡两岸学者会场发表专题报告57个，涵盖海洋海事各学科领域。研讨会展现海峡两岸涉海院校在学术研究取得的最新成果。

【完善社会主义市场经济体制与厦门实践论坛】 2018年10月23日，由厦门市社科联、厦门市社科院主办，厦门市经济师协会协办的厦门市社科界第九届学术年会——完善社会主义市场经济体制与厦门实践论坛在厦门海滨大厦举行，论坛旨在引导人们深刻把握新时代中国经济发展的特点和规律，为建设高素质高颜值现代化国际化城市提供理论支撑和决策参考。论坛邀请福建省政府顾问、福建省社科院原院长、教授严正以《进一步完善社会主义市场经济体制》为题，集美大学教授、厦门市侨联副主席杨行健以《改革实践与创新突破》为题，厦门市经济师协会执行会长王复基以《向现代化经济体系方向迈进》为题，厦门理工学院教授刘松先以《大力发展知识产权密集型产业》为题作专题发言。主办、协办单位40多人参加论坛。

【厦门民营经济转型升级高质量发展学术论坛】 2018年10月26日，由厦门市社科联、厦门市社科院、集美区政府主办，厦门市社会发展研究会、集美区工商联（商会）、集美区社科联具体承办的“厦门市第九届社会科学界学术年会·厦门民营经济转型升级高质量发展学术论坛”在民营企业厦门悠度休闲用品股份有限公司召开。厦门市社科联、厦门市工商联、集美区政府等党政职能部门负责人和来自厦门民营企业、相关行业协会以及厦门高校和研究机构的近100位嘉宾参加论坛。论坛以新思想为指引，贯彻落实中共十九大精神和市委十二届七次全会精神，回顾总结改革开放40年厦门民营经济发展情况，探讨新时代民营企业深化改革机遇、加快转型升级、实现高质量发展之道，为厦门民营经济再创新辉煌、特区再创体制机制新优势提出意见和建议。厦门市社科联党组成员、副主席庄志辉和集美区委常委、统战部部长范启德在论坛上致辞。集美区工商联的王进法、厦门发展研究中心副主任戴松若、厦门大学金融系副教授陈善昂分别围绕“集美区力促民营企业转型升级、服务实体经济高质量发展”“推动厦门民营经济转型升级高质量发展”“当前经济金融形势对民营经济发展的影响”做主旨演讲。

【“一带一路”体育联动两岸论坛】 2018年10月27日，福建省社科界2018年学术年会——“一带一路”体育联动两岸论坛在集美大学举行。论坛由福建省社会科学界联合会举办，集美大学和福建省体育社会发展研究会承办。福建省社会科学界联合会副主席王秀丽出席开幕式并讲话，集美大学副校长曹敏杰教授致欢迎辞。论坛开幕式由集美大学体育学院院长高楚兰（教授）主持。来自中国社会科学院、中国体育科学学会、台湾中国文化大学、厦门大学、福建师范大学、华侨大学、闽南师范大学、泉州师范学院、厦门理工学院、三明学院、龙岩学院、莆田学院、宁德师范学院、厦门医学院、集美大学诚毅学院等两岸150余名代表出席论坛。中国社会科学院博士生导师孙壮志（研究员）、台湾中国文化大学博士生导师苏俊贤（教授）就“‘一带一路’体育联动两岸”问题高屋建瓴地发表演讲。两岸专家、学者、研究生提供55篇论文，分别就“体育治理与体育发展”“体育产业与体育管理”“体育教育与运动训练”“运动科学与健康促进”等议题进行专题报告和研讨。分论坛结束后，与会专家为优秀论文颁发荣誉证书，并将其推荐到《体育科学研究》上发表。

【2018海洋事务高端论坛】 2018年11月2日，由厦门大学、中国海洋发展基金会、福建省海洋与渔业局主办的2018厦门国际海洋周分论坛——2018海洋事务高端论坛在2018年厦门国际海洋周主会场举行。论坛着眼与“21世纪海上丝绸之路”沿线国家的合作，包括“海岸带可持续发展能力建设的经验和需求”和“海岸带可持续发展能力建设的发展与合作”两大专题，国内外专家、学者、专业技术人员、厦门大学师生和媒体记者等近百人参会。开幕式上，中国海洋发展基金会秘书长潘新春作题为《中国海洋与海岸带管理政策介绍》的主旨演讲。与会专家学者及政府部门人员对“海丝”沿线国家及中国在海岸带可持续发展能力建设的研究现状以及如何深化合作进行讨论，共同分享海岸带可持续发展能力建设领域的经验和教训，探讨气候变化背景下海岸带可持续建设能力建设的现状与需求，并就未来中国如何与相关沿海国家深化和开展海岸带可持续发展能力建设领域的合作与交流展开讨论，探索具体的合作途径与方法。

【宏观经济高端论坛】 2018年11月6日，厦门市第十一届宏观经济高端论坛在厦门宾馆举行。论坛由中国社会科学院工业经济研究所、厦门市发展和改革委员会共同指导，厦门市发展研究中心主办，厦门市经济学会协办。来自中共厦门市委政研室、市人大财经委、市政协经建委、规划委、国资委、外侨办、商务局、土房局、港口局、科技局等政府部门，开发银行、光大银行等金融单位，厦门大学、集美大学、社科院等高校和研究机构，国贸集团、翔业集团、轨道集团、港务集团等企业单位，经济师协会、会计协会等社会团体的领导和专家，及来自各行各业的经济学会会员共100多人参会。中国社科院工业经济研究所所长黄群慧、北京大学城市与环境学院院长贺灿飞、中国社科院工业经济研究所中小企业与创新创业研究室主任贺俊、清华大学经济管理学院创新创业与战略系教授杨德林围绕该次论坛“产业创新”主题，分别从“贸易战下的中国制造业发展”“区域产业发展与转型升级”“厦门创新发展的瓶颈与突破思路”及“产业与企业创新发展”4个方面分别发表演讲。

【“新时代智慧健康”论坛】 2018年11月9日，以“贯彻新发展理念、开启新时代征程”为主题，由厦门市社科联、厦门市社科院主办，厦门市卫生和计划生育委员会、厦门市卫生资讯协会承办的“新时代智慧健康”讲坛在厦门市卫生和计划生育委员会一楼会议室举行。该次论坛是厦门市第九届社科学术论坛活动之一。福建省卫生健康委员会信息中心主任、福建省卫生信息协会会长俞建明，厦门市社科联党组成员、副主席陈怀群，厦门市卫生和计划生育委员会副主任孙卫，厦门市委党校原常务副校长施凤堂，厦门市文联原党组书记毛振亚等领导，以及各医院信息分管领导和信息科主任等90多人出席论坛。论坛特邀孙卫、俞建明、钱永跃、付磊等分别作《人工智能应用与互联网＋医疗健康和健康医疗大数据》《电子病历的发展方向与建设思路》《人工智能在医疗行业的应用》《胸痛区域性协同救治系统建设实践》主题演讲。

【第三届两岸社会保障论坛】 2018年11月10日，由中国社会保障学会主办，厦门大学公共事务学院、两岸关系和平发展协同创新中心与厦门市社科联承办的第三届两岸社会保障论坛在厦门大学科学艺术中心召开。海峡两岸近70所

11月9日，“新时代智慧健康”论坛现场　（市社科联　供图）

高校与科研院所120多名专家学者参会。厦门大学党委副书记、副校长李建发代表学校致欢迎辞；全国人大常委会委员、中国社会保障学会会长郑功成做主旨演讲；中国社会保障学会副会长、西南财经大学教授林义，海峡两岸关系协会原副会长、两岸关系和平发展协创中心社会整合平台主任张铭清，东北财经大学副校长赵建国，台湾亚洲大学社会工作学系教授、台湾健保局原副总经理陈孝平，厦门市台办副主任谢永福，厦门市社科联副主席庄志辉，厦门大学公共事务学院副院长朱仁显（教授）等出席开幕式。开幕式由中共厦门大学委员会党校副校长高和荣（教授）主持。会议以“群贤毕至聚鹭岛、肩担道义福两岸”为主题，分设两岸社会保障总论、两岸养老保险制度建设、两岸医疗卫生建设、两岸社会服务与发展4个议题。与会专家深入探讨两岸社会保障制度整合的基础、框架及策略，致力探索一条增进两岸同胞福祉的社会保障体系，为人类社会保障事业贡献中国模式。

【第三届旅游行为研究学术研讨会在鼓浪屿举行】 2018年11月10日，第三届旅游行为研究学术研讨会暨鼓浪屿“文化遗产、社区及旅游发展”论坛在世界文化遗产地鼓浪屿举行，会议以“交叉·融合·创新”为主旨，来自全国各地高等学校和科研单位的50位专家学者参会。会议以“交叉·融合·创新”为主旨，由厦门大学、厦门市鼓浪屿—万石山风景名胜区管理委员会、清华大学国家文物局重点科研基地作为指导单位，厦门大学建筑与土木工程学院、国家文物局重点科研基地厦门站、厦门大学鼓浪屿文化遗产保护校外实践基地、厦门大学建筑与土木工程学院—筑理科技联合实验室作为主办单位。论坛举行特邀报告专场，先后由厦门大学教授王绍森、清华大学教授党安荣、北京大学教授吴必虎、南京大学教授张捷、厦门大学教授林璧属向全体与会人员作报告。当日下午举行旅游行为报告专场，由山东大学博士黄潇婷、香港理工大学博士李咪咪、复旦大学博士沈涵、厦门大学博士李渊、华南理工大学博士刘丹萍、中山大学博士赵莹、中国旅游研究院博士蒋依依、南京大学博士张宏磊向全体与会人员分享最新的研究成果。

11月23日，中国宏观经济学术研讨会现场 （市社科联 供图）

【推动“两高两化”建设专家座谈会】 2018年11月16日上午，厦门市社科联、厦门市经济师协会联合举办“贯彻市委‘双千亿’工作部署精神，推动‘两高两化’建设”（高素质、高颜值，现代化、国际化）专家研讨会，邀请来自厦门大学、华侨大学、华厦学院、厦门市政协研究室、厦门市发展研究中心、厦门市经济师协会的专家共20多人，共同研讨如何贯彻新发展理念，建设现代化经济体系；加快高素质人才引进与培养；狠抓产业创新发展；加大实体经济扶持力度；实现千亿工程有效投资，加快乡村振兴项目和民生补短板项目建设。

【“一带一路”与海洋人类学学术研讨会】 2018年11月17—18日，由厦门大学人类学研究所、厦门大学人类学与人类发展实验室主办的“一带一路”与海洋人类学学术研讨会在厦门大学人文学院召开，来自厦门大学、中山大学、暨南大学、广东海洋大学、海南大学、云南大学、中国科学院和国家海洋局第三海洋研究所等高校与科研机构共40余位学者出席会议。研讨会分“亚洲的水上网络”“海洋考古与遗产”“族群关系与海洋发展”“海洋社区与海洋生态”与“海洋民族志”5个专题展开。与会学者从各自研究领域出发，结合文献、田野经验材料以及古人类基因的考古与研究，分享和探讨包括东亚海域、太平洋岛屿与非洲沿海在内的海洋族群的生活形态与演进历程。该次会议综合文化人类学、历史学、考古学、分子人类学与海洋科学，以跨学科的视角探讨海洋社会发展的一系列重要问题，对海洋文明在人类文明中的重要意义达成共识。

【中国宏观经济学术研讨会】 2018年11月23—25日，由中国宏观经济研究中心（华侨大学与中国社会科学院财经战略研究院共建）、《财贸经济》杂志社、《经济学动态》杂志社主办，华侨大学经济与金融学院承办，华侨大学经济发展与改革研究院、数量经济研究院协办的中国宏观经济学术研讨会（2018）在厦门举办。来自国内多所知名院校、研究机构和企事业单位120余位专家及研究生，围绕“促进经济高质量发展”主题展开讨论。中国社会科学院财经战略研究院院长何德旭（研究员）、副院长李雪松（研究员），《经济学动态》编辑部主任杨新铭（研究员），华侨大学统计学院院长、数量经济研究院院长胡日东（教授），华侨大学海上丝绸之路研究院常务副院长许培源（教授），闽江学者特聘教授、华侨大学经济发展与改革研究院教授魏下海分别作主旨演讲。30余位学者分别围绕中国宏观经济的形势、趋势、政策在分会场作专题报告。

【第一届创新创业研究国际论坛】 2018年11月24日，由华侨大学工商管理学院、上海财经大学中国社会创业研究中心主办的第一届创新创业研究国际论坛在华侨大学陈嘉庚纪念堂4层科学厅召开。来自中国、澳大利亚、美国、日本等国家的近100名在高校、研究院所和企业从事双创理论和实践研究的嘉宾及有关代表参加论坛。开幕式后，清华大学经济管理学院教授雷家骕、华南理工大学工商管理学院教授张振刚分别作《技术创新驱动高质量发展——中国40年四阶爬坡轨迹及其启示》《格力模式——使命驱动价值创造的经营之道》主题报告。在为期2天的论坛中，围绕“新时代创新创业研究与实践”主题，分别举行期刊主编面对面、企业家论坛、社会创业研究工作坊、创新创业管理研究、创新创业教育分论坛等活动。

【“国家建设进程中的地方治理”学术研讨会】 2018年12月1日，由厦门大学公共事务学院主办的国家建设进程中的地方治理暨第三届地方治理现代化学术研讨会在厦门大学成智楼301召开。近30所高校、科研院所的80多位专家学者及师生与会。大会邀请北京大学教授徐湘林、华东政法大学副校长张明军（教授）、中山大学教授郭忠华、西安交通大学教授朱正威、中央编译局教授杨雪冬、中山大学教授叶林分别做题为《上级督查与基层避责——地方政府公共治理中的困境及出路》《民生政治参与与国家治理现代化的实现逻辑》《运动治理和依法治理：国家治理的内在逻辑》《国家实验中的地方创新行为——基于自由贸易试验区的讨论》《地方性、制度的地方绩效与中国国家治理现代化》《新型城镇化背景的城市治理重构》主旨演讲。下午会议分成3个平行分论坛同时进行。3个平行分论坛上半场的主题分别为政治认知与行为、环保治理和数字治理，下半场主题分别为社区治理、地方和基层治理。

【第三届“一带一路”财经发展论坛】 （见P338同名条目）

【“改革开放与国家治理现代化”学术研讨会】 2018年12月15日，由厦门大学公共事务学院和公共政策研究院主办的“改革开放与国家治理现代化”学术研讨会在厦门大学召开。来自中国行政管理学会、北京大学、清华大学、中国人民大学、武汉大学、复旦大学、上海交通大学、中山大学、四川大学、电子科技大学、重庆大学、云南大学、中南大学等高校代表，及《新华文摘》《中国人民大学学报》《北京行政学院学报》《行政论坛》等杂志代表共70多人参会。厦门大学公共事务学院党委书记黄新华（教授）主持第一场主题报告会。中国行政管理学会原副执行会长兼秘书长高小平（教授）、北京大学政府管理学院教授周志忍、上海交通大学文科建设处处长和中国城市治理研究院常务副院长吴建南（教授）分别做题为《改革开放40年40项公共管理重大制度创新的现代化意义》《精细化管理与治理能力现代化》《城市治理评估：居民感知、五大理念和高质量发展》主旨演讲。武汉大学政治与公共管理学院教授丁煌主持第二场主题报告会。复旦大学国际关系与公共事务学院公共管理系主任朱春奎（教授）、上海交通大学国际与公共事务学院副院长樊博（教授）、四川大学公共管理学院院长史云贵（教授）分别做题为《影响政府对民众信任的因素有哪些？》《数字治理与城市应急》《县域绿色治理》主旨演讲。该次研讨会聚焦“改革开放与国家治理现代化”，将国家治理现代化置于改革开放历史脉络和宏大背景下，研究改革开放40年中国政府治理改革的历程、经验、路径、成效、进展、模式和新趋势，探讨改革开放40年中国政府治理改革的理论建构与实践模式。

【首届全国高校高等教育学研究生学术论坛】 2018年12月15—16日，首届全国高校高等教育学研究生学术论坛在厦门大学举行。厦门大学教育研究院名誉院长潘懋元，院党委书记郑冰冰，院长别敦荣（教授），副院长王洪才（教授）、覃红霞（教授），华中科技大学教育科学研究院院长陈廷柱（教授）、高教所所长贾永堂（教授），南京大学教育研究院院长王运来（教授）、《中国高等教育》编辑部副编审杨亚辉等高等教育研究专家出席论坛。论坛由厦门大学教育研究院与华中科技大学教育科学研究院联合主办。来自厦门大学、华中科技大学、北京大学、北京师范大学、华东师范大学、南京大学、浙江大学、武汉大学等全国60余所高校的240余名师生参加论坛。论坛主题为“高等教育学学科建设与人才培养模式变革”，参会学生代表分别围绕“学科建设基本理论与高等教育学科建设”“人才培养模式变革与高等教育内涵式发展”以及“国际人才培养模式改革的经验解读与反思借鉴”等进行交流。

（文治平）

课题研究和学术成果

【研究课题项目】 2018年，厦门市社科界开展社会科学研究，围绕厦门经济、文化和社会发展的重点、难点问题，组织重点课题调研。其中，完成厦门市重点研究课题9项（表24-1），市社会科学界获得国家社会科学基金项目以及福建省社会科学基金项目共220多项。

【学术成果】 2018年，厦门市社会科学工作者开展社会科学研究，有110项成果获得省部级优秀社会科学奖（表24-2），全市社会科学工作者出版学术著作、教材181项（表24-3）。

表24-1　**2018年厦门市重点调研课题一览表**

序号	调研题目	调研负责人 / 牵头单位
1	推进厦台深度融合发展研究	裴金佳、陈秋雄 / 市委办公厅、市台办、台盟厦门市委
2	建设高素质的创新创业之城研究	庄稼汉、李辉跃 / 市府办公厅、经信局、科技局
3	强化城市承载功能研究	陈家东、孟芊 / 市人大办公厅、规划委、交通委

续表 24-1

序号	调研题目	调研负责人 / 牵头单位
4	强化创新驱动，做大做强做优厦门实体经济	张健、张灿民 / 市政协办公厅、市委统战部、总商会
5	建设高颜值的生态花园之城研究	叶重耕、国桂荣、张毅恭 / 市委宣传部、市文明办、市卫计委、市教育局
6	探索推进自由贸易港建设，增创厦门经济特区开放发展新优势	林文生、倪超 / 市自贸委、市财政局、市法制局、市金融办
7	推进全面从严治党，构建良好政治生态研究	孙明忠、黄文辉 / 市纪委、市监察委、市直机关党工委
8	加快厦门高质量发展的路径探索（包括实施人才强市战略研究）	黄强、陈沈阳 / 市发改委、市委组织部、市科技局、市财政局、市人社局
9	全面提升社会治理水平研究	李伟华、韩景义 / 市政法、委市公安局、市民政局、市司法局

表 24-2 **2018 年厦门市获省部级优秀社会科学成果奖项目一览表**

序号	获奖者	获奖成果名称	成果形式	获奖等级	颁奖单位
1	朱圣明	华夷之间：秦汉时期族群的身份与认同	专著	二等	国家民委
2	杜树海	清代边疆地区社会阶层的变动与文化面貌的转变：以广西靖西县墓碑、石刻等历史资料为中心的考察	论文	三等	国家民委
3	阳妙艳 尼玛顿珠	从“内地求学”到“返藏工作”：对内地西藏班毕业生学校教育与族群认同的研究	论文	三等	国家民委
4	彭水军　袁凯华 韦　韬	贸易增加值视角下中国制造业服务化转型的事实与解释	论文	三等	安子介国际贸易研究奖励金评委会
5	陈　雯　苗双有	中间品贸易自由化与中国制造业企业生产技术选择	论文	二等	安子介国际贸易研究奖励金评委会
6	林伯强　刘　畅	中国能源补贴改革与有效能源补贴	论文	（未分等级）	张培刚发展经济学研究基金会
7	杨春时	作为第一哲学的美学——存在、现象与审美	专著	一等奖	福建省人民政府
8	林伯强　等	环境治理约束下的中国能源结构转变——基于煤炭和二氧化碳峰值的分析	论文	一等奖	福建省人民政府
9	陈振明	国家治理转型的逻辑——公共管理前沿探索	专著	一等奖	福建省人民政府
10	曾五一　等	中国政府统计数据质量管理问题研究	专著	一等奖	福建省人民政府
11	朱至刚	早期中国新闻学的历史面相：从知识史的路径	专著	一等奖	福建省人民政府
12	林　密	意识形态、日常生活与空间——西方马克思主义社会再生产理论研究	专著	二等奖	福建省人民政府
13	曹志平　等	科学诠释学的现象学	专著	二等奖	福建省人民政府
14	朱人求	话语分析与中国哲学研究范式的转换	论文	二等奖	福建省人民政府
15	潘　越　等	公司诉讼风险、司法地方保护主义与企业创新	论文	二等奖	福建省人民政府
16	吴超鹏　等	知识产权保护执法力度、技术创新与企业绩效——来自中国上市公司的证据	论文	二等奖	福建省人民政府
17	陈炳辉	国家治理复杂性视野下的协商民主	论文	二等奖	福建省人民政府
18	卓　越　等	公共服务标准化的创新机制	专著	二等奖	福建省人民政府

续表 24-2

序号	获奖者	获奖成果名称	成果形式	获奖等级	颁奖单位
19	蒋　月	20 世纪婚姻家庭法：从传统到现代化	专著	二等奖	福建省人民政府
20	王建学	地方各级人民法院宪法地位的规范分析	论文	二等奖	福建省人民政府
21	杨国桢	中国海洋文明专题研究（1—10 卷）	专著	二等奖	福建省人民政府
22	林丹娅	台湾女性文学史	专著	二等奖	福建省人民政府
23	刘荣平	全闽词	古籍整理	二等奖	福建省人民政府
24	李无未　等	日本汉语教科书汇刊（江户明治编）及总目提要	工具书	二等奖	福建省人民政府
25	殷　琦	中国传媒组织治理结构创新研究：基于利益相关者理论的视角	专著	二等奖	福建省人民政府
26	黄含韵	中国青少年社交媒体使用与沉迷现状：亲和动机、印象管理与社会资本	论文	二等奖	福建省人民政府
27	林金辉	中外合作办学发展报告（2010—2015）	专著	二等奖	福建省人民政府
28	刘海峰	科举停废 110 年祭	论文	二等奖	福建省人民政府
29	史秋衡	国家高校分类体系及其设置标准实证研究	专著	二等奖	福建省人民政府
30	陈　安	美国霸权版“中国威胁”谰言的前世与今生	科普读物	二等奖	福建省人民政府
31	邹振东	国民党到底输在什么地方	调查报告 咨询报告	二等奖	福建省人民政府
32	厦门大学管理学院营商环境研究课题组	厦门市营商环境整体评估报告	调查报告 咨询报告	二等奖	福建省人民政府
33	张有奎	虚无主义的终结与人的解放——基于马克思主义实践逻辑的考察	论文	三等奖	福建省人民政府
34	张艳涛	思想史语境中的《资本论》——兼论《资本论》与 21 世纪“中国现代性”建构	论文	三等奖	福建省人民政府
35	方厚升	梦的解析	译著	三等奖	福建省人民政府
36	郑伟平	论信念的知识规范	论文	三等奖	福建省人民政府
37	彭水军　等	碳排放的国家责任核算方案	论文	三等奖	福建省人民政府
38	陈　雯　等	中间品贸易自由化与中国制造业企业生产技术选择	论文	三等奖	福建省人民政府
39	梁若冰	口岸、铁路与中国近代工业化	论文	三等奖	福建省人民政府
40	张传国	The impact of global oil price shocks on China’s bulk commodity markets and fundamental industries（国际油价波动对中国大宗商品市场和基础行业的影响）	论文	三等奖	福建省人民政府
41	牛霖琳　等	地方政府债务隐忧及其风险传导——基于国债收益率与城投债利差的分析	论文	三等奖	福建省人民政府
42	陈海强　等	股指期货交易会降低股市跳跃风险吗?	论文	三等奖	福建省人民政府
43	谢贞发　等	中国式分税制、中央税收征管权集中与税收竞争	论文	三等奖	福建省人民政府
44	雷根强　等	我国资本市场税收制度研究	专著	三等奖	福建省人民政府
45	姚　昕	Regional energy efficiency, carbon emission performance and technology gaps in China: A meta-frontier non-radial directional distance function analysis（中国区域能源效率、碳排放效率和技术差异率的研究——基于共同前沿非径向方向距离函数分析）	论文	三等奖	福建省人民政府
46	张少军	产业转移与区域协调发展：全球价值链视角下的对策研究	专著	三等奖	福建省人民政府

续表 24-2

序号	获奖者	获奖成果名称	成果形式	获奖等级	颁奖单位
47	黄寿峰	廉洁度、公共投资与基础设施质量：宏观表现与微观证据	论文	三等奖	福建省人民政府
48	柏培文	三大产业劳动力无扭曲配置对产出增长的影响	论文	三等奖	福建省人民政府
49	戴亦一　等	“乡音”能否降低公司代理成本？——基于方言视角的研究	论文	三等奖	福建省人民政府
50	计国君　等	Constructing sustainable supply chain under double environmental medium regulations（双环境规制下构建可持续供应链）	论文	三等奖	福建省人民政府
51	曲晓辉　等	会计准则趋同研究	专著	三等奖	福建省人民政府
52	方匡南　等	基于 Sai-GA-SVR 的我国 IPO 制度与新股市场特征研究	论文	三等奖	福建省人民政府
53	吕志奎	区域治理中政府间协作的法律制度：美国州际协议研究	专著	三等奖	福建省人民政府
54	李艳霞	何种信任与为何信任？——当代中国公众政治信任现状与来源的实证分析	论文	三等奖	福建省人民政府
55	王宗涛	一般反避税条款研究	专著	三等奖	福建省人民政府
56	周　赟	非典型与典型案件：术语、成因及其关系	论文	三等奖	福建省人民政府
57	蔡从燕	公私关系的认识论重建与国际法发展	论文	三等奖	福建省人民政府
58	徐国栋	地方论研究：从西塞罗到当代	专著	三等奖	福建省人民政府
59	郭春镇　等	转型期权利的法律保障研究——以未列举权利及其推定为例	专著	三等奖	福建省人民政府
60	朱福惠	“五四宪法”与国家机构体系的形成与创新	论文	三等奖	福建省人民政府
61	胡　荣	中国人的政治效能感、政治参与和警察信任	论文	三等奖	福建省人民政府
62	魏爱棠	加礼的记忆：泉州提线木偶戏的遗产认同研究	专著	三等奖	福建省人民政府
63	张闻捷	楚国青铜礼器制度研究	专著	三等奖	福建省人民政府
64	钞晓鸿	泾渭清浊：乾隆朝的考察辨析及其功用意义	论文	三等奖	福建省人民政府
65	吴在庆	韩偓集系年校注	古籍整理	三等奖	福建省人民政府
66	李晓林	审美形而上学研究	专著	三等奖	福建省人民政府
67	谢清果	华夏文明与传播学本土化研究	教材	三等奖	福建省人民政府
68	文　静	大学生学习满意度实证研究	专著	三等奖	福建省人民政府
69	武毅英	高校毕业生就业流动与社会分层	专著	三等奖	福建省人民政府
70	范宏伟	缅甸华侨华人史	专著	三等奖	福建省人民政府
71	李非等	海峡两岸关系和平发展简论	专著	三等奖	福建省人民政府
72	陈先才	台湾地区智库研究	专著	三等奖	福建省人民政府
73	贺东航	关于进一步深化农村集体林权制度改革的政策建议	调查报告 咨询报告	三等奖	福建省人民政府
74	吴崇伯	关于化解我省产能过剩问题的建议	调查报告 咨询报告	三等奖	福建省人民政府
75	杨　芳	技术进步对中国二氧化碳排放的影响及政策研究	专著	青年佳作奖	福建省人民政府
76	龚文娟	环境风险沟通中的公众参与和系统信任	论文	青年佳作奖	福建省人民政府
77	祝婧媛　等	风险来源与决策：背信规避现象及人际联结需求的作用	论文	青年佳作奖	福建省人民政府
78	孙　婕	中国版《深夜食堂》电视剧翻拍悲剧：植入式广告的文化冲突	论文	三等奖	国家新闻出版广电总局

续表 24-2

序号	获奖者	获奖成果名称	成果形式	获奖等级	颁奖单位
79	谢朝武	顾客服务体系的界面管理研究	专著	三等奖	文化和旅游部
80	邢尊明　周良君	我国地方体育产业引导资金政策实践、配置风险及效率改进——基于 8 省、自治区、直辖市的实证调查及分析	论文	一等奖	福建省人民政府
81	冯　兵	儒家实践智慧的礼学演绎——论朱子的礼学实践观	论文	二等奖	福建省人民政府
82	吕延方	对外贸易、跨国外包与能源环境	论文	二等奖	福建省人民政府
83	张向前	中国“十三五”适应创新驱动的科技人才发展机制研究	专著	二等奖	福建省人民政府
84	李海林	Asynchronism-based principal component analysis for time series data mining（时间序列数据挖掘中的异步主成分分析）	论文	二等奖	福建省人民政府
85	侯国金	词汇—构式语用学	专著	二等奖	福建省人民政府
86	吴苑华	世界体系视野中的中国道路——以沃勒斯坦、阿瑞吉、弗兰克、阿明为例	专著	三等奖	福建省人民政府
87	范正义	众神喧哗中的十字架——基督教与福建民间信仰共处关系研究	专著	三等奖	福建省人民政府
88	杨少涵	孟子性善论的思想进路与义理架构	论文	三等奖	福建省人民政府
89	张云江	唐君毅佛教哲学思想研究	专著	三等奖	福建省人民政府
90	马　雷	区别于莱斯列夫斯基标记法的真值图方法	论文	三等奖	福建省人民政府
91	李拉亚	央行政策与公众对策互动关系的利益机制分析	论文	三等奖	福建省人民政府
92	郭克莎	中国经济发展进入新常态的理论根据——中国特色社会主义政治经济学的分析视角	论文	三等奖	福建省人民政府
93	郭东强　谭观音　蔡林峰	企业转型过程中的知识转移模型及其应用	专著	三等奖	福建省人民政府
94	王　伟　等	众筹融资成功率与语言风格的说服性：基于 Kickstarter 的实证研究	论文	三等奖	福建省人民政府
95	谢朝武	顾客服务体系的界面管理研究	专著	三等奖	福建省人民政府
96	徐　晞	海峡两岸行业协会的比较与合作	专著	三等奖	福建省人民政府
97	魏下海　董志强　金　钊	工会改善了企业雇佣期限结构吗？——来自全国民营企业抽样调查的经验证据	论文	三等奖	福建省人民政府
98	吴泽福	利率期限结构波动理论与实证模型	专著	三等奖	福建省人民政府
99	张赛群	新中国涉侨经济政策研究	专著	三等奖	福建省人民政府
100	朱新球	应对突发事件的弹性供应链研究	专著	三等奖	福建省人民政府
101	尚会鹏	人、文明体与国家间关系	论文	三等奖	福建省人民政府
102	叶麒麟	西式民主化的“国家建构悖论”及其超越	论文	三等奖	福建省人民政府
103	汤兆云	城乡统筹发展中的社会养老保险制度建设研究	专著	三等奖	福建省人民政府
104	王晓平	追寻中国的“现代”：“多元变革时代”中国小说研究 1937—1949	专著	三等奖	福建省人民政府
105	陈历明	《吉檀迦利》之接受与“东方想象”之嬗变	论文	三等奖	福建省人民政府
106	李弼程　等	网络舆情分析——理论、技术与应对策略	专著	三等奖	福建省人民政府
107	王焕芝	抗争与坚守——马来西亚华文教师队伍历史演进研究	专著	三等奖	福建省人民政府
108	骆　婧	闽南打城戏文化生态研究	专著	三等奖	福建省人民政府
109	王桂亭	网络原创视频艺术研究	专著	三等奖	福建省人民政府
110	连朝毅	国家与社会关系的当代调适及其发展辩证法——基于马克思政治哲学范式的“治理”研究	论文	青年佳作奖	福建省人民政府

表 24-3　**2018 年厦门市社科界公开出版专著一览表**

序号	著作名称	出版社名称	作者姓名
1	陈孔立台湾史研究名家论集	兰台出版社	陈孔立
2	规范演化论	商务印书馆	吴　洲
3	巨人的文明	机械工业出版社	陈文捷
4	陈小冲台湾史名家研究论集	兰台出版社	陈小冲
5	玉湖忠孝家风：与“海丝”路上南洋楼	厦门大学出版社	陈金长　陈祖基　陈顺燕　陈支平
6	客家民系的形成及其源流	广东人民出版社	陈支平
7	China's Macroeconomic Outlook, Quarterly Forecast and Analysis Report, February 2017	Springer-Verlag	宏观经济研究中心
8	中国宏观经济分析与预测（2018 年）	经济科学出版社	中国季度宏观经济模型课题组
9	全国各省市的媒体镜像——基于网络新闻大数据	厦门大学出版社	黄合水
10	王昌龄传	凤凰出版社	李　菁
11	史海撷英：台湾历史研究	九州出版社	李祖基
12	中外合作办学与高等教育改革	厦门大学出版社	林金辉　廖菁菁
13	国家大学生学习质量提升路径研究	厦门大学出版社	史秋衡　王　芳
14	我国地方立法权配置的理论与实践研究	法律出版社	宋方青　姜孝贤　程庆栋
15	资本市场与财务会计问题研究	吉林大学出版社	苏新龙
16	东南亚地区发展报告（2016—2017）	社会科学文献出版社	王　勤
17	东南亚地区发展报告（2017—2018）	社会科学文献出版社	王　勤
18	耕海耘波：明清官民走向海洋历程	厦门大学出版社	王日根
19	中国会馆史	上海东方出版中心	王日根
20	经济之域：明清陆海经济发展与制约	厦门大学出版社	王日根
21	新经济政策对马来西亚经济发展的影响	南大教育与研究基金会	叶兴建
22	宁化客家艺术与非物质文化遗产	中国国际广播出版社	张　桃
23	中国教育改革 40 年：高考改革卷	科学出版社	郑若玲　等
25	世界华侨华人史	暨南大学出版社	庄国土
26	基层公共预算改革	中央编译出版社	朱芳芳
27	刑法保护前置化研究：现象观察与教义分析	厦门大学出版社	李晓龙
28	公共行政伦理学论纲	社会科学文献出版社	王云萍
29	死去活来：禅道智慧论	宗教文化出版社	刘泽亮
30	一心万法：延寿学研究	宗教文化出版社	刘泽亮　陈文庆　柳干康
31	海外华文传媒与中国软实力建设	中国传媒大学出版社	叶　虎
32	改革开放 40 年与中国财税法发展	法律出版社	李　刚　梁修齐
33	海峡两岸税收程序法律制度比较与税收协调问题研究	厦门大学出版社	李　刚　郝利军
34	中国化视阈下的新启蒙运动论析	人民出版社	庞　虎
35	国有企业党建工作体系研究	人民出版社	庞　虎　谢远东　周　琪
36	庄子哲学新解	社会科学文献出版社	郭勇健
37	现象学美学史	社会科学文献出版社	郭勇健

续表 24-3

序号	著作名称	出版社名称	作者姓名
38	闽台老年健康促进兼性别协同发展研究	厦门大学	王德文
39	社会质量、社会建设与幸福感	厦门大学出版社	徐延辉
40	“一带一路”：国别化人才需求与人才培养研究	世界图书出版有限公司	郑通涛
42	大学创新教学理论与实践	科学出版社	王洪才
44	知识产权刑法保护的理论与实践	法律出版社	李兰英　高扬捷
45	当代中国城市社会底层政治信任研究	厦门大学出版社	李艳霞
46	动补式复合词的词法理论与应用研究	上海交通大学出版社	吴　琳
47	映衬社会的演进——马华新文学语言特点及风格流变	世界图书出版公司广东分公司	苏永延
49	厦门大学研究生教育发展史	厦门大学出版社	覃红霞　陶　涛
50	实验知识论研究	厦门大学出版社	曹剑波
51	Comparative International Law	Oxford University Press	蔡从燕
52	日本近现代语法学史	商务印书馆	李无未
53	海峡西岸经济区发展报告 2018	经济科学出版社	洪永淼（主编）、蔡伟毅　任　力　郑若娟（副主编）
54	认知神经科学在法学中的应用研究	法律出版社	郭春镇　王凌皞
55	中庸的传播思想	九州出版社	谢清果
56	高速列车与我国区域旅游经济	厦门大学出版社	周　波　李宁乔
57	强制拍卖制度疑难问题研究	厦门大学出版社	卢正敏
58	小传统的法治面向	厦门大学出版社	黄金兰　周　赟
59	近代中荷茶叶贸易史	中国社会科学出版社	刘　勇
60	两岸非传统安全合作	九州出版社	陈先才
61	论“四个伟大”	北京联合出版公司	韩庆祥　张艳涛
62	语言选择与中国现代话剧文体嬗变研究	中国电影出版社	潘超青
63	海外移民与跨文化视野下的近代鼓浪屿社会变迁	厦门大学出版社	戴一峰　焦建华　水海刚　应莉雅　李艳林
64	人民币国际化与金融安全法律问题研究	北京大学出版社	陈　欣
65	他山之石：宇文所安中国古代文论研究中的“非虚构传统”问题	新华出版社	史冬冬　史　维
66	中国上市公司股权结构及其代理问题研究	中国经济出版	蔡　宁
67	户外冒险运动	厦门大学出版社	骆腾昆　郭托有　郑达雄
68	正义与关怀：女性主义的视角	厦门大学出版社	宋建丽
69	转型期中国的公众参与和社会资本构建	中国社会科学出版社	陈福平
70	法国式合宪性审查的历史变迁	法律出版社	王建学
71	翻转课堂与高校教学创新	厦门大学出版社	郭建鹏
72	大学教学原理与方法	中国海洋大学出版社	别敦荣
73	现代大学制度：原理与实践	中国海洋大学出版社	别敦荣
74	现代大学制度与治理改革研究丛书	中国海洋大学出版社	别敦荣
75	中国特色社会主义法治经济建设	经济科学出版社	龙小宁　靳　涛　赵　建　张兴祥
76	政府治理转型的中国路径	中国社会科学出版社	吕志奎

续表 24-3

序号	著作名称	出版社名称	作者姓名
77	阶层的文化维度：文化资本与中产阶级研究—基于我国上海和台湾地区的调查数据	经济管理出版社	肖日葵
78	知识分子与大众化革命	花木兰文化出版社	吴舒洁
79	中国居民能源消费与公众环境感知	清华大学出版社	孙传旺
80	艺术在别处：对中国当代旅法艺术家的人类学研究	商务印书馆	冯　莎
81	弱传播	国家行政学院出版社	邹振东
82	中国美学西化问题研究	上海三联书店	代　迅
83	Toleration Group Governance in a Chinese Third Line Enterprise	Palgrave Macmillan（英国）	陈　超 Chen, Chao
84	系统重要性金融机构规制的法律问题研究	法律出版社	阳建勋
85	凤凰于飞——家族文书与畲族历史研究	厦门大学出版社	刘婷玉
86	知识产权侵权损害赔偿救济制度研究	知识产权出版社	朱　冬
87	冷战初期台湾与香港诗坛的交流与互动	九州出版社	刘　奎
88	资源人类学视域下清水江苗族龙舟竞渡的观光化演变	厦门大学出版社	孟　蒙
89	资源、产权与秩序：明清鄱阳湖区的渔课制度与水域社会	社会科学文献出版社	刘诗古
90	久旷大仪：汉代儒学政制研究	商务印书馆	李若晖
91	何为生命之单元？——现代生物学思想中的个体性概念研究	厦门大学出版社	杨仕健
92	教育培训机构服务质量管理研究	中国国际广播出版社	王剑武
93	大爱无疆：华商的家国情怀	厦门大学出版社	马占杰
94	一带一路倡议下海外华侨华人与中国企业走出去战略研究	红旗出版社	张向前
95	基于企业网络视角的自适应营销能力研究	社会科学文献出版社	郭惠玲
96	基于协同创新的企业知识产权合作	经济科学出版社	李朝明
97	海外华商与中国经济发展	社会科学文献出版社	孙　锐
98	关系契约视野下的劳动关系研究	北京大学出版社	叶小兰
99	我国刑事强制医疗程序研究	社会科学文献出版社	王君炜
100	另类三大构成（修订版）	知识产权出版社	刘向东
101	从“单复句”到“流水句”	学林出版社	许立群
102	唐诗与酒	暨南大学出版社	刘美燕
103	华文教育与中华文化传承	社会科学文献出版社	胡培安
104	万叶和歌母体研究	东北师范大学出版社	郭惠珍
105	领导力科学：提升工作绩效，打造理想团队	人民邮电出版社	魏淑遐
106	康复式景观：治愈系医疗花园和户外康复空间的循证设计方法	电子工业出版社	刘技峰
107	現代日本語の前置き表現の記述的研究	日本日中言语文化出版社	陈臻渝
108	转型时期我国农村土地保障功能研究——以新疆昌吉市和福建南安市为例	经济日报出版社	双文元
109	华侨华人与“海丝之路”：作用、机制与展望	经济日报出版社	张赛群
110	华人社团与中华文化传播	中国社会科学文献出版社	张禹东
111	国际关系史	高等教育出版社	王秋彬
112	多元视角下的海外华侨华人社会发展	社科文献出版社	朱东芹

续表 24-3

序号	著作名称	出版社名称	作者姓名
113	世界华侨华人史	暨南大学出版社	庄国土
114	中国人的婚姻、婚俗与性爱	社会科学文献出版社	尚会鹏
115	"一带一路"背景下华侨华人慈善捐赠研究	山东大学出版社	黄晓瑞
116	图说福建传统手工艺与闽台文化	海峡文艺出版社	宋　武
117	仿生设计学	辽宁美术出版社	宋　武
118	设计美学	辽宁美术出版社	宋　武
119	古刺桐手记	海峡文艺出版社	吴东弓
120	『今昔物語集』の漢語研究	笠间书院	郭木兰
121	幼儿园危险预测能力手册	华东师范大学出版社	陈洪淼
122	目的地旅游安全评价与预警	社会科学文献出版社	邹永广
123	华文媒体创新性话语研究与传播	中宣部国家外文局朝华出版社	肖　航
124	国际关系梦工厂——电影与国际关系史	天津人民出版社	黄日涵
125	经济法与电商法剖析	吉林大学出版社	王景河
126	玉器研究中文论著索引	五南图书出版股份有限公司	王怡苹
127	儒道经典要诠	南京大学出版社	孙桂平
128	闽南摩崖石刻研究	商务印书馆	陈光田
129	魏晋南北朝诗歌通论	社会科学文献出版社	田彩仙
130	闽南地区手工技艺传承人调查研究	武汉大学出版社	赵胜利　涂　慷
131	中国民间美术的传承与新发展	水利水电出版社	曾华晖
132	动漫文化创意产业研究	南京大学出版社	石　虹　王洪波
133	政府会计（含非营利组织会计）	中国财经出版社	施锦明
134	中国政府成本会计体系构建与实施研究	经济科学出版社	胡志勇
135	投资银行学	经济科学出版社	王　平
136	文化产业发展视野下著作权集体管理组织的职能研究	厦门大学出版社	郑鲁英
137	这样教写作不难——基于小学生心理特征的写作教学序列与模式	高等教育出版社	施茂枝
138	明清小说俗字典	广陵书社	陈　敏
139	莎士比亚戏剧中的英国图景	天津大学出版社	陈伟彬
140	海事文化英语教程	中国人民大学出版社	侯春杰　郑惠瑛　余　锋　王玉华
141	21 世纪大学英语（S 版）综合教程	复旦大学出版社	江亦川
142	20 世纪初至 60 年代闽籍女作家翻译语言研究——基于语料库的考察	厦门大学出版社	刘立香
143	英国文学中的"中国眼光"——中华文化"走出去"视野下的中英文学关系研究	吉林大学出版社	李爱云
144	21 世纪大学英语（S 版）视听说教程教学参考书（4）(第 2 版）	复旦大学出版社	黄慧君
145	互文本编织的历史——格雷厄姆·斯威夫特小说的历史叙事研究	西安交通大学出版社	王艳萍
146	21 世纪大学英语视听说教程教学参考书（4）(第 2 版）	复旦大学出版社	黄慧君
147	旅游日语	上海交通大学出版社	黄燕青　任江辉　林婉娇
148	技术、制度与管理创新研究——基于中国生物技术企业发展与支撑体系	经济科学出版社	张　晔

续表 24-3

序号	著作名称	出版社名称	作者姓名
149	福建世界遗产双语语料库构建与应用	厦门大学出版社	余　军
150	汉韩动词及物性对比研究	华东理工大学出版社	吴英花
151	福建新型城镇化与文化产业融合发展研究	福建人民出版社	丁智才
152	回归本原——风险视角下的投资研究	厦门大学出版社	曹　明
153	2018 闽台文化发展报告	厦门大学出版社	丁智才
154	非营利基金会信息披露质量研究	经济科学出版社	刘丽珑
155	中国本土会计师事务所的规模效应研究	经济科学出版社	施金平
156	学校艺术体育演进发展论	厦门大学出版社	方　奇
157	形成中的国际生态秩序：历史、理论及对中国的影响	厦门大学出版社	喻坤鹏
158	两岸创意经济研究报告（2018）	社会科学文献出版社	罗昌智
159	发展中国家中央银行独立性研究：以东南亚国家为例	厦门大学出版社	何军明
160	中国史学思想会通·近代史学思想后卷	福建人民出版社	洪认清
161	闽台历史民俗文化遗产资源保护与产业化问题研究	人民出版社	刘芝凤
162	中国未来媒体研究报告	社会科学文献出版社	林小勇
163	闽台海洋民俗史	人民出版社	刘芝凤
164	中国人的日常生活：福建河流及道路沿途风光	厦门大学出版社	张跃军
165	海峡两岸经济周期的同步性及传导机制研究报告	西南交通大学出版社	张文军
166	中国经济体制转型期的国际贸易摩擦及其解决途径	厦门大学出版社	赵　宏
167	学术守门人探论：高校学术同行评议与利益冲突	科学出版社	李泽彧
168	特别的猫	译林出版社	邱益鸿
169	旅游景区语言景观的社会语用学研究	哈尔滨工业大学出版社	黄利民
170	中国纺织服装外贸企业国际贸易模式转型探索	西南财经大学出版社	林　涛
171	久石让电影音乐研究	东北师范大学出版社	何圣捷
172	明清南音传本曲牌研究	中国戏剧出版社	张兆颖
173	供应链范式创新与中国汽车产业供应链转型研究	经济科学出版社	王斌义
174	现代诗：接受响应论	中国社会科学出版社	陈仲义
175	孔、孟、荀王道思想研究	（台湾）花木兰文化事业有限公司	邓梦军
176	厦门故迹寻踪	海峡文艺出版社	刘瑞光
177	何丙仲学术文集	鹭江出版社	何丙仲
178	洪卜仁学术文集	鹭江出版社	洪卜仁
179	2018—2019 年厦门市经济社会发展与预测蓝皮书	厦门大学出版社	厦门市科联、厦门市社科院编著

（文治平）

责任编辑：曾一一
审　　稿：孙志红
校　　对：曲　艺

25 教育

教育改革与管理

【概　况】 2018年，厦门市有各级各类学校（含成人教育、社会办学）1357所，学年初招生数265921人，毕业生数379825人，在校学生数1052894人，各级各类学校专任教师56045人（见表25-1、表25-2）。教育经费总收入183.15亿元，比上年增长14.15%。国家财政性教育经费收入156亿元，增长15.74%。其中，公共财政教育经费136.77亿元，增长11.56%。市财政新增教育附加资金2亿元，其中通过绩效考核进行奖补资金1.47亿元，采用竞争性项目组织申报、专家评审通过后下达专项的资金0.53亿元。在全省率先构建各级各类学校全覆盖，集免、奖、助、贷、补多位为一体的学生奖助学金集中支付体系。印发《厦门市教育系统新闻宣传（微信公众号）工作管理规定的通知》等文件，开展防范校园宗教渗透专项排查。推进高中课程改革和新高考研究工作，开展省级课改基地校申报工作。高考优秀学生总数保持全省第一，全市考生有34人进入福建省理科成绩前100名，24人进入福建省文科成绩前50名。德育工作方面，厦门市举办第二届课程育人·学科育人课堂展示观摩研讨活动，举行美丽校园行、德育开放周等活动，开办各级各类公益夏令营692个，开发涵盖厦门自然文化资源的研学路线12条，参与学生10余万人次。

表25-1　　2018年厦门市各级各类学历教育学生情况一览表

单位：人

类别	毕业生数	招生数	在校学生数
全市合计	379825	265921	1052894
一、普通学校合计	203254	261969	885209
（一）研究生	4084	6413	19414
（二）普通高等学校本专科	41845	49970	162459
1. 本科院校	28482	32640	118050
2. 专科院校	13363	17330	44409
（三）普通中等学校	59348	74057	206736
1. 中等职业学校	11464	10756	33034
#调整后的中等职业学校	10274	10028	30603
附设中职班（不计校数）	1190	728	2431
2. 技工学校	2125	4021	8063
3. 普通中学	45759	59280	165639
#高中	15307	17040	49921
初中	30452	42240	115718
（四）小学	43977	63299	328848
（五）特殊教育学校	56	131	537
（六）幼儿园	53944	68099	167215
二、成人学校合计	176571	3952	167685
（一）成人高等学校	3752	3952	9701
（二）成人中等学校	172362		157527
1. 成人中学	14		95
#职工中学（高中）	14		95
2. 成人技术培训学校	172348		157432
职工技术培训学校			

续表 25-1

类别	毕业生数	招生数	在校学生数
农民技术培训学校	457		457
其他培训机构	171891		156975
（三）成人初等学校	457		457
成人小学	457		457
# 扫盲班	457		457

注：1. 中等职业学校包含原普通中专、中等师范学校、成人中专、职业中专、职业高中；
2. 由于 2018 年统计指标中未设置成人小学、成人中学、成人技术培训学校的招生数指标、毕业班学生指标以及特殊教育学校的毕业班学生数指标，全市招生数合计、毕业班学生数合计不包含相应学校数据；
3. 上表中研究生不包含厦门国家会计学院的研究生数（毕业生数 79 人、招生数 79 人、在校生数 207 人）、国家海洋局第三研究所的研究生数（毕业生数 19 人、招生数 20 人、在校生数 60 人）；
4. 附设中职班不计校数，教职工数已包含在相应主体校中，不并入总数计算；
5. 成人高等学校为厦门广播电视大学

表 25-2　**2018 年厦门市各级各类学校及教职工、专任教师情况一览表**

类别	学校数（所）	教职工数（人）	# 专任教师数
全市合计	1357	80094	56045
一、普通学校合计	1170	74842	52574
（一）研究生	0	3494	
（二）普通高等学校本专科	16	16812	9324
1. 本科院校	7	13530	7072
2. 专科院校	9	3282	2252
（三）普通中等学校	117	16975	14520
1. 中等职业学校	17	2540	2012
调整后的中等职业学校	17	2540	2012
附设中职班（不计校数）	12		
2. 技工学校	3	420	330
3. 普通中学	97	14015	12178
# 高中	32		
初中	65		
（四）小学	301	18197	17211
（五）特殊教育学校	5	226	194
（六）幼儿园	731	19138	11325
二、成人学校合计	187	5252	3471
（一）成人高等学校	1		
（二）成人中等学校	186	5225	3459

【教育系统精神文明创建】 2018 年，厦门实验小学、厦门第一中学、厦门双十中学 3 所学校获评全国文明校园，厦门第六中学、厦门外国语学校等 47 所学校被评为省级文明校园。市教育局入选第五届创建全国文明城市工作突出贡献单位。厦门市落实师德教育每学年 10 小时的要求，组织教育法规学习 1488 场，开展师德论坛 659 场、讲好师德故事活动 628 场，组织教师 28203 人次参加宣誓。高校开展大学生“三爱”（爱学习、爱劳动、爱祖国）主题系列活动，厦门市委宣传部、厦门市委教育工委举办庆祝改革开放 40 周年新时代大学生看厦门微拍大赛。厦门市教育局落实身边好老师、走近厦门名师、缤纷校园等厦门平面媒体专栏宣传工作，全年教育新闻宣传报道 520 条。

【教育基础设施建设】 2018 年，厦门市教育局组织编制《2017—2035 年教育专项设施规划》。教育项目建设方面，计划开工项目 79 个，实际开工 83 个；计划竣工项目 38 个，实际竣工 45 个；完成投资 23.05 亿元，投资完成率 118.3%。中小学项目竣工 20 个，增加中小学学位 2 万个；幼儿园项目开工 20 个，增加幼儿园学位 7500 个。集美轻工业学校与福建化工学校整合提升项目全部建设完成。厦门市实施“腾笼换凤”工程，松柏中学、华侨中学各减 4 个高中班，禾山中学高中部停招，全市增加初中学位 900 个。厦门一中海沧校区和科技中学翔安校区完成项目建设，于 9 月正式招生。双十中学翔安校区、外国语学校集美校区、实验小学翔安校区、同安一中滨海校区高中部和厦门市教科院附属小学幼儿园均开工建设，厦门市推进优质资源学校岛外校区项目 9 个。

【社会力量兴办教育】 2018 年，厦门市开展民办教育分类管理课题研究。支持社会力量开办优质民办学校、国际化学校，出台《关于提高非公办普惠性幼儿园财政补助标准的通知》。支持国有企业组建的教育集团开办普惠性幼儿园，扩大普惠性幼儿园覆盖面。国贸教育集团接收和改扩建幼儿园 8 所，筹办国贸协和双语高级中学项目。厦门市加大教育招商引资力度，引进外地资本开办民

续表 25-2

类别	学校数（所）	教职工数（人）	# 专任教师数
1. 成人中学	1	2	0
# 职工中学（高中）	1	2	0
2. 成人技术培训学校	185	5223	3459
# 职工技术培训学校			0
农民技术培训学校	10	27	12
其他培训机构	175	5196	3447
（三）成人初等学校		27	12
成人小学		27	12
# 扫盲班		27	12

注：1. 普通高中包含 12 年一贯制学校专任教师数
2. 普通初中包含 9 年一贯制学校教职工数、专任教师数
3. 普通小学不含 9 年一贯制、12 年一贯制学校教职工数、专任教师数
4. 部分学校为完全中学，初高中教职工数量无法分开统计
5. 成人高等学校没有专门的学校，故没有教职工数和专任教师数
6. 成人初等学校不统计学校数，只有班级数
7. 附设中职班不计校数，教职工数已包含在相应主体校中

办学校及培训机构 8 所。

【中小学幼儿园课后延时服务】 2018 年，厦门市出台《厦门市推进小学和幼儿园开展课后延时服务工作实施意见（试行）》，228 所小学、幼儿园试点实施课后延时服务。按照自愿参加、公益惠民的原则，小学和幼儿园提供课后校内托管服务和特色服务，时间不超过 2 课时。托管服务主要以学校教师为主，小学组织开展学生自主阅读、完成作业等服务，幼儿园提供留园看护服务。特色服务结合学校办学特色，由经教育主管部门认定的校外公益机构到校内组织开展体育、美育、科技等实践培训活动。以“家长出一、政府补二”的成本分担办法，厦门市确定小学托管服务费的指导标准为每生每月 50 元，幼儿园为每生每月 60 元，由财政对增加的运营费用、劳务费不足部分等进行补助，并按市、区财政 4∶6 的比例分担投入。

【教育信息化建设】 2018 年，厦门市制定《厦门教育基础数据标准规范》《厦门市教育基础数据共享平台安全管理规范》《厦门市教育信息化项目和专项资金管理办法》《厦门教育信息化 2.0 行动计划》。教育基础数据完成与市公安局、卫计委、民政局、残联、人社局等跨部门的数据共享，完成与国家教育资源公共服务平台的对接。教师招聘、职称评审、教师信息管理 3 个系统数据库信息得到完善。厦门市中小学图书馆实现市级、校级、馆级数字化统一管理及服务。厦门市推动“雪亮校园”建设，完成新校门报警监控系统第一批 982 个单位 1088 个监控点位的建设任务。

【校园足球发展】 2018 年，厦门市培育国家级校园足球特色学校 12 所，厦门第二中学入选全国第一批校园足球“满天星”训练营。校园足球四级联赛实现从小学一年级到大学各个年龄层的全覆盖，参赛队伍 106 支，举办校园足球联赛 278 场次；邀请英超伯恩利足球俱乐部教练团队培训厦门市足球教师。厦门代表队获厦门国际青少年校园足球邀请赛冠军、“新时代”杯全国青少年校园足球大赛武汉赛区小学混合组和初中男子组 2 项冠军、2018 年福建省青少年“未来之星”阳光体育大会小学生 5 人制足球赛中男队女队冠军，厦门二中队获福建省青少年校园足球联赛暨中学生足球锦标赛高中男子组和初中男子组冠军，厦门双十中学队获高中女子组冠军。厦门二中足球队获 2017—2018 年全国青少年校园足球挑战赛（初中男子组）总决赛冠军。

【学校体育工作】 2018 年，厦门市保证学生每天 1 小时校园体育活动时间。启动 57 所体育传统学校考评。举办厦门市中小学生篮球、排球、皮划赛艇、棋类、射击等常规体育赛事。通过各类市级比赛培养体育竞赛项目优秀教练和裁判员。完成首批 14 所试点学校体育设施改造并对社会免费开放。实行学生体质健康监测制度，全市学生体质健康合格率保持在 90% 以上，肥胖率得到控制。

【艺术育人】 2018 年，厦门市开展“阳光下成长”中小学艺术节音乐周活动，

8 月 1 日，厦门国际青少年校园足球邀请赛落幕 （王靖群 摄）

实施戏曲进校园工程，开展传统艺术表演、展览等活动40场次。推荐艺术表演类节目92个、艺术作品135幅、学生艺术实践工作坊4个、美育改革创新优秀案例10个参加福建省第六届中小学生艺术节活动，获一等奖61个、二等奖78个、三等奖82个、优秀创作奖21个、优秀组织奖3个，获奖率92%。在全省评选的参加全国中小学生艺术展演活动的20个节目中，厦门市占11个。

【教师队伍建设】 2018年，厦门市落实《中共中央国务院关于全面深化新时代教师队伍建设改革的意见》，推进中小学校长职级制改革，完成189名校长职业能力培训。开展“大学习大宣讲三项主题再深化”活动，提升教师师德与业务素养。开展新教师岗位培训，加强学科青年骨干教师培训、市级学科带头人培养、市级专家型教师培养工作。厦门市教师获评省特级教师21人、省杰出教师2人，参评全省正高级教师13人。厦门市选拔、培训、认定市级骨干教师498人、市级学科带头人244人、市级专家型教师113人。选派25名教师到新疆、4名教师到宁夏、10名教师到西藏开展1年期以上支教，选派75名教师到甘肃临夏州开展东西部扶贫协作支教，选派10名教师到省扶贫重点县漳州、龙岩支教。招聘新入职教师1593人。在全省率先开展双师型教师的认定工作，完成470名双师型教师申报认定工作。

【依法治教】 2018年，厦门市设立教育立法与政策研究中心3个，开展教育立法和政策研究。基本实现“一校一章程”。建立法律顾问制度，推进完小（六年制完全小学）以上学校、党委单位均聘请法律顾问的工作。实行教师职业信用报告制度，建立教师职业信用档案及其应用机制。建立办学负面清单和红黑名单管理制度，实行民办学校和校外培训机构办学信用管理。加强教育执法队伍建设，成立60多人的执法队伍，编制《厦门市教育行政处罚实施办法工作指导手册》。

【招生工作】 2018年，厦门市完善进城务工人员随迁子女小学积分入学办法，落实以“居住证”为依据的报名条件，简化招生手续，进城务工人员凭劳动合同、社会保险缴费证明等材料直接向相关部门查询、验证。2.04万名随迁子女通过派位入读厦门市小学。厦门市研制新高考改革教学管理、课程管理、学生管理、走班教学评价、校本课程、综合素质评价6项改革举措。教育部、省教育厅先后到厦门进行高考综合改革调研。

【教育督导】 2018年，厦门市督导评估各区政府教育职责履行情况。思明区、湖里区、集美区3个区获全省首批教育强区，数量占全省首批教育强区的50%；湖里区、海沧区获全省首批全国中小学校责任督学挂牌督导创新区；思明区、集美区、同安区通过全国中小学校责任督学挂牌督导创新区省级评估。厦门市对727所幼儿园实行幼儿园责任督学挂牌督导。

【教育交流合作】 2018年，厦门市增加具备接收国际学生资格的学校10所。接待到访师生35批次1293人，其中港澳师生数805人。18个团组197人因公赴外。厦门市推进与“一带一路”沿线国家的教育交流合作，拓展青少年交流方式，开展一对一结对、入住家庭活动。印发《厦门市台湾中学生奖学金管理暂行办法》，该奖学金是首个面向在大陆就读的台湾中小学生的奖学金。举办第十二届海峡两岸百名中小学校长论坛。16批次400名师生参与两岸交流。

【语言文字工作】 2018年，厦门市推进中华优秀语言文化传承发展工作。各级各类学校开展中华经典诵写讲行动，举办中小学生规范汉字听写、书写大赛、中小学师生经典诵读比赛、中小学生语言文字夏令营、第二十一届全国推普（推广普通话）周等系列活动。厦门市完成普通话水平测试20728人次。向市民推出“爱说闽南话”学习平台和App（应用程序），完成幼儿园、小学和初中《闽南方言与文化》系列读本和教师指导用书15册的改版编写及出版工作。组织编写《厦门市闽南文化教学资源（高中和中职校使用）》以供各校选用，推进闽南方言与文化进校园工作的深入开展。

【校外培训机构治理】 2018年，厦门市教育局联合市市场监督管理局、民政、人社、消防等部门开展校外培训机构专项治理行动，开展非学历文化教育类培训机构摸底排查和整治工作，公布校外培训机构黑白名单。完善师德建设长效机制，制止教师违规开展有偿补课。经市政府审议出台《厦门市校外培训机构设置标准（试行）》。

【校园安全稳定】 2018年，厦门市开展教育系统扫黑除恶专项斗争。组织中小学创建林则徐禁毒宣教室（廊）83个，开展中小学幼儿园消防安全管理达标创建活动，达标校476所；开展教育系统“业安工程”创建活动和校园欺凌防治落实年行动，及时发现、妥善化解和依法处置校园突发事件和群体性事件。组织平安校园行主题宣传活动，将公安民警进校园宣传与学校总体教学安排相结合，推动相关安全教育内容进新生教育、进课程教育、进课外实践活动。加强校园食堂食品安全工作。

（庞东海）

基础教育

【概　况】 2018年，厦门市政府办公厅印发《我市无证园专项整治方案的通知》，进一步规范学前教育管理。继续开展“一师一优课，一课一名师”活动，推进微课资源的开发与建设，推动信息技术和数字教育资源在中小学课堂教学中的合理有效应用和深度融合，提高教学效率。厦门市教育局开展第二届基础教育教学成果奖评选工作，评出市级基础教育教学成果奖26项，从中选送16项参加省级评选，其中14项获省级基础教育教学成果奖（特等奖2个、一等奖4个、二等奖8个）。推进“腾笼换凤”工作，思明区华侨中学2018年减少高中部招生，增加初中学位；湖里区禾山中学2018年停止高中部招生，腾出学位招收初中新生，经过3年过渡改为初中校。思湖片区高中学位缺口，由厦门一中海沧校区和科技中学翔安校区补足。

【学前教育】 2018年，厦门市加强示范性幼儿园创建，增加厦门市湖里实验幼儿园、厦门市新景幼儿园、厦门市江浦南里幼儿园等市级示范性幼儿园8所。出台《关于提高非公办普惠性幼儿园财政补助标准和教师工资待遇的通知》，提高非公办普惠性幼儿园财政补助标准。开展“我是幼儿园教师”宣传月主题活动。出台《厦门市幼儿园保教质量监控指导手册》。

【义务教育】 2018年，厦门市政府出台《厦门市统筹推进市域义务教育均衡发展实施方案》。落实《厦门市义务教育质量监测实施意见（试行）》，开展小学质量监测，加强初中质量“壮腰”工程。42所学校被确认为福建省第二批义务教育教改示范性建设学校。厦门市组织开展义务教育学校管理标准化创建工作。编制2018年义务教育管理标准化学校创建计划，组织开展义务教育学校管理标准化创建工作，经区级、市级遴选申报，56所学校通过义务教育管理标准化学校省级评估，通过率100%。实施农村义务教育质量提升计划，遴选并培育农村义务教育学校质量提升改革实践项目60个，推动城区义务教育学校与农村薄弱学校开展合作办学，提高农村学校教育质量。

【高中教育】 2018年，厦门市推进普通高中国际教育试点工作，加强高中教育指导工作，推进高中课程改革和新高考研究工作。支持5所省级教改基地建设学校开展试点工作，支持7所福建省示范性普通高中建设学校培育工作，支持中国教育科学研究院在厦门实验学校开展“2+4”（初中2年，高中4年）学制改革实验，支持音乐学校开展普通高中艺术教育实验。厦门市完成一、二级达标区级复查，准备达标校省级复查迎检。开展2018年省级课改基地校申报工作，厦门实验中学等5所学校通过省级评估。

【学生参赛】 2018年，厦门市继续开展初中物理、化学、生物的实验能力竞赛，培养学生动手实验能力。举行小学生阅读竞赛，开展初中英语、语文阅读比赛。继续开展科技创新大赛、电脑制作活动、机器人比赛等活动，提高学生的科学素质和创新能力。在第三十三届福建省青少年科技创新大赛中，厦门市选手获一等奖21项、二等奖31项、三等奖26项。

【特殊教育】 2018年，厦门市落实《厦门市特殊教育教学常规》，深化特殊课程教学改革，立项特殊教育质量提升改革实践项目，开展主题化特教研讨活动。海沧区特教和翔安区特教参赛选手分获省特教培智类教研活动语数类和非语数类的一等奖。厦门市推进融合教育工作，举办首期幼教融合教育培训；推进普校资源教室的建设工作，组织随班就读教师50人到华中师范大学培训。思明、集美、同安区特教资源中心承担区随班就读巡回指导工作，海沧、湖里区成立随班就读工作指导小组。厦门市推进集美区特校参评省标准化学校建设评估工作。厦门市组织开展全市特教学生劳技展示活动，建立针对残疾儿童的随班就读支持保障体系，竣工和在建的普通学校资源教室39间，补助在泉州就读盲校的厦门户籍盲童16人，每人补助经费1500元。

（庞东海）

职业教育与成人教育

【概　况】 2018年，厦门市推进中职学校分级建设工作。组织厦门艺术学校、厦门市音乐学校、中央音乐学院鼓浪屿钢琴学校、厦门市体育运动学校和翔安区职业技术学校5所中职学校达标校申报工作，组织开展市级评审工作，厦门市公办中职学校达标比例100%。厦门市教育局开展中职学校学位需求调研，加强学位缺口分析和研究，挖潜扩容，统筹中职招生政策。组织各职业院校按照《职业学校学生实习管理规定》，落实学生和企业签订实习协议，加强实习过程管理。印发《厦门市教育局厦门市财政局关于实施职业院校教师素质提高计划（2017—2020年）的通知》。组建职业院校教师素质提高计划项目专家库，评审确认承训单位8个，组织267名职业院校教师参加新入职教师规范化培训，开办专业带头人领军能力研修、双师型教师专业技能培训、优秀青年教师跟岗访学和卓越校长专题研修等培训班8个。组织346名职业院校教师参加省、市级职业院校教师素质提高计划国培项目。厦门市职业院校获职业教育国家级教学成果奖二等奖1项，省级教学成果奖特等奖1项、一等奖4项、二等奖6项。

【职业院校办学水平提升】 2018年，厦门市推动国家中等职业教育改革发展示范学校建设。新增的厦门市同安职业技术学校、厦门市高级技工学校、厦门市集美职业技术学校通过教育部第三批项目学校验收。厦门城市职业学院、厦门工商旅游学校、集美工业学校、厦门信息学校、厦门市集美职业技术学校、厦门市海沧区职业中专学校通过省级示范性现代职业院校年度考核评估，全部被列入A类培育项目院校。厦门市同安职业技术学校申报省级规范化中等职业学校并通过评估，厦门市规范化中职学校比例超过50%。

【专业项目建设】 2018年，厦门市开展年度中职学校拟新设专业市级评审，7个拟新设专业参与评审。厦门市建设市级高职重点专业12个。加快建设软件与信息服务、轨道交通等产业急需的专业群，推进18个省级职业院校服务产业特色专业群建设项目的年度建设任务，新增的5个专业群被列入该项目。新增省级产教融合示范专业点培育项目5个、省级专业群实训基地培育项目6个、省级第三批精品在线开放课程建设项目3个、省级第三批专业教学资源库建设项目1个。

【职业院校联盟组建】 2018年，厦门城市职业学院联合8所中职学校组建厦门市职业院校联盟，探索区域职业院校集群发展模式。该联盟确定2018年闽西南协同发展区五市（厦门、漳州、泉州、三明、龙岩）教育协作以职业教育为主题，召开第一次工作会议，制定并联合下发《关于印发闽西南协同发展区职业教育协作实施意见的通知》《2018—2019年闽西南协同发展区职业教育协作工作要点》，组织五市中高职院校建立结对交流机制。

【产教融合校企合作】 2018年，厦门市教育局推动物流、软件、会计等校企合作服务中心工作，组织办学成果展示与就业洽谈、就业创业指导、专场招聘等活动。与市商务局、人社局组织认定厦门市服务贸易和服务外包培训机构（实训基地）9家。厦门市推动现代学徒制试点和二元制（学校、企业二元主导）技术技能人才培养模式改革，加快推进校企“双主体”育人，印发《厦门市职业院校现代学徒制项目建设工作实施方案》，确定立项市级现代学徒制建设项目26个。组织市属职业院校申报省级现代学徒制建设项目，新增17个专业被列入福建省第四批现代学徒制建设项目。组织市属高职院校申报福建省2018年二元制技术技能人才改革试点项目，7所高职院校11个专业被列入该项目。

【职业院校技能竞赛】 2018年，厦门市组织职业院校参加国家级、省级职业技能大赛。在全国职业院校技能大赛中，厦门市职业院校获奖牌61个，其中一等奖6个、二等奖18个、三等奖37个。在福建省职业院校技能大赛中，厦门市代表队（中职）获一等奖30个、二等奖53个、三等奖44个；高职院校获一等奖12个、二等奖37个、三等奖70个。在“网龙杯”2018年福建省职业院校信息化教学大赛中，厦门市代表队获一等奖7个、二等奖6个、三等奖11个。厦门市教育局联合市人社局举办2018—2019学年厦门市中等职业学校学生职业技能竞赛，与泉州、漳州市教育局联合举办厦漳泉（厦门、泉州、漳州）职业院校学生技能比赛。厦门市联合各高职院校、行业组织和企业举办2018年厦门市高等职业院校技能竞赛。

【社区教育工作】 2018年，厦门城市职业学院完善社区书院总部建设，加强社区书院课程体系建设。全市建成市级书院总部1家、区级社区书院指导中心6家和基层社区书院近400家；全市建有市级老年大学1所、区级老年大学6所、单位老年大学4所，创办街道（镇）老年学校30所、社区（村）老年学校351所。市政府办公厅印发《厦门市老年教育发展规划（2018—2020年）》，开展终身教育活动日活动。保育琴岛文化、北爱一家亲、银亭社区四点钟学校等10个社区教育品牌获2018年福建省社区教育特色品牌。湖里区北站社区居委会、同安区新民镇梧侣社区书院、海沧职专等6个社区教育基地获2018年福建省社区教育示范基地称号。

（庞东海）

高等教育

【概　况】 2018年，厦门地区有高等院校和高等教育机构21所，其中部委院校3所（厦门大学、华侨大学、厦门国家会计学院），省属院校3所（集美大学、集美大学诚毅学院、厦门海洋职业技术学院），市属院校12所（本科4所、高职8所），公办本科高校二级学院1所，民办专修学院2所（厦门远东专修学院、厦门科技专修学院）。市属高校在校生76776人，其中研究生400人、本科生35464人、高职生40912人。2所公办本科高校（厦门理工学院、厦门医学院）在校生25114人；2所民办本科院校（厦门工学院、厦门华厦学院）在校生15833人；1所公办高职院校（厦门城市职业学院）在校生6861人；7所民办高职院校（华天、演艺、兴才、软件、南洋、东海和安防职业学院）在校生28968人。市属高校在职教职工总数6171人，专任教师3983人，占地总面积488.37平方米，校舍总建筑面积228.66万平方米。（见表25-3）

21所高等院校和高等教育机构中，含厦门民办高校10所及非学历民办高等教育机构2所。其中，集美大学诚毅学院为独立学院，招收本科生；厦门工

表25-3　**2018—2019学年普通高等学校基本情况一览表**

项目	总计	厦门大学	集美大学	集美大学诚毅学院	厦门理工学院	厦门医学院	厦门工学院	厦门华厦学院	厦门海洋职业技术学院	厦门城市职业学院	厦门演艺职业学院	厦门华天涉外职业技术学院	厦门兴才职业技术学院	厦门软件职业技术学院	厦门南洋职业学院	厦门东海职业技术学院	厦门安防科技职业学院
校数（个）	16	1	1	1	1	1	1	1	1	1	1	1	1	1	1	1	1
2018年毕业生数（人）	41845	8153	6431	3572	4840	1766	2149	1571	2655	1778	335	1818	1487	1448	1942	1067	833
2018年招生数（人）	49970	10614	6708	3683	4832	2186	2747	1870	3446	2897	586	2245	2089	2249	1842	1047	929
在校学生数（人）合计	162459	37360	26653	13090	19889	5225	9770	6063	8580	6861	1503	6091	5382	5445	4798	3032	2717
其中：女	78424	19374	12470	7237	8807	3834	3928	3638	3477	3733	919	2471	2388	1880	2025	1312	931
其中：在校研究生	19414	17826	1188	0	400	0	0	0	0	0	0	0	0	0	0	0	0
其中：本科生	93553	19534	25465	13090	19489	1866	9770	4339	0	0	0	0	0	0	0	0	0
其中：专科生	49492	0	0	0	0	3359	0	1724	8580	6861	1503	6091	5382	5445	4798	3032	2717

续表 25-3

		总计	厦门大学	集美大学	集美大学诚毅学院	厦门理工学院	厦门医学院	厦门工学院	厦门华厦学院	厦门海洋职业技术学院	厦门城市职业学院	厦门演艺职业学院	厦门华天涉外职业技术学院	厦门兴才职业技术学院	厦门软件职业技术学院	厦门南洋职业学院	厦门东海职业技术学院	厦门安防科技职业学院
毕业班学生数（人）		46160	10794	7412	3439	5377	1064	2494	1463	2557	1908	439	1976	1702	1448	2066	1053	968
教职工数（人）	合计	16812	6886	2330	906	1773	448	772	415	519	530	187	445	396	311	448	234	212
	专任教师数	9324	2798	1449	672	1115	298	426	314	422	321	117	306	262	248	300	148	128
	行政人员	2598	875	406	176	298	81	103	53	65	130	40	82	80	30	73	52	54
	教辅人员	2090	1085	323	53	204	62	56	43	22	53	4	48	35	11	54	19	18
	工勤人员	385	26	88	5	88	7	7	5	10	26	25	9	19	22	21	15	12
	科研机构人员	349	348	0	0	0	0	0	0	0	0	1	0	0	0	0	0	0
	其他	2066	1754	64	0	68	0	180	0	0	0	0	0	0	0	0	0	0
校舍情况（万平方米）	合计	384.31	207.84	95.3	40.89	53.09	19.63	37.98	15.14	19.46	18.24	5.01	16.01	12.78	12.77	16.56	7.28	14.18
	学校产权	267.46	207.84	94.42	0	47.97	19.63	17.83	14.87	17.54	18.24	3.03	0	4.07	6.01	16.56	0	7.31
	非学校产权	116.85	0	0.88	40.89	5.12	0	20.15	0.27	1.92	0	1.99	16.01	8.71	6.76	0	7.28	6.87
占地面积（万平方米）	合计	732.09	590.81	156.29	38.68	128.5	33.49	46.94	37.27	48.76	34.46	16.1	34.95	14.4	53.33	39.12	17.29	32.51
	学校产权	496.2	590.81	155.41	0	85.16	33.49	33.58	37.27	47.38	34.46	3.43	0	9.34	10	33.39	0	13.27
	非学校产权	235.89	0	0.88	38.68	43.33	0	13.36	0	1.37	0	12.67	34.95	5.06	43.33	5.73	17.29	19.23

学院、厦门华厦学院为正式设立的本科院校；华天涉外职业技术学院、演艺职业学院、兴才职业技术学院、软件职业技术学院、南洋职业学院、东海职业技术学院和安防科技职业学院为正式设立的高职院校；科技专修学院和远东专修学院为专修学院。

【高等教育协调发展】 2018 年，厦门市支持厦门大学、华侨大学、集美大学、厦门理工学院双一流（世界一流大学和一流学科建设）大学和学科建设。市教育局会同市卫计委制定并由市政府办公厅印发《关于深化医教协同进一步推进医学教育改革与发展实施方案》，推进医学教育教学改革。厦门市推进高等职业院校建设，厦门东海职业学院接受福建省第二轮高职院校人才培养工作评估，厦门南洋职业学院升本工作进一步推进。2018 年，厦门高校获高等教育省级教学成果奖特等奖 2 项、一等奖 6 项、二等奖 10 项，其中市属高校获省级教学成果奖一等奖 2 项、二等奖 5 项。

【大学生创新创业】 2018 年，厦门市推进福建省大学生创新创业基地（厦门）建设工作，完成二期基地装修并投入使用。聘任高校教授、创投专家、知名企业家等 120 人为基地创业导师，树立创新创业典型 60 个，新增项目库项目 152 个，入驻企业 121 家。开展创新创业大讲堂、创新创业沙龙、社会实践活动、创业路演等活动，开设创业公开课 14 场、创新创业沙龙 12 场、社会实践活动 2 次、创新创业路演 12 场、专题培训 4 场及《双创政策解读》栏目 3 期，参与人数 4000 多人次。在第四届全国“互联网 +”大学生创新创业大赛中，厦门大学获总决赛亚军，厦门高校获主赛道金奖 4 个、银奖 2 个、铜奖 6 个，获“青年红色筑梦之旅”赛道金奖 2 个、银奖 1 个。

【海峡两岸高校设计展】 2018 年 11 月，福建省教育厅、厦门市政府主办，厦门市教育局承办 2018 海峡两岸高校设计展，举行第七届福建省高校设计奖评选活动。47 所省内外及台湾地区高校报名参展。省内参展高校 28 所，其中 14 所高校设置高校独立展区；台湾参展高校 5 所，均设置独立展区。该展览征集到两岸 43 所高校 2376 件作品。海峡两岸高校设计展是第十届海峡两岸（厦门）文化产业博览交易会的活动之一。

（庞东海）

厦门大学

【概　况】 2018 年，厦门大学设有研究生院、6 个学部、29 个学院（含 76 个系）和15个研究院。有5个学科入选国家“双一流”建设学科，化学、材料科学、工程学、临床医学、植物与动物学、环境与生态学、生物与生物化学、物理学、数学、农学、社会科学、计算机科学、分子生物与遗传学、微生物学、药理与毒理学15个学科进入ESI（基本科学指标数据库）全球前1%，其中化学进入ESI全球前1‰，微生物学、药理与毒理学2个学科首次进入ESI全球前1%。ESI学科总数在中国大陆高校中并列第十二位。7个一级学科在全国第四轮学科评估中进入A类。厦门大学有5个一级学科国家重点学科、9个二级学科国家重点学科（涵盖38个二级国家重点学科）、46个福建省一级学科重点学科、9个国家基础科学人才培养基地。有31个博士后流动站、33个博士学位授权一级学科、3个博士学位授权二级学科、52个硕士学位授权一级学科、3个硕士学位授权二级学科、9个交叉学科专业授权点、1个博士专业学位学科授权点、24个硕士专业学位授权点。专任教师2662人，其中教授、副教授1913人。专任教师中，拥有博士学位的2206人，有两院院士22人（含双聘院士9人），文科资深教授2人、国家重点基础研究发展计划（简称“973计划”，含重大科学研究计划）首席科学家10人次、“长江学者奖励计划”特聘教授25人、青年学者6人、国家杰出青年科学基金获得者40人、国家级教学名师6人、国家高层次人才特殊支持计划（“万人计划”）科技创新领军人才13人、哲学社会科学领军人才5人、教学名师1人、百千万工程领军人才2人、青年拔尖人才12人、国家“百千万人才工程”入选者22人、国家优秀青年科学基金获得者34人，国家创新研究群体8个、教育部创新团队9个。

在校学生4万余人（含外国学历留学生1177人），其中本科生20077人、硕士研究生16232人、博士研究生3993人，本科生、研究生比例约为1∶1。厦门大学设有研究机构200多个，其中国家级协同创新中心2个（牵头单位）、国家重点实验室4个、国家工程技术研究中心1个、国家工程实验室1个、国家地方联合工程研究中心2个、国家地方联合工程实验室3个、国家研究院1个、教育部重点实验室5个、教育部工程研究中心3个、教育部人文社科重点研究基地5个。

2018年，厦门大学获批国家重点研发计划牵头项目5项、课题级项目16项，国家自然科学基金项目335项，国家社会科学基金项目49项（含重大项目2项、重大专项项目5项），教育部各类项目立项32项（含重大课题攻关项目2项）。以第一作者单位在《Nature》正刊上发表学术论文1篇、特约述评文章1篇，在《Science》《Nature》《Cell》子刊上发表文章43篇。全年获国内授权专利441项、国际授权专利21项、国家自然科学二等奖1项、中国专利优秀奖1项、福建省科技奖11项。获2017年度福建省科学技术奖190项（自然科学奖9项、技术发明奖7项、科技进步奖174项），其中一等奖18项、二等奖60项、三等奖112项。以厦门大学作为第一完成单位的11项科技成果获2017年度福建省科学技术奖，其中一等奖3项、二等奖6项、三等奖2项。厦门大学教授张荣获2018年度何梁何利基金科学与技术进步奖。厦门大学与境外300多所高校签署校际合作协议，与49所世界排名前200名的高校开展实质性交流合作，与北美洲、欧洲、亚洲、非洲等地区的大学合作建立孔子学院15所。

【第三代宫颈癌疫苗研制】 2018年，厦门大学公共卫生学院教授夏宁邵带领的课题组在第三代宫颈癌疫苗研制方面取得进展。夏宁邵团队采用结构疫苗学方法，获得只需要7种类病毒颗粒就能覆盖20种HPV人乳头瘤型别的第三代宫颈癌疫苗，为研制覆盖所有高危型别HPV的第三代宫颈癌疫苗奠定关键技术基础，研究成果发表于国际期刊《自然·通讯》。

【学生参赛】 2018年，厦门大学在“创青春”全国大学生创业大赛中获2金3银1铜，总积分位列全国高校第十一名、福建省首位，获高校优秀组织奖，连续三届获大赛优胜杯。“XMU-China”团队获国际遗传工程机器大赛（iGEM）金奖。FY团队获2017—2018年箭牌“垃圾投进趣”青年公益实践大赛全国总冠军。游戏“二维生物的奇妙冒险”在微软校园行全国大学生游戏开发大赛中获全国总冠军，厦门大学与法国布列塔尼TSB协会中的5所高校、山东大学组成的JIA+联队（家+联队）获2018中国国际太阳能十项全能竞赛总分第三名。

【厦门大学健康医疗大数据国家研究院成立】 2018年9月26日，厦门大学健康医疗大数据国家研究院成立仪式在厦门大学翔安校区举行。中国卫生信息与健康医疗大数据学会会长金小桃、厦门大学校长张荣等揭牌。中国卫生信息与健康医疗大数据学会副秘书长黄安鹏宣读《关于同意共建健康医疗大数据国家研究院的函》。自2016年起，厦门大学与厦门市政府合作推进国家健康医疗大数据项目落地厦门。2018年8月，中国卫生信息与健康医疗大数据学会正式批复，同意与厦门市共建厦门大学健康医疗大数据国家研究院。

【第四届中国“互联网+”大学生创新创业大赛】 2018年10月13—15日，厦门大学承办的第四届中国“互联网+”大学生创新创业大赛在厦门举行。开展“青年红色筑梦之旅”活动，推动创新创业教育与思想政治教育相融合。8000余名师生、382支创新创业团队参赛，比赛产生银奖211个、金奖96个、单项奖6个。厦门大学获6金2银，其中“罗化新材料：全球激光荧光陶瓷的领航者”项目获大赛全国总决赛亚军，学校获评先进集体奖，金奖数和获奖总数位列全国第一。总书记习近平向参加“青年红色筑梦之旅”活动和大赛的师生致以问候。中共中央政治局委员、国务院副总理孙春兰出席大赛闭幕式并讲话。

【“21世纪海上丝绸之路”大学联盟成立】 2018年10月20日，“21世纪海上丝绸之路”大学联盟成立大会暨校长论坛在厦门大学科学艺术中心举办。“21世纪海上丝绸之路”大学联盟宣布成立并发表《海上丝绸之路大学联盟厦门宣言》。来自美国、英国、法国、意大利、澳大利亚、新西兰、以色列、日本、韩国、新加坡、印度尼西亚、马来西亚、泰国、柬埔寨等14个国家的30所高校和中国的36所高校（含香港4所，澳门1所）参会。该大学联盟由来自17个国家和地区的60多所高校组成，包括英国谢菲尔德大学、法国索邦大学、澳大利亚墨尔本大学、新西兰惠灵顿维多利亚大学、新加坡南洋理工大学等高校。

【国家天元数学东南中心获批建设】 2018年11月，国家自然科学基金委员会发文公布，依托厦门大学建设国家天元数学东南中心。国家天元数学东南中心由厦门大学牵头，联合福建、浙江、广东、江西、海南5个省的14所高校，构建具有一流核心竞争力、在国际上有重要影响的科学研究重镇、交流合作平台和人才培养高地。国家数学天元基金是国家为支持国内数学在21世纪赶上世界先进水平而设立的数学专项基金，由国家自然科学基金委员会管理。2016年，天元基金领导小组讨论决定建立基础性、跨学科、开放式的天元数学中心，以该中心为中国建立世界一流数学创新研究、对外交流合作、吸引国际优秀数学人才的基地。天元数学中心先后成立建设天元数学西南中心、天元数学西北中心、天元数学东北中心。2018年1月和10月，厦门大学通过两轮竞争性申报答辩，获批建设国家天元数学东南中心。

（马进龙　钟书库）

集美大学

【概　况】 2018年，集美大学设有学院21个、本科专业69个，涵盖经济学、法学、教育学、文学、理学、工学、农学、管理学及艺术学9个学科门类。有福建省一级重点学科8个、水产学科博士后科研流动站1个、一级学科博士点2个、一级学科硕士点13个、硕士专业学位8个。集美大学马克思主义学院入选福建省重点马克思主义学院，集美大学全国国防教育特色学校，增设智能科学与技术、微电子科学与工程2个专业。入选福建省一流学科建设高校。船舶与海洋工程学科群、水产与食品工程学科群入选福建省A类高峰学科，航运与港口物流学科群、区域经济与管理学科群、闽台体育文化学科群、数理学科群入选福建省高原学科。

在校学生2.7万余人，其中全日制本科生2.55万余人、研究生1400多人、国际留学生近200人。2018届学校毕业生6351人（本科生6057人、研究生294人），毕业生就业率96.36%。专任教师1500多人，其中高级职称教师700多人、双聘院士2人、国家“千人计划”人选1人、教育部新世纪优秀人才支持计划人选1人、国家“百千万人才工程”人选1人、享受国务院政府特殊津贴专家6人、国家外国专家局外国高端人才（A类）1人、闽江学者特聘教授4人、讲座教授16人。集美大学入选福建省引才“百人计划”、高校领军人才、科技创新领军人才、哲学社会科学领军人才、青年拔尖人才、杰出科技人才、优秀人才等高层次人才项目168人次、省企事业人才高地1个、省高校科技创新团队5个。引进高层次人才17人，新增国家级、省（部）级人才28人次，其中教育部新世纪优秀人才1人、国家“千人计划”专家1人、闽江学者特聘教授2人、闽江学者讲座教授7人。学校聘请全职外国专家及外籍教师45人（教学类40人、科研类5人）、台湾专家14人。1位教师被授予福建省先进工作者称号。

集美大学有国家级和省部级教学科研平台56个，其中国家地方联合工程研究中心2个、国家级实验教学示范中心2个、国家级虚拟仿真实验教学中心1个、国家级大学生校外实践教育基地1个，国家级专业综合改革试点项目3个、国家级“卓越”人才培养计划专业6个、国家级特色专业4个、国家级教学团队1个、省级特色专业建设点11个、省级专业综合改革试点11个、省服务产业特色专业8个、省创新创业教育改革试点专业6个。新增教育部产教融合协同育人项目1项，省级教育教学改革项目10项，大学生创新创业训练计划国家级项目36项、省级项目57项，创新创业课程校本教材6门，大学生创新创业实践国家级项目6个、省级项目10个。学校入选省级大学生创新创业园、省级众创空间。学生获省级及以上学科竞赛奖项1136人次，其中国际赛事一等奖2项、国家级奖项377人次。

集美大学新增科研项目568项，其中国家级科研项目31项。首次立项国家艺术基金和全国教育科学规划项目，新增科研合同经费7958.1万元，新增省部级科技创新平台4个、教育厅科技创新平台2个、省高校创新团队2个。获省社会科学优秀成果奖6项，厦门市科技进步奖6项，教师入选地市科技特派员34人，人数排名福建省高校第三。学校响应国家“一带一路”倡议，成立集美大学福建省航运研究院、集美大学陈嘉庚研究院和智慧海洋技术与产业发展研究院；响应国家战略，成立集美大学装备研究院、现代信息技术研究中心。入选首批厦门市教育立法与政策研究基地。与集美区、天津大学、海洋三所签署共建协议。建设集美大学泉州产业技术研究院，与南安、石狮、晋江、惠安等政府共建基地研究院6个。在第十六届中国·海峡项目成果交易会展示项目成果33个。

【开放办学】 2018年，集美大学与美国、英国、澳大利亚等国家和港澳台地区的100多所高校、科研机构及国际海事组织（IMO）、国际航标协会（IALA）、国际海事大学联合会（IAMU）等开展学术交流与合作。是大陆唯一获交通运输部海事局批准具有开展台湾船员适任培训资格的院校。是陈嘉庚奖学金和福建省政府奖学金招生单位、香港特区政府青年内地交流计划福建省唯一资助单位。招收来自泰国、柬埔寨、马来西亚、俄罗斯、印度尼西亚、菲律宾、安哥拉等“一带一路”沿线国家留学生105人。作为国家汉办支持周边国家汉语教学的主要院校和福建省首批海外华文教育基地，集美大学自2008年起，向菲律宾、泰国、印尼等“一带一路”沿线国家派出汉语教师志愿者300多人，培训各类华文进修生8000多人。与美国、英国、加拿大、阿根廷等国的7所高校签订合作协议。获国家留学基金委（CSC）优秀本科生国际交流项目实施院校资格。成为“21世纪海上丝绸之路”大学联盟成员院校及陈嘉庚奖学金招生院校联盟轮值秘书长单位。举办2018年国际一级航标管理人员培训班、2018年IEEE信息通信和工程国际学术研讨会、2018年海峡两岸海洋渔业可持续发展论坛等国际学术会议。

【集美大学百年校庆】 2018年10月20日，集美大学举办庆祝建校100周年大会，总书记习近平发贺信肯定学校人才培养成就并对学校办学发展提出期望，

10 月 20 日，集美大学建校 100 周年纪念大会现场　　（张春　摄）

省委书记于伟国到会宣读贺信。学校以师生的校庆、校友的校庆、学术的校庆为主题，举办庆祝建校 100 周年大会、第六届校董会、校友联谊大会、“诚毅颂”文艺晚会等活动。举行第九届海峡两岸海洋海事大学蓝海策略校长论坛等 130 余场学术活动。全球 35 个校友会、1.2 万余名海内外校友返校，举行迎校庆百名校友报告会 83 场，编辑出版《嘉庚梦　集美情》，推出《集大往事》100 篇等。

（出晓铭）

华侨大学（厦门校区）

【概　况】 2018 年，华侨大学厦门校区有学院 22 个，在校生（含港澳台学生及留学生）17212 人，其中博士、硕士生 3010 人、本科生 14202 人。有教职工 1577 人，其中专业教师 1145 人。专业教师中，高级职称 559 人、双聘院士 6 人。总占地面积 133.93 万平方米，建筑面积 54.8 万平方米。

【集美汽车小镇产学研基地共建】 2018 年 5 月 17 日，由华侨大学与集美汽车小镇领导小组、海翼集团共建的集美汽车小镇产学研基地与首批入驻的 10 家与汽车相关的科研机构、企业签署协议。其中，华侨大学 7 家科研机构联合企业入驻，分别是华侨大学功能聚合物材料的开发与产业化中心、电力电子与电力传动研究实验室、工程机械智能电液驱动与节能技术研究中心、车辆控制研究室、华大—福建省特种能场制造重点实验室、华大—厦门金鹭联合研究中心、华大—至乐设计整合创新中心。

【中国—东盟旅游安全峰会】 2018 年 7 月 24 日，由华侨大学主办的中国—东盟旅游安全峰会及专题培训在厦门召开。旅游管理专家、加拿大滑铁卢大学地理与环境管理系 Geoffrey Wall、日本亚洲发展研究所主任 Dai Erbiao 等来自 11 个国家的 22 位专家和代表出席峰会。华侨大学校长徐西鹏在会上致辞。峰会以中国—东盟旅游安全发展与治理合作为主题，旨在探索中国与东盟地区的旅游安全风险形势，交流旅游安全管理经验，搭建旅游安全研究合作的平台，深化旅游安全合作治理，推动中国与东盟旅游业的安全发展。中国—东盟旅游安全研究联盟举行成立启动仪式，发布《中国—东盟旅游安全合作厦门宣言》。

【第二届“一带一路”贸易畅通高级研修班】 2018 年 9 月 17 日，由国家发展和改革委员会指导，中国华文教育基金会主办、华侨大学承办的第二届“一带一路”贸易畅通高级研修班在华侨大学厦门校区开班。来自印度尼西亚、马来西亚、新加坡、越南、菲律宾、泰国、缅甸、柬埔寨、巴基斯坦等 13 个国家的 54 名政商界人士在华侨大学进行为期 4 天的学习。研修班以贸易畅通为主题，开设以下专题课程：新时代的对外开放与“一带一路”建设、亚洲视角的“一带一路”区域贸易合作、中国—东盟贸易关系的现状与前景等。

【科研成果首登《Nature》杂志】 2018 年 10 月，国际学术刊物《Nature》在线发表以华侨大学（厦门校区）材料科学与工程学院教授魏展画为第一通讯作者、博士生林克斌为第一作者，华侨大学为第一完成单位的研究论文《外量子效率超过 20% 的钙钛矿发光二极管》(《Perovskite Light-Emitting Diodes with External Quantum Efficiency Exceeding 20%》)。这标志着华侨大学在基础研究方面取得重要进展，实现《Nature》研究论文发表零的突破。论文以钙钛矿 LED 为研究对象，魏展画团队提出全新的薄膜制备策略，优化 LED 器件结构，可制备出高亮度、高量子转换效率和较好稳定性的钙钛矿 LED 器件。该钙钛矿 LED 器件的外量子效率为 20.3%，寿命超过 100 小时。

·小资料·

华侨大学： 至 2018 年 12 月 31 日，华侨大学有教学学院 28 个、本科专业 94 个，其中 10 个专业通过工程教育认证。有国家重点学科、省部级重点学科 41 个，福建省高峰高原学科 17 个，工程学、材料科学、化学 3 个学科进入 ESI（基本科学指标数据库）全球排名前 1%。有一级学科硕士点 27 个、二级学科硕士点 2 个、专业学位硕士点 20 个，一级学科博士点 8 个、二级学科博士点 2 个、博士后流动站 5 个。有学科门类 12 个（哲学、经济学、法学、教育学、文学、历史学、理学、工学、农学、医学、管理学、艺术学）。在泰晤士世界大学排行中位中国内地高校第六十五名，在 2018 年软科中国最好大学排名之综合大学榜单中位于第二十八位、总榜单第八十六位。华侨大学有教职工 2672 人，其中专任教师 1792 人。有双聘院士 6 人，有国家“万人计划”领军人才入选者、国家杰出青年科学基金获得者、国家“百千万人才工程”入选者、全国文化名家暨“四个一批”人才入选者、国家高端外国专家项目入选者、教育部“新世纪优秀人才支持计划”入选者及历年享受国务院政府特殊津贴专家等各类人才近 400 人次，有科技部“创新人才推进计划”重点领域创新团队、教育部“长江学者和创新团队发展计划”创新团队。有全日制普通本科生25551人、研究生5953人，来自50多个国家和地区的华侨华人、港澳台和外国学生4969人，是全国拥有境外学生最多的大学之一。2018届毕业生总体就业率99.46%。学生男子篮球队在中国大学生篮球联赛（CUBA）十九届赛事中获9次总冠军。学校连续4年举办世界大学生三对三篮球联赛总决赛，连续2年获全国高校校园文化建设优秀成果一等奖。

（庄　蕾）

厦门理工学院

【概　况】2018年，厦门理工学院有院（部）19个，机械工程、管理科学与工程一级学科硕士学位授权点2个和工程专业硕士学位授权点1个，本科专业58个。全日制在校生19889人（本科生19489人，研究生400人）。专任教师1115人，其中高级职称教师占比51.1%，硕士及以上学位教师占比90.7%，“双师双能型”教师占比53.9%。享受国务院特殊津贴5人，入选教育部新世纪优秀人才支持计划5人，闽江学者7人，国家级教学名师2人、省级教学名师5人、省级青年教学名师1人，省级教学团队2个、省级创新团队5个。教师发展中心入选省级示范中心。

厦门理工学院入选福建省示范性应用型本科高校、福建省一流学科建设高校，机械工程学科入选福建省高原建设学科，厦门理工学院发展潜力在全省36所本科高校中位于第六。获批机械工程、管理科学与工程、工程专业硕士硕士学位授权点3个。

有国家级特色专业1个、省级9个；国家级专业综合改革试点1个、省级7个；国家级“卓越工程师教育培养计划”实施专业5个、省级6个；省级高校服务产业特色专业8个；省级人才培养模式创新实验区9个；省级精品课程57门；教育部新工科研究与实践项目2个；省级教学改革试点项目9项；省级本科高校教育教学改革研究项目50项（含重大项目5项）；教育部产学合作协同育人项目27项；国家级优秀教材4部；国家级实验教学示范中心1个、省级11个；省级虚拟仿真实验教学中心4个，省级虚拟仿真实验教学项目1个；省级公共基础课实验教学平台5个；国家级校企合作实践教学基地1个、省级5个；省级示范性校企共建职业教育实训基地1个；国家级大学生创新创业训练计划项目181项、省级540项。

厦门理工学院获批国家级项目28项，其中主持国家自然科学基金17项、国家社科基金4项、国家社科基金后期资助项目1项。参与国家重点研发计划项目3项、国家自然科学基金项目2项、国家社科基金中华学术外译项目1项，获批省部级项目73项。获纵向科研经费2597万元。增加省部级科技奖9项，其中首次获一等奖1项、二等奖2项。获福建省社科成果奖5项，获厦门市科技进步奖10项，其中首次获一等奖1项、二等奖3项。获授权发明专利66件。发表SCI、EI、SSCI、A&HCI、CSSCI等期刊学术论文267篇，出版学术著作35部。厦门理工学院申报的厦门市交通基础设施健康与安全重点实验室经过考评获正式确认。2个团队获福建省高等学校科技创新团队立项建设，1个团队入选2018年福建省高校以马克思主义为指导的哲学社会科学学科基础理论研究创新团队。两岸文创研究院获2018年福建省高校特色新型智库B类立项。

【产学研融合】2018年，厦门理工学院深化校企关系。学校横向科研活动经费超过6000万元。厦门理工学院与莱尔斯特（厦门）股份公司、厦门神特科技有限公司合作开办新能源材料产业学院。建设全国首个高校红色孵化器（厦龙筑梦红色孵化器），该孵化器落地龙岩厦门协作区。获批福建省时尚设计行业技术开发基地。整合风洞、高压电力电器、CNAS认证等专业成立厦门理工学院分析测试中心。筹建厦门理工学院产业技术研究院和海洋装备研究院，与厦门船舶重工股份有限公司等单位联合申报的邮轮薄板分段模块化智能制造新模式项目获工业和信息化部批准立项，总投资1.2亿元，获工信部资助1200万元。

厦门理工学院为应用型研发项目提供前期科研经费支持，向先导项目拨付1569.74万元。立项企业委托型项目6个、团队培育型项目2个。先导项目自2016年起实施，培育先导科研团队16个、企业委托项目24个，产生横向课题经费3267万元，带动350名教师参与企业技术研发及新产品、零部件设计，为合作企业带来经济效益10.29亿元。参加2018厦门国际智能制造展、第二届中国高校科技成果交易会、中国·海峡项目成果交易会、陕西“一带一路”科技创新创业博览会、厦门文博会、上海宝马展、2018义乌国际智能装备博览会等展会，宣传学校研究成果600余项，教师1200余人次参与企业洽谈会60余场，成果转让、转化347项，金额3208.38万元。海洋环境下高性能混凝土制备关键技术及其产业化、多光模式高效长亮独立光伏LED一体灯、高压直流继电器用陶瓷金属化技术、面向工业4.0的机器视觉检测系统、新能源汽车电源管理与控制系统、多源遥感数据处理服务及应用平台、多功能儿童约束系统先端设计技术、固态二氧化碳绿色清洗机器人研发等技术转让形成的企业经济效益3.5亿元。

·小资料·

纵向经费：指学校承担国家、地方各级政府部门和公益性行业的各类科研计划（含专项、基金等），实行公开竞争方式所取得的研发类项目（或课题）经费以及政府间国际科技合作项目经费，包含学校作为合作（协作）单位承担上述来源的项目并由项目主持单位转拨到学校的经费。

横向经费：指高校科研人员承担的非财政性资金来源、非计划性财政资金及政府购买服务的横向科研项目经费。包括学校与行政事业单位、社会团体及个人签署合同（协议）合作进行的技术开发、技术转让、技术咨询、技术服务等项目经费，以及其他各类非财政资金来源的科研项目经费。

【国际交流合作】2018年，厦门理工学院与美国北卡罗来纳大学、爱尔兰科克大学等11所境外高校签订合作协议18份。与63所国外高校开展合作，其中包括全球学术排名前300名的高校15所。成为厦门首家雅思UKVI（英国签证和移民）的承办高校。厦门理工学院开展校际人才联合培养项目28个，开设海外名校本硕连读项目9个、世界名校硕士直通项目15个、中外本科双学位项目4个、全球跨文化研学和实习实训项目15个、免学费国际交换生项目11个。123名学生到海外合作高校攻读硕士学位。成为中国政府奖学金“丝绸之路奖学金”的合作院校，年度招收国家政府奖学金资助的留学生54人、厦门市陈嘉庚奖学金资助的学生28人。组织成立校留学生足球队。实施高端外专引智、百名海外讲座教授、校内国际课程班等跨文化学术交流计划。获批国家外专局高端科研项目团队项目6项、个人项目1项，获国家和市财政配套专项经费资助200万元。

【港澳台交流合作】 2018年，厦门理工学院与“台湾清华大学”、台湾科技大学、台湾艺术大学、台湾金门大学等10所台湾地区高校签订协议，共建交换交流生项目。厦门理工学院设有闽台合作办学专业13个，其中“4+0”项目（闽台联合培养应用型本科人才“4+0”项目，即学生可选择1个学期在台湾合作高校上课，或4年均在福建高校上课）9个、“3+1”项目（闽台联合培养人才分段对接“3+1”项目，即3年在福建高校上课，1年在台湾高校上课）4个。88名台籍教师在校授课，351名学生到台湾交流学习。校闽台师资培训中心组织福建省理工类骨干教师194人到台湾培训。厦门理工学院接待到访的港澳台师生38批次372人，其中港澳台青年学生218人。接待铭传大学文史研究交流团，开展两岸大学生毕业设计作品联展、两岸青年优秀影像作品展、香港教育学院旅游专业学生交流论坛等学生交流活动5场。

【学生参赛】 2018年，厦门理工学院学生参加省级及以上学科竞赛100多项，获奖780余项，获奖学生2500多人次。其中，获全国特等奖5项、全国一等奖68项、福建省特等奖6项、福建省一等奖59项。在第四届中国“互联网+”大学生创新创业大赛中获铜奖，在福建省赛中获1银4铜。在第十三届全国大学生智能汽车竞赛中获一等奖1项。厦门理工学院Amoy赛车队获中国汽车工程学会巴哈大赛季军，参加中国大学生方程式汽车大赛获单项一等奖1项、三等奖1项。校健美操运动队在全国健美操冠军赛中获1金1银2铜，成年健将组获团体第二名，在第十四届中国大学生健康活力大赛中获2金3银。校女篮第五次蝉联CUBA中国大学生篮球联赛福建赛区冠军。获全国大学生数学建模竞赛全国二等奖1项、省赛一等奖4项，第六届全国大学生光电设计竞赛全国一等奖、二等奖和三等奖各1项，获第三十届韩素音国际翻译大赛英译汉二等奖。

【创新创业】 2018年，厦门理工学院作为教育部首批创新创业教育改革示范高校，以园区示范为工作核心，围绕应用型创新人才培养体系，推动专创融合，促进“双创”教育体系建设，加强基地建设，完善服务功能，全年接待参访人员800余人。成立“厦龙红色筑梦孵化器”。与派美特众创、冠兰众创、创业树、海西明珠等10家众创空间共同建设创新创业校外实践基地。校内创业孵化区工位数由60个增至122个，投入专项经费，建成创业加速器，引入校外专业机构，建设创业实践项目一体化服务体系，与科易网、慧科教育、联合信实等10家企业签订创新创业服务合作机构协议。入驻园区的大学生创业项目94个、注册企业总数83家，其中毕业生团队10家、新增企业注册数22家。厦门睿路达科技有限公司、厦门华艺纵横教育科技有限公司、厦门斯帛科技有限公司3家企业获天使轮融资，融资总金额200万元。

（钟　然）

厦门国家会计学院

【概　况】 2018年，厦门国家会计学院有在校会计（MPAcc）、税务（MT）硕士专业学位研究生265人，其中全日制双证179人、非全日制双证28人、在职单证58人。经国务院学位委员会第三十四次会议审议批准，厦门国家会计学院成为审计硕士专业学位授权单位，有会计硕士、税务硕士、审计硕士3个专业学位授权点。举办培训班531期，培训学员51105人次、246175人·天，分别比上年增长11%、11%、25%。其中，承担全国高端会计人才的选拔和培养9期，参训学员400人次；承担四川、福建、黑龙江等8个省市及中国科学研究院系统的会计领军人才培养项目20期，参训学员1266人次；举办大中型企事业单位总会计师素质提升工程培训班34期，培训学员3020人次；举办注册会计师后续教育培训项目37期，培训学员8951人次；举办全国人大代表培训班2期，培训全国人大代表810人；举办各级人大代表培训班54期，参训的各级人大代表5270人次；举办各级财政系统培训班48期，培训学员3184人次；承办财政部、教育部、司法部等国家部委委托的各类培训班36期，举办送教西部培训班5期。

2018年，厦门国家会计学院教师在各类学术期刊上发表论文46篇，其中核心期刊14篇；承担国家级、省部级科研课题3项，出版学术专著3部；6篇教学案例入选全国MPAcc教学案例库。厦门国家会计学院院长黄世忠入选第三批国家“万人计划”哲学社会科学领军人才系列。

· 小资料 ·

万人计划： 国家高层次人才特殊支持计划，简称“国家特支计划”，也称国家“万人计划”，是面向国内高层次人才的支持计划。2012年8月17日，经党中央、国务院领导批准，由中组部、人社部等11个部门和单位联合印发。目标是用10年时间，遴选1万名左右自然科学、工程技术和哲学社会科学领域的杰出人才、领军人才和青年拔尖人才，给予特殊支持。

【与澳大利亚科廷大学签订联合办学合作协议】 2018年9月19日，澳大利亚科廷大学（Curtin University）商学法学部副院长Nigel·de·Bussy（奈杰尔·德·布西）一行访问厦门国家会计学院。双方签署联合办学合作协议，合作内容包括联合培养，学分互认，设立厦门国家会计学院和科廷大学双硕士学位等内容。这为厦门国家会计学院国培养专业化、国际化、应用型专业人才提供国际化平台。科廷大学成立于1967年，连续3年被英国《泰晤士报》评为世界200强大学之一。自2009年起，科廷大学商学院被“Eduniversal商学院排名”列为全球顶尖商学院并被授予“4片棕榈叶”荣誉。2017—2018年，

9月19日，厦门国家会计学院与澳大利亚科廷大学签署联合办学合作协议

（厦门国家会计学院　供图）

科廷大学金融与会计专业在QS全球大学排名中位列158名。

【会计事务战略合作】 2018年9月22日，厦门国家会计学院与安永华明会计师事务所签署战略合作框架协议。双方发挥各自的专业优势，在会计准则、政府综合财务报告、“一带一路”财经发展、高端人才培养、学生实习和就业等领域，通过建立互访机制、开展学术交流等方式进行合作。安永是国际4大会计师事务所之一，在全球154个国家和地区设有办事处763个，聘用员工逾1.6万人，拥有超过4000名各类注册会计师，包括中国注册会计师1100多人。

【第三届“一带一路”财经发展论坛】 2018年12月5日，厦门国家会计学院与财政部驻福建省财政监察专员办事处、财政部驻厦门市财政监察专员办事处共同主办第三届“一带一路”财经发展论坛暨推动福建经济高质量发展论坛。来自财政部、商务部、国家发改委、国内外智库、海内外高校、中央驻闽驻厦门单位的代表等300余人参加。论坛以“推动‘一带一路’建设高质量发展”为主题，分别就“一带一路”国家软实力、“一带一路”国家宏观风险分析、“一带一路”商业模式创新、“一带一路”经贸合作发展以及“一带一路”的债务陷阱问题展开讨论。

（王丽娜）

厦门工学院

【概　况】 2018年，厦门工学院设有机械与制造工程学院、电子与电气工程学院等11个二级学院和1个直属系。增加商务英语专业，广告学专业通过学士学位授权专业评估，本科专业数29个。厦门工学院有教师525人。具有高级职称的教师161人，具有硕士、博士学位的教师465人，双聘院士3人，长江学者2人，享受国务院津贴1人，入选教育部新世纪优秀人才1人、福建省高等学校新世纪优秀人才支持计划3人、福建省高校杰出青年科研人才培育计划8人、福建省优秀教师2人、福建省高校优秀辅导员1人。与西安交通大学、华侨大学、英国哈德斯菲尔德大学、英国卡迪夫城市大学、澳大利亚格里菲斯大学、迪肯大学、美国内布拉斯卡大学林肯分校、匈牙利罗兰大学、加拿大维尔弗莱德·劳里埃大学、台湾元智大学、大叶大学等高校建立战略合作关系。与厦门市知识产权局正式签约共建厦门工学院知识产权教育与运用研究中心，培养适应市场竞争的知识产权法律、政策、管理等方面的综合性人才。

【教研教改】 2018年，厦门工学院获批省级教育教学改革项目7项，其中重大项目1项。获批2018年省级虚拟仿真实验教学中心1项，省级在线开放课程建设项目1项、培育项目1项。获批省级应用型学科建设立项1项、省级应用型学科建设培育1项、2018年福建省中青年教师教育科研项目17项。2个教学团队获批省级教学团队。教师获批各级各类纵向科研项目104项，其中获批省重大教学改革研究项目、省教育科学“十三五”规划课题各1项。9名教师入选2018年度省高等学校新世纪优秀人才支持计划、杰出青年科研人才培育计划和2018年中青年思想政治课教师择优资助计划等。闽南石雕艺术与产业发展研究中心入选2018年度省高校人文社会科学研究基地重点建设指南目录。厦门工学院与厦门市知识产权局签署知识产权教育与运用研究中心共建协议。

【厦门工学院工程坊揭牌】 2018年9月20日，中国工程院院士蒋庄德、厦门工学院领导及师生代表参加厦门工学

9月20日，厦门工学院工程坊揭牌仪式现场

（厦门工学院　供图）

院工程坊揭牌仪式。工程坊下设实验室及仪器设备管理中心、工程实训中心和创新实践中心、工程文化馆等。国内高校中，除西安交通大学外，仅厦门工学院设有工程坊。工程坊开展与国内外大公司合作与共建，扩大合作双方的影响力，提高工程实践水平。

【全国青少年校园足球骨干师资国家级专项培训基地】 2018年，厦门工学院通过教育部中国教育科学研究所审核，获全国青少年校园足球骨干师资国家级专项培训基地称号，成为福建省设有该培训基地的2所院校之一。6月21—29日，第九期全国青少年校园足球骨干师资国家级专项培训班在厦门工学院举行。来自四川省近200名中学足球骨干教师参加培训，这是厦门高校首次承接此类足球师资培训班。

【德文商学院成立】 2018年1月18日，厦门工学院成立德文商学院。德文商学院强化商学的国际化办学，以学院为平台，提升学校服务地方经济文化发展，办学育人功能。聘请西安交通大学管理学院教授范高潮等学者协同建设，与厦门大学经济学院、王亚南经济研究院签订合作协议，配合国际班推动海外硕士研究生的输送，为高端化的社会培训提供师资支持。

（高　敏）

厦门华厦学院

【概　况】 2018年，厦门华厦学院设二级学院4个（信息与智能机电学院、环境与公共健康学院、商务与管理学院、人文学院）、本科专业18个、专科专业15个、高职（专科）招生专业3个。在校生6063人，年内本科招生1559人，本科录取率100%，省内本科报到率超96%，专科招生311人。教职员工415人，其中拥有正高职称36人、副高职称94人。近3年毕业生平均就业率99%。至12月底，2018届毕业生就业率99.55%。

2018年，厦门华厦学院入选教育部数据中国百校工程建设院校名单、教育部首批“互联网＋中国制造2025”产教融合促进计划项目院校、教育部—中兴通讯ICT产教融合创新基地项目第一批合作院校、第三批国家级星创天地。厦门华厦学院众创空间获福建省科技厅省级众创空间称号。在“和职教杯”第二届福建省黄炎培职业教育创新创业大赛中，获最佳创意奖1项、最佳人气奖1项，3名项目指导教师获优秀指导教师称号。学生团队独立创业项目“云鲸生活”无人超市揭牌运营。

厦门华厦学院2015级通信工程3班团支部获2017年全国高校活力团支部称号。人文创意系教师胡星获第四届全省高校青年教师教学竞赛人文社会科学组一等奖并被授予福建省高校青年教学名师称号，检验科学与技术系教师许丽梅、林若川分别获自然科学基础学科二等奖和自然科学应用学科三等奖。由学校物流工程专业教师与厦门易木科技有限公司联合研发和申报的计算机软件著作权获国家版权局批准。王小如等2位教授领衔编著的学术专著《Novel Nanomaterials for Biomedical, Environmental and Energy Applications》（《新型纳米材料在生物医药、环境及能源方面的应用研究》）出版。厦门华厦学院大学生数学建模队在全国大学生数学建模竞赛中获国家级二等奖1个、省级一等奖3个、省级二等奖8个。2支代表队在美国大学生数学建模竞赛中获国际一等奖2项。

【教科研成果】 2018年，厦门华厦学院获批教育部产学合作协同育人项目6项；副校长陈民伟入选2018—2022年教育部高等学校教学指导委员会委员；信息技术专业群获评福建省本科高校示范性应用型专业群，环境科学与工程专业、食品科学与工程专业获评福建省高等学校应用型学科；厦门华厦学院获批福建省教育教学研究与改革项目5项、中国物流教改教研课题计划3项，入选中国物流协会物流教改教研课题一等奖1项、三等奖2项；餐饮投创与管理等3个项目获评福建省终身教育重点建设项目。通信工程专业教学团队入选2018年福建省本科教学应用型教学团队。8位教师入选福建省高等学校新世纪优秀人才支持计划和福建省高校杰出青年科研人才培育计划；1位教师获福建省第十二届社会科学优秀成果奖三等奖。2个项目被列入福建省高校工程中心建设指南。142件专利（软件著作权）获授权，较上年增长118.5%。“胺类化合物的绿色转化与运用开发”入选福建省高等学校科技创新培育项目。

【第三届“易木杯”全国供应链创新设计大赛】 2018年10月18日，第三届“易木杯”全国供应链创新设计大赛暨2018全国供应链教学改革学术研讨会在厦门华厦学院举办。该届赛会由中国物流生产力促进中心主办，厦门华厦学院和厦门易木科技有限公司承办，广东省

11月8日，厦门华厦学院学生团队独立创业项目“云鲸无人超市”揭牌运行

（厦门华厦学院　供图）

采购与供应链协会协办。中国物流生产力促进中心主任雷忠文、厦门华厦学院副校长陈民伟、广东省采购与供应链协会常务副会长王燕凌等专家和师生参加赛会。厦门华厦学院2015级物流工程专业学生科嘉俊、刘国威和2017级国际经济与贸易专业学生任子龙所组成的参赛团队综合排名第三，获二等奖。研讨会由广东省采购与供应链协会常务副会长、广东川流采购与供应链学校校长王燕凌主持。行业专家、院校领导等分别作以下主题演讲：供应链背景下产学合作促进新商科人才培养的改革，新时期供应链管理发展对人才需求方向及培养模式的影响，基于能力矩阵的供应链管理教学实践，双创教育与供应链管理课程融合，以项目化教学设计引领专业大赛等。厦门华厦学院与厦门市略胜供应链管理有限公司举行校企合作签约仪式。

【2018亚洲高校会展教育合作论坛】 2018年11月26—27日，2018亚洲高校会展教育合作论坛暨第十届中国会展教育年会在厦门佰翔五通酒店举行。该论坛由亚洲会展协会联盟（AFECA）、中国城市会议展览业协会联盟（CCACE）、厦门市会议展览事务局、北京第二外国语学院会展研究中心主办，厦门华厦学院、厦门理工学院、厦门城市职业学院等协办。主论坛由厦门华厦学院商务与管理学院副院长周云岗主持，来自新加坡、韩国、马来西亚、泰国等国家和台湾、澳门等地区近10所高校及北京、上海、广州、内蒙古等地近50所高校会展专业的领导、学科带头人和骨干教师等百余人出席论坛。教育部高校旅游管理类专业教学指导委员会副主任马勇、北京第二外国语学院经贸与会展学院院长刘大可、海南大学旅游学院教授耿松涛、泰国暹罗大学酒店与旅游管理学院院长 Bongkosh Ngamsom 作主题演讲。3场平行论坛分别就亚洲高校会展教育合作、本科院校会展学科建设和人才培养、高职院校会展专业建设与人才培养等主题进行交流。厦门华厦学院与誉颁会展集团有限公司在论坛现场举行会展产业双创实践基地签约授牌仪式，建立 MICE WORK 会展产业双创实践基地。

（苏文雅）

厦门城市职业学院

【概　况】 2018年，厦门城市职业学院（简称城市学院）有教职工530人，其中专任教师293人，正高职称教师17人，副高职称教师102人，专任教师80.46%是硕士、博士。引进教授、高级工程师等高层次人才13人，引进聘任企业院长3人、柔性聘任院长1人。开设高职招生专业38个，至2018年12月31日，全日制在校生6818人；开放教育设置21个专业，在籍生6608人；成人教育设置13个专业，在校生1305人。累计招收来自东南亚等9个地区和国家的留学生193人。2018届毕业生就业率96.72%。城市学院有馆藏纸质图书46万册、电子图书132万册、中外文数据库16个。有校内实训室167个、校外实习实训基地151个、中央和省财政支持实训基地16个。举办2018年计划单列市高等职教五校联盟论坛，承办在厦地区高校“三爱”主题教育系列活动暨落实党委意识形态工作责任制现场推进会，举办全国职业院校师生礼仪大赛（高职组）、全国网络营销实战技能大赛，举行全国职业院校创新发展、智慧教育研讨会（高职分会）等全国性会议，开展2018年厦门市终身教育活动日暨全民终身学习活动周、2018年厦门市职业教育活动周等活动。与南京第五十五所技术开发有限公司、厦门轨道交通集团、厦门建行等企业共建腾讯云创新创业人才培养基地、厦门市轨道交通专业实训基地、福建首家校园E银行等产教融合的专业化实训基地。加强厦门社区书院总部“3+X”（3指书院总部资源中心、师资中心、管理服务中心3个重心，X指厦门老年开放大学、鹭岛青少年法治教育学院等特色学院）建设，辐射覆盖全市318个基层社区。

【教研教改】 2018年，城市学院《校企合作人才培养模式下高职学前教育专业课程开发的实践探索》获福建省职业教育教学成果特等奖，《基于工作过程系统化的〈餐饮服务与管理〉课程开发与实施》《电子信息工程技术专业核心课程教学与创新教育有机融合的方法与实践》分获2018年省职业教育教学成果一等奖、二等奖。《毛泽东思想和中国特色社会主义理论体系概论》教学精品课、《导游基础知识》课程思政教学改革的探索与实践、职业精神融入数控技术专业教改课程的创新与实践3个项目入选省思政课程、课程思政教育教学改革精品项目。汽车检测与维修技术、酒店管理、旅游管理、建筑工程技术4个专业获省第四批现代学徒制试点项目立项。城市学院以A类培育项目第二名，入选福建省示范性现代职业院校建设工程2018年培育项目院校名单，城市学院连续第三年入选省示范性培育项目。城市学院教授陈仲义的国家课题《诗歌审美接受研究》结题，中国社会科学出版社出版该课题成果《现代诗：接受响应论》。

【参赛获奖】 2018年，在全国职业院校技能大赛中，城市学院获一等奖2个、二等奖3个、三等奖1个，获福建省职业技能大赛一等奖5个、二等奖10个、三等奖20个。在第四届“互联网+”大学生创新创业大赛中，城市学院主赛道就业组参赛项目《乐资生活——创造一个不失眠的世界》为全省高职院校唯一一个入选福建省分赛现场决赛的项目，获国赛铜奖、省赛银奖。城市学院大帆船队代表中国队参加世界大学生帆船锦标赛，获第七名。

【2018年“一带一路”轨道交通职业教育国际论坛】 2018年12月12日，2018年“一带一路”轨道交通职业教育国际论坛在城市学院云顶楼演播厅召开。厦门市教育局局长郭献文，市科技局副局长曹伟民，来自伊朗、老挝、马来西亚等“一带一路”沿线国家和地区的专家学者和国内多位轨道交通领域的代表出席论坛。论坛以“为‘一带一路’建设培养有匠心的高质量轨道交通人才”为主题，为轨道交通职业教育领域学习交流、沟通互鉴、加强合作搭建平台。城市学院与中铁西南科学研究院、北京交通大学、马来西亚城市大学等院校单位就开展面向“一带一路”沿线国家的学历教育等问题达成合作意向。

（王朝阳）

责任编辑：胡　恩
审　　稿：林建高
校　　对：曲　艺

26 文 化

社会文化

【概　况】 2018年，厦门市文化产业主营收入约1040亿元，比上年增长14.66%；增加值约133亿元。全市有公共文化馆7个，博物馆、纪念馆12家，公共图书馆10个；出版发行各类报纸7种，期刊25种，侨刊乡讯14种；有广播节目7套、电视节目7套；有院线影院50家、银幕数319块。

【公共文化服务体系建设】 2018年，厦门市文化广电新闻出版局（简称市文广新局）持续加快构建现代公共文化服务体系，组织对2017年全市基层综合性文化服务中心建设进行验收。其中，8家镇（街）综合文化站及图书馆联网分馆达到优秀水平，98个村（居）文化服务中心验收合格，50家社会团体及民办非企业文化单位通过年检。完成“建成并投用厦门市图书馆集美新城馆区”“建设完成达标镇（街）综合文化站8个，村（居）文化服务中心97个”2个文化领域为民办实事项目。10月1日，厦门市图书馆集美新馆开馆运营，读者突破10万余人次、外借图书5.8万册，充分展示厦门市公共文化服务跨岛建设的新成果。推动闽南戏曲艺术中心项目选址、方案设计、可研报告评审等前期工作，完成项目建设立项工作。全市公共文化服务供给能力和共享水平日益提升，实现区域性图书馆、信息共享工程、广播电视“村村响”“户户通”、公益电影放映、文艺惠民演出等全覆盖。

【群众文化活动】 2018年，市文广新局举办“2018厦门全国工笔画双年展”“音乐厦门·舞动新时代”——庆祝改革开放40周年广场舞比赛、厦门市庆祝中华人民共和国成立69周年暨改革开放40周年“奏响新时代”民族音乐会等群众文化活动。市图书馆、市少儿图书馆的文化志愿服务项目获原文化部表彰。市文化馆的群文小品《生日》节目在第十四届华东戏剧小品大赛中获金奖。厦门市文化行政部门开展广场文艺演出、讲座培训、美术展览、文化下乡等文化惠民活动，不断提高市民群众的文化获得感、幸福感。全市各级各类公共文化服务机构开展各类群众文化活动和文化惠民活动3000余场次。

【全国工笔画双年展】 2018年12月18日，2018厦门全国工笔画双年展在厦门市美术馆举办。活动由市文广新局、中国美术家协会主办，厦门市美术馆、中国文联美术艺术中心承办，福建省美术家协会、福建省美术家协会工笔画艺委会、厦门市美术家协会协办。双年展收到2365件投稿作品，作者遍及全国。展览评出入选作品257件（含加入中国美术家协会资格作品60件），展览入选作品前10件由厦门市美术馆收藏并颁发收藏证书。

（郑　锐）

文化艺术

【概　况】 2018年，市文广新局组织市属文艺院团创排音乐剧《鼓浪如歌》、舞蹈诗《厦门故事》、交响音画《厦门交响曲》及歌仔戏《侨批》。厦门市专业文艺院团获第七届福建省艺术节等省级以上文艺比赛奖项44个，群众文化类获省级以上文艺奖项1个。厦门市剧目作品参加福建省第七届艺术节，获得37个奖项。其中，厦门歌仔戏研习中心歌仔戏《侨批》、同安吕实力芗剧演出团芗剧《贤相苏颂》分别获得第二十七届福建省戏剧会演一、三等奖，厦门小白鹭民间舞艺术中心舞蹈诗《厦门故事》、厦门歌舞剧院音乐剧《鼓浪如歌》、厦门市南乐团南音《鼓浪曲》分别获得第四届福建省音乐舞蹈杂技曲艺类剧（节）目一、二、三等奖，厦门小白鹭民间舞艺术中心创作演出的蒙古族女子群舞《萨乌尔登》、新疆男子群舞《阳光巴郎子》分别获得福建省少数民族文艺调演表演一等奖、二等奖。

【文艺演出】 2018年，市文广新局联合市财政局出台《厦门市市属文艺院团（中心）文化惠民公益性低票价演出考核办法》，支持和鼓励市属文艺院团广泛开展文化惠民演出活动。与市委宣传部、市财政局、市教育局、市文联联合制定《厦门市“戏曲进校园工程”推进实施方案》，组织进校园演出及夏令营展演40场，制作发布47个统剧节目数字视频供全市各中小学校展播观看。全年，市属专业文艺院团开展公益性低票价惠民演出521场，组织创排扫黑除恶主题节目26个、专场演出90场次，观看群众10余万人次。厦门小白鹭民间舞艺术中心创作演出的独舞《狂草》入选第十二届全国舞蹈优秀节目展演。高甲剧《班头爷》代表厦门参加文化和旅游部主办的“2018戏曲百戏盛典”展演。厦门歌舞剧院精品剧目《雁叫长空》到北京、上海、广州等地巡演。

【2018海峡两岸民间艺术节】 2018年10月26—30日，2018海峡两岸民间艺术节在厦门举办。活动由中华文化联谊会、厦门市政府和福建省文化厅共同举办，以“跨界与创新”为主题，举办跨界戏剧展演、社区剧场工作坊、传统工艺DIY、“跨界与创新”学术沙龙等活动，邀集台湾、厦门、北京、福州等地艺术院团，展演近年来跨界创新的最新剧种，展现当代海峡两岸青年的艺术探索和对传统文化的“创造性转化和创新性发展”。台湾戏曲学院的青年剧团与厦门金莲升高甲剧团的演员合作把在两岸戏曲界都具有影响的精彩剧目《阿搭嫂》重新搬上舞台。两岸艺术表演团队和专家、学者491人参加，其中大陆团队361人、台湾团队130人。观摩演出、参观展览及参加学术交流活动的两岸各界人士、中小学师生和市民群众5万多人次，剧场观众上座率90%以上。

（郑　锐）

文化遗产保护

【概　况】 2018年，厦门市文化遗产保护体系进一步健全，闽南文化生态保护区建设持续进展。全市文物保护单位225处（261个点），其中全国重点文物保护单位7处（34个点）、省级70处（76个点）、市级79处（82个点）、县（区）级69处（69个点）、涉台文物古迹88处。市级以上非物质文化遗产代表性项目64个，其中世界级人类口头与非物质文化遗产1个（南音）、国家级11个、省级28个。市级以上非物质文化遗产代表性传承人113人，其中国家级13人、省级52人、市级48人。

【文物保护】 2018年，市文广新局加强文物保护单位维修保护，完成中共福建省第二次党代会旧址、大嶝金门县政府旧址二期、陈化成墓等保养维护工程，实施修缮同安孔庙、莲塘别墅、“8·23”炮战旧址工程，启动三一堂（鼓浪屿基督教堂）二期、台湾会馆旧址、陈化成祠、三都瑞青宫等修缮工程，组织鼓浪屿美国领事馆、集美学村尚忠楼群、青礁慈济宫等文保单位方案编制。市文物维修保护形成完成一批、开工一批、编制一批的文物保护工程良性循环体系。坚持经常性检查和每月文物安全随机检查，吸取巴西博物馆重大火灾教训，开展打击文物犯罪专项行动、法人违法专项治理，查纠文物安全隐患数百处，查处违法建设4起，破获文物犯罪案件1起。注重创新保护模式，继续推广思明区的“文物保护志愿者联盟”“文物保护认领”和利用媒体“讲述文物故事”做法，加强文物安全保护，组织文物安全与执法培训。加强重大工程建设中文物保护工作，完成地铁3号、4号、6号线工程范围内考古勘探，完成厦门第二东通道涉及翔安刘五店古码头保护陆上考古及水下考古调查。全年，厦门市鼓浪屿大夫第、黄氏小宗、日光岩寺等32个文保单位获批第九批省级文物保护单位。

【博物馆社会宣教服务】 2018年，市文广新局（市文物局）组织“5·18国际博物馆日暨厦门市首届文博创意产品展示评选活动”，全市9家博物馆、8家文博创意企业参评展示各类文博创意产品258件，吸引观众21万余人次。厦门市各博物馆（纪念馆）注重发挥社会功能，通过报纸、网站、短信等媒介平台加强宣传，举办专家免费鉴定，送展进社区、进学校，进行文化遗产有奖知识问答等一系列活动。厦门市各博物馆（纪念馆）接待游客参观360万余人次，接待的团体数量和参观人数再创新高。年内，厦门市博物馆申报并获批国家二级博物馆，厦门老爷车博物馆获福建省文物局批准为非国有博物馆，故宫鼓浪屿外国文物馆举办建馆1周年活动，厦门经济特区纪念馆举办庆祝改革开放40周年专题展。

【非物质文化遗产保护】 2018年，厦门市加强非物质文化遗产保护，推进落实《厦门市闽南文化生态保护区建设办法》，建设闽南文化生态保护区，传承优秀传统文化。《厦门经济特区闽南文化保护发展办法》列入2018年市政府立法计划，由市文广新局牵头完成调研报告和办法草案制定工作。市文广新局先后组织开展闽南话听写大赛、第十一届海峡两岸闽南语原创歌曲歌手大赛、第二十一届厦门市南音比赛、第十二届莲花褒歌比赛、文化和自然遗产日宣传

6月9日，厦门市文化和自然遗产日宣传活动在集美区文体中心举办

（市文广新局　供图）

活动、“非遗”大课堂活动、2018年厦门市非物质文化遗产（民间文学、海洋文化）普查、“闽南文化走透透”以及闽南文化进校园等非遗传承系列活动。完善“非遗”传承体系，争取和加大对“非遗”项目资金支持。向文化部及省文化厅争取2018年非物质文化遗产补助专项资金580万元及闽南文化生态保护区专项资金383万元。推荐澳头蠔干粥传统制作技艺等15个项目申报第六批省级非物质文化遗产代表性项目。组织征集、编辑乡村文化故事和乡村特色文化资源名录。指导推进传统工艺创新发展，振兴传统技艺，推动漆线雕、漆画等优秀文化遗产实现创造性转化和创新性发展，开展市人大漆画发展项目专题调研，申办第十三届全国美展漆画展区展览。厦门漆线雕和妙吉祥香道入选福建省首批“非遗”代表性项目生产性保护传承重点项目名单。厦门市3名“非遗”传承人入选第五批国家级非物质文化遗产代表性项目代表性传承人。

【文化和自然遗产日宣传活动】 2018年6月9日，厦门市文化和自然遗产日宣传活动在集美区文体中心举办。活动由厦门市文广新局主办，厦门市非物质文化遗产保护中心、集美区文体广电新闻出版旅游局承办。活动以“多彩‘非遗’，美好生活”为主题，倡导“见人见物见生活”“活态传承　活力再现”“‘非遗’让生活更美好”“新时代　新生活　新传承”的“非遗”保护传承理念，组织各区、各“非遗”保护单位、“非遗”传习中心和“非遗”传承人开展厦门市非物质文化遗产摄影巡回展、委约漆画作品《漆水流觞》艺术展、福州大学非物质文化遗产公益美术作品展、集美区非物质文化遗产成果展、“我与‘非遗’面对面”宣传展示等68场涵盖戏曲、曲艺、手工技艺的宣传展示展演活动。活动在各区设置分会场，分别开展2018年文化和自然遗产宣传日暨思明区首届文化遗产艺术生活节、“‘非遗’文化进校园”农民画漆画展、文物保护志愿认领活动、“非遗”文艺展演、“发现海沧之美”海沧区“非遗”项目摄影作品征集活动、传统工艺项目展示和体验活动等各具特色的非遗活动。

（郑　锐）

文化产业

【概　况】 2018年，厦门市有国家级文化产业园区和基地7个，省级文化园区和示范基地24个，市级重点文化企业50家，文化产业总收入1040亿元，比上年增长14.66%。全市新增演出经纪机构7家、文艺表演团体13家、歌舞娱乐场所13家、游艺娱乐场所8家、互联网上网服务场所4家、网络文化经营单位200家。市文广新局推动互联网上网服务场所拓展“互联网＋咖啡”“互联网＋电竞”“互联网＋书店”等经营模式，65%以上互联网上网服务场所实现高端化、多业态发展。厦门民营实体书店行业发展呈转型升级态势，10家实体书店的11个项目获实体书店扶持资金93.9万元。

【文化产业基础建设】 2018年，厦门市进一步推进文化产业千亿产业链建设，文化产业实现千亿产值目标。市文广新局推出18条政策，扶持文化产业公共服务平台建设，推动文化科技、创意设计、对外文化贸易、影视产业等文化业态发展。重点培育湖里老工业厂房文创园、海峡两岸龙山文创园、嘉禾良库文化创意产业园、沙坡尾海洋文化创意港、海丝艺术品中心等文化产业园区和基地；支持美图科技、美亚柏科、咪咕动漫等厦门互联网文化科技企业进一步做强做大，持续跟踪和服务保障手机（移动终端）动漫国际标准（T.621）的推广应用。

【国家文化出口基地建设】 2018年6月14日，中国（福建）自由贸易试验区厦门片区入选首批国家文化出口基地。该片区开展国家文化出口基地建设，支持重点及特色文化赛事活动，支持专业文化展览展示活动，支持厦门片区企业开展对外文化交流活动，支持文化产业投融资，有助于厦门市文化产业在更大范围、更广领域、更高层次上参与国际文化合作和竞争，有助于文化企业走稳走好“一带一路”。市文广新局会同市文发办、自贸区管委会修订并组织实施《中国（福建）自由贸易试验区厦门片区国家文化出口基地建设方案》，设立台资文化创意公司53家、台资独资演出经纪机构2家。

【第十一届海峡两岸文博会】 2018年11月2—5日，第十一届海峡两岸（厦门）文化产业博览交易会在厦门国际会展中心举办。该会由中共中央台办、文化和旅游部、国家广播电视总局、福建省人民政府主办，厦门市人民政府、台湾亚太文化创意产业协会承办，展览面积7.3万平方米，设3440个展位，展会总参观人数40.32万人次。其中，台湾地区参展企业424家，展位数926个，占总展位数近1/3，成为参展台湾机构数量多、比例高的大陆地区的文博会。

11月2—5日，第十一届海峡两岸文博会在厦门会展中心举办，图为福建省文化品牌综合展区

（市文广新局　供图）

展会签约文化投资项目 82 个，签约总额 253.59 亿元；现场交易额 14.53 亿元，订单额 13.68 亿元。

（郑　锐）

文化交流

【概　况】2018 年市文广新局办理到台文化交流 12 批次、110 人次，到外文化交流 6 批次、33 人次；接待到访 15 批次、178 人次。举办第十一届海峡两岸（厦门）文化产业博览会、第十四届海峡两岸图书交易会等活动。

【对台文化交流】 2018 年 1 月 24—31 日，厦门市台湾艺术研究院、台湾戏曲学院青年剧团、厦门艺术学校、厦门市金莲升高甲剧团共同主办闽南传统艺术种子培训，台湾戏曲学院青年剧团 18 名学生及厦门艺术学校高甲戏班 22 名学生共同参训，排练优秀经典剧目《阿搭嫂》。6 月 1—3 日，经典剧目《阿搭嫂》登上台北城市舞台剧场，同台演出高甲戏、客家戏和歌仔戏 3 种传统戏曲形式，呈现两岸青年舞台艺术工作者文化交流的全新平台。厦门卫视推出《60 条惠台举措亮相　助力“厦台亲上亲”》《“惠台”暖人心　“困台”终自毙》等多档特别节目；推出 4 集系列报道《新海峡　一家亲》，策划“海峡论坛十年：初心未变　精彩无限”“青春作伴　创享未来”等特别节目。厦门卫视和台湾华视联合制播“今风古韵　四海同春——2018 两岸元宵戏曲晚会”，以乡音传情，拉近两岸民众心理距离。

【“一带一路”文化之旅活动】 2018 年 3 月 22—31 日，市文广新局、市旅发委联合开展“海丝路，闽南情”——“一带一路”文化之旅活动，组织歌诗达“新浪漫”号邮轮从厦门出发，出访马尼拉、长滩、文莱、沙巴等港口并开展文化交流。其中，文莱和沙巴是中国邮轮母港航次首次开辟的靠泊港。在歌诗达“新浪漫”号邮轮维也纳厅举办“厦门邮轮母港之夜”活动，组织厦门小白鹭民间舞艺术中心、厦门闽南神韵艺术团和厦门市南乐团分别表演“音舞诗画”舞蹈剧、南音、布袋戏等闽南地方代表艺术，将闽南文化呈现在国际舞台上，以“乡情”为纽带，让东南亚闽南华人华侨产生情感共鸣。该次“邮轮 + 文化”之旅，是中国首个以邮轮为载体的文化艺术交流的推广活动。

（郑　锐）

文化管理

【概　况】 2018 年，市文广新局办理行政许可和公共服务事项 838 件，比上年增长 13.01%。其中，通过市行政服务中心窗口办理 409 件，通过福建省政务服务网办理 121 件，通过全国文化市场技术监管与服务平台办理 308 件，各类受理事项按时办结率 100%。出动文化市场检查人员 12901 人次，检查各类文化市场经营场所 3629 家次，查办行政案件 97 起，作出行政处罚 94 起，罚款 42.3 万元；开展随机抽查 36 批次，出动执法检查人员 1080 人次，抽查市场主体 360 家次；受理举报电话及文化市场投诉 443 件，全部按时保质办结。

【文化市场监管】 2018 年，市文广新局开展文化市场领域扫黑除恶专项斗争，发动行业协会，加强文化市场乱象整治和线索摸排，召开无证照网吧整治专题推进会。运行应用全国文化市场技术监管与服务平台，录有文化经营单位信息数据 1342 家，平台激活率 99.3%。市、区两级通过平台办理准入审批业务 4956 件、综合执法业务 25936 件，实现网上审批及监管。在全省率先完成上网服务营业场所监管平台升级改造试点工作，通过福建省文化监控平台实现对互联网上网服务营业场所的线上监管。市文广新局组织召开全市“扫黄打非”工作会议，组织开展“清源”“净网”“护苗”“秋风”“固边”专项行动，查缴各类非法出版物 4.2 万多件，销毁各类侵权盗版及非法出版物近 3.3 件（套），删除、屏蔽网络有害信息 2.8 万余条，查办各类涉黄、涉非案件 21 起。

【文化行政服务管理】 2018 年，市文广新局根据全市“放管服”改革工作部署，结合“多证合一”“证照分离”等市场准入改革试点工作，对审批事项进行调整优化。梳理市文广新局现有审批事项 42 大项，79 小项。其中，行政审批事项（含下放、委托项目）18 大项，40 子项；公共服务事项 8 大项，12 子项；其他行政权力事项 16 大项，27 子项；行政确认 1 大项、2 子项（暂不进驻市行政服务中心事项），内部管理事项 4 大项、5 子项。优化审批服务，方便企业及群众办事，减少群众跑腿，对 9 项“跑两趟”审批事项再次提升为“最多跑一趟”，对 5 项“最多跑一趟”事项提升至“一趟不用跑”；清理无谓证明，所有无法律法规依据的一律取消，取消 6 项证明材料；提供免费复印服务，充分运用电子证照库信息，加强部门间行政协助，方便企业、群众办事。

（郑　锐）

广播影视与新闻出版

【概　况】 2018 年，厦门市有广播节目 7 套、电视节目 7 套，广播节目制作经营单位 188 家，新增广播电视节目制作持证机构 49 家。全市有线电视覆盖率 100%，数字电视整转率 94.9%。全市商业电影院 50 家，银幕 319 块，全年商业电影票房 5.01 亿元。农村、社区公益广场电影放映 7348 场次。

【市属主流媒体正面舆论宣传】 2018 年，市文广新局指导协调市属主流媒体加强正面和主流宣传，围绕改革开放 40 周年、习近平新时代中国特色社会主义思想、“壮阔东方潮　奋进新时代”等主题主线开展宣传，壮大主流舆论思想。组织开展厦门广电系统参加福建省“学习新思想　我说新福建”主题活动；做好纪念改革开放 40 周年重点电视剧展播、国家安全宣传片《归途》播放工作；协调市属主流媒体配合各部门各行业开展打击电信网络诈骗、防范非法集资、全民禁毒宣传月、全国质量月、诚信兴商、安全生产、生态文明、防灾减灾等主题活动的宣传工作；开展“弘扬社会主义核心价值观　共筑中国梦”主题原创网络视听节目展播；开展“新时代　新风尚”主题的优秀公益广告、微电影作品征集和展播活动。

【新闻出版广播电视行业管理】 2018年，市文广新局依法依规履行文化传播阵地、内容导向和节目播出管理等各项管理职能，开展审听、审看、审读工作，编印《厦门报刊阅评》12期、《厦门视听评议》25期，刊登稿件125篇。依法依规加强记者站和记者证规范管理，完成全市新闻记者证核验年审953本；完成申领新闻记者证初审33人、播音员主持人注册初审28人；落实上级有关宣传管理工作要求，组织市属广播电视播出机构管理人员，参加每周1次的全国广播电视宣传管理工作电视电话例会。依法依规开展虚假违法广告整治工作，重点加强对医疗、药品、医疗器械、食品、美容、保健品等涉及民生类的商业广告的专项整治行动，全年组织播出机构开展各类自查整改活动7次；督导播出机构建立广告业务承接登记、审核、档案管理等制度和责任倒究机制，落实广告内容“三级审查”制度。组织开展全市广播电视安全播出大检查151人次，安全播出应急预案演练、岗位练兵和信息网络安全检查与演练73次，参加986人次，播发“三电”设施（指电力、电信和广播电视设施）保护公益广告1448条次，发放宣传资料8800份，加强对广播信号的监测工作，确保广播电视安全播出。组织对全市新闻出版企业开展集中年度核验，全市印刷企业712家、出版物批发企业34家、出版物零售企业438家通过核验。

【版权宣传与治理】 2018年，市文广新局（市版权局）创新开展版权宣传服务工作，以“4·26”知识产权宣传周为重点，以“倡导创新文化、携手保护版权”为主题，以“版权走进读者”“版权走进校园”“版权走进市民”“版权走进企业”“版权走进军营”为重点内容，组织开展形式多样的版权服务宣传活动，增强全民版权意识。牵头联合相关部门印发《关于开展打击网络侵权盗版“剑网2018”专项行动的通知》，全面开展厦门市“剑网”专项行动。行动期间，出动执法人员3313人次、车辆185台次，检查网络文学、音乐、视频、游戏、动漫、软件等重点领域660余家次。查办版权行政案件9起、刑事案件1起。其中，国家版权局督办的“7·13”系列游戏私服案取得重大突破，抓获3名主要涉案人员并移交检察机关拟提起公诉，认定涉案金额800万元。11月，国家版权局等多部门组成的“剑网”专项行动督导组到厦门开展督查，对厦门市开展网络侵权盗版整治工作给予充分肯定。厦门市文化市场综合执法支队获得国家版权局“2017年度全国查处侵权盗版案件有功集体三等奖”。

【项目扶持推优】 2018年，市文广新局开展新闻出版、广播电视、电影项目扶持和推优工作。厦门市一批企业和项目获得国家、省级扶持、评优，厦门市湖明小学获得福建省书香校园示范点称号，厦门外图集团有限公司获得“福建省文化企业十强”称号。组织全市印刷企业参加第六届全国印刷技能大赛省级选拔赛和全国大赛，取得省赛第一名和第八名、全国大赛第三名的成绩。组织申报推荐广播电视项目和优秀网络视听节目10个、作品56件，推荐影视企业6家。全年，厦门市有9个项目、9件作品和2个企业获得国家、省级扶持及奖励，扶持奖励资金125.5万元。其中，厦门文广影音有限公司制作的长纪录片《海洋赤子——周起元》被国家广电总局推选为2018年第一批优秀国产纪录片，由厦门广电集团制作的电视类公益广告片《诵读经典、阅享人生》获得国家广播电视总局2017年度广播电视公益广告扶持项目，刀舞天下（厦门）网络科技有限公司创作的微电影作品《谢谢你陌生人之慧眼篇》《合伙人生》《风起时》获得国家级“弘扬社会主义核心价值观　共筑中国梦”主题优秀原创网络视听节目奖，舞刀弄影文化传媒（厦门）有限公司创作的《人类实验室——人言》获得2018国家优秀网络视听节目作品（综艺节目）奖，厦门大学创作的《以心传心——迈向新时代》获得2018国家优秀网络视听节目作品奖（优秀大学生公益短片）。全年，厦门市25部电影获得国家新闻出版广电总局（国家电影局）拍摄许可，生产电影4部，发行动画片1部；5部电视剧获得立项，发行电视剧1部。

【第十四届海峡两岸图书交易会】 2018年8月16—23日，第十四届海峡两岸图书交易会（简称“海图会”）在台湾举办（每年两岸轮流举办）。由厦门市人民政府、福建省新闻出版广电局、中国出版协会和台湾图书发行协进会等主办，以“海图会”秉承“书香两岸·情系中华”主题，湖北省担任主宾省展示荆楚出版成果和文化魅力。中国出版协会理事长柳斌杰担任参访团顾问、福建省新闻出版广电局局长陈立华担任团长。主会场设在台北世贸展演一馆，同时在基隆市、台中市、南投县、嘉义县、屏东县设立5个分会场，展场面积11000平方米，主会场展位390个，参展出版机构312家（大陆187家，台湾125家），80余家图书馆参会，参展图书10万种，基本囊括两岸近年的新书、

8月16—23日，第十四届海峡两岸图书交易会在台湾举办　（市文广新局　供图）

重点书和畅销书，达成图书零售和征订总码洋 3480 万元，交易额比第十二届“海图会”的 3260 万元增长 6.75%；达成两岸版权贸易签约 362 项，签约数同比第十二届 308 项增长 18%，两岸在图书贸易、内容采编、出版营销、数字出版等领域达成广泛的合作成果。

（郑 锐）

5 月 25 日，厦门电视台移动电视地铁播出平台开播仪式 （厦门广电集团 供图）

【广电集团】 2018 年，厦门广播电视集团（简称厦门广电集团）总体收视份额 19.34%，位居 15 个副省级城市第三位，4 个地面频道皆进入厦门地区收视排行榜前 10 名，厦门卫视收视份额在省网所有频道排名第十八位；广播收听份额 82.89%，位居 15 个副省级城市第一位。持续推出“新时代 新气象 新作为”“学习新思想 再创新辉煌”等广播电视新闻专栏，全面深入报道全市各级各部门各行业学习贯彻习近平新时代中国特色社会主义思想和中共十九大精神的生动实践。落实习近平总书记涉台重要讲话、十九大涉台重要论述，围绕中央、省、市各级积极落实台胞同等待遇的重要举措，重点策划福建向金门供水特别节目《共饮一江水》，精心策划《移风易俗大家谈》。推出“庆祝改革开放 40 周年基层行”“我们这四十年”“亲历 40 年”“我的珍藏”等系列报道和节目，推进厦门改革开放 40 周年大型电视系列片《蜕变》的制作播出。完善制度建设，加强媒体融合发展顶层设计，集团融媒体中心正式启动。全年，“看厦门”App 累计装机量 71.06 万台；“厦门广电”官微粉丝数约 38.5 万人；推出 125 场系列网络直播活动吸引网民注意力，部分节目在央视新闻移动网同步直播，并位居同时段直播收视第一；制作微视频 8500 多条、24000 多分钟，日均超过 65 分钟；微电台 3080 多分钟，每月平均 280 多分钟。融媒体产品生产在集团所有生产节目的占比提升到 9%。通过启动微视频、微拍大赛等活动聚集人气，形成“微视频拍客群”，提升新媒体平台的影响力。全市首创推出首档全媒体栏目“创客空间”，原有单一广播平台播出升级为全媒体渠道覆盖。

2018 年，厦门广电集团提升节目质量，一批作品获得省级以上奖项。其中，《厦门渔民阮过水：漫漫回家路 船过水无痕》获得中国新闻奖三等奖，厦门广电集团参与联合制作的大型系列电视专题片《血铸河山》获得国家广电总局颁发的中国广播影视大奖（电视专题类），14 件作品获得福建新闻奖（一等奖 3 件），17 件作品获得福建省广播电视艺术奖（一等奖 5 件）。围绕“一带一路”倡议，厦门广电集团组织 5 路采访组，走出国门到东盟十国采访报道，制作 36 集大型系列报道《走进东盟》。报道播出后获得社会各界和新闻评议员的好评。围绕省委、省政府闽西南协同发展的中心工作，率先探索媒体先行、网络端先行。牵头在龙岩召开闽西南新闻协作会议，得到泉州广播电视台、漳州电视台、三明电视台、龙岩电视台的响应，并达成合作意向。厦门、漳州、泉州、三明、龙岩电视台在各台主频道的主新闻栏目中共同推出专栏——“直通闽西南”，共同发起闽西南协同发展区联合网络直播“直播闽西南”，建立起网络端直播的合作体系。其中，南龙铁路通车，厦门广电集团携手南平、龙岩、三明、永安等地电视台推出 150 分钟直播特别节目《八闽通途》及网络直播，提高新媒体推送质量、内容吸引力，增强外宣实效。联合“央视新闻 +”“看厦门”App、“一直播”等平台，先后对厦金海峡横渡、港澳台居民居住证申领等 9 场活动进行同步网络直播。与中央广播电视总台旗下的华语环球广播（原国际台华语台）合作，通过华语环球广播闽南话频道，每月面向新加坡、马来西亚、菲律宾、泰国等东南亚“一带一路”国家和地区的闽南语听众播出 1800 分钟以上的“闽南之声”自制节目。

2018 年 5 月 25 日，厦门广电集团与厦门轨道交通集团有限公司签订合作协议，厦门电视台移动电视地铁播出平台开播，开始运营地铁 1 号线广告业务，拓宽厦门电视台移动电视户外媒体渠道。厦门广电集团通过引进红点设计博物馆，加强国内外设计文化交流，打造展览体验、人才培训、商业交易、城市合作等综合一体化服务平台，帮助城市、产业、企业与个人启发创新与设计思维，产生对接与共赢。主投剧《太行赤子》首轮发行央视一套黄金档，入围庆祝十九大的 20 部重点影视剧之一；《海洋赤子——周起元》入选 2018 年第一批优秀国产纪录片，获第二十四届中国纪录片长片“十佳作品”奖。重点民生项目建设——隧道四期无线广播覆盖工程（包括莲岳隧道、东渡下穿、集美大桥机场下穿等 3 条隧道）完工，隧道内调频广播覆盖均匀、信号清晰，可听度 4 级以上，莲岳隧道内移动数字电视信号画面流畅，信号客观评估等级 4 级以上。

（郭晓明）

【厦门文广影音有限公司】 2018 年，厦门文广影音有限公司（简称文广影音公司）营业收入 1.25 亿元，实现利润 1003 万元。主要开展影视剧创作与发行、视频内容制作与发行、文创出版运营等业务。文广影音有限公司获评第二届福建

2018 年，厦门文广影音有限公司正面一角　（文广影音公司　供图）

省十佳影视创作机构、2018 年度福建省最具成长性文化企业、2018—2019 年度厦门市创新成长型文化企业称号。全年推进电视剧《太行赤子李保国》《我的保姆手册》《火神》《听见你的心跳》等项目。其中，《太行赤子李保国》于 6 月 13 日登陆央视综合频道；《我的保姆手册》于 11 月 11 日登陆优酷播出；《火神》完成拍摄，预计于 2019 年开播。《听见你的心跳》完成剧本创作及立项，于 2019 年进行拍摄制作。制作完成《蜕变》《精彩闽南 · 光辉岁月》《厦门 24 小时》《久久为功谁与争锋》等 40 余部纪录片、专题片、宣传片。城市宣传片《WE ARE 厦门》获 2017 年度“福建省广播电视艺术奖”电视文艺节目一等奖，纪录片《海洋赤子——周起元》入选 2018 年度国家广电总局第一批优秀国产纪录片推荐并获第二十四届“中国纪录片长片十佳作品”称号。

2018 年，文广影音公司承制厦门卫视、厦门电视台闽南话节目 8 档，完成 86130 分钟。其中，自制节目《斗阵来讲古》263 期，《闽南通》61 期，《斗阵来看戏》363 期，《看戏》365 期，译制《京剧猫》《草精灵》《新年来啦 7.8》《魔金猎人》《聪聪智慧岛》等动画片 14 部、662 集，译制《天涯明月刀》《封神英雄榜 1》《牌坊下的女人》等电视剧 8 部、373 集，译制专栏《印象中国》261 期，译制专栏《两岸秘密档案》200 期。录制播出《风雨情缘》《金玉良缘》《莺歌泪》《郭子仪祝寿》等戏曲节目。完成 2018 年国家出版基金音像项目《世界闽南话音视频出版工程——闽南非物质文化遗产系列》，完成《百年芗剧》系列出版，完成集美“线上端午”小程序，完成鼓浪屿申遗一周年媒体报道纪念画册、鼓浪屿文化遗产保护手册。开展新版《闽南方言与文化》发行工作，在新版方言绘本教材征订期间掀起闽南文化热潮，累计征订量 25 万册。

（詹朝晖　蔡嘉奖）

【厦门日报社】 2018 年，厦门日报社出版多个特刊，分专题反映厦门市在提升城市环境、改革开放、乡村振兴、自贸区建设、创新驱动、文明创建等方面的成效和经验。先后推出《我市推进城市环境整治提升特别报道——品质再提升，发展启新程》《建设新时代美丽乡村——厦门实施乡村振兴战略特别报道》《厦门自贸片区三周年特刊》《“两高”厦门，闪耀环宇》《坚持新发展理念，推动高质量发展——机制活、产业优、百姓富、生态美特别报道》《新时代构建特区新优势——厦门打造国际一流营商环境特别报道》《雷锋在鹭岛，月月志愿红——厦门市文明创再出发特别报道》多个特刊。在市委宣传部领导下，《厦门日报》与美国《世界日报》联合推出的“今日厦门”新闻专版，正式亮相《世界日报》。“今日厦门”新闻专版继亮相马来西亚《光华日报》后，第二次登陆境外主流中文大报。全年，《厦门日报》获第三届全国“百强报刊”称号；在“2017—2018 中国传媒经营价值百强榜”上，《厦门日报》获“全国副省级、省会城市日报十强”，并连续 10 年位列第一名；《厦门日报》社新媒体制作发布的庆祝改革开放 40 年手绘长卷一镜到底《恋恋厦门》获得 2018 新概念融媒体作品大赛 H5 产品组唯一的一等奖。

2018 年，厦门日报（含子报子刊子网）有关庆祝改革开放 40 周年的相关报道超过 2500 篇，版面近 600 个。4 月 11 日，厦门日报刊发《聆听世纪的潮音，致敬伟大新时代》正式拉开庆祝改革开放 40 周年大型系列报道的序幕。4 月 18 日推出《改革开放 40 年大型系

9 月 7 日，厦门日报社首次设立全媒体新闻报道中心　（黄少毅　摄）

列策划——鹭江潮生》栏目，以全媒体形式，通过“40年40家特区企业”“40年40位风云人物”“40年40位创业英雄”“40年40大建设项目”“40年40件大事”“40年40个创新典范”“40年40家特区企业”“40年40大建设项目”等专题报道100余版，再现改革开放40年来厦门经济社会发生的翻天覆地的变化。9月26日，《厦门日报》推出庆祝改革开放40年大型新闻系列报道“翱翔在改革开放春风里”专栏。10月26日，《厦门日报》新闻大篷车启动“走基层　看变化”大型采访活动。12月12—16日，《厦门日报》推出庆祝改革开放40周年坚持“五大发展”的系列通讯，先后刊发厦门改革开放“创新发展篇”“协调发展篇”“绿色发展篇”“开放发展篇”“共享发展篇”。12月17日，推出《I LOVE XIAMEN》，由来自世界各地的外国友人演绎40年来的厦门。12月18日，《厦门日报》推出40周年纪念金版《致敬四十年　筑梦新时代》。厦门日报利用“两微一端”（微博、微信及新闻客户端）的新媒体平台，推出动漫、短视频等融媒体产品，推出庆祝改革开放40周年短视频《厦门一分钟》和原创手绘长卷《恋恋厦门》。12月19日，厦门日报社策划庆祝改革开放40周年图片展“厦门勇立潮头奋进新时代——庆祝改革开放40周年专题图片展”，展览面积近1000平方米，展出800多张珍贵历史照片。

2018年，厦门日报社以习近平总书记关于推动传统媒体和新兴媒体融合发展的一系列重要讲话精神为指导，不断改革完善媒体内部体制机制，建好用好现有融媒体中心，重构采编发体系，优化采编发流程，实施移动媒体优先发展战略。结合金尚路新闻大楼二期搬迁，筹建以先进技术为支撑、内容创新为根本、深度融合和一体化发展为路径，计划用3年时间高标准、高质量打造高水平的融媒体中心。9月7日，厦门日报社首次在第二十届投洽会现场设立全媒体新闻报道中心。以“融媒体聚合报道，全媒体立体呈现”的形式，聚合报社旗下的报网资源，纸媒、微信、微博、App等平台同步报道。厦门日报社旗下各纸媒推出相关报道1000多篇，版面超过100个；各新媒体平台推送投洽会主题宣传报道近500条，总阅读量超过500万次，制作50多个视频专题片，其中《你好，九八；你好，厦门》播放量超过20万次，为投洽会营造良好的舆论氛围。

（田家鹏　唐　俐）

【厦门晚报社】 2018年，厦门晚报社开辟专栏10余个、刊发相关报道200多篇。报社坚持做好民生新闻和服务性报道，坚持积极稳妥的正面引导，做到“心中有党性，眼中有百姓”，推动城市文明进步。推出“新时代　新气象　新作为——为了人民对美好生活的向往专题报道”“在习近平新时代中国特色社会主义思想指引下——新时代　新作为　新篇章”等主题宣传栏目全方位、多视角、深层次地讲好厦门故事，反映群众心声；推出“幸福都是奋斗出来的”专栏，报道在厦门各条战线上敬业拼搏、爱岗奉献的奋斗者；推出庆祝改革开放40周年系列专栏，如“40年我们的获得感”“走进集美村居　看侨乡巨变”“见证”等栏目，讲述市民群众对新时代美好生活的向往和奋斗，体现普通民众的获得感、幸福感、安全感。推出“地铁文明大家巡”系列报道，呼吁文明乘车；推出“谁把物业惯成大爷”专题报道，引起社会各界广泛关注；推动厦门市建设局、厦门市物业协会等部门联合《厦门晚报》开展物业服务质量提升年活动；推出“拒当膀爷　文明度夏”系列报道，持续曝光厦门多处公共场所出现赤膊光膀的不文明现象。6月16日，市委文明办通过《厦门晚报》发出倡议，呼吁每个人从自己做起，并且带动身边人“文明度夏”，并发动各区各系统跟进劝导，发布公益广告，宣传“文明度夏”理念。

报社新推系列新媒体平台，完善“微信＋报纸＋活动”的融合发展模式。读者通过扫描晚报上的二维码，链接到微信平台，可以查看视频、音频、图片等多媒体内容，打破纸媒的局限性。在每个传统节气推出小视频，为每个特刊制作网页，扩大《厦门晚报》的影响力。在台风来袭、厦门健康步道方案发布等重要新闻节点，做到第一时间推送，传播政府的权威声音。“厦门晚报健康周报”公众号抢发的厦门医生“最美跪姿”刷屏，央视、央广跟进报道，“厦门晚报健康周报”公众号该周点击量升为全国健康类微信排行第四名。厦门晚报社获评“全国晚报十强”，当选中国晚报工作者协会副会长单位。

（谢　磊）

【海西晨报社】 2018年，海西晨报社启动改版转型，调整纸媒刊期，推进媒体融合；转变经营结构，拓展活动运营，经济效益初显；整改突出问题，促进规范管理。启动《海西晨报》改版转型，推动传统媒体与新兴媒体融合发展，实施移动媒体优先战略，打造新型主流媒体。报纸刊期缩减为周五刊，编辑部出台2018编辑部改版方案，按融媒体中心要求，重塑采编发流程，完成《海西晨报》缩减刊期后的版面架构调整。数字出版变“发后审”为“发前审”，强化把关工作，强化反差错工作。启动订单中心，出台相关规定，促进版式设计人员转型，拓展3D设计、网页制作、微信图表设计、社区报及书籍杂志编辑设计等业务。围绕改革开放40周年推出“纪念改革开放40周年大型特刊”“‘美画厦门’艺术家厦门采风”“思明企业家话改革”“纪念改革开放40年厦门40家品牌民营教育机构展示”“海沧‘猜猜我是谁’系列报道”“40年集美地标征集”“改革开放兴同安　职企发展共腾飞——寻访同安10年共济好职工活动”“打拼翔安人——改革开放翔安双创报道”“凝心聚力一路同行厦门台商亲历改革开放40年系列报道”等主题报道。报社成立厦门市首支以新闻采编人员为主的公益志愿服务组织——晨光志愿服务队。报社与岛内外各学校共建27个校园小记者站、2个培训机构小记者站以及2个小记者群，小记者人数超过1万人。报社与市人社局、市海洋渔业局、厦门医学院、市文联等战略品牌合作继续深化。

（张玲芳）

【海峡导报社】 2018年，海峡导报社加大媒体融合力度，完善动新闻平台，运用微电影、短视频、直播等新媒体手段，迈出“新闻＋活动＋创收”等媒体融合新步伐。导报官微、台海网多次位列全省第一，新闻直播栏目中“金门供水，300万＋（点击量）”“闽商论坛，200万＋”“文博大讲坛，200万＋”等列入重大新闻报道中。参与国台办组织

8 月 28 日，海峡导报社第十五届爱心助学座谈会在厦门市教育基金会举行

（陈巧思 摄）

的两岸新媒体大陆行联合采访活动，发稿 526 条（篇），总点击量超过“2000 万 +”。抢占台湾地区新媒体舆论宣传高地，先后推出《蔡后驾到》《台海有嘻哈》等 8 个原创视频栏目。导报脸书粉丝超过 40 万人，推送视频、图文 1000 多条，总覆盖量在 5000 万人次以上，导报脸书、推特、优兔伯等其他进入台湾地区新闻数字出版平台。获“全国都市报二十强”“全国报刊业新媒体三十强”“新闻网络媒体影响力”称号。《台当局恐吓　只会刺激更多台青了解共产党》获福建省新闻奖一等奖，多篇新闻作品获福建省新闻奖三等奖、厦门市好新闻奖。

2018 年，海峡导报社挖掘深度新闻，推出“共享汽车”“关注儿童免票标准”“呼吁园博苑、植物园免费开放”“旅游黑车”幕后调查等系列报道；做强做大经济新闻，周刊《财富帮》推出《明发商业广场困局》《厦门离影视之城还有多远》《长租公寓：在现实与梦想间博弈》《大型赛事晋江品牌商战风云》《闽企掌门人接班情况调查》《闽企海外大型并购调查》《揭秘厦门青年创业领袖》等财经调查；致敬改革开放 40 周年，推出《思明担当　思明贡献》《高新之火　时代炬变》等反映厦门各区改革创新特别报道；持续追踪帮市民维权为群众解困，推出《4 位房主卖了房却欠下巨债》曝光卖房陷阱、花季少女小封遭袭事件等；总结海峡论坛 10 年成绩与故事，策划出“十年十人故事汇”“首来族的发展之旅”等报道；打造精品文章，推出《那些年，我采访过的李敖》《璩美凤决定参选高雄市长》《揭秘！台湾间谍背后的层层迷雾》等涉台报道。

8 月 28 日，海峡导报社第十五届爱心助学座谈会在厦门市教育基金会举行。联合厦门市教育基金会携手举办“帮我一把我能飞”爱心助学活动，各项爱心款总计近 76 万元，连续 15 年帮助寒门学子顺利走进大学，3 户贫困高考学子房屋获得“爱心改造”。联合海沧区文明办开展“携手垃圾分类　打造美丽海沧”主题活动，通过“文明小袋鼠”的环保行动将变废为宝的环保理念落地社区，推动厦门建设美好家园工作。举办海峡论坛金点子涂鸦大奖赛、投洽会闽商论坛、两岸科技金融论坛、文博会文博大讲坛、海峡两岸中秋博饼王中王大赛、七夕牵手会爱情地铁、两岸茶王春秋两季茶王赛等大型活动。

（陈巧凤）

【城市捷报社】 2018 年，城市捷报社结合报社定位，用 3D 数据图的形式，直观、易读地对厦门改革开放 40 年来的变化进行解读，推出《摄影师眼中的厦门》《跨越时空的厦门小白鹭》《我的妈妈是大美人，岁月啊请别伤害她》《躁起来吧　吃情世界杯》等主题文章，对读者较为关注的中秋、国庆话题进行报道。随《厦门日报》自办发行系统征订、发行，内容涵盖时尚、生活、娱乐、禅意四大版块，采用以图说事等版式，覆盖面广，增强视觉冲击力和文字感受力。城市捷报社瞄准地铁市场，针对 80—90 后新锐人群及移动终端族群，每周五出版，在地铁站免费取阅；每期一个版面集中反映厦门地铁一族生活、地铁风景线、地铁周边商圈以及地铁建设新闻等，推出《地铁上美女起舞　人群中如此独秀》《出了地铁口　便是“风景”》《看地铁　新变化》等报道。由报社承办的“海峡两岸禅文化节暨同安魁星文化公益助学活动”的募集助学金助力同安区百名学子求学梦，推进禅文化节的影响力；由报社承办的“两岸禅文

2018 年，《城市捷报》在地铁站免费取阅　（城市捷报社　供图）

化节暨三平祖师文化民俗活动”吸引数千名信众前来参加，百万人次通过视频直播观看民俗活动；“开学第一课，经典诵同安”活动采用直播的方式，吸引同安13万名学子共同收看。城市捷报社策划、编辑、出版的书籍10多本，其中《9.20就爱你——我的同安我的城》《永不褪色的同安老手工艺》《沙坡尾·吃堡》《同安文明礼仪汇编》《同安文物典藏》等多本书籍交出样书。把文创产品项目向视频产品延伸，与平和三平寺达成《三平风景区宣传片》拍摄合作，该片预告片亮相三平寺祖师文化民俗活动现场。

（庄　昭）

【厦门网】 2018年，厦门网开展网络宣传，打造红色宣传阵地，在专题专栏重点呈现PC（电脑）端首页、手机厦门网首屏，开设《习近平新时代中国特色社会主义思想“大学习”》《在习近平新时代中国特色社会主义思想指引下——新时代 新作为 新篇章》《新时代是奋斗者的时代》《领航新征程——学习宣传贯彻党的十九大精神》等系列专题，刊发各类稿件3000多条。结合网络实际，在新闻报道、网络互动、舆论引导、活动组织、视频访谈、微视频制作等方面进行全方位、多平台、多形式、立体化的宣传报道。策划制作《厦门春之树》《山村巨变》《湖里——特区从这里起飞》《从两岸前线到两岸交流》《壮阔东方潮　奋进新时代》《将改革开放进行到底》《伟大的变革——庆祝改革开放40周年大型展览》《鹭岛飞歌40年——庆祝改革开放40周年经典歌曲展播》《爱拼 会赢 弄潮儿》《千年潮未落 风起再扬帆——走出文化强国的“厦门之路”》《“海丝”“陆丝”在厦门美丽邂逅”》等庆祝改革开放40周年的系列微视频。策划执行2018厦门市青少年校园足球中小学联赛、2018厦门市青少年三大球联赛。策划、运营“2018小小外交之星”厦门市青少年英语能力大赛，吸引全市300余所学校，近2000名中小学生的参与。“快乐成长”平台一期完成系统改造升级，用户系统与原文明小博客用户数据无缝衔接，新平台上激活和注册的用户近10.8万人。在完善现有的中华“文明小博客”平台的基础上，中华“文明小博客”平台厦门站2018年全新改版，有2109所中小学的165万名学生、家长和老师在网站开博，博文总数375万篇。“文明小博客”获评“文明中国·2018”地方文明网优秀品牌栏目。厦门英文网开通微信公众号、Twitter账号，成为展现厦门国际形象的新窗口。在Facebook专页和Twitter主页发表图文48组，辐射人群60多万人，提升对外宣传影响力。持续打造原创品牌栏目《厦门人的一天》，用直播的形式讲述改革开放厦门各行各业普通劳动者的一天，全年完成25期的直播。

（林子艺）

【厦门大学出版社】 2018年，厦门大学出版社（简称厦大社）出书775种。其中，新版图书355种，重版重印图书420种，图书销售码洋1.35亿元。厦大社连续第六年获得“中国图书世界影响力出版100强”称号，被福建省政府评为“福建省文化企业十强提名奖”，被厦门市政府评为“2018—2019年度厦门市文化企业30强”。获省部级以上立项47个，图书获省部级以上奖励30项，论文获省部级以上奖励1项，集体、个人获省部级以上奖励13项。“‘一带一路’建设中国际贸易和投资风险防控法律实务丛书”《〈明史纪事本末〉校释》2个项目增补列入“十三五”国家重点图书、音像、电子出版物出版规划，《闽台儒学史》、《金砖国家法律报告》（1—3卷）2个项目被列为2018年度国家出版基金资助项目，《绿竹栽培与利用》列入2018年全国农家书屋重点推荐图书目录，《话语视角下的批评词典学研究：理论、方法与实践》被列为2018年国家社科基金后期资助项目。《精准扶贫的“宁德模式”》等28个项目列入教育部2018年全国高校出版社主题出版选题，《勇立潮头：福建改革开放40年》等6个项目被列为2018年福建省重点出版项目。《国家治理转型的逻辑——公共管理前沿探索》《早期中国新闻学的历史面相：从知识史的路径》2种书获评福建省第十二届社会科学优秀成果奖一等奖，《国际投资规则的演变与中国企业“走出去”战略》获商务部全国商务发展研究成果奖（2017）著作类一等奖。厦大社法律编辑室获得中国出版传媒商报“出版百强团队”称号。

（王洪春）

【鹭江出版社】 2018年，鹭江出版社出版图书206种，其中新版图书105种，重印图书101种，重印率49%。出版汪曾祺的《生活家》《欢喜在人间》、陈忠实的《有喜有泪有孤独：陈忠实的故乡与故人》、贾平凹的《活在人世间》、梁晓声的《守望者》等一批适合大众阅读的图书；出版《洪卜仁学术文集》《何丙仲学术文集》《龚洁学术文集》《彭一万学术文集》《福建省图书馆民国邮史资料汇编》《永春历代文选》《永春东关桥》《功夫不负有心人—闽东非物质文化遗产传承人的故事》等反映地方文史精粹的图书；出版《厦门与台湾姓氏文化》《闽南童谣500首》《闽台民间信仰》《闽南童谣原创绘本》等增进两岸文化认同的图书。在全国城市出版社优秀图书评选中，《寻找语文之美》获一等奖，《新世纪海外华文女作家丛书》、《诗画厦门》获二等奖；在华东地区优秀哲学社会科学图书评选中，《廖俊波同志先进事迹汇编》获一等奖，《中央帝国的财政密码》《世界电影地图光路影三部曲》《最美厦门》《清风明月旧襟怀》获二等奖。《扬帆台海通丝路》《中国自贸试验区研究丛书》入选国家出版基金资助项目；《寻找桃花源》入选BIBF（北京国际图书博览会）遇见的50本好书；《八卦医学史》评为“两岸出版交流40年优秀版权图书”；《青山绿水忆英魂》《中央帝国的财政密码》入选省新闻出版局“闽版十本好书”；《中央帝国的财政密码》《寻找桃花源》入选海峡出版发行集团年度十本好书；《给孩子的神奇动物园》《给孩子的神奇植物园》《给孩子读唐诗》入选全国农家书屋推荐目录；《鼓浪屿老别墅》获第十届华东书籍设计双年展封面设计奖，在海峡两岸设计邀请赛中，《鼓浪屿老别墅》获得评委会特别推荐奖，鹭江出版社获得海峡两岸书籍设计邀请赛优秀组织奖。

2018年，鹭江出版社履行社会责任，向贫困地区捐赠图书258册，码洋1万元左右；向福建省农家书屋推荐图书133种，并完成“农家书屋”供货任务。《长得逍遥自在心》《中央帝国的哲学密码》《中央帝国的军事密码》《给孩子读唐诗》《给孩子读宋词》5种图书的繁体版权输出台湾地区。

（金月华）

【福建新华发行（集团）有限责任公司厦门分公司】 2018年，福建新华发行（集团）有限责任公司厦门分公司实现销售2.35亿元，比上年增加3465万元，增长17%。发挥新华书店主渠道、主阵地作用，满足全市广大党员干部群众学习需要。全年发行政治理论读物650万元，其中《新时代面对面（理论热点面对面2018）》销售近1.5万册，《习近平谈治国理政（第一、二卷）》销售近1.4万册，《习近平新时代中国特色社会主义思想三十讲》销售近12万册，《习近平新闻思想讲义（2018年版）》销售3100册。厦门新华发行系统被省委、省政府授予第八届（2015—2017年度）文明行业称号。1月1日，中山门店历经8个月的全面升级改造后开业，新华书店中山·阅埕定位为旅游文化精品书店，总面积2246平方米，图书品种6万余种，除了延续实体书店发展基石——图书品种丰富之外，还加大多元业态融合的力度，针对不同楼层，开设不同主题的多元展区与体验馆，引进咖啡、文创、伴手礼、电教、益智科技玩具等16个多元项目，集阅读与体验消费为一体，为读者打造一个多元化的阅读、休闲、旅游、购书、交流的平台。6月9日，中山·阅埕与三叶草堂联合打造的闽南小院正式揭牌，是一个典藏和陈列富有闽南文化特色的艺术空间，弘扬和发展闽南文化。6月16日，新华书店前埔门店历经1个月升级改造后正式开业，以年轻而有活力的风格、清雅而又闲适的面貌重回读者视野，为读者提供体验式、个性化阅读的购书环境。7月，中山·阅埕被中国新华书店协会评为全国“最美新华书店”。（见表26-1）

7月，中山·阅埕被中国新华书店协会评为全国“最美新华书店”
（新华发行厦门分公司　供图）

表26-1　**2018年厦门市新华书店各类畅销书排行榜**

排名	书号	书名	版别	编著者
		政治类		
1	9787514708547	习近平新时代中国特色社会主义思想三十讲	学习	编者：中共中央宣传部
2	9787514708356	新时代面对面（理论热点面对面2018）	学习	编者：中共中央宣传部理论局
3	9787119111612	习近平谈治国理政（第二卷）	外文	作者：习近平
4	9787010184272	中国共产党章程	人民	
5	9787519725952	中国共产党纪律处分条例	法律	
6	9787010197593	中国共产党纪律处分条例	人民	
7	9787010184241	决胜全面建成小康社会夺取新时代中国特色社会主义伟大胜利——在中国共产党第十九次全国代表大会上的报告	人民	作者：习近平
8	9787119113920	习近平谈治国理政（第一卷）	外文	作者：习近平
9	9787509909607	十九大学习笔记本	党建读物	编者：十九大学习笔记本编写组
10	9787010184326	中国共产党第十九次全国代表大会文件汇编	人民	
		文学类		
1	9787020116133	红星照耀中国	人民文学	作者：（美）埃德加·斯诺 译者：董乐山
2	9787544270878	解忧杂货店（精）	南海	作者：（日）东野圭吾 译者：李盈春

续表 26-1

排名	书号	书名	版别	编著者
3	9787224127232	梁家河	陕西人民	编者：梁家河编写组
4	9787532767373	夏洛的网	上海译文	作者：（美）E·B· 怀特 译者：任溶溶
5	9787530215593	活着（精）	北京十月文艺	作者：余　华
6	9787544291163	白夜行（精）	南海	作者：（日）东野圭吾 译者：刘姿君
7	9787229100605	三体（典藏版）/ 中国科幻基石丛书	重庆	作者：刘慈欣 总主编：姚海军
8	9787549550173	目送 / 人生三书	广西师大	作者：龙应台
9	9787544246279	骆驼祥子	南海	作者：老　舍
10	9787500601593	红岩	中国青年	作者：罗广斌　杨益言
		社科类		
1	9787559620125	天才在左疯子在右（完整版）	北京联合	作者：高　铭
1	9787514208788	自控力（斯坦福大学最受欢迎心理学课程纪念版）（精）	文化发展	作者：（美）凯利・麦格尼格尔 译者：王岑卉
2	9787508636689	人性的弱点（精）	中信	作者：（美）戴尔・卡内基 译者：胡晓姣　乔　迪
3	9787508671505	好好说话（新鲜有趣的话术精进技巧）（精）	中信	作者：马薇薇　黄执中　周玄毅
4	9787559623232	谁的青春不迷茫（新版）	北京联合	作者：刘　同
5	9787514365641	好看的皮囊千篇一律有趣的灵魂万里挑一	现代	作者：老杨的猫头鹰
6	9787101113648	论语 / 中华经典藏书	中华书局	校注：陈晓芬
7	9787545523973	道德经全集 / 中华传统文化核心读本	天地	作者：（春秋）老子 编者：唐　品
8	9787540483630	总能让你赢的 101 个怪诞心理游戏	湖南文艺	作者：（英）理查德・怀斯曼 译者：刘勇军
9	9787545523904	论语全集 / 中华传统文化核心读本	天地	编者：唐　品 译者：张　铭
		少儿类		
1	9787534618727	草房子 / 曹文轩纯美小说系列	江苏少儿	作者：曹文轩
2	9787533296148	又见小可怜 / 笑猫日记	明天	作者：杨红樱
3	9787538553819	父与子全集（彩色双语版）/ 常青藤绘本馆	北方妇儿	译者：莫　兰 绘画：（德）埃・奥・卜劳恩
4	9787534256301	狼王梦 / 动物小说大王沈石溪品藏书系	浙江少儿	作者：沈石溪
5	9787544250580	窗边的小豆豆	南海	作者：（日）黑柳彻子 译者：赵玉皎
6	9787534633362	青铜葵花 / 曹文轩纯美小说系列	江苏少儿	作者：曹文轩
7	9787545513264	鲁宾孙漂流记（新课标名师精评版）/ 新课标经典文学名著金库	天地	作者：（英国）丹尼尔・笛福 编者：闫仲渝
8	9787545513110	爱的教育（新课标名师精评版）/ 新课标经典文学名著金库	天地	作者：（意大利）德・亚米契斯 编者：闫仲渝

续表 26-1

排名	书号	书名	版别	编著者
9	9787531340065	小猪唏哩呼噜（上 aoe 彩色注音）	春风文艺	作者：孙幼军 绘画：裘兆明
10	9787534267925	没头脑和不高兴（注音版）/ 中国幽默儿童文学创作任溶溶系列	浙江少儿	作者：任溶溶
生活类				
1	9787552230512	脑筋急转弯（共 4 册）/ 小小口袋书	北京教育	作者：魏红霞
2	9787545533019	400 个经典侦探推理游戏 / 练就超强大脑系列	天地	编者：于　雷
3	9787545533194	500 个经典逻辑思维游戏 / 练就超强大脑系列	天地	编者：于　雷
4	9787513575553	解答之书（精）	外语教研	作者：（美）卡罗尔·博尔特 译者：何　静
5	9787509386804	最强大脑训练课（越玩越好玩的 210 个记忆游戏）	中国法制	作者：李腾云
6	9787122217936	新编百姓最爱家常菜 2888 例（附光盘）	化学工业	作者：双　福　朱太治
7	9787552230475	智力游戏（共 4 册）/ 小小口袋书	北京教育	作者：魏红霞
8	9787557809454	数独游戏（1）	吉林科技	编者：郭　论
9	9787547710517	天天数独（1）	北京日报	作者：北京广播电视台数独发展总部
10	9787122266064	本草纲目（简明彩图版）(精)	化学工业	作者：（明）李时珍 编者：岳桂华　杨高华
旅游类				
1	9787546701028	厦门市交通旅游图 / 福建省交通游地图系列图	福建省地图	编者：福建省制图院
2	9787546703206	厦门市商贸旅游交通图	福建省地图	编者：福建省制图院
3	9787546701165	迷失鼓浪屿 / 福建手绘图系列	福建省地图	作者：胡本光　程维新　洪　辉
4	9787113215606	手绘厦门恋爱地图 / 手绘旅行系列	中国铁道	作者：漾文澜 绘画：陈炙环
5	9787503182037	中华人民共和国地图（1：6000000）	中国地图	作者：中国地图出版社
6	9787114119125	福建省（2018）/ 中国分省交通地图	人民交通	作者：人民交通出版社股份有限公司
7	9787503198212	中国地图（水晶版地理学习图典）	中国地图	编者：中国地图出版社
8	9787503181207	世界地图（1：33000000）	中国地图	编者：李安强　马金祥
9	9787503166457	中国地图（民族版）	中国地图	作者：中国地图出版社 编者：中国地图出版社
10	9787546701875	厦门市地图册 / 福建省设区市系列地图册	福建省地图	作者：福建省制图院

（苏素湖）

责任编辑：林德全
审　　稿：曲　艺
校　　对：曾一一

27 医疗卫生·体育

卫生和计划生育

【概　况】2018 年，厦门市卫生机构总数 1804 个（不含部队医院），比上年增加 103 个，增加的机构主要是门诊部、诊所、其他卫生机构等。其中，医院 54 个（含综合性医院、专科医院、护理院等），基层医疗卫生机构 1713 个（其中社区卫生服务中心 26 所，镇卫生院 13 所，村卫生室 277 所，门诊部 414 所，诊所、卫生室、医务室 983 个），专业公共卫生机构 24 个（含疾病预防控制中心、专科疾病防治机构、妇幼保健机构、卫生监督所、采供血机构、急救中心等），其他卫生机构 13 个。按经济类型分：公立医疗卫生机构 568 个，增加 25 个；民营医疗卫生机构 1236 个，增加 78 个。全市实有床位总数 16604 张，增加 1263 张，其中医院床位 15342 张、基层医疗机构床位 342 张、公共卫生机构床位数 780 张、其他医疗卫生机构床位 140 张。每千人实有床位数 4.04 张（按统计局提供的 2018 年常住人口 411 万人计算），增加 0.21 张。按经济类型分：公立医疗机构床位 13117 张，增加 653 张；民营医疗机构床位 3487 张，增加 610 张。医疗卫生机构拥有房屋建筑面积 278.5 万平方米，增加 53.2 万平方米。其中，业务用房面积 192.76 万平方米，增加 24.96 万平方米。医院房屋建筑面积 210.63 万平方米，增加 45.82 万平方米。其中，业务用房面积 160.49

表 27-1　　**2018 年厦门市卫生机构分类情况表**

类别	机构数（家）	床位数（张）
医院	54	15342
#综合医院	31	10636
中医医院	4	1610
专科医院	17	2996
护理院	2	100
基层医疗卫生机构	1713	342
#社区卫生服务中心（站）	26	83
卫生院	13	259
村卫生室	277	0
门诊部	414	0
诊所、卫生所、医务室	983	0
专业公共卫生机构	24	780
#疾病预防控制中心	7	0
专科疾病防治院（所、站）	1	50
妇幼保健院（所、站）	7	730
急救中心（站）	1	0
采供血机构	1	0
卫生监督所（中心）	7	0
计划生育技术服务机构		
其他卫生机构	13	140
#疗养院	1	140
医学科学研究机构	1	0
临床检验中心（所、站）	7	0
其他	4	0

表 27-2

2018 年厦门市医疗卫生人员情况表

单位：人

类别	总计	医院	基层医疗卫生机构	专业公共卫生机构	其他卫生机构
卫生技术人员	34174	20397	11347	2288	142
# 执业（助理）医师	13830	6846	6090	846	48
执业医师	12755	6691	5186	832	46
注册护士	15077	10603	3673	776	25
药师（士）	1954	1019	851	76	8
技师（士）	1863	1040	501	270	52
其他卫生技术人员	1450	889	232	320	9
其他技术人员	1797	1192	389	132	84
管理人员	1957	1240	525	121	71
工勤技能人员	4275	2803	1051	319	102
乡村医生和卫生员	676		676		
总计	42879	25632	13988	2860	399

万平方米，增加 23.02 万平方米。医疗卫生机构万元以上设备 34209 台，增加 7463 台；总价值 640481 万元，增加 43847 万元。（见表 27-1）

2018 年，厦门市卫生人员 42879 人，增加 4086 人，其中卫生技术人员 34174 人，增加 2992 人。卫生技术人员中，执业（助理）医师 13830 人，增加 1125 人；注册护士 15077 人，增加 1675 人；药师（士）1954 人，增加 102 人；技师（士）1863 人，增加 128 人。执业（助理）医师中，执业医师 12755，增加 951 人。全市每千人拥有卫生技术人员 8.31 人，增加 0.54 人。其中，执业（助理）医师 3.36 人，增加 0.19 人；注册护士 3.67 人，增加 0.33 人。（见表 27-2）

2018 年，市卫计委组织开展基层党组织党建工作走前头的“1263”党建工作机制建设示范单位创建、达标创星以及“挂牌上岗、亮证服务、红旗窗口、优质服务明星”等活动。开展结对帮扶活动，全系统累计支部“一对一”结对帮扶 91 个贫困人口家庭。

【医疗机构业务量】 2018 年，厦门市医疗卫生机构总诊疗人次数 3644.88 万人次，比上年增长 3.29%。其中，医院诊疗人次数 1812.33 万人次，增长 4.75%；基层医疗卫生 1557.44 万人次，增长 2.02%；专业公共卫生 275.03 万人次，增长 1.11%；其他机构 0.08 万人次，下降 44.8%。公立医疗卫生机构总诊疗人次数 2736.46 万人次，增长 5.96%；民营机构总诊疗人次数 908.42 万人次，下降 4.02%。医院病床使用率 88.40%，减少 0.29 个百分点。其中，公立医院病床使用率 97.20%，增加 0.62 个百分点；民营医院病床使用率 51.85%，减少 3.19 个百分点。全年医院出院者平均住院日为 8.3 日，与上年持平。其中，公立医院 9.0 日，减少 0.2 日；民营医院 5.1 日，增加 0.1 日。

【公立医院综合改革】 2018 年，厦门市继续深化公立医院改革。（1）加强公立医院绩效考评。完善公立医院绩效考评指标体系，完成 2018 年市属公立医院考评工作，考评结果与院长目标年薪和医院工资总额核定挂钩。市属公立医院推行 RBRVS（以资源为基础的相对价值比率，是以资源消耗为基础，以相对价值为尺度来支付医师劳务费用的方法）精细化内部绩效管理体系，体现公立医院公益性。（2）推进工资总额管理制度，明确公立医院工资总额保持适度增长，建立实施符合医疗行业特点的内部分配考核制度。（3）开展全国首批按疾病诊断相关分组收付费（C-DRG）改革试点工作。下达公立医院控费指标，对各公立医院重点控费指标进行实时监测，建立定期公示排名制度。（4）推进区级紧密型医联体试点建设。成立由市第三医院、同安区中医院、同安区皮肤病防治院、9 家卫生院（社区卫生服务中心）、竹坝卫生所和区域内公益性村卫生所等构成的同安区总医院，全面启动卫生信息化互通工程。（5）推进分级诊疗和家庭医生签约服务工作。截至年底，厦门家庭医生签约服务 77.54 万人；重点人群中 65 岁以上老年人签约服务 14.55 万人。签约人群中微信绑定“厦门 i 健康”32.06 万人。5 月，世界卫生组织西太区主任申英秀率团考察鼓浪屿社区卫生服务中心，对厦门医疗改革经验表示肯定。世界卫生组织在初级卫生保健国家案例专刊上（2018 年第 20 期）专题介绍厦门成功经验；11 月 26 日，世界银行在新加坡举行的国际大会上介绍厦门糖尿病“三师共管”工作经验。（6）11 月 15 日，厦门市成为“4+7”国家组织药品集中采购试点的 11 个国家试点城市之一，厦门试点工作做法获得国务院副总理孙春兰批示表扬，要求在全国推广“厦门经验”。

【医疗卫生资源扩增】 2018 年，厦门市马銮湾医院和环东海域医院主体工程施工及市妇幼保健院集美分院前期工作按计划推进，厦门大学附属翔安医院、眼科中心新址、市第三医院三期扩建工程等一批重点医疗项目建成。弘爱医院、弘爱康复医院建成投用。厦门大学附属翔安医院竣工。复旦中山厦门医院全面运营。重点在建项目5个。全市新增建成床位4000张。同安梧侣社区卫生服务中心、金山金湖服务站、筼筜湖滨一里服务站、江头蔡塘分中心、禾山高新技术园服务站、鹭江大同服务站建成启用。新审批设置8家社会办医疗机构。6月出台施行《实施台湾地区服务提供者在厦门设立个体诊所有关措施的通知》，厦门思明郭柏清中医（综合）诊所成为政策出台后厦门市首家落地设置的台资诊所。

【医疗服务能力提升】 2018年，厦门市从4个方面提升医疗服务能力。（1）举办高水平医院。复旦中山厦门医院平移总部三大技术平台（综合内镜手术治疗平台、综合介入手术治疗平台、危急重症平台）和两大专科平台（消化疾病专科平台、泛血管专科平台）。市儿童医院成为国家儿童医学中心复旦大学附属儿科医院远程医学中心协作单位，启动建设国家儿童医学中心厦门分中心前期工作，完成全省首例儿童跨区域空中急救转运。厦门市中医院成为北京中医药大学厦门医院，合作共建国家级中医名院。（2）引进高端医学人才团队。实施“名医工作室”项目，厦门市批准设置包括“复旦大学附属中山医院厦门医院葛均波名医工作室”“厦门大学附属中山医院钟南山名医工作室”“厦门大学附属第一医院于金明名医工作室”“厦门大学附属中山医院董家鸿名医工作室”“厦门大学附属中山医院李兆申名医工作室”5个院士名医工作室在内的共32个名医工作室，柔性引进专家170名。复旦中山厦门医院从上海总院派驻专家120余人。弘爱医院和厦门大学附属翔安医院分别引进具有全国学术地位的医疗专家42人和52人。（3）厦门大学附属第一医院首次进入艾力彼“中国顶级医院100强”（位居第九十六位）。厦门市中医院位居艾力彼“中国中医医院100强”第四十四位。厦门长庚医院、厦门莲花医院、厦门大学附属眼科中心分列艾力彼“中国非公立医院100强”第十四、三十六、九十五位。厦门大学附属心血管病医院入选首批“中国心脏康复中心建设单位”。厦门市第五医院获得2018年度国家级“改善医疗服务创新医院”称号。（4）提升血液保障能力。厦门市中心血站全年采供血量与上年同期持平，总献血人数5.7万人次，供血量近17吨，全市千人口无偿献血率14人次。

【卫生科研教育】 2018年，厦门市卫生和计划生育委员会（简称市卫计委）启动厦门市医学优势亚专科建设项目，立项25个项目。厦门市23个专业在西医类别30个专业专家评审中名列第一，入选新一轮福建省省级临床重点专科西医类建设项目；5个中医类别专业入选中医类建设项目。15个学科进入中国医学科学院公布的2018年中国医院科技量值专科榜单前100名。厦门大学附属厦门眼科中心眼科学、厦门大学附属中山医院传染病学、厦门大学附属第一医院风湿病学与自体免疫病学跻身专科榜前50名，共计8个学科在全省排位第一。组织申报福建省科技计划项目105项，其中杰青项目10项、青年创新项目10项、面上项目15项、引导性项目10项、卫生联合资金面上项目60项；组织申报福建省卫生计生科研人才培养项目98项，其中医学创新课题20项、中青年骨干人才培养项目30项、软科学研究项目4项、青年科研课题40项、面向农村和城市社区推广适宜技术项目4项；获福建省科技计划项目资助17项、福建省卫生计生委科研人才培养项目50项；获福建省医学科技奖二、三等奖各1项，获市级科技进步一等奖1项、二等奖3项、三等奖3项；发表SCI论文323篇。

【卫生人力资源】 2018年，厦门市修订《厦门市高层次卫生人才引进培养实施办法》，落实各项卫生人才优惠政策。组织厦门市各类医院到国内知名医学院校举办校园招聘会，签约2019年应届毕业生213人（博士30人、硕士183人）。3名卫计系统人才被评为国务院政府特殊津贴专家，2名人才被评为福建省卫生计生突出贡献中青年专家，1名人才被评为厦门市“双百人才”。完成2017年度卫生系列正高职称评审工作，晋升正高级职务任职资格93人，通过率78.12%。市卫计委对申报副高级卫生技术职务任职资格人员（464人）进行评审，316人晋升副高级卫生技术职务任职资格，通过率75.6%；开展在厦台湾人才申报认定卫生专业技术职务任职资格工作，首批25名在厦台湾医师取得“在厦就业台湾人才专业技术职务任职资格认定书”。选派66名医技人员对口支援甘肃省临夏州，接收50名临夏州医疗卫生专业技术人员到厦门进修学习。选派1名医务工作者支援西藏左贡县医疗卫生工作，9名医疗专家援助新疆。

【公共卫生服务】 2018年，厦门市继续推进公共卫生服务。（1）传染病防控。全市传染病疫情总体平稳，与上年基本持平，未出现人感染H7N9禽流感和本地登革热等重大传染病疫情。所有预约平台实现预防接种预约。国家免疫规划疫苗报告接种率均在97%以上。全市第二类疫苗接种量为2017年接种量的143%。稳妥处置问题百白破疫苗和长春长生狂犬病疫苗事件波及效应，做好跟踪观察、咨询服务、续种补种、舆情监测等工作。（2）落实健康厦门战略。实施《中央补助地方健康素养促进行动项目》，制定下发《2018年厦门市健康素养促进行动项目方案》。开展健康教育和促进行动大型活动4场，受众3.5万人；开展健康讲座357场，受众5万人次，发放健康支持包15049个，发放各类健康教育及卫生科普宣传小册子20万份。围绕公众健康科普组织主题活动188场，深入基层组织专家讲座288场，制作健康宣传材料125种40.7万份。（3）加强健康促进场所建设，新增健康促进学校27家，开展新一期国家健康促进医院预选申报工作，湖里区成功创建国家级健康促进示范区。（4）3月，同安区、翔安区代表厦门市接受全省基本公共卫生服务项目考核，获第三名；5月，海沧区代表福建省接受国家基本公共卫生服务项目考核，获第4名。（5）海沧区通过国家级慢性病综合防控示范区复审评估，全市建成4个国家级和2个省级慢病示范区，是全省唯一实现省级以上慢病示范区全覆盖的设区市。（6）加强精神卫生综合管理。（7）开展爱国卫生工作。通过2018年国家卫生城市复审。开展城乡环境卫生整洁行动，全市推荐上报16个省级卫生村和30个省级卫生社区。(8)推进无烟单位创建工作。全年创建13家“无吸烟单位”，全市有533家无吸烟单位。完成厦门“中美无烟城市”项目工作。

【卫生计生综合监督】 2018年，厦门市加强卫生计生综合监督。(1)公共场所监督抽检。全市抽检各类游泳场所226户次，合格率81.86%；抽检二次供水许可单位1048家，合格率96.47%，立案4起；对全市39家电影院进行卫生信誉度等级评审，其中A级25家，B级7家，C级7家；控烟执法方面，检查督导各类公共场所3959户次，行政处罚12起。(2)做好各项食品污染及有害因素监测、采样工作。全年监测、采样完成率100%。(3)开展学校卫生综合监督评价，对296所学校进行评价，其中优秀173所，合格123所，无评价不合格的学校。(4)全市作出行政处罚案件按具体专业类别分布为：公共场所50件、生活饮用水卫生5件、学校卫生2件、传染病防治12件、放射诊疗11件、医疗卫生63件、无证行医70件，“两非”(非医学需要的胎儿性别鉴定，非医学需要的选择性别人工终止妊娠)案件73起，共计罚没293.62万元。(5)提升移动执法水平。启用国家监督中心移动执法系统，推进“厦门市放射与职业卫生智能信息化监管与服务平台”建设和应用；开发“泳池卫生监督眼”系统。(6)全市立案“两非”案件70件，结案73件。其中，重点案件7件，一般案件66件。

【卫生应急能力提升】 2018年，厦门市卫生应急能力得到提升。“120”接警96246次，出车73038次，接诊病人49872人。做好集美叶厝火灾、安溪龙门隧道车祸、灌新隧道交通事故等30余起突发事件的紧急医疗救援工作。处置突发公共卫生事件23起，无死亡病例。推进急救“六进活动”(进社区、进机关、进企业、进学校、进农村、进家庭)，全年举办各类培训128场，共计4928人次。“厦门急救”志愿服务App(应用程序)正式上线，实现急救对象、志愿者、120调度系统、救护车间等的有效无缝对接。组织参与2018厦门市“5·10”人防演练、厦门轨道交通地铁1号线火灾事故应急救援演练、“9·11”省级卫生应急队伍厦门队2018年大型拉动演练等10余场重大演练活动。完成2018年建发国际马拉松赛、海峡论坛、第二十届中国国际投资贸易洽谈会、第四届中国“互联网+”大学生创新创业大赛等重要保障活动227场次。

【中医药发展】 2018年，厦门市开展基层中医药服务能力提升工程“十三五”行动计划督查。实施“名医”发展战略，3名中医专家被评为福建省名中医，2名中医专家被评为第六批全国老中医药专家学术经验继承工作指导老师。厦门市中医院被纳入学校直属附属医院管理体系，获国家自然科学基金项目1项。市中医院儿科、肛肠科、肝病科、骨伤科、内分泌科、脾胃病科、心血管科、针灸科8个专科入选香港艾力彼医院管理研究中心评选的2018中国中医医院·最佳临床专科，数量居全国中医医院第二位。6月9—10日，2018海峡两岸中医药发展与合作研讨会在厦门市召开。海沧青礁慈济宫景区成为第一批国家中医药健康旅游示范基地创建单位。

【妇幼健康服务】 2018年，厦门市健全6个辖区危重孕产妇救治网络框架，明确上下级转诊单位；修订厦门市孕产妇妊娠风险分级(2018年版)，成立妊娠风险管理员队伍。在全省率先推广无痛分娩工作。建立厦门市新生儿救治转诊网络二级框架，三家市级新生儿救治中心(厦门大学附属第一医院、厦门市妇幼保健院、厦门市儿童医院)危重新生儿转运成功率100%。依托厦门市妇幼保健院、湖里区妇幼保健院开展促进儿童早期发展工作。全市免费孕前优生健康检查16016.5对，覆盖率100.92%。全市建设330家母婴室，其中机关企业144家，公共场所186家。

【文明创建活动】 2018年，厦门市卫生计生系统被省委、省政府授予省级文明行业、厦门会晤筹备和服务保障工作先进集体、省级文明单位，被市委、市政府表彰为第五届创建全国文明城市突出贡献单位。市卫生计生委凤凰花志愿服务大队被省委、省政府授予厦门会晤筹备和服务保障工作先进集体，被评为“福建省首批百家优秀志愿服务组织”、福建省学雷锋志愿服务最美志愿服务组织。市妇幼保健院、疾控中心、仙岳医院等3家单位被评为全省卫生计生系统第三批党建工作“1263”机制建设示范单位。

【医养结合试点】 2018年，厦门市出台《厦门市2018—2020年健康老龄化行动计划》。全市有养老床位13075张，每千名老人养老床位37.68张。43.75%二级以上综合医院设立老年病科，医疗机构康复医学科每万名老人床位数14张。92.31%的社区卫生服务中心及96.15%的乡镇卫生院为老年人提供康复服务。65岁以上老年人健康管理率69.25%。新增弘爱老年养护院、蔡塘金厝边养老院。莲花爱心护理院、迦南地安养中心、莲前街道及筼筜街道成功申报第二批省级医养结合试点单位。全市确认特别扶助对象1904人，发放扶助金2761.76万元。开通就医“绿色通道”机构45家，家庭医生签约率及建档率100%。特殊家庭就医自费部分报销比例提升至95%(全省最高)，4182名对象享受救助待遇。

(张道宇)

体　育

【概　况】 2018年，厦门市、区两级体育协会157个，拥有各级社会体育指导员9605人。厦门市运动员在国际、国内大赛中获6个世界冠军，3个亚洲冠军，6个全国冠军，11个青少年全国冠军。特房羽毛球俱乐部获得中国羽毛球超级联赛2017—2018赛季冠军。

【全民健身】 2018年，厦门市体育局(简称市体育局)创新全民健身运动会，实行9大标杆赛事+20项社会组织和企业办赛形式，共开展42项赛事。各区形成全民健身“一区一品牌、一街一特色”的格局。8月8日举行首届市直机关事业单位工间操大赛，38家市直机关事业单位共708人参赛。邀请专家开办科学健身知识讲座9场次，参加群众1000多人次；组织开展体育“三下乡”活动，为村民提供体质检测、健身咨询、器材捐赠等科学健身服务；全年为3500人开展体质监测，达标人数比例为91%。

【老年人体育】 2018年，厦门市体育局、厦门市老体协举办厦门市万名老年人新春健步行、万名老年人重阳节登山活动、有氧行进健身操乡村行活动等多项大中型老年体育活动；评出近90个市级老年人健身康乐家园单位；举办第十届老年人体育健身大会；组队参加福建省第十届老年人体育健身大会，获金奖18个、银奖2个、铜奖1个，金奖数量居全省第一。

【体育场馆设施建设】 2018年，厦门市体育局向各区下拨体彩公益金5000多万元，用于全民健身设施建设和全民健身体育活动。全市新建、改建提升篮球场等体育场地设施55个，建设健身路径30处。总长23千米的厦门步道开工建设。厦门市14所试点学校于8月30日前向市民免费开放学校体育场地。

【省运会获佳绩】 2018年，厦门市体育代表团派出1038名运动员，参加福建省第十六届运动会青少年部25个大项和群众部10个大项的比赛。代表团共获得123枚金牌、108枚银牌、99枚铜牌，奖牌总数330枚，总分3476分。按照省运会竞赛规程总则，现场比赛成绩与带牌带分（奥运会、全运会、青运会、年度锦标赛、报调选送成绩带入省运会）相加为各代表团最终成绩，市代表团最终共获得金牌273枚、银牌167.5枚、铜牌133枚、总奖牌573.5枚，团体总分6536分，金牌总数、奖牌总数和团体总分均居全省第二。在首次增设的群众组项目上，厦门市代表队共获得52个一等奖、26个二等奖、13个三等奖。

【体教结合】 2018年，厦门市体育局联合市教育局探索体育后备人才培养新模式，在游泳、体操、蹦床、足球、篮球、排球等项目上采取体教结合的方式。其中，厦门足球队与厦门二中、外国语学院、双十中学签订协议合作共建；蹦床队与湖明小学共同培养人才，取得省运会4金；体操队运动员主要来自群惠小学，取得省运会9金，游泳队运动员主要来自厦门一中和公园小学，取得省运会23金。

【青少年体育】 2018年，厦门市体育局组织多项体育赛事，全年举办15项中小学生锦标赛，各级学校600多支队伍、5000多名中小学生参加了比赛。青少年“三大球”（足球、篮球、排球）联赛共有99支球队、1500多名选手参加。

【体育产业】 2018年，厦门市体育局同市财政局出台《厦门市体育产业专项发展资金管理办法》。成立首家体育产业集团——厦门路桥体育产业集团。观音山商务区成为国内第一个以体育企业总部为主的商务区。帆船游艇、高尔夫、沙滩排球、户外露营、汽车越野、拓展训练、体育传媒策划等新型业态发展迅速。思明区举办2018首届“时尚体育季”，内容包括旅游休闲、健身娱乐、竞赛表演、智能展会等大小项目近20个。厦门市举办首届厦门体育产业博览会暨中国厦门移动电子竞技产业博览会，中外300多家参展企业，设有980多个标准展位，展览会规模近2万平方米。

【第十六届厦门国际马拉松赛】 2018年1月7日，由中国田径协会、厦门市人民政府主办，厦门市体育局、厦门广电集团等承办的第十六届厦门国际马拉松赛在厦门举行。该次赛事有42个国家和地区的21640名选手参赛。埃塞俄比亚选手德吉那·德比拉以2小时11分22秒获得男子冠军，埃塞俄比亚选手法图玛·萨杜·德尔戈以2小时26分41秒获女子冠军。该届厦门马拉松赛新设立中国籍运动员特别奖，由来自内蒙古的李春晖以2小时19分8秒夺得国内男子组冠军；来自山东的焦安静以2小时46分11秒夺得国内女子组冠军。厦门马拉松赛获评“国际田联路跑金标赛事”，成为国内唯一11连冠的国际金标赛事。

【体育交流合作】 2018年，厦门市体育局组团5批共9人次到意大利、西班牙、韩国、英国、匈牙利、塞浦路斯等国家进行跳水、马拉松、体育产业、国际现代五项等方面的交流；组团2批165人次到台湾地区开展游泳项目交流。1月7日，举办厦门马拉松赛配套赛事——2018海峡两岸城市马拉松邀请赛，100个地级城市代表队和台湾地区30个代表队共440名选手参赛，其中台湾地区选手120人。2月9日，举办2018年“全国冬泳日”系列活动（厦门站）暨第十八届迎新春海峡两岸冬泳活动，海峡两岸36支冬泳代表队的近1000名冬泳爱好者参赛。

（陈　晨）

责任编辑：曾一一
审　稿：林建高
校　对：林德全

28 社会·民生

劳动就业

【概　况】 2018年，厦门市城镇新增就业18.69万人，城镇失业人员再就业8.87万人，城镇就业困难人员就业1.7万人，农村富余劳动力转移培训4225人。全年累计向3.78万家企业发放稳岗补贴2.03亿元。截至年末，城镇登记失业率3.24%；就业登记企业9.79万家；登记在岗职工数204.93万人，其中厦门市户籍登记在职人数约占30%，非厦门市户籍约占70%。

2018年，厦门市人力资源和社会保障局（简称市人社局）完成厦门市户籍人员就业培训16099人，完成再就业培训4491人，农民工技能提升培训41339人，外来务工人员岗前培训63263人，职业学校和高等院校在校生培训6632人（其中高级工以上6614人）。开展职业技能考核鉴定62778人。新增高技能人才6341人，新增技师、高级技师759人，优秀青年高技能人才培训465人，高校毕业生高技能人才培训6864人，开展职业技能鉴定3.14万人，核发职业资格证书1.9万人。服务重点企业，纳入“一企一策”重点支持企业3301家，2018年重点企业“一企一策”职工培训26206人，比上年增长748.74%。实施30万院校毕业生招聘行动，组织1400家次用人单位到北京、长沙、吉林、郑州等49条高校线路招聘毕业生人才，与省内外139所高校洽谈签订“共建毕业生就业服务平台合作协议”。在市人才市场组织11场大中专毕业生专场交流会的基础上，携手厦门大学、集美大学、华侨大学厦门校区等厦门市高校，举办20场“相约高校·携手未来”校园招聘会。完善户籍迁移政策，放宽高校毕业生、技能人才等重点群体到厦门落户限制。发放947名毕业生见习补助954.85万元。

2018年，市人社局累计发放创业扶持资金1664.65万元，分别为创业场地补贴1447人、1105.45万元，自主创业奖励1153人、486万元，创业带动就业奖励155人、31万元，创业项目奖励211个、42.2万元。

【全市人力资源和社会保障工作会议】 2018年1月15日，全市人力资源和社会保障工作会在市人社局召开。会议通报人社领域2017年的工作情况，部署2018年工作。会议提出，2018年工作总体思路是以全国、全省人力资源和社会保障工作会议精神为指导，贯彻落实全市经济工作会议、市人代会、市政府全体会议的部署和要求，把“服务发展、服务民生、服务社会”摆在更加突出的位置，提升全市人社系统“三服务”水平和成效。会议部署人社系统2018年的主要工作：服务实体经济发展，服务创新能力建设，服务跨岛发展，服务民生保障，服务人的全面发展和全体人民共同富裕，加强两岸人力资源合作，加强服务能力建设。

【第二批厦门市技能大师工作室授牌】 2018年1月17日上午，第二批厦门市技能大师工作室授牌，全市10家。技能大师工作室是由各行业协会、企业提出申请，经专家组评估后确定的，主要来自餐饮、家居、集装箱、物联网等行业。第二批厦门市技能大师工作室有效期从2017年至2020年，市级财政给予每个厦门市技能大师工作室建设项目一次性补助经费8万元。

【夏季创业项目推介会】 2018年7月12日上午，厦门市夏季创业项目推介会在市人才服务中心举行。该次推介会由市人社局、思明区政府联合主办，思明区人社局、市劳动就业管理中心和市人才服务中心共同承办。推介会会期半天，以“为创业服务、为项目搭台、为资源搭桥”为宗旨，以“崇尚创业、创享未来”为主题，以“展示创业成果、启发创业理念、推介创业项目、开展创业培训、提供创业指导”为内容，现场推介项目118个。其中，电商、计算机服务业54个，制造加工业14个，企业、社区服务业44个，农、林、牧、渔业6个。重点针对大中院校学生、农村富余劳动力、到厦门台湾青年等创业潜在群体，突出电商平台服务、传统行业互联网+、计算机软件服务、社区服务、休闲娱乐、特色种植、生态农业等方面项目推介。会场吸引4000多人参加，有1100多人次和116家参展商达成项目共识，表达合作意向。

1 月 20 日，厦门市高校毕业生人才交流大会在厦门人才市场举办　（蔡惜雯　摄）

【高校毕业生人才交流大会】 2018 年 1 月 20 日，市人社局主办、市人才中心承办的厦门市高校毕业生人才交流大会在厦门人才市场举办。400 余家单位提供逾 6500 个岗位，吸引来自省内外 7000 多名毕业生人才到场求职。来自计算机 / 半导体 / 集成电路、互联网 / 电子商务、贸易 / 批发 / 零售、机械 / 设备 / 重工等行业的企业占 72%。招聘岗位对学历总体需求，大专及以上学历需求占 65%，中专占 30%，其他 5%。具体岗位上，运营专员、业务助理、软件研发与维护、网络工程师、一线技术人员、行政文员、财会类专业人才及生产管理一线的储备干部需求较多。

【闽西南第一届校企合作对接会】 2018 年 12 月 3 日上午，由厦门市政府主办，厦门市、漳州市、泉州市、龙岩市、三明市人社局承办的闽西南第一届暨厦门市第十六届校企合作对接会在厦门市举办。该次对接会有安徽省、甘肃省等 15 个省市的 151 所院校报名，厦门、漳州、泉州、龙岩、三明 5 市共 752 家企业参会。经过对接洽谈，院校与企业签订意向签约书 187 份，共签约学生 11892 人，涉及 82 个专业，签约工种较集中的专业有数控加工、工程技术员、设备管理员、智能控制、工业无人机、仓储物流、医药技术、机械加工、城市轨道交通等。

【冬季创业项目推介会】 2018 年 12 月 20 日上午，厦门市冬季创业项目推介会在市人才服务中心举行。该次推介会由厦门市人社局、湖里区政府联合主办，厦门市劳动就业管理中心、厦门市人才服务中心、湖里区人社局承办。推介会有 95 个展示项目，具有投资少、见效快、有特色、易操作等特点。其中，电商、计算机服务业 38 个，教育咨询业 14 个，社区服务业 26 个，制造加工业 11 个，农、林、牧渔业 6 个。吸引 4000 多人参加，有 1100 多人次和 95 家参展商达成项目共识，表达合作意向。

（吴斯婷）

人事管理

【概　况】 2018 年，厦门市引进毕业生、成熟人才、技能人才、留学人员、外籍人才等各类人才约 4.8 万人，总量及各类人才引进数量均创历史新高。审核接收高校毕业生首次突破 4 万人，为 40163 人，比上年增长 14.15%；办理报到手续 32973 人，增长 12.0%。成熟人才调入数量首次突破 4000 人，为 4834 人，增长 27.8%。其中，博士 129 人、硕士 684 人、本科 3516 人、专科 505 人，调入人才学历层次不断提高，本科及以上学历占比 89.6%。全年引进留学人员首次突破 1000 人，为 1257 人，增长 62.4%；引进外籍人才 578 人，增长 42.0%。

全年享受政府特殊津贴专家 188 人，国家百千万人才工程入选者 2 人，“中华技能大奖” 3 人。博士后科研工作站 25 个，博士后科研流动站 39 个，工作站累计招收培养博士后 271 人。台湾特聘专家 137 人，专才 154 人。

6 月 10 日，厦门市 30 万院校毕业生招聘行动启动仪式暨 2018—2019 年福州站校园招聘会在福州大学（旗山校区）举行。从 8 月 1 日起，厦门放宽台湾技术士等级证在中国（福建）自由贸易试验区厦门片区（简称自贸区厦门片区）和厦门市台资企业使用范围，持证者可享受厦门市相对应技能人才同等待遇。

【新引进人才待遇落实】 2018 年，市

12 月 3 日上午，闽西南第一届暨厦门市第十六届校企合作对接会举办

（林妙红　摄）

3 月 24 日上午，第十三届台湾专业人才厦门对接会在市人才中心举办
（陈理杰　摄）

人社局新引进人才生活补贴、人才类型确认、人才住房补贴均实现“全程网办”。审核受理并发放新引进人才生活补贴 3128 人、9968 万元，审批发放高层次人才住房补贴 81 人、376.51 万元，继续核发原创、新创业人才住房补贴 535 人、3573.02 万元。审核确认高层次及骨干人才 561 人，其中 267 人正式提出购买保障性商品房申请并取得轮候资格。市人社局汇编推送《厦门市住房保障政策指南》，方便全市各类群体了解和申请享受住房保障政策。

【职称改革试点】 2018 年，市人社局进一步扩大职称改革试点工作，将海沧生物医药行业和自贸区航空维修产业职称评审级别扩大到副高级。复制推广生物医药、航空维修产业职称评审改革经验，以重点行业、核心领域为试点逐步推动职称按行业进行评审，在物联网行业、输配电行业和宏发电声股份有限公司开展职称改革试点工作，采取量化评价，设置符合该行业特点的量化考核指标，突出“能力 + 业绩”评审标准，发挥用人单位、行业协会主体作用，实现职称管理工作对重点发展产业的精准化服务。新增 4 个行业开展试点工作，完成指标数的 200%。

【第十三届台湾专业人才厦门对接会举行】 2018 年 3 月 24 日，第十三届台湾专业人才厦门对接会在厦门人才市场举办。大会由厦门市委组织部、厦门市人社局、漳州市人社局、泉州市人社局、龙岩市人社局联合主办，厦门市人才服务中心、台湾汎亚人力资源集团等单位承办。对接会吸引来自厦门、漳州、泉州、龙岩和温州近 200 家用人单位、11 家政策咨询单位参加。近 400 名台湾人才参会，规模创历届新高。从参会对象看，在职管理和专业技术人才占 55%；从学历看，大学本科占 55%，硕士、博士学历占 40%；从年龄看，90 后较多，占 46%，其余以 70 后、80 后居多，体现大陆就业、创业市场对台湾中高阶人才，特别是台湾年轻人的吸引力不断增强。

【2018 年度省公务员考录工作】 2018 年 4 月 21—22 日，福建省 2018 年度考试录用公务员笔试举行，厦门考区完成笔试组织工作。选择在厦门考试的考生有 23514 人，全市设 25 个考点（学校）、786 间考室。考区总主考室设在厦门教育招生考试指挥中心，首次共享使用全省教育考试指挥平台，借用科技手段实现考区统一远程监控。该次招考，全省计划录用 3601 人，其中厦门有 181 个岗位，计划录用 189 人。

【第四批台湾特聘专家专才颁证】 2018 年 6 月 11 日，厦门市为第四批台湾特聘专家专才颁证。新评选出台湾特聘专家专才 83 人，其中台湾专家 43 人、专才 40 人，是厦门市开展台湾特聘专家、专才评选以来获选人数最多的一次。至年末，全市有台湾特聘专家、专才共 195 人，其中专家 116 人、特聘专才 79 人，累计发放工作生活补贴 4261.9 万元。

【台湾人才专业技术职务资格认定】 2018 年 10 月，市人社局发布《关于在厦就业台湾人才申报认定专业技术职务任职资格有关事项的通告》，探索建立在厦台湾专业技术人员评价机制。根据该通告，在厦门市企事业单位和其他经济组织直接从事专业技术工作、在台已取得真实合法有效的行业证照、符合在厦相关工作岗位年龄要求、持有台胞证的台湾居民，可通过申请认定方式取得专业技术职务任职资格。符合条件的台湾人才经审核可获得“在厦就业台湾人才专业技术职务任职资格认定书”（仅限在厦门使用），按厦门市有关规定享受相关待遇。厦门市在卫生、教育（市

10 月 24 日，市人社局举行在厦门就业台湾人才申报认定专业技术职务任职资格
（林妙红　摄）

属高等院校）、建设行业开展在厦台湾人才专业技术职务任职资格认定试点工作，其他行业逐步推行。申请认定实行全程网办。

（吴斯婷）

社会保障

【概　况】2018年，厦门市企业退休人员月人均基本养老金3526元、城乡居民基础养老金290元，位居全省第一、全国前列。

全年，累计审核工伤保险待遇16846件，按月发放工伤保险定期待遇940人，支付工伤保险专项费用782笔，合计支付各项工伤保险待遇及专项费用3.9亿元。“12333”受理市民咨询电话265.4万人次，其中人工服务受理105.72万人次，平均每个工作日受理4375人次。

12月末，基本养老、工伤、失业保险参保人数分别为295.88万人、225.2万人、224.5万人，分别比上年同期增长8.07%、6.56%、6.35%。

2018年，为加速推动“15分钟便民服务圈”建设，市人社局驻市行政服务中心窗口和人社事务分中心全年受理业务40.94万件；社保中心驻市行政服务中心窗口全年受理业务215.21万件，即时办结率94.12%。厦门市社保卡批量新增制卡实现全程网办。

【工伤保险定期待遇提高】2018年，厦门市继续提高工伤保险定期待遇水平。调整自2018年1月1日起执行，调整对象包括：厦门市在2018年12月31日以前被鉴定为伤残一级至六级领取伤残津贴的工伤职工、因工死亡职工供养亲属以及达到生活护理等级享受生活护理费的工伤职工（包括在2018年1月1日以前纳入工伤保险基金支付定期待遇的老工伤人员）。伤残职工每人每月增加的伤残津贴分别为：一级468元、二级442元、三级416元、四级390元、五级364元、六级312元。

【厦门企业退休人员养老金上调】2018年，市政府下发《关于2018年调整企业退休及退养人员基本养老金的通知》，继续上调企业退休人员基本养老金。该次调整从2018年1月1日起执行，是厦门连续第十四年提高企业退休人员基本养老金，全市企业退休人员人均月增发约189元。调整后，厦门企业退休人员平均养老金继续保持全省第一、全国前列。

【城乡居民基础养老金上调】2018年，市人社局、市财政局联合印发《关于2018年提高城乡居民养老保险基础养老金标准的通知》，1月1日起，提高领取厦门市城乡居民养老保险待遇人员的基础养老金。具有厦门市户籍满5年的城乡居民养老保险待遇领取人员，其基础养老金月标准上调30元，调整后为290元；具有厦门市户籍但不满5年的城乡居民养老保险待遇领取人员，其基础养老金月标准按福建省规定的标准上调18元，调整后为福建省规定的最低标准118元。

【持居住证可参加职工养老保险】2018年，市人社局、市税务局联合下发《关于持有厦门市居住证人员参加企业职工基本养老保险有关意见的通知》。自7月1日起，持有厦门市居住证的无雇工的个体工商户、未在用人单位参加基本养老保险的非全日制从业人员以及其他灵活就业人员，可自愿在厦门市参加或接续企业职工基本养老保险。缴费标准方面，由参保人员按不低于全市上年度职工月平均工资60%且不高于全市上年度职工月平均工资300%的标准自行选择缴费基数（共7个档次）。

【《厦门市工伤保险待遇管理办法》出台】2018年10月1日，由市人社局制定的《厦门市工伤保险待遇管理办法》施行。该办法旨在维护和保障用人单位及工伤职工的合法权益，完善工伤保险待遇规定，提高相关待遇标准，适当扩大工伤保险基金在工伤治疗方面的使用范围，相应减轻用人单位的负担。

（吴斯婷）

老龄工作

【概　况】2018年，厦门市60周岁以上户籍老年人口33.98万人，占户籍总人口的14.35%。全市4.7万名80周岁以上的户籍老年人每人每月可领取100—1100元不等的高龄津贴。全市基层老年学校428所，在校学员有6.36万人次。春节、老年节期间，厦门市老龄工作委员会办公室（简称市老龄办）走访慰问高龄、困难、失能等老年人代表402人、养老机构4家。开展“十三五”老龄事业发展和养老体系建设规划落实情况中期评估。开展“敬老月”系列活动，全市征集惠老项目400多项。支持举办“2018鹭岛美·夕阳俏”——厦门市老年春节联欢晚会。举办“金秋圆梦·晚霞生辉”老年文化下基层暨老年学校教育成果展示。继续办好“美丽夕阳”文化点、“幸福老人乐园”、“厦门市美丽夕阳老年服务中心”，组织百名老人参观厦门博物馆、规划馆等活动。联合有关部门举办老年体育健身交流系列比赛、“老少同乐”中国象棋赛、乒乓球、台球、扑克80分赛等。继续开展“老年人健身康乐家园”“金秋老年乐园”和“健康老人”评选活动。参与编制老年教育发展规划，开展基层老年学校情况统计，与集美大学探索共享经济模式的“教授+”老年微讲堂。评选15所老年学校规范化建设点。继续办好老年云课堂，有课程200多节。协调指导市老年书画研究会编辑《鹭岛金光·福建看厦门》相关工作。继续修订《厦门经济特区实施〈中华人民共和国老年人权益保障法〉若干规定》。开展《中华人民共和国老年人权益保障法》和老年人预防诈骗的专项宣传。办理涉老人大建议、政协提案16件，受理各类信访81件。与嘉铠律师事务所共同开办“温馨党员法律服务热线”，合力打造厦门市首个老年人专属法律服务热线。继续与媒体联办《厦门晚报·老年周报》、《海西晨报·夕阳红周刊》、厦门银龄微信公众号、厦门移动电视“银龄之窗”。全年在报纸杂志上刊发各类涉老新闻228篇，厦门银龄推送信息513条，银龄之窗推送11期，厦门老龄网推送信息1075篇，制作各种展板24板。联合媒体开展助老除尘、送暖心被、办博饼和“重阳敬老　你我同行”第八届新闻大篷车重阳节特别行动等公益活动。编辑出版第二十五期《厦门老龄问题研究》论文集。支持举办第三届海峡两岸老龄产业博览会，同期举办相关论坛。指导举办“幸福晚年·最厦门”公益养老服务进社区活动、2018“乐龄杯”海峡两岸大学生养老产品创意设计大赛、首届“退休生活家·活力先行者”、“传家风·兴家道”厦门市十大好家庭评选等活动。加强市老龄委成员的联络协调，加强基层老年协会建设，结合老年协会规范化建设开展扫黑除恶专项斗争专项督查，评选最有活动力老年协会。厦门市老年志愿者协会“鹭岛银龄在行动”项目获评2018年福建省志愿服务项目大赛金奖。

【全域实施老年人意外伤害险】 2018年，市老龄办牵头组织2018年度厦门市老年人幸福安康险项目招投标，中国人民财产保险股份有限公司厦门市分公司以48元/年/份中标。市、区财政继续为全市36.5万位60周岁以上户籍老人购买意外伤害险，投入资金1700多万元。1474位非户籍老人自费参保。参保人员在厦门市范围内发生意外伤害身故（含猝死）、骨折、医疗，每个保险年度最高各赔付2万元，意外伤残最高赔付10万元。

【老旧小区适老化改造】 2018年，市委、市政府把30个老旧小区适老化改造列为为民办实事项目。市老龄办牵头组织实施，市区财政投入资金259.39万元，对小区公共环境和有需求的老年人家庭进行适老化改造，改造项目3534项，其中室内619户、2606项，室外928项。

【认知功能障碍预防干预社区试点开展】 2018年，市老龄办联合厦门大学公共卫生学院在思明、湖里两区选取高危人群较多的7个社区开展老年轻度认知功能障碍社区干预试点，开办“乐龄智工坊”。通过认知训练、体育锻炼以及健康教育，训练老年人的注意力、记忆力、定向力、逻辑思维能力，探索能普遍推广的提升老年人认知水平训练方法。

【老年旅游市场调研】 2018年，市老龄办联合厦门理工学院开展厦门市老年旅游市场调研，问卷调查752位老年人、12家旅行社，并开展专题访谈。厦门市老年旅游市场特点：老年人对自然风光及特色民俗旅游活动比较感兴趣，出境游成为热门之选，到厦门的“候鸟老人”越来越多，中长线距离旅游成为老年旅游的主流，缺少为老年人定制的特色旅游产品，旅游中的购物是老年人投诉最多的问题。

【第六届厦门市老年文化艺术节】 2018年6月6日，第六届厦门市老年文化艺术节正式启动，由市老龄办主办的第六届厦门市老年文化艺术节首场活动——闽南民俗摄影展在市老年活动中心举办。该届艺术节以“践行十九大，银龄展风采”为主题，活动从5月持续至10月，由网上展厅、主题赛事、“幸福晚年·最厦门”公益养老服务进社区、综合展演4个板块组成，内容包括摄影展、书画展、集邮展、诗歌征文朗诵比赛、老年文艺调研、闭幕式等。全市老年人广泛参与。

【市老年活动中心新楼启用】 2018年10月25日，市老年活动中心改扩建一期项目新大楼启用。该项目投资9329万元，建筑面积14587.35平方米，加挂“厦门市老干部活动中心”牌子，由市老年活动中心统一管理。除传统文体活动场馆外，还新增影视厅和电子模拟室，首次为老年人提供各种电子模拟仿真游戏。

（沈瑞琤）

6月6日，第六届厦门市老年文化艺术节举办现场　（市老龄办　供图）

劳动关系

【概　况】 2018年，厦门市劳动保障监察机构主动检查用人单位5476户次，比上年下降18.2%；受理群众举报投诉案件6088件，下降5.1%；督促用人单位补签、续签劳动合同4013人次；处理工资纠纷案件补发金额6143万元，下降41.4%。市本级非政府投资工程项目创建“无欠薪项目部”56家。厦门市代表福建省接受国务院工资支付工作考核，被评定为A级，排全国第六名；在省对市工资支付考核中被评定为A级，排全省第一名。公布2017年度用人单位劳动保障（含工资支付行为）信用登记评价结果，其中A级（守信）单位301家、B级（一般失信）单位5家、C级（严重失信）单位22家。全市未发生因企业拖欠工资引发的重特大恶性案件。

2018年，全市劳动人事争议仲裁机构调解处理劳动人事争议9286件，增长5.96%。其中，10人以上集体劳动人事争议案件数256件，下降11.72%；用人单位胜诉率45.71%。

【企业工资增长指导线】 2018年，市人社局发布2018年厦门市企业工资增长指导线，企业货币工资指导线上限为比上年增长13%，企业货币工资指导线基准线为增长8%，企业货币工资指导线下限为增长3%。

【部分工种工资指导价】 2018年，市人社局发布厦门市部分工种（职位）的工资指导价位，基本涵盖厦门市国民经济各行业通用性、流动性较强的419个工种（职位），并对其中222个工种按不同专业（技术）等级发布相应的工资指导价位。（见表28-1、28-2）

表 28–1

2018 年厦门市劳动力市场部分工种（职位）工资指导价位表

单位：元 / 人 · 月

序号	职业编码	职位名称	高位数	中位数	低位数	平均数
一、全行业						
1	1060100	企业董事	56046	21292	9052	24968
2	1060200	企业总经理	54833	24689	10534	28224
3	1060300	国有企业中国共产党组织负责人	50035	30473	14109	31072
4	1060400	生产经营部门经理	33048	12508	5013	16585
5	1060500	财务部门经理	38396	14417	5560	14553
6	1060600	行政部门经理	40469	11196	4747	16569
7	1060700	人事部门经理	31899	9756	4613	15396
8	1060800	销售和营销部门经理	33805	11894	4550	16265
9	1060900	广告和公关部门经理	31287	9790	5738	12180
10	1061000	采购部门经理	26977	9349	5228	12671
11	1061100	计算机服务部门经理	33447	15476	6150	20806
12	1061200	研究和开发部门经理	35614	12642	6056	16878
13	1061300	餐厅部门经理	16381	6239	4248	8205
14	1061400	客房部门经理	13703	5576	3969	8328
15	1069800	其他职能部门经理	35483	17948	6376	17401
16	1069900	其他企业中高级管理人员	32554	8875	4769	13010
17	2020102	地球物理地球化学与遥感勘查工程技术人员	8939	6887	4707	7013
18	2020202	工程测量工程技术人员	9135	6385	4547	7190
19	2020204	地图制图工程技术人员	13086	6554	4342	7477
20	2020601	化工实验工程技术人员	12710	7533	5754	6824
21	2020602	化工设计工程技术人员	12535	7651	5860	7222
22	2020603	化工生产工程技术人员	13027	7681	5569	7448
23	2020701	机械设计工程技术人员	13858	7471	4338	7079
24	2020702	机械制造工程技术人员	9912	6197	4553	6739
25	2020703	仪器仪表工程技术人员	16566	7283	4079	6383
26	2020704	设备工程技术人员	13079	7127	3884	7405
27	2020706	模具设计工程技术人员	8977	6683	5305	6301
28	2020707	自动控制工程技术人员	8964	5069	4661	5726
29	2020708	材料成形与改性工程技术人员	12383	7949	5238	8403
30	2020709	焊接工程技术人员	9483	6104	4687	6493
31	2020710	特种设备管理和应用工程技术人员	9060	6432	5564	6763
32	2020711	汽车工程技术人员	14323	7797	4784	9817
33	2020712	船舶工程技术人员	8717	5856	3980	6595
34	2020901	电子材料工程技术人员	9767	6113	4428	6805
35	2020902	电子元器件工程技术人员	9725	6006	4410	7649

续表 28-1

序号	职业编码	职位名称	高位数	中位数	低位数	平均数
36	2020904	电子仪器与电子测量工程技术人员	10527	8788	4320	9967
37	2021001	通信工程技术人员	14074	6683	4565	8036
38	2021002	计算机硬件工程技术人员	14497	6222	4743	7771
39	2021003	计算机软件工程技术人员	16310	7402	3932	8968
40	2021004	计算机网络工程技术人员	18441	6143	4368	8699
41	2021005	信息系统分析工程技术人员	20614	13984	6413	13818
42	2021006	嵌入式系统设计工程技术人员	17307	13187	5531	11995
43	2021007	信息安全工程技术人员	13430	7810	5569	8796
44	2021008	信息系统运行维护工程技术人员	18451	10721	6483	12130
45	2021101	电工电器工程技术人员	12791	6092	5002	8985
46	2021103	光源与照明工程技术人员	11581	6817	4138	6789
47	2021201	发电工程技术人员	12507	8590	5785	9736
48	2021202	供用电工程技术人员	11059	7647	5428	9009
49	2021203	变电工程技术人员	10989	7191	5244	7375
50	2021205	电力工程安装工程技术人员	15189	7554	5456	7733
51	2021508	道路交通工程技术人员	14181	7090	5115	6742
52	2021802	建筑和市政设计工程技术人员	11541	6693	5159	8899
53	2021803	土木建筑工程技术人员	13477	7360	3635	8668
54	2021804	风景园林工程技术人员	9098	5822	4429	6733
55	2021805	供水排水工程技术人员	14720	7279	2629	8087
56	2021809	道路与桥梁工程技术人员	15134	7914	5417	8943
57	2021902	非金属矿及制品工程技术人员	6260	4963	3679	5085
58	2022101	水资源工程技术人员	7248	6644	3500	5566
59	2022301	纺织工程技术人员	6035	4673	4342	4904
60	2022303	化学纤维工程技术人员	8145	6916	4653	7025
61	2022305	服装工程技术人员	7474	5450	4030	5597
62	2022400	食品工程技术人员	6950	5910	4767	5943
63	2022702	环境污染防治工程技术人员	8234	6839	4636	6722
64	2022706	健康安全环境工程技术人员	6444	5229	4061	5803
65	2022801	安全防范设计评估工程技术人员	8278	7035	4224	7034
66	2022802	消防工程技术人员	9071	6853	4216	7323
67	2022803	安全生产管理工程技术人员	8467	6277	3887	6732
68	2022903	质量管理工程技术人员	10537	8440	7590	8445
69	2022904	质量认证认可工程技术人员	10686	8533	7797	8712
70	2022905	可靠性工程技术人员	7838	7044	4814	6344
71	2023001	工业工程技术人员	10704	6559	4570	7462
72	2023002	物流工程技术人员	8421	6182	4899	6533
73	2023003	战略规划与管理工程技术人员	6860	5220	4658	5670

续表 28-1

序号	职业编码	职位名称	高位数	中位数	低位数	平均数
74	2023004	项目管理工程技术人员	7975	6382	4869	6561
75	2023007	监理工程技术人员	12365	5850	3935	7003
76	2023009	数据分析处理工程技术人员	11840	5715	4957	6504
77	2023010	工程造价工程技术人员	13000	10113	4437	9586
78	2023101	产品质量检验工程技术人员	9038	5926	4867	6730
79	2023200	制药工程技术人员	8195	5721	4432	5741
80	2023300	印刷复制工程技术人员	9643	4844	3429	5370
81	2023401	产品设计工程技术人员	9844	7119	4298	7423
82	2023402	工业设计工程技术人员	10720	6514	4506	7047
83	2023602	皮革化学工程技术人员	11323	6847	4528	7019
84	2030200	农业技术指导人员	8747	6744	3800	6528
85	2030400	园艺技术人员	8120	5427	3206	5602
86	2030900	农业工程技术人员	9169	6866	4612	6945
87	2049900	其他飞机和船舶技术人员	11425	6694	5049	6983
88	2050104	妇产科医师	8260	6676	5888	6710
89	2050801	内科护士	4789	4314	3229	4060
90	2050804	外科护士	6900	4817	3379	4899
91	2050806	助产士	4603	4172	3554	4028
92	2050808	妇产科护士	5540	4787	3601	5079
93	2059900	其他卫生专业技术人员	5755	4584	1818	5305
94	2060101	经济规划专业人员	13158	7919	3998	9347
95	2060103	价格专业人员	6267	3241	2700	3992
96	2060200	统计专业人员	12667	5222	3189	5780
97	2060300	会计专业人员	15913	5958	3536	7310
98	2060400	审计专业人员	19657	8552	5188	9629
99	2060500	税务专业人员	12683	6563	3675	7471
100	2060701	国际商务专业人员	9580	5561	4489	6383
101	2060702	市场营销专业人员	17822	7202	4429	9311
102	2060703	商务策划专业人员	16234	9369	6007	9170
103	2060704	品牌专业人员	15222	8437	5798	9067
104	2060706	房地产开发专业人员	20767	8747	7281	12921
105	2060710	物业经营管理专业人员	8214	6978	5091	7204
106	2060712	报关专业人员	9464	5295	3653	5761
107	2060713	报检专业人员	9915	5384	4179	5559
108	2060801	人力资源管理专业人员	15689	5900	3696	7796
109	2060802	人力资源服务专业人员	10527	5478	3413	6497
110	2060904	银行清算专业人员	24584	14162	9577	18462
111	2060905	信贷审核专业人员	37365	17461	9120	17104

续表 28-1

序号	职业编码	职位名称	高位数	中位数	低位数	平均数
112	2061001	精算专业人员	11460	6844	4214	7594
113	2061002	保险核保专业人员	12466	7113	4500	7698
114	2061003	保险理赔专业人员	11544	7865	5078	7858
115	2061102	证券交易专业人员	27871	9689	4789	10150
116	2061103	证券投资专业人员	31372	13794	5859	12360
117	2061104	理财专业人员	18334	11420	6407	10514
118	2061203	专利管理专业人员	10929	7586	4556	7328
119	2069900	其他经济和金融专业人员	20823	9159	5163	11888
120	2070300	律师	13015	8763	5753	7804
121	2070700	法律顾问	15770	8603	5681	11546
122	2079900	其他法律、社会和宗教专业人员	18885	8840	4966	10603
123	2080400	幼儿教育教师	6267	3558	2808	3602
124	2089900	其他教学人员	10417	3692	2039	4724
125	2090601	视觉传达设计人员	9947	5736	3529	6994
126	2090602	服装设计人员	8574	6753	4564	7414
127	2090606	工艺美术专业人员	10426	7134	4752	8028
128	2090607	数字媒体艺术专业人员	8834	5616	4136	6207
129	2090609	陈列展览设计人员	8992	6747	4260	6555
130	2099900	其他文学艺术、体育专业人员	8100	5108	4200	5123
131	2100101	文字记者	9250	6013	4182	6405
132	2100201	文字编辑	9164	6420	4163	5921
133	2100202	美术编辑	6868	5479	4207	5577
134	2100300	校对员	7371	5713	4398	5829
135	2100501	翻译	9267	6530	4460	6671
136	2100700	档案专业人员	6997	6045	3651	6468
137	2109900	其他新闻出版、文化专业人员	8161	5350	4030	5617
138	2990000	其他专业技术人员	11563	5164	3828	5943
139	3010101	行政办事员	9238	5629	3266	6666
140	3010201	机要员	12333	5862	3793	7052
141	3010202	秘书	14794	5886	3153	6381
142	3010203	公关员	9499	5787	3549	6029
143	3010204	收发员	6353	3626	2820	4178
144	3010205	打字员	5467	3636	2317	3832
145	3010206	速录师	5509	3764	3125	4132
146	3010207	制图员	8924	5051	3498	5092
147	3010208	后勤管理员	11983	5265	3167	6476
148	3019900	其他办事人员	15070	6237	3865	6465
149	3020200	保卫管理员	7645	4992	2947	4479

续表 28-1

序号	职业编码	职位名称	高位数	中位数	低位数	平均数
150	3020304	消防安全管理员	8493	6526	3676	5874
151	3029900	其他安全和消防人员	7956	5257	3068	4960
152	3990000	其他办事人员和有关人员	9737	5557	2835	5939
153	4010100	采购员	7040	5421	4027	5923
154	4010201	营销员	9681	5934	3798	7425
155	4010202	电子商务师	8801	5133	3601	5714
156	4010203	商品营业员	8437	4443	3574	4048
157	4010204	收银员	4081	3143	2560	3218
158	4010503	出版物发行员	9646	6604	5593	7812
159	4019900	其他批发与零售服务人员	8926	3934	2658	4850
160	4020106	轨道交通调度员	6580	5308	4538	5354
161	4020107	城市轨道交通服务员	6995	5038	4242	5268
162	4020201	道路客运汽车驾驶员	9410	5796	3362	6279
163	4020202	道路货运汽车驾驶员	7659	5738	3914	5789
164	4020203	道路客运服务员	5526	4944	4448	5078
165	4020204	道路货运业务员	7731	6157	3636	6139
166	4020205	道路运输调度员	10253	6305	4994	6660
167	4020206	公路收费及监控员	6433	5468	4988	5606
168	4020207	机动车驾驶教练员	6333	5075	3977	4887
169	4020208	油气电站操作员	8413	6400	3768	6123
170	4020302	船舶业务员	9128	5608	4113	6107
171	4020501	装卸搬运工	5395	3596	3050	3857
172	4020502	客运售票员	6712	5628	4709	5616
173	4020503	运输代理服务员	14175	9556	5604	9712
174	4020601	仓储管理员	7862	4898	3410	5344
175	4020602	理货员	9368	5497	3119	5916
176	4020603	物流服务师	6200	4742	3424	5084
177	4020702	邮件分拣员	6794	5330	4184	5252
178	4020704	邮政投递员	5276	4092	3087	4832
179	4020708	快递员	6549	4165	2433	4733
180	4020709	快件处理员	4837	4275	3685	4305
181	4029900	其他交通运输、仓储和邮政业服务人员	11753	5835	3192	6706
182	4030101	前厅服务员	5488	3963	2642	3969
183	4030102	客房服务员	5486	3628	2400	3676
184	4030103	旅店服务员	5382	3684	2673	3732
185	4030201	中式烹调师	8497	4945	3365	4553
186	4030202	中式面点师	6355	4202	2832	4971
187	4030203	西式烹调师	9702	5002	3329	4325

续表 28-1

序号	职业编码	职位名称	高位数	中位数	低位数	平均数
188	4030204	西式面点师	6436	4781	4192	5029
189	4030205	餐厅服务员	5460	3808	2818	3975
190	4030206	营养配餐员	6990	4357	3195	4659
191	4030207	茶艺师	4603	4115	2437	4052
192	4030208	咖啡师	5780	4900	3419	4941
193	4039900	其他住宿和餐饮服务人员	5699	3966	2384	4252
194	4040101	信息通信营业员	14087	8526	5988	11978
195	4040103	信息通信业务员	17018	9620	6114	10461
196	4040201	信息通信网络机务员	11913	8540	3880	8510
197	4040202	信息通信网络线务员	10770	8387	6983	8825
198	4040204	信息通信网络测量员	10427	8756	5977	8749
199	4040401	信息通信网络运行管理员	15247	5443	3454	6829
200	4040403	信息通信信息化系统管理员	12571	8473	5332	10629
201	4040501	计算机程序设计员	11969	7873	5022	9260
202	4040502	计算机软件测试员	16007	11678	5134	11247
203	4040503	呼叫中心服务员	6794	4763	3154	5009
204	4049900	其他信息传输、软件和信息技术服务人员	10809	5275	3499	6246
205	4050101	银行综合柜员	19381	12786	7970	13009
206	4050102	银行信贷员	38093	18401	8998	20321
207	4050103	银行客户业务员	27522	15946	10193	16831
208	4050104	银行信用卡业务员	13797	11067	9979	11184
209	4050300	期货交易员	12595	6117	3020	6280
210	4050401	保险代理人	26116	9490	4300	12741
211	4050402	保险保全员	14975	6227	5559	8270
212	4050501	典当业务员	6150	4500	3170	4888
213	4059900	其他金融服务人员	18799	9286	4843	11474
214	4060101	物业管理员	5864	4479	2133	4252
215	4060103	停车管理员	3476	2455	2111	2630
216	4060201	房地产经纪人	9203	7623	6755	7592
217	4069900	其他房地产服务人员	5260	3533	2703	3983
218	4070100	租赁业务员	8392	6290	4442	6589
219	4070201	风险管理师	16499	12637	5341	11768
220	4070203	客户服务管理员	10333	4753	2330	5023
221	4070301	职业指导员	4890	4169	2865	4239
222	4070401	导游	5433	3690	2416	3384
223	4070403	旅行社计调	8098	3237	1781	3741
224	4070404	旅游咨询员	8595	5894	3791	6026
225	4070501	保安员	6694	3854	2700	4272

续表 28-1

序号	职业编码	职位名称	高位数	中位数	低位数	平均数
226	4070503	智能楼宇管理员	5157	4136	3886	4193
227	4070504	消防设施操作员	5746	5019	2999	5280
228	4070601	商品监督员	3844	2959	2362	3164
229	4070602	商品防损员	3782	3076	2405	3002
230	4070603	市场管理员	7550	6289	3788	6339
231	4070702	装饰美工	8058	4991	3489	5429
232	4079900	其他租赁和商务服务人员	9861	4537	2295	4946
233	4080304	工程测量员	9541	6686	4183	5917
234	4080505	机动车检测工	7886	6200	4222	5885
235	4080506	计量员	5649	4951	3396	4866
236	4080807	室内装饰设计师	6791	4875	3600	5095
237	4080808	广告设计师	11960	8815	3552	9661
238	4080809	包装设计师	9619	6546	4482	6466
239	4080812	家具设计师	5915	3880	2810	3851
240	4089900	其他技术辅助服务人员	9428	3749	3370	5184
241	4090701	污水处理工	6852	5465	3299	5316
242	4090801	保洁员	4486	2726	2238	2881
243	4090802	生活垃圾清运工	3468	2724	2444	2999
244	4091001	园林绿化工	5223	4320	3169	4339
245	4099900	其他水利、环境和公共设施管理服务人员	9134	6617	3806	6599
246	4109900	其他居民服务人员	4913	2769	2335	3068
247	4110100	供电服务员	8156	7409	5342	7008
248	4110200	燃气燃煤供应服务员	5200	4400	2535	4496
249	4119900	其他电力、燃气及水供应服务人员	8183	6107	5169	6505
250	4120101	汽车维修工	11087	6117	3284	6566
251	4120201	计算机维修工	7832	5237	4194	5935
252	4120202	办公设备维修工	7037	4709	3927	4566
253	4120203	信息通信网络终端维修员	7002	4779	3668	4816
254	4120301	家用电器产品维修工	5686	4474	2992	4442
255	4129900	其他修理及制作服务人员	6514	4122	3461	4395
256	4139900	其他文化、体育和娱乐服务人员	6217	3943	2580	3963
257	4140303	眼镜验光员	4051	3350	2849	3435
258	4140304	眼镜定配工	3847	3201	2641	3227
259	4990000	其他社会生产和生活服务人员	5939	4356	3239	4439
260	5010102	种苗繁育员	4864	4298	3658	4274
261	5059900	其他农林牧渔业生产辅助人员	5560	3709	3115	4237
262	5990000	其他农、林、牧、渔业生产加工人员	4288	3741	2980	3749
263	6010101	制米工	4980	3650	2900	3524

续表 28-1

序号	职业编码	职位名称	高位数	中位数	低位数	平均数
264	6010103	制油工	4908	4027	3549	4118
265	6010200	饲料加工工	4367	3649	3172	3620
266	6010403	肉制品加工工	4056	3494	3076	3509
267	6010501	水产品加工工	4084	3422	3171	3492
268	6010600	果蔬坚果加工工	4646	3581	3060	3651
269	6019900	其他农副产品加工人员	4666	3929	2855	3982
270	6020101	糕点面包烘焙工	6031	4210	3247	4143
271	6020102	糕点装饰师	5306	4592	3611	4702
272	6020301	米面主食制作工	3160	2838	2138	2750
273	6020401	乳品加工工	3413	2883	2304	2868
274	6020609	饮料制作工	6401	5617	3697	5823
275	6020610	茶叶加工工	7808	4913	4111	5156
276	6029900	其他食品、饮料生产加工人员	6558	5317	3224	5139
277	6040303	织布工	4553	4048	3570	4078
278	6040402	经编工	3918	3690	3367	3680
279	6040403	横机工	4089	3724	3372	3780
280	6049900	其他纺织、针织、印染人员	5343	4584	3670	4700
281	6050101	服装制版师	8291	6484	4446	6487
282	6050102	裁剪工	7185	4624	3284	4823
283	6050103	缝纫工	6650	4505	3361	4315
284	6050104	缝纫品整型工	6413	4639	3300	4469
285	6050201	皮革及皮革制品加工工	5415	4708	3634	4942
286	6050401	制鞋工	5221	4047	3360	3970
287	6059900	其他纺织品、服装和皮革、毛皮制品加工制作人员	5913	3940	2006	4133
288	6060301	手工木工	9514	6145	4527	6374
289	6060302	机械木工	5529	4381	3661	4289
290	6060400	家具制作工	5668	5002	4577	5081
291	6069900	其他木材加工、家具与木制品制作人员	6198	4410	3841	4656
292	6070200	纸箱纸盒制作工	7213	5273	4121	5437
293	6079900	其他纸及纸制品生产加工人员	5906	4159	3547	4378
294	6080101	印前处理和制作员	7649	3738	3180	3938
295	6080102	印刷操作员	6666	4229	3459	4536
296	6080103	印后制作员	7343	4491	3338	4980
297	6089900	其他印刷和记录媒介复制人员	5021	4295	3836	4215
298	6090302	雕塑翻制工	4110	3706	3487	3764
299	6090401	制球工	4701	3677	2843	3736
300	6090402	球拍球网制作工	5371	4327	3351	4452
301	6090403	健身器材制作工	5766	4184	3663	4623

续表 28-1

序号	职业编码	职位名称	高位数	中位数	低位数	平均数
302	6099900	其他文教、工美、体育和娱乐用品制造人员	6096	4318	3607	4587
303	6100110	油品储运工	6735	5158	3008	4885
304	6110101	化工原料准备工	6310	5230	3150	5230
305	6110104	制冷工	6247	4855	4241	5110
306	6110502	油墨制造工	5305	4898	4392	4827
307	6119900	其他化学原料和化学制品制造人员	6426	5581	3559	5266
308	6120501	生化药品制造工	6020	4502	3705	4610
309	6129900	其他医药制造人员	6934	5086	3327	5004
310	6130101	化纤聚合工	5142	4517	4022	4530
311	6130201	纺丝工	5921	4790	4099	4890
312	6130202	化纤后处理工	5896	5076	4314	5116
313	6140101	橡胶制品生产工	6499	5317	4033	5199
314	6140200	塑料制品成型制作工	5722	4548	2838	4685
315	6149900	其他橡胶和塑料制品制造人员	5533	4635	3829	4687
316	6150203	石材生产工	9373	6308	3994	6298
317	6150303	玻璃加工工	6032	4808	3734	4846
318	6150402	玻璃钢制品工	8199	6049	4603	6193
319	6170902	金属轧制工	6531	4898	4454	5217
320	6170904	金属材涂层机组操作工	5544	4639	4156	4850
321	6180101	车工	7249	5355	3646	5575
322	6180102	铣工	7435	5349	4562	5645
323	6180104	磨工	7517	5173	3900	5354
324	6180105	镗工	7382	5127	3531	5399
325	6180106	钻床工	5858	5112	3894	4730
326	6180107	多工序数控机床操作调整工	8626	5788	4614	6141
327	6180110	下料工	6715	5388	4328	5508
328	6180112	冲压工	5931	5018	3744	4704
329	6180201	铸造工	5642	5205	4463	5090
330	6180202	锻造工	6321	5351	4147	5573
331	6180203	金属热处理工	7447	5447	3458	5995
332	6180204	焊工	5801	5071	4046	4944
333	6180205	机械加工材料切割工	5959	5093	3411	4990
334	6180301	镀层工	6798	5064	4278	5160
335	6180302	镀膜工	5340	4356	3853	4484
336	6180303	涂装工	7286	5489	3735	5577
337	6180304	喷涂喷焊工	7685	5810	4274	5887
338	6180401	模具工	7352	5753	4268	5994
339	6180402	模型制作工	7238	5320	4161	5453

续表 28-1

序号	职业编码	职位名称	高位数	中位数	低位数	平均数
340	6180404	磨具制造工	7876	6033	4310	5990
341	6180406	工具钳工	7724	6322	4367	5957
342	6189900	其他机械制造基础加工人员	7247	4321	3252	4737
343	6190101	工具五金制作工	5088	4810	2599	4501
344	6190102	建筑五金制品制作工	6211	4786	4074	4968
345	6190105	日用五金制品制作工	6734	4954	3677	5192
346	6199900	其他金属制品制造人员	6790	5286	2376	5033
347	6200101	装配钳工	6905	5439	4420	5320
348	6209900	其他通用设备制造人员	6297	3850	1761	4060
349	6210601	医疗器械装配工	5642	4623	4070	4731
350	6219900	其他专用设备制造人员	6803	5444	4284	5686
351	6220101	汽车生产线操作工	9537	6515	5034	6728
352	6220103	汽车零部件再制造工	6917	5306	3153	5341
353	6230202	船舶机械装配工	6743	5168	4666	5253
354	6230204	船舶附件制造工	9370	7230	5028	7220
355	6230401	摩托车装调工	6413	5860	4639	5566
356	6240100	电机制造工	6865	5674	5075	5896
357	6240201	变压器互感器制造工	5673	4733	3688	4846
358	6240202	高低压电器及成套设备装配工	6365	5706	5078	5801
359	6240504	小型家用电器制造工	4362	3704	3108	3803
360	6240701	电光源制造工	4585	4196	3300	4024
361	6240702	灯具制造工	5580	4222	3867	4461
362	6249900	其他电气机械和器材制造人员	5653	3979	3304	3803
363	6250109	继电器制造工	5302	4113	3481	4314
364	6250110	高频电感器制造工	5095	4295	3655	4245
365	6250111	电器接插件制造工	5216	4491	3780	4543
366	6250112	电子产品制版工	4443	4057	3381	4005
367	6250113	印制电路制作工	6187	4865	3950	4984
368	6250115	温差电器件制造工	4783	4345	3999	4348
369	6250116	电子绝缘与介质材料制造工	4573	4170	3759	4092
370	6250201	真空电子器件零件制造及装调工	4455	3893	3555	3935
371	6250205	半导体芯片制造工	5846	4709	3976	4818
372	6250206	半导体分立器件和集成电路装调工	4577	4212	3662	4110
373	6250405	激光机装调工	6302	5873	5424	5861
374	6250407	广电和通信设备电子装接工	4125	3500	2833	3662
375	6259900	其他计算机、通信和其他电子设备制造人员	6239	4568	3316	4645
376	6260101	仪器仪表制造工	4579	3767	3382	3762
377	6280101	锅炉运行值班员	7311	5689	4569	5439

续表 28-1

序号	职业编码	职位名称	高位数	中位数	低位数	平均数
378	6280103	汽轮机运行值班员	4895	4383	3679	4322
379	6280105	发电集控值班员	10525	7106	5452	8332
380	6280106	电气值班员	10873	4243	3361	5604
381	6280111	锅炉操作工	6966	5431	3870	5290
382	6280114	变配电运行值班员	5890	4235	3605	4563
383	6280201	燃气储运工	5250	4200	3652	4386
384	6280203	工业气体生产工	5502	4375	3642	4406
385	6280301	水生产处理工	5341	4136	3129	4510
386	6280303	工业废水处理工	7733	5512	3267	5614
387	6289900	其他电力、热力、气体、水生产和输配人员	9873	6252	4154	6800
388	6290101	砌筑工	4550	4010	3420	4121
389	6290102	石工	4498	3980	3365	4012
390	6290103	混凝土工	7274	4849	3600	5268
391	6290104	钢筋工	4536	4088	3510	4037
392	6290105	架子工	4632	4012	3452	3968
393	6290302	电气设备安装工	5520	4850	4160	4872
394	6290303	电梯安装维修工	4745	4158	3600	4237
395	6290401	装饰装修工	6885	5837	3685	6191
396	6299900	其他建筑施工人员	5780	4955	3600	4512
397	6300100	专用车辆驾驶员	7999	5400	3847	5723
398	6300501	起重装卸机械操作工	8517	5477	4047	5271
399	6300502	起重工	5893	5274	4642	5337
400	6300503	输送机操作工	6706	5368	4143	5447
401	6300505	挖掘铲运和桩工机械司机	5397	4858	4337	4891
402	6309900	其他运输设备和通用工程机械操作人员及有关人员	6823	5389	3476	5482
403	6310101	设备点检员	7860	6460	4059	6043
404	6310102	机修钳工	7736	5844	4507	6053
405	6310103	电工	7882	5588	3720	5672
406	6310104	仪器仪表维修工	8070	6691	4860	6633
407	6310105	锅炉设备检修工	5363	4347	3639	4302
408	6310107	发电机检修工	8108	6548	4879	6541
409	6310109	工程机械维修工	7006	5608	3964	5752
410	6310301	化学检验员	7799	5051	3651	5196
411	6310302	物理性能检验员	7424	5308	3648	5233
412	6310303	生化检验员	6874	5465	3947	5316
413	6310305	质检员	6991	4878	3545	5115
414	6310306	试验员	9700	5228	3743	6561
415	6310400	称重计量工	5488	4548	2548	4047

续表 28-1

序号	职业编码	职位名称	高位数	中位数	低位数	平均数
416	6310500	包装工	5519	4528	2718	4392
417	6310600	安全员	12665	5792	3733	6764
418	6319900	其他生产辅助人员	7143	4769	3434	4881
419	6990000	其他生产制造及有关人员	6468	4562	3372	4662
二、制造业						
1	1060100	企业董事	56672	22434	4520	27947
2	1060200	企业总经理	51061	20548	5820	24750
3	1060400	生产经营部门经理	23482	11291	5610	12818
4	1060500	财务部门经理	26027	10696	4658	13426
5	1060600	行政部门经理	27982	13591	5407	17658
6	1060700	人事部门经理	30829	10959	4523	15155
7	1060800	销售和营销部门经理	32474	13142	5008	17084
8	1060900	广告和公关部门经理	25483	12890	5030	13675
9	1061000	采购部门经理	23109	10629	4796	13408
10	1061100	计算机服务部门经理	24743	13777	6713	16110
11	1061200	研究和开发部门经理	31496	15568	7426	17737
12	1069800	其他职能部门经理	23670	9263	4292	11904
13	1069900	其他企业中高级管理人员	18516	8163	4950	10569
14	2020204	地图制图工程技术人员	6647	5876	3857	5710
15	2020601	化工实验工程技术人员	9579	7514	5373	7516
16	2020602	化工设计工程技术人员	10610	6981	5400	7423
17	2020603	化工生产工程技术人员	11596	7267	4468	7729
18	2020701	机械设计工程技术人员	11131	6586	4264	7104
19	2020702	机械制造工程技术人员	9916	6191	3987	6741
20	2020703	仪器仪表工程技术人员	9463	5877	3824	6394
21	2020704	设备工程技术人员	10923	6975	4722	7743
22	2020706	模具设计工程技术人员	9153	5743	4317	6468
23	2020707	自动控制工程技术人员	8890	5069	4661	5741
24	2020708	材料成形与改性工程技术人员	12157	7957	5362	8284
25	2020709	焊接工程技术人员	7337	6231	4980	6321
26	2020711	汽车工程技术人员	18471	9716	5896	10474
27	2020712	船舶工程技术人员	9030	6510	4840	6595
28	2020901	电子材料工程技术人员	11064	6113	4567	6734
29	2020902	电子元器件工程技术人员	11938	7184	4421	7654
30	2020904	电子仪器与电子测量工程技术人员	15227	9303	4801	9861
31	2021001	通信工程技术人员	10481	6341	4466	6333
32	2021002	计算机硬件工程技术人员	9491	5891	4064	6432
33	2021003	计算机软件工程技术人员	20480	10890	4676	11272

续表 28-1

序号	职业编码	职位名称	高位数	中位数	低位数	平均数
34	2021004	计算机网络工程技术人员	9038	5774	4391	6542
35	2021005	信息系统分析工程技术人员	9325	8243	4486	8387
36	2021008	信息系统运行维护工程技术人员	8759	5968	4689	5923
37	2021101	电工电器工程技术人员	15270	9402	4233	9661
38	2021103	光源与照明工程技术人员	9296	6713	4888	7026
39	2021203	变电工程技术人员	8989	6591	4944	6875
40	2021803	土木建筑工程技术人员	12977	7380	3939	8107
41	2021902	非金属矿及制品工程技术人员	5180	4308	3644	4354
42	2022101	水资源工程技术人员	7248	6239	3500	5530
43	2022301	纺织工程技术人员	6035	4673	4042	4904
44	2022303	化学纤维工程技术人员	9145	7916	5653	7625
45	2022305	服装工程技术人员	7215	5450	4401	5728
46	2022400	食品工程技术人员	8618	5236	4238	5759
47	2022702	环境污染防治工程技术人员	10234	7939	5036	7722
48	2022706	健康安全环境工程技术人员	8951	6267	4991	6349
49	2022803	安全生产管理工程技术人员	8975	6212	4368	6284
50	2022903	质量管理工程技术人员	9097	5627	4040	6123
51	2022904	质量认证认可工程技术人员	9328	6626	4114	6975
52	2022905	可靠性工程技术人员	7312	5614	4892	5889
53	2023001	工业工程技术人员	10793	6670	4605	7297
54	2023002	物流工程技术人员	8421	5229	4601	6705
55	2023003	战略规划与管理工程技术人员	7860	5220	4658	5670
56	2023004	项目管理工程技术人员	13622	6588	4310	7477
57	2023009	数据分析处理工程技术人员	8840	5715	4957	6504
58	2023101	产品质量检验工程技术人员	9515	5879	4810	6776
59	2023200	制药工程技术人员	8041	5721	4432	5414
60	2023300	印刷复制工程技术人员	9624	5827	3422	6004
61	2023401	产品设计工程技术人员	9993	7106	4383	7486
62	2023402	工业设计工程技术人员	10697	6514	4506	6871
63	2023602	皮革化学工程技术人员	13323	10047	5528	9419
64	2059900	其他卫生专业技术人员	7026	5335	3529	5397
65	2060101	经济规划专业人员	12508	6829	4725	7040
66	2060103	价格专业人员	9010	6807	4155	5447
67	2060200	统计专业人员	10989	4966	3193	5890
68	2060300	会计专业人员	10438	5415	3692	6002
69	2060500	税务专业人员	10845	6381	4091	7195
70	2060701	国际商务专业人员	9607	6223	4575	6571
71	2060702	市场营销专业人员	11097	7136	4925	7652

续表 28-1

序号	职业编码	职位名称	高位数	中位数	低位数	平均数
72	2060703	商务策划专业人员	11987	7797	5514	7837
73	2060704	品牌专业人员	11545	8437	3393	7967
74	2060712	报关专业人员	8572	5881	3746	6047
75	2060801	人力资源管理专业人员	9211	5468	3528	5856
76	2060802	人力资源服务专业人员	7777	4780	3400	5299
77	2061203	专利管理专业人员	10052	8900	5170	8792
78	2069900	其他经济和金融专业人员	9346	5749	3573	6789
79	2079900	其他法律、社会和宗教专业人员	10242	7675	5477	7968
80	2090601	视觉传达设计人员	6700	4938	3200	4946
81	2090606	工艺美术专业人员	9001	6444	4824	6742
82	2090607	数字媒体艺术专业人员	6625	5662	4600	5984
83	2100501	翻译	8980	6271	4260	6663
84	2990000	其他专业技术人员	11071	5393	3221	6332
85	3010101	行政办事员	10149	5152	3300	6164
86	3010202	秘书	8373	5150	3269	5840
87	3010204	收发员	4817	4376	2934	4286
88	3010205	打字员	5215	3639	2200	3679
89	3010206	速录师	5781	3778	3001	4209
90	3010207	制图员	7074	4761	3631	5344
91	3010208	后勤管理员	9371	4980	2846	5566
92	3019900	其他办事人员	8524	5192	3938	5622
93	3020200	保卫管理员	6546	4860	2990	4990
94	3020304	消防安全管理员	8596	7431	5575	7431
95	3029900	其他安全和消防人员	7844	5206	2788	5408
96	3990000	其他办事人员和有关人员	9931	5104	2909	6280
97	4010100	采购员	11386	5838	4054	6852
98	4010201	营销员	12301	6205	3569	7426
99	4010202	电子商务师	10174	5568	3783	6567
100	4010203	商品营业员	6186	3357	2161	3283
101	4010204	收银员	4538	3513	2426	3490
102	4019900	其他批发与零售服务人员	9975	5230	3787	5978
103	4020201	道路客运汽车驾驶员	6951	5120	4292	5387
104	4020202	道路货运汽车驾驶员	7282	4913	3214	5382
105	4020205	道路运输调度员	6748	5921	4477	5782
106	4020501	装卸搬运工	6400	4707	2978	4779
107	4020503	运输代理服务员	6013	4697	3690	4823
108	4020601	仓储管理员	8090	4956	3528	5120
109	4020602	理货员	6400	4539	3269	4369

续表 28-1

序号	职业编码	职位名称	高位数	中位数	低位数	平均数
110	4020603	物流服务师	5554	4603	3873	4714
111	4029900	其他交通运输、仓储和邮政业服务人员	7456	5415	2020	6068
112	4030201	中式烹调师	7058	5192	3155	5157
113	4030205	餐厅服务员	5075	4425	2808	4188
114	4039900	其他住宿和餐饮服务人员	4574	3356	2715	3836
115	4040401	信息通信网络运行管理员	16098	5036	2966	5864
116	4040501	计算机程序设计员	15801	6031	3865	6581
117	4049900	其他信息传输、软件和信息技术服务人员	10122	7576	5851	7715
118	4059900	其他金融服务人员	5658	4502	2412	4526
119	4070203	客户服务管理员	10642	4721	2717	5478
120	4070404	旅游咨询员	6260	5401	4147	5510
121	4070501	保安员	6938	5371	3453	5216
122	4070603	市场管理员	8271	4834	3623	5027
123	4079900	其他租赁和商务服务人员	4612	3749	2700	3658
124	4080506	计量员	5651	4951	3254	4502
125	4080809	包装设计师	9689	6559	4460	6768
126	4089900	其他技术辅助服务人员	6292	4663	3479	5304
127	4090701	污水处理工	5733	4600	3240	4637
128	4090801	保洁员	4481	3470	2629	3564
129	4091001	园林绿化工	5678	4254	3073	4472
130	4099900	其他水利、环境和公共设施管理服务人员	9566	6736	4822	7056
131	4119900	其他电力、燃气及水供应服务人员	8183	6107	4869	6505
132	4120201	计算机维修工	5950	4467	3791	4869
133	4120202	办公设备维修工	5695	5138	4285	5175
134	4120203	信息通信网络终端维修员	7203	6245	4694	6390
135	4120301	家用电器产品维修工	6697	4937	2164	4586
136	4129900	其他修理及制作服务人员	7317	4526	3717	5376
137	4990000	其他社会生产和生活服务人员	5129	4361	3532	4395
138	6010101	制米工	4536	3662	2900	3769
139	6010103	制油工	5108	4082	3526	4011
140	6010200	饲料加工工	3967	3583	3158	3520
141	6019900	其他农副产品加工人员	4158	3390	2017	3417
142	6020101	糕点面包烘焙工	5128	3413	2603	3738
143	6020102	糕点装饰师	5398	4592	3723	4702
144	6020301	米面主食制作工	3495	2838	2138	2750
145	6020303	罐头食品加工工	5294	4272	3049	4200
146	6020401	乳品加工工	4713	3683	2604	3668
147	6020609	饮料制作工	7401	5617	4697	5823

续表 28-1

序号	职业编码	职位名称	高位数	中位数	低位数	平均数
148	6020610	茶叶加工工	4408	4097	3610	4009
149	6029900	其他食品、饮料生产加工人员	6825	5304	3210	5177
150	6040302	浆纱浆染工	4624	4217	3498	4105
151	6040303	织布工	4753	4348	3770	4278
152	6040402	经编工	3879	3367	2657	3380
153	6040403	横机工	3756	3290	2548	3298
154	6049900	其他纺织、针织、印染人员	7343	5384	2657	5500
155	6050101	服装制版师	7694	6588	4475	6515
156	6050102	裁剪工	6766	4638	3122	5434
157	6050103	缝纫工	5907	4255	2308	4322
158	6050104	缝纫品整型工	5634	4129	2913	4541
159	6050201	皮革及皮革制品加工工	5415	5008	3693	4942
160	6050401	制鞋工	4854	3864	3360	3970
161	6059900	其他纺织品、服装和皮革、毛皮制品加工制作人员	5537	3993	1871	4153
162	6060301	手工木工	7807	6094	4884	6366
163	6060302	机械木工	4871	4400	3984	4231
164	6060400	家具制作工	5687	5390	4965	5355
165	6069900	其他木材加工、家具与木制品制作人员	6572	4399	3866	4986
166	6070200	纸箱纸盒制作工	7213	5273	4121	5437
167	6079900	其他纸及纸制品生产加工人员	6250	4417	3750	4808
168	6080101	印前处理和制作员	7699	5781	3140	5772
169	6080102	印刷操作员	9136	5095	3457	5888
170	6080103	印后制作员	7392	4448	3404	5028
171	6089900	其他印刷和记录媒介复制人员	4939	4121	3833	4169
172	6090401	制球工	4701	3677	2843	3736
173	6090402	球拍球网制作工	5551	4444	3230	4438
174	6090403	健身器材制作工	5805	4128	3666	4515
175	6099900	其他文教、工美、体育和娱乐用品制造人员	6016	4463	3573	4658
176	6110502	油墨制造工	5305	4787	4394	4827
177	6119900	其他化学原料和化学制品制造人员	7555	5588	3259	5123
178	6120501	生化药品制造工	6020	4102	3705	4610
179	6129900	其他医药制造人员	6934	4941	3275	5146
180	6130101	化纤聚合工	5142	4517	4022	4530
181	6130201	纺丝工	5921	4790	4099	4890
182	6130202	化纤后处理工	5896	5076	4314	5116
183	6140101	橡胶制品生产工	7072	5315	4188	5526
184	6140200	塑料制品成型制作工	5744	4592	2838	4704
185	6149900	其他橡胶和塑料制品制造人员	5533	4635	3829	4687

续表 28-1

序号	职业编码	职位名称	高位数	中位数	低位数	平均数
186	6150203	石材生产工	10654	8268	4083	8274
187	6150303	玻璃加工工	6032	4808	3734	4846
188	6150402	玻璃钢制品工	7199	6049	4603	6193
189	6170902	金属轧制工	6531	4863	4364	5308
190	6170904	金属材涂层机组操作工	5612	4807	4203	4778
191	6180101	车工	7403	5424	3771	5631
192	6180102	铣工	7504	5389	4552	5681
193	6180104	磨工	7644	5135	3930	5383
194	6180105	镗工	7382	5127	3531	5399
195	6180106	钻床工	5927	4579	3894	4820
196	6180107	多工序数控机床操作调整工	7724	5874	4302	6250
197	6180110	下料工	6485	5388	4328	5508
198	6180112	冲压工	6193	4644	3730	4813
199	6180201	铸造工	6869	5265	4599	5642
200	6180202	锻造工	6521	5786	4347	5702
201	6180203	金属热处理工	7371	5544	3590	6078
202	6180204	焊工	7159	5155	3302	5531
203	6180205	机械加工材料切割工	5981	4960	3325	5076
204	6180301	镀层工	6141	5004	4271	5077
205	6180302	镀膜工	5357	4282	3854	4433
206	6180303	涂装工	7321	5396	3730	5428
207	6180304	喷涂喷焊工	6810	5406	4765	5594
208	6180401	模具工	7287	5627	4198	5813
209	6180402	模型制作工	7363	5458	4176	5475
210	6180404	磨具制造工	7876	5743	4310	6310
211	6180406	工具钳工	7684	6277	4335	6083
212	6189900	其他机械制造基础加工人员	7287	4327	3245	4753
213	6190101	工具五金制作工	5102	4803	2600	4429
214	6190102	建筑五金制品制作工	6211	4686	4174	4968
215	6190105	日用五金制品制作工	6704	4984	3719	5161
216	6199900	其他金属制品制造人员	6821	5159	2764	5300
217	6200101	装配钳工	6968	5308	4412	5315
218	6209900	其他通用设备制造人员	6349	3709	1786	4016
219	6210601	医疗器械装配工	5642	4623	4070	4731
220	6219900	其他专用设备制造人员	7643	5585	3888	5800
221	6220101	汽车生产线操作工	9749	6388	5058	6797
222	6220103	汽车零部件再制造工	6957	5386	3209	5250
223	6230202	船舶机械装配工	6743	5265	4066	5305

续表 28-1

序号	职业编码	职位名称	高位数	中位数	低位数	平均数
224	6230204	船舶附件制造工	9370	6830	4628	6820
225	6230401	摩托车装调工	6413	5860	4639	5566
226	6240100	电机制造工	6865	5674	5075	5808
227	6240201	变压器互感器制造工	4955	4433	3962	4546
228	6240504	小型家用电器制造工	4153	3613	3077	3663
229	6240701	电光源制造工	4488	4146	3644	4180
230	6240702	灯具制造工	6025	4124	3467	4687
231	6250109	继电器制造工	5332	4267	3580	4239
232	6250110	高频电感器制造工	5095	3995	3655	4245
233	6250111	电器接插件制造工	5216	4091	3480	4343
234	6250112	电子产品制版工	4571	4165	3467	4082
235	6250113	印制电路制作工	6187	4865	3950	4984
236	6250115	温差电器件制造工	4783	4331	4005	4448
237	6250116	电子绝缘与介质材料制造工	4573	4170	3697	4057
238	6250205	半导体芯片制造工	5846	4709	3976	4818
239	6250206	半导体分立器件和集成电路装调工	4617	4212	3662	4110
240	6250405	激光机装调工	6302	5923	5428	5931
241	6250407	广电和通信设备电子装接工	4125	3378	2833	3462
242	6259900	其他计算机、通信和其他电子设备制造人员	6248	4359	3465	4732
243	6260101	仪器仪表制造工	4309	3869	3423	3876
244	6280106	电气值班员	6854	4067	3596	4713
245	6280111	锅炉操作工	7153	5480	3755	5249
246	6280114	变配电运行值班员	5848	3935	3635	4063
247	6280203	工业气体生产工	5502	4875	4342	4906
248	6280301	水生产处理工	7341	5246	4218	6564
249	6280303	工业废水处理工	7794	5512	3151	5614
250	6290302	电气设备安装工	6520	5650	4160	5372
251	6300100	专用车辆驾驶员	6677	5400	1999	5533
252	6300501	起重装卸机械操作工	5983	5058	4424	5353
253	6300502	起重工	5858	5248	4639	5256
254	6300503	输送机操作工	6823	5512	4136	5472
255	6310101	设备点检员	7755	6280	3922	5978
256	6310102	机修钳工	7852	5910	4427	6096
257	6310103	电工	7920	5807	4689	6030
258	6310104	仪器仪表维修工	8496	5454	4524	6130
259	6310105	锅炉设备检修工	5363	4259	3570	4485
260	6310109	工程机械维修工	7693	5925	4861	6382
261	6310301	化学检验员	7857	4839	3758	5069

续表 28-1

序号	职业编码	职位名称	高位数	中位数	低位数	平均数
262	6310302	物理性能检验员	6210	5079	3648	5080
263	6310303	生化检验员	6574	5604	3947	5423
264	6310305	质检员	7041	4697	3535	5081
265	6310306	试验员	5992	5027	3926	5162
266	6310400	称重计量工	5155	3652	3019	3708
267	6310500	包装工	5606	4128	2687	4420
268	6310600	安全员	11785	5819	4027	7500
269	6319900	其他生产辅助人员	7112	4761	3337	4880
270	6990000	其他生产制造及有关人员	6482	4488	2792	4667
三、电力、热力、燃气及水生产和供应业						
1	1060200	企业总经理	51856	23252	7000	33669
2	1060400	生产经营部门经理	24020	15730	5067	15011
3	1069800	其他职能部门经理	38127	10721	4400	18431
4	1069900	其他企业中高级管理人员	18929	11125	6172	13468
5	2020603	化工生产工程技术人员	8470	6807	5666	6998
6	2020703	仪器仪表工程技术人员	10088	7219	5478	7206
7	2020709	焊接工程技术人员	8840	6730	5259	6850
8	2021201	发电工程技术人员	11667	6822	4732	6986
9	2023101	产品质量检验工程技术人员	7939	6164	5090	6334
10	2060300	会计专业人员	7876	4861	3862	5168
11	2990000	其他专业技术人员	8149	6218	5132	6862
12	3010101	行政办事员	7451	4939	3900	5295
13	3010208	后勤管理员	8101	6337	4622	6458
14	3990000	其他办事人员和有关人员	8262	3946	2250	4046
15	4070501	保安员	6323	5435	4557	5365
16	4110100	供电服务员	8307	5961	3589	5198
17	4110200	燃气燃煤供应服务员	5200	4400	4100	4496
18	6240202	高低压电器及成套设备装配工	9813	7006	5496	7364
19	6249900	其他电气机械和器材制造人员	4817	4217	3617	4303
20	6250201	真空电子器件零件制造及装调工	2550	2085	1816	2152
21	6280101	锅炉运行值班员	5613	4512	3786	4467
22	6280103	汽轮机运行值班员	4869	4428	3815	4488
23	6280105	发电集控值班员	9525	6106	4452	6332
24	6280106	电气值班员	4945	4040	3293	4101
25	6289900	其他电力、热力、气体、水生产和输配人员	9727	6080	3944	6581
26	6310104	仪器仪表维修工	9225	7872	6516	7929
27	6310107	发电机检修工	10108	8348	6579	8241
28	6319900	其他生产辅助人员	6392	6048	5082	5919

续表 28-1

序号	职业编码	职位名称	高位数	中位数	低位数	平均数
四、建筑业						
1	1060100	企业董事	39398	12693	5658	16545
2	1060200	企业总经理	52839	20275	5500	21282
3	1060400	生产经营部门经理	16140	8327	6255	10249
4	1060500	财务部门经理	20126	13225	6553	14190
5	1060600	行政部门经理	21817	9917	5426	10600
6	1060700	人事部门经理	16488	10708	6169	11122
7	1060800	销售和营销部门经理	17055	8822	6260	10846
8	1061000	采购部门经理	15404	8000	5300	9186
9	1069800	其他职能部门经理	23874	12615	5004	14437
10	1069900	其他企业中高级管理人员	50032	15583	4963	18621
11	2020704	设备工程技术人员	8016	5923	3256	5752
12	2021001	通信工程技术人员	4550	3150	2335	3335
13	2021101	电工电器工程技术人员	7481	5518	3236	5686
14	2021802	建筑和市政设计工程技术人员	27856	11817	4554	11371
15	2021803	土木建筑工程技术人员	13148	7011	3535	7834
16	2021804	风景园林工程技术人员	12230	5307	2617	5132
17	2021805	供水排水工程技术人员	20825	9158	2848	11069
18	2022803	安全生产管理工程技术人员	7797	6318	4060	6381
19	2023007	监理工程技术人员	12726	6341	3932	7262
20	2023010	工程造价工程技术人员	11525	8723	3254	8549
21	2060300	会计专业人员	9610	5995	3562	6769
22	2060702	市场营销专业人员	10436	7392	5711	7599
23	2060801	人力资源管理专业人员	7977	6475	5140	6672
24	2990000	其他专业技术人员	8135	4582	3735	4681
25	3010101	行政办事员	6399	4213	2683	4259
26	3010202	秘书	7237	4376	2835	5270
27	3010203	公关员	4467	3500	3183	3717
28	3010207	制图员	4160	3017	2667	3287
29	3010208	后勤管理员	6020	3843	2800	4317
30	3020200	保卫管理员	3700	3477	3066	3480
31	3029900	其他安全和消防人员	6600	5263	4883	5403
32	3990000	其他办事人员和有关人员	9089	4861	2762	5437
33	4010201	营销员	8979	7635	3938	6825
34	4091001	园林绿化工	5227	4402	3815	4587
35	6290101	砌筑工	5193	4320	3800	4369
36	6290102	石工	4785	4367	3790	4478
37	6290103	混凝土工	5513	3815	3600	4694

续表 28-1

序号	职业编码	职位名称	高位数	中位数	低位数	平均数
38	6290104	钢筋工	5027	4616	3814	4094
39	6290105	架子工	4850	4338	3888	4472
40	6299900	其他建筑施工人员	4858	4378	3612	4219
41	6300100	专用车辆驾驶员	5587	4710	3518	5000
42	6300501	起重装卸机械操作工	6850	5308	4067	5325
43	6319900	其他生产辅助人员	4466	4056	3550	3954
44	6990000	其他生产制造及有关人员	4852	4306	3781	4218
五、批发和零售业						
1	1060100	企业董事	42267	11019	4341	19523
2	1060200	企业总经理	70653	17080	4318	27061
3	1060400	生产经营部门经理	21557	9559	4269	10958
4	1060500	财务部门经理	34758	10696	4458	14069
5	1060600	行政部门经理	29216	8266	4571	12108
6	1060700	人事部门经理	31195	8995	3857	12372
7	1060800	销售和营销部门经理	38921	9810	3988	16542
8	1060900	广告和公关部门经理	27408	10200	6208	12954
9	1061000	采购部门经理	17663	7574	3535	9490
10	1061100	计算机服务部门经理	38560	11642	6177	16934
11	1061200	研究和开发部门经理	25872	14843	5786	16054
12	1069800	其他职能部门经理	26667	5509	3236	10220
13	1069900	其他企业中高级管理人员	29723	9501	4205	13828
14	2020701	机械设计工程技术人员	7550	5790	4669	5822
15	2020704	设备工程技术人员	8720	5200	3155	5494
16	2020706	模具设计工程技术人员	5572	5010	4248	4925
17	2020711	汽车工程技术人员	9437	5988	3059	6352
18	2020902	电子元器件工程技术人员	6533	5377	4343	5444
19	2021002	计算机硬件工程技术人员	12509	6378	4559	7534
20	2021004	计算机网络工程技术人员	18012	7041	3703	7471
21	2021006	嵌入式系统设计工程技术人员	9211	5195	4487	5699
22	2021008	信息系统运行维护工程技术人员	11071	6293	3578	5461
23	2022305	服装工程技术人员	10200	7294	3504	7143
24	2060103	价格专业人员	3506	3264	2700	3278
25	2060200	统计专业人员	10248	4437	2801	5470
26	2060300	会计专业人员	16663	5986	3650	8308
27	2060400	审计专业人员	18206	7562	4085	8428
28	2060500	税务专业人员	12715	6940	4105	7420
29	2060701	国际商务专业人员	10831	5772	4479	6058
30	2060703	商务策划专业人员	11774	8139	4901	8678

续表 28-1

序号	职业编码	职位名称	高位数	中位数	低位数	平均数
31	2060712	报关专业人员	7379	6226	4338	6872
32	2060801	人力资源管理专业人员	15542	6466	3639	8425
33	2060802	人力资源服务专业人员	8335	5073	3629	5842
34	2061002	保险核保专业人员	8140	6012	4576	5656
35	2061003	保险理赔专业人员	9755	6963	4209	7127
36	2069900	其他经济和金融专业人员	19219	8184	4748	10290
37	2090602	服装设计人员	17413	7819	4455	9428
38	2990000	其他专业技术人员	16391	5587	2983	7817
39	3010101	行政办事员	10632	4533	3000	5884
40	3010201	机要员	8404	5664	3682	5963
41	3010202	秘书	13122	5654	2788	6782
42	3010203	公关员	7580	5239	3657	5211
43	3010205	打字员	5787	3709	2330	4357
44	3010208	后勤管理员	11262	5438	3188	6211
45	3020200	保卫管理员	4486	3271	2736	3625
46	3990000	其他办事人员和有关人员	10088	4700	3300	5726
47	4010100	采购员	15524	7047	4006	9843
48	4010201	营销员	12814	5898	3177	7292
49	4010202	电子商务师	7824	4606	3150	4634
50	4010203	商品营业员	5441	3499	2233	3936
51	4010204	收银员	4079	3143	2597	3232
52	4010503	出版物发行员	10914	6604	5593	7812
53	4019900	其他批发与零售服务人员	8671	3901	2626	4634
54	4020201	道路客运汽车驾驶员	7030	4790	4050	5360
55	4020202	道路货运汽车驾驶员	5851	4720	3623	4758
56	4020208	油气电站操作员	8413	6400	3768	6123
57	4020501	装卸搬运工	5385	3737	2928	4012
58	4020601	仓储管理员	8069	4437	3085	5239
59	4020602	理货员	5405	4032	2984	4279
60	4020603	物流服务师	5130	4542	3100	4775
61	4029900	其他交通运输、仓储和邮政业服务人员	13510	4990	2779	5852
62	4030207	茶艺师	4677	3952	2501	3917
63	4070201	风险管理师	16499	12402	7973	12619
64	4070203	客户服务管理员	10311	4037	2626	5514
65	4070301	职业指导员	3890	3169	2865	3239
66	4070501	保安员	4542	3288	2539	3603
67	4070601	商品监督员	3544	2659	2362	3164
68	4070602	商品防损员	3082	2876	2705	2902

续表 28-1

序号	职业编码	职位名称	高位数	中位数	低位数	平均数
69	4070603	市场管理员	18817	10257	7187	11134
70	4080808	广告设计师	10152	5650	3650	6834
71	4080812	家具设计师	4915	3880	2810	3851
72	4089900	其他技术辅助服务人员	9846	5482	4105	5923
73	4090801	保洁员	3880	2816	2251	2911
74	4120101	汽车维修工	12844	7074	4037	7805
75	4129900	其他修理及制作服务人员	9871	4815	3417	5753
76	4140303	眼镜验光员	4051	3350	2849	3435
77	4140304	眼镜定配工	3847	3201	2641	3227
78	4990000	其他社会生产和生活服务人员	9533	4976	2809	5477
79	6010600	果蔬坚果加工工	3549	3275	2882	3247
80	6020101	糕点面包烘焙工	3694	3166	2784	3249
81	6020610	茶叶加工工	4358	3468	2720	3534
82	6029900	其他食品、饮料生产加工人员	5439	4546	3560	4384
83	6069900	其他木材加工、家具与木制品制作人员	4425	4105	3841	4115
84	6090302	雕塑翻制工	4110	3706	3487	3764
85	6090403	健身器材制作工	4227	3968	3641	3930
86	6100110	油品储运工	6171	5158	3905	5213
87	6119900	其他化学原料和化学制品制造人员	4638	4000	3582	4365
88	6140200	塑料制品成型制作工	5410	4390	3821	4469
89	6209900	其他通用设备制造人员	5905	5200	4570	5323
90	6240701	电光源制造工	4755	4086	3558	4163
91	6250405	激光机装调工	6602	5873	5008	5961
92	6290303	电梯安装维修工	4267	3828	3478	3892
93	6290401	装饰装修工	3285	2785	2336	2727
94	6300501	起重装卸机械操作工	4654	4334	4027	4349
95	6310103	电工	8699	4261	3543	4678
96	6310109	工程机械维修工	10882	7685	5148	8434
97	6310305	质检员	6977	4470	4058	4649
98	6310500	包装工	4451	3508	3210	3614
99	6319900	其他生产辅助人员	5496	4359	3787	4383
100	6990000	其他生产制造及有关人员	5393	4106	3405	4421
六、交通运输、仓储和邮政业						
1	1060200	企业总经理	48696	26608	6890	26779
2	1060400	生产经营部门经理	28973	18057	8657	18552
3	1060500	财务部门经理	28014	11344	4957	13503
4	1060600	行政部门经理	22665	9575	4663	13117
5	1060700	人事部门经理	24650	16007	3996	13806

续表 28-1

序号	职业编码	职位名称	高位数	中位数	低位数	平均数
6	1060800	销售和营销部门经理	26577	12808	6543	15573
7	1061100	计算机服务部门经理	20954	16046	5668	17424
8	1069800	其他职能部门经理	24429	9337	5276	12777
9	1069900	其他企业中高级管理人员	27626	7732	3482	11622
10	2020704	设备工程技术人员	9991	6679	5328	7537
11	2021001	通信工程技术人员	13063	6004	4821	7415
12	2021002	计算机硬件工程技术人员	7185	6477	5248	6579
13	2021003	计算机软件工程技术人员	12296	7673	4758	7276
14	2021005	信息系统分析工程技术人员	11655	8213	4769	8629
15	2021502	船舶运用工程技术人员	9998	7125	4270	7133
16	2021803	土木建筑工程技术人员	14728	7616	5520	8542
17	2022803	安全生产管理工程技术人员	9963	6731	5554	7501
18	2049900	其他飞机和船舶技术人员	18558	8238	6181	10119
19	2060200	统计专业人员	8242	5559	3667	6308
20	2060300	会计专业人员	12089	7917	4348	8113
21	2060500	税务专业人员	10622	7770	4502	7979
22	2060702	市场营销专业人员	15077	6784	3732	7886
23	2060801	人力资源管理专业人员	12637	8495	5031	8301
24	2060802	人力资源服务专业人员	11351	6261	3901	6615
25	2990000	其他专业技术人员	12100	6730	4476	7377
26	3010101	行政办事员	13392	6250	4000	7008
27	3010208	后勤管理员	13036	6400	3522	7565
28	3019900	其他办事人员	10630	7744	3900	7699
29	3020200	保卫管理员	7526	6820	2616	6995
30	3990000	其他办事人员和有关人员	8169	5465	3168	5650
31	4020106	轨道交通调度员	7080	6408	5738	6354
32	4020107	城市轨道交通服务员	6995	5132	4807	5489
33	4020201	道路客运汽车驾驶员	10102	7381	4904	7209
34	4020202	道路货运汽车驾驶员	8100	6128	4292	6079
35	4020203	道路客运服务员	6806	4545	4000	5585
36	4020204	道路货运业务员	7783	6643	4603	6834
37	4020205	道路运输调度员	8428	7106	4462	7254
38	4020302	船舶业务员	8128	5608	4113	6107
39	4020501	装卸搬运工	6964	5179	4104	5332
40	4020503	运输代理服务员	7978	5907	4953	5667
41	4020601	仓储管理员	5717	4799	2990	4710
42	4020602	理货员	9944	5927	4207	6366
43	4020702	邮件分拣员	7445	5858	4235	5666

续表 28-1

序号	职业编码	职位名称	高位数	中位数	低位数	平均数
44	4020703	邮件转运员	7487	5769	4979	5900
45	4020704	邮政投递员	8418	5975	2540	5291
46	4020708	快递员	7736	6296	4954	6475
47	4020709	快件处理员	4837	4211	3605	4328
48	4029900	其他交通运输、仓储和邮政业服务人员	9086	6542	3630	6966
49	4070203	客户服务管理员	8099	6222	4893	6775
50	4070501	保安员	6411	3506	3126	4125
51	4109900	其他居民服务人员	4560	3883	3231	3806
52	4120101	汽车维修工	9158	6169	3891	4756
53	6300100	专用车辆驾驶员	8709	6492	4819	7127
54	6310103	电工	4586	4075	3680	4085
55	6310600	安全员	9918	7545	3278	7781
56	6319900	其他生产辅助人员	6187	5302	4199	5460
57	6990000	其他生产制造及有关人员	4277	3794	3020	3875
七、住宿和餐饮业						
1	1060200	企业总经理	41463	25223	10122	28834
2	1060500	财务部门经理	15249	8189	4897	11655
3	1060600	行政部门经理	16105	8833	4949	9714
4	1060700	人事部门经理	15041	9206	4584	10770
5	1060800	销售和营销部门经理	16375	8739	5412	9777
6	1060900	广告和公关部门经理	12491	7831	4918	7969
7	1061000	采购部门经理	13810	8701	4376	8595
8	1061100	计算机服务部门经理	11413	9385	4677	9268
9	1061300	餐厅部门经理	12508	6678	4300	7850
10	1061400	客房部门经理	15284	6839	5961	8213
11	1069800	其他职能部门经理	10511	5942	4049	6694
12	1069900	其他企业中高级管理人员	16971	4772	3000	6451
13	2021205	电力工程安装工程技术人员	4605	3991	3444	4033
14	2022802	消防工程技术人员	4500	3760	2900	3675
15	2060300	会计专业人员	5078	3515	3050	3506
16	2060802	人力资源服务专业人员	4300	3600	2200	3544
17	2990000	其他专业技术人员	5622	3129	1900	3609
18	3010101	行政办事员	6123	4384	3439	4825
19	3010202	秘书	6202	3575	2229	4015
20	3010208	后勤管理员	6775	5110	3100	5990
21	3020200	保卫管理员	5099	3300	2891	3699
22	3029900	其他安全和消防人员	4415	3605	2798	3597
23	3990000	其他办事人员和有关人员	6917	3972	2587	4261

续表 28-1

序号	职业编码	职位名称	高位数	中位数	低位数	平均数
24	4020201	道路客运汽车驾驶员	5386	4127	3251	4212
25	4020202	道路货运汽车驾驶员	5323	4873	4105	4795
26	4020601	仓储管理员	4868	3892	3135	3680
27	4020602	理货员	5154	3635	2927	3849
28	4030101	前厅服务员	5841	3963	2434	3969
29	4030102	客房服务员	5234	3414	2664	3435
30	4030103	旅店服务员	5382	3684	2673	3732
31	4030201	中式烹调师	8067	4650	2784	4920
32	4030202	中式面点师	6175	4631	3270	4955
33	4030203	西式烹调师	6703	3846	2959	4143
34	4030204	西式面点师	5311	3788	2884	3930
35	4030205	餐厅服务员	4985	3607	2982	3757
36	4030206	营养配餐员	7014	4674	3160	4780
37	4030207	茶艺师	4627	4198	3475	4105
38	4030208	咖啡师	5780	4900	4419	4941
39	4039900	其他住宿和餐饮服务人员	5812	4000	2833	4297
40	4070501	保安员	5371	3893	2705	3872
41	4090801	保洁员	4351	3704	3147	3717
42	4110100	供电服务员	6389	5505	4189	5542
43	6029900	其他食品、饮料生产加工人员	5300	3925	3132	4216
44	6310103	电工	4758	3739	3302	4103
八、信息传输、软件和信息技术服务业						
1	1060100	企业董事	44206	22649	9800	25044
2	1060200	企业总经理	57124	30248	6723	30980
3	1060400	生产经营部门经理	34093	11254	5816	16223
4	1060500	财务部门经理	29851	13071	5564	14861
5	1060600	行政部门经理	35857	15781	5784	16010
6	1060700	人事部门经理	24230	10265	5917	12605
7	1060800	销售和营销部门经理	30758	14561	4893	15757
8	1061000	采购部门经理	33871	19785	5569	18361
9	1061100	计算机服务部门经理	31802	16883	8943	18060
10	1061200	研究和开发部门经理	22124	14780	9802	15438
11	1069800	其他职能部门经理	33420	7652	4468	11657
12	1069900	其他企业中高级管理人员	34222	18526	5471	18476
13	2020204	地图制图工程技术人员	15587	11086	6660	11311
14	2021001	通信工程技术人员	16942	6690	4724	8761
15	2021003	计算机软件工程技术人员	15599	8034	4275	8719
16	2021004	计算机网络工程技术人员	18537	5191	3821	6960

续表 28-1

序号	职业编码	职位名称	高位数	中位数	低位数	平均数
17	2021005	信息系统分析工程技术人员	22422	14185	9939	11736
18	2021008	信息系统运行维护工程技术人员	16731	10847	8101	9401
19	2023004	项目管理工程技术人员	15769	12039	8885	10439
20	2060300	会计专业人员	13542	9277	4751	9608
21	2060702	市场营销专业人员	19995	12816	5236	11815
22	2060703	商务策划专业人员	12756	8734	4828	8947
23	2060801	人力资源管理专业人员	18728	10272	3585	10326
24	2060802	人力资源服务专业人员	18028	10240	4676	10507
25	2061203	专利管理专业人员	7739	6039	5249	6364
26	2100201	文字编辑	6821	5397	4131	5168
27	2990000	其他专业技术人员	15645	8050	3996	8838
28	3010101	行政办事员	10900	5072	3223	5969
29	3010202	秘书	9316	8564	3650	8095
30	3010208	后勤管理员	11000	6333	4025	7702
31	3990000	其他办事人员和有关人员	12887	5173	3946	6174
32	4010100	采购员	13354	10826	4526	9785
33	4010201	营销员	14090	9234	5202	9648
34	4010202	电子商务师	13368	8385	5493	8971
35	4020601	仓储管理员	7075	6552	3507	6184
36	4040101	信息通信营业员	14087	10485	5988	7153
37	4040103	信息通信业务员	15079	9910	5958	8334
38	4040201	信息通信网络机务员	11690	8637	5158	8692
39	4040202	信息通信网络线务员	10891	8495	7008	9016
40	4040204	信息通信网络测量员	18265	7840	5617	8319
41	4040501	计算机程序设计员	14244	11637	5360	9987
42	4040502	计算机软件测试员	18257	10478	6026	9834
43	4040503	呼叫中心服务员	8112	5007	3064	5062
44	4049900	其他信息传输、软件和信息技术服务人员	9349	4710	3667	5536
45	4070203	客户服务管理员	7392	4007	3156	3976
46	4080304	工程测量员	12541	7596	6183	7623
47	4090801	保洁员	3889	3239	2639	3356
48	4120201	计算机维修工	5931	4532	3710	4732
49	4120202	办公设备维修工	4865	4392	3566	4288
50	4990000	其他社会生产和生活服务人员	3568	3086	2622	3092
九、金融业						
1	1060200	企业总经理	137754	51111	12932	60982
2	1060400	生产经营部门经理	93582	32199	12230	41504
3	1060500	财务部门经理	57141	21657	9107	31372

续表 28-1

序号	职业编码	职位名称	高位数	中位数	低位数	平均数
4	1060600	行政部门经理	46127	30929	13154	37260
5	1060700	人事部门经理	97298	19803	9991	36070
6	1060800	销售和营销部门经理	99458	26748	10968	35722
7	1061100	计算机服务部门经理	85639	24507	14738	40899
8	1069800	其他职能部门经理	94652	25742	11732	41441
9	1069900	其他企业中高级管理人员	58887	32539	10797	33961
10	2021001	通信工程技术人员	9300	6078	4700	6841
11	2021003	计算机软件工程技术人员	30837	11062	5899	12984
12	2021004	计算机网络工程技术人员	34044	18381	6404	18757
13	2021005	信息系统分析工程技术人员	29410	13754	8128	16837
14	2021008	信息系统运行维护工程技术人员	17466	14047	9797	14266
15	2022801	安全防范设计评估工程技术人员	12278	10340	6224	9614
16	2060101	经济规划专业人员	19591	9847	6551	10225
17	2060200	统计专业人员	11052	6997	4591	7423
18	2060300	会计专业人员	23414	11450	4636	12956
19	2060400	审计专业人员	23946	16584	7977	15750
20	2060801	人力资源管理专业人员	25483	11062	5958	14378
21	2060802	人力资源服务专业人员	16202	7637	4500	8600
22	2060904	银行清算专业人员	24584	15469	9918	17002
23	2060905	信贷审核专业人员	22123	13743	12022	15835
24	2061002	保险核保专业人员	14660	8193	4966	8764
25	2061003	保险理赔专业人员	12165	8239	5126	8452
26	2061103	证券投资专业人员	38876	16050	7108	20071
27	2061104	理财专业人员	14124	8248	5906	10146
28	2069900	其他经济和金融专业人员	29697	15234	6384	16923
29	2070700	法律顾问	20892	9605	5850	11628
30	2990000	其他专业技术人员	13551	9126	6122	10245
31	3010101	行政办事员	14100	10013	5583	10234
32	3010208	后勤管理员	15684	9203	5020	9914
33	3019900	其他办事人员	12917	9819	5611	10269
34	3020200	保卫管理员	11616	6243	4319	7206
35	3990000	其他办事人员和有关人员	15705	8073	5043	9855
36	4040403	信息通信信息化系统管理员	10277	6264	5650	6336
37	4050101	银行综合柜员	20135	13420	8478	13478
38	4050102	银行信贷员	33806	18401	11028	20321
39	4050103	银行客户业务员	29045	15978	10142	17426
40	4050104	银行信用卡业务员	13607	10920	9070	10973
41	4050300	期货交易员	12662	8970	5897	10041

续表 28-1

序号	职业编码	职位名称	高位数	中位数	低位数	平均数
42	4050401	保险代理人	23052	9747	4333	12884
43	4050402	保险保全员	14436	8036	5508	9964
44	4050501	典当业务员	5150	3790	3170	3888
45	4059900	其他金融服务人员	18925	8867	4646	11602
46	4070100	租赁业务员	10730	9067	5800	9204
47	4079900	其他租赁和商务服务人员	7083	4750	3500	5213
十、房地产业						
1	1060200	企业总经理	108577	38151	14452	43334
2	1060400	生产经营部门经理	45855	15262	8891	24609
3	1060500	财务部门经理	48195	35957	4224	31242
4	1060600	行政部门经理	28423	18045	6369	19346
5	1060700	人事部门经理	26061	18826	7633	22331
6	1060800	销售和营销部门经理	40301	16098	3724	18902
7	1069800	其他职能部门经理	40822	17450	5557	19529
8	1069900	其他企业中高级管理人员	39516	11336	5588	20828
9	2020704	设备工程技术人员	20475	18516	5879	11931
10	2021202	供用电工程技术人员	16166	8471	4248	8945
11	2021803	土木建筑工程技术人员	29504	18449	8196	19151
12	2023010	工程造价工程技术人员	23227	12787	8356	12964
13	2060300	会计专业人员	25160	9147	4710	11497
14	2060706	房地产开发专业人员	26094	10884	7281	13256
15	2060710	物业经营管理专业人员	11435	6658	3485	7204
16	2060801	人力资源管理专业人员	25386	9792	5666	12751
17	2990000	其他专业技术人员	11978	10854	5894	9465
18	3010101	行政办事员	12012	8280	4573	8858
19	3010208	后勤管理员	9878	7026	3877	6915
20	3020200	保卫管理员	7161	4982	3096	4161
21	3029900	其他安全和消防人员	8195	5877	3260	4049
22	3990000	其他办事人员和有关人员	11840	6724	3430	6298
23	4010203	商品营业员	9568	7370	4020	6043
24	4060101	物业管理员	6047	4527	2045	4237
25	4060103	停车管理员	3363	2455	2111	2630
26	4069900	其他房地产服务人员	5092	3529	3021	3678
27	4070100	租赁业务员	12279	5691	4605	6610
28	4070203	客户服务管理员	8538	6014	3014	4839
29	4070501	保安员	4925	3556	2554	3587
30	4070504	消防设施操作员	4749	4000	3157	3911
31	4090801	保洁员	3897	2761	2209	3102

续表 28-1

序号	职业编码	职位名称	高位数	中位数	低位数	平均数
32	4090802	生活垃圾清运工	3506	2631	1898	2893
33	4091001	园林绿化工	5132	3766	2714	4125
34	4099900	其他水利、环境和公共设施管理服务人员	3360	2500	1850	2621
35	4109900	其他居民服务人员	3560	2870	2200	2815
36	4990000	其他社会生产和生活服务人员	8601	3991	3179	4206
37	6300100	专用车辆驾驶员	10080	6913	3817	8357
38	6310103	电工	6712	4883	3456	4341
十一、租赁和商务服务业						
1	1060100	企业董事	35240	28824	7192	32293
2	1060200	企业总经理	37484	18544	6169	19822
3	1060400	生产经营部门经理	18174	11093	9752	13335
4	1060500	财务部门经理	18667	8167	5121	10690
5	1060600	行政部门经理	14108	9242	5376	13057
6	1060700	人事部门经理	19132	8701	4898	11540
7	1060800	销售和营销部门经理	16432	7019	5277	8277
8	1061100	计算机服务部门经理	20457	12575	7810	13948
9	1069800	其他职能部门经理	18066	10323	3583	10795
10	1069900	其他企业中高级管理人员	31155	10009	5695	15463
11	2020704	设备工程技术人员	9239	6600	5430	6800
12	2021003	计算机软件工程技术人员	13459	7231	5218	9347
13	2021004	计算机网络工程技术人员	10658	5038	3924	6822
14	2021005	信息系统分析工程技术人员	6358	5284	4284	5411
15	2021802	建筑和市政设计工程技术人员	9900	8885	3640	6887
16	2060300	会计专业人员	10637	5935	3343	6844
17	2060400	审计专业人员	16494	8410	4623	9428
18	2060500	税务专业人员	9422	5417	3058	5974
19	2060702	市场营销专业人员	8255	5123	2964	5046
20	2060712	报关专业人员	6351	4672	3097	4608
21	2060801	人力资源管理专业人员	6689	5651	3612	6117
22	2069900	其他经济和金融专业人员	7080	5474	4246	5578
23	2079900	其他法律、社会和宗教专业人员	15940	8968	6038	10829
24	2990000	其他专业技术人员	11369	8292	5322	8353
25	3010101	行政办事员	8683	6702	3571	6495
26	3010202	秘书	10179	6832	3620	6397
27	3010204	收发员	3713	2663	1800	2694
28	3010208	后勤管理员	6398	4232	3000	4474
29	3990000	其他办事人员和有关人员	8690	4311	3333	5346
30	4010201	营销员	7610	6257	4894	6517

续表 28-1

序号	职业编码	职位名称	高位数	中位数	低位数	平均数
31	4020502	客运售票员	6712	5628	4709	5616
32	4060201	房地产经纪人	4461	3773	2830	3825
33	4069900	其他房地产服务人员	3950	3200	2425	3256
34	4070203	客户服务管理员	7286	4967	3906	5435
35	4070401	导游	6207	2097	1849	2188
36	4070403	旅行社计调	6370	3291	1997	3235
37	4070501	保安员	4686	4063	3100	3987
38	4079900	其他租赁和商务服务人员	6201	3076	2399	3547
39	4089900	其他技术辅助服务人员	3981	3370	2870	3471
40	4090801	保洁员	3000	2359	2059	2401
41	4990000	其他社会生产和生活服务人员	5881	4850	3462	4264
十二、科学研究和技术服务业						
1	1060100	企业董事	38793	20510	7720	22671
2	1060200	企业总经理	36847	24570	7962	26272
3	1060400	生产经营部门经理	27321	15209	7374	18180
4	1060800	销售和营销部门经理	21184	11160	7632	12851
5	1069800	其他职能部门经理	22884	15638	13832	16044
6	1069900	其他企业中高级管理人员	31504	15809	8426	18168
7	2020102	地球物理地球化学与遥感勘查工程技术人员	10939	6887	5307	7013
8	2020202	工程测量工程技术人员	12136	7253	4180	7367
9	2021101	电工电器工程技术人员	12057	7090	5540	8055
10	2021205	电力工程安装工程技术人员	8867	6133	5154	6143
11	2021802	建筑和市政设计工程技术人员	18605	8611	4013	9200
12	2021803	土木建筑工程技术人员	15989	7023	4241	7942
13	2021809	道路与桥梁工程技术人员	14872	8594	6429	9316
14	2023007	监理工程技术人员	6350	5650	4080	5738
15	2023010	工程造价工程技术人员	5840	5200	2120	5321
16	2060300	会计专业人员	12850	8328	5288	9017
17	2990000	其他专业技术人员	11953	6645	4021	7320
18	3010101	行政办事员	10356	8030	4171	8320
19	3010202	秘书	5415	4716	3743	4704
20	3990000	其他办事人员和有关人员	8961	5544	2200	6331
21	4020201	道路客运汽车驾驶员	5880	5216	2850	4625
十三、水利环境和公共设施管理业						
1	1069800	其他职能部门经理	22140	18162	13032	18479
2	1069900	其他企业中高级管理人员	31337	24230	14555	26908
3	2021101	电工电器工程技术人员	10974	8539	4639	8284
4	2021508	道路交通工程技术人员	11784	9819	6113	9200

续表 28-1

序号	职业编码	职位名称	高位数	中位数	低位数	平均数
5	2021803	土木建筑工程技术人员	12349	6516	4480	7573
6	2021809	道路与桥梁工程技术人员	16329	12399	9514	12861
7	2030400	园艺技术人员	11243	10190	8092	10009
8	2060300	会计专业人员	12842	10138	8509	9890
9	2069900	其他经济和金融专业人员	13584	11903	8685	11391
10	2990000	其他专业技术人员	12196	6383	4459	7346
11	3010101	行政办事员	11546	9198	5967	9158
12	3020304	消防安全管理员	7251	6756	5866	6766
13	4020201	道路客运汽车驾驶员	5844	5335	4575	5283
14	4020206	公路收费及监控员	6433	5468	4988	5606
15	6240202	高低压电器及成套设备装配工	6475	5822	5467	5948
16	6990000	其他生产制造及有关人员	6525	5721	5055	5852
十四、居民服务、修理和其他服务业						
1	1060100	企业董事	46444	34731	9267	30665
2	1060200	企业总经理	36236	16527	4233	18106
3	1060400	生产经营部门经理	19013	11352	5299	11664
4	1060500	财务部门经理	18195	11474	6693	11653
5	1060600	行政部门经理	14643	8629	4055	10652
6	1060700	人事部门经理	21911	9339	5227	11217
7	1060800	销售和营销部门经理	25746	14182	6208	16551
8	1069800	其他职能部门经理	15497	8536	4204	9060
9	1069900	其他企业中高级管理人员	20344	9672	5140	11980
10	2020202	工程测量工程技术人员	7617	6237	4677	6434
11	2021803	土木建筑工程技术人员	11376	5115	3500	6602
12	2021809	道路与桥梁工程技术人员	9458	7045	5314	7390
13	2022803	安全生产管理工程技术人员	9760	5708	4049	6294
14	2060300	会计专业人员	9664	5049	3310	6165
15	2060801	人力资源管理专业人员	10073	6798	3689	6842
16	2090601	视觉传达设计人员	10590	8371	6505	8399
17	2100700	档案专业人员	4512	3643	2611	3724
18	2990000	其他专业技术人员	7844	4053	3277	5152
19	3010101	行政办事员	7153	5117	3035	4948
20	3010208	后勤管理员	6755	4700	3010	4787
21	3020200	保卫管理员	4588	3545	2413	3582
22	3990000	其他办事人员和有关人员	8571	5076	3300	5370
23	4010100	采购员	9114	5658	2400	5742
24	4010201	营销员	10427	5679	2400	6622
25	4020201	道路客运汽车驾驶员	4045	3362	2913	3475

续表 28-1

序号	职业编码	职位名称	高位数	中位数	低位数	平均数
26	4020501	装卸搬运工	5411	3300	3050	3495
27	4020601	仓储管理员	4722	3843	2400	4359
28	4030201	中式烹调师	3959	3434	2510	3344
29	4030205	餐厅服务员	4065	3407	2584	3338
30	4049900	其他信息传输、软件和信息技术服务人员	7872	6792	4100	6525
31	4060101	物业管理员	7142	4268	3286	4699
32	4070203	客户服务管理员	8037	6426	4675	6414
33	4070401	导游	3267	2655	1721	2768
34	4070403	旅行社计调	11991	7396	4907	7922
35	4070404	旅游咨询员	11610	7032	4772	7805
36	4070501	保安员	5511	3938	2784	3882
37	4070503	智能楼宇管理员	5167	4178	3428	4351
38	4079900	其他租赁和商务服务人员	9496	6826	5120	7195
39	4090801	保洁员	3775	2562	2057	2591
40	4091001	园林绿化工	4426	3169	2318	3310
41	4109900	其他居民服务人员	6686	4617	2678	4746
42	4120101	汽车维修工	7048	4776	2400	4783
43	4120201	计算机维修工	7914	5849	4375	6231
44	4129900	其他修理及制作服务人员	5016	3680	3356	3726
45	4990000	其他社会生产和生活服务人员	7441	4185	2179	4721
46	6259900	其他计算机、通信和其他电子设备制造人员	4698	4132	3662	4240
47	6319900	其他生产辅助人员	5078	4196	3583	4358
十五、卫生和社会工作						
1	2050104	妇产科医师	8260	6676	5888	6710
2	2050801	内科护士	4789	4314	3229	4060
3	2050804	外科护士	6900	4817	3379	4899
4	2050806	助产士	4603	4172	3554	4028
5	2050808	妇产科护士	5540	4787	3601	5079
6	2059900	其他卫生专业技术人员	2439	2118	1716	2123
7	2990000	其他专业技术人员	4760	3800	3160	3933
8	3010101	行政办事员	8360	6674	3675	7387
9	3010208	后勤管理员	5454	3995	2242	4241
10	3990000	其他办事人员和有关人员	6100	3064	1817	3782
十六、文化、体育和娱乐业						
1	2060300	会计专业人员	7383	6098	4344	5919
2	2100101	文字记者	9250	6013	4182	6405
3	2100201	文字编辑	9762	6567	4400	6377
4	2100202	美术编辑	7016	5132	4234	5585

续表 28-1

序号	职业编码	职位名称	高位数	中位数	低位数	平均数
5	2100300	校对员	7371	6413	5398	6429
6	2990000	其他专业技术人员	7844	6065	3599	4604
7	3010101	行政办事员	9066	3855	3114	5289
8	3010208	后勤管理员	6104	3800	3038	4327
9	3990000	其他办事人员和有关人员	4140	3312	2952	3398
10	4139900	其他文化、体育和娱乐服务人员	6522	2972	2580	4010
11	4990000	其他社会生产和生活服务人员	4810	4365	3600	4418

表 28-2　**2018 年厦门市劳动力市场分技术等级工种工资指导价位表**

单位：元 / 人 · 月

序号	职业编码	职位名称	技能等级	高位数	中位数	低位数	平均数
1	4010100	采购员	没有取得资格证书	5450	4730	2758	5101
			初级技能	5903	5206	2948	5495
			中级技能	6729	5654	3825	5779
			高级技能	8126	6117	4038	6575
			技师	11697	7469	5314	7760
2	4010201	营销员	没有取得资格证书	5636	3836	2698	3829
			初级技能	5685	4145	2728	4091
			中级技能	6183	5077	2885	5045
			高级技能	7468	6162	4651	6065
			技师	16487	7185	5221	7437
3	4010203	商品营业员	没有取得资格证书	5160	3526	2264	3883
			初级技能	5539	3949	2656	3985
			中级技能	5735	4139	2812	4159
			高级技能	5819	4281	2943	4381
			技师	7664	4438	3179	4565
4	4010204	收银员	没有取得资格证书	3977	3044	2482	3115
			初级技能	4207	3460	2648	3575
			中级技能	4300	3700	2736	3781
			高级技能	4443	3843	2976	3972
5	4020106	轨道交通调度员	没有取得资格证书	6580	5508	4938	5554
6	4020107	城市轨道交通服务员	没有取得资格证书	6995	5523	4606	5658
7	4020201	道路客运汽车驾驶员	没有取得资格证书	6150	4709	3262	4715
			初级技能	6713	4987	3552	4900
			中级技能	7256	5339	3806	5497
			高级技能	8111	6560	4238	6859

续表 28-2

序号	职业编码	职位名称	技能等级	高位数	中位数	低位数	平均数
8	4020202	道路货运汽车驾驶员	没有取得资格证书	7310	5061	3574	4808
			初级技能	7479	5920	4174	5897
			中级技能	7659	6240	4415	6336
			高级技能	7825	6883	6030	6872
9	4020203	道路客运服务员	没有取得资格证书	6188	4551	3523	4494
10	4020205	道路运输调度员	没有取得资格证书	7289	5945	4167	6007
			初级技能	7775	6931	4325	7297
			中级技能	8031	7053	4598	7479
			高级技能	8397	7277	4766	7552
11	4020206	公路收费及监控员	没有取得资格证书	6437	5468	4988	5605
12	4020207	机动车驾驶教练员	初级技能	5975	5292	4561	5378
13	4020208	油气电站操作员	中级技能	6315	5245	3617	5374
			高级技能	7090	6327	4647	6158
14	4020501	装卸搬运工	没有取得资格证书	5498	3450	3050	3897
			初级技能	5674	3845	3217	4186
			中级技能	5937	4571	3478	4468
			高级技能	6380	4990	3620	5020
15	4020502	客运售票员	没有取得资格证书	6712	5628	4709	5616
16	4020601	仓储管理员	没有取得资格证书	5792	4099	2903	4144
			初级技能	6036	4367	3186	4463
			中级技能	6324	4671	3481	4705
			高级技能	7378	4943	3787	5103
17	4020602	理货员	没有取得资格证书	5665	4472	3006	4542
			初级技能	6632	5785	4171	5879
18	4020603	物流服务师	没有取得资格证书	6075	4546	3275	4438
19	4020702	邮件分拣员	没有取得资格证书	5647	3469	2687	3386
20	4020704	邮政投递员	没有取得资格证书	4090	2840	2540	2919
21	4020708	快递员	没有取得资格证书	5665	3325	2449	3570
22	4020709	快件处理员	没有取得资格证书	4837	4205	3715	4228
23	4029900	其他交通运输、仓储和邮政业服务人员	没有取得资格证书	7318	5164	2625	5426
			初级技能	7744	5883	3934	5953
			中级技能	8177	6618	4309	6538
			高级技能	9262	7507	5657	7341
24	4030101	前厅服务员	没有取得资格证书	2830	2559	2158	2454
			初级技能	3220	3077	2729	3056
			中级技能	5887	4880	3625	4908

续表 28-2

序号	职业编码	职位名称	技能等级	高位数	中位数	低位数	平均数
25	4030102	客房服务员	没有取得资格证书	4215	3285	2379	3222
			初级技能	4650	3557	2818	3658
			中级技能	4864	3723	3084	3837
			高级技师	5097	4080	3435	4059
26	4030103	旅店服务员	没有取得资格证书	4881	3181	2322	3428
			初级技能	5151	3841	3253	3781
			中级技能	5451	4442	3409	4372
27	4030201	中式烹调师	没有取得资格证书	6953	4374	2612	4386
			初级技能	7886	4831	3046	4826
			中级技能	7919	5385	4852	5201
			高级技能	8547	5521	4910	5443
			技师	9084	5738	5126	5680
			高级技师	9452	5913	5254	5816
28	4030202	中式面点师	没有取得资格证书	5018	4724	2825	4366
29	4030203	西式烹调师	没有取得资格证书	4548	3294	2884	3681
			初级技能	6208	4366	3026	4264
			中级技能	6876	4858	3246	4957
			技师	7062	5260	3951	5257
30	4030204	西式面点师	没有取得资格证书	4900	3676	3114	3754
			高级技师	6034	5044	4288	5116
31	4030205	餐厅服务员	没有取得资格证书	3631	2785	2352	2994
			初级技能	4430	2945	2785	3194
32	4030206	营养配餐员	没有取得资格证书	6990	4768	3254	4734
33	4030207	茶艺师	没有取得资格证书	4603	4115	2500	4052
34	4030208	咖啡师	没有取得资格证书	5783	4903	3469	5008
35	4039900	其他住宿和餐饮服务人员	没有取得资格证书	6017	3463	2229	3654
			初级技能	6859	3837	2989	3951
			中级技能	7331	4814	3640	5130
			高级技能	7814	5247	3847	5242
			技师	8156	5426	4026	5423
			高级技师	8398	5685	4236	5686
36	4040201	信息通信网络机务员	没有取得资格证书	5431	3512	2710	3537
			初级技能	9985	7620	4515	8009
			中级技能	10270	7853	6071	8360
			高级技能	12162	9938	6779	10403
			技师	15456	10038	7258	11108
37	4040401	信息通信网络运行管理员	没有取得资格证书	5664	4650	2808	4682
38	4040403	信息通信信息化系统管理员	没有取得资格证书	6539	5947	3250	5912

续表 28-2

序号	职业编码	职位名称	技能等级	高位数	中位数	低位数	平均数
39	4040501	计算机程序设计员	没有取得资格证书	13189	7179	4560	7415
			初级技能	14819	7548	5376	7845
			中级技能	15869	8084	5559	8327
			高级技能	16722	8571	5649	8662
40	4040503	呼叫中心服务员	没有取得资格证书	7094	4228	3103	4821
41	4049900	其他信息传输、软件和信息技术服务人员	没有取得资格证书	8492	5062	3383	4997
			初级技能	9645	6719	5669	6937
			中级技能	11499	7677	6142	8039
			高级技能	13037	8710	6517	9155
			技师	14390	13370	7239	13308
42	4050101	银行综合柜员	没有取得资格证书	11003	8648	6987	8787
			初级技能	13018	9997	7434	10247
			中级技能	16339	10306	8173	10859
			高级技能	17460	10685	8549	12009
43	4050102	银行信贷员	没有取得资格证书	21208	15548	9589	17355
			初级技能	33126	18079	11424	18543
			中级技能	36795	23756	17278	22951
			高级技能	37218	25802	18107	25634
44	4050103	银行客户业务员	没有取得资格证书	16119	11230	6538	10866
			初级技能	22890	12067	9105	12052
			中级技能	23792	15414	9686	13794
			高级技能	25625	17891	14708	17417
45	4050104	银行信用卡业务员	初级技能	12859	6657	4346	7014
			中级技能	13610	6905	4848	9289
			高级技能	14429	8300	5366	10195
46	4050401	保险代理人	初级技能	15538	9953	5270	9914
			中级技能	16171	10534	6343	11285
47	4050402	保险保全员	没有取得资格证书	12773	6569	5023	6249
			初级技能	14262	6792	5642	6703
			中级技能	14668	6925	5874	7074
			高级技能	15237	7234	6162	7280
48	4050501	典当业务员	没有取得资格证书	5150	3750	3170	3888
49	4060101	物业管理员	没有取得资格证书	4657	3391	2445	3436
			初级技能	5079	3672	2758	3582
			中级技能	6566	4682	3310	4887
			高级技能	7010	5019	3778	5383
50	4060103	停车管理员	没有取得资格证书	3390	2562	2122	2600
			初级技能	3447	2770	2361	2715

续表 28-2

序号	职业编码	职位名称	技能等级	高位数	中位数	低位数	平均数
51	4070100	租赁业务员	没有取得资格证书	8826	6345	4700	6096
52	4070201	风险管理师	没有取得资格证书	10783	9290	7662	9202
			初级技能	15855	13081	8235	13572
53	4070203	客户服务管理员	没有取得资格证书	7291	3960	2265	4295
			初级技能	8066	5313	3596	5157
			中级技能	8842	7849	3800	7579
			高级技能	10818	9002	4544	9379
54	4070301	职业指导员	没有取得资格证书	3890	3369	2865	3439
55	4070401	导游	初级技能	3560	2492	1792	2406
			中级技能	3630	2916	1810	2972
56	4070403	旅行社计调	没有取得资格证书	6381	3270	2534	3406
			初级技能	6767	3486	2750	3679
57	4070501	保安员	没有取得资格证书	5291	4052	2700	3950
			初级技能	5577	4180	3044	3974
58	4070503	智能楼宇管理员	没有取得资格证书	5019	4078	3386	3911
			初级技能	5157	4378	3628	4349
			中级技能	5378	4507	3882	4578
			高级技能	5598	4736	4028	4767
59	4070504	消防设施操作员	初级技能	4746	3928	2999	3860
60	4070601	商品监督员	没有取得资格证书	3544	2959	2362	3164
61	4070602	商品防损员	没有取得资格证书	3482	2976	2505	2902
62	4070603	市场管理员	没有取得资格证书	8224	5463	3557	5211
			初级技能	10823	7203	4437	7478
			中级技能	13863	9619	9093	9738
			高级技能	17987	10307	9367	11283
			技师	18128	11514	9510	11875
63	4079900	其他租赁和商务服务人员	没有取得资格证书	8425	4391	2390	4297
			初级技能	9757	4406	3148	4446
			中级技能	9922	6334	3804	6765
			高级技能	10191	6466	4194	6911
64	4080807	室内装饰设计师	没有取得资格证书	4791	3875	3600	4095
65	4080808	广告设计师	没有取得资格证书	8899	7257	3428	8243
			初级技能	10093	7578	4632	8338
66	4080809	包装设计师	没有取得资格证书	9017	6410	4709	6401
			初级技能	9857	6702	5278	6630
			中级技能	10677	7258	5854	7192

续表 28-2

序号	职业编码	职位名称	技能等级	高位数	中位数	低位数	平均数
67	4089900	其他技术辅助服务人员	没有取得资格证书	5037	3567	3370	3521
			初级技能	6000	4278	3608	4253
			中级技能	7304	4937	3848	5053
			高级技能	7492	5271	4210	5212
68	4090801	保洁员	没有取得资格证书	4130	2556	1916	2829
			初级技能	4442	2980	2326	3065
			中级技能	4685	3517	2526	3560
			高级技能	5085	4545	2726	3900
69	4090802	生活垃圾清运工	没有取得资格证书	4176	3698	3393	3698
70	4099900	其他水利、环境和公共设施管理服务人员	没有取得资格证书	7105	5385	3725	5160
			初级技能	7689	5700	4316	5937
71	4109900	其他居民服务人员	没有取得资格证书	4077	3134	2296	3031
			初级技能	5392	4000	2680	4363
72	4110100	供电服务员	初级技能	8558	7792	5126	7802
			中级技能	8914	8037	7347	8188
			高级技能	11288	8645	7828	9153
			技师	12286	10120	8073	10051
73	4110200	燃气燃煤供应服务员	初级技能	5200	4400	4100	4496
74	4120101	汽车维修工	没有取得资格证书	5704	4162	3332	4266
			初级技能	6134	4285	3497	4575
			中级技能	8010	5941	3967	5949
			高级技能	9701	7053	4048	7043
			技师	9823	7329	4943	7353
			高级技师	10821	8579	5863	8452
75	4120201	计算机维修工	没有取得资格证书	7812	5733	4126	5962
76	4120202	办公设备维修工	没有取得资格证书	7660	4801	4052	4896
77	4120301	家用电器产品维修工	没有取得资格证书	6591	4611	2116	4334
78	4129900	其他修理及制作服务人员	没有取得资格证书	4737	3583	3408	3609
			初级技能	5226	3857	3477	3844
			中级技能	6875	4290	3571	4528
			高级技能	8640	4862	3720	5030
			技师	9254	5556	4303	5651
79	4139900	其他文化、体育和娱乐服务人员	没有取得资格证书	3688	3033	2565	3283
			高级技能	7861	7292	4750	7306
80	4140303	眼镜验光员	中级技能	4039	3173	2833	3312
			高级技能	4559	3340	2852	3399
			技师	5007	4141	3577	4284

续表 28-2

序号	职业编码	职位名称	技能等级	高位数	中位数	低位数	平均数
81	4990000	其他社会生产和生活服务人员	没有取得资格证书	6108	4509	2402	4383
			初级技能	7539	4897	3346	4539
			中级技能	9393	5979	3668	6137
			高级技能	9462	6096	3722	6160
82	5010102	种苗繁育员	没有取得资格证书	4864	4298	3658	4274
83	5059900	其他农林牧渔业生产辅助人员	没有取得资格证书	4501	3369	2741	4178
			初级技能	5060	3866	3313	4272
			中级技能	5534	4436	3636	4333
84	5990000	其他农、林、牧、渔业生产加工人员	没有取得资格证书	4187	3741	2950	3849
85	6010103	制油工	没有取得资格证书	4980	3937	3462	4116
			初级技能	5172	3995	3484	4176
			中级技能	5390	4114	3516	4233
			高级技能	5417	4159	3799	4353
86	6010200	饲料加工工	没有取得资格证书	3867	3583	3158	3520
87	6010403	肉制品加工工	没有取得资格证书	3856	3494	3176	3509
88	6010501	水产品加工工	没有取得资格证书	3784	3422	3271	3492
89	6010600	果蔬坚果加工工	没有取得资格证书	4646	3768	3060	3860
90	6019900	其他农副产品加工人员	没有取得资格证书	4673	3926	2882	3974
91	6020101	糕点面包烘焙工	没有取得资格证书	4669	3434	2553	3342
			中级技能	5683	4646	3595	4640
92	6020102	糕点装饰师	没有取得资格证书	6464	4592	3015	4859
93	6020301	米面主食制作工	没有取得资格证书	3282	2838	2138	2750
94	6020401	乳品加工工	没有取得资格证书	3713	3283	2604	3268
95	6020609	饮料制作工	没有取得资格证书	6274	5522	4688	5738
			中级技能	7315	6666	5835	6790
96	6020610	茶叶加工工	没有取得资格证书	6323	4298	3223	4552
			初级技能	7248	4651	3730	4707
			中级技能	7805	4875	4159	5356
			高级技能	8218	5037	4305	5604
97	6029900	其他食品、饮料生产加工人员	没有取得资格证书	6594	4807	3048	5208
			初级技能	6727	5486	3147	5350
			中级技能	7062	5876	3409	5925
			高级技能	8080	5991	3664	6391
98	6040303	织布工	没有取得资格证书	4553	4348	3770	4278
99	6040402	经编工	初级技能	3624	3367	2664	3387
			中级技能	3960	3581	3362	3675
			高级技师	5087	4042	3620	4258

续表 28-2

序号	职业编码	职位名称	技能等级	高位数	中位数	低位数	平均数
100	6050102	裁剪工	没有取得资格证书	5895	4551	3030	4965
			初级技能	6207	4665	3230	5264
			中级技能	7567	6439	5436	6828
			高级技能	9744	6988	5490	7398
101	6050103	缝纫工	没有取得资格证书	4058	3077	2283	3172
			初级技能	4257	3511	2349	3421
			中级技能	5937	4699	2558	4217
			高级技能	6035	4943	2650	4490
102	6050104	缝纫品整型工	没有取得资格证书	5097	3840	2520	4131
			初级技能	5536	4627	2680	4619
			中级技能	6222	5266	3352	5310
103	6050201	皮革及皮革制品加工工	没有取得资格证书	5415	4608	3663	4542
104	6050401	制鞋工	没有取得资格证书	4891	3896	3360	3970
105	6059900	其他纺织品、服装和皮革、毛皮制品加工制作人员	没有取得资格证书	5242	3841	1901	4049
			初级技能	5461	3943	3801	4187
			中级技能	5514	4628	4193	4841
			高级技能	5836	4866	4305	5009
106	6060301	手工木工	没有取得资格证书	9514	5656	4205	5784
107	6060302	机械木工	没有取得资格证书	5230	4623	3513	4842
			初级技能	5584	4792	3834	4919
108	6060400	家具制作工	没有取得资格证书	5656	5243	5020	5298
109	6069900	其他木材加工、家具与木制品制作人员	没有取得资格证书	4318	4116	3563	4055
			初级技能	4925	4522	3841	4115
110	6070200	纸箱纸盒制作工	没有取得资格证书	7213	4973	4121	5037
111	6079900	其他纸及纸制品生产加工人员	没有取得资格证书	6250	4417	3750	4808
112	6080101	印前处理和制作员	没有取得资格证书	6866	3531	3100	4019
			初级技能	7124	4267	3306	4319
113	6080102	印刷操作员	没有取得资格证书	4556	3764	2701	3720
			初级技能	4910	4075	2937	4179
			技师	6033	5537	4233	5692
114	6080103	印后制作员	没有取得资格证书	5494	4033	3000	4142
			初级技能	6949	5811	4720	5813
115	6089900	其他印刷和记录媒介复制人员	初级技能	4567	3928	3167	4128
			中级技能	4859	4223	3730	4243
			技师	5635	4833	4233	4880
116	6090302	雕塑翻制工	初级技能	5126	4295	3486	4368
117	6090401	制球工	没有取得资格证书	4701	3677	2843	3736

续表 28-2

序号	职业编码	职位名称	技能等级	高位数	中位数	低位数	平均数
118	6090402	球拍球网制作工	没有取得资格证书	5419	4364	3319	4420
119	6090403	健身器材制作工	没有取得资格证书	6043	4407	3663	4647
120	6099900	其他文教、工美、体育和娱乐用品制造人员	没有取得资格证书	6030	4399	3563	4531
121	6100110	油品储运工	中级技能	5329	3889	2945	3989
			高级技能	6085	5344	3567	5570
122	6110104	制冷工	没有取得资格证书	5202	4698	4182	4694
123	6110502	油墨制造工	没有取得资格证书	5305	4707	4373	4727
124	6120501	生化药品制造工	没有取得资格证书	6020	4502	3705	4610
125	6129900	其他医药制造人员	没有取得资格证书	6984	5323	3479	5392
			初级技能	7198	6062	4808	6020
126	6130101	化纤聚合工	没有取得资格证书	5142	4517	4022	4530
127	6130201	纺丝工	没有取得资格证书	5921	4790	4099	4890
128	6130202	化纤后处理工	没有取得资格证书	5896	5076	4314	5116
129	6140101	橡胶制品生产工	没有取得资格证书	4728	3663	2822	3512
			初级技能	5228	4250	3382	4260
			中级技能	5812	4680	3615	4694
			高级技能	6042	4786	3879	4906
130	6140200	塑料制品成型制作工	没有取得资格证书	5822	4420	2838	4673
			初级技能	5937	4780	3677	4777
131	6149900	其他橡胶和塑料制品制造人员	没有取得资格证书	5411	4629	3828	4640
			初级技能	6838	5780	4282	5597
			中级技能	7544	6664	4596	6597
132	6150203	石材生产工	没有取得资格证书	4275	3425	2842	3519
			初级技能	4430	3840	3220	3945
			技师	4635	4360	3640	4378
133	6150303	玻璃加工工	没有取得资格证书	6032	4808	3734	4846
134	6150402	玻璃钢制品工	没有取得资格证书	8199	6049	4603	6193
135	6170902	金属轧制工	没有取得资格证书	6531	4964	4322	5057
136	6170904	金属材涂层机组操作工	没有取得资格证书	5586	4790	4159	4791
137	6180101	车工	没有取得资格证书	6023	4614	3010	4654
			初级技能	6368	4868	3489	5091
			中级技能	7154	5114	3961	5355
			高级技能	7507	5322	4154	5581
138	6180102	铣工	没有取得资格证书	5342	4367	2586	4411
			初级技能	5683	4634	3572	4758

续表 28-2

序号	职业编码	职位名称	技能等级	高位数	中位数	低位数	平均数
139	6180104	磨工	没有取得资格证书	4657	4172	3093	4288
			初级技能	5185	4316	3352	4304
			中级技能	7632	6002	4261	5829
			高级技能	9278	6390	5034	6223
140	6180105	镗工	没有取得资格证书	5555	4855	4104	4894
141	6180106	钻床工	没有取得资格证书	5690	3952	3665	4236
			初级技能	6214	4192	3895	4692
			中级技能	6792	5165	4618	5272
			高级技能	7176	5986	5009	5825
142	6180107	多工序数控机床操作调整工	没有取得资格证书	6221	4917	3665	5022
			初级技能	6432	5070	4034	5155
			中级技能	7369	5388	4651	5604
143	6180110	下料工	没有取得资格证书	5978	4758	3739	4861
			初级技能	6326	5096	4240	5135
			中级技能	6723	5445	4467	5412
			高级技能	7396	5640	4645	5742
144	6180112	冲压工	没有取得资格证书	4181	3650	2550	3699
			初级技能	4365	3838	3054	3919
			中级技能	4991	4466	3639	4564
			高级技能	5302	4697	3801	4827
145	6180201	铸造工	没有取得资格证书	5462	5265	3785	4913
146	6180202	锻造工	没有取得资格证书	6157	5691	4322	5761
147	6180203	金属热处理工	没有取得资格证书	5061	4434	2805	4484
			初级技能	5240	4632	3148	4588
			中级技能	7219	4817	4416	4759
			高级技能	7821	6399	5257	6565
148	6180204	焊工	没有取得资格证书	5796	4653	2769	4763
			初级技能	6163	4830	2923	5039
			中级技能	6805	5569	3669	5848
			高级技能	7387	5908	4378	6135
149	6180205	机械加工材料切割工	没有取得资格证书	5775	4104	3320	4142
			初级技能	5884	4374	3999	4453
			中级技能	5955	5325	4100	5277
150	6180301	镀层工	没有取得资格证书	6071	4974	4266	4934
			初级技能	6406	5148	4528	5226
			中级技能	6880	5266	4770	5638
			高级技能	7797	6001	5141	6016
151	6180302	镀膜工	初级技能	5541	4887	3853	4957

续表 28-2

序号	职业编码	职位名称	技能等级	高位数	中位数	低位数	平均数
152	6180303	涂装工	没有取得资格证书	5291	3429	2788	3324
153	6180304	喷涂喷焊工	没有取得资格证书	7925	5115	4061	5408
			初级技能	8070	5500	4504	5635
			中级技能	8235	5740	4832	5871
154	6180401	模具工	没有取得资格证书	7008	5683	4147	5658
155	6180402	模型制作工	没有取得资格证书	5770	4780	3643	4780
			初级技能	6087	5449	3929	5033
156	6180404	磨具制造工	没有取得资格证书	6876	5743	4310	5810
157	6180406	工具钳工	没有取得资格证书	6670	4342	2998	4303
			初级技能	6862	4696	3547	4709
158	6189900	其他机械制造基础加工人员	没有取得资格证书	5935	4150	2848	4535
			初级技能	6679	4803	3894	4846
			中级技能	7312	5030	4331	5374
			高级技能	7775	5216	4499	5408
159	6190101	工具五金制作工	没有取得资格证书	4844	4521	2592	4559
160	6190102	建筑五金制品制作工	没有取得资格证书	6211	4686	4174	4968
161	6190105	日用五金制品制作工	没有取得资格证书	6387	4522	3595	4518
			初级技能	6632	4880	3996	4967
162	6199900	其他金属制品制造人员	没有取得资格证书	6589	4833	2385	4970
			初级技能	7695	5784	4930	5950
			中级技能	8642	6874	5030	7153
			高级技能	9514	7000	5106	7359
163	6200101	装配钳工	没有取得资格证书	4785	3916	2804	4246
			初级技能	5736	4386	3538	4566
			中级技能	6974	5707	3981	5770
			高级技能	7118	5850	4277	6030
164	6209900	其他通用设备制造人员	没有取得资格证书	5640	4050	1772	3996
			中级技能	6014	5373	2871	5461
165	6210601	医疗器械装配工	没有取得资格证书	5629	4620	3068	4714
166	6219900	其他专用设备制造人员	没有取得资格证书	7380	5219	4498	5281
			初级技能	7880	6483	5375	6546
167	6220101	汽车生产线操作工	没有取得资格证书	7486	4368	3662	5131
			初级技能	7841	5393	4216	5559
			中级技能	8982	6397	4947	6438
			高级技能	9038	6550	5126	6872
168	6220103	汽车零部件再制造工	没有取得资格证书	7068	5110	3141	5078
169	6230202	船舶机械装配工	没有取得资格证书	6743	5886	4666	5743

续表 28-2

序号	职业编码	职位名称	技能等级	高位数	中位数	低位数	平均数
170	6230204	船舶附件制造工	没有取得资格证书	8318	6186	4806	6147
			初级技能	8565	6403	5029	6364
			中级技能	8982	6973	5760	7159
			高级技能	9049	7894	5811	7682
			技师	9919	8431	6591	8442
			高级技师	10279	9191	6862	9013
171	6230401	摩托车装调工	没有取得资格证书	6413	5460	4639	5566
172	6240100	电机制造工	没有取得资格证书	6817	5650	5182	5787
173	6240201	变压器互感器制造工	没有取得资格证书	5022	4729	4258	4844
174	6240202	高低压电器及成套设备装配工	没有取得资格证书	7120	6042	5066	6222
			初级技能	8092	6211	5284	6362
			中级技能	8293	6879	5379	6566
			技师	10254	8158	7000	8382
			高级技师	10692	9970	9116	9926
175	6240504	小型家用电器制造工	没有取得资格证书	4248	3599	2874	3677
176	6240701	电光源制造工	没有取得资格证书	4623	4196	3600	4071
177	6240702	灯具制造工	没有取得资格证书	5287	3891	3367	4018
178	6249900	其他电气机械和器材制造人员	没有取得资格证书	3384	2807	1927	2681
179	6250109	继电器制造工	没有取得资格证书	5372	4305	3573	4162
180	6250110	高频电感器制造工	没有取得资格证书	5095	3995	3355	4245
181	6250111	电器接插件制造工	没有取得资格证书	5216	4091	3480	4343
182	6250112	电子产品制版工	没有取得资格证书	4573	4089	3386	4080
183	6250113	印制电路制作工	没有取得资格证书	5291	4284	3571	4320
			初级技能	5351	4666	3786	4647
			中级技能	5868	4933	3801	4914
			高级技能	6200	5231	4028	5267
184	6250115	温差电器件制造工	没有取得资格证书	4783	4113	3644	4148
185	6250116	电子绝缘与介质材料制造工	没有取得资格证书	4573	4170	3826	4153
186	6250201	真空电子器件零件制造及装调工	没有取得资格证书	4483	3714	3478	3858
187	6250205	半导体芯片制造工	没有取得资格证书	5846	4709	3976	4818
188	6250206	半导体分立器件和集成电路装调工	没有取得资格证书	4329	4212	3573	4105
			初级技能	4487	4224	3657	4131
189	6250405	激光机装调工	初级技能	6802	6173	4608	6161
190	6250407	广电和通信设备电子装接工	没有取得资格证书	4125	3500	2833	3662
191	6259900	其他计算机、通信和其他电子设备制造人员	没有取得资格证书	4914	4293	3016	4489
			初级技能	6044	4680	3478	4962
			中级技能	6421	5471	3815	5511

续表 28-2

序号	职业编码	职位名称	技能等级	高位数	中位数	低位数	平均数
192	6260101	仪器仪表制造工	没有取得资格证书	4093	3706	3348	3832
193	6280101	锅炉运行值班员	高级技能	7833	6014	4580	6255
194	6280105	发电集控值班员	高级技能	7525	6306	4452	6332
195	6280114	变配电运行值班员	没有取得资格证书	5761	3711	3327	3975
			初级技能	6077	3851	3691	4007
196	6280303	工业废水处理工	没有取得资格证书	4289	3806	3352	3859
197	6289900	其他电力、热力、气体、水生产和输配人员	初级技能	6862	5778	3801	6055
198	6290101	砌筑工	没有取得资格证书	4351	3800	3540	3864
			初级技能	6026	5525	4978	5610
			中级技能	6200	5650	5050	5667
199	6290102	石工	没有取得资格证书	4425	3980	3590	4020
200	6290103	混凝土工	没有取得资格证书	4000	3241	2426	3123
201	6290104	钢筋工	没有取得资格证书	4328	3785	3177	3884
			高级技能	6200	4640	3800	4682
202	6290105	架子工	初级技能	4356	3810	3350	3870
203	6290302	电气设备安装工	没有取得资格证书	6520	5350	4160	5372
204	6290303	电梯安装维修工	没有取得资格证书	3980	3600	3250	3573
			初级技能	4700	4258	3690	4190
205	6299900	其他建筑施工人员	没有取得资格证书	4980	4481	3600	4543
206	6300100	专用车辆驾驶员	没有取得资格证书	5833	5259	3679	4862
			初级技能	6881	5650	3745	5681
			中级技能	7239	6182	3850	6187
			高级技能	7560	6251	4127	6217
			技师	7710	6433	4310	6314
207	6300501	起重装卸机械操作工	没有取得资格证书	6174	4053	3735	4174
			中级技能	6407	4334	4027	4349
208	6300502	起重工	没有取得资格证书	5825	4885	3604	4977
			初级技能	6007	5182	4034	5150
			中级技能	6207	5556	4902	5562
209	6300503	输送机操作工	没有取得资格证书	6706	5368	4143	5447
210	6309900	其他运输设备和通用工程机械操作人员及有关人员	没有取得资格证书	6939	4305	3292	4789
211	6310102	机修钳工	没有取得资格证书	6818	4326	3114	4193
			初级技能	7237	4573	3381	4662
			中级技能	7649	5689	4340	5698
			高级技能	8086	6121	4529	6241
			技师	9157	6601	4945	6545

续表 28-2

序号	职业编码	职位名称	技能等级	高位数	中位数	低位数	平均数
212	6310103	电工	没有取得资格证书	7064	5588	3445	5341
			初级技能	7462	5680	3822	5403
			中级技能	7874	5708	4097	5670
			高级技能	8360	5933	4198	5727
			技师	10582	7079	4969	7091
213	6310109	工程机械维修工	没有取得资格证书	6286	4850	3948	4859
			初级技能	7506	5723	4939	6210
			中级技能	7944	6269	5087	6377
			高级技能	8113	6456	5205	6533
214	6310301	化学检验员	没有取得资格证书	7799	5051	3781	5579
215	6310302	物理性能检验员	没有取得资格证书	5525	4437	3459	4575
			高级技能	6328	5459	4219	5217
216	6310305	质检员	没有取得资格证书	5756	4634	3039	4658
			初级技能	7086	4919	3543	5094
			中级技能	7531	5392	4293	5323
			高级技能	8765	5691	4484	5783
			技师	9537	5806	4652	6051
			高级技师	9786	6265	4820	6382
217	6310306	试验员	没有取得资格证书	6220	4927	3781	5102
218	6310400	称重计量工	没有取得资格证书	4534	3403	2499	3604
			中级技能	4974	4002	3402	4057
219	6310500	包装工	没有取得资格证书	4012	3480	2448	3334
			初级技能	4354	3684	2610	3604
220	6310600	安全员	没有取得资格证书	6644	5479	3678	5816
			初级技能	8087	6086	4605	6243
			中级技能	8624	6626	5033	6956
221	6319900	其他生产辅助人员	没有取得资格证书	6866	4780	3005	4820
			初级技能	7197	5033	3350	5064
			中级技能	7531	5637	4465	5944
			高级技能	7789	5882	4568	5986
222	6990000	其他生产制造及有关人员	没有取得资格证书	6808	4439	2685	4676
			初级技能	7478	5125	3340	5278
			中级技能	7974	5746	4356	5707
			高级技能	18220	5903	4493	6266
			技师	19349	6275	4583	6422

（吴斯婷）

救灾救济和城乡低保

【概　况】2018年，厦门市民政局（简称市民政局）进一步规范自然灾害救助应急响应的工作，推动各区、街镇修订完善自然灾害救助应急预案。市、区财政预算安排救灾预备资金453万元。规范自然灾害避灾点管理建设，全市现有自然灾害避灾点724个。开展“5·12”防灾减灾日宣传活动，下发《厦门市民政局关于做好2018年防灾减灾日有关工作的通知》，举办厦门市2018年防灾减灾日大型现场宣传活动。思明区梧村街道梧村社区、文屏社区等13个社区被国家减灾委、应急管理部、中国气象局、中国地震局命名为“2018年度全国综合减灾示范社区”。续签巨灾保险，提高应对风险能力。健全社会救助制度，印发《关于进一步加强社会救助兜底保障工作的通知》，进一步明确核算社会救助家庭经济状况时不计入收入的具体政策、共同生活家庭成员的认定条件以及重病和重残人员单独纳入低保的细化规定。全市受理低保等核对申请14547户次、34348人次，核检出率32.8%。全年为全市75268户次、128428人次低保对象发放低保金8955.9万元，人均补差697.34元；临时救助3402人次，支出临时救助资金716.67万元；其他各项补助补贴政策落实到位。

【救助管理】2018年，厦门市救助管理站救助生活无着人员3562人次。其中，救助进站3063人次，街面救助499人次。男受助3205人，女受助357人。务工未着有1539人，乞讨137人，寻亲不遇93人，遗失财物203人，被盗被抢55人，被骗被拐56人，走失49人，长期流浪1137人。救助特殊对象229人，包括肢体残疾99人、智力残疾41人、疑似精神障碍68人、行动困难21人。提供食宿3032人次、乘车凭证2284人次，托养26人，护送119人次，寻亲成功324人次；申报户籍255人，取得厦门市户籍254人，医疗救治求助人员320人。街面劝导5218人次。其中，劝离3235人次，劝进586人次，简易救助1397人次。火车站临时救助点救助886人次，劝导829人次，送站914人次，购票2046张。南普陀临时救助点劝离2150人次。开展宣传志愿活动，发放宣传材料1万多张，发送宣传纪念品8000多份，提供志愿服务5788人次。

【走访慰问困难群众】2018年元旦、春节、中秋、国庆期间，市、区财政安排专项经费2217.8万元，慰问城乡低保、“三无”（无生活来源、无劳动能力又无法定赡养、抚养、扶养义务人）、“五保”（保吃、保穿、保医、保住、保葬）、革命“五老”（老地下党员、老游击队员、老接头户、老交通员、老苏区乡干部）等困难群众34028人次。为全市12423位城乡低保对象、特困供养对象、重点优抚对象、革命“五老”人员发放2018年度一次性临时价格补贴共161.5万元。

【社会救助兜底保障政策加强】2018年8月31日，市民政局、厦门市财政局联合出台《关于进一步加强社会救助兜底保障工作的通知》。该通知主要对社会救助认定标准作出进一步完善：（1）不计入收入部分。新申请时，家庭收入扣除家庭成员医疗、教育等刚性支出，扣除最低工资标准（低于最低工资标准的按实际工资）的30%的就业成本；经济状况核对时，前12个月内因医疗、教育等享受政府救助的资金，视同为其家庭的实际支出。确需照护家中失能半失能老人、婴幼儿、重病患者、重度残疾人，或有怀孕、哺乳等特殊情形的，视为1名有劳动能力的低保申请人不参加就业或职业技能培训的正当理由。（2）重残单列低保。靠家庭供养的无业重度残疾人（含精神、智力三级），家庭人均收入不超过上年度居民人均可支配收入，家庭财产符合条件，其中人均金融资产不超过低保月标准96倍的，将重度残疾人按单人户纳入低保范围，并给予全额救助。（3）重病单列低保。重病患者住院或长期治疗，扣除基本医疗保险、大病医疗保险、公务员医疗补助等已支付的金额，申请前12个月个人自付部分超过3万元，且尚未痊愈仍需进行治疗的；家庭人均收入不超过上年度居民人均可支配收入，家庭财产符合条件，其中人均金融资产不超过低保月标准的96倍的，将重病对象按单人户纳入低保范围，并给予全额救助。

【防灾减灾救灾体制机制改革实施意见出台】2018年10月22日，市民政局推动出台《中共厦门市委　厦门市人民政府关于推进防灾减灾救灾体制机制改革实施意见》。实施意见主要内容是：（1）健全自然灾害管理体制。拟通过机构改革，将全市有关部门应急救灾职责进行整合，设立新的应急管理部门，形成应急管理部门统筹协调全市防灾减灾工作和统一指挥应急救灾的管理体制。整合建立减灾备灾机构（中心），形成信息互通、科技支撑、人才保障的机构支持平台。（2）完善统筹协调机制。发挥市、区减灾委员会统筹协调作用，建立完善各级减灾委员会牵头，气象、水利、民政、国土资源、海洋渔业等部门参加的联席会议制度，健全重点涉灾部门间的灾情会商制度，完善灾情信息管理机制。（3）明确属地管理责任。进一步明确市、区应对自然灾害的事权划分和责任。各级接到灾情能第一时间进行响应，第一时间得到上一级的支援，第一时间让救援力量能形成合力及时救灾。（4）完善协同救灾体系。继续推进厦门市巨灾保险项目的实施和完善，发挥市场机制在风险防范、损失补偿、恢复重建等方面的作用。鼓励支持社会力量参与防灾减灾救灾工作和宣传。完善军队、武警和民兵预备役部队参与抢险救灾的应急协调机制，加强救灾应急专业力量建设。（5）强化基础能力建设。抓好信息共享、监测预警、物资储备等基础工作。通过改革，整合现有市区粮食和物资储备资源，推进全市各级救灾物资储备体系建设。（6）明确考核机制。将防灾减灾救灾工作及体制机制改革推进情况纳入经济社会发展综合考核评价体系。

（张贤日）

社会福利

【概　况】2018年，厦门市养老服务机构35所，拥有各类养老床位数13075张，每千名老人养老床位数37.68张。25家养老机构内设有医疗机构，占养老机构的71.43%，共有护理型床位7032张，占养老服务机构总床位72.44%。实现医保刷卡服务，支付范围涵盖床位费及医务室看病就医费用。落实养老公共财政补贴政策，市民政局发放 2017 年度床位运营资金等各项补贴 2323.76 万元。全市建成居家社区养老服务站 380 个、日间照料中心 30 个、农村幸福院 73 个，居家养老实现全覆盖。全市首个高端养老项目泰康医养健康综合体开工建设，中国人寿高端养老项目与翔安区签约。市福利中心在院“三无”老人 130 人、儿童 258 人。全年收养弃婴 13 人，98.06% 患有不同程度疾病；全年送养儿童 15 人，其中国内送养儿童 6 人，国外送养儿童 9 人。市社会福利中心与上海宝贝之家病患儿童关爱中心合作，为 6 名儿童进行免费手术治疗；与厦门市未来希望儿童康复中心合作，为 73 名脑瘫、智障、肢残儿童开展矫正康复工作。全年婚姻登记 20649 对、收养登记 33 件，合格率均为 100%；尸体火化率继续保持 100%。

【福利彩票发行】 2018 年，厦门市福利彩票总销量 10.65 亿元，比省福利彩票中心布置任务数多 1.32 亿元，任务完成率 114.2%。其中，快 3 游戏销售量 4.58 亿元，刮刮乐销售 1.03 亿元，销量均居全省首位。

【免费海葬活动】 2018 年 5 月 25 日和 10 月 26 日，厦门市举办两次集体免费海葬活动，为 243 名逝者的骨灰举行集体海葬活动。其中，厦门市亡故居民骨灰 210 具，省内其他城市和外省市亡故居民骨灰 33 具。厦门市 2014 年起推出骨灰免费撒海政策，免除厦门市常住户籍死亡居民骨灰撒海费用每具 1600 元，由市财政统一承担。自 2008 年起厦门每年清明节期间举行集体海葬活动以来，共有 1069 名逝者骨灰撒向大海。

【第七届海峡两岸婚姻家庭论坛举办】 2018 年 6 月 6—11 日，第七届海峡两岸婚姻家庭论坛系列活动——“美丽声望”“美丽修为”“美丽集结”座谈会在厦门市召开，两岸婚姻家庭代表及专家学者 50 多人参加座谈。该活动由海峡两岸婚姻家庭协会主办，海峡两岸婚姻家庭服务中心等承办。座谈会上，与会代表围绕台陆配权益、两岸婚姻质量等议题进行研讨。台湾民意代表林丽婵、“2012 年度感动中国十大人物”高秉涵、“台湾中华救助总会”理事长张正中、“台湾中华两岸婚姻协调促进会”理事长黄江南、台湾文化大学教授赵建民以及其他两岸婚姻家庭代表参加讨论。

【“新春慈善快车”活动】 2018 年 12 月 8 日，厦门市慈善总会、市属 6 个区的慈善会和厦门日报社联合举办的“新春慈善快车”活动启动。活动计划持续开展至 2019 年春节前，向厦门市城乡特困户、低保户、低收入家庭、重病困难家庭等困难群众送去节日的关怀和帮助。活动期间，市慈善总会慰问全市 1800 户困难户，每户 1000 元；慰问厦门 9 家农村幸福院，物资合计 20 万元；向全市 1800 户困难家庭赠送年夜饭，总价值 72 万元；慰问厦门农村养老院孤寡老人 129 人，每人 1000 元；开展其他慰问活动，慰问金 10.95 万元。活动以集中发放与分散入户相结合的形式进行。该活动发放款物近 300 万元（不含区级），向全市 4000 多户困难家庭送去温暖。2007—2018 年，“新春慈善快车”活动募集款物合计 1 亿多元，受惠群众超过 3 万人次。

（张贤日）

基层政权和社区建设

【概　况】 2018 年，厦门市在全国率先出台《关于加强和完善城乡社区治理的实施意见》《关于开展城乡社区结对共建工作的通知》两份文件，被民政部全文转发。湖里区兴隆社区、思明区深田社区工作法获“全国优秀社区工作法”称号（全省仅 3 个）。“美丽厦门共同缔造”社区治理创新实践被中央列入“伟大的变革——庆祝改革开放 40 周年大型展览”，在中国历史博物馆展出。湖里区兴隆社区通过公益行动推进台胞融入社区、思明区曾厝垵社区共同缔造工作坊推进社区环境治理两个典型案例被民政部编入《全国社区治理和服务创新实验区成果集萃》。思明区嘉莲街道、鼓浪屿街道被世界卫生组织授予“国际安全社区”；海沧区被评为“全国农村社区建设实验区”。市民政局承办第五届海峡两岸社区治理论坛。城乡基层扫黑除恶专项斗争阶段性工作经验被上级采纳推广。

【2018 海峡两岸乡村振兴论坛召开】 2018 年 4 月 16—18 日，第十一届保生慈济文化节的重要活动——2018 海峡两岸乡村振兴论坛在海沧区召开。来自海峡两岸的专家学者、农村基层组织、高校院所以及台胞青年等 200 多人参加论坛研讨。与会嘉宾参访海沧区青礁村院前社、海虹社区、天竺社区、洪塘村等海沧社区治理典型村（居），听取海沧引进台湾青年人才建设农村的经验。论坛现场，与会嘉宾解读两岸农村发展政策，分享两岸农村建设经验，共同探讨未来两岸共同推动乡村振兴的空间和可能性。论坛认为，两岸农村发展的历程具有相似性和相通性，台湾的先行经验可以为大陆乡村振兴进程提供补充和借鉴，大陆的广大乡村也可以承接台湾农村发展的人才和技术，成为青年台胞发展创业的新平台。与会台胞青年对大陆乡村振兴战略表示高度关注，希望参与或投身大陆乡村振兴，施展自己的才华和抱负。

【海沧区入选全国农村社区治理实验区】 2018 年 9 月 21 日，民政部下发通知，同意将厦门市海沧区确认为全国农村社区治理实验区，围绕“两岸农村社区发展经验融合”主题开展实验探索，实验时间从 2018 年 9 月至 2021 年 9 月，为期 3 年。实验区计划结合健全自治、法治、德治相结合的乡村治理体系，探索台湾同胞和相关社团参与大陆农村社区治理的有效机制，推进两岸农村基层经验交流、组织交流和人才交流。

【第五届海峡两岸社区治理论坛举办】 2018 年 6 月 5 日，第五届海峡两岸社区治理论坛暨社区嘉年华在厦门市开幕。该届论坛由中国社区发展协会、台湾社区发展协会联合总会共同主办，主题为“城乡互动　融合发展”。民政部副部长顾朝曦出席开幕式并致辞，民政部基层政权和社区建设司司长陈越良主持开幕式。中国国民党中央评议委员会主席团主席赵守博、“台湾中华救助总会”理事长张正中、台湾“中华文化社会福利事业基金会”监察人黄碧霞、台湾社区

6月5日，第五届海峡两岸社区治理论坛举办　　（市民政局　供图）

发展协会联合总会会长刘冠雄，以及来自海峡两岸的城乡社区工作者以及专家学者200多人参加论坛。两岸城乡社区工作者和专家学者围绕“多方参与融合发展”“居家养老社区创新”等议题进行研讨。论坛开展“两岸社区会客厅”对话、“两岸一家亲·社区斗阵行”嘉年华、“书画名家牵手两岸社区”、“两岸社区一家亲”联欢等活动。

【村级组织换届选举工作完成】 截至2018年10月19日，市民政局配合市委组织部，全面完成2018年村级组织换届选举工作。（参见P67【村级组织换届选举】）

（张贤日）

优抚安置和拥军优属

【概　况】 2018年，厦门市民政局落实部分优抚对象定期抚恤金和补助金自然增长机制，抚恤补助金标准在上一年度的基础上提高9.01%。全市有重点优抚对象2814人。市民政局发放抚恤补助金6120万元、慰问金1153万元、医疗补助金215.8万元。为1353户义务兵家庭发放优待金2731.7万元。做好复退军人稳定工作，保持赴省进京“零上访”。做好烈士褒扬工作，组织中小学生轮流在市烈士陵园开展“启航明天、争当新时代好少年”活动13场次。接待过往部队52批次13976人次。做好军休安置工作，接收安置军队退休干部（士官）54人（含伤病残军人14人）；接收退役士兵739人，其中符合政府安排工作条件的32人，选择自主就业的707人。为707名选择自主就业退役士兵发放地方经济补助4313.65万元。地方一次性经济补助金100%发放，职业教育和技能培训优惠政策100%知晓，符合政府安排工作条件退役士兵100%安排工作，无历史遗留问题的要求。

【双拥工作】 2018年，厦门市确定市、区、镇（街）36个党委（党组）、38个村居党组织与辖区驻军部队结对开展联学共建。畅通官兵“后路”，接收安置军转干部969人，确保师团职干部进党政机关，营以下干部进机关事业单位。全年按计划安置96名随军家属就业，安排700余万元未就业随军家属基本生活保障金；贯彻落实军人子女教育优待政策法规，做好军人子女入（转）学工作。安排驻厦部队官兵生活补贴1500多万元、为部队办实事和“六个一好”项目资金500多万元。为驻厦部队官兵申购保障性住房提供便利和优惠。深化“双拥在基层”活动，提升科技文化拥军水平，建立司法拥军常态化机制。发挥拥军支前机构职能作用，做好部队演训活动支前保障工作，筹措物资和保障经费5万元，市、区两级5个单位、40余人参与保障工作，完成经停过境厦门部队的支前保障任务。各部队注重创新军民共建形式与内容，融入全国文明城市、全国双拥模范城、平安厦门等各项创建活动，构建“六大爱民工程”（地方扶贫解困、希望工程、生态环境保护、重点项目建设、抢险救灾、维护社会稳定），坚持开展支持地方经济社会建设的“十项工程”（基础设施、定点帮扶、助学兴教、送医扶医、文化服务、社会福利、国防教育、绿化美化、应急救援、和谐平安）。

【义务兵家属优待金标准调整】 2018年，厦门市义务兵家属优待金标准调整为：城镇义务兵家属优待金标准20008元/户（上年度城镇居民人均可支配收入的40%），农村义务兵家属优待金标准20460元/户（上年度农村人均纯收入的100%）。对应征入伍的普通高等院校大学生增发一次性奖励金，本科毕业生5000元/人，专科毕业生3000元/人。全市有义务兵家庭1353户，发放优待金总额2731.7万元。

【冬季退役士兵补助标准调整】 2018年2月，市民政局、市财政局出台《关于调整2017年秋冬季退役士兵自主就业、自谋职业经济补助和待安排工作期间生活补助标准的通知》。通知规定退役士兵自主就业地方经济补助标准：在部队已领取退役金的，义务兵补助标准为4.89万元；符合政府安排工作条件的义务兵，在部队退役时选择自主就业的，补助金按原标准的2倍发放。士官补助标准计算公式：4.89万元×（1+士官年限×10%）；符合政府安排工作条件的士官，在部队退役时选择自主就业的，补助金按原标准的2倍发放。城镇退役士兵自谋职业一次性补助标准：以义务兵55600元补助金为基准，其他各档均增加4400元。符合政府安排工作条件待安排工作期间生活补助为每月720元。

【革命“五老”人员及其遗偶定期生活补助标准调整】 2018年2月13日，市民政局、市财政局出台《关于调整革命“五老”人员及其遗偶定期生活补助标准等有关问题的通知》。根据该通知，

2018年1月起，革命“五老”人员定期生活补助标准每人每月由1320元提高至1430元；革命“五老”遗偶定期生活补助标准每人每月由700元提高至760元。

【退役军人和其他优抚对象信息采集工作】 2018年9月26日，市民政局举办全市退役军人和其他优抚对象信息采集工作业务培训班，全面启动信息采集工作，全市6个区在各个街道和社区设立185个信息采集点。截至12月31日，全市采集信息58811条，其中思明区采集18265条、湖里区采集8922条、集美区采集7316条、海沧区采集4505条、同安区采集10619条、翔安区采集8488条，基本完成第一阶段信息采集工作。

【公祭烈士活动】 2018年9月30日，厦门市举行公祭烈士活动，市党、政、军领导和社会各界代表在市烈士陵园向人民英雄敬献花篮，深切缅怀烈士的不朽功绩，表达继往开来、接续奋斗的坚定信心。裴金佳、庄稼汉、陈家东等市各套班子领导，吴建栋、蔡建新等驻厦部队领导，各民主党派、工商联、无党派人士、人民团体代表，烈士家属、老战士、参战退役人员、驻厦部队官兵代表、少先队员和各界群众代表等近300人参加公祭烈士活动。

（张贤日）

社会组织管理

【概　况】 2018年，厦门市有社会组织5689个（社会团体1581个、民办非企业组织1521个、基金会33个、备案社区社会组织2554个），每万名常住人口拥有社会组织13.8个。市民政局推进社会组织党建，全市社会组织党支部145个，覆盖率86.7%。建成全省首个市级社会组织党建服务中心。加强社会组织信用体系建设，建立社会组织活动异常名录和严重违法失信名单制度。完成2017年度社会组织等级评估，评定AAAAA级社会组织17家、AAAA级38家，将AAAAA级、AAAA级社会组织列入“红名单”并在信用厦门网站进行公告。开展打击整治非法社会组织专项行动，全市发现涉嫌非法社会组织线索11件，均依法处理。同安区结合扫黑除恶工作要求，在全市率先制定出台清理规范老年人协会的实施方案，联合开展打击整治非法社会组织专项行动。

【社会组织年检工作】 2018年，市民政局采取发通告、上门集中年检、“一站式服务”和网上预审等方式，提高年检工作效率。全年应检市级社会组织1119家，完成年检1014家，年检率90.6%。

【市社会组织党建服务中心启用】 2018年6月29日，福建省首个市级社会组织党建服务中心在厦门正式启用。中心总面积2000平方米，设有党建工作展厅和党组织孵化园。工作展厅展示厦门市社会组织党建工作组织架构图、全市社会组织党建工作概况、市直单位和各区在社会组织党建工作中的经验做法，设置文件汇编查询系统、“厦门党建e家”信息平台，同时以“先锋榜”形式展示社会组织党组织典型、社会组织党员典型。孵化园设有14个单独的孵化间和2个开放式的孵化区，有21家社会组织入驻，涵盖残疾人服务、社工服务、养老服务、慈善救助、民间救援等多个领域。孵化园实行“政府部门支持、专业团队管理、社会公众监督、公益组织受益”工作模式。按照“党建+孵化”理念，实行“同步孵化社会组织、同步孵化社会组织党组织、同步孵化党组织党员典型”。

（张贤日）

地名管理

【概　况】 2018年，厦门市正式命名2批共249条地名。厦门市的第二次全国地名普查成果通过国家和省地名普查办全面审核和入库验收，成果转化和档案整理归档等工作持续开展。市民政局完成《福建省首批千年古地名名录》和《共和国标准地名词典》厦门部分编纂。市民政局收集整理全市约95.38万条标准地名地址数据发布到全市政务信息共享服务平台。完成厦门市地名数据库及其管理系统运行网络环境改造。全国地名地址库试点示范创建活动通过民政部区划地名司评估组评估。2018—2022年全市区镇两级行政区域界线新一轮联检工作计划发布。2018年度界线联检任务厦门—漳州两市间4条县级界线和市内思明—湖里线的界线联检完成。开展平安边界公益宣传教育，全面落实行政区域界线管理责任制，利用行政区域界线资料，协助有关部门做好行政区域管辖归属确认和边界地区纠纷处置。界线管理经费落实到位。

【室牌管理】 2018年，市民政局会同市公安局组织各区对大、中、小、梯位牌编码和安装情况进行全面排查，发现重、错、漏、缺、损等问题，及时进行整改。全市补缺补漏大门牌9317块、梯位牌23.4万块。开展全市室牌清理、核对、编制和制作、安装工作，换发二维码室牌近330万块。

【路名牌管理】 2018年，市民政局拆除、迁移、扶正路名牌883座，完成岛外2045座广告式路名牌和全市450座单杆式路名牌的路名标头版面中英文双语标识改造，路名牌公益广告发布率超50%。

【新地名命名】 2018年，厦门市政府命名249个地名。（详见本书附录《2018厦门市命名的新地名》）

（张贤日）

民族与宗教事务

【概　况】 2018年，厦门市民族与宗教事务局（简称市民宗局）开展民族团结进步宣传教育和创建活动，在长青社区、集美大学等举办7场民族团结进步进社区、进校园活动。加强少数民族流动人口服务管理工作，长青社区被确定为全省少数民族流动人口服务管理联系点。加强社区民族工作，总结推广前埔南社区民族团结进步创建工作经验。组织参加全省少数民族文艺汇演活动，厦门市两个参赛节目分获一、二等奖；组织参加全省第九届少数民族体育运动会，获得3金8银6铜及表演项目银奖。

市民宗局开展宗教工作自查整改，将落实宗教工作责任制纳入各级党政领导班子综治考评，推动宗教工作主体责任落实，推进宗教领域重点工作，防范和治理佛教道教商业化，制止非法宗教活动。引导民族宗教界参与平安厦门创建，开展宗教界反邪教倡议活动。弘扬宗教界扶贫济困优良传统，开展“慈善年夜饭”“迎新春、送温暖”“精准扶贫”等慈善公益活动，全年宗教界捐资捐物价值超3500万元。指导宗教结合自身教规教义，倡导公共文明行为规范，参与义务献血、消防安全宣传、垃圾分类引导等工作。基督教青年会购买政府服务项目，承接中华街道社区老人日间照顾及健康服务工作。市佛教协会组团到澳大利亚参加澳中佛教总会揭幕庆典。配合做好第五届世界佛教论坛相关接待保障工作。青礁慈济宫举办海峡两岸保生慈济文化节，市基督教青年会举办“四海同歌”海峡两岸联合音乐会。3月10日，福建省天主教厦门教区举行主教府奠基仪式，来自全省各地的神职人员、修女等200多人参加。

【宗教界教育培训活动】 2018年，市民宗局组织学习贯彻实施新修订的《宗教事务条例》，全年市、区举办8期宗教工作业务培训班，近300人次参加培训，基本实现市、区、镇（街）统战、宗教工作干部全覆盖。开展宗教界政策法规学习活动，全市印发政策法规宣传册2万余份，举办《宗教事务条例》宣传活动，1000多人次参加。市委统战部、市民宗局在市社会主义学院举办全市宗教界骨干培训班，组织全市宗教界骨干就学习贯彻习近平新时代中国特色社会主义思想和中共十九大精神、培育和践行社会主义核心价值观等专题进行集中学习。举办宗教界习近平新时代中国特色社会主义思想学习交流会，开展“坚持宗教中国化、践行社会主义核心价值观”学习研讨活动，培育和践行社会主义核心价值观。在宗教界开展“爱我中华”教育活动，指导闽南佛学院举办爱国主义主题班会，倡导宗教活动场所升挂国旗，引导宗教界爱国爱教。举办全市宗教界骨干培训班，指导宗教团体完善和落实定期学习工作例会制度，举办宗教教职人员、场所民主管理组织成员、宗教教职人员等多层次培训班，2000多人次参加培训。

9月26日，第十一个民族团结进步宣传月文艺汇演开幕　（市民宗局　供图）

【新年书画慈善行活动】 2018年1月1—10日，主题为“不忘初心、精准扶贫”的慈悲心·翰墨情——2018年厦门新年书画慈善行活动在南普陀寺举行。参加义卖的书画作品超600幅，募集善款124万元，资助思明区、湖里区5302位一线环卫工人，作品数量、资助人数为历届最高。该活动自2014年起每年元旦期间举办，前4年共义卖出1100多幅书画作品，筹集善款324万元，这些善款帮助1700多户困难群众，已成为厦门市宗教慈善活动一个重要品牌。

【宗教界反邪教倡议活动开展】 2018年5月16日，宗教界反邪教倡议活动在南普陀寺普照楼举办。全市性宗教团体联合发出倡议，号召宗教界坚持弘扬正信、反对邪教，为平安厦门建设营造和谐稳定的社会环境贡献力量，市五大宗教团体负责人联系各自实际作表态发言。市级和各区宣传、统战、公安、民宗局等部门领导及全市性宗教团体负责人出席会议。

【“寻隐元东渡足迹行”交流活动】 2018年6月7—15日，循隐元和尚东渡日本的足迹，以住持净心法师为团长的虎溪岩寺黄檗文化赴日访问团到日本一路“寻隐元东渡足迹行”。访问团拜访圣寿山崇福寺、福冈的广寿山福聚寺、大阪的慈云山普门寺与奈良唐招提寺等地，并在隐元东渡日本的“初登宝地”——东明山兴福寺举行祈福法会，中日双方各界人士约200人出席，共同缅怀隐元大师。

【全国佛教院校联席会召开】 2018年6月28日，2018年全国佛教院校联席会暨第七届全国汉传佛教院校学生论文联合发表会在闽南佛学院举行。该次会议由中国佛教协会主办，福建省佛教协会协办，闽南佛学院承办，来自全国40所佛教院校代表参会。院校代表围绕“佛教教材建设”主题，结合各自院校教材使用现状及特色，讨论并审议《全国佛教院校佛教专业课程教材编写方案》，结合宗教院校思想政治教育和公共课程体系建设，提出契合佛教人才培养规律的编写建议。在论文联合发表会上，32篇由中国佛学院、闽南佛学院、厦门大学等院校学生撰写的优秀佛教学术论文获表彰，论文内容涉及义理研究、祖风探究、宗派考略等领域。

【第十一个民族团结进步宣传月文艺汇演】 2018年9月26日晚，由市委宣传部、市委统战部、市民宗局主办，集美区民宗局和诚毅学院联合承办的“2018·团结奋斗铸牢中华民族共同体意识”文艺晚会在诚毅影剧院举行。晚会分为“血脉相连、团结之根”“中华文化、源远流长”“和谐发展、锦绣中国”3个篇章。市、区有关领导和院校师生代表等1300余人共同观看该次演出。

【全市网络知识安全讲座举办】 2018年10月16日上午，由市民宗局主办的厦门市宗教界网络知识安全讲座在南普陀寺举行。市民宗局、各区民宗局机关干部，全市各宗教团体和宗教活动场所负责人，以及各团体和宗教活动场所网络管理人员近200人参加学习。市公安局网安支队民警应邀从新媒体和自媒体、浅谈人人都是自媒体、新媒体的影响、如何加强新媒体的安全管理4个方面讲解网络安全相关知识，并结合厦门市网络安全一些案例，重点讲解如何管理、如何保护。

【第十一届海峡两岸YMCA联合音乐会举办】 2018年10月27日晚，第十一届“四海同歌”海峡两岸YMCA联合音乐会在厦门人民会堂举办。该次音乐会由厦门基督教青年会主办，旨在以音乐为载体，促进两岸民间文化和社会服务事业交流。基督教青年会全国协会副会长蒿志强，市委统战部、市台办、市民宗局、市基督教青年会等有关单位代表，以及海峡两岸音乐爱好者共1000多人参加音乐会。来自天津、杭州、台北、台中、南投等城市的基督教青年会音乐团队与厦门市团队联袂演出。

【宗教界“五个再提升”主题活动推进会】 2018年12月13日上午，市民宗局在南普陀寺召开宗教界深化“五个再提升”主题活动推进会，进一步推动宗教界“素质、管理、环境、文明、作用”五个再提升。市民宗局领导、各处室负责人，统战部联络处副处长，各区民宗局局长，市、区宗教团体负责人，市管宗教活动场所和部分民间信仰活动场所负责人近60人参加推进会。湖里区民宗局、市基督教两会、南普陀寺就深化“五个再提升”活动经验做法分别进行交流发言。

（刘超颖）

社情民意调查

【白领满意度指数调查】 2018年，智联招聘发起白领满意度指数调查，分别从白领的工作和生活两方面进行盘点。工作满意度包含薪酬福利、培训学习、职位晋升和人际关系4个方面，生活满意度包含身体健康、心理健康、性生活、阅读、休假、陪伴家人等6个方面。其中，厦门地区回收有效问卷111份。

超40%白领对薪酬不满。2018年，厦门白领工作满意度指数为2.80，低于全国平均水平，也低于2017年的水平。其中，薪酬/福利满意度最低。在接受问卷调查的厦门白领中，有30.63%的人表示自己在2018年跳过槽，在全国白领2018跳槽活跃度中排名三十五位，相对较低。也就是说，七成白领2018年在一个企业中工作稳定。

在2018年，超80%厦门白领实现不同程度的涨薪，涨薪幅度在“0至5%”的最多，占35.14%；其次为涨薪“6%至10%”的白领，有18.02%。虽然涨薪的人群覆盖范围广，但是涨薪幅度却不是很可观。因此，虽然大部分白领在2018年都有不同程度的薪水上涨，但仍有超40%的厦门白领对2018年的薪酬/福利状况表示不满。其中，有7.21%的厦门白领表示对薪酬“非常不满意”，5.41%的白领认为自己的工资“简直是‘侮辱性’薪酬”。

2018年，厦门白领生活满意度指数为2.79，相较于2017年的3.27下降比较明显。调研数据显示，厦门白领存款余额为“没有存款，且负债累累”的人数最多，占比24.32%，超过全国平均水平。存款在“1—3万”区间的白领占比21.62%，拥有“5万以上”存款的人也不在少数，占比19.82%。

《海峡导报》

【各区偏爱人才数据调查】 2018年，BOSS直聘研究院发布《厦门人才特点报告》。厦门6个区各自行业布局和招聘需求的不同，造成其对不同产业人才吸引力差异明显。报告显示，思明区、湖里区和集美区的互联网行业对人才的吸引比例最高，具有明显的比较优势；海沧区对互联网和教育行业具有较强吸引力；同安区对建筑行业吸引人才比例最高；翔安区对房地产人才吸引力位居前列。

1. 思明区对人才吸引力全市最高，爱招互联网人才。

数据显示，在2018年1—7月厦门的招聘需求中，有55%集中在思明区，其次是湖里区和集美区，占比分别为28.8%和9.9%。厦门活跃求职者中，63.3%的人才希望在思明区企业就职，人才吸引比例最高，湖里区和集美区排名第二、第三。思明区企业对各个年龄段与工作经验区间的人才吸引力指数均处于较高水平，海沧区人才整体吸引力较低。

同时，思明区也是厦门1—7月平均薪资水平最高的行政区，企业平均招聘薪资为7356元，高出厦门平均招聘薪资近400元，比排名第二和第三的集美区和湖里区6592元和6574元，分别高出764元和782元。

2. 湖里区小微企业人才需求最集中。

湖里区百人以下企业的招聘需求占全区人才需求的65.2%，居6区之首。湖里区小微企业人才需求最集中。小微企业的活跃健康发展是城市经济活力的重要指标之一。小微企业人才需求的提升，创造更多新增就业岗位。而湖里区小微企业人才需求旺盛的背后，是其各种工业园区、产业园区蓬勃发展的佐证。

湖里区有厦门两岸集成电路产业园、厦门跨境电商产业园、厦门旅游文

12月23日，厦门市召开宗教界深化“五个再提升”主题活动推进会

（市民宗局　供图）

化产业园等多个产业类园区。同时，以区域为单位，有枋湖工业区、高崎工业区、永嘉新工业区、思明工业园、鼓浪屿工业园等近 10 个工业园区，小微企业数量众多。

数据显示，2013—2018 年，湖里区产业人才集中度不断提高，湖里区 GDP 维持着 9.7% 以上的平均增速，比全厦门平均水平高 0.7 个百分点。2018 年前 8 月，湖里区 GDP 实现 10.2% 的较快增速，领跑厦门全市各区。与此同时，产业转型步伐逐步加快，高新技术企业产值占规上工业总产值比重达 84.9% 以上。

3. 集美区对技术人才需求最大。

2018 年前 8 月，在各类人才中，厦门技术研发类岗位平均薪酬处于领跑地位，但 6 个区技术人才的薪资差异较大。其中，思明区技术类人才的平均招聘薪资最高，为 10769 元；集美区技术人才的平均薪资位居第二，为 9378 元，技术人才需求在本区整体人才需求中的比例为 13.8%，占据 6 城区首位；翔安区技术人才平均招聘薪资最低，与厦门市平均招聘薪资处于相仿水平。

集美区对技术类人才需求旺盛，背后原因是软件园三期项目推进，该地成为互联网、技术类人才的聚集地。公开信息显示，厦门软件园三期预计可入驻 1000 家企业，容纳 20 万人，形成 2000 亿产值。截至 2018 年 3 月，软件园三期入驻企业 710 家，注册企业累计 1217 家，落地企业注册资本金累计 48.64 亿元。（见图 28-1）

4. 同安、翔安两个区都偏爱建筑人才。

同安区对建筑行业吸引人才比例最高，建筑行业在人才需求中占比 32.7%，相比第二电子行业的 7.2%，建筑人才需求是电子人才的 3.5 倍以上；翔安区对房地产人才吸引力位居前列，房地产在人才需求中占比 23.89%。原因是，2017—2018 年，厦门进入土地拍卖的地块大多位于岛外，其中同安、翔安地块较多，因此房地产开发和建筑类相关人才在同安、翔安最受欢迎，上述两区对这两类人才的需求也更高。

《海峡导报》

【高校外卖数据调查】 2018 年 9 月，外卖平台饿了么发布 1—8 月高校外卖大数据，展示厦门高校外卖“群像”。据统计，厦门大学是厦门地区订餐最多的高校，其后是厦门理工学院和厦门南洋职业学院。打开外卖平台 App 定位厦门大学，附近显示有近千家美食商家，大部分都能做到月售几千单。其中，厦大学生的夜宵外卖订单量高居全国首位。除了点餐，越来越多大学生将日常水果和零食等消费也交给外卖。厦门的大学生最爱点的水果是西瓜、荔枝和圣女果，养乐多、矿泉水则是他们最爱下单的零食。截至 8 月，厦门高校最贵的一笔订单在集美大学，该订单花费 325 元，购买 2 个 10 英寸的蛋糕。厦门高校学子叫餐的高峰时段和收货地点也有特点，一天中除中午的正餐，早餐、下午茶和夜宵的订单量逐渐上涨，且学生喜欢在图书馆吃早餐，在教室享用下午茶，在学校附近的网吧吃夜宵，将网吧作为收货地的订单量达 11989 单，排名全国第一。

《厦门晚报》

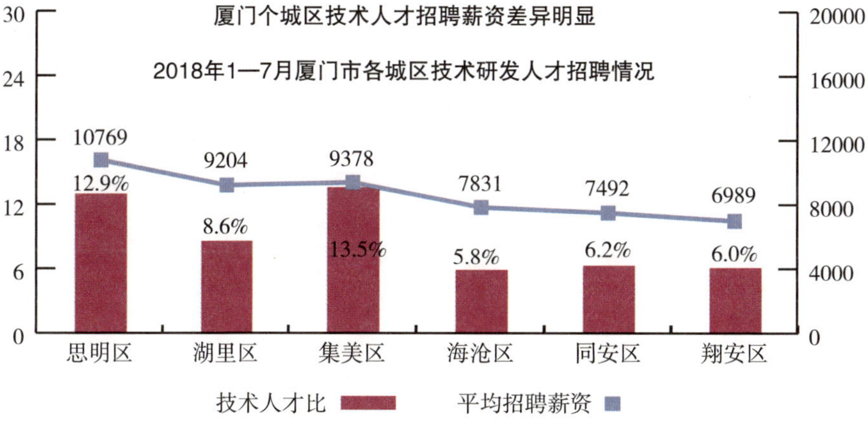

图 28-1 2018 年 1-7 月厦门各城区技术研发人才招聘情况（单位：元）

【反诈骗数据调查】 2018 年 11 月，厦门警方发布反诈骗大数据，并总结 2018 年诈骗“七宗最”。据统计，截至 11 月，厦门警方共破获诈骗案件 1988 起，为市民挽回经济损失超两亿元。全市电信网络诈骗警情比上年下降 1.22%，财产损失下降 0.12%，实现连续 3 年案件数、财损数“双降”目标。截至 11 月份，市反诈骗中心与银行、第三方支付机构通力协作，对 3794 起电信网络诈骗案件实施紧急止付，冻结涉案资金 4098.3 万元。持续扩大线下资金拦截成效，各银行金融机构窗口行业根据系统预警信息和当事人柜前汇款疑似受骗的情况，事中拦截电信网络诈骗案件 647 起，为群众挽回经济损失 2471.62 万元。1—11 月，全市共返还诈骗资金 910.52 万元。厦门市反诈骗中心自 2015 年 7 月成立，累计返还诈骗资金超 2000 万元。年内，市反诈骗中心联合通管局和基础运营商，继续共同开展技术反制工作，封堵诈骗电话，开展预警劝阻。截至 11 月，发现并劝阻正在实施诈骗的警情 6203 起，劝阻量增长 374.16%，累计为群众减少经济损失约 1.5 亿元。

年内，厦门警方先后组织开展“三打击一整治”“清剿本地电信网络诈骗窝点”“侵犯公民个人信息违法犯罪”等专项行动，截至 11 月，全市打掉诈骗窝点 230 个，破获诈骗案件 1988 起，增长 75.31%，刑拘电信网络诈骗犯罪嫌疑人 609 人。

1. 最易被骗人群：“90 后”最易受骗，占 50.22%。

据厦门市反诈骗中心统计的数据显示，2018 年，骗子盯上 90 后，出生于 1990—1999 年间的群体成为诈骗案件中最易被骗人群，占 50.22%。从诈骗类型看，主要集中在商品交易、贷款、兼职刷信誉、冒充客服和征婚交友等类型。

2. 最让人痛心的人群：被骗走养老金的老年人。

2018 年，骗子频频将黑手伸向那些独居高龄老人，大打亲情牌、恐吓牌，骗走老年人的养老金。据统计，年内共发生针对老年人实施的冒充亲友领导诈骗警情 41 起，冒充查案诈骗警情 14 起。

3. 最大意的人群：公司财务，说汇就汇。

2018 年，全市发生公司财务被诈

骗警情 36 起，最大单起涉案资金 96 万元。作案手段多为骗子冒充公司老总的 QQ 头像、昵称添加财务人员为好友，并发来虚假汇款截图，随后以“合同问题交易终止”“返还合同款”等理由要求财务人员转账汇款。此类案件中诈骗分子盯上公司财务的同时，也盯上中小型、私营公司，进而实施精准诈骗，迷惑性、隐蔽性极强且涉案金额巨大。

4. 最逼真骗局：冒充查案“2.0”版。

2018 年，厦门出现了“2.0”升级版——骗子搬出所谓“协勤员”，上门带领受害者直接到银行或者拿着受害者的银行卡进行转账汇款。据警方对受害者回访发现，该类诈骗中出现的“协勤员”，加上之前骗子向受害者发送的虚假“通缉令”“冻结财产通知书”等，受害者往往更加言听计从。

5. 最“亲昵”骗局：假客服一口一个“亲”。

2018 年，骗子盯上网购人群，在通过非法渠道获取受害者购物信息后，冒充电商平台、银行等“客服”，多数情况下以受害者购买商品“质量问题退货”“商品缺货退款”“操作失误列为会员”“信用卡逾期未还款影响征信”等借口，向受害者发送“退款”链接，一步步引导受害者填写个人信息，尤其是银行卡信息，或透露手机收到的短信验证码，从而骗走钱财。此外，骗子还盯上受害者的个人信用分，利用受害者对网上借款业务的不熟悉，引诱受害者到网上进行借款，在骗取受害者个人存款的同时，骗取更多钱财。

6. 贷款诈骗警情升幅最高。

2018 年，贷款诈骗以 198.22% 的增幅位列升幅第一位诈骗，并仅次于商品交易诈骗排名多发诈骗手段的第二位。同时，贷款类诈骗的财产损失高居全部诈骗手段的第三位。该种贷款诈骗以低门槛——“无抵押”“免担保”“快速放款”等名义收取保险费、保证金、激活费、服务费等，到最后一分钱也不会返还。

7. 最“壕”新型骗局：“以一返十”高额返利。

该种诈骗是 2018 年最新出现的，骗子以美女的头像包装微信账号，通过附近的人等渠道添加受害者；在朋友圈以悲惨的经历博取同情，并以高额返现和虚假成功返利截图为诱饵吸引受害者；沟通过程中，骗子以撒娇、炫耀财产视频等方式诱使受害者多次转账；若受害者索要返利，则以多种借口进行推托；当骗局被识破一般会将对方删除或拉黑。2018 年，发生该类诈骗警情 204 起。

《海峡导报》

【“双 11”厦门消费数据调查】 2018 年 11 月 11 日，第十个天猫“双 11”落幕，全国成交额锁定在 2135 亿元，远超 2017 年的 1682 亿元。天猫“双 11”大数据显示，福建“剁手党”在天猫“双 11”的全天交易额为 79.41 亿元，比 2017 年增长 20%，在全国排名第十位。厦门人“剁手力”仅次于福州，位列全省第二，全天“剁手”16.93 亿元，比 2017 年 13.82 亿元增长 22.5%。

相比福建消费者，数据显示，天猫“双 11”当天，福建商家在天猫平台的销售额 76.52 亿元，增长 30%，多家企业位列销售前十排行榜，其中美图手机是手机类销售中第十名，燕之屋在健康类销售中位列第八，七匹狼是男装类第八名、箱包类第六名，安踏、斐乐和特步分别位列运动户外类第三、第五和第十名。数据上，名鞋库 62 分钟破 1 亿元，95 分钟破 2 亿元，最终成交额超过 4 亿元；安踏集团总销售则超过 10 亿元。

在年龄构成上，参与天猫“双 11”的厦门消费者中，80 后占比最高，为 41.42%；90 后占比 40.31%，二者占比超过八成。数据显示，厦门消费者最喜爱的商品前 5 名分别是手机、卫衣、低帮鞋、针织衫和毛呢外套，最喜欢的品牌前 5 名则是苹果、小米、海尔、美的和耐克，“最爱的土特产”前 5 名则是大米、三七、猪肉、牛肉和枣类制品。

口碑、饿了么等本地生活首次加入狂欢。数据显示，天猫“双 11”凌晨 0 点到 17 点，厦门饿了么订单量增长 42%，下单用户数增长 42%，新零售业务增长 90%，新零售用户下单增长 82%。厦门跑单最多的骑手跑了 78 单，派送距离最远的达 110.36 千米，最贵的一单 1370 元。

《海峡导报》

责任编辑：曲　艺
审　　稿：林建高
校　　对：孙志红

29 市辖区

思明区

【概　况】思明区是厦门市的经济、政治、文化、金融中心，位于厦门市南部（含鼓浪屿全岛），三面临海，与小金门诸岛和漳州大陆隔海相望，面积84.28平方千米。2018年，全区常住人口101.5万人（其中户籍人口81.25万人）。下辖鼓浪屿、鹭江、中华、厦港、开元、筼筜、梧村、嘉莲、莲前、滨海10个街道办事处，设有98个社区居委会。2018年，完成地区生产总值1450亿元，比上年增长7.2%；财政总收入240.63亿元，增长7.2%，其中地方级收入134.28亿元，区级收入55.72亿元；合同利用外资140.98亿元，实际使用外资18.47亿元、内资1000亿元；固定资产投资191.73亿元；城镇登记失业率3.42%。（见表29-1）

2018年，思明区办理市、区人大代表议案2件、建议105件，政协委员提案172件、建议案2件、民主监督1件，办结率100%。完成“七五”普法中期督导，前埔北社区成为全国民主法治示范社区。深化“放管服”改革，开展电子证照库建设和共享应用，试行工程建设项目审批制度改革，行政审批与公共服务事项基本实现“一趟不用跑”和“最多跑一趟”。思明区获评“2018中国最具竞争力会奖强区”“国家生态文明建设示范区”、福建省首批“教育强区”；连续5届获“省级文明城区”称号。龙山文创园获评“海峡两岸青年就业创业基地”；“沙坡尾文化生态保护行动”等6个志愿服务项目获省级奖项。深田、镇海社区工作法分别获评民政部、福建省优秀社区工作法。

表29-1　**2018年思明区各街道基本情况表**

名称	面积（平方千米）	户籍人口（人）	财政总收入（亿元）	社区居委会（个）
鼓浪屿街道	3.12	12777	2.36	2
鹭江街道	2.42	63275	24.65	7
中华街道	1.47	43278	25.00	6
厦港街道	1.75	38044	10.00	7
开元街道	6.65	90978	32.11	12
筼筜街道	10.35	166737	32.51	15
梧村街道	6.02	105795	26.10	11
嘉莲街道	4.58	104393	38.66	10
莲前街道	29.25	147982	30.33	23
滨海街道	18.66	39529	20.16	5

【第三产业】2018年，思明区推进十大重点领域产业提升，第三产业增加值比上年增长7.7%，总量占全市近一半。总部经济迈向新阶段，神州优车、瑞幸咖啡等高成长性项目落户，总部企业共76家。金融服务实体功能不断增强，全国首家两岸合资消费金融企业金美信公司开业，区产业引导基金参股华盖安鹭等5支子基金，总规模超30亿元。高端专业服务业稳步推进，新引进建筑、创意设计、人力资源等领域企业112家，生产性与生活性服务业体系协同发展。举办中国国际影视文化投资论坛，助力第二十八届金鸡百花电影节落户厦门，引入台湾凯渥经纪、华谊嘉信等项目，影视协拍服务平台上线运行。思明区打造思明体育时尚季，引进国标舞世界公开赛、世界休闲体育论坛等活动，与阿里体育合作开发“思明运动银行”。举办“美哉思明”医美产业论坛，签约华大、安比拉等医疗项目，医美机构数增长43%。软件信息业产值占全市77%，4家企业入选“全国互联网行业百强”，11家企业入选“省互联网企业20强”。超五星酒店磐基华尔道夫落户，佳逸酒店开业，旅游人数和收入分别增

长15%、20%。新三板上市企业占全市45%，国家高新技术企业462家，新增省级科技小巨人领军企业35家、市级29家。嘉禾良库、赛伯乐众创大厦等创新平台投入运营，孵化区级以上众创平台6家。

【城区建设】 2018年，思明区深化“五个一批”项目攻坚，新谋划、签约、开工、投产、增资项目222个，总投资超1000亿元。华润万象城、宝龙一城等商业地标开业，中山路—火车站—莲坂商圈实现地铁全贯通。观音山商务营运中心3栋商务楼宇竣工，新增楼宇空间13万平方米。实施湖滨南北路、莲前东西路等8个重要路段街区立面提升，开展136个老旧小区、26个旧住宅小区改造。建设区级夜景照明控制管理平台。打通曾厝垵观海度假村东侧道路等5条断头路，提升禾祥东、厦港片区市政基础设施。推进“厕所革命”，新建、改造厕所56座，增设母婴护理台等人性化设施。开展13所中小学校园周边交通改善工作。试点机关事业单位错时停车，新增公共停车泊位1385个。严格落实“门前三包”（指临路所有的单位、门店、住户将担负起一定范围的市容环境责任，承担一定的城市管理任务）三级街长制，加大日常巡查、督查考评力度，打造禾祥西路等一批“门前三包”示范街。健全垃圾分类奖罚考核，日均垃圾减量300吨，形成家校社全方位联动格局。

【生态环境建设】 2018年，思明区加强污染防治，高质量完成中央环保督察专项整改，改善排洪沟水质。全面落实双总河（湖）长制，“四库一湖”（东山水库、东坪山水库、塔头水库、东宅坑水库及筼筜湖）环境持续向好。建立污染地块名录及负面清单，有效防控土壤污染风险。完成前埔污水处理厂三期10万平方米土地征收清理。集中力量打好蓝天保卫战，斑鸠山公园主体完工。完成思明南路等10条道路绿化升级，新增绿地1万平方米；完成环岛路4千米示范段综合整治，滨海旅游环境更加文明舒适。完成21家建筑饰面石材加工企业清理整顿，实现餐饮示范点油烟、汽修企业挥发性有机物在线监管，空气质量优良率居全市第一。

【社会事业】 2018年，思明区实施就业创业政策，兑现就业补贴1.67亿元，新增就业3.5万人次。梳理优化社会救助体系，修订“圆梦”助学办法，发放低保、特困供养、临时救助等各类救助保障资金4296万元。打造全省首个养老服务综合体，建成1个区级、7个街道级居家社区养老服务照料中心。持续开展名医专家下社区活动，设立湖滨一里等9个社区卫生服务站。开展爱国卫生运动，推进病媒生物防治工作，完成国家卫生城市复审迎检任务。会展南小学、后江小学等项目开工，厦门市第二实验小学扩建校区、莲云幼儿园、海城幼儿园分园投用，20所小学、2所幼儿园实施教室改造，新增及柔性释放学位2600个。发放各类补助金1.38亿元，扶持集体办、民办教育发展。修订完善教育人才引进及住房补贴政策，提高教育人才生活待遇，打造高素质教师队伍。建成社区书院97家，举办群众性文艺展演795场。黄家花园等30处历史建筑被列入省级文物保护单位，形成“寻根厦门记忆·守护思明文物”等特色品牌。两岸基层文化交流持续深化，举办第十届海峡两岸郑成功文化节、“中华情·中国梦”文艺展演，新增与台湾乡村共建结对社区19个。

【社会治理】 2018年，思明区开展第二轮城区整治，严控新增“两违”（违法用地、违法建设），拆除历史违建23.9万平方米、违规户外广告店招4.9万平方米。扫黑除恶专项斗争取得阶段性成果，摧毁涉黑涉恶犯罪团伙39个，全区刑事警情数比上年下降21.5%，曾厝垵文创村多元共治经验做法获中央扫黑除恶督导组肯定。建成全市首个食品安全快检室，对“明厨亮灶”建设及食品安全责任险实行以奖代补。

（纪兴塔）

2018年，整治后中山路立面一角 （思明区 供图）

湖里区

【概 况】 湖里区位于厦门岛北部，南与思明区交界，总面积73.77平方千米。辖区设5个街道、53个社区居委会，全区常住人口103.1万人。2018年，湖里区实现地区生产总值1035.8亿元，比上年增长8.0%；规模以上工业增加值395.8亿元，增长10.0%；财政总收入201.4亿元，其中区级财政收入47.5亿元、增长8.3%。（见表29-2）

【第三产业】 2018年，湖里区坚持精准施策，出台或修订鼓励企业高质量增长、加强园区产业引导、促进金融业发展等惠企措施和产业政策。航空维修业产值增长10.9%，计算机、通信和其他电子设备制造业产值增长17.8%，新

表 29-2　　**2018 年湖里区各街道基本情况表**

名称	面积（平方千米）	户籍人口（人）	财政收入（亿元）	社区（个）
湖里街道	12	101419	34.84	18
殿前街道	24.92	43955	53.41	7
江头街道	10.41	69582	21.20	9
禾山街道	14.1	54107	26.95	10
金山街道	11.8	74445	33.38	9

增国家级高新技术企业 30 家；新开业国贸美岁城、天虹购物中心，销售额超 300 亿元的商贸企业增加至 3 家；新兴金融业加速发展，五通金融商务区加快开发建设，金融业增加值占第三产业增加值 11.5%。坚持高起点规划布局、高标准建设配套、高质量引进项目，加快建设湖里创新园、“特区・1980”创意产业园、五通金融商务区、两岸集成电路产业园等一批特色园区载体。加强联动招商、主动招商、点对点招商，引进沙特阿美中国区域化工总部、中国故事短视频基地、中金资本、京东金融、壳牌福建区域总部、影儿集团东南结算总部、亚马逊全球开店、激光陀螺研发生产基地等一批项目。全年合同利用外资 18.9 亿美元，引进内资 1100 亿元。

【城区建设】 2018 年，湖里区完成征地 770.9 亩（51.4 万平方米），房屋征收 79.4 万平方米，推进地铁 2 号、3 号线和两岸金融中心等交通设施和片区开发建设。开展第二轮城市改造提升和福厦铁路沿线环境综合整治，实施嘉禾路沿线地铁口周边等街区立面整治、火炬片区等道路提升改造、南山新村等 4 个老旧小区改造。保障健康步道开工建设，打通五缘湾片区纵一路等 3 条断头路，建成公共停车场 13 个、新增停车位 2457 个，新开通 2 条社区公交。新建公厕 4 座、改造公厕 26 座。

湖里区推进东部旧村整村改造（为全市“双千亿”重点工程），组建七大片区指挥部和项目公司，坚持规划先行，推动东部片区规划修编、土地利用方案编制。高林—金林片区一期先行区进展顺利，钟宅旧村改造正式启动。实施西部旧村整村更新提升，以湖里、塘边等 6 个社区作为试点，统筹实施市政管线、消防安全、公共配套等综合性改造。

【生态环境建设】 2018 年，湖里区抓好中央和省环保督察整改工作，打好污染防治攻坚战，完成全国第二次污染源普查工作。绿化补植 5.8 万平方米，改造提升仙岳公园等 6 个公园。开展“蓝天百日攻坚专项行动计划”，设立 10 个空气质量微型监测站，加强空气质量联防联控，空气优良率 97%。改善水环境质量，全面实行河（湖）长制，开展黑臭水体综合治理，整治关停石材加工企业 68 家，完成风头、金湖路等截污点建设 17 处。

【社会事业】 2018 年，湖里区教育事业不断进步，中考学业质量位居全市各区前列；开办国贸殿前幼儿园、和宁里幼儿园，新建、续建厦门火炬国际学校、湖边小学等教育项目 9 个；对辖区无证幼儿园实行全纳管理，开展清理整治专项工作。举办湖里区第四届运动会，继续举办社区文化艺术节、城市诵读节，支持举办中国俱乐部杯帆船挑战赛、厦门国际时尚周等赛事和文化活动。厦门弘爱医院、厦门眼科中心五缘院区、莲花医院后埔分院正式开业。湖里区设立小区卫生服务站 4 家、小区医生工作室 32 家。蔡塘金厝边养老院、弘爱养护院、兰馨颐养院开业运营。解决返迁安置历史遗留问题，推动美仑花园一期、金林湾花园 B 区安置房开工建设，完成返迁安置 2127 人、安置房 1760 套、总安置面积 15 万平方米。

【社会治理】 2018 年，湖里区推进社区管理体制改革和小区治理工作，推动 1099 名小区调解员、336 名小区秘书、205 名小区医生、145 名小区律师、140 名小区警察下沉小区，实现服务沉到家门口。成立区级多元化纠纷解决服务中心，全面开展小区调委会建设，排查调处各类矛盾纠纷 3660 件。开展扫黑除恶专项斗争，收回长期被非法侵占的已征国有土地 12.7 万平方米，破获全市首起利用老人协会敲诈勒索案。结合加强禁毒、防诈骗、交通安全等社会治安综合治理，进一步提升群众安全感。坚持和完善“大城管”工作机制，建成开放

2018 年，湖里东部城区　　（郑菁玮　摄）

2018 年，湖里区五缘湾湿地公园夜景　　（林乔森　摄）

式的“数字湖里”公共管理集成平台，落实每周三下午路巡制度，推动城区管理常态化、长效化。完善市政园林行业国企化管养，对 243 条市政道路实施“以克论净”量化考核。垃圾分类做法获评中国城市环境卫生协会示范案例。

（蔡培育）

集美区

【概　况】集美区位于厦门西北部，东北与同安区接壤，西北与漳州市长泰县交界，西南毗邻海沧区，东南由高集海堤、厦门大桥、集美大桥和杏林大桥连接至厦门岛，辖区总面积 275.79 平方千米（含农林场），海岸线长约 60 千米。下辖 2 镇 4 街，21 个行政村，45 个社区居委会。全区常住人口 70.0 万人，其中户籍人口 314868 人。2018 年，集美区实现生产总值 686.22 亿元，比上年增长 7.8%。规模以上工业总产值 990.12 亿元，增长 9.8%。全社会固定资产投资 334 亿元。财政总收入 123.2 亿元，区级财政收入 34.58 亿元，分别增长 9.66%、10.59%。合同利用外资 2.18 亿美元，实际利用外资 1.81 亿美元。社会消费品零售总额 157.34 亿元，增长 13.5%。三次产业比例为 0.41∶47.25∶52.34。年内，集美区获全国综合实力百强区、“全国科技创新百强区”“全国新型城镇化质量百强区”，福建省教育工作先进县及首批“教育强县”等称号。区侨联获评全国侨联系统先进集体。（见表 29–3）

2018 年，集美区深化“放管服”改革，推行权责清单动态管理，压缩审批时限至规定时限 35% 以内。优化再造建设工程项目审批流程，建设电子证照库。开展证明事项清理，公布取消区政府规范性文件设定的证明事项 51 项。“一趟不用跑”和“最多跑一趟”事项占比 92%，推行办理结果快递送达的措施。开展台商台胞服务年活动，落实厦门“惠台 60 条”。对区政府名义发布的规范性文件进行清理，保留 56 件，待修订 4 件，废止和宣布失效 22 件；对 16 件新出台规范性文件进行合法性审查。不断强化信访复查、行政复议和行政应诉工作。办理区人大代表议案 1 件、建议 115 件，区政协提案 144 件。

【农　业】2018 年，集美区农林牧渔业总产值 5.53 亿元，比上年增长 79.55%。农作物主要种植水稻、水果、甘薯、花生、油菜等，农村居民人均可支配收入 2.21 万元，下降 10.38%。农作物播种面积 2179.13 万平方米，增长 6.16%。全区补贴耕地面积 1668.63 万平方米，补贴资金 176.89 万元。渔业经济总产值

表 29–3　　2018 年集美区各镇（街）基本情况表

名称	面积（平方千米）	户籍人口（人）	地方级财政收入（万元）	村委会（个）	社区居委会（个）
灌口镇	70.2	58609	19000	12	7
后溪镇	44.1	48193	20800	9	4
杏林街道	24.7	77452	23500	—	11
集美街道	4.6	30355	7300	—	5
侨英街道	18.4	48973	30900	—	10
杏滨街道	21.6	51286	10800	—	8

3.31亿元。从事渔业生产513户2083人，水产品总产量2748吨，其中海洋捕捞259吨、海水养殖1204吨、淡水养殖1285吨。绿化造林200万平方米，完成造林当年秋季抚育453.33万平方米。森林覆盖率41.55%，实现全区连续13年无火灾。

【工　业】2018年，集美区规模以上工业增加值完成256.57亿元，增长8.1%。至年底，全区有重点实验室30家、企业技术中心40家、工程技术研究中心45家、博士后科研工作站7家，国家级高新技术企业272家。

2018年，集美区新增高新技术企业超过40家、科技小巨人企业33家。形成以机器人及数控技术应用研发平台、教育部“蓝火计划”中国高校（厦门）科技成果转化中心、快速制造国家工程研究中心、中科院协同创新体四大创新平台为支撑的创新发展新格局。举办国家级双创活动“创响中国”厦门站暨“一带一路”创新大会。理工工业设计等8家众创空间被认定为国家级众创空间。修订台湾青年创业就业政策，154个台湾青创团队319名台湾青年入驻创业。新引进各类高层次人才93人，其中国家“千人计划”人才1人、省级各类人才计划42人，市级各类人才计划50名。国内首款无人驾驶巴士“阿波龙”小规模量产。奥佳华、厦工智能电传控制系统产业化项目开工建设。宏发电声被工业和信息化部评为制造业单项冠军企业。路达、建霖等9家企业入选《寻找中国制造隐形冠军》权威丛书。中科院厦门稀土材料研究所投入运营，厦钨稀土永磁电机产业园开工。新材料产学研共进格局初步形成。盘活存量用地，建设安仁产业园，引进正信电子、迈睿环境等优质企业投产运营。

【第三产业】2018年，软件园三期获评省级现代服务业集聚示范区，东片区研发办公楼、公寓楼超过200万平方米，入驻企业增至938家，营业收入176.13亿元，比上年增长40.79%。商贸物流业限上批零增长30%，10亿元企业数翻一番，新零售巨头银泰百货开业，尚柏奥特莱斯项目主体基本建成，橙联跨境电商运营总部落户集美区。星巢越中心投用，熊猫馆运营，铛铛车旅游专线开通，新增2个AAA级景区，集美研学旅行产业基地获评省对台交流和国家第二批港澳青少年内地游学基地。全年，旅游接待2003.36万人次，增长53.88%；实现旅游收入105.18亿元，增长58.17%。优化提升产业政策体系，出台和修订16项企业扶持政策，全年累计为企业减负超30亿元，兑现各类扶持资金近5亿元。集美区强化金融服务保障，支持201家企业投保出口信用险，保额22.68亿美元。区产业引导基金财政承诺出资20亿元，撬动社会资本形成123亿元基金总规模，参股子基金数量及规模保持全市第一。全市首个基金聚集集美区开业，吸引166家股权投资类企业注册，管理规模160亿元。滴滴系新业务板块相继注册落地。宝姿等一批企业增资扩产。

【城乡建设】2018年，集美区投入4.36亿元推动乡村振兴项目建设。建成果乐园一期休闲农业项目并对外营业；完成田头等3个乡村振兴市级示范村村庄建设规划编制，示范村人居环境整治工作全面展开；启动11条农村公路提升改造工程，建成49个交通安全示范村居；建成25个流域水环境综合整治项目。全区138个村庄实现截污纳管，55个分散式污水处理设施全面完工并投入使用，出水口水质抽检合格率超过90%。乡村振兴人才支撑进一步强化，培训新型职业农民853人次。集美区策划实施9个立面整治及29个绿化提升项目，推动7个老旧小区改造提升。全面推行生活垃圾分类，实施部分镇街7米以下道路市场化保洁管养，在全市市容环卫精细化管理考评中位居前列。新增停车场6个、停车位1435个。轨道1号线站点周边绿化和区域内交通接驳进一步配套完善。调整优化公交线路72条，建成充电桩466个，新能源公交车占比和公交线路总数居全市前列。完成国道324改线、集灌路提升改造等7个道路项目建设。集美新城连续3年固投超200亿元。马銮湾新城（集美片区）轮廓基本成型，骨干路网建设全面启动，蔡林小学、华锐双语学校开工建设。汽车小镇核心街区、产学研基地启动建设，服务配套逐步完善。动漫小镇咪咕动漫基地、电子城等产业载体和路网建设有序推进。

【生态环境建设】2018年，集美区首次推行领导干部自然资源资产任期审计制度，开展第二次全国污染源普查工作。加强饮用水源地、黑臭水体和小流域综合治理，排查整治“九天湖”源头污染，完成敬贤公园等12个受污染水体治理，月美池综合整治工程开工。率先设立驻区河长办检察室，全面推行湖长制，河湖长制工作走在全市前列。巩固主要溪流两侧和规模化家禽养殖退养成果。小石材厂、牛蛙养殖按时全面清退。完成2个省控断面劣V类水质销号任务。持续打好蓝天保卫战，率先建成网格化大气污染监控平台，空气质量综合指数排名全市第一。建成区绿地率39.8%，绿化覆盖率43.8%。

【社会事业】2018年，集美区民生支出45.86亿元，占一般预算支出的78%。全国中小学校责任督学挂牌督导创新县评估认定通过国家验收。新开办11所中小学、幼儿园，新增学位6780个。成立集美教育公司，开办普惠性幼儿园，缓解入园难问题。实施教师教学能力提升工程，省教师教学技能大赛中获2个特等奖。双塔小学获评全国中小学德育工作典型。市图书馆集美新馆开馆，成为全省单体面积最大的公共图书馆、读者的网红打卡地。举办第二届嘉庚论坛、海峡两岸龙舟文化节、第二届集美学村文化艺术节、国际集美节等品牌活动。集美区输送的运动员黄闽豪、王文忠、朱德宁分别获世锦赛举重冠军、世界武术散打冠军和亚洲残疾人运动会田径冠军。基层医疗机构全年门诊量突破110万人次，比上年增长24%，集美街道社区卫生服务中心获评全国健康促进试点医院。家庭医生签约9万人，建成6家医联体，灌口镇中心卫生院提升工程开工。组织开展各类培训3762人，实现城镇失业人员再就业近1万人，全区社会保险综合增长率7.58%。发放各类教育补助约8400万元，近6万人次受惠。新增保障性住房2354套、安置房1887套，办理产权证203套。继续为全区3.86万名老人购买老龄安康险。新增6家农村幸福院，引进养老项目（京闽悦府园博温泉康养中心），开办杏林街道居家社区养老服务照料中心，新增养老床位500张。

【社会治理】2018年，集美区全面开展扫黑除恶专项斗争，重拳打击整治各类违法犯罪和社会乱象。刑事警情比上年下降28.54%，降幅全市第一。高压治理“两违”，查处拆除违建832起95万平方米，完成市下达年度任务135%，腾出土地面积117万平方米，拆除违规广告牌2566起3.65万平方米。二维码门牌信息采集、安装和管理工作走在全省前列，成为全省第一批“一标三实”(标准地址，实有人口、实有房屋、实有单位)质量攻坚“白名单”满分单位。强化城市公共安全管理指挥平台建设，建立事件的指挥、调度和督办机制，实现业务应用系统无缝联动。治理同集路等交通堵点，整治道路交通隐患336处。整合22支志愿服务品牌队伍，形成总基地+志愿服务驿站格局。生产安全事故起数下降17.24%，死亡人数下降42.86%，经济损失下降47.88%。率先全省建成食品药品网格化智慧监管体系。

（张燕红）

海沧区

【概　况】海沧位于厦门岛西面、闽南金三角突出部，西与漳州接壤，北与集美相连，东南与厦门本岛隔海相望。辖区面积186.82平方千米，海岸线长35千米（大陆岸线）。下辖4个街道、28个社区（新增5个社区）、15个建制村及第一农场、海沧农场和天竺山林场3个农（林）场。全区常住人口37.57万人，其中户籍人口20.73万人，流动人口35.93万人。2018年，海沧区实现地区生产总值676.11亿元，比上年增长7.7%；固定资产投资（不含农户）下降4.1%；区财政总收入174.06亿元，下降3.3%；区级财政收入39.10亿元，增长0.7%。全年合同利用外资42.01亿元，实际利用外资9.54亿元。实现城镇居民人均可支配收入4.97万元，增长8.7%；实现农村居民人均可支配收入2.77万元，增长9.2%。(见表29-4)

2018年，海沧区推进“放管服”改革，行政审批、公共服务事项100%上网，超90%的事项实现“一趟不用跑”“最多跑一趟”，梳理公布“一趟不用跑”“最多跑一趟”办事清单1223项，占总审批服务事项95.18%。“就近能办”全面推行，“15分钟便民服务圈”村居全覆盖。推进“减证便民”，推广电子证照应用，取消31项证明事项。推行“一窗受理、集成服务”改革，社保、公安等8家单位实现部门内“一窗通办”。实施“证照分离”“多证合一”改革，压缩企业开办时间至3.5个工作日，新增商事主体1.1万户。

表29-4　**2018年海沧区各街道基本情况表**

名称	面积（平方千米）	人口（人）			财政收入（万元）	行政村（个）	社区（个）
		户籍人口	流动人口	小计			
海沧街道	37.31	46713	43894	90607	4542	6	4
新阳街道	22.37	27984	159793	187777	9110	1	5
东孚街道	48.83	36684	48736	85420	20300	6	7
嵩屿街道	27.24	95869	106882	202751	4723	2	12

注：面积根据市国土房产局测绘数据，其中天竺山林场27.24平方千米、第一农场7.65平方千米，海沧农场3.47平方千米，岛屿0.45平方千米，国有滩涂9.55平方千米，马銮湾5.13平方千米

【农　业】2018年，海沧区实现农林牧渔业总产值3.54亿元，比上年下降8.1%。种植业以蔬菜花卉种植为主，蔬菜播种面积1.6万亩（1066.67万平方米），以鲜切花及草花为主的花卉种植面积0.2万亩（133.33万平方米），粮食作物0.12万亩（80万平方米），辖区现有国家级农业化龙头企业1家。举办首届农民丰收节，签约5个农村集体经济项目，组织10余家农村合作社进行特色农产品展销活动。持续壮大农村集体经济，推动重点片区农村集体经济项目规划编制，落实新垵正顺公寓项目补助资金，推进莲花汤岸公寓等集体经济项目。推进农村土地承包经营权确权工作，确认家庭承包农户数3871户，承包地块总数8105块。推进国有农场改革发展，海沧农场和第一农场按照政企分开、社企分开改革方向，实现农场纳入地方政府属地管理。引导扶持合作社规范发展，辖区现有农产品质量安全追溯点5家、农产品质量安全固定监测点1家、放心农资信息化监管试点单位1家，海沧特色农业呈现专业化和规模化发展态势。海沧区按要求开展高致病性禽流感等重大动物疫病和非洲猪瘟防控工作。全年免疫各类畜禽约75万头羽，使用高致病性禽流感等各类疫苗72万毫升/头份，全区未发生重大动物疫情和重大畜禽产品质量安全事故。海沧区配合市海洋综合行政执法支队在辖区内开展海洋执法检查，加强水产品质量安全执法，开展渔船安全检查，实现全年安全生产零事故。截至年底，全区有渔船80艘，其中捕捞渔船61艘、渔业辅助船19艘。

【第三产业】2018年，海沧区完成外贸进出口总额636.74亿元，比上年增长13.5%；批发零售贸易业销售总额1016.27亿元，下降6.2%；社会消费品零售总额149.85亿元，增长0.6%。实现第三产业增加值262.16亿元，增长6.1%。全年接待国内外游客905.83万人次，旅游收入76.55亿元，分别增长28.83%和30.45%。限额以上住宿业营业额2.05亿元，下降3.6%；限额以上餐饮业营业额2.26亿元，下降10.0%。全年兑现117家商贸企业参展补贴477.6万元，兑现1家企业融资利息补贴20万元。扶持中小企业、民营经济，兑现政策扶持资金3.2亿元。出台的电子商务产业扶持政策，对中达电商园给予园区运营补贴500万元。厦门海沧电商产业园入驻企业82家，注册资金5亿多元，年产值20多亿元。正配信息、比象电子2家电商企业纳入限上统计，电商企业贡献批零销售额1.6亿元，增长45%。汽车高档品牌保时捷项目开工建设，马青路汽车4S店一条街汽车品牌更加齐全。对接国开行、进出口银行，为辖区重点产业提供融资服务，新增金融项目59家。

【城乡建设】 2018年，海沧区“五纵八横”主干路网基本成型，国道324改线、灌新路、海翔大道实现通车，轨道2号线、第二西通道建设进展顺利，海沧疏港通道、芦澳路（马青路—翁角路段）开工建设。优化城市公交线路5条，新增2条；完成26个公交车辆充电桩建设，更换32辆及新增10辆新能源公交车辆。新建公共停车场13个，新增路外公共停车泊位1073个、充电桩147个。完成20条道路“海绵”改造并投入使用，有效提升城市绿地与水体的吸水、渗水、净水能力。全区生活垃圾分类实现全覆盖，大件物资处置中心投用。燃气监管体系日益完善，管道燃气进老旧小区取得突破。建成市政道路16.2千米、污水管网17千米、雨水管网20千米、综合管廊4.79千米、天桥1座。全区有线宽带和移动网络基本实现全覆盖，有线宽带普遍具备100M以上接入能力，36%以上区域具备千兆接入能力；2/3G网路覆盖率99.4%，4G网络覆盖率99.6%。

2018年，海沧区入选全国农村社区治理试验区，打造美丽乡村升级版。出台《海沧区实施乡村振兴战略的行动方案》，确定青礁村、过坂社区2个市级重点示范村，洪塘村、贞岱村2个市级示范村，将海沧打造成为走中国特色社会主义乡村振兴道路的窗口和典范。加快农村住宅“平改坡”（平屋面改成坡屋顶）及裸房整治试点工作，青礁村芦塘社、过坂社区人居环境整治成效明显。

·小资料·

五纵八横：系海沧主要路网架构简称。“五纵”为厦漳跨海大桥—厦成高速、海沧货运疏港通道—海新路、海新路—灌新路、芦澳路（即海景路，含北延伸段）及新阳大桥—马青路；“八横”为沈海高速、324国道改线、海翔大道、翁角路、疏港快速路—海沧海底隧道、马青路、厦成高速（角嵩路）、港中路。

【生态环境建设】 2018年，海沧区新增园林绿地120.77万平方米、改造面积13.86万平方米，新建绿道9.2千米、改造8千米。完成森林抚育面积10408亩（693.87万平方米），全区森林面积68.5平方千米，森林覆盖率40.02%，林木蓄积量31.1万立方米。竹兰山采石场等山体生态修复、花海片林建设工作稳步推进，古楼农场、寨后村、过坂村、海沧农场等生态风景林新增造林1498亩（99.87万平方米）。打造东宫中医长廊、市民公园、海沧大道、嵩屿中路等4条健康步道，市民公园、儿童公园、海沧湾公园等3个健康主题公园。全面完成燃煤锅炉改造，推进集中供热，实施绿色岸电试点。过芸溪全面达到Ⅴ类水质标准，两二水库、溪头水库持续达到或优于Ⅲ类水质标准；新阳主排洪渠顺利消除黑臭，水质稳步提升，通过住建部、生态环境部黑臭水体整治环境保护专项督查、巡查。完成重点企业土壤污染风险源排查。持续做好中央环保督察反馈问题后续整改工作。持续深化河长制，启动湖长制、山长制，形成水体、山体网格化管理格局。年内，公众对环境质量满意度全市第一，市容管理综合考评全市第一，空气质量综合指数全市第二，扬尘考评全市第一。

【社会事业】 2018年，海沧区民生支出50.95亿元，占总支出的65.25%。教育资源持续优化，厦门一中海沧校区等6个项目竣工投用，新增学位6240个；鳌冠学校（一期）等7个项目加快推进，天心岛小学扩建等12个项目开工建设，嵩屿小学等10个项目启动前期，晨昕特殊教育学校正式开办。教育改革试验工作稳步进行，开展全省首批中小学教师“县管校聘”试点，与东北师范大学开展合作办学。启动14所公办小学和幼儿园开展课后延时服务试点工作。在省级“教育强区”督导评估中获好评，5所学校成为省级义务教育教改示范校。桥南社区卫生服务中心投用，马銮湾医院、东孚街道社区卫生服务中心启动建设。投入2800万元扶持海沧医院、长庚医院等加快发展。全区门诊急诊量315.34万人次，比上年增长9.67%，新增床位200张。完善社会救助政策体系，做好困难群众精准帮扶，全年发放各类帮扶资金1500万元。养老服务稳步推进，完成7个农村幸福院建设项目、1个日间照料中心的主体建设以及4个试点的适老化小区改造。通过“社会捐助+政府补助+长者自助+义工帮助”的模式，以渐美村农村幸福院为试点开展老年食堂。完成嵩屿街道综合文化站以及贞岱、新垵、鳌冠、锦里等8个村居综合性文化服务中心的达标建设。区图书馆顺利通过评估定级，被评为一级图书馆；新建基层图书分馆2个、基层流通点8个。全国首个以海洋战斗文化为主题的“卫我海疆”海沧全民国防教育基地正式启用。出台新型城镇化职业技能培训实施细则，开展“一村一案”技能培训，实现失业人员再就业培训308人，农民工技能提升培训843人。全年达成就业意向7.3万人次。成立全省首批、全市唯一的新时代文明实践中心，同步成立4个街道新时代文明实践所和8个村（居）新时代文明实践站，打造社区书院升级版。

12月6日，海沧区新时代文明实践中心成立　　（郑伟明　摄）

·小资料·

县管校聘：对义务教育学校教师和校长实行县级政府统一管理，将教师和校长从过去的某学校的“学校人”改变为县义务教育系统的“系统人”，从而推动其在县域内义务教育学校进行流动，促进片区之间、校际之间义务教育均衡发展。

【社会治理】 2018年，海沧区推进扫黑除恶专项斗争，开展平安海沧建设，加强社会治理创新，维护社会安全稳定。刑事警情比上年下降21%，发案率全市最低。省、市交办重点信访积案息诉息访率100%，信访工作获中央信访督察组肯定。成立海沧区信访矛盾纠纷人民调解工作室和海投物业纠纷（绿系片区）人民调解委员会，完善诉调对接、警民联调、检调对接、访调对接等多种形式的衔接机制。建成以区级公共法律服务中心为龙头、街道公共法律服务工作站为骨干、村（社区）公共法律服务工作室为触角的三级公共法律服务平台。制定消防物联网监控平台建设方案并推动平台启动建设，新增42家重点单位建立微型消防站。实施安全发展示范区创建，开展各重点行业（领域）安全隐患专项整治，开展道路交通安全综合整治行动。推进国家食品安全示范城市创建，率先实现校园食品安全责任保险的辖区全覆盖。

（李彩兰）

同 安 区

表 29-5　　**2018年同安区各镇（街道、农林场）基本情况表**

名称	面积（平方千米）	户籍人口（人）	财政收入（万元）	行政村（个）	社区（个）
大同街道	19.51	64415	3395	6	14
祥平街道	29.00	63820	3152	3	14
洪塘镇	35.94	39676	3130	13	3
五显镇	73.80	44759	1560	15	1
汀溪镇	114.30	24488	1576	13	—
莲花镇	203.72	45471	1416	19	1
新民镇	74.64	50515	5068	10	9
西柯镇	39.70	54884	3377	2	15
竹坝开发区	7.84	2574	244	—	2
双溪林场	58.93	—	—	—	—
北山农场	0.30	—	—	—	—

【概　况】 同安区位于厦门市北部，东与翔安区相连，南与湖里区隔海相望，西南与集美区相连，北与泉州南安市、安溪县交界，西北与漳州长泰县接壤。2018年，全区土地面积657.59平方千米，其中山地面积422平方千米，耕地13.35万亩（89平方千米），海岸线长11千米，森林覆盖率59.41%。辖2个街道、6个镇、1个开发区，81个村、59个社区。全区常住人口61.1万人，其中户籍人口39.06万人，人口自然增长率14.2‰。区生产总值422亿元、比上年增长8.3%；规模以上企业完成工业产值855亿元，增长9.7%；社会消费品零售总额245亿元，增长12.0%。合同和实际利用外资分别为19.0亿元、14.7亿元，分别完成市定目标132.1%、109.7%。财政总收入90.4亿元，增长21.1%，其中区级财政收入23.0亿元，增长14.9%；城镇居民人均可支配收入4.59万元，农村居民人均纯收入2.07万元，分别增长8.5%和9.4%。（见表29-5）

2018年，同安区深入推进依法行政，完善政府工作规则，审查规范性文件74件、修订7件，宣布废止和失效15件；接受人大、政协监督，定期向人大报告工作、向政协通报情况，办结代表议案和建议78件、委员提案91件，按时办复率和答复规范化率100%。持续深化“放管服”改革，实施“证照分离”，开展工程建设项目审批制度改革试点，压减审批特殊环节4项，清理证明事项42项，实现90%依申请类事项“一趟不用跑”“最多跑一趟”。

【农　业】 2018年，同安区实现农业总产值18.51亿元，比上年增长0.53%。其中，种植业产值9.93亿元，增长11.6%；畜牧业产值5.10亿元，下降11.05%；渔业产值1.56亿元，下降13.49%；农林牧渔服务业产值1.84亿元，增长0.08%。水产养殖面积5880亩（392万平方米），产量6295吨，产值1.5亿元。30个“一村一品”实现收入超4亿元，文顶设施农业等22个转产项目带动农民增收2亿元以上。建成美优农业等9个农业标准化生产示范基地和正心精致、文顶生态等9个设施大棚，通过第二批国家农产品质量安全示范区验收。推进国家级农村产业融合试点区示范工作，实施军营村省级农民创业示范基地等8个示范项目。鑫美园都市农庄获评“省级休闲农业示范点”，全区建成4个国家级、13个省级、17个市级休闲农业与乡村旅游示范点。壮大以绿帝生物桂圆深加工、鹰君药业林下铁皮石斛和银祥肉品加工等项目为重点的农工贸一体化产业链，农业主要龙头企业基本实现转型升级。

【工　业】 2018年，同安区完成工业产值855亿元，比上年增长9.7%。其中，本区546家规模以上工业企业（不含火炬）完成产值739亿元，增长11.1%。扶持实体经济发展，兑现惠企资金3.1亿元；落实中央减税降负措施，减少企业税费27.3亿元。食品加工、水暖厨卫等四大主导产业完成产值389.8亿元，增长12%。生物医药与健康产业、机械装备产业、新材料等传统优势产业链增长均超过15%。三安、中禾、金牌厨柜等企业完成产值315亿元，增长15%，拉动规模以上工业产值增长5.4个百分点。同昌顺、鑫科高能等项目建成投产，推进美润合悦、赢晟科技等项目，金牌四期、佰明自动化等项目开工建设。投入科技经费3.5亿元，助推企业加快科技创新。新增市级以上研发机构7家。拥有有效发明专利648件，增长23%。东亚机械、蒙发利电子等200家高新技术产业企业完成产值380亿元，增长12.1%。新增省、市科技小巨人领军企业44家。金牌厨柜智能制造试点示范项目获工业和信息化部立项扶持。

【第三产业】 2018年，同安区商贸业不断增长，批发零售贸易业持续升温升级，限上批零完成523亿元，比上年增长19.2%；社会消费品零售总额保持健康发展，全年完成245亿元，增长12.0%。第三产业占GDP的比重从34.3%提高到38.4%，电商物流形成产业集聚，京东、信和达、合兴包装等电商物流企业拉动效果明显。全年累计销售额255亿元，增长45%，占全区限上批零销售额51%。华强方特三大主题公园、厦门万豪酒店及会议中心等高质量旅游项目建成运营，五峰古堡、罗汉山、军营村等景区基础服务设施相继竣工。举办"两高厦门·古韵同安""滨海厦门·玩趣同安"等旅游推介活动，"'乡情厦门同安森呼吸'三日游"获评"十佳厦门优质旅游线路"。全年接待游客1278万人次，增长13%；实现旅游收入44.3亿元，增长29%。

【城乡建设】 2018年，同安区同安大道（海翔大道—同南路段）建成通车，推进同集路（海翔大道—福泽路段）跨线桥、同安东路、同翔大道等工程。新改建城区道路54条，美峰路、横一路等全线贯通。投用第二外国语学校等4座人行天桥，新增公共停车场8座、停车位2500个。BRT同安枢纽站正式启用，新城公交首末站基本建成，优化公交线路16条。加快环东海域新城建设，完成投资139亿元，丙洲、美峰两大片区基本成型，滨海浪漫线一期对外开放，实施西柯污水处理厂、美山路地下综合管廊等市政配套工程，环东海域医院、同安一中滨海校区高中部等民生保障项目加快建设。推进第二轮城市改造提升，实施中山路等9条街区立面综合整治，完成邮电新村等16个老旧小区和南门市场改造，铺设市政管网26.9千米。建成文笔塔、美峰生态等5个公园。新增公共停车场5座、停车位2500个。市政园林环卫一体化管养全面推开，66座清洁楼、20个垃圾转运点投入使用，垃圾分类实现城市社区全覆盖。

2018年，同安区编制乡村振兴战略规划和14个专项行动计划，实施132个乡村振兴建设项目，梯次推进三级试点村示范建设。开展农村人居环境综合整治"三年行动"，建成5座农村公厕、265个分散式污水处理设施和1208千米污水管网，完成农房"平改坡"和裸房整治300余栋，"一把扫把扫到底"环卫创新机制彻底解决困扰多年的垃圾围村问题。完成11个美丽乡村建设，建成"四好"（建好、管好、护好、运营好）农村路15条29.9千米、道路安保设施10项36.8千米、路灯工程23条117千米，投用6个邻家公园，安装壁挂式路灯9.4万盏。推进国家农村集体产权制度改革试点、基本完成国有农场、林场改革，完成土地承包经营权确权登记颁证工作。推进"国企+合作社+村民"开发经营模式，军营村、顶村村等股份合作项目助推农民持续增收。

【生态文明建设】 2018年，同安区推进国家生态文明试验区六大改革行动、26项重点任务。审结涉生态案件405件，妥善调解全省首个生态环境损害赔偿案件。完成重点生态区修复造林6319亩（421.27万平方米）。在全市率先发布区级环境质量公报。开展流域治理，系统编制四大流域治理方案，推进东西溪综

2018年，同安区新城美峰路及公园 （何东方 摄）

合整治、隘头潭断面治理等项目，实施16个安全生态水系工程，完成河道清淤250多千米，治理河道总长全市第一。推进控源截污，整治小石材加工厂、小作坊383家，清退牛蛙和规模化畜禽养殖4000余场，建成餐饮隔油池400多个。芸溪、埭头溪黑臭水体基本消除，汀溪水库饮用水源水质达标率100%，国家、省控监测断面达标率100%，顺利通过国家黑臭水体治理、饮用水源地保护和省环保专项督察。推进大气和土壤污染防治，开展守护蓝天“百日攻坚”行动，加强城市道路、建筑工地等重点区域扬尘管控，建成城东、城南集中供热项目，整治VOCs（有机挥发物）企业142家，改造锅炉19台，投放纯电动公交车51辆，空气质量优良率96.1%。开展重点行业企业用地土壤污染调查，强化21家危险废物重点源企业监管，推进医疗废物“小箱进大箱”规范化处理，加快整治凤南简易垃圾填埋场。

【社会事业】2018年，同安区全面加大补短板力度，实施民生领域项目131个，完成投资5.3亿元。持续增加教育供给，建成阳翟小学、瑶头小学、浔美幼儿园等22个学校项目，新增学位6590个，投入1.15亿元完善教育教学、教育信息化和校园绿化美化等配套设施，办学条件明显改善。教育信息化走在全国前列，同安区成为首批全国中小学校责任督学挂牌督导创新区。医卫条件持续改善，改扩建医院、卫生院6所，新增病床位300张，组建同安区总医院，全区医疗机构、医师、护士100%实现电子化注册，厦门市第三医院被中国卒中学会授予国家级“综合卒中中心”称号。推进紧密型医联体改革试点，基本公共卫生服务增至14类55项。改造提升文化馆、图书馆，建成投用美峰、大同东宅等5个邻家公园，完成文笔塔、五显第一溪桥和禾山石佛塔修缮以及2个镇级综合文化站、26个村级文化服务中心建设。同安区全面落实就业创业政策，引导失业人员再就业6254人、城镇困难人员就业1768人，支出各类就业补助1.85亿元。出台“一户多残”等困难群体扶持措施，落实被征地人员和退养渔民养老保障等补助2.84亿元。全区城乡居民养老保险、城乡居民基本医疗保险参保人数分别为6.5万人和26.37万人，参保率100%。区社会福利中心、殡仪新馆安泽园和20个农村幸福院投入运营。加快建设移民造福二期、祥平地铁社区等保障性安居工程，解决400多个困难户住房问题。全面完成居家养老信息化服务等14个市级为民办实事项目。

【社会治理】2018年，同安区启动全市首个“执行110”联动机制，破获一批涉恶案件，打掉一批涉黑涉恶团伙，刑事警情比上年下降26.2%，通过中央扫黑除恶斗争专项督导检查。加快推进平安同安建设。受理和办结群众信访举报件1.2万件，化解省市积案和旧改历史遗留问题28个。推进实施“雪亮工程”，视频点位覆盖68个村居，公共安全管理水平稳步提升。“城管+”执法模式深入推进，占道经营、违规广告等“顽疾”得到有效治理。保持“两违”治理高压态势，拆除“两违”建筑1512宗、102万平方米。落实安全生产责任，深入开展道路交通、危险化学品、消防安全、建筑施工等重点行业领域安全整治，排查、整改隐患1万多项。完成160个高陡边坡和地质灾害点治理项目，建成区级救灾生活物资储备库，有序推进森林防火、防汛抗台等工作，群众安全指数不断提升。城乡治理持续加强，完善“同安文明卫士”平台，推进9项城市管理职能智慧化考评督导，文明创建工作迈向数字化、长效化。基层自治不断深化，136个村（居）组织完成换届选举，20个城乡社区缔结共建，成立全市首个区级房东协会，梧侣社区成为全国第一批流动人口社会融合示范社区。垵炉村、前格村、军营村获评“全国文明村”。

（陈成裕）

翔安区

【概　况】翔安区位于厦门市东北部，地处厦（门）、漳（州）、泉（州）、金（门）闽南“金四角”中心地带，东、北与泉州市交界，西与同安区接壤，南与厦门岛、金门岛隔海相望，经海底公路隧道——翔安隧道可直通厦门岛。2018年，全区陆域总面积411.5平方千米（包括滩涂面积），海岸线长75千米，占厦门市海岸线总长的32.05%。辖4镇1街，有31个村委会，89个社区居委会。全区常住人口37.8万人，人口出生率16.02‰，人口自然增长率11.12‰。翔安区实现地区生产总值520.66亿元，比上年增长8.5%；规模以上工业增加值324亿元，增长8.4%；财政总收入63亿元，增长13.9%；区级财政收入19.8亿元，增长10.1%；社会消费品零售总额76.98亿元，增长15.1%；限额以上批发零售额327亿元，增长20.4%；城镇居民人均可支配收入3.88万元，增长8.7%，农村居民人均可支配收入2.02万元，增长9.6%。其中，地区生产总值、社会消费品零售总额、限额以上批发零售额3项指标增幅居全市第一位，财政总收入、区级财政收入、农村居民人均可支配收入3项指标增幅居全市第二位。（见表29–6）

2018年，翔安区深化“放管服”改革，商事主体自主年报公示率连续5年位居全市首位。开展省级相对集中行政许可权试点，推进工程建设项目审批制度改革，区级财政投融资项目审批时限压缩至90个工作日，企业开办时间压缩至2个工作日。打造“翔政通”便民自助服务终端，140个事项办理实现周

表29–6　**2018年翔安区各镇（街）基本情况表**

名称	土地面积（平方千米）	户籍人口数（人）	财政收入（万元）	社区居委会（个）	村委会（个）
大嶝街道	14.16	26415	26700	9	0
新店镇	140	125835	160400	41	0
马巷镇	66.87	109469	258000	36	0
内厝镇	70.15	47039	40150	1	16
新圩镇	77.03	51786	70700	2	14

末无休，“一趟不用跑”“最多跑一趟”事项占比超90%。落实“降成本、优环境”专项行动，联合市属国企设立5亿元重点产业投资基金，支持民营经济发展，为企业减负减税超1.3亿元。

【农 业】 2018年，翔安区农林牧渔总产值15.8亿元，比上年增长0.37%。其中，农业产值为7.62亿元，增长1.57%；畜牧业产值为4.26亿元，下降18.5%；渔业总产值2.1亿元，增长87.21%；林业用地106平方千米，约占土地面积的30.53%；全区非规划林地5.57平方千米；林地面积占土地总面积31.25%；林业产值61.96万元，下降79.81%；水产养殖面积14平方千米，水产品产量1.13万吨。新圩马塘获评全国美丽休闲乡村，“大帽山境”开业运营。新型职业农民培育超额完成任务。胡萝卜出口11.8万吨，再创历史新高。建成5个都市现代设施农业项目，推进6个农田水利基础设施项目，新建3个绿色防控示范点。农村各项改革稳步推进，农村土地确权顺利通过农业农村部验收，农村集体产权制度改革推进加快，大帽山农场办社会职能改革顺利完成。农业生产安全稳妥有序，多措并举有效控防非洲猪瘟，防汛防台风工作扎实到位，森林防火实现“零火灾”。农机道路交通连续9年保持“零事故”，开展大量的海上巡查工作，有效保障翔金海域稳定和渔业安全生产。

【工 业】 2018年，翔安区确定“5+5”主导产业链群，完成规模以上工业产值1260亿元。翔安高新技术产业基地、厦门大学国家大学科技园形成规模，ABB工业中心正式启用，厦门大学石墨烯研究院加快推进项目。平板显示、半导体和集成电路等主导产业持续扩大，天马微、电气硝子产能稳定释放，联芯成为国内最先进的“28纳米晶圆”专业企业，瀚天成第三代半导体碳化硅技术全国领先。新增建筑业企业4家，一级总承包资质2家，建筑业产值首次突破200亿元，比上年增长16.9%。承办第七届国际新材料大会、央视《创业英雄汇》海选厦门站活动，引进全省首个天猫工业共享服务中心。打造建区以来首个产业定位集中明确的产业园区——数字经济产业园，首批签约入驻项目18个、总投资超50亿元。合同利用外资首次突破40亿元，完成率位居全市首位，新增注册企业1400家。第二十届投洽会期间，签约项目70个，总投资353亿元。路桥翔通完成IPO（首次公开募股）辅导备案，84家企业挂牌厦门两岸股权交易中心。

·小资料·

“5+5”主导产业链群： 指做强壮大平板显示、半导体和集成电路、机械装备、生物医药与健康、新材料等5条重点产业链群，加快发展旅游会展、现代物流、软件和信息服务、文化创意、现代都市农业等5条“潜力产业链群”。

【第三产业】 2018年，翔安区社会消费品零售总额76.98亿元，比上年增长15.1%；批发零售贸易业销售总额327.07亿元，增长20.4%。第三产业增加值增长10%以上，位居全市首位。奥特莱斯商业综合体落地，宝马、奔驰4S店开业运营，引进苏宁小店项目，鼓励闽南城市广场在翔安设立总部。鼓励工业企业设立销售公司，促成象屿兴泓成立象屿兴泓科技公司、象屿兴泓商贸公司开办。开展第二届翔安缤纷购活动，保时捷等五大车企品牌销售额4.52亿元，与第一届翔安缤纷购相比，增长55.07%。在“缤纷年货节”期间，为人人乐超市、闽篮超市、翔万贸超市等辖区主流商圈超市带来约13万人次的客流量，总营业额约600万元，进店客流增长26.56%，营业收入总额增长60.58%。推出“乡约翔安”10条乡村旅游精品路线，翔安区全年接待旅客626万人次，旅游收入13亿元，增长35.4%。

【城乡建设】 2018年，翔安区拓展新城建设，环东海域东部新城起步区配套加快，东部（翔安）体育会展新城片区选址确定。南部新城“五横五纵”配套完善，翔安西路、洪钟大道建成通车，CBD各单体建筑基本封顶。“海绵”城市试点建设达到国家验收标准，地下综合管廊建成14千米。城市“双修”协调推进，新增绿地89.7万平方米，建成鼓锣水系下游河道公园等6个公园。开展第二轮城市整治提升工程，火炬（翔安）产业区10条道路完成市政改造，翔安大道、洪钟大道街区立面综合整治加快。拆除“两违”99.5万平方米，完成总量位居全市第一，“三立三破”经验在全市推广。市容环卫管理更加精细，设立城市综合管理电子督查平台，82个村（居）、38个小区推行生活垃圾分类，生活垃圾转运及无害化处理实现全覆盖，农村生活污水垃圾治理考评位居全省第一。

乡村振兴深入推进，打造大宅、大帽山2个市级重点示范村及澳头、田墘、面前埔、锄山4个市级示范村，马塘入选“中国美丽休闲乡村”。“大帽山

2018年，翔安区南部新城 （朱毅力 摄）

境”开业运营，“香山乡苑”、面前埔田园综合体建设加快。启用区级农村电子商务运营服务中心，阿里巴巴32个村级服务网点投入运营。实施农村人居环境整治三年行动，完成“厕所革命”年度任务，整治农房399栋，建成农村生活污水分散式处理站点127个、农村截污纳管工程53个，实现流域内农村生活污水治理全覆盖。完成农村集体资产清产核资及农垦国有农场办社会化职能改革，农村土地承包经营权确权工作通过国家验收。选派15名科技特派员，23个村集体经济年均收入超过30万元。

· 小资料 ·

五横五纵：指翔安新城核心区的东山路、石厝路、城场路、翔安西路、肖厝南路5条横向路以及纵二路、新城中路、洪钟大道、海头路、双浦路5条纵向路。

厕所革命：指对发展中国家的厕所进行改造的一项举措，最早由联合国儿童基金会提出。2017年11月，习近平总书记就旅游系统推进“厕所革命”工作取得的成效作出重要指示。

双修：指生态修复、城市修补。

三立三破经验：指立机制模式，破组织难题；立标准典范，破实施难题；立方法举措，破质量难题。

【生态环境建设】 2018年，翔安区做好中央和省环保督察、国家海洋督察反馈问题整改工作，推进第二次全国污染源普查工作，依法依规全面整治“散乱污”企业，对不符合环保要求的849家牛蛙养殖场、161家规模化家禽养殖场、325家马赛克石材加工厂、6家采矿企业给予整改清退。空气质量优良率98.4%。严格落实河（湖）长制，三大流域水环境持续改善，省控溪边后断面最高达到Ⅲ类水质。通过国家城市黑臭水体整治专项督察，溪溪治理模式得到市政府肯定。

【社会事业】 2018年，翔安区教育支出11.4亿元，比上年增长18.9%。新开工12个教育基建项目，新建成10所小学、幼儿园，增加学位5220个。新增4所省市示范性幼儿园，在20所小学、幼儿园试点开展课后延时服务。区教育基金会累计募集资金2.8亿元。推进分级诊疗，区域医联体实现全覆盖，医联体共建单位新店卫生院门诊量增长19.5%，家庭医生签约覆盖率34.4%。第五医院获得全省唯一的国家级“管理创新医院”称号，植物人促醒术、超声介入术2项技术填补全省空白，医生黄继义获得国内医师行业最高奖“中国医师奖”。流动人口动态监测工作在全国县（市、区）考评中获得第一。民生保障支出27.2亿元，增长7.3%。发放各类生活补助6200万元，受惠群众超10万人次。全面推行医疗救助“一站式”即时结算服务，投入1600万元为91个村（居）购买居家养老服务，建成3个农村幸福院。职工“五险一金”参保率稳步提高，城乡居民养老保险参保补助范围从46周岁以上扩大至16周岁以上。新圩农贸市场改造投用，溪家公寓等4个保障性住房项目开工建设。完成十大“为民办实事”项目。翔安区澳头超旷美术馆正式开馆。承办全省创建“老年人健身康乐家园”现场会，举办区第四届运动会、厦门（翔安）武林大会等文体赛事。区图书馆获评全国“全民优秀阅读单位”称号，区文化馆3幅作品入选第五届全国漆画展，《马巷厅志》完成点校初稿。

10月26日，翔安区澳头超旷美术馆开门迎客 （朱毅力 摄）

【社会治理】 2018年，翔安区扫黑除恶专项斗争成效明显，配合中央扫黑除恶第四督导组下沉督导，打掉恶势力犯罪集团2个、恶势力团伙1个、3人以上七类案件犯罪团伙34个，依法审结全省首起“校园贷”涉恶犯罪集团案件以及陈某宏、魏某勇等涉恶案件，开展旅游市场、保健品市场专项整治，综治“三率”大幅提升。投入437万元为全区群众购买社会治安综合保险。构建三级公共法律服务体系，保持信访工作平稳有序开展，举办全省社区矫正教育管理工作现场会，矛盾纠纷“三合一”诉前导分机制获最高院肯定推广。完成119个村（居）级组织换届选举。落实粮食安全工作，加快建设食品药品网格化管理系统。

· 小资料 ·

七类案件：指严重影响群众安全感的个人极端暴力犯罪、涉枪涉暴犯罪、黑恶势力犯罪，群众反映强烈的电信诈骗犯罪、拐卖妇女儿童犯罪、“两抢一盗”犯罪和“黄赌毒”等七类违法犯罪。

综治“三率”：指群众安全感率、平安建设知晓率、执法工作满意率。

“三合一”诉前导分机制：指翔安法院探索形成的涵盖诉前解纷、多元参与、平台保障的矛盾纠纷“三合一”诉前导分机制。

（吕林静）

责任编辑：林德全
审　　稿：曲　艺
校　　对：胡　恩

30 人物·名录

模范人物

田新华 1965年1月出生，河北石家庄人，医学博士，厦门大学医学院外科教研室主任、教授、博士研究生导师，厦门大学附属中山医院主任医师，厦门医学会神经外科分会主任委员，中国医师协会内镜医师分会常务委员，厦门市首批医学学科带头人，厦门市拔尖人才。田新华从事神经外科临床31年，始终坚持以“病人为中心”的宗旨，创下曾连续36小时分别为3位患者手术救治的记录。作为学科带头人，着眼于学科的发展，不断引进国内外新技术，填补全市技术空白，带领中山医院神经外科成为国家“十二五”和“十三五”临床研究团队成员。搭建学术平台促进全市学科共同发作，给予技术及学术讲座，推进全市技术进步。他主持、实施多项国家、省、市级重点神经科学课题的研究工作，研究结果均达到国际先进水平，多次被评为医院、卫生系统的“先进工作者”“优秀教师”“优秀党员”“优秀科研工作者”等称号。2014年获得“福建省五一劳动奖章”，2018年获得全国“五一劳动奖章”。

朱文霞（女） 1972年5月出生，山东青岛人。1991年进入厦门航空公司，1996年加入中国共产党，现任厦航空中乘务部总经理、党委副书记。她在一线运行岗位实现安全飞行超过20000小时，为旅客提供“精、尊、细、美”的优质服务，创造连续27年无投诉的成绩。先后执行过“两会”航班及瑞典、立陶宛、马来西亚、越南、塔吉克斯坦等国家领导人专机任务，得到领导要客赞誉和来信表扬。2017年“厦门会晤”期间，朱文霞承担要客及专机保障任务，面向全球展现中国品牌、民航形象和福建精神，获福建省委、省政府颁发“厦门会晤筹备和服务保障工作先进个人”称号。她牵头编制厦航《客舱乘务员手册》《空中乘务部管理手册》和《乘务工作案例选编》，创新规范服务标准，助力厦航连续22个季度获评“最佳航空公司”。朱文霞结合厦航管理特点，提出“心本管理”理念，帮助一批批乘务员快速成长，先后培养带教出50余名优秀乘务长，为厦航的发展提供了人才支撑。曾获得“全国用户满意明星”“福建省优秀党务工作者”“福建省五一劳动奖章”等称号。2018年获得全国“五一劳动奖章”。

新闻人物

王志强 1961年出生，福建人。漆线雕省级“非遗”代表性传承人，福建省漆艺大师。1976年，中学毕业后加入厦门工艺美术厂当漆线雕学徒，在众多从艺者中崭露头角。2006年，成为蔡水况大师的入室弟子，也是“蔡氏漆线雕”第十三代传人。王志强是“蔡氏漆线雕”著名艺人中唯一的“外姓传人”，制作的许多作品一直成为主打产品的样板。他以多年的从艺实践经验，一方面坚持艺术创作，一方面管理企业运转。王志强有扎实的漆线基本功，造型能力强，对形象结构的理解有深度。他的作品生动，表现力丰富，多次在省级、国家级大展中获奖。

谢清忠 1974年出生，福建龙岩人。1996年6月毕业于中国民航飞行学院，同年8月进入厦门航空公司。2003年9月成为757机型机长，2008年4月3日转型737机型机长，2008年1月31日受

聘 757 机型教员，2009 年 12 月 3 日受聘 737 机型教员，2016 年 1 月受聘“功勋飞行师”，现任 C 类教员。总飞行时间超过 2 万小时。2018 年 10 月 25 日，谢清忠机组驾驶 B737-700 型 B-5278 飞机执行 MF8411 重庆—拉萨航班，即将到达目的地时，客机的一侧襟翼突然出现卡阻故障，他沉着应对，经过 1 个多小时的盘旋耗油飞行，化险为夷。最终，飞机平安降落在拉萨贡嘎机场，确保了航班安全。

赵家鑫　1996 年出生，福建厦门人。上海交通大学新能源科学与工程系 2014 级本科生。2018 年 12 月 2 日，罗德奖学金公布 2018 年度的 4 位中国罗德学者，赵家鑫位列其中。作为世界上历史最悠久、最负盛名的国际奖学金项目，罗德奖学金的入选率仅为 0.7%，被外界视作“本科生的诺贝尔奖”。赵家鑫曾作为交换生，在日本早稻田大学学习能源与环境政策与经济学，从事城市尺度下的能源与环境政策研究工作。赵家鑫受蒙民伟国际交流基金会资助参加第九届国际应用能源会议，并作为唯一本科生发表学术报告。赵家鑫从事光伏系统研究工作，以共同作者的身份发表了 1 篇 SCI 论文、2 篇英文会议论文。作为上海交通大学与 UIUC 大学联合赛队队长，在许多教授和企业的支持下，带领本硕博百余人组成的学科交叉队伍，参加中国太阳能十项全能竞赛（Solar Decathlon China）。他获得过国家奖学金、唐立新奖学金、上海市荣昶学者、上海交通大学“十大励志典型人物”等荣誉。

逝世人物

王范斌　1926 年生，山东省五莲县街头镇前街头村人。1943 年参加中国人民解放军，1949 年随部队由胶东南下，参与过数十次战斗，直至福建解放，定居厦门市。从战士做起，历任文书、书记、连指导员、营教导员、团政治处副主任、团副政委、团政委、师政治部主任、师副政委、师政委、军政治部副主任、军副政委等职。1970 年初任守备二师师政委兼福建省长乐县委书记，全国第四届人大代表。1987 年离休。曾获得中国人民解放军独立功勋荣誉章，中华人民共和国三级解放勋章，中共中央、国务院、中央军委颁发抗日战争胜利六十周年纪念章，解放战争胜利六十周年纪念章，中央军委授予的淮海战役、渡江战役纪念章等。1998 年捐赠 10 万元给家乡建立教育基金，被五莲县街头镇初级中学聘为名誉校长。2018 年 3 月 19 日 7 时 30 分，王范斌在厦门逝世，享年 93 岁。

组织机构及干部名录

（以 2018 年 12 月 31 日在职者为准）

中共厦门市委员会

书　记
副书记　庄稼汉　陈秋雄
常　委　叶重耕　蔡建新　林文生
　　　　孙明忠　黄　强　李伟华
　　　　倪　超　黄文辉　陈沈阳
秘书长　黄文辉
副秘书长　赖建州　庄荣良　蔡蔚荻
　　　　　赖祖辉　李　刚

中共厦门市纪律检查委员会（市监委、市委巡察办）

书　记　孙明忠
副书记　黄聪敏　周　进　柯　军
常　委　莫建鹰　张美彪　邓英志
　　　　林志明　曾东生
秘书长　莫建鹰
市监委主任　孙明忠
副主任　黄聪敏　周　进　柯　军
委　员　莫建鹰　邓英志　林志明
　　　　洪全艺　吴国仁
内设机构负责人　潘敏毅　何光喜
　　　　　　　　谢国辉　卢建华
　　　　　　　　李艳春　薛　芬
　　　　　　　　张其乾　于珍凤
　　　　　　　　柯庆龙　张建春
　　　　　　　　王泽岩　陈全兵
　　　　　　　　吴鲤鹏
市委巡察办主任　陈甦帆

市委工作部门及直属单位

办公厅
主　任　赖建州
副主任　张亚良　张善斌　陈江波
　　　　蒋仕东（兼）
纪检组长　黄文展

机关效能督查办
主　任　黄文辉
常务副主任　赖建州
副主任　蒋仕东　郑尚定

组织部
部　长　陈沈阳

常务副部长　郑岳林
市委非公有制企业和社会组织工委书记
市委副厅级组织员　石牵助
副部长　陈秀蕊（兼）　颜云蔚
　　　　曾丽娟
纪检组长　章高祥
市委巡察组副局级巡察专员　戴晓蓉

宣传部
部　长　叶重耕
常务副部长　上官军
副部长　黄鹤麟　陈高润　江曙曜（兼）
　　　　戴志望　唐向阳
纪检组长　王才能
市委网络文化建设和管理办公室主任
　　　　符长泉

统一战线工作部
部　长
常务副部长　何秀珍
副部长　陈永东（兼）　曾庆军
　　　　蔡林娜　郑秀文
纪检组长　陈善志

政法委员会
书　记　李伟华
常务副书记　刘炳泉
副书记　姚新民
政治部主任　彭剑平
秘书长　陈挺华

社会管理综合治理委员会办公室
主　任　刘炳泉
副主任　王　强　杨长明
　　　　吕晓勇（挂职）

政策研究室
主　任　庄荣良
副主任　何培昆　温金辉

台湾工作办公室（市政府台湾事务办公室）
主　任　黄河明
副主任　林奕田　谢永福

机构编制委员会办公室（市政府机构编制办公室）
主　任　吴毅飚
副主任　杨土墩

市直机关工作委员会
书　记　黄文辉
常务副书记　苏培雄
副书记　李庆东
专职委员　郑一清　陈瑞芬
纪工委书记　黄继红

市委（市政府）信访局
局　长　刘金柱
副局长　吕曙辉（兼）　沈庆章

老干部局
局　长　陈秀蕊
副局长　吴启成　柯东熙　郭　龙

精神文明建设办公室（市精神文明建设指导委员会办公室）
主　任　陈高润
副主任　纪　菁

党校（行政学院、社会主义学院）
校（院）长　陈沈阳（兼）
常务副校（院）长　林朝晖
副校（院）长　彭心安　林玉梅
　　　　陈顺龙

档案局（馆）
局（馆）长　柯献星
副局（馆）长　林金煌　曹　丽

接待办公室
主　任　陈仲坚

保密委办公室（保密局）
主任（局长）

机要局
局　长

市专用通信局
局　长　许显峰

市人大常委会

主　任　陈家东
副主任　陈昭扬　陈紫萱　刘育生
　　　　陈　琛　刘绍清　林德志
秘书长　胡家榕
副秘书长　王伟文　陈灿煌　韩文祥
　　　　齐晓玲　陈泰生　陈进春
委　员　万文蓉　王　中　王伟文
　　　　则　悟　许晓斌　许晓曦
　　　　许毅青　李　虹　吴亚汝
　　　　吴丽冰　何秀珍　邹炳明
　　　　宋方青　陈鸿萍　林金水
　　　　郑岳林　姚新民　徐平东
　　　　郭晓芳　黄华松　黄向阳
　　　　黄如欣

市人大常委会工作部门

办公厅
主　任　王伟文
副主任　邱拱东
纪检组长　谢飞国

人事代表工作室
主　任　许晓斌
副主任　孙桂艳

研究与宣传工作室
主　任　邹庆键

市人大常委会各专门委员会

法制委员会（法制工作委员会）
主任委员　郭晓芳
副主任委员　李本年　宋方青（兼）

财政经济委员会（预算工作委员会）
主任委员　陈鸿萍
副主任委员　张凌云　江孔雀（兼）

内务司法委员会
主任委员
副主任委员　张玉生（兼）
　　　　黄向阳（兼）

城市建设环境资源委员会
主任委员
副主任委员　杨贤平（兼）

教育科学文化卫生委员会
主任委员

副主任委员　周君力（兼）
　　　　　　姜　杰（兼）

侨务外事委员会（台胞工作委员会）
主任委员　邹炳明
副主任委员　洪春风（兼）
　　　　　　徐平东（兼）

市人民政府

市　长　庄稼汉
常务副市长　黄　强
副市长　国桂荣　孟　芊　张毅恭
　　　　李辉跃　韩景义　卢炳椿
秘书长
副秘书长　黄　杰　刘金柱（兼）
　　　　　张　权　王跃平　詹艳清
　　　　　沈顺文　卢海林　兰贵兴

市政府工作部门及直属单位

办公厅
党组书记
党组副书记、主任　黄　杰
副主任　洪耀发　陈通汕　廖兆平
纪检组长　周会德

发展和改革委员会
党组书记　潘力方
主　任　张志红
副主任　林晓辉　罗咚玲　傅如荣
　　　　梁向阳　李晓燕
总经济师　郑春春
纪检组长　侯卫群

经济和信息化局
党组书记、局长　柯继安
副局长　邓建华　张世照　叶　健
　　　　阮燕山　李建明
纪检组长　陈志毅
总工程师　童平平

卫生和计划生育委员会
党组书记、主任　姚冠华
副主任　孙　卫　陈文锋　王挹青
纪检组长　马海陆

市计生协常务专职副会长　魏晓萌

教育局（市委教育工委）
工委书记、局长　郭献文
工委常务副书记　林佳添
副局长　吴亿年　陈　珍　郑朝南
纪工委书记、纪检组长　张国兴

科学技术局
党组书记、局长
纪检组长　白世伟
副局长　卢琳兵　李　波　曹伟民

民族与宗教事务局
党组书记、局长　黄娇灵
副局长　陈国荣　苏人登

公安局
党委书记、局长　卢炳椿
党委副书记　范锦昌　陈志洪
纪检组长　汪成旺
副局长　邓海鹰　林少强　曹卫国
　　　　黄卫东
政治部主任
机关党委专职副书记　王海堤
政治部副主任　白惠敏
警务保障部主任
指挥情报中心主任　杜昌营
指挥情报中心政委　纪边强
支队长　黄嘉雄　程亚雄　陈　煌
　　　　陈清钳　郑勇胜　曾嘉贤
支队政委　叶出宗　田　耕　王福建
分局局长　梁鹭生　黄文墙
分局政委　由　辉　林志强　白鸿辉

民政局
党组书记、局长
副局长　李　龙　李丽红　曾福华
纪检组长　李信扬

司法局
党组书记、局长　叶勇义
副局长　蔡永华　贺菊英　唐　乾
　　　　石德明

司法强制隔离戒毒所
第一政委　叶勇义（兼）
党委书记、所长　唐　乾
党委副书记、政委　戴福生

财政局
党组书记、局长　黄珠龙
党组副书记　栾光进
副局长　花育明　陈向光　王明汉
　　　　林志成
纪检组长　王章荣

人力资源和社会保障局（公务员局）
党组书记、局长　吴新奎
副局长　许加坤　陈国栋　林权水
　　　　蒋娇容　彭新良
总会计师　陈国荣
纪检组长　陈本杰

规划委员会
党组书记、主任　由　欣
副主任　吴振志　王唯山　陈　勇
纪检组长　郭小岩

国土资源与房产管理局
党组书记、局长　郭俊胜
副局长　王星旦　代　敏　叶德传
　　　　吴志坚
纪检组长　缪太生

环境保护局
党组书记、局长　何伯星
副局长　周海萍　张　宇　胡　军

建设局
党组书记、局长　陈锦良
副局长　林树枝　魏晓荣　许勇铁
　　　　张文勤
纪检组长　李少安
总工程师　庄毅伟
总建筑师　叶文语

交通运输局（市委交通运输工委）
工委书记、局长　王文杰
纪工委书记、纪检组长　钟少伟
副局长　任国岩　吴洪钦　师　强
工委副书记　张　松
总工程师　朱文彬

市农业局、市委农办
党组书记、局长、主任　吕参军
副局长、副主任　许心凌　邱武伟
　　　　　　　　陈世真　郑振兴
纪检组长　李金玉

水利局
党组书记、局长　郭金炼
副局长　陈　忠　欧卫国　周光明

海洋与渔业局
党组书记、局长　王春生
副局长　吴国梁　孙建国　林国忠
纪检组长　占从林
总工程师　林怀远

商务局
党组书记、局长　陈李升
副局长　洪本祝　张凤清　郑　耀
　　　　陈跃进　戴乐生
纪检组长　陈波澜
市政府口岸办副主任　王宝玉

文化广电新闻出版局（版权局、文物局）
党组书记、局长
副局长　李云丽　张剑辉　陈章志
　　　　傅国强　王国娣
纪检组长　贾兆营

审计局
党组书记、局长　陈添友
副局长　陈爱忠　洪再福
总审计师　王庭亮

市人民政府外事侨务办公室
党组书记、主任，市对外友好协会常务副会长　李啸萍
副主任　陈俊泳　邵育秦　姚建洪
纪检组长　丘勇才
市对外友好协会专职副会长　孔速婷

市场监管局（市工商局、市食品药品监管局）
党组书记、局长　郭勇毅
副局长　饶满华　张治祥　罗承贤
总会计师　吴惠芬
食品安全总监　陈秀新
药品安全总监　杨学勇

国有资产监督管理委员会
党工委书记　郑岳林
党工委副书记、主任　王龙雏
党工委副书记　陈　华
党工委副书记、副主任　傅建洪
副主任　陈海涛

纪工委书记、纪检组长　张汝君

质量技术监督局
党组书记、局长　邱太厦
副局长　曾　琳　张金龙　黄立红
纪检组长　王少瑜

体育局
党组书记　阮敦梁
局　长　傅一民
副局长　李丽娜　吴明显　杜新飞

安全生产监督管理局
党组书记、局长　王　飞
副局长　庄少生　郑宝华
总工程师　罗水香

统计局
党组书记、局长　孔曙光
总统计师　彭　勇

旅发委
党组书记、主任　杨　琪
副主任　张国良　王琼文　陈桂林
　　　　钟海林

粮食局
党组书记、局长
副局长　张伟生　段小红　田承洋

人民防空办公室
党组书记、主任　陈永茂
副主任　胡宜生　李　华　万国辉
　　　　熊余清

市政园林局（林业局）
党组书记、局长　龚建阳
副局长　王伟军　黄志华　王亚平
　　　　李敢良　曹国华
纪检组长　蔡山田
总工程师　王艳艳

法制局
党组书记、局长　丁贤志
副局长　贾国先　崔永贵

港口管理局
党组书记、局长　吴顺彬
副局长　陈一端　洪里专　朱建良
　　　　余先锋
总工程师　张丽炜

城市管理行政执法局
党组书记、局长　许国华
纪检组长　傅新发
副局长　叶恒忠　李伟宏　李明泉
　　　　陈志永

市金融工作办公室
党组书记、主任　张全军
副主任　连　任
总经济师　姚志萍

机关事务管理局
党组书记、局长　林培森
副局长　童育才　黄　亮

市政府驻北京办事处
党组书记、主任　叶茂伟
副主任　郑永泓　谢少慧
　　　　郑小明（兼）

市政府驻福州办事处
主　任　吕曙辉

政协厦门市委员会

主　席　张　健
副主席　高玉顺　江曙霞
　　　　陈昌生（兼）　黄世忠（兼）
　　　　黄培强（兼）　黄学惠
　　　　陈永裕　黄国彬
　　　　王　焱（兼）
秘书长　张仁苇
副秘书长　徐文东　苏清臻　蔡加培
常　委　王　强　王少华　王东文
　　　　王丽玲　王春新　吕　鑫
　　　　朱俊福　朱奖思　汤惠华
　　　　许黎明　孙　黎　孙弘宇
　　　　巫　斌　李跃民　杨　槐
　　　　杨叔禹　杨泽声　杨毅融
　　　　吴亿年　吴丽雪　吴秋北
　　　　张鸿平　陈永东　陈志炜
　　　　陈佩玲　陈育斌　陈泽荣
　　　　陈荣旋　陈铁铭　陈敏伟
　　　　周　旻　周文勇　周永伟

郑幸红　郑金泉　郑智敏
胡政兴　胡亮信　柯　军
柯希平　柯明哲　柏华冰
施立华　施佳汶　洪永淼
徐文东　徐芳菲　徐爱聪
郭英兰　唐怡源　涂崇禹
黄娇灵　黄敏沁　黄新英
蒋志鹏　程　璇　傅一民
释定恒　曾庆军　曾志龙
蔡炳瑞　滕　达

市政协工作部门

办公厅
主　任　徐文东
副主任　于之义　金季昆

提案委员会
主　任　胡亮信
副主任　周文勇（兼）　黄敏沁（兼）
柯明哲（兼）　李友华（兼）
陈敏伟（兼）

文史和学习宣传委员会
主　任
副主任　周　旻　陈怀群（兼）
陈章志（兼）　林朝晖（兼）
蔡廷谦（兼）　戴志望（兼）

经济城建委员会（人口资源环境委员会）
主　任　朱奖思
副主任　蔡加培　王文杰（兼）
卢海林（兼）　由　欣（兼）
杨　琪（兼）　张新潭（兼）
陈飞铭（兼）　林志成（兼）
郑　耀（兼）　曾　琳（兼）
傅如荣（兼）

教科文卫委员会
主　任
副主任　巫　斌（兼）　杨叔禹（兼）
吴亿年（兼）　沈灿煌（兼）
夏　炜（兼）　徐爱聪（兼）

社会法制委员会（民族宗教委员会）
主　任　王丽玲
副主任　王　强（兼）　李玉辉（兼）
李志远（兼）　杨中华（兼）
张尚清（兼）　陈俊泳（兼）
范锦昌（兼）　黄娇灵（兼）

港澳台侨和外事委员会
主　任　胡政兴
副主任　王少华（兼）　邓　飚（兼）
刘国深（兼）　李啸萍（兼）
陈永东（兼）　黄河明（兼）
曾志龙（兼）

研究室
主　任　杜　亮

法检机关

中级人民法院
党组书记、院长　王成全
副院长　李志远　吴丽雪　傅远平
纪检组长　洪朝墙
政治部主任　陈平狮
审判委员会专职委员　廖惠敏
执行局局长　郭福全

人民检察院
党组书记、检察长　黄延强
副检察长　丁丽贞　张尚清
曾文生　郑国钦
纪检组长　陈　辉
政治部主任　林育清
检察委员会专职委员　洪智勇　郭有评
反贪局局长　吴国仁

海事法院
党组书记　邱志雄
院　长　夏先鹏
副院长　周红岩　许俊强
纪检组长　陈建南
政治部主任　黄素丽
审判委员会专职委员　李　涛

群团组织

总工会
主　席　倪　超
党组书记、副主席　许毅青
副主席　陈幼萍　陈超英　朱福志
黄新英（兼）　郑龙枝（兼）
冯鸿昌（挂职）　章威炜（兼）
经审委主任　蔡志凯
纪检组长　洪允治

团市委
书　记　王　中
副书记　黄　芳　洪清岩
赵　冰（挂职）　陈怀锋（兼）
王舜钦（兼）

妇女联合会
党组书记、主席　吴亚汝
副主席　黄新英　朱秀敏　谢立武
陈幼萍（兼）　王挹青（兼）
张劲秋（兼）　谭筱英（兼）

工商业联合会（总商会）
党组书记、常务副主席　陈永东
主　席　柯希平（兼）
专职副主席　邱加海　林志宏

老龄工作委员会办公室
主　任
副主任　林进春　林　刚

科学技术协会
党组书记、副主席　徐爱聪
主　席　余兴光（兼）
副主席　郑颖聪　余熙鸣　林秋松

文学艺术界联合会
党组书记、副主席　林跃锋
主　席　舒　婷（兼）
副主席　林汝勋　陈　影

台湾同胞联谊会
党组书记、会长　苏　甦
副会长　张劲秋

归国华侨联合会
党组书记、主席　潘少銮
副主席　洪春凤　邓　飚

社会科学界联合会
党组书记、常务副主席　何瑞福
主　席　叶重耕（兼）
副主席　陈怀群　庄志辉

残疾人联合会
党组书记　吴明哲
理事长　傅晓春
副理事长　陈艺真　林跃算
兼职副理事长　苏秋华

国际贸易促进委员会
党组书记、会长
副会长　颜志平　黄安杰　朱红旗

红十字会
会　长　国桂荣（兼）
常务副会长　蔡伟中
专职副会长　周　敏　俞　娟

中华职业教育社
主　任　黄世忠（兼）
专职副主任　翁玉华

民主党派

中国国民党革命委员会厦门市委员会
主　委　国桂荣
副主委　涂崇禹（兼）黄向阳（兼）
　　　　周立新（兼）骆　阳（兼）
专职副主委兼秘书长　周文勇

中国民主同盟厦门市委员会
主　委　陈昌生（兼）
副主委　胡　荣（兼）李　波（兼）
　　　　齐晓玲（兼）黄敏沁
　　　　陈希梅（兼）
秘书长　王东良

中国民主建国会厦门市委员会
主　委　黄世忠（兼）
副主委　杨清泉（兼）薛雄志（兼）
　　　　曾文生（兼）吴　迪（兼）
专职副主委兼秘书长　柯明哲

中国民主促进会厦门市委员会
主　委　吴丽冰
副主委　许黎明（兼）赖妙宽（兼）
　　　　黄继义（兼）林升栋（兼）
　　　　陈佩玲（兼）

中国农工民主党厦门市委员会
主　委　王　焱（兼）
副主委　陈育斌　万文蓉（兼）
　　　　吴崇伯（兼）李友华（兼）
　　　　谢　强（兼）
专职副主委兼秘书长　黄格成

中国致公党厦门市委员会
主　委　徐平东
副主委　郑幸红　张志红（兼）
　　　　关琰珠（兼）滕　达（兼）
　　　　施雪琴（兼）

九三学社厦门市委员会
主　委　黄培强（兼）
副主委　林金水　刘家俊（兼）
　　　　张玉生（兼）杨　槐（兼）
　　　　林少芬（兼）吕　鑫（兼）

台湾民主自治同盟厦门市委员会
主　委　陈紫萱
副主委　廖明宏（兼）郑　直（兼）
　　　　许勇铁（兼）郭海峰（兼）
专职副主委兼秘书长　陈敏伟

各区、开发区

思明区

中共思明区委员会
书　记　廖华生
副书记　夏长文　张剑鸣
常　委　苏德本　庄海英　胡延洵
　　　　吴旗荣　黄　峰　黄碧珊
　　　　吴申宇　刘忠辉

思明区人大常委会
主　任　许跃生
副主任　董仁生　程　欣　傅秀菊
　　　　李　伟　柯友谊

思明区人民政府
区　长　夏长文
副区长　吴旗荣　许　霖　卢　彬
　　　　姚玉萍　洪　亮　颜跃喜
　　　　李祖光

政协思明区委员会
主　席　陈炳良
副主席　郭勇鹏　黄嘉斌　郑尤男
　　　　陈向忠

思明区法院
院　长　刘新平

思明区检察院
检察长　李永军

湖里区

中共湖里区委员会
书　记　林　建
副书记　林重阳
常　委　卢秀萍　林充贺　胡鹏程
　　　　钟伟东　陈　岚　张家伟
　　　　刘仁宇　黄绿青　丁红斌

湖里区人大常委会
主　任　黄　炜
副主任　戴宗垒　曾国建　梁国富
　　　　曾文生　方文群

湖里区人民政府
区　长　林重阳
副区长　林充贺　刘云标　黄平南
　　　　洪耀同　陈颢颖　黄锦城
　　　　陈仲谋

政协湖里区委员会
主　席　林　凡
副主席　黄向阳　林世裕　陈雄辉
　　　　谢国勇

湖里区法院
院　长　高碧青

湖里区检察院
检察长　吴华峰

集美区

中共集美区委员会
书　记　李钦辉
副书记　何东宁　胡旭彬
常　委　赖朝晖　杜　刚　范启德
　　　　蔡冬梅　刘琦龙　孙建辉

陈向辉　肖　峰

集美区人大常委会
主　任　陈建荣
副主任　陈清苗　陈来福　李梅英
　　　　邱晓晖　丁加生

集美区人民政府
区　长　何东宁
副区长　孙建辉　石　扬　黄　颖
　　　　吴金平　李宗泽　林声群
　　　　李大出

政协集美区委员会
主　席　胡亚才
副主席　陈小强　纪永强　陈友谊

集美区法院
院　长　温文华

集美区检察院
检察长　彭明武

海沧区

中共海沧区委员会
书　记　林文生
副书记　游文昌　曹　放
常　委　黄炳文　李培祥　张　谷
　　　　章春杰　廖　凡　欧阳丽娟
　　　　王树强　周桂良

海沧区人大常委会
主　任　江根云
副主任　陈延年　王明德　王常忠
　　　　王斌元

海沧区人民政府
区　长　游文昌
副区长　章春杰　苏亮文　赵雪晖
　　　　林天德　柯碧如　连维兴
　　　　柯少敏

政协海沧区委员会
主　席　吕永辉
副主席　林丽卿　乐智强　陆晓红
　　　　郭素芬

海沧区法院
院　长　黄冬阳

海沧区检察院
检察长　陈子龙

同安区

中共同安区委员会
书　记　黄燕添
副书记　王雪敏　曾东生
常　委　柯玉宗　王军荣　王秀珠
　　　　林国财　樊荣兵　冯国敏
　　　　许永良

同安区人大常委会
主　任　毛立臻
副主任　朱永辉　王　松　吴进华
　　　　许巩固（兼）　林中英

同安区人民政府
区　长　王雪敏
副区长　柯玉宗　曾繁振　许珠明
　　　　林进柱　康自展　陈艺萍
　　　　潘全胜

政协同安区委员会
主　席　黄小林
副主席　洪祖溢　赵建明　李水龙
　　　　叶文雅

同安区法院
院　长　李　桦

同安区检察院
检察长　郑祥发

翔安区

中共翔安区委员会
书　记　黄奋强
副书记　胡　盛　颜文聪
常　委　康江良　洪国平　陈　明
　　　　陈佳锻　施耿瑶　叶晓东
　　　　黄　运　温普华

翔安区人大常委会
主　任　林进胜
副主任　许生强　董振力　林大树
　　　　沈金德

翔安区人民政府
区　长　胡　盛
副区长　叶晓东　程　明　李德才
　　　　李　毅　林海平　王婴水
　　　　苏青云

政协翔安区委员会
主　席　周鲁闽
副主席　傅亚林　蔡清发　徐得志

翔安区法院
院　长　刘友国

翔安区检察院
检察长　洪庆福

海沧台商投资区

党工委
书　记　林文生
副书记　游文昌
纪工委书记　黄炳文

管理委员会
主　任　游文昌
副主任　张善美　曹　放
建设局
局　长　卢少进

经信局
局　长　蔡德进

自贸区厦门片区管委会（海沧保税港区管委会）

党工委
书　记　熊衍良
副书记　游文昌　林树溪
纪工委书记　薛　坚
纪工委副书记　蒋东红

管理委员会
主　任　倪　超
常务副主任　熊衍良

副主任　游文昌（兼）　林树溪（兼）
　　　　赵晓波　陈　敏
　　　　林重阳（兼）
内设机构负责人　颜云蔚（兼）
　　　　　　　　林江帆　陈青峰
　　　　　　　　黄劲松　代　斌
　　　　　　　　林珍雅　练更生
　　　　　　　　孙宏宇　曹征宇

象屿保税区管理委员会

党工委书记、主任　林树溪
副主任　陈青峰

火炬高技术产业开发区管理委员会

党工委书记、主任　黄晓舟
副主任　谢　松　郭清贤　施立华
纪工委书记　吕舰艇
总经济师　林卫东

鼓浪屿—万石山风景名胜区管理委员会

党工委书记　廖华生
党工委副书记、主任　郑一琳
副主任　梁怡新　李云丽（兼）
　　　　张顺彬
纪工委书记　张长建

市行政服务中心管委会

常务副主任　张朱及
副主任　陈玉辉

部分市管事业单位

厦门理工学院
党委书记　林进川
党委副书记、院长　朱文章
党委副书记　李泽彧　林志成
副院长　尤国顺　赵振祥　吴克寿
纪委书记　林春才

厦门城市职业学院、厦门市广播电视大学
厦门城市职业学院党委书记　蒋先立
厦门城市职业学院党委副书记、院长，市广播电视大学校长　唐　宁

厦门医学院
党委书记　徐国庆
院　长　吴小南
副书记　李黎明
纪委书记　蔡顺华
副院长　张永裕　洪丰颖

厦门日报社
党委副书记、社长　江曙曜
副书记、总编辑　蔡廷谦
副书记　郭红燕
副总编辑　汪金铭　许若鲲

厦门广播电视集团
党委书记、董事长
党委副书记、总裁　沈艺奇
副书记　魏振宗
总工程师　林晓尧
副总裁　陈桂林　林洪美

公立医院发展管理中心
党组书记　姚冠华

高层次人才发展中心
主　任　陈燕彬

市委讲师团
团　长　苏秋华

文化市场综合执法支队
支队长　李智国

市委党史研究室
主　任　庄平勇

市政府地方志办公室
主　任　李志宏

会议展览事务局
党组书记　江美月
局　长　王琼文

知识产权局
局　长　卢琳兵

地震局
局　长　毛松林

厦门大学附属第一医院
党委书记、副院长　童绥君
党委副书记、院长　姜　杰

厦门大学附属中山医院
党委副书记、院长　蔡建春

厦门一中
党委书记、校长　周君力

双十中学
党委书记、校长　陈文强

集美中学
党委书记、校长　庄小荣

福建省亚热带植物研究所
党委书记、所长　邱晓晖

社会保险管理中心
主　任　关庆勇

市土地开发总公司
总经理　朱旭东

人才服务中心
主　任　程常建

市属国有企业

厦门建发集团有限公司
党委书记、董事长　黄文洲
党委副书记、总经理　王　沁
党委副书记　陈　飞
副总经理　张勇峰（职业经理人）
　　　　　庄跃凯（职业经理人）
　　　　　叶衍榴（职业经理人）
纪委书记　马陈华

厦门港务控股集团有限公司
党委书记、董事长　陈志平
党委副书记、总经理　缪鲁萍
党委副书记　张先文
副总经理、总会计师　傅承景

副总经理　林开标　蔡思伟　蔡立群
　　　　　白雪卿
纪委书记　杜宏佳
总工程师　黄子榕

厦门翔业集团有限公司

党委书记、董事长
党委副书记、总经理　陈　斌
党委副书记、工会主席　方弘哲
副总经理　汪晓林　蔡明理
纪委书记　刘丽仙

厦门夏商集团有限公司

党委书记、董事长　陈希方
党委副书记　郭晓芳
副总经理　谢　垠　林韶坚　陈亨溉
　　　　　欧鹭红
纪委书记　黄永金
总经济师　陈一江

厦门路桥建设集团有限公司

党委书记、董事长　林小雄
党委副书记、总经理　吴灿东
党委副书记　柳颂清
副总经理　文　杰　李春龙
纪委书记　王纯泉

厦门国贸控股集团有限公司

党委书记、董事长　许晓曦
党委副书记、总经理　郭聪明
党委副书记、工会主席　张运明
副董事长　陈金铭
副总经理　王燕惠　郑家辉　杜少华
纪委书记　杨建东

厦门海翼集团有限公司

党委书记、董事长　张振斌
党委副书记、总经理　谷　涛
总会计师　刘艺虹
工会主席　杨全发
副总经理　黄　荣　王功尤
纪委书记　戴伟建

厦门轻工集团有限公司

党委书记、董事长　杨庆伟
党委副书记、总经理　黄聪海
党委副书记、副董事长　张伟忠
副总经理　黄东文　陈炎村　郭青峰
工会主席　邱曙平
纪委书记　洪海波

厦门住宅建设集团有限公司

党委书记、董事长　杨贤平
党委副书记、总经理　苏玉荣
党委副书记、副董事长　张希沛
纪委书记、工会主席　陈　明
副董事长　甄　宁
副总经理　王水育　徐晓煜
总会计师　邱怀东

厦门经济特区房地产开发集团有限公司

党委书记、董事长　黄偏明
党委副书记、总经理　许文杰
党委副书记、工会主席　陈上族
副总经理　卢荣度　阮悦欣
总会计师　徐金臻
总经济师　卢丹丹
纪委书记　刘苏红

厦门信息集团有限公司

党委书记、董事长　江孔雀
党委副书记、总经理　刘冬林
副总经理　高友弟　黄中祥　眭国瑜
　　　　　张　瑜
纪委书记　郑陆全

厦门金圆投资集团有限公司

党委书记、董事长　檀庄龙
党委副书记　黄雀喧
纪委书记、工会主席　黄威飘
副总经理　黄昆明　洪文瑾　薛　荷
　　　　　李云祥
总会计师　杨清榕

厦门轨道交通集团有限公司

党委书记、董事长　王文格
党委副书记、总经理　程正明
党委副书记　张建军
副总经理　许黎明　徐建平　张大成
　　　　　蔡　波
总会计师　方耀民
总工程师　李少波
纪委书记　史永飞

厦门市政集团有限公司

党委书记、董事长　陈飞铭
党委副书记、总经理　王良睦
党委副书记　杨　辉
工会主席　苗金美
纪委书记　陈瑞珍
副总经理　张立勇　陈智强
总会计师　李晓阳

厦门象屿集团有限公司

党委书记、董事长　张水利
党委副书记、总裁　陈　方

厦门火炬集团有限公司

党委书记、董事长　马洪斌

厦门旅游集团有限公司

党委书记、总经理　肖　平
党委副书记、总经理　朱国安

厦门公交集团有限公司

党委书记、董事长　陈卫文
党委副书记、总经理　林荣生

厦门市储备粮管理集团有限公司

党委书记、董事长　陈友贺
党委副书记、总经理、副董事长　赵康成

厦门市供销社集团公司

党委书记、董事长　陈守碰
党委副书记、总经理　陈朝峰

厦门安居集团有限公司

党委书记、董事长　钟兴弘
党委副书记、总经理　王朝晖

厦门银行股份有限公司

党委书记、董事长　吴世群
党委副书记、监事长、纪委书记、工会主席　张永欢

厦门农村商业银行股份有限公司

党委书记、董事长　王晓健

注：空缺部分为市委组织部暂未任命

责任编辑：曲　艺
审　　稿：白延蜻
校　　对：林德全

31 附 录

统计资料

表 31-1 **2018 年厦门市社会经济主要指标完成情况表**

	单位	2018 年	2017 年	比 2017 年增长（%）
一、城市基本情况				
全年供水量	万吨	47187	45816	3.0
#居民家庭用水	万吨	18078	17477	3.4
全年用电总量	亿千瓦小时	269.59	248.91	8.3
#居民生活用量	亿千瓦小时	60.02	57.7	4.0
年末实有公交营运车辆	辆	4632	4536	2.1
全年公交客运总量	万人次	80139	83909	-4.5
年末实有出租汽车数	辆	5482	5630	-2.6
轮渡客运总量	万人次	3088	2976	3.8
二、人口情况				
全市总人口	万人	411	401	2.5
户籍总人口	人	2425251	2310279	5.0
#城镇人口	人	2078890	1968949	5.6
自然净增人口数	人	37044	41185	-10.1
人口自然增长率	‰	15.65	18.24	—
年平均户籍总人口	人	2367765	2257884	4.9
三、劳动就业和工资				
城镇非私营单位从业人员数	人	1555914	1459940	6.6
职工平均工资	元	85166	75452	12.9

续表 31-1

	单位	2018 年	2017 年	比 2017 年增长（%）
四、经济总量指标				
地区生产总值（当年价）	万元	47914131	43517181	7.7
第一产业	万元	243983	234619	2.6
第二产业	万元	19801599	18122398	8.1
第三产业	万元	27868549	25160164	7.5
人均生产总值（按户籍人口计算）	元	202360	192734	2.7
人均生产总值（按常住人口计算）	元	118015	109753	5.2
五、工业				
规模以上工业增加值	万元			8.8
# 国有控股企业	万元			18.5
# 外商及港、澳、台商投资企业	万元			7.0
# 轻工业	万元			7.5
重工业	万元			9.4
规模以上工业销售产值	万元			8.8
# 出口交货值	万元			6.5
六、农业				
农林牧渔业总产值（现价含农林牧渔服务业产值）	万元	472356	455355	2.3
农业	万元	225995	205025	7.2
林业	万元	2812	3787	–15.9
牧业	万元	110811	134935	–16.0
渔业	万元	80388	60708	28.6
农林牧渔服务业	万元	52350	50900	1.0
七、运输、邮电（系统内）				
客运量	万人	10144	10106	0.4
铁路（发送量）	万人	2796	2615	6.9
公路	万人	3951	4336	–8.9
水路	万人	742	707	4.9
航空	万人	2655	2449	8.4
货运量	万吨	31659	30276	4.6
铁路（发送量）	万吨	821	791	3.7
公路	万吨	20900	20650	1.2
水路	万吨	9904	8801	12.5
航空	万吨	35	34	2.0
港口货物吞吐量	万吨	21719.93	21116.25	2.9
集装箱吞吐量	万标箱	1070.23	1038.14	3.1
邮电业务总量（可比价）	亿元	399.08	201.63	97.9

续表 31-1

	单位	2018 年	2017 年	比 2017 年增长（%）
#邮政业务总量	亿元	70.36	56.39	24.8
电信（移动通信、无线寻呼）业务总量	亿元	328.72	145.24	126.3
八、固定资产投资				
#固定资产投资（不含农户）	万元			10.1
#岛外固定资产投资额	万元			13.3
#基础设施投资	万元			16.8
#房地产开发投资	万元	8845759	8798628	0.5
当年新增固定资产	万元			-12.1
房屋竣工面积	万平方米			40.1
#住宅	万平方米			52.1
九、商业、物价				
社会消费品零售总额	万元	15424224	14467448	6.6
居民消费价格指数（以上年为基数）	%	101.8	102	
十、对外经济				
利用外资：项目个数	个	1216	1145	6.2
合同外资金额	万美元	713298	481684	48.1
实际利用外资	万美元	172500	237830	-27.5
外贸进出口总额（海关数）	万美元	9104392	8581126	6.1
出口总额	万美元	5058339	4800779	5.4
进口总额	万美元	4046052	3780347	7.0
国家银行结汇收入	万美元	3884860	4642846	-16.3
国家银行售汇支出	万美元	4017498	3377991	18.9
十一、财政				
财政总收入（含上划中央税收）	万元	12832856	11874973	8.1
#地方级财政收入	万元	7545412	6968660	8.3
财政支出	万元	8924985	7970976	12.0
十二、金融				
中资金融机构各项人民币存款余额	万元	103299792	98823109	4.5
#境内住户存款余额	万元	26101770	22920560	13.9
中资金融机构各项人民币贷款余额	万元	96626579	87630938	10.0
十三、教育				
各级学校专任教师数	人	56045	52306	7.1
#普通学校合计	人	52574	50317	4.5
普通高等学校本专科	人	9324	9300	0.3
普通中等学校	人	14520	13647	6.4
中等职业学校（机构）	人	2012	1920	4.8

续表 31-1

	单位	2018 年	2017 年	比 2017 年增长（%）
技工学校	人	330	315	4.8
普通中学	人	12178	11412	6.7
小学	人	17211	16645	3.4
特殊教育学校	人	194	169	14.8
幼儿园	人	11325	10556	7.3
成人学校合计	人	3471	1989	74.5
各级学校在校学员	人	1052894	941962	11.8
# 普通学校合计	人	885209	827650	7.0
研究生	人	19414	17534	10.7
普通高等学校本专科	人	162459	140266	15.8
普通中等学校	人	206736	198442	4.2
中等职业学校（机构）	人	33034	36533	-9.6
技工学校	人	8063	6890	17.0
普通中学	人	165639	155019	6.9
小学	人	328848	310453	5.9
特殊教育学校	人	537	481	11.6
幼儿园	人	167215	160474	4.2
成人学校合计	人	167685	114312	46.7
十四、文化				
公共图书馆数	个	10	10	
公共图书馆藏书量	万册	652.39	599.9	8.7
图书流通册次	万册次	895.24	1005.48	-11.0
十五、卫生、福利				
卫生机构数	个	1804	1701	6.1
# 医院	个	54	51	5.9
卫生机构床位数	张	16604	15341	8.2
# 医院	张	15342	14106	8.8
工作人员数	人	42879	38793	10.5
# 卫生技术人员	人	34174	31182	9.6
# 执业（助理）医师	人	13830	12705	8.9
十六、人民生活				
城镇居民人均可支配收入	元	54401	50019	8.8
城镇居民人均消费性支出	元	34929	32009	9.1
农村居民人均可支配收入	元	22410	20460	9.5

注：表中生产总值、工业增加值、农业总产值等总量指标绝对数以当年价标出，相对数则以可比价计算

表 31-2 **2018 年全国副省级城市主要经济指标（快报数）表**

	厦门	沈阳	大连	长春	哈尔滨	南京	杭州	宁波	济南	青岛	武汉	广州	深圳	成都	西安
地区生产总值（亿元）	4791.41	6292.40	7668.48	7175.70	6300.50	12820.40	13509.00	10745.50	7856.60	12001.50	14847.29	22859.35	24221.98	15342.77	8349.86
比上年增长（±%）	7.7	5.4	6.5	7.2	5.1	8.0	6.7	7.0	7.4	7.4	8.0	6.2	7.6	8.0	8.2
规模以上工业增加值（亿元）	1611.35					3091.83		3730.80				4451.11	9109.54		
比上年增长（±%）	8.8	7.6	15.9	8.5	5.8	7.8	6.3	6.3	7.1	6.8	5.7	5.5	9.5	8.5	9.4
工业销售产值（亿元）	6086.58		6179.16					16512.40				18044.31	33462.19		
比上年增长（±%）	8.8		16.7		7.5			10.0				3.4	8.8		
全社会固定资产投资（亿元）						4718.05									
比上年增长（±%）	10.1	15.3	10.1	6.7	-7.2	9.4	10.8	3.6	9.6	7.9	10.6	8.2	20.6	10.0	8.5
社会消费品零售总额（亿元）	1542.42	4051.20	3880.05	3003.60	4125.10	5832.46	5715.00	4154.90	4404.50	4842.50	6843.90	9256.19	6168.87	6801.80	4658.72
比上年增长（±%）	6.6	9.2	7.8	6.2	4.2	8.4	9.0	8.1	10.0	10.0	10.5	7.6	7.6	10.0	9.6
进出口总额（海关口径）(亿元）	6002.05	984.30	4701.41	1054.60	209.70	4317.20	5245.30	8576.30	825.00	5321.20	2146.00	9810.15	29983.74	4983.20	3303.87
比上年增长（±%）	3.2	13.5	13.9	10.7	-8.0	4.7	3.1	12.9	16.2	5.7	10.9	1.0	7.0	26.4	29.6
外商直接投资实际到位金额（亿美元）	107.31	14.30	26.78	3.30	36.50	38.53	68.30	43.20	178.20	86.90	109.27	66.11	82.03	76.30	
比上年增长（±%）		41.3	-17.6		6.1	4.9	3.3	7.2	41.0	10.0	13.3	5.1	10.8	17.5	
地方财政一般预算收入（亿元）	754.53	720.60	703.98	478.00	384.40	1470.02	1825.10	1379.70	752.80	1231.90	1528.70	1632.30	3538.41	1424.20	684.71
比上年增长（±%）	8.3	10.0	7.0	6.2	4.4	15.6	12.5	10.8	11.2	6.5	11.0	6.5	6.2	9.4	10.8
地方财政一般预算支出（亿元）	892.50	964.90	1001.44	894.30	962.20	1532.71	1717.10	1594.10	1018.30	1561.20	1929.54	2505.84	4282.54	1837.50	1151.61
比上年增长（±%）	12.0	12.9	8.9	2.1	0.4	13.2	11.4	13.0	22.1	11.3	12.3	14.6	-6.8	9.7	10.2
城镇居民人均可支配收入（元）	54401	44054	43550		37828	59308	61172	60134	50146	50817	47359	59982	57543	42128	38729
比上年增长（±%）	8.8	6.5	7.3		6.4	8.7	8.7	8.0	7.5	7.7	9.1	8.3	8.7	8.2	8.1
城镇居民人均消费性支出（元）	34929					33537	41615			32890			40535		
比上年增长（±%）	9.1					6.9	9.0			7.6			5.8		

注：1. 厦门固定资产投资为不含农户口径

2. 厦门、济南外商直接投资到位、直接投资合同金额单位为亿元

表 31-3

2018 年福建省设区市主要经济指标（快报数）表

	单位	厦门市	福州市	其中：平潭	其中：福州（不含平潭）	莆田市	三明市	泉州市	漳州市	南平市	龙岩市	宁德市
地区生产总值	亿元	4791.41	7856.81			2242.41	2353.72	8467.98	3947.63	1792.51	2393.30	1942.80
比上年增长	%	7.7	8.6			8.3	7.5	8.9	8.7	6.6	7.6	8.1
规模以上工业增加值	亿元											
比上年增长	%	8.8	9.0	3.9	9.0	9.1	8.9	9.1	9.2	8.8	9.0	9.2
工业产品产销率	亿元	95.22	96.88	94.93	96.88	99.00	98.95	96.38	98.30	97.04	97.98	98.98
比上年增长	%	−0.86	−0.22	−4.08	−0.22	0.04	−0.09	0.53	−1.41	−0.35	−0.83	0.66
社会消费品零售总额	亿元	1542.42	4666.46			763.42	588.50	3407.89	1111.60	675.09	907.42	611.11
比上年增长	%	6.6	11.3			9.8	10.3	12.3	13.1	9.7	11.6	8.1
固定资产投资额（不含农户）	亿元											
比上年增长	%	10.1	11.7	8.6	12.0	13.1	15.5	14.2	11.6	10.1	13.6	9.6
进出口总额	亿元	6002.05		59.03	2452.82	370.70	172.29	1853.66	693.85	112.42	283.03	354.57
比上年增长	%	3.2		13.3	5.0	0.9	10.1	18.2	9.4	14.9	9.5	15.9
财政总收入	亿元	1283.28	1118.11	60.55	1057.56	225.91	165.71	861.05	352.06	147.67	296.80	200.77
比上年增长	%	8.1	8.7	16.3	8.3	7.0	10.0	6.5	8.1	10.8	6.4	11.7
财政支出（不含基金）	亿元	892.50	923.41	89.87	833.55	229.27	296.50	633.71	429.80	298.70	301.17	300.20
比上年增长	%	12.0	−1.6	1.4	−2.0	0.5	1.9	−0.6	0.1	5.3	0.5	1.1
金融机构本外币存款余额	亿元	10995.00	14204.30	448.76	13755.54	1803.12	1748.03	6947.84	2980.55	1858.30	1914.42	1843.03
比上年增长	%	3.7	4.5	5.1	4.4	持平	4.4	0.8	4.4	5.4	2.9	20.6
金融机构本外币贷款余额	亿元	10554.05	15364.34	408.61	14955.73	1857.51	1367.87	6393.05	2620.33	1384.46	1867.67	1744.29
比上年增长	%	8.3	11.8	25.0	11.4	3.4	4.2	5.3	5.5	6.0	12.2	10.6
城镇居民人均可支配收入	元	54401	44457	38632		37169	34862	46111	35997	32484	35759	32921
比上年增长	%	8.8	8.5	8.1		7.8	8.1	8.0	7.9	8.0	8.3	7.9
城镇居民人均消费性支出	元	34929	29849	25520		24271	23947	28193	24202	20785	23546	22490
比上年增长	%	9.1	8.8	8.4		8.1	8.4	8.3	8.2	8.3	8.7	8.3
农村居民人均可支配收入	元	22410	19419	16009		17991	16601	20277	18186	15868	17154	16147
比上年增长	%	9.5	8.7	9.3		9.1	9.1	9.0	9.1	9.0	9.3	9.7
农村居民人均消费性支出	元	18842	16250	13767		14982	12314	15511	12752	11706	12450	12394
比上年增长	%	7.1	6.3	6.7		6.7	6.7	6.6	6.7	6.6	6.9	7.3

厦门市2018年国民经济和社会发展统计公报

（2019年3月22日）

厦门市统计局　国家统计局厦门调查队

2018年，在市委、市政府的正确领导下，全市牢牢把握稳中求进工作总基调，坚定贯彻新发展理念，突出以供给侧结构性改革为主线，着力稳增长、促改革、调结构、惠民生、防风险，坚持以“双千亿”工作为抓手，推进高质量发展落实赶超，经济运行保持在合理区间，保持了总体平稳、稳中有进的发展态势。

一、综合

经济总量

初步核算，全年地区生产总值（GDP）4791.41亿元，按可比价格计算，比上年增长7.7%。其中，第一产业增加值24.40亿元，增长2.6%；第二产业增加值1980.16亿元，增长8.1%；第三产业增加值2786.85亿元，增长7.5%。三次产业结构为0.5∶41.3∶58.2。按常住人口计算的人均地区生产总值118015元，增长5.2%，折合17834美元。全市万元地区生产总值耗电562.65千瓦时，比上年减少9.4千瓦时；万元地区生产总值耗水8.82吨，减少0.5吨。

财政收支

全市实现公共财政预算总收入1283.29亿元，比上年增长8.1%，其中地方级财政收入754.54亿元，增长8.3%。在地方

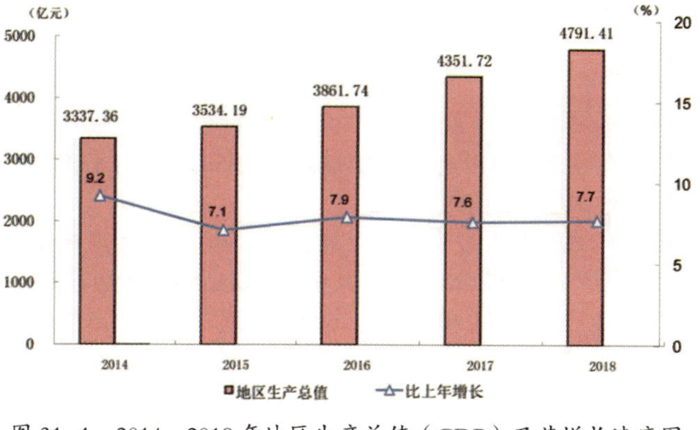

图31-1　2014—2018年地区生产总值（GDP）及其增长速度图

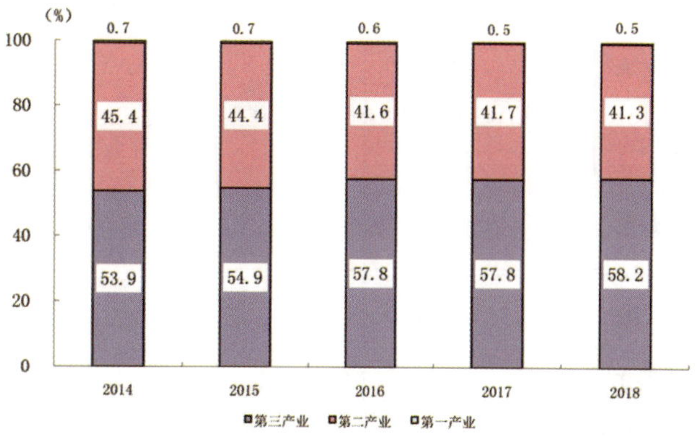

图31-2　2014—2018年三次产业增加值占地区生产总值比重图

级财政收入中，实现税收收入603.09亿元，增长7.0%，其中增值税200.39亿元，增长9.3%；企业所得税111.34亿元，下降1.2%；个人所得税72.60亿元，增长35.3%；土地增值税89.40亿元，下降5.7%。

全年财政支出892.50亿元，增长12.0%。其中教育支出136.39亿元，增长10.7%；科学技术支出28.56亿元，增长20.3%；城乡社区事务支出210.24亿元，增长15.8%；社会保障和就业支出63.62亿元，增长13.5%；医疗卫生与计划生育支出63.75亿元，增长18.2%。

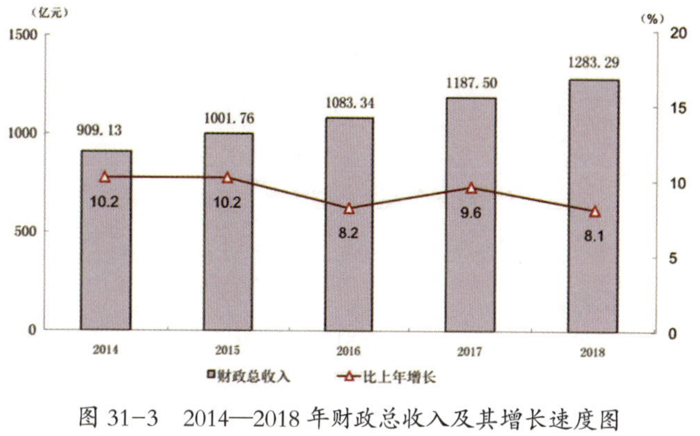

图31-3　2014—2018年财政总收入及其增长速度图

价格

全年居民消费价格比上年上涨 1.8%（见表 31-4），其中，服务项目价格上涨 2.3%，消费品价格上涨 1.5%。

表 31-4　　**2018 年居民消费价格总指数一览表**

项目名称	指数（以上年为 100）
居民消费价格总指数	101.8
一、食品烟酒	101.7
1. 食品	101.6
# 粮食	99.9
食用油	99.4
菜	108.8
畜肉类	95.9
禽肉类	107.0
水产品	103.2
蛋类	104.1
干鲜瓜果类	98.2
2. 茶及饮料	103.4
3. 烟酒	101.6
4. 在外餐饮	101.7
二、衣着	99.4
三、居住	103.0
四、生活用品及服务	101.2
五、交通和通信	101.0
六、教育文化和娱乐	101.7
七、医疗保健	104.0
八、其他用品和服务	100.2

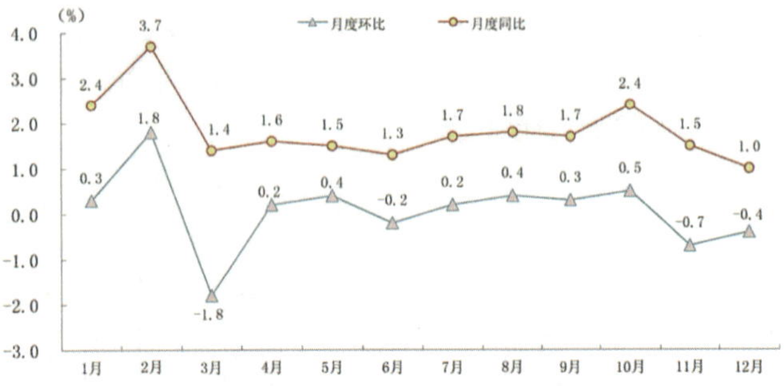

图 31-4　2018 年居民消费价格月涨跌幅度图

各区经济

各区实现地区生产总值分别为：思明区 1449.93 亿元，比上年增长 7.2%；湖里区 1035.84 亿元，增长 8.0%；海沧区 676.11 亿元，增长 7.7%；集美区 686.22 亿元，增长 7.8%；同安区 422.65 亿元，增长 8.3%；翔安区 520.66 亿元，增长 8.5%。

其中，各区实现规模以上工业增加值分别为：思明区 67.44 亿元，比上年增长 8.0%；湖里区 395.79 亿元，增长 10.0%；海沧区 353.37 亿元，增长 8.9%；集美区 256.57 亿元，增长 8.1%；同安区 213.84 亿元，增长 8.1%；翔安区 324.33 亿元，增长 8.4%。

各区实现社会消费品零售总额分别为：思明区 579.43 亿元，比上年增长 10.8%；湖里区 333.28 亿元，下降 4.8%；海沧区 149.85 亿元，增长 0.6%；集美区 157.34 亿元，增长 13.5%；同安区 245.54 亿元，增长 12.0%；翔安区 76.98 亿元，增长 15.1%。

各区实现固定资产投资（不含农户）分别为：思明区比上年下降 19.7%；湖里区增长 20.1%；海沧区下降 4.1%；集美区增长 21.4%；同安区增长 29.9%；翔安区增长 11.5%。

全年区级公共财政预算收入 219.68 亿元，比上年增长 7.2%，其中思明区 55.72 亿元，增长 5.2%；湖里区 47.48 亿元，增长 8.3%；海沧区 39.10 亿元，增长 0.7%；集美区 34.58 亿元，增长 10.6%；同安区 23.00 亿元，增长 14.9%；翔安区 19.79 亿元，增长 10.1%。

二、农村经济

全年农林牧渔业总产值 47.24 亿元，比上年增长 2.3%。其中，农业产值 22.60 亿元，增长 7.2%；林业产值 0.28 亿元，下降 15.9%；牧业产值 11.08 亿元，下降 16.0%；渔业产值 8.04 亿元，增长 28.6%；农林牧渔服务业产值 5.24 亿元，增长 1.0%。

全年农作物总播种面积 32.54 万亩，比上年增长 1.5%。粮食播种面积 6.02 万亩，下降 4.1%，粮食总产量 2.29 万吨，下降 6.1%；蔬菜播种面积 22.62 万亩，增长 2.0%，蔬菜总产量 51.45 万吨，增长 7.7%；水果播种面积 9.07 万亩，下降 13.3%，水果总产量 7.32 万吨，增长 8.9%。肉类总产量 4.26 万吨，下降 20.3%；蛋品总产量 5023 吨，下降 45.1%；乳品总产量 717 吨，增长 46.9%。至年末，全市生猪存栏数 14.77 万头，下降 25.2%，生猪累计出栏 31.78 万头，下降 23.5%；年末家禽存栏数 186.67 万只，下降 71.7%，家禽累计出栏数 1213.32 万只，下降 14.5%；水产品产量 8.04 万吨，增长 46.6%。

三、工业和建筑业

工业

全年实现规模以上工业增加值 1611.35 亿元，增长 8.8%，占全市地区生产总值的 33.6%。

至年末，全市规模以上工业企业 1896 家，实现规模以上工业总产值 6392.32 亿元。其中产值超亿元的企业 725 家，实现工业产值 5845.40 亿元，占全市规模以上工业总产值的 91.4%。

规模以上工业中，重工业实现增加值 1069.94 亿元，比上年增长 9.4%；轻工业实现增加值 541.41 亿元，增长 7.5%，重

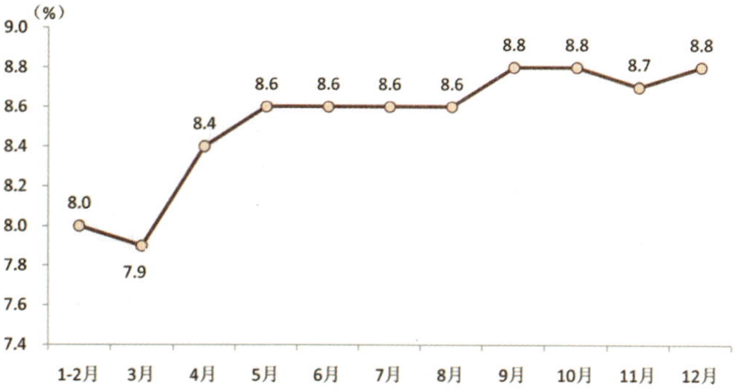

图 31-5　2018 年规模以上工业增加值增长速度图（月度累计同比）

工业与轻工业之比为 1.98∶1。

电子、机械两大支柱行业共有规模以上工业企业 955 家，占全市规模以上工业企业数的 50.4%，实现工业产值 4443.99 亿元，占全市规模以上工业的 69.5%。电子行业实现产值 2520.99 亿元，增长 11.3%；机械行业实现产值 1923.00 亿元，增长 9.5%。

全市规模以上工业企业实现销售产值 6086.58 亿元，产销率为 95.22%。出口交货值 2283.00 亿元，比上年增长 6.5%，出口交货值率 37.5%。全年出口交货值超亿元的企业 243 家，出口交货值 2045.56 亿元，占全市规模以上工业出口交货值的 89.6%。全年出口交货值增量超亿元的企业 53 家，实现出口交货值增量 227.20 亿元，其中出口交货值增量超十亿元的企业 3 家。

规模以上工业经济效益综合指数为 254.07，比上年提高 11.52 个点。其中，总资产贡献率 9.43%，下降 0.83 个百分点；资本保值增值率 108.88%，下降 1.70 个百分点；资产负债率 51.64%，提高 0.09 个百分点；流动资产周转率 1.67 次，减慢 0.05 次；成本费用利润率 5.85%，下降 0.77 个百分点；全员劳动生产率为 26.14 万元 / 人，净增 2.78 万元 / 人。实现利润总额 337.61 亿元，下降 1.6%。

主要工业产品生产情况：全市规模以上工业企业生产液晶显示屏 10546 万片，下降 21.5%；集成电路 16623 万块，下降 5.9%；彩色电视机 897 万台，增长 28.4%；液晶显示模组 980 万套，下降 11.8%（见表 31-5）。

表 31-5　**2018 年主要工业产品产量表**

产品名称	单位	2018 年	比 2017 年增长（%）
液晶显示屏	万片	10546	−21.5
集成电路	万块	16623	−5.9
轮胎外胎	万条	1878	−4.0
彩色电视机	万台	897	28.4
液晶显示模组	万套	980	−11.8
微型电子计算机	万台	944	23.3
移动电话	万台	723	123.6
印制电路板	万平方米	289	−24.4
笔记本计算机	万台	320	1.5
数码相机	万台	128	−16.9
民用钢质船舶	万载重吨	15.67	−25.6
路由器	万台	24.68	24.9
摩托车	万辆	15.60	22.9
客车	万辆	4.96	2.6

建筑业

建筑业增加值 322.33 亿元，比上年增长 5.9%。全市具有资质等级的建筑业企业共完成建筑业总产值 2164.93 亿元，增长 16.9%，其中建筑工程产值 2060.65 亿元，增长 17.5%；安装工程产值 98.48 亿元，增长 24.1%；当年建筑业企业新签合同额 2452.70 亿元，增长 33.1%。

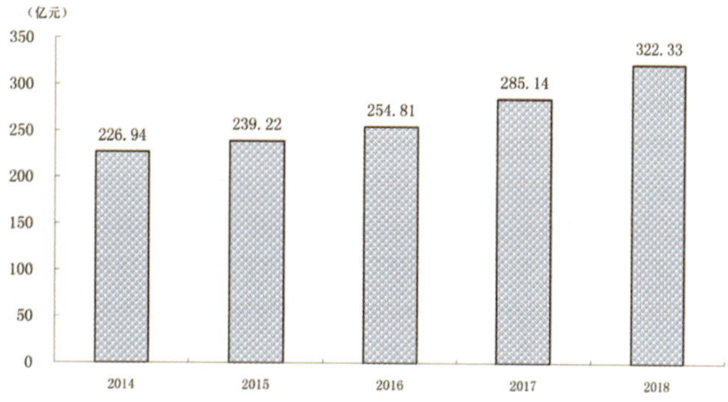

图 31-6　2014—2018 年全部建筑业增加值图

四、固定资产投资

固定资产投资（不含农户）比上年增长 10.1%。分产业看，第一产业投资增长 0.8%，第二产业投资增长 14.1%，第三产业投资增长 9.4%，三次产业投资比例为 0.1∶16.9∶83.0。

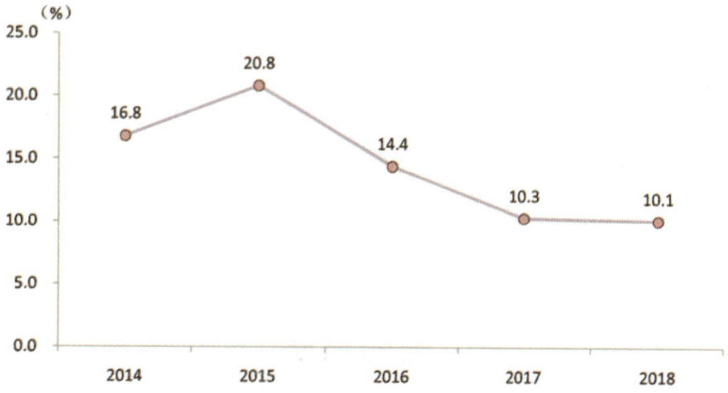

图 31-7　2014—2018 年固定资产投资增长速度图

基础设施投资增长 16.8%，其中交通运输业投资增长 42.0%。工业投资增长 12.0%，其中制造业投资增长 13.7%。社会事业投资增长 18.1%。

房地产开发投资增长 0.5%。其中土地购置费增长 7.4%，占房地产投资的 52.6%。全市商品房施工面积 4343.24 万平方米，增长 1.3%；商品房新开工面积 414.56 万平方米，下降 31.5%。

五、交通、邮电、旅游和会展

交通

交通运输、仓储和邮政业增加值365.64亿元，比上年增长10.5%。旅客运输量1.01亿人次，增长0.4%；旅客周转量529.84亿人公里，增长13.1%；货物运输量3.17亿吨，增长4.6%；货物周转量2083.08亿吨公里，增长13.8%。至年末，厦门港现有生产性泊位165个（含漳州），其中万吨级以上泊位76个；全年港口货物吞吐量2.17亿吨，增长2.9%；港口集装箱吞吐量1070.23万标箱，增长3.1%。

厦门空港现开通运营城市航线171条，含国际（地区）航线35条，其中洲际航线8条。在厦门机场通航运营的外国（地区）航空公司16家，与28个国际及境外城市（含香港、澳门、台北、高雄、台中）通航。空港旅客吞吐量2655.34万人次，比上年增长8.5%，其中，国际及地区航线旅客吞吐量365.83万人次，增长9.6%；空港货邮吞吐量34.55万吨，增长2.0%。

邮电

全年邮电业务总量399.08亿元，比上年增长97.9%，其中邮政业务总量70.36亿元，增长24.8%；电信业务总量328.72亿元，增长1.26倍。至年末，全市固定电话用户109.98万户，减少7.12万户；移动电话用户631.38万户，增加35.31万户，其中3G移动电话用户35.03万户，4G移动电话用户535.61万户；固定互联网宽带接入用户237.60万户，增加29.01万户；移动互联网用户558.03万户。

旅游

全年接待国内外游客8900.32万人次，比上年增长13.7%，旅游总收入1402.12亿元，增长20.0%。其中接待入境游客430.43万人次，增长11.4%，入境过夜游客282.18万人次，增长13.2%，旅游创汇39.40亿美元，增长22.3%。接待国内游客8469.89万人次，增长13.8%，过夜国内游客3686.60万人次，增长11.2%，国内旅游收入1141.38亿元，增长20.0%。至年末，全市共有旅游住宿单位2666家，其中星级酒店63家，五星级酒店18家。

会展

全年举办各类展览活动229场，展览总面积237.83万平方米，增长8.6%。举办50人以上的商业性会议9262场，增长12.1%，参会总人数188.32万人，增长12.1%。会展经济总体效益403.03亿元，增长5.7%。

六、国内贸易

社会消费品零售总额1542.42亿元，比上年增长6.6%。其中商品零售1371.60亿元，增长5.9%；餐饮收入170.82亿元，增长12.8%。

限额以上企业实现零售额1064.13亿元，增长4.9%，占全市社会消费品零售总额的69.0%；限额以下单位实现零售额478.29亿元，增长10.6%。全年零售额超亿元的批发零售贸易企业有181家，实现零售额868.49亿元，净增65.85亿元，增长8.2%；零售额超千万元的住宿餐饮企业有110家，实现零售额68.98亿元，净增9.60亿元，增长16.2%。

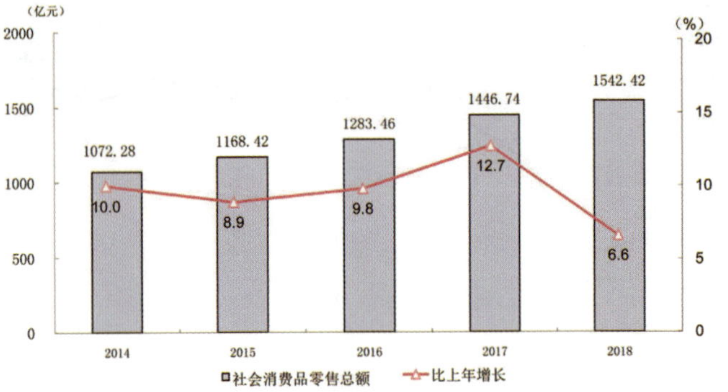

图31-8　2014—2018年社会消费品零售总额及其增长速度图

在限额以上批发零售贸易企业商品零售额中，汽车类零售额314.06亿元，下降3.6%；服装、鞋帽、针纺织品类零售额191.62亿元，增长30.1%；粮油食品烟酒饮料类零售额108.98亿元，增长6.7%；石油及制品类零售额84.14亿元，增长2.6%；通讯器材类零售额74.55亿元，下降1.5%；日用品类零售额44.48亿元，增长15.5%；文化办公用品类零售额24.63亿元，下降11.8%；金银珠宝类零售额12亿元，增长22.8%；化妆品类零售额9.55亿元，下降22.4%。

七、对外经济

对外贸易

全年实现外贸进出口总值6005.31亿元，比上年增长3.3%，其中出口3341.54亿元，增长2.7%；进口2663.77亿元，增长4.0%；贸易顺差677.76亿元，下降2.1%。

民营企业进出口总值2123.93亿元，下降1.4%，其中出口1502.15亿元，下降4.3%，进口621.78亿元，增长6.4%；外资企业进出口总值2431.87亿元，增长2.6%，其中出口1431.17亿元，增长3.3%，进口1000.70亿元，增长1.6%。

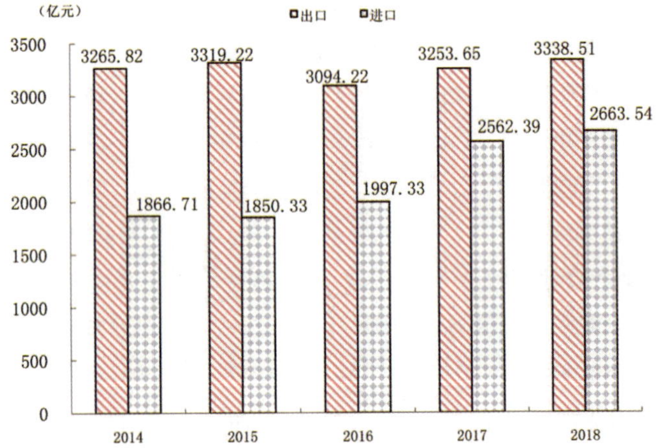

图31-9　2014—2018年货物进出口总额图

一般贸易进出口总值3849.64亿元，增长1.7%，其中出口2018.07亿元，下降0.8%；进口1831.57亿元，增长4.6%。

对台进出口贸易总值398.06亿元，增长2.7%，其中对台出口101.86亿元，增长7.6%；进口296.20亿元，增长1.1%。

利用外资

全年新批外商投资项目 1215 个，合同外资 465.91 亿元，比上年增长 42.0%；实际使用外资 107.31 亿元。

全年引进千万美元以上项目 104 个，合同外资 66.68 亿美元，比上年增长 64.6%，其中新批项目 70 个，合同外资 44.21 亿美元，增资项目 34 个，合同外资 22.47 亿美元。至年末，历年累计共有 62 个全球 500 强公司在厦投资 112 个项目，合同外资 45.67 亿美元，实际使用外资 30.27 亿美元。

对外劳务与投资

全年对外协议投资项目 109 个，投资额 9.96 亿美元，下降 61.7%。实现对外承包劳务合同总金额 0.16 亿美元，下降 78.0%；实现营业额 1.46 亿美元，下降 34.2%；派出各类劳务人员 13540 人，增长 2.9%；至年末，在外劳务人数 12319 人，比上年末增加 219 人。

八、金融、保险和证券

金融

至年末，全市各类银行业金融机构主体 48 家，其中法人银行业金融机构 12 家，比上年末增加 1 家。至年末，中外资金融机构本外币各项存款余额 10995.00 亿元，比上年末增长 3.7%；中资金融机构人民币各项存款余额 10329.98 亿元，增长 4.5%，其中住户存款余额 2610.18 亿元，增长 13.9%；非金融企业存款余额 3868.51 亿元，增长 7.8%。

至年末，中外资金融机构本外币各项贷款余额 10554.05 亿元，增长 8.3%；中资金融机构人民币各项贷款余额 9662.66 亿元，增长 10.3%，其中短期贷款余额 3041.21 亿元，增长 6.9%；中长期贷款余额 6146.58 亿元，增长 8.5%。

保险

全市保险公司主体 39 家，其中财产保险公司 21 家，人身保险公司 18 家；保险专业中介机构 75 家。全年实现保费收入 210.51 亿元，增长 5.1%，其中财产险实现保费收入 80.32 亿元，增长 9.2%，人身险实现保费收入 130.19 亿元，增长 2.7%。全年提供保险保障金额 14.13 万亿元。赔付支出 73.02 亿元，增长 1.9%，其中财产险赔付支出 43.86 亿元，下降 3.9%，人身险赔付支出 29.16 亿元，增长 11.9%。

证券

全市法人证券公司 1 家；证券公司分公司 25 家，比上年增加 5 家；证券营业部 105 家，比上年增加 8 家；法人期货公司 2 家；期货分公司 10 家，比上年增加 5 家；期货营业部 29 家，比上年减少 2 家。至年末，全市证券投资者开立资金账户数 196.37 万户，增长 10.3%；客户交易结算资金余额 96.81 亿元，下降 1.5%；全年证券交易额 3.84 万亿元，下降 13.7%。至年末，期货投资者开立资金账户数 5.06 万户，增长 8.1%；客户交易结算资金余额 41.15 亿元，下降 24.9%；全年期货交易额 2.70 万亿元，增长 6.6%。

九、教育、科学技术和城市信息化

教育

全市拥有各级学校（含成人教育、社会办学）1357 所，学年初招生数 26.59 万人，在校学生数 105.29 万人。其中普通高等学校 16 所，学年初招生数 5 万人，在校学生数 16.25 万人；普通中等学校 117 所，学年初招生数 7.41 万人，在校学生数 20.67 万人；小学 301 所，学年初招生数 6.33 万人，在校学生数 32.88 万人；幼儿园 731 所，学年初在园人数 16.72 万人；成人学校 187 所，学年初招生数 3952 人，在校学生数 16.77 万人；特殊教育学校 5 所，学年初在校学生 537 人。在各级各类学校中任职的专任教师 5.6 万人，平均一名教师负担学生 19 人。

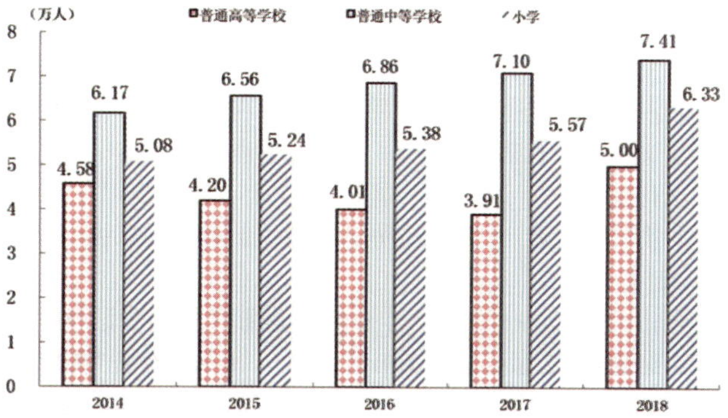

图 31-10　2014—2018 年各类学校招生人数图

科学技术

全市国家高新技术企业 1626 家、国家技术先进型服务企业 37 家。全市科技小巨人企业 692 家，其中省级科技小巨人领军企业 442 家；建设科技企业孵化器 28 家，其中国家级 5 家。全市国家、省市级重点实验室 130 家、工程技术研究中心 129 家、企业技术中心 165 家、企业博士后工作站 28 家。市级众创空间 203 家，其中省级 69 家、国家备案 33 家、国家专业化示范 2 家。国内专利授权量 21393 件，其中发明专利授权量 2214 件。PCT 国际专利申请量 223 件。每万人有效发明专利拥有量达到 27.5 件。新登记科技成果 532 项，4 项科技成果获国家科技奖、55 项科技成果获福建省科技奖。

城市信息化

“i 厦门”平台获第四届中国“互联网 + 政务”优秀实践案例 50 强，共接入服务 110 项，覆盖公安、交通、医疗等 14 大类，用户数 243 万人，App 用户数 13 万人。市民卡 App 获首届数字中国峰会最佳实践成果 30 强。已完成对接 15 个部门，实现 25 类事项 50 余种功能上线，用户量近 13 万人。

举办“2018 年中国互联网企业 100 强发布会”。4 家企业入选“2018 年中国互联网企业 100 强”；1 家企业获评“全国十佳大数据案例”；3 家企业入选“2018 年全国大数据产业发展试点示范项目”；14 家企业上榜“2018 福建省互联网企业 20 强”。

十、文化、卫生和体育

文化

成功举办第十一届海峡两岸文博会、第十四届海峡两岸图书交易会、2018 海峡两岸民间艺术节、2018 厦门全国工笔画双年展等文化品牌活动。厦门市图书馆集美新馆开馆运营。高甲剧《班头爷》参加文化和旅游部主办的“2018 戏曲百戏盛典”展演。小白鹭民间舞艺术中心独舞《狂草》入选第 12 届全国舞蹈优秀节目展演。市文化馆群文小品《生日》在第十四届华东戏剧小品大赛中获金奖。剧目作品在福建省第七届艺术节共获得37个奖项：歌仔戏《侨批》、芗剧《贤相苏颂》分获第27届福建省戏剧会演一、三等奖，舞蹈诗《厦门故事》、音乐剧《鼓浪如歌》、南音《鼓浪曲》分获第4届福建省音乐舞蹈杂技曲艺类剧（节）目一、二、三等奖。

全市文物保护单位225处（共261个点），其中全国重点文物保护单位7处（34个点），省级文物保护单位70处（76个点），市级文物保护单位79处（82个点），县（区）级文物保护单位69处（69个点）；厦门市涉台文物古迹88处。厦门市博物馆获批国家二级博物馆。协调国家水下考古中心在翔安刘五店古码头区域完成厦门市第一次水下考古调查。市级以上非物质文化遗产代表性项目64个，其中世界级人类口头与非物质文化遗产1个（南音）、国家级11个、省级28个；市级以上非物质文化遗产代表性传承人113人，其中国家级13人、省级52人。

全市共有公共文化馆7个；经福建省文物局登记备案博物馆、纪念馆12家；公共图书馆10个。出版发行各类报纸7种，期刊25种，侨刊乡讯14种。共有广播节目7套、电视节目7套。全市院线影院50家、银幕数319块，全年商业电影票房5.01亿元。

卫生

全市共有各级各类医疗卫生机构1804个，其中医院54家、社区卫生服务中心26个、卫生院13个，门诊部414个、妇幼保健机构7个、疾控预防控制中心7个、专科防治院1个、疗养院1个。专业卫生技术人员34175人，其中执业医师12755人，执业助理医师1073人，注册护士15077人。医疗机构实有床位16604张，其中医院15342张，疗养院140张，卫生服务中心、卫生院342张，公共卫生机构床位数780张。全市人口平均期望寿命80.75岁，其中男性78.32岁，女性83.48岁。

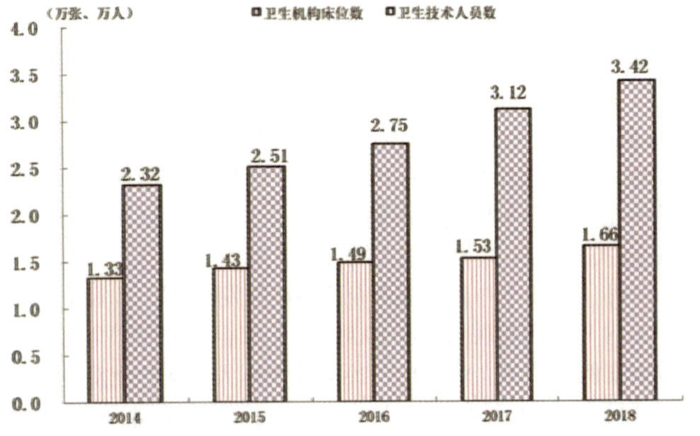

图31-11　2014—2018年卫生机构床位数和卫生技术人员数体育图

2018年厦门国际马拉松赛于1月7日成功举办，来自42个国家（地区）的21640名选手参加，再次获评“国际田联路跑金标赛事”，成为国内唯一一个11连冠的国际金标赛事。国际、国内大赛共获得了6个世界冠军、3个亚洲冠军、6个全国冠军、11个青少年全国冠军。特房羽毛球俱乐部获得中国羽毛球超级联赛2017—2018赛季冠军。参加省第16届运动会青少年部比赛，金牌总数、奖牌总数和团体总分均居全省第二。参加省第十届老年人体育健身大会，获金奖18个、银奖2个、铜奖1个，金奖数量居全省第一。体育彩票年销售额达20.98亿元。全市登记注册体育协会157家。全市拥有各级社会体育指导员9605人。

十一、人口、人民生活、就业和社会保障

人口

全市常住人口411万人，常住人口城镇化率89.1%。全市人口出生率14.5‰，人口死亡率3.1‰，人口自然增长率11.4‰，比上年下降2.1个千分点。

全市户籍人口242.53万人，户籍人口中，城镇人口207.89万人。思明、湖里两区合计115.20万人，占55.4%。户籍人口中，男性人口和女性人口分别为119.78万人、122.74万人，性别比为97.59（女性为100）。

人民生活

全体居民人均可支配收入50948元，比上年增长9.3%。其中人均工资性收入36084元，增长9.6%；人均经营净收入4790元，增长10.1%；人均财产净收入5780元，增长10.0%；人均转移净收入4294元，增长4.4%。全体居民人均生活消费支出33192元，增长9.3%。

城镇居民人均可支配收入54401元，比上年增长8.8%。其中人均工资性收入38654元，增长9.1%；人均经营净收入4740元，增长10.8%；人均财产净收入6363元，增长9.3%；人均转移净收入4644元，增长3.3%。城镇居民人均生活消费支出34929元，增长9.1%。

农村居民人均可支配收入22410元，比上年增长9.5%。其中人均工资性收入14845元，增长9.9%；人均经营净收入5202元，增长6.2%；人均财产净收入965元，增长9.8%；人均转移净收入1398元，增长19.1%。农村居民人均生活消费支出18842元，比上年增长7.1%。

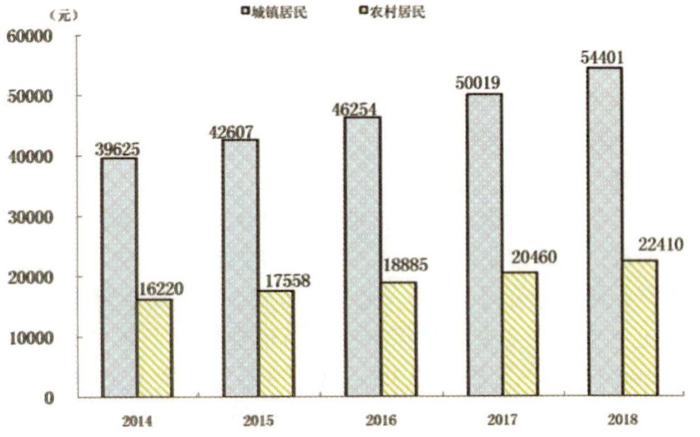

图31-12　2014—2018年城镇居民和农村居人均可支配收入图

就业

全市城镇新增就业18.69万人；至年末，实有城镇登记失业人数2.84万人，城镇登记失业率为3.24%。

社会保障

至年末，基本养老、工伤、失业保险参保人数分别达到295.88万人、225.20万人、224.50万人，分别比上年末增长

8.1%、6.6%、6.4%。其中外来从业人员参加基本养老、工伤、失业的人数分别达到142.68万人、143.44万人、142.20万人，分别增长6.7%、6.4%、6.5%。基本养老、工伤、失业社会保险合计基金收入221.93亿元、支出167.57亿元，三项社会保险基金历年累计结余712.64亿元。

全市有工伤保险协议医疗机构32家，工伤保险协议辅助器具配置机构4家，工伤保险协议康复机构4家。共发放本市失业人员失业保险金3.62万人3.17亿元。33.32万名退休人员移交社会化管理服务，全市社会化管理率为99.89%，社区管理率达到100%。企业退休职工月平均养老金3526元，城乡居民月人均基础养老金295元，被征地人员月人均退养金1570元。

医疗保障

至年末，基本医疗、生育保险参保人数分别达到397.62万人、213.70万人，分别比上年末增长4.1%、6.7%。其中外来从业人员参加基本医疗、生育保险的人数分别达到142.50万人、142万人，分别增长6.6%、6.5%。基本医疗、生育保险合计基金收入114.85亿元、支出87.26亿元，两项社会保险基金历年累计结余228.60亿元。

全市有医疗保险定点医疗机构716家，医疗保险定点零售药店1266家，纳入医疗保险定点服务管理的养老服务机构医务室22家、村卫生所297家。发放医疗救助资金11381.10万元，救助74.84万人次。

社会福利与救助

共发放低保金8955.91万元，其中城市低保金6214.74万元，发放低保对象8.32万人次；农村低保金2741.17万元，发放低保对象4.53万人次。发放临时救助资金716.67万元，救助3402人次。救助流浪乞讨人员3562人次，其中未成年人98人次。全市共有养老服务机构38家、床位9707张。其中公办养老机构6家、床位1848张；民办养老机构32家、床位7859张。

十二、环境保护和安全生产

环境保护和治理

在全省党政领导生态环保目标责任考核中连续第四年获得优秀。思明区获评全国第二批生态文明建设示范区。全市空气质量综合指数3.31，在全国169个重点城市排名第七；空气质量优良率98.6%，在全国169个重点城市排名第二。全市国省控断面水质达标率100%；集中式饮用水源地水质达标率保持100%；东西溪流域年度水质优良（达到或优于Ⅲ类）比例达80%；筼筜湖无机氮、活性磷酸盐两项主要指标年均值为0.818mg/L、0.046mg/L。昼间区域环境噪声质量总体一般，平均等效声级为55.3dB（A）；昼间道路交通噪声质量总体较好，平均等效声级为66.4dB（A）。

城市绿化

城市建设用地面积388.58平方公里。拥有公园140个，占地面积3659公顷；人均公园绿地面积14.65平方米；建成区绿化覆盖面积15826公顷，绿化覆盖率为43.81%；污水集中处理率96%；生活垃圾无害化处理率100%。

公用事业

全年全市自来水用水总量4.22亿吨，其中生产运营用水1.15亿吨，居民家庭用水1.81亿吨，公共服务用水0.68亿吨。全市用电总量269.59亿千瓦小时，其中工业用电135.65亿千瓦小时，城乡居民生活用电60.02亿千瓦小时。全市天然气供气总量33701万立方米，其中居民家庭用量4446万立方米，用气户数59.24万户。

安全生产

全市共发生生产经营性事故227起、死亡83人，其中，发生1起较大事故，未发生重大及以上事故；农林牧渔业、采矿业、水上运输业、航空运输业未发生事故，商贸制造业发生事故7起、死亡6人，建筑业发生事故13起、死亡16人，交通运输和仓储业（不含高速公路、铁路运输）发生事故199起、死亡54人，其他行业发生事故8起、死亡7人；亿元GDP生产安全事故死亡率为0.017。

注：

1. 本公报为初步统计数，部分合计数或相对数由于单位取舍不同而产生的计算误差，均不做机械调整。

2. 本公报地区生产总值、各行业增加值、农林牧渔业及工业总产值绝对数按现价计算，增长速度按可比价计算。

3. 本公报万元GDP耗电、万元GDP耗水指标GDP按现价计算，耗水、耗电以全社会口径计算。

4.2018年，农林牧渔业、农产品产量数据为根据第三次农业普查进行数据调整后新口径，与2017年数据不可比。

5. 保险保障金额为保险人承担赔偿或者给付保险金责任的最高限额。

2018年厦门市水资源公报

综　述

厦门市土地总面积1699.39平方千米，当年底户籍人口242.53万人，其中城镇人口207.89万人，农村人口34.64万人，常住人口411万人。全年实现生产总值（GDP）4791.41亿元，其中第一产业增加值24.40亿元，第二产业增加值1980.16亿元（规模以上工业增加值1611.35亿元，建筑业增加值322.33亿元），第三产业增加值2786.85亿元。规模以上工业总产值6392.32亿元。当年财政总收入1283.29亿元，其中地方级财政收入754.54亿元，城镇居民人均可支配收入54401元，农村居民人均可支配收入22410元。全市粮食播种面积6.02万亩，产量2.29万吨；蔬菜播种面积22.62万亩，产量51.45万吨；生猪存栏数14.77万头，家禽存栏数186.67万只。

当年全市平均降水量1290.2毫米，比多年平均值（1956年至2015年，下同）1513.3毫米减少14.74%，属偏枯水年。全市地表水资源量9.422亿立方米，地下水资源量2.863亿立方米，扣除重复计算量后水资源总量为9.422亿立方米。

当年末中型及主要小（1）型水库蓄水量与上年末比较，增加3110.2万立方米，其中中型水库的蓄水量增加3069.9万立方米，主要小（1）型水库的蓄水量增加40.3万立方米。

全市年供用水量6.73亿立方米，其中地表水供应量最大为6.21亿立方米，占供水总量的92.35%。城镇居民用水量最多，为2.13亿立方米，占用水总量的31.67%。

从全市水质监测点监测结果显示：全市饮用水源地及大部分重要水体水质均达标；近三年河流水质状况持续好转，达到水功能区水质保护目标要求的河长占评价河长46.0%，其余河段受到不同程度污染。

1　水资源量

1.1 降水量

当年全市平均降水量1290.2毫米，比上年增加20.16%，比多年平均值减少14.74%，折合年降水总量21.926亿立方米，属偏枯水年。全市按照行政区域分成思明区、湖里区、海沧区、集美区、同安区、翔安区六个单元。其中年降水量最大的是同安区，最小的是湖里区。与多年平均比较，各单元均有不同程度的减少。当年降水量与上年及多年平均值比较情况见表31-6、图31-13。

选定思明区前埔站、湖里区马垄站、海沧区海沧站、集美区杏林湾水库站、同安区汀溪水库站、翔安区马巷站作为各单元的月降水量代表站。各代表站降水量年内分配不均匀，3—8月份降水量约占全年降水量的52.8%—67.3%，其月降水量过程线见图31-14。

表31-6　各单元降水量情况表

项目	思明区	湖里区	海沧区	集美区	同安区	翔安区	全市
年降水量（毫米）	1058.7	1018.3	1023.7	1044.2	1560.2	1231.7	1290.2
折合水量（亿立方米）	0.889	0.751	1.909	2.864	10.444	5.069	21.926
上年降水量（毫米）	934.5	890.5	1013.6	1055.5	1258	874.4	1073.7
多年平均降水量（毫米）	1235.4	1210.5	1406.9	1478.8	1793.9	1239.1	1513.3
与上年比较（±%）	13.29	14.35	1.00	-1.07	24.02	40.86	20.16
与多年比较（±%）	-14.30	-15.88	-27.24	-29.39	-13.03	-0.60	-14.74

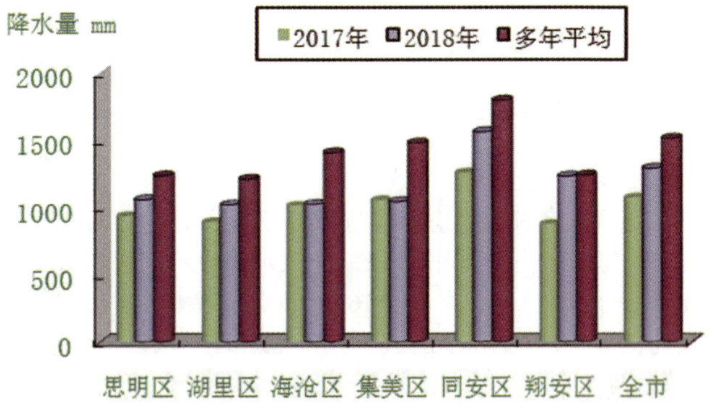

图31-13　2018年各单元降水量与上年及多年平均值比较图

东西溪流域年降水量1589.8毫米，比多年平均值减少7.28%，属平水年；后溪流域年降水量1052.0毫米，比多年平均值减少28.52%，属枯水年；九溪流域年降水量1190.8毫米，比多年平均值减少4.48%，属平水年；官浔溪流域年降水量1291.5毫米，比多年平均值减少7.59%，属平水年；过芸溪流域年降水量1109.1毫米，比多年平均值减少25.44%，属枯水年。主要河流降水量与上年及多年平均值比较见图31-15。

厦门市降水在空间上分布不均匀，同安北部山区为降水高值区，中部平原及沿海一带为低值区。从当年降水等值线图上可以看出，降水区域的分布与多年平均值大体一致，但由于

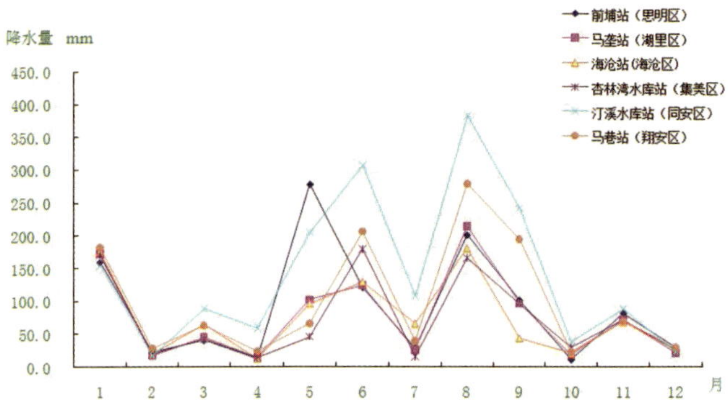

图 31-14　2018 年代表站月降水量过程线图

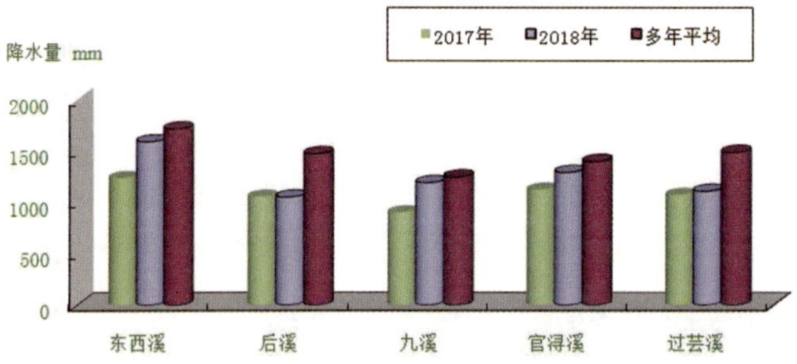

图 31-15　2018 年主要河流降水量与上年及多年平均值比较图

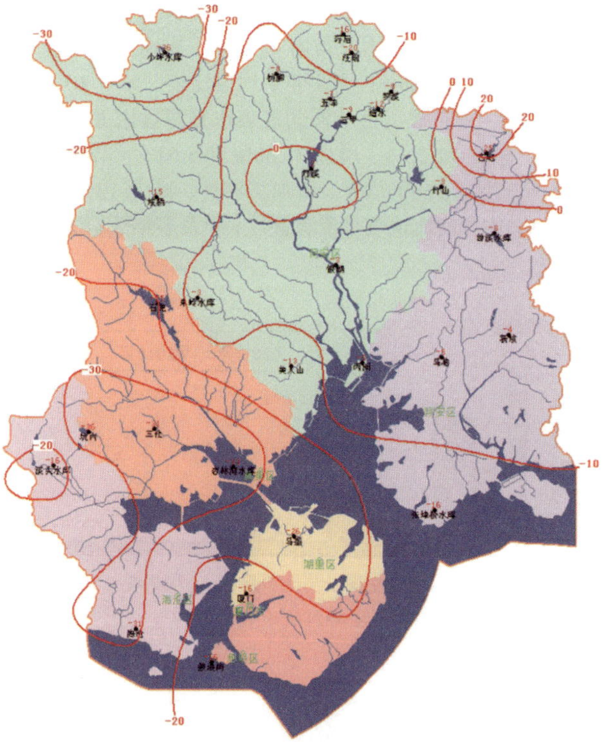
图 31-17　2018 年厦门市年降水量距平等值线图

今年局部暴雨极端性强，全市厦门岛和翔安区南部为年降水量次低值区，趋势和常年有所不同。特别是 2018 年 5 月 7 日特大暴雨，在强盛的西南暖湿急流下激发对流发生的。强对流发展形成狭窄的强降水带，以“列车效应”的形式持续影响厦门岛和翔安区南部。这场特大暴雨属于暖区局地暴雨性质，局地性、突发性之强，强度之大属于历史罕见。

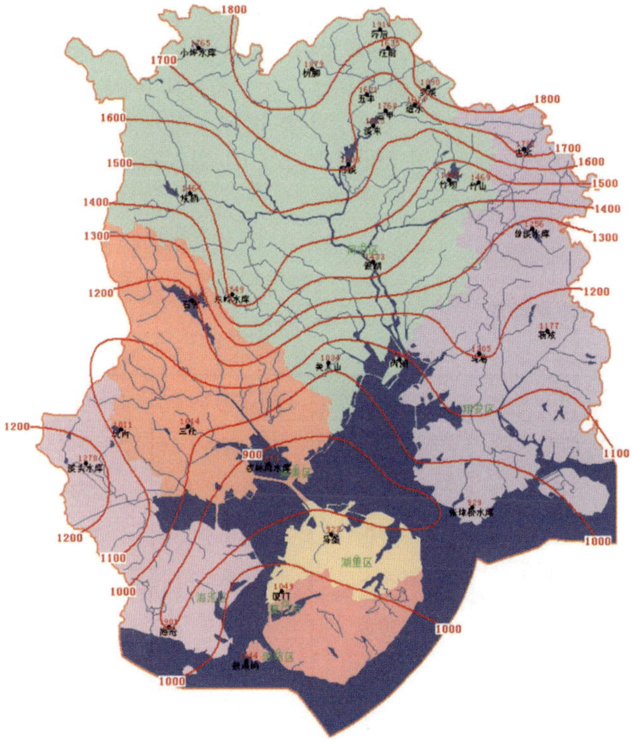
图 31-16　2018 年厦门市年降水量等值线图

汀溪水库以北山区年降水量在 1700.0 毫米以上。全市最大年降水量发生在同安区汀溪镇造水三甲站 1890.0 毫米，最小年降水量发生在集美区银江路杏林湾水库站 874.5 毫米。当年厦门市降水量变化和距平等值线见图 31-16 和图 31-17。

1.2 地表水资源量

全市地表水资源量 9.422 亿立方米，比上年增加 2.31%，比多年平均值减少 23.67%，折合径流深 554.4 毫米。同安区地表水资源量为 5.222 亿立方米，占全市地表水资源量 55.42%，比上年增加 6.92%，比多年平均值减少 25.03%；思明区、湖里区、海沧区、集美区和翔安区地表水资源量分别为 0.320 亿立方米、0.270 亿立方米、0.687 亿立方米、1.031 亿立方米、1.892 亿立方米，比上年分别减少 0.62%、增加 0.37%、减少 20.94%、减少 25.83%、增加 34.85%，比多年平均值分别减少 24.71%、26.23%、43.08%、47.05%、4.83%。各单元地表水资源量与上年及多年平均值比较见图 31-18。

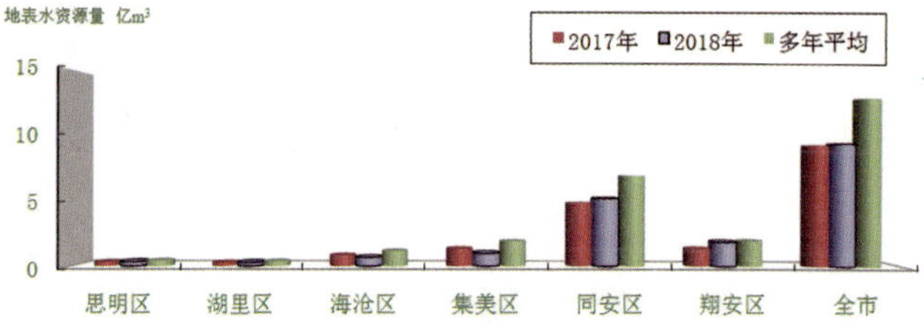

图 31-18　2018 年各单元地表水资源量与上年及多年平均值比较图

全市主要河流东西溪、后溪、九溪、官浔溪、过芸溪的地表水资源量分别为 4.298 亿立方米、0.815 亿立方米、0.463

亿立方米、0.345 亿立方米和 0.188 亿立方米，其中东西溪的地表水资源量最大，占全市的 45.60%，东西溪的地表水资源量比上年增加 60.19%，与多年平均值比较，减少 10.51%；后溪、九溪、官浔溪、过芸溪的地表水资源量比上年分别减少 3.09%、增加 72.76%、增加 31.68% 和 5.62%，与多年平均值比较，分别减少 49.13%、增加 2.89%、减少 13.32%、减少 44.05%。主要河流地表水资源量与上年及多年平均值比较见图 31-19。

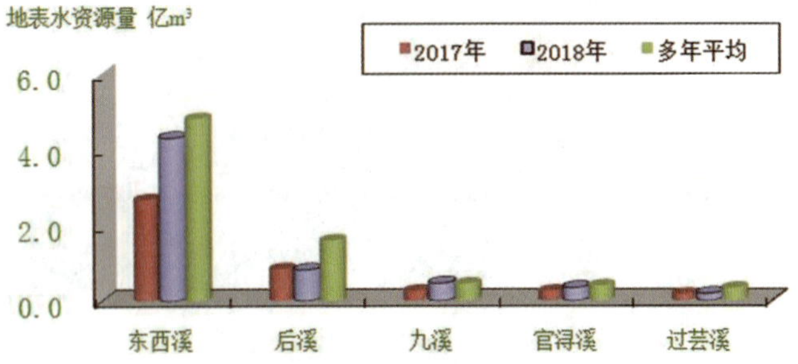

图 31-19 2018 年主要河流地表水资源量与上年及多年平均值比较图

1.3 地下水资源量

全市地下水资源量 2.863 亿立方米，比上年增加 65.49%，其中思明区、湖里区、海沧区、集美区、同安区和翔安区分别为 0.116 亿立方米、0.098 亿立方米、0.248 亿立方米、0.372 亿立方米、1.370 亿立方米和 0.659 亿立方米，各单元与上年同比，分别增加 84.13%、84.91%、37.78%、34.78%、66.67%、和 96.13%。地下水资源量最多的是同安区，占全市地下水资源量的 47.85%，最少的是湖里区，仅占全市地下水资源量的 3.42%。

1.4 水资源总量

水资源总量是由地表水资源量和地下水资源量相加扣除重复计算量而得。当年全市水资源总量 9.422 亿立方米，比上年增加 2.31%，比多年平均值减少 23.67%。全市平均产水系数 0.43，平均产水模数 55.4 万立方米 / 平方千米。各单元中水资源量最多的是同安区，占全市的 55.42%；最少的是湖里区，占全市的 2.87%。各单元水资源总量见表 31-7，各单元水资源量与上年及多年平均值比较见图 31-20。

表 31-7 **各单元水资源量表**

单位：亿立方米

项目	思明区	湖里区	海沧区	集美区	同安区	翔安区	合计
地表水资源量	0.320	0.270	0.687	1.031	5.222	1.892	9.422
地下水资源量	0.116	0.098	0.248	0.372	1.370	0.659	2.863
重复计算量	0.116	0.098	0.248	0.372	1.370	0.659	2.863
水资源总量	0.320	0.270	0.687	1.031	5.222	1.892	9.422

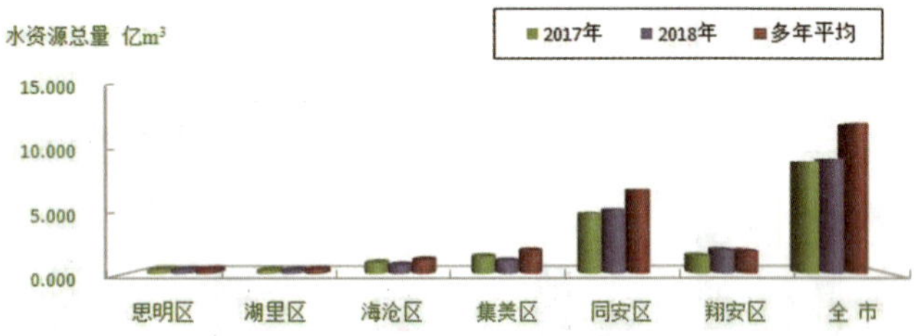

图 31-20 2018 年各单元水资源总量与上年及多年平均值比较图

1.5 九龙江流域地表水资源概况

根据福建省水文水资源勘测局提供的资料，九龙江流域当年降水量 1488.6 毫米，折合降水总量 219.43 亿立方米，与上年相比比偏多 1.9%，与多年平均值相比偏少 11.6%。地表水资源量 81.39 亿立方米，与上年相比偏少 35.8%，与多年平均值相比偏少 47.5%。

2 蓄水动态

全市现有中型水库 6 座，小型水库 90 座，总库容 29561.8 万立方米。根据统计，当年末中型及主要小（1）型水库蓄水量与上年末比较，增加 3110.2 万立方米，其中中型水库的蓄水量增加 3069.9 万立方米，主要小（1）型水库的蓄水量增加 40.3 万立方米。中型及主要小（1）型水库蓄水动态见表 31-8。

表 31-8 **中型及主要小（1）型水库蓄水动态表**

单位：万立方米

水库类别	水库名称	所属区域	总库容	正常水位库容	上年末蓄水量	当年末蓄水量	年末蓄水变量
中型水库	石兜水库	集美区	9011.0	8793.0	2357.2	2703.5	346.3
	汀溪水库	同安区	4845.0	3797.0	1492.9	2137.2	644.3
	莲花水库	同安区	3286.0	1958.0	720.0	1816.4	1096.4
	杏林湾水库	集美区	2568.0	1306.8	1196.2	1225.4	29.2
	溪东水库	同安区	1386.0	1128.0	330.3	1130.9	800.6
	竹坝水库	同安区	1149.0	850.0	111.3	264.4	153.1
	小计		22245.0	17832.8	6207.9	9277.8	3069.9
主要小（1）型水库	坂头水库	集美区	700.4	426.7	363.3	352.1	-11.2

续表 31-8

水库类别	水库名称	所属区域	总库容	正常水位库容	上年末蓄水量	当年末蓄水量	年末蓄水变量
主要小（1）型水库	湖边水库	湖里区	624.0	529.8	401.3	439.3	38.0
	曾溪水库	翔安区	553.2	505.0	212.2	169.2	-43.0
	河溪水库	同安区	545.5	487.1	165.2	157.0	-8.2
	小坪水库	同安区	406.3	406.3	107.3	107.7	0.4
	坑内水库	集美区	364.4	318.0	212.1	183.8	-28.3
	溪美水库	翔安区	373.5	298.6	86.1	107.7	21.6
	溪头水库	海沧区	354.6	293.3	159.1	161.7	2.6
	古宅水库	翔安区	258.0	253.9	133.5	201.9	68.4
	小计		4179.9	3518.7	1840.1	1880.4	40.3
合计			26424.9	21351.5	8048.0	11158.2	3110.2

3　供水量与用水量

3.1 供水情况

当年全市供水量 67255 万立方米（不含海水供应量和生态补水），比上年减少 4.10%。其中地表水供应量为 62110 万立方米，占 92.35%，地下水源供应量为 4455 万立方米，占 6.62%，其他水源供应量 690 万立方米，占 1.03%；当地水资源供应量为 25562 万立方米，占 38.01%，区域外调入水量为 41693 万立方米，占 61.99%。全市供水情况见表 31–9。

此外，当年海水主要用于火电厂冷却等未经淡化处理直接利用，供应量为 127807 万立方米，与上年相比略有上升。当年中水回用于生态补水量为 3900 万立方米，其中埭头溪生态补水量 2900 万立方米，浯溪生态补水量 1000 万立方米。

3.2 用水情况

当年全市用水总量为 67255 万立方米，比上年减少 4.10%。其中城镇居民用水量最大，为 21298 万立方米，占 31.67%；其次是第二产业用水量（包括建筑业用水 2069 万立方米）为 14423 万立方米，占 21.44%；第一产业用水量为 13340 万立方米，占 19.84%；第三产业用水量为 12763 万立方米，占 18.98%；农村居民用水量为 2465 万立方米，占 3.66%；生态环境用水量为 2965 万立方米，占 4.41%。全市用水情况见表 31–10 和图 31–21。生产、生活、生态用水量比例分别为 60.26%、35.33%、4.41%。

全市总用水量按行政区统计，思明区总用水量 11904 万

表 31–9　**全市供水情况表**

单位：万立方米

年份	地表水源供水量						地下水源供水量	其他水源供水量	供水总量			海水利用量
	小计	蓄水	调水	引水	提水	其他			合计	其中当地水资源	其中区域外调入水	
2018	62110	13208	41693	3500	2782	927	4455	690	67255	25562	41693	127807
2017	65369	19325	37549	5480	2261	754	4079	680	70128	32579	37549	119401
与上年比较（±%）	-4.99	-31.65	11.04	-36.13	23.04	22.94	9.22	1.47	-4.10	-21.54	11.04	7.04

表 31–10　**全市用水情况表**

单位：万立方米

年份	生活用水			生产用水				生态环境用水	用水总量	
	农村	城镇	其中地下水	第一产业	第二产业	第三产业	其中地下水		用水量	其中地下水
2018	2465	21298	1147	13340	14423	12763	3308	2965	67255	4455
2017	2308	20215	1129	17663	13755	14664	2950	1523	70128	4079
与上年比较（±%）	6.80	5.36	1.59	-24.47	4.86	-12.96	12.14	94.68	-4.10	9.22

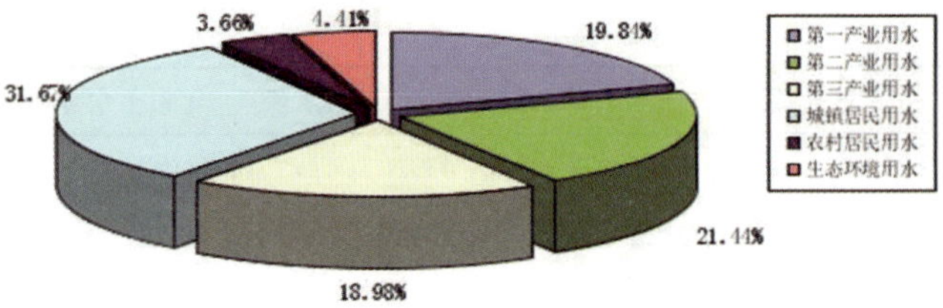

图 31-21　行业用水比例图

立方米，湖里区总用水量 10837 万立方米，集美区总用水量 10310 万立方米，海沧区总用水量 7596 万立方米，同安区总用水量 14953 万立方米，翔安区总用水量 11655 万立方米，各区用水比例见图 31-22。

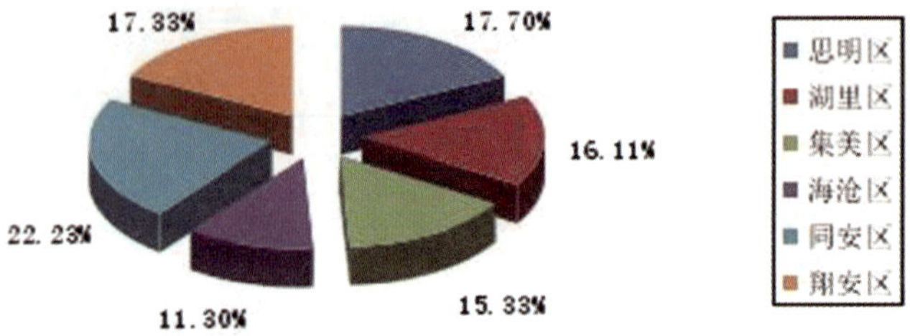

图 31-22　各区用水比例图

4　用水指标分析

据统计，当年本地水资源供应量为 25562 万立方米，水资源总量为 9.422 亿立方米，水资源利用率为 27.13%。以户籍人口计算，当年人均水资源量为 389 立方米，比上年减少 2.51%；以常住人口计算，当年人均水资源量为 229 立方米，比上年减少 0.43%。

根据用水情况，比照社会经济发展水平，万元生产总值（GDP）用水量（包括农林牧渔用水）为 14.0 立方米，比上年减少 13.04%；万元工业产值用水量为 1.9 立方米，比上年减少 5.00%；万元工业增加值用水量为 7.7 立方米，比上年减少 6.10%；第三产业万元增加值用水量为 4.6 立方米，比上年减少 20.69%；农业亩均用水量为 511.2 立方米，比上年减少 24.58%。

以户籍人口计算，人均综合用水量为 277 立方米，比上年减少 8.88%；城镇人均生活日用水量为 281 升，比上年持平；农村人均生活日用水量为 195 升，比上年增加 5.41%。以常住人口计算，人均综合用水量为 164 立方米，比上年减少 6.29%；城镇人均生活日用水量为 159 升，比上年增加 2.58%；农村人均生活日用水量为 154 升，比上年增加 6.21%。全市用水指标分析情况见表 31-11。

5　水体水质

5.1 水质概况

2018 年度“河长制”的贯彻执行及安全生态水系建设的大力推进对本市水体水质的提升带来了显著的效果，虽然当年降水量偏少情况较为严重，但全市水体水质总体上仍得到一定程度的提升，达到水功能区保护目标的河长及断面数量均有所增长。当年对全市 10 条主要河流 22 个断面、11 个饮用水源地及备用水源地、4 个重要水体水质开展监测，当年全市主要河流总体水质状况与近 2 年相比持续好转；全市 11 个饮用水源地及备用水源地水质继续保持稳定，水质全部达到Ⅱ类及以上；全市 4 个重要水体与上年相比，保持相对稳定，除杏林湾水库为劣Ⅴ类，其余水质均达到Ⅲ类。

5.2 达标评价

5.2.1 主要河流水质状况及水功能区达标评价

当年度全市主要河流中水质较好的河长（Ⅲ类以上）为 50.2 千米，与上年相比增加 6.5 千米，其余河长均受到不同程度的污染。水体的主要超标项目为总磷、五日生化需氧量、氨氮等（见表 31-12）。

依据《地表水环境质量标准》(GB3838-2002)，以年均值单指标法评价，根据福建省及厦门市水功能区水质保护目标要求，当年度全市河流符合水功能区水质保护目标要求河长为 77.3 千米，占评价河长 46.0%，相比上年增加 3.7%（见表 31-13）。

（1）东西溪　水质状况与上年相比基本持平，未达到水功能区水质保护目标河长为 11.7 千米。未达标河段主要超标项目为总磷、氨氮等，其中氨氮指标与上年相比下降约 46%。

（2）后溪　水质状况与上年相比基本持平，未达到水功能区水质保护目标河长为 15.2 千米。未达标河段主要超标项目为总磷、氨氮等，指标数值与上年相比有所上升，军民团结桥及后溪水闸断面总磷指标为与上年持平及上升 29%；氨氮指标分别上升 76% 和 99%。

表 31-11　**用水指标分析情况表**

年份	万元 GDP 用水量（立方米）	万元工业产值用水量（立方米）	万元工业增加值用水量（立方米）	第三产业万元增加值用水量（立方米）	农业亩均用水量（立方米）	人均水资源量（立方米）	人均综合用水量（立方米）	城镇人均生活日用水量（升）	农村人均生活日用水量（升）
2018	14.0	1.9	7.7	4.6	511.2	389（229）	277（164）	281（159）	195（154）
2017	16.1	2.0	8.2	5.8	677.8	399（230）	304（175）	281（155）	185（145）
与上年比较（±%）	-13.04	-5.00	-6.10	-20.69	-24.58	-2.51（-0.43）	-8.88（-6.29）	0（2.58）	5.41（6.21）

备注：表中所示人均指标括号前数据以户籍人口数计算，括号内数据以常住人口数计算

表 31-12

2018 年厦门市主要河流水质状况表

河长单位：千米

名称	总河长	评价河长	时段	Ⅰ、Ⅱ类	Ⅲ类	Ⅳ类	Ⅴ类	劣Ⅴ类	主要超标项目
				河长	河长	河长	河长	河长	
东西溪	65.6	60.0	枯水期	21.8	15.3	13.8		9.1	氨氮
			丰水期	19.2	26.5	5.2		9.1	
			全年期	16.6	27.1	7.2		9.1	
后溪	22.3	18.9	枯水期		3.7			15.2	总磷、氨氮
			丰水期				3.7	15.2	
			全年期			3.7		15.2	
九溪	20.6	19.0	枯水期			7.3		11.7	五日生化需氧量、氨氮
			丰水期				7.3	11.7	
			全年期			7.3		11.7	
官浔溪	18.1	12.3	枯水期					12.3	氨氮、五日生化需氧量
			丰水期					12.3	
			全年期					12.3	
龙东溪	9.4	9.4	枯水期					9.4	总磷、氨氮
			丰水期					9.4	
			全年期					9.4	
埭头溪	13.3	13.3	枯水期					13.3	总磷、氨氮、五日生化需氧量
			丰水期					13.3	
			全年期					13.3	
过芸溪	15.1	6.4	枯水期			6.4			
			丰水期			6.4			
			全年期			6.4			
瑶山溪	10.4	10.4	枯水期					10.4	氨氮、总磷
			丰水期					10.4	
			全年期					10.4	
深青溪	11.8	11.8	枯水期					11.8	氨氮
			丰水期				11.8		
			全年期					11.8	
林敦溪	6.5	6.5	枯水期	6.5					
			丰水期	6.5					
			全年期	6.5					
全市	186.6	168.0	枯水期	28.3	19.0	27.5		93.2	
			丰水期	25.7	26.5	11.6	22.8	81.4	
			全年期	23.1	27.1	24.6		93.2	

（3）九溪　水质状况与上年相比基本持平，未达到水功能区水质保护目标河长为 11.7 千米。未达标河段主要超标项目为氨氮、五日生化需氧量等。与上年相比，氨氮指标下降约 60%，五日生化需氧量指标上升约 162%。

表 31-13　　　　河流水功能区达标状况表

河流	监测断面	代表河长（千米）	水功能区保护目标	2018 年度监测结果	是否达标
东西溪	水吼	2.6	Ⅱ类	Ⅲ类	未达标
	崎坑大桥	11.9	Ⅱ—Ⅲ类	Ⅲ类	达标
	造水郑宅	6.1	Ⅱ类	Ⅱ类	达标
	板头桥	6.6	Ⅱ类	Ⅱ类	达标
	新西桥	0.8	Ⅳ类	Ⅲ类	达标
	隘头潭	10.5	Ⅲ类	Ⅲ类	达标
	鳌峰埔桥	5.2	Ⅳ类	Ⅲ类	达标
	五显桥	9.1	Ⅴ类	劣Ⅴ类	未达标
	石浔水闸	7.2	Ⅴ类	Ⅳ类	达标
后溪	后溪大桥	3.7	Ⅴ类	Ⅳ类	达标
	军民团结桥	12.0	Ⅴ类	劣Ⅴ类	未达标
	后溪水闸	3.2	Ⅴ类	劣Ⅴ类	未达标
九溪	斗门水闸	7.3	Ⅴ类	Ⅳ类	达标
	西林桥	11.7	Ⅴ类	劣Ⅴ类	未达标
官浔溪	赤松桥	5.1	Ⅴ类	Ⅴ类	达标
	官浔桥	7.2	Ⅴ类	劣Ⅴ类	未达标
过芸溪	芸头	6.4	Ⅴ类	Ⅳ类	达标
龙东溪	乐安路桥	9.4	Ⅴ类	劣Ⅴ类	未达标
埭头溪	埭头溪桥	13.3	Ⅴ类	劣Ⅴ类	未达标
瑶山溪	金龙桥	10.4	Ⅴ类	劣Ⅴ类	未达标
深青溪	深青桥	11.8	Ⅴ类	劣Ⅴ类	未达标
林敦溪	柿角	6.5	Ⅱ—Ⅲ类	Ⅱ类	达标

（4）官浔溪　水质状况比上年有所好转，未达到水功能区水质保护目标河长为 7.2 千米。未达标河段主要超标项目为氨氮、五日生化需氧量等，超标项目及指标数值均有所减少。与上年相比，氨氮、五日生化需氧量指标分别下降 16%、20%。

（5）龙东溪　水质状况与上年相比基本持平，未达到水功能区水质保护目标河长为 9.4 千米。未达标河段主要超标项目为总磷、氨氮等，与上年相比，指标数值基本相当。

（6）埭头溪　水质状况与上年持平，未达到水功能区水质保护目标河长为 13.3 千米。未达标河段主要超标项目为五日生化需氧量、氨氮及总磷。与上年相比，五日生化需氧量、氨氮及总磷指标分别上升 55%、12% 及 79%。

（7）过芸溪　水质状况与上年持平，达标河长为 6.4 千米。指标略优于上年。

（8）瑶山溪　水质状况与上年基本持平，未达到水功能区水质保护目标河长为 10.4 千米。未达标河段主要超标项目为氨氮与总磷等，与上年相比，氨氮指标基本相当，总磷指标上升 21%。

（9）深青溪　水质状况与上年基本持平，未达到水功能区水质保护目标河长为 11.8 千米。未达标河段主要超标项目为氨氮等，与上年相比，指标基本相当。

（10）林敦溪　当年开始监测，达标河长为 6.5 千米。

5.2.2 饮用水源地及备用水源地评价

饮用水源地及备用水源地依据《地表水环境质量标准》（GB 3838-2002）中表 31-6 规定的基本项目和表 31-7 水源地补充项目进行评价，其中总磷、总氮不参加评价（见表 31-14）。水库功能类型执行 2012 年规划要求。

石兜水库水质符合Ⅱ类标准，保持稳定。

汀溪水库水质符合Ⅱ类标准，与上年相比略有下降。

溪东水库水质符合Ⅱ类标准，优于上年。

竹坝水库水质符合Ⅱ类标准，保持稳定。

坂头水库水质符合Ⅱ类标准，保持稳定。

溪头水库水质均符合Ⅱ类标准，保持稳定。

古宅水库水质符合Ⅱ类标准，保持稳定。

石垅水库水质符合Ⅰ类标准，优于上年。

茂口水库水质符合Ⅱ类标准，保持稳定。

九龙江北溪引水集美水池，水质符合Ⅱ类标准，保持稳定。

湖边水库（备用水源地）水质符合Ⅱ类标准，保持稳定。

表 31-14 **2018 年厦门市饮用水源地及备用水源地水质评价表**

名称	时段	水质类型	备注
石兜水库	枯水期	Ⅱ类	Ⅰ类（1 月）
	丰水期	Ⅱ类	Ⅲ类（9 月）
	全年期	Ⅱ类	Ⅰ类（1 月）Ⅲ类（9 月）
汀溪水库	枯水期	Ⅰ类	Ⅱ类（3 月）
	丰水期	Ⅱ类	
	全年期	Ⅱ类	Ⅰ类（1/2/10/11/12 月）
溪东水库	枯水期	Ⅱ类	
	丰水期	Ⅱ类	
	全年期	Ⅱ类	
竹坝水库	枯水期	Ⅱ类	Ⅰ类（11/12 月）
	丰水期	Ⅱ类	Ⅲ类（9 月）
	全年期	Ⅱ类	Ⅰ类（11/12 月）Ⅲ类（9 月）
坂头水库	枯水期	Ⅱ类	Ⅲ类（11 月）
	丰水期	Ⅱ类	Ⅲ类（7 月）
	全年期	Ⅱ类	Ⅲ类（7/11 月）
溪头水库	枯水期	Ⅰ类	Ⅱ类（2 月）
	丰水期	Ⅱ类	Ⅰ类（6 月）
	全年期	Ⅱ类	Ⅰ类（1/3/6/11/12 月）
古宅水库	枯水期	Ⅰ类	Ⅱ类（1/3/12 月）
	丰水期	Ⅱ类	
	全年期	Ⅱ类	Ⅰ类（2/10/11 月）
石垅水库	枯水期	Ⅰ类	
	丰水期	Ⅱ类	
	全年期	Ⅰ类	Ⅱ类（4/5/6/7/8/9 月）
茂口水库	枯水期	Ⅱ类	Ⅰ类（1/2/12 月）Ⅲ类（10/11 月）
	丰水期	Ⅱ类	
	全年期	Ⅱ类	Ⅰ类（1/2/12 月）Ⅲ类（10/11 月）
集美水池	枯水期	Ⅱ类	Ⅰ类（1 月）
	丰水期	Ⅱ类	Ⅲ类（6/9 月）
	全年期	Ⅱ类	Ⅰ类（1 月）Ⅲ类（6/9 月）
湖边水库	枯水期	Ⅱ类	Ⅲ类（10/11/12 月）
	丰水期	Ⅲ类	
	全年期	Ⅱ类	Ⅲ类（4/5/6/7/8/9 月）

5.2.3 重要水体水功能区达标评价

依据《地表水环境质量标准》（GB 3838–2002）对重要水体开展评价，其中小坪水库按照水库，其余按照河道进行评价（见表 31–15）。

表 31–15 **厦门市重要水体水质评价状况表**

名称	时段	水质类型
杏林湾水库	枯水期	劣Ⅴ类
	丰水期	劣Ⅴ类
	全年期	劣Ⅴ类
曾溪水库	枯水期	Ⅲ类
	丰水期	Ⅲ类
	全年期	Ⅲ类
小坪水库	枯水期	Ⅲ类
	丰水期	Ⅲ类
	全年期	Ⅲ类
东山水库	枯水期	Ⅲ类
	丰水期	Ⅳ类
	全年期	Ⅲ类

（1）杏林湾水库　杏林湾水库坝上断面水质为劣Ⅴ类，与上年持平，未达到水功能区水质保护目标。

（2）曾溪水库　曾溪水库坝上断面水质符合Ⅲ类标准，与上年持平，达标。

（3）小坪水库　小坪水库坝上断面水质符合Ⅲ类标准，差于上年，达标。

（4）东山水库　东山水库坝上断面水质符合Ⅲ类标准，优于上年，达标。

6　重要水事

6.1 全面推行湖长制

出台《厦门市全面推行湖长制实施方案》，全面建立湖长制，把近岸海域内湾湖泊、水库、山塘和池塘等所有水域纳入湖长制管理，在近岸海域内湾湖泊、中型水库、具有城镇供水任务的小型水库独立设置湖长，实现与河长制有机衔接、无缝融合。明确空间管控、岸线管理、水资源保护和水污染治理、水环境综合整治、生态治理与修复和监管执法等六项任务，加强湖泊管理保护，维护湖泊健康生命。

6.2 深化推行河长制

全面深化推行河长制，实行双河长制，加强工作协调、监督与指导，开展部门联合监督，出台《厦门市河（湖）长制约谈暂行办法》，贯彻落实河长制考核问责。强化舆论宣传与公众参与，并建立司法联动、金融保障机制。污染源清退、河道保洁管护、安全生态水系建设、黑臭水体治理、农村生活污水处理等取得明显成效，河湖水环境质量持续有效提升。

6.3 水功能区划第一次修订

为适应社会经济发展需要和城市供水管网向乡镇延伸现状，匹配省级水功能区划，重新定位应急水源，第一次修订了《厦门市水功能区划》，市政府以厦府〔2018〕275 号批复同意实施，并将水功能区划纳入多规合一平台，进行系统管理。

6.4 完成入河排放口调查

根据市第二次全国污染源普查办公室统一部署，通过制订调查实施方案、成立领导小组和工作队、落实第三方机构、组织各区培训等，对九条主要溪流、重要湖库等入河排放口进行全面调查摸底。清查出全市入河排放口 1386 个，其中规模以上 24 个，逐个制订整治方案，推进系统整治。

6.5 成功抵御历史罕见特大暴雨，化解百万人口供水危机

有效应对“5·7”特大暴雨。5 月 7 日思明区出现特大暴雨，最大 1 小时、3 小时降雨量分别为 107 毫米、274 毫米，分别是历史极值的 1.2 倍、2.5 倍。市防指科学指挥、精准部署、有效应对，全市未出现因灾人员伤亡。成功化解同翔两区供水危机。上半年，因降雨异常偏少导致同翔两区供水水源紧张，市防指科学调度、应急节水、启用莲花水库、调水补水 2863 万吨、投入 1074 万元建设应急水源工程，成功化解危机。

6.6 提前两年半完成小型水电站生态流量整改

根据各个小型水电站功能定位、地理条件等因素，按照生态优先、因地制宜、分类推进原则，“一站一策”核定下泄流量，安装远程监控装置，考核结果与电价挂钩，有序推进小型水电站生态下泄流量整改工作，当年 8 月底前在全省率先完成水电站生态流量整改任务，比省里确定时间提前两年半。

6.7 西水东调原水管道工程等水源连通工程顺利推进

西水东调管道工程（一期）是市委市政府为解决翔安区域性缺水问题启动的战略性供水工程，前期工作应用 6 个月时间，比同类水利工程项目前期工作时间缩短三分之二，至年末工程全面开工，预计 2019 年实现通水。另外，汀溪水库群至翔安水厂、莲花泵站至西山水厂、莲花泵站至汀溪四林泵站等水源连通工程顺利完成，莲花水库与汀溪水库群正式打通，东、西部水源实现互通互济。

6.8 长泰枋洋水利枢纽工程获大禹奖

长泰枋洋水利枢纽工程，当年完成 4.05 亿元，上存大坝已浇筑至高程 192—203 米（坝顶高程 204 米），完成尚吉电站厂房主体工程土建部分以及引水发电隧洞、调压井及压力管道，其中先行工程——龙津溪引水工程荣获 2017—2018 年度中国水利工程优质（大禹）奖。

6.9 九龙江北溪雨洪利用工程前期工作持续推进

九龙江北溪雨洪利用工程前期工作取得阶段性成效，2018 年 12 月组织项目可研报告（咨询稿）专家咨询会，在工程规模、枢纽布置与坝型、施工组织等方面形成咨询意见，同时积极主动汇报沟通，争取项目列为全省闽西南水资源配置工程内容。

（厦门市水利局）

2018 年厦门市环境质量公报

1. 综述

2018 年，厦门市生态环境局在市委、市政府和省生态环境厅的正确领导下，坚持以习近平新时代中国特色社会主义思想和党的十九大精神为指导，认真贯彻落实习近平生态文明思想和全国、全省、全市生态环境保护大会精神，坚决扛起生态环境保护政治责任，聚焦打好污染防治攻坚战，坚持全面深化改革，协同推进经济高质量发展和生态环境高水平保护，深入推进国家生态文明试验区建设，助力建设厦门高素质高颜值现代化国际化城市，切实以实际行动当好新时代生态文明建设的排头兵。生态文明指数在全国地级及以上城市中排名第一，整体上达到世界先进水平。党政领导生态环保目标责任书考核连续四年获得优秀；生态环境质量公众满意率连续三年全省最高。思明区获评全国第二批生态文明建设示范区。全年环境空气质量综合指数 3.31，在全国 169 个重点城市排名第七，空气质量优良率 98.6%，在全国 169 个重点城市排名第二。集中式饮用水源地水质达标率保持 100%，国省控断面水质达标率首次实现 100%，近岸海域Ⅰ－Ⅱ水质面积达到省考核要求，筼筜湖无机氮、活性磷酸盐两项主要指标较基准年 2015 年均值分别改善 57.8%、45.6%。危险废物处置利用率达 99.85%，全省最高。

2. 环境空气

2018 年，全市环境空气质量综合指数 3.31，在全国 169 个城市中排名第七；优良率 98.6%，在全国 169 个城市中排名第二；六项主要污染物浓度均优于国家环境空气质量二级标准，其中二氧化硫（SO_2）、二氧化氮（NO_2）、一氧化碳（CO）符合一级标准要求，细颗粒物（PM2.5）平均浓度 25μg/m^3，达到世界卫生组织《空气质量准则》过渡时期第二阶段标准，臭氧（O_3）平均浓度 127μg/m^3，环境空气质量继续保持全省、全国前列。

环境质量

环境空气质量状况

按照空气质量指数（AQI）进行评价，2018 年全市空气质量优的天数为 171 天，良的天数为 189 天，轻度污染的天数 5 天（首要污染物为 O_3 3 天、NO_2 1 天、$PM_{2.5}$ 1 天）。空气质量优良率为 98.6%，优级率为 46.9%，与 2017 年相比分别下降 0.6 个百分点和 5.5 个百分点。环境空气质量综合指数 3.31，较 2017 年改善 0.06。

六项主要污染物浓度值情况

全市国控评价点位六项主要污染物年均浓度值分别为：二氧化硫（SO_2）0.009mg/m^3、二氧化氮（NO_2）0.031mg/m^3、可吸入颗粒物（PM_{10}）0.046mg/m^3、细颗粒物（$PM_{2.5}$）0.025mg/m^3、一氧化碳（CO）95 百分位浓度值 0.9mg/m^3、臭氧（O_3）90 百分位浓度值 0.127mg/m^3。按照《环境空气质量标准》（GB3095-2012）评价，SO_2、NO_2、CO 符合一级标准要求；$PM_{2.5}$（0.025mg/m^3），达到世界卫生组织《空气质量准则》第二

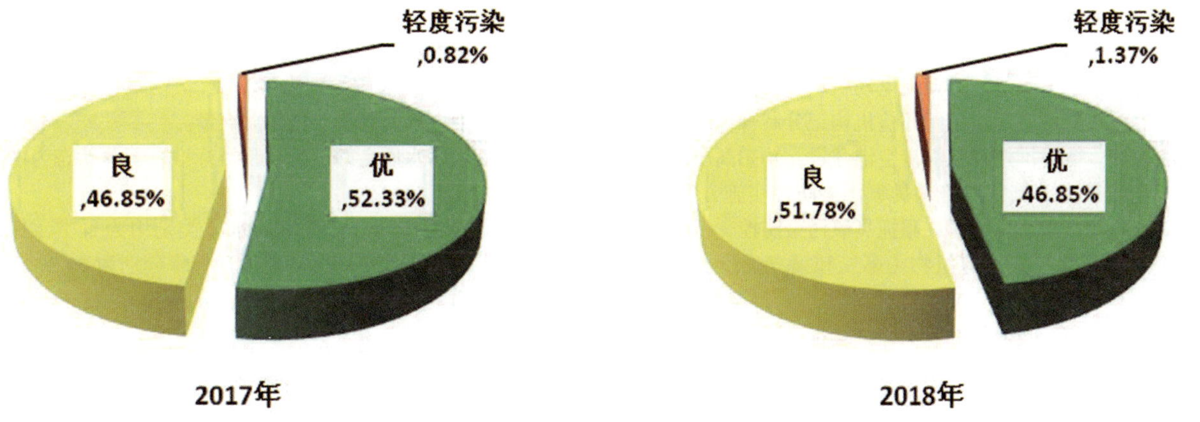

图 31-23　2017 与 2018 年厦门市空气质量指数 AQI 级别比例分布图

表 31-16　**2013—2018 年厦门市主要大气污染物年均浓度统计表**

年度指标		污染物（单位 mg/m3）					
		SO_2	NO_2	PM10	PM2.5	CO	O_3
2013 年		0.020	0.044	0.062	0.036	1.2	0.137
2014 年		0.016	0.037	0.059	0.037	1.0	0.128
2015 年		0.010	0.031	0.048	0.029	0.9	0.095
2016 年		0.011	0.031	0.047	0.028	0.9	0.103
2017 年		0.011	0.032	0.048	0.027	0.8	0.117
2018 年		0.009	0.031	0.046	0.025	0.9	0.127
《环境空气质量标准》（GB3095-2012）	一级	0.020	0.040	0.040	0.015	4*	0.1**
	二级	0.060	0.040	0.070	0.035	4*	0.16**

备注：*24 小时平均浓度限值，** 日最大 8 小时平均浓度限值

阶段目标的限值要求；O_3、PM_{10} 符合二级标准要求。

与 2017 年相比，CO 和 O_3 浓度分别上升 12.5%，SO_2、NO_2、PM_{10} 和 $PM_{2.5}$ 浓度分别下降 18.2%、3.1%、4.2%、7.4%。

酸雨

全市降水 pH 范围为 4.10—7.05，pH 加权平均值为 5.06，酸雨发生率为 70.0%，降水总离子浓度平均值为 209μeq/L。与 2017 年相比，厦门全市降水总离子浓度有所下降、酸雨发生率、pH 加权平均值有所上升。

措施与行动

1. 顶层设计日臻完善。市人大常委会审议并表决通过《关于全面加强大气污染防治的决定》，为持续改善厦门市空气环境质量提供了法律依据。在全省率先组织召开厦漳泉大气污染联防联控联治工作第一次联席会议，厦漳泉三地环保部门签署了三方合作备忘录，共同打造“闽南蓝”。海沧区、翔安区分别与漳州市台商投资区、南安市建立大气环境污染联防联控联治工作机制。坚持应急管控与阶段攻坚相结合，发布《轻微污染天气应对办法（第四版）》，进一步优化应急响应措施。组织开展两轮“2018 年守护蓝天百日攻坚”专项行动，攻坚成效明显，空气质量显著提升。

2. 污染减排卓有成效。修订印发《厦门市机动车环保标志管理办法》，将国 I 排放标准的汽油车判定为黄标车，2019 年 1 月 1 日起在全市限行。推动纯电动机动车在公交、巡游出租、环卫等公共领域应用，实行环检机构记分制管理，加强机动车执法检查。持续推进绿色海港空港建设，船舶高压岸电建设覆盖率全省最高。制定实施《臭氧污染防控实施方案》《臭氧污染应急防控指南（试行）》，狠抓臭氧污染防控。组织对化工等 5 个行业开展挥发性有机物（第二和第三阶段）专项整治，累计共有 655 家企业完成整治。深化锅炉窑炉整治，对非清洁能源锅炉实施在线监控并联网，继续推进集中供热和虾苗育苗行业大气环境综合整治。制定实施《工地扬尘污染防治工作方案》，构建“协同控制、综合治理”的扬尘污染综合治理体系。市环委办实行扬尘防治工作督查制度，一督查一通报，有力推动扬尘污染防治。

3. 科技支撑逐步强化。充分利用空气质量预测预报等技术手段，为空气质量提升工作的决策和管控提供科技支撑。建设厦门大气环境质量应急指挥调度系统，为实现日常空气质量管控“智慧化”奠定基础。协调组织开展 17 次针对颗粒物和 VOCs 的走航监测，深入了解区域大气污染物分布情况，实施精准管控。

3. 水环境

2018 年，全市集中式饮用水源地水质总体良好；主要湖库水质一般；厦门近岸海域水环境质量无明显变化，无机氮与活性磷酸盐两项主要污染物浓度持续改善；海滨浴场水质良好。

环境质量

集中式饮用水源

全市集中式饮用水源地北溪引水、坂头—石兜水库和汀溪水库饮用水源地达标率 100%，其水质监测指标全年均符合《地表水环境质量标准》（GB3838-2002）Ⅲ类水质标准。

地表水

湖边水库水质优，符合Ⅱ类标准。

新丰水库水质类别为Ⅲ类，营养状态为中营养。

杏林湾水库水质类别为劣Ⅴ类，营养状态为重度富营养，其主要污染指标为总磷、化学需氧量。

上李水库水质良好，符合Ⅲ类标准，营养状态为中营养。

九龙江河口

九龙江河口高、低平潮的水质类别均为Ⅲ类。按照Ⅲ类标准评价，高、低平潮的功能区达标率分别为 83.3%、44.4%，河口出现的主要污染指标为总磷、溶解氧。

近岸海域

厦门近岸海域水质无明显变化，主要污染指标仍为无机氮与活性磷酸盐。主要污染物无机氮与活性磷酸盐浓度变化为从西向东逐渐降低，即九龙江入海区最高，其次为南部海域东

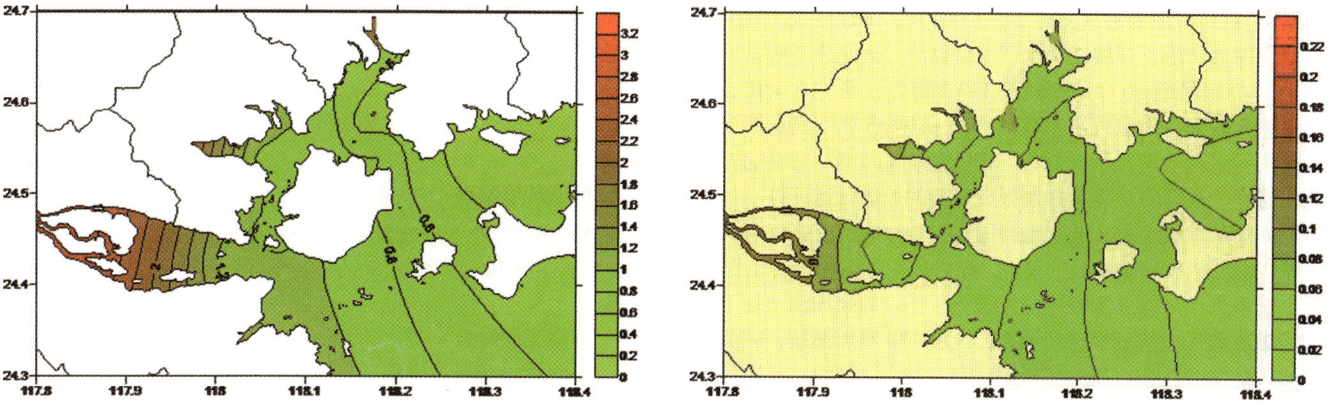

图 31-24　2018 年厦门海域各测点无机氮、活性磷酸盐浓度（mg/L）平面分布图

侧海区，东部海域最低。与 2017 年相比，无机氮和活性磷酸盐浓度均有所下降。海域其他无机污染物——化学需氧量、石油类、重金属等指标基本符合一、二类海水水质标准，有机物（六六六、滴滴涕、马拉硫磷、甲基对硫磷、苯并（a）芘）指标均未检出。

筼筜湖

筼筜湖水质营养级别为中营养，营养状态指数为 43.3。主要污染物无机氮与活性磷酸盐浓度年均值分别为 0.818mg/L、0.046mg/L。

海滨浴场

2018 年公主园海鲜酒店外浴场（Z1）、黄厝华天学院外浴场（H1）、椰风寨外浴场（H2）、明丽山庄外浴场（H3）、港仔后菽庄花园外浴场（G3）和厦大白城浴场（Z2）、水质总体良好，适宜游泳；鼓浪屿别墅美华浴场（G2）、水产研究所外浴场（G1）水质一般，较适宜游泳；浴场水体中的主要污染物为粪大肠菌群。

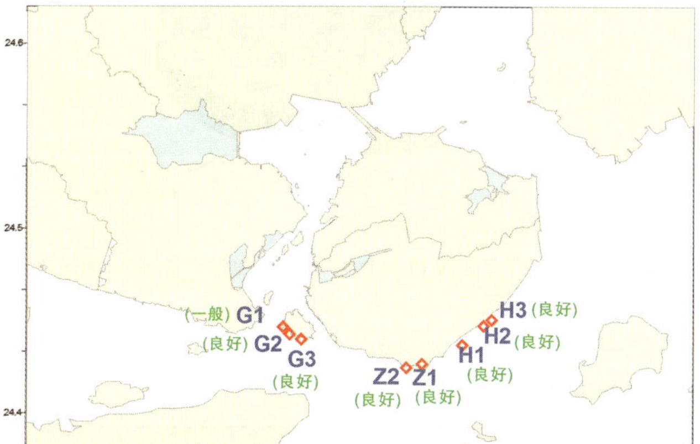

图 31-25　2018 年厦门 8 个海滨浴场水质状况图

措施与行动

1. 深入实施厦门“水十条”工作。印发《厦门市水污染防治 2018 年计划》，围绕工业污染控制、城市生活污染治理、农业农村污染防治、船舶港口污染控制、水资源节约集约利用、水环境管理、保障水生态环境安全、近岸海域环境保护、公众参与和社会监督、目标任务考核等十个方面开展工作。全市重点任务 25 项，完成 15 项，10 项持续推进。

2. 全面落实河长制、湖长制。出台《厦门市全面推行湖长制实施方案》《厦门市河（湖）长制约谈暂行办法》；印发《厦门市全面推行河长制湖长制“四化”建设指导意见》，统一印制总河长、河长、河道专管员巡河记录册。出台《厦门市河长制工作督办制度》，制定《厦门市河长制工作考核办法》，将落实河长制工作成效纳入绩效评估指标体系。印发《关于设立厦门市人民检察院驻市河长制办公室检察联络室的意见》《关于设立驻市河长制办公室法官工作站，为推进河长制工作提供司法服务保障的意见》，并在市河长制办设立联络室，强化司法直接监督。厦门日报和电视台开辟“河长制河长治”专栏，将河长制工作举报纳入 12345 举报专线，上线“厦门河长在行动”微信公众号。

3. 强化饮用水源保护工作。推动饮用水源环境综合整治，以“划、立、治”为重点深入开展集中式饮用水源地环境保护专项行动，新建或完善标牌 60 座，自查上报或上级交办共 9 处问题在全省率先完成整改，顺利通过国家专项督查、巡查。加强水源地风险防控，推进应急预案修订，基本完成市、区两级饮用水源突发环境事件应急预案编制。加快推进长泰枋洋水利枢纽工程、莲花水库水源保护区划定。

4. 实施小流域综合整治。对隘头潭国控断面上游 80 个污染点源实施精准减排和 44 个入河排放口实施精准溯源；加快为民办实事暨小流域水环境综合整治工程包建设，总投资 5701.03 万元，完成比例达 123.56%，实施Ⅴ类小流域精准治理项目 11 个；扎实推进小流域综合整治，小流域周边生猪、牛蛙、规模化禽类养殖和小石材加工企业清退率达到“4 个 100%”。深青溪、许溪、东溪 3 条劣Ⅴ类小流域均已全部完成销号。

5. 加强污水处理设施建设与管理工作。完成前埔、集美、杏林污水处理厂提标改造工作，出水水质达到一级 A 或类Ⅳ类排放标准。新建污水管网 96.8 公里，完成投资 2.038 亿元。建成 3 个乡镇污水处理设施项目，完成年度投资 180 万元。完成 340 个农村生活污水分散式处理设施及 139 个自然村截污纳管建设。加强污水处理厂（站）在线监测系统安装调度和监管。

6. 加强近岸海域污染防治工作。印发《厦门市近岸海域污染防治实施方案》。制定《厦门高崎渔港环保责任目标落实方案》，对高崎渔港港区实施24小时管理，加强巡查。成立渔港专业保洁队伍。开展违规水产养殖整治，拆除废弃残留网格36格，养殖吊蛎50余亩，竹蛎113.5亩，石砺110余亩，养殖泡沫850个，养殖竹竿1200余根、围网55张。完成海澳石化码头污水池改造工程。加强老旧营运船舶管理，督促注销5艘未达到（或即将达到）强制报废船龄的船舶营运证件。加强新投入船舶审核工作，开展港口国监督202艘次，督促有关国际航线船舶依据压载水公约要求，做好公约生效的准备工作。

7. 推进加油站地下油罐防渗改造工作。加强加油站地下油罐防渗改造工作信息报送和调度，全市130座加油站，完成地下油罐防渗改造106座，完成率81.53%；其中建站15年以上加油站47座，已全部完成改造，建站15年以下的加油站83家，完成59家，完成率71.08%。

4. 声环境

2018年，全市区域环境噪声质量总体一般，道路交通噪声总体较好，城市功能区噪声质量总体良好；区域环境噪声污染程度同比均略有上升、道路交通噪声污染程度同比均略有下降。

环境质量

区域环境噪声

昼间区域环境噪声质量总体一般，声级范围在47.2dB（A）—63.7dB（A），平均等效声级为55.3dB（A），污染程度同比略有上升。

道路交通噪声

昼间道路交通噪声质量总体较好，平均等效声级为66.4dB（A），其中等效声级超过70dB（A）路段长为28.9千米，同比减少6.6千米。与2017年相比，城市昼间道路交通噪声污染程度同比有所下降。

功能区噪声

城市功能区噪声质量总体良好，昼、夜间达标率分别为100%、77.5%。同比昼、夜间达标率均略有上升。

表31-17　**2014—2018年厦门市昼间区域环境、道路交通噪声等效声级统计表**

项目	单位	2014年	2015年	2016年	2017年	2018年
区域环境噪声平均值	dB（A）	56.5	56.0	55.5	55.2	55.3
道路交通噪声平均值	dB（A）	66.3	67.9	67.8	67.3	66.4

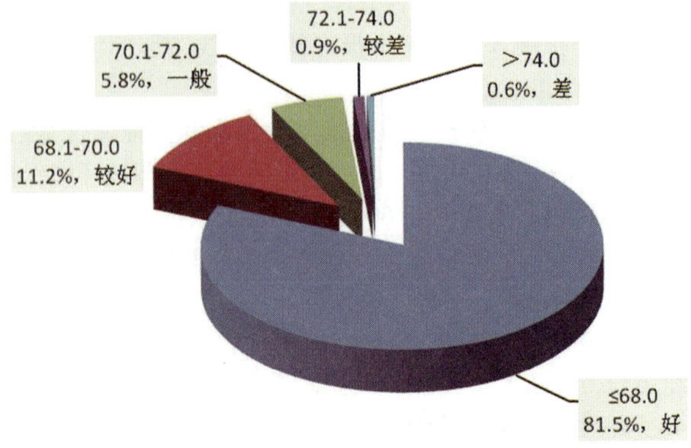

图31-26　2018年厦门市昼间道路交通噪声暴露在不同等效声级下的路段分布图

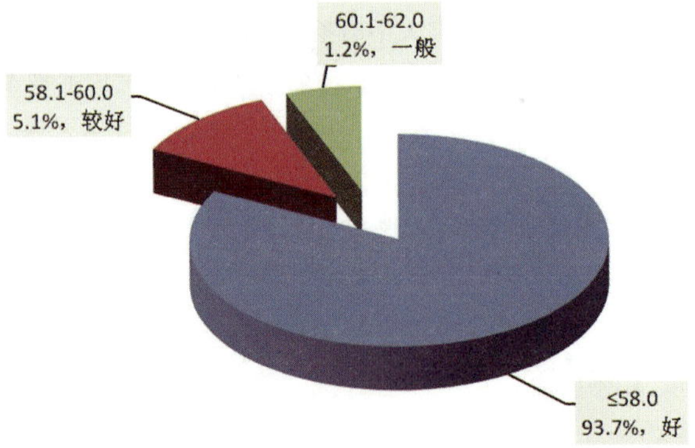

图31-27　2018年厦门市夜间道路交通噪声暴露在不同等效声级下的路段分布图

表31-18　**2017—2018年各类功能区监测点次达标率情况表**

年度	功能区达标率（%）									
	全年		1类		2类		3类		4a类	
	昼	夜	昼	夜	昼	夜	昼	夜	昼	夜
2018	100	77.5	100	100	100	67.9	100	95.0	100	50.0
2017	97.5	68.8	100	93.8	100	64.3	100	75.0	88.0	43.8
增幅	2.5	8.7	0	6.2	0	3.6	0	20.0	12.0	6.2

备注：声环境功能区类别引用《声环境质量标准》（GB3096-2008）

措施与行动

修订实施《厦门市环境功能区划》，根据环境功能变化，调整了声环境功能区划，并实施有力管控。及时处理解决噪声扰民投诉问题，消除噪声对周边居民影响。实行严格施工审批，除因生产工艺或特殊工期要求外，一律不允许夜间施工。强化工业企业管理，要求工业企业严格落实环境噪声污染防治措施，加强厂界的立体绿化，减小噪声对周边环境的影响。合力做好绿色护考工作，考试期间加强噪声监测及执法巡查，确保考生有一个安静的考试环境。加强噪声自动监测站点建设。广泛开展噪声污染防治法律法规的宣传教育活动，进一步增强公众声环境保护意识。

5. 土壤环境

2018 年，危险废物规范化管理持续保持全省领先水平，土壤污染防治工作有序推进，土壤环境质量良好。

状况

土壤污染防治

完成农用地土壤详查采样，采集并流转农产品样 28 个，表层土壤样品 232 个；检测分析农用地土壤详查样品约 1800 个；初步采集 87 家重点行业企业用地调查信息；将 5 个地块纳入疑似污染地块目录；将 95 家企业纳入全口径涉重金属行业企业清单。

危险废物

全市危险废物收集利用处置能力达 13.72 万吨 / 年，危险废物处置利用率达 97.25%。

全市医疗废物产生量 6050 吨，集中焚烧处理量 6050 吨，医疗废物处置率达 100%。

措施与行动

深入贯彻落实厦门市土壤污染防治行动计划。印发《厦门市土壤污染状况详查实施方案》，在全省率先完成农用地土壤详查，采集并流转农产品样 28 个、表层土壤样 232 个。全面开展重点行业企业用地详查，率先开展现场培训、信息采集和技术指导工作。企业用地资料收集全部完成，质量控制工作全面开展，培训人员达 400 人次。全面强化重点企业监管，发布《土壤重点监管企业周边市控土壤监测点位现场核查工作方案》，在全省率先开展重点企业周边环境监测，全面完成年度监测计划。印发《厦门市工业企业用地土壤环境调查相关技术文件》，开展调查、评估、修复和备案提供技术指导。建立疑似污染地块名单。推广使用污染地块管理信息系统，督促两个疑似污染地块的土地使用权人开展调查评估。落实调度通报制度，每周、每月分别调度重点行业企业用地详查和土壤污染防治总体工作，落实项目负责单位、责任人，项目进展上报省环保厅。持续开展危险废物产生、运输、处置全过程实时监管，全市危险废物规范化管理水平位居全省前列。全面禁止生活源废塑料、未分拣废纸等固体废物进口，稳步减少限制类固体废物进口量。全市利用单位限制类固体废物进口量为 4212 吨，较去年 8577 吨减少 4365 吨，超额完成省厅控制要求，其中限制类进口废塑料实现零进口。开展 2018 “清废” 专项行动，严厉打击固体废物及危险废物非法转移、倾倒、处置等环境违法行为。

6. 辐射环境

2018 年，厦门市辐射环境质量保持稳定，电离辐射与电磁辐射环境处于正常水平。核辐射自动监测点位全年辐射剂量率并无明显变化。在例行监督性检查中没有发现电离辐射超标的情况。所有放射源及射线装置均处于可控的状态下，未发生放射源失控的事件。

措施与行动

1. 做好辐射应急事件处置。在省环境辐射主管部门的支持下，及时排查处置疑似放射性物品 4 件，确保辐射环境安全。

2. 及时处理电磁辐射群众投诉。及时处置涉电磁辐射投诉，2018 年全年完成电磁辐射投诉监测任务 8 次，并在处理投诉过程中向投诉民众介绍电磁辐射相关知识，有效缓解了民众的担忧。

7. 生态环境

全市林业自然保护区面积达 0.34 万公顷，森林覆盖率为 42.07%。初步划定生态保护红线 233.57 平方公里。全市珍稀海洋物种国家级自然保护区及外围保护地带面积达 330.88 平方公里，厦门五缘湾栗喉蜂虎自然保护区，面积约 40 公顷，中华白海豚、文昌鱼、白鹭种群数量稳定，栖息地生态良好。

状况

自然保护区

国家级自然保护区 1 个（厦门海洋珍稀物种国家级自然保护区），水源保护区 3 个（石兜—坂头水库、汀溪水库、九龙江北溪），建制镇水源保护区 1 个（新圩镇古宅水库），森林公园 6 个（莲花国家森林公园、天竺山森林公园、同安郭山村森林公园、集美灌口镇越尾山森林公园、翔安吕塘村森林公园、同安洋麻山森林公园），国家重点风景名胜区 1 个（鼓浪屿—万石山风景名胜区），省级风景名胜区 2 个（香山风景名胜区、北辰山风景名胜区），市级自然保护区 1 个（厦门五缘湾栗喉蜂虎自然保护区）。

措施与行动

推进自然保护区相关保护工作。开展 “绿盾 2018” 自然保护区监督检查专项行动，加强对自然保护区的监管。完成《厦门市自然保护区发展规划（初稿）》。

组织申报第二批国家生态文明建设示范市县工作。思明区 2018 年顺利通过评估和考核验收检查，获得国家生态文明建设示范区称号。

加强农村环境保护工作。加强畜禽养殖污染防治监管工作。对63家规模化生猪养殖场开展“双随机”环境执法检查，完成率为100%。开展乡村振兴战略工作。制定《厦门市农村生态保护行动计划（2018–2020）》。开展农村生活污水分散式治理设施水污染物排放检测和标准制定工作。委托第三方每季度对农村生活污水分散式治理设施水污染物排放进行抽测，2018年共检测141家次。研究制定厦门市农村生活污水分散式治理设施水污染物排放标准。

全力开展生态修复工作。加强滨海湿地保护，编制《滨海湿地保护与修复方案》，推进建设下潭尾红树林湿地生态公园，增殖放流3.37亿尾鱼虾蟹苗种。实施岸线修复工程，累计修复岸线30公里，建成人造沙滩100多万平方米。加强天然林保护，对46.5万亩生态公益林的实施封育管护，完成造林绿化18421亩，森林抚育30640亩。深化城市“双修”工作，重点推进山体修复项目建设。开展园林绿化建设，全市完成新增和改造提升城市园林绿地面积532公顷，完成年度任务400公顷的133%。利用矿山生态修复建立重点工程砂石生产基地，开展矿山开采和治理前期工作，分别编制了小光山和小凤山砂石基地区域生态恢复治理规划，完成各类保护区内矿业权清理。

8. 环境监管

1. 推进环保立法。委托中科院城环所开展立法课题调研，结合厦门实际，全面梳理存在的问题，统筹融入最新法律法规和政策。配合市人大常委会制定了关于全面加强大气污染防治的决定。积极推动《厦门市环境保护条例》修改工作。

2. 强化环境科技支撑。修订发布了《厦门市大气污染物排放标准》《厦门市水污染物排放标准》《厦门市环境功能区划》，修订厦门市环境保护行政处罚自由裁量权执行标准。在全国试点开展生态系统价值核算，形成“沿海样版”。深化全省生态云平台建设应用，持续汇聚生态环境监测数据，推进“智慧环保”三期建设，创设大气、水、机动车等环境管理调度指挥系统，其中空气应急调度指挥系统案例获得省云平台首轮典型案例评选第一名。

3. 深化环境质量监测管理。扎实推进生态环境监测网络建设，完成隘头潭国控考核断面水质自动站建设联网。更新空气质量App管理平台，实时推送空气质量信息。全市重点工业企业新增安装53套自动在线监控设施，上传数据量位居全省前列。各区新增一个市控空气监测点位，在岛外四个区培育国控点位。持续加强水质监测分析，对国省控断面和黑臭水体进行加密一倍监测，编辑刊发95份环境质量简报。结合危险物品“一体化”综合监管，开展核与辐射监督监测检查，精细管控环境污染问题。

4. 深化环评审批制度改革。制定14份生态空间管控和环境准入制度，累计开展56个规划环评，强化规划环评指导约束作用。在全国率先开展建设项目环评审批“告知承诺制”，31类建设项目实现环评批复立等可取，该经验做法获得全省机关体制机制创新二等奖。积极服务“双千亿”工程，35个“重中之重”项目已完成环评审批29个，当年开工项目环评执行率100%，积极保障重点项目快速落地建设。

5. 夯实要素保障基础。加强源头管控，强化节能减排，完成华夏电力、同集热电等四家企业大型燃煤锅炉超低排放改造，有序推进同安城东、城南、翔安银鹭三个工业区集中供热，保障通富微电子、士兰明镓、全磊等多个“双千亿”重点发展产业项目总量需求，助力厦门市产业升级。修订了排污权有偿使用和交易管理办法，简化排污权交易流程，委托省交易平台直接出让储备排污权，小微排放项目取得排污权时间从10–15天缩短到1–3天，储备排污权适时调剂保障厦门市其他项目的水污染物总量指标，实行排污之前取得排污权；2018年排污权交易共有169个项目1633余万元。严格落实环保专项资金管理办法，全年共安排环保专项补助资金5168万元，助力高质量发展。

5. 加强环境监管机制建设。进一步完善环保网格平台功能，落实环保网格“五定”机制，开展热点网格指数监管，全市网格员上报环保事件人均达4.83件，全省最高。进一步推进环保社会信用体系建设，组织开展2017年度共137家企业的环境信用等级评价，研究发布一批“环保信用红黑名单”和联合奖惩对象。制定《突发环境事件应急处置工作方案》，建立94名专家参加的环境应急专家库，正式启用2个环境安全应急物资储备库。

6. 深入开展环境执法大练兵活动。借力省“三合一”环保督察，曝光10大典型违法案件，采用遥感抓拍、生态云平台等科技手段，修订环境保护行政处罚自由裁量权，严格禁止环保“一刀切”，全年查办环境违法案件924起，罚款4891.2万元。参加环境部、省生态环境厅组织的京津冀系列执法督查活动34批次100人次，先后6批次17人次获生态环境部通报表扬；两次全省环境执法大练兵比武，集体和个人名次均位居全省前列。环境执法支队连续两年获评全国环境执法大练兵市级先进集体。省人社厅、省环保厅和省公务员局2018年给予支队记集体三等功。

7. 办理环境信访投诉。全年共受理环境投诉7504件（电话5033件、微信1971件、网络499件），全省第一，及时办结率100%。重点抓好海沧新阳工业区、集美杏北工业园区、厦门火炬东部产业区、厦门民兴工业有限公司周边等环境信访投诉相对集中的区域的环境执法，缓解企业与群众的矛盾，提升群众的满意度。全年随机回访404件投诉案件，群众满意率82.78%。

9. 公众参与

宣传教育

（1）强化重点工作宣传。围绕打好污染防治攻坚战，着力专题宣传提升环境空气质量、水污染防治、土壤污染防治、第二次全国污染源普查等方面工作。组织相关主流媒体，对厦门市环保工作进行伴随式报道宣传，共在广播、电视、报纸播出刊发环保宣传报道127篇，为厦门市生态环境保护工作营造良好的舆论氛围。（2）重视电视环保宣传。配合厦门电视台新闻中心，继续办好“厦门环境空气质量播报”电视栏目。（3）加强“两微一站”宣传。继续做好“厦门环保”微信公众号、“厦门环保”官方微博及“厦门环境保护”官方网站的信息推送运维工作。共编辑、制作及推送微信1294条、网站信息273条、微博转发1271条次。

推进公众参与环境保护

通过开展生态环境宣贯活动，着力引导公众履行自身环保责任，推动形成践行绿色生活方式的良好社会风尚。开展厦门市文化科技卫生“三下乡”服务活动、进小学社区开展生态环境文化宣传。编印环保宣传品进行现场环境宣教活动，现场共分发环保宣传手册、宣传品2000多份。举办“六五”环境日厦门主场活动。将环境日主题与厦门的实际紧密结合起来，在海沧区召开“美丽中国　我是行动者”2018年六五环境日厦门主场活动。

环保投诉

认真贯彻落实国家、省、市关于做好信访工作的一系列重要精神，进一步畅通信访渠道，立足“12369”投诉热线、“12345”平台及省信访系统、厅长信箱、市局网站等信访途径，坚持一般信访件统一转办，重要信访件由局领导批示督办，各驻区环保局严格办理，建立局系统矛盾纠纷信息报送和分析研判机制，规范信访秩序，不断创新信访工作机制，针对“重点领域”、“重点问题”、“重点领域”实行月报和重大情况随时排查报告制度，依法及时化解环境信访矛盾纠纷，营造社会公众积极参与生态环境保护的良好氛。2018年，共接待受理群众来信来访来电27件，来信23件，来访1件，来电3件；网上投诉241件；办理国家、省、市交办案件90件，“12345”平台1071件。中央和省环保督察反馈问题，已完成整改20项，其余23项有序推进；中央环保督察交办的592件信访件，已完成整改573件。

人大提案、政协建议

全局系统高度重视人大提案、政协建议办理工作，加强组织领导，分管领导亲自抓，业务处室具体抓落实，严格按照办理程序交办反馈，积极主动与人大代表、政协委会沟通协商，深刻领会交办意图，确保如期高质量办结。2018年，市生态环境局共收到政协提案16件，其中独办1件、主办1件、分办1件、会办13件；人大建议5件，其中主办2件、协办3件。21件建议、提案中涉及到环境污染整治7件、环保节能产业4件、生态文明建设6件、绿色环保4件，均按时办理完成，满意率达100%。

10. 环保热词

【党政领导目标责任考核】厦门市在2018年全省党政领导生态环保目标责任书考核连续四年获得优秀；全市生态环境质量满意率达91.2%，连续三年全省最高。创新开展党政领导生态文明建设、生态环境保护目标责任、打好污染防治攻坚战目标任务“三合一”考核，实行每季调度、每半年督查通报和专家评审团协同督导考核制度，考核对象达67个单位，其中51个单位的考核结果运用于全市绩效和政绩考核。

【生态创建】思明区获评全国第二批生态文明建设示范区，继海沧区之后全市共有2个区获评全国生态文明建设示范区。

【污普源普查】扎实推进全国第二次污染源普查工作，如期完成清查入库并通过国家数据审核，全市列入普查对象12984家（个），正在开展质量核查和产排污核算，翔安区代表厦门市在全国二污普推进会上做典型经验介绍。

【扫黑除恶】坚决贯彻落实中央领导关于生态环境保护的重要批示，深刻吸取洞庭湖和秦岭等严重破坏生态环境问题的教训，迅速排查整治重点生态领域问题，深入开展生态环境领域扫黑除恶专项斗争，共移交涉黑涉恶线索10件，坚决打击黑恶势力和“保护伞”问题。

【环保督查】中央和省环保督察反馈问题，已完成整改20项，其余23项有序推进；中央环保督察交办的592件信访件，已完成整改573件。顺利通过国家饮用水源地环境保护专项督查，发现的9处问题在全省率先完成整改。全市6处城市黑臭水体整治全部通过国家核查。

【体制改革】在全国率先开展形成生态系统价值核算“沿海样版”，其经验做法作为省改革经验部分内容被中央深改组《改革情况交流》刊登。在全国率先开展建设项目环评审批“告知承诺制”，该经验做法获得全省机关体制机制创新二等奖。在全省率先开展生态环境损害赔偿试点工作，完成全省第一例以政府为原告的生态环境损害赔偿案件。坚决贯彻环保机构垂改精神，按时完成厦门市环境监测中心站拆分和执法支队、驻区环保局更名。在全省牵头开展闽西南协同发展区生态环境共治共保工作，提出闽西南协作发展近、中、长期“三步走”目标，建立了厦漳泉大气污染、厦漳泉龙九龙江流域、三明龙岩汀江沙溪等生态环境联防联控联治多边双边协作机制。

【蓝天保卫战】制定实施《臭氧污染防控实施方案》，臭氧防控工作继续走在全省前列。完成7个行业665家企业VOCs污染整治工作，关停“散乱污”企业1046家，新增和更新纯电动公交车884车，在全省率先推行环检机构记分制管理，海港空港高压岸电建设覆盖率全省最高，在全省率先将扬尘管控情况纳入企业信用评价。修订《轻微污染天气应对办法（第四版）》，细化分因子响应措施、启动、终止条件和重点企业的范围，开展两轮“守护蓝天百日攻坚专项行动”。全市空气质量在全国169个重点城市中综合指数排名第7、优良率排名第2。

【碧水保卫战】深入实施厦门“水十条”，加快推进落实25项重点任务，编制工业污水处理专项规划；扎实推进小流域综合整治，小流域周边生猪、牛蛙、规模化禽类养殖和小石材加工企业清退率达到“4个100%”，实施Ⅴ类小流域水体精准治理项目11个，国、省控流域断面水质达标率首次达到100%，6处黑臭水体治理通过国家验收；集中式饮用水源地水质达标率保持100%，近岸海域水质优良比例达到省考核要求；筼筜湖无机氮、活性磷酸盐两项主要指标较基准年2015年均值分别改善57.8%、45.6%。

【净土保卫战】全面实施“土十条”，在全省率先完成260个农用地详查采样任务，建立污染地块目录和涉重金属行业企业清单。持续落实危险废物全过程实时监管，危险废物处置利用率达99.85%，省考位列第一。全面禁止生活源废塑料、未分拣废纸等固体废物进口，稳步减少限制类固体废物进口量，全市利用单位限制类固体废物进口量为4212吨，超额完成省厅控制要求。开展2018“清废”专项行动，严厉打击固体废物及危险废物非法转移、倾倒、处置等环境违法行为。

【智慧环保】深化全省生态云平台建设应用，持续汇聚生态环境监测数据，推进“智慧环保”分中心建设，推进“雪亮环保”工程建设，创设大气、水、机动车等环境管理调度指挥系统，强化科技支撑。其中空气应急调度指挥系统案例获得省云平台首轮典型案例评选第一名。

【环保专项资金】着手修订环保专项资金补充管理办法和实施细则，拟将重点保障项目排污权和绿色发展项目纳入环保专项资金补助，全年共安排环保专项补助资金 5168 万元，助力高质量发展。

【环保信用】着力构建环保信用体系，按照“双公示”工作要求及推行企业信用承诺和审查制度，认真组织采集和推送环保信用信息。共采集“双公示”信息 1868 条（行政许可 1421 条，行政处罚 447 条）；信用承诺企业及公示数量 866 家次。积极落实其他行业领域的联合奖惩措施，共为纳税信用 A 级纳税人落实环保许可办理优先支持的激励达 166 家次。组织开展 137 家环境信用等级评价，确定一批“环保信用红黑名单”和联合奖惩对象。

【环境保护税】配合厦门税务部门做好环保税的征收工作，全年排污费开征 1947 家次 673.97 万元，入库 2105 家次 736.67 万元。

【环保铁军】深入开展环境执法大练兵活动。2018 年查办环境违法案件 924 起，罚款 4891.2 万元。修订环境保护行政处罚自由裁量权，严格禁止环保“一刀切”。参加生态环境部、省生态环境厅组织的京津冀系列执法督查活动 34 批次 100 人次，先后 17 人次荣获生态环境部通报表扬。市生态环境局获评全市创建全国文明城市突出贡献单位，市环境执法支队连续两年获评全国环境执法大练兵先进集体，被省记集体三等功。

【党建工作】坚持全面从严治党和生态环境保护“两个政治责任”一起扛，政治生态和自然生态“两个绿水青山”一起要，深化分领域整治案后整改工作，持续打造忠诚干净担当的生态环保铁军。扎实开展习近平新时代中国特色社会主义思想“大学习、大调研、大实践”活动，2018 年局党组中心组组强学习 31 次、专题学习交流 12 场，局领导下基层调研 90 余次，参加群众接访 20 次，从整体上把握、从战略上谋划全市生态保护工作，着力增强局党组谋大局的能力和定力。认真贯彻中央《关于进一步激励广大干部新时代新担当新作为的意见》，明确 9 个方面 32 项激励措施，进一步规范干部选拔任用若干事项，重视提高广大干部的能力素质，先后选派 8 名同志到外单位挂职锻炼，注重在环境保护主战场、污染防治最前沿培养选拔干部。及时修订局党组议事规则，全年局党组召开会议 35 次、研究重大事项 175 个。强化干部教育管理，深化生态环境领域“放管服”改革，认真落实“马上就办”。制定《关于进一步贯彻落实中央八项规定精神执行办法》，开展环保领域突出问题专项治理。积极用好监督执纪“四种形态”，受理信访举报 26 件，函询 8 人次，保持反腐败斗争高压态势。

（厦门市生态环境局）

报刊集萃

厦门：统筹推动各领域党建融合

《光明日报》记者　马跃华

【在习近平新时代中国特色社会主义思想指引下——新时代新作为新篇章】

这两年，福建厦门大事不断。2016年9月遭遇超强台风莫兰蒂重创，城区受损严重；2017年9月金砖国家领导人厦门会晤举行。而在此前，厦门市容市貌整治、环境提升保护任务十分艰巨，推行垃圾分类，需要带动数百万居民做好源头分类。

今天，这几件大事不仅圆满完成，厦门还收获了“高素质、高颜值”的美誉。这背后，得益于厦门以开阔的视野谋划基层党的建设：加强统筹协调、建强互动纽带、服务城市治理，推动城市基层党建内涵式发展、系统性增效。如今，厦门城市基层党建活力四射：各领域党组织融合共建、团结协作，党员模范带头、居民积极参与，全城联动的暖流处处涌动。

加强统筹协调

走进厦门金山街道金安社区居委会，一幅“社区大党委的组织架构图”映入眼帘。这张图勾勒出社区党委、联建共建单位党组织、兼合式老干部党支部、兼合式社会组织党支部等主要架构，再层层细分，延伸出居民党支部、楼道党小组、单位党支部、党员志愿服务队、社工志愿服务队等数十个细小单元。这其中，13个社区大党委成员单位的需求清单和服务清单一目了然。

囿于组织条块协同不够有力，街道社区党组织协调能力弱，存在街道社区“小马拉大车”等问题，特别是垂直管理的行业系统，块上管不了、条上抓不透，导致条块之间缺乏协调性、协同性，有时甚至互相矛盾、互相掣肘。针对这些问题，厦门织密组织网络、创新共建模式，做强做实基层，强化龙头带动，打通连接桥梁，推动各领域党组织紧密连接。

2016年，厦门出台《关于深化街道职能转变试点实施意见》，提出“不断优化、逐步转变街道职能”，推动街道工作重心转移到社会治理工作上来。2017年，在街道综合服务中心加挂党建服务中心牌子，配备党建工作指导员若干名，专门负责街道大党工委日常事务。在此基础上，今年厦门下发《关于进一步做好中华街道等中心城区街道转变职能完善体制机制试点改革的通知》，突出党建引领，深化试点改革，为全面推进街道体制改革提供经验。

建强互动纽带

在深田社区党委办公场所，一面双向认领服务项目清单展示墙格外引人注目，上面既有社区党委认领驻区单位所提出的文明保洁、社工服务等项目，也有驻区单位认领的垃圾分类督导、主题党日授课等项目。“项目双向认领是落实城市基层党建的重要机制。这些项目都是社区党委与驻区单位党组织结合实际提出来的。在双方力所能及的前提下，互相认领，通过牵手互助，让党建工作落到实处。”深田社区党委书记庄莹莹说。

通过服务项目双向认领，社区党委开展“组团式报到”“清单式服务”，推动多领域党建融合，实现资源共享、优势互补。174医院党委长期派遣医生党员进驻社区“悄悄话室”，为社区居民进行健康义诊；中国电信厦门分公司党委在社区设立“开启e世界”电脑兴趣小组，定期为辖内老年人进行电脑授课。

在街道社区，虽然机关企事业单位驻在这里，但关系互不隶属，相互比较封闭，存在参与党建热情不高、联系松散、合力不强、被动应付等问题。针对这些问题，厦门拆除“围墙”，推动行业系统所属单位主动融入属地中心任务和区域化党建工作，推进条块深度融合。

厦门市行政服务中心管委会与禾山街道党工委探索建立城市基层党建工作机制，共同推动党员思想工作联做、公益事业联办、社会治安联防、场地资源联用，建设省级志愿服务驿站示范点，发挥“政务心服务”党建品牌示范引领作用，开通绿色通道，推行容缺受理、延时服务、代办服务，推行周末轮班办事制度，460名进驻人员参与轮值，13个进驻单位113个事项实现“周末无休”，日均办件超过1000件，201个事项“一趟不用跑”，1282个事项“最多跑一趟”。

服务城市治理

周末的西山路万仕嘉园小区的党群活动室里十分热闹，趁着大家都在家，小区党支部召集党员开会，讨论小区下一步垃圾分类工作。万仕嘉园是个只有49户居民的小区，但在职党员数量较多。2017年6月21日，小区党员代表聚在坑内社区会议室里，共同见证万仕嘉园小区党支部的成立。

“工作8小时内履职在岗位，工作8小时外奉献在社区。”坑内社区党委书记石惠勤说，把党支部搬到小区，既推动基层党建，又打通社区治理“最后一百米”。

随着城市的高速建设发展，常住人口不断集聚，厦门每个社区面积达 1—2 平方公里，小区 5—15 个，人口 1 万—15 万人，党员数百人。社区党组织以传统的组织架构、人力物力和工作模式，难以对社区治理实施高效有力的集中领导。社区中的城市居民小区普遍存在业委会、物业服务公司、业主之间的矛盾纠纷，导致居民小区环境脏乱、公共设施破坏、公共利益受损、车辆停放无序、小纠纷引发大冲突等乱象，小区居民意见反映强烈。

为了推进社会治理，厦门将战斗堡垒直接建在居民小区、群众之中，带领群众依法管理基层社会事务，实现了党领导社会治理、依靠群众加强社会治理的良性互动。

在湖里区，492 家驻区机关事业单位、企业、社会组织党组织与小区党支部签订共建协议，认领小区服务项目 892 个，选派了 323 名社区居委会工作人员到小区上班，担任小区秘书，直接在一线、在家门口为小区居民服务。思明区运用“思明党员志愿服务”App 推动在职党员下社区、小区服务，App 注册人数达 6943 人，16677 人次参与服务，服务时长超过 2 万小时。

（《光明日报》2018-12-21）

厦门　小而美走向美而强

（庆祝改革开放 40 年·百城百县百企调研行）

《人民日报》记者　何　璐

一城春色半城花，万顷波涛拥海来。福建厦门，一座城在海上、海在城中的美丽城市。作为首批四个经济特区之一，改革开放 40 年来，厦门始终秉持“先行先试、敢为天下先”的精神，在经济、社会、生态等多个领域攻坚突破，为我国改革开放事业探索了鲜活的实践经验。

海风海浪依旧，旧貌已换新颜。如今，围绕经济发展高素质、生态环境高颜值的改革探索，厦门经济社会发展驶入了快车道：全市生产总值比 1978 年增长 280 倍，财政收入增长 817 倍，城市人口增加 300 万。探索开路、先行先试，作为改革开放和现代化建设的窗口，厦门正从“小而美”向“美而强”大步前行。

高素质——创新引领，构筑经济发展新高地

把 20 万片石墨烯薄膜叠加，只有一根头发丝厚，硬度却是钢铁的 200 倍，比钻石还坚硬。被称为“新材料之王”的石墨烯产业如今在厦门蓬勃发展。

走进厦门火炬石墨烯新材料公共技术服务平台，与石墨烯产业发展相关的专业实验室一应俱全。“目前，火炬高新区内聚集着 10 余家产业化石墨烯企业，全省过半数进入产业化阶段的石墨烯应用企业也都集中在此。”厦门火炬高新区经济发展处处长彭军锋介绍，“我们先后投入 5000 万元购入专业设备，打造公共技术服务平台，为厦门及周边地区企业提供技术检测、技术咨询和应用开发等服务。”

“石墨烯产业研发周期长、投入大，前期产品验证和后期市场开拓，都需要大量数据做支撑，但中小企业大量采购专业设备显然不现实。”朗纳科材料技术有限公司总经理吴霆仑说，“公共技术服务平台提供的科技服务解决了这一难题，极大降低了企业的研发成本。”

“如果把石墨烯领域的创新创业人才和企业比作‘种子’，那么，我们已经为他们准备好发展所需的阳光、土壤和水分。”厦门火炬高新区创新创业处处长倪杰表示，“我们为创新创业者提供政策、资金、服务，打造集产业链、创新链、人才链、服务链于一体的石墨烯创新创业生态。”

“石墨烯广阔的应用前景，成为火炬高新区推动产业转型升级的重要切入点。”彭军锋介绍，截至 2017 年，火炬高新区高新技术产业营收占工业总营收比例达到 84.9%，园区与石墨烯密切相关的新材料企业超 100 多家。

厦门坚持把创新驱动作为特区发展的生命线、经济结构调整和发展方式转变的中心环节，着力推进高素质创新创业之城建设。

2016 年，国务院批准厦门以火炬高新区为核心区建设福厦泉国家自主创新示范区厦门片区。两年来，厦门自创片区先行先试，率先推出 69 项创新事项，持续激发全社会创新主体活力和动力。目前，已有 63 项落地取得实效。截至 2018 年第一季度，厦门自创片区已累计新落地产业科技项目 236 个。如今，火炬高新区已成为一批国内甚至世界细分行业“单项冠军”企业的聚集地：人脸检测技术行业领先的美图、票据识别技术位居全球前列的商集……

率先在国内对标世界银行开展营商环境建设并形成具有自身特色的评估体系，率先推行“多规合一”并拓展应用于审批流程再造，率先形成知识产权综合保护体系……创办经济特区以来，厦门大胆实践、大胆突破，跑出特区发展的“厦门速度”：从 1981 年到 2017 年，全市生产总值年均递增 15.9%；实现了从以“三来一补”加工贸易为主的传统制造业，向以电子信息为主导的高新技术制造业和以软件信息、金融、商务等为主导的知识密集型服务业的转变。2017 年，厦门规模以上高新技术产业工业产值 4241 亿元，约占全市规模以上工业产值的 71%。

高颜值——生态环保，培育践行绿色新生活

早上7点多，家住湖里区翔鹭花城的孔春华提着两袋垃圾下楼，分别投放到绿色和橙色的垃圾桶内。对她来说，给垃圾分类已经习以为常。“开展垃圾分类以后，小区的苍蝇老鼠少了，环境变得越来越美。”孔春华说。

在厦门，已经有近2000个居民小区，像翔鹭花城一样推行了垃圾分类，占比超过86%。红橙蓝绿四色垃圾桶，承载着这座花园城市对生态文明的孜孜追求。

如今的筼筜湖碧波荡漾、白鹭翱翔，成为厦门高颜值的标志。而40多年前的筼筜湖是“臭名远扬”的“龙须沟”。

20世纪70年代，修堤围海造田，导致筼筜湖变成基本封闭的内湖，加之周边大量污水、垃圾直排湖区，造成筼筜湖水质急剧恶化。

1988年，时任厦门市委常委、常务副市长的习近平同志牵头，打响厦门治污的第一号硬仗——筼筜湖综合治理，明确提出了“依法治湖、截污处理、清淤筑岸、搞活水体、美化环境”的20字方针。从全面截污控源，定期清淤疏浚，到落实“西水东调”和建设城市公园、环湖步道等治理措施，历经30年的不懈治理，曾经的臭水湖蝶变为“城市绿肺”和“城市会客厅”。

“厦门蓝”是鹭岛一张亮丽的城市名片，也是厦门人最引以为豪的一抹色彩。厦门在全省率先实施《轻微污染天气应对办法》，AQI超过50即启动各部门联防联控的应对预案。

为了呵护山清、水绿、城美、天蓝的城市生态大环境，厦门数十年来努力作为，让“清新的蓝”“怡人的绿”成为厦门恒久的骄傲。

如今，厦门生态文明制度日趋健全，制定了《厦门市环境保护条例》等30余部生态环境和资源保护法规，还出台了生态文明体制改革行动方案，目前已形成48项改革成果。同时，厦门市全面推行生态文明建设“一票否决”，生态文明建设政绩考核权重提升到25%，并在全省生态环保目标责任考核中实现“三连冠”。

高品质——人文之美，厚植城市文明新底色

“弟子规，圣人训。首孝悌，次谨信……”每到周末，湖里区金安社区书院都会传来稚嫩的读书声，亲子国学课在这里举行。“80后”妈妈汪艳萍是亲子国学课的铁杆“粉丝”，一节课都不落。“国学教育让孩子变得更加知书达理，懂得感恩回报，社区书院已成了我们的精神家园。”汪艳萍说。

从2015年起，集学习教育、文体活动、群众议事和组织孵化于一体的社区书院在厦门岛内外6个区蓬勃兴起。“目前，厦门市已建成267家社区书院，覆盖全市过半社区。”市委宣传部副部长、市委文明办主任陈高润说，“社区书院除了是课堂，还是居民协商议事的平台、培育精神文明的载体，有力推动了基层宣传文化建设和社区治理创新，促进了文明城市与文明市民共同成长。”

文化是一座城市的魂，将文化嵌入城市发展，是提升城市文明程度和市民文明素质的重要一环。近年来，厦门以文化凝聚合力，深入践行社会主义核心价值观，传承闽南文化、红色文化、海洋文化等优秀传统文化，并推出一批市民熟悉的先进典型进行榜样引领，让文化的力量内化为文明自觉，常态长效。

“改革开放40年来，厦门坚守独特的城市核心气质，形成了深厚的文明底色和特有的城市精神。”陈高润说，老人摔倒众人扶、斑马线前礼让行人等文明行为已经内化为习惯，体现在举手投足之间。

如今在厦门，每天有近万名“微笑天使”活跃在大街小巷，他们虽身着不同的制服，却头戴一顶同样的“小黄帽”，倡导文明交通，确保安全出行。这一顶“小黄帽”也成为城市文明的标志性符号。

据“志愿厦门”平台统计，目前，厦门全市共有65万注册志愿者和3000支志愿团体，参与了超过1.4万个志愿项目。

“厦门的高颜值除了外在美，更体现在人文素养之美。在厦门，最美的风景是人。”汪艳萍的话语中满是自豪。

“厦门将继续从软件和硬件两方面着手，内外兼修，进一步提升颜值，让老百姓感到越来越美丽。”福建省委常委、厦门市委书记裴金佳说。

（《人民日报》2018-10-15）

“在厦门生活，就是一种幸福”

（壮阔东方潮　奋进新时代——庆祝改革开放40年）

《人民日报》编辑　董　乐

好友相聚，打开手机软件，自拍一张，一键变美……这样的场景，相信你一定不陌生。研发和推出这些“变美”软件的美图公司，就坐落于厦门市软件园。成立于2008年的美图是一家土生土长的厦门公司，也是一家以创新为核心的移动互联网公司，现已开发一系列专有技术，注册超过100项专利。

如今，新兴产业“独角兽”聚集现象，已是厦门一景。以美图公司、美亚柏科、亿联网络为首的一批创新型企业，成为各自领域的行业龙头。2017年全市软件和信息技术服务业产

值超过 1200 亿元。

近年来，厦门通过科技创新拓展产业链，加快发展高新技术产业和战略性新兴产业，培育新的经济增长点和增长动能。而在 40 年的改革开放进程中，作为东南沿海经济特区，厦门始终把握先行先试“试验田”的角色定位，发挥改革开放“排头兵”作用，实现了从海防前线到开放前沿的精彩转身。

改革开放，勇于创新体制机制

厦门湖里区兴隆路 23 号，一幢 6 层小楼。这里是厦门经济特区纪念馆，也曾是厦门经济特区管委会办公所在地。

“改革开放是厦门建设发展进步的力量与源泉。”在纪念馆一层展厅，讲解员陈燕玲每天都会向游客讲述厦门经济特区成长的点点滴滴，一张张黑白照片记录着改革开放前厦门的模样，“那时候的厦门，城市基础设施薄弱，市区面积仅 14 平方公里，咱们现在所处的位置还是成片的荒地。”

1980 年 10 月 7 日，国务院批复同意在厦门岛西北部的湖里地区划出 2.5 平方公里土地设置厦门经济特区。1981 年 10 月 15 日，随着平整厂房用地的一声炮响，厦门经济特区建设拉开序幕。

如何解决资金难题？“解放思想，对外开放！”厦门经济特区在大力推进“五通一平”和建设通用厂房的同时，率先探索举外债搞基建，向科威特政府贷款修建高崎国际机场；成立国内首家中外合资银行——厦门国际银行，率先开辟土地和劳动力市场与国际市场对接，开创招商引资多元化格局……一个个率先，彰显的是特区建设者“敢为天下先，爱拼才会赢”的闯劲和拼劲。

1986 年，厦门市委确定由时任市委常委、常务副市长习近平同志牵头，成立经济社会发展战略研究办公室，研究制定《1985 年—2000 年厦门经济社会发展战略》。“这是我国经济特区乃至所有地方政府中，最早编制的经济社会发展中长期战略规划。著名经济学家马洪当时评价，‘这个发展战略，对厦门经济特区制定长远规划、近期实施策略，具有指导意义。同时也为其他地区制定区域性发展战略，提供了有益经验。’”厦门市委副秘书长、政策研究室主任庄荣良说，“正是因为敢于打破常规、先行先试，厦门以创造性的实践，为我国改革开放事业提供了可资借鉴的经验和做法。”

率先在国内对标世界银行开展营商环境建设并形成具有自身特色的评估体系，率先推行“多规合一”并拓展应用于审批流程再造，率先形成知识产权综合保护体系，率先构建保障性住房政策体系，率先全面推行城市生活垃圾分类处理，率先开展城市公共文明地方立法……厦门经济特区秉持“先行先试、敢为天下先”的精神，以时不我待的机遇意识，勇于创新体制机制，持续在重点领域和关键环节攻坚突破，开展了一系列生动实践。

“厦门经济特区从一开始就是改革开放的产物，始终担负着我国改革开放事业探路者的角色。”庄荣良这样认为。

挺立潮头，跑出特区发展“厦门速度”

在繁忙的福建自贸试验区厦门片区东渡港区，每天都有大大小小的集装箱车穿梭往来。过去，集装箱车通过码头闸口，全部流程要依靠人力完成，车队常常因为等待调度排起长龙。

“现在，借助集装箱智慧物流平台，全港物流信息实现无缝连接，司机只需扫码，车号、箱号、箱况、重量等信息就会被一一采集，随后码头闸口系统自动识别、自动放行，并为司机‘指路’。”厦门自贸片区管委会政策法规局局长代斌介绍，“据测算，集装箱智慧物流平台将每辆车的通过时间由原来的 96 秒压缩到 26 秒，预计每年可为港口物流生态圈参与方减少成本 1.28 亿元。”2017 年，厦门港集装箱吞吐量突破千万标箱，全球排名升至第十四位。

挂牌仅 3 年的厦门自贸片区，担当着新一轮改革开放的先锋队、排头兵。今年 5 月，国务院批准印发全国自贸试验区第四批可复制推广的 30 项改革试点经验，其中有 10 项属于厦门自贸片区首创。

“厦门自贸片区因改革而兴，因改革而强，成立 3 年来，累计集成推出 343 项创新举措，其中 49 项属于全国首创、256 项已经在厦门全市复制推广，自贸区改革开放试验平台的作用进一步凸显。”厦门自贸片区管委会党工委书记、常务副主任熊衍良表示，“创新是经济特区发展的灵魂。我们在商事登记、国际贸易‘单一窗口’、多规合一、审批制度等方面进一步探索创新，以开放促改革，推动营商环境不断优化，并带动全市改善营商环境。”

“前不久，根据第三方参照世界银行标准开展的模拟评估，2017 年度厦门营商环境全球排名大幅提升，企业有了更多更真切的获得感。”厦门市发改委副主任傅如荣介绍。

创办经济特区以来，厦门大胆实践、大胆突破，跑出特区发展的“厦门速度”：从 1981 年到 2017 年，全市生产总值由 7.41 亿元跃升至 4351.18 亿元，年均递增 15.9%；财政收入由 1.95 亿元跃升到 1187.29 亿元，年均递增 19.7%。

绿色发展，天更蓝地更绿水更清

厦门，又称鹭岛。白鹭是厦门的标志，筼筜湖则被誉为厦门的“城市会客厅”。如今的筼筜湖碧波荡漾、白鹭齐飞，成为厦门高颜值的标志。不过老厦门人都知道，在过去近半个世纪时间里，这个由上世纪 70 年代围海造田形成的内湖，实际经历过由清而浊、由浊到污、再由污到清的变化过程。

“那时候，人在湖边走，臭气熏天。”61 岁的万阿敏是土生土长的厦门人，在她的记忆中，40 多年前的筼筜湖是“臭名远扬”的“龙须沟”。

1988 年，时任厦门市委常委、常务副市长的习近平同志牵头，打响厦门治污的第一号硬仗——筼筜湖综合治理，明确提出了“依法治湖、截污处理、清淤筑岸、搞活水体、美化环境”的 20 字方针。此后，筼筜湖先后经历 4 期大规模综合整治。现在，环湖面积达到 2.6 平方公里，水质的大部分指标达到或优于海水水质四类标准，部分指标达三类标准。

发展经济绝不能以牺牲环境为代价，筼筜湖的治理成效，是厦门长期以来重视生态环境保护的一个缩影。多年来，厦门在生态保护、生态治理中形成的众多成功经验在全省乃至全国推广。联合国开发计划署（UNDP）曾高度评价厦门的海域生态修复工作，并将其作为东亚海域污染防治管理示范区的示范工程，在全球推广示范。2014 年，厦门划定 981 平方公里的陆域生态控制线，占国土面积的 57.6%，纳入全市“多规合一”业务管理平台，作为规划审批管理的依据；同时出台生态控制线管理实施规定，使生态保护固定在“一张蓝图”上，为保障城市生态安全明确了底线。2016 年，厦门获得“全国生态市”称号，成为福建省首个获此殊荣的城市。

“厦门的天更蓝地更绿水更清了。”万阿敏感慨道，“这让我们感觉到生活更加美好。”

补齐短板，改革红利普惠民生

“以前碰上难度大的手术，总想着去北上广的大医院，不仅增加经济负担，路上还有不少风险。现在好了，在家门口就能接受上海顶级专家的治疗。”在复旦中山厦门医院顺利完成巨大腹主动脉瘤的腔内微创治疗后，72 岁的厦门市民蔡民强满怀感激。

近年来，厦门市卫生事业快速发展，医疗水平进一步提高，但解决危重症和疑难病的能力还有待提升，优质医疗资源缺乏的问题依然存在。复旦中山厦门医院，正是厦门为补齐医疗短板而建设的一家医院。

“现在我每周在上海总部只待一天，工作重心都放在厦门。”王利新，上海中山医院血管外科副主任医师，如今也是复旦中山厦门医院血管外科执行副主任，“总部共派遣约 110 名资深专家常驻厦门，其中不少是国内‘一号难求’的大牌专家。同时总部的科室主任每月至少来厦门一次，为患者实施手术和看诊——他们同时兼任着复旦中山厦门医院的科室主任，让厦门市民能够得到更多高质量的医疗服务。”

“多谋民生之利，多解民生之忧”，厦门统筹做好“就业、就学、医、食、住、行”六件民生大事。如今，厦门已经实现城乡一体的医疗保险全覆盖，建立了城乡一体的基本养老保险制度；建立了覆盖全体市民、分层次保障的住房保障体系；城乡水、电、气、公交、有线电视等 8 种产品实现同城同价；全市 6 个行政区均高分通过“义务教育发展基本均衡区”国家评估认定，在福建省率先实现市域范围的义务教育基本均衡发展……一件件民生实事，让生活在厦门的百姓共享发展成果，更感受到这座城市的温馨与幸福。

“在厦门生活，就是一种幸福。”蔡民强的话道出了许多厦门人的心声，这也是他们对厦门一份独特的情感。

（《人民日报》2018-6-23）

2018年厦门市命名的新地名

新命名道路199条

1. 云顶西路（Yúndǐng Xīlù）Yunding West Rd 莲前西路南，西起西林东路，东至云顶中路。长630米，宽24米。

2. 马浦路（Mǎpǔ Lù）Mapu Rd 北起后浦悦华路，经马垄、后浦，南至湖里大道。长320米，宽4米。

3. 石头皮山路（Shítóupíshān Lù）Shitoupishan Rd 西起石头皮山，经塘边、石头皮山，东至嘉禾路。长460米，宽12米。

4. 屿北路（Yúběi Lù）Yubei Rd 屿北一路屿南一路间，西起象兴四路，东至长岸路。长270米，宽18米。

5. 虎屿北路（Hǔyǔ Běilù）Huyu North Rd 南起虎屿路，经港中路、象兴四路，东至长岸路。长600米，宽32米。

6. 华昌西路（Huáchāng Xīlù）Huachang West Rd 华昌路西，南起兴隆路，北至华昌西三路。长500米，宽12米。

7. 华昌西二路（Huáchāng Xī 2 Lù）Huachang West 2nd Rd 湖里大道北，西起华昌西路，东至华昌路。长200米，宽12米。

8. 华昌西三路（Huáchāng Xī 3 Lù）Huachang West 3rd Rd 悦华路南，西起长岸路路，东至华昌路。长300米，宽12米。

9. 枋湖西五路（Fǎnghú Xī 5 Lù）Fanghu West 5th Rd 成功大道东，北起枋湖路，南至枋湖南路。长300米，宽12米。

10. 围里北路（Wéilǐ Běilù）Weili North Rd 围里路北，西起坂尚路，东至云顶北路。长850米，宽12米。

11. 县围路（Xiànwéi Lù）Xianwei Rd 云顶北路系，南起县后社北，经围里路，北至岐山北路。长580米，宽18米。

12. 安宅路（Anzhái Lù）Anzhai Rd 北起安兜中路，经安兜，南至安岭路后宅山。长300米，宽12米。

13. 钟宅中路（Zhōngzhái Zhōnglù）Zhongzhai Middle Rd 北起钟宅路钟岭路，经钟宅村中部，南至五缘湾道。长1200米，宽10米。

14. 钟宅西路（Zhōngzhái Xīlù）Zhongzhai West Rd 钟宅中路西，北起钟宅路，南至钟宅南路。长600米，宽14米。

15. 钟宅南路（Zhōngzhái Nánlù）Zhongzhai South Rd 钟宅南部，西起金山路钟智西三路，东至五缘湾道。长700米，宽米，宽30米。

16. 钟宅南一路（Zhōngzhái Nán 1 lù）Zhon g zhai South 1st Rd 钟宅南路南，西起金山路，东至钟宅东路。长300米，宽9米。

17. 华泰路（Huátài Lù）Huatai Rd 北起华泰路南山路叉口，南至仙岳山脚；原华泰路延伸。长200米，宽4米。

18. 华泰东路（Huátài Dōnglù）Huatai East Rd 华泰路东，北起南山路，南至仙岳山南山公寓。长300米，宽4米。

19. 东渡牛头山路（Dōngdù Niútóushān Lù）Dongdu Niutoushan Rd 海沧大桥引桥南，西起东港路，经牛头山，东至东渡路。长700米，宽18米。

20. 金林路（Jīnlín Lù）Jinlin Rd 北起金钟路原金林路，南至马厝；原金林路延伸。长470米，宽12米。

21. 环岛北路（Huándǎo Běilù）Island Ring North Blvd 厦门岛北部，高崎道赤山坪路间，西起厦门大桥，东至集美大桥。长5500米，宽30米。

22. 花屿东路（Huāyǔ Dōnglù）Huayu East Rd 北起集美大桥，经花屿路东，南至枋钟路五缘西五路。长2000米，宽18米。

23. 浦口北路（Púkǒu Běilù）Pukou North Rd 浦口社北，西起环岛东路，东至海边。长500米，宽6米。

24. 店里路（Diànlǐ Lù）Dianli Rd 南起店里五通路，北至环岛东路。长920米，宽12米。

25. 西头路（Xītóu Lù）Xitou Rd 店里路东南，西南起环岛干道，经西头社，东北至环岛东路。长1300米，宽12米。

26. 雍厝路（Yōngcuò Lù）Yon g cuo Rd 海沧信息产业园角嵩路北，西起海沧南大道，经雍厝社，东至南海路。长1500米，宽24米。

27. 雍厝南路（Yōngcuò Nánlù）Yon g cuo South Rd 雍厝路南，西起海沧南大道，经雍厝社南，东至南海路。长1200米，宽24米。

28. 大埕南路（Dàchéng Nánlù）Dacheng South Rd 囷瑶村大埕社南，雍厝路北，西起双埕路，东至龙潜路。长600米，宽24米。

29. 大埕北路（Dàchéng Běilù）Dacheng North Rd 大埕社北，后山尾路南，西起双埕路，东至龙潜路。长600米，宽24米。

30. 大埕东路（Dàchéng Dōnglù）Dacheng East Rd 大埕社东，南海二路东，南起大埕南路，北至大埕北路。长300米，宽24米。

31. 大埕西路（Dàchéng Xīlù）Dacheng West Rd 大埕社西，南海二路西，南起大埕南路，北至大埕北路。长300米，宽24米。

32. 后山尾路（Hòushānwěi Lù）Houshanwei Rd 南海三路南海四路间，西起海沧南大道，经囷瑶后山尾社，东至南海路。长1400米，宽12米。

33. 后山尾北路（Hòushānwěi Běilù）Houshanwei Nouth Rd 后山尾路北，西起海沧南大道，东至南海路。长1400米，宽24米。

34. 洪坪路（Hóngpíng Lù）Hongping Rd 南海三路马青路间，西起海沧南大道，经洪坑、坪埕社，东至南海路。长1500米，宽24米。

35. 洪坪南路（Hóngpíng Nánlù）Hongping South Rd 洪坪路南，西起海沧南大道，东至南海路。长1500米，宽12米。

36. 洪坪北路（Hóngpíng Běilù）Hongping North Rd 洪坪路北，西起南海五路，东至南海路。长850米，宽12米。

37. 双埕路（Shuāngchéng Lù）Shuangcheng Rd 南海二路西，南起角嵩路，经大埕、坪埕，北至马青路。长2000米，宽24米。

38. 双埕西路（Shuāngchéng Xīlù）Shuangcheng West Rd 双埕路西，南起角嵩路，北至洪坪路。长1600米，宽24米。

39. 宁店路（Níngdiàn Lù）N í n g dian Rd 南海路西，南起角嵩路，经温厝宁店社，北至马青路。长2000米，宽24米。

40. 宁店东路（Níngdiàn Dōnglù）N í ngdian East Rd 宁店路东，南起角嵩路，北至马青路。长2000米，宽24米。

41. 洪坑路（Hóngkēng Lù）Hongkeng Rd 海农洪坑村腾龙芳烃厂区，南海路西，南起洪坪南路国，北至马青路。长700米，宽12米。

42. 凤美大道（Fèngměi Dàdào）Fen g mei Ave 沈海高速南，西起324国道孚莲东路，经凤山社区，东至前场物流园灌新路。长3300米，宽40米。

43. 凤美南路（Fèngměi Nánlù）Fen g mei South Rd 南起海翔大道，北至东孚大道凤美路。长1580米，宽40米。

44. 贞岱北路（Zhēndài Běilù）Zhendai North Rd 贞岱村北，凤美大道南，西起新324国道，东至灌新路。长3480米，宽32米。

45. 龙井路（Lóngjǐng Lù）Longjing Rd 南起凤美大道，经洪塘村龙井社，北至东孚大道。长520米，宽30米。

46. 龙井东路（Lóngjǐng Dōnglù）Longjing East Rd 凤美大道北，西起龙井路，东至深青南路。长1600米，宽16米。

47. 龙井东二路（Lóngjǐng Dōng 2 lù）Longjing East 2nd Rd 龙井路东，南起凤美大道，北至东孚大道。长500米，宽16米。

48. 龙井南路（Lóngjǐng Nánlù）Longjing South Rd 龙井社南，南起贞岱北路，北至凤美大道。长400米，宽24米。

49. 海虹二路（Hǎihóng 2 Lù）Haihong 2nd Rd 马青路沧虹路间，西起海裕路，经石塘立交桥下，东接马青路海虹路。长1400米，宽24米。

50. 海虹三路（Hǎihóng 3 Lù）Haihong 3rd Rd 金龙商城与海尔总部间，南起沧虹路，北至海虹二路。长200米，宽12米。

51. 大屏山南二路（Dàpíngshān Nán 2 Lù）Dapingshan South 2nd Rd 西起大屏山南路，经海沧大桥西引桥，东接海沧大道。长800米，宽12米。

52. 沧屏东路（Cāngpíng Dōnglù）Cangping East Rd 石塘东坑社沧屏路东，南起海沧大道，北至大屏山南路。长800米，宽12米。

53. 三魁岭路（Sānkuílǐng Lù）Sankuiling Rd 南起石塘村马青路，经三魁岭水库、天龙寺，拐东南接马青路。长1600米，宽12米。

54. 大屏山路（Dàpíngshān Lù）Dapingshan Rd 海虹路北，西起马青路海虹路，东接大屏山雷达站。长6000米，宽5米。

55. 渐美路（Jiànměi Lù）Jianmei Rd 兴港路海景路间，南起南海三路，经渐美村、兴港一里，北拐东接兴港路。长4700米，宽24米。

56. 兴港二路（Xīnggǎng 2 Lù）Xinggang 2nd Rd 兴港路西，南起南海三路，经兴港一里兴港二里，北至渐美路。长1400米，宽18米。

57. 垅仔路（Lǒngzǐ Lù）Longzi Rd 公安干校东，南起马青路，经石塘垅仔，北至蔡尖尾山牛公岭。长1600米，宽12米。

58. 寨湖山路（Zhàihúshān Lù）Zhaihushan Rd 钟山社区蔡尖尾山公园，南起马青路，经寨湖山南麓，拐东南接垅仔路。长700米，宽12米。

59. 西坑内路（Xīkēngnèi Lù）Xikengnei Rd 南起马青路钟山变电站，北至钟山西坑内。长1000米，宽12米。

60. 龙湫庵路（Lóngqiū'ān Lù）Longqiu'an Rd 南起马青路青礁慈济祖宫、医药博物馆，经龙湫庵，北至保生大帝雕像。长2000米，宽12米。

61. 园博南路（Yuánbó Nánlù）Yuanbo South Rd 杏林街道园博园南部，西起杏锦路，东至园博大道。长1200米，宽28米。

62. 园博路（Yuánbó Lù）Yuanbo Rd 园博园内，杏锦路东，南起集杏海堤，北至杏林湾路。长2800米，宽12米。

63. 园博二路（Yuánbó 2 Lù）Yuanbo 2nd Rd 园博园西部，西起杏锦路，东至园博路。长240米，宽12米。

64. 园博三路（Yuánbó 3 Lù）Yuanbo 3rd Rd 园博二路北，西起杏锦路，经过园博路东至步行道边。长350米，宽12米。

65. 园博四路（Yuánbó 4 Lù）Yuanbo 4th Rd 园博三路北，西起杏锦路，经过园博路东至步行道边。长350米，宽12米。

66. 园博北路（Yuánbó Běilù）Yuanbo North Rd 园博园北部，西起杏锦路，东至立德路。长3000米，宽16米。

67. 园博北二路（Yuánbó Běi 2 Lù）Yuanbo North 2nd Rd 园博北路北，西起杏锦路，东至园博路。长200米，宽12米。

68. 滨水东路（Bīnshuǐ Dōnglù）Binshui East Rd 西北起侨英街道滨水路，南至高速连接线滨水小区引道。长1000米，宽18米。

69. 滨水东二路（Bīnshuǐ Dōng 2 Lù）Binshui East 2nd Rd 侨英街道滨水东三路北，西起滨水路，东至滨水东路。长120米，宽18米。

70. 滨水东三路（Bīnshuǐ Dōng 3 Lù）Binshui East 3rd Rd 滨水东二路南，西起滨水路，东北至高速连接线滨水小区引道。长200米，宽18米。

71. 滨水中路（Bīnshuǐ Zhōnglù）Binshui Middle Rd 南起滨水中二路，经滨水路中段，北至集美大道。长840米，宽24米。

72. 滨水中二路（Bīnshuǐ Zhōng 2 Lù）Binshui Middle 2nd Rd 西起滨水路，东拐北至集美大道。长1400米，宽22米。

73. 滨水中三路（Bīnshuǐ Zhōng 3 Lù）Binshui Middle 3rd Rd 西起滨水中二路，向东拐北至集美大道。长1800米，宽22米。

74. 滨水中四路（Bīnshuǐ Zhōng 4 Lù）Binshui Middle 4th Rd 滨水路北，西起杏林湾路，东至滨水中二路。长 600 米，宽 22 米。

75. 滨水中五路（Bīnshuǐ Zhōng 5 Lù）Binshui Middle 5th Rd 滨水中二路东，南起滨水中三路，北至集美大道。长 270 米，宽 16 米。

76. 滨水中六路（Bīnshuǐ Zhōng 6 Lù）Binshui Middle 6th Rd 滨水中五路东，南起滨水中三路，北至集美大道。长 270 米，宽 16 米。

77. 滨水中七路（Bīnshuǐ Zhōng 7 Lù）Binshui Middle 7th Rd 滨水中六路东，南起滨水路，北至集美大道。长 130 米，宽 24 米。

78. 滨水中八路（Bīnshuǐ Zhōng 8 Lù）Binshui Middle 8th Rd 滨水中七路东，南起滨水路，北至集美大道。长 180 米，宽 18 米。

79. 滨水中九路（Bīnshuǐ Zhōng 9 Lù）Binshui Middle 9th Rd 滨水中八路东，南起滨水路，北至集美大道。长 240 米，宽 24 米。

80. 滨水北路（Bīnshuǐ Běilù）Binshui North Rd 后溪镇滨水路北段，东南起自集美大道，北至海翔大道。长 2000 米，宽 16 米。

81. 滨水北二路（Bīnshuǐ Běi 2 Lù）Binshui North 2nd Rd 诚毅南路北，西起滨水北路，北至集美大道。长 480 米，宽 18 米。

82. 滨水北三路（Bīnshuǐ Běi 3 Lù）Binshui North 3rd Rd 后溪镇滨水北四路北，西起滨水路，北至集美大道。长 260 米，宽 18 米。

83. 滨水北四路（Bīnshuǐ Běi 4 Lù）Binshui North 4th Rd 后溪镇杏林湾路北，西起滨水路，北至集美大道。长 260 米，宽 18 米。

84. 白石二路（Báishí 2 Lù）Baishi 2nd Rd 后溪镇内，西起集美大道，东至白石东路。长 700 米，宽 22 米。

85. 白石三路（Báishí 3 Lù）Baishi 3rd Rd 西起集美大道，东至白石东路。长 750 米，宽 22 米。

86. 白石东路（Báishí Dōnglù）Baishi East Rd 后溪镇内，南起兑山西路，北至海翔大道。长 1600 米，宽 28 米。

87. 东英南路（Dōngyīng Nánlù）Dongying South Rd 后溪镇东英路南，西北起东英路，东至兑英东路东。长 1440 米，宽 12 米。

88. 兑英北路（Duìyīng Běilù）Duiying North Rd 后溪镇兑英路北，西起白石东路，东至兑英中路。长 530 米，宽 12 米。

89. 兑英南路（Duìyīng Nánlù）Duiying South Rd 后溪镇侨英街道兑英路南，西起集美大道，东至孙坂南路。长 1900 米，宽 16 米。

90. 兑英西路（Duìyīng Xīlù）Duiying West Rd 兑英中路西，南起兑山兑山西路，跨兑山、英村，北至英村东英路。长 900 米，宽 18 米。

91. 兑英东路（Duìyīng Dōnglù）Duiying East Rd 兑英中路东，南起兑山西路，北至东英路。长 950 米，宽 28 米。

92. 兑英中路（Duìyīng Zhōnglù）Duiying Middle Rd 兑英西路、东路间，南起兑山西路，北至东英路。长 900 米，宽 28 米。

93. 兑山西珩路（Duìshān Xīhéng Lù）Duishan Xiheng Rd 侨英街道兑山西珩社，西起集美大道，东至孙坂南路。长 1700 米，宽 12 米。

94. 龙荷路（Lónghé Lù）Longhe Rd 在侨英街道龙荷里南，西起白石路，东至兑英中路。长 600 米，宽 18 米。

95. 浦林东路（Pǔlín Dōnglù）Pulin East Rd 灌口镇浦林村东，南起海翔大道，北至井前路。长 2000 米，宽 28 米。

96. 浦林中路（Pǔlín Zhōnglù）Pulin Middle Rd 灌口镇浦林村中段，西起杜岱东路，东至浦林东路。长 400 米，宽 16 米。

97. 井浦路（Jǐngpǔ Lù）Jingpu Rd 西起灌口镇灌新路，经井城、浦林，东至浦林东路。长 3000 米，宽 22 米。

98. 井前路（Jǐngqián Lù）Jingqian Rd 灌口镇、杏滨街道内，西起灌新路，经井城、前场，东至杏前路。长 4200 米，宽 40 米。

99. 前场路（Qiánchǎng Lù）Qianchang Rd 灌口镇、杏滨街道内，旧属前场保，西起井城路，东至海翔大道、杏美路。长 4000 米，宽 36 米。

100. 杜岱东路（Dùdài Dōnglù）Dudai East Rd 灌口镇杜岱社东，南起前场路，北至井浦路。长 400 米，宽 18 米。

101. 杜岱西路（Dùdài Xīlù）Dudai West Rd 杜岱社西，南起海翔大道，北至井浦路。长 650 米，宽 20 米。

102. 井城路（Jǐngchéng Lù）Jingcheng Rd 井城村灌新路东，南起海翔大道，北至井前路。长 1300 米，宽 36 米。

103. 井城二路（Jǐngchéng 2 Lù）Jingcheng 2nd Rd 井浦路北，西起灌新路，东至井前路。长 1400 米，宽 22 米。

104. 井城三路（Jǐngchéng 3 Lù）Jingcheng 3rd Rd 灌新路东，北起井前路，东至井城二路。长 360 米，宽 18 米。

105. 柿树路（Shìshù Lù）Shishu Rd 西起蒲林东路，经前场柿树，东南至前场路。长 1100 米，宽 18 米。

106. 柿树二路（Shìshù 2 Lù）Shishu 2nd Rd 柿树路东，西北起井前路，东南至杏前路。长 650 米，宽 18 米。

107. 林美外二路（Línměiwài 2 Lù）Linmeiwai 2nd Rd 林美外路北，东南起凤南路，西北至凤南农场后坂村林美外。长 600 米，宽 12 米。

108. 美社路（Měishè Lù）Meishe Rd 西起同集中路洪塘头北路叉口，东至滨海西大道，美峰四里、美峰五里之间。长 960 米，宽 30 米。

109. 美霞路（Měixiá Lù）Meixia Rd 西吴路南，西起同集中路，东至滨海西大道。长 800 米，宽米，宽 30 米。

110. 美林路（Měilín Lù）Meilin Rd 旧属美林大队，美山路滨海西大道间，南起规划路洪霞北路，北至潘涂南路。长 1460 米，宽 24 米。

111. 美峰中路（Měifēng Zhōnglù）Meifeng Middle Rd 美峰南路北路间，西起同集中路，东至滨海西大道。长 1000 米，宽 24 米。

112. 美峰南路（Měifēng Nánlù）Meifeng South Rd 美峰中路南，西起同集中路，东至滨海西大道。长 1180 米，宽 30 米。

113. 美峰北路（Měifēng Běilù）Meifeng North Rd 美峰中路北，西起同集中路，东至滨海西大道。长 1100 米，宽 24 米。

114. 美峰一路（Měifēng 1 Lù）Meifeng 1st Rd 旧属美峰大队，美峰生态园内，南起美峰南路，北至美峰中路。长 330 米，宽 12 米。

115. 美峰二路（Měifēng 2 Lù）Meifeng 2nd Rd 旧属美峰大队，规划路美峰路北，西起美山道，东至美峰一路。长 240 米，宽 12 米。

116. 西柯浦头街（Xīkē Pǔtóu Jiē）Xike Putou St 西柯浦头南路南，西起西柯街，经西柯浦头村，东至滨海西大道。长 740 米，宽 24 米。

117. 官浔东路（Guānxún Dōnglù）Guanxun East Rd 官浔村东部，美溪道西，南起西洲路，北至通福路。长 1000 米，宽 24 米。

118. 潘美路（Pānměi Lù）Panmei Rd 海翔大道南，东起同集中路，经美星村、潘涂耕地，西至美禾十路南。长 2300 米，宽 12 米。

119. 豪山路（Háoshān Lù）Haoshan Rd 禾山别称豪山，西起豪岩隧道，经禾山村，东至同安大道集隆路。长 2000 米，宽 30 米。

120. 梅山二路（Méishān 2 Lù）Meishan 2nd Rd 南起梅山路，北至五显路、影视城。长 300 米，宽 12 米。

121. 东山西路（Dōngshān Xīlù）Dongshan West Rd 东山路西，南起北门路，北至规划路田洋路。长 1400 米，宽 12 米。

122. 双圳头路（Shuāngzhèntóu Lù）Shuan g zhentou Rd 西起朝元路，东至东山西路，双圳头西。长 200 米，宽 8 米。

123. 岳口路（Yuèkǒu Lù）Yuekou Rd 南起凤山路，经碧岳岳口里，北至岳东路。长 950 米，宽 12 米。

124. 兴店路（Xīngdiàn Lù）Xingdian Rd 大店社同明路东，南起梧侣路，北至大店街。长 270 米，宽 10 米。

125. 兴店东路（Xīngdiàn Dōnglù）Xingdian East Rd 兴店路东，南起梧侣路，北至梧侣大店街。长 200 米，宽 10 米。

126. 兴店南路（Xīngdiàn Nánlù）Xingdian South Rd 大店街南，西起同辉路，东至兴店东路。长 500 米，宽 10 米。

127. 岗头北路（Gǎngtóu Běilù）Gangtou North Rd 同盛北路东，凤岗岗头里北，南起凤祥路，北至银湖西路。长 250 米，宽 12 米。

128. 布塘北路（Bùtáng Běilù）Butang North Rd 五显镇同翔高新技术园区布塘路北，西起滨海东大道，东至同翔大道。长 3500 米，宽 24 米。

129. 布塘南路（Bùtáng Nánlù）Butang South Rd 同翔高新技术园区布塘中路南，西起滨海西大道，东至同翔大道。长 3000 米，宽 24 米。

130. 布塘路（Bùtáng Lù）Butang Rd 南起龙泉洪塘路，经布塘村，北至五显路。长 3300 米，宽 24 米。

131. 布塘赵厝南路（BùtángZhàocuò Nánlù）Butang Zhaocuo South Rd 布塘赵厝里南，西起银鹭大道，东至马塘路。长 300 米，宽 16 米。

132. 洪塘东路（Hóngtáng Dōnglù）Hongtang East Rd 南起沈海高速翔安西路叉口，经洪塘路东段，北至新圩镇界新曦西路。长 3800 米，宽 20 米。

133. 同安大道（Tóng'ān Dàdào）Tong'an Blvd 南起海翔大道，东北至五显镇滨海东大道；白云大道更名。长 20000 米，宽 50 米。

134. 苏颂大道（Sūsòng Dàdào）Susong Ave 西起凤南农场后溪大道，经苏厝，东至翔安大道同禾大道叉口；纪念苏颂，同安大道更名。长 19000 米，宽 50 米。

135. 洪垵路（Hóng'ān Lù）Hong'an Rd 旧属洪垵保，马巷海翔大道西，南起翔海路，北至垵边路。长 2000 米，宽 40 米。

136. 新莲三路（Xīnlián 3 Lù）Xinlian 3rd Rd 新莲二路东，北起祥福路，经新莲三里，南至新莲路。长 500 米，宽 7 米。

137. 祇园路（Qíyuán Lù）Qiyuan Rd 国家会计学院北，东南起云顶南路，西北至祇园寺。长 800 米，宽 7 米。

138. 牛头山北路（Niútóushān Běilù）Niutoushan North Rd 牛头山北，西起东港路，东至东渡路。长 800 米，宽 8 米。

139. 海山西路（Hǎishān Xīlù）Haishan West Rd 海山路西，南起海山路，北至金鼎路。长 200 米，宽 12 米。

140. 华昌东路（Huáchāng Dōnglù）Huachang East Rd 兴隆路北，东起华盛路，西至华昌。长 400 米，宽 8 米。

141. 华昌东二路（Huáchāng Dōng 2 Lù）Huachang East 2nd Rd 湖里大道北，东起华盛路，西至华昌路。长 350 米，宽 7 米。

142. 华昌东三路（Huáchāng Dōng 3 Lù）Huachang East 3rd Rd 华昌路东，南起湖里大道，北至华昌东二路。长 200 米，宽 7 米。

143. 华昌东四路（Huáchāng Dōng 4 Lù）Huachang East 4th Rd 华昌东三路东，南起湖里大道，北至华昌东二路。长 200 米，宽 7 米。

144. 昌鸿二路（Chānghóng 2 Lù）Changhong 2nd Rd 华昌路东，南起昌滨路，北至兴湖路。长 200 米，宽 7 米。

145. 和悦西路（Héyuè Xīlù）Heyue West Rd 和悦路西，南起悦华路，北至昌滨路。长 200 米，宽 5 米。

146. 华泰北路（Huátài Běilù）Huatai North Rd 华泰路北，西起华泰西路，拐南至湖里大道。长 800 米，宽 7 米。

147. 悦华南路（Yuèhuá Nánlù）Yuehua South Rd 悦华路以南，西起华泰西路，东至华荣路。长 530 米，宽 7 米。

148. 塘边东路（Tángbiān Dōnglù）Tangbian East Rd 塘边村东部，东起嘉禾路，西至石头皮山路南滑冰场。长 360 米，宽 6 米。

149. 塘边西路（Tángbiān Xīlù）Tangbian West Rd 塘边村邮政局西，西起兴隆路，东至居委会。长 200 米，宽 6 米。

150. 华光东路（Huáguāng Dōnglù）Huaguang East Rd 华光路以东，北起悦华路后浦戏台，南至湖里大道清洁楼。长 450 米，宽 4 米。

151. 华光西二路（Huáguāng Xī 2 Lù）Huaguang West 2nd Rd 悦华路北，西起华光西路，东至华光路。长 200 米，宽 12 米。

152. 后浦路（Hòupǔ Lù）Houpu Rd 西起华光东路后浦清洁楼，拐北至悦华路。长 290 米，宽 4 米。

153. 五通西路（Wǔtōng Xīlù）Wutong West Rd 五通路西，南起思明下堡路，北至西头路。长 1800 米，宽 8 米。

154. 金山西二路（Jīnshān Xī 2 Lù）Jinshan West 2nd Rd 西起金尚路祥店路，拐北接金山西路。长 400 米，宽 8 米。

155. 金山西四路（Jīnshān Xī 4 Lù）Jinshan West 4th Rd 金山西路北，东起云顶北路，西至枋湖东路。长 318 米，宽 8 米。

156. 金山西五路（Jīnshān Xī 5 Lù）Jinshan West 5th Rd 金山西六路东，南起金山西路，北至金山西四路。长 250 米，宽 8 米。

157. 金山西六路（Jīnshān Xī 6 Lù）Jinshan West 6th Rd 枋湖东路东，南起金山西路，北至金山西四路。长 250 米，宽 8 米。

158. 沧凤路（Cāngfèng Lù）Cangfeng Rd 东屿东路东，南起海沧大道，北至东屿北路。长 550 米，宽 24 米。

159. 沧梧路（Cāngwú Lù）Cangwu Rd 东屿西路西，南起海沧大道，北至滨湖路。长 300 米，宽 15 米。

160. 沧桐路（Cāngtóng Lù）Cangtong Rd 沧梧路西，南起海沧大道，北至滨湖路。长 300 米，宽 15 米。

161. 东屿路（Dōngyǔ Lù）Dongyu Rd 东屿西路、东路间，南起海沧大道，北至海沧湖。长 700 米，宽 15 米。

162. 东屿东路（Dōngyǔ Dōnglù）Dongyu East Rd 东屿路东，南起海沧大道，北至海沧湖。长 700 米，宽 15 米。

163. 东屿西路（Dōngyǔ Xīlù）Dongyu West Rd 东屿路西，南起海沧大道，北至东屿北路。长 500 米，宽 15 米。

164. 东屿北路（Dōngyǔ Běilù）Dongyu North Rd 滨湖路北，西起东屿西路，东北至滨湖北路海裕路。长 1500 米，宽 15 米。

165. 东屿南路（Dōngyǔ Nánlù）Dongyu South Rd 东屿村南，滨湖路北，西起沧桐路，东至沧凤路。长 1000 米，宽 15 米。

166. 长屿路（Chángyǔ Lù）Changyu Rd 沧凤路北，西起滨湖路，经长屿，东至海沧大道。长 300 米，宽 15 米。

167. 孚安路（Fú'ān Lù）Fu'an Rd 东孚西二路南，西起孚莲路，东至新安海沧北大道。长 2000 米，宽 24 米。

168. 孚中央西路（Fúzhōngyāng Xīlù）Fuzhongyang West Rd 孚中央路西，南起翁角路，北至东孚西二路。长 550 米，宽 15 米。

169. 孚中央东路（Fúzhōngyāng Dōnglù）Fuzhongyang East Rd 孚中央路东，南起翁角路，北至东孚西二路。长 550 米，宽 15 米。

170. 东孚西路（Dōngfú Xīlù）Dongfu West Rd 东孚东路西，西起下陈路，东至东孚南路、东孚北路。长 3900 米，宽 30 米。

171. 鼎山西路（Dǐngshān Xīlù）Dingshan West Rd 鼎山路西，南起一农路，北至白佬沙路。长 2300 米，宽 24 米。

172. 鼎山西二路（Dǐngshān Xī 2 Lù）Dingshan West 2nd Rd 鼎山西路以西，南起东孚西路，北至白佬沙路。长 1300 米，宽 24 米。

173. 一农北路（Yīnóng Běilù）Yinong North Rd 一农路北，北起东孚西路，拐东接鼎山西路。长 550 米，宽 22 米。

174. 一农西路（Yīnóng Xīlù）Yinong West Rd 一农路西，北起海翔大道，拐东拐北接一农路。长 2000 米，宽 22 米。

175. 白佬沙路（Báilǎoshā Lù）Bailaosha Rd 海翔大道北，西起霞涂楼路，经白佬沙，东至茂林。长 1600 米，宽 15 米。

176. 白佬沙南路（Báilǎoshā Nánlù）Bailaosha South Rd 白佬沙路南，西起一农路，东至鼎山西路。长 1300 米，宽 15 米。

177. 湖头北路（Hútóu Běilù）Hutou North Rd 东孚西路南，西起一农湖头路，东至鼎山西路。长 814 米，宽 22 米。

178. 湖头北二路（Hútóu Běi 2 Lù）Hutou North 2nd Rd 鼎山西路西，南起湖头北路，北至东孚西路。长 220 米，宽 22 米。

179. 湖头南路（Hútóu Nánlù）Hutou South Rd 湖头北路南，西起下陈路，东至一农路。长 850 米，宽 22 米。

180. 岩内路（Yánnèi Lù）Yannei Rd 南起岩昌路圣岩路，拐西拐南接岩内路圣岩路，岩内路延伸。长 3600 米，宽 12 米。

181. 岩和东路（Yánhé Dōnglù）Yanhe East Rd 岩和路东，北起珩丰北路，拐东接天马路。长 1900 米，宽 18 米。

182. 岩内一路（Yánnèi 1 Lù）Yannei 1st Rd 西起天马路，东至岩内路。长 300 米，宽 12 米。

183. 岩内二路（Yánnèi 2 Lù）Yannei 2nd Rd 岩内一路北，西起天马路，东至岩内路。长 300 米，宽 12 米。

184. 岩内三路（Yánnèi 3 Lù）Yannei 3rd Rd 珩丰北路之间，西起起岩内路，东至岩和东路。长 300 米，宽 12 米。

185. 珩丰北路（Héngfēng Běilù）Hengfeng North Rd 珩丰路北，东起天马路，西拐北拐东至天马路。长 3600 米，宽 18 米。

186. 岩景北路（Yánjǐng Běilù）Yanjing North Rd 岩景路北，西起岩内路，东至岩和东路。长 490 米，宽 12 米。

187. 鹭埭溪路（Lùdàixī Lù）Ludaixi Rd 东南起岩昌路，经鹭埭溪，西北至圣岩路。长 300 米，宽 12 米。

188. 印斗南路（Yìndǒu Nánlù）Yindou South Rd 北起印斗路，拐东接浔江路。长 400 米，宽 12 米。

189. 洋坂路（Yángbǎn Lù）Yangban Rd 环城北路二环北路间，西起古庄下松东路，经洋坂里，东北接朝洋路。长 350 米，宽 24 米。

190. 汀溪大道（Tīngxī Dàdào）Tingxi Ave 南起同安大道朝元路，北至上埔桥五峰路，原汀溪街更名、朝元路部分更名。长 4900 米，宽 30 米。

191. 汀溪街（Tīngxī Jiē）Tingxi St 东起汀溪大道，经洋麻山公园，西接汀溪西路，原汀溪大道更名。长 2300 米，宽 28 米。

192. 洞庭南路（Dòngtíng Nánlù）Dongting North Rd 洞庭路南，西起蓬莱路，东至金海路。长 3500 米，宽 36 米。

193. 新莲二路（Xīnlián 2 Lù）Xinlian 2nd Rd 南起新店路，经新莲一里东，北至祥福路。长 700 米，宽 24 米。

194. 洪钟东路（Hóngzhōng Dōnglù）Hongzhong East Rd 洪钟大道东，东南起滨海东大道，北至海翔大道舫山南二路。长 650 米，宽 43 米。

195. 溪尾路（Xīwěi Lù）Xiwei Rd 溪尾南路北路之间，西起翔安东路，东至望嶝路。长 400 米，宽 22 米。

196. 溪尾南路（Xīwěi Nánlù）Xiwei South Rd 溪尾路南部，西起翔安南路，东至望嶝路。长 640 米，宽 24 米。

197. 溪尾北路（Xīwěi Běilù）Xiwei North Rd 溪尾路北，西起翔安东路，东至洪钟东路。长 460 米，宽 22 米。

198. 溪尾北二路（Xīwěi Běi 2 lù）Xiwei North 2nd Rd 溪尾北路北，西起翔安东路，东至洪钟东路。长 500 米，宽 18 米。

199. 溪尾西路（Xīwěi Xīlù）Xiwei West Rd 溪尾社区西部，北起新店路，南至溪尾南路。长 650 米，宽 30 米。

新命名居民点 50 个

1. 高林西里（Gāolín Xīlǐ）Gaolin Xili 高林社西，金山路五缘湾道叉口东南住宅群。占地 4 万平方米，建筑面积 12 万平方米。

2. 石塘二里（Shítáng 2 Lǐ）S hitang Erli 石塘村北、海沧大桥与沧虹路连接处外口公寓。占地 1.48 万平方米，建筑面积 9.7 万平方米，777 户，5 幢。

3. 凤南东岭里（Fèngnán Dōnglǐng Lǐ）Fengnan Dongling Li 凤南农场东岭水库周围聚落。占地 10 万平方米，建筑面积 1 万平方米，20 户，10 幢。

4. 凤南大西里（Fèngnán Dàxī Lǐ）Fengnan Daxi Li 凤南农场大西聚落。占地 10 万平方米，建筑面积 1 万平方米，20 户，10 幢。

5. 禾山兴豪里（Héshān Xīngháo Lǐ）Heshan Xinghao Li 新民镇禾山村西南住宅群，动车修理所拆迁安置房。占地 10 万平方米，建筑面积 1.5 万平方米，40 户，40 幢。

6. 瑶头一里（Yáotóu 1 Lǐ）Yaotou Yili 同安大道滨海西大道叉口东北、东南，瑶头社区中洲岛，瑶头二里南住宅群。占地 15 万平方米，建筑面积 4.7 万平方米，235 户，210 幢。

7. 瑶头二里（Yáotóu 2 Lǐ）Yaotou Erli 同安大道滨海西大道叉口西北，瑶头社区中洲岛，瑶头一里北住宅群。占地 15 万平方米，建筑面积 3.4 万平方米，170 户，150 幢。

8. 新曦西一里（Xīnxīxī 1 Lǐ）Xinxi Xiyili 新曦西路新圩路叉口西南住宅群。占地 8.6 万平方米，建筑面积 18.8 万平方米，862 户，8 幢。

9. 印斗山六里（Yìndǒushān 6 Lǐ）Yindoushan Liuli 印斗山五里北，舫山北路舫山东路叉口西南住宅群。占地 3.2 万平方米，建筑面积 9.4 万平方米，682 户，24 幢。

10. 新莲一里（Xīnlián 1 Lǐ）Xinlian Yili 新莲一路北，祥福路翔安东路叉口东南住宅群。占地 13.1 万平方米，建筑面积 5.8 万平方米，876 户，38 幢。

11. 新莲二里（Xīnlián 2 Lǐ）Xinlian Erli 新莲一路南，翔安东路新店东路叉口东北住宅群。占地 13.1 万平方米，建筑面积 8.4 万平方米，948 户，25 幢。

12. 新莲三里（Xīnlián 3 Lǐ）Xinlian Sanli 新莲三路祥福路叉口东南住宅群。占地 13.1 万平方米，建筑面积 15.4 万平方米，1245 户，10 幢。

13. 溪尾一里（Xīwěi 1 Lǐ）Xiwei Yili 溪尾社区新店路南，翔安东路文礼路叉口东北住宅群。占地 6.5 万平方米，建筑面积 20.7 万平方米，2220 户，21 幢。

14. 洪前北里（Hóngqián Běilǐ）Hon g qian Beili 洪前社区北，西岩路洪前中路叉口东北住宅群。占地 5.4 万平方米，建筑面积 18.6 万平方米，1080 户，33 幢。

15. 洪琳湖三里（Hónglīnhú 3 Lǐ）Hon g linhu Sanli 洪琳湖东二路翔安大道叉口东南住宅群。占地 0.9 万平方米，建筑面积 2.6 万平方米，260 户，2 幢。

16. 滨海三里（Bīnhǎi 3 Lǐ）Binhai Sanli 西炉社区民安大道滨海东大道西南、滨州四里东住宅群；西炉旧称滨海乡。占地 2.4 万平方米，建筑面积 9.3 万平方米，721 户，9 幢。

17. 西炉南一里（Xīlú Nán 1 Lǐ）Xilu Nanyili 西炉社区南、滨海东大道翔安北路叉口西南住宅群。占地 2.7 万平方米，建筑面积 10.7 万平方米，720 户，14 幢。

18. 乌石浦一里（Wūshípǔ 1 Lǐ）Wushipu Yili 乌石浦旧村，嘉禾路乌石浦南路叉口东北、乌石浦路两侧住宅群。占地 2.2 万平方米，建筑面积 11.3 万平方米，770 户。

19. 石塘东坑里（Shítáng Dōngkēng Lǐ）Shitang Dongkengli 沧虹路滨湖路叉口东南石塘东坑安居房。占地 5.2 万平方米，建筑面积 25.4 万平方米，1576 户，7 幢，32 层。

20. 景山里（Jǐngshān Lǐ）Jingshanli 灌口中路景山路叉口东北住宅群。占地 4.2 万平方米，建筑面积 16.3 万平方米，20 幢，23 层。

21. 鱼福五里（Yúfú 5 Lǐ）Yufu Wuli 安仁大道七甲路叉口东南、鱼福四里南住宅群。占地 4.3 万平方米，建筑面积 12.5 万平方米，828 户，14 幢，2 层。

22. 滨水北里（Bīnshuǐ Běilǐ）Binshui Beili 滨水路滨水北四路叉口东南，杏林湾路北住宅群。占地 3.1 万平方米，建筑面积 18.3 万平方米，2614 户，11 幢，31 层。

23. 兑英一里（Duìyīng 1 Lǐ）Duiying Yili 兑英路白石东路叉口西北住宅群。占地 7 万平方米，建筑面积 28.4 万平方米，1683 户，18 幢，31 层。

24. 珩崎二里（Héngqí 2 Lǐ）Hengqi Erli 集美大道珩崎路叉口东北、珩山街南北住宅群。占地 2.4 万平方米，建筑面积 13.2 万平方米，2051 户，12 幢，33 层。

25. 凤岗二里（Fènggǎng 2 Lǐ）Fenggang Erli 凤岗西二路凤岭北二路叉口东南住宅群。占地 3.8 万平方米，建筑面积 13 万平方米，1993 户，16 幢。

26. 祥和一里（Xiánghé 1 Lǐ）Xianghe Yili 滨海西大道二环南路叉口西北地铁保障房。占地 9.8 万平方米，建筑面积 5 万平方米，4516 户，27 幢，31 层。

27. 滨富一里（Bīnfù 1 Lǐ）Binfu Yili 滨海西大道滨昌路叉口东北、滨富路西住宅群。占地 2.6 万平方米，建筑面积 12.3 万平方米，896 户，14 幢，33 层。

28. 滨富二里（Bīnfù 2 Lǐ）Binfu Erli 滨海西大道滨昌路叉口东北、滨富路东住宅群。占地 5.7 万平方米，建筑面积 18.9 万平方米，1054 户，15 幢，47 层。

29. 后田家园（Hóutián Jiāyuán）Houtian Jiayuan 后田路美山道叉口西北住宅群。占地 2.3 万平方米，建筑面积 5.9 万平方米，321 户，7 幢。

30. 鼓锣北二里（Gǔluó Běi 2 Lǐ）Guluo North Erli 鼓锣农场北部，新澳路洞庭路叉口东南住宅群。占地 1.1 万平方米，建筑面积 51 万平方米，335 户，7 幢。

31. 鼓锣东一里（Gǔluó Dōng 1 Lǐ）Guluo East Yili 鼓锣农场东，蓬莱路洪钟大道叉口西北住宅群。占地 1.7 万平方米，建筑面积 5 万平方米，340 户，6 幢，35 层。

32. 鼓锣东二里（GǔLuó Dōng 2 Lǐ）Guluo East Erli 鼓锣南路鼓锣东路叉口东南住宅群。占地 3.2 万平方米，建筑面积 13.2 万平方米，798 户，14 幢，41 层。

33. 鼓锣东三里（Gǔluó Dōng 3 Lǐ）Guluo East Sanli 鼓锣南路鼓锣东路叉口东北住宅群。占地 2.5 万平方米，建筑面积 4.8 万平方米，434 户，8 幢，23 层。

34. 鼓锣东六里（Gǔluó Dōng 6 Lǐ）Guluo East Liuli 蓬莱路鼓锣东路叉口西北住宅群。占地 5.6 万平方米，建筑面积 1.4 万平方米，970 户，17 幢，29 层。

35. 鼓锣西一里（Gǔluó Xī 1 Lǐ）Guluo West Yili 鼓锣西路蓬莱路叉口西北住宅群。占地 4.3 万平方米，建筑面积 16.9 万平方米，2478 户，14 幢，34 层。

36. 鼓锣西六里（Gǔluó Xī 6 Lǐ）Guluo West Liuli 鼓锣西路蓬莱路叉口东北住宅群。占地 5.2 万平方米，建筑面积 9.3 万平方米，584 户，13 幢，27 层。

37. 宋洋一里（Sòngyáng 1 Lǐ）Songyang Yili 东界宋洋村内，翔安南路新岩大道西南住宅群。占地 6.6 万平方米，建筑面积 32.8 万平方米，2871 户，12 幢，34 层。

38. 浦园二里（Pǔyuán 2 Lǐ）Puyuan Erli 浦园一里二里之间，鸿翔南路浦园一路叉口西北住宅群。占地 1.5 万平方米，建筑面积 5.8 万平方米，388 户，7 幢。

39. 浦园北里（Pǔyuán Běilǐ）Puyuan Beili 浦园村北，翔安蓬莱路浦园北路叉口北住宅群。占地 2.1 万平方米，建筑面积 9.8 万平方米，75 户，18 幢，34 层。

40. 新曦西二里（Xīnxī Xī 2 Lǐ）Xinxi West Erli 新圩路新曦西路叉口西南住宅群。占地 5.9 万平方米，建筑面积 15.2 万平方米，886 户，5 幢，13 层。

41. 普山一里（Pǔshān 1 Lǐ）Pushan Yili 普山西路普山北路叉口东北住宅群。占地 1.75 万平方米，建筑面积 5.9 万平方米，338 户，14 幢，32 层。

42. 黎安一里（Lí'ān 1 Lǐ）Li'an Yili 黎安路黎林路叉口南部住宅群。占地 4.77 万平方米，建筑面积 14.8 万平方米，1720 户，15 幢，33 层。

43. 黎安二里（Lí'ān 2 Lǐ）Li'an Erli 黎安路黎安北路叉口东北住宅群。占地 4.77 万平方米，建筑面积 14.8 万平方米，1720 户，15 幢，33 层。

44. 巷东一里（Xiàngdōng 1 Lǐ）Xiangdong Yili 巷东路巷南路叉口东南住宅群。占地 0.8 万平方米，建筑面积 2.7 万平方米，2 幢，32 层。

45. 双沪三里（shuānghù 3 Lǐ）Shuanghu Sanli 双沪大嶝中路大嶝南路叉口西南住宅群。占地 1.17 万平方米，建筑面积 2.6 万平方米，166 户，5 幢，11 层。

46. 滨海一里（Bīnhǎi 1 Lǐ）Binhai Yili 翔安滨洲四路海城五路叉口东南住宅群，滨洲二里更名。占地 3.5 万平方米，建筑面积 6.98 万平方米，204 户，16 幢，6 层。

47. 西炉南三里（Xīlú Nán 3 Lǐ）Xilu South Sanli 西炉社区南，翔安北路西炉南路叉口西南住宅群。占地 2.5 万平方米，建筑面积 10.3 万平方米，735 户，7 幢，27 层。

48. 祥福七里（Xiángfú 7 Lǐ）Xiangfu Qili 祥福路祥吴一路叉口东南住宅群。占地 1.7 万平方米，建筑面积 5.8 万平方米，750 户，8 幢，33 层。

49. 莲亭一里（Liántíng 1 Lǐ）Lianting Yili 莲亭路侯阁路叉口西北住宅群。占地 2.7 万平方米，建筑面积 9.2 万平方米，660 户，6 幢，18 层。

50. 莲亭二里（Liántíng 2 Lǐ）Lianting Erli 莲亭路亭洋黄厝路叉口西南住宅群。占地 1.2 万平方米，建筑面积 4.36 万平方米，682 户，6 幢，28 层。

责任编辑：林炯程
审　　稿：白延蜻
校　　对：林建高

32 索 引

说 明

（1）本索引采用主题分析索引法，按主题词首字的字母顺序排列（首字为英文字母的，集中置于索引前面，首字为阿拉伯数字的，按其读音置于相关字母之前）。（2）类目标题用黑体字表明。（3）索引后面用数字标明内容所在的页码，并用 a、b、c 分别表示在该页的左、中、右位置。（4）表格和示意图除了标明页码外，还分别括注“表”“图”。（5）为简便起见，主题词中涉及本市的组织机构、会议、活动等，一般均省略“厦门”二字；涉及“2018 年”的，一般均省略。（6）特载、大事记、附录不做索引。

C

D

H

J

M

T

W

X

Y

图书在版编目(CIP)数据

厦门年鉴. 2019/中共厦门市委党史和地方志研究室编.
—北京:方志出版社,2020. 3
ISBN 978-7-5144-4122-2

Ⅰ. ①厦… Ⅱ. ①中… Ⅲ. ①厦门—2019—年鉴
Ⅳ. ①Z525. 73

中国版本图书馆 CIP 数据核字(2020)第 040825 号

厦门年鉴(2019)

编　　者:中共厦门市委党史和地方志研究室
责任编辑:董琳

出 版 者:方志出版社
地址　北京市朝阳区潘家园东里 9 号(国家方志馆 4 层)
邮编　100021
网址　http://www. fzph. org
发　　行:方志出版社图书经销中心
电话(010)67110500
经　　销:各地新华书店
印　　刷:福州力人彩印有限公司

开　　本:889×1194　1/16
印　　张:33　插页:28
字　　数:1402 千
版　　次:2020 年 3 月第 1 版　2020 年 3 月第 1 次印刷
印　　数:0001～1100 册

ISBN 978-7-5144-4122-2　**定价**:260. 00 元